AtV

THEODOR FONTANE wurde am 30. Dezember 1819 in Neuruppin geboren. Nach Lehre und Staatsexamen Approbation als »Apotheker erster Klasse«. 1849 gab Fontane den Beruf auf und arbeitete als Journalist und freier Schriftsteller. 1850 Heirat mit Emilie Rouanet-Kummer. Mitglied der Berliner Schriftstellervereinigungen »Tunnel über der Spree«, »Rütli« und Ellora«. 1855–1858 London-Aufenthalt im Dienst der preußischen Regierung; Aufbau und Leitung einer »Deutsch-englischen Korrespondenz«; erste Erwähnung eines geplanten Standardwerkes über die Mark Brandenburg. Neben seiner umfangreichen publizistischen Tätigkeit und der Veröffentlichung von Gedichtbänden, Kriegsbüchern und Reisefeuilletons war Fontane nahezu zwei Jahrzehnte Theaterkritiker der »Vossischen Zeitung«; seine letzten Besprechungen galten Gerhart Hauptmann. Zwischen 1862 und 1882 erschienen die vier Teile der »Wanderungen durch die Mark Brandenburg«, der Band »Fünf Schlösser« folgte 1889. In seinem 60. Lebensjahr schloß Fontane seinen ersten Roman ab; »Vor dem Sturm« erschien 1878 und eröffnete die Reihe seiner großen Romane und Erzählungen: »Schach von Wuthenow«, »Irrungen, Wirrungen«, »Stine«, »Frau Jenny Treibel«, »Effi Briest«, »Der Stechlin«. Fontane starb am 20. September 1898 in Berlin.

Der erste Hinweis auf ein Werk über die Mark Brandenburg findet sich in Fontanes London-Tagebuch von 1856. Die Eintragung endet mit dem Bekenntnis: »Wenn ich noch dazu komme, *das* Buch zu schreiben, so hab ich nicht umsonst gelebt und kann meine Gebeine ruhig schlafen legen.« Drei Jahre später unternahm Fontane gemeinsam mit seinem Freund Bernhard von Lepel einen ersten Ausflug in die Ruppiner Gegend, an den sich eine Spreewald-Fahrt und eine Reise in die Altmark anschlossen. Die literarische Ausbeute seiner Erkundungen erschien 1862 als Erster Teil der »Wanderungen«. Seinem Verleger Wilhelm Hertz schrieb er über seine Beweggründe: »... ich hatte einfach vor, ... meinen Landsleuten zu zeigen, daß es in ihrer nächsten Nähe auch nicht übel sei und daß es in Mark Brandenburg auch historische Städte, alte Schlösser, schöne Seen, landschaftliche Eigentümlichkeiten und Schritt für Schritt tüchtige Kerle gäbe.«

Theodor Fontane

Wanderungen durch die Mark Brandenburg

Erster Teil

Die Grafschaft Ruppin

Herausgegeben von
Gotthard Erler und Rudolf Mingau

Aufbau Taschenbuch Verlag

Wanderungen durch die Mark Brandenburg
Band 1

Mit einem Fontispiz und 8 Abbildungen

ISBN 3-7466-5291-X

2. Auflage 1998
Aufbau Taschenbuch Verlag GmbH, Berlin
© Aufbau-Verlag, Berlin und Weimar 1991
Umschlaggestaltung und Foto
(Blick über den Ruppiner See) Torsten Lemme
Satz Graphischer Großbetrieb Pößneck. Ein Mohndruck-Betrieb
Druck Clausen & Bosse, Leck
Printed in Germany

Th. Fontane 1870

EINLEITUNG

Als Fontane im August 1856 einen Plan mit dem Titel »Die Marken, ihre Männer und ihre Geschichte« entworfen hatte, notierte er in seinem Londoner Tagebuch: »Wenn ich noch dazu komme, *das* Buch zu schreiben, so hab ich nicht umsonst gelebt und kann meine Gebeine ruhig schlafen legen.« Ein Vierteljahrhundert später war das ehrgeizige Projekt in den »Wanderungen durch die Mark Brandenburg« tatsächlich verwirklicht, aber über der Arbeit daran hatte sich der Autor höhere Ziele gesteckt. Er hatte im Roman sein eigentliches literarisches Medium gefunden, und der von den Zeitgenossen einseitig strapazierte Ruhm jener »Wanderungen« begann ihn zuweilen zu verdrießen. Als ein Berliner Geschichtsverein im Sommer 1882 eine Exkursion ins Ruppinsche unternahm, um »Schloß Wuthenow« zu besichtigen, das (wie es in der Einladung hieß) neuerdings durch Theodor Fontane eine so eingehende Schilderung erfahren habe, da amüsierte sich der Verfasser des soeben vorabgedruckten »Schach von Wuthenow« noch — denn dieses Schloß existierte überhaupt nicht. Als aber dann auch die Rezensenten die Novelle durchweg unter lokalgeschichtlichen Aspekten beurteilten, empörte er sich über die Unfähigkeit der Kritik, entscheidende Entwicklungen eines Schriftstellers wahrzunehmen oder gar zu begreifen. »*Mein* Metier besteht darin, bis in alle Ewigkeit hinein ›märkische Wanderungen‹ zu schreiben; alles andre wird nur gnädig mit in den Kauf genommen«, bemerkte er verärgert in einem Brief vom 19. Januar 1883 an den Leipziger Verleger des »Schach«.

Fontane registrierte damit schon früh eine charakteristische Tendenz seiner an Mißverständnissen reichen Wirkungsgeschichte: der Erzähler, der ein anderes Publikum ansprach als der »Wanderer«, sollte in bestimmten Bereichen der Öffentlichkeit noch lange hinter dem Reiseberichterstatter zurückstehen, dessen Land-und-Leute-Schilderungen man als vermeintliche Liebeserklärungen an die Mark Brandenburg, ja an Preußen gern hinnahm und dessen Romane man nur als Fortführung der »Wanderungen« mit anderen Mitteln deutete. So etablierte sich ein gängiges Fontane-Bild, das fast ausschließlich von den »Wanderungen« geprägt war und den Autor auf den Status des patriotischen Heimatdichters festlegte, aus dessen Feder auch ein paar Romane stammten. Obwohl man dieser Legende auch heute noch begegnen kann, sind — nicht zuletzt durch Forschung und Edition in der ehemaligen DDR — die Akzente in den letzten Jahrzehnten im Sinne Fontanes korrekter gesetzt worden. Der späte Erzähler gilt als der »eigentliche« Fontane, und jene Romanfolge von »Schach von Wuthenow« bis zum »Stechlin« wird nicht mehr »mit in den Kauf genommen«, sondern unentwegt gelesen und geliebt und — neu verstanden; und zwar als jenes »gültige, bleibende Dokument einer Gesellschaft, eines Zeitalters«, das (nach den Worten Heinrich Manns zum 50. Todestag Fontanes) »soziale Kenntnis gestalten und vermitteln, Leben und Gegenwart bewahren kann noch in einer sehr veränderten Zukunft, wo, sagen wir, das Berlin von einst nicht mehr besteht«.

Über der legitimen Popularität der Romane drohen nun die »Wanderungen« in ein unverdientes Schattendasein zurückzutreten, da sie — zumindest in der Forschung — meist nur noch als Vorstufe der Epik, als Materialreservoir und Fingerübung des Romanciers gelten. Zudem scheinen sie manchenorts als heimatliterarischer Geheimtip bewertet, anderenteils jedoch als »allzu preußisch« verdächtigt zu werden. Die vorliegende vollständige Edition, die sich als zweite Abteilung an die »Romane und Erzählungen in acht Bänden« (Aufbau-Verlag Berlin und Weimar, zuerst 1969) anschließt, will dazu beitragen, Über- und Unterschätzungen des Werkes zu revidieren und ihm im Bewußtsein der Leser jene Stellung zu verschaffen, die es objektiv verdient.

Zweifellos ist die unverwechselbare Position Theodor Fontanes in der Literatur des neunzehnten Jahrhunderts im erzählerischen Œuvre begründet, für das der Autor allerdings gerade auf seinen Streifzügen durch die Mark Stoffe und Motive, Personnage und Szenerie erkundete und für das er bei der Schilderung ebendieser märkischen Bilder auch das schriftstellerische Handwerk erprobte und perfektionierte. Die faszinierende Exaktheit im lokalen wie personellen Detail, im landschaftlichen Kolorit und in der realistischen Atmosphäre, in all jenen »Genreszenen . . ., in denen abwechselnd Kutscher und Kossäten und dann wieder Krüger und Küster das große Wort führen« — das alles verdankt der Erzähler natürlich dem Wanderer; doch daraus ergibt sich noch nicht eine lediglich »dienende«, allein „vorbereitende" Funktion der »Wanderungen«.

Die landläufige Vorstellung, Fontane habe zu einem bestimmten Zeitpunkt aufgehört, »Wanderungen« zu schreiben, und begonnen, Romane zu veröffentlichen, ist biographisch-werkgeschichtlich nicht haltbar. Fontane reift zum Erzähler in den beiden Jahrzehnten, in denen die »Wanderungen« entstehen; die Arbeit am Romanerstling »Vor dem Sturm« (1878), der ja auch formal noch die größte Verwandtschaft mit den »Wanderungen« aufweist, bereitet sich vor mit der »Grafschaft Ruppin«, läuft in aller Stille synchron mit »Oderland« und »Havelland« und ist teilweise schon mit »Spreeland« verzahnt. Andererseits sieht die »Romanphase« der achtziger und neunziger Jahre Fontane ständig — wenn auch in unterschiedlicher Intensität — mit märkischen Projekten beschäftigt. Während »Irrungen, Wirrungen« und »Cécile«, »Stine« und »Frau Jenny Treibel« entstehen und »Effi Briest« konzipiert wird, trägt er in umfangreichen Essays wiederum »Altes und Neues aus Mark Brandenburg« zusammen und publiziert es Ende 1888 unter dem Titel »Fünf Schlösser«; zugleich schreibt er für die geplante fünfte Auflage der »Grafschaft Ruppin« neue umfangreiche Kapitel nieder. Schon 1883 disponiert der Autor den Stoff für ein »vierbändiges Parallelwerk« zu den »Wanderungen«, das »Geschichten aus Mark Brandenburg« heißen sollte, aber über zahlreiche Vorarbeiten hinaus nicht gedeiht. Das Jahr 1889 — Fontane wird siebzig und engagiert sich als prominenter Theaterkritiker für die naturalistische Dramatik — begeistert den Romancier noch einmal für ein aufwendiges lokalhistorisches Unternehmen, das er brieflich (an Paul Schlenther, 9. Januar 1890) als »geträumte Lieblingsarbeit« ausgibt und im Tagebuch (Mai 1889) gar als »Hauptarbeit« deklariert. Nichts Geringeres als eine zweibändige Geschichte der Bredow-Familie beabsichtigt er, worin sich »natürlich« der »gesamte Adel von Mark, Meck-

lenburg und Vorpommern ein Rendezvous« gebe (wie er am
5. Mai 1889 seiner Tochter mitteilt). Den Freunden entwik-
kelt er sogleich, daß er dabei »der Welt und der *Geschicht-
schreibung*« zeigen wolle, »wie man solchen Stoff überhaupt
zu behandeln [habe], gründlich und doch nicht langweilig«.
Ja an Max von Bredow schreibt er sogar, daß die »Wanderungen«, »die mir in der Tat mehr Anerkennung als meine
ganze sonstige Schriftstellerei eingebracht haben«, noch
lange nicht sein Ideal seien. »Mein Ideal hat sich erst ganz
allmählich herangebildet und besteht darin, ein Buch zu
schreiben, das unterhaltliches Geschichts- und Geschichten-
buch und zugleich aufschlußgebendes Nachschlagebuch sein
soll.« Damals fixiert Fontane die Stoffskizzen zu »Das Ländchen Friesack und die Bredows«, die freilich bald liegenblei-
ben, als sich die autobiographischen und erzählerischen Vorhaben der neunziger Jahre gebieterisch in den Vordergrund
drängen. Aber noch in den allerletzten Lebenstagen — Fontane wartet auf die Buchausgabe seines »Stechlin«-Romans
— sucht er die Bredow-Notizen wieder hervor und ergänzt
sie mit Eifer.

Demnach bestimmt sich die Position der »Wanderungen«
gegenüber der Epik sowohl aus vorbereitenden wie aus begleitenden Elementen; sie sind zwar tausendfältig mit der
Romanwelt verknüpft, bilden aber einen originären Bestandteil des Gesamtwerks, den der Autor trotz sich wandelnder
Überzeugungen bis zu seinem Tode als ein selbständiges
Genre liebevoll pflegte.

Der Eigenwert der »Wanderungen durch die Mark Bran-
denburg« beruht zunächst auf der literarisch-publizistischen
Eroberung eines Landstrichs, der als »Streusandbüchse« des
Heiligen Römischen Reiches einen mehr als zweifelhaften
Ruf genoß und den man im Grunde (wie Fontane in einem
Brief an seinen Verleger Wilhelm Hertz vom 31. Oktober
1861 feststellte) nur mit »Schlachten und immer wieder
Schlachten, Staatsaktionen, Gesandtschaften« in Verbindung
brachte. Das »Schönmenschliche blieb tot« dabei, und des-
halb wollte Fontane »die ›*Lokalität*‹ wie die Prinzessin im
Märchen zu erlösen« versuchen. Jeder Märker sollte (so ließ
der Autor am 18. Januar 1864 in einem Brief an Ernst von
Pfuel verlauten) künftig mit einem märkischen Orts- oder

Geschlechtsnamen »sofort ein *bestimmtes Bild*« verknüpfen, »was jetzt gar nicht oder doch nur in einer prosaisch-häßlichen Weise der Fall ist. Wenn jetzt ein Berliner die Namen Strausberg, Ruppin, Spandau, Kyritz hört, so tritt nur Häßliches oder Komisches vor ihn hin — die Zucht- und Irrenhäuser leben in seiner Phantasie, nicht die historischen Häuser oder Gestalten dieser Städte.«

Ebendiesen Wandel im Selbstverständnis der »Märker« hat Fontane als erster bewirkt. Es gelang ihm, was er am 24. November 1861 programmatisch an Wilhelm Hertz schrieb: ». . . ich hatte einfach vor, *ohne jegliche Prätension von Forschung, Gelehrsamkeit, historischem Apparat* etc. meinen Landsleuten zu zeigen, daß es in ihrer nächsten Nähe auch nicht übel sei und daß es in Mark Brandenburg auch historische Städte, alte Schlösser, schöne Seen, landschaftliche Eigentümlichkeiten und Schritt für Schritt tüchtige Kerle gäbe.« Fontane spürte hinter den »kahlen Plateaus, die ›nichts als Gegend‹ sind«, alte Sagen und Geschichten auf, suchte liebevoll nach den Resten wendischer Kultur, beschrieb die Zeugnisse der Zisterzienser-Baukunst, porträtierte Städte und Dörfer, Bürger und Junker, »Kutscher und Kossäten«, und er entdeckte zwischen Kiefern und Kusseln, Sumpf und Sand die vielleicht bescheidene, aber erlebenswerte Schönheit der märkischen Landschaft. »Es ist mit der märkischen Natur wie mit manchen Frauen«, schrieb er im Vorwort zum ersten Band. » ›Auch die häßlichste‹ — sagt das Sprichwort — ›hat immer noch sieben Schönheiten.‹ Ganz so ist es mit dem ›Lande zwischen Oder und Elbe‹; wenige Punkte sind so arm, daß sie nicht auch ihre sieben Schönheiten hätten. Man muß sie nur zu finden verstehn. Wer das Auge dafür hat, der wag es und reise.«

Obwohl Fontane die märkische Landes- und Kulturhistorie nach eigenem Geständnis »nicht wie einer, der mit der Sichel zur Ernte geht, sondern wie ein Spaziergänger, der einzelne Ähren aus dem reichen Felde zieht«, durchforschte, schuf er mit seinen »Wanderungen« ein Standardwerk, wurde er zum Bahnbrecher des »märkischen Tourismus«. Man würde allerdings die Bände über die vier historischen Landschaften der Mark gründlich verkennen, wollte man sie

als Reisehandbücher benutzen — ein Mißverständnis, dem
sie bereits zu Fontanes Zeiten ausgesetzt waren (wie er mit
freundlicher Ironie im Vorwort zur vierten Auflage der
»Grafschaft Ruppin« berichtet).

Die »märkischen Bilder« — wenn sie auch zuweilen, vor
allem in den frühen Bänden, in einen hausbackenen Cicerone-
Ton verfallen — halten Abstand von der Praxis des Reise-
führers. Fontane tat sich etwas darauf zugute, daß er für
seine »Wanderungen« eine eigene Form der vergnüglichen
Wissensvermittlung erfunden hatte: »eine neue Art, die, allem Systematischen ein Schnippchen schlagend, darauf aus
ist, spielend und in novellistischer Form, die Geschichte dieses Landes von Czernebog bis Bismarck ... zu erzählen«
(an Wilhelm Hertz, 8. Oktober 1882). Der Autor befand sich
mit diesem Anspruch in bewußtem Gegensatz zu den Fach-
historikern und vor allem zu den »Klein-Forschern«, die,
nach seiner Meinung, über Mark Brandenburg nur »das
Ödeste, das bodenlos Landweiligste« verfaßt hatten, »was
Gottes Sonne je beschienen hat«; auch was von den »Novel-
listen, Belletristen und Feuilletonisten (immer Willibald Alexis ausgenommen, der eine ganz große Nummer war) mär-
kisch gesündigt« worden war, verwarf Fontane wegen
»Dünnheit und Oberflächlichkeit«. Er beabsichtigte (wie es
im gleichen Brief an Heinrich Jacobi vom 5. Januar 1895
nachzulesen ist), »Allerkleinstes — auch Prosaisches nicht
ausgeschlossen — exakt und minutiös zu schildern und
durch scheinbar einfachste, aber gerade deshalb schwierigste
Mittel, durch Simplizität, Durchsichtigkeit im einzelnen und
Übersichtlichkeit im ganzen, auf eine gewisse künstlerische
Höhe zu heben, ja es dadurch sogar interessant oder wenigstens lesensmöglich zu machen«. Diese Art der Behandlung
gelang ihm, weil er sich wie kein anderer den märkischen
Stoff erschlossen hatte. Er war nicht nur in der einschlägigen
Literatur zu Hause, er hatte eine umfangreiche Korrespondenz mit Verwandten und Bekannten, mit Landpastoren und
Dorfschulmeistern geführt, Kirchenbücher und Familienpa-
piere durchgesehen und an Ort und Stelle selber recher-
chiert. Als methodisches Ziel schwebte ihm dabei immer
vor: »Totalität und Wiedergabe kleinsten und intimsten Lebens. Nicht Namen, Zahlen, Überschriften, sondern immer

Bilder und Geschichten.« (An Max von Bredow, 15. Mai
1891.) Er fahndete daher besonders gern nach Briefen und
biographischen Details, nach Anekdoten und persönlichen
Berichten, nach »historisch-romantischem Lüderlichkeits-
Material« (an die Schwester Lise, 29. Januar 1873). Von Akten und Archiven hielt er nichts: ». . . die wahre Kenntnis
einer Epoche und ihrer Menschen, worauf es doch schließlich ankommt, entnimmt man aus ganz andren Dingen. In
sechs alten-fritzischen Anekdoten steckt *mehr* vom Alten
Fritz als in den Staatspapieren seiner Zeit.« Fontane verwies
mit Stolz auf das »bestimmte Quantum historischen Stoffes«,
das er im Laufe der Jahre aufgehäuft hatte und das nur bei
ihm zu finden war, aber mit der Fachwissenschaft wollte er
keinesfalls konkurrieren. Er schrieb am Schluß des vierten
Bandes: »Wer sein Buch einfach ›Wanderungen‹ nennt und
es zu größerer Hälfte mit landschaftlichen Beschreibungen
und Genreszenen füllt, in denen abwechselnd Kutscher und
Kossäten und dann wieder Krüger und Küster das große
Wort führen, der hat wohl genugsam angedeutet, daß er freiwillig darauf verzichtet, unter die Würdenträger und Groß-
kordons historischer Wissenschaft eingereiht zu werden. Ich
habe ›mein Stolz und Ehr‹, und zwar mit vollem Bewußtsein, auf etwas anderes gesetzt, aufs bloße Plaudernkön-
nen . . .«
    Auf diese Weise hat Theodor Fontane etwas zur Ge-
schichte der Reiseliteratur beigesteuert, was er selber tref-
fend als Reisefeuilleton bezeichnete und das von der sachlichen Systematik Karl Baedekers ebensoweit entfernt ist wie
von der historischen Gelehrsamkeit eines Leopold von
Ranke (und noch weiter von dessen konservativer Position).
Da er Reiseberichte sein Schriftstellerleben lang schrieb –
Berichte aus England und Schottland waren den »Wanderungen« vorausgegangen, Aufzeichnungen aus Dänemark
und Böhmen sowie zwei Frankreich-Bücher begleiteten sie,
und in gewissem Sinne ist ja selbst die späte Sammlung
»Von, vor und nach der Reise« (1894) diesem Genre zuzurechnen –, hat sich das Reisefeuilleton erst allmählich konstituiert.
    Der Londoner Plan von 1856 sah noch ein alphabetisches
Ordnungsprinzip vor, aber schon mit seinem Schottland-

Buch »Jenseit des Tweed« (1860) eroberte Fontane attraktivere darstellerische Möglichkeiten, die die spezifische »Wanderungen«-Methodik antizipieren: am Anfang steht jeweils
das ganz persönliche Reiseerlebnis, das meist humoristisch-
selbstironisch zum besten gegeben wird; von diesem ersten
Eindruck, der gewöhnlich mit einer einprägsamen Landschaftsschilderung verbunden ist, leitet er zielstrebig über
eine Anekdote zu Geschichte und Sage, zum Genius loci
über. Ähnlich suchte Fontane auch in der heimischen Mark
vorzugehen: »Ja, vorfahren vor dem Krug und über die
Kirchhofsmauer klettern, ein Storchennest bewundern oder
einen Hagebuttenstrauch, einen Grabstein lesen oder sich
einen Spinnstubengrusel erzählen lassen — so war die Sache
geplant, und so wurde sie begonnen.« Dann aber stieß er in
unbekannte Gebiete vor, er mußte historische Voraussetzungen klären, und der lockere Ton schien sich als hinderlich zu
erweisen. »Eine Folge davon war«, wie Fontane im Schlußwort zum vierten Band zugibt, »daß ich aus dem ursprünglichen Plauderton des Touristen in eine historische Vortragsweise hineingeriet ...« Dies betraf vor allem den zweiten,
dem »Oderland« gewidmeten Band. Fontane erkannte jedoch den »Irr- und Gefahrsweg« und kehrte in »Havelland«
und «Spreeland« »auf dem Wege der Kritik und Reflexion«
zu bewährten, inzwischen weiterentwickelten Formen zurück.

Die formale Entwicklung der »Wanderungen« verläuft daher vom überwiegend positivistisch-deskriptiven Referat mit
zum Teil langatmigen, heute besonders als Ballast empfundenen Beschreibungen von Bildern und »historischen Stükken« (»Rheinsberg«) zur zunehmend künstlerisch intendierten Reportage (»Caputh«), vom historisch-monographischen
Abriß (»Schloß Friedersdorf«) zum erzählerisch aufbereiteten Feuilleton (»Eine Osterfahrt in das Land Beeskow-Storkow«), wie es den letzten Band schon entschieden bestimmt.
Die erzählerischen Intentionen Fontanes, die sich in den
siebziger Jahren bei der Arbeit an »Vor dem Sturm« endgültig konstituieren und in den folgenden Romanen und Novellen artikulieren, prägen die späten »Wanderungen«-Kapitel
mit (zugleich freilich entstehen die umfangreichen Arbeiten
über »Fünf Schlösser«, in denen Fontane auf höherer Ebene

zum historischen Essay zurückstrebt — ein weiterer Beleg
für das Nebeneinander von historisch-reportageartigen und
epischen Werken). Fontane kannte die Reichweite dieser
künstlerischen Entwicklung sehr genau. Als er im Sommer
1882 die vierte Auflage der »Grafschaft Ruppin« vorbereitete, schrieb er seiner Frau: »An meinen ›Wanderungen‹
pußle ich weiter; inhaltlich finde ich alles ganz gut, auch die
Bemerkungen, die ich seinerzeit eingestreut habe, sind richtig und mitunter nicht ohne Geist und Humor, aber der *Ausdruck* ist überall unvollkommen; ich bin erst in dem Unglücksjahre 76 *ein wirklicher Schriftsteller* geworden; vorher
war ich ein beanlagter Mensch, der was schrieb. Das ist aber
nicht genug.«

Von dieser Bemerkung aus läßt sich der Frage nachgehen, inwieweit die mit so viel schriftstellerischem Engagement be-
triebenen »Wanderungen durch die Mark Brandenburg«
auch die Wandlungen des Autors Fontane reflektieren. Denn
das apostrophierte »Unglücksjahr 76«, in dem Fontane nach
wenigen Dienstmonaten vom Amt des Ersten Sekretärs der
Akademie der Künste zurücktrat und damit den letzten Versuch eines persönlichen Arrangements mit der preußischen
Ministerialbürokratie scheitern sah — dieses Jahr gehäufter
Demütigungen und Kränkungen macht jenen Knacks, den
Fontanes Preußen-Begeisterung schon längst weggekriegt
hat, zum Bruch und wird darum im Selbstverständnis des
Schriftstellers so hoch veranschlagt. Die Entstehung der
»Wanderungen« zwischen 1859 und 1881 spiegelt und repräsentiert den politischen Ernüchterungsprozeß, den man
für ein gerechtes Verständnis des in dieser Hinsicht hetero-
genen Werkes im Auge behalten muß.
  Fontane hatte in den vierziger Jahren mit Lyrik und Pu-
blizistik von revolutionär-demokratischem Zuschnitt begonnen und stand 1848 folgerichtig auf den Berliner Barrikaden. Als die Bourgeoisie dann aber vor ihrer revolutionären
Aufgabe versagte und die bürgerliche Intelligenz — soweit
sie nicht emigrierte — sich ratlos nach Orientierungspunk-
ten umsah, da geriet Fontane, zunächst von materieller Not
bedrängt, später, in den englischen Jahren, auch von der
Sehnsucht nach der Heimat verführt, in ein Sympathiever-

hältnis zum märkischen Adel hinein — ein Verhältnis, das
nie ungetrübt, aber vorübergehend relativ eng war. Zeit-
weise kapriziert sich Fontane auf ein romantisiertes Bild
märkischen Adels. Von einer ausbeutereichen »Wanderung« nach Gusow und Friedersdorf zurückkehrend, be-
kennt er in einem Brief an die Mutter vom 28. Mai 1860:
»Es verlohnt sich doch eigentlich nur noch, ›von Familie‹
zu sein. Zehn Generationen von 500 Schultzes und Lehmanns sind noch lange nicht so interessant wie drei Generationen eines einzigen Marwitz-Zweiges. Wer den Adel ab-
schaffen wollte, schaffte den letzten Rest von Poesie aus der
Welt.« Als er um diese Zeit als Redakteur des »englischen
Artikels« bei der erzreaktionären »Kreuz-Zeitung« eintritt,
die schon seit Oktober 1859 seine »Märkischen Bilder«
(den Grundstock des ersten »Wanderungen«-Bandes) in
Fortsetzungen bringt, rechtfertigt er seinen Schritt in einem
Brief an Paul Heyse: »Man wird mit den Jahren ehrlich
und aufrichtig konservativer und läßt sich durch Persönlichkeiten und zufällige Vorkommnisse immer weniger in den
großen Prinzipien beirren.« Mit einer ähnlichen Formulierung bietet Fontane am 31. Oktober 1860 Wilhelm Hertz
eine Buchausgabe der »Märkischen Bilder« an: »Der Inhalt
ist entschieden konservativ (nicht in dem häßlichen Sinne
von ›reaktionär‹)...« Auch in einem Brief an Ernst Ludwig Kossak vom Februar 1864 wiederholt er die Überzeugung, »daß uns der Konservatismus, den ich im Sinne
habe, not tut«.

Aus dieser Haltung resultieren eine Reihe von loyalen, ja
propreußischen Erklärungen — über das »Humanitätsgefühl
der Hohenzollern« etwa oder das Havelland als »Preußen-
wiege« usw., und damit steht auch die verfälschend-tenden-
ziöse Darstellung des Berliner »Zeughaussturms« von 1848
und der Dresdener Ereignisse von 1849 im Zusammenhang,
die erst Anfang der siebziger Jahre entstand und 1875 in die
dritte Auflage der »Grafschaft Ruppin« eingegliedert wurde.
Dieser Abschnitt gehört zu den mannigfachen Retuschen,
die Fontane an seinem eigenen Verhalten in den Jahren
1848/49 vornahm (und noch, wenn auch modifiziert, in der
Autobiographie »Von Zwanzig bis Dreißig« beibehielt). Solche »Stellen« sind Dokumente eines Umweges, der, wie wir

heute wissen, mit Sicherheit auf den geraden Pfad intellektueller Redlichkeit zurückführen sollte — darauf deuten auch,
liest man sie genau, die zitierten konservativen Geständnisse.
Denn es geht dabei um einen (parteipolitisch kaum profilier-
ten) Konservatismus, *wie er ihn im Sinne hat,* und das war
doch von Anfang an etwas anderes als die staatserhaltende
Doktrin, die die »Kreuz-Zeitung« in ihren Spalten sugge-
rierte. Als man Fontane nach der Veröffentlichung des ersten Bandes vorwarf, er habe das Buch im Auftrag der
»Kreuz-Zeitungs«-Partei geschrieben, reagierte er mit dem
Wort »Blödsinn« und schrieb am 6. Dezember 1861 an Wilhelm Hertz: »Ein *Freund* sagte mir: ›Ich habe mir das Buch
gekauft; ob ich's durchlese, ist sehr fraglich — ich mache mir
nichts aus dem märkischen Adel; *aber den Brief von Schinkel* hab ich mit großem Vergnügen gelesen.‹ — Ich beklage
in völlig unegoistischer Weise, *daß* es so ist, aber es spricht
sich darin eine Empfindung aus, die, weil man ihr bei sonst
vernünftigen Leuten begegnet, durch unsren Adel allerdings
verschuldet sein muß; — und auch das beklag ich wieder.«
Zwei Jahre danach schickte Fontane »Das Oderland« an den
Historiker Droysen: »Der abweichende politische Standpunkt, der übrigens nur selten und, wie ich mir einbilde, in
einer für niemand unbequemen Form hervortritt, wird hoffentlich nicht stören . . .«

Bewußt oder unbewußt konfrontiert Fontane — und darin
liegt zum Teil die »Abweichung« — die miserablen Zustände
seiner Gegenwart mit der vergleichsweise »ruhmvolleren«
Vergangenheit, polemisiert er mit den »großen Prinzipien«
eines idealisierten und romantisierten Preußentums gegen
das Preußen seiner Zeit. Fontane erfüllt in gewissem Sinne,
was Robert Prutz schon 1852 für die Geschichtsschreibung
angekündigt hatte: »Wenigstens in den Tintenfässern unserer Gelehrten gärt noch jener Geist des Fortschritts und der
Freiheit, den wir in der augenblicklichen Lenkung des preußischen Staates vergeblich suchen.« Ein Paradebeispiel führt
Fontane sogleich im ersten Abschnitt des ersten Bandes vor:
neben der legendären Gestalt des Husarenvaters Zieten aus
dem achtzehnten Jahrhundert macht der »letzte Zieten« auf
Wustrau eine reichlich schlechte Figur.

So beachtlich diese Konfrontation von Gegenwart und

Vergangenheit subjektiv ist, so bleibt natürlich festzuhalten, daß dadurch objektiv nicht nur bestimmte friderizianische Traditionen beträchtlich aufgewertet werden, sondern überhaupt das »Preußische« als mögliche, ja erstrebenswerte Lebensform propagiert wird. Fontane war sich der Dialektik des Vorgangs durchaus bewußt, und er hat sie am Beispiel von Willibald Alexis exakt beschrieben, den er als Autor des Romans »Der Roland von Berlin« in einer vergleichbaren Situation sah: »Er schloß . . . das Auge absichtlich, und aus der ethischen Absicht heraus, dem Bourgeoistum von 1840 einen Anstoß zum Bessern zu geben, erzählte er ihm ein historisches Märchen von der Freiheit und Herrlichkeit der Berliner Ratmannen von 1440. Was anfangs Tendenz war, wurde schließlich (wie es immer geht) zu einer Art von Überzeugung; das künstlerische Gebilde trat an die Stelle der Wirklichkeit und riß den Bildner mit fort. Er enthusiasmierte sich selbst.« Zwar zeigt der Versuch Fontanes, gegenüber dem moralisch wie politisch dubiosen zeitgenössischen Preußen ein vernünftiges, ehrlich-biederes »Altpreußentum« zu verteidigen, daß er das Zeug zum Konformisten wirklich nicht hatte. Aber als ein Gesinnungspreuße ist er freilich anzusprechen, der sich zu den preußischen Tugenden der Ordnung und Selbstdisziplin, der Einfachheit und Sparsamkeit, des Opfermuts und der vornehmen Geradheit freudig und in deutlicher Abgrenzung zu allem Bourgeoishaften bekannte. Daß er bei alledem stets eine gehörige Portion frondierender, aber weithin systemkonformer Kritik als Zeichen »innerer Freiheit« schätzte, bedeutet keine Einschränkung dieser Haltung; es gehört zu ihrem Wesen. Gerade solche Züge hebt Fontane bei den Porträtskizzen märkischer Junker in den »Wanderungen« gern hervor, und sie bestimmen auch das menschliche Profil der Adelsfiguren in seinen Romanen. Als »Vor dem Sturm« erschienen war und Paul Heyse die Vorzüge des Buches in der Darstellung des Landschaftlichen fand, widersprach Fontane und verwies auf die »*Gesinnung, aus der das Buch erwuchs*«, und auf Berndt von Vitzewitz, der sie repräsentiert. Und noch in der Grabrede auf den alten Stechlin läßt er den Pastor sagen, daß Dubslav »ein Edelmann nach jenem alles Beste umschließenden Etwas, das Gesinnung heißt«, gewesen sei; und diese Gesinnung vertrug sich durchaus mit dem Vergnügen, mit dem der Junker seinem Pfarrer bei gelegentlichen »Ritten ins Bebelsche« zu folgen pflegte.

Mit dem Bewußtsein einer solchen Gesinnungsfreiheit hatte Fontane sein eigenes Gewissen beruhigt, als er sich im Herbst 1851 (wie er an Lepel schrieb) für monatlich dreißig Silberlinge der Reaktion verkaufte. Er stilisierte gesinnungsvolle Haltung zum sozialpsychologischen Merkmal »wahren« Preußentums, in das er sich integriert fühlte. Aber die Kluft zwischen dem idealen Alt- und dem realen Neupreußentum mit seiner »popligen Unteroffizierswirtschaft« wird größer, und Fontanes permanente Verstimmung, die im Grunde aus ebenjener Gesinnung resultiert, wird Ausgangspunkt eines weitreichenden Wandels. Fontane lernt unter dem Einfluß der schroffer werdenden Klassengegensätze die »zufälligen Vorkommnisse«, die er in dem Brief an Heyse einschränkend schon angeführt hatte, als typisch durchschauen, und der Kreis schließt sich, wenn man jenem konservativen Credo von 1860 ein anderes von 1894 gegenübergestellt: »Ich werde immer demokratischer, lasse höchstens noch einen richtigen Adel gelten.« Adel wird endgültig zur Gesinnungsqualität, die in allen Ständen anzutreffen ist; Adel ist nur noch Adel des Herzens, wie er allenfalls in »entzückenden Einzelexemplaren« märkischer Junker sich manifestiert, wie ihn Fontane mehr und mehr aber beim »kleinen Mann« findet und anerkennt. Und so gibt es auch zu der Eloge auf den Adel und zu der Geringschätzung der »Schultzes und Lehmanns« vom Jahre 1860 ein korrigierendes Pendant. Ebenfalls 1894 gesteht Fontane in einem Brief an Georg Friedlaender: »Von meinem vielgeliebten Adel falle ich mehr und mehr ganz ab, traurige Figuren, beleidigend unangenehme Selbstsüchtler von einer mir ganz unverständlichen Borniertheit ... Sie müssen alle geschmort werden. Alles antiquiert! Die Bülows und Arnims sind zwei ausgezeichnete Familien, aber wenn sie morgen von der Bildfläche verschwinden, ist es nicht bloß für die Welt (da nun schon ganz gewiß), sondern auch für Preußen und die preußische Armee ganz gleichgültig, und die Müllers und Schultzes rücken in die leer gewordenen Stellen ein. Mensch ist Mensch.«

In solchen Formulierungen bestätigt sich, was Dietrich Sommer gelegentlich hervorgehoben hat: ». . . im Laufe von Fontanes Entwicklung verlieren Haltung, Tugenden und Gesinnung den Bezug zu *jedem* wirklichen Preußen, so daß sich durchaus von schlechthin bewahrenswerten und in die Zukunft aufhebbaren menschlichen Qualitäten sprechen läßt.«

Das radikale Votum von 1894 — keiner augenblicklichen Verärgerung, sondern jahrzehntelanger kritischer Beobachtung und wachsender historischer Einsicht entsprungen — wird in zahlreichen Äußerungen seit den siebziger Jahren vorbereitet. Fontane hatte, wie er im Januar 1880 an Mathilde von Rohr schrieb, »in dem Verkehr mit Hof und Hofleuten ein Haar gefunden; sie bezahlen nur mit ›Ehre‹, und da diese ganze Ehre auch noch nicht den Wert einer altbakkenen Semmel für mich hat, so wird es mir nicht schwer, darauf zu verzichten«. Was Wunder, daß er sich nun — Sommer 1881 — in Thale geniert, die »Kreuz-Zeitung« »zu zeigen oder gar in Gegenwart andrer zu lesen«! Die veränderte Haltung färbt bereits auf den letzten Band der »Wanderungen« ab und spiegelt sich vor allem im Schlußwort, das der Autor aus gutem Grund als »kleinen politischen Essay« verstand. Sein Verhältnis zu den Junkern war prekär geworden. Er fand »die Kerle« »unausstehlich und reizend zugleich« und sah sich, wie er dem Verleger der »Wanderungen« am 1. November 1881 bekannte, zu einem vertrackten »Mittelkurs zwischen Freisinnigkeit und Verbindlichkeit, zwischen Anerkennung des persönlichen und gesellschaftlichen und Anzweiflung des politischen Menschen in unsrem Landadel« gezwungen. In der Form von »Wanderungen« war ein solcher »Mittelkurs« zwischen Gefühlstradition und geschichtlicher Erkenntnis gerade noch möglich, in der Epik nicht mehr. Die »Wanderungen« führen »Pflichttrampel und Dienstknüppel« vor und zeigen, wie »aller Ruppigkeit und Unausstehlichkeit unbeschadet« aus »der letzten Nummer Deutschlands« seine erste werden konnte. Als Fontane mit diesen Formulierungen einen Werbetext zu den »Wanderungen« entwirft, ist in der »Vossischen Zeitung« bereits »Schach von Wuthenow« erschienen, in dem der Erzähler Fontane die perfekte menschliche Unfähigkeit und historische Überlebtheit eines »Märkischen von Adel« ad oculos demonstrierte.

Indes entdeckt man kritische Akzente nicht erst in den letzten Bänden der »Wanderungen«; sie kündigen sich bereits in der — immerhin noch am stärksten konservativen, später aber auch besonders intensiv umgearbeiteten — Ausgabe des ersten Bandes von 1862 an, wo hinter dem wohlwollenden Interesse für manchen alten Junker schon ironische Distanz spürbar wird. Denn was hat — um ihn noch einmal zu bemühen — der »letzte Zieten« eigentlich zu bieten? Ein Bonmot sei das Beste, was er hinterlassen habe; ansonsten figuriert er als Verwalter des Familienruhms, unfähig, selbst noch etwas dazu beizutragen. Er verschwendet seinen bescheidenen Scharfsinn allenfalls darauf, die Leute zu mystifizieren. Dieses recht blamable Porträt signalisiert die Schwierigkeiten, die der märkische Stoff dem Autor bereitete, und er hat — wenn auch in anderem Zusammenhang — in einem Brief an seine Frau vom 8. August 1883 seine Situation mit folgendem Aperçu umrissen: »Herwegh schließt eins seiner Sonette (›An die Dichter‹) mit der Wendung:

Und wenn einmal ein *Löwe* vor euch steht,
Sollt ihr nicht das *Insekt* auf ihm besingen.

Gut. Ich bin danach Lausedichter, zum Teil sogar aus Passion; aber doch auch wegen Abwesenheit des Löwen.«

Und den besagten Löwen vermißte Fontane nicht nur in Wustrau. Was er bei den unterschiedlichsten Gelegenheiten vom »Soldatenkönig« Friedrich Wilhelm I. ausplaudert (etwa in den Kapiteln »Karwe« und »Wust«), gereicht dem Nestor des preußischen Militarismus wahrhaftig nicht zur Ehre. Und selbst manche Stelle über den »großen König«, Friedrich II., relativiert sich, wenn man etwa folgende Äußerung in einem Brief an Paul Becher vom 19. September 1882 hinzunimmt, der für die vierte Auflage der »Grafschaft Ruppin« neues Material »über Rekrutierungs- und Geldnotangelegenheiten« des Kronprinzen zur Verfügung gestellt hatte: »Daß man durch die Lektüre dieser Briefe in seiner Bewunderung des großen Königs bestärkt würde, läßt sich

freilich nicht behaupten. Gewiß war er das Opfer der Verhältnisse, und die Geschichte muß bei dem Urteil, das sie
fällt, über Häßlichkeiten hinwegzusehn wissen, aber das
ästhetische und selbst das natürliche Gefühl kann es *nicht.*
Erst 3000 Dukaten nehmen und dann ›aus Dankbarkeit‹
Schlesien dazu macht keinen schönen Eindruck. Groß mag
es sein, hübsch ist es nicht.«

Sicher, Fontane hat viele Jahre lang in jedem »Herrenhaus« vorgesprochen, und ein »Buddler seines Schlages«
kannte jedes »Haus des Herrn«. Er hat mit unendlicher
Mühe und echtem Enthusiasmus auch entlegene Nachrichten über die Adelsfamilien und ihre Militärkarriere zusammengetragen und konnte in dem Gedicht »An meinem Fünfundsiebzigsten« zu Recht sagen:

> Du bist der Mann der Jagow und Lochow,
> Der Stechow und Bredow, der Quitzow und Rochow,
> Du kanntest keine größeren Meriten
> Als die von Schwerin und vom alten Zieten,
> Du fandst in der Welt nichts so zu rühmen
> Als Oppen und Groeben und Kracht und Thümen,
> An der Schlachten und meiner Begeisterung Spitze
> Marschierten die Pfuels und Itzenplitze,
> Marschierten aus Uckermark, Havelland, Barnim
> Die Ribbecks und Kattes, die Bülow und Arnim,
> Marschierten die Treskows und Schlieffen und
>   Schlieben —
> Und über alle hab ich geschrieben.

Dabei hat er zweifellos manchem Krautjunker zu poetischem
Glanz verholfen (und wenn es dadurch geschah, daß er deren Briefen erst einmal »den Stil anputzte«, bevor er sie ab-
druckte!). Freilich gleichen diese märkischen Lokalmatado-
ren jenen Insekten, die ein Zufall in ein Stück Bernstein eingeschlossen hat und die nur so eine Chance hatten,
überhaupt — und noch dazu als Schmuckstück — auf die
Nachwelt zu kommen. Sie waren borniert genug, diese Ehre
nicht zu schätzen. Nachdem Fontane im Kapitel »Alt Gel-
tow« über einen gewissen Karl von Meusebach referiert
hatte, der 1862 im Irrenhaus gestorben war, erhielt er
prompt (wie aus einem Schreiben an Mathilde von Rohr

vom 26. März 1874 hervorgeht) »einen Klagebrief von einer Frau von Witzleben, geb. von Meusebach, aus Potsdam, die sich bitter beschwerte über das, was ich über ihren verstorb[enen] Bruder geschrieben habe. Er war schließlich absolut verrückt; ich nenne ihn einen ›Mann von Genie und Exzentrizität‹; das ist nun der Dank dafür.« Statt ihm — wie er im gleichen Brief ironisch konstatiert — »ein Denkmal [zu] errichten oder eine ›Stiftung‹ für meine Kinder ins Leben [zu] rufen«, kam man ihm häufig genug mit Vorurteilen entgegen (wobei er sich durchaus bewußt war, daß er »um kein Haarbreit introduzierter oder empfohlener als irgendein Feuer- oder Hagelassekuranz-Agent« in den Herrenhäusern auftauchte). Im Mai 1889 — obwohl vom Projekt der Bredow-Geschichte völlig fasziniert — schreibt er an seine Tochter: ». . . dies Vorfahren von einer Schloßrampe auf die andre hat für einen Siebziger doch sein Unbequemes. Dabei ist das Schriftstellermetier und der Zweck, zu dem man kommt, mehr oder weniger verdächtig. ›Was will er eigentlich? Da steckt gewiß was dahinter. Solch Berliner Skriblifax kann sich doch nicht für unsre Schafställe interessieren. Kunst, Bilder-Inschriften? Kunst gibt es hier nicht, und um das Bild von Tante Rosalie mit ihrer weißen Tüllhaube kann er doch unmöglich kommen.‹ Die märkischen Edelleute sind sehr gute Menschen, aber sie haben den allgemein märkischen Zug des Argwohns, der Nüchternheit und des Nichtbegreifenkönnens eines reinlichen, über den äußerlichsten Gewinn und Vorteil hinausgehenden Wollens.«

Ebendieses Mißtrauen des Adels (»Soupçon« pflegte Fontane zu sagen), ja auch die demonstrative Reserve, mit der das offizielle Preußen den fünfundsiebzigsten Geburtstag des Autors »vergaß« (»Aber die zum Jubeltag kamen, / Das waren doch sehr, sehr andre Namen«, fährt er nach den oben zitierten Versen fort), bestätigen, daß Fontane zur politisch-historischen Aufwertung der Mark Brandenburg kaum beigetragen hat. Wenn die »Wanderungen« gelegentlich für Preußens Glanz und Gloria herhalten sollten, hat er sich — übrigens auffällig oft nach jenem »Unglücksjahr 76« — energisch distanziert. Von »Mark-Verherrlichung« könne keine Rede sein, schreibt er im Juni 1881 an seine Frau, und ein Jahr darauf führt ihn ein brieflicher Exkurs über den Adel

(wiederum an Emilie gerichtet) zu folgendem bündigen Urteil: ». . . ich habe [in den »Wanderungen«] überall liebevoll
geschildert, aber nirgends glorifiziert, nicht einmal meinen
Liebling Marwitz. Ich habe sagen wollen und habe wirklich
gesagt: ›Kinder, *so* schlimm, wie *ihr* es macht, ist es nicht‹,
und dazu war ich berechtigt; aber es ist Torheit, aus diesen
Büchern herauslesen zu wollen: ich hätte eine Schwärmerei
für Mark und Märker. *So* dumm war ich nicht.« Eine beden-
kenswerte Selbstcharakteristik liefert der Autor auch in
einem Brief an Wilhelm Hertz vom 27. Mai 1880. Er geht
auf einen Artikel ein, den Otto Franz Gensichen über Fontane als den »Dichter der Mark« veröffentlicht und in dem
er sich über das versifizierte Vorwort zur ersten Auflage von
»Havelland« ausgesprochen hatte. Er habe sich »über die
Klugschmuserei« geärgert, sagt Fontane und bemerkt:
» ›Otto Franz‹ [Gensichen] kennt mich persönlich und
müßte wissen, daß, wer bei Percy und Douglas groß geworden ist, unmöglich ›Gatow, Flatow‹ etc. [ein Reimpaar aus
dem genannten Vorwort, das in einer Strophe märkische
Dorfnamen aufeinander reimt] einem verehrungswürdigen
Publikum als *Poesie* bieten will. Es ist eben Selbstpersiflage,
zu der *er* sich in aufgestelzter Wichtigtuerei freilich nicht erheben kann. Ich und Mark-Bewunderung! Ich weiß, was gut
dran ist, aber schwerlich hat sie je einen strengeren Kritiker
gefunden. Und wer richtig liest, der kann das auch finden.«

Dieses Zitat — erst seit der kompletten Publikation der
Fontaneschen Korrespondenz mit Wilhelm Hertz im Jahre
1972 zugänglich — erschließt einen weiteren wesentlichen
Aspekt für die Beurteilung der »Wanderungen«: sie sind bei
aller stofflichen und lokalen Beschränkung nicht das Werk
eines »Heimatschriftstellers«. Wer sich den entscheidenden
Unterschied zwischen liebevoller Schilderung und Glorifizie-
rung so bewußt macht und wer vor allem mit »Percy und
Douglas groß geworden« war, sich also in der traditionsrei-
chen englisch-schottischen Geschichte zu Hause fühlte und
»die Fremde« stets als Korrektiv gegenwärtig hatte — der ist
für »Provinzialsimpelei« verdorben. Fontanes tief eingewur-
zelte Liebe zur Mark (er bezeichnete sich sogar als einen »in
der Wolle gefärbten Preußen«) wurde kontrolliert von seinem früh entwickelten Gefühl für die Dialektik zwischen

Heimat und Welt. Das mag in seiner hugenottischen Herkunft und in den Swinemünder Jugendeindrücken mit begründet sein. 1890 heißt es rückschauend in einem Brief an
Friedlaender: ».. . wie spießbürgerlich war mein heimatli-
ches Ruppin, wie poetisch das aus bankrutten Kaufleuten bestehende Swinemünde, wo ich von meinem 7. bis zu meinem 12. Jahre lebte und nichts lernte. Fast möchte ich hinzusetzen, Gott sei Dank. Denn das Leben auf Strom und
See, der Sturm und die Überschwemmungen, englische Matrosen und russische Dampfschiffe, die den Kaiser Nikolaus
brachten — das war besser als die unregelmäßigen Verba,
das einzig Unregelmäßige, was es in Ruppin gab.« Vor allem
aber haben die England-Aufenthalte der vierziger und fünfziger Jahre den orientierenden Sinn für die Welt geschärft
und zugleich den Blick auf die Mark gelenkt. Im Vorwort
zur »Grafschaft Ruppin« kann man nachlesen, wie der poe-
sievolle Besuch in Lochleven Castle den Dichter an das märkische Rheinsberg erinnerte und seinem Vorhaben erste kla-
rere Konturen verlieh.

Fontane hob, als er 1872 in seinem Essay über Willibald
Alexis dessen »Reiseepoche« besprach, die Funktion des
Reisens für eine sachgemäße, objektive Weltbetrachtung hervor, und er schrieb über »die Fremde«: »Sie lehrt uns nicht
bloß sehen, sie lehrt uns auch *richtig* sehen. Sie gibt uns
auch das *Maß* für die Dinge. Und dies ist, künstlerisch genommen, fast noch wichtiger, als daß sie uns die Dinge überhaupt erschließt. Sie leiht uns die Fähigkeit, *groß und klein
zu unterscheiden,* und bewahrt uns vor jenem ebenso ridikü-
len wie anstößigen Lokalpatriotismus, der den Sieg der Müggelsberge über das Finsteraarhorn proklamiert.« In jener
konservativen Phase zu Beginn der sechziger Jahre führt
Fontanes Heimatgefühl — das ist unbestreitbar — zunächst
freilich zu bestimmten Tendenzen, auf deren Formulierungen wir heute — »im Lichte unserer Erfahrungen« — aller-
gisch reagieren. Kossak gegenüber bemerkt Fontane einmal:
»Ich schreibe diese Bücher aus reiner Liebe zur Scholle, aus
dem Gefühl und dem Bewußtsein (die mir beide in der
Fremde gekommen sind), daß in dieser Liebe unsere allerbesten Kräfte wurzeln, Keime eines echten Konservatismus.«
Doch auch hier ist die weitere Entwicklung des Autors mit-

zubedenken, die ihr Ziel in einem konträren Bekenntnis erreicht. Im letzten Roman nämlich, wo Märkisches und Engli-
sches, Provinzielles und »Welthaltiges« noch einmal sorgsam
gegeneinander abgewogen werden, läßt Fontane im zwölften
Kapitel den jungen Stechlin ins Tagebuch schreiben: »Papa
sitzt nun seit richtigen dreißig Jahren in seinem Ruppiner
Winkel fest, der Graf [Barby] war ebensolange draußen! Ein
Botschaftsrat ist eben was andres als ein Ritterschaftsrat, und
an der Themse wächst man sich anders aus als am ›Stechlin‹
— unsern Stechlin dabei natürlich in Ehren. . . . Nebenher
freilich ist er [Graf Barby] Weltmann, und das gibt dann den
Unterschied und das Übergewicht. Er weiß — was sie hierzulande nicht wissen oder nicht wissen wollen —, daß hinterm
Berge auch noch Leute wohnen. Und mitunter noch ganz andre.« Was Fontane bereits 1874 im »Wanderungen«-Kapitel
über den Großen Stechlin angedeutet hatte, das wird nun im
bekenntnisreichen Altersroman zum zentralen Thema. Der
Stechlin, durch geheimnisvolle Beziehungen mit der »großen
Welt« verbunden, durch die Sage vom roten Hahn zum
heimlichen Revolutionär unter den romantischen Seen der
Mark bestimmt, wird zum überzeugenden Symbol für das
dialektische Wechselspiel von alt und neu, von drinnen und
draußen: ». . . vor allem sollen wir, wie der Stechlin uns
lehrt, den großen Zusammenhang der Dinge nie vergessen.
Sich abschließen heißt sich einmauern, und sich einmauern
ist Tod. Es kommt darauf an, daß wir gerade *das* beständig
gegenwärtig haben.«

Zugegeben: die Maxime von Heimat *und* Welt bildet nur
hier und da den Tenor der »Wanderungen«, aber auf seine
Weise schenkte Fontane auch darin dem »großen Zusammenhang der Dinge« seine Beachtung — den sozialhistori-
schen Relationen und Entwicklungen beispielsweise. Man
darf — was mitunter tendenziös übersehen wird — nicht
außer acht lassen, daß die »Wanderungen« keineswegs eine
bloße Historie märkischen Adels, sondern vor allem eine
Kulturgeschichte des Landes geworden sind. Den Beschreibungen der Herrensitze und Junkergeschlechter, der Heerführer und Regimentshistorien stehen die Landschafts- und
Naturschilderungen und die Darstellungen aus der Geschichte märkischen Bürgertums und märkischer Städte zur

Seite — die Kapitel über Gustav Kühn und seine Ruppiner Bilderbogen, über Paul Gerhardt und Albrecht Thaer, über Gentz und Schinkel. Fontane hat zwar — 1863 — einmal behauptet, daß ihm ganz und gar der bürgerliche Sinn fehle und ihn nur das Adlige interessiere; dies aber definierte er recht unkonventionell: »Ich verwahre mich übrigens feierlich dagegen, daß das, was ich ›adlig‹ nenne, bloß an der Menschenklasse haftet, die man ›Adel‹ nennt; es kommt in allen Ständen vor, es ist der Sinn für das Allgemeine, für das Ideale und die Abneigung gegen den Krimskrams des engsten Zirkels, dessen Abgeschlossenheit von selbst dafür sorgt, daß aus jedem P- ein Donnerschlag wird.« Von einer durchaus progressiv-bürgerlichen Position aus, wie sie sich in dieser Bestimmung des »Adligen« ausdrückt, fällt Fontane manch bemerkenswertes Urteil. So wird der »alte Zieten« (so gut er, an seinem Nachfahren gemessen, wegkommt) in seiner historischen Leistung neben seinem Landsmann Schinkel gewogen und — zu leicht befunden: »Der ›alte Zieten‹ übertrifft ihn [Schinkel] freilich an Popularität, aber die Popularität eines Mannes ist nicht immer ein Kriterium für seine Bedeutung. Diese resultiert vielmehr aus seiner reformatorischen Macht, aus dem Einfluß, den sein Leben für die Gesamtheit gewonnen hat, und *diesen* Maßstab angelegt, kann der ›Vater unsrer Husaren‹ neben dem ›Schöpfer unsrer Baukunst‹ nicht bestehn.« Hier ist bereits — in der Frühzeit der »Wanderungen« — angedeutet, was Fontane im Mai 1898 in einem Brief an Friedrich Paulsen resümierte: »... groß ist doch schließlich nur, wer die Menschheit um ein paar Kilometer weiterbringt.«

Mit dergleichen Vorstellungen korrespondieren die Verdikte über den Neuruppiner Spießer Michel Protz, den Schuldespoten Thormeyer, der jenen »Normalabiturienten oder den durch sieben Examina gegangenen Patentpreußen« züchtete, den Fontane so ingrimmig haßte. Damit hängt andererseits aber auch der vorurteilsfreie Exkurs über die »Wenden in der Mark« zusammen, der, schon Mitte der sechziger Jahre entstanden, sich in bewußtem Gegensatz zur diskriminierenden Lesart der offiziellen preußischen Geschichtsschreibung bewegt. Fontane weist entschieden die Legenden von der angeblichen Treulosigkeit der »Wenden«

zurück, beschreibt liebevoll die versunkene altslawische Kultur und beleuchtet kritisch die deutsche Kolonisation. Überraschend sind auch die ironischen Betrachtungen, die er im Spreewald-Kapitel (das schon 1859 entstand, aber erst 1882 in den letzten Band aufgenommen wurde) über die künstlich forcierte »deutsche Amtssprache« und ihr Verhältnis zum Sorbischen anstellt. Solche Bemerkungen über Probleme einer nationalen Minderheit stehen in direktem Zusammenhang mit ähnlich verständnis-, ja liebevollen Äußerungen über die Tschechen, wie sie Fontane etwa in seinem Buch »Der deutsche Krieg von 1866« eingestreut hat.

Die demokratisch-humanistische Position, die sich in solchen beiläufigen Plädoyers ausspricht, bestimmt auch die Reportagen über die Torfstecher im Luch und die Ziegelstreicher in Glindow. Bei aller scheinbaren Objektivität dieser Abschnitte bleibt kein Zweifel, daß Fontanes Anteilnahme nicht den Torf- und Ziegellords gehört, sondern jenen, die unter unwürdigen Bedingungen den Reichtum der Bourgeoisie schaffen. Der Glindow-Aufsatz, 1869 entstanden, muß mit seinen Bemerkungen über den »frondiensthaften Industrialismus« und über den Gegensatz zwischen den Unternehmervillen und den Arbeiterkaten zu den erstaunlichsten Partien der »Wanderungen« gezählt werden. Das Kapitel beweist, wie der Blick auf den »gemeinen Mann«, den einfachen, arbeitenden Menschen, dem Reporter Fontane interessante Perspektiven und neue Betrachtungsweisen ermöglichte.

Daß die Aufmerksamkeit für die Entwicklung des »vierten Standes« schon in der Zeit der »Wanderungen« den Autor zu weitreichenden Überlegungen veranlaßte, zeigt auch eine Theaterkritik, die er unter dem Eindruck der Pariser Commune im Herbst 1871 in der »Vossischen Zeitung« über Scribes »Feenhände« veröffentlichte. Darin bekannte Fontane: »Wir gehören nicht zu denen, die die Menschheit erst vom Baron an aufwärts zu rechnen beginnen, wir haben mitunter ein leises Vorgefühl davon, als würden wir unsere Tage *nicht* hier, sondern in Gegenden beschließen, wo es keine Herzöge und keine Grafen gibt, und wir glauben dabei des einen sicher zu sein, daß die Feudalpyramide mit zu dem letzten gehören dürfte, was wir da drüben *wirklich* entbehren würden. ... Die Welt liegt in Wehen; wer will sagen, was geboren wird! Der Sturz des Alten bereitet sich vor. Gut, die Dinge gehen ihren Gang; tut eure Maulwurfsarbeit, ihr, die ihr *unten* seid.« Die Rezension verstrickt sich schließlich in Widersprüchen, aber das Interesse, ja die heimliche Sympathie für die, »die ihr *unten* seid«, bleibt. So ist auch jene Hauptstelle im Vorwort zur zweiten Auflage des ersten Bandes der »Wanderungen« zu verstehen, das unter den Ratschlägen für Reisen in der Mark diesen enthält: »Das Beste ..., dem du begegnen wirst, das werden die Menschen sein, vorausgesetzt, daß du dich darauf verstehst, das rechte Wort für den ›gemeinen Mann‹ zu finden. Verschmähe nicht den Strohsack neben dem Kutscher, laß dir erzählen von ihm, von seinem Haus und Hof, von seiner Stadt oder seinem Dorf, von seiner Soldaten- oder seiner Wanderzeit, und sein Geplauder wird dich mit dem Zauber des Natürlichen und Lebendigen umspinnen.«

Das empfahl Fontane im Sommer 1864, und die Äußerung ordnet sich organisch in die stattliche Reihe von Bekenntnissen ein, in denen er sein Verhältnis zum »vierten Stand« zu klären und zu bestimmen suchte. Er hat ja nicht nur — als Höhepunkt seiner Erkenntnisse — 1896 briefverborgen gestanden, daß für ihn alles Interesse beim »vierten Stand« ruhe; er hat 1898 im »Stechlin« auch drucken lassen, daß »in ihrem vernünftigen Kern« die »ganze Sache« darauf hinauslaufe, »ob sich der vierte Stand etabliert und stabiliert«.

Die Unverbrauchtheit des »vierten Standes« schien Fontane eine wünschenswerte Alternative zum Borussismus seiner Tage, den er so gründlich verabscheute. Ihm wurde himmelangst bei den chauvinistischen Reden Wilhelms II., »bei diesem Rückfall in Anschauungen, die noch über die Stuart-Anschauungen Jacobs II. hinausgehn«. Er bestritt energisch, »daß speziell wir Deutsche eine hohe Kultur repräsentieren«: »Heer und Polizei bedeuten freilich auch eine Kultur, aber doch einen niedrigeren Grad, und ein Volk- und Staatsleben, das durch diese zwei Mächte bestimmt wird, ist weitab von einer wirklichen Hochstufe.«

Die Geschichte des 20. Jahrhunderts hat freilich auf jene Fragestellung des welterfahrenen Grafen Barby (die weithin auch die des Autors war) eine Antwort gegeben, die letztlich recht fragwürdig ausgefallen ist: nicht durch das Versagen des »gemeinen Mannes«, sondern durch das Verschulden jener, die — seine Vertretung vorschützend — nur ihre eigenen Interessen verfolgten.

In allen Wandlungen deutscher Geschichte haben Fontanes »Wanderungen« ihre Unverwüstlichkeit bewährt. Wer sie vor- oder nachbereitend für einen Urlaub oder einen Wochenendausflug zu Rate zieht, wird sich stets einem kundigen Führer anvertrauen. Und wer zu Haus in diesem Standardwerk blättert, wird sich immer aufs neue gut unterhalten und vielfach bereichert finden.

Gotthard Erler

VORWORT
ZUR ERSTEN AUFLAGE

»Erst die Fremde lehrt uns, was wir an der Heimat besitzen.« Das hab ich an mir selber erfahren, und die ersten Anregungen zu diesen »Wanderungen durch die Mark« sind mir auf Streifereien in der Fremde gekommen. Die Anregungen wurden Wunsch, der Wunsch wurde Entschluß.

Es war in der schottischen Grafschaft Kinross, deren schönster Punkt der Leven-See ist. Mitten im See liegt eine Insel, und mitten auf der Insel, hinter Eschen und Schwarztannen halb versteckt, erhebt sich ein altes Douglas-Schloß, das in Lied und Sage vielgenannte Lochleven Castle. Es sind nur Trümmer noch, die Kapelle liegt als ein Steinhaufen auf dem Schloßhof, und statt der alten Einfassungsmauer zieht sich Weidengestrüpp um die Insel her; aber der Rundturm steht noch, in dem Queen Mary gefangensaß, die Pforte ist noch sichtbar, durch die Willy Douglas die Königin in das rettende Boot führte, und das Fenster wird noch gezeigt, über dessen Brüstung hinweg die alte Lady Douglas sich beugte, um mit weit vorgehaltener Fackel dem nachsetzenden Boote den Weg und womöglich die Spur der Flüchtigen zu zeigen.

Wir kamen von der Stadt Kinross, die am Ufer des Leven-Sees liegt, und ruderten der Insel zu. Unser Boot legte an derselben Stelle an, an der das Boot der Königin in jener Nacht gelegen hatte, wir schritten über den Hof hin, langsam, als suchten wir noch die Fußspuren in dem hochaufgeschossenen Grase, und lehnten uns dann über die Brüstung, an welcher die alte Lady Douglas gestanden und die Jagd der beiden Boote, des flüchtigen und des nachsetzenden, verfolgt hatte. Dann umfuhren wir die Insel und lenkten unser Boot nach Kinross zurück, aber das Auge mochte sich nicht trennen von der Insel, auf deren Trümmergrau die Nachmittagssonne und eine wehmütig-unnennbare Stille lag.

Nun griffen die Ruder rasch ein, die Insel wurd ein Streifen, endlich schwand sie ganz, und nur als ein Gebilde der Einbildungskraft stand eine Zeitlang noch der Rundturm vor uns auf dem Wasser, bis plötzlich unsre Phantasie weiter in ihre Erinnerungen zurückgriff und ältere Bilder vor die Bilder dieser Stunde schob. Es waren Erinnerungen aus der Heimat, ein unvergessener Tag.

Auch eine Wasserfläche war es; aber nicht Weidengestrüpp faßte das Ufer ein, sondern ein Park und ein Laubholzwald nahmen den See in ihren Arm. Im Flachboot stießen wir ab, und sooft wir das Schilf am Ufer streiften, klang es, wie wenn eine Hand über knisternde Seide fährt. Zwei Schwestern saßen mir gegenüber. Die ältere streckte ihre Hand in das kühle, klare Wasser des Sees, und außer dem dumpfen Schlag des Ruders vernahm ich nichts als jenes leise Geräusch, womit die Wellchen zwischen den Fingern der weißen Hand hindurchplätscherten. Nun glitt das Boot durch Teichrosen hin, deren lange Stengel wir (so klar war das Wasser) aus dem Grunde des Sees aufsteigen sahen; dann lenkten wir das Boot bis an den Schilfgürtel und unter die weit überhängenden Zweige des Parkes zurück. Endlich legten wir an, wo die Wassertreppe ans Ufer führt, und ein Schloß stieg auf mit Flügeln und Türmen, mit Hof und Treppe und mit einem Säulengange, der Balustraden und Marmorbilder trug. Dieser Hof und dieser Säulengang, die Zeugen wie vieler Lust, wie vielen Glanzes waren sie gewesen? Hier über diesen Hof hin hatte die Geige Grauns geklungen, wenn sie das Flötenspiel des prinzlichen Freundes begleitete; hier waren Le Gaillard und Le Constant, die ersten Ritter des Bayard-Ordens, auf und ab geschritten; hier waren in buntem Spiel, in heiterer Ironie, fingierte Ambassaden aus aller Herren Länder erschienen, und von hier aus endlich waren die heiter Spielenden hinausgezogen und hatten sich bewährt im Ernst des Kampfs und auf den Höhen des Lebens. Hinter dem Säulengange glitzerten die gelben Schloßwände in aller Helle des Tags, kein romantischer Farbenton mischte sich ein, aber Schloß und Turm, wohin das Auge fiel, alles trug den breiten historischen Stempel. Von der andern Seite des Sees her grüßte der Obelisk, der die Geschichte des Siebenjährigen Krieges im Lapidarstil trägt.

So war das Bild des *Rheinsberger* Schlosses, das, wie eine Fata Morgana, über den Leven-See hinzog, und ehe noch unser Boot auf den Sand des Ufers lief, trat die Frage an mich heran: So schön dies Bild war, das der Leven-See mit seiner Insel und seinem Douglas-Schloß vor dir entrollte, war jener Tag minder schön, als du im Flachboot über den Rheinsberger See fuhrst, die Schöpfungen und die Erinnerungen einer großen Zeit um dich her? Und ich antwortete: *nein.*

Die Jahre, die seit jenem Tag am Leven-See vergangen sind, haben mich in die Heimat zurückgeführt, und die Entschlüsse von damals blieben unvergessen. Ich bin die Mark durchzogen und habe sie reicher gefunden, als ich zu hoffen gewagt hatte. Jeder Fußbreit Erde belebte sich und gab Gestalten heraus, und wenn meine Schilderungen unbefriedigt lassen, so werd ich der Entschuldigung entbehren müssen, daß es eine Armut war, die ich aufzuputzen oder zu vergolden hatte. Umgekehrt, ein Reichtum ist mir entgegengetreten, dem gegenüber ich das bestimmte Gefühl habe, seiner niemals auch nur annähernd Herr werden zu können; denn das immerhin Umfangreiche, das ich in nachstehendem biete, ist auf im ganzen genommen wenig Meilen eingesammelt worden: am Ruppiner See hin und vor den Toren Berlins. Und sorglos hab ich es gesammelt, nicht wie einer, der mit der Sichel zur Ernte geht, sondern wie ein Spaziergänger, der einzelne Ähren aus dem reichen Felde zieht.

Es ist ein Buntes, Mannigfaches, das ich zusammengestellt habe: Landschaftliches und Historisches, Sitten- und Charakterschilderung — und verschieden wie die Dinge, so verschieden ist auch die Behandlung, die sie gefunden. Aber wie abweichend in Form und Inhalt die einzelnen Kapitel voneinander sein mögen, darin sind sie sich gleich, daß sie aus Liebe und Anhänglichkeit an die Heimat geboren wurden. Möchten sie auch in andern jene Empfindungen wecken, von denen ich am eignen Herzen erfahren habe, daß sie ein Glück, ein Trost und die Quelle echtester Freuden sind.

Berlin, im November 1861

Th. F.

VORWORT
ZUR ZWEITEN AUFLAGE

Statt eines regelrechten Vorwortes heute lieber ein Wort über »reisen in der Mark«.

Ob du reisen sollst, so fragst du, reisen in der *Mark?* Die Antwort auf diese Frage ist nicht eben leicht. Und doch würd es gerade mir nicht anstehn, sie zu umgehen oder wohl gar ein »nein« zu sagen. So denn also »ja«. Aber »ja« unter Vorbedingungen. Laß mich Punkt für Punkt aufzählen, was ich für unerläßlich halte.

Wer in der Mark reisen will, der muß zunächst Liebe zu »Land und Leuten« mitbringen, mindestens keine Voreingenommenheit. Er muß den guten Willen haben, das Gute gut zu finden, anstatt es durch krittliche Vergleiche totzumachen.

Der Reisende in der Mark muß sich ferner mit einer feineren Art von *Natur-* und *Landschaftssinn* ausgerüstet fühlen. Es gibt gröbliche Augen, die gleich einen Gletscher oder Meeressturm verlangen, um befriedigt zu sein. Diese mögen zu Hause bleiben. Es ist mit der märkischen Natur wie mit manchen Frauen. »Auch die häßlichste« — sagt das Sprichwort — »hat immer noch sieben Schönheiten.« Ganz so ist es mit dem »Lande zwischen Oder und Elbe«; wenige Punkte sind so arm, daß sie nicht auch ihre sieben Schönheiten hätten. Man muß sie nur zu finden verstehn. Wer das Auge dafür hat, der wag es und reise.

Drittens. Wenn du reisen willst, mußt du die *Geschichte* dieses Landes *kennen* und *lieben.* Dies ist ganz unerläßlich. Wer nach Küstrin kommt und einfach das alte graugelbe Schloß sieht, das, hinter Bastion Brandenburg, mehr häßlich als gespensterhaft aufragt, wird es für ein Landarmenhaus halten und entweder gleichgültig oder wohl gar in ästhetischem Mißbehagen an ihm vorübergehn; wer aber weiß: »hier fiel Kattes Haupt; an diesem Fenster stand der Kronprinz«, der sieht den alten unschönen Bau mit andern Augen an. — So überall. Wer, unvertraut mit den Großtaten unserer Geschichte, zwischen Linum und Hakenberg hinfährt, rechts das Luch, links ein paar Sandhügel, der wird sich die Schirmmütze übers Gesicht ziehn und in der Wagenecke zu nicken suchen; wer aber weiß, hier fiel Froben, hier wurde das Regiment Dalwigk in Stücke gehauen, dies ist das Schlachtfeld von Fehrbellin, der wird sich aufrichten im Wagen und Luch und Heide plötzlich wie in wunderbarer Beleuchtung sehn.

Viertens. Du mußt nicht allzusehr durch den Komfort der »großen Touren« verwöhnt und verweichlicht sein. Es wird einem selten das Schlimmste zugemutet, aber es kommt doch vor, und keine Lokalkenntnis, keine Reiseerfahrung reichen aus, dich im *voraus* wissen zu lassen, wo es vorkommen wird und wo nicht. Zustände von Armut und Verwahrlosung schieben sich in die Zustände modernen Kulturlebens ein, und während du eben noch im Lande Teltow das beste Lager fandest, findest du vielleicht im »Schenkenländchen« eine Lagerstätte, die alle Mängel und Schrecknisse, deren Bett und Linnen überhaupt fähig sind, in sich vereinigt. Regeln sind nicht zu geben, Sicherheitsmaßregeln nicht zu treffen. Wo es gut sein könnte, da triffst du es vielleicht schlecht, und wo du das Kümmerlichste erwartest, überraschen dich Luxus und Behaglichkeit.

Fünftens und letztens. Wenn du das Wagstück wagen willst — »füll deinen Beutel mit Geld«. Reisen in der Mark ist alles andre eher als billig. Glaube nicht, weil du die Preise kennst, die Sprache sprichst und sicher bist vor Kellner und Vetturinen, daß du sparen kannst; glaube vor allem nicht, daß du es *deshalb* kannst, »weil ja alles so nahe liegt«. Die Nähe tut es nicht. In vielen bereisten Ländern kann man billig reisen, wenn man anspruchslos ist; in der Mark kannst du es nicht, wenn du nicht das Glück hast, zu den »Dauerläufern« zu gehören. Ist dies nicht der Fall, ist dir der *Wagen* ein unabweisliches Wanderungsbedürfnis, so gib es auf, für ein Billiges deine märkische Tour machen zu wollen. Eisenbahnen, wenn du »ins Land« willst, sind in den wenigsten Fällen nutzbar; also — Fuhrwerk. Fuhrwerk aber ist teuer. Man merkt dir bald an, daß du fort willst oder wohl gar fort mußt, und die märkische Art ist nicht so alles Kaufmännischen bar und bloß, daß sie daraus nicht Vorteil ziehen sollte. Wohlan denn, es kann dir passieren, daß du, um von

Fürstenwalde nach Buckow oder von Buckow nach Werneu-
chen zu kommen, mehr zahlen mußt als für eine Fahrt nach
Dresden hin und zurück. Nimmst du Anstoß an solchen
Preisen und Ärgernissen — so bleibe zu Haus.

Hast du nun aber alle diese Punkte reiflich erwogen, hast
du, wie die Engländer sagen, »deine Seele fertig gemacht«
und bist du zu dem Resultate gekommen: »Ich *kann* es wagen«, nun denn, so wag es getrost. Wag es getrost, und du
wirst es nicht bereuen. Eigentümliche Freuden und Genüsse
werden dich begleiten. Du wirst Entdeckungen machen,
denn überall, wohin du kommst, wirst du, vom Touristen-
standpunkt aus, eintreten wie in »jungfräuliches Land«. Du
wirst Klosterruinen begegnen, von deren Existenz höchstens
die nächste Stadt eine leise Kenntnis hatte; du wirst inmitten
alter Dorfkirchen, deren zerbröckelter Schindelturm nur auf
Elend deutete, große Wandbilder oder in den treppenlosen
Grüften reiche Kupfersärge mit Kruzifix und vergoldeten
Wappenschildern finden; du wirst Schlachtfelder überschreiten, Wendenkirchhöfe, Heidengräber, von denen die Menschen nichts mehr wissen, und statt der Nachschlagebuchs-
und Allerweltsgeschichten werden Sagen und Legenden und
hier und da selbst die Bruchstücke verklungener Lieder zu
dir sprechen. Das Beste aber, dem du begegnen wirst, das
werden die Menschen sein, vorausgesetzt, daß du dich darauf verstehst, das rechte Wort für den »gemeinen Mann« zu
finden. Verschmähe nicht den Strohsack neben dem Kutscher, laß dir erzählen von ihm, von seinem Haus und Hof,
von seiner Stadt oder seinem Dorf, von seiner Soldaten-
oder seiner Wanderzeit, und sein Geplauder wird dich mit
dem Zauber des Natürlichen und Lebendigen umspinnen.
Du wirst, wenn du heimkehrst, nichts Auswendiggelerntes
gehört haben wie auf den großen Touren, wo alles seine
Taxe hat; der Mensch selber aber wird sich vor dir erschlossen haben. Und das bleibt doch immer das Beste.

Berlin, im August 1864

Th. F.

VORWORT
ZUR VOLKSAUSGABE

Der erste Band der »Wanderungen« — dem die drei andern
in rascher Reihenfolge folgen werden — erscheint hier in
einer Volksausgabe, die, wie dies schon bei den frühren Auflagen der Fall war, abermals eine nicht unbeträchtliche Erweiterung erfahren hat. Das Kapitel »Wilhelm Gentz«, in
dem ich zu meiner Freude viel Autobiographisches mitteilen
oder doch benutzen konnte, ist neu, während das den Lebensgang von Alexander Gentz darstellende Kapitel »Gentzrode« einer zugleich die mannigfachsten Verhältnisse der
Stadt wie der Grafschaft behandelnden Umarbeitung unter-
zogen wurde. Ein weiterer Aufsatz, den ich mit Rücksicht
auf die hervorragende Bedeutung des darin zu Schildern-
den: Geheimerat Hermann Wagener (»Kreuz-Zeitungs-Wa-
gener«, geboren am 8. März 1815 im Pfarrhause zu Segeletz), diesem ersten Bande gerne noch hinzugefügt hätte,
mußte mit Rücksicht auf den ohnehin überschrittenen Raum
zurückgestellt werden. Vielleicht daß sich später, wenn auch
von andrer Hand, eine Einreihung ermöglicht.

Berlin, 9. März 1892

Th. F.

AM RUPPINER SEE

WUSTRAU

Da liegen wir zwei beide
Bis zum Appell im Grab.

Der Ruppiner See, der fast die Form eines halben Mondes hat, scheidet sich seinen Ufern nach in zwei sehr verschiedene Hälften. Die nördliche Hälfte ist sandig und unfruchtbar und, die freundlich gelegenen Städte Alt- und Neu-Ruppin abgerechnet, ohne allen malerischen Reiz, die Südhälfte aber ist teils angebaut, teils bewaldet und seit alten Zeiten her von vier hübschen Dörfern eingefaßt. Das eine dieser Dörfer, Treskow, war bis vor kurzem ein altes Kämmereigut der Stadt Ruppin; die drei andern: Gnewikow, Karwe und Wustrau, sind Rittergüter. Das erstere tritt aus dem Schilf- und Waldufer am deutlichsten hervor und ist mit seinem Kirchturm und seinen Bauerhäusern eine besondere Zierde des Sees. Es gehörte seit Jahrhunderten der Familie von Woldeck; jetzt ist es in andere Hände übergegangen. Der letzte von Woldeck, der dies Erbe seiner Väter innehatte, war ein Lebemann und passionierter Tourist. Seine Exzentrizitäten hatten ihn in der Umgegend zu einer volkstümlichen Figur gemacht; er hieß kurzweg »der Seebaron«. Das Wort war gut gewählt. Er hatte mit den alten »Seekönigen« den Wanderzug und die Abenteuer gemein.

Karwe gehört den Knesebecks, Wustrau dagegen ist berühmt geworden als Wohnsitz des *alten Zieten.* Sein Sohn, der letzte Zieten aus der Linie Wustrau, starb hier 1854 in hohem Alter. Es gibt noch Zietens aus andern Linien, und überall, wo nachstehend vom »letzten Zieten« gesprochen wird, geschieht es in dem Sinne von: der letzte Zieten von *Wustrau.*

Wustrau, wie viele märkische Besitzungen, bestand bis zur Mitte des vorigen Jahrhunderts aus vier Rittergütern, wovon zwei dem General von Dossow, eins den Zietens und eins den Rohrs* gehörte.

* In dem schönen, höchst anmutig gelegenen Schloßgarten von Wustrau befindet sich bis diesen Augenblick, und zwar nur wenige Schritte vom See entfernt, das ehemalig Rohrsche Herrenhaus, ein alter Fachwerkbau, der jetzt teils als Gärtnerwohnung,

Wann die Zietens in den teilweisen Besitz von Wustrau gelangten, ist nicht mehr sicher festzustellen. Ebensowenig kennt man das *Stammgut* der Familie. In der Mark Brandenburg befinden sich neun Ortschaften, die den Namen Zieten, wenn auch in abweichender Schreibart, führen. Als die Hohenzollern ins Land kamen, lagen die meisten Besitzungen dieser Familie bereits in der Grafschaft Ruppin. Hans von Zieten auf Wildberg, das damals ein fester und reicher Burgflecken war, war Geschworener Rat beim letzten Grafen von Ruppin und begleitete diesen auf den Reichstag zu Worms. Die Wildberger Zieten besaßen Langen und Kränzlin; andere Zweige der Familie hatten Lögow und Buskow inne und einen Teil von Metzelthin. Die Wustrauer Zieten, scheint es, waren nicht reich; sie litten unter den Nachwehen des Dreißigjährigen Krieges und der Schwedenzeit. Der Vater Hans Joachims lebte denn auch in noch sehr beschränkten Verhältnissen. Erst Hans Joachim selbst verstand sich auf Pflug und Wirtschaft fast so gut wie auf Krieg und Säbel und machte 1766 durch Ankauf der andern Anteile *ganz*

teils als Orangeriehaus dient. Das Haus ist interessant, einmal dadurch, daß es uns zeigt, wie schlicht und anspruchslos der Landadel früher lebte, andrerseits durch die Ornamentierung, die Graf Zieten ebendiesem Hause gegeben hat. Als nämlich der Perleberger Dom im ersten Drittel dieses Jahrhunderts restauriert und der alte Schmuck desselben beseitigt wurde, kaufte Graf Zieten allerhand Glasmalereien und Holzschnitzwerk, namentlich Heiligenbilder und Engelsfiguren, auf und begann mit Hülfe derselben die Façaden und Fenster des alten Rohrschen Herrenhauses zu schmücken. Im ersten Stocke desselben befindet sich eine Rüst- und Antiquitätenkammer von sehr ungleichem Wert; Gleichgültiges und Alltägliches steht neben wirklichen Raritäten. Das Sehenswerteste ist ein kleiner Holzaltar, vielleicht von vier Fuß Höhe, der zwischen seinen beiden Säulchen ein ziemlich gut gemaltes Heiligenbild trägt. Wahrscheinlich stellt es eine heiliggesprochene schlesische Fürstin (die heilige Hedwig) dar, denn dies Frauenbild, voll schöner Milde im Ausdruck, hält in der Linken einen Krummstab, während ihre rechte Hand auf einer Grafen- oder Fürstenkrone ruht. Dieser Altar befand sich in einem schlesischen Kloster, wo bald nach der Schlacht von Hohenfriedberg der damalige Generalmajor von Zieten Quartier genommen hatte. Bei Tische saß er im Refektorium des Klosters diesem Bilde gegenüber und sah lange zu ihm auf. Die Äbtissin, die von Zietenschen Husaren nicht das Beste erwarten mochte, nahm Anstoß daran, und es kam zu einem Gespräch zwischen ihr und dem General. Er sagte ihr unbefangen, daß er das Bild betrachte, weil es ihn Zug um Zug an seine geliebte Frau, fern daheim am Ruppiner See, erinnere, und das Gespräch nahm nun eine freundliche Wendung. Bald darauf erfolgte der Weitermarsch. Einige Tage später bemerkte Zieten eine riesige Kiste auf einem seiner Gepäckwagen und begann zu schelten. Da hieß es denn zur Entschuldigung: »Die Nonnen hätten die Kiste aufgeladen und Vorsicht eigens zur Pflicht gemacht, denn sie gehöre dem General Zieten, der sie mit heimnehmen wolle nach Wustrau.« Nun befahl Zieten, die Kiste zu öffnen, und man fand − Altar und Altarbild.

Wustrau zu einem Zietenschen Besitztum. Es blieb bei seinem Sohne, dem letzten Zieten, bis 1854. Dieser ernannte in
seinem Testamente einen Schwerin zum Erben. Daß dieser
der nächste Verwandte war, wurde vielleicht noch von der
Vorstellung überwogen, daß nur ein Schwerin würdig sei, an
die Stelle eines Zieten zu treten. Albert Julius von Schwerin,
der jetzige Besitzer von Wustrau, ward 1859 unter dem Namen von Zieten-Schwerin in den Grafenstand erhoben.

Wustrau liegt an der Südspitze des Sees. Der Boden ist
fruchtbar, und wo die Fruchtbarkeit aufhört, beginnt das
Wustrausche Luch, eine Torfgegend, die an Ergiebigkeit mit
den Linumer Gräbereien wetteifert. Das eigentliche Dorf,
saubere, von Wohlstand zeugende Bauerhäuser, liegt etwas
zurückgezogen vom See; zwischen Dorf und See aber breitet
sich der Park aus, dessen Baumgruppen von dem Dache des
etwas hoch gelegenen Herrenhauses überragt werden. Dieses
letztere gleicht auf ein Haar den adligen Wohnhäusern, wie
sie während der zweiten Hälfte des vorigen Jahrhunderts in
märkischen Städten und Dörfern gebaut wurden. Unser Pariser Platz zeigt zu beiden Seiten noch ein paar Musterstücke
dieser Bauart. Erdgeschoß und Beletage, ein hohes Dach, ein
Blitzableiter, zehn Fenster Front, eine Rampe, das ganze
gelb getüncht und ein Wappen oder Namenszug als einziges
Ornament. So ist auch das alte Herrenhaus der Zieten, das
freilich seinerseits eine reizende Lage voraus hat. Vorder-
und Hinterfront geben gleich anziehende Bilder. Jene gestattet landeinwärts einen Blick auf Dorf, Kirche und Kirchhof,
diese hat die Aussicht auf den See.

Wir kommen in einem Boot über den See gefahren, legen
an einer Wasserbrücke an und springen ans Ufer. Ein kurzer
Weg, an Parkgrün und blühenden Linden vorbei, führt uns
an den Eingang des Hauses. Der Flur ist durch eine Glaswand in zwei Teile geteilt, von denen der eine, der mit Bildern und Stichen behängt ist (darunter der bekannte Kupferstich Chodowieckis: Zieten sitzend vor seinem König), als
Empfangshalle dient. Der andere Teil ist Treppenhaus.

Wir steigen die eichene, altmodisch-bequeme Treppe hinauf und treten oben in eine nach vornhin gelegene Zimmerreihe ein. Es sind fünf Räume; in der Mitte ein großer vier-
oder fünffenstriger Saal, zu beiden Seiten je zwei kleinere

Zimmer. Die kleineren Zimmer sind durchaus schmucklos, nur über den Türen befinden sich Ölbilder, Kopien nach niederländischen Meistern. Das ist alles. Das Zimmer rechts vom Saal ist das Sterbezimmer des *letzten* Wustrauer Zieten. Der historische »alte Zieten« starb in Berlin, und zwar in einem jetzt umgebauten, dem Friedrich-Wilhelms-Gymnasium schräg gegenüber liegenden Hause der Kochstraße.

Das Zimmer links vom Saal heißt das Königszimmer, seitdem Friedrich Wilhelm IV., etwa in der Mitte der vierziger Jahre, die Grafschaft Ruppin durchreiste und in Wustrau und Köpernitz (auf welch letzterem Gute damals noch die siebzigjährige Marquise La Roche-Aymon lebte) einen längeren Besuch machte.

Der große Saal ist die eigentliche Sehenswürdigkeit des Hauses. Alles erinnert hier an den Helden, der diese Stätte berühmt gemacht hat. Eine Kolossalvase zeigt auf ihrer Rückseite die Abbildung des auf dem Wilhelmsplatze stehenden Zieten-Denkmals, an den Wänden entlang aber gruppieren sich Portraits und Skulpturen der allermannigfachsten Art. Unter diesen bemerken wir zunächst zwei Büsten des »alten Zieten« selbst. Sie stehen in Wandnischen auf hohen Postamenten von einfacher, aber gefälliger Form. Die eine dieser Büsten, ein Gipsmodell vom berühmten Bildhauer Tassaert, ist ein großes Wertstück, durchaus Portrait, das noch bei Lebzeiten des alten Zieten nach der Natur gefertigt wurde, die andere dagegen entstammt der neueren Zeit und erweist sich einfach als eine Marmorausführung des Tassaertschen Modells. Die Arbeit dieses alten Meisters ist ganz vortrefflich, vor allem von einer Lebenswahrheit, die den Schadowschen alten Zieten zu einer bloßen Tendenzstatue herabdrückt. Schadow hat nicht den Husarenvater als Portrait, sondern das *Husarentum* als solches dargestellt. Von dem Moment ab, wo man den *wirklichen* alten Zieten (den Tassaertschen) gesehen hat, wird einem das mit einem Male klar. Dies übergeschlagene Bein, diese Hand am Kinn, als ob mal wieder ein lustiger Husarenstreich ersonnen und ausgeführt werden solle, das alles ist ganz im Charakter des Husarentums, aber durchaus nicht im Charakter Zietens, der von Jugend auf etwas Ernstes, Nüchternes und durchaus Schlichtes hatte. Er hatte ein verwegenes Husaren*herz*, aber die Husaren*manieren* waren ihm fremd. Es bedarf wohl keiner besondren Hervorhebung, daß mit diesem allen kein Tadel gegen den Schadowschen Zieten ausgesprochen sein soll, der — nach der Seite des Geistvollen hin — ganz unzweifelhafte Vorzüge hat, dessen vielbetonte *realistische* Auffassung aber mehr scheinbar als wirklich ist.

Das Postament der Modellbüste zeigt sich bei näherer Betrachtung als ein Schrein von weißlackiertem Holz; ein Schlüsselchen öffnet die kaum bemerkbare Tür desselben. In diesem einfachen Schrein befindet sich der Säbel* des alten Zieten, nicht jener türkische, den ihm Friedrich II. nach dem Zweiten Schlesischen Kriege zum Geschenk machte, sondern ein gewöhnlicher preußischer Husarensäbel. *Er zog ihn während des ganzen Siebenjährigen Krieges nur einmal*, und dies eine Mal zu seiner persönlichen Verteidigung. Am Tage vor der Schlacht von Torgau, 2. November 1760, als er in Begleitung einer einzigen Ordonnanz auf Rekognoszierung ritt, sah er sich plötzlich von sechs österreichischen Husaren umstellt. Er hieb sich im buchstäblichen Sinne *durch* und steckte den blutigen Säbel ruhig wieder in die Scheide. Nie sprach er von dieser Affaire. Die Blutflecke, ein rotbrauner Rost, sind noch deutlich auf der Klinge sichtbar.

Kaum minder interessant als dieser im ganzen Kriege nur einmal gezogene Säbel sind die sechzehn lebensgroßen Bildnisse, die ringsum die Wände bedecken. Es sind die Portraits von sechzehn Offizieren des Zietenschen Regiments, alle 1749, 1750 und 1751 gemalt. Die Namen der Offiziere sind folgende: Rittmeister Langen, von Teiffel, von Somogy, Calau von Hofen, von Horn, von Seel, von Wieck, von Probst, von Jürgaß, von Bader; die Lieutenants von Reitzen-

---

* Außer diesem einfachen Husarensäbel existieren noch zwei Zietensche *Prachtsäbel*, von denen er den einen 1762 vom Kaiser Peter III. von Rußland, den anderen, einen »türkischen«, schon vorher (1746) von König Friedrich II. zum Geschenk erhielt. Von diesem erhielt er auch gegen Ende seines Lebens einen *Krückstock*. Die Krücke desselben ist von Elfenbein, und ein eigenhändiges Schreiben des Königs läßt sich in gemütvoller Weise darüber aus, warum sie von Elfenbein und nicht von Gold sei. Stock und Handschreiben befinden sich beide in der Großherzoglichen Bibliothek zu Weimar. Der von Peter III. herrührende Prachtsäbel ist im Besitze des Zietenschen Husarenregiments. Zietens Tigerdecke sowie seine Zobelmütze mit dem Adlerflügel befanden sich früher in der Berliner Kunstkammer und sind jetzt, wenn ich nicht irre, im Hohenzollern-Museum in Schloß Monbijou.

stein, von Heinecker, von Troschke und die Cornets von
Schanowski, Petri und von Mahlen. Mit Ausnahme des letzteren *starben sie all' im Felde*; von Seel fiel als Oberst bei
Hochkirch, von Heinecker bei Zorndorf, von Jürgaß bei
Weiß-Kostulitz. Von Wieck starb als Kommandant von Ko-
morn in Ungarn; wie er dort hinkam — unbekannt. Im ersten
Augenblick, wenn man in den Saal tritt und diese sechzehn
Zietenschen Rotröcke mit ungeheuren Schnauzbärten auf
sich herabblicken sieht, wird einem etwas unheimlich zu-
mute. Sie sehen zum Teil aus, als seien sie mit Blut gemalt,
und der Rittmeister Langen, der vergebens trachtet, seinen
Hasenschartenmund durch einen zwei Finger breiten
Schnurrbart zu verbergen, zeigt einem zwei weiße Vorder-
zähne, als wollt er einbeißen. Dazu die Tigerdecke — man
möcht am liebsten umkehren. Hat man aber erst fünf Minuten ausgehalten, so wird einem in dieser Gesellschaft ganz
wohl, und man überzeugt sich, daß eine Rubenssche Bärenhatz oder ähnlich traditionelle Saal- und Hallenbilder *hier*
viel weniger am Platze sein würden. Die alten Schnurrwichse
fangen an, einem menschlich näherzutreten, und man erkennt schließlich hinter all diesem Schreckensapparat die
wohlbekannten märkisch-pommerschen Gesichter, die nur
von *Dienst wegen* das Martialische bis fast zum Diabolischen
gesteigert haben. Die Bilder, zumeist von einem unbekannten Maler namens Häbert herrührend, sind gut erhalten und
mit Rücksicht auf die Zeit ihrer Entstehung nicht schlecht gemalt. Das Schöne fehlt noch, aber das Charakteristische ist da.

Der große Saal, in dem diese Bilder neben so manchem
anderen historischen Hausrat sich vorfinden, nimmt mit
Recht unser Hauptinteresse in Anspruch, aber noch vieles
bleibt unserer Aufmerksamkeit übrig. Das ganze Schloß
gleicht eben einer Art *Zieten-Galerie*, und nur wenige Zimmer treffen wir an, von deren Wänden uns nicht, als Kupferstich oder Ölbild, als Büste oder Silhouette, das Bildnis des
alten Helden grüßte. Alles in allem gerechnet, befinden sich
wohl vierzig Zieten-Portraits in Schloß Wustrau. Viele von
diesen Bildnissen (besonders die Stiche) sind allgemeiner gekannte Blätter; nicht so die Ölbilder, deren wir, ohne für
Vollständigkeit bürgen zu wollen, zunächst *acht* zählen, sieben Portraits und das achte ein Genrebild aus der Sammlung

des Markgrafen Karl von Schwedt. Es stellt möglicherweise die Szene dar (vergleiche Zietens Biographie von Frau von Blumenthal, Seite 56), wo der damalige Major von Zieten an den Oberstlieutenant von Wurmb herantritt, um die Remontepferde, die ihm zukommen, für seine Schwadron zu fordern, eine Szene, die bekanntlich auf der Stelle zu einem wütenden Zweikampfe führte. Doch ist diese Auslegung nur eine mutmaßliche, da die hier dargestellte Lokalität zu der von Frau von Blumenthal beschriebenen nicht paßt. Die sieben Portraits, mit Ausnahme eines einzigen, sind sämtlich Bilder des »*alten* Zieten« und deshalb, aller Abweichungen in Uniform und Haltung unerachtet, im einzelnen schwer zu charakterisieren. Nur das älteste Portrait, das bis ins Jahr 1726 zurückgeht und den »alten Zieten«, den wir uns ohne Runzeln und Husarenuniform kaum denken können, als einen jungen Offizier bei den von Wuthenowschen Dragonern darstellt, zeichnet sich schon dadurch vor allen andern Bildnissen aus. Zieten, damals siebenundzwanzig Jahr alt, trägt, wie es scheint, einen Stahlküraß und über demselben eine graue Uniform (früher vielleicht *weiß*) mit schmalen blauen Aufschlägen. Ob das Bild echt ist, stehe dahin. Von Ähnlichkeit mit dem »alten Zieten« natürlich keine Spur.

Wir verlassen nun den Saal und das Haus, passieren die mehr dem Dorfe zu gelegene Hälfte des Parkes, überschreiten gleich danach die Dorfstraße und stehen jetzt auf einem geräumigen Rasenfleck, in dessen Mitte sich die Dorfkirche erhebt. Der Chor liegt dem Herrenhause, der Turm dem Kirchhofe zu. Zwischen Turm und Begräbnisplatz steht eine mächtige alte Linde. Die Kirche selbst, in Kreuzform aufgeführt, ist ein Ideal von einer Dorfkirche: schlicht, einladend, hübsch gelegen. Im Sommer 1756, kurz bevor es in den Krieg ging, wurde der Turm vom Blitz getroffen. Das Innere der Kirche selbst unterscheidet sich von andern Dorfkirchen nur durch eine ganz besondere Sauberkeit und durch die Geflissentlichkeit, womit man das patriotische Element gehegt und gepflegt hat. So findet man nicht nur die übliche Gedenktafel mit den Namen derer, die während der Befreiungskriege fielen, sondern zu der allgemeinen Tafel gesellen sich auch noch einzelne Täfelchen, um die Sonderverdienste dieses oder jenes zu bezeichnen. An anderer Stelle gruppie-

ren sich Gewehr und Büchse, Lanze, Säbel, Trommel und
Flügelhorn zu einer Trophäe. Zwei Denkmäler zieren die
Kirche. Das eine (ohne künstlerische Bedeutung) zu Ehren
der ersten Gemahlin Hans Joachims, einer gebornen von
Jürgaß, errichtet, das andere zu Ehren des alten Zieten
selbst. Dies letztere hat gleichen Anspruch auf Lob wie Tadel. Es gleicht in seinen Vorzügen und Schwächen allen andern Arbeiten des rasch-fertigen, hyperproduktiven Bernhard Rode*, nach dessenSkizze es von dem Bildhauer Meier
ausgeführt wurde. Wem eine tüchtige Technik genügt, der
wird Grund zur Anerkennung finden; wer eine selbständige
Auffassung, ein Abweichen vom Alltäglichen fordert, wird
sich nicht befriedigt fühlen. Ein Sarkophag und ein Reliefportrait, eine Minerva rechts und eine Urania links, das paßt
so ziemlich immer; ein gedanklich bequemes Operieren mit
überkommenen Typen, worin unsere Bildhauer das Unglaubliche leisten. Wenn irgendein Leben, so hätte gerade
das des alten Zieten die beste Gelegenheit geboten zu etwas
Neuem und Eigentümlichem. Der Zieten aus dem Busch,
der Mann der hundert Anekdoten, die samt und sonders im
Volksmund leben, was soll er mit zwei Göttinnen (einige sagen, es seien symbolische Figuren der Tugend und Tapferkeit), die ihn bei Lebzeiten in die sicherste Verlegenheit gebracht hätten. Vortrefflich ist nur das Reliefportrait in weißem Marmor, das sich an dem dunkelfarbigen Aschenkruge
des Denkmals befindet und außer einer im Schloß befindlichen Zieten-Silhouette sehr wahrscheinlich das einzige Bildnis ist, das uns den immer en face abgebildeten Kopf des Alten auch mal in seinem *Profile* zeigt. Daß dieses Profil nicht
schön ist, tut nichts zur Sache.

---

* Von Bernhard Rode rührt auch das große, zur Verherrlichung des alten Husa-
rengenerals gemalte *Ölbild* her, das sich, neben den Bildern anderer Helden des Siebenjährigen Krieges (alle von B. Rode), in der Garnisonkirche zu Berlin befindet. Die
Komposition auch *dieses* Bildes ist Dutzendarbeit und trotz der Prätension, geistvoll
sein zu wollen, eigentlich ohne Geist. Auch *hier* ein bequemes Operieren mit traditio-
nellen Mittelchen und Arrangements. Eine Urne mit dem Reliefbilde Zietens in Front
derselben; am Boden ein *Löwe*, der ziemlich friedlich in einer Zietenschen *Husaren-
Tigerdecke* drinsteckt wie ein Kater in einem Damenmuff; außerdem eine hohe Frau-
engestalt, die einen Sternenkranz auf die Urne drückt — das ist alles. Das Reliefportrait
ist schlecht, nicht einmal ähnlich, aber die Urania oder Polyhmnia, die ihm den Sternenkranz bringt, ist in Zeichnung und Farbe um ein wesentliches besser, als gemeinhin
Rodesche Figuren (er war ein Meister im Verzeichnen) zu sein pflegen.

Alles in allem, das Marmordenkmal des alten Helden reicht an ihn selber nicht heran; es entspricht ihm nicht. Da lob ich mir im Gegensatze dazu das schlichte Grab, unter dem er *draußen* in unmittelbarer Nähe der Kirche schläft. Der Raum reichte hin für *vier* Gräber, und hier ruhen denn auch die beiden Eltern des alten Zieten, seine zweite Gemahlin (eine geborne von Platen) und er selbst. Das Äußere der vier Gräber ist wenig voneinander verschieden. Ein Unterbau von Backstein erhebt sich zwei Fuß hoch über den Rasen, auf welchem Ziegelfundamente dann die Sandsteinplatte ruht. Noch nichts ist verfallen. Auch der gegenwärtige Besitzer empfindet, daß er eine historische Erbschaft angetreten hat, und eifert getreulich dem schönen Vorbilde des letzten Wustrauer Zieten nach, dessen ganzes Leben eigentlich nur ein Kultus seines berühmten Vaters war.

1786 starb Hans Joachim von Zieten. Achtundsechzig Jahre später folgte ihm sein Sohn Friedrich Christian Emil von Zieten, achtundachtzig Jahre alt, der letzte Zieten aus der Linie Wustrau. Wir treten jetzt an *sein* Grab*. Es befindet sich unter der schon erwähnten schönen alten Linde, die zwischen der Kirche und dem leis ansteigenden Kirchhofe steht. Hinter sich die lange Gräberreihe der Bauern und Büdner, macht dies Grab den Eindruck, als habe der letzte Zieten noch im Tode den Platz behaupten wollen, der ihm gebührte, den Platz an der Front seiner Wustrauer. Ähnliche Gedanken beschäftigten ihn sicherlich, als er zehn oder zwölf Jahre vor seinem Tode dies Grab zu bauen begann. Ein Hünengrab. Der letzte Zieten, klein, wie er war, verlangte doch Raum im Tode. Denn er baute das Grab nicht bloß für sich, sondern für das Geschlecht oder den *Zweig* des Geschlechts, das mit ihm schlafen ging. Mit Eifer entwarf er den Plan und leitete den Bau. Eine Gruft wurde gegraben und ausgemauert und schließlich ein Riesenfeldstein, wie

---

* Friedrich Christian Emil von Zieten, dessen schon Seite 13 und 14 kurz Erwähnung geschah, war der einzige Sohn Hans Joachims aus seiner zweiten Ehe mit Hedwig Elisabeth Albertine von Platen. Dieser letzte Zieten aus der Wustrauer Linie wurde den 6. Oktober 1765 geboren und starb am 29. Juni 1854. Er war Rittmeister, Landrat des Ruppiner Kreises und Ritter des Schwarzen Adlerordens. Wurde gegraft am 15. Oktober 1840. (Aus Hans Joachims *erster* Ehe mit Leopoldine Judith von Jürgaß war eine Tochter geboren worden, die sich später mit einem Jürgaß auf Ganzer verheiratete. Vgl. das Kapitel »Ganzer«.)

sich deren so viele auf der Wustrauer Feldmark vorfinden,
auf das offene Grab gelegt. Am Fußende aber geschah die
Ausmauerung nur halb, so daß hier, unter Einführung eines
schräg laufenden Stollens, eine Art Kellerfenster gewonnen
wurde, durch das der alte Herr in seine letzte Wohnung hin-
einblicken konnte. Mit Hülfe dieser Zuschrägung wurde
denn auch später der Sarg versenkt. Als Friedrich Wilhelm IV. im Jahre 1844 den schon oben erwähnten Besuch
in Wustrau machte, führte ihn der Graf auch an die Linde,
um ihm daselbst das eben fertig gewordene Grab zu zeigen.
Der König wies auf eine Stelle des Riesenfeldsteins und
sagte: »Zieten, der Stein hat einen Fehler!«, worauf der alte
Herr erwiderte: »Der drunter liegen wird, hat noch mehr.«
    Diese Antwort ist so ziemlich das Beste, was vom letzten
Wustrauer Zieten auf die Nachwelt gekommen ist. Einzelne
andere Repliken und Urteile (zum Beispiel über die Schadowsche Statue sowie über Bücher und Bilder, deren Held
sein Vater war) sind unbedeutend, oft ungerecht und fast immer schief. Er sah alles zu einseitig, zu sehr von einem bloß
Zietenschen Standpunkt aus, um gerecht sein zu können,
selbst wenn ihm ein feinerer ästhetischer Sinn die Möglichkeit dazu gewährt hätte. Dieser ästhetische Sinn fehlte ihm
aber völlig. Selber eine Kuriosität, bracht er es über die Kuriositätenkrämerei nie hinaus. Sein Witz und Humor verstie-
gen sich nur bis zur Lust an der Mystifikation. Den Altertumsforschern einen Streich zu spielen war ihm ein besonderer Genuß. Er ließ von eigens engagierten Steinmetzen
große Feldsteine konkav ausarbeiten, um seine Wustrauer
Feldmark mit Hülfe dieser Steine zu einem heidnischen Begräbnisplatz avancieren zu lassen. Am Seeufer hing er in
einem niedlichen Glockenhäuschen eine *irdene* Glocke auf,
der er zuvor einen Bronzeanstrich hatte geben lassen. Er
wußte im voraus, daß die vorüberfahrenden Schiffer, in dem
Glauben, es sei Glockengut, innerhalb acht Tagen den Versuch machen würden, die Glocke zu stehlen. Und siehe da,
er hatte sich nicht verrechnet und fand nach drei Tagen
schon die Scherben. Solche Überlistungen freuten ihn, und
man kann zugeben, daß darin ein Äderchen von der Herz-
ader seines Vaters sichtbar war. Im übrigen aber war er unfähig, zu dem Ruhme seines Hauses auch nur ein Kleinstes

hinzuzufügen; er fühlte sich nur als *Verwalter* dieses Ruhmes, ein Gefühl freilich, das ihm unter Umständen Bedeutung und selbst Würde lieh. Wo er für sich und seine *eigenste* Person eintrat, in den privaten Verhältnissen des alltäglichen Lebens, war er eine wenig erfreuliche Erscheinung: kleinlich, geizig, unschön in fast jeder Beziehung. Von dem Augenblick an aber, wo die Dinge einen Charakter annahmen, daß er seine Person von dem Namen Zieten nicht mehr trennen konnte, wurd er auf kurz oder lang ein wirklicher Zieten. Er war nicht adlig, aber gelegentlich aristokratisch. Dies Aristokratische, wenn geglüht in leidenschaftlicher Erregung, konnte momentan zu wahrem Adel werden, aber solche Momente weist sein Leben in nur spärlicher Anzahl auf. Sein Bestes war die Liebe und Verehrung, mit der er ein halbes Jahrhundert lang die Schleppe seines Vaters trug. In diesem Dienste verstieg sich sein Herz bis zum Poetischen in Gefühl und Ausdruck, wofür nur *ein* Beispiel hier sprechen mag. Auf dem mit Rasen überdeckten Kirchenplatz, etwa hundert Schritte vom Grabe Hans Joachims entfernt, erhebt sich ein hoher, zugespitzter Feldstein mit einer in den Stein eingelegten Eisenplatte. Und auf ebendieser Eisenplatte stehen in Goldbuchstaben folgende Worte:

»Im Jahre 1851, den 23. April, stand an dieser Stelle das Blüchersche Husarenregiment, um den hier in Gott ruhenden Helden, den berühmten General der Kavallerie und *Ahnherrn aller Husaren*, Hans Joachim von Zieten, in Anerkennung seiner hohen Verdienste durch eine feierliche Parade zu ehren. Ruhe und Friede seiner Asche! Preis und Ehre seinem Namen! Er war und bleibt der Preußen Stolz.«

»Ahnherr aller Husaren« — ein Poet hätt es nicht besser machen können.

KARWE

»Vivat et crescat gens Knesebeckiana in aeternum.«

I

Unser Weg führt uns heute nach Karwe. Es liegt am Ostufer des Ruppiner Sees, und ein Wustrauer Fischer fährt uns in einer halben Stunde hinüber. Ein besonderer Schmuck des Sees an dieser Stelle ist sein dichter Schilfgürtel, der namentlich in Front des Karwer Parkes wie ein Wasserwald sich hinzieht und wohl mehrfach eine Breite von hundert Fuß und darüber haben mag. An dieses *Schilfufer* knüpft sich eine Geschichte, die uns am besten in das starke und frische Leben einführt, das hier ein halb Jahrhundert lang zu Hause war und von dem ich Gelegenheit haben werde manchen hübschen Zug zu erzählen.

Es war im Jahre 1785. Der Sohn des alten Zieten auf Wustrau war Cornet im Leibhusarenregiment seines Vaters, und der Sohn des alten Knesebeck auf Karwe war Junker im Infanterieregiment von Kalckstein, das damals in Magdeburg stand. Der Zufall wollte, daß beide zu gleicher Zeit Urlaub nahmen und auf Besuch nach Haus kamen. Die beiden Nachbarfamilien lebten auf dem besten Fuß miteinander, und auch die jungen Leute unterhielten einen freundschaftlichen Verkehr. Man sah sich oft und machte gemeinschaftliche Partien. Es war im August, See und Himmel blauten, und der Schilfwald, der sich im Wasser spiegelte, stieg wie eine grüne Mauer aus dem Grunde des Sees auf. An solchem Tage begegneten sich Junker und Cornet am Ufer, plauderten hin und her von der Strenge des Dienstes und von der Lust des Krieges und kamen endlich überein, in Ermangelung wirklichen Kampfes, zwischen Karwe und Wustrau eine Seeschlacht aufzuführen. Man machte auch gleich den Plan. Die Knesebeckschen sollten von Karwe her heftig angreifen und die Zietenschen bis nach Wustrau hin zurückdrängen, dann aber sollten diese sich rekolligieren und die Knesebeckschen in ihren Schilfwald zurückwerfen. So war es beschlossen. Man schied mit herzlichem Händeschütteln und freute sich auf den andern Tag. Die Eltern nahmen Anteil, und beide Dörfer gerieten in Aufregung. Nach Ruppin hin ergingen Einladungen an befreundete Offiziere, Pulver wurde beschafft, und während Cornet und Junker ihre Dispositionen trafen, verwandelten sich die Herrenhäuser von Karwe und Wustrau in Kriegslaboratorien, drin allerhand Feuerwerk, Schwärmer, Raketen und Feuerräder in möglichster Eile hergestellt wurden. So kam der ersehnte Abend. Mit dem Glockenschlage neun liefen beide Flotten aus, jede sechs Kähne stark, das Admiralboot vorauf. Als man aneinander war, begann die Schwärmerkanonade, vom Ufer her scholl der Jubel einer dichtgedrängten Menschenmenge, und als ein pot à feu seine Leuchtkugeln in die Luft warf, zogen sich verabredetermaßen die Zietenschen nach Wustrau hin zurück. Aber nur auf kurze Distance. Eh sie noch in die Nähe des Hafens gekommen waren, wandten sie sich wieder, und drei große Raketen fast horizontal über das Wasser hinschießend, gingen sie jetzt ihrerseits mit verdoppeltem Ruderschlag zur Attaque über. Die Karweschen hielten einen Augenblick stand, aber nicht lange, dann begann ihre Retraite. Die Wustrauschen setzten nach und waren eben auf dem Punkt, die Fliehenden bis in das dichte Schilf hinein zu verfolgen, als ein lautes, staunendes Ah, das vom Ufer her herüberklang, die Verfolgenden stutzen ließ und ihre Blicke nach rückwärts lenkte. *Die Sieger waren gefangen.* Im Karweschen Schilf hatte sich eine Flottille versteckt gehalten, die der Junker vom Regimente von Kalckstein als Mietstruppe für diesen Tag angeworben und von seinem Taschengelde bezahlt hatte. Es waren Fischerboote von Alten-Friesack her, vierundzwanzig an der Zahl, jedes mit einer Laterne hoch am Mast. In langer Linie kamen sie aus dem Schilf hervor und legten sich quer vor. Das Laternenlicht war hell genug, die Fischergestalten zu zeigen, wie sie da standen mit vorgehaltenem Ruder, bereit, jeden Fluchtversuch zu vereiteln. Die Wustrauschen machten gute Miene zum bösen Spiel und sprangen lachend ans Ufer. Nie wurden Gefangene schmeichelhafter begrüßt. Als sie in den Karweschen Park

traten, sahen sie dicht vor dem Herrenhause eine Ehren-
pforte errichtet, an deren Spitze das von Lichtern umgebene
Bild des alten Zieten leuchtete, darunter die Unterschrift:
»Voilà notre modèle.« Am andern Tage erhielt der Junker
von dem Knesebeck eine Einladung nach Wustrau. Der alte
sechsundachtzigjährige Zieten, der gemeinhin einen graulei-
nenen Kittel trug, saß heut in voller Uniform auf seinem
Lehnstuhle und rief den eintretenden Junker zu sich heran:
»Komm her, mein Sohn, und küsse mich. Werde so ein braver Mann wie dein Vater.« Knesebeck trat heran und bückte
sich, um dem Alten die Hand zu küssen. Dieser aber legte
beide Hände auf den Kopf des Junkers und sprach bewegt:
»Gott segne dich!«

Das ist die Geschichte von der Seeschlacht bei Karwe; sie
kann es aufnehmen mit manchem großen Sieg. Wer aber am
Ruppiner See zu Haus ist, den freut es zu sehen, was auf seinem schmalen Uferstreifen an *Männern* gewachsen ist.

Auch wir kommen heute von Wustrau — minder rasch, aber
sicherer als damals der Cornet von Zieten — und nähern
uns, ohne unsere Rückzugslinie gefährdet zu sehen, auf einer der vielen durch den Schilfwald sich hinziehenden
Straßen dem Holzsteg, an dem die Boote anzulegen pflegen.
Und nun springen wir ans Ufer und befinden uns in dem
Park von Karwe. Er ist ziemlich groß angelegt, mit vielem
Geschmack in einem einfach edlen Stile, das Ganze vorwiegend eine Schöpfung unseres »Junkers vom Regiment von
Kalckstein«, des am 12. Januar 1848 verstorbenen Feldmarschalls von dem Knesebeck. Dieser ausgezeichnete Mann
wird überhaupt den Mittelpunkt alles dessen bilden, was ich
in weiterem zu erzählen habe, da er, wie der Hauptträger des
Ruhmes der Familie, so auch zugleich derjenige ist, der am
segensreichsten an dieser Stelle gewirkt und den toten Dingen entweder den Stempel seines Geistes aufgedrückt oder
ihnen durch irgendeine Beziehung zu seiner Person zu
einem poetischen Leben verholfen hat.

Wir haben den Park seiner Länge nach passiert und stehen jetzt vor dem Herrenhause. Es ist einer jener Flügelbau-
ten, wie sie dem vorigen Jahrhundert eigentümlich waren,

und erinnert in Form und Farbenton an das Radziwillsche Palais in Berlin. Nur ist es kleiner und ärmer an Rokoko-schmuck. Auch das Eisengitter fehlt. Eine hohe Pfauen-stange mit einem Pfauhahn darauf überragt vom Wirtschafts-hofe her das Dach, und der vorgelegene Grasplatz steht in Blumen; aber trotz dieser Farbenpracht macht alles einen ernsten und beinah düstern Eindruck und läßt uns auch ohne praktische Probe glauben, daß das Karwer Herrenhaus ein Spukhaus sei.

Karwe gehört den Knesebecks in der vierten Generation. Der Urgroßvater des jetzigen Besitzers kaufte es im Jahre 1721 von dem Vermögen seiner Frau und errichtete das Wohnhaus, das wir, wenn auch verändert und erweitert, auch jetzt noch vor uns sehen. Die Umstände, die diesen Kauf und Bau begleiteten, sind zu eigentümlicher Art, um hier nicht erzählt zu werden. Der Urgroßvater Karl Chri-stoph Johann von dem Knesebeck, zu Wittingen im Hanno-verschen geboren, trat früh in preußische Kriegsdienste. Er war ein großer, starker und stattlicher Mann, aber arm. Die Regierungszeit Friedrich Wilhelms I. indes war just die Zeit, wo das Verdienst des Großseins die Schuld des Armseins in Balance zu bringen wußte und gemeinhin noch einen Über-schuß ergab. Karl Christoph Johann war *sehr* groß, und so erfolgte denn eine Cabinetsordre, worin die reiche Witwe des Generaladjutanten von Köppen, eine geborne von Bre-dow, angewiesen wurde, den Oberstlieutenant von dem Kne-sebeck zu ehelichen. Die Hochzeit erfolgte, und Karwe wurde, wie schon erwähnt, erstanden. Aber die Huldbeweise gegen den stattlichen Oberstlieutenant hatten hiermit ihr Ende noch nicht erreicht. Im Kopfe des Königs mochte die Vorstellung lebendig werden, daß die reiche Witwe bis dahin eigentlich alles und die Gnade Seiner Majestät nur erst sehr wenig getan habe, und so versprach er denn dem jungen Paare, das neue Wohnhaus in Karwe einrichten und sogar zum Aufbau desselben die Balken und den Kalk liefern zu wollen. Und wirklich, bald stand das Haus da, und die zuge-sagte Möblierung erfolgte mit einer Munifizenz, die bei dem sparsam gewöhnten Könige überraschen mußte. Selbst kö-nigliche Familienportraits, zum Teil von der Meisterhand Pesnes, wurden geliefert und in einem Empfangssaale des er-

sten Stocks in das Mauerwerk fest eingefügt. Wir werden
gleich sehen, wie wichtig es für den neuen Besitzer von
Karwe war, diese stattliche Bilderreihe nicht aufgehängt, sondern *eingemauert* zu haben. Denn kaum noch, daß einige
Monate ins Land gegangen waren, als ein großer Planwagen
vor dem Knesebeckschen Hause vorfuhr und den Befehl
überbrachte, das durch königliche Munifizenz erhaltene
Ameublement wieder zurückzuliefern. Es waren nicht die
Zeiten, um solcher Ordre nicht sofort zu gehorchen, und so
versanken denn sämtliche Spiegel, Kommoden und Tische,
die der gebornen von Bredow bereits lieb und teuer geworden waren, in die Heu- und Strohbündel des draußen harrenden Wagens. Was zu dieser Ordre geführt, ob einfach
Laune oder aber die ökonomische Erwägung, »daß der von
Knesebeck au fond reich genug sei, um nunmehro sich auch
ohne geschenkte königliche Möbel behelfen zu können«, ist
nie bekannt geworden. Der Planwagen fuhr ab und ließ
nichts zurück als die eingemauerten Bilder und einen alten
Eichentisch, den sehr wahrscheinlich seine Unscheinbarkeit
gerettet hatte.

Wir treten nun in das Haus selber ein. Das erste Zimmer
mit der Aussicht auf den Park ist das Bibliothekzimmer. Auf
schlichten Regalen stehen schlichte Einbände, keine Gold-
schnittsliteratur zum Ansehen, sondern Bücher zum Lesen,
»Krieger für den Werkeltag«. Es sind Bücher und Broschü-
ren, die der alte Feldmarschall in seinem achtzigjährigen Leben gesammelt hat und über deren Inhalt und Richtung
seine eigenen Worte Auskunft geben mögen: »Mit meinen
Studien in Geschichte, Philosophie und schönen Wissenschaften ging es besser; sie interessierten mich über alles, *besonders Geschichte und Lebensbeschreibungen, zu denen
auch bis ins späte Alter mir die Neigung geblieben ist.*« Die
poetische Grundanlage des alten Herrn spricht sich in diesen
Worten aus; hätte es je eine schaffende dichterische Natur
gegeben, der nicht Biographien und Memoiren die liebste
Lektüre gewesen wären!

Aus dem Bibliothekzimmer tritt man in das dahinter gelegene Empfangs- und Familienzimmer. Es ist groß und geräu-
mig und macht vor allem den Eindruck behaglichen Gebor-
genseins. An Bildern weist es nichts von besonderem Inter-

esse auf, außer einer Ansicht von dem in der Nähe von Salzwedel gelegenen *Schloß* Tylsen, dem alten Familiensitze der Knesebecks. Die eigentliche Sehenswürdigkeit dieses Zimmers ist jener alte Eichentisch, der der Versenkung in den Planwagen glücklich entging. Und doch war dies schlichte Wirtschaftsstück das eigentlichste Wertstück des Ameublements, wenn auch damals nicht, so doch jetzt. Dieser Tisch nämlich bildete seinerzeit einen Teil der langen Tafel, an der die Sitzungen des Tabakskollegiums gehalten wurden. Es existieren solcher Tische nur noch zwei, dieser Knesebecksche in Karwe und ein Zwillingsbruder desselben in Potsdam. Eine Decke von braunem schweren Seidenzeug verhüllt wie billig die eichene Derbheit dieses nicht salonfähigen Möbels, dessen Konstruktion ganz eigentümlicher Art ist. Die Platte besteht aus zwei abgestutzten Dreiecken und ruht auf sechs Füßen, die wiederum ihrerseits zwei Dreiecke bilden. Verbindungshölzer und Eisenkrampen halten das Ganze zusammen und stellen einen Bau her, der allen Anspruch darauf hatte, nicht beachtet zu werden, als die Trumeaux hinausgetragen wurden.

Links neben dem Empfangssaale befindet sich das Arbeitszimmer des gegenwärtigen Besitzers. Es ist sehr klein, etwas geräuschvoll gelegen und selbst zur Nachtzeit ohne wünschenswerte Ruhe. Die »Dame im schwarzen Seidenkleid« nämlich, als welche der Karwer Spuk auftritt, beginnt von hier aus ihren Rundgang, und wer mag ruhig und gemütlich ein Buch lesen, wenn er fürchten muß, die Schwarze Frau steht hinter ihm und liest mit, wie zwei Leute, die aus einem Gesangbuch singen.

Über dem Schreibpult im selben Zimmer hängt ein sehr gutes Crayonportrait des Feldmarschalls, und auf einem Tischchen daneben steht ein porzellanenes Schreibzeug mit einer Rosenguirlande, ein Geschenk vom alten Gleim, der dem Feldmarschall in seinen Halberstädter Lieutenantstagen nah befreundet war.

Zur Rechten des Empfangszimmers ist der Speisesaal. Hier befinden sich neben anderen Schildereien vier Familienportraits: zunächst der Ahnherr des Hauses, einem Grabsteinrelief nachgebildet, das sich in der Kirche zu Hannoverisch-Wittingen bis diesen Tag erhalten hat. Unmittelbar darunter hängen die Bilder des Urgroßvaters und Großvaters des jetzigen Besitzers, von denen wir den ersteren als stattlichen und reich verheirateten Oberstlieutenant bei der Garde, den andern als Vater des Junkers vom Regiment von Kalckstein bereits kennengelernt haben. Er wurde bei Kolin durch Arm und Leib geschossen und war der, auf den der alte Zieten die schon vorzitierten Worte bezog: »Gott segne dich, und werde *so brav wie dein Vater*.« Unter diesen beiden Portraits hängt das vortrefflich ausgeführte Ölbild des Feldmarschalls von dem Knesebeck, damals (unmittelbar nach dem Befreiungskriege) noch Generallieutenant in der Okkupationsarmee. Das Portrait zeigt in seiner linken Ecke den Namen: »Steuben; Paris, 1814«, kurze Worte, die genugsam für den Wert des Bildes sprechen.

Aus dem Speisesaale treten wir in das angrenzende Wohnzimmer, wo, über dem Schreibtisch der Dame vom Hause, eine Kopie des Correggioschen Christuskopfes auf dem Schweißtuche der heiligen Veronika unsere Aufmerksamkeit fesselt. Das Original bildet jetzt, wenn nicht neuerdings wiederum Änderungen stattgefunden haben, eine Zierde unseres Berliner Museums. Früher hing es im Wohnzimmer zu Karwe, an derselben Stelle, die sich jetzt mit der bloßen Kopie behelfen muß. Interessant ist es, wie das Original in den Besitz der Familie kam. Der Feldmarschall bereiste, wahrscheinlich 1819, Italien und kam nach Rom. Kurz vor seiner Rückreise wurd ihm von einem Trödler ein Christuskopf zum Verkauf angeboten, dessen hohe Schönheit auch seinem Laienauge auf der Stelle einleuchtete. Er kaufte das Bild für eine ansehnliche Summe. Kaum aber war er im Besitz desselben, als sich das Gerücht verbreitete, eins der italienischen Klöster sei beraubt worden — der Correggiosche Christuskopf auf dem Schweißtuche der heiligen Veronika sei fort. Der nächste Tag brachte die amtliche Bestätigung, und Belohnungen wurden ausgesetzt für die Wiederbeschaffung und selbst für den Nachweis des berühmten Gemäldes. Knesebeck begriff die Gefahr und traf seine Vorkehrungen. Das Bild ward in ein Wagenkissen eingenäht, und der glückliche Besitzer, der bis dahin kaum selber gewußt haben mochte, *was er besaß*, nahm auf seinem neuen Schatze Platz und brachte so sein schönes Eigentum glück-

lich über die Alpen. Ich kann nicht sagen, wie lange das Bild
in Karwe blieb, mutmaßlich nur kurze Zeit. Jedenfalls nahm
das Haus Knesebeck, das zu Anfang des achtzehnten Jahrhunderts von den Hohenzollern ein halbes Dutzend Familienportraits geschenkt erhalten hatte, zu Anfang des neunzehnten Jahrhunderts Veranlassung, den Hohenzollern ein
Gegengeschenk zu machen, und warf (in aller Loyalität sei
es gesagt) einen Correggioschen Christuskopf gegen sechs
Pesnesche Kurfürsten unzweifelhaft siegreich in die Waage.
Friedrich Wilhelm III. akzeptierte in Gnaden das Geschenk
und willigte gern in Erfüllung des *einen* Wunsches, den Knesebeck bei Überreichung des Bildes geäußert hatte, »daß
dasselbe nämlich unwandelbar in der königlichen Hauskapelle verbleiben möge.« Diese Zubewilligung ist indessen im
Laufe der Zeit entweder vergessen oder aber aus einem Hu-
manitätsgefühle der Hohenzollern, »die nichts Schönes für
sich allein haben wollen«, absichtlich geändert worden. Das
Bild gehört *nicht* mehr der Hauskapelle, sondern dem Bil-
dermuseum an. Nur bei Gelegenheit der Taufe des jungen
Prinzen Friedrich Wilhelm, dessen Geburt im Januar 1859
alle loyalen Herzen in Stadt und Land mit Freudigkeit erfüllte, kam auch der Correggio wenigstens vorübergehend
wieder zu seinem zugesagten Recht und wanderte auf vierundzwanzig Stunden aus den Museumssälen in den prächtigen Kuppelbau der Schloßkapelle hinüber.

Wir machen von den Zimmern des Erdgeschosses aus
noch einen Rundgang durch die Räume des oberen Stock-
werkes, inspizieren im Hof den historischen alten Kalesch-
wagen, in dem 1812 der damalige Oberst von Knesebeck
die berühmte Reise nach Petersburg antrat, um dem Kaiser
Alexander zuzurufen: »Krieg und wieder Krieg! Die Quadratmeilen Rußlands sind die Rettung Europas« — und kehren dann in das Empfangs- und Familienzimmer zurück,
dessen bequeme Polsterstühle zu einer kurzen Rast einladen. In diesem Zimmer pflegte Knesebeck auch in seinen alten Tagen noch, die Hände auf dem Rücken und den kurzen
Sammetrock durch eine Schnur zusammengehalten, mit großen Schritten auf und ab zu gehn. Hier war die Arbeitsstätte
seiner Gedanken, *hier*, wo er im besten Mannesalter sein
Gehirn zersonnen hatte, wie Rettung zu schaffen und dem

Feinde seines Landes, zugleich dem Feinde alles echten Lebens, siegreich beizukommen sei. Und hier *fand er es.* Hören wir, was er selber darüber schreibt: »Die Karte von Rußland kam nicht von meinem Pult. Ich sah die unermeßliche Fläche, berechnete die möglichen Märsche des Eroberers, und siehe da, die beiden großen Alliierten Rußlands: *der Raum und die Zeit,* traten mit einer Lebendigkeit vor meine Seele, die mir keine Ruhe mehr ließ. Zur Gewißheit wurd es mir: *so* ist er zu besiegen, und *so* muß er besiegt werden.«

Wir alle wissen jetzt, wie praktisch-richtig das poetisch Geschaute jener nächtlichen Stunden gewesen ist. Das glänzendste Zeugnis aber stellt unserem Knesebeck Napoleon selber aus. Dieser hatte den Knesebeckschen Plan gekannt, aber ignoriert. Im Frühjahr 1813 fand folgende Unterhaltung zwischen ihm und dem bis dahin am preußischen Hofe beglaubigten Grafen von St. Marsan statt. *Napoleon:* »Erinnern Sie sich noch eines Berichtes, den Sie mir im Jahre 1812 von einem gewissen Herrn von Knesebeck geschickt haben?« *St. Marsan:* »Ja, Ew. Majestät.« *Napoleon:* »Glauben Sie, daß er im gegenwärtigen Kriege mitfechten wird?« *St. Marsan:* »Allerdings glaub ich das.« *Napoleon:* »Der Mensch hat richtig vorausgesehen, und man darf ihn nicht aus dem Auge verlieren.«

Das war im Frühjahr 1813. Andere Zeiten kamen, der sechsundvierzigjährige Oberst von dem Knesebeck war ein Siebziger geworden, und statt der Karte von Rußland und vorausberechneter Schlachten und Märsche lagen jetzt die Memoiren *derer* auf dem Tisch, die damals mit ihm und gegen ihn die Schlachten jener Zeit geschlagen hatten. Nach einer Epoche reichen und tatkräftigen Lebens war auch für ihn die Zeit philosophischer Betrachtung gekommen. Die Lieutenantstage von Halberstadt wurden ihm wieder teuer, das Bild des alten Gleim trat wieder freundlich vor ihn hin, und der Mann, der zeitlebens wie ein Poet gedacht und gefühlt hatte, fing als Greis an, auch jenem letzten zuzustreben, das den Dichter macht — der *Form.* Ähnlich wie Wilhelm von Humboldt in Tegel, saß der alte Knesebeck auf seinem väterlichen Karwe und beschloß ein bedeutendes und ereignisreiches Leben mit dem Konzipieren und Niederschreiben von Sinn- und Lehrgedichten, von Episteln und Epigrammen.

Sprecht mir doch nur immer nicht:
»Für die Nachwelt mußt du schreiben«;
Nein, das laß ich weislich bleiben,
Denn es lohnt der Mühe nicht!

Was die alte Klatsche spricht,
Die ihr tituliert *Geschichte*,
Bleibt, besehn beim rechten Lichte,
Doch nur Fabel und Gedicht,
Höchstens ein Parteigericht.

Das klingt hart, aber wenn irgendwer kompetent war, so
war er es. Es nimmt der Wahrheit seines Ausspruches
nichts, daß eine leise Bitterkeit seine Sentenzen gelegentlich
färbte:

Wie du gelebt, so geh zu Grabe,
Still, prunklos, wenig nur gekannt.
Was du für Welt, für Vaterland,
Für andere hier getan, sei *stumme* Gabe —
Des Gebers Name werde nie genannt.

So schrieb er am Abend seines Lebens.

Bis tief in die Nacht hinein saß er an seinem Pult. Die
Schwarze Frau kam und ging, aber das Knistern ihrer Seide
störte ihn nicht; *er*, der dem großen Gespenst des Jahrhunderts mit siegreichem Gedanken entgegengetreten war, war
schußfest gegen die Geister.

Ein Jahr vor seinem Tode ward er Feldmarschall. Drei
Jahre früher war ihm ein erster Enkel geboren worden, zu
dessen Taufe der König versprochen hatte, nach Karwe zu
kommen. Er kam *nicht*, aber statt seiner traf ein Entschuldi-
gungsbrief ein, dessen Namenszug mit Hülfe eines angehäng-
ten Schnörkels in ein Wickelkind auslief. Vor diesem Wik-
kelkind, das natürlich den kleinen Knesebeck repräsentieren
sollte, stand der König selbst (ein wohlgelungenes Portrait
von königlicher Hand) und machte dem Täufling seine Verbeugung. Darunter die Worte: »Vivat et crescat gens Knesebeckiana in aeternum.«

Wir verließen das Empfangszimmer und traten wieder in den Park. An einer der schönsten Stellen desselben hatte uns die Gärtnersfrau ein Nachmittagsmahl serviert: saure Milch mit einer überaus einladenden, chamoisfarbenen Sahnenschicht. Um uns her standen einundzwanzig Edeltannen und neigten sich gravitätisch in dem Winde, der ging. Diese einundzwanzig Tannen pflanzte der alte Feldmarschall im Sommer 1821, als die Nachricht nach Karwe kam, daß Napoleon am 5. Mai auf St. Helena gestorben sei. Auch dies Datum schuf noch eine letzte Berührung zwischen den alten Gegnern; der 5. Mai war der Geburtstag Knesebecks, wie er der Todestag Napoleons war.

Unter den Papieren des Feldmarschalls aber fanden sich bei seinem im Januar 1848 erfolgten Hinscheiden nachstehende Zeilen, die der Ausdruck seines Lebens und vielleicht ein treffendes Motto märkischen Adels sind:

> Mit dem Schwerte sei dem Feind gewehrt,
> Mit dem Pflug der Erde Frucht gemehrt;
> Frei im Walde grüne seine Lust,
> Schlichte Ehre wohn in treuer Brust.
> Das Geschwätz der Städte soll er fliehn,
> Ohne Not von seinem Herd nicht ziehn,
> So gedeiht sein wachsendes Geschlecht,
> Das ist *Adels* Sitt' und altes Recht.

KARWE

II

Es war im Frühjahr 1783, so erzählt der Feldmarschall von dem Knesebeck in seinen Memoiren, und die Truppen, die zur magdeburgischen Inspektion unter General von Saldern gehörten, hatten unweit der Dörfer Pietzpuhl und Körbelitz, auf der sogenannten Pietzpuhler Heide, anderthalb Meilen von Magdeburg, ein Lager bezogen. Es war gegen Mittag, und der König konnte jeden Augenblick eintreffen, da er sehr früh am Morgen von Sanssouci aufzubrechen pflegte. Bekanntlich fuhr er mit Bauerpferde-Relais. Die Reise ging trotz des greulichen Sandes fortwährend in einer Carrière; was fiel, fiel und wurde nur mäßig vergütigt. Sein Quartier nahm er in einem kleinen Häuschen am Nordwestende des Dorfes Körbelitz.

Sobald er ankam, dies wiederholte sich alljährlich, stieg er zu Pferde und ritt gleich zur Abnahme der Spezialrevue zu den Truppen. Die Regimenter, nach der Anciennetät gelagert, standen dann jedes in folgender Ordnung aufmarschiert. Vor dem ersten Zuge des ersten Bataillons zuerst der Kommandeur des Regiments, zu Fuß mit Esponton (nur die Generale waren zu Pferde), hinter dem Kommandeur die Junker des Regiments, die dem Könige noch nicht vorgestellt waren, hinter den Junkern die Rekruten des Jahres nach der Größe in drei Gliedern aufmarschiert. *So erwarteten wir ihn jetzt.*

Der schönste Frühlingstag glänzte zu unsern Häupten, die weite Heide war mit Zuschauern zu Wagen und zu Pferde überdeckt, und der Kräuterduft des Thymian würzte die Luft. Da sah man eine dicke Staubwolke in der Ferne, die sich uns nahte, und stiller und stiller ward es — je näher sie kam. Es war Friedrichs Wagen; bei Körbelitz angelangt, hielt er. Der König stieg zu Pferde.

Es war ein ungeheuer großer Schimmel, ein Engländer, den er dies Jahr noch ritt. Im nächsten Jahre, oder vielleicht auch erst 1785, kam er auf einem kleinen Litauer-Schimmel, Langschwanz. Sowie er zu Pferde war, setzte er es gleich in Galopp, so daß bei dem weit ausgreifenden großen Tiere das ganze Gefolge hinter ihm Carrière ritt.

So kam der siebzigjährige königliche Greis. Ungefähr drei-ßig Schritt vor der Linie parierte er zum Schritt, nahm das Augenglas, sah die Linie von weitem hinunter, ob alles gut gerichtet war, und nun hielt er dicht vor uns Junkern, ein kleiner alter Mann mit ungeheuren großen Augen und durchdringendem Blicke.

Er sah uns an, wandte sich zu Saldern, der unweit von ihm zu Pferde war, und sagte: »Saldern, was sollen die vie-len Boucles da? *eine* Boucle ist genug!« — (Es waren ihm nämlich unsere vier mit Talg und Puder eingespritzten stei-fen Haarlocken aufgefallen, die wir an jeder Seite des Vor-derkopfes trugen. Eine große Haarlocke zur Seite war da-mals gerade Mode, und jeder von uns dachte daher still bei sich: Das ist unser Mann! Von diesem Augenblick an ver-schwanden denn auch diese vier Perücken-Plagelocken, und *eine* trat an deren Stelle.)

Den Krückstock auf den rechten Fuß im Steigbügel ge-stemmt, fragte er nun die Fahnenjunker, und es kam zu fol-gendem Gespräch, mit jedem der Reihe nach.

»Wie heißt Er?« — »Hilitan, Ew. Majestät.« — » *Wie* heißt Er?«, und ohne die Antwort abzuwarten, mit immer steigen-dem ungnädigen Ton ihm folgende Namen gebend: »Kilian, Pelikan, Er ist nicht von Adel?«, hob er schon den Stock, um ihn auszustoßen, als dieser ihm zurief: »Ew. Majestät ha-ben mich von den Cadets hergeschickt; ich bin ein West-preuße.« — »So!« — Und sei es nun, daß er sich kein De-menti geben wollte, da er ihm dort gutgetan hatte, genug, der Stock ward wieder auf die Steigbügel gesetzt. Hilitan aber ward von uns jungen Leuten von jetzt an nie mehr anders als Pelikan oder Kilian gerufen und behielt diese Namen, womit ihn Friedrich getauft hatte. — Er nahm übrigens spä-ter ein schlechtes Ende und verscholl.

Der zweite hieß Hauteville. Er war aus Sardinien; sein Va-ter hatte ihn, nachdem er seine Studien vollendet, an Fried-

rich empfohlen und anvertraut, um in dessen Armee sein
Glück zu machen. Als er in Potsdam angekommen war, hatte
der König ihn, um Deutsch zu lernen, zu den Cadets geschickt und später zu unserm Regiment. So war er bereits
einige zwanzig Jahre alt geworden. Bei uns hieß er »der
Papa«, und wir fragten ihn wohl zuweilen: wann seine Frau
und Kinder nachkommen würden. Er hatte Erlaubnis erhalten, den König zu bitten, ihn bald zu avancieren. Als Friedrich auf die Frage: »Wie heißt Er?« seinen Namen hörte,
sprach er zu ihm ein paar Worte italienisch, dann französisch, und als Hauteville mit seiner Bitte herausrückte und
immer dringender ward, fragte er ihn etwas unwillig in deutscher Sprache: »ob er denn auch Deutsch könne«, und als
Hauteville deutsch replizierte: »Kann jetzt alles komman-
diere, Ihro Majestät, und bitte untertänigst«, so fiel er ihm in
die Rede: »Nun, Herr, beruhige Er sich doch, ich werd Ihn
ja nicht vergessen«, und in sechs Wochen war Hauteville
Lieutenant beim Grenadierbataillon Meusel. Später hat er
ein Füsilierbataillon in Schlesien gehabt.

Der dritte hieß Brösicke. Als der König seinen Namen
hörte, sagte er bloß: »Er ist aus der Mark«, und gleich zum
Folgenden:

»Wie heißt Er?« — »Suhm, Ew. Majestät.« — Der König:
»Sein Vater ist der Postmeister?« — »Ja, Ew. Majestät.« —
Der König: »Wenn Sein Vater nicht 4000 Taler hat, soll er
an mich schreiben.« — Der Vater des Suhm war nämlich
schwer blessiert (wenn ich nicht irre, hatte er beide Beine
verloren) und hatte die Stelle als Versorgung erhalten. Er
war ein Bruder des Suhm, mit dem Friedrich in Korrespondenz war, die gedruckt ist.

Nun kam die Reihe an mich. »Wie heißt Er?« — »Knesebeck, Ew. Majestät.« — »Was ist Sein Vater gewesen?« —
»Lieutenant bei Ew. Majestät Garde.« — Der König: »Ach,
der Knesebeck!«, und mit ganz veränderter, teilnehmender
Stimme gleich zwei Fragen hintereinander an mich richtend,
fuhr er fort: »Wie geht es denn Seinem Vater? Schmerzen
ihn seine Blessuren noch?« Mein Vater war nämlich bei Kolin schwer blessiert und quer durch den Leib und Arm geschossen. »Grüß Er doch Seinen Vater von mir!« Und als er
sich schon wenden wollte, noch einmal sich umsehend und

den Zeigefinger der rechten Hand, an welcher der Stock
baumelte, emporhebend und mich noch einmal ansehend,
sagte er mit gnädiger Stimme: »Vergeß Er es mir auch
nicht!«

Ach, seitdem sind fünfundsechzig Jahre verflossen (so
schließt Knesebeck), und ich habe diesen Gruß, der gleich
bestellt wurde, da ich Urlaub dazu erhielt, und noch weniger
den Ton der Stimme vergessen, mit welchem er gesprochen
wurde.

LOB DES KRIEGES*

Es leb der Krieg! Im wilden Kriegerleben,
Da stählet sich der Mut!
Frei kann die Kraft im Kriege nur sich heben;
Der Krieg, der Krieg ist gut.

Den falschen Freund, der listig Treue heuchelt,
Krieg macht ihn offenbar.
In offner Schlacht das blanke Schwert nicht
        schmeichelt,
Und jeder Hieb spricht wahr.

Der Krieg ist gut! Er weckt die Kraft der Jugend
Und zieht in seinem Schoß
So manchen Sinn für hohe, wahre Tugend
Zu schönen Taten groß.

Der Krieg ist gut! Er ruft aus feigem Schlummer
Den trägen Weichling auf,
Er lohnt Verdienst, und schafft er manchen
        Kummer,
Löst er auch manchen auf!

Der Krieg ist gut! Im Reiben seiner Kräfte
Ist für die Welt Gewinn.

* Der alte Feldmarschall von dem Knesebeck hat eine ziemliche Anzahl von Gedichten hinterlassen. Eins der seinerzeit populärsten ist das vorstehende. Es stammt
aus den Lieutenantstagen in Halberstadt (1792).

Der Krieg macht froh, im Wechsel der Geschäfte
Nimmt er die Grillen hin.

Er lehrt die Kunst, das Leben zu verachten,
Wenn es die Pflicht gebeut,
Und immer nur es als ein Gut betrachten,
Das man der Tugend weiht.

Er lehret uns entbehren und genießen,
Er würzt auch schwarzes Brot —
Und wenn durch ihn auch manche Tränen fließen,
Er gibt den schönsten Tod.

Es leb der Krieg! wo hohe Kraft nur sieget,
Nicht Trägheit Lorbeern flicht,
Es leb der Krieg! Unsterblichkeit erflieget,
Wer durch ihn Palmen bricht.

Es leb der Krieg! Nur dem geb er Verderben,
Der frech den Frieden bricht.
Zur Schlacht, zur Schlacht! wir alle lernten sterben
Für Vaterland und Pflicht.

RADENSLEBEN

Es ist so still; die Heide liegt
Im warmen Mittagssonnenstrahle.

Th. Storm

Erst hab ich weniger auf dich geachtet,
Jetzt siehst du mich vor deiner Größe beben,
Seit ich „Mariä Himmelfahrt" betrachtet.

Platen

I

Nicht unmittelbar am Ruppiner See, vielmehr eine halbe
Meile landeinwärts, liegt Radensleben, seit über zweihundert
Jahren ein Quastsches Gut.

Der ursprüngliche Besitz der Quaste oder »Quäste« lag
und liegt noch im *Westen* des Ruppiner Sees, am fruchtbaren Rande des Rhinluches hin. Garz, Vichel, Rohrlack sind
alt-Quastsche Güter, von denen ich in einem spätern Abschnitt erzählen werde, aber über das am *Ostufer* des Sees
gelegene Radensleben sei schon an *dieser* Stelle berichtet.
Alexander Ludolf von Quast erstand es bald nach Schluß
des Dreißigjährigen Krieges und gründete neben der Garzer
Linie die Linie Radensleben. Sie blüht bis diesen Tag. In
einem Zimmer des Herrenhauses, auf dunkelrotem Hintergrunde, hängt streng und ernst das Bildnis Alexander Lu-
dolfs.

Radensleben, das wir in wenig mehr als viertelstündiger
Fahrt von Karwe aus erreichen, gilt als eines der schönsten
Güter der Grafschaft, und zu seinen weiten Acker- und Wie-
senflächen gesellen sich große Forstbestände, die sich zum
Teil bis in die Rheinsberger Gegend hin ausdehnen. Aber
was *unser* Interesse weckt, das ist ein andres, ist die poeti-
sche, beinah absolute Stille, die ihren Zauberkreis um dies
Stück Erde zieht.

Das Ruppiner Land ist überhaupt eins von den stillen in
unsrer Provinz, die Eisenbahn streift es kaum, und die gro-

ßen Fahrstraßen laufen nur eben an seiner Grenze hin; aber die stillste Stelle dieses stillen Landes ist doch das *Ostufer* des schönen Sees, der den Mittelpunkt unserer Grafschaft bildet und von ihr den Namen trägt. *Durchreisende gibt es hier nicht,* und jeder, dem man begegnet, der ist hier zu Haus; kein anderer Verkehr als der der Dörfer untereinander, und es bleibt selbst fraglich, ob das Handwerksburschentum in andern als in verschlagenen Exemplaren an dieser Stelle betroffen wird.

Noch einmal also, keine »Passanten«. Es legt hier nur an, wer landen will.

Wir sind unter diesen, fahren eben in die breite, mit prächtigen Bäumen besetzte Dorfstraße ein und halten vor dem alten Herrenhause, einem geräumigen, aber anspruchslosen Bau, dessen Fachwerkwände die schlichte Art des vorigen Jahrhunderts zeigen. Ein traulich-wohnlicher Zug ist um das Ganze her, und im selben Augenblick, wo wir eintreten, erkennen wir auch, daß das Haus nach gut märkischer Art tüchtiger ist, als es von außen her erschien, und daß seine Fachwerkwände nur eine Hülle sind, hinter der sich ein massiver älterer Bau verbirgt. Zugleich bemerken wir eine doppelarmige Treppe, die, breit und mit niedrigen Stufen ansteigend, nach rechts und links hin auf die oberen Korridore mündet.

Es ist warm, und so nehmen wir in der Vorhalle Platz, um die Wohltat von Luft und Licht und den vollen Blick in die Anlagen des Gartens zu haben. Eine künstlerische Hand hat hier unverkennbar die Linien gezogen, und die Frage tritt an uns heran: Wer war hier tätig? wer schuf diese Durchsichten? wer richtete diese Statuen auf? wer gab ihnen die malerischste Stelle?

Und nun verlassen wir die Vorhalle wieder, um erst im Erdgeschoß und dann im oberen Stock eine lange Zimmerreihe zu passieren, und siehe da, im reichen Anblick aller hier angesammelten Schätze wird uns zugleich Antwort auf unsere Frage. Kunst, *echte* Kunst überall. Das gut Märkische schwindet, und der Zauber *italischer* Ferne steigt vor uns auf.

Erst eine Landschaft Blechens, hell, prächtig, fremdländisch. Der heiße Sonnenschein liegt auf dem schattenlosen

Marktplatz, und blau dehnt sich das eingebuchtete Meer, an dessen Horizont ein Kuppelturm emporsteigt.

Wie schön! Und indem wir weiterschreiten, tuen sich die goldenen Tore des Südens immer herrlicher vor uns auf. Alle Namen, die vor Perugino und Raffael geglänzt, die Schöpfer moderner Malerei, *hier* sprechen sie zu uns. Giotto und Giottino, Fiesole und Orcagna, Fra Bartolomeo und Pietro Spinello Aretino, die beiden Lippis, vor allem der mächtige Mantegna — alle, die groß waren, ehe die größeren kamen, sie sind hier um uns versammelt. Die Welt der Madonnen erschließt sich uns, und aus ihren Rahmen auf uns niederblickend, tuen sie, was sie immer taten, und lächeln Freudigkeit und Hoffnung in unser Herz. Da ist eine »Muttergottes, anbetend vor dem Kinde«, ein Terrakotta-Relief von Luca della Robbia, und da ist eine zweite (mit einem Stieglitz auf dem Händchen des Christkinds) in der lieblich naiven Art Filippino Lippis. Hier fällt das faltenreiche, lang herabwallende Kopftuch über die ernsten, hoheitkündenden Züge der »Himmelskönigin«, wie Fra Bartolomeo die Jungfrau gemalt, und hier breitet eine Madonna Giovannis da Milano ihren schwarzen, mit Rot und Goldbrokat gefütterten Mantel um Päpste, Mönche und Heilige aus und erhebt sich mit ihnen, um ihre Schützlinge mit gen Himmel zu tragen. Selbst das große Bild in der Kirche »Annunziata« zu Florenz, das alljährlich dem anbetenden Volke nur einmal gezeigt wird — künstlerische Begeistrung hat nach flüchtigem Schauen die schönsten Köpfe desselben festzuhalten gewußt, und die hinweggelauschten Bildnisse Marias und des verkündenden Engels, sie haben jetzt eine Stätte *hier*, in dem stillen Herrenhause der stillen Grafschaft.

Manches Kunstwerk wohl, von dem die Welt nicht weiß, verbirgt sich in märkischen Dörfern. Grabdenkmälern von Rauch und Schadow, von Canova und Thorwaldsen bin ich begegnet, Bilder aller Länder und Schulen seit Papst Julius' Tagen hab ich gesehen — aber Bilder aus den Tagen der Kindheit und Keuschheit aller modernen Kunst, *solche* Bilder hat nur das Herrenhaus zu Radensleben. Kein andres märkisches Dorf kennt Fiesole und Mantegna, am wenigsten *hat* es sie.

Da sind wir wieder in der Halle. Kühle weht, und wir blik-
ken noch einmal hinunter in den Park, hinter dessen Bäumen die Abendröte verglüht. Seine fein gezogenen Linien
überraschen uns nicht länger mehr. Wo Madonna weilt, da
weilt auch die Schönheit.

RADENSLEBEN

II

Nachstehend geb ich eine Aufzählung dessen, was sich im Herrenhause zu Radensleben an Kunstschätzen vorfindet. Ich verweile dabei nur bei dem Bemerkenswertesten.

1. Altitalienische Bilder

1. Madonna hält mit beiden Händen das auf ihrem Schoße sitzende Christuskind. Im Hintergrunde drei Cherubimköpfe. Gewand der Madonna mit reichem Muster modelliert und sodann vergoldet und bemalt. *Flaches Relief aus gebrannter Erde (Terrakotta)*, in reich vergoldetem Rahmen. Dieser hat die Inschrift »Ave Maria gratia plena, Dominus tecum.« Wahrscheinlich eine Arbeit von Mino da Fiesole. Ein Exemplar, nach derselben Form gegossen, befindet sich im Berliner Museum.

2. Madonna, halbe Figur, anbetend vor dem Kinde; zur Rechten drei Engel, links Johannes. Madonna und Christkind sehr schön. Terrakotta-Relief von etwa zweieinhalb Fuß Durchmesser. Von der Bemalung und Vergoldung sind nur noch schwache Reste vorhanden. Trotzdem ein Prachtstück der Sammlung. Nach der Ansicht Metzgers, eines Kunsthändlers in Rom, durch dessen Vermittlung Herr von Rumohr viele Sachen fürs Berliner Museum ankaufen ließ, von Luca della Robbia. Der einzige Zweifel, den Metzger unterhielt, war der, daß ihm kein Werk des Luca von ähnlicher Schönheit vorgekommen sei.

3. Madonna mit dem Kinde, Johannes und Engeln. Von Fra Filippo Lippi. Wie fast alle folgenden Bilder auf Holz gemalt.

4. Vermählung der heiligen Katharina. Die sitzende Madonna hält auf dem Schoße das Christuskind und neigt sich mit demselben der vor ihr zur Linken knienden heiligen Ka-

tharina entgegen, welche vom Christuskinde den Ring empfängt. Eine vorzügliche Arbeit von Sandro Botticelli, einem
Schüler des Fra Filippo Lippi.

5. Madonna mit dem Kinde, welches einen Stieglitz in den
Händen hält. Ein weißer Schleier fällt unter der Krone der
Madonna auf den dunkel schwarzblauen Mantel herab, welcher, auf der Brust durch eine Agraffe gehalten, sich seitwärts öffnet und das rote Gewand sehen läßt. Höchstwahrscheinlich von Fra Filippo Lippi, doch in mancher Beziehung an seinen Sohn Filippino Lippi erinnernd.

6. Madonna mit dem Kinde. Wahrscheinlich von Filippino Lippi.

7. Madonna; auf Goldgrund. Sie trägt einen schwarzen
Mantel, mit rotgoldnem Brokat gefuttert. Unter dem Mantel
birgt sie Päpste, Mönche, Heilige. Sehr altes Bild von Gio-
vanni da Milano.

8. Krönung Mariä. Ausgezeichnetes Bild; der Maria in
Santa Croce zu Florenz (von Giotto) und ebenso der Heiligen Jungfrau in der Brera zu Mailand so nahestehend, daß
es Kenner mehrfach für ein Originalbild von Giotto gehalten
haben. Die später erfolgte Reinigung ließ die Jahreszahl
1338 hervortreten, wonach es also zwei Jahre nach Giottos
Tode gemalt wurde. Doch zählt es immer zu den ältesten
und besten Schulbildern. (Dies Bild befindet sich zur Zeit in
Berlin, in der Wohnung der Frau von Hengstenberg.)

9. Maria und der verkündende Engel. Zwei Köpfe, nach
dem großen und berühmten Bilde in der Kirche Annunziata
in Florenz gemalt. Das große Bild wird alljährlich nur *einmal*
dem Volke gezeigt; der Maler hat diese beiden Köpfe, nach
einmaligem Sehen, aus dem Gedächtnis auf die Leinwand
gebracht.

10. Madonna. Von Fra Bartolomeo. Aus der Gipfelzeit der
Malerei; an Schönheit vielleicht allen Bildern der Sammlung
voranstehend. Ein großes dunkles Kopftuch, unter dessen
Falten das rote Kleid nur wenig hervorsieht, wallt tief herab.
Der Kopf selbst zeigt einen leidenden Ausdruck. Die For-
men sind edel, das Ganze voll technischer Vollendung.

11. Christus auf Goldgrund, unter einem Baldachin. In
sienesischer Kunstweise, mit grünuntermalten Fleischtönen
und aufgesetztem Rot.

12. und 13. Zwei Sepiazeichnungen von Mantegna. Es ist ein Pergamentblatt, von ungefähr ein Fuß Höhe und sieben bis acht Zoll Breite, das auf *beiden* Seiten bemalt ist. Auf der einen Seite erblickt man einen Märtyrer (wahrscheinlich Sankt Jakobus), der von den Seinen Abschied nimmt und sie segnet. Die Zeichnung auf der andern Seite ist von noch größerer Schönheit. Sie stellt dar: »Der tote Christus, von Engeln beklagt«. Das Bild zeigt eine gewisse Verwandtschaft des Ausdrucks und der Behandlung mit dem entsprechenden Mantegna-Bilde im Berliner Museum. Die erste Seite (Sankt Jakobus, der Abschied nimmt und segnet) ist wahrscheinlich eine Skizze zu dem bekannten Deckengemälde von Mantegna: »Gang zum Richtplatz und Heilung des Gichtbrüchigen« in der Kirche degli Eremitani in Padua. — Beide Bilder zeigen eine reiche Renaissancearchitektur; was die Art des Vortrags angeht, so ist die eine mehr in gemalter, die andere mehr in gestrichelter Manier. Das Pergamentblatt selbst ist sehr wahrscheinlich aus einem Mantegnaschen Studienbuch genommen.

14. und 15. Zwei Heilige (fast Lebensgröße), halbe Figur, unter Spitzbogeneinrahmung. Wahrscheinlich früher *ganze* Figur und später abgesägt. In giottesker Manier; vielleicht von Giottino.

16. Ein Apostel (dreiviertel Lebensgröße), halbe Figur. Abgesägt wie das vorige. Nach Metzgers Ansicht mutmaßlich von Orcagna herrührend. Auf der untern Hälfte des Bildes, aber ebenfalls auf der Vorderseite, befindet sich eine mit Weiß konturierte Skizze zu einer Madonna. Diese Skizze ist wenig mehr als fünfzig Jahr alt, und hat der Maler derselben das alte Bild lediglich als Untermalung benutzt.

17. Das Gastmahl des heiligen Dominikus. Dominikus setzt sich, mit seinen Mönchen, im Refektorium zu Tisch und erhebt die Hände bittend gen Himmel, während der Bruder Schaffner den leeren Korb umstülpt. Engel erscheinen und bringen Brote. Das sehr beschädigte Bild enthält noch Spuren von großer Schönheit und zierlichster Malerei, namentlich in der Behandlung der Köpfe. Es ist ein Bild von Fiesole. Metzger hat es auf das bestimmteste dafür erklärt.

18. Ein kleiner Altar mit Vorgängen aus dem Leben des heiligen Laurentius.

19. Die Begegnung des Paulus und Petrus von Pietro Spinello Aretino.

20. Verschiedene Madonnen des vierzehnten und fünfzehnten Jahrhunderts, teils aus gotischer, teils aus früher Renaissancezeit.

2. ANDERWEITIGE BILDER UND KUNSTSCHÄTZE

1. Eine Handzeichnung von Dürer. Der dornengekrönte Christus vor dem Tode, auf dem Kreuze sitzend. Auf grauem Papier angetuscht und meisterlich mit Weiß aufgehöht. Mit Dürers Monogramm und der groß in Weiß aufgesetzten Jahreszahl 1519. Aus der ehemalig Crennerschen Sammlung erstanden (siehe Waagens Reisen durch Deutschland). Soll früher in Besitz des letzten Fürstabts von St. Emmeran gewesen sein.

2. und 3. Zwei schöne kleine Landschaften von Huysmans; in Poussinscher Art komponiert. Dunkel, viel Braun und tiefes Blau des Himmels. In Saftigkeit und Frische an dunklere Bilder Claude Lorrains erinnernd.

4. Friedrich II. Die inkorrekte Inschrift lautet: »L'auriginal a été fait d'après le Roy, par Amadée van Loo. Anno 1766.«

5. Portrait Blüchers. Wahrscheinlich von Weitsch.

6. Marktplatz von Ravello bei Amalfi. Von Blechen. Links eine hohe Mauer mit einem rundbogigen Eingang in eine Kirche. Auf dem Markt eine schöne Fontaine und in einiger Entfernung ein einzelner Baum, in dessen Schatten Lazzaronis lagern. Rechts der Blick auf das dunkelblaue Meer. Der Kontrast zwischen der glühenden Sonne und der kleinen Schattenpartie am Brunnen ist sehr schön.

7. Zwei Arbeiten von Bouterweck.

a) Eine Sibylle. (Ölbild, sehr dunkel.) Ein Herd mit geheimnisvollen Zeichen und allerhand Zauberhölzern. Die Sibylle selbst liest in einem geheimnisvollen Buch, während es auf dem Herde braut und kocht. Krieger kommen, um sie gefangenzunehmen.

b) Die Furien tragen die Leiche der Klytämnestra zum Orkus. Orest, Pylades und Iphigenia blicken dem finstren Zuge nach. Sepiaskizze, aufgehöht mit Weiß; eine sehr ausgezeichnete Arbeit.

8. Der Daumen (von Marmor) einer übermenschlich großen Figur. Die letztere, auf Sizilien gefunden, gehörte dem südlichsten Teile der Ostreihe der Tempel in Selinus an, deren übrige, im Museum zu Palermo befindlichen Skulpturen der Blütezeit der griechischen Kunst (fünftes Jahrhundert) angehören. Damals wurden vielfach die unbedeckt bleibenden Teile des Körpers: Kopf, Hände, Füße, an die Figur *angesetzt*, und zwar waren Kopf, Hände, Füße von *Marmor*, während die Figur selber von bloßem Kalkstein war. Es läßt sich annehmen — um so mehr, als man deutlich erkennt, daß dieser Daumen nicht etwa abgebrochen ist —, daß er ebenfalls einer solchen Figur angesetzt war. Ob diese Figur die Tempelstatue selber oder eine der Statuen der Giebelfelder war, ist natürlich nicht mehr festzustellen. Rauch konnte die vollendete Schönheit und Natürlichkeit dieses Fragments nicht genug bewundern.

3. SCHINKELSCHE JUGENDARBEITEN AUS DER ZEIT VON 1796 BIS 1803

Diese von Schinkel aus der Zeit von seinem fünfzehnten bis zu seinem zweiundzwanzigsten Jahre herrührenden Arbeiten waren früher in Berlin und über die Grafschaft Ruppin hin zerstreut (einen Hauptteil besaß Herr von Rathenow in Berlin) und wurden durch den verstorbenen Geheimrat von Quast auf Radensleben allmählich gesammelt. Sie bilden eine Kollektion von relativ hervorragendem Wert. Ihre künstlerische Bedeutung, einige Blätter abgerechnet, ist nicht groß, desto größer aber ist ihre *kunsthistorische*. Den Entwickelungsgang Schinkels von frühauf zeigend, ergänzen sie *das*, was das Schinkel-Museum an Arbeiten des Meisters bietet, in einer nicht leicht zu überschätzenden Weise.

Es sind Federzeichnungen sowie Bilder und Skizzen in Tusche und Gouache.

FEDERZEICHNUNGEN

1. Kopie nach Rembrandt. 1796.
2. Medaillonkopf Friedrichs des Großen.
3. Juno.
4. Pallas Athene.
5. Portrait. } Wahrscheinlich aus 1796 oder 1797.
6. Zwei Köpfe.
7. Säulenkapitäle, dorische, ionische, korinthische.
8. Rousseau-Grotte.
9. Die Kränzliner Kirche. 1804.

(1804 war er noch in Italien. Die Jahreszahl ist also entweder nicht richtig, oder das Blatt rührt von jemand anderem her.)

IN TUSCHE

1. Kopie nach Hogarth.
2. Seelandschaft.
3. Seelandschaft. Berlin 1797.
4. Landschaft mit Pyramide. 20. August 1797.
5. bis 8. Vier kleine Landschaften, alle aus dem Jahre 1797.
9. Größere Landschaft.
10. Ruinen des alten Theben. 1798.
11. Felsenhöhle. In bunter Tusche.
12. Remter in Marienburg. In bunter Tusche.
13. Saal der Fünfhundert in Paris. In bunter Tusche.
14. bis 20. Landschaften in schwarzer Tusche. Aus den Jahren 1798 und 1799.
21. Landschaft in bunter Tusche.
22. und 23. Grabdenkmäler in schwarzer Tusche.*
24. Landschaft in rotbrauner Sepia.

---

* Ein solches von Schinkel herrührendes Grabdenkmals- oder Mausoleumsbildchen besitz ich ebenfalls. Vielleicht das einzige Blatt, was aus der Epoche von 1796 bis 1799 außer den Radenslebenschen Blättern noch existiert. Es stellt einen nach zwei Seiten hin von dunklen Baumpartien eingeschlossenen Bau dar. Nach links hin öffnet sich der Blick auf eine kleine Landschaft, die dem Beschauer zugekehrte Langseite des Mausoleums aber trägt die Inschrift: »Tranquillitati« und darunter ein sauber ausgeführtes Basrelief, Pluto und Proserpina, zu deren Füßen ein Bittender kniet. Es ist rechts in der Ecke mit »Schinkel 99 fecit« bezeichnet. Dies Bildchen (neun Zoll breit, fünf Zoll hoch) befand sich in Händen des Küsters in Darritz, eine halbe Meile von Kränzlin, dem es wahrscheinlich als ein Erinnerungsstück aus der Kränzliner Pfarre zugefallen war. Er hat es mir später überlassen.

In Gouache

1., 2. und 3. Kleine Landschaften. 1797. Sehr sauber ausgeführt.
4. Neapel. 1798.
5. Potsdam bei Sonnenaufgang von Babelsberg aus. 1798.
6. Landschaft. Albumblatt. 1799.
7. dito. 1799.
8. Entwurf einer Gartenpartie. 1800.

Zu diesen Bildern gesellen sich schöne Sammlungen von
Münzen und Gemmen, vor allem zahlreiche Wappen mit
Handzeichnungen und Skizzen interessanter Architekturen
in Deutschland, Frankreich und Italien. In bezug auf *Preußen* ist diese Sammlung höchstwahrscheinlich die vollständigste, die existiert; sie umfaßt *alle* Provinzen, besonders
Rheinland, Mark, Ost- und Westpreußen.

NEURUPPIN

1. Ein Gang durch die Stadt. Die Klosterkirche

Lieblich weht's vom See herüber,
Leise, langsam, wie verdrossen
Ziehen still die Wolken drüber,
Gleichen Schritts mit unsern Rossen ...
Drüben liegt im Sonnenscheine
So ein alt und sauber Örtchen,
Kirch und Turm von rotem Steine,
In der Mauer Ausfallpförtchen.

George Hesekiel

Wir kennen jetzt das Süd- und Ostufer des Ruppiner Sees, haben Wustrau und Karwe und Radensleben durchstreift und schicken uns nun an, der alten Hauptstadt dieses Landesteiles unseren Besuch zu machen, der Stadt Ruppin selbst, die dem See, woran sie liegt, wie der ganzen Grafschaft den Namen gegeben hat. In schräger Linie kreuzen wir, nachdem wir Karwe und seine Uferstation wieder erreicht haben, die an dieser Stelle ziemlich breite Fläche, laben uns, die Julisonne zu unseren Häupten, an der feuchten Kühle des Wassers und traben endlich, nach glücklicher Landung, in offenem Wagen die kahle, staubige Chaussee entlang, unsere Regenschirme als Schutz- und Schattendächer über uns. Grau wie die Müllertiere erreichen wir die Stadt, sehen mit geblendeten Augen anfänglich wenig oder nichts und atmen erst auf, als wir vorm Gasthofe zum Deutschen Hause halten und freundlich bewillkommt in die Kühle des Flures treten. Moselwein und Selterwasser stellen hier unsere Lebensgeister wieder her und geben uns Mut und Kraft, eine erste Promenade zu machen und dem Pflaster der Stadt zu trotzen. In unseren dünnsohligen Stiefeln werden wir freilich mehr denn einmal an jenen mecklenburgischen Gutsbesitzer erinnert, den seine revoltierenden Hintersassen auf spitzen Steinen hatten tanzen lassen.

Ruppin hat eine schöne Lage — See, Gärten und der sogenannte »Wall« schließen es ein. Nach dem großen Feuer, das nur zwei Stückchen am Ost- und Westrande übrigließ (als wären von einem runden Brote die beiden Kanten übriggeblieben), wurde die Stadt in einer Art Residenzstil wieder aufgebaut. Lange, breite Straßen durchschneiden sie, nur unterbrochen durch stattliche Plätze, auf deren Areal unsere Vorvordern selbst wieder kleine Städte gebaut haben würden. Für eine reiche Residenz voll hoher Häuser und Paläste, voll Leben und Verkehr mag solche raumverschwendende Anlage die empfehlenswerteste sein, für eine kleine Provinzialstadt aber ist sie bedenklich. Sie gleicht einem auf Auswuchs gemachten großen Staatsrock, in den sich der Betreffende, weil er von Natur klein ist, nie hineinwachsen kann. Dadurch entsteht eine Öde und Leere, die zuletzt den Eindruck der Langenweile macht.

Die Billigkeit erheischt hinzuzufügen, daß wir es unglücklich trafen: das Gymnasium hatte Ferien und die Garnison Mobilmachung. So fehlten denn die roten Kragen und Aufschläge, die, wie die zinnoberfarbenen Jacken auf den Bildern eines berühmten Niederländers (Cuyp), in unserm farblosen Norden dazu berufen scheinen, der monotonen Landschaft Leben und Frische zu geben. Alles war still und leer, auf dem Schulplatze wurden Betten gesonnt, und es sah aus, als sollte die ganze Stadt aufgefordert werden, sich schlafen zu legen.

Aber nicht die Öde und Stille der Stadt haben uns zu beschäftigen, sondern ihre Sehenswürdigkeiten, klein und groß. Treten wir unsere Wanderung an. Vor dem malerisch im Schatten hoher Linden gelegenen Rathaus, in dessen Erdgeschoß sich auch die Hauptwache befindet, ruht auf leichter Lafette eine 1849er Kriegstrophäe, während in Front des stattlichen Gymnasialgebäudes (auf das wir weiterhin in einem eignen Kapitel zurückkommen) die Bronzestatue König Friedrich Wilhelms II. aufragt, die die Stadt nach dem großen Feuer von 1787 ihrem Wiedererbauer errichtete. Das in etwas mehr denn Lebensgröße hergestellte Bildnis ist eine Arbeit Friedrich Tiecks, gedanklich wenig bedeutend, aber in Form und Haltung jenes künstlerische Maß bekundend, das, wo andere Vorzüge fehlen, selbst schon wieder als Vorzug gelten kann.

Mehr als dies Denkmal nimmt unsere Aufmerksamkeit die alte *Klosterkirche* in Anspruch, die sich an der Ostseite der Stadt in unmittelbarer Nähe des Sees erhebt und das einzige Gebäude von Bedeutung ist, das bei dem mehrerwähnten großen Brande verschont blieb. Diese Klosterkirche ist ein alter, in gotischem Stile aufgeführter Backsteinbau aus dem Jahre 1253 und gehörte dem unmittelbar daneben gelegenen Dominikanerkloster zu, von dem seit Restaurierung der Kirche auch die letzten Spuren verschwunden sind. Über diese Restaurierung selbst gibt eine die halbe Wand des Kirchenschiffs bedeckende Inschrift folgende Auskunft: »Dieses Gotteshaus wurde seit dem Jahre 1806 wiederholt durch feindliche Truppen entweiht und verfiel während des Krieges dergestalt, daß es über dreißig Jahre nicht für den öffentlichen Gottesdienst benutzt werden konnte. Durch königliche Gnadenwohltat wurde dieses erhabene Denkmal echt deutscher Kunst und Frömmigkeit seiner eigentlichen Bestimmung zurückgegeben, indem es auf Befehl Seiner Majestät Friedrich Wilhelms III. wiederhergestellt und in Gegenwart seines Nachfolgers, Seiner Majestät Friedrich Wilhelms IV., feierlich eingeweiht wurde am 16. Mai 1841.«

Über dieser Inschrift befindet sich eine andere aus der zweiten Hälfte des sechzehnten Jahrhunderts, worin die Überweisung dieser Kirche seitens des Kurfürsten Joachims II. an die Stadt Ruppin ausgesprochen wird. Ähnliche Notizen im Lapidarstil gesellen sich hinzu und mindern in etwas den Eindruck äußerster Kahlheit und Öde, woran die sonst schöne Kirche bedenklich leidet. Dies Verfahren, durch Inschriften zu beleben und anzuregen, sollte überhaupt überall da nachgeahmt werden, wo man zur Restaurierung alter Baudenkmäler schreitet. Selbst Leuten von Fach sind solche Notizen gemeinhin willkommen, dem Laien aber geht erst aus ihnen die ganze Bedeutung auf. *Und zu diesen Laien gehört vor allem die Gemeinde selbst.* Ohne solche Hinweise weiß sie selten, welche Schätze sie besitzt. Ja, das Maß der Unkenntnis und Indifferenz ist so groß, daß es denen zu denken geben sollte, die nicht müde werden, von dem Wissen und der Erleuchtetheit unserer Zeit zu sprechen. Auffallen muß namentlich, wie absolut nichts unser Volk von der vorlutherischen Periode seiner Geschichte weiß. Man kennt weder die Dinge noch die Worte dafür, und unter zwanzig Leuten auf dem Lande wird nicht einer wissen, was der »Krummstab« sei. In der Ruppiner Klosterkirche fragt ich die Küsterfrau, welche Mönche hier wohl gelebt hätten, worauf ich die Antwort erhielt: »Ich jlobe, et sind *kattolsche* gewesen.«

Die Ruppiner Klosterkirche wird in der oben zitierten Inschrift ein »erhabenes Denkmal echt deutscher Kunst« genannt, was richtig und nicht richtig ist, je nachdem. Die Mittelmark, im Gegensatze zur *Altmark* und dem Magdeburgischen, ist im ganzen genommen so wenig hervorragend an Baudenkmälern aus der gotischen Zeit, daß keine *besondere Schönheit* nötig war, um mit unter den schönsten zu sein.

Das Innere der Kirche, trotz seiner Inschriften, ist immer noch gerade kahl genug geblieben, um sich der »*Maus* und *Ratte*« zu freun, die der den Deckenanstrich ausführende Maler in gewissenhaftem Anschluß an eine halb legendäre Tradition an das Gewölbe gemalt hat. Die Tradition selbst aber ist folgende. Wenige Tage nachdem die Kirche, 1564, dem lutherischen Gottesdienst übergeben worden war, schritten zwei befreundete Geistliche, von denen einer noch zum Kloster hielt, durch das Mittelschiff und disputierten über die Frage des Tages. »*Eher wird eine Maus eine Ratte hier über die Wölbung jagen*«, rief der Dominikaner, »*als daß diese Kirche lutherisch bleibt.*« Dem Lutheraner wurde jede Antwort hierauf erspart; er zeigte nur an die Decke, wo sich das Wunder eben vollzog.

Unser Sandboden hat nicht allzuviel von solchen Legenden gezeitigt, und so müssen wir das Wenige werthalten, was überhaupt da ist.

Die Klosterkirche ist eine Schöpfung Gebhards von Arnstein, Grafen zu Lindow und Ruppin. Dies mag uns, im nächsten Kapitel, zu einer kurzen Besprechung dieses berühmten Geschlechtes führen.

2. DIE GRAFEN VON RUPPIN

> Die Särge seiner Ahnen
> Standen die Hall' entlang.
> Es stand an kühler Stätte
> Ein Sarg noch ungefüllt,
> Den nahm er zum Ruhebette,
> Zum Pfühle nahm er den Schild.
>
> *Uhland*

Friedrich Wilhelm III., wenn er im Auslande reiste, liebte es, unter dem Namen eines »Grafen von Ruppin« sein Inkognito zu wahren. Auch andere königliche Hohenzollern haben ein Gleiches getan, Friedrich der Große zum Beispiel, als er kurz nach seiner Thronbesteigung eine Reise nach Bayreuth und in die westfälischen Landesteile machte. Diese Tatsache mag es rechtfertigen, wenn wir uns auch *heute* noch, wo der Letzte jenes alten Grafengeschlechtes längst zu seinen Vätern versammelt wurde, die Frage vorlegen: Wer waren die *Grafen von Ruppin?*

Mit den erobernden *Anhaltinern* kamen auch die thüringisch-mansfeldischen Grafen von Arnstein in die Marken und wurden früher oder später mit Lindow* und Ruppin belehnt. Bis ins dreizehnte Jahrhundert hinein nannten sich die so neubelehnten Grafen immer nur bei ihrem alten Geschlechtsnamen: Grafen von Arnstein, und nahmen später erst den Titel der »Grafen zu Lindow« an. *Grafen zu Ruppin* wurden sie jederzeit nur irrtümlich und ausnahmsweise genannt, da das Ruppiner Land eine Herrschaft und keine Grafschaft war. Wir aber, ohne historisch-genealogische Skrupel, folgen der später allgemein gewordenen Sitte und sprechen in nachstehendem von den »Grafen zu Ruppin«.

Die Grafen zu Ruppin waren die mächtigsten Vasallen der brandenburgischen Markgrafen und auch die treusten wohl. In einem Zeitraume von drei Jahrhunderten schwankten sie nur einmal, und zwar in der zweiten Hälfte des vierzehnten Jahrhunderts, als die Verwirrungen der bayrisch-luxemburgi-

---

* Dies Lindow ist nicht das märkische Städtchen gleichen Namens, zwei Meilen östlich von Ruppin, dessen Klosterruinen bis diesen Tag höchst malerisch zwischen dem Wutz- und dem Gudelack-See liegen, sondern die *Grafschaft* Lindow in der Nähe von Zerbst.

schen Periode durch das Auftreten des Falschen Waldemar
ihren Gipfelpunkt erreicht hatten.

Die Ruppiner Grafen waren anders wie andere im Lande.
War es nun der Umstand, daß sie, als mächtigste Lehnsträ-
ger, ebensooft fast *neben* den Markgrafen als *unter* ihnen
standen, oder waren es in Kraft erhaltene Traditionen aus
dem alten Kulturlande Thüringen her, gleichviel, ihr Auftreten hatte wenig gemein mit der Haltung des halb rauflusti-
gen, halb bäurischen Landadels um sie her, und die Künste
des Friedens standen ihnen höher als jenes Waffenhand-
werk, das sich selber Zweck ist oder gar einem fremden Interesse dient.

»Streitbare Grafen«, comites bellicosissimi, werden sie
zwar gelegentlich in alten Urkunden genannt, und die Geschichte, wie nicht verschwiegen werden soll, erzählt sogar
von einzelnen, die südlich im Mailändischen und nördlich
auf der Heide von Schleswig als Krieger geglänzt, aber das
Glück war ihnen selten hold und schien sie durch Nichter-
folge belehren zu wollen, daß ihr Schlachtfeld ein anderes
sei. Sie waren mit am Kremmer Damm (1331) und wurden
geschlagen, sie zogen in ihren vielfachen Fehden mit den
Pommerherzögen regelmäßig den kürzeren, und Graf Otto
— der tapferste, der bei Falköping an der Seite des Schwedenkönigs Albrecht gegen die »schwarze Margarete« stritt —
teilte das Schicksal seines königlichen Freundes und wurde
mit ihm geschlagen und gefangen. Und wie die Schicksale
des Hauses, so schien auch die Natur selber die Ruppiner
Grafen auf ein anderes Feld als das des Krieges verweisen
zu wollen, denn während es von den Grafen zu Pappenheim
heißt, daß sich auf ihrer Stirn zwei blutrote Schwerter ge-
kreuzt hätten, erzählt der Chronist von den Ruppiner Grafen
nur, »daß sie mit einem Loch im Ohrläppchen geboren worden seien«. Welch entschiedener Hinweis auf das zartere
Geschlecht!

Sie waren nicht comites bellicosissimi, aber sie waren sicherlich, wie sie in anderen Urkunden genannt werden, viri
nobiles et generosi. Feine Sitte und wahre Frömmigkeit
zeichneten sie aus; sie standen fest zur Kirche, und »Mitleid
und Guttätigkeit« waren erbliche Züge. Graf Ulrichs Sprüchwort hieß:

Hew ick Geld, so mütt ick gewen,
Andre Stände mütten ock lewen;

und als vorher oder nachher ein anderer Graf Ulrich hinausgetragen wurde, sang man im ganzen Lande Ruppin:

Ulrich, det was en gode Herr;
Schade, dat he lewt nich mehr.

Aber die Ruppiner Grafen begnügten sich nicht mit »Frömmigkeit und Guttätigkeit«, sondern verfügten auch über
apartere Züge. Graf Waldemar war ein *passionierter Tourist*,
wenn man ein so modernes Wort will gelten lassen, und Graf
Burchard, ein Freund des dichterischen Markgrafen Otto mit
dem Pfeil, dichtete selbst und turnierte mit Versen so gut wie
mit Lanzen. Das war damals nicht Landesbrauch in den
Marken, und nur die Grafen von Ruppin, in deren Adern
noch thüringisches Blut floß, konnten derlei Dinge wagen.
Spärliche Zeilen aus Burchards Dichtertum sind auf uns gekommen, Worte, die er an Elisabeth, sein »geliebt Gemahl«,
gerichtet hat. Sie lauten:

Fulget Elisabeth et floret inter uxores,
Quas Rupina fovet clarissimas inter sorores,
Haec mea lux, mea spes per omnes inter nitores.

Also etwa:

Es leuchtet Elisabeth unter den Frauen,
Wie Ruppin unter seinen Schwestern zu schauen,
Mein Trost, meine Hoffnung, um drauf zu bauen.

Die Ruppiner Grafen waren von ihrem ersten Auftreten
an Männer von Welt, von Wissen, von Voraussicht und
Klugheit, und da sich derartige Elemente, wie durchaus wiederholt werden muß, in damaliger Zeit hierlandes schwer betreffen ließen, so war ihre vorzüglichste Wirksamkeit in aller
Bestimmtheit vorgezeichnet: es waren ritterliche Herren,
aber vor allem Hofleute, Diplomaten. Sie kannten und übten
die schwere Kunst der Nachgiebigkeit und wußten zwischen
Festigkeit und Eigensinn zu unterscheiden. Daher begegnen
wir ihnen oft auf den Reichstagen in Kostnitz und Worms,

als Begleiter und Berater ihrer markgräflichen Herren, und wo es einen Streit zu schlichten gab, da waren die Ruppiner Grafen die Vertrauensmänner beider Parteien, und das Schiedsrichteramt lag, wie erblich, in ihren Händen.

Sie waren ein bevorzugtes, hochvornehmes Geschlecht, ein Geschlecht vom feinsten Korn, aber eines mußten sie vermissen — die Liebe ihrer Untertanen. Hafftitius, der Chronist, erzählt uns: »Die Grafen waren fromm und demütig und guttätig, aber waren doch wenig geliebt und geachtet trotz aller Gütigkeit. Denn obwohl die Herren Grafen oftmals den Rat und die fürnehmsten Bürger zu Neuen-Ruppin mit ihren Weibern und Kindern zu Gaste geladen und unter den Bäumen zwischen Alten- und Neuen-Ruppin haben Maienlauben machen und Tänze aufführen lassen, sie auch wohl traktieret und alles Liebste und Beste ihnen angetan, so sind doch Rat und Bürger den Herren Grafen immer entgegen gewesen.«

Woran es lag, wer die Schuld trug — wer mag es sagen? Kaum Vermutungen lassen sich aussprechen. Einen ersten Grund zu Zerwürfnissen gaben vermutlich die Geldverhältnisse des gräflichen Hauses, die, zumal im Laufe des fünfzehnten Jahrhunderts, von Jahrzehnt zu Jahrzehnt immer zerrütteter wurden. Rat und Bürgerschaft mußten aushelfen, die Verpfändungen begannen; so ging der Glanz des Hauses hin und mit dem Glanz endlich Ansehn und — Liebe. Alles sank hin, zuletzt das Geschlecht selber.

Der letzte war Graf Wichmann, geboren 1503 auf dem alten Seeschloß zu »Alten-Ruppin«. Kaum vier Jahr alt, verlor er beide Eltern, und nur die Großmutter, Anna Jacobine, eine geborne Gräfin von Stolberg-Wernigerode, stand neben dem verwaisten Kinde. Sie war eine stolze, herrschlustige Frau, und während Johann von Schlabrendorf, Bischof zu Havelberg, nur dem Namen nach die Vormundschaft führte, führte sie Anna Jacobine in Wirklichkeit. Während der Zeit dieser Vormundschaft, im Jahre 1512, fand zu Ruppin auch jenes große, mehrfach beschriebene Turnier statt, das damals im ganzen Lande von sich reden machte und mit einer Pracht begangen wurde, wie sie weder in Berlin noch zu Cöllen an der Spree bis dahin gesehen worden war. Kurfürst Joachim erschien mit einem reichen Gefolge von bewaffneten Rittern und 300 Speerreitern, und mit dem Kurfürsten kam sein Bruder, der Kurfürst Albrecht von Mainz. Die Kurfürstin kam in einer vergoldeten, mit Atlas bedeckten *Kutsche* (der *ersten*, deren in Norddeutschland Erwähnung geschieht) und wurde von zwölf anderen Wagen, die mit purpurfarbenen Decken behangen waren, in welchen »das Hof-Frauenzimmer« saß, begleitet. Ihnen folgten die Herzöge Heinrich und Albrecht von Mecklenburg, Johann und Heinrich von Sachsen, Philipp von Braunschweig, die Bischöfe von Havelberg und Brandenburg und andere Fürsten mehr. Der Kurfürst und der Herzog Albrecht von Mecklenburg erwiesen sich als die Stärksten und Gewandtesten beim Turnier. Da die Bewirtung so vornehmer Gäste wohl nur kleineren Teils durch die Stadt und vorwiegend aus dem gräflichen Säckel erfolgte, so ist es nicht unwahrscheinlich, daß die gedachte Ehre den finanziellen Ruin beschleunigte.

1520 starb der Bischof von Havelberg, und der siebzehnjährige Wichmann wurde mündig erklärt. Der Druck großmütterlicher Autorität hatte die rasche Entwicklung seiner Gaben nicht zurückhalten können, und der Kurfürst selbst war es, der dem früh herangereiften Grafen, trotz seiner Minderjährigkeit, die Verwaltung des väterlichen Erbes anvertraute. War doch der Kurfürst selbst mit fünfzehn Jahren zur Herrschaft über die Marken gelangt. Graf Wichmann nahm denn auch den Hans von Zieten zu Wildberg zu seinem Geschwornen Rat und ging 1521 im Gefolge des Kurfürsten auf den Reichstag zu Worms; aber der Stern des Hauses stand im Niedergang, und sein Erlöschen war nah. Zu dem Schwinden von Hab und Gut, zu jeder äußeren Zerrüttung gesellte sich, wie es scheint, auch eine zerrüttete Gesundheit. Wodurch zerrüttet, steht dahin. Der Graf war ein Freund der Jagd und der *Frauen*, wenigstens erklärt sich nur so die erste Strophe des alten, weiterhin mitgeteilten Liedes.

Auf der Jagd war es auch, wo ihn die tödliche Krankheit befiel. Verschiedene seiner Hofleute rieten zu einem Arzt, aber in Neuen-Ruppin war keine ärztliche Hülfe zu beschaffen (die Städte Ruppin, Wusterhausen und Gransee hatten seit 1466 *einen* gemeinschaftlichen *Bader*), und einen Arzt von Berlin herbeizuholen, *dazu war man bereits zu arm*. Das Fieber wuchs, und um es zu bekämpfen, heizte man, si-

milia similibus, das Zimmer des Kranken wie einen Backofen und gab ihm Met und Wein. Er starb schon nach wenigen Stunden. Die alte Gräfin, Anna Jacobine (gestorben
1526), die ihn, unbeschadet ihrer Herrschsucht, von Herzen
geliebt hatte, war untröstlich über den Tod des Enkels, und
die Mönche in Ruppin beklagten den Verlust in folgendem
Lied:

> Der edle Herr Wichmann zog jagen aus,
> Eine *falsche Frau* ließ er zu Haus
> Mit ihren vergüldeten Ringen.

> »Ach Kersten, lieber Jäger mein,
> Mir ist von Herzen allzu weh,
> Ich kann nicht länger reiten.«

> Sie machten ihm die Stube heiß,
> Darinnen ein Bett war weich und weiß,
> Drin sollte der Herre ruhen.

> Sie schenkten ihm Met und schenkten ihm Wein.
> Das nahm dem Herrn das Leben sein,
> Dem edlen Herrn Wichmanne.

> »Großmutter und lieb Schwester mein,
> Steckt in meinen Mund ein Tüchelein
> Und kühlt doch meine Zunge.

> Daß ich nun von euch scheiden soll,
> Das machet all der bittre Tod;
> Wie gern noch möcht ich leben.«

> Ein schwarzer Wagen, drin legten sie ihn,
> Sie führten zu Nacht ihn nach Ruppin,
> Sie begruben ihn in das Kloster.[*]

---

[*] Über der alten *Gruft* der Grafen zu Ruppin in der im vorigen Kapitel ausführlicher erwähnten Klosterkirche standen folgende, von der Hand der Mönche herrührende Reimzeilen:

> Hierunner is der edlen Herrn van Lindow Grafft,
> Van olders hefft se gewerket Godes Krafft,
> Dorch oren (ihren) Veddern Broder Wichman,
> Want hy allererst huff (hub) dat Kloster an.

Sie schossen ihm nach sein Helm und Schild,
Sie hingen auf sein Wappenbild
Am Pfeiler im hohen Chore.

Die alte Gräfin murmelte still:
»O weh, o weh, mein liebes Kind,
Daß ich hier steh — die *Letzte.*«

Wenige Tage nach dem Tode Graf Wichmanns erschien
Kurprinz Joachim (der spätere Joachim II.), um dem Lei-
chenbegängnis beizuwohnen und die Untertanen in Eid und
Pflicht zu nehmen. Das Lehn war erledigt, und die Herrschaft Ruppin ward als Kreis in die Kur- und Mittelmark eingereiht. Die Hohenzollern aber gesellten von jenem Tage an
zu der stattlichen Reihe ihrer andern Namen und Titel auch
noch den eines »*Grafen von Ruppin*«.

3. Die Zeit unter den Grafen.
Bis zum Dreissigjährigen Krieg

Nun fahre wohl, Landfriede! nun, Lehndienst, gute Nacht!
Es herrscht der freie Ritter, der alle Welt verlacht.

All die Zeit über, namentlich während des vierzehnten und
fünfzehnten Jahrhunderts, hatte Ruppin, wie die Mehrzahl
der märkischen Städte, seine Fehden mit dem umwohnen-
den Adel, Fehden, zu denen sich von Zeit zu Zeit auch innere städtische Streitigkeiten und sogar Volksausbrüche gegen das Gebaren der niederen Geistlichkeit gesellten.

In den Kämpfen zwischen der Stadt und dem Landadel
spielte die sogenannte »Kuhburg«* eine Rolle. Sie stand auf

Greve Ghenerd, de uns de Stede hefft gegeven
Van synet und alle synes Geslechte wegen,
De is de *erste*, de syn Graff hie hefft ghekaren.
Gott geve, dat erer aller Sylen nimmer werden verlaren.

---

* Diese »Kuhburg« existierte noch im Anfange des vorigen Jahrhunderts; später
wurde sie abgetragen und ihr Mauerwerk bei Aufführung des Ruppiner Rathauses mit
verwandt. Solcher »Kuhburgen« (das heißt Burgen oder Türme zum Schutz der Vieh-
herden, besonders der *Kühe*) gab es damals viele in der Mark, und noch heute lassen
sich einzelne derselben nachweisen. Sie sollten vor Gefahr schützen, aber vor allem sie

den Kahlenbergen, eine Meile nördlich von der Stadt, auf
dem Wege nach Rheinsberg, und diente zunächst als „Luginsland". Rückten die Feinde an, so gab der Wächter sein
Zeichen, und die Bürger, die gemeinhin als Besatzung in die-
semTurme lagen, brachen nun mit ihren Knechten und Reisigen hervor, teils um das Vieh zu retten, teils um dem Angriff zu begegnen. Zu nachhaltigen Unternehmungen kam es
selten, besonders nachdem beide Parteien die Nutzlosigkeit
einer ernsteren Kriegführung erprobt hatten. Die Adligen,
nach vielfach gescheiterten Versuchen, waren ebenso abgeneigt, die wohlverwahrte Stadt* anzugreifen, als die Bürger
eine Scheu hatten, sich an der Einnahme unzugänglicher
»Sumpfburgen« zu versuchen. Die immer bedrohte Sicherheit hatte auf beiden Seiten zu einem ausgebildeten *Defen-
siv*system geführt, und während jetzt der Grundsatz gilt:
»daß der Angriff stärker sei als die Verteidigung«, galt damals das Umgekehrte. So begnügte man sich mit Überfällen,
bei denen die Bürger insoweit den kürzeren zogen, als ihr
Handel und Wandel ein größeres und bequemeres Angriffsobjekt bot. 1365 und 1386 werden in einem Ruppiner

rechtzeitig *erkennen* lassen. Deshalb lagen diese Warten in der Regel *so hoch* wie möglich; am vorteilhaftesten war der »Luginsland« bei Gransee gelegen. (Die zwei oder
drei einzeln stehenden Türme, denen man noch jetzt auf dem Wege nach Rheinsberg
begegnet und die gelegentlich auch wohl als solche »Warten« angesehen worden sind,
sind aus verhältnismäßig neuer Zeit und dienten als Fanaltürme, als nächtliche Wegweiser, wenn Kronprinz Friedrich in raschem Ritt von Ruppin nach Rheinsberg zurückkehrte.)

* Alle Städte der Grafschaft: Ruppin, Gransee, Wusterhausen, Rheinsberg, waren
außerordentlich fest. Was Ruppin angeht, so zogen sich dreifache Wälle — die an der
Nordwestseite bis diese Stunde wohlerhalten sind und eine besondere Zierde der Stadt
bilden — um die hohe Mauer herum, die von fünfundzwanzig Wachthäusern besetzt
war. An Gewappneten war kein Mangel. Die Stadt hatte acht Hauptleute und neben
einer Art Miliz auch noch eine Anzahl berittener Knechte, die mit Handbüchsen, Pan-
zern, Kasketts und Seitengewehren bewaffnet waren. Die Bürger waren durchgängig
zum Kriegsdienst verpflichtet und mit Armbrüsten, Spießen und Lanzen bewaffnet.
Eigentliche Söldner oder Lanzknechte kommen vor 1520 in den Kämmereiregistern
nicht vor. Die Kriegsgerätschaften wurden ohne Ausnahme in Ruppin verfertigt. Die
Stadt hatte ihren Schwertfeger oder »*Armbostyrer*« (auch Harnswischer oder Harns-
putzer genannt), ihren »*Pulvermeker*«, der das Büssen-Krut und Büssen-Lodt (Pulver
und Blei) herzustellen hatte, endlich ihren *Büchsenmeister*, der die »groten und kleinen Büssen« (Kanonen und Gewehre) gießen und instand halten mußte. Zu jedem der
fünfundzwanzig Wachthäuser gehörte eine »Büsse« oder auch zwei. Die Stadt konnte,
nach einer mäßigen Berechnung, 500 Gewappnete ins Feld stellen. Aber dennoch hören wir, historisch verbürgt, von keiner einzigen eingenommenen Burg. Nur die Tradition erzählt von einigen wenigen Fällen der Art (zum Beispiel Kränzlin).

Schloßregister die gefürchtetsten Feinde aus der Umgegend genannt. Es sind: Tacke de Wontz, Reinecke von Garz, Wedego von Walsleben, Lüdecke von Winterfeldt, Claus von Winterfeldt und Hans von Lüderitz. Die drei erstgenannten Familien sind ausgestorben.

Es kamen selbstverständlich auch »stillere Zeiten«. Aber wenn in diesen die Fehde ruhte, so ruhte doch selten der Groll im Herzen, und allerorten, wo Adel und Bürger bei Wein und Bier, bei Spiel und Festlichkeit zusammenkamen, war immer Gefahr vorhanden, die alte Fehde neu ausbrechen zu sehen. Die bitterste der Art, die lange nachwirkte, fiel in die zweite Hälfte des fünfzehnten Jahrhunderts. Es verhielt sich damit wie folgt.

In einem Wirtshause Ruppins saßen Adlige und Bürger beieinander; man trank, man schwatzte, aus dem Schwatzen wurde Streit, ein Adliger zog seine Waffe und stach einen der Bürger nieder. Die Tat wurde ruchbar auf der Stelle, und die Stadt, die damals noch ihre eigene Gerichtsbarkeit hatte, ließ den Übeltäter greifen, gefangensetzen und verurteilte ihn zum Tode durch das Schwert. Als das Urteil und die zur Vollziehung festgesetzte Zeit unter dem Adel der Umgegend bekannt wurde, versammelten sich die Edelleute dicht vor dem Tore in der Nähe der Richtstätte, um ihren Standesgenossen zu befreien. Der Rat jedoch, der davon Kunde erhielt, traf seine Maßregeln. Er hielt das Außentor verschlossen und ließ dem Verurteilten zwischen dem *Außen- und Innentore* (»nahe bei dem ersteren, damit die Ritter es hören könnten«) den Kopf abschlagen. Dann wurde das Außentor geöffnet, und die Edelleute durften den Leichnam ihres gerichteten Standesgenossen zur Bestattung mit sich nehmen. Der Adel klagte bei dem Markgrafen, wahrscheinlich bei Albrecht Achill, und der Stadt, der in diesem Falle trotz ihrer eigenen Gerichtsbarkeit die Pflicht obgelegen hätte, eine höhere Instanz anzurufen — wurde als Strafe auferlegt: hinfort keinen *freien* Adler mehr im Wappen zu führen, sondern einen *verkappten.* Noch bis zu Anfang des vorigen Jahrhunderts deutete ein eisernes Kreuz zwischen Außen- und Innentor die Stelle an, wo die Stadt, über ihr Recht hinaus, einen ihrem Gericht nicht unterstellten Adligen vom Leben zum Tode gebracht hatte.

Ob der »verkappte Adler« den Ruppinern ein besonderes
Herzeleid angetan, stehe dahin, jedenfalls aber sahen sie sich
von härteren und fühlbareren Folgen betroffen, als sie, bei
anderer Gelegenheit, ebenfalls ihren Rechtseifer nicht gezü-
gelt und an einem Geistlichen, an dem Diakonus Jakob
Schildicke, eine »rasche Justiz« geübt hatten. Die Sache war
die:

In der Stadt Ruppin, wie in der Umgegend, waren seit
einiger Zeit Diebstähle aller Art verübt worden; Geld, Tuch,
goldene und silberne Geräte wurden sowohl aus Privathäu-
sern wie aus Kirchen entwendet. Verdacht entstand gegen
diesen und jenen, verschiedene wurden eingezogen; alle jedoch mußten wieder entlassen werden, weil die Untersuchung nichts gegen sie ergab. Endlich setzte der Magistrat
eine Haussuchung fest, von der auch die Geistlichen, deren
Ruppin damals gegen fünfzig zählte, nicht ausgeschlossen
blieben. Und wirklich, in der Wohnung des Jakob Schildicke
fand man das gestohlene Gut. In seinem geistlichen Ornate
ward er ins Gefängnis geführt, und sein eigenes Geständnis,
das am andern Tage erfolgte, überzeugte die Richter von seiner Schuld. Aber dies eigene Geständnis genügte nicht, und
durch Glockenläuten wurde das Volk zusammengerufen, um
unter Gottes freiem Himmel ein ordentlich Gericht zu halten
und die Strafe für diesen seltenen Verbrecher festzusetzen.
So wollten es Richter und Magistrat. Das Volk indes war gegen jeden Aufschub und verlangte stürmisch und ohne gesetzliche Prozedur die augenblickliche Hinrichtung. Zwei
Bürger, Koppe Königsberg und Heinrich Keller, wurden
durchs Los zu Vollstreckern gewählt (man hatte damals, wenigstens in den kleineren Städten, noch keinen Nachrichter),
und Jakob Schildicke hing am Galgen, ehe noch eine Stunde
vergangen war. Dies Stück Volksjustiz — dem entgegenzutre-
ten Richter und Magistrat nicht die Macht hatten — rief innerhalb der gesamten Geistlichkeit einen Sturm des Unwil-
lens hervor, die Bischöfe von Havelberg und Brandenburg
brachten es vor den Papst, und Ruppin ward in den Bann
getan. Handel und Verkehr stockten, die Tore waren wie gesperrt, und jeder Ruppiner, der sich außerhalb der Stadt betreffen ließ, war vogelfrei. Es kostete viel demütiges Bitten,
eh endlich, nach sechs Jahren, die Absolution erwirkt wer-

den konnte, der umwohnende Adel aber fand es bequem, keine Notiz von der Freisprechungsbulle zu nehmen und seine Angriffe, unter dem Titel: »Im Dienst der Kirche«, fortzusetzen.

Die Frage entsteht: Wie stellten sich die Grafen, die doch die nächstoberste Macht im Lande waren, zu all diesen Übergriffen? Waren sie nie zur Hand, um die Städte gegen den Adel, und nie zur Hand, um den Adel gegen die Städte zu schützen? Es scheint, daß ihnen früh der Zügel der Herrschaft entfiel; mühsam sich selber bei Ansehen haltend, waren sie viel zu schwach, um in jedem gegebenen Falle, gleichviel nun, wie sich die Rollen tauschten, das Recht des Schwächeren gegen den Stärkeren wahrzunehmen.

Schutz und Ordnung kamen erst in diesen Landesteil, als ein neues, lebendiges Regiment an die Stelle des alten, hinfälligen trat, mit andern Worten, als die Hohenzollern — nach dem Tode des letzten Grafen, Wichmann — das Ruppiner Land als Lehn einzogen und sich selber als die Herren desselben etablierten. Dies war 1524, wie wir gesehen.

Es kam nun ein Jahrhundert rasch wachsender Prosperität. Die Stadt wußte sich den Hohenzollern zu verpflichten und empfing dafür, neben der Bestätigung alter Privilegien, neue Freiheiten und Vorrechte. Die Zünfte und Innungen waren stark besetzt, und Handel und Verkehr blühten unter den Joachims, wie es die Stadt nie vordem gekannt hatte. Der Dreißigjährige Krieg, der wenige Jahrzehnte später dem allem ein Ende machte, warf keine voraufziehenden Schatten in die Ruppiner Gemüter, ahnungslos lebte jeder dem Augenblick, und an die Stelle der kriegerischen Erregtheit, in die einst die nachbarlichen Fehden die guten Bürger von Ruppin versetzt hatten, traten jetzt die friedlicheren Aufregungen, zu denen abwechselnd eine Predigt gegen die Pluderhosen oder eine dem Kurfürsten zu leistende »Huldigung« einen immer erwünschten Anlaß gaben.

Die erste Huldigung, die Stadt und Grafschaft nach dem Tode des letzten Grafen (1524) dem damaligen Kurprinzen Joachim darbrachten, war entweder von besonderer Nüchternheit, oder die Aufzeichnung faßte sich allzu kurz. Desto mehr erfahren wir über die Huldigung, die, gegen Ausgang desselben Jahrhunderts, die Ruppiner dem Kurfürsten Joa-

chim Friedrich leisteten. Kaspar Witte, einer der beiden Bürgermeister, hat den Hergang selbst beschrieben. Es heißt
darin:

Am 23. Juni 1598 kamen der Kurfürst samt Gemahlin zur
Huldigung nach Neuruppin; mit ihnen waren die Kanzlei
und der Hofstaat. Der ganze *alte* und *neue* Rat, dazu die Deputierten von Wusterhausen und Gransee, von Lindow, Zehdenick und Alten-Ruppin, als sie hörten, daß der kurfürstliche Zug die Grenze überschritten habe, fuhren auf dreien
Wagen bis an den Egelpfuhl, um daselbst Seine Durchlaucht
zu begrüßen. Nachdem sie zwei Stunden gewartet hatten,
kam der Kurfürst. Der Rat und die Deputierten gingen ihm
vierzehn bis sechzehn Schritte entgegen. Er gab jedem die
Hand. Der Kanzler Johann von Löben (der Schwiegervater
des später so berühmt gewordenen Konrad von Burgsdorf)
stellte sich darauf neben den Wagen, und der regierende
Bürgermeister, Andreas Berlin, hielt eine *lange* Rede und
überreichte die Schlüssel der Stadt. Der Kanzler antwortete
in einer *kurzen* Rede. Nun bewegte sich der Zug langsam in
die Stadt. Der Magistrat und die Deputierten begleiteten den
kurfürstlichen Wagen auf beiden Seiten zu Fuß, *ungeachtet
es stark regnete*, wofür sie aber durch die Unterhaltung mit
Seiner Durchlaucht schadlos gehalten wurden. Vom Rosen-
garten bis zum Rathause stand die Bürgerschaft in zwei Reihen, unter ihnen 150 »Buntröcke« oder Soldaten, welche
Ehrenschüsse taten. Darauf speiste der Kurfürst samt seiner
Gemahlin auf dem Rathause; ihnen zunächst saßen die beiden durchnäßten Bürgermeister, Andreas Berlin und Kaspar
Witte. Es herrschte ein heiterer, ungezwungener Ton, und
Graf Hunert von Zerbst, der dazumalen kurfürstlicher
Hauptmann auf dem Seeschloß von Alt Ruppin war,
»brachte viel Scherz und launige Rede an, von Jungfern und
Frauen, von Ehebrecherei und anderer Löffelei«. (Unser Gewährsmann Bratring, dem wir diese Stelle entnehmen, bemerkt dazu vorwurfsvoll, daß *angenehme Zweideutigkeiten*
also auch damals schon in gebildeter Gesellschaft betroffen
worden seien.)

Die Anwesenheit des kurfürstlichen Paares dauerte zwei
Tage. »Der Magistrat hatte die sämtliche Dienerschaft be-
schenkt, zugleich aber mit allen Köchen und Kammerknech-

ten sich gezankt«, und war deshalb froh, als am dritten Tage die Huldigungsfeierlichkeiten vorüber waren.

Wenn Bürgermeister und Deputierte, wie wir aus dieser Kaspar Witteschen Relation ersehen, sich mit »Köchen und Kammerknechten zankten«, so stiegen sie, in besonderer Erwägung dessen, was es damals mit dem Ruppiner Magistrat auf sich hatte, eigentlich tief unter sich selbst herab, denn nach andern Berichten, die uns vorliegen, hatte Ruppin, etwa um dieselbe Zeit, wo Joachim Friedrich zur Huldigung erschien, nicht mehr und nicht weniger als sein augusteisches Zeitalter. Die Stadt, so bemerkt der Chronist, trat eben damals in eine Periode ein, die wir mit Recht die *gelehrte* nennen dürfen. Der Adel, in dessen Händen bis dahin sich die vorzüglichsten Magistratsstellen befunden hatten, ging auf seine nachbarlichen Güter zurück, und statt seiner nahmen »gelehrte und berühmte Männer« die erledigten Sitze ein. Ruppin entfaltete sich zu einem Beschützer der Musen und freien Künste, und die Kämmereiregister aus dem Schluß des sechzehnten Jahrhunderts geben uns Auskunft darüber, in welcher Weise das Mäzenatentum der Stadt damals nachgesucht und betätigt wurde. Im Jahre 1573 überschickte Nikolaus Rensperger, Künstler und Mathematiker zu Halle, einen geschickt gearbeiteten Quadranten und empfing »dreiunddreißig Groschen« nebst einem Dankesschreiben — die meisten Arbeiten aber, die eingingen, waren *literarisch-theologischer* Natur und wurden in artigster Form entgegengenommen. Petrus Sinapius aus Garz schickte sein gelehrtes Carmen »de Sanctis Angelis« (1580), Balthasar Leutinger überreichte 1585 sein Werk »de principio theologico«. Die Honorare, die zur »Ermunterung ferneren Fleißes« bewilligt wurden, waren nicht bedeutend, Petrus Sinapius erhielt zwei Gulden sieben Groschen, Balthasar Leutinger einen Gulden und elf Groschen; wie bescheiden aber auch diese Ehrensolde sein mochten, sie hatten ihren Wert und ihre Bedeutung in der *Vergleichung untereinander.* Die eigentlichen belles lettres, so scheint es, kamen schon damals zu kurz, und George Pondo, der, unter dem Titel »Der Knabenspiegel«, eine *Komödie* zu überreichen wagte, erhielt seine Arbeit *zurückgesandt* unter einfacher Beifügung von sechs Groschen.

Wie seltsam diese Dinge, besonders auch diese Summen,

uns heutigen Tages erscheinen mögen, sie waren weder
kleinlich noch komisch zu ihrer Zeit, und das gelehrte Ruppin von 1570, indem es auf ein halbes Jahrhundert in den
Rang und Reigen deutscher Universitätsstädte eintrat, genoß
vorübergehend die Ehren eines literarischen Tribunals. Erst
der Dreißigjährige Krieg machte dem allem ein Ende. Einzelnes aus jener Unglücksepoche geb ich später, namentlich
in dem Kapitel »Gottberg«.

4. Andreas Fromm

Hispan'sche Mönche, öffnet mir die Tür! . . .
Laßt hier mich ruhn, bis Glockenton mich weckt.

Platen

In der Epoche des »gelehrten Ruppin« war es, daß Andreas
Fromm, nicht der gekannteste, aber höchstwahrscheinlich
der *gelehrteste* Mann, den die Ruppiner Lande hervorge-
bracht haben, um 1615 geboren wurde, nach einigen in der
Stadt Ruppin selbst, nach andern in dem benachbarten
Dorfe Plänitz. Ich lasse gleich eingangs folgen, was ich über
den Lebensgang dieses mit der Kirchengeschichte der Mark
in engem Zusammenhange stehenden Mannes in Erfahrung
bringen konnte. Dieser Lebensgang, wie fast immer bei
Künstlern und Gelehrten, zeigt im großen und ganzen keine
Verkettung *äußerlich* interessanter Lebensschicksale.
Fromms hervorragende Teilnahme jedoch an den theologischen Streitigkeiten der Paul-Gerhardt-Zeit, sein Übertritt
zum Katholizismus, um diesen Streitigkeiten zu entgehen,
endlich seine angebliche, wenn auch durchaus nicht erwie-
sene *Verfasserschaft der »Lehninschen Weissagung«* machen sein Leben zu einem Gegenstande, der Anspruch darauf hat, an dieser Stelle beschrieben zu werden.

Andreas Fromm, nachdem er die lateinische Schule in
Ruppin und Perleberg, schließlich das »Graue Kloster« in
Berlin besucht hatte, studierte Theologie in Frankfurt und
Wittenberg, wurde Rektor in Alt-Damm, bald darauf Profes-
sor der Philosophie am Gymnasium zu Alt-Stettin und sah
sich 1651 plötzlich und ohne vorgängige Schritte seinerseits

von Berlin aus als Propst an die Petri-Kirche berufen. Er nahm auch an. Mitglieder des Berlin-Cöllner Magistrats hatten ihn wenige Monate früher, während eines Besuches in der Hauptstadt, im Hause seines Vetters, des Archidiakonus Johannes Fromm, kennengelernt, und der Eindruck, den er bei dieser verhältnismäßig flüchtigen Begegnung gemacht hatte, war bedeutend genug gewesen, um bei eintretender Vakanz sich seiner in erster Reihe zu erinnern.

Unser Fromm trat, bewillkommt von Magistrat und Gemeinde, in sein neues Amt ein; drei Jahre später, 1654, ward er zum Mitgliede des geistlichen Konsistoriums ernannt, das damals aus dem Ersten Konsistorialrat Johann George Reinhardt (nicht zu verwechseln mit dem starren Lutheraner, Archidiakonus Elias Sigismund Reinhart), aus dem Hofprediger Stosch, dem Kammergerichtsrat Seidel und Andreas Fromm bestand. Gottfried Schardius war Protonotar.

Die ersten Jahre vergingen verhältnismäßig in Frieden, die von ihm gehegten Erwartungen erfüllten sich, und alle gleichzeitigen Zeugnisse sprechen sich in hohem Maße günstig über seine Gaben und seine Wirksamkeit als Prediger und Seelsorger aus. Er übernahm freiwillig den Religionsunterricht in den oberen Klassen des Cöllnischen Gymnasiums, benutzte die wöchentlichen Betstunden, die Bibel vorzulesen und zu erklären, stellte mit seinen Geistlichen Disputationen an und erwies sich dabei, mehr als es den Eiferern hüben und drüben lieb war, als ein Mann des Friedens, der Versöhnung und des *schönen Maßes*, dem es am Herzen lag, das echt biblische Christentum an die Stelle des schroff-lutherischen und schroff-calvinistischen zu setzen.* Als Lutheraner

---

* In einem Gutachten, das der Kurfürst eingefordert hatte, schrieb er im wesentlichen wie folgt: »Ew. Kurfürstliche Durchlaucht fragen, welchergestalt die lang desiderierte christlich-brüderliche Verträglichkeit gestiftet werden könne. Ich halte dafür, *das* würde helfen, daß beide Teile eine Zeitlang das Streiten ließen, legten beiderseits ihre *Partikular-Konfessionen* eine Weile an die Seite, nähmen die Bibel und gingen damit zurück in die ersten 500 Jahre der Christenheit, täten, als wenn sie zu derselben Zeit lebten, da diese Spaltung noch nicht war, setzten sich in Demut zu den Füßen der bewährtesten heiligen Väter ... und suchten aus der Väter Lehren, nach Anweisung des Vicentii Lirinensis, das zusammen, quod ubique, quod semper, quod ab omnibus creditum est, womit dann zum Beispiel fortfallen würde, was Augustinus über Gnadenwahl und Prädestination Hartes gesagt hat ... Täte man so, man würde in kurzer Zeit von Luther und Calvin und ›Formula Concordiae‹** wenig mehr hören, und was die neuen Lehrer *auseinander*gepredigt haben, das würde Gott durch die alten Lehrer bald wieder zusammenbringen.«

geboren und erzogen, stand er freilich innerhalb der lutherischen Kirche, aber ohne von der Unantastbarkeit einzelner
den Streit nährender und zum Teil erst in *nach*-lutherischer
Zeit vereinbarten Glaubenssätze durchdrungen zu sein. Die
»Formula Concordiae«, die von den wittenbergischen Ultras
als Palladium der reinen Lehre verehrt und als ein rechter
Prüfstein für das volle Maß der Rechtgläubigkeit angesehen
ward, erschien ihm lediglich als eine unselige Scheidewand
zwischen Lutheranern und Calvinisten. Er glaubte, wenn
nicht an eine *Verschmelzung*, so doch an eine *Versöhnung*
der beiden Konfessionen, an die Möglichkeit eines einträch-
tigen Nebeneinandergehens und beklagte deshalb die uner-
bittliche Rechthaberei der Lutheraner, deren Starrsinn (um
die Mitte des siebzehnten Jahrhunderts, wo der Streit neu
aufzuleben begann) die Möglichkeit einer Ausgleichung oder
auch nur eines gegenseitigen Sichgeltenlassens immer weiter
hinausrückte.

Widerstand nun schon dieser Starrsinn überhaupt seiner
ganzen, zu Nachgiebigkeit und Kompromiß geneigten Natur,
so widerstrebten ihm ganz besonders die *Formen*, in denen
lutherischerseits der Streit geführt wurde. Die Wittenberger,
die »Formula-Concordiae«-Männer, die damals noch keineswegs die Unterdrückten waren und eher Zwang *übten* als *litten*, die Wittenberger, sag ich, waren ihm einfach zu derb,
und ihre Parteischriften erfüllten ihn mit Abneigung und Unbehagen. Titel wie: »Eine unzeitige, abgeschmackige, falsche
Prophetenfeige und synkretistische, dicke, fette Generallüge,
welche sich neuerdings eingefunden hat etc.« waren damals

** Die »Formula Concordiae« (Konkordienformel) ist, wie es der Name anzeigt,
ein *Einigungsbuch*, in dem sich die Lutheraner über *gewisse Streitfragen einigten* und
feststellten, was hinfüro in betreff dieser Fragen das *Richtige sein solle und was nicht.*
Dies *Einigungsbuch*, das aus einem *kürzer* abgefaßten und einem *weiter ausgeführten*
Teile (die aber beide dieselben Fragen behandeln) besteht, wurde, auf Veranlassung
des Kurfürsten August von Sachsen, von zwölf lutherischen Theologen ausgearbeitet
und 1580 veröffentlicht. Zweck war: das Eindringen einzelner calvinistischer Lehren
in das Luthertum zu verhindern. Es sind elf Streitfragen, worüber die »Formula Concordiae« Festsetzungen trifft. Die wichtigsten sind: die Lehre von der Erbsünde, vom
freien Willen, von den guten Werken, vom *heiligen Abendmahl* und von der *Vorher-
bestimmung und Gnadenwahl.* Die Konkordienformel, in ihrer Bekämpfung dessen,
was sie calvinistische Irrlehre nennt, betont selbstverständlich die leibliche Gegenwart
Christi im heiligen Abendmahl und lehnt sich gegen die Prädestinationslehre auf. Wer
sich zur »Formula Concordiae« bekannte, hatte dadurch seine Gegnerschaft gegen den
Calvinismus ausgesprochen.

in der polemischen Literatur der Wittenberger an der Tagesordnung, und Ausrufe wie: »Die Calixtiner sind verdammt«
wurden allsonntäglich auf den Berliner Kanzeln gehört. Diakonus Heintzelmann an der Nikolaikirche, einer der größten
Eiferer, predigte damals wörtlich: »So verdammen wir denn
die Papisten, die Calvinisten und auch die Helmstädter. Mit
einem Worte, wer nicht lutherisch ist, der ist verflucht.« Das
war nicht ein Auftreten, das dem feineren Sinn unseres
Fromm gefallen konnte; Gesinnung wie Sprache waren ihm
ein Schmerz und ein Greuel, und er schrieb, als ihm jene
Heintzelmannschen Worte hinterbracht worden waren, an
den Hofprediger Bergius: »Ach, lieber Gott, wo will doch
solche Teufelei endlich hinaus.«

Keineswegs geneigt, wegen einzelner offener Fragen
rundab mit dem Luthertum zu brechen, aber verletzt durch
die *Art*, in der sich das orthodoxe Luthertum tagtäglich
äußerte, bildete sich bei ihm wie von selbst eine gewisse
Hinneigung zu den *Reformierten* aus. Sie waren die *feineren
Leute* und deshalb seinem Wesen näher verwandt. Man
kann auch heute noch, innerhalb der politischen Welt, vielfach dasselbe beobachten. Konservative wie Liberale, die zufällig in ihrem zunächst gelegenen Kreise nur gröblich gearteten Elementen ihrer eigenen Partei begegnen, ziehen es
vor, in Leben und Gesellschaft mit ihren Gegnern zu verkehren, sobald sie wahrnehmen, daß diese Gegner ihnen in
Form und *Sitte* näher verwandt sind. Die Verschiedenartig-
keit der Ansichten kann zwischen feineren Naturen unter
Umständen zu einem Bindemittel werden, aber *grob* und
fein schließen einander aus. So ähnlich war es mit unserm
Fromm. Das Maßvollere, das dem Schmähen und Schimp-
fen Abgeneigtere, das die Calvinisten (was sonst auch ihre
Mängel sein mochten) vor den zelotischen Wittenbergern
auszeichnete, tat seiner Natur wohl, und aus dieser Empfindung heraus gestaltete sich alsbald ein Freundschaftsverhältnis zu einigen der reformierten Geistlichen, ganz besonders
zum *Hofprediger Stosch*. Leider sollte dasselbe nicht zu
seinem Glücke führen. Die vertraulichen Briefe, die er
durch Jahre hin an Stosch richtete und die alle darauf hin-
ausliefen, den Eigensinn und die Untoleranz der Wittenberger zu verurteilen, entschieden später, als das Verhältnis

zwischen den Freunden sich zu trüben begann, über sein Schicksal.

Diese Trübung des Verhältnisses konnte aber schließlich kaum ausbleiben, ja der Entwickelungsgang, den der Kirchenstreit in unserem Lande nahm, führte direkt darauf hin. Wir werden sehen *wie*.

Die Lutheraner hatten, um ein schon oben gebrauchtes Wort zu wiederholen, eine Reihe von Jahren hindurch *eher Zwang geübt als Zwang gelitten*. Aber dies änderte sich. Auf die siegreichen Jahre der »Formula Concordiae« folgten die bittern Jahre des »Revers«, mit dem es in Kürze die nachstehende Bewandtnis hatte. Der Kurfürst, der Zänkereien müde, deren tiefere Bedeutung er nicht einsah, entschloß sich zu einem energischen Vorgehen gegen den immer lauter werdenden Unfrieden in der Kirche. Er erließ *Edikte* »gegen das unnötige Eifern, Gezänk und Disputieren der Geistlichen auf den Kanzeln«, Edikte, zu deren Inhalt und sachlicher Berechtigung die Geistlichen sich durch Unterzeichnung eines *Reverses* bekennen mußten.* Der Schritt war vielleicht unvermeidlich und das Harte, was darin lag, zum guten Teile wohlverdient, dennoch war es ein Zwang, der auf einen Schlag die ganze Sachlage umgestaltete und aus denen, die bis dahin die *Drückenden* gewesen waren, plötzlich die *Gedrückten*

---

* Solche »Reverse« existieren in verschiedener Fassung. Eine Formel lautete wie folgt: »Daß Wir Endes benannte Prediger bei der Lutherischen Kirchen zu Berlin in Unserm Lehr-Ambte bey den Glaubens- und Lebens-Lehren, und namentlich auch in denen zwischen Uns und den Reformirten schwebenden streittigen Puncten bey Dr. Lutheri Meinung und Erklärung, wie selbige in ›Augustana Confessione‹ und deren Apologia enthalten, und demnach auch in Gemeinschaft der Allgemeinen Lutherischen Kirchen beständig zu bleiben gemeint seien, jedoch aber bei Tractirung der gedachten Controversien Uns zugleich unverbrüchlich halten wollen, wie in den *Churfl. Brandenburgischen Edictis* de anno 1614, 1622 und 1664** Uns anbefohlen ist. Solches thun wir mit diesem eigenhändig unterschriebenen Revers angeloben, urkunden und bekennen.«

** Diese Edikte, die sich untereinander ergänzen, verboten das Studieren in Wittenberg, ordneten Rückberufung der dort Studierenden innerhalb drei Monaten an und äußerten sich in betreff der Zänkereien wie folgt: »So mögen denn die Wittenberger sich des unseligen Verdammens und Verketzerns sowie der Verhöhnung der Personen und aller höhnischen Vorstellung ihrer Lehren enthalten und sich also bezeigen, daß sie neben der Wahrheit auch den Frieden suchen und die brüderliche Liebe unter den Christen eher erwecken als dämpfen.« Ähnliche Ermahnungen, besonders aber die Aufforderung, gewisse *Hypothesen* nicht als die alleinige Wahrheit anzusehen, kehren in den Edikten vielfach wieder. Es war unbedingt hart für die Lutheraner, darüber einen »Revers« ausstellen zu sollen.

machte. Ein Notschrei ging durch das Land, Städte- und Stän-
deversammlungen protestierten gegen die kurfürstliche Forderung, aber ohne Erfolg. Der Kurfürst bestand auf den Revers. Viele unterzeichneten; andere weigerten sich, legten ihr
Amt nieder und gingen außer Landes. Unter diesen letztern
war beispielsweise Paul Gerhardt.

So war der allgemeine Verlauf, und die Frage entsteht: Wie
stellte sich unser Andreas Fromm zu dieser veränderten Sachlage? Die Antwort kann nicht zweifelhaft sein. Fromm, der
dem Zelotismus der Wittenberger jahrelang voll Unwillen und
Unbehagen den Rücken gekehrt und den Duldungsprinzipien
der Reformierten sich zugewandt hatte, mußte das leis ge-
knüpfte Band auch wieder lösen, als er erkannte, daß die Reformierten ihren Sieg nur erfochten hätten, um schließlich
eine noch härtere Unduldsamkeit zu üben, als die der wittenbergischen Eiferer gewesen war. Er war, wie wir gesehen haben, eine auf Freiheit, Maß und Schönheit gestellte Natur und
jede Art der Bedrückung ihm gleich verhaßt. Mehr denn einmal wurd er Zeuge der Gewissensangst, die einzelne Geistliche
bei Unterschrift des Reverses empfanden, und der Entschluß
reifte in ihm heran, sich gegen diese Bedrückung aufzulehnen.
Die Gelegenheit bot sich bald. Johann Müller, Prediger zu Ribbeck, der einer Streitsache wegen vor das Konsistorium geladen war, sollte bei dieser Gelegenheit unterschreiben und weigerte sich dessen mit der Versicherung, »daß die Unterschrift
wider sein Gewissen sei«. Als man immer heftiger in den er-
schrockenen Mann eindrang, konnte sich Fromm nicht länger
halten. Er erklärte es für Unrecht, einen Revers zu fordern,
wenn jemand sein Gewissen dadurch beschwert fühle, und
brach zuletzt in die Worte aus: »Vim patitur ecclesia Lutherana«, *die lutherische Kirche leidet Zwang.*

Dies Wort, von einem Mitgliede des Konsistoriums inmitten einer Sitzung derselben ausgesprochen, konnte nicht verfehlen, ein außerordentliches Aufsehen zu machen. Es
wurde dem Kurfürsten hinterbracht. Dieser, der, wie es
scheint, unserm Fromm wohlwollte, verlangte nur, »daß das
Scandalum hinweggenommen und die Äußerung von seiten
des Propstes als eine *Übereilung* anerkannt werde«. Aber
hierzu konnte sich Fromm *nicht* verstehen. Er schrieb an
den Kurfürsten, er habe anfangs, da er noch auf Toleranz

zwischen den beiden Parteien gehofft, das Unheil, das nun
herauskomme, nicht vor Augen gesehen und habe zugegeben, soviel das Gewissen nur zugeben könne. Nunmehr aber
sei er, re diu et accurate pensitata, der Ansicht, daß die be-
gehrten Reverse von den Lutherischen *nicht* mit gutem Gewissen ausgestellt werden könnten. »Ich bitte«, so schließt
er, »um Gottes und so vieler geängstigten Gewissen Willen,
Ew. Kurfürstliche Durchlaucht erbarme sich doch und über-
hebe sowohl die Prediger als die Ordinandos des Reverses
und lasse uns doch in Gnaden widerfahren, was den *Päpstlichen* nicht versaget wird.«

Nach dieser Erklärung wurde Fromm aus dem Konsistorium entlassen. Die Beziehungen zwischen ihm und den Reformierten waren abgebrochen, und was das Schlimmste
war, auch das Luthertum zeigte sich abgeneigt, demjenigen,
der so lange sein wenigstens scheinbarer Gegner gewesen
war, jetzt goldene Brücken zu bauen. Es gab nur *ein* Mittel,
eine kirchliche Gemeinschaft wieder zu gewinnen, und dies
Mittel hieß: Widerruf, Lossagung von aller Synkretisterei
und Glaubensvermengung. Fromm, vergeblich nach einem
andern Ausweg suchend, war endlich bereit, unter das Joch
hinwegzugehen, aber er mochte das beschämende Wort des
Widerrufs wenigstens nicht in Berlin, nicht innerhalb seiner
alten Umgebung sprechen. Auch stand der reformierte
Stosch mit den Frommschen Briefen im Hintergrund und
wartete auf einen Éclat. Diesen »Éclat« wollte Fromm unter
allen Umständen vermeiden. So verließ er denn heimlich die
Stadt, am 20. Juli 1666, in der er jahrelang, wie selbst seine
Gegner nicht zu bestreiten wagten, segensreich gewirkt hatte.

Er ging nach Wittenberg, wo er in die Hände des strengen
Abraham Calov fiel. Dieser unterzog ihn einer Prüfung und
nahm ihn endlich in die streng-lutherische Gemeinschaft
wieder auf, nachdem der scheinbar Bekehrte den in Sachsen
gebräuchlichen Religionseid geschworen und *dieselbe »Formula Concordiae« unterschrieben hatte*, gegen die er, während der Jahre seiner besten Kraft, als gegen einen Druck
und Zwang der Gewissen (wie später gegen die Reverse) ge-
eifert hatte.

Die Umkehr, hart wie sie war, hätte wenig zu bedeuten gehabt, wenn sie ehrlich gemeint gewesen wäre. Aber sie war

nicht ehrlich gemeint und konnte es nicht sein. Alles, was unserm Fromm jemals als Bedrückung und Unfreiheit, *gleichviel von welcher Seite* her, erschienen war, erschien ihm jetzt nicht minder so, und wenn er nichtsdestoweniger dem Ansinnen Abraham Calovs nachgab, so folgte er mehr einer stumpfen Verzweiflung als einer neuen, freudigen Überzeugung.

Daß ihn Wittenberg wenig befriedigte, zeigte sich bald. Die Superintendentur in Eisenberg im Sächsischen war vakant geworden, und alles deutete darauf hin, daß ihm dieselbe zufallen werde; aber diese Aussicht, statt ihn zu erheben, drückte ihn vollends nieder. Abraham Calov und »Formula Concordiae«, Wittenberg und starres Luthertum, alles lag bergeschwer auf ihm, schwerer denn je zuvor, und seine Seele sehnte sich nach Freiheit oder wenigstens nach *Ruhe.* So beschloß er zu fliehen. Eine Reise vorschützend, machte er sich von Abraham Calov fort und ging mit seiner Frau und fünf Kindern heimlich und in aller Stille nach Prag. Zu Anfang des Jahres 1668 legte er daselbst in einer Kirche der Jesuiten das katholische Glaubensbekenntnis ab. Nicht lange darauf wurd er in den gewöhnlichen Abstufungen zum Priester geweiht. Sein Übertritt machte Aufsehen, sowohl innerhalb der protestantischen wie katholischen Welt, und ein Jesuit, namens Tanner, entwarf einen ausführlichen Bericht über die Feierlichkeiten, die bei der Konversion stattgefunden hatten. Die Protestanten ihrerseits begnügten sich, Spottverse auf ihn zu machen, und einer stellte aus seinem Namen Andreas Fromm das Anagramm zusammen: *den fraß Roma.* Fromm selbst lebte noch eine Reihe von Jahren und starb 1685 als Canonicus zu Leitmeritz in Böhmen. Während dieser seiner letzten Epoche, die, wenn nicht die glücklichste, so doch jedenfalls die *friedlichste* Zeit seines Lebens war, soll er, nach Ansicht Otto Schulz's (des bekannten Berliner Schulrats und Herausgebers der Paul Gerhardtschen Lieder), die »Lehninschen Weissagungen« geschrieben und die Muße, die ihm der Katholizismus gewährte, zu einem Verurteilungsgedicht der protestantischen Hohenzollern benutzt haben. Ich kann diese Ansicht nicht teilen.*

---

* Ausführlicher über die »Lehninsche Weissagung« spreche ich bei Gelegenheit von »Kloster Lehnin«, in einem spätren Bande dieser »Wanderungen«. Hier nur so viel, daß bekanntlich der Streit noch immer schwankt, ob die »Lehninsche Weissa-

Ebensowenig kann ich mich denen anschließen, die den ehemaligen Propst von Sankt Petri zu einem *zweideutigen*, mindestens zu einem *schwachen* Charakter haben stempeln wollen. Er war einfach ein Mann, der in einer kirchlichen Zeit, die durchaus ein »Entweder-Oder« verlangte, sich mit Wärme für ein »Weder-Noch« entschied. Er war ein *feinfüh-liger* Mann, dem alles Gröbliche und Rücksichtslose wider-strebte, er war ein *freisinniger* Mann, dem alles tyrannische Wesen, gleichviel ob es Hof oder Geistlichkeit, Volk oder Regierung übte, widerstand. Als der lutherische Zelotismus drückte und peinigte, neigte er sich dem glatteren und mehr weltmännischen Calvinismus zu, als umgekehrt die Refor-mierten Gewissenszwang zu üben begannen, stellte er sich wieder — nicht der Dogmen halber, sondern als *freier* Mann— auf die lutherische Seite. Es gebrach ihm an dogma-tischer Strenge, das wird zuzugeben sein, aber er hatte die schönsten Seiten des Christentums: *die Liebe und die Frei-heit.* Wäre er eine schwache oder gar eine zweideutige Natur gewesen, hätte er sein irdisches Wohl über sein ewiges ge-setzt, so hätten wir die Wandlung, die ihn wieder zu den Lu-therischen zurückführte, sich nie an ihm vollziehen sehen. Seine Briefe an Stosch hatten ihn bereits halb in das Lager der Calvinisten hinübergeführt, und er brauchte auf dem be-tretenen Wege nur einfach weiterzuschreiten, um einer glän-zenden Laufbahn sicher zu sein. Die Reformierten hätten ihn freudig begrüßt und die Lutheraner ihn ohne Verwunde-

gung« wirklich von einem Lehniner Mönche ums Jahr 1300 oder aber, als Falsifikat, in einer spätern Epoche geschrieben wurde. Die meisten Stimmen *vereinigen* sich da-hin, daß die sogenannte Prophezeiung am Schluß des siebzehnten Jahrhunderts in den letzten Lebensjahren des Großen Kurfürsten oder doch nur wenig später entstanden ist, trennen sich aber in der Frage, *wer der Verfasser gewesen sei.* Jeder, der sich mit der »Weissagung« beschäftigt hat, hat auch seinen eigenen Kandidaten aufgestellt. Der Kandidat unseres Otto Schulz heißt — *Andreas Fromm.* Drei Beweise bringt er für die Verfasserschaft des letzteren bei: 1. er hatte vor vielen andern die *Fähigkeit* und 2. vor vielen andern die Veranlassung (Groll, Bitterkeit) dazu; endlich 3. war er der spezielle Freund Martin Seidels, in dessen Bibliothek man (nach Seidels Tode) das Manuskript der »Weissagung« vorfand. Diese drei Punkte sind sehr geschickt zusammengestellt, aber sie genügen keineswegs. Nach der ganzen Charakteranlage Fromms liegt kein Grund zu der Annahme vor, daß er seine Sicherheit und seine Muße zu einem Angriff auf die Hohenzollern (die dem Unfrieden und den Zänkereien gerad ebenso abhold waren wie er selbst) hätte benutzen sollen. Das lag nicht in ihm. Außerdem sprechen Einzelheiten, besonders in den acht Zeilen, die sich auf George Wilhelm und den Gro-ßen Kurfürsten beziehen, gegen diese Annahme, teils durch das, was sie sagen, noch mehr durch das, was sie *nicht* sagen.

rung scheiden sehen. Er tat es aber nicht und hatte den Mut, auf halbem Wege stillzustehen und sich zwischen die Parteien zu stellen. Er wußte, daß sein Schicksal in Stoschs Händen lag, aber er sprach dennoch in voller Sitzung des Konsistoriums sein »Vim patitur ecclesia Lutherana«, weil, über die Klugheit und alle Berechnung hinaus, sein Herz immer bei den Unterdrückten war. Daß er sich dem Abraham Calov auf kurze Zeit überantwortete, statt gleich den Schritt in den Ruhehafen des Katholizismus zu tun, mag man tadeln, aber die Mutter dieser ängstlich nach dem Ziele tappenden Verirrung war die — *Verwirrung*. Pastor Reinhart, einer von den hartköpfigsten Lutheranern jener Epoche, soll freilich, lange bevor die geschilderte Katastrophe kam, über unsern Fromm geäußert haben: »*Der Kerl sieht aus wie ein Jesuit, und er wird auch noch einer werden*«, aber aus diesem Kraftspruch, der ohne Not zu einer Art Prophezeiung gemacht worden ist, ist doch einfach nur der Schluß zu ziehen, daß unser Andreas Fromm von St. Petri ein Mann von glatteren Formen war als Elias Sigismund Reinhart von St. Nikolai. Übrigens existiert bekanntlich auch heute noch kein Geistlicher, und wenn er an der Grenze der Lichtfreundschaft stände, dem nicht irgendeinmal nachgesagt worden wäre: »er säh aus wie ein Jesuit und würd auch noch einer werden«.

Andreas Fromm *flüchtete* in den Katholizismus. Die aus Gewissenhaftigkeit und Eigensinn, aus Überzeugungstreue und engherziger Philisterei geborenen Zänkereien jener Epoche trieben ihn an ein Ziel, an das er, in den glücklichen Jahren seines Wirkens, nicht einmal gedacht haben mochte. Konsistorialrat Martin Friedrich Seidel, Fromms besonderer Freund, schrieb über ihn: »Wollte Gott, es wäre dieser Fromm mit *Glimpf und gütlichen Mitteln* bei unserer lutherischen Kirche behalten und von solchen extremen Schritten abgehalten worden. Ich muß ihm das Zeugnis geben, daß ihm *Gott stattliche Gaben verliehen hatte*.« Und selbst Otto Schulz, der sonst eher als Ankläger denn als Verteidiger unseres Fromm auftritt, schließt mit den Worten: »Seine innerste Gesinnung war christlich; nichts als das *Gezänk im Innern der evangelischen Kirche* und das Schwanken, sowohl in der Lehre als in der Verfassung, haben ihn aus der Kirche herausgetrieben.«

5. Kronprinz Friedrich in Ruppin

Die Wetter waren verzogen,
Und die Sonne wieder schien —
Es spannt sich ein Regenbogen
Auf dem dunklen Grunde Küstrin.

I

Das der Thronbesteigung des großen Königs vorhergehende Jahrzehnt, also der Zeitraum von 1730 bis 1740, pflegt in zwei ungleiche Hälften geteilt zu werden, in die düstern Tage von Küstrin und in die lachenden Tage von Rheinsberg.

Diese Einteilung, die sich neben andrem auch durch den Reiz des Gegensatzes empfiehlt, mag der ganzen Welt ein Genüge tun, nur die Stadt Ruppin hat ein Recht, dagegen zu protestieren und eine *Dreiteilung* in Vorschlag zu bringen. Zwischen den Tagen von Küstrin und Rheinsberg liegen eben die Tage von Ruppin.

Es ist wahr, die Ruppiner Episode ist unscheinbarer, undramatischer, kein Katte tritt auf das Blutgerüst, und kein Bayard-Orden wird gestiftet, aber auch diese stilleren Tage haben ihre Bedeutung. Versuch ich es, ihnen in nachstehendem ihre Existenz zurückzuerobern.

Am 26. Februar war Kronprinz Friedrich von Küstrin in Berlin wieder eingetroffen, und zwölf Tage später (am 10. März) erfolgte seine Verlobung. Aller Zwiespalt schien vergessen. »Obristlieutenant Fritz«, über dessen Haupte vor nicht allzulanger Zeit das Schwert geschwebt hatte, war wieder ein »lieber Sohn« und Oberst und Chef eines Regiments. Dies Regiment, das bis dahin compagnieweis in den kleinen Städten der Prignitz und des Havellandes, in Perleberg, Pritzwalk, Lenzen, Wittstock, Kyritz und Nauen, in Garnison gelegen und nach seinem frühern Chef den Namen des von der Goltzschen Regiments geführt hatte, wurde jetzt zu größerer Bequemlichkeit für den Kronprinzen in Ruppin und Nauen konzentriert. Das Regiment selbst aber erhielt den Namen »Regiment Kronprinz«.

Bratring, in seiner Geschichte Ruppins, schreibt, daß im Jahre 1732 das zweite Bataillon des *Prinz-von-Preußen*-Infanterieregiments nach Ruppin verlegt worden sei. Dies ist in doppelter Beziehung nicht ganz richtig. Es gab damals noch gar kein *Prinz-von-Preußen*-Infanterieregiment, weil es noch keinen Prinzen von Preußen gab. Erst 1744 wurde Prinz August Wilhelm zum Prinzen von Preußen ernannt und seinem Regiment der entsprechende Name gegeben. Sein Regiment hieß bis dahin das Prinz Wilhelmsche Regiment. *Dies stand allerdings* zu Neuruppin in Garnison, es kam aber 1732 — und dieser Irrtum ist der gewichtigere — nicht *nach* Ruppin, sondern ward umgekehrt *von* Neuruppin nach Spandow fortverlegt, um dem einrückenden Regiment Kronprinz (bis dahin von der Goltz) Platz zu machen.

Wenn wir, wie im nachstehenden geschehen soll, die Erlasse des königlichen Vaters zusammenstellen, die jener Zeit der Wiederversöhnung angehören und sich damit beschäftigen, dem wieder angenommenen Sohne sein Entrée und sein Leben in Neuruppin möglichst angenehm zu machen, so wird man von der Vorsorglichkeit und einer gewissen Zärtlichkeit des Vaterherzens (eines Vaters, der achtzehn Monate früher mit dem Tode gedroht hatte) nicht wenig überrascht. So scheint es ihm beispielsweise zu Ohren gekommen zu sein, daß Ruppin auf einem seiner Plätze, dem noch jetzt existierenden Neuen Markt, einen alten Militairgalgen für die Deserteure habe. Voll feinen Gefühls erkennt er, daß das an die Küstriner Novembertage von 1730 erinnern könne, und in folgenden Erlassen trifft er Vorsorge, daß dem Auge des Sohnes solch Anblick erspart werden möge. »Der Galgen soll außer der Stadt herausgeschafft, auch die Palisaden an die Mauer gesetzt und alle Schlupflöcher zugemacht werden. Muß alles gegen den 20. Juni fertig sein. Auch soll das Haus dicht bei des Obristen von Wreech Quartier, so der Kronprinz von Dero Quartier choisieret, gehörig aptieret werden.« (Potsdam, Reskript vom 24. Mai 1732.) Aber nicht nur der häßliche Schmuck des Neuen Marktes soll fort, die ganze Stadt soll sich dem Einziehenden, dem neuen Mitbürger, in ihrem besten Kleide präsentieren, und, so heißt es in einer zweiten Ordre vom Tag darauf: »das Prinz Wilhelmische Regiment soll den 1. Juni aus Neuruppin ausmarschieren. Dann soll gleich der Kot aus der Stadt geschafft und die Häuser, die noch nicht abgeputzt sind, sollen abgeputzt werden.«

Wir haben in vorstehendem festzustellen gesucht, welches
Regiment damals als »Regiment Kronprinz« nach Ruppin
und Nauen hin verlegt wurde; schwerer ist es, sich zu verge-
wissern, welches Bataillon in Ruppin und welches in Nauen
lag. Wir finden darüber Widersprechendes. Am 22. April
(1732) erläßt der König folgendes Reskript an den Kriegsrat
Lütkens: »Das erste Bataillon des kronprinzlichen Regiments soll in Nauen und das *andre* Bataillon in Neuruppin
vom 1. Juli 1732 an einquartiert werden«, und im Einklang
mit dieser Ordre schreibt derselbe Kriegsrat Lütkens noch
am 20. Juni an den Ruppiner Magistrat: »So wird denn also
das *zweite* Bataillon des besagten Regiments am 26. Juni in
Ruppin einmarschieren.« Aber der König oder der Kronprinz müssen plötzlich ihre Ansicht hierüber geändert haben, denn schon Anfang Juli heißt es in einem Briefe aus
Ruppin: »Unsere neue Garnison ist eingerückt, das *erste* Bataillon des Regiments ‚Kronprinz‘ ist hier, auch der Kronprinz selbst, der Obristwachtmeister etc.« Diese letztere Angabe stimmt auch mit Preuß überein. Ingleichen bestätigen
die Papiere, die mir zur Hand sind, die Angabe, daß von den
fünf Compagnien des zu Nauen in Garnison liegenden Bataillons eine weggenommen und der Ruppiner Garnison zugeteilt wurde. In einem Reskripte vom 30. November 1733
heißt es: »Von den fünf Compagnien des kronprinzlichen
Regiments, die zu Nauen liegen, soll eine Compagnie, und
zwar die des von Calebutz, nach Neuruppin hin verlegt werden.« Dies geschah, weil Nauen zu klein war für eine so
große Garnison. Soviel von dem Regiment, dem der Kronprinz als Chef und Oberster vorgesetzt war.

Die nächste Frage ist: Wann traf der Kronprinz in Neuruppin ein? Preuß sagt: »bereits im April«. Dies scheint nur
in gewissem Sinne richtig zu sein. Er war allerdings im April
dort, aber, wie wir annehmen müssen, nur auf einen oder auf
wenige Tage, nur ausreichend, um eine passende Wohnung
zu suchen. Der König in dem oben zitierten Reskript (vom
24. Mai) schreibt: »Die Wohnung, die der Kronprinz zu seinem Quartier *choisiert*, soll aptiert werden«, woraus sich
mit ziemlicher Gewißheit ergibt, daß er, der Kronprinz, vorher selber da war, um eben die Wahl zu treffen. Aber
ebenso sicher scheint es, daß er erst Ende Juni zu *wirkli-*

chem Aufenthalt in Ruppin eintraf, denn nicht nur, daß den Personen, die für die »Aptierung« der Oberst von Wreechschen Wohnung Sorge zu tragen hatten, ausdrücklich bis zum 20. Juni Zeit gelassen ward, es schreibt auch der Fähnrich von Buddenbrock am 22. Juni: »Die neue Garnison wird am 26. dieses erwartet, und der Kronprinz wird im Wreechschen Hause logieren.« Also *er war noch nicht da* und traf erst, mutmaßlich am gleichen Tage mit seinem Bataillon, gegen Ende des Juni am neuen Wohnort ein.

Das Palais, das er bezog, lag in der Nähe der Stadtmauer, nur durch einen Garten von ihr getrennt, und war durch die Verbindung zweier Nachbarhäuser, der Wohnung des mehrgenannten Obristen von Wreech und des Obristlieutenants von Möllendorf, die bis dahin wahrscheinlich das Prinz Wilhelmsche Regiment geführt hatten, in aller Eile hergestellt worden. An Komfort mochte Mangel sein, und dieser Umstand trug gewiß das Seine dazu bei, daß, zwei Jahre später, das Rheinsberger Schloß gekauft und, nachdem es hergerichtet war, zum entschieden bevorzugten Aufenthaltsorte gewählt wurde.

Suchen wir nun festzustellen, wie der Kronprinz seine Ruppiner Tage zubrachte.

Was ihn nachweisbar zumeist in Anspruch nahm, war die *Ausbildung seines Regiments* und die *Verschönerung der Stadt.* Die ernstliche Beschäftigung mit dem »Dienst« fing an, ihm den Soldatenstand lieb zu machen. Er achtete auf Kleines und Großes, nichts erschien seinem Interesse zu gering. Standen Revuen vor dem Könige bevor, so wurden beide Bataillone zusammengezogen, um dem Regimente durch gemeinschaftliche Manövres eine Haltung wie aus einem Guß zu geben. Der Kronprinz sah seine Anstrengungen belohnt. Sein Regiment bewährte sich gleich bei der ersten Revue so glänzend, daß es durch Erscheinung und Exercitium allgemeine Bewunderung erregte. Die neue Uniform, in der es erschien, war der von des Königs Grenadierregiment ähnlich, aber mit silberner Stickerei und carmoisinfarbenen Aufschlägen.* Der strenge Vater war befriedigt.

---

* Gleich nach seinem Eintreffen in Ruppin fand zu Ehren der *neuen* Uniform (das Goltzsche Regiment hatte bis dahin Blau und *Gold* getragen) folgende Szene statt. Der Kronprinz lud die Offiziere vor eins der Tore, wo sie einen brennenden Holzstoß fan-

Kaum minder als der »Dienst« beschäftigte ihn die Verschönerung der Stadt. Daß Ruppin bis diesen Augenblick
sich seines »Walls«, eines prächtigen, mit schönen und zum
Teil sehr alten Bäumen bepflanzten Promenadenweges erfreut, ist des Kronprinzen Verdienst. Hier erwies er sich, von
einem richtigen Gefühl geleitet, ausnahmsweise als *Konservator*, während er ja im allgemeinen den Geschmack seiner
Zeit teilte, die sich eitel darin gefiel, an die Stelle des poetisch Mittelalterlichen die Flachheit des Kasernenbaus oder
die Schnörkelei des Rokoko zu setzen. Drei Wälle hatten in
alter Zeit die Stadtmauer zu weiterem Schutz umgeben.
Schon während der zwanziger Jahre des vorigen Jahrhunderts war mit Abtragung dieser Wälle begonnen und das dadurch gewonnene Land als Gartenland parzelliert worden.
Kaum aber war der Kronprinz in Ruppin erschienen, so erkannte er, welchen Schmuck man auf dem Punkte stand der
Stadt zu rauben. Dies erkennen und dagegen einschreiten
war eins.

Die »Miscellanea historica« unsres Gewährsmannes, des
Dr. Bernhard Feldmann, geboren 1704 in Berlin, gestorben
1776 in Neuruppin, enthalten darüber folgendes: »Schon
1732 inhibierte Seine Königliche Hoheit die Abtragung und
konservierte also die noch übrigen, land- oder nordwärts
vom Rheinsbergischen bis zum Berliner Tore gelegenen
Wälle, so noch stehen und mit alten Rüstern, Eichen, Buchen, Haseln etc. bewachsen sind; auch ließ sie der Kronprinz mit vielerlei Sorten Bäumen bepflanzen und an ihrem
Ende (beim Berliner Tore) mit einem schönen Garten zieren, wodurch der ›Wall‹ zum angenehmsten, beschatteten
Spaziergang voll Nachtigallen geworden ist.«

Kronprinz Friedrich hatte *vier* volle Jahre, von 1732 bis
1736, seinen festen Wohnsitz in Ruppin, aber nur während
des ersten Jahres gehörte er dem Ruppiner Stilleben mit
einer Art Ausschließlichkeit an. Vom Juni 1733 an drängten
sich die Ereignisse, die ihn oft monatelang und länger von

den. Erfrischungen wurden gereicht. Als alles guten Humores war, begann der Prinz:
»Nun, meine Herren, da wir hier alle versammelt sind, dächt ich, wir erzeigten der
Goltzischen Uniform die *letzte Ehre*.« Dabei zog er Rock und Weste aus und warf sie
ins Feuer. Die Offiziere taten desgleichen. Unter lautem Gelächter folgten schließlich
auch die Beinkleider. In *neuer* Uniform kehrte man in die Stadt zurück. Diese Szene
ist charakteristisch für den Ton, der herrschte.

»Haus und Garten, die ihm lieb geworden waren«, fernhielten. Seiner Vermählung im Juni 1733 folgte vier Monate später die Erwerbung Rheinsbergs, und ehe noch der Umbau des Rheinsberger Schlosses zur Hälfte beendet war, führte die Wiedereröffnung der Feindseligkeiten zwischen Frankreich und dem Kaiser (im Sommer 1734) unsern Kronprinzen an den Rhein. Am 7. Juli war er in Wiesenthal, wo der Generallieutenant von Röder mit den preußischen Truppen im Lager stand. Aber »im kaiserlichen Heere war nur noch der Schatten des großen Eugen«, der einundsiebenzigjährige Held hatte sich überlebt. Philippsburg ging verloren; das tatenlose Hinundherziehen ward unerträglich, und ausgangs Oktober erblicken wir den Prinzen wieder daheim in seiner »geliebten Garnison«.

Zweierlei hatte ihm der lorbeerarme Kriegszug eingetragen; zunächst und allgemein einen Einblick in die Schwächen der kaiserlichen Armee, daneben speziell und allerpersönlichst — einen *Freund*. Dieser Freund war Chazot.

Wie das Jahr 1734 einen längeren Aufenthalt am Rhein gebracht hatte, so brachte das folgende Jahr eine mehrmonatliche Reise nach Ostpreußen. Uns aber beschäftigen diese Ausflüge *nicht*, wir halten uns vielmehr innerhalb der Bannmeile von Ruppin und versuchen ein Bild dieser spätern Ruppiner Tage.

Das Rheinsberger Schloß schmückt und erweitert sich mehr und mehr, der Tag der Übersiedelung jedoch ist noch fern, und die bescheidenen Ruppiner Räume müssen zunächst noch genügen. Die Stadtwohnung läßt viel zu wünschen übrig, aber es bedrückt nicht, denn wenigstens die Sommermonate gehören dem »Garten am Wall«. Hier lebt er heitere, mußevolle Stunden, die Vorläufer jener berühmt gewordenen Tage von Rheinsberg und Sanssouci. Allabendlich, nach der Schwere des Dienstes, zieht es ihn nach seinem »Amalthea«* hinaus. Der Weg durch die häßlichen Straßen der alten Stadt ist ihm unbequem, so hat er denn für ein Mauerpförtchen Sorge getragen, das ihn unmittelbar aus dem Hofe seines »Palais« auf den Wall und nach kurzem Spaziergang unter den alten Eichen in die lachenden Anla-

---

* Amalthea, die Nymphe, welche den Jupiter mit der Milch einer Ziege ernährte, auch diese Ziege selbst. Also hier etwa *Milchwirtschaft, Meierei.*

gen seines Gartens führt. Da blüht es und duftet es; Levko-
jen und Melonen werden gezogen, und auf leis ansteigen-
der Erhöhung erhebt sich der »Tempel«, der Vereinigungs-
punkt des Freundeskreises, den der Kronprinz hier
allabendlich um sich versammelt. Das Souterrain enthält
eine Küche, der »Tempel« selbst aber ist einer jener oft abgebildeten Pavillons, die auf sechs korinthischen Säulen ein
flachgewölbtes Dach tragen und sich in den Parks und Gärten jener Epoche einer besonderen Gunst als Eßzimmer er-
freuten. Der Mond steht am Himmel, in dem dichten Gebüsch des benachbarten Walls schlagen die Nachtigallen,
die Flamme der Ampel, die von der Decke herabhängt,
brennt unbeweglich, denn kein Lüftchen regt sich, und
keine frostig abwehrende Prinzlichkeit stört die Heiterkeit
der Freunde. Noch ist kein Voltaire da, der seine Piquante-
rien mit graziöser Handbewegung präsentiert, noch fehlen
die Algarotti, d'Argens und Lamettrie, all die berühmten
Namen einer späteren Zeit, und Offiziere seines Regiments
sind es zunächst noch, die hier der Kronprinz um sich versammelt: von Kleist, von Rathenow, von Knobelsdorff*,
von Schenkendorff, von Gröben, von Buddenbrock, von
Wylich, vor allem — Chazot**.

Das Leben, das er mit diesen Offizieren führte, war frei
von allen Fesseln der Etiquette, ja ein Übermut griff Platz,
der unsern heutigen Vorstellungen von Anstand und guter
Sitte kaum noch entsprechen dürfte. Fenstereinwerfen, Lie-
beshändel und Schwärmer abbrennen zur Ängstigung von
Frauen und Landpastoren zählte zu den beliebtesten Unter-

---

* Dieser von Knobelsdorff ist nicht Georg Wenzeslaus von K., der berühmte Baumeister und Freund des Königs, sondern Karl Siegmund von K. aus dem Hause Bo-
bersberg. Er blieb bei Chotusitz (Czaslau). Georg kam allerdings 1735 auf Besuch
nach Ruppin, legte den Garten an und baute den »Tempel«, der auf einer Kuppel die
Statue Apollos trug. Der Besuch wird aber nur wenige Wochen gedauert haben. Andererseits wiederum, so kurz dieser Aufenthalt war, war er doch lang genug, um G. von
K. 1736 von Rom aus schreiben zu lassen: »Die Instrumentalmusik hier hat mich noch
nie in Verwunderung gesetzt, und ich wünschte wohl, denen Römern ein Ruppinsches
Konzert hören zu lassen.«

** Chevalier Chazot, der während der Rheincampagne (1734) im französischen
Heere diente, hatte das Unglück, einen Anverwandten des Herzogs von Boufflers im
Duell zu töten. Er floh deshalb in das Lager des Prinzen Eugen, zunächst nicht, um in
Dienst zu treten, sondern nur, um ein Asyl zu finden. Beim Prinzen Eugen lernte ihn
der Kronprinz kennen, dem er später nach Ruppin hin folgte.

haltungsmitteln. Man war noch so unphilosophisch wie möglich.

So kam der August 1736, um welche Zeit der Umbau des
Rheinsberger Schlosses beendet war. Von da an beginnen
die glänzenden und vielgefeierten Rheinsberger Tage. Aber
diese Rheinsberger Tage, die das Ruppiner Leben verdunkelt haben, waren doch nicht so völlig das Ende desselben,
wie gewöhnlich geglaubt wird. Vielmehr fand jetzt ein Austausch, eine Art Rückzahlung statt, und wenn von 1733 an
die Rheinsberger Ausflüge Ruppin um die andauernde Anwesenheit des Kronprinzen gebracht hatten, so war von jetzt
an *Ruppin* der Gegenstand und das Ziel beständiger, wenn
auch zum Teil durch den »Dienst« gebotener Besuche. Viele
seiner Briefe geben Auskunft darüber, wie teuer ihm die
Stadt, in der er vier glückliche Jahre verlebt hatte, geworden
war. Entweder tragen jene Briefe das Datum Ruppin und
führen dadurch den Beweis längeren oder kürzeren Aufenthalts daselbst, oder flüchtige, von Potsdam, Berlin und andern Punkten aus geschriebene Zeilen sprechen eine Sehnsucht aus nach seiner »geliebten Garnison«. So schreibt er
im Juni 1737 an Suhm: »Den 25. geh ich wieder nach
‚Amalthea‘, meinem Garten in Ruppin. Ich brenne vor Unge-
duld, meinen Wein, meine Kirschen und meine Melonen
wieder zu sehen«, und 1739 noch (am 16. Juni) heißt es in
einem vom Ruppiner Garten aus datierten Briefe: »Ich
werde morgen nach Rheinsberg gehn, um allda nach meiner
kleinen Wirtschaft zu sehen; *hier wollen keine Melonen reif
werden*, so gerne wie ich auch gewollt, daß ich meinem gnädigsten Vater die Erstlinge des Jahres hätte schicken können.«

Diese beiden Briefe sind insoweit wichtig, als sie keinen
Zweifel darüber lassen, daß Kronprinz Friedrich seinem
»Amalthea« zu Ruppin keineswegs den Rücken kehrte, vielmehr vom August 1736 an eine Art *Doppelwirtschaft* führte
und an die Gärten und Treibhäuser beider Plätze die gleichen Ansprüche erhob. Sonntags las er in *Ruppin* seine Predigt, während Des Champs vor der Kronprinzessin und dem
Hofe in Rheinsberg predigte.

Selbst noch unmittelbar nach der Thronbesteigung (im
Sommer 1740) sah die Stadt Ruppin den nunmehrigen Kö-

nig Friedrich II. mehrfach in ihren Mauern, und bis zum Spätherbste desselben Jahres blieb es zweifelhaft, ob Ruppin oder Potsdam oder Rheinsberg der erklärte Lieblingsaufenthalt des neuen Königs werden würde. Großartige Gartenanlagen, wie sie damals entworfen wurden, schienen für Ruppin zu sprechen, aber die weite Entfernung von der Hauptstadt führte schließlich zu andern Entschlüssen. Die Terrassen von *Sanssouci* wuchsen empor, und — Ruppin war vergessen. Es ist zweifelhaft, ob der große König in seiner sechsundvierzigjährigen Regierung es jemals wiedergesehn hat.

Die Frage bleibt uns zum Schlusse: Was wurd aus diesen Schöpfungen, großen und kleinen, die die Anwesenheit des Kronprinzen ins Dasein rief? Was haben 150 Jahre zerstört, was ist geblieben?

Zunächst das *Stadtpalais.* 1744 schenkte es der König an seinen jüngsten Bruder, den Prinzen Ferdinand, der zum Chef des in Ruppin garnisonierenden Regiments ernannt worden war. In dieser seiner Eigenschaft als Chef des nunmehrigen Regiments Prinz Ferdinand scheint genannter Prinz bis 1787, wo das große Feuer die Stadt zerstörte, wenigstens zeitweilig in Ruppin residiert und das vormalig kronprinzliche Palais bewohnt zu haben.* Dies ergibt sich mit einiger Gewißheit aus der Existenz zweier etwa aus dem Jahre 1780 herstammender Bildnisse, die — bei Gelegenheit des Brandes von 87 gerettet — einem *andern* Gebäude wie dem Prinz Ferdinandschen Palais nicht wohl angehört haben können. Es sind dies die Bildnisse der Kaiserin Katharina von Rußland und der Königin Maria Antoinette, Portraits, die hier schwerlich anzutreffen gewesen wären, wenn nicht der Prinz auch noch in der Zeit *nach* dem Siebenjährigen Kriege wenigstens vorübergehend an dieser Stelle geweilt

---

* Bielefeld schreibt allerdings 1754: »Der Prinz Ferdinand hat in Ruppin, wo sein Regiment steht, *kein passendes Palais gefunden*, besonders für den Fall seiner Vermählung. Er kaufte daher einige Häuser und Gärten, die er vereinigte und bequem und schön einrichtete. Der Garten besonders ist freundlich, und alle Nachtigallen der Gegend scheinen darin zusammenzukommen.« Dies klingt so, als ob Prinz Ferdinand nicht *das* Palais bezogen hätte, das sein älterer Bruder als Kronprinz bereits innegehabt und das seit 1740 leer stand. Und in der Tat, *möglich* ist es, daß ein Prinz-Ferdinands-Palais eigens erst eingerichtet wurde, *wahrscheinlicher* aber erscheint es mir, daß der Prinz *das* Palais bezog, das nun einmal da war. Auch stimmt die Beschreibung ganz zur Lokalität, die der Kronprinz bewohnt hatte.

hätte. Was die Portraits selber angeht, so macht das der schönen Habsburgerin einen sehr gefälligen Eindruck, während
das der Kaiserin Katharina mit dem Andreaskreuz auf der
Brust nicht bloß durch Umwandlung aus einem ursprünglichen *Kniestück* in ein *Bruststück*, sondern weit mehr noch
durch einen plump aufgetragenen Firnis an Wert und Ansehen verloren hat. Die Transponierung in ein Bruststück erfolgte, wie mir der gegenwärtige Besitzer vertraulich mitteilte, lediglich unter Anwendung einer großen Zuschneideschere und war nötig, weil die ganze untere Partie der
Kaiserin schwer gelitten hatte. Der Erzähler selbst ahnte dabei nichts von dem Bedeutungsvollen seiner Tat, am wenigsten aber von der historischen Gerechtigkeit, die die große
Zuschneideschere geübt hatte.

Das »Palais« selbst ist niedergebrannt, und ein apart aus-
sehendes Haus (das sogenannte Molliussche Haus) ist auf
dem Grund und Boden aufgeführt worden, auf dem 1732
die nachbarlichen Häuser des Obristen von Wreech und des
Obristlieutenants von Möllendorf zu einer Art von prinzli-
chem Palais verbunden worden waren. Die Straße, die zu
diesem Hause führt, führt wie billig den Namen der Prinzenstraße, und ein prächtiger alter Lindenbaum, der seine
Zweige vor dem poetisch dreinschauenden grauweißen
Hause ausbreitet, schafft ein Bild, wie's dieser Stelle paßt
und kleidet.

Zwischen dem Hause und der Stadtmauer liegt ein Gärtchen. Wir passieren es und stehen vor der auf den »Wall«
hinaus führenden Mauerpforte, die der Kronprinz allabendlich benutzte, wenn er nach dem Dienst und der Arbeit des
Tages sich erhob, um im »Tempel« den obenbenannten
Freundes- und Offizierskreis um sich her zu versammeln.

Die Tür existiert nicht mehr, und es bedarf eines Umwegs,
um die Außenseite der Mauer und dadurch zugleich den
»Wall« zu gewinnen.

Seine schattigen Gänge führen uns jetzt nach »Amalthea«.

Hier im Garten ist noch manches, wie's ehedem war. Allerhand Neubauten entstanden, aber die Einfassung blieb,
und die hohen Platanen im Hintergrunde, die über die
Mauer hinweg mit den draußen stehenden Bäumen Zwie-
sprach halten, sind noch lebendige Zeugen aus den frideri-

zianischen Tagen her.* Vor allem existiert noch der »Tempel« selbst. Aber freilich, es sind keine Säulen mehr, die das
Kuppeldach tragen, sondern ein solides Mauerwerk mit Tür
und Fenstern ist an ihre Stelle getreten und bildet ein mäßig
großes Rundzimmer, das eben ausreicht zu einem Souper zu
sechs.

Wir sind die glücklich Geladenen. Der Wein lacht in den
Gläsern, die Girandolen brennen, und vom Garten her
durch die offenstehende Tür treffen Mondlicht und Abend-
kühle den froh versammelten Kreis. Es ist, als wäre die alte
Zeit wieder da, und ungesucht wird unser Beisammensein zu
einer *Darstellung* aus: »Kronprinz Friedrich in Ruppin«.
Unsre Kostüme freilich lassen viel vermissen (denn an was
erinnerten unsere Reiseröcke weniger als an die silberge-
stickten Uniformen der Offiziere des kronprinzlichen Regiments), aber was den Kostümen fehlt, wird aufgewogen
durch die künstlerische Treue der Coulissen und Requisiten.
Die Spiegel mit ihren Rähmen in Barock, die Tische mit
ihren ausgeschweiften Füßen, die Atlasgardinen, endlich das
die »Geburt der Venus« darstellende Deckenbild — alles erinnert an jenes aus prosaischen und poetischen Elementen
so reizvoll und so wunderlich gemischte Stück Zeit, das sein
Kleid in den Schlössern der Ludwige, seinen historischen
Gehalt aber in den Schlössern der Friedriche empfing. Und
dort ist er selbst, der seinem Jahrhundert den Namen gab.
Aus der Nische hervor leuchtet sein Auge, um ihn her aber,
an den Wandpfeilern entlang, schließt sich ein bunter Kreis
von Zeitgenossen: Prinz Heinrich und Voltaire, Zieten und
Lessing, Gluck und Kant.

Unsere Gläser klingen zusammen.

»Es lebe die alte Zeit.«

Aber draußen schlugen die Nachtigallen, und ihr Schlagen
klang wie ein Protest gegen die »alte Zeit« und wie ein Lob-
lied auf Leben und Liebe.

---

* In ebendiesem Garten hat der Besitzer einen zugespitzten, etwa sechs Fuß hohen Granitstein errichtet, der die Inschrift trägt: »Hier überdachte Friedrich der Einzige als Kronprinz die Pläne, die er als König zur Ausführung brachte.«

II

Seitdem das vorstehende Kapitel geschrieben ward, ward auch von andrer Seite her der Versuch gemacht, der darin angeregten Frage näherzutreten. Hauptmann Becher vom Ruppiner Regiment Nr. 24 (zur Zeit Compagnieführer im 3. ostpreußischen Regiment Nr. 4 in Danzig) hat mit Hülfe der umfangreichen Korrespondenz aus den dreißiger Jahren des vorigen Jahrhunderts festzustellen gesucht, *wie die Ruppiner Tage des Kronprinzen verliefen*, und dieser reichen und den Gegenstand vielleicht erschöpfenden Becherschen Arbeit ist es, daß ich auszugsweise das Material zu nachstehendem entnommen habe.

Unterm 13. Juni 1734 wurde seitens des strengen Vaters eine *Instruktion** aufgesetzt, die bestimmt war, die Lebensweise des »Kronprinzen Liebden« zu regeln.

Darin heißt es:

»Wenn Er zu Hause speiset, so soll Seine *Tafel* nicht mehr als von acht Schüsseln sein, jedesmal vier und vier, des Abends aber soll weiter nichts als kalter Braten gegeben werden. Insonderheit befehlen Seine Königliche Majestät, daß an Seiner, des Kronprinzen, Tafel nichts gesprochen werde, so wider Gott und dessen Allmacht, Weisheit und Gerechtigkeit noch wider dessen heiliges Wort läuft; desgleichen denn keine *groben Scherze* noch schmutzige Zoten gesprochen werden müssen, falls aber sich jemand in des Kronprinzen Gegenwart so weit vergäße, so soll ihm gesagt werden, que ce ne sont point des discours qu'on doit tenir en presence du Prince Royal, et qu'il voudrait mieux de parler d'autres affaires.

Alle Sonntage soll der Kronprinz dem *Gottesdienst* beiwohnen, auch alle Woche zwei- bis dreimal in die Betstunde mitgehn.

Und dieweilen nach dem göttlichen Wort *Unzucht, Saufen* und *Spielen* ernstlich verboten ist, wollen sich Seine Königliche Majestät von Dero Kronprinzen Liebden dergleichen weder versehen noch vermuten. Falls aber *doch* ein Exzeß stattfinden und des Kronprinzen Liebden (was Gott verhüten wolle) in Sünde und Laster verfallen sollte, so befehlen Seine Königliche Majestät denen beiden Generalma-

---

* Diese Instruktion hatte speziell die Regelung des kronprinzlichen Lebens im Feldlager der vom Prinzen Eugen kommandierten Reichsarmee (zu der der Kronprinz im Sommer 1734 abging) vor Augen. Es darf aber wohl angenommen werden, daß die Grundsätze, die der König bei dieser Gelegenheit aussprach, ebensowohl für den unmittelbar voraufgehenden und unmittelbar folgenden *Ruppiner Garnisondienst* wie für den *Kriegs*dienst am Rheine galten.

jors von Schulenburg und von Kleist, Ihm darüber sofort gehörige Erinnerung zu tun und Ihn aufs höchste zu bitten und
zu ermahnen, davon abzustehen, zugleich aber alles an
Seine Königliche Majestät per Estafette zu melden. Auch
sollen Kronprinzen Liebden nicht Karten noch Würfel spielen, auch nicht Paar oder Unpaar oder wie die Spiele sonst
noch heißen mögen.«

So einige der wichtigsten Punkte der im ganzen *fünfund-
zwanzig* Paragraphen umfassenden Instruktion. Worauf der
König vorzugsweise Gewicht legte, das war Einfachheit und
Sparsamkeit, anständiger Ton, Kirchlichkeit und Keuschheit.

Daß der Kronprinz diesem Ideale während seiner *Ruppiner* Tage nachgekommen wäre, wird sich nicht behaupten
lassen. Von der Keuschheit gar nicht zu reden, ward allwö-
chentlich mit Sehnsucht auf die Delikatessen bringende
Hamburger Post gewartet, und wie's drittens und letztens mit
dem »anständigen Tone« und der *Kirchlichkeit* aussah, dafür mag die nachstehende Geschichte zeugen, die Büsching
erzählt.

»Einige Male (und zwar immer zur Tafelzeit) war der
Feldprediger beim Kronprinzen erschienen und hatte bei
der Gelegenheit im Gespräche mit dem ihn empfangenden
Adjutanten darauf hingewiesen, ›daß er bei dem vorhergehenden Herrn Obersten regelmäßig zu Mittag gespeist habe‹.
Der Kronprinz ließ ihn aber nichtsdestoweniger abweisen
und sprach in Gegenwart der Offiziere geringschätzend von
ihm. Der Feldprediger nahm draus Veranlassung, in seinen
Predigten auf den Kronprinzen zu sticheln. ›Herodes‹ (so
hieß es in einer dieser Predigten) ›lasse die Herodias vor
sich tanzen und ihr hinterher des Johannes Kopf geben.‹ Herodes war der Kronprinz, Herodias das lustige Offiziercorps,
der Johannes aber bedeutete natürlich den *nicht* zur Tafel
geladenen Feldprediger. Um ihn für diese Stichelreden zu
strafen, begab sich der Kronprinz nächtlicherweile mit
einigen jungen Offizieren des Regiments in des Feldpredi-
gers Wohnung, auf deren Hof eine große Pfütze war. Und
nun wurden ein paar Scheiben eingeschlagen, Schwärmer in
die Schlafkammer geworfen und der Feldprediger aus dem
Bett in den Hof oder mit andern Worten in die Pfütze gejagt.«

Dies und Schlimmeres kam zur Kenntnis des Hofes, speziell der Königin, und als der Kronprinz erfuhr, »*daß* man
davon wisse«, war er beflissen, durch Versicherungen seiner
Wohlanständigkeit den Effekt solcher Ausplaudereien abzu-
schwächen. Es lag ihm begreiflicherweise daran, den kaum
besänftigten Vater nicht aufs neue gegen sich eingenommen
zu sehen, und so schrieb er denn unterm 23. Oktober 1732
von Ruppin aus an General Grumbkow.

»Ich lebe jetzt, weiß Gott, so zurückgezogen wie nur möglich; der Regimentsdienst, die Exerzitien, die ökonomischen
Kommissionen, mit welchen mich der König bedacht, beschäftigen mich vollauf; darauf folgt das Essen, die Parole,
und wenn ich dann nicht über Land reite, so zerstreue ich
mich durch Lektüre und Musik. Gegen sieben Uhr bin ich
mit den Offizieren, den Capitainen oder mit Bodenberg
(wahrscheinlich Buddenbrock) oder anderen zusammen und
spiele mit ihnen. Um acht Uhr soupiere ich, um neun Uhr
ziehe ich mich zurück und lebe so einen Tag wie den anderen. Nur wenn die Post aus Hamburg kommt, lade ich mir
etwa drei bis vier Personen zu Gast und speise mit denselben in meinen Zimmern, da ich die Ausgabe, *zehn* Personen
solch teure Leckerbissen vorzusetzen, nicht machen kann.
Meine einzige Zerstreuung besteht im Wasserfahren oder
daß ich einige Schwärmer in meinem vor der Stadt liegenden Garten steigen lasse. Das sind meine Vergnügungen,
und ich wüßte kaum, was man anders in einem so unterge-
ordneten Orte anfangen könnte. Natürlich wünsch ich von
ganzem Herzen, daß dem König über das alles die Augen geöffnet würden. Ich glaube kaum, daß es etwas Unschuldige-
res gibt und daß man stiller leben kann. Man hat — unter
uns gesagt — der Königin die Meinung beigebracht, ich sei
über die Maßen ausschweifend, und sie scheint es zu glauben. Ich kann mir gar nicht erklären, wie man dazu kommt,
denn wenn ich auch nicht leugnen will, daß auch mein
Fleisch bisweilen schwach ist, so braucht man doch um einer
kleinen Sünde willen nicht als der größte Wüstling ver-
schrien zu werden. Ich kenne keinen, der es nicht ebenso
machte, viele aber, die es schlimmer treiben, und doch
spricht, ich weiß nicht, wie es kommt, niemand von ihnen.
Ich gestehe, daß mir das sehr nahegeht, und wenn ich in der

Lage wäre, würde ich den elenden Subjekten, welche solche
Gerüchte unterderhand verbreiten, meinen Zorn fühlen lassen. — Sie sehen, lieber Freund, daß ich sehr aufrichtig bin
und Ihnen ohne Hintergedanken alles sage; denn ich weiß,
daß Sie für meine Schwächen einige Nachsicht haben und
wissen (oder doch wenigstens hoffen), daß die Zeit mich
weise machen werde. Ich tue mein möglichstes, um es zu
werden; doch glaube ich kaum, daß Cato in seiner Jugend
Cato war.«

Wird den in diesem Briefe gemachten »Zugeständnissen«
noch einiges zugelegt, so gewinnen wir mutmaßlich ein richtiges Bild von dem privaten und *gesellschaftlichen* Leben
des Kronprinzen in Ruppin.

Neben diesem privaten und gesellschaftlichen Leben aber
(oder richtiger wohl, ihm *vorauf*) existierte selbstverständlich noch ein andres: das *soldatische* Leben, der »Dienst«.

Der Dienst war das Corrigens der Debauchen.

Der Kronprinz hatte sich vorgenommen, »daß sein Regiment kein *Sallat*-Regiment (wie der König bei schlechten Regimentern sich auszudrücken beliebte) werden solle«, und
machte sich daher, um ihn selber sprechen zu lassen, den
Grundsatz zu eigen: »Ich *exerziere,* ich *habe* exerziert, und
ich *werde* exerzieren!«

Aber das *Exerzieren* allein tat es nicht. Ebenso wichtig
oder noch wichtiger war die Beschaffung von Rekruten, besonders von *Riesen*rekruten. Und auch nach *dieser* Seite hin
wünschte sich der Sohn dem Vater angenehm zu machen.
Von Ruppin aus (15. September 1732) war es denn auch,
daß er folgenden berühmt gewordenen Brief nach Potsdam
hin richtete:

»Allergnädigster König und Vater! Ich habe die Gnade gehabt, jetztunt meines allergnädigsten Vaters Ordre mit dem
neuen Werbe-Reglement in aller Untertänigkeit zu erhalten,
und werde auch beim Regiment in allen Stücken suchen zu
conformieren. Bei die meisten Compagnien aber seind noch
achtzöllige Leute, inclusive erstes Glied, und werden wir
Mühe haben, solche dieses Jahr herauszukriegen. Auch habe
aus dem Werbe-Reglement gesehen, daß, wenn Offiziers
große Kerls wissen, so über sechs Fuß haben, sie solche an-
geben sollen, wenn sie nicht mit Gutem zu persuadieren wä-

ren. Hier unweit von Perleberg ins Mecklenburgische hält sich ein Schäferknecht auf, welcher sechs Fuß vier Zoll gewiß haben soll. Mit Gutem ist nichts mit ihm auszurichten. Aber wenn er die Schafe hütet, so ist er alleine auf dem Felde, und könnte man ihn mit ein paar Offiziers und ein paar tüchtige Unteroffiziers schon kriegen. Er ist derselbe, da schon mal die Husaren nach seind geschickt gewesen. Ich habe Offiziers allhier, die sehr wohl dort bekannt seind; also wollte fragen, ob mein allergnädigster Vater befehlet, daß man ihn aufheben solle oder nicht, und wofern es mein allergnädigster Vater vor gut findet, so will ich schon praecautiones nehmen, daß die Sache gut gehen soll und ohne daß sonderlich Lärm daraus wird. Denn ich kenne den Amtmann, unter welchem der Kerl steht, und kann man dem schon das Maul stopfen.«

Aller Anstrengungen unerachtet, wie sie sich aus diesem Schriftstück ergeben, wurde der Kronprinz nichtsdestoweniger durch andere Regimentschefs übertroffen, was ihn, ebenfalls von Ruppin aus, zu folgendem Entschuldigungs- und Klagebrief an den Obersten und Hofjägermeister von Hacke, Günstling des Königs, veranlaßte.

»Das ist keine Kunst, daß des Fürsten (Leopold von Dessau) und die magdeburgischen Regimenter schön sind, wenn sie Geld vollauf haben und kriegen darnach auch noch dreißig Mann umsonst! Ich armer Teufel aber habe nichts und werd auch mein Tage nichts kriegen. Bitte, lieber Hacke, bedenk Er doch das. Und wo ich kein Geld habe, so führe ich künftiges Jahr Asmus allein als Rekrut vor, und wird mein Regiment gewiß Kroop sein. Sonsten habe ich ein deutsches Sprichwort gelernt, das heißt: ›Versprechen und halten ziemt wohl Jungen und Alten.‹ ... Ich verlasse mich allein auf *Ihn*, mein lieber Hacke. Wo *Er* nicht hilft, so wird es schlecht aussehn. Heute habe wieder angeklopft (an den König um Geld geschrieben), und wo das nicht hilft, so ist es getan. Wenn ich noch könnte Geld geliehen kriegen, so wäre es gut. Aber daran ist nicht zu denken. So helft mir doch, lieber Hacke! Ich versichere, daß ich allzeit danken werde. Der ich jederzeit meines lieben Herrn Hauptmanns ganz ergebener Diener und Freund bin, Friedrich.«

In der Tat, er wußte nicht aus noch ein, und der hervor-

stechendste Zug dieser »Ruppiner Tage« war vielleicht die
Geldmisère.

Schon als er nach Ruppin *kam*, war er, der Kronprinz,
wie aus den Berichten des östreichischen Gesandten Seckendorff an den Prinzen Eugen hervorgeht, allerorten Geld
schuldig. Und der kaiserliche Hof ließ sich denn auch eine
so schöne Gelegenheit nicht entgehen, sich durch kleine
Dienstleistungen künftiger Gegendienste zu versichern. Anfang 1732 schon instruierte Prinz Eugen den Gesandten Sek-
kendorff wie folgt: »Ew. Exzellenz Obsorge muß vornehmlich darauf gerichtet sein, dem Kronprinzen nach und nach
in Ansehung Kaiserlicher Majestät *diejenigen* Prinzipien bei-
zubringen, die zu unzertrennlicher Befestigung der zwischen
den beiden Höfen dermalen unterlaufenden engen Freundschaft nötig; zu welchem Ende man auch von hier aus sowohl mit dem *Gelde* als mit anderem, so zu des Prinzen Vergnügen gereichen mag, an die Hand gehen wird. Nur daß
Ew. Exzellenz die nötige Obsorge tragen, daß weder der König noch sonst jemand anders wegen des dem Kronprinzen
zu gebenden Geldes einigen Argwohn schöpfe.«

Danach wurde denn auch verfahren, und Seckendorff
machte den Anfang mit Übersendung von 500 Dukaten, welche er, zwischen Bücher verpackt, nach Ruppin hinschickte.
Der richtige Empfang sollte durch die zerrissenen Stücke
des Briefes bescheinigt werden. Der Kronprinz antwortete
umgehend von Ruppin aus: »Das Buch, welches Sie mir geschickt haben, finde ich ganz charmant und schicke Ihnen in
einem Couvert das ›Lied‹ (die zerrissenen Stücke des Briefes), welches Sie von mir zu haben wünschen.«

Wenn Friedrich anfangs noch glauben konnte, daß er das
Geld, welches ihm später beinah regelmäßig in heimlicher
Weise gezahlt wurde, von Seckendorff persönlich erhalte, so
wurde er durch diesen selbst bereits unterm 13. April 1733
über die wirkliche Sachlage aufgeklärt: »Sie können versichert sein, daß der Kaiser Seinerseits nichts versäumen wird,
Ew. Königlichen Hoheit diejenige Achtung zu bezeigen, welche Seine Majestät vor den persönlichen Verdiensten Ew.
Königlichen Hoheit gefaßt hat. Die Summe, welche Ew. Königliche Hoheit mir schulden, ist schon bezahlt; Ew. Königliche Hoheit werden, glaub ich, leicht erraten, durch *wen*. Da

Ew. Königliche Hoheit mir die gegenwärtige Not schildern (sie betraf die Hochzeitsreise nach Braunschweig, zu welcher der König nichts extraordinär bewilligen wollte), werde ich Ihnen den Rest der Unterstützung auszahlen.«

Unzweifelhaft war es dem Kronprinzen ein peinliches Gefühl, durch den Gesandten eines fremden Hofes Gelder zu erhalten. »Weil dies jedoch«, wie er sich selber ausdrückte, »immerhin noch besser war, als Hungers zu sterben«, so nahm er auch noch 1735 unbedenklich eine kaiserliche Unterstützung von 3000 Dukaten an.

Erst von 1737 ab wurden diese Verlegenheiten in etwas geringer. Um diese Zeit erhielt er, außer dem Gute Zernikow, auch noch eine königliche Zulage von 12 000 Talern und etwas später das etwa bis zu gleicher Höhe (12 000 Taler) sich erhebende Einkommen von dem Trakehner Gestüt. All dies half, gewiß, aber es half nicht *viel,* und erst nach seiner Thronbesteigung sah er sich in der Lage, sich seiner zahlreichen, aus den Ruppiner und Rheinsberger Tagen herstammenden Verpflichtungen entledigen zu können.

Ob auch gegen den östreichischen Hof?

Er hätte wenigstens die dazu nötigen Summen aus *Schlesien* leicht bestreiten können.

6. GENERAL VON GÜNTHER

Und *ihm,*
Von dem ich Ehre und irdisches Gut
Zu Lehen trage und Leib und Blut,
Ihm hab ich mich ganz ergeben.

Johann Heinrich Günther, ein ausgezeichneter Führer leichter Truppen, der glorreich fortsetzte, was unter Zieten und Belling begonnen worden war, ward im Sommer 1736, also in demselben Jahre, wo Kronprinz Friedrich nach Rheinsberg hin übersiedelte, zu Neuruppin geboren. Er war aus bürgerlichem Stande. Sein Vater stand als Feldprediger beim Regiment Kronprinz und zeichnete sich durch Kanzelberedsamkeit aus.

Der Sohn, unser General Günther, gehört unbestreitbar zu den bedeutendsten unter den Neuruppiner Persönlichkeiten, und doch ist es mir zweifelhaft, ob unsere Darstellung vor ihm haltmachen und ihm die pflichtschuldigen Honneurs erweisen würde, wenn nicht im Laufe der Zeit geflüstert worden wäre, daß General Günther ein *illegitimer Sohn des Kronprinzen Friedrich gewesen sei.* Torheit! Günthers Adjutant und Biograph, der spätere Kriegsminister von Boyen, spricht von der Mutter als von einer »guten und frommen Frau«, was er vermieden haben würde, wenn zu jenem Gerücht auch nur die kleinste Veranlassung vorgelegen hätte. Woraus dies Gerücht überhaupt entstand, ist nachträglich schwer zu sagen. Vielleicht einfach aus dem Aufsteigen eines Bürgerlichen und Feldpredigersohns bis zum Freiherrn und Generallieutenant, wobei nur übersehen wurde, daß beides, Nobilitierung wie Hochavancement, erst gegen das Ende seiner Tage hin und *nicht* seitens des großen Königs, sondern von seiten König Friedrich Wilhelms III. erfolgte. Kurzum, alles *Mythe,* für deren Entstehung wir außer dem Umstande, »daß das Oberst von Wreechsche Haus (das der Kronprinz in Ruppin bezog) durch seinen bloßen Namen schon an die kurz vorhergegangenen intimen Beziehungen zur schönen Frau von Wreech in Tamsel bei Küstrin erinnerte«, keine andere Erklärung finden können als die Sucht des Menschenherzens, hervorragende Persönlichkeiten durch Ausstaffierung mit sogenannten »interessanten Verhältnissen« womöglich noch interessanter zu machen.

Johann Heinrichs Jugendjahre scheinen Jahre der Entbehrung gewesen zu sein. Nichtsdestoweniger setzte die Mutter alles daran, ihn für das geistliche Amt zu erziehen, in welchem der Vater des Knaben bereits Befriedigung und Auszeichnung gefunden hatte. Die Universität Halle bot dazu in mehr als einem Sinne die Mittel, und bald nach Ausbruch des Siebenjährigen Krieges, wahrscheinlich im Jahre 1757, trat unser Günther seine theologischen Studien an der gerade damals so berühmten Hochschule an. Aber diese Studien währten nicht lange. War es, daß die wachsende Not des Vaterlandes den festen Willen heranreifte, Gut und Blut dafür einzusetzen, oder war es andrerseits die Überzeugung, daß vielleicht morgen schon ein *Zwang* da eintreten würde, wo heute noch die Möglichkeit eines freien Entschlusses war, gleichviel, der Eintritt in die preußische Armee erfolgte.

Ernst Moritz Arndt in seinen »Wanderungen und Wandelungen mit dem Freiherrn vom Stein« erzählt den Hergang nach Mitteilungen, die er dem Geheimen Kriegsrat Scheffner zu verdanken scheint, im wesentlichen wie folgt:

»Bald nach Ausbruch des Siebenjährigen Krieges standen vier untereinander befreundete Jünglinge in den Listen der Hochschule Halle eingeschrieben. Sie hießen Scheffner, Neumann, L'Estocq und Günther. Alle vier haben sich später auf verwandtem Felde ausgezeichnet. Eines Abends beim Kommers führte das Gespräch darauf hin, daß sie binnen kürzester Frist für die Armee gepreßt und eingekleidet werden würden. Nach einigem Hin- und Hererwägen reifte der Entschluß in ihnen, lieber gleich als Freiwillige in ein Husarenregiment einzutreten. Scheffner, nachdem er ehrenvoll gedient, lebte noch 1813 als Kriegs- und Domainenrat in Königsberg; Neumann wurde durch seine tapfere Verteidigung Cosels, L'Estocq durch seinen entscheidenden Angriff in der Schlacht bei Preußisch-Eylau berühmt; Günther aber glänzte während des polnischen Feldzuges von 1794 als organisatorisches Talent und verdient in gewissem Sinne, ein *Vor-Scharnhorst* genannt zu werden.«

Boyen stellt den Hergang minder poetisch dar. Danach war es kein »berühmtes Husarenregiment«, in das unser Günther eintrat, sondern das »*Kommissariat*«. Er gab aber freilich diese prosaisch unkriegerische Stellung bald auf, focht zunächst in dem Freibataillon von Angelelly, dann im sogenannten Trümbachschen Corps und kam erst nach dem Schluß des Krieges als Stabsrittmeister zum Kürassierregiment Vasold. Während des Krieges war er mehrfach verwundet worden. Die Beförderungen gingen jetzt langsam, und zwanzig Jahre verflossen, bevor er vom Stabsrittmeister bis zum Oberstlieutenant avancierte. Als solcher erhielt er 1783 das Kommando über die Schwarzen Husaren. Zwei Jahre später wurd er Oberst, und 1788 ernannte ihn König Friedrich Wilhelm II. zum Chef des Bosniaken-Regiments.

Diese fünfundzwanzig Friedensjahre — der Bayerische Erbfolgekrieg war kaum als ein Krieg zu rechnen — hatten unserm Günther wenig Gelegenheit gegeben, nach außen

hin zu zeigen, von welchem Metall er sei. Nur in einem allerengsten Kreise wußte man schon damals, was man an ihm
besaß. In kleinen Garnisonstädten vergingen ihm die Jahre.
1789 ward er Generalmajor. An dem Champagnefeldzug
und der Rheincampagne nahmen die Truppen, bei denen
Günther stand, nicht teil, und auch die letzten zehn Jahre
seines Lebens würden mutmaßlich ohne kriegerische Lorbeern für ihn geblieben sein, wenn nicht Kościuszkos Auftreten und der unprovozierte Angriff Madalinskis auf eine
kleine südpreußische Landstadt (am 15. März 1794) das Signal zu einem kurzen, aber erbitterten Kampfe an den Ufern
der Weichsel und Narew gegeben hätte. Die nun folgenden
Sommermonate waren es, die Günther in den Stand setzten,
sich als einen Parteigänger und Avantgardenführer von ungewöhnlicher Begabung zu zeigen, als einen raschen und
kühnen Reitergeneral, wie er seit den Tagen Zietens nicht
dagewesen war. Droysen, in seinem »Leben Yorcks« (Yorck
war Offizier in Günthers Corps), schildert unsern General
wie folgt: »An der Spitze seiner Bosniaken, in den hastigen
Plötzlichkeiten des Parteigängerkrieges, war er in seinem
Element, er selbst immer voran. Seine Schlauheit und körperliche Gewandtheit gaben ihm die Lust der Gefahr; er verstand es, sie bei seinen Leuten bis zur Tollkühnheit zu steigern, aber indem er es rücksichtslos mit jedem Gegner aufzunehmen schien, lag seiner Kühnheit die besonnenste
Berechnung zugrunde. So verstand er es, den Leuten die Zuversicht des Erfolges zu geben. Eine kurze Anrede — dann
ging es mit niederwerfendem Ungestüm auf den Feind. Kam
es besonders hart, so hielt er wohl eine Ansprache wie die
folgende: ›Alles ist reiflich und behutsam erwogen; auch hab
ich getan, was zu allen Dingen den Segen bringt, habe Gott
den Herrn um seinen allmächtigen Beistand angefleht; *wenn
wir aber doch nicht gewinnen, so hole euch verfluchte Kerle
alle der Teufel, denn dann tragt ihr allein die Schuld.*‹ «
Nach Vorausschickung dieser allgemeinen Bemerkungen,
die den Mann und den Geist, der in seiner Truppe lebendig
war, sehr anschaulich schildern, wenden wir uns den Ereignissen selber zu, die ihm Gelegenheit gaben, solche Anspra-
chen zu halten.
Die polnischen Besitzungen Preußens (das sogenannte

Südpreußen) waren damals viel ausgedehnter als jetzt und nur schwach mit Truppen besetzt. Die Aufgabe, die den Führern nach Ausbruch der Feindseligkeiten zufiel, war deshalb die, eine unendlich langgezogene Grenze mit einer Armee zu decken, die kaum 10 000 Mann zählen mochte. Unser Günther erhielt den linken Flügel und hatte eine zwanzig Meilen lange Linie, die sich am Narew und seinen Nebenflüssen entlang von Ostrolenka bis Grajewo erstreckte, mit zehn Eskadrons und einem Bataillon zu verteidigen. Es schien fast unmöglich, das Land lag offen da, und der an Zahl weit überlegene Feind hatte es sichtbarlich in seiner Macht, überall durchzubrechen. Hier war es nun, wo das Prinzip sich glänzend bewährte, nach welchem Günther, während der voraufgegangenen Jahre, die seinem Befehl unterstellten Reiterregimenter im Dienste geübt und in mehr als dem gewöhnlichen Sinne für den Krieg vorbereitet hatte. Der Kern dieses seines Prinzips hatte darin bestanden, die einzelnen Eskadrons, die von Stadt zu Stadt in den Grenzdistrikten Süd- und Ostpreußens in Garnison lagen, in einer beständigen Kriegführung *mit- und untereinander zu erhalten. Es war immer Krieg.* Wie eine Art Reisegeneral war er abwechselnd hier und da, stellte sich an die Spitze bald dieser, bald jener Schwadron und fiel, sei's Tag, sei's Nacht, über die Truppen eines andern Garnisonplatzes her. Dadurch hatte er, in vieljähriger Übung, ein Corps von seltener Schlagfertigkeit ausgebildet, eine Truppe genau der Art, wie sie jetzt erfordert wurde, wo es darauf ankam, eine Handvoll Leute heute vielleicht über weite Strecken hin auszustreuen und morgen schon auf ein gegebenes Zeichen wieder zu konzentrieren. Es war die Kunst, mittelst eines lebendigen und aus vielen Teilen zusammengesetzten Gliederstabs eine dünne, zwanzig Meilen lange Grenzlinie zu ziehn und ebendiesen lang ausgezogenen Stab im Nu wieder zu einem kompakten und widerstandsfähigen Bündel *zusammenzuklappen.* In dieser Kunst erwies sich Günther als Meister. Späher und eingebrachte Gefangene erhielten ihn über alle Pläne des Feindes in bester Kenntnis, und wo immer dieser den Durchbruch versuchen mochte (um dann im Rücken das Land zu insurgieren) — überall fand er entweder den Riegel fest vorgeschoben, oder aber Günther ergriff die Offensive,

warf sich den Anrückenden entgegen und schlug sie. War
dies unmöglich, so imponierte er ihnen doch genugsam, um
sie schließlich zum Rückzug zu bewegen. Die Gefechte bei
Kolno und Demniki (am 9. und 18. Juli) werden nicht nur
für die Lebensgeschichte Günthers bedeutsam und ehrenvoll, sondern namentlich auch für die Geschichte des »Kleinen Kriegs« ein paar Musterbeispiele bleiben.

Die Geschicklichkeit, mit der General Günther operierte,
konnte nicht ermangeln, an höchster Stelle die Aufmerksamkeit auf einen so ausgezeichneten und zu gleicher Zeit so
vom Erfolge gekrönten Offizier hinzulenken, und wiewohl
erst der dritte General beim Corps, übertrug ihm der König
nichtsdestoweniger das Oberkommando über alle am *rechten Weichselufer* (so schreibt Boyen; es muß aber unbedenklich das *linke* heißen) stehenden Truppen, deren Bestimmung es war, mit den Russen unter Suworow gemeinschaftlich gegen Warschau vorzudringen und durch
Einnahme der Hauptstadt den Herd des Aufstandes zu ersticken. So sah sich denn Günther, der bis dahin über den
Parteigängerkrieg nicht hinausgekommen war, plötzlich an
die Spitze einer »Armee« gestellt und der Bestimmung gegenüber, in Selbständigkeit und fast im großen Stile zu operieren. Freudig und mutvoll erfaßte er die ihm gewordene
Aufgabe und sah im Geiste bereits eine zweite ruhmreiche
Schlacht bei *Warschau* geschlagen, unter dessen Mauern die
Brandenburger schon einmal gekämpft und den lange
schwankenden Kampf zur Entscheidung gebracht hatten.
Aber es war anders beschlossen. Noch eh das Corps die
Weichsel überschreiten konnte, traf bereits die Nachricht
von der Erstürmung Pragas ein. Warschau, zitternd vor der
eisernen Hand Suworows, hatte seine Tore den Russen geöffnet. Der Krieg war zu Ende, und nach einer interimisti-
schen Verwaltung der Provinz (Südpreußens) nahm der
Friedensdienst und das Garnisonleben in den kleinen Städten aufs neue seinen Anfang. Günther und die Bosniaken,
deren Chef er blieb, kamen nach Tykoczyn. Von hier aus
trat er in Briefwechsel mit dem damaligen Kirchenrat, späteren Bischof Dr. Borowski, demselben, der nach 1806 dem
unglücklichen jungen Königspaare (Friedrich Wilhelm III.
und Luise) ein Trost und eine Stütze und überhaupt durch

seine unwandelbare Treue und Zuversicht in der Geschichte
jener Prüfungsjahre eine hervorragende Erscheinung wurde.
Der Briefwechsel zwischen Günther und Borowski beginnt
1799 und dauert fast bis zum Tode des ersteren fort. Einzelne dieser Briefe sind in den »Preußischen Provinzial-Blät-
tern« (Königsberg 1836) veröffentlicht worden, Briefe, die
uns den frommen und demütigen Sinn des Generals in
schönstem Lichte zeigen.

Die Auszeichnungen drängten sich jetzt. 1795 wurde
Günther Generallieutenant, zwei Jahre später erhob ihn
Friedrich Wilhelm III. (gleich nach seiner Thronbesteigung)
in den Freiherrnstand, und endlich 1802, nach der Revue,
erhielt er den Schwarzen Adlerorden. Aber nur eine kurze
Spanne Zeit noch war ihm vergönnt, sich dieser Ehren und
Auszeichnungen zu freun. Ein halbes Jahr später, am
22. April 1803, starb er. Als der Adjutant bei ihm eintrat,
fand er den General am Schreibtisch, den Kopf auf die Seite
geneigt — tot. Der Tod war als ein Längsterwarteter an ihn
herangetreten. Schon am Tage zuvor hatte er zu sterben geglaubt und bei einer Truppenvorstellung, die er selbst noch
leitete, seinen Adjutanten gebeten, ihm zur Seite zu bleiben,
um ihn auffangen zu können, wenn er vom Pferde stürze.
Bis zuletzt war ihm das »Ich dien« ein Stolz und ein Bedürfnis gewesen.

Günther war sechsundvierzig Jahre lang Soldat. Sein
Ruhm wurzelt in den Kämpfen von 1794. Wenn trotz dieser
Kämpfe sein Name nicht heller glänzt, so liegt das in einer
Verkettung von Umständen, unter deren Ungunst manche
hervorragende Kraft jener Zeit und speziell jener polnischen
Kämpfe zu leiden gehabt hat. Der Krieg war unpopulär, und
die Schroffheit Suworows, die des Guten in derselben Weise
zu*viel* tat, wie die oberste Leitung preußischerseits (freilich
ohne Verschulden unseres Günthers) zu*wenig* getan hatte,
war nicht geeignet, dem Kampfe gegen Polen eine ihm fehlende Teilnahme zu wecken. Man schämte sich fast des Krieges, und die Tat des einzelnen litt unter dem Mißkredit, in
dem das Ganze stand. Dies würde vollauf genügen, um das
Vergessensein ruhmvoller Aktionen aus dem Jahre 1794 erklärlich zu machen, aber was recht eigentlich in diesem
Sinne wirkte, war doch ein anderes noch. Und kaum ist es

nötig, dieses andre zu nennen. Der Untergang des *alten* und
das Wiedererstehn eines *neuen* Preußens waren Weltereig-
nisse, die, nach Art einer Flut, die Marksteine einer unmittelbar voraufgegangenen kleinen Geschichtsepoche hinweg-
spülten. Es ist Aufgabe späterer Zeiten, solche in Triebsand
begrabenen Denksteine wieder aufzurichten. Und dazu sollten diese Zeilen ein Versuch sein.

Günthers eigentlichste Bedeutung scheint übrigens nach
dem übereinstimmenden Urteile seiner Zeitgenossen vor allem in seiner *Persönlichkeit* gelegen zu haben. Boyen preist
ihn auf jeder Seite, und da junge Adjutanten gewöhnlich diejenigen sind, die ihrem alten General (und oft mit nur zu gutem Grund) am wenigsten Bewunderung entgegentragen, so
sind wir wohl zu dem Schlusse berechtigt, daß in diesem Fall
eine siegende Gewalt vorlag, die alles Bekritteln totmachte.
Etwas *Mysteriöses*, das um und an ihm war, steigerte dabei
sein Ansehen nicht wenig. Es hieß von ihm, daß er die drei
Gelübde der Keuschheit, der Armut und des Gehorsams abgelegt habe. Und daß dies von jedem geglaubt wurde, zeigt
am besten, wie sein Leben war. Es hieß, daß er nie ein Weib
berührt habe, »drum sei er so gewaltig von Körper«.[*] Das
Gelübde der Armut hielt er nicht minder treu. Von seinem
reichen Gehalt nahm er für seine Person nur 300 Taler; was
von dem übrigen nicht für die Offizierstafel und für Lohn
und Bedienung daraufging, wurde den Armen gegeben. Die
Tafel war reichlich besetzt, aber er selbst aß regelmäßig nur
eine Soldatensuppe und ein einfaches Stück Fleisch. Als er
einen jungen Offizier zum Nachbar flüstern hörte, daß der
Alte sich seine frugale Kost sehr gut schmecken lasse, ward
auch noch das Fleisch aus der Suppe getan. Denn wie er an
Umsicht, Raschheit und verschlagener Tapferkeit ein Geistesverwandter des alten »Husarenvaters« auf Wustrau war,
so war er es auch in Schlichtheit, Rechtschaffenheit und Un-

---

[*] Boyen hat auch in bezug hierauf eine etwas prosaischere Version. Er schreibt:
»Günther zog sich früh aus dem Treiben der Welt und der Gesellschaft zurück. Was
ihn zu dieser Zurückgezogenheit bestimmte, ob es schmerzlich *zerrissene Lebensver-
bindungen* waren (also *unglückliche Liebe*, aber nichts von einem Keuschheitsge-
lübde), mag dahingestellt bleiben.« Auch der »Gewaltigkeit seines Körpers« erwähnt
Boyen nicht; vielmehr spricht er viel von der *Kränklichkeit* des Generals, die nur in dessen *moralischer* Kraft ihr Gegengewicht gefunden habe. Er war auch hierin ganz dem
alten Zieten verwandt, der bekanntlich immer leidend und zuzeiten völlig hinfällig war.

bestechlichkeit. Die Worte des Prinzen Heinrich, die Zieten so schön charakterisieren (»er verachte alle diejenigen, die sich auf Kosten unterdrückter Völker bereicherten«), passen ebenso auf Günther. Seine kurze Verwaltung Südpreußens war deshalb in mehr als einer Beziehung ein Segen für jene Landesteile. Seine Uneigennützigkeit erwarb ihm die Achtung von Freund und Feind, und selbst die polnische Bevölkerung näherte sich ihm und unterwarf sich in streitigen Fällen seiner Entscheidung. Von Suworow, den er öfter sah, wurd er in ausgezeichneter Weise empfangen. *»Ich freue mich, heute einen wahren General kennenzulernen«*, waren die ersten Worte, womit der damals im Zenit seines Ruhmes stehende Praga-Erstürmer unsern General begrüßte, und als Günther mehrere Jahre später ein in Südpreußen zurückgebliebenes, völlig vergessenes russisches Magazin unaufgefordert an Suworow zurückliefern wollte, rief dieser verwundert aus: »Solch einen Glauben hab ich in Israel nicht funden.« Freilich, es war so *unrussisch* wie möglich.

An Gehorsam, an Diensttreue war ihm keiner gleich. Seine stete Klage war, daß der König *schlecht bedient werde*. Nach Natur und Überzeugung war er ein Mitglied jenes hohen Kriegerordens, der sich während der Regierungszeit des großen Königs gebildet hatte und dessen erste und einzige Regel lautete, »im Dienste des Vaterlandes zu leben und zu sterben«. Das Opfer war Gebot, war *Leidenschaft.* Preußen über alles. Noch wenige Wochen vor seinem Hinscheiden, als ihm erzählt wurde, daß die Grenadierbataillone die alten Grenadiermützen wieder erhalten hätten, rief er aus: »Gott gebe, daß mit den alten Mützen auch der alte Geist der Gleimschen Grenadiere wieder dasein möge, *dann* werden sie und Preußen unüberwindlich sein.« Der Tod ersparte ihm die bittere Erfahrung, daß der »alte Geist« unwiederbringlich verloren war.

Es war ihm in einem der Pflicht und dem Dienste gewidmeten Leben nicht vergönnt worden, die höchsten Aufgaben zu lösen, Aufgaben, zu denen er, der Aussage aller derer nach, die ihm nahestanden, wohl befähigt gewesen wäre. Wenn ihm aber das *Höchste* zu tun auch versagt blieb, das *Beste* lebte nicht nur in ihm, er betätigte sich auch darin.

Mög es dem Vaterlande nie an Männern fehlen gleich ihm!

7. Karl Friedrich Schinkel

Ehrwürdig dünkt euch *gotische* Kunst mit Recht; . . .
Doch schätz ich mehr *Einfaches*, dem ersten Blick
Nicht gleich enthüllbar.

Platen

Unter allen bedeutenden Männern, die Ruppin, Stadt wie
Grafschaft, hervorgebracht, ist Karl Friedrich Schinkel der
bedeutendste. Der »alte Zieten« übertrifft ihn freilich an Popularität, aber die Popularität eines Mannes ist nicht immer
ein Kriterium für seine Bedeutung. Diese resultiert vielmehr
aus seiner reformatorischen Macht, aus dem Einfluß, den
sein Leben für die Gesamtheit gewonnen hat, und *diesen*
Maßstab angelegt, kann der »Vater unsrer Husaren« neben
dem »Schöpfer unsrer Baukunst« nicht bestehn. Wäre *Zieten* nie geboren, so besäßen wir (was freilich nicht unter-
schätzt werden soll) eine volkstümliche Figur weniger, wäre
Schinkel nie geboren, so gebräch es unsrer immerhin eigenartigen künstlerischen Entwicklung an ihrem wesentlichsten
Moment. Ich komme weiterhin ausführlicher auf diesen
Punkt zurück.

Karl Friedrich Schinkel wurde am 13. März 1781 zu Neuruppin geboren. Wir wissen wenig von den ersten Jahren seiner Kindheit. Wenn Berühmtheiten in ihren alten Tagen sich
entschließen, ihre Biographie zu schreiben, so geschieht es
wohl, daß die ersten, also die sich mit ihrer Kindheit be-
schäftigenden Kapitel zugleich auch die interessantesten werden. Die Betreffenden, nachdem sie am Tische von Fürsten
und Herren gesessen und sich genugsam von der Wahrheit
des »alles ist eitel« überzeugt haben, kehren dann mit einer
rührenden Vorliebe zu den Spielen ihrer Kindheit zurück
und verweilen lieber bei diesen als bei dem Ordens- und Eh-
renempfang ihrer späteren Jahre. Anders, wenn Berühmtheiten es verschmähen oder vergessen, ihre Lebensschicksale
niederzuschreiben, und nur *das* zu unsrer Kenntnis kommt,
was *andre* von ihnen wissen. Diese »anderen« wissen in der
Regel wenig oder nichts von den Kinderjahren des berühmten Mannes, sie lebten damals kaum, und der Berühmte hat
die vielleicht hübschesten Kapitel seines Lebens mit ins

Grab genommen. So oder ähnlich verhält es sich mit Schinkel. Er hat seine Biographie *nicht* geschrieben, und wiewohl seine mittlerweile herausgegebenen »Briefe und Tagebücher« ein Material von seltener Reichhaltigkeit für das spätere Leben Schinkels bieten, so schweigen sie doch über seine Kinderjahre. Ich habe an seinem Geburtsorte nachgeforscht. Es lebten noch Personen, die ihn als Kind gekannt hatten, und ich gebe in nachstehendem, was ich über ihn erfuhr. Sein Vater war Superintendent in Ruppin und starb infolge der Anstrengungen, die er während des großen Feuers, das im Jahre 1787 die ganze Stadt verzehrte, durchzumachen hatte. Auch die Superintendentenwohnung ward in Asche gelegt, so daß von dem Hause, darin Schinkel geboren wurde, nichts mehr existiert. Es stand ungefähr an derselben Stelle, wo sich die jetzige Superintendentenwohnung befindet, aber etwas vorgelegen, *auf* dem jetzigen Kirchplatz, nicht *an* demselben. Die Mutter Schinkels (eine geborne Rose und der berühmten gleichnamigen Gelehrtenfamilie, der die Chemiker und Mineralogen Valentin, Heinrich und Gustav Rose zugehörten, nahe verwandt) zog nach dem Hinscheiden ihres Mannes in das sogenannte Predigerwitwenhaus, das, damals vom Feuer verschont geblieben, sich bis diesen Tag unversehrt erhalten hat. In diesem Hause, mit dem alten Birnbaum im Hof und einem dahinter gelegenen altmodischen Garten, hat Schinkel seine Knabenzeit vom sechsten bis vierzehnten Jahre zugebracht.

Aus seiner frühesten Jugend ist nur folgender kleiner Zug aufbewahrt worden. Sein Vater zeichnete ihm öfter allerlei Dinge auf Papier, *namentlich Vögel.* Der kleine Schinkel saß dann dabei, war aber nie zufrieden und meinte immer: »*Ein Vogel sähe doch noch anders aus.*« Sein Charakter nahm früh ein bestimmtes Gepräge an; er zeigte sich bescheiden, zurückhaltend, gemütvoll, aber schnell aufbrausend und zum Zorn geneigt. Eine echte Künstlernatur. Auf der Schule war er nicht ausgezeichnet, vielleicht weil jede Art der Kunstübung ihn von frühauf fesselte und ein intimeres Verhältnis zu den Büchern nicht aufkommen ließ. Seine musikalische Begabung war groß; nachdem er eine Oper gehört hatte, spielte er sie fast von Anfang bis zu Ende auf dem Klaviere nach. Theater war seine ganze Lust. Seine ältere

Schwester schrieb die Stücke, er malte die Figuren und schnitt sie aus. Am Abend gab es dann Puppenspiel.

In seinem vierzehnten Jahre zog seine Mutter nach Berlin, und Schinkel kam nur noch besuchsweise nach Ruppin, besonders nach Kränzlin, einem nahebei gelegenen Dorfe, an dessen Pfarrherrn seine ältere Schwester verheiratet war. Nach Kränzlin hin, wie schon hier bemerkt werden mag, adressierte er auch seine Briefe aus Italien, wohin er im Jahre 1803 seine erste Reise antrat. Dies Dorf und sein Predigerhaus blieben ihm teuer bis in sein Mannesalter hinein. Unter seinen Jugendarbeiten im Radenslebener Herrenhause (siehe Seite 48) befindet sich auch eine Zeichnung der Kränzliner Kirche.

Das Berliner Leben unterschied sich zunächst wenig von den Tagen in Ruppin. Hier wie dort eine Wohnung im Predigerwitwenhause, hier wie dort Besuch des Gymnasiums. Auch auf der Berliner Schule, dem Grauen Kloster, ging es nicht glänzend mit dem Lernen, die Kunst hatte ihn bereits in ihrem Bann. Er zeichnete mit Eifer, und wir sind so glücklich, einige dieser seiner ersten Versuche zu besitzen. Es sind Portraitköpfe (Rembrandt, Friedrich der Große und ein Unbekannter), alle drei aus dem Jahre 1796 und mit großer Sauberkeit von dem damals fünfzehnjährigen Schinkel ausgeführt. Indessen, so wertvoll uns diese Blätter jetzt erscheinen müssen, so waren sie doch nichts andres als Zeichnungen nach Vorlegeblättern, wie sie, ohne daß sich später ein Schinkel daraus entwickelt, tagtäglich gemacht zu werden pflegen. Er entbehrte, trotz allen künstlerischen Dranges, noch jeder Klarheit, und der zündende Funke war noch nicht in seine Seele gefallen. Daß er der Kunst und nur ihr angehöre, dies Bewußtsein kam ihm erst später. Freilich bald.

Es war im Jahre 1797 auf der damals stattfindenden Ausstellung, daß ein großartiger, vom jungen Gilly herrührender, phantastischer Entwurf eines Denkmals für Friedrich den Großen den tiefsten Eindruck auf ihn machte und ihn empfinden ließ, wohin er selber gehöre. Er verließ die Schule (1798), ward in das Haus und die Werkstatt beider Gillys, Vater und Sohn, eingeführt und begann seine Arbeiten unter der Leitung dieser beiden ausgezeichneten Architekten. Eine

enthusiastische Verehrung für den Genius des früh hingeschiedenen jüngeren Gilly blieb ihm bis an sein Lebensende.

Es existieren Arbeiten aus dieser ersten Schinkelschen
Zeit, und alle zeigen den Gillyschen Einfluß. Kein Wunder.
Auch das Genie schafft nicht lediglich aus sich selbst, und
Schinkel entbehrte noch der lebendigen Anschauungen, die
ihm die Kraft oder auch nur die Möglichkeit zu freier Entfal-
tung hätten geben können. Jedenfalls war das Verhältnis
Schinkels zu Gilly von kürzester Dauer; schon nach zwei
Jahren, am 3. August 1800, starb dieser liebenswürdige und
geistreiche Künstler. Er hinterließ ihm zweierlei: den ausge-
sprochenen Wunsch, seine Arbeiten durch ihn (Schinkel)
vollendet zu sehn, dann aber die Sehnsucht nach Italien. Im
Durchblättern der Gillyschen Mappen hatte der jugendliche
Schüler desselben vom ersten Augenblick an erkannt, wo
das Richtige, das Nacheifernswerte zu finden sei.

Arbeiten, übernommene und eigene, hielten unsern
Schinkel noch fast drei Jahre lang in der Heimat fest; endlich, im Frühjahr 1803, kam die lang ersehnte Stunde, und
seine Fahrt ins »schöne Land Italia« begann. Er machte
diese Reise an der Seite seines Freundes, des Architekten
Steinmeyer, und nach längeren und kürzeren Aufenthalten
an den alten deutschen Kunststätten: Dresden, Augsburg,
Nürnberg, Wien, betrat er Italien zu Anfang August desselben Jahres, um es bis nach Sizilien hin zu durchwandern.
Seine Briefe und Reisetagebücher geben Auskunft darüber,
mit welch empfänglichem Sinn, zugleich auch mit welcher
Gereiftheit des Urteils er die Kunstschätze Italiens studierte
und Land und Leute beobachtete. Vor allem sprach das
Land zu ihm von seiner *malerischen* Seite, das Architektonische trat zurück, und ein Blick auf die zahlreichen Land-
schaftszeichnungen, die dieser Reiseepoche angehören, bestätigt durchaus die Ansicht Waagens, daß Schinkel, wenn er
statt der Bekanntschaft Gillys, des Architekten, die Bekanntschaft eines Malers von gleichem Talent gemacht hätte, sehr
wahrscheinlich ein hervorragender Maler geworden wäre.
Musik, Skulptur, Malerei, Baukunst — für alle hatte er eine
ausgesprochene Begabung und für die Malerei in so hervorragender Weise, daß mit Recht von ihm gesagt wor-

den ist, »er habe architektonisch gemalt und malerisch gebaut«.

Italien bot diesem malerischen Zuge die reichste Anregung, und die entsprechende Beschäftigung führte sehr bald
zu einer Meisterschaft in der Behandlungsweise, die alles
Unselbständige von ihm abstreifte. Seine früheren Sachen
(bis 1803) zeigten etwas Steifes, in Italien aber eignete er
sich eine ganz eigentümliche Technik an, die ihn, durch eine
erstaunliche Breite und Kraft im Vordergrunde (wobei ihm
die meisterhaft geführte stumpfe *Rohrfeder* treffliche Dienste
leistete), in den Stand setzte, die Wirkung vollständiger Bilder zu erreichen. Seine großen Ansichten von Messina, Palermo, der Ebene von Partinico etc., die alle dem Jahre 1804
angehören, wurden später von Goethe »groß und bewun-
dernswürdig« genannt.* Schinkel pflegte die Hauptlinien solcher landschaftlichen Aufnahmen am Tage sehr flüchtig,
aber in der Perspektive höchst sorgfältig auf das Papier zu
werfen und diese Umrisse dann am Abend mit der staunens-
wertestenTreue und von einem nie *irrenden Gedächtnis* unterstützt im einzelnen auszuführen.**

* Goethe war überhaupt voller Anerkennung für Schinkel. 1820 war letzterer in
Gesellschaft von Rauch und Friedrich Tieck in Weimar auf Besuch, und Goethe, dem
vorzugsweise diese Reise gegolten hatte, schrieb über diese schönen Tage: »Von Jugend auf war meine Freude, mit bildenden Künstlern umzugehen. Herr Geheimrat
Schinkel machte mich mit den Absichten seines Theaterbaues bekannt und wies zugleich unschätzbare landschaftliche Federzeichnungen vor, die er auf einer Reise ins
Tirol gewonnen hatte. Die Herren Tieck und Rauch modellierten meine Büste, ersterer
zugleich ein Profil von Freund Knebel. Eine *lebhafte, ja leidenschaftliche Kunstunter-
haltung* ergab sich dabei, und ich durfte diese Tage unter die schönsten des Jahres
rechnen.«

** Es scheint fast, daß alle hervorragenden Künstler die oft ans Wunderbare gren-
zende Gabe besitzen, das allerflüchtigst Wahrgenommene auf viele Jahre hin, um nicht
zu sagen *für immer*, in ihrer Vorstellung zu bewahren. Das Geschaute fällt wie ein
Lichtbild in ihre Seele und fixiert sich daselbst. William Turner sollte zu einer bestimmten Gelegenheit die »Landungsbrücke von Calais« malen, und man erwartete, er
werde hinüberfahren, um das Bild nach der Natur anzufertigen. Er war aber ein oder
zwei Jahre vorher nach Paris gereist und hatte sich, auf dem Dampfschiffe stehend,
ohne die geringste Ahnung davon, daß ihm solche Aufgabe jemals zufallen würde, die
Szenerie von Calais (bloß dadurch, daß sein Auge einen Moment darauf ruhte) so vollständig eingeprägt, daß er das bestellte Bild in frappantester Naturwahrheit aus dem
Kopfe malen konnte. — Ein andres Mal zeichnete er mit raschen Strichen einen Drei-
master aufs Papier, den er länger als zwanzig Jahre vorher auf der Reede von Spithead
hatte tanzen sehn. Das Schiff existierte noch in Portsmouth oder Plymouth, und man
verglich die Zeichnung damit. Zum Staunen aller ergab sich, daß Turner sogar die
Zahl und Stellung der Stückpforten völlig richtig wiedergegeben hatte.***

*** Auch aus dem Kreise Berliner Künstler wird ähnliches berichtet. Der polnische Graf Cz. verliert plötzlich sein einziges Kind, eine Tochter von zehn Jahren. Er ist

Während der ganzen Reise prävalierte in ihm der *Maler*. Er war unzweifelhaft als Architekt nach Italien gezogen, aber nur wenige seiner Briefe aus jenen Reisejahren beschäftigen sich mit Architektur. Selbst die herrlichen Tempeltrümmer von Girgenti regten überwiegend die dichterische Phantasie des Landschaftsmalers an; zu baukünstlerischen Betrachtungen über die hehren Überreste hellenischen Altertums gelangte er nirgends, und die Renaissancebauten Ober- und Mittelitaliens ließen ihn ebenfalls kalt. Am meisten Eindruck machte die *sarazenische* Baukunst auf ihn, und ihre phantastischen Reize umstrickten ihn überall von Venedig bis Sizilien — es sprach sich auch hierin seine Neigung zum Malerischen aus.

Die italienische Reise, wie jede Reise, hatte freilich auch ihre Schattenseiten, ihre Plagen und ihre Sorgen. Eine humoristischere Feder als die Schinkels würde uns davon ein anschauliches Bild entworfen haben, aber immer etwas auf dem Kothurn, steigen seine Schilderungen nur selten ins Genrehafte hinab. Es widerstand seiner Natur, die kleinen Leiden des Daseins zu *betonen*, und nur mitunter klang es durch. Die Vetturinfahrt nach Rom und die ersten römischen Tage (im Spätherbst 1803) zwangen ihm einen Notschrei ab. »Bände könnt ich schreiben über das Thema« — so heißt es in einem der ersten Briefe —, »wie einem eine schöne Reise durch Gauner und Schurken verdorben werden kann. Der Ärger über die infamsten Betrügereien hat mich unfähig gemacht, das tausendfach Schöne mit voller Teilnahme zu genießen. Die dicke, immer uns hindernde Maschine von einem Bedienten (den Sie aus Venedig kennen) war mit einem abscheulichen Kerl von Vetturin verschworen, um uns zugrunde zu richten. Nun hab ich das Fieber und bin abgespannt und ermattet.«

untröstlich und will wenigstens eine Büste von der Hingeschiedenen besitzen. Er wendet sich wenige Tage später an einen unsrer Bildhauer, dieser aber muß ablehnen, als er erfährt, daß nur eine schon vor etwa sechs Jahren angefertigte Kreidezeichnung von der jungen Komtesse vorhanden sei. Auf dem Heimwege begegnet der Bildhauer seinem Freunde, dem Maler M., und erzählt ihm das eben Erlebte. Der Maler, als er den Namen des Grafen hört, hält im Gehen inne und fragt: »War das nicht Graf Cz., dem wir vor kaum drei Wochen am ›Großen Stern‹ begegneten? Er fuhr mit einer Dame; rückwärts saß ein schönes Kind?« — »Das war er«, antwortete der Bildhauer. »Nun, dann läßt sich vielleicht helfen.« Und der Maler zeichnete alsbald einen Kopf, der vollständig ähnlich befunden und nach dem seitens des Bildhauers die Büste angefertigt wurde.

So schrieb Schinkel unmittelbar nach seiner Ankunft. Aber die Situation, anstatt sich an Ort und Stelle wenigstens zu bessern, wurde von Tag zu Tag nur schwieriger, das Geld blieb aus, und unser Fieberkranker, dem kräftige Speisen verordnet waren, mußte von Semmel und Weintrauben leben. Wer weiß, was geworden wäre, wenn nicht der Hauswirt, voll jenes Zartsinns, von dem die Italiener trotz aller Vetturine doch auch ihre Proben geben, sich ins Mittel gelegt und von freien Stücken offeriert hätte, »bis auf weiteres mit seiner Küche vorliebnehmen zu wollen«. Dies geschah, und — endlich kam das Geld. Schinkel und sein Reisegefährte (Steinmeyer) bestellten nun eine *gebratene Ente*, worauf der Italiener lachend erwiderte: »Capisco, i denari son' venuti.«

Die Rückreise nach Deutschland ging über Paris, dessen jedoch in den betreffenden Briefen nur flüchtig Erwähnung geschieht; die Sehnsucht, nach fast zweijähriger Abwesenheit, stand wieder nach der Heimat, und Ende Januar 1805 war er zurück.

Hier bot sich für seine Wirksamkeit als *praktischer Architekt* vorläufig wenig, und durch die unglückliche Katastrophe, die das Jahr darauf hereinbrach, wurde vollends alle Aussicht gestört. Dies war ein Unglück. Waagen indes äußert sich dahin, daß das, was anfänglich unbedingt als eine schwere Fügung des Schicksals erscheinen mußte, schließlich der *mehrseitigen* Entwickelung Schinkels fördersam gewesen sei und auf seine *reifere* Ausbildung zum praktischen Architekten den wohltätigsten Einfluß ausgeübt habe.

Wir lassen dies dahingestellt sein und verzeichnen unsrerseits nur die Tatsache, daß unser Ruppiner Superintendentensohn, den wir uns gewöhnt haben als Architekten und *nur* als solchen zu kennen und zu bewundern, daß unser Schinkel, sag ich, zum Teil der eigenen Neigung, aber mehr noch dem Zwange gebieterischer Umstände nachgebend, zehn Jahre lang (von 1805 bis 1815) vorwiegend ein *Landschaftsmaler* war. Er malte große hochpoetische Landschaften in Öl, vor allem jenen reichen Zyklus *perspektivisch-optischer Bilder* (meist für die Gropiusschen Weihnachtsausstellungen), worin er fast aus allen Teilen der Welt das Schönste und Interessanteste vor den staunenden Augen seiner Landsleute entrollte: Ansichten von Konstantinopel, Nilgegenden, die Kapstadt, Palermo, Taormina mit dem Ätna, den Vesuv, die Peterskirche, die Engelsburg und das Capitol in Rom, den Mailänder Dom, das Chamonix-Tal, den Markusplatz, den Brand von Moskau, die Leipziger Schlacht, Elba, St. Helena etc. Vor allem verdienen hier die 1812 für das kleinere Gropiussche Theater gemalten »Sieben Wunder der alten Welt« einer besonderen Erwähnung. Sie gaben ihm eine erwünschte Gelegenheit, neben der vollen Entfaltung seines malerischen Geschicks sich auch als genialen Architekten aufs glänzendste zu bewähren. Franz Kugler nannte diese Arbeiten »die geistreichsten Restaurationen der Wunderbauten des Altertums«.

Auch Staffeleibilder in großer Zahl entstanden um diese Zeit: Landschaften in Öl, Gouache, Aquarell und Sepia. Er entwickelte auf diesem Gebiet eine Vielseitigkeit, wie die Kunstgeschichte sonst kein Beispiel aufweist, so daß er nach der Meinung Waagens als der mutmaßlich größte Landschaftsmaler aller Zeiten dastehen würde, wenn er die *Technik der alten Meister* besessen und seine ganze Kraft diesem Fache hätte zuwenden können. Denn er vereinigte das lebhafte und innige Gefühl für die bescheidnen, anspruchslosen Reize einer nordischen Natur, welche uns die Bilder eines Ruysdael, eines Hobbema so anziehend machen, mit dem Liniengefühl und dem Sinn für zauberhafte Beleuchtung eines Claude Lorrain. Andere seiner Bilder erinnern durch eine gewisse Klassizität und kühle, harmonische Farbenwirkung an die Landschaften Nicolaus Poussins.

Was uns, die wir die Mark durchreisen und beschreiben, mit besonderer Genugtuung erfüllt, ist der Umstand, daß die herrlichen Gegenden des Südens, in denen er so lange geschwelgt, ihn nicht unempfänglich für die Reize seiner märkischen Heimat gemacht hatten. Er verachtete unsere Landschaft keineswegs, wie so viele tun, die sich dadurch das Ansehn feineren Kunstverständnisses zu geben vermeinen. Neben Palermo oder Taormina malte er »die Oderufer bei Stettin«, und selbst »Stralau und die Spree« erschienen seinem Künstlerauge nicht zu gering. Alle unsere großen Landschafter haben in diesem Punkte empfunden wie Schinkel. Ich nenne nur Blechen, anderer, jüngerer, wie Riefstahl und Bennewitz von Loefen, zu geschweigen.

Vieles von den zahlreichen Arbeiten jener Epoche — namentlich alles bloß Dekorative, für eine bestimmte Gelegenheit Entworfene — ist verlorengegangen, anderes ist in den Schlössern und Herrenhäusern der Mark zerstreut, in denen ich, wie zum Beispiel in Neu-Hardenberg, Steinhöfel, Radensleben und Friedrichsfelde, einer ganzen Anzahl von Gouache- und Ölbildern begegnet bin.* Wie manches aber auch dem Auge entzogen oder verlorengegangen sein mag, das Wesentlichste, das er als Landschafter geleistet, ist unserer Hauptstadt erhalten geblieben, und die jetzt der Nationalgalerie zugehörige Wagnersche Sammlung bietet uns Gelegenheit, einen Einblick in die reiche schöpferische Kraft Schinkels auch als *Maler* zu tun. Die Technik ist seitdem eine andere geworden, und die Schinkelsche Farbe, wie nicht geleugnet werden soll, hat zum Teil etwas Kalkig-Nüchternes, das uns heutzutage, wo wir an die Farbenzauber der Achenbachs gewöhnt worden sind, befremdlich ansieht, aber als *stilisierte* Landschaften sind sie schwerlich seitdem ihrem inneren Gehalte nach übertroffen worden.

Bis hierher haben wir uns fast ausschließlich mit Schinkel dem *Maler* beschäftigt; der Friedensschluß von 1815 aber schuf einen plötzlichen Wandel, und von nun ab tritt der *Baumeister* in den Vordergrund. Es fällt diese Wandlung der Verhältnisse (nachdem er übrigens schon 1810 in die Oberbaudeputation berufen war) mit seiner Ernennung zum Geheimen Oberbaurat zusammen. Man darf fast sagen, er wurde lediglich auf Vertrauen und Diskretion hin in diese Stellung eingeführt, denn noch war es ihm versagt geblieben, durch irgendeinen *ausgeführten* Bau von Bedeutung die Aufmerksamkeit oder gar die Bewunderung der Fachleute auf sich zu ziehen.

Fünfundzwanzig Jahre lang, in runder Zahl von 1815 bis 1840, war er nun als Baumeister im großen Stile tätig, und in ebendiesem Zeitraume gelang es ihm, »Berlin«, wie seine Verehrer sagen, »in eine Stadt der Schönheit umzugestalten«, jedenfalls aber unsrer Residenz im wesentlichen *den* Stempel aufzudrücken, den sie bis diese Stunde trägt. Denn auch das, was nach ihm gebaut worden ist, ist zu gutem Teile

---

* In den betreffenden Kapiteln des ersten, zweiten und vierten Bandes dieser »Wanderungen« sind diese Bilder und Zeichnungen ausführlicher beschrieben.

Geist von seinem Geist. Wenige Städte (wenn überhaupt) zeigen etwas Gleiches. In Hamburg, München, Petersburg liegen die Dinge doch anders, und selbst die London-City, die in gewissem Sinne als eine Schöpfung Christopher Wrens betrachtet werden darf, bietet nur Ähnliches.

Es verlohnt sich zu zeigen, worin der Unterschied liegt.

Wenn man in London auf der Blackfriars-Brücke steht und neben der Kuppel von St. Paul die zweiundfünfzig Türme überblickt, die, bis an den Tower hin und darüber hinaus, das Häusermeer der City überragen, so darf man sagen, dies in Nebel und Sonne zauberhaft daliegende Stück London ist das Werk Christopher Wrens — alles war niedergebrannt, und auf dem Trümmerschutt des alten London fiel ihm die Aufgabe zu, ein neues London aufzurichten. Aber dennoch, wie schon angedeutet, stellt sich auch hier eine sehr wesentliche Verschiedenheit heraus. Was Wren für die London-City tat, war unendlich mehr und unendlich weniger. Wren hat der City nach *außen* hin eine bestimmte Physiognomie gegeben, was sich von Schinkel in bezug auf Berlin *nicht* sagen läßt. Eingetreten in beide Städte jedoch, erkennen wir, daß Wren (den die großen Aufgaben des Kirchenbaues beschäftigten) ohne jeden bemerkenswerten Einfluß auf die Straßen und Häuser, auf die Details der Stadt geblieben ist, während dasselbe Berlin, das nach *außen* hin kaum einen einzigen Schinkelschen Zug verrät, in seinem Innern den Stempel Schinkels trägt. Inwieweit dies der Fall ist, das wird am ehesten erhellen, wenn ich einfach aufzähle, welche Häuser und Paläste, welche Brücken und Plätze wir der fünfundzwanzigjährigen baukünstlerischen Tätigkeit unseres Schinkels verdanken.

Es sind: die Königswache, die Domkirche (Restauration), das Kreuzberg-Monument, das Monument für den General von Scharnhorst auf dem Invalidenkirchhof, das Schauspielhaus, das Potsdamer Tor und die Wachthäuser rechts und links neben demselben, das Alte Museum samt Lustgarten und Springbrunnen, die Schloßbrücke samt ihren Statuen, die Friedrich-Werdersche Kirche, die vier Kirchen einerseits in Wedding und Moabit, andrerseits vor dem Rosenthaler Tor und auf dem Gesundbrunnen, die Palais der Prinzen Karl und Albrecht, die neuen Packhofsgebäude, das Graf

Redernsche Palais, die Einfahrt in die Neue Wilhelmsstraße, die Sternwarte am Enckeplatz, die Bauschule.

Bedeutsam, wie diese Bauten sind — vorzüglich für den, der die *Geschichte* derselben verfolgt und die Schwierigkeiten in Anschlag bringt, die sich der Ausführung entgegenstellten —, so geben sie doch zum kleinsten Teile nur eine Vorstellung von der umfassenden und geradezu Staunen erregenden Tätigkeit, die Schinkel zunächst innerhalb der Hauptstadt und ihrer Umgebung* und im weiteren im Lande Preußen überhaupt entfaltete.

Wenn wir uns annähernd ein richtiges Bild davon entwerfen wollen, welcher Art und welchen Umfanges sein Schaffen war, so müssen wir nicht allein das im Auge haben, was er widerstrebenden Gewalten gegenüber aus Berlin wirklich machte, sondern vor allem auch das, was er daraus machen *wollte*, müssen wir in den Kreis seiner schöpferischen Tätigkeit alles das mit hineinziehen, was in hundert ausgeführten Blättern auf dem Papiere lebt, aber an der Ungunst der Zeiten scheiterte. An der Stelle, wo jetzt das Potsdamer Tor steht, sollte sich beispielsweise die große Friedenskathedrale zur Erinnerung an die Freiheitskriege erheben. Die Linden entlang gedachte er in Statuen und Denkmälern eine monumentale Siegesstraße zu ziehen, und anstelle des alten Domes sollte ein *wirklicher* Dom hoch in die Luft steigen, glänzend genug, um sich den anderen Prachtbauten jenes Platzes würdig anzureihen. So waren die Pläne, aber nur die Mappen Schinkels geben Auskunft darüber, was damals alles gedacht, entworfen, erstrebt wurde. Das wenigste trat ins Leben. »Er diente einem sparsamen König in einer geldarmen Zeit.«

Diese Mappen, die eigentlichste Hinterlassenschaft Schinkels, sind es, die uns ein Bild der Gesamttätigkeit des Meisters erschließen, einer Tätigkeit, die fast *alle Gebiete des künstlerischen Lebens umfaßte*. Gab es eine neue Spontinische Oper, wer anders als Schinkel konnte die Dekorationen, gab es ein fürstliches Begräbnis, wer anders als Schin-

---

* In Potsdam führte Schinkel folgende Bauten aus: das Casino, Schloß Glienicke, die Nikolaikirche, das Kavalierhaus auf der Pfaueninsel, die Brücke zu Glienicke, Charlottenhof, Schloß Babelsberg (teilweis). In Tegel: das Schlößchen; in Stralau: die Kirche. Dazu verschiedene Villen in der Umgegend von Berlin.

kel konnte die Zeichnung zu Monument oder Grabstein entwerfen? Das ganze Kunst*handwerk* — dieser wichtige Zweig
modernen Lebens — ging unter seinem Einfluß einer Re-
form, einem mächtigen Aufschwung entgegen. Die Tischler
und Holzschneider schnitzten nach Schinkelschen Mustern,
Fayence und Porzellan wurden schinkelsch geformt, Tücher
und Teppiche wurden schinkelsch gewebt. Das Kleinste und
das Größte nahm edlere Formen an: der altvätrische Ofen,
bis dahin ein Ungeheuer, wurde zu einem Ornament, die Eisengitter hörten auf, eine bloße Anzahl von Stangen und Stä-
ben zu sein, man trank aus schinkelschen Gläsern und Poka-
len, man ließ seine Bilder in schinkelsche Rahme fassen, und
die Grabkreuze der Toten waren Schinkelschen Mustern
entlehnt. *In dieser Welt Schinkelscher Formen leben wir
noch**, die wenigsten unter uns wissen es, aber dies Nicht-
wissen ändert nichts an der Tatsache. Seine Schule blüht
und durchdringt unser Leben.

Seiner Umfassendheit entsprach seine Rastlosigkeit. Selbst
am Teetische, dem Gange der Unterhaltung folgend, zeichnete er mit Feder und Bleistift vor sich hin. Nur Reisen, immer ersehnt und immer willkommen, unterbrachen von Zeit
zu Zeit den Gang der Geschäfte, das Gleichmaß des Schaffens. Freilich auch diese Reisen waren wieder Arbeit, aber
doch nebenher eine Erfrischung, wie nichts anderes sie gewährte. 1820 war er in Jena und Weimar, um Goethe zu besuchen, »an dessen persönlichem Umgang er sich er-
quickte«; 1824 riß er sich abermals auf fünf Monate los, um
in Gesellschaft des Professor Waagen Italien zum zweiten
Male zu besuchen. Wir verweilen aber lieber bei einem in
Begleitung seines Freundes Beuth im Frühjahr und Sommer
1826 nach Paris, England und Schottland hin unternommenen Ausfluge, weil wir in den speziell *diese* Reise schildern-
den, ziemlich reichhaltigen Briefen und Blättern am meisten
Frische, Behagen und gute Laune und das reifste und zutref-
fendste Urteil über Dinge und Zustände zu finden glauben.
Die Schilderungen sind von einer merkwürdigen Präzision.

---

* Es darf nicht vergessen werden, daß dieser Aufsatz vor mehr als zwanzig Jahren
geschrieben wurde. Bis zum Jahre 60 und dann immer mehr sich abschwächend bis
zum Jahre 70 hin hatte das vorstehend Gesagte Gültigkeit; seitdem aber hat die Welt
der Renaissance die Schinkelsche Welt abgelöst.

So schreibt er aus dem »Ossian-Lande«, von Staffa und Iona
zurückkehrend, an seine Frau:

»Die Fahrt ging durch den Sound of Mull zwischen der
Insel Mull und der Halbinsel Morven hindurch, die mit hohen Küsten ihre Gipfel fast in ewigem Nebel verstecken.
Doch gab es hier und da herrliche Sonnenblicke, wo dann
die Gebirge, die aus Fels und Sumpf bestehen, in ihrer ganzen Nacktheit bis zur Spitze gespensterhaft hervortreten.
Viele einzelne Felseninseln und Vorgebirge erstrecken sich
ins Meer und tragen hier und da einmal einen alten Turm
oder ein Kastell; sonst gewahrt man an den schroffen und
wilden Küsten entlang nur Hütten aus schwarzem Stein,
schlecht zusammengepackt und mit Stroh gedeckt, über welches ein mit Steinen beschwertes Netz von Stricken aus Heidekraut gelegt ist, um gegen Sturm zu schützen. Auffallend
dabei ist es, wie modisch die armen Einwohner dieser Hütten in mancher Beziehung sich kleiden. Namentlich der
Kopfputz. In Lumpen gehüllt und barfuß, stülpen die Wei-
ber dennoch ein feines Häubchen oder einen Hut mit Krau-
sen und Band über das ungekämmte Haar.«

Dann die Beschreibung Staffas: »Um zwölf Uhr etwa hatten wir Staffa erreicht. Man sieht beim Anfahren die ganze
Architektur des Basalts und landet bei der Fingals-Höhle.
Nur die eine der beiden hübschen Töchter (auch Schinkel
findet die Töchter Englands und Schottlands *immer* hübsch,
und mit Recht) war mitgegangen, während die Mutter und
Schwester wegen Seekrankheit in Tobermory hatten zurückbleiben müssen. Das Meer ist in der Höhle, die wie eine Kirche erscheint, sehr tief und hebt sich im Hintergrunde mit jeder einströmenden großen Welle über zwölf bis funfzehn
Fuß in die Höhe, wobei dann das donnernde Brausen nicht
aufhört. Unsere deutschen Reisegenossen sangen im Hintergrunde eine Harmonie, die im Wogengeräusch wie Orgel-
töne klang, zumal die ganze Höhle selbst einer großen Orgel
gleicht und die funfzig Fuß hohen Basaltsäulen ganz regelmäßig, wie Pfeifen, nebeneinander stehen. Die Decke wölbt
sich spitzig aus nicht ganz formierten wilden Massen zusammen. Das Meer erscheint hinten in der Höhle sehr grün, und
dadurch entsteht in dem ganzen schwarzen Basaltgestein für
das Auge die Empfindung vom schönsten Purpur. Nachdem

wir uns an diesem großartigen Naturspiele hinreichend er-
götzt hatten, gingen wir die gefahrvollen Wege auf den abgebrochenen Säulen zurück; dann erstiegen wir, den Felsen
hinauf, die mit dünner Erdschicht überdeckte obere Fläche
der Insel. Einige wilde Pferde und ein paar Kühe, die einzigen Bewohner des Eilands, rissen beim Anblick der aus der
Tiefe heraufkletternden Gesellschaft mit wütender Schnelligkeit nach der entgegengesetzten Seite aus, wobei mir Walter
Scotts Schilderungen im ›Piraten‹ einfielen. Man hat angefangen, ein kleines steinernes Hüttchen als eine Art von
Wirtshaus oben zu bauen.« (Existiert nicht mehr.)

Solchen Schilderungen pflegte Schinkel, mitten in die
flüchtige Schreiberei des Briefes hinein, eine ebenso flüchtig
entworfene Skizze des Gesehenen beizufügen, und es ist ein
großes Verdienst Alfreds von Wolzogen, bei Herausgabe der
Schinkelschen Briefe dem Text diese Zeichnungen mit beigegeben zu haben. Wer das Glück hat, diese wilden, hoch-
poetischen Gegenden der schottischen Westküste zu kennen, wird frappiert sein, in diesen wenigen, rasch mit Dinte
hingekritzelten Skizzen das alte Ossian-Land wieder vor sich
aufsteigen zu sehen.

Auch den Briefen aus England, wie gleich hier bemerkt
werden mag, sind solche Federzeichnungen beigegeben,
flüchtige Skizzen, die durch die überaus geniale Art der Behandlung an ähnliche Arbeiten des schon einmal zitierten
William Turners erinnern, der, wie Schinkel, es verstand, mit
zwölf Strichen und ebenso vielen Punkten ein ganzes Landschaftsbild zu geben. Die Schinkelsche Skizze von Manche-
ster (siehe »Aus Schinkels Nachlaß«. Band II, S. 144) ist mir
nach dieser Seite hin immer wie ein kleines Wunderding erschienen. Ebenso scharf aber, wie er zu *sehen* verstand, so
scharf und zutreffend wußte er auch zu *urteilen,* und die
kurzen kritischen Bemerkungen, die sich durch diese Eng-
land-Briefe hindurchziehen, sind von höchstem Interesse.
»Mr. Connel, Mr. Kennedy und Mr. Morris«, so schreibt er,
»haben Gebäude, sieben bis acht Etagen hoch und so lang
und tief wie das Berliner Schloß. Man sieht Gebäude stehen,
wo vor drei Jahren noch Wiesen waren, aber diese Gebäude
sehen so schwarz aus, als wären sie hundert Jahre im Gebrauch. Die ungeheuren Baumassen, bloß von einem Werk-

meister, ohne alle Architektur und nur für das nackteste Bedürfnis allein aus rotem Backstein aufgeführt, machen einen
höchst unheimlichen Eindruck.« In Liverpool ißt er vortrefflich zu Mittag und schläft gut, kehrt indessen doch mit dem
Eindruck heim, »daß Liverpool zwar eine enorme, aber im
ganzen doch eine unansehnliche Stadt sei«.

Diese Ruhe und Sicherheit in der Betrachtung der Dinge
ist es, was diesen Briefen einen solchen Reiz verleiht. Alles
Große, Reiche, Schöne findet eine willige, nirgends mä-
kelnde Anerkennung, zugleich aber steht dieser Anerkennung ein unerschütterliches Urteil zur Seite, das sich nicht
beirren und weder durch Scheinkünste noch durch *Massen
oder Zahlen* imponieren läßt. Schinkel selbst zählte später
diese Reise zu seinen liebsten Erinnerungen.

Die Art, wie Schinkel zu reisen pflegte, gewährte ihm (ich
deutete dies schon an) eine große *geistige* Erholung, aber
eine körperliche kaum. Denn er, dessen ganzes Wesen überhaupt derart auf das Geistige gerichtet war, daß er sich mit
allen physischen Bedürfnissen so kurz und mäßig wie nur
immer möglich abfand, hatte gerade *dann* am allerwenigsten
ein Ohr für die Forderungen des Körpers, wenn sein Geist
(wie immer auf Reisen geschah) doppelte und dreifache Nahrung empfing. So kam es, daß seine ursprünglich robuste Natur vor der Zeit zu wanken begann, weshalb er sich auch
von 1832 an fast alljährlich genötigt sah, statt zu Reisen für
Auge und Herz, zu Badekuren seine Zuflucht zu nehmen.
Marienbad, Karlsbad, Kissingen wurden abwechselnd gebraucht. Auch im Sommer 1839 war er wieder in Kissingen
gewesen, hatte von dort aus München besucht, wo die eben
damals entstandenen griechischen Landschaften Rottmanns
noch einen überaus harmonischen Eindruck auf ihn gemacht
hatten, und allen Briefen nach, die eintrafen, schien er ein
Genesener und bei heiterster Stimmung zu sein. Aber schon
bei seiner Rückkehr nach Berlin zeigte sich eine große Erschöpfung. Er nahm noch teil an allem, indes die Mattigkeit
wuchs. Auch ein Ausflug im nächsten Sommer versagte den
Dienst, und schwer krank kehrte er am 7. September (1840)
nach Berlin zurück. Eine allgemeine Apathie kam über ihn,
der Puls zeigte kaum noch fünfzig Schläge in der Minute,
und eine Verdunkelung des einen Auges gab zur Befürch-

tung des Schlimmsten Veranlassung. Ein Aderlaß wurde angeordnet, aber schon nach wenigen Minuten sank er in eine tiefe Ohnmacht, *um nie wieder zum vollen Bewußtsein zurückzukehren.* Und doch lebte er noch länger als ein Jahr. »Ich habe ihn« — so erzählt sein Biograph Professor Waagen — »in diesem Zustande nur selten gesehen. Der Anblick war mir zu schmerzlich. Als ich aber bei Thorwaldsens Anwesenheit im Jahre 1841 diesem die Entwürfe für die Malereien in der *Museumshalle* zeigte, wurd er, lange dabei verweilend, so von deren Schönheit ergriffen, daß er dem Verlangen, ihren hoffnungslos daniederliegenden Urheber einen Augenblick zu sehen, nicht widerstehen konnte. Als ich mit ihm an das Bett trat, fixierte ihn Schinkel sehr aufmerksam und sagte, ihn erkennend, leise: ›Thorwaldsen!‹ Dann nach einer kleinen Pause: ›Sie gehen nach Rom?‹ Er versuchte, noch mehr zu sprechen. Aber Thorwaldsen, überwältigt von dem Gefühl, den Freund, den er früher in Rom so frisch und lebenskräftig gesehen und von dessen geistiger Tätigkeit er noch eben so herrliche Beweise gehabt, in solchem Zustande zu erblicken, flüsterte mir zu: ›Ich kann es nicht mehr aushalten‹, und wandte sich, indem die Tränen seinen Augen entstürzten, von ihm ab. Der Vergleich des hülflos daliegenden Schinkel, dessen Alter ihm noch eine Reihe von Jahren zu leben erlaubt hätte, mit dem kräftigen, in aller Fülle der Gesundheit vor ihm stehenden, so viel älteren Thorwaldsen* hatte etwas unbeschreiblich Erschütterndes.«

Dies war im Sommer 1841. Das Leben zog sich noch bis in den Herbst desselben Jahres hin. Im September erfolgte ein Blutsturz, der Vorbote des Todes. Ein Fieber stellte sich ein, das ihn nicht wieder verließ. Am 9. Oktober starb er.

Am 12. Oktober wurd er auf dem Friedhofe der Dorotheenstädtischen oder Friedrich-Werderschen Gemeinde (vor dem Oranienburger Tore) bestattet. Es ist derselbe Friedhof, auf dem auch Fichte, Hegel, Franz Horn, Schadow,

---

* Thorwaldsen starb drei Jahre später. Ihm war freilich ein schönerer Tod gegönnt. Er war mit Oehlenschläger im Kopenhagner Theater, und ein nationales Stück, dessen Titel ich vergessen habe, wurde gegeben. An einer schönen, ergreifenden Stelle, als aller Augen auf die Bühne gerichtet waren, fühlte Oehlenschläger, wie das weiße, mächtige Haupt Thorwaldsens langsam und beinahe leblos schon auf seine Schultern niederfiel, und sich erhebend, rief er mit mächtiger Stimme in die Bühne hinein: »Still! Thorwaldsen stirbt« ... Und alles *wurde* still.

Beuth und Borsig ihre Ruhestätte gefunden haben. Ein unab-
sehbares Gefolge hatte sich angeschlossen, da alle Gewerke,
die in irgendeiner Beziehung zu der Ausführung architekto-
nischer Werke stehen, mit erschienen waren. Professor Stier
hielt eine begeisterte Rede.

Das Grabmal, das ihm das Jahr darauf auf dem Friedhofe
errichtet wurde, war eine Nachbildung des Hermbstädtschen
Monuments, das Schinkel selbst einige Jahre früher entworfen hatte. Man folgte dabei dem Rate Beuths, der sich wiederholentlich dahin äußerte: »man könne dem hingeschiedenen Freunde kein besseres Denkmal geben als seine eigenen
Arbeiten«. Das Monument ist etwa sechs Fuß hoch, aus Granit und Bronze aufgeführt, und trägt neben Namen und Daten die Inschrift:

Was vom Himmel stammt, was uns zum Himmel erhebt,
Ist für den Tod zu groß, ist für die Erde zu rein.

Wir wenden uns jetzt der Frage nach der äußern Erscheinung Schinkels, nach seinem Charakter und, soweit diese
Frage nicht schon berührt wurde, nach seiner kunstreforma-
torischen Bedeutung zu.

Zunächst seine äußere Erscheinung. Er war von mittlerer
Größe und schlankem Körperbau; zu seiner gesunden Ge-
sichtsfarbe paßte das früh schon silbergrau erglänzende, lok-
kige Haupthaar vortrefflich. Meist trug er einen blauen Überrock und jederzeit weißeste Wäsche. Er war nicht schön,
aber der ernst-milde Ausdruck seines unregelmäßig geformten Gesichts, dabei sein schöner, elastischer Gang, verrieten
den Mann höherer Begabung. Am treffendsten hat ihn Franz
Kugler geschildert: »Wenigen Menschen war so, wie ihm,
das Gepräge des Geistes aufgedrückt. Was in seiner Erscheinung anzog und auf wunderbare Weise fesselte, darf man
nicht eben als eine Mitgift der Natur bezeichnen. Schinkel
war kein schöner Mann, aber der Geist der Schönheit, der in
ihm lebte, war so mächtig und trat so lebendig nach außen,
daß man diesen Widerspruch erst bemerkte, wenn man
seine Erscheinung mit kalter Besonnenheit zergliederte. In
seinen Bewegungen war ein Adel und ein Gleichmaß, um
seinen Mund ein Lächeln, auf seiner Stirn eine Klarheit, in
seinem Auge eine Tiefe und ein Feuer, daß man sich schon

durch seine bloße Erscheinung zu ihm hingezogen fühlte. *Noch größer aber war die Gewalt seines Wortes, wenn das, was ihn innerlich beschäftigte, unwillkürlich und unvorbereitet auf seine Lippen trat.«*

Die Anzahl der Bildnisse, die wir von ihm besitzen, ist ziemlich zahlreich. Wolzogen zählt acht Skulpturen (Büsten, Reliefs, Statuetten) und zwanzig eigentliche Bilder (Zeichnungen, Stiche, Ölportraits etc.) auf. Dazu kommt die große, von Drake gefertigte Bronzestatue, die seit einigen Jahren, neben den Statuen von Beuth und Thaer, auf dem Platz vor der Königlichen Bauschule steht. Ich leiste darauf Verzicht, die einzelnen Portraits Schinkels hier namhaft zu machen, nur *das* sei hervorgehoben, daß dem Wolzogenschen Werke, und zwar in vorzüglicher photographischer Nachbildung, vier Bildnisse Schinkels aus seinen verschiedenen Lebensepochen beigegeben sind. Es sind dies: 1. der zweiundzwanzigjährige Schinkel nach einem Ölbilde von Johann Carl Rößler (Rom 1803); 2. der vierunddreißigjährige Schinkel nach einer Kreidezeichnung von ihm selbst; 3. der dreiundvierzigjährige Schinkel nach einem Ölbilde von Begas (Berlin 1824); 4. der zweiundfünfzigjährige Schinkel nach einem Ölbilde von Carl Schmid aus Aachen. Hieran reiht sich ein fünftes Bild, Holzschnitt, das einer kleineren Arbeit Wolzogens, »Schinkel als Architekt, Maler und Kunstphilosoph«, beigegeben ist und nach einem von Krüger gemalten, dem Grafen Raczynski zugehörigen Bilde angefertigt wurde. Auch *das* sei noch hinzugefügt, daß sich das Portrait Schinkels auf den Reliefbildern der Blücher-Statue von Rauch und des Beuth-Denkmals von Kiss befindet.*

Was den Charakter Schinkels angeht, so hat ihn niemand trefflicher geschildert als Waagen, der ihm, so viele Jahre hindurch, in Kunst und Leben nahestand. Er sagt von ihm: »An die Spitze der zahlreichen Vorzüge dieses reich begabten Naturells stelle ich *seine hohe sittliche Würde, seine sel-*

---

* Schinkels Portraitfigur an der Blücher-Statue befindet sich auf dem Seitenfelde rechts, dem Opernhause zu. Es *ist ein Soldat, der sich, nach der Schlacht, an sein Pferd lehnt,* während Verwundete und Erschöpfte um einen großen, über dem Feuer hängenden Kessel herum sitzen. — Auf dem Beuth-Denkmal ist Schinkel derjenige, der sich (Seitenfeld rechts) mit dem Entwurf des Musters zu einem Gewebe beschäftigt.

*tene moralische Kraft, seine noch seltenere Selbstverleug-
nung und außerordentliche Herzensgüte.*

Durch diese Eigenschaften erhielt er für alle Lebensbe-
gegnisse eine sichere Haltung und für öfters bedenklich erscheinende Lebensentschlüsse (zum Beispiel jung und mit-
tellos die große Reise nach Italien anzutreten), überhaupt für
alle schwierigsten, langwierigsten und oft unangenehmsten
Arbeiten, eine eiserne Ausdauer. Nie habe ich eine so entschiedene, ja fast grausame Herrschaft des Geistes über den
Körper beobachtet, als es bei ihm der Fall war. Nirgends
sprach sich seine Selbstverleugnung schöner aus, als wenn
Lieblingspläne von ihm, welche er in allen Teilen mit voller
Hingebung streng durchgebildet hatte, *entweder gar nicht
zur Ausführung kamen oder doch mannigfach verändert
und beschnitten wurden.** Wie lebhaft auch der Schmerz
war, den er bei solchen Gelegenheiten empfand, so erzeugte
er doch nicht jene so leicht begreifliche Verdrossenheit, welche in ähnlichen Fällen meist das Interesse an einer Aufgabe
aufhebt, er nahm vielmehr von neuem seine ganze Kraft zusammen, um alles zu retten, was unter den beschränkenden
Umständen zu retten war. Ja, er entwickelte öfter daraus wieder eigentümliche Schönheiten.

Er bildete an seinen Werken mit einer ungeschwächten
Liebe fort. Dessenungeachtet war er nichts weniger als blind
für dieselben eingenommen. Mit echter Bescheidenheit betrachtete er sie immer nur als mehr oder minder gelungene
Annäherungsversuche an eine in ihm lebendig gewordene
Kunstidee. *Ein unbedingtes und allgemeines Lob verletzte
ihn daher,* dagegen spiegelte sich seine Zufriedenheit auf die

---

* In solchen Momenten war ihm der kunstsinnige Kronprinz ein Trost und eine
Erhebung. »Kopf oben, Schinkel; wir wollen einst zusammen bauen«, das war die Zau-
berformel, vor der alle Trübsal schwand. Charlottenhof, »das in Rosen liegt«, war nur
ein Anfang; ganz andere Dinge noch waren geplant und harrten ihrer Ausführung. Ob
das Einvernehmen dasselbe geblieben wäre, wenn Schinkel die Thronbesteigung
Friedrich Wilhelms IV. um mehr als wenige Monate überlebt hätte, steht freilich dahin.
Fast möchten wir es bezweifeln. Der König war eben König, und Schinkel, wenn auch
in vielem nachgiebig, war doch sehr fest in seinen Kunstprinzipien. Die einzige Begegnung, die sie noch hatten, verlief *nicht* ermutigend. Schinkel, wenige Tage nach der
Thronbesteigung bereits zum Könige berufen, war nicht da; er war ohne Urlaub nach
Ruppin gereist. Als er erschien, wurd er mit den Worten empfangen: »Sie haben sich
wohl vor dem Kanonendonner gefürchtet, der meinem Volke meine Thronbesteigung
verkündete.« Gewiß wär alles auf eine Weile hin wieder eingeklungen; aber, wie immer auch, der König war eben — der Kronprinz nicht mehr.

liebenswürdigste Weise auf seinem Gesicht, wenn jemand
von selbst den Sinn seiner feineren künstlerischen Intentionen auffand und hervorhob. So kam es, daß er auch in seinen spätesten Jahren mit der Kunst keineswegs abgeschlossen hatte, sondern sich immer im freisten und frischesten
Vorwärtsstreben befand. In der regen Begierde, etwas Neues
zu lernen, in der Biegsamkeit und Empfindlichkeit seines
Geistes für Aufnahme neuer, künstlerischer Eindrücke ist er
immer ein Jüngling geblieben. Wie streng er aber in jeder
Beziehung sich selbst beurteilte, so mild, so liebevoll aner-
kennend war er gegen andere. Nur innere Unwahrheit, falsche Ostentation, hohles Aufblähen, leerer Dünkel, geistige
Trägheit, Oberflächlichkeit und Gemeinheit waren Eigenschaften, welche im Leben wie in der Kunst zu sehr mit seiner innersten Natur in Widerspruch standen, als daß sie
nicht sein Mißfallen, bisweilen seinen lebhaften Tadel her-
vorgerufen hätten. Und in diesem Punkte, Wesen von
Schein, Wahrheit von Lüge zu unterscheiden, besaß er eben
vermöge seiner großen Reinheit einen sehr feinen, in unsren
Tagen immer seltener werdenden Sinn. Sein ganzes Wesen
war so durchaus auf das *Geistige* gerichtet, daß man von
ihm, im Gegensatze zu denen, die nur leben, um zu essen,
ohne Übertreibung sagen konnte: er aß nur, um zu leben.
Was man andern, gewöhnlicheren Menschen mit Recht zum
hohen Verdienst anrechnet, die größte Uneigennützigkeit,
die strengste Rechtlichkeit, verstand sich bei einem so hohen, durchaus edlen Charakter wie Schinkel von selbst, und
nur selten ist mir im Leben eine Natur begegnet, auf welche
Goethes schöne Worte über Schiller: ›Und hinter ihm, in
wesenlosem Scheine, lag, was uns alle bändigt, das Gemeine‹, in so vollem Maße ihre Anwendung gefunden hätten.«

Soviel über seinen Charakter. Wir wenden uns jetzt ausschließlich dem Künstler zu und legen uns zunächst die zwei
Fragen vor:

1. Bestimmte die Antike, in deren Geist er zu bauen trachtete, *von Anfang* an seine Richtung?, und

2. *inwieweit* beherrschte ihn diese Richtung überhaupt?
Gehorchte er ihr ausschließlich, oder erkannte er Mängel
und Grenzen innerhalb derselben an?

Zunächst ad 1. Die Hellenik war *nicht* ein Patengeschenk, das irgendeine griechische Fee unserem Schinkel gleich bei seiner Geburt mit in die Wiege gelegt hätte, sie war ein mühevoll Erobertes, das er erst nach langem Suchen fand. Es ist wahr, daß sich in all jenen Schinkelschen Bauwerken, die vorzugsweise vor unsrer Seele stehn, wenn wir von Schinkel sprechen, kaum ein Schwanken, kaum eine prinzipielle Unsicherheit nachweisen läßt, aber wir müssen uns hüten, hieraus, wie aus dem zufälligen Umstande, daß einige seiner frühesten, aus der Gilly-Zeit herstammenden Jugendarbeiten einen gewissen antikisierenden Charakter tragen, den Schluß zu ziehen: »er sei immer Hellene gewesen und habe schon mit achtzehn Jahren auf demselben Grund und Boden gestanden, auf dem er dreißig Jahre später, während der Blütezeit seines Schaffens, stand«.

Diese Annahme wäre durchaus unrichtig. Seitdem wir eine völlige Schinkel-Literatur haben, seitdem uns zuletzt noch das mehrgenannte Wolzogensche Werk einen Einblick verschafft hat in den Entwicklungsgang des Meisters, haben wir auch Gewißheit darüber, daß Schinkel, als er im Jahre 1816 die Neue Wache zeichnete, nicht einfach wieder an seine Gilly-Zeit anknüpfte, sondern daß umgekehrt der Wiederaufnahme dessen, was er dreizehn Jahre früher ohne volles künstlerisches Bewußtsein praktisch geübt hatte, ernste Kämpfe vorausgingen, Kämpfe, die nie ganz abschlossen und sich bis in die letzten Jahre seines Lebens hinzogen.

Ohne bei den italienischen Briefen Schinkels verweilen zu wollen, die genugsam zeigen, daß ihn damals die mittelalterlich-sarazenischen Bauten weit mehr interessierten als die griechischen Tempel, für die er doch in erster Reihe hätte schwärmen müssen, verweisen wir an dieser Stelle lediglich auf die Zeichnungen und Pläne zu der großen, schon erwähnten Friedenskathedrale, die auf dem Leipziger Platz errichtet werden sollte. Die Beschäftigung mit diesem Kathedralenbau fällt in das Jahr 1817 und 1818, und die Hellenik hatte zu dieser Zeit noch *so* wenig ausschließlich Besitz von ihm genommen, daß er diesen Erinnerungsbau *nicht* als einen griechischen Tempel, sondern umgekehrt als einen großen gotischen Dom (mit Kuppel) auszuführen gedachte. Also 1818 noch Gotiker.

Dieser Bau kam *nicht* zur Ausführung, und es scheint allerdings, als ob sich die Anschauungen Schinkels von jener Zeit
an der Gotik immer mehr ab- und der Antike immer mehr zugewandt hätten. Aber — und hiermit gehen wir zu unsrer *zweiten Frage* über — auch in dieser seiner späteren Epoche ließ er
sich von der Vorliebe für das Griechentum niemals *so* beherrschen, daß er es in bestimmten Fällen nicht den einfach-natür-
lichsten Erwägungen unterzuordnen gewußt hätte. Mit andern
Worten, seine Begeisterung wurde nie zu Prinzipienreiterei.
Vielfach liegen die Beweise dafür vor. Ähnlicher Einseitigkeiten, wie sie beispielsweise der Professor Hirt äußerte, der, als
es sich um die Errichtung eines *Luther-Denkmals* handelte,
»das Denkmal in griechischem Stile wollte, weil das Gotische
durchaus der Barbarei angehöre« — ähnlicher Einseitigkeiten
war Schinkel durchaus unfähig, ja er besaß umgekehrt ein fein-
stes Unterscheidungsvermögen dafür, wieweit die griechische
Kunst reichte und wieweit nicht. Als es ein Projekt zu einem
Mausoleum für die Königin Luise zu entwerfen galt, entschied
er sich höchst bemerkenswerterweise für Anwendung des *gotischen* Stils und schrieb eigens: »Die harte Schicksalsreligion
des Heidentums hat hier das Höchste nicht schaffen können.
*Die Architektur des Heidentums ist in dieser Hinsicht bedeu-
tungslos für uns.* Wir können Griechisches und Römisches
nicht unmittelbar anwenden, sondern müssen uns das für diesen Zweck Bedeutsame selbst erschaffen. Zu dieser neuzu-
schaffenden Richtung der Architektur gibt uns das *Mittelalter*
einen Fingerzeig.« Auch in diesem Briefe wieder betont er
mehrfach die »überlegenen Schönheitsprinzipien des heidnischen Altertums«, aber er ist zugleich feinsinnig genug, um zu
fühlen, »daß diesen überlegenen Schönheitsprinzipien nicht
die *Gesamtheit unsres modernen Lebens,* weder in seinen
höchsten geistigen Forderungen (wie in der Kirche) noch in
seinen hundertfach neugestalteten praktischen Bedürfnissen,
untergeordnet werden könne«. Er selbst hat sich darüber vielfach verbreitet und mustergültige Worte niedergeschrieben.
Die Schönheit der Hellenen, dahin ging seine Meinung, sollte
uns im großen und ganzen beherrschen, aber sie sollte uns
nicht in dem Kleinkram des Lebens, da, wo sie nicht ausreichte
oder nicht hingehörte, *tyrannisieren.*
Die Frage ist aufgeworfen worden — und mit dieser Be-

trachtung schließen wir —, ob unsrer Stadt durch die Hellenik ein besonderer Dienst geleistet worden ist oder ob es
nicht vielleicht ein Gewinn gewesen wäre, wenn Schinkel am
Scheidewege (1818) sich schließlich anders entschieden und
eine Kunstreformation im *gotischen* statt im griechischen
Geiste beschlossen hätte. Die Antwort auf die Frage wird
notwendig verschieden lauten, wir unsrerseits aber glauben
uns Glück wünschen zu dürfen, daß der Würfel *so* fiel, wie
er fiel. Es ist unzweifelhaft, daß ein Mann von Schinkels
eminenter Begabung auch die Gotik hätte wieder beleben
können; aber selbst *seine* Begabung würde nur immer ein
gotisches Interim geschaffen haben. Der Eklektizismus —
der heutzutage in allen Künsten, am meisten aber in der
Baukunst, vorherrscht und der, weil er beständig zu Prüfung
und Vergleich auffordert, auch die *kritische Begabung* weit
über alles andre hinaus ausbildet —, der Eklektizismus, sag
ich, *mußte* schließlich notwendig dabei ankommen, unter
dem Verschiedenen, das sich ihm darbot, das Einfachere,
das Stil- und Gesetzvollere, vor allem das *Ausbildungsfähi-
gere* zu adoptieren. Wenn Schinkel *nicht* dabei anlangte, so
würde doch die Wiederbelebung der Gotik, natürlich vom
Kirchenbau abgesehen, immer nur eine gotische *Episode* geschaffen haben. Schinkel hat uns vor dieser Episode bewahrt.

Auf dem Friedrich-Werderschen Kirchhof ragt sein Denkmal auf, und andre Denkmäler werden folgen. Am schönsten
aber lebt sein Gedächtnis in der Schule fort, die er gegründet
und deren alljährlich wiederkehrendes Erinnerungsfest (das
Schinkel-Fest) ein lebendiges Zeugnis ablegt von der Liebe
zu dem geschiedenen Meister, zugleich auch von seiner Bedeutung.

> Wenn beim Wein die Herzen klopfen
> Und das Fest zum Liede drängt,
> Ziemt sich's, daß die ersten Tropfen
> Man den großen Toten sprengt.
> Segnend waltet ihr Gedächtnis
> Über uns, Gestirnen gleich,
> Und in ihrer Kraft Vermächtnis
> Fühlen wir uns groß und reich.

8. Michel Protzen

Deutsch und verständlich! Euer Exzellenz schalten und walten
im Lande! Das ist *meine* Stube! — Halten zu Gnaden.

Schiller

Aus meiner frühesten Jugend entsinn ich mich seiner. Er
war damals erst ein Vierziger, hieß aber schon der »alte Protzen«. Aufrecht stand er in der großen Rundtür seines Gast-
hofes und sah die Straße hinunter wie König Polykrates:

Dies alles ist mir untertänig;
Gestehe, daß ich glücklich bin.

Er trug einen Rock von altdeutschem Schnitt mit ungeheuren Knöpfen und einem Kamm auf dem Scheitel. In den
Nacken hinein fielen ihm die weißen Locken, und sein
mächtiger Kopf, der durch die Pockennarben eher gewann
als verlor, erinnerte an das Kurfürstenbild auf der Langen
Brücke. Michel hieß er und Michel war er, der *deutsche Michel* in optima forma. Wie jeder Landesteil in einer bestimmten und dann typisch werdenden Figur kulminiert, so die
Grafschaft Ruppin in Michel Protzen. Denn er war ein Au-
tochthone dieser Grafschaft und stammte mit derselben
Wahrscheinlichkeit aus Dorf Protzen, wie die Zietens aus
Dorf Zieten oder die Schadows aus Dorf Schadow stammen.

Ein deutscher Bürger, wenn er diesen Namen verdienen
soll, muß dreierlei haben: einen *Besitz* und ein *Recht* und
ein *Freiheitsgefühl*, das aus Besitz und Recht ihm fließt.

So war es im Mittelalter, in den Reichs- und Hansastäd-
ten.

Aber als das Königreich Preußen ins Dasein sprang, stand
es in deutschen Landen überall ziemlich schlecht mit dieser
Dreiheit. *Hier* fehlte Besitz, *dort* Recht, und das Gefühl der
Freiheit konnte nicht aufkommen. Nirgends aber lagen die
Dinge kümmerlicher als in der Mark, weil nirgends die Be-
sitzverhältnisse kümmerlicher lagen. Besitz schafft nicht not-
wendig Freiheit (Despotien sind despotisch auch dem Reich-
tum gegenüber), aber der umgekehrte Satz ist richtig: keine
Freiheit ohne Besitz. Und zehn Morgen Sandland sind kein
Besitz. Der Ackerbürger des vorigen Jahrhunderts war ein

ärmlicher, in die Stadt verschlagener Bauersmann, der, unmittelbar unter den Druckapparat des absoluten, überallhin eingreifenden Staates gestellt, sich nicht einmal der Täuschung einer Freiheit hingeben konnte, die für den zerstreut im Sande wohnenden und der Contrôle mehr entrückten Landbewohner gelegentlich noch vorhanden war.

So war die Regel.

Aber nach der Lehre vom *Gegensatz* hat nicht nur jede Regel ihre Ausnahme, sondern die Ausnahme gestaltet sich gelegentlich auch um so extremer, je extremer die Regel ist. Inmitten der häßlichsten Menschen findet man wunderbare Schönheiten, Askese blüht in Zeiten sittlichen Verfalls, und in Epochen der Unfreiheit und bürgerlichen Verkommenheit sprießen die Beispiele höchster Bürgertugend auf. An der Entfaltung jedes Übermuts gehindert, gedeiht in solchen Ausnahmefällen der echteste Mut, die Selbstsucht wird gehindert, ins Kraut zu schießen, und so wächst sich denn ein die Keime des Idealen in sich tragendes Einzelindividuum, unter dem allgemeinen Walten der Unfreiheit und recht eigentlich *infolge* dieser Unfreiheit, in einen Idealzustand der Freiheit hinein.

So glücklich lagen nun die Dinge bei Michel Protzen nicht. Er war nichts weniger als eine Idealgestalt, am wenigsten nach der Seite der Freiheit hin. Durchaus herrisch von Natur, wurzelte das Stück Bürgertum, das er vertrat, nicht in geklärten Anschauungen oder in dem Enthusiasmus eines frei fühlenden und nur das Große und Allgemeine im Auge habenden Herzens, sondern in dem Eigensinn und Eigennutz eines festen und sich selbst zum Mittelpunkte setzenden Egoisten. Er erinnerte durchaus an jene deutsch-mittelalterlichen Tage, wo man die Freiheit nicht um der Freiheit, sondern um *seiner selbst willen* liebte. Alles in Selbstsucht getaucht, aber anziehend und fesselnd wie jedes, was aus Natur und Leidenschaft emporwächst. *Dieser* Gruppe von Gestalten gehörte Michel Protzen zu. Nichts von Idee und Prinzip, desto mehr von Charakter.

Und so war er von Jugend auf. Als 1806 ein französischer General im Gasthause seines Vaters wohnte, gab es Anstoß, daß unser damals erst halberwachsener Michel sich weigerte, die französischen Offiziere zu grüßen. Als Strafe ward ihm schließlich zudiktiert, bei Tische hinter dem Stuhle des Generals zu stehen und diesen zu bedienen. Er gehorchte und verharrte in seinem Trotz. Dreißig Jahre später führte derselbe Charakterzug, der darin bestand, keiner Regung seiner Seele, berechtigt oder nicht, je Zaum und Zügel anzulegen, zu einem ähnlichen Zerwürfnis mit dem Ruppiner Offiziercorps, an dessen Spitze gerade damals der durch Tapferkeit, Originalität und Anekdoten gleich berühmte Oberst von Petery stand. Michel Protzen ließ das Zerwürfnis fortbestehen, trotz des materiellen Schadens, der ihm daraus erwuchs.

Er war ebenso populär, wie er derb war, und das will viel sagen. Die bloße Grobheit an sich leistet das nicht, und erst wenn sie sich, wie bei Protzen, entweder mit Humor und Originalität oder aber andererseits mit Mut und Gesinnung paart, erobert sie die Herzen. Mannigfach sind die Anekdoten, die darüber im Schwange gehen. Rellstab, damals auf der Höhe seines Ruhmes, kam nach Ruppin, um seine Schwester zu besuchen. Er erschien zu Fuß und bat in Michel Protzens Gasthaus um ein Zimmer. »Mein Gasthof ist nicht für Leute mit Ränzel und Regenschirm.« Und bei anderer Gelegenheit vor Gericht zitiert und in Gegenwart des Klägers zu zwei Taler Strafe verurteilt, weil er sich an diesem, einem Klempnergesellen, mit einer Ohrfeige vergriffen hatte, applizierte er demselben sofort eine zweite und zahlte *vier* Taler.

Ein Mann von solchem Gefüge war selbstverständlich nicht nur in aller Mund, er gab auch den Ton an. Wenn über Nacht der erste Schnee gefallen war, stellte er sich am andern Morgen an die Ecke seines Gasthauses und weckte die Stadt durch das weithin schallende Knallen seiner Schlittenpeitsche. Dann dehnte sich der Ruppiner und sagte: »Jetzt ist Schlittenzeit.« Aber noch eh er den seinigen aus der Remise schaffen und die mageren Braunen einspannen konnte, fuhr schon Michel Protzen mit Schneedecken und Schellengeläute durch die breiten Straßen der Stadt an ihm vorüber.

Ganz und gar eine deutsche Figur, in vielem ein Landsknechthauptmann vom Wirbel bis zur Zeh, besaß er auch den tief im germanischen Wesen liegenden Zug zum Hasard. Wie unsre Ururväter spielte er um all und jedes, und nur das

Ganze setzte er nicht ein, nicht Freiheit und Leben. Piquet und Whist en deux zählten zu seinen Lieblingsbeschäftigungen, und wenn sein Gegner um den Einsatz verlegen war, ging es, je nach Laune und Zahlungsmöglichkeit, um Klafter Holz und Gänse.

Er war populär, aber nicht eigentlich beliebt. Um beliebt zu sein, dazu war er zu gefürchtet. Niemand war sicher vor ihm, denn sein Mund und seine Hand (wie schon an einem Beispiele gezeigt) waren gleich schlagfertig. Dazu gebrach's ihm an Gebelust, an jener Generosität, auf die hin die Schlagfertigkeit unter Umständen schon etwas sündigen kann. Gelegentlich war er nicht ohne Gutmütigkeit, aber sie glich bloßen Anfällen wie von Gicht oder Podagra. Wie alle Despoten war er launenhaft.

Die letzten Jahre seines Lebens söhnten mit manchem aus. Im März 1848 stand er fest zu König und Gesetz. Er hatte vom Spießbürgertum zu viel gesehen, als daß er sich von der Herrschaft desselben eine »neue Ära« hätte versprechen können. Er lachte und — war gröber denn zuvor.

So kam der Dezember 1855. Eines Morgens lief es durch die Stadt: Michel Protz ist tot. Das *halbe* Ruppin folgte, und das *ganze* hat ihm in den Jahren, die seitdem vergangen sind, ein huldigendes Andenken bewahrt. Was verletzte, ist vergessen, was gefiel, ist in dankbarer Erinnerung geblieben. Er erinnert in manchem an Schadow, in anderem an Geist von Beeren; denn auch darin war er deutsch, speziell norddeutsch, daß sein ganzes Wesen mit Schabernack und Till-Eulenspiegelei durchsetzt war.

Das Grabdenkmal, das ihm auf dem »alten Kirchhof« errichtet wurde, gibt die einfachen Daten seiner Geburt und seines Todes.

Ein gutes Portrait von ihm befindet sich in Händen des Kaufmann Kunz.

9. GUSTAV KÜHN

> »Bei Gustav Kühn
> In Neuruppin.«

In der Mitte der Stadt, gegenüber dem Häuserviereck, darin Schinkel und Günther und auch der Held unseres letzten Kapitels: Michel Protzen, das Licht der Welt erblickten, erhebt sich ein kleines, nur drei Fenster breites Häuschen, dem ein neu aufgesetztes Stockwerk nur wenig zu gesteigertem Ansehen verhilft. Auf dem schmalen Hofe des Häuschens aber drängen sich die Hintergebäude, und jeder Zollbreit Erde ist benutzt. Hier erinnert die Beschränktheit und zu gleicher Zeit die sorgliche Ausnutzung des Raums an den Geschäftsbetrieb englischer Zeitungslokalitäten. Aber was sind die Londoner Blätter im Vergleich zu jenen kolorierten Blättern, die aus dieser kleinen Ruppiner Offizin hervorgehen? Was ist der Ruhm der »Times« gegen die zivilisatorische Aufgabe des Ruppiner Bilderbogens? Die »Times«, die sich mit Recht das »Weltblatt« nennt, gleicht immer nur dem anglikanischen Geistlichen, dem hochkirchlichen Bischof, der, an schmalen Küstenstrichen entlang, in den großen, reichbevölkerten Städten der andern Hemisphäre seine Wohnung aufschlägt und seines Amtes wartet, der *Gustav Kühnsche Bilderbogen aber ist der Herrnhutsche Missionar*, der überallhin vordringt, dessen Eifer mit der Gefahr wächst und der die eine Hälfte seines Lebens in den Rauchhütten der Grönländer, die andre Hälfte in den Schlammhütten der Fellahs verbringt. Chamisso erzählt in seiner »Reise um die Welt«, daß er, nach selbst gemachter Erfahrung, Kotzebue für den verbreitetsten Schriftsteller halten müsse, denn er sei demselben, und zwar einem Bande seiner Komödien, 1818 auf der Insel Tahiti begegnet. Aber noch einmal, was will eine solche Verbreitung sagen neben der Verbreitung jener Dreipfennigbogen, die mit der wohlbekannten Notiz: »*bei Gustav Kühn in Neuruppin*« über die Welt flattern. Gebiete, die Barth und Overweg, die Richardson und Livingstone erst aufgeschlossen — der Kühnsche Bilderbogen war ihnen vorausgeeilt und hatte längst vor ihnen dem Innersten von Afrika von einer Welt da draußen erzählt. Er flieht die Ge-

genden, drin der Kupferstich und das Ölbild vorwalten, aber
wo die Glaskoralle und der Zahlpfennig ein staunendes Ah
und die Begierde nach Besitz wecken, in den engeren und
weiteren Bezirken des Königs von Dahomey — da ist er zu
Haus. Den Marañón und den Orinoco aufwärts, wo die Koli-
bris wie Blüten und die Blüten wie Schmetterlinge sich
schaukeln, dort, wo alles Glanz und Farbe ist, tritt er kühn
und siegreich auf und stellt die Kolorierkunst seiner Scha-
blone — die unbeeinflußt von den neuen Gesetzen der Far-
benzusammenstellung ihre ehrwürdigen Traditionen wahrt
— siegreich in die Zauber der Tropennatur hinein. Auf den
Inseln der schottischen Westküste war es mir selbst vergönnt, diese Landsleute, diese Boten aus der engeren Heimat
zu begrüßen. Die Fingalshöhle, die Gestalt König Fingals
selbst, die wie ein Nebelphantom auf der öden Klippe von
Morven stand, war nicht mächtig genug gewesen, diese
Sendboten abzuhalten, sie waren eingezogen in die Hütten
der Macleans und Macdonalds.

Lange bevor die erste »Illustrierte Zeitung« in die Welt
ging, illustrierte der Kühnsche Bilderbogen die Tagesge-
schichte, und was die Hauptsache war, diese Illustration
hinkte nicht langsam nach, sondern folgte den Ereignissen
auf dem Fuße. Kaum daß die Tranchéen vor Antwerpen eröffnet waren, so flogen in den Druck- und Kolorierstuben zu
Neuruppin die Bomben und Granaten durch die Luft; kaum
war Paskewitsch in Warschau eingezogen, so breitete sich
das Schlachtfeld von Ostrolenka mit grünen Uniformen und
polnischen Pelzmützen vor dem erstaunten Blick der Menge
aus, und tief sind meinem Gedächtnisse die Dänen eingeprägt, die in zinnoberroten Röcken vor dem Danewerk lagen, während die preußischen Garden in Blau auf Schleswig
und Schloß Gottorp losrückten. Dinge, die keines Menschen
Auge gesehen, die Zeichner und Koloristen zu Neuruppin
haben Einblick in sie gehabt, und der »Birkenhead«, der in
Flammen unterging, der »Präsident«, der zwischen Eisber-
gen zertrümmerte, das Auge der Ruppiner Kunst hat darüber gewacht. Andere, ähnliche Unternehmungen sind seitdem ins Dasein getreten, der Münchener Bilderbogen hat
seine Welttour gemacht, Winkelmann und Söhne haben
durch Abbildungen von Stauffacher, Franz Moor und der

Jungfrau von Orleans der dramatischen Kunst die Schleppe getragen, aber was immer ihre Erfolge gewesen sein mögen, sie haben sich schlechter auf den Geschmack des großen Publikums verstanden und haben die rechte Stunde mehr als einmal versäumt. Da liegt es. In jedem Augenblicke zu wissen, was obenauf schwimmt, was das eigentlichste Tagesinteresse bildet, das war unausgesetzt und durch viele Jahrzehnte hin Prinzip und Aufgabe der *Ruppiner Offizin.* Und diese Aufgabe ist glänzend gelöst worden, so glänzend, daß ich Personen mit sichtlichem Interesse vor diesen Bildern habe verweilen sehn, die vor der *künstlerischen* Leistung als solcher einen unaffektierten Schauder empfunden haben würden. Aber die Macht des Stoffs bewährte sich siegreich an ihnen, und sie zählten (wie ich selbst) mit leiser Befriedigung die Leichen der gefallenen Dänen, ohne sich in ihrem künstlerischen Gewissen irgendwie bedrückt zu fühlen.

Die Frage nach dem *Recht* dieser Bilder, »die den Geschmack mehr verwildern als bilden«, ist aufgeworfen und dabei hinzugesetzt worden, daß Leistungen der Art in künstlerisch gesegneteren Zeiten und bei feiner gearteten Völkern eine bare Unmöglichkeit sein würden. Vielleicht. Nach der künstlerischen Seite hin sind diese Dinge preiszugeben, aber sie haben eine andre, nicht minder wichtige Seite. Sie sind der dünne Faden, durch den weite Strecken unseres eigenen Landes, litauische Dörfer und masurische Hütten, mit der Welt draußen zusammenhängen. Die letzten Jahrzehnte mit ihrem rasch entwickelten Zeitungswesen, mit ihrer ins Unglaubliche gesteigerten Kommunikation haben darin freilich viel geändert, aber noch immer gibt es abgelegene Sumpf- und Heideplätze, die von Delhi und Kanpur, von Magenta und Solferino nichts wissen würden, wenn nicht der *Kühnsche Bilderbogen* die Vermittelung übernähme. Seine Uhr ist noch nicht abgelaufen, und das schmale Haus in der Ruppiner Friedrich-Wilhelms-Straße hat noch immer seine Bedeutung.

10. Johann Christian Gentz

Tor! wer die Augen nach dem Jenseit richtet,
Sich über Wolken seinesgleichen dichtet!
Er stehe fest und sehe *hier* sich um,
Dem Tüchtigen ist diese Welt nicht stumm.
Was braucht er in die Ewigkeit zu schweifen,
Was er erkennt, das will er auch ergreifen.

Fast unmittelbar neben dem Michel Protzschen Hause, dem
Gustav Kühnschen schräg gegenüber, lag das Gentzsche
Haus, so geheißen nach Johann Christian Gentz, der hier,
durch fast ein halbes Jahrhundert hin (und dann sein Sohn),
ein für Ruppiner Verhältnisse großes kaufmännisches Geschäft hatte. Johann Christian war ein Original und zugleich
ein Mann, der, innerhalb der gewerblichen und merkantilen
Welt, von der Pike an gedient hatte. Derartige Persönlichkeiten haben in ihren Lebensgängen immer etwas Verwandtes:
sie finden eine Stecknadel, heben sie sorglich auf und heften
schließlich mit dieser Stecknadel ein Adels- respektive Gra-
fendiplom an ihre Gobelinwand, oder aber sie gehen, speku-
lativer angelegt, an der Stecknadel vorüber, beteiligen sich,
unter Einzahlung eines Minimalbeitrages, an irgendeiner
wundertätigen Sparkassengründung und endigen mit Erbauung von Schulen und Kirchen und Christianisierung eines
meistbietend erstandenen Südsee-Archipels. England und
Amerika sind reich an solchen Erscheinungen. Mitunter lenken sie nebenher auch noch ins Politische über, zeigen
einem verblendeten oder auch nicht verblendeten Fürsten
den »Abgrund, an dem er wandelt«, und werden schließlich
auf einem Gruppenbilde (Hautrelief in Marmor) in irgendeiner Guildhall zur Bewunderung und Nacheiferung kommen-
der Geschlechter ausgestellt.

In diese Gruppe gehörte nun unser Johann Christian
Gentz sicherlich *nicht.* Der historische Stil war ihm fremd;
er war ganz und gar Genre. Die Geschichtsbücher werden
deshalb nichts von ihm zu vermelden haben; der »Kenner«
aber, der aparten Erscheinungen liebevoll nachgeht und das
Beachtens- respektive Berichtenswerte nicht bloß *da* findet,
wo Glockenklang und Kanonendonner ein Leben begleiten,

ein solcher wird sich an einer Gestalt wie die des »alten
Gentz« immer herzlich erfreuen, weil sie, mit Vermeidung
alles alltäglich Wiederkehrenden und blassen Allgemeinen,
so viel farbenfrische Lokaltöne zeigt. Eine Figur wie die seinige war nur in der Mark und innerhalb dieser vielleicht nur
wieder im Ruppinschen möglich, denn er hatte nicht bloß
kleinbürgerliche Verhältnisse (wie sie dieser Grafschaft eigentümlich sind) zur Voraussetzung, sondern baute seinen
Reichtum auch auf etwas spezifisch Ruppinschem auf: auf
dem *Torf.* Soll er in wenig Strichen charakterisiert werden,
so darf man sagen, er war eine merkwürdige Mischung von
Schlauheit und Bonhommie, von innerlicher Freiheit und
äußerlichem Sich-Schicken, von Pfennigängstlichkeit und
Unternehmungskühnheit, alles auf Grundlage tief eingewur-
zelten und mit Vorliebe gepflegten Spießbürgertums.

Der äußere Gang seines Lebens ist bald erzählt. Von illu-
strierenden Zügen füg ich nur einzelnes hinzu.

Johann Christian Gentz wurde den 26. Juli 1794 geboren.
Sein Vater war ein kleiner Tuchmacher, und der Sohn trat mit
dreizehn Jahren in das väterliche Handwerk ein. Dann kamen
Wanderjahre. 1820, inzwischen von seinen Kreuzundquerzü-
gen zurückgekehrt, verheiratete er sich mit Juliane Voigt und
erstand von ihrem Vermögen, 2000 Taler, ein kleines Eisen-
und Kurzwarengeschäft, das sich schon damals in dem eingangs erwähnten Hause (dem Gustav Kühnschen schräg gegenüber) befand. Er fühlte was vom Handelsgeist in sich, und
diesem Geiste folgend, ging er bald von dem Eisen- und Kurzwarengeschäft zum Bank- und Wechselgeschäft über; endlich
wurde das Wustrauer Luch erstanden und Gentzrode gegründet, über welche Gründung ich, am Schluß dieses Bandes, in
einem besonderen Abschnitt ausführlich berichte. Diese
Gründung von Gentzrode war das letzte große Unternehmen.
Aber ehe die Tausende dafür verausgabt werden konnten,
mußten die Einer und Zehner erworben werden. Das forderte
einen langen und mühevollen Weg.

Wie er diesen Weg machte, welche Mittel er ersann, um
zu seinem Ziele zu gelangen, ist bezeichnend für den Mann.
Um drei Uhr war er auf und begann damit, den Laden selber

auszufegen. Dies verriet Kraft und Energie und vor allem jenen Mut, der dem Gerede der Leute Trotz bietet. Eine Art
von Genie aber entwickelte er in seinem Verkehr mit dem
Publikum. Von einer seiner Meßreisen hatte er eine acht
Fuß hohe Spieluhr mitgebracht, die fünf Lieder spielte.
Wollte nun eine wohlhabende Bauerfrau, die nach seiner
Meinung noch nicht genug gekauft hatte, den Laden wieder
verlassen, so zog er an der Uhr, die sofort »Schöne Minka,
du willst scheiden« zu spielen begann. Die Frau blieb nun,
um weiter zu hören, und fiel als Opfer ihrer Neugier oder
ihres musikalischen Sinnes. Als die Uhr defekt geworden
war, schaffte er statt ihrer eine Schwarzdrossel an, die in gleicher Lage pfeifen mußte:

Mein Schätzchen, mein Schätzchen, kommst immer her
Und bringst mir gar nichts mit?

Der schon vorerwähnte Kauf der Wustrauer Wiesen erfolgte gegen 1840 und legte, wenigstens nach damaligen Begriffen, das Fundament zu wirklichem Reichtum. Was bis dahin erworben war, bedeutete nicht viel mehr als eine mittlere
Wohlhabenheit. Im Luch aber lag ein Schatz. Erst von jenem Zeitpunkt ab hob sich, mit der finanziellen Lage des
Besitzers, auch der Torfbetrieb überhaupt. In unseren resi-
denzlichen Heizungsverhältnissen bildet übrigens der Torf,
wie hier parenthetisch bemerkt werden darf, nur eine »Episode«, die rapid ihrem Abschluß entgegengeht. Anfang dieses Jahrhunderts begann sie zu blühen, und ehe hundert
Jahre um sein werden, wird sie gewesen sein. Wie bei der
Newcastler Steinkohle, so ist auch beim Linumer Torf sein
Ende vorausberechnet.

Aber zurück zu unserm Christian Gentz.

Etwa 1855 schied er aus den Geschäften, dieselben seinem jüngeren Sohne Alexander (siehe das Kapitel »Gentzrode«) überlassend. In einem am »Tempeltore« gelegenen
Garten, unter den Bäumen des Walls, verbracht er mit Vorliebe seine Tage, ländlichen Beschäftigungen hingegeben, die
nur, von 1857 ab, durch häufige Nachmittagsfahrten auf das
in Gründung begriffene Gut und dann und wann auch durch
weitere Reisen unterbrochen wurden. Die weiteste dieser
Reisen ging nach Paris, wo sein älterer Sohn, der Maler Wil-

helm Gentz, damals lebte. Völlig umgewandelt, wenigstens in seiner äußeren Erscheinung, kam er von dieser Reise zurück. Er trug einen eleganten Anzug aus dem Schneiderkunst-Atelier von Dusantoy, dazu einen langen, weißen Bart und einen Fez. In diesem Aufzuge verblieb er auch bis an sein Lebensende, mit Ausnahme der Dusantoyschen Schöpfung, die, selbstverständlich, einige Jahre später durch bescheidnere Produkte heimischer »Ateliers« ersetzt werden mußte. Seines weißen Bartes war er ganz besonders froh und widerstand allen Aufforderungen, ihn abzulegen. »Ich habe lange genug einem hochlöblichen Publikum gedient und einen Philisterbart getragen; nun will ich *endlich* frei sein und einen Demokratenbart tragen.«

Dies führt uns auf seine Gesinnung, auf sein Glaubensbekenntnis in politischen und kirchlichen Dingen. Personen, die sich aus dem Nichts emporarbeiten, haben immer eine Neigung, ins Extrem zu verfallen und entweder alles dem lieben Gott oder aber alles sich selber anzurechnen. Zählen sie zu den erstren, also zu den gläubig-kirchlichen Leuten, so sind sie meist auch loyal, Ordnungsmänner par excellence, und werden, mit einem Ordenskissen vorauf, schließlich als Geheime Kommerzienräte hinausgetragen; gehören sie jedoch umgekehrt zu der zweiten oder der ungläubigen Gruppe, so stehen sie, wie zur Großautorität Gottes, gewöhnlich auch zu den Kleinautoritäten der diesseitigen Welt in einem sehr zweifellustigen Verhältnis und haben in ihrer ungrammatikalischen Weisheit eine tiefe Neigung, alles, was nicht ihren Gang geht, unsagbar töricht zu finden. Innerhalb der Politik sind sie dann jedesmal treue Anhänger des Satzes: »Alles *für* das Volk, alles *durch* das Volk.« Und so war auch der alte Gentz. Die Zeiten sind vorüber, wo man sich berechtigt glauben durfte, daraus einen moralischen Makel herzuleiten. Das Recht einer freien Entwicklung der Geister, nach rechts oder links hin, ist zugestanden; nicht Ziel und Richtung gelten fürder als das sittlich Entscheidende, sondern der *Weg*. Wessen Weg über Treubruch, Verrat und Undankbarkeit führt, den kann kein hohes Prinzip, keine glänzende Fahneninschrift retten; wer umgekehrt lautere Wege wandelt, dem gegenüber ist es gleichgültig, wenigstens vom ethischen Standpunkt aus, wohin diese Wege leiten.

Welche Wege nun wandelte Christian Gentz? Wir lassen dabei die bisher berührten Punkte fallen und beziehen die Frage nicht mehr auf Politik und Kirche, sondern auf sein Leben überhaupt. Die Antwort wird verschieden ausfallen, je nachdem der Beantwortende die Lust und Fähigkeit mitbringt, Menschen und Dinge mit *dem* Maßstabe zu messen, der in den Menschen und Dingen selber gelegen ist. Macaulay sagt, bei Beurteilung des Machiavellischen »Fürstenspiegels«, etwa das folgende: »Die Anklagen, die dieser Fürstenspiegel erfahren hat, gehen zumeist daraus hervor, daß der germanische Norden Europas andere Ideale hegt als der romanische Süden. Dem Germanen bedeuten Tapferkeit und Treue das Höchste, der Italiener dagegen zollt der überlegenen Klugheit, der List, der feingesponnenen Intrigue dieselbe Bewunderung, die wir jedem Percy Heißsporn entgegentragen, der ein Dutzend Schotten zum Frühstück verzehrt.«

Hieraus ist leicht die Nutzanwendung auf den vorliegenden Fall gezogen. Im allgemeinen sind wir hierlandes und zumal in den Herzen unsrer Besten immer noch von jenem altpreußischen Gefühl durchdrungen, das in dem schönen »Ich dien« seinen selbstsuchtslos-hingebenden und zugleich stolzen Ausdruck gefunden hat. »Meine Seele Gott und mein Blut dem König!« — ja, diese Devise lebt noch in hunderttausend Herzen, und der Himmel woll es fügen, daß uns das entsprechende Gefühl bis in weite Zukunftstage hinein erhalten bleibt. Aber so gewiß es gestattet sein muß, sich in schwärmerischem Eifer zu dieser Empfindung zu bekennen, so gewiß ist es doch auch, daß dies eine Feiertagsempfindung ist, neben der eine Durchschnitts- und Alltagsbetrachtung ihre volle Berechtigung hat. Die Montmorencys haben ihr Gesetz, und die Torf-Exploitierungs-Gesellschaften haben es *auch.* Man kann nicht verlangen, daß diese beiden Gesetze untereinander stimmen.* Wer bis zwanzig Jahr ein Tuchmacher und dann weitere zehn Jahr ein kleiner Krämer

---

* Es existiert ein natürlicher Gegensatz zwischen dem Chevaleresken und dem Merkantilen, der natürliche Gegensatz von *Geben* und *Nehmen.* Schon der einfache Kalkül: »Ich kaufe zu 1 und verkaufe zu 2«, enthält ein Etwas, das dem noblesse oblige widerstreitet, dem überall, wo es echt ist, die Neigung innewohnen muß, den vorstehenden Rechnungssatz umzukehren. In den höchsten Handelssphären haben sich freilich diese Gegensätze von Geben und Nehmen gelegentlich versöhnt, und die Kauf-

war, kann nicht zugleich bei Roncesvalles gefochten oder König Roberts Herz in einer silbernen Kapsel gen Jerusalem getragen haben. Finanzielles und Romantisches, das »Goldene Kalb« und das »Goldene Vlies«, sie schließen einander aus, und im Schoße der merkantilen Welt, ein paar glänzende Ausnahmen zugegeben, ist es längst zum Axiom erhoben worden: was nicht verboten ist, ist erlaubt. Freiherrn und Grafen gehorchen einem ungeschriebenen Kodex der Ehre, *sollen* es wenigstens; der Torfgraf seinerseits kennt kein anderes Gesetz der Ehre als — das Landrecht.

An diesem Gesetze gemessen, wird unser alter Christian Gentz, und viele mit ihm, in Ehren bestehen. Es ist ein Fehler, wie schon eingangs bemerkt, an Gestalten wie diese den sans-peur-et-sans-reproche-Maßstab legen zu wollen. Jeder werd in *seinem* Kreise treu und tüchtig befunden. *Hier* war der Kreis ein *geschäftlicher* und lag einerseits im Wustrauer Luch, andererseits auf den »Kahlenbergen«. Ein unendlicher Gottessegen ersproß an beiden Stellen aus der Urbarmachung von Sumpf und Sand, und war auch zunächst dabei nur ein Egoistisches, nur das Ich gemeint, das Allgemeine durfte bald daran teilnehmen. Überall aber, wo Segen geboren wird, forsche man nicht allzu kritisch nach dem Motiv, das ihn ins Dasein rief. Ein Kaufmann sei ein Kaufmann und wolle *gewinnen.* Das ist nicht bloß sein Recht, sondern auch seine Pflicht.

Aber freilich, der überflügelte Dilettantismus ist auch auf *diesem* Gebiete stets geneigt, den strengsten Kritiker abzugeben und nötigenfalls, so nichts andres verfangen will, die Böller einer »höheren Sittlichkeit« abzufeuern. Sie springen aber beim ersten Schuß.

Johann Christian Gentz starb am 4. Oktober 1867 und fand seine Ruhestätte auf dem alten Ruppiner Kirchhof, innerhalb des Familienbegräbnisplatzes »am Wall«. Dort ruht auch sein jüngerer Sohn Alexander.

häuser erwiesen sich dann den Fürstenhäusern verwandt, in denen sich die Gewinnfragen zu Kulturfragen gestalteten. Aber so gewiß es in Jahrhunderten, die nicht allzuweit zurückliegen, solche Handelshäuser gegeben hat, so gewiß ist es doch auch, daß unsere Sandmark — von Berlin selbst ist abzusehen — jederzeit der unglücklichste Boden für sie gewesen ist. Hier war, als Regel, immer nur der Kleinhandel zu Hause, der, bis in die neueste Zeit hinein, seine Normen weder aus Venedig und Florenz noch aus Amsterdam und dem alten Hansa-Lübeck entnehmen konnte.

11. WILHELM GENTZ

I

In Ruppin. Kindheit. Jugend
(Von 1822 bis 1843)

Wilhelm Gentz, der ältere Sohn Christian Friedrich Gentz',
wurde den 9. Dezember 1822 zu Neuruppin geboren. Er besuchte das Gymnasium seiner Vaterstadt, das damals unter
Leitung Direktor Starkes, eines ausgezeichneten Griechen-
und Aristoteles-Kenners, eine Glanzepoche hatte, wenigstens
nach der höheren wissenschaftlichen Seite hin. Die Verwaltung freilich war schwach und wog die sonstigen Vorzüge
fast wieder auf. W. Gentz absolvierte, trotz schon früh er-
wachter künstlerischer Neigung, sein Abiturientenexamen
Ostern 1843. In autobiographischen Aufzeichnungen, die
mir vorliegen, hat er, wie über anderes, so auch über seine
Kinder- und Knabenjahre, die Gymnasialzeit mit eingerechnet, in der ihm eigenen Weise berichtet. An diesen Aufzeichnungen Änderungen vorzunehmen, habe ich mich wohl ge-
hütet. W. Gentz gehört zu den Erzählern, denen beim Erzählen »immer noch was einfällt« und die diesen Einfällen
dann auch Ausdruck geben. Dadurch entsteht eine Vortragsweise, die der herkömmlichen Technik allerdings widerstreitet und den ruhig ebenmäßigen Gang der Erzählung mehr
oder weniger behindert, was gelegentlich selbst *den,* der sich
dieser Exkurse freut, auf Augenblicke stören kann. Alles in
allem aber bedeutet diese Vortragsweise doch einen Vorzug,
weil etwas überaus Anregendes dadurch zum Ausdruck
kommt, das nicht immer den Formensinn, aber desto mehr
das Interesse befriedigt.

Und nun gebe ich ihm selber das Wort.

»... Mein Vater, ein Tuchmachergesell, heiratete meine
Mutter, die damals schon einen kleinen Laden besaß. Ich
soll mehr der Mutter als dem Vater ähnlich gewesen sein,
auch in den Charaktereigenschaften. Von frühan war ich geschickt zu allerhand Handarbeiten und saß gern in den Zim-
merecken umher, um Silhouetten aus schwarzem Papier aus-
zuschneiden. Das Zeichnen und Austuschen spielte bei uns

Geschwistern eine große Rolle. Nur mein ältester Bruder, der schon mit einigen zwanzig Jahren an der Schwindsucht starb, hatte keine Begabung dafür, besaß statt dessen aber ein so glänzendes Gedächtnis, daß er in seiner langen Krankheit, bloß mit Grammatik und Wörterbuch in der Hand, mehrere Sprachen für sich allein erlernte.

Mein Schulunterricht begann in der Bürgerschule. Während ich diese noch besuchte, bat ich die Eltern, mich zum Gymnasialzeichenlehrer Masch in den Zeichenunterricht zu schicken. Das wurde denn auch gewährt. Ich erhielt eine zufällig im Hause sich vorfindende Zeichenmappe, die so groß war, daß ich sie kaum umspannen konnte. Mit dieser unterm Arm schlich ich mich ängstlich ins Gymnasium, wohin ich noch nicht gehörte und deshalb fürchtete, von den anderen Lehrern gesehen und fortgewiesen zu werden. Diese Furcht dauerte denn auch an, bis ich die Bürgerschule verließ und auch in den anderen Lehrgegenständen ins Gymnasium aufgenommen wurde.

Vater und Mutter, auf den Erwerb bedachte Naturen, waren fortwährend in Laden und Küche beschäftigt, was zur Folge hatte, daß wir Kinder einigermaßen verwilderten. Wir streiften vor den Toren der Stadt umher, um Pflanzen, Käfer, Vogeleier und allerhand Naturgegenstände zu sammeln, so daß unser Zimmer bald einem Naturaliencabinet glich. Die Schränke waren gefüllt mit Herbarien, Insekten, Steinen und Muscheln. Auf Pappe aufgezogene Fische hingen an den Wänden, auf den Spinden standen selbsterlegte und ausgestopfte Vögel. Mein Vater hatte mir nämlich eine Flinte gekauft, so daß ich Sonnabend nachmittag auf die Jagd gehen konnte. Dadurch wurde der Sinn geweckt, die Natur zu beobachten. Aber das Lernen in der Schule ward vernachlässigt. Ein Hauslehrer mußte deshalb aushelfen und uns wieder ins Geleise bringen.

Ein solcher Hauslehrer ward in der Person eines Kandidaten der Theologie gefunden. Er hieß Dr. Paetsch, war Privatdozent an einer Universität gewesen und anfangs der dreißiger Jahre Hilfsgeistlicher des Ruppiner Superintendenten Bientz geworden, von dem er dann, bei B.' endlichem Hinscheiden, eine ganze Galerie langer Pfeifen geerbt hatte, die nun als Schmuck an den Wänden seines Zimmers

hingen. Lange freilich paradierten sie da nicht, wurden vielmehr auf unseren Rücken zerschlagen. Das dadurch erzielte
Resultat war aber auch ein glänzendes, insoweit es uns zu
durchaus folgsamen Kindern machte. Wir liefen keinen
Schritt mehr über den Rinnstein vor dem Hause, der die
Grenze bezeichnete, bis wohin wir gehen durften. Dr.
Paetsch war streng, worunter indes unsere Liebe zu ihm nicht
litt. Ich brachte ihm gern des Morgens den brennenden Fi-
dibus ans Bett, da seine Gewohnheit war, vor dem Aufste-
hen eine Pfeife Tabak zu schmauchen. Er fand, daß ich gut
schreiben konnte, weshalb ich seine Briefe an die hohen
Herrschaften, an den König und verschiedene Prinzen und
Prinzessinnen, abschreiben mußte, denen er seine in Ruppin gehaltenen und dann in Druck gegebenen Predigten
schickte. Er empfing dafür einen Dukaten, und wenn es
sehr hoch kam, einen Doppel-Louisdor. Übrigens soll er in
Ruppin die besten Predigten gehalten haben, was freilich
nach dem damaligen Stande der Ruppiner Predigerkunst
nicht viel sagen will. Während seiner Privatdozentenjahre,
weil er neben dem Tabak auch eine Passion für edle Ge-
tränke hatte, war sein ererbtes Vermögen von ihm aufge-
zehrt worten. Später ward er Pastor in Rudow, wo ich ihn
mal von Ruppin aus in den Ferien zu Fuß besuchte. Wie er
als Hirt seine Gemeinde geführt, weiß ich nicht. Den Pfarr-
garten verwaltete er so, daß bald kein Obstbaum, kein Sta-
chelbeerstrauch mehr übrigblieb, weil bei der Unausrei-
chendheit seiner Kircheneinnahmen für Holz und Torf alles
in den Ofen wandern mußte. Seiner Richtung nach war er,
wie sonst im Leben, auch auf religiösem Gebiet ein Schön-
geist und für Schleiermacher enthusiasmiert. Während der
Predigtzeit durften wir nicht ins Freie gehn — sonst aber
unterließ er es, auf unser religiöses Bewußtsein einzuwir-
ken.

Meine Hauptlektüre bestand damals in Reisebeschreibun-
gen. Ein besonderes Entzücken gewährten mir die afrikanischen Entdeckungsreisen ins Kapland von Levaillant und
besonders die von Mungo Park am Niger, nach Timbuktu
hin, ein Buch, darin ich noch vor kurzem mit Vergnügen ge-
blättert habe. Als Quartaner las ich viel über Ägypten, infolgedessen ich meiner Mutter auf ihre Frage, ›was ich werden

wollte‹, zuversichtlich erklärte, daß ich vorhätte, nach Kairo zu gehn und die Pyramiden zu erforschen. Ja, ich fing an, Geld zu sparen, um seinerzeit die Reise beginnen zu können.

Schinkel besuchte um diese Zeit jährlich seine Schwester in Ruppin und kam auch mal ins Haus meines Vaters, was darin seinen Grund haben mochte, daß eine Nichte von ihm mit einem Bruder meiner Mutter verheiratet war. Trotz meiner Jugend ist mir doch seine Erscheinung unvergeßlich im Gedächtnis geblieben.

Einige Jahre später saß ich, eine Nacht hindurch, mit Christian Rauch im Postwagen zusammen (zwischen Halle und Potsdam), und auch seine Züge prägten sich mir ein, ja, ich erinnere mich noch einiger seiner Gespräche. Durch einen Ruppiner Landsmann, der in seinem Atelier Dienste tat, fand ich Gelegenheit, seine Werkstatt zu besichtigen, und bekam sogar die Rauchsche Goethe-Statuette geschenkt, die ich nun, wie ein Kleinod, mit heimnahm und während der Nachtfahrt von Berlin nach Ruppin in dem unbequemen Marterwagen keinen Augenblick aus den Händen ließ. Die Statuette, die ich noch besitze, habe ich oft, wenn ich aus der Schule nach Hause kam, mit Freude betrachtet.

Als Sekundaner benutzte ich die Ferien, um, der Sixtinischen Madonna halber, zu Fuß nach Dresden zu wandern. Ich hatte gelesen, daß das Bild von Raffael das schönste der Welt wäre. Welch Genuß mußte es sein, dasselbe zu sehn! Bilder auch zu *verstehn* schien mir selbstverständlich. Ich war daher verwundert, daß mir andere Bilder der Galerie noch besser gefielen. Sie lagen wohl meinem Verständnis näher. Und als etwas Eigentümliches muß ich es auch ansehn, daß mir die Elginschen Abgüsse der Parthenon-Figuren des Phidias schon damals einen sehr großen Eindruck machten. Vielleicht trug die Liebe für klassisches Altertum, die der Direktor des Ruppiner Gymnasiums, Professor Dr. Starke, uns einzuflößen verstanden hatte, nicht unwesentlich dazu bei, desgleichen die häufige Lektüre Lessings, Goethes und besonders Winckelmanns, dessen Geschichte der griechischen Kunst ich damals mit Vorliebe studierte.

Etwas später, als Primaner, reiste ich in den Ferien nach Kopenhagen, um Thorwaldsens Werke kennenzulernen. Bis

Lübeck ging's zu Fuß. Dort empfing ich, angesichts der schönen Kirchen und Rathäuser, zuerst eine Ahnung mittelalterlicher Kunst.

Die heimatliche Mark, so großen poetischen Genuß sie
auch durch ihre Seen, Wälder und Wiesen gewähren kann,
ist doch andererseits nicht geeignet, uns die Romantik des
Mittelalters nahezubringen. Daher blieb mir denn auch bis
ins reifere Mannesalter hinein die strenge Kunst (die recht
eigentlich vaterländische) der Dürer und Holbein fremd.
Jetzt freilich glaube ich zu verstehn, daß die Holbein, Dürer
und van Eyck auch ein Höchstes in der Kunst geleistet haben. Bessere Zeichnungen, das heißt charakteristischere, als
die Portraits von Holbein in Basel kann ich mir in ihrer Art
nicht vorstellen.

Ehe ich das Abiturientenexamen nicht gemacht, durfte ich
auch Ruppin nicht verlassen. Nun aber war der Moment der
Freiheit da. Ich erinnere mich noch des seligen Gefühls, als
ich im Postwagen saß und meiner Vaterstadt Lebewohl gesagt hatte. Mit den übrigen Personen, die den Postwagen
füllten, ein Wort zu sprechen war mir unmöglich, und ich
mußte Bemerkungen über mein schroffes und unliebenswür-
diges Wesen mit anhören. Die Leute hatten ganz recht; aber
ich war in meinen Gedanken zu glücklich, um an ihrem Geplauder Gefallen finden zu können.«

II

In Berlin im von Klöberschen Atelier.
Reise nach Antwerpen und London
(Von 1843 bis 1845)

Ostern 1843 traf W. Gentz, zwanzig Jahre alt, in Berlin ein
und begann, wie er's den Eltern zugesagt hatte, mit Vorle-
sungenhören an der Universität. Bald indessen gab er es wieder auf und mühte sich, in ein Maleratelier einzutreten. Dies
war aber in dem damaligen Berlin nicht leicht, weil sich zu
jener Zeit nur wenige Malerprofessoren mit privater Ausbildung von Schülern beschäftigten und diese wenigen sich
meist nur dann dazu bereit zeigten, wenn der von ihnen Auf-

zunehmende schon vorher Schüler der Akademie gewesen
war. Hierin lag die Hauptschwierigkeit für W. Gentz, weniger darin, daß es den damaligen Malern Berlins an Lehrfä-
higkeit oder wohl gar an Fähigkeiten überhaupt gefehlt hätte.
Dies war nicht eigentlich der Fall, eine Versicherung, die mir
eine willkommene Gelegenheit gibt, einen Blick auf die Berliner Kunstzustände der ersten vierziger Jahre zu werfen.

Augenblicklich herrscht eine starke Neigung vor, das damalige Berlin unter Friedrich Wilhelm IV. zu verkleinern,
nicht bloß auf politischem, sondern auch auf literarischem
und künstlerischem Gebiet. Es stand damit keineswegs so
schlimm, wie die Verkleinerer wahrhaben wollen, und was
speziell die bildenden Künste betrifft, so bedarf es nur eines
Durchblätterns alter Kataloge, um sich, ich will nicht sagen
vom Gegenteil, aber doch von dem Übertriebenen in der gegenwärtig beliebten Geringschätzung damaliger Kunstleistungen zu überzeugen. An der Spitze — wenn auch längst
aus der Zeit seines eigentlichen Schaffens heraus — stand
kein Geringerer als der alte Schadow selbst, immer noch
durch Blick und, wo ihn dieser im Stich ließ, durch künstlerischen Instinkt ausgezeichnet. Neben ihm Rauch. Beide,
wenn auch zumeist nur auf ihrem eigensten Gebiete groß,
hatten doch immerhin künstlerischen Allgemeineinfluß genug, um auch auf dem Schwestergebiete der Malerei Verir-
rungen zurückzudrängen und Nicht-Talente nicht überheb-
lich werden zu lassen. Solche Nicht-Talente mochten viele
dasein, aber neben ihnen auch Genies wie Franz Krüger
(»der Paraden- oder Pferde-Krüger«) und Blechen, der
große Landschafter, der Schöpfer des epochemachenden Bildes »Semnonenlager auf den Müggelbergen« — zwei Namen, die nur genannt zu werden brauchen, um das Maler-
Berlin der vierziger Jahre nicht verächtlich erscheinen zu
lassen. Und welcher Kreis Mitstrebender um sie her! In voller Kraft stand der ältere Meyerheim und entzückte nicht
bloß Berlin, sondern die gesamte deutsche Kunstwelt durch
Bilder, die Naturwahrheit und Anmut in sich vereinigten.
Adolph Menzel, wenn auch erst ein »Werdender«, begann
bereits eine Gemeinde leidenschaftlicher Anhänger um sich
zu sammeln; Eduard Hildebrandt, noch um zwei Jahre jünger als Menzel, gab demohnerachtet bereits die Proben sei-

nes eminenten Talents, während Eduard Magnus, dessen
Jenny-Lind-Portrait (in der Nationalgalerie) bis heute ein re-
spektvolles Interesse weckt, ebenso durch sein Wissen wie
durch seine Kunst anregend wirkte. Wach, der ältere Begas,
Däge, von Klöber standen, und nicht unverdient, in Ehren
und Ansehen, und durch alle hin schritt, um ebendiese Zeit,
eine angestaunte Erscheinung, ein »Geist« — der große Cornelius.

So stand es damals — nicht ungünstig, wie mir scheinen
will —, und wenn trotzdem ein so Berufener wie W. Gentz
mit nur wenig Anerkennung von unserem damaligen Kunst-
zustande, speziell der Malerei, spricht, so möchte ich den
Grund dafür weniger in den schwachen Kunstleistungen als
in einer schwachen Kunstverwaltung suchen, in Zuständen,
unter deren Herrschaft niemand recht wußte, wer Koch und
wer Kellner war. Solche Zustände, so nehme ich an, fand
W. Gentz vor und gab nun seinem berechtigten Unbehagen
darüber in Urteilen Ausdruck, die wenigstens darin zu weit
gingen, daß sie manches auf dem Gebiete künstlerischen
Schaffens liegende Gute nicht genugsam würdigten. Indessen, zu hart oder nicht, unseres W. Gentz' Urteile liegen nun
mal vor und haben schon einfach um der Tatsache willen,
daß sie Selbsterfahrenes schildern (wie wenige sind noch da,
die jene Tage miterlebt haben), Anspruch darauf, an dieser
Stelle gehört zu werden.

»... Ich war nun also«, so schreibt W. Gentz, »um Ostern
1843 in Berlin und hörte Kollegien über Ästhetik. Aber der
ganze Gelehrtenkram fördert einen ausübenden Künstler
sehr wenig; das begriff ich bald. Das Handwerk der Kunst
erfordert die ganze Kraft des Künstlers, und glücklich, wer
mit der Erlernung des Handwerksmäßigen frühzeitig beginnen kann. Die alten Künstler überragen die modernen einfach deshalb, weil sie auf den Schulbänken nicht ihre schönste Jugendzeit verbringen mußten, diese kostbare Jugendzeit, die am geeignetsten ist, die großen technischen
Schwierigkeiten spielend überwinden zu lernen. Die Rubens,
van Dycks waren mit achtzehn Jahren schon derartig Meister in ihrer Kunst, daß sie Schulen errichten konnten.
Welch Vorsprung uns Modernen gegenüber. Kunst, wie so
oft gesagt, ist einfach Können. Das Können war, zu Beginn

dieses Jahrhunderts, bei uns Deutschen großenteils verlorengegangen. Die Franzosen hatten ihre Kunsttraditionen, mit
Hilfe ihrer École des beaux-arts, nie ganz aufgegeben, weshalb sich ihre mit der Revolution und dem Empire begin-
nende Neuepoche glänzender als die Deutschlands gestalten
konnte. Die Carstens, Overbeck, Cornelius etc. leiteten das
Wiedererstehen deutscher Kunst mehr durch ihre geistigen
Eigenschaften ein als durch einen gesunden Realismus.

Die Kunstzustände Berlins, speziell auf Malerei hin angesehen, waren in den dreißiger und vierziger Jahren ziemlich
kläglich. Cornelius mit seinen großartigen Intentionen, Kaul-
bach mit seiner reichen Gestaltungskraft, die beide nur vorübergehend hier wirkten, fanden keinen rechten Boden. Der
Berliner als Norddeutscher ist seiner Natur nach Realist.
Und Gottfried Schadow war ein solcher. Wenngleich er die
Akademie nicht mehr aus ihrer Gesunkenheit herausreißen
konnte, so übte er doch auf die Bildhauerkunst noch immer
eine so bedeutende Wirkung aus, daß die Schule von Berlin
die bedeutendste Deutschlands wurde. Christian Rauchs Tätigkeit zeigt das klar. Und auch heute noch steht Reinhold
Begas an der Spitze der deutschen Plastik. Der gesunde Realismus in den *zeichnenden* Künsten, der mit Chodowiecki
anhub, kam durch A. Menzel zu weiterer Blüte. Sein Genie
ward bei seinem Auftreten nur von wenigen erkannt. Man
hielt ihn wohl für einen talentvollen und reichen, aber doch
zugleich auch für einen bizarren Künstler. Der ältere Begas,
Wach, von Klöber erkannten seine Größe *nicht* und ahnten
noch weniger, daß er berufen sein würde, später gewaltig
über ihnen zu thronen, und gerade diese waren es doch, die
damals den Ton angaben. Karl Begas hatte bei Gros in Paris
eine gute Schule genossen, Wach und Klöber nur eine mä-
ßige in Italien. Vielleicht war von Klöber der begabteste von
ihnen, aber durch sein fragmentarisches Können zum Lehrer wenig geeignet.

Der ältere Begas hatte, als ich zu lernen anfangen wollte,
sein Schüleratelier aufgegeben, Wach wollte mich nur aufnehmen, wenn ich die Akademie durchgemacht hätte (worin
er wohl recht haben mochte), von Klöber aber nahm jeden
auf, also auch mich, weil die Ausbildung von Schülern für
ihn vorwiegend eine finanzielle Frage war. Da ich sehr flei-

ßig anderthalb Jahre bei ihm arbeitete, so machte ich auch Fortschritte, konnte mir aber selber damit nicht genügen und ging nach Antwerpen, um auf der dortigen Akademie meine Studien fortzusetzen. Dies ›nach Antwerpen gehn‹ war in den vierziger Jahren bei den deutschen Malern Mode geworden, eine Mode, die sich seit Ausstellung der Gallaitschen und de Bièfveschen Bilder in Berlin entwickelt hatte. ›Die Abdankung Karls V.‹ gilt auch heute noch als ein gutes Bild; sonst aber sind die de Bièfve, de Keyser und Wappers (welcher letztere zu meiner Zeit Direktor der Akademie von Antwerpen war) von ihrer Höhe herabgestiegen. Ihre Kunst kam nicht von innen heraus, und alles Gute, was sie besaßen, hatten sie einfach in Paris gelernt. So dauerte denn auch der Ruf der Antwerpener Schule nicht lange. Immerhin war der neunmonatliche Aufenthalt in dem malerischen Antwerpen mit seiner großartigen Kathedrale belehrend und interessant für mich. Ich lernte dort erst die Größe eines Rubens kennen und verstehen.

In der Ferienzeit reiste ich nach London hinüber, fand aber nur wenig Gelegenheit, die moderne Malerei der Engländer näher kennenzulernen. Das Kolorit Turnerscher Bilder fesselte mich am meisten. Erst 1855, auf der Pariser Weltausstellung, bekam ich großen Respekt vor der naiven und charakteristischen Naturauffassung der Engländer. Die englische Abteilung wurde denn auch von den Franzosen als die originellste sämtlicher Völker angesehen.«

III

*Erster Aufenthalt in Paris. Reise nach Spanien und Marokko (1847).
Reise nach Ägypten und Nubien (1850). Etablierung in Paris
(Von 1845 bis 1857)*

Der Aufenthalt W. Gentz' in Antwerpen hatte neun Monate gewährt; von Antwerpen ging er nach Paris, wo er im Herbst 1845 eintraf, um daselbst, wenn auch mit manchen Unterbrechungen von nicht unbeträchtlicher Dauer, bis 1857 zu verbleiben.

Ich gebe, bevor ich ihn selbst wieder redend einführe, zu-

vor eine diese Gesamtzeit von zwölf Jahren umfassende
Skizze.

W. Gentz trat, als er nach Paris kam, zunächst als Schüler in ein Meisteratelier ein, in dem er von 1845 bis zum
Frühjahr 1847 verblieb. Zugleich war er im Louvre viel mit
dem Kopieren alter Bilder, besonders aus der spanischen
Schule, beschäftigt, was schließlich Veranlassung für ihn
wurde, nach Spanien, und zwar über Bordeaux nach Madrid, zu gehen, um hier die Velázquez und Ribera an der
Quelle zu studieren. Einmal in Madrid, mußten Sevilla, Cádiz, Gibraltar folgen, woran sich dann — die Sehnsucht,
Afrika zu sehen, war groß — Tanger und Marokko wie
selbstverständlich anreihten. Ein an Abenteuern reicher
Ausflug, über den er selbst (siehe den Verfolg dieses Kapitels) in höchst anziehender Weise berichtet hat; aber auch
über die achtzehn Monate in Paris, die voraufgingen. Und
so geben wir ihm über ebendiesen Pariser Aufenthalt, wie
dann später über die spanisch-marokkanische Reise, hier
wieder das Wort.

». . . Als ich nach Paris kam, standen sich zwei Richtungen in der Malerei schroff gegenüber, die klassische und
die romantische; die der dessinateurs und die der coloristes,
wie sie sich selbst nannten. Erst später bildete sich die
Schule der Realisten unter Führung von Courbet. Ingres,
der letzte große Schüler von David, wurde als ›grand
homme‹ verehrt; er galt den französischen Künstlern als
größter Maler seiner Zeit. In Deutschland fand er wenig
Anerkennung. Populär war er auch in Frankreich nicht.
Seine Kunst ist die Kunst für die Kunst, nicht fürs Volk,
ganz so wie bei Cornelius. Ingres ist aber doch bei uns un-
terschätzt worden; sein Können war bedeutend. Eugen Delacroix, der größte Kolorist der Franzosen (wie um vieles
später bei uns Makart), war den Deutschen durch die große
Vernachlässigung der Zeichnung auch nicht allzu sympathisch, jedoch immer noch mehr als Ingres, weil sie bei diesem den Mangel koloristischen Sinnes fühlten. Delacroix ist
Geistesverwandter von Byron und Victor Hugo. Zwischen
ihnen stand Horace Vernet und Paul Delaroche, der eigentliche Gründer der modernen Geschichtsmalerei. Beide ver-
dienten ihre Popularität auch bei uns. Namentlich hat Paul

Delaroche einen großen Einfluß auf die deutschen Maler gehabt. Er stand der Ingresschen Richtung näher, Horace Vernet mehr der des Delacroix.

Die Franzosen sind sehr launisch mit ihren Gunstbezeigungen, und die Mode, wenn man das Wort auch auf die Kunst anwenden darf, wechselt bei ihnen sehr schnell. Vernet und Delaroche galten bei meiner Ankunft in Paris schon als abgetan. Da mir eigentlich der geschichtliche Sinn abgeht, so lag mir P. Delaroche ferner. An Horace Vernet interessierte mich das orientalische Element in seinen Bildern und die Anwendung desselben auf biblische Darstellungen. Am meisten war ich berauscht vom Kolorit des Delacroix. Ich sage absichtlich ›berauscht‹, da ich mir selbst keine Rechenschaft darüber zu geben wußte. Delacroix hat sehr wenig Schüler gebildet und besaß auch kein Schüleratelier. Das bedeutendste und am zahlreichsten besuchte Atelier hatte Delaroche, welches Atelier, als ich nach Paris kam, an Delaroches Stelle, der es aufgegeben, Gleyre übernommen hatte. Einige Jahre darauf besuchte ich auch das Couture-Atelier. Bei Gleyre glaubte ich mich in der Zeichnung befestigen zu können; Couture war mehr Kolorist. Durch seine ›Décadence des Romains‹ hatte dieser letztere großes Aufsehen gemacht und einen bedeutenden Zufluß von Schülern erhalten, besonders auch von Deutschen, Feuerbach und Henneberg unter ihnen. Gleyre, ein Schweizer aus Genf, war ein nobler Charakter, hoch und klassisch gebildet, verkehrte viel mit Schriftstellern, war uneigennützig, ließ sich von den Schülern nur seine Auslagen an Miete, Heizung und Modellen bezahlen. Sein Horizont war ein weiterer wie der von Couture, der mit Vorliebe von der ›art parisien‹ sprach. Coutures Römer waren Pariser. Jeder lernte bei ihm schnell. Aber seine Lehre war ein Rezept, ein Schema. Man mußte sich später dessen wieder zu entledigen suchen; in der Tat, er war hauptsächlich Techniker, und Gleyre sagte von ihm, freilich zu weit gehend, ›daß er nur die cuisine de la peinture verstünde‹. Coutures Ideal in der Malerei war Paul Veronese. Im Exterieur hatte Couture große Ähnlichkeit mit Gussow. Wenn heute, nachdem die von Courbet geführten Realisten eine große Wandlung herbeigeführt haben, ganz andere Richtungen maßgebend geworden sind, wenn die Im-

pressionisten und Pleinairisten einerseits und die Cabinets-
maler mit minutiösester Ausführung, von Meissonier ausgehend, andererseits den Tag beherrschen, so haben doch die
Hauptwerke Gleyres und Coutures eine Stelle im Louvre gefunden, eine große Ehre, die nur *den* Werken zuteil wird,
die, früher fürs Luxemburg-Museum vom Staat angekauft,
noch zehn Jahre nach dem Hinscheiden ihrer Autoren von
einer Jury für würdig dazu erachtet werden. Die übrigen
Werke nicht mehr lebender Künstler werden an die Privat-
museen verteilt.

... Während der Studienzeit bei Gleyre machte ich eine
längere Reise, dreiviertel Jahr, nach Spanien und Marokko.
Nach Spanien deshalb, um die im Louvre begonnenen Studien nach alten Meistern zu vervollständigen. Ich malte im
Museum zu Madrid während dreier Monate eine Anzahl
Skizzen nach Tizian, Velázquez, Ribera, Alonso Cano etc.
Das Madrider Museum ist, in bezug auf Bilder, eins der besten in Europa. Gegen fünfzig Bilder Tizians, des Lieblings-
malers von Karl V. und Philipp II., zieren dasselbe. Fünfzehn Raffaels sind da, und die spanischen Meister, für die
ich eine Vorliebe hegte, sind selbstverständlich vollzählig, so
daß sich allein vier große Säle mit Velázquez' Werken vorfinden. Velázquez ist vielleicht der Maler, der den Übergang
zur modernen Auffassung der Malerei einleitete. Er war wenigstens der erste Geschichtsmaler im eigentlichen Sinne des
Wortes, in seinem berühmten Gemälde, ›Las Lanzas‹ genannt, welches die Übergabe von Breda darstellt. Die Ru-
bensschen Geschichtsbilder konnten sich des allegorischen
Beiwerks nicht entledigen. Velázquez' Genrebilder mit lebensgroßen Figuren sind auch schon im modernen Sinne
konzipiert, zum Beispiel der Besuch in einer Gobelinfabrik,
ein Bild, das Gérôme für das best*gemalte* Bild überhaupt erklärt hat. Die Spanier halten ihre großen Meister auch hoch
in Ehren; Murillo gilt ihnen als der ›pintor del cielo‹, Velázquez als der der ›tierra‹. Merkwürdigerweise hat auch
Murillo höchst realistische Genrefiguren (München, Louvre)
gemalt. Die Portraits des Velázquez stehen in ihrer Art auf
dem Gipfelpunkt des Erreichbaren. Der geistreiche Blick
derselben erhascht, nach dem Ästhetiker Vischer, ›den rein-
sten *Phosphor* der Persönlichkeit‹.

Man hat in Spanien immer das Gefühl, daß es eine Welt-
macht war; häufig begegnet man noch dem Flitter vergange-
ner Größe. Interessant ist das Volksleben, die Tänze auf
öffentlichen Plätzen, das Zigeunertreiben, das Aufregende
der blutigen Stierkämpfe, die Hingabe der Frauen, die
klangvolle Sprache, die äußerste Lebendigkeit in der Komödie und Posse, die Gastfreundschaft, dazu die Fülle der
Abenteuer, deren man dort mehr erleben kann als in anderen Ländern.

Im Alcázar von Sevilla und in Granada lernte ich die
Blüte arabischer Architektur kennen und befreundete mich
mit dem Architekten Herrn von Diebitsch, der damals in der
Alhambra seine Studien machte. Von Cádiz ging ich mit
einem kleinen vollgepackten Marktboot nach Marokko hinüber; die Fahrt sollte acht Stunden dauern, ein Sturm trieb
uns aber vierundzwanzig Stunden umher. In Tanger sah ich
zum erstenmal ein Stück fremden Erdteils, das sich mir tief
einprägte und auf meine spätere Entwicklung einen großen
Einfluß übte. Fast alles war anders wie in Europa, wo die ni-
vellierende Kultur die sonst so verschiedenen Länder in der
äußeren Erscheinung ziemlich gleich gemacht hat. Die
Trümmer der Beschießung von Tanger und Mogador durch
die Franzosen waren, eine Folge der großen Indolenz der
Bewohner, noch nicht fortgeräumt. Am Strande (einen Hafen besaß Tanger noch nicht) und vor den Toren der Stadt
lagen Hunderte von Arabern, Berbern und Kabylen, die von
Algerien hierher verschlagen waren, in Fetzen und Lumpen,
unter ebenso zerrissenen Zelten, halb nackt umher. Sie
machten den Tag zur Nacht. Es war die Zeit des Fastenmo-
nats Ramadân, wo von Sonnenauf- bis Sonnenuntergang
nicht Speise noch Trank genossen werden darf. Ein Unglücklicher, der seinen Durst nicht bezwingen konnte,
glaubte heimlich trinken zu können, ohne dabei bemerkt zu
werden. Aber das wilde, scharfe Auge des Hafenkapitäns
hatte den Sünder erspäht, und sofort riß er, in seinem religiösen Fanatismus, eine Latte vom Zaun (ein Nagel war darin
steckengeblieben) und hieb auf den Armen ein, daß das Blut
herumspritzte. Dazu war der Anzug dieses improvisierten
Henkers rot vom Turban bis zu den Maroquinschuhen. Das
war so ein Stück patriarchalischer Rechtsprechung. Ich

mußte ein paar Stunden unter dem wilden Volk warten, ehe ich die Tore passieren durfte, da erst die Pässe revidiert werden mußten — der meinige durch den schwedischen Generalkonsul; denn wir hatten damals noch keinen Vertreter dort. Ein Russe, der Sohn des Gouverneurs von Sibirien, wurde überhaupt nicht eingelassen und mußte mit dem nächsten Schiff wieder abreisen. Zurück fuhr ich, viele Wochen später — wie hier vorgreifend gleich bemerkt werden mag —, auf einem französischen Kriegsschiff, auf dem sich der berühmte französische Kriegsmaler Raffet befand; ebendies Kriegsschiff sollte das hier lagernde algerische Gesindel nach Oran zurückschaffen. Dabei hatte ich denn Gelegenheit, noch manche Seltsamkeiten dieses Gesindels kennenzulernen.

Von Tanger aus besuchte ich die Höhlen der Riffpiraten und die malerische Stadt Tetuan. Dem Pascha derselben hatte ich keinen Besuch gemacht, weil solche Besuche jedesmal mit großen Geldopfern, die ich damals nicht machen konnte, verbunden sind. Er rächte sich aber dafür; denn als ich von Tetuan nach Tanger zurück wollte, gab er mir vier Begleiter mit auf den Weg, für die ich pro Tag zwanzig Dollars bezahlen mußte. Und dabei verlangte er vorweg eine schriftliche Erklärung, dahin gehend, ›daß ich ihn nicht verantwortlich machen wollte, wenn mir ein Überfall zustieße‹. Ich blieb nämlich eine Nacht unterwegs, da mir ein Tagesritt von zwölf Stunden, den ich auf der Hinreise gemacht, zu anstrengend war. Meine Begleiter, wie vorauszusehen, schliefen gleich ein, statt abwechselnd die Wache zu halten, weshalb ich sie persönlich übernehmen mußte. Dies wurde mir dadurch leichter, daß wir an einem Orte lagerten, wo kurz zuvor eine Karawane angekommen war, mit vielen im Atlasgebirge eingefangenen Affen, die nun von den scharenweis herbeikommenden wilden Hunden angebellt wurden, was einen Höllenlärm verursachte.

Nach Spanien zurückgekehrt, glaubte ich mich in meine Heimat versetzt, so groß war der Unterschied zwischen europäischem und afrikanischem Leben. In Tanger und Tetuan mußte ich mich durch einen spanischen Dolmetscher mit den Arabern verständlich machen; in Madrid mietete ich mich jetzt in eine spanische Familie ein, um die Sprache

schneller zu erlernen. Durch die Liebenswürdigkeit der Damen, besonders der Töchter des Hauses, gelang mir's auch
einigermaßen.

Auf der weiteren Rückreise durch Südfrankreich hatte ich
einen Unfall und ward im Gebirge oben vom höchsten Sitz
der Messagerie durch Sturz des Wagens wohl zwanzig Fuß
herabgeschleudert, derart, daß ich acht Tage meinen Kopf
nicht bewegen konnte.«

So verlief die genau dreiviertel Jahr umfassende spanisch-
marokkanische Reise W. Gentz', die, wie hier parenthetisch
bemerkt werden mag, trotz der vorerwähnten kostspieligen
Militäreskorte von Tetuan nach Tanger, trotz etlicher »accidents« (darunter der Postwagenunfall) und endlich trotz
reichlich in Afrika gemachter Einkäufe, nur gerade
4000 Francs, also etwa 1000 Taler, gekostet hatte, was nicht
ermangeln wird, den Neid aller ungeschickt und teuer Reisenden, zu denen ich mich leider selber zu zählen habe, zu
wecken.

Ende 1847 oder Anfang 1848 war W. Gentz wieder in Paris zurück und unterzog sich hier eben der Ausführung seiner mitgebrachten Skizzen, als die Februarrevolution dazwi-
schentrat und ihm Veranlassung gab, auf fast Jahresfrist in
seine märkische Heimat (Ruppin) zurückzukehren. Hier entstanden zunächst verschiedene Portraits, darunter die Bildnisse seiner Eltern, worauf er dann, auf längere Zeit, nach
Dresden ging, um daselbst einige Kopien italienischer Meister, namentlich Tizians und Correggios, zu fertigen. Die
Sehnsucht nach den seiner Kunst so förderlichen Kreisen
der französischen Hauptstadt zog ihn aber, im selben Jahre
noch, wieder nach Paris zurück, woselbst er nun das Jahr
darauf (1849) sein erstes großes Bild malte: »Der verlorene
Sohn in der Wüste«.

Dies Bild, »Der verlorene Sohn«, wurde im Herbst 1850
auch in Berlin ausgestellt und erfuhr daselbst sowohl seitens
des Publikums wie der Kritik eine sehr günstige Aufnahme.
Die Freude darüber wurde W. Gentz aber nicht unmittelbar
zuteil; denn um ebendie Zeit, wo diese günstigen Beurteilun-
gen in den Blättern erschienen, war er längst nicht mehr in

Berlin, auch nicht in Paris, sondern in *Ägypten*, wohin er schon im März genannten Jahres (1850) seine zweite große Afrikareise, die auch seine größte blieb, angetreten hatte.

Begleiten wir ihn auf dieser seiner Fahrt.

Am 10. März war er in Marseille, am 26. in Kairo. Hier blieb er, erfaßt von dem ganzen Zauber des Orients, volle sieben Monat. Am 2. November endlich bestieg er eine Dahabia, ein großes Nilboot, um auf ihm die bekannte Nilfahrt bis zum zweiten Katarakt und dem nahe gelegenen Wadi Halfa zu machen. Alle Vorbereitungen waren getroffen, und in der Abreisestunde schrieb er seinen Eltern: »Das Mieten eines Schiffes macht so viele Schwierigkeiten, wie wenn man bei uns daheim ein Rittergut kauft. Zwei volle Tage habe ich zur Verfertigung des Kontraktes nötig gehabt. Mit den Schiffsleuten ist nicht mehr aufzustellen als mit dem brutalsten Vieh, und danach behandelt man sie auch. Den kleinsten Punkt muß man im Kontrakt regeln, ist dieser aber gut abgefaßt, so kann man, ohne alle Sorge, dem Kapitän in Kontraventionsfällen bei jedem Scheik einer Stadt eine gehörige Tracht Hiebe auf die Fußsohlen aufzählen lassen. Selbst wenn man einen solchen Kerl niederschösse, würde kein Hahn danach krähen. Mein Dragoman ist ein ehrlicher, verständiger Mann. Außerdem habe ich einen Reisebegleiter gefunden, einen Galizier, Herrn von Wrublewski, mit dem ich schon früher den Ausflug nach Sakkara gemacht habe. Zur Sicherheit sind alle Vorkehrungen getroffen. Ich habe mir eine Doppelflinte, einen Säbel, einen Yatagan und einen Dolch außer meinen beiden Pistolen gekauft. Auch eine kleine Reiseapotheke. Übrigens bin ich akklimatisiert. Meine Provision habe ich für drei Monat eingerichtet: sechzig Pfund Schiffszwieback, zwanzig Flaschen Rum und Cognac, einen Sack Kartoffeln, Reis, Makkaroni, Kaffee, Tee. Kurzum genug. Für den täglichen Bedarf findet man sehr viel Wild, und mein Begleiter ist ein guter Jäger. Die Wunder des grauen Altertums werden bald vor unseren Blicken sein.«

Am 15. November war er in Karnak und Luxor, am 16. in Esneh, am 21. am ersten Katarakt (Assuan und Philae); vom 24. bis 26. zwischen Korosko, Deri und Ibrim, am 3. Dezember am zweiten Nil-Katarakt und am Tage darauf in Wadi

Halfa. Hier befand er sich am vorgesteckten Ziel, von dem aus er die Rückfahrt antrat. Am 13., nach kurzem Verweilen in Ipsambul und Kelabscheh, war er wieder am ersten Kata- rakt, wo er besonders der im Nil gelegenen Felseninsel Phi- lae seine Aufmerksamkeit schenkte. Am 18. in Edfu. Dann, während der ganzen Weihnachtswoche, abermals in Karnak und Luxor, die jetzt beide mit aller Gründlichkeit von ihm durchforscht wurden, bis er am 1. Januar in Dendare und am 8. in Kairo eintraf, das, trotz der Fülle des auf seiner Nil- fahrt Gesehenen, den alten Zauber auf ihn ausübte. Noch etwa sechs Wochen blieb er daselbst; dann, Ende Februar, brach er auf und verbrachte den März auf einer Wanderung durch Palästina, Syrien, Kleinasien. In Smyrna lernte er den Prinzen Friedrich von Schleswig-Holstein* kennen, mit dem er, von jener Zeit an, bis zum Tode desselben, in freund- schaftlichem Verkehr blieb, nachdem er ihn noch im Jahre 1874 auf seinem Schlosse Noer, in der Nähe von Eckern- förde, besucht hatte.

Anfang April war W. Gentz in Konstantinopel und Ende desselben Monats in Korfu. Von da ging er, über Pest und Wien, ins elterliche Haus zurück, an das er, all die Zeit über, zahlreiche Briefe gerichtet hatte. Daheim nahm er seine maleri- sche Tätigkeit rasch wieder auf, und nachdem er, durch Jahr und Tag hin, nur gezeichnet und skizziert hatte, ging er jetzt mit doppelter Lust an ein großes Bild: »Der Sklavenmarkt in Kairo«, das das Jahr darauf in Berlin ausgestellt wurde.

Zu gleicher Zeit beschäftigte ihn die Herausgabe seiner, von Ägypten her, an die Eltern gerichteten Briefe, und zu Weihnachten 1852 erschienen denn auch »Briefe aus Ägyp- ten und Nubien« — Verlag von Carl Barthol in Berlin —, ein vorzügliches Buch, das durch all das, was seitdem an Reise- literatur über Ägypten erschienen ist, von seiner Bedeutung wenig und von seinem Reize nichts verloren hat. Dieser Reiz besteht zum Teil in dem, was ich schon wiederholentlich als »Gentzsche Vortragsweise« bezeichnet habe, noch mehr

---

* Prinz Friedrich von Schleswig-Holstein, Sohn des Prinzen von Noer, wurde 1830 geboren und starb 1881. Er erhielt 1870 vom König von Preußen für sich und seine Deszendenz den Titel *Graf von Noer.* Prinz Friedrich war ein begeisterter Orien- talist, der, nachdem er jahrelang in Indien gelebt, über seine Reisen in Kleinasien ge- schrieben und zuletzt ein sehr beachtenswertes Werk: »Geschichte des Kaisers Akbars des Großen«, hinterlassen hat.

aber in jener ein gutes Wissen und einen freien Blick zur Voraussetzung habenden Fähigkeit, die großen Erscheinungen der Kunst, der Geschichte, des Lebens überhaupt, in ihrem Zusammenhange zu begreifen. Zum Beweise dessen mag es mir gestattet sein, aus dem an Anschauungen und Betrachtungen gleich reichen Buche wenigstens eine Stelle hier zitieren zu dürfen. So heißt es aus Dendare am 1. Januar 1851: »Wie Ägypten selbst als ein eigentümlicher, nur aus sich selbst verständlicher Organismus anzusehen ist, so prägen auch die ägyptischen Kunstwerke: ganze Ortschaften mit Tempeln, Obelisken, Grabdenkmälern, Sphinxalleen, eine in sich einige Totalität aus, welche der hierarchischen Gliederung und Ordnung des Lebens entspricht. Nur von diesem Gesichtspunkte aus wird die Kunst jener zurückliegenden Jahrtausende verständlich. Das einzelne, und wäre es der kolossalste Obelisk, kann für sich allein keine Vorstellung von der Großartigkeit altägyptischer Kunstintentionen geben — in dem Reichtum von Bauwerken, mit denen ein solcher Einzelobelisk zu einem Ganzen verbunden war, war er nichts als eine verschwindende Größe. Nur wer die verbliebenen Baureste im *großen* und *ganzen* übersieht, vermag einigermaßen zu würdigen, welche Großartigkeit künstlerischer Unternehmungen in diesem Lande heimisch war, hier, wo jetzt die Trägheit einer Sklavenbevölkerung nichts ahnt von jenem gewaltigen Geist, an dessen ewigen Monumenten sie gleichgiltig vorbeizieht. ... Unsere moderne Welt«, so fährt Gentz in demselben Briefe fort, »hat, nach dem Untergange des griechischen Lebens, die Künste voneinander *separiert.* Bei der weltfeindlichen Tendenz der katholischen Kirche konnte, zunächst wenigstens, im frühern Mittelalter kein großartiges Kunstleben erwachen; der gotische Kirchenbau vereinigte später zwar mehrere Künste von neuem, aber doch immer nur in einer den höchsten Aufgaben der Kunst widerstreitenden Begrenzung, da der durch das Transzendentale bestimmte Charakter der Gotik sich nicht bemüßigt sehen konnte, die *schöne Erscheinung* festzuhalten. Nur das geistige und körperliche Leiden kommt in den alten Heiligenbildern zur Darstellung. Als dann aber später (in Raffael und anderen) die Malerei sich anließ, mit ihren unerreichten geistig und sinnlich schönen Madonnenbildern die Basiliken

Roms zu schmücken, war sie ebenso weit über das eigentliche christlich mittelalterliche Kirchenwesen hinaus, wie die liberalen, in sinnlicher Üppigkeit dahinlebenden Päpste, Julius II. und Leo X., die Zeit der Askese hinter sich hatten.«

Bald nach Erscheinen der ägyptischen Briefe kehrte W. Gentz von Ruppin beziehungsweise Berlin nach Paris zurück, Frühjahr 1853, wohin es ihn längst gezogen haben mochte. Seine Tätigkeit verdoppelte sich, und er begann, von 1853 bis 1858, nach dem Vorbilde Horace Vernets, biblische Motive in treuer Wiedergabe orientalischen Wesens, wozu seine zahlreichen Studien ihn befähigten, zu komponieren. Und neben diesen Bildern biblischen Inhalts gab er Darstellungen aus dem Volksleben. Es entstanden um diese Zeit: 1. Sphinx bei Theben; Hirt mit Ziegen im Vordergrund. 2. Ägyptische Studenten. 3. Christus und Magdalena beim Pharisäer Simon. (Von Frau Hauptmann Steinberg in Ruppin gekauft und für die dortige Klosterkirche gestiftet.) 4. Fülle und Elend; früher bekannt unter dem Titel: »Wohl endet der Tod des Lebens Not, doch schauert Leben vor dem Tod«. 5. Christus bei den Sündern und Zöllnern, von den Pharisäern zurechtgewiesen. (Vom Kommerzienrat Zimmermann für die Kunsthalle in Chemnitz gestiftet.) 6. Ägyptische Bettlerinnen. Alle diese Bilder wurden in Paris ausgestellt, die beiden letztgenannten auch in Berlin, wohin er, aller Paris-Passion und alles internationalen Zuges unerachtet, im Herbst 1857 dennoch zurückzukehren für gut fand.

Die vier Jahre von 1853 bis 1857, während welcher Zeit er — nunmehr auf eigenen Füßen stehend — frei und selbständig schuf, waren ihm in besonders angenehmer Weise vergangen, wozu sehr wesentlich die freundlichen Beziehungen beitrugen, in denen er ebensowohl zu französischen wie zu deutschen Künstlern stand. Gérôme, Boulanger, Louis Hamon, Aubert, sämtlich, wie er selbst, aus der Gleyreschen Schule hervorgegangen, zählten zu seinem Umgang, während er sich mit Ferdinand Heilbuth (Hamburger, aber in Paris geblieben und dort naturalisiert; vor kurzem verstorben) befreundete. Desgleichen stand er auf freundlichem Fuße mit Feuerbach, Victor Müller, Rudolf Henneberg, Lindenschmit, Gustav Spangenberg, alle Schüler von Couture, zu dem er sich, wie schon erzählt, nach Austritt aus dem

Gleyreschen Atelier, ebenfalls ein Jahr lang gehalten hatte.
Alle diese waren gleichaltrig Mitstrebende; seine guten Be-
ziehungen aber beschränkten sich nicht auf diese, sondern
erstreckten sich auch auf solche, die damals in der Pariser
Malerwelt als anerkannte Meister den Ton angaben: Paul
Delaroche, Horace Vernet, Robert-Fleury, Ary Scheffer,
Courbet, Winterhalter. Und diesen hier Genannten darf auch
Ludwig Knaus zugezählt werden, »der« (so schreibt G.)
»schon als Meister dorthin kam, dort, wie überall, eine Aus-
nahmestellung einnahm und in Paris alles erreichte, was ein
Maler erreichen kann«.

IV

Rückkehr in die Heimat. Ruppin. Übersiedlung nach Berlin.
Verheiratung (1861). Reisen. Briefe aus Stockholm
(Von 1857 bis 1874)

1857, wie bereits kurz erwähnt, verließ W. Gentz Frankreich, um nun dauernd in die Heimat zurückzukehren. Aber
er blieb, wie jeder Künstler das muß, in intimer Fühlung mit
Paris, und so mag denn, eh ich in nachstehendem über die
zweite Hälfte seines Lebens und Schaffens berichte, zunächst *das* noch eine Stelle hier finden, was er — aus aller
Chronologie herausgerissen und anknüpfend an die gelegentlichen Begegnungen einer späteren Zeit — über die französischen Maler überhaupt, insonderheit über ihren naiven
Chauvinismus, also mehr über die Menschen als über die
Künstler, und schließlich auch noch über die neueste Pariser
Kunstrichtung geschrieben hat.

». . . Ich war allezeit«, so schreibt er, »sehr gern in Paris und
stand, was ich immer wieder und wieder betonen muß, mit den
französischen Künstlern auf dem besten Fuße, wennschon
ihnen ihre ›Superiorität‹ über uns, und zwar nicht bloß für den
Moment, sondern für alle Zeiten, unverbrüchlich feststand. Sie
waren darin ganz naiv. Der Gedanke, daß sie von anderen
überflügelt werden könnten, ist ihnen bis diese Stunde fremd
geblieben. Und so ist es denn auch ein charakteristischer Zug
jedes Franzosen, ohne weiteres anzunehmen, daß seine Nation
von einer andern nicht besiegt werden könne. Davon ein Bei-

spiel. Als ich Gleyre im Jahre 1868 das letztemal sprach, lud
ich ihn ein, mich in Berlin zu besuchen, ich wolle bei der Gelegenheit sein Führer durch die Museen wie auch durch die Museen in Dresden usw. sein. ›Ich nehme es an‹, sagte er, ›doch
zuvor müssen wir mit den Deutschen uns messen.‹ Die Wut gegen uns datierte schon vom österreichischen Kriege her.
›Aber‹, erwiderte ich ihm, ›Sie sind ja gar kein Franzose, Sie
sind ja ein Schweizer; was geht Sie diese Rivalität an?‹ —
›Schweizer bin ich, aber durch meinen langen Aufenthalt in
Paris mit den Franzosen identifiziert.‹ — ›Nun wohl, dann
kann ich Ihnen nur erwidern, daß Sie einen Krieg mit uns nicht
herbeiwünschen sollten; denn Sie werden, wie die Österreicher, zermalmt werden.‹ — ›Das glaube ich nun freilich nicht.
Sollten wir aber geschlagen werden, so würden wir‹ (setzte er
lachend hinzu) ›unsern Napoleon wenigstens loswerden.‹

Und hier lasse ich«, so fährt Gentz in seinen Aufzeichnungen fort, »gleich noch einen zweiten anekdotischen Zug folgen, der angetan ist, den Chauvinismus der Franzosen und
das Hochmaß ihrer gekränkten Eitelkeit in voller Beleuchtung zu zeigen.

Ich hatte Léon Bonnat, der gegenwärtig als größter Portraitmaler der Franzosen gilt, schon 1846 in Madrid bei seinen Eltern kennengelernt. Er war damals erst vierzehnjährig,
und ich zeichnete sein Portrait. Später, als er seine Studien
in Italien vollendet und besonders, wie er mir sagte, die deutschen Künstler dort schätzengelernt hatte, traf ich ihn bei
Robert-Fleury wieder. Ebenso (1878) auf der Pariser Weltausstellung, auf der ich Kommissar für Deutschland war. Ich
führte ihn in unsere Abteilung, wo er sich besonders begeistert über Lenbachs Döllinger-Portrait aussprach. Auch
Menzels und von Gebhardts Bilder wurden von ihm bewundert. Er riet mir aber ab, meinen Sohn nach Paris zum Studium zu schicken, weil er zwar väterlich für ihn sorgen
wolle, leider aber nicht die Macht habe, ihn vor etwaigen Insulten von seiten seiner Mitschüler zu schützen.

Das war 1878. Ich bin auch später noch zum Besuch der
Jahresausstellungen nach Paris gereist und war immer enthusiasmiert von dem, was ich sah. Heute haben sich ganz andere Richtungen geltend gemacht als zu meiner Zeit. Wie in
der Literatur die Zolas, so haben auch die Maler das Bedürf-

nis gefühlt, ›qu'on descende dans la rue‹, wie sie sich ausdrücken. Ich muß bekennen, daß viel Wahres darin liegt;
man darf nur nicht behaupten, daß das alleinige Gebiet der
Kunst ›auf der Straße zu finden sei‹.«

Hiermit schließen W. Gentz' auf Paris und das Pariser
Kunstleben Bezug habende Betrachtungen ab; was sich
sonst noch in seinen Aufzeichnungen findet, berührt andere
Punkte.

Wilhelm Gentz war nun also wieder daheim und scheint,
ehe er sich durch Hauskauf völlig seßhaft machte, seinen
Aufenthalt zwischen Berlin und seiner Vaterstadt Ruppin geteilt zu haben. Das war von 1857 bis 1861. In Ruppin, an
das ihn ein ausgesprochener Familiensinn und im besondern
die herzlichste Liebe zu dem klugen und eigenartigen Vater
kettete, war er mannigfach mit Ausschmückung all der Bauten beschäftigt, die sein Bruder Alexander damals in Stadt
und Umgegend entstehen ließ. Einiges davon (so zum Beispiel die Wandbilder in der Gentzschen Stadtwohnung) hat
mir immer besonders gut gefallen. In Berlin, das selbstverständlich sein Hauptquartier blieb, bewohnte er vorläufig
mietsweise das in der Feilnerstraße gelegene »Feilnersche
Haus«.

Von 1861 ab stabilisierte sich sein Leben immer mehr. In
ebendiesem Jahre verheiratete er sich mit Fräulein Ida von
Damitz, Tochter des Kreisbaumeisters von Damitz, aus welcher Ehe ihm in den zwei folgenden Jahren, 1862 und 1863,
ein Sohn Ismael und eine Tochter Mirjam geboren wurden.
Ismael, auf den sich das malerische Talent des Vaters vererbt
hatte, zeigte schon früh eine hervorragende Begabung für
das Charakteristische in der Kunst, und mehrere gute Portraits, darunter eine Serie bekannter Berliner Persönlichkeiten: Werner Siemens, Lothar Bucher, Minister Friedberg,
Du Bois-Reymond, Frau von Großheim, Fanny Lewald, Paul
Meyerheim, Max Klinger, Amberg, Max Klein, Saltzmann,
Geheimer Rat von Bergmann, Geheimer Rat Dr. Tobold,
Bleibtreu, Albert Hertel, Gussow, Rangabé, Reichstagsmit-
glied von Benda, Professor Vogel u. a. m., rühren von ihm
her. Mirjam verheiratete sich 1883 oder 1884 mit dem Rit-

tergutsbesitzer von Lambrecht-Benda auf Breitenfelde, Sohn des Reichstagsmitgliedes von Benda auf Rudow bei Berlin. Vom Bildhauer Klein existiert eine hervorragend gelungene Büste von ihr.

Im Jahre seiner Verheiratung (1861) kaufte W. Gentz auch das bis dahin nur mietsweise von ihm bewohnte, noch aus der Schinkel-Zeit herrührende »Feilnersche Haus«, das damals noch vieles aus den Tagen seines alten Glanzes enthielt, darunter, um nur ein Beispiel zu geben, einen Konzert- oder Musiksaal, der, als Jenny Lind im Jahre 1842 darin zu singen versprochen hatte, der bessern Akustik halber mit kostbarem Ahornholz ausgelegt wurde. Diese Paneelierung ist später mit in die Hildebrandtstraße 5, wohin W. Gentz im Jahre 1869 von der Feilnerstraße her übersiedelte, hinübergewandert, nachdem das ganze Haus mehr oder weniger orientalisiert oder ägyptisiert und mit Skizzen und Bildern, zu nicht geringem Teil von Freunden und Bekannten, geschmückt worden war. Auf dies Haus und seine Einrichtung komme ich weiterhin zurück.

Fleiß und Schaffenslust, die W. Gentz von frühauf ausgezeichnet hatten, blieben dieselben in Berlin wie während der nun zurückliegenden Pariser Tage, und eine lange Reihe von Arbeiten, etwa sechzig an der Zahl, entstand in der Epoche von 1857 bis 1874. Ich beschränke mich darauf, die Hauptarbeiten hier aufzuzählen, zugleich unter Angabe, wohin sie kamen, und ähnlicher kurzer Notizen.

1858. Eine Sakkieh (Schöpfradmühle) an den Ufern des Nil. — In Berlin und Wien ausgestellt. Befindet sich in einem Museum in Amerika.

1860. Sklaventransport durch die Wüste. — Schon in Paris begonnen; 1860 in Berlin vollendet. Befindet sich im Museum zu Stettin.

Widder und Sphinx in der Thebaïde. — Noch im Besitz von W. Gentz; eine besondere Zierde seines Salons.

Rast einer Karawane in der Wüste. — Befindet sich in Triest.

1861. Volk vor einer Moschee in Kairo. — In der großen

deutschen Ausstellung zu Köln ausgestellt und vom Kunstverein in Wien angekauft.

1862. Lager der großen Mekka-Karawane in der Wüste. — Befindet sich in Bedford in England.

1863. Pelikane; Erinnerung aus Nubien. — Erhielt die goldene Medaille auf der großen internationalen Ausstellung in Wien.

Die Heilige Nacht. Transparentbild für die Weihnachtsausstellung der Berliner Akademie.

Zwei Araberscheiks im Gebet vor ihren Zelten. — In sechs Tagen gemalt. Im Besitz des Städtischen Museums zu Stettin.

1864. Beduinenlager. — Vom russischen Gesandten in Paris angekauft.

1865. Ankunft einer Karawane in Kairo. — Vom Berliner Kunstverein gekauft; jetzt in Amerika.

Promenade eines Harems. — In Amerika.

Markt in Kairo. — In Amerika.

1866. Arabische Stammsagen nach Rückert. — Für Geheimrat Ravené in Moabit an die Wand gemalt.

Lagerleben von Beduinen bei Suez. — Für Kommerzienrat Hoffbauer in Potsdam gemalt.

1867. Mekka-Pilger; Gebet in der Wüste. — Befindet sich in Amerika.

1868. Ein Märchenerzähler bei Kairo. — Besitzer Herr Siemens in Berlin.

Abend am Nil. — Derselbe Besitzer.

1869. Flamingojäger. Zelte; vorn ein Beduine auf einem Kamel. — Miniaturbild; nur anderthalb Zoll im Quadrat.

Darbringung im Tempel. Transparentbild für die Weihnachtsausstellung der Berliner Akademie.

1870. Totenfest bei Kairo. — Befindet sich in der Dresdener Bildergalerie.

1871. Schlangenbeschwörer in Oberägypten. — Befindet sich in Moskau.

1872. Begegnung zweier Karawanen. Früher in der Galerie Strousberg; jetzt bei A. von Hansemann.

1873. Vor dem Tempel von Ipsambul.

Ägyptische Altertums- und Raritätenhändler.

Zu den hier aufgezählten Arbeiten gesellen sich aus der

Epoche von 1857 bis 1874 verhältnismäßig viele Portraits: Ch. Fr. Gentz (der Vater), Frau Wilh. Gentz (geborne von Damitz), Frau von Damitz (Schwiegermutter), Kämmerer Gustav Hagen, Frau Schumann, General von Tümpling und verschiedene Portraits von Persönlichkeiten in Gentzrode. Bemerkenswert ist, wie viele der Gentzschen Bilder, darunter mehrere, die vorstehend nicht genannt sind, nach Amerika gingen.

Wie kaum erst hervorgehoben zu werden braucht, bedeutete für einen so hervorragend an Weltbewegung gewöhnten Mann wie W. Gentz ein »Sich-Stabilisieren« nicht zugleich auch ein »Stillsitzen« in Berlin; im Gegenteil, die Reisepassion blieb, und er gab ihr jederzeit willig nach. So war er denn, der früheren, im Jahre 1850 auf 1851 unternommenen ägyptischen Reise zu geschweigen, noch dreimal in Ägypten, und zwar 1864 auf 1865, 1868 auf 1869 und 1871. Desgleichen ging er 1871 auf 1872 nach Palästina, um Studien zu seinem großen Bilde »Einzug des Kronprinzen in Jerusalem« zu machen, und 1873 auf 1874 nach Italien. Im letztgenannten Jahre war er auch auf dem Naturforscher- und Anthropologenkongreß in Stockholm, wohin er sich Anfang August begab, und aus seinen damals an seine Frau gerichteten Briefen möchte ich hier um so lieber Mitteilungen machen, als wir W. Gentz, den Menschen wie den Künstler, immer nur an den Orient geknüpft glauben. Diese Nordlandsbriefe zeigen so recht das Umfassende seiner Beziehungen und Interessen und sind ebenso durch reichen Inhalt wie ganz besonders auch durch eine knappeste Form der Darstellung ausgezeichnet.

Der erste Brief ist noch von heimischem Boden, aus Noer bei Eckernförde, geschrieben.

Noer, den 1. August 1874

Es regnet augenblicklich sehr stark. Das gibt mir Zeit zum Schreiben. Dienstag abend elfeinhalb trat ich meine Fahrt hierher an; Mittwoch neuneinhalb morgens war ich in Kiel. Ich ging gleich nach Düsternbrook, mein erstes Seebad zu nehmen. Dort traf ich Kosleck, der die Kieler durch seine Trompetenkonzerte in Aufregung gebracht hat, während er mit seinen Einnahmen weniger zufrieden ist. Für eine Seebadekur scheint sich mir Düsternbrook nicht zu eignen, keine Dünenbildung und das Wasser oft unrein, zumal wenn der Wind das Schmutzwasser vom Hafen hertreibt. Ich selbst traf das Wasser zwar gut und klar, die Buchenwaldung auf der Promenade nach dem Bade prachtvoll, aber auf die Umgebung einer viel größeren Stadt wie Kiel deutend. Das üppige Grün fiel mir auf, das Land war nicht so regenarm gewesen. Land Holstein ist von einer Üppigkeit, die bei uns nicht existiert. Um vier Uhr fuhr ich nach Noer, welches dicht am Eckernförder Busen liegt; man sieht in weiter Ferne Eckernförde liegen, sieht aber auch in weiter Ferne den weiten offenen Horizont des Meeres, was bei Kiel nicht stattfindet. Der Weg nach Noer führt durch die üppigsten Felder und Auen, eingefaßt durch buschige Hecken von Haselnüssen und Brombeeren; überall ragen aus blühenden Gärten die hohen Dächer hervor, auf den Straßen, im fetten Erdreich, weht kein Staub. Noer ist kein Dorf, nur eine Herrschaft von etwa 12 000 Morgen. Das Schloß, 1722 erbaut, ohne architektonischen Schmuck, steht in einem weiten Park. Ich bewohne ein großes Zimmer im ersten Stock, den Meerbusen hinter dichten Baumgruppen überblickend. Des Abends springen Rehe über die Rasenflächen; vor der Veranda, auf welcher der Tee genommen wird, stolzieren ein paar Pfauen, weiße Tauben umschwirren, zur Freude der Kinder, den einfach idyllischen Ort. Die Gräfin ist große Tierliebhaberin, hat zahme Rehe im Hühnerhof und anderes Getier. Auf Menschenumgang muß aber hier verzichtet werden. (Moltke, der augenblicklich in Lübeck, wird in nächster Zeit zum Besuch erwartet.) Der Umgang des Grafen sind seine Bücher, seine Bibliothek, in der er den größten Teil des Tages zubringt; er fühlte sich gestern, da er meinetwegen viel im Freien zugebracht, sehr erquickt; so lange dauernde Luftbäder hatte er lange nicht genommen, wie er mir sagte. In seinem Rock sind offene Hintertaschen für Bücher eingerichtet, die man immer aus denselben herausgucken sieht. Die Gräfin sehnt sich mehr nach Umgang, kultiviert, in Ermangelung desselben, außer der Tierwelt auch die Blumen.

Die älteste Tochter, jetzt drei Jahr, ist sehr schwächlich; sie heißt nach der Mutter Carmelita. Die neunmonatliche Tochter Luise, nach der verstorbenen Schwester des Grafen genannt, ist ein pausbackiges, frisches Kind. Die Einrichtung im Schloß ist einfach, die Möbel teils modern, teils aus dem Anfang des Jahrhunderts stammend. Die Stuckplafonds gehören der Jetztzeit an. An Bildern sind nur Familienportraits da, zwei von Rahl gemalt, den alten Prinzen von Noer, den Vater, darstellend; dann seine Großeltern, der Herzog von Augustenburg, der Anfang des Jahrhunderts Kultusminister war, und die verwitwete Königin von Dänemark, Tante des Grafen. Der Billardsaal grenzt an mein Zimmer; auf dem Billard wird übrigens nicht gespielt, es liegt voller illustrierter großer Werke, meistens Indien betreffend. Das Studium des Grafen bezieht sich, wie Du weißt, hauptsächlich auf Indien und die Sanskritliteratur. Frau Feuerbach, Mutter von Anselm Feuerbach, war eingeladen, hierher zu kommen, konnte aber, wegen Besuch ihres Sohnes aus Wien, diese Einladung nicht annehmen. Lothar Bucher war mal hier. Sonst besteht der Hauptumgang des Grafen aus Engländern, von denen von Zeit zu Zeit jemand herkommt. Der englische Maler Philipp hat ihn auch gemalt. Der Graf war in Karlsbad im Frühjahr; er leidet an Gallensteinen und ist, seit ich ihn zuletzt sah, sehr grau geworden. Auf einer Spazierfahrt durch die zur Herrschaft gehörigen Ortschaften, Wiesen und Wälder sahen wir viel Wild; es ist ein Paradies für Jäger. Das Baden im Meer ist sehr bequem; ein Badekarren steht zu meiner Verfügung; übrigens hat die Sturmflut auch hier große Verwüstungen angerichtet. Gestern hat das Wetter sich aufgeklärt; am Nachmittag fuhren wir pirschen. Heute abend wird mich der Graf nach Kiel zurückfahren lassen, von wo ich um Mitternacht über Korsör nach Kopenhagen gehe. Du sollst, so läßt Dir der Graf sagen, vor allem frisches Brot und ungekochte Milch vermeiden. Was machen die Kinder? Zeichnet Ismael? Hier ist paradiesische Ruhe, die Dir wohl mehr zusagen würde wie mir. Ich will nun mein viertes Bad nehmen; das nächste hoffentlich in Klampenborg.

                                        Wie immer Dein W. G.

Nun folgen die von Stockholm datierten Briefe in rascher
Reihenfolge, meist von Tag zu Tag.

Stockholm, 5. August 1874

In Schweden! Und es sieht just so aus wie bei uns. Die
Reise gemacht zu haben ist vor allem interessant darin, zu
beobachten, wie wenig Unterschied zwischen hier und bei
uns besteht. Als ich mein Zimmer im vierten Stock nach
dem Hof, Hotel Rydberg (das erste Hotel hier), bezog, kam
eine Krähe ans offene Fenster geflogen, und obgleich ich ihr
nichts zu geben hatte, blieb sie sitzen und schalt gewaltig; sie
ließ sich fast anfassen. Als ich das Zimmer verließ, packte
ich alles vom Tisch, damit nicht im »Spuklande« (Dr. Arn-
steins Ausdruck) etwas spukhafterweise verschwinden
könne. Schwärme von Raben waren die einzigen Vögel, die
ich von Malmö bis Stockholm sah. Als ich, hier angekommen, den Omnibus zum Hotel bestieg, sah ich den Baron
Wahlberg, den ich zuletzt in Damaskus getroffen hatte; er erzählte mir in der Eile, daß er, wenn er 20 000 Taler gehabt
hätte, den Preußen in Sidon einen schlechten Streich gespielt haben würde; Preußen hat nämlich für diesen Preis
die zerstörte Kathedrale in Sidon gekauft, die er hätte kaufen
können, das heißt, wenn er gewußt, daß man Friedrich Barbarossa wirklich dort hätte finden können. Nach seiner Behauptung nun *wäre* er gefunden; und so kann denn Bismarck sein Barbarossa-Drama noch prächtiger und unter di-
rekter Anlehnung in Szene setzen. Meinen Freund Bocklund
habe ich in der Akademie getroffen; er ist Direktor derselben geworden, ebenso Direktor des Museums, das übrigens
genug des Interessanten bietet. — Es ist schauderhaftes Re-
genwetter. Da erscheint Stockholm *nicht* wie Neapel; Du
weißt, man nennt es das Neapel wie Kopenhagen das Venedig des Nordens.

Der Graf Noer ließ mich Sonntag abend sehr schnell und bequem an den Kieler Landungsplatz fahren, läßt Dich grüßen
und Dich einladen, dort zu baden. Es würde Dir zwar sehr gut,
der Stille wegen, gefallen, ich habe ihm aber doch geantwortet,
er solle erst uns mit seiner Frau einmal besuchen. In seiner Bibliothek steckt ein kleines Vermögen; er möchte gern, daß ich

auf der Rückreise wieder mit herankäme und Virchow mit-
brächte. Ich glaube nicht, daß dieser sich dazu bewegen lassen
wird, obgleich Virchows Busenfreund, Professor Goldstücker,
Sanskritist in London, dort war.

Die Seereise habe ich vollständig verschlafen; ich kam um
zehn Uhr an Bord, Ankunft in Malmö morgens zehneinhalb
Uhr. In Kiel sah ich beim Soupieren Frau von Saldern mit
ihren Kindern und einem fremden Herrn. Die Fahrt von
Malmö bis Stockholm dauerte achtzehn Stunden. Gute Gesellschaft im Coupé. Ein belgischer Gesandter, ein Däne,
dann Capellini, der Präsident des Kongresses in Bologna vor
zwei Jahren, und noch ein anderer Italiener — alles Kongres-
sisten. Der Name Virchow wirkt hier wie ein Zaubername,
selbst bei den Franzosen, die zwar — nachdem sie mich an
der Sprache nicht als einen verhaßten Preußen erkannt hatten — in Schreck gerieten, als ich mich als einen solchen de-
klarierte, *nach* ihrem Schrecken jedoch mich gleich nach
Virchow fragten.

Die Hotels hier und in Kopenhagen sind überfüllt, auch
alle Kommissionäre in Anspruch genommen, so daß ich wenig während meines bisherigen kurzen Aufenthaltes im Norden sehen konnte. Wie schön kam mir Kopenhagen vor
soundso viel Jahren vor; der Mensch aber ändert sich mit
den Zeiten. In der Nähe von Malmö sieht es aus wie bei
Lichterfelde, denn viele Wiesen, Massen von Kühen und
Pferden weiden auf ihnen; grau bleibt die Landschaft immer.
Das ganze Land ist wie besäet mit erratischen Granitblök-
ken, je größer, je mehr man sich der Hauptstadt nähert. Die
vielen Seen erscheinen blauer wie bei uns, Birken fast die
durchgängige Vegetation, lila die Farbe der Wiesenblumen.
Die Holzhäuser sind ganz rot angestrichen, die Leute sehr
artig und honett, die Verpflegung auf den Eisenbahnhöfen
idealisch. Man bezahlt eine verhältnismäßig geringe Summe
und ißt und trinkt dann kalt oder warm, soviel man will und
kann. Das Büffet ist so variiert wie in den feinsten Gesellschaften ... Sollte das Wetter hier immer so schlecht bleiben, würde ich nicht bis Schluß des Kongresses aushalten,
sondern spätestens am 14. abreisen. Geht die Kur gut vonstatten? Wie geht es den Kindern?

Wie immer Dein W. G.

Stockholm, 6. August 1874

In Schweden blühen die Linden spät und spärlich. Ich
schicke Dir ein Spezimen, wie es eben hier vorkommt, im
Stockholmer Tiergarten gepflückt, von wo ich soeben zurückkomme. Man fährt hier viel auf Dampfschiffen, die, om-
nibusartig, fortwährend herüber- und hinüberfahren, und
zwar für einen sehr geringen Preis. Das Wetter ist heute weniger schlecht, obgleich ich den ganzen Spaziergang mit auf-
gespanntem Regenschirm gemacht habe. Da ich mit Hülfe
eines von mir aufgetriebenen Kommissionärs mehr habe sehen können, bin ich heute auch zufriedener gewesen als gestern. Ich war im Schloß, wo sich vorzügliche Gobelins befinden; eine bessere Dekoration als selbst Bilder, wenn sie
von solcher Schönheit sind wie hier. Natürlich alle französisch. Danach die Synagoge gesehen; maurisch, sehr originell. Alle hier befindliche Statuen, die Gustav Wasas, Gustav
Adolfs, Karls XII. usw. (einige davon von Molin und Byström), sind gut. Das Skandinavische Museum genau betrachtet. Ein Konservator führte verschiedene Kongreßmitglieder, denen ich mich anschloß; das Waffenmuseum, die
Kostüme der schwedischen Könige und Königinnen, das An-
tikencabinet — in allen sehr interessante Sachen. Im »Tiergarten« das Schloß Rosendal gesehen.

Sehr alt ist hier nichts, jedoch finden sich immer Einzelheiten, an denen man lernen kann. Die Vergnügungslokale
sind teilweise im Alhambrastil; dasselbe gilt vom Tivoli in
Kopenhagen, in dem sich sogar ein sehr schönes chinesi-
sches Theater befindet. Den Vorhang desselben bildet ein
chinesischer Pfau, mit ausgebreitetem Schweif. Das Thor-
waldsen-Museum, außen bemalt, hat Anklänge ans Altägyptische; der gemalte Fries aber befindet sich unten, parterre,
auf schwarzem Grunde. Drinnen auch viel schwarze Farbe.
Drei Indianer fuhren auf dem Schiff von Kopenhagen nach
Malmö mit uns; sie wurden viel angestaunt. Virchow und
Kuhn getroffen. Virchow hatte für mich ein Zimmer im
»Kung Karl« bestellt, was ich leider nicht wußte. Tut mir
jetzt leid, ihn nicht vorher in Berlin aufgesucht zu haben.
Zur feierlichen, auf morgen angesetzten Eröffnung des Kon-
gresses weiße Krawatte gekauft, die ich ohnehin nötig hatte,

weil uns die Stadt Stockholm morgen abend ein Bankett gibt.
Meine Einladung trägt die Nummer 889. Übersicht über
Stockholm heute morgen vom höchsten Punkt aus genossen.
Zum Seebaden hier keine Gelegenheit. Die Bäder befinden
sich im Mälarsee. Ich hoffe, es geht Euch wohl.

Wie immer Dein W. G.

Stockholm, 11. August 1874

Seit meinem letzten Briefe vieles erlebt, so daß ich nicht
zum Schreiben kam, Lehr- und Genußreiches, auch manches Langweilige. Soeben komme ich von Upsala zurück.
Eine Meile über Upsala hinaus, auf dem Odins-Hügel, werde
ich wohl den nördlichsten Punkt auf meiner Erdenlaufbahn
erreicht haben. Die Partie war wunderbar. Die Regierung
stellte dem Kongreß einen großen Extra-Eisenbahnzug zur
unentgeltlichen Verfügung; morgens sieben Uhr ging's fort,
und um neuneinhalb Uhr hatten wir den Odins-Hügel erreicht, den man für uns hatte aufgraben lassen. Drei fast gleiche Hügel, pyramidenartig, liegen nebeneinander, von denen
der größte dazu bestimmt war, durchsucht zu werden.

Eine wahre Völkerwanderung zeigte sich; meilenweit
mußten die Leute herbeigekommen sein, um die Fremden
zu sehen. Zur Erquickung reichten uns die Studenten, nach
altnordischer Sitte, Met in großen Büffelhörnern. In Upsala
selbst empfing uns das Musikchor des Militairs auf der einen
Seite, auf der anderen Seite die Musikkapelle der 1600 Studenten umfassenden Studentenschaft; alles in großer Gala,
mit rotseidenen Schärpen, weißen Mützen und vielen Fahnen. Ganz Upsala war in Festkleidern auf den Beinen und
bildete eine unabsehbare Chaîne. Dazwischen Gesangchöre.
Die Fahnen voran, ging's, in langem Pilgerzuge, nach der Ca-
rolina rediviva, ein Zug, an dem Deutsche, Österreicher, Ungarn, Belgier, Brasilianer, Dänen, Finnen, Franzosen, Engländer, Italiener, Norweger, Portugiesen, Niederländer, Russen, Schweizer und Nordamerikaner teilnahmen. Im Park
des Botanischen Gartens wurde haltgemacht und uns, unter
aufgepflanzten Fahnen, ein prachtvolles Mahl von der Stadt
geboten. Die mit den schönsten Speisen reich besetzten Tische standen, in fast unabsehbarer Reihe, mit den seltensten

Blumen geziert, die weiten Alleen des Parks hinauf. Doch
ehe man sich zur Tafel niedersetzte, trat jeder zu der hier in
der Nähe befindlichen Statue Linnés heran, die für heute mit
einem grünen Lorbeerkranze geschmückt war (der Kopf hat
einen sehr einnehmenden Ausdruck), um den Hut davor ab-
zunehmen. Studenten bedienten die Tafeln. Der hungrigste
und durstigste Magen konnte hier seine Rechnung finden.
Dann wurden die Sammlungen und dann der Dom usw. besehen. Bei der Abfahrt wieder Gesang und Musik und nicht
enden wollende Hurras. Auf der Hinfahrt saß ich mit Virchow, von Quast, Professor Massenbach usw. zusammen, auf
der Rückfahrt mit dem dänischen Kultusminister Worsaae,
einem ausgezeichneten Archäologen. Er erzählte mir, daß er
dem Kronprinzen im vorigen Jahre die Kopenhagener
Sammlungen gezeigt habe. Mit im Coupé befand sich auch
Professor Hartmann mit seiner Braut und deren Mutter.
Überhaupt, es waren wohl hundert Damen mit dabei; im Kongreß selbst sitzen ihrer dreißig, einige sehr gelehrte darunter.

Das Fest, das uns die Stadt Stockholm in Hasselbacken,
einem schönen Ort im Tiergarten, gegeben, war auch sehr
brillant und endete mit Feuerwerk und bengalischer Beleuchtung. Dort war ich mit Dr. Mannhardt, der die besten
nordischen Mythologien geschrieben hat, außerdem mit dem
Grafen Sierakowsky, der eben aus Indien und Tibet kam,
und vielen andern zusammen. Dieses Fest in Hasselbacken
fand nach Schluß der Eröffnungssitzung des Kongresses
statt, während welcher Sitzung es stürmte und regnete. Bei
Beginn des Festes aber zeigte der Himmel wieder eine heitere Miene.

Gestern war eine interessante Kongreßsitzung, der der
König beiwohnte. Der König — ein Gelehrter und Dichter;
sein Vorgänger, Karl XV., war ein ganz tüchtiger Maler —
kam gerade zu einer heftigen Diskussion, in die sich Virchow
und de Quatrefages, der größte französische Anthropologe,
verwickelt hatten, eine Diskussion, aus der Virchow als Sieger hervorging, obgleich der andere (es darf im Kongresse
nur französisch gesprochen werden) die Sprache für sich
hatte. Ich saß übrigens ganz nahe beim König, ein Herr von
großer, stattlicher Erscheinung. Auch die Rednertribüne
hatte ich ganz in der Nähe, so daß ich alles verstehen

konnte. Die Sitzungen finden im alten Rittersaale statt, der
mit den Wappen der ganzen schwedischen Aristokratie geschmückt ist.

In dem Kunstmuseum hat mich der Direktor Bocklund
herumgeführt; die andern Museen habe ich mir von Fachgelehrten erklären lassen. Für die Kongreßmitglieder sind alle
Kustoden angewiesen, die Schränke zu öffnen, zu erklären
usw. Geheimrat von Quast war sehr liebenswürdig. Er sagte
mir, daß er meine Briefe aus Jerusalem mit großem Interesse
gelesen hätte; sein Sohn (der spätere Abgeordnete und
Landrat des Ruppiner Kreises) war vorigen Winter mit seiner Frau in Kairo der Kur wegen.

Stockholm kenne ich nun schon fast auswendig. Ich habe
auch Herrn Hammer, der eine der größten Privatsammlun-
gen in jeglicher Art besitzt, besucht; er hat mich selbst eine
Stunde herumgeführt. Sein Haus hat dem berühmten schwedischen Bildhauer Byström gehört; es ist sehr originell gebaut; der Besitzer führte mich in fast alle Winkel. Er scheint
der reichste Mann hier zu sein . . . Ich würde abreisen, wenn
nicht noch diverse Festeinladungen bevorständen. Zum Baden gibt es hier leider keine Gelegenheit. Professor Peter-
mann, früher Konsul in Jerusalem, will auch auf acht Tage
nach Swinemünde gehen. Der Strand ist dort jedenfalls sehr
gut, besser, als ich ihn bis jetzt irgendwo gesehen.

Wie immer Dein W. G.

Stockholm, 12. August 1874

Da ich kein Papier mehr zum Schreiben habe, so nimm
mit der Rückseite dieses Programms fürlieb . . . Nachdem
wir im Kongreß, durch die Steinzeit hindurch, bei der Bronzezeit angelangt sind, will ich nun auch die Eisenzeit mit
durchmachen. Eigentlich wollte ich übermorgen abreisen.
Morgen holt der König uns auf vielen kleinen Dampfschiffen
ab, um mit uns erst nach der Insel Björkö und dann nach
Schloß Gripsholm zu fahren. Am Sonnabend, so heißt es,
würde er uns nach Schloß Kroningsholm, dem Versailles
von Stockholm, zum Abendtisch einladen. Geschieht das, so
werde ich erst Sonntag abend abreisen können. Heute morgen waren der König und die Königin wieder in der Sitzung.

Virchow führte gerade den Vorsitz und hatte sie zu begrüßen. Ich war wieder ganz vorn placiert. Die Königin hat
einen klugen Ausdruck. Heute über Mittag habe ich nochmals die Museen durchlaufen. Zu Abend habe ich von Bocklund, Direktor der Akademie, eine Einladung erhalten. Kon-
zerte hört man hier täglich wenigstens dreimal. Originelles
zu kaufen aber gibt es hier nicht, mit Ausnahme norwegi-
scher Schmucksachen, die zu teuer sind. Seine kulinarischen
Kenntnisse kann man hier durch allerlei Fischarten, Ren-
tierschinken usw. bereichern. Während der Eisenbahnfahrt
setzte sich gestern auf den Waggon, in dem ich saß, eine
Krähe, die sich gegen den Stock eines Herrn, der sie necken
wollte, wehrte. Alle Fremden, zumal auch Deutsche, sind
von Stockholm entzückt; sie kennen aber meistenteils den
Süden nicht. In Florenz oder Rom findet man doch anderes
und im ganzen genommen Erbaulicheres und Belehrende-
res. Die Menschen scheinen hier freilich sehr brav zu sein;
von Bettelei merkt man nichts. Geh nur immer nach Swinemünde. Der Unterschied von anderen Seebädern scheint mir
wirklich gering zu sein.

Lebe wohl. W. G.

Stockholm, 14. August 1874

Gestern war ein anstrengender Tag. Kaltes Wetter, Regen, abends wieder heiterer Himmel. Um neun Uhr morgens holte der König in vier Dampfschiffen den Kongreß
ab; drei Stunden dauerte die Fahrt auf dem Mälarsee bis
nach Björkö, wo die Ausgrabungen der vor etwa 1000 Jahren verschwundenen Stadt stattfanden. In den Laufgräben,
die gezogen waren, um die Ausgrabungsschichten näher betrachten zu können, sammelten die Fachleute unzählige
Knochen; einige waren auch so glücklich, *solche* zu finden,
in die Runen eingraviert waren. Der König amüsierte sich,
immer voran in die Gräben zu klettern und den ihm zunächst Stehenden »prähistorische Beefsteaks«, wie er sich
ausdrückte, zu reichen. Das Frühstück wurde verabreicht
auf dem höchsten Granitplateau, wo ein Kreuz errichtet
stand, zum Andenken an den heiligen Ansgar, der in
Schweden hier zuerst das Christentum predigte. Unzählige
Landleute waren von den anliegenden Inseln herbeigekom-

men. Von allen Landsitzen, wo wir vorüberfuhren, Kanonenschüsse; abends bei der Rückkehr waren alle Fenster,
selbst die kleiner Hütten, erleuchtet; Raketen stiegen in die
Luft, manche Schlösser standen in rot und grünem bengali-
schen Feuer, dazu der weiße Rauch der Kanonenschüsse
zwischen dem dunkelgrünen Laub der einsamen Wälder —
alles erhöhte die Stimmung der in schwedischem Punsch
schwelgenden Gesellschaft. Das Hurrarufen, das Tücher-
schwenken endete erst bei der Rückkehr abends zehn Uhr
in Stockholm. Von Björkö bis Gripsholm war auch noch
eine Tour von anderthalb Stunden. Im Park desselben ward
wieder ein großartiges Diner eingenommen, während ein
Regenschauer in aller Gemütlichkeit die Tische und Gäste
überfiel. Das Schloß ward besehen: große historische Portraitgalerie.

Aus der Gesellschaft von Bocklund kam ich erst um ein
Uhr nachts nach Hause. Von sieben Uhr an bis ein Uhr nur
gegessen und getrunken in allen möglichen Formen. Bock-
lunds Frau eine sehr schöne Frau; die sieben Kinder reizend. Der Junge, in Ismaels Alter, heißt Iwar, das Mirjam
entsprechende Mädchen Isarja; sie ist sehr lebhaft und gra-
ziös. Die Kinder wurden alle in einer Reihe aufgestellt und
mußten den Gästen ein schwedisches Hurra, schwedisch
»rha, rha, rha«, bringen, was sehr reizend war. Isabella,
Blenda, Harold usw. heißen die andern.

Heute das Skandinavische Museum besucht; das wäre
was für die Kinder. In Wachs nachgebildete Lappen auf
Rentierschlitten, ausgestopfte Rentiere, die dazu gehörige
Eis- und Schneelandschaft an die Wände gemalt; ganze Stu-
ben mit Menschen und Gerätschaften hierher geschafft. Dalekarlierinnen in Nationaltracht zeigten uns diese Merkwür-
digkeiten.

Morgen sind wir zum König geladen; abends sieben Uhr.
Heute will ich noch nach Ulriksdal.

Leb wohl. W. G.

Stockholm, 16. August 1874

Mein Koffer ist gepackt; in einer Stunde werde ich abreisen. Die Coupés werden sehr besetzt sein, doch reisen einige
nach andern Richtungen, so Hartmann und Mannhardt nach

Norwegen, Virchow nach Finnland. Soeben besah ich noch
die Hammersche Sammlung in der Stadt; sie ist größer als
unser Gewerbemuseum. In Ulriksdal waren prachtvoll geschnitzte Möbel und Porzellansachen (die schönsten, die ich
gesehen) und einige Bilder zu bewundern. Das Fest, das uns
gestern abend der König auf Schloß Kroningsholm gab, war
außerordentlich schön. Schlimm fing es freilich an: bei strö-
mendem Regen war nur mit größter Mühe eine Droschke bis
zum Dampfschiff zu bekommen. Vier Dampfer hatte der König geschickt; der meinige hieß »Garibaldi«. Mit Regenschir-
men gingen wir ins Schloß, am Portal von schmetternder
Musik empfangen. Bei prachtvoller Illumination war der
Aufgang, die Treppen hinauf, sehr großartig. Durch alle Zimmer des oberen Stockwerks, mit Bildern, Gobelins und andern Kostbarkeiten geschmückt, ging's bis in den großen
Empfangssaal, wo alle Monarchen Europas abgebildet hingen. Ich gehörte zu den zuerst Angekommenen, so daß ich
mich in die Nähe der schönsten schwedischen Damenwelt
placieren konnte. Der König (in Zivil) hielt dann mit der Königin und der Königinwitwe seinen Einzug. Letztere war mit
Diamanten förmlich überdeckt, eine alte Dame, die sich die
größte Mühe gab, ganz besonders liebenswürdig zu erscheinen. Sie kam, da ich so günstig placiert war, gerade auf mich
zu und sprach französisch mit mir. Als sie aber erfahren, daß
ich aus Berlin sei, sagte sie: »Da können wir ja deutsch sprechen.« Die Königin hatte die schönste Toilette und sah sehr
gut aus: gelbe Robe mit blauen Aufschlägen (die schwedischen Farben). Sie trug einen enormen Diamant auf der
Brust und Diamantsterne im Haar. Etwa eine Stunde dauerte
die Unterhaltung, bei der natürlich die mit Sternen Übersä-
ten am meisten bedacht wurden. Mit Virchow unterhielt sich
die Königin besonders lange. Dann wurden wir ins Erdgeschoß geführt, der König mit der Königinwitwe voran. Da
waren alle Zimmer, eine unabsehbare Reihe, mit den schönsten Speisen und Getränken besetzt. Vor allem auch Eis, was
not tat. Die höchsten Herrschaften blieben, auch während
des Essens, mit ihren Gästen zusammen, und die Unterhaltung setzte sich fort. Als wir aufbrachen, hatte sich das Wetter aufgeklärt, und es bot sich uns ein zauberhaftes Schauspiel. Die Brücken über den Mälar waren erleuchtet, und die

langen Feuerlinien spiegelten sich in dem dunklen Wasser;
der Dampf der Schornsteine unserer Schiffe wurde von den
Flammen mit erhellt, schwedische Nationallieder erklangen,
und die Böller- und Kanonenschüsse endeten erst in Stockholm, wo wir um Mitternacht ankamen. Raketen, Feuerräder
und Leuchtkugeln hatten uns derartig umzischt und umknat-
tert, daß wir mehr als einmal fürchteten, auf unserem Schiffe
könne ein Unglück geschehen. Jedenfalls sahen wir, wie Raketen in kleine Boote fielen, so daß die Leute Mühe hatten,
ihre Kleider zu löschen. Unter grün- und rotbengalischem
Licht, in dem alle Villen erstrahlten, kehrten wir nach Stockholm zurück. Auf baldiges Wiedersehn.

Dein W. G.

So W. Gentz' Stockholmer Briefe, woran ich, eh ich in
einem Schlußkapitel in seiner Biographie fortfahre, die Mitteilung knüpfen möchte, daß sich Briefe verwandter Art in
großer Zahl im Gentzschen Hause vorfinden. Der Gang seines Lebens bedingte dies. Alljährlich auf langen Reisen ab-
wesend und immer in herzlichem Verkehr, erst mit dem el-
terlichen Hause, dann mit der eigenen Familie, mußten sich
solche Briefschätze wie von selber zusammenfinden. Über
den größeren oder geringeren Wert der einen oder anderen
Gruppe habe ich kein Urteil, doch schienen mir diese aus
weniger bereisten Gegenden stammenden Nordlandsbriefe
vor anderen den Vorzug zu verdienen.

V

»Des deutschen Kronprinzen Einzug in Jerusalem«.
Hildebrandtstraße 5. W. Gentz als Mensch und Künstler
(Von 1874 bis 1890)

Sommer 1874 machte W. Gentz, wie wir in unserem vorigen Kapitel unter gleichzeitiger Mitteilung einer ganzen Anzahl an seine Frau gerichteter Briefe mitteilen durften, seine
Stockholmer Reise, der ein kurzer Aufenthalt in Herings-
dorf folgte. Zu Beginn des Herbstes war er in Berlin zurück
und nahm hier die große Arbeit wieder auf, der er schon

seit Jahr und Tag in erster Reihe seine Kräfte widmete:
»Des deutschen Kronprinzen Einzug in Jerusalem«. Er beendete dies Bild 1876, in welchem Jahre es auf der Berliner Ausstellung erschien und die große goldene Medaille
erhielt. Es ist jetzt eine Zierde der Nationalgalerie und sowohl um seines Stoffes wie um seiner künstlerischen Vorzüge willen der Aufmerksamkeit jedes Besuchers sicher.
Auch ich, wenn ich desselben ansichtig werde, werde von
der poetischen Schönheit des zur Darstellung gebrachten
Momentes: des Einziehens unter Palmen, jedesmal ergriffen, kann dies Bild aber, sosehr ich es schätze, doch nicht
zu W. Gentz' vorzüglichsten oder, vielleicht richtiger, nicht
zu den mir sympathischen Arbeiten zählen. Mir persönlich
ist er als *afrikanischer Landschafter* am liebsten, und diejenigen seiner Bilder, die sich damit begnügen, in wunderbarem Gegensatze die Sterilität und zugleich die schöpferische Fülle der Tropengegend wiederzugeben, also Wüsten-
und Wasserflächen, übervölkert von Flamingos und anderem weißgefiederten Volk, entzücken mich mehr, ja fast
möchte ich sagen, heimeln mich mehr an. Seine Knaben-
wanderungen im Wustrauer Luch und am Molchow-See,
die von frühan sein Auge schärften, haben ihn durch sein
ganzes Leben hin *das* am tiefsten und eigenartigsten erfas-
sen lassen, was ihn schon als Kind am tiefsten in seiner
Künstlerseele berührte: melancholische Flächen und
schwermutsvolle Stille.

Herbst 1876 also erschien das Einzugsbild. In der Zeit,
die seitdem vergangen ist, schuf er unverändert weiter, und
kein Jahr verging, ohne daß sein Talent und seine Schaffenslust sich nicht neu betätigt hätten. Aus dieser Fülle, die hinter der Epoche von 1857 bis 1874 nicht zurückbleibt, sei
hier nur einiger weniger Bilder erwähnt: ein Harem auf Reisen, Supraporte für das Pringsheimsche Haus; eine Koran-
Vorlesung; ein Sonnenstreifen (Straße in Algier); Mirjam am
Quell als Illustration zu Ebers' »Homo sum«; Marabustorch
und Flamingos; Abend am Nil; Mameluckengräber bei
Kairo; koptische Christen in den ersten Jahrhunderten; und
eine große Zahl von Portraits, besonders Negerköpfe. Dazu
gesellt sich eine lange Reihe von Illustrationen, unter denen
die zu Georg Ebers' großem Werk: »Ägypten in Wort und

Bild« in erster Reihe stehen. Es sind (fünfundvierzig an der
Zahl) fertige Feder- und Tuschzeichnungen, die auf Holz
photographiert und dann geschnitten wurden.

Alle diese vorstehend aufgezählten Bilder entstanden in dem
der Künstlerwelt wohlbekannten Hildebrandtstraßen-Hause,
das, wie schon hervorgehoben, im Jahre 1869 von W. Gentz
erworben und, um sein eigenes Wort noch einmal zu zitieren, »orientalisiert« wurde.

Diesem Hause wenden wir uns jetzt zu. Es besteht aus
einem Souterrain, einem Erdgeschoß und einem ersten
Stock; im Souterrain befinden sich die Wirtschaftsräume, im
ersten Stock die Ateliers von Vater und Sohn, im Erdgeschoß die Familien- und Repräsentationszimmer, vier oder
fünf an der Zahl, die völlig eigenartig wirken und in ihrer
Mischung von Berliner Nähtisch und ägyptischem Fetisch,
von Ramses und Christian Friedrich Gentz, kairensischen
Teppichen und Ahornpaneelen aus der Berliner Glanzzeit
der Jenny Lind nirgend ihresgleichen haben, auch in den
maurischen Häusern nicht, deren wir vielleicht einige, jedenfalls aber eins in unserer Stadt besitzen: das Diebitschsche
Haus am Hafenplatz. Denn all das bisher in wohlüberlegter
Gegensätzlichkeit Aufgezählte gibt nur eine schwache Vorstellung von dem, was sich an aparten und untereinander in
einer Art Fehde stehenden Dingen hier alles zusammenfin-
det, Dinge, die berufen scheinen, ein Fünf-Weltteile-Ren-
dezvous und dabei zugleich das bunte, reiche Leben zu veranschaulichen, das der Besitzer aller dieser Herrlichkeiten
führen durfte. Was von dem Grund und Boden unserer
Hauptstadt gesagt worden ist, »jeder Quadratmeter bedeute
schon ein Vermögen«, das gilt fast auch von den Wänden
dieser W. Gentzschen Wohnung, und »gekeilt in drangvoll
fürchterliche Enge« haben wir hier die bei den verschiedensten Gelegenheiten, als Erinnerungsblätter, an W. Gentz
überreichten Skizzen aller möglichen Malerberühmtheiten
zusammen. Ich kenne, soweit Berlin in Frage kommt, keinen
Privatmann, dessen Wohnung angetan wäre, mit der hier
vorhandenen Bilderfülle zu wetteifern, und wenn beispielsweise das an den Wänden der Menzelschen Wohnung Auf-

gespeicherte, schon weil sich viele »Menzels« darunter befinden, unendlich wertvoller ist, so verschwinden doch, namentlich solange wir der *Zahl* ihr Recht gönnen, selbst diese
Menzelschen Schätze neben der bunten Mannigfaltigkeit des
hier bei W. Gentz Gebotenen. Daß übrigens das Gentzsche
sich auch inhaltlich sehen lassen kann, das wird sich aus
einer bloßen Aufzählung der Bilder und Skizzen genugsam
ergeben, trotzdem ich gezwungen bin, an drei Vierteln des
Vorhandenen vorüberzugehen.

Es befinden sich hier:

Friedrich Geselschap: Mädchen von Capri.

Anselm von Feuerbach: Aretins Tod bei einem ihm
von Tizian gegebenen Gastmahl.

Otto Knille: Dolce far niente. Ein Tiroler Bursch.

Rudolf Henneberg: 1. Szene vorm Forsthaus. 2. Reiter,
ein Wasser durchschreitend.

Gustav Spangenberg: Studienkopf zu Spangenbergs
Luther-Bild in der Nationalgalerie.

Albert Hertel: Dorf in Abendbeleuchtung.

Georg Bleibtreu: Kaiser Wilhelm und Moltke am
Abend des 18. August 1870 (Gravelotte).

von Meckel*: Arabische Wegelagerer.

von Klever (Professor an der Petersburger Akademie):
Russisches Dorf am Meer.

Hugo von Blomberg: Benvenuto Cellini im Keller.

Teutwart Schmitson: Bäuerliches Gespann.

Ernst Ewald: Märchenerzähler.

Dörr: Vier Interieurs einer Färberei in Fontainebleau.
(Dörr war ein Mecklenburger aus Ludwigslust, bild-
schöner Mensch und um seiner Schönheit willen
früh gestorben.)

Ludwig Knaus: Kinderszene aus der Feilnerstraße.

Paul Meyerheim: Ziegen und ein im Grase liegender
Junge. Geschenk Paul Meyerheims an sein Paten-
kind Ismael Gentz.

Fritz Werner: 1. Französische Gefangene im Tempelgarten zu Ruppin. 2. Portrait von W. Gentz, in ägyptischem Kostüm.

---

* Sohn des berühmten Hallenser Anatomen, ein Schüler Hans Gudes, lebt in
Karlsruhe.

Anton von Werner: 1. Almosenverteilung auf einem
Kirchhofe bei Kairo. 2. Gebet in der Wüste; Abdel
Kader.

Ferdinand Heilbuth: Doppelte Nelken in einer japane-
sischen Vase.

Jean-Louis Hamon: Im Ringelreihn tanzende Mädchen.
(L. Hamon, gestorben 1874.)

Diese zweiundzwanzig Bilder und Skizzen, unter denen
mir F. Heilbuths »Doppelte Nelken« und J.-L. Hamons
»Ringelreihn« als die bedeutendsten erschienen sind, geben
aber, wie schon angedeutet, nur eine geringe Vorstellung von
dem, was sich hier alles auf engstem Raume zusammenfin-
det. Vieles von dem Verbleibenden (dreißig Bilder und Skizzen) rührt von niemand Geringerem her als von W. Gentz
selbst, und wenn ich in vorstehendem speziell auf Aufzählung dieser Gentzschen Arbeiten, zu denen auch zahlreiche
Kopien nach Veronese, Tizian, Velázquez, Rubens, Jordaens,
Giorgione, Correggio, Poussin etc. gehören, verzichtet habe,
so geschah es, um diesem Aufsatze nicht über Gebühr einen
katalogartigen Charakter zu geben. Abschließend aber
möchte ich an eben dieser Stelle noch hervorheben dürfen,
daß der reiche Bilderschmuck nur einen Teil der Gesamt-
ausschmückung dieser Räume bietet, die mit ihren aus
Afrika mitgebrachten Erinnerungsstücken in erster Reihe
den Eindruck eines ethnographischen Museums machen. Da
finden sich wunderbar geformte Laternen, Leuchter und
Kannen aus arabischen Moscheen, Rauchgefäße, Teller und
Tassen, altägyptische Götterfiguren, perlmutterbelegte Ses-
sel, Kaffeemörser und Musikinstrumente: Darabukke und
Tamburine.

So das Gentzsche Haus. Und eigenartig wie das Haus, so
das Leben in ihm, auch das gesellschaftliche, das, in vielen
Punkten mit dem Leben anderer Künstlerhäuser überein-
stimmend, sich doch auch wieder durch einen eigentümlich
internationalen Zug von ihnen unterscheidet. W. Gentz'
zwölfjähriges Leben in Paris, seine bis auf diesen Tag alljährlich fortgesetzten Reisen in immer noch wenig befahrene Gegenden, sein ausgebildeter Sinn für Geographisches, Anthro-
pologisches und Kulturhistorisches überhaupt, sein Wissen,
das es ihm ermöglicht, auch eigentlichsten Gelehrten auf

ihren Wegen zu folgen — all das hat sich vereinigt, um seinem gastlichen Hause nicht bloß einen künstlerischen, sondern auch einen wissenschaftlichen, halb diplomatischen, alle Gesellschafts- und Völkerklassen umfassenden Stempel zu leihen. Ich würde mich nicht wundern, Tippo Tip oder Mirambo, oder Bana Heri, oder, wenn er noch lebte, den König Mtesa von Uganda bei Gentz zum Frühstück anzutreffen, Stanleys oder Wissmanns oder Emin Paschas, als einfacher Selbstverständlichkeiten, ganz zu geschweigen. Ich darf mich nicht rühmen, oft an den Reunions in der Hildebrandtstraße teilgenommen zu haben, aber niemals war ich zugegen, ohne sachlich und persönlich Interessantes erlebt zu haben. W. Gentz liebt es zum Beispiel, seinen Gästen, auf gut afrikanisch, Bananen vorzusetzen, und er tut wohl daran; denn diese Bananen, ob sie einem nun schmecken oder nicht, sind einfach ein Ausdruck davon, daß man sich, wenn man ihn besucht, nicht auf einer Alltagsheide, sondern auf einem besonderen Boden befindet. Die letzten zwei Male, daß ich dort verkehrte, sind mir unvergeßlich durch die Personen, deren Bekanntschaft ich damals machte respektive erneuerte. Der eine war Wereschtschagin, just auf der Höhe seines Ruhms, schweigsam und nur erheitert, wenn die pikante Mirjam (damals noch unverheiratet) ihm, ohne Rücksicht auf seine feierliche Miene, kleine Geschichten und Berliner Anekdoten erzählte. Man merkte daran das unter Namen und Autoritäten groß gewordene Kind, das nicht gelernt hatte, Berühmtheiten ängstlich zu nehmen. Der andere, den ich traf, war Hermann Maron, den ich seit länger als fünfundvierzig Jahren (wo wir gemeinschaftlich einen Dichterklub gegründet) nicht wiedergesehen hatte. Wir fanden uns — sehr verändert; sein Leben war wunderbar gegangen, und vier Wochen später schoß er erst seiner Frau, dann sich selber eine Kugel durchs Herz.

Soviel über W. Gentz und sein Haus. Eine Biographie darf aber auch an dem Menschen und, wenn dieser ein Künstler, an seiner Kunst nicht vorübergehen.

Ich kann ihm hier wieder selber das Wort geben; denn er hat sich mit jener Aufrichtigkeit und Ruhe, die sein ganzes

Wesen ausmacht, über sich selbst als Mensch und Künstler ausgesprochen.

»... Ich bin Darwinist«, so schreibt er. »Was ich von Vater und Mutter geerbt, weiß ich nicht sicher herauszubringen. Mein Vater erzählte mir einmal, daß er sich in der Jugend vorgenommen habe, 100 000 Taler erwerben zu wollen. Das war damals, von seinem Standpunkt aus, sehr viel. *Mein* Bestreben war immer darauf gerichtet, ›etwas zu werden‹. Kaufmännischen Sinn aber, Erwerbssinn, der äußerlich vorwärts kommen und bescheidene Zustände verbessern will, hatte ich gar nicht, vielmehr einen konservativen Sinn, wie meine Mutter, die sehr sparsam war. Meine Mutter war auch eine sehr versöhnliche Natur und verzieh allen, sogar den größten Feinden, wohin auch die Konkurrenten gehörten. Etwas davon glaube ich geerbt zu haben. Fleißig waren beide Eltern, und auch ich ging davon aus, daß ich durch *Arbeit* ersetzen müsse, was mir an Naturanlage fehlte. In der Jugend war ich exzentrisch und schroff, wovon meine Lehrer damals erzählen konnten; beim ›Trommeln‹ immer der Führer im Streit. Ich zähle mich nicht zu den Herdenmenschen. In meiner Eltern Hause wurde nie gespielt, auch nicht Karten. Ich bin keine eigentlich gesellige Natur und machte meine Reisen meist allein, um von dem mir vorgesteckten Ziel, um anderer willen, nicht abweichen zu müssen. Ich halte es für selbstverständlich, daß jeder, der unter bestimmten Einflüssen seines Landes groß geworden ist, dies Land und seine Nation mehr liebt als andere Nationen. Ich hasse aber die Kirchturmspolitik. Da andere Völker die leuchtendsten Vorbilder hervorgebracht haben: Homer, Äschylus und Phidias, Christus, Shakespeare, Michelangelo und Tizian, so kann ich nicht einsehen, warum man das Fremde geringer achten soll.

In religiöser Beziehung stehe ich auf dem Schillerschen Standpunkt:

Welche Religion ich bekenne? Keine von allen,
Die du mir nennst. — Und warum keine? Aus Religion.

Die Religionsphilosophie hat mich immer sehr interessiert. Ich habe die Vedas, Konfuzius, die Bibel, den Koran, den heiligen Augustinus, Luther, Spinoza, Lamennais etc. gelesen.

In der Natur und dem Menschenleben scheint mir, und
zwar durch den unerbittlichen Kampf ums Dasein, der Pessi-
mismus gerechtfertigt. Die persönliche Freiheit ist mir in der
Politik das Ideal. Daher bekenne ich mich nicht zur Sozial-
demokratie, die ein Untergraben derselben bedeutet. In Paris früher habe ich mich mit sozialistischen Schriften von
Fourier, Considérant, Proudhon etc. bekannt gemacht,
möchte dieselben aber nicht noch einmal lesen. Nach Luther
ist der Mensch ein übermütig und verzagtes Ding, und ich
darf sagen, ich habe beide Seelenstimmungen sattsam erlebt,
jedoch mehr die letztere, überhaupt viel an moralischem und
künstlerischem Katzenjammer gelitten. Für das Schaffen anderer habe ich mich immer interessiert, daher auch immer
gesucht, mit denen verkehren zu können, die sich auf diesem oder jenem Gebiete schöpferisch auszeichneten. Eine
Folge davon war, daß ich stets in einem nicht kleinen Kreise
gelebt, am liebsten jedoch, außer mit Afrikareisenden wie
Barth, Schweinfurth, Nachtigall etc., mit Künstlern verkehrt
habe. Nur der Sinn für Musik ist immer ein sehr geringer bei
mir gewesen; am liebsten höre ich Volkslieder und Kirchen-
gesang, dem ich in katholischen Ländern immer gern beige-
wohnt habe. Mit fast allen Künstlern der letzten Dezennien
habe ich verkehrt, darunter von Diebitsch, Henneberg, Gustav Richter, die Meyerheims, Menzel, Knaus, Karl Becker,
Bleibtreu, Spangenberg, Geselschap, so verschieden und ent-
gegengesetzt die hier Genannten auch sein mochten. Vielleicht ein Charakterfehler. Ich tröste mich aber mit dem Spi-
nozaschen Satze, daß die schlechten Seiten des Menschen
auch zugleich seine Tugenden seien. Viel Eindruck hat auf
mich der indische Spruch gemacht: ›Tu, was du willst, und
du wirst es bereuen.‹«

Soweit Gentz über sich selber. Ich möchte nach eigenen
Wahrnehmungen und Erlebnissen ein paar Worte hinzufügen dürfen.

W. Gentz ist in allem das Gegenteil von einem modernen
Radaumenschen, und in gänzlicher Abwesenheit von lär-
mend anspruchsvoller Inszenierung seiner selbst liegt sein
Wesen und sein Wert. Schon im Gespräche mit ihm zeigt
sich dies; er kennt weder die »großen Worte« noch das nervös Prickelnde der Konversation. Wer *das* verlangt, wird

nicht weit mit ihm kommen; wer indessen weiß, daß ein lange gelagerter und ruhig gewordener Rauenthaler, der's aber in sich hat, besser ist als ein moussierender Mosel, der wird Geschmack und Genuß an Gentzscher Reserviertheit und an seiner das Langsam-Mecklenburgische streifenden Vortragsweise finden. Ich kann nicht einmal behaupten, überaus häufig mit ihm verkehrt zu haben, und bin ihm doch das Anerkenntnis schuldig, unter den etwa »hundert besten Geschichten«, die mich als eiserner Bestand durchs Leben begleitet haben und noch begleiten, ein halbes Dutzend ihm dankbar anrechnen zu müssen. Und das ist sehr viel. Gleich das erste der Art, was ich schon vor beinahe zwanzig Jahren aus seinem Munde hörte, kann als ein Musterstück seiner Vortragsweise gelten, einer Weise, die mir darin zu gipfeln scheint, daß er den andern oft eine halbe Stunde lang sprechen läßt, bis er plötzlich, an einer ihm passend erscheinenden Stelle, nun seinerseits das Wort nimmt, nicht um eine gleichgültige Bemerkung oder kurze philosophische Betrachtung (darin er übrigens Meister ist), sondern um ein *figurenreiches* Bild einzuschieben. Er ist dann holländischer Maler mit dem Wort und malt heitere Genreszenen, die mich, in ihrer farbenfrischen Anschaulichkeit, immer an humoristische Schilderungen aus Achim von Arnim erinnert haben.

Aber ich wollte von unserem Erzähler erzählen.

Wir schlenderten am Tiergartenrande hin, und ich klagte — wie das jedesmal geschieht, wenn man von einer Sommerreise heimkehrt — über die jämmerlichen Essereien in den qualvoll langweiligen Hotels und wie mir immer noch das Leben in England als ein Ideal vorschwebe, wo man Ruhe habe vor Lachsmayonnaisen und Aal in Aspik und sich seinem Genuß an Hammelrippen und Seezungen immer wieder freudig hingeben könne — nur die natürlichen Gerichte hätten einen Wert.

»Ja«, nahm jetzt Gentz das Wort, »das meine ich auch und habe das nie lebhafter empfunden als einmal in Bayern, in Tagen, wo mir das Hotelessen auch so recht zuwider war. Es traf sich, daß ich zu selber Zeit von einem reichen Patrizier, einem Enthusiasten für Bilder und Archäologisches, zum Frühstück geladen wurde, nahm denn auch an und fand bei meinem Erscheinen schon ein paar andere Gäste vor, mit denen ich mich auch bald danach in ein mit Birkenreisern dekoriertes Eßzimmer geführt sah. Die Fenster standen auf, und alles um uns her war Appetitlichkeit und Frische. Und nun denken Sie sich, was gab es da? Auf einem langen eichenen Tisch lag ein am Spieß gebratenes junges Schwein, aufgebrochen und mit kleinen Thymiansträußen ausgesteckt, was ganz reizend aussah. Wichtiger aber waren lange schmale Spitztüten, die daneben steckten und in denen sich Pfeffer und Salz befand. Nun wurde jedem von uns ein Messer gereicht, das eine ganz eigentümliche Form hatte, beinahe sichelförmig, und so bewaffnet, gingen wir in einem Gänsereihen um den Tisch herum, um, wie Jäger, das Revier abzusuchen. Sie werden sich erinnern, daß, wenn man ein Gänsegerüst abknaupelt, es kleine Höhlen und Winkel gibt, wo die eigentlichen Delikatessen liegen, und diese sich halb verbergenden Stellen auch an dem jungen Schweine ausfindig zu machen und dabei dem andern zuvorzukommen, das war nun die Aufgabe. Natürlich wäre ich, als ein Neuling und Uneingeweihter, jämmerlich damit gescheitert, wenn nicht die Liebenswürdigkeit des Wirts sich meiner erbarmt hätte. Da ist mir denn erst klargeworden, was Schweinebraten heißt. Und dazu die Tüten und die Thymiansträuße und das Kulmbacher Bier (denn es war in der Kulmbacher Gegend), das immer frisch gereicht wurde — ja, hören Sie, da kann der ›Halbe Mond‹ in Eisenach oder das ›Zehnpfund-Hotel‹ in Thale nicht gegen an, und Sie haben schon ganz recht, wenn Sie sagen, ›nicht bloß das Gesunde, sondern recht eigentlich auch das Feine, das hat man bloß bei den Naturgerichten‹. Und wirklich, die was davon verstehen, die haben auch immer so gedacht, obenan Friedrich Wilhelm I., der durchaus für Weißkohl und Hammelfleisch war. Kaiser Wilhelm soll auch den Tag gesegnet haben, wo er Brühkartoffeln kennenlernte, vom seligen Goethe gar nicht erst zu reden. Sie wissen, daß ich die Teltower Rüben meine.«

Das war so ein in Worten gemaltes Gentzsches Bild, und wenn ich auch für den Wortlaut der Geschichte nicht mehr einstehen kann, so weiß ich doch, die Hauptsache richtig wiedergegeben zu haben.

Und so verliefen Gentzsche Geschichten überhaupt, nur

daß die allerechtesten doch noch einen Beisatz von feinem
Spott und sozusagen liebevoller Ausmalung menschlicher
Schwächen zu haben pflegten. Eine derartig eulenspiegelsch
gefärbte Geschichte möchte ich, als zweite Gentziade, hier
noch erzählen, und zwar, wie ich zur Beruhigung der Leser
gleich hinzusetzen will, auch als letzte.

».. . Nun denn, der sogenannte Marine-Krause (reizender
Lebemann und tüchtiger Künstler) war auch Lehrer an der
Akademie. Kunsthändler Rudolf Lepke kaufte viel von ihm.
Eines Tages hielt Krause wieder seine Klasse und ging eben
von Platz zu Platz, als ein allen älteren Malern und natürlich
auch allen Akademieschülern wohlbekannter Diener Lepkes
eintrat, ein Bild unterm Arm. Krause sah sofort, daß es ein
Bild von ihm selber war.

›Nun, Zühlke, was gibt es?‹

›Ja, Herr Professor . . .‹ Und Zühlke sah verlegen auf die
jungen Akademiker.

›Na, man raus.‹

›Ja, Herr Professor, Herr Lepke schickt Ihnen das Bild
wieder . . . Sie hätten alle wieder rote Jacken an . . . Und rote
Jacken, die wollte keiner mehr, die hätten die Leute jetzt
über . . . Er sagte, Sie müßten ihnen andere Jacken anziehen,
Herr Professor; anders ging es nicht.‹

Krause verfärbte sich und rang anscheinend nach Luft.
Endlich hatte er sich seine Rolle zurechtgelegt und fuhr
nun los, indem er den Berserker ganz kunstgerecht spielte.
›Zühlke, raus. Was soll das heißen? Lepke ist verrückt geworden. Raus, sag ich.‹ Und während Zühlke ging, tobte
Krause vor seinen Schülern immer noch weiter und stürzte
schließlich dem armen Zühlke nach, vor sich hin brum-
mend, daß er dem Kerl noch ein paar ordentliche Redens-
arten an den Kopf schmeißen müsse. Dabei warf er die
Klassentür forsch zu und sah nun auch wirklich den Korri-
dor hinunter. Da ging Zühlke noch, das Bild unterm
Arm.

›Zühlke!‹

›Herr Professor . . .‹

›Zühlke, kommen Sie noch mal her. Wissen Sie was, stellen Sie das Bild da hinter die Tür, aber so, daß die Jungens
es nicht sehen, wenn sie rausstürzen, und sagen Sie Lepken,

ich würde den Kerls andere Jacken anziehen. Und grüßen Sie Lepken. Er ist doch wohl?‹

›Ganz wohl, Herr Professor.‹

›Na, denn is es gut.‹

Und sofort die Wutmiene wieder aufsetzend, trat er in den Klassensaal zurück, um noch einiges über den unverschämten Kerl zu sagen.«

So Gentz in seiner zweiten, echtesten Geschichte, die mir, neben anderem, auch dadurch unvergeßlich geblieben ist, daß er (wir sprachen gerade von einem durch »Schneidigkeit« sich auszeichnenden Künstler) schmunzelnd hinzusetzte: »Und sehen Sie, so ist *der* nu gerade auch.« Und wer wollte es bezweifeln, daß er zu solchem Ausspruch ein Recht hatte! Gibt es doch nur ganz wenig Menschen, die frei von solcher Komödianterei sind; andere, die sich wohl frei davon machen möchten, können's nicht, weil sie's von Geschäfts wegen nicht dürfen.

Verbleibt uns, zum Schluß, noch ein Wort über W. Gentz den *Maler*. Auch hier wieder können wir seinen eigenen Aufzeichnungen folgen.

»... Ich bin der Ansicht«, so schreibt er, »daß die Kunst modern, das heißt zeitgemäß, sein müsse. Ich verehre die alten Künstler im höchsten Grade, ja, finde, daß sie in ihrem Kreise so Vollendetes geleistet, daß es nicht übertroffen werden kann. Ich nenne nur die Sixtinische Madonna und die Gestalten des Phidias. Die moderne Kunst muß also andere Wege einschlagen oder andere Gebiete kultivieren, um damit konkurrieren zu können. Naturalismus — Realismus. Zum Beispiel ein Pferd wie das des ersten Napoleon auf dem winterlichen Rückzuge (von Meissonier) hat nie ein alter Maler so gut gemalt; gemütvolle und humoristische Genreszenen wie Knaus ebensowenig. Das Studium alter Kunst halte ich aber für gut, vielleicht für notwendig. Es gehört schon große Kraft dazu, die Alten so nachzuahmen, daß diese Nachahmungen daneben bestehen können. (Lenbach.) Meiner Neigung nach bin ich Idealist, und doch hat mich meine Naturbegabung nicht dazu befähigt, ideale, phantastische Gestalten und Seelenschilderungen hervorzubringen. Ich habe mich deshalb auf die pittoreske Seite der Natur beschränken müssen. Ich bin mehr Kolorist. Der Farbenzauber

übt den größten Reiz auf mich aus, besonders der Tizians,
der wohl auf diesem Gebiet das Vollendetste schuf. Den Stil
halte ich in der Kunst für notwendig, Stil dahin aufgefaßt,
daß er das Triviale, Gemeine, Alltägliche von der Kunst fern-
zuhalten, aus dem Darzustellenden auszuschließen habe. Stil
besitzen demnach auch Rembrandt und Menzel.* Die Kunst
soll nach Vollendung streben, soll ehrliche, gründliche Arbeit verrichten, und soweit dies die modernen ›Impressioni-
sten‹ tun, schließe ich auch diese Richtung innerhalb der
Kunst (Fr. von Uhde, Max Klinger) von der Kunst selbst
nicht aus. Leider aber wenden sich auch viele junge Künstler dieser Richtung zu, die, bei unleugbarem Talent, doch
nicht Energie genug haben, gründlich zu arbeiten, und zunächst nur auffallen wollen, was durch den Impressionismus
und Intentionismus, dieser äußersten Linken, allerdings
möglich ist.

Es ist natürlich, daß ein Künstler das Naheliegende, das
Heimatliche, das Vaterländische vollendeter als das Fremde
zu schildern vermag. Sollte aber nicht, wie die Wissenschaft,
so auch die Kunst dazu berechtigt sein, den ganzen Erdball
in ihr Gebiet zu ziehen? Würde jede Nation für sich nur ihr
Nationales in Betracht ziehen, so würde zwar dadurch auch
der Erdball zur Darstellung gelangen, es müßte dann aber,
wenn man sich vor Erstarrung und Enge bewahren wollte,
doch immer wieder ein *großartiger Kunstaustausch* stattfinden, der, in der tatsächlichen Anerkennung einer Gleich-
oder Mitberechtigung, dem Wesen des Nationalismus doch
wieder widersprechen würde.«

So W. Gentz über seine Kunstrichtung, Bemerkungen, denen ich, abschließend, ein paar Worte hinzufügen möchte.
So gewiß Paris, seit Horace Vernets Tagen und vielleicht früher schon, reich an Orientmalern ist, so gewiß ist W. Gentz
unter *uns* ein Unikum geblieben, derart, daß wir vielleicht
keinen Künstler haben, selbst große Meister wie Menzel und
Knaus nicht ausgeschlossen, mit denen wir eine so bestimmte Vorstellung verknüpfen wie mit W. Gentz. Er ist
Kairo, Jerusalem, Konstantinopel, er ist Sklavenkarawane,

---

* W. Gentz scheint hiernach davon auszugehen, daß beiden berühmten Malern
(Rembrandt und Menzel) der Stil abgesprochen worden sei, was möglich, mir aber
ganz neu ist.

Harem, Judenkirchhof und dazwischen Wüste mit Tempel-
trümmern und Pyramiden und Fluß und See mit Pelikanen
und Flamingos. Die Bilder, die davon abweichen, liegen weit
zurück. Der Orient ist seine Welt und der Turban nicht bloß
das Kleid, das ihn kleidet, sondern auch das Zeichen, darin
er siegt. Ernst, solide, gewissenhaft wie der ganze Mann ist
auch das, was er schafft; ein feiner Humor, der sein Leben
durchdringt, adelt auch seine Kunst und heimelt uns daraus
an. Er gehört zu den nicht vielen, an denen man sich ermuti-
gen darf, und wenn ich im Streit mit den Verurteilern unserer Zeit aufgefordert werde, Namen zu nennen und den Beweis zu führen für meine günstigere Meinung, so nenne ich
auch Wilhelm Gentz und freue mich der Landsmannschaft
und daß ich Wand an Wand mit ihm geboren wurde.

Diese biographische Skizze wurde 1889 auf 1890 geschrieben. W. Gentz war damals siebenundsechzig Jahr, und seine
feste und erprobte Gesundheit schien ihm noch eine Reihe
von Jahren zu versprechen. Es war aber anders beschlossen. Genau um die vorgenannte Zeit (Winter 89 und 90)
begab er sich mit Frau und Sohn nach Tunis und Tripo-
lis, wo er sich, mit jugendlichem Feuereifer, rastloser und an-
gestrengtester Tätigkeit hingab. Diese rastlose Tätigkeit und
mehr noch der plötzliche Wechsel von Sonnenglut und
Kälte legten den Keim zu einem quälenden Leiden. Mit rüh-
render Geduld ertrug er die Beschwerden der Heimfahrt,
ohne mit einem Wort zu klagen. Als Sterbender traf er wieder in Berlin ein und entschlief am 23. August 1890.

12. »CIVIBUS AEVI FUTURI«

Es trägt Verstand und rechter Sinn
Mit wenig Kunst sich selber vor.

»Faust«

Stoß deinen Scheit drei Spannen in den Sand,
Gesteine siehst du aus dem Schnitte ragen,
Es ist, als habe hier, am Torfmoor hin,
Natur die Trödelbude aufgeschlagen.

Annette von Droste-Hülshoff

Unter den wenigstens durch Ausdehnung hervorragenden
Gebäuden der Stadt nimmt das *Gymnasium* den ersten
Rang ein. Es wurde nach dem Brande von 1787 auf einem
Platzviereck errichtet, auf dem wenigstens drei Kölner Dome
hätten stehen können, und empfing die Inschrift, die ich die-
sem Kapitel vorgesetzt habe: »Civibus aevi futuri«.

Die Ruppiner lateinische Schule zählt zu den ältesten der
Mark, und 1865 konnte bereits das fünfhundertjährige Bestehen dieser Alma mater gefeiert werden. Festgedichte von
erheblicher Strophenanzahl erschienen, die das Wachsen
der Schule von Jahrhundert zu Jahrhundert begleiteten und
dem Ruppiner Bürger, insonderheit dem des Reformations-
zeitalters, das ehrende Zeugnis ausstellten, »daß er durch
Beifall, Lob und reiche Spenden die herzudrängenden Jünger des Wissens tatenstark gemacht« und das Ansehen der
Schule durch ganz Brandenburg hin begründet habe:

»Der Schule Ruf hallt durch die ganze Mark.«

So war es im sechzehnten Jahrhundert, und so war es
auch im neunzehnten noch. Nur die Beschaffenheit des Rufs,
»der immer noch durch die Marken hallte«, war inzwischen
ein anderer geworden. Wohl war das Gymnasium eine Wis-
sensquelle geblieben, aber was wenigstens in den Tagen meiner eigenen Jugend ihren besonderen Ruf begründete, war
doch vorwiegend *der* Umstand, daß diese Ruppiner *Wissens-*
quelle zugleich eine besondere *Trostes*quelle geworden war.
Hier hatte der »Wilde« sein Refugium, *hier* fühlte der an der
bekannten Klippe Gescheiterte wieder Hoffnung und sah
das Rettungsboot vom Lande stoßen. Mancher schon dem

Untergehen Nahe, *hier* ist er durch liebevoll zugeworfene
Schwimmgürtel sich selbst und dem Staat erhalten geblieben. Und »Gott sei Dank!«, so füg ich in meiner Vorliebe für
alle diese Anstalten »von der milderen Observanz« hinzu.
Sie sind meines Erachtens ein notwendiger Ausgleich für
den andernorts geübten Rigorismus. Denn ich bekämpfe den
Satz und werd ihn bis zum letzten Lebenshauche bekämpfen, daß der Normalabiturient oder der durch sieben Examina gegangene Patentpreuße die Blüte der Menschheit re-
präsentiere. Das Beste, was wir haben, ist ohne diese vorgängigen Proben geleistet worden. Und so seid mir denn
gepriesen, ihr Schlupflöcher, wo der *Nicht*-Mustermensch
noch Chancen hat, sich glücklich durchwinden zu können!

Die bei Gelegenheit der Jubelfeier von 1865 erschienenen
»Annalen« ermöglichen uns einen historischen Überblick
über die Schule, den wir aber nicht allzuweit rückwärts ausdehnen. Vor etwa 100 Jahren erlangte sie während des Dop-
pelrektorates von Lieberkühn und Stuve eine Art europäi-
sche Berühmtheit. Beide, die zu den Anhängern Basedows
zählten, leisteten Bedeutendes in Erweckung eines frischen
Geistes in der Jugend, und »die mit Vorliebe gepflegte *Anthropologie* erzeugte eine praktische Diätetik, die viele Schüler selbst in den Häusern ihrer anders denkenden Eltern
dazu bestimmte, freiwillig allem Luxus und aller Verwöh-
nung, so beispielsweise dem Kaffee, dem Bier und Wein, zu
entsagen. Sie tranken Wasser, schliefen und badeten kalt
und gefielen sich in jeglicher Abhärtung des Körpers.«

Aber dies alles war nur Episode. Die Lieberkühn-Stuve-
sche Herrschaft währte nur wenige Jahre, von 1777 bis
1786; ein Jahr darauf brannten Stadt und Schule nieder,
und als 1791 unser jetziges »Civibus aevi futuri« aus der
Asche erstand, rückten neue Principes und neue Prinzipien
in das Gymnasium ein.

Während des ersten Drittels dieses Jahrhunderts regierte
Thormeyer, der Schulmonarch, wie er im Buche steht. Ich
habe selbst noch bei meinem Eintritt ins Gymnasium ein
Cornelius-Nepos-Kapitel unter seinen Augen oder richtiger
unter seinen Nüstern übersetzt, und was Thackeray in seinem »Vanity Fair« erzählt, »daß ihm von Zeit zu Zeit immer
noch Mr. Birch in seinen Träumen erscheine«, das kann ich

auch von meinen Beziehungen zum alten Thormeyer sagen. Er war eine Kolossalfigur mit Löwenkopf und Löwenstimme, lauter Schreckensattribute, die dadurch nicht an Macht verloren, daß man sich schaudernd erzählte, »er sei überhaupt nur von Stendal nach Ruppin versetzt worden, weil er sich an ersterem Ort an seinem Ephorus hart vergriffen habe«. Das Wort »vergriffen« hatte für meine zwölfjährige Knabeneinbildungskraft etwas ganz besonders Schauerliches.

Ich muß bei diesem Manne noch einen Augenblick verweilen, weil sich mir einige »kulturhistorische Bemerkungen« dabei aufdrängen und weil an einer Erscheinung wie die seinige der außerordentliche Unterschied zwischen jetzt und damals zutage tritt. Wird alles Gewicht auf das *Autoritative* gelegt, so haben wir seitdem offenbare Rückschritte gemacht, soll aber andrerseits von gesundem Sinn, von Schönheit und Freiheit die Rede sein, von jener hohen Freiheit, die doch bei allem Lernen und Wissen immer die Hauptsache bleibt und ohne die die ganze Bekanntschaft mit Plato keine Viertelmetze Kirschen wert ist, so haben wir nicht nur Fortschritte gemacht, sondern existiert überhaupt gar keine Verbindung mehr zwischen damals und heut. Thormeyer galt als ein geistreicher Mann. Möglich, daß er es auf *seine* Weise war, aber diese *Weise* war der Art, daß uns alles, was er sprach oder schrieb, nur wie Bombast oder ein hochgestelzter Galimathias berührt. Ein paar Beispiele. »Was für positive und negative Beschlüsse ein Schuldirektor zu fassen hat«, schreibt er, »hängt nicht von ihm und a priori ab — *da weder das Dasein Friedrichs des Großen noch dessen Siebenjähriger Krieg sich a priori beweisen läßt* —, sondern es hängt von dem Besondersten der Zeit und des Ortes ab.« Dieser Satz, der sich durch einen mindestens kühn gewählten Vergleich auszeichnet — denn zwischen der Vorweg-*Beurteilung* eines zwar erst kommenden, aber doch unter allen Umständen einem bereits existierenden Gesetz unterworfenen Falles und dem Vorweg-*Beweis* eines noch erst in der Zukunft ruhenden Menschendaseins ist ein gewaltiger Unterschied —, bietet all seiner Kühnheit unerachtet nur einen Vorgeschmack dessen, was Thormeyer zu leisten imstande war. Voller, gründlicher haben wir ihn in seinen Büchern, beispielsweis in seinem »*Erbauungsbuch* für studierende Jünglinge«. Darin befindet sich folgende Betrachtung über die *Hände.* »Die Hände sind an demjenigen Ort befestigt, wo sie alle ihre Geschäfte auf das geschickteste, beste und leichteste verrichten können. Denn hätten sie ihre Stellung hinten erhalten, so könnten ihnen, bei der übrigen *jetzigen* Beschaffenheit des Leibes, die Augen nicht zustatten kommen, befände sich aber die eine Hand hinten und die andere vorn, so könnten sie einander nicht Hülfe leisten.«

So Thormeyer. Welche »Erbauung« muß dem dürstenden Jüngling aus diesem Erbauungsbuche geflossen sein! Zu *dem* Behufe versenkte man sich in Anthropologie und Psychologie, *das* waren die Früchte, die am Baume höherer Erkenntnis wuchsen. Entsprechend dem allen war der Grad sittlicher Freiheit und stolzer Unabhängigkeit im Leben des Mannes selbst. Ein Donnerer in den Klassen, erwies er sich als »devotest ersterbend« jeder vorgesetzten Behörde gegenüber, diese mochte sein, was und wie sie wollte.

Thormeyer schied 1834 aus. Mit diesem Ausscheiden begannen andere, bessere Zustände. Was am Ideal noch fehlen mochte, war zum Teil die Nachwirkung voraufgegangener Zeiten. Starke kam, von dem am Jubelfeste 1865 einer seiner Schüler, Geheimer Rat von Quast, sagen durfte: »Nie hat ein anderer Lehrer, *auch der berühmtesten keiner,* ähnlich ergreifend und bestimmend auf mich eingewirkt.« Dann folgte W. Schwartz, ein Mann von seltener organisatorischer Kraft, eine Autorität auf dem Gebiete märkischer Sage und Geschichte, dessen segensreichem Wirken die Anstalt unter anderm die Aufstellung und Zugänglichmachung eines ihrer größten Schätze verdankt.

Dieser Schatz ist: *das Zieten-Museum.*

Das Zieten-Museum entstand aus einer reichhaltigen Sammlung naturhistorischer, ethnographischer, namentlich aber *vaterländischer* Altertümer, die, vom verstorbenen Grafen Zieten auf Wustrau begonnen, schon Anfang der fünfziger Jahre, nach testamentlicher Verfügung, an das Ruppiner Gymnasium übergegangen war. Die Verhältnisse gestatteten nicht gleich eine paßliche Aufstellung. Erst bei Gelegenheit der fünfhundertjährigen Jubelfeier ermöglichte sich dies, und zwar in der *Aula* des Gymnasiums. Dem Stifter zu Ehren erhielt das Ganze den mehrerwähnten Namen: *Zieten-Museum*. Ebendieses, inzwischen durch mannigfache Schenkungen bereichert, gliedert sich jetzt in drei Abteilungen, in: 1. eine Bildergalerie, 2. ein ethnographisches und Naturaliencabinet und 3. eine Kollektion vaterländischer Altertümer. Über die zweite Abteilung geh ich hinweg. Nur über 1 und 3 einige Worte.

Die *Portraitgalerie* umfaßt die Bildnisse berühmter Männer aus Stadt und Land Ruppin, und zwar: des alten Zieten (Geschenk des Grafen von Zieten-Schwerin auf Wustrau), des Feldmarschalls von dem Knesebeck (Geschenk seines Sohnes, des Majors von dem Knesebeck auf Karwe), des Generallieutenants von Günther (Geschenk der Familie Ebel), des Generals von Wahlen-Jürgaß (Geschenk seines Großneffen, des Herrn Adalbert von Rohr) und endlich des berühmtesten Sohnes der Stadt, Karl Friedrich Schinkels.

Die drei ersten, Zieten, Knesebeck, Günther, sind Brustbilder in Öl, lebensgroß; Wahlen-Jürgaß eine höchst vorzüglich in Blei und schwarzer Tusche ausgeführte Zeichnung; Schinkel ist Büste. Bei jeder Versammlung in der Aula sieht sich der Schüler von den Bildnissen *derer* umgeben, denen er nacheifern soll in Treue und Mut, in Wahrheit und Schönheit. Daß diese Vorbilder nicht bloß Vorbilder überhaupt, sondern zugleich auch speziellste Heimatsgenossen sind, steigert den Sporn, den sie geben, und dadurch ihren Wert und ihre Bedeutung.*

Die Sammlung vaterländischer Altertümer, in Schränken und Glaskästen aufbewahrt, umfaßt etwa 200 Nummern, wovon 100 auf das Stein- und 100 andere auf das Bronzezeitalter kommen.

Was die erstere Hälfte, also die dem *Steinzeitalter* zugehörigen Gegenstände angeht, so scheint mir die Bedeutung derselben nur eine durchschnittliche zu sein. Eine Ausnahme machen wohl nur diejenigen Nummern — sechs an der Zahl —, die *unfertig gebliebene* Waffen und Geräte, sämtlich aus Feuerstein, aufweisen. Irgendeine Störung hinderte den

---

* Gegenüber den Bildnissen der Generäle befinden sich die Portraits der drei letzten Direktoren: Thormeyer, Starke, Schwartz.

Werkmeister an der *Vollendung* dieser Dinge, die nun insoweit zu den allerinteressantesten Funden zählen, als sie uns
in die *Technik* einweihen, die vor anderthalb Jahrtausenden
oder länger geübt wurde.

Die 100 Nummern aus dem *Bronzezeitalter* enthalten,
außer Dutzenden von Framen und Paalstäben, von Harpu-
nen und Lanzenspitzen, einige Unika oder fast Unika, von
denen zwei ein besonderes Interesse der Forscher in Anspruch genommen haben: 1. der sogenannte *»Kommandostab«* und 2. der dreirädrige *Thors-* oder *Odins-Wagen.*

Der »Kommandostab« — den ich übrigens immer noch
nicht absolut abgeneigt bin für die Streitaxt eines Häuptlings
zu halten, wennschon er sich zu der gleichnamigen Waffe
des Mittelalters wie ein Galanteriedegen zu einem Ritter-
schwerte verhält — ward 1848 auf der Feldmark von Trieplatz gefunden.* Er hat etwa die Länge eines Arms, besteht
aus purer Bronze und setzt sich aus Stiel, Beil und sechs
kurzen Stacheln zusammen, von denen je drei zu Seiten der
Beilwandung stehen. Es ist eine Waffe von solcher Schönheit, dabei zugleich von solcher Intaktheit und Frische der
Erscheinung, daß man sie für eine drei oder höchstens fünf
Jahrzehnt alte, eben erst vom feinsten Rost überflogene Arbeit eines modernen Meisters halten könnte.

Die Bedeutung *dieses* Stückes, das in verwandten Exemplaren vorkommen soll, liegt zumeist in seiner Schönheit.

---

* Herr von Rohr auf Trieplatz, der herrschenden Ansicht sich anschließend, daß
dieser »Kommandostab« *keine* Waffe gewesen sei, schreibt mir darüber, wie zugleich
auch über die Art der Auffindung, das Folgende: »Die Talränder der Dosse treten an
mehreren Stellen bedeutend zurück, wodurch Niederungen, Brücher, gebildet werden.
Diese, früher mit Espen, Elsen und Gesträpp dicht bewachsen, dienten in Kriegszeiten
als Schlupfwinkel. In den vierziger Jahren, nachdem ich zehn Jahre vorher das Gut
übernommen hatte, begann ich damit, in dieser Niederung nach Torf graben zu lassen.
Bei dieser Gelegenheit fanden meine Arbeiter, sechs bis acht Fuß tief, im schönsten
Torf, zwei bronzene Streitäxte, zwei Armspangen von demselben Metall, zehn bis
zwanzig Ellen Kupferdraht, vermoderte Baumstämme und Geweihe. Nach der Tiefe
der Lage in dem vollkommen reinen Torf zu schließen, müssen diese Gegenstände
viele Jahrhunderte lang an dieser Stelle gelegen haben. Es erscheint mir klar, daß die
Streitäxte oder ›Kommandostäbe‹, wie man sie jetzt nennt, keine Waffen waren; ihre
relative Gebrechlichkeit spricht dagegen. Sie wurden vielleicht von den Liktoren mit
den Rutenbündeln den Kohorten vorgetragen oder wie jetzt von den Führern als Feld-
marschallsstab gebraucht. Den römischen Ursprung halt ich für unzweifelhaft, und die
Auffindung hier spricht nicht dagegen. Die Römer selbst haben sie hier freilich nicht
hergebracht, aber die Deutschen, entweder als Beute oder (zurückkehrend aus römi-
schem Kriegsdienst) als Auszeichnung für das von ihnen Geleistete. Im Berliner Museum befinden sich noch einige solcher Kommandostäbe.«

Anders aber verhält es sich mit dem zweiten Prachtstück der
Sammlung, mit dem *Odins-Wagen.* Er galt jahrzehntelang
für ein Unikum, und unter gewissen Einschränkungen, die
ich in nachstehendem hervorheben werde, ist er es auch geblieben.

Dieser *bronzene Wagen* wurde 1848 beim Frankfurt-
Drossener Chausseebau ausgegraben und kam durch Kauf
an den damals noch lebenden Grafen Zieten in Wustrau.
Der Wagen, neun Zoll lang und viereinhalb Zoll hoch, besteht aus drei auf einer und derselben Achse gehenden Rä-
dern und einer gabelförmigen Deichsel. Die Räder haben
vier Speichen; die Deichselgabel, nach *innen* gekehrt, ruht
auf der Achse des Wagens, der, wie ein moderner Perambulator, ein *Stoß*wagen ist. Man könnt ihn auch, nur um die
Gattung zu charakterisieren, mit einem dreirädrigen Schub-
karren oder mit einem *Pfluge* vergleichen, der, statt von
Pferden gezogen, lediglich durch die Kraft eines starken
Pflügers geschoben wird. Form etwa so:

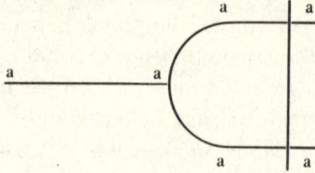

Was nun diesem ohnehin interessanten Gegenstande noch
eine besondere Bedeutung leiht, das sind die sechs Vögel,
die auf Deichsel und Deichselgabel sitzen, und zwar auf den
von mir mit a bezeichneten Stellen. Verschiedene gelehrte
Kenner auf dem Gebiete germanischer Altertumskunde: Jacob Grimm, Lisch, W. Schwartz, Kirchner, Rosenberg, haben festzustellen gesucht, erst, welcher *Art* diese Vögel seien,
dann, welche *Bedeutung* sie haben möchten — sind aber weder vor sich selbst zu einer Gewißheit noch untereinander
zu einer Einigung gelangt. Jacob Grimm, in einer Zuschrift
an die »Mecklenburgischen Jahrbücher«, bezeichnet sie in
erster Reihe als *Gänse*, in zweiter als Schwäne; Lisch hebt
hervor, daß es möglicherweise Raben oder aber Nachbildun-
gen jener kleinen, in Dänemark und Island vorkommenden
Wasservögel seien, die dort den Namen Odens fugl, Odins-

Vögel, führen. Ich meine, es können nur Gänse sein. Noch größer freilich ist die Ähnlichkeit mit jenen *wilden Enten,* die so oft in Scharen die nordischen Gewässer bedecken.

Der Wagen selbst, darin ist den betreffenden Auslassungen zuzustimmen, kann unmöglich einem *technischen* Zwecke gedient haben. Kirchner vermutet in ihm einen Wagen *Thors,* der, bei dem Kultus dieses Gottes, in Priesterhand seine Verwendung fand; Lisch bezeichnet ihn als ein Symbol beziehungsweis als ein Attribut Wodans oder Odins. Er hebt dabei hervor: »Wir lesen nicht nur von den Wanderungen Odins, sondern auch von seinem *Wagen,* seinem Weg und Geleit.«

Diese Mitteilungen mögen hier genügen. Was indessen auch die Meinung dieses Attributes gewesen sein möge, der Wagen selbst, der wenigstens in dieser Ausrüstung einzig dasteht*, ist nicht nur ein Schatz der Ruppiner Sammlung, sondern macht auch diese selbst wieder zu einem von der Wissenschaft zu beachtenden Gegenstande.

Das Hauptgewicht freilich ist auf die Bedeutung zu legen, die die *Schule selbst,* als geistiger Mittelpunkt einer ganz bestimmten Lokalität, aus dieser Sammlung gewinnt. Ebenso wie bei der oben geschilderten Portraitgalerie liegt auch hier, in dieser Kollektion von Altertümern, etwas Anregendes *darin,* daß alles Beste, was die Sammlung bietet, entweder in dem immerhin engen Kreise der heimatlichen Provinz oder sogar in dem allerengsten der *Grafschaft selbst* gefunden ist. Eine Streitaxt wie die vorstehend geschilderte ist allerorten interessant, aber sie ist es doppelt und dreifach, wenn sie auf dem Acker meines Gutsnachbarn ausgegraben wurde. Genau *dies* ist es, was die sonst tote Landschaft, den Elsengrund und das Torfmoor belebt und auch in den ödesten Heidestrich eine Welt voll Leben zaubert.

---

* Es existiert noch (siehe den sechzehnten Band der »Mecklenburgischen Jahrbücher«) ein ähnlicher, im Jahre 1843 zu Peckatel bei Schwerin, und zwar in einem Kegelgrabe, gefundener, ebenfalls aus Bronze gegossener Wagen. Dieser Wagen hat indessen *zweimal zwei Räder* und einen derartig geformten Langbaum zwischen den zwei Achsen der Vorder- und Hinterräder, daß man sieht, die Bestimmung des Wagens ging dahin, irgend etwas, vielleicht eine Bronzevase, zu tragen. Man darf also den im Zieten-Museum befindlichen Wagen insoweit als ein Unikum ansehen, als er sich von dem in Peckatel gefundenen nach Form und vielleicht auch nach seiner Bestimmung unterscheidet. — Ein dritter, bei Warin in Mecklenburg ausgegrabener Bronzewagen ist wieder verlorengegangen.

Es braucht kaum versichert zu werden, daß sich Torf und Sand nicht darauf kapriziert haben, eine Aufbewahrungsstätte für Raritäten aus den Zeiten Odins zu sein. Auch *Späteres* ist in diesen Torfboden versenkt worden, und auch von diesem Späteren birgt die Ruppiner Sammlung einiges von Interesse. Nur zweier dieser Gegenstände sei hier erwähnt: eines *Hakens* (zum Ziehen der Ackerfurche) von Eichenholz und einer eisernen sogenannten *Götz-Hand*.

Der Haken von Eichenholz, vier Fuß fünf Zoll lang, wurde bei Entwässerung eines drei Morgen großen Pfuhls in der Nähe des Dorfes Dabergotz gefunden. Der Boden bestand oben aus einer drei bis fünf Fuß tiefen Torflage, dann Ton, dann Humus, dann Kalk, dann Kiesgrund. Zwischen der Kalk- und Kieslage, im ganzen etwa zehn Fuß tief unter der Oberfläche, ward im November 1822 der Haken gefunden, einige Wochen später auch das noch fehlende Stück, das seinerzeit augenscheinlich die Stelle des *Hakeneisens* vertreten hatte, da es sich schaufelförmig und aus härtrem Holze gearbeitet erwies. Welcher Zeit dieses primitive Akkergerät angehört, dürfte schwer festzustellen sein.[*]

Die *Götz-Hand* ist wohl mindestens ein halbes Jahrtausend jünger. Sie ward im Februar 1836 bei der Schiffbarmachung des Rhins innerhalb der Stadt Alt Ruppin, dicht neben der langen Brücke, gefunden. Diese eiserne Hand ist zum Festschnallen am linken Arm eingerichtet und hat, der Maschinerie nach, wahrscheinlich zur Führung des Zügels mit der Linken gedient. Der Rost hat an einzelnen Stellen das Innere offengelegt, und man sieht mit Hilfe dieser Öffnungen die kleinen Räder des Mechanismus, der sich in seiner Gesamtheit gut genug erhalten hat, um auch jetzt noch die gekrümmten und beweglichen Finger in jede beliebige Stellung bringen und in dieser fixieren zu können. Dies wird durch Schieben an einer Daumplatte und mittels zweier Knöpfe an der Handwurzel bewirkt.

---

[*] Ein Aufsatz in den »Märkischen Forschungen« bezeichnet diesen Haken als uralt. Die Tiefe, darin er gefunden wurde, sowie drei steinerne Streitäxte, die neben ihm lagen, scheinen ihn allerdings bis in eine früheste Zeit zurückzudatieren, dennoch unterhalt ich Zweifel dagegen und möcht ihn nicht früher setzen als die späte Wendenzeit. Ein neuerdings erschienenes Buch: Andree, »Wendische Wanderstudien«, Stuttgart 1874, bestärkt mich in dieser Annahme. Es heißt darin Seite 147: »Der Deutsche arbeitete mit einem schweren Pfluge, der Slawe mit einem leichten Haken.«

Der letzte Gegenstand, über den ich berichten möchte, hängt verstaubt und verspinnwebt an einer Fensterwand und hat ebensowenig gemein mit dem Bronzewagen Odins wie mit der eisernen Hand irgendeines märkischen Götz. Es ist dies eine Rokokoschöpfung, und zwar ein etwa acht zu vier Zoll großer Kupferstich, der folgende langatmige Unterschrift führt: »*Berlins Menschenliebe* kommt *Ruppin*, in der Asche liegend, zu Hilfe — die *Hoffnung* zeigt ihr *den*, der es wieder erheben wird, *Engel* des Himmels freuen sich dieser Wohltaten. Den abgebrannten Ruppinern gewidmet von D. Chodowiecki.«

Eigentümlich wie diese Unterschrift ist das ganze Blatt. Die abgebrannte *Ruppina* liegt am Boden, der extravaganten Fülle ihrer Formen nach so unterstützungsbedürftig wie nur möglich. Nichtsdestoweniger erscheint *Berolina*, angetan mit Lorbeer und Mauerkrone, um der wohlkonservierten, aber nackten Schwester ihr Gabenfüllhorn entgegenzutragen. Es scheint jedoch, daß jene (Berolina) beim Anblick der Schwester wieder schwankt und erst auf das Erscheinen der *Menschenliebe* wartet, die denn auch schließlich, halb zuredend, halb tatsächlich drängend, die Zögernde weiter vorwärts schiebt. Diese drei Figuren bilden die *eine* Gruppe, neben welche sich, gut miteinander verbunden, eine zweite Gruppe stellt. Die zwischen Wolken ruhende *Hoffnung* (in Wahrheit eine Pompadour, die sich auf Polstern streckt) zeigt auf die Portraitbüste Friedrich Wilhelms II., Palmen wachsen rätselhaft dazwischen, und zu Häupten schweben Engel, die, jeder Askese los und ledig, in nächster verwandtschaftlicher Beziehung zu Amor und Amoretten stehen.

Ein wunderliches Blatt: sinnreich, amüsant und von guter Technik, vor allem auch (was ich nicht gering anschlage) kühn und naiv zugleich. Im ganzen aber, trotz dieser und anderer Vorzüge, wenig erquicklich, mehr Karikatur als Kunst und interessant allein in seiner Verschmelzung von Genie und Philistrosität, von künstlerischer Freiheit und politischer Befangenheit.

Chodowiecki gilt als ein Meister ersten Ranges, und das *Rokoko*, das er vertritt, tritt eben jetzt wieder in die Mode. Gut; ich unterwerfe mich den Tatsachen, den Konsequenzen einer natürlichen Entwicklung. Und *doch* wär es hart, wenn es hundert Jahre nach Schinkel wieder *dahin* käme, daß die Berolina (die »Menschenliebe« wie eine Stoßlokomotive hinter sich) der nackt in Asche liegenden Ruppina das Füllhorn ihrer Gnaden in Gestalt einer Pfefferkuchentüte darbringen und dabei der *künstlerischen* Zustimmung des Zeitalters sicher sein dürfte.

13. Am Wall

> Hier ist all mein Erdenleid
> Wie ein trüber Duft zerflossen;
> Süße Todesmüdigkeit
> Hält die Seele hier umschlossen.
>
> *Lenau*

Um die Stadt her, zwischen dem Rheinsberger und dem Tempeltor, zieht sich der mehrgenannte »Wall«, ein Überrest mittelalterlicher Befestigungen, jetzt eine mit alten Eichen und jungem Nachwuchs dicht bestandene Promenade der Ruppiner.

Die Septembersonne tut ihr Bestes. Aber das Laub ist doch noch dicht genug, ihr den Zutritt zu wehren; ein Dämmer liegt auf den Steigen, und nur nach rechts hin, zwischen den Stämmen hindurch, blitzt es und flimmert es um einen ummauerten Park, dessen eine Seite bis an die Böschung des Walles tritt.

Es lockt uns aus dem Dunkel ins Helle, die Parkpforte steht weit auf, und an der sonnigsten Stelle Platz nehmend, saug ich das Licht ein, um das Frösteln loszuwerden, das mich auf der schattigen Wallpromenade beschlichen.

Entzückend Bild! Auf dem Rasengrunde vor mir wachsen allerlei Hagebuttensträucher auf, kahl und windzerfahren. In diesem friedlichen Augenblick aber hängen die roten Früchte still am Gezweig, und zwischen den Ästen spannen sich Spinneweben aus und schillern in allen Farben des Regenbogens. Hinter dem Buschwerk eine Mauer und hinter der Mauer Gemüsegärten mit Dill und Dolden in langen Reihen, und dann Stoppelfelder, weit, weit, und am Horizont

ein duftiges Blau und in dem Blau der schwarze Schindelturm einer Dorfkirche.

Der Blick schweift darüber hin, aber immer wieder kehrt
er bis in die nächste Nähe zurück und weilt auf einem Rasenteppich, der sich in Falten legt, als wären hier Beete gewesen, Beete, die neuerdings der gleichmachende Rasen unter seine Hand genommen. Hier und da eine Zypresse, halb
verwildert, halb eingegangen, und daneben ein Stein, der aus
dem Grase eine Handhoch aufragt. Und *nicht* der Zufall
warf ihn hierher. Erst kaum erkennbar in dem Moose, das
ihn umkleidet, erkenn ich jetzt seine scharf behauene Kante.
Die sagt, was es ist.

Und wäre noch ein Zweifel, die seitab gelegene zweite
Hälfte des Parkes würde mir Gewißheit geben. Unter den
Bäumen hin und nur halb in ihrem Blätterschatten geborgen,
erheben sich die Wahrzeichen solcher Stätten: Urnen und
Aschenkrüge, Gitter und Grüfte, zerbrochene Säulen und ro-
stige Kreuze. Und an den Kreuzen nur zweierlei noch sichtbar: ein Schmetterling und die gesenkte Fackel. Halb erblin-
det beides. Aber die sich neigende Sonne goldet es wieder
auf.

Ein Sonntag ist's, und über die Feldwege hin ziehen ge-
putzte Menschen; die Kinder verlaufen sich in den Stoppel-
acker, um die letzten Blumen zu pflücken, und von rechts
her, wo ein Gasthaus unter Linden steht, klingen heitere
Klänge herüber. Musik! Und siehe da, die Kinder auf dem
Acker hören mit Blumenpflücken auf und beginnen sich im
Ringelreihen zu drehn. Die Sonne glüht noch einmal auf,
Sommerfäden ziehen, und ein gelbes Platanenblatt fällt leis
und langsam vor mich nieder.

Wie still, wie schön!

Du »*Park am Wall*«, welche beneidenswerte Stätte, darauf zu ruhn!

DIE RUPPINER GARNISON

REGIMENT PRINZ FERDINAND NR. 34
1742 BIS 1806

Unüberwundnes Heer,
O Heer, bereit zum Siegen oder Sterben.

Ewald von Kleist

Bei Jena, da hatte der Preuße verspielt,
Die Franzosen hatten wie Teufels gezielt,
Und viel preußisch Blut war geflossen.

George Hesekiel

DIE GRÜNDUNG DES REGIMENTS
UNIFORMIERUNG, KANTON UND GARNISON

Unmittelbar nach seiner Thronbesteigung ging Friedrich II.
an die Umgestaltung beziehungsweise Neubildung von Regimentern. Bei dieser Gelegenheit entstand aus dem 2. Bataillon des Ruppiner Regiments »Kronprinz« Nr. 15 das Regiment Nr. 34. Der König verlieh es (1742) seinem jüngsten Bruder Ferdinand und gab ihm dementsprechend den Namen: Regiment Prinz Ferdinand. Es führte denselben vierundsechzig Jahre lang, bis zur Auflösung der Armee. Die Offiziere, die ihm bei seiner Errichtung zugewiesen wurden, hatten bis dahin teils dem Regimente Nr. 15, teils dem Regimente Nr. 6 angehört. Regiment Nr. 6 waren die berühmten »großen Blauen«, das Potsdamsche Riesenregiment Friedrich Wilhelms I.

Wie das Regiment unmittelbar nach seiner Errichtung beschaffen war, darüber fehlen alle sicheren Notizen. Die *Taten* des Regiments Prinz Ferdinand sind aufgezeichnet worden, aber weder über Zahl und Zusammensetzung noch über Uniformierung und Kommando desselben existieren bis zum Jahre 1785 bestimmte und *spezielle* Angaben.

Erst in der Stammliste des eben genannten Jahres heißt es: »Regiment Prinz Ferdinand hat ponceaurote offene Aufschläge, Kragen und Klappen, zitronengelbe Unterkleider

(Hose und Weste). Die Offiziere haben Aufschläge, Kragen und Klappen von feinem Plüsch, eine breite gebogene Tresse um den Hut und Achselbänder. Die Grenadiermützen sind oben blau und haben unten weißes Blech.«[*]

Dementsprechend also war die Erscheinung des Regiments in den *letzten Lebensjahren Friedrichs des Großen.* Unter seinem Nachfolger wurde die Uniform geändert; ob dies aber unmittelbar nach dem Thronwechsel oder erst nach der Rückkehr aus der Rheincampagne (1795) geschah, ist nicht mit Bestimmtheit festzustellen gewesen. Im letzten Lebensjahre Friedrich Wilhelms II. war laut Stammliste von 1797 die Uniform des Regiments die folgende: ponceaurote Aufklappen, *blaue* Aufschläge und Kragen. Die Offiziere haben unter den Klappen drei, auf der Tasche drei und auf dem Aufschlage drei schmale gestickte silberne Knopflöcher, hinten einen gestickten kleinen *Triangel* und um den Hut eine schmale silberne Tresse mit einer großen silbernen Agraffe und schwarzer Kokarde. In das »Triangel«-Abzeichen ließe sich allerhand hineingeheimnissen; aber ich verzichte darauf.

Sechs Jahre später, unter Friedrich Wilhelm III., begegnen wir abermals einer Änderung. »Regiment Prinz Ferdinand«— so heißt es in der Stammliste von 1803 — »hat ponceaurote Kragen, Klappen und Aufschläge. Die Offizieruniform ist mit achtzehn *verschlungenen silbernen Schleifen mit losen Puscheln* (wie beim Regiment Nr. 10) besetzt; um den Hut eine schmale silberne Tresse. Die Gemeinen haben auf dem Rock sechs weiße wollene Bandschleifen, wovon zwei unter den Klappen und zwei hinten stehen.«

Dies wird genügen, um zu zeigen, daß die sogenannte »alte Armee« wie in ihrem Wert, so auch in ihrer *Erscheinung* keineswegs immer dieselbe war. Das, was 1740 entstand und 1806 begraben wurde, war inzwischen durch viele Phasen gegangen und stellte nicht *ein* Bild, sondern viele Bilder dar.

---

[*] Die Fahne des Regiments war blau mit dem *weißen Johanniterkreuz,* weißem Mittelschilde und blauem Legendenbande. Die Legende selbst, wie auf allen friderizianischen Fahnen: »Pro gloria et patria.« Das Johanniterkreuz in der Fahne des Regiments hatte darin seinen Grund, daß Prinz Ferdinand seit 1762 Herrenmeister des Johanniterordens war. Bis dahin führte das Regiment Markgraf Karl Nr. 19 das Johanniterkreuz in der Fahne.

Auch die *Kanton-* und *Garnisons*verhältnisse des Regiments blieben im Laufe der Zeit nicht genau dieselben.

Was zunächst den Rekrutierungsbezirk (Kanton) angeht, so heißt es in der Stammliste von 1785: »Das Regiment Prinz Ferdinand hat seinen Kanton im ruppinschen Kreise und in einem Teile der Prignitz, dazu in den *Städten* Ruppin, Nauen, Lindow und Rheinsberg.« Achtzehn Jahre später haben sich diese Dinge geändert, der Bezirk hat sich erweitert, und wir finden in der Stammliste von 1803: »Regiment Prinz Ferdinand hat seinen Kanton in Teilen des ruppinschen und *uckermärkischen* Kreises, dazu in einem Teile der Prignitz. Es gehören ihm zu: 366 Dörfer sowie die Städte Alt- und Neu-Ruppin, Lindow, Nauen, Rheinsberg, Lychen, Neustadt a. D., Freienstein, Wilsnack und Templin.«

Sein Hauptgarnisonsort war immer Ruppin, doch scheinen zeitweilig auch in andern Städten kleine Kommandos gelegen zu haben. 1803 standen die beiden Musketierbataillone in Ruppin, die beiden *Grenadier*compagnien in Templin und das 3. Bataillon in Nauen.

Wir gehen nun zur Aufzählung der Aktionen über, an denen das Regiment teilnahm.

Das Regiment Prinz Ferdinand
während des Siebenjährigen Krieges

Die voraufgehenden beiden Schlesischen Kriege gaben dem Regimente nur zweimal Gelegenheit, sich zu bewähren; es focht bei Chotusitz (Časlau) am 17. Mai 1742 und bei Kesselsdorf am 15. Dezember 1745. Weitere Details werden nicht berichtet.

Auch die Nachrichten über die Beteiligung des Regiments an den Schlachten des Siebenjährigen Krieges fließen nicht reichlich.

1756 waren die Grenadiere mit bei Lobositz (1. Oktober); die Musketierbataillone befanden sich unter den Truppen, die zur Einschließung des Lagers bei Pirna zurückgeblieben waren. Hier blieben sie bis zur Kapitulation der Sachsen am 15. Oktober.

1757, im Mai und Juni, lag das Regiment vor Prag, an der Belagerung der Festung teilnehmend. Am 7. September fochten die Grenadiere bei Moys (wo Winterfeldt fiel), die Musketiere in der Schlacht bei Breslau am 22. November. Bei Leuthen, 5. Dezember, war das ganze Regiment.

1758 teilten sich die Bataillone; das eine war bei der Belagerung von Olmütz, das andere gehörte mit zur Bedeckung des großen Munitionstransportes für die Belagerer. *Dieser* Teil des Regiments wurde bei Domstadtl angegriffen, verteidigte sich aber mit so viel Bravour, daß ein Teil der Wagen gerettet wurde.

1759 wird das Regiment *nicht* genannt. Es scheint also ebensowenig wie bei Zorndorf und Roßbach (1758), so auch bei Kunersdorf nicht mit engagiert gewesen zu sein.

1760 ist das Glanzjahr des Regiments. Die Grenadiere wurden bei Landeshut, 23. Juni, unter Fouqué nahezu aufgerieben, der Rest in Gefangenschaft geschleppt; die *Muske-tiere* fochten am 15. August in der Schlacht bei Liegnitz und scheinen, neben dem Regiment Anhalt-Bernburg, den Hauptanteil am Siege gehabt zu haben. Der König verlieh allen Capitainen den Pour le mérite, dazu ein Geschenk von 100 Friedrichsdor. Namentlich dies letztere, bei den damaligen Kassenzuständen, deutet darauf hin, daß es dem Regiment an diesem Tage gelungen sein mußte, sich die Zufriedenheit des Kriegsherrn in einem besonders hohen Grade zu erringen. Andererseits (auch das mag Erwähnung finden) werden nicht viele in der Lage gewesen sein, von dieser besonderen Huld des Königs Nutzen zu ziehen, denn es heißt in aller Kürze: *»Die Musketierbataillone waren beinah völ-lig ruiniert worden.«*

Die Schlacht bei Liegnitz war die einzige, die dem Regimente zu besonders ruhmreicher Betätigung Gelegenheit gab. Es mag deshalb gestattet sein, bei dieser überhaupt glänzenden und zugleich poetisch-eigentümlichen Aktion einen Augenblick zu verweilen und eine kurze Schilderung derselben zu geben.

»Es war eine ungemein schöne Sommernacht. Der gestirnte Himmel hatte kein Wölkchen, und kein Lüftchen wehte. Niemand schlief. Die Soldaten hatten sich zwar mit ihrem Gewehr im Arm gelagert, allein sie waren munter, und

da sie nicht singen durften, so unterhielten sie sich mit Erzählungen. Die Offiziere gingen spazieren, und die Generale
ritten umher, um alles Nötige zu beobachten. Was den König
angeht, so hat Gleim die Situation gegeben:

> Auf einer Trommel saß der Held
> Und dachte seiner Schlacht,
> Den Himmel über sich zum Zelt
> Und um sich her die Nacht.

Es fing eben an zu dämmern, als sich Laudon näherte, der
mit seiner 30 000 Mann starken Armee den linken Flügel
der Preußen im Lager angreifen wollte. Bald aber wurd er
mit Erstaunen gewahr, daß er die ganze Armee des Königs
vor sich habe, dessen zweites Treffen auch sogleich auf ihn
losfiel und ihn von einer in der Nacht aufgeführten Batterie
her begrüßte. Das erste Treffen hatte Friedrich zur Beobachtung Dauns bestimmt, der seinem rechten Flügel gegenüberstand. Laudon, auf die Unterstützung seines Oberfeldherrn
rechnend, wich dem Kampfe nicht aus, sondern bot den
Preußen die Spitze und überließ den Ausgang der Tapferkeit seiner Truppen und dem ihn so oft begleitenden Glück.
Er ließ seine Kavallerie vorbrechen, sah aber, daß diese zu-
rückgeworfen und in die Moräste getrieben wurde. Nun erst
ging unsere Infanterie vor und schlug nach einem hartnäcki-
gen Kampfe (an dem die Regimenter Prinz Ferdinand und
Anhalt-Bernburg in erster Reihe teilgenommen zu haben
scheinen) die österreichische Infanterie aus dem Felde. Die
letztere machte noch den Versuch, mit einer ganzen Kolonne
durch das vor der preußischen Front gelegene Dorf Panthen
zu rücken, allein die Unseren steckten es durch Haubitzgra-
naten in Brand und zwangen den Feind, das Gefecht auf den
linken Flügel einzuschränken.

Daun, auf dessen Erscheinen Laudon gerechnet hatte,
kam ohne sonderliches Verschulden zu spät, da der Wind so
stand, daß der Kanonendonner nicht gleich anfangs gehört
wurde, trotzdem die Entfernung nur eine gute halbe Meile
betrug.

Laudon, der alles getan und sich persönlich der größten
Gefahr ausgesetzt hatte, zog sich nun zurück und überließ
dem Könige das Schlachtfeld. 6000 Österreicher waren ge-

fangen, 4000 tot oder verwundet; dabei waren ihnen 23 Fahnen und 82 Kanonen verlorengegangen. Bei Friedrichs Heere zählte man 1800 Tote und Verwundete, die zu erheblichem Teil auf die beiden genannten Regimenter entfielen.

Die Auszeichnungen, die dem Regimente Prinz Ferdinand zuteil wurden, hab ich bereits namhaft gemacht. Anders, aber nicht geringer war der Lohn, der dem Regiment Anhalt-Bernburg zufiel. Dieses Regiment hatte sich kurz vorher bei der Belagerung von Dresden (wo es bei einem Ausfall des Feindes zurückgeschlagen worden war) die Ungnade des Königs zugezogen, und die gemeinen Soldaten hatten zur Strafe die Seitengewehre, die Unteroffiziere und Offiziere die Huttressen verloren. Dies ward als ein solcher Schimpf empfunden, daß das ganze Regiment entschlossen war, bei nächster Gelegenheit die verlorene Ehre wieder zu erkämpfen oder zugrunde zu gehen. Diese nächste Gelegenheit war: Liegnitz. Der König, dem nichts entging, hatte gesehen, welche Opfer gebracht worden waren. Nach der Blutarbeit ritt er bei dem Regiment vorbei. Die Offiziere schwiegen, vier alte Soldaten aber fielen dem König in den Zügel, umfaßten seine Knie und flehten um die verlorne Gnade. ›Ja, Kinder, ihr sollt sie wieder haben, und alles soll vergessen sein!‹ Noch am selben Tage erhielten die Soldaten ihr Seitengewehr und die Offiziere ihre Tressen zurück.

Die Schlacht bei Liegnitz hatte nur *zwei Stunden* gedauert.* Um *fünf Uhr früh* war alles vorüber. Um neun Uhr marschierte bereits die ganze Armee den Russen unter Tschernyschew entgegen. Noch am selben Tage wurden drei Meilen zurückgelegt.«

Archenholz, dem die vorstehende Schlachtschilderung im

---

* Am hundertjährigen Gedächtnistage der Schlacht bei Liegnitz ist auf einem Höhenzuge in der Nähe des Dorfes Panthen — wie es heißt, an ebender Stelle, wo sich der König während der Schlacht aufhielt — eine Erinnerungssäule errichtet worden. Sie ist von Granit, trägt zunächst einen Teller, auf diesem ein Kapitell in Form eines umgestülpten Topfes und auf dem Kapitell einen Adler von geringer Schönheit. Das Ganze mehr gut gewollt, als gut getan. Die Inschrift lautet: »*Zur Erinnerung an den 15. August 1760.*« Dorf Panthen liegt links in der Tiefe; nach rechts hin ein Wäldchen, das schon in der Schlacht — wiewohl keiner der jetzt darin wachsenden Bäume bis 1760 zurückreicht — eine Rolle gespielt haben soll. — In Entfernung einer Meile nach Osten zu zieht sich ein gegenüberliegender, die ganze Gegend beherrschender Höhenzug, auf ihm Schloß und Kirche von Wahlstatt, letztere ein prächtiger Rokokobau, weithin sichtbar und wie der point de vue, so zugleich auch die Hauptzierde der Umgebung von Liegnitz.

wesentlichen entlehnt ist, tut des Regimentes Prinz Ferdinand — dessen glänzende und ausschlaggebende Beteiligung an der Liegnitzer Affaire historisch feststeht — *nicht* Erwähnung. Überhaupt gehört unser Ruppiner Regiment nicht zu denen, die seitens dieses trefflichen Geschichtsschreibers (dessen Darstellung des Siebenjährigen Krieges ich bei dieser Gelegenheit erneut mit dem allergrößten Interesse gelesen habe) bevorzugt worden sind. Die Regimenter Itzenplitz und Manteuffel, Schwerin und Winterfeldt, Prinz Heinrich und Anhalt-Bernburg, vor allem das Regiment Forcade werden wiederholentlich genannt, auch andere noch, aber dem Regiment Prinz Ferdinand ist nicht eine Zeile gewidmet. Die Billigkeit erheischt, hinzuzusetzen, daß mit Ausnahme der Liegnitzer Schlacht die Aktion des Regiments nirgends eine hervorragende gewesen zu sein scheint. 1761 war es noch in Polen und Pommern, namentlich vor Kolberg, tätig; 1762 nahm es an der Belagerung von Schweidnitz teil. Dann kam der Frieden. Über das Garnisonleben, das nun eintrat, sprech ich erst weiterhin, davon ausgehend, daß die Formen dieses Lebens nach der Rheincampagne nicht wesentlich anders waren als nach dem Siebenjährigen Kriege.

Das Regiment Prinz Ferdinand
während der Rheincampagne 1793 und 1794

1792 war das Regiment mit unter den Truppen, die am 19. August, 42 000 Mann stark, die französische Grenze überschritten und etwa drei Wochen später in die Champagne einrückten. An der Spitze des Regiments stand damals Oberst von Koschitzky*, der wahrscheinlich schon aus der Zeit des Siebenjährigen Krieges her dem Regiment angehörte. Wenigstens find ich in der ältesten mir bekannt gewor-

---

* Die Kommandeure des Regiments seit 1778 waren die folgenden: 1778 Oberst von Kalckreuth, 1779 Oberst von Lange, 1784 Oberst von der Marwitz, 1788 Obristlieutenant von Hundt, 1789 Obristlieutenant von Koschitzky. Die beiden folgenden und zugleich *letzten* Kommandeure waren: von Tschammer und von Bömcken. Wir kommen im Text auf sie zurück. Von anderweiten Offiziersnamen aus dieser Epoche nennen wir: von Kospoth, von Thadden, Graf Schmettau, von Gloeden, von Cocceji, von Seydlitz, von Byern, du Rosey, du Trossel, von Clausewitz (der Militairschriftsteller).

denen Rangliste: »Zustand der preußischen Armee, 1778«, von Koschitzky als ältesten Capitain.

Sehr wahrscheinlich war das Regiment mit bei Valmy (20. September 1792), doch fehlen in den Aufzeichnungen, die mir darüber zugänglich waren, alle bestimmteren Angaben. Erst 1793, während des eigentlichen Rheinfeldzuges, geschieht des Regimentes speziell Erwähnung. Es war bei der Kanonade von Ginsheim, später bei der Blockade und Belagerung von Mainz. Die Erstürmung der Zahlbacher Schanze und nach der Übergabe von Mainz die zweimalige Wegnahme des Kettricher Hofes geschah durch das Regiment, welches auch bei der Diversion in die Vogesen die Avantgarde machte. Das 2. Bataillon vertrieb den Feind vom Igelberge bei Lembach.

1794 wurde die Leibcompagnie des Regiments »auf dem Sande« von einem weit überlegenen Feinde angegriffen, hielt aber das Feuer desselben mehrere Stunden lang standhaft aus, ohne ihren Posten zu verlassen. Das ganze Regiment war bei dem Angriff auf Lautern und Trippstadt. Ferner war das erste Bataillon bei Johanniskreuz. Es warf den mit überlegener Macht angreifenden Feind und hielt ihn so lange, bis eine allgemeine Retraite erfolgte.

So die spärlichen Aufzeichnungen aus jener Zeit, die wohl nur mit Hilfe von Kriegsministerialakten oder von Briefen und Tagebüchern erweitert werden können. Andere Truppenteile, trotzdem das Regiment Prinz Ferdinand keineswegs zu den »unliterarischen« gehörte, sind nach dieser Seite hin vom Glück begünstigter gewesen. So beispielsweise das Regiment Herzog von Braunschweig in Halberstadt. Aus der Feder Karl Friedrichs von dem Knesebeck (des späteren Feldmarschalls), der, nachdem er anfänglich als Junker im Infanterieregiment von Kalckstein gestanden hatte, dem vorgenannten Regimente Herzog von Braunschweig angehörte, existieren zahlreiche Briefe, die speziell über die Kriegsereignisse von 1792 bis 1794 die interessantesten Mitteilungen machen, aber Regiment Prinz Ferdinand, unter dessen jüngeren Offizieren sich ein Bruder Karl Friedrichs von dem Knesebeck befand, mußte auf solche Auszeichnungen verzichten. Die Taten, die unberichtet bleiben, sind nicht viel anders wie nicht geschehen.

Das Regiment Prinz Ferdinand
während der Friedensjahre von 1795 bis 1806

1795 kehrte das Regiment vom Rhein in seine alte Garnison zurück. Oberstlieutenant von Tschammer, der es nach dem Rücktritte Koschitzkys während des größeren Teils der Campagne geführt hatte, avancierte zum Obersten, und von Gloeden, du Rosey, von Seydlitz und von Byern waren um diese Zeit die vier Majore des Regiments. Von Tschammer blieb Kommandeur bis 1800 oder 1801. In diesem Jahre ging das Kommando an Major von Böhmken oder Bömcken (beide Schreibweisen kommen vor) über, der auch, inzwischen zum Obersten avanciert, 1806 das Regiment bei Auerstedt führte.

Die Friedensjahre, die zwischen 1795 und 1806 lagen, scheinen glückliche Jahre gewesen zu sein. Die Stadt wuchs nach dem Brande von 1787 schöner wieder auf, und die lichtvollen Straßen und Plätze, die damals im frischen Anstrich ihrer Häuser noch mehr heiter als monoton wirkten, gaben dem ganzen Leben ein freundliches Gepräge. Die glückliche Eigenart der Personen, die an der Spitze der Bürgerschaft wie der Garnison standen, wirkte zu diesem günstigen Resultate mit. Oberst von Tschammer* gehörte in die Reihe jener Offiziere der alten Armee, die Pflege des Schönen, Sinn für die Wissenschaften und Eifer für das allgemeine Wohl mit straffer Haltung im Dienst zu verbinden wußten. Er rief eine Garnisonschule ins Leben, gewährte der Stadt bei ihren Anlagen und Verschönerungen mannigfache Hilfe und war der erste, der in dem damals Tschammer-

---

* Im Feldzuge von 1806, über den wir weiterhin ausführlicher sprechen, wird sein Name oft erwähnt. Er kommandierte eine Brigade im Rüchelschen Corps, nahm aber, laut Ordre in Weimar zurückbleibend, an der Schlacht bei Jena nicht teil. Am 21. Oktober, als unsre geschlagene Armee sich in und um Magdeburg gesammelt hatte, wurde General von Tschammer mit Führung einer Division betraut. Diese Division marschierte in der Hohenloheschen Hauptkolonne und bestand aus: Brigade Böhmken: Grenadierbataillone Borcke, Dohna, Losthin, Gaudi, Osten, und aus Brigade Elsner: Grenadierbataillon Hahn, 1. Bataillon Arnim, Regiment Hohenlohe, Regiment Braunschweig und Reste des Regiments Winning. Alle diese Truppen, neben andren (vergleiche weiterhin), kapitulierten eine Woche später bei Prenzlau. General von Tschammer hatte bis zuletzt sich Umsicht und Entschlossenheit gewahrt. 1800 oder 1801, bei seiner Ernennung zum General, wurde er Chef des altmärkischen Regiments Nr. 27, Garnison Stendal und Gardelegen, das nun Regiment von Tschammer hieß. Von Tschammer selbst starb 1809 als Kommandant des Berliner Invalidenbataillons.

schen, jetzt Gentzschen Garten die friderizianischen Erinnerungen zu pflegen begann.

Ein neuer Geist fing an sich unter dem Einflusse französischer Ideen und Siege zu regen, aber freilich ragte das Alte
vielgestaltig in das Neue hinein, und während die Stichworte
der »Freiheitsära« von Mund zu Mund gingen und Humani-
tät und Toleranz den Inhalt jeder Ressourcenrede bildeten,
regierte draußen der Zopf und der Stock unverändert weiter,
und an nicht wenig Tagen im Jahre tat sich die bekannte
Gasse auf, und der Delinquent mußte sie durchlaufen. Uns
überkommt ein Schauder, wenn wir jetzt die Einzelheiten
dieser Vorgänge beschrieben lesen, aber wie Pastor Heydemann in seiner »Geschichte Ruppins« sehr richtig bemerkt:
»Die Rücken waren damals härter.« Die Prügelstrafe war allgemein, die Eltern schlugen ihre Kinder, die Lehrer ihre
Schüler, und wie es beim Nähr- und Lehrstande war, so
durft es ohne viel Aufhebens auch beim Wehrstande sein.
Man war an solche Prozeduren gewöhnt und hielt die rauhe
Behandlung der Soldaten für ganz in der Ordnung. Ja, die
davon Betroffenen sahen es selbst derartig an und versagten
ihren Vorgesetzten keineswegs ein gewisses Maß von Zuneigung, wenn sich nur Gerechtigkeit mit der Strenge paarte.

In der Tat, unsre nachträgliche Verurteilung all dieser
Dinge trifft nicht voll das Richtige, und um so weniger, wenn
wir im Auge behalten, aus welchen Elementen sich die damalige Armee zwar nicht ausschließlich, aber doch zu sehr
erheblichem Teile zusammensetzte: rohe Gesellen, die nicht
eins der Zehn Gebote hielten, verlorene Söhne, deren Moral
so weit reichte wie ihre Furcht, und Ausländer, die zu allem
andern auch noch das Gefühl gesellten: was uns umgibt,
sind Fremde oder Feinde.

Ein Vorkommnis, das Heydemann erzählt, ist höchst charakteristisch für die Naturwüchsigkeit damaliger Zustände.
Man führte Schäferspiele auf und schrieb Idyllen*, aber man

---

* Aller Wahrscheinlichkeit nach gehörte das Regiment Prinz Ferdinand um diese
Zeit zu den Regimentern von »feinerem Ton und literarischen Allüren«. Dazu wirkte
mit, daß *ein* königlicher Prinz der Chef und ein *anderer* der Nachbar des Regiments
war. Prinz Ferdinand, wie schon an anderer Stelle hervorgehoben, bewohnte wenigstens zeitweilig sein Ruppiner Palais, und Prinz Heinrich zog die Offiziere des Regiments mannigfach in seinen Rheinsberger Kreis. Namentlich das letztere hatte großen
Einfluß, denn Prinz Heinrich, wenn's ihm paßte, liberalisierte auch.

war weder nervös noch sentimental. Die Geschichte selbst
aber ist die folgende.

Ein Soldat, ein heftiger, leicht aufbrausender Mensch, be-
warb sich um die Gunst eines Mädchens, das in der Offizier-
küche diente. Sie lehnte seine Anträge, die ehrlich gemeint
waren, ab. Eines Tages, als sie vom Bäcker gegenüber den
für den Offiziertisch bestimmten Braten holte, trat der Soldat
mitten auf dem Damm an sie heran und fragte: ob sie noch
nicht entschlossen sei, ihn zu heiraten. »Nein.« Im selben
Augenblick empfing sie einen Messerstich in den Hals. Sie
ließ (auch charakteristisch) den Braten nicht fallen, schritt
vielmehr weiter, setzte die Schüssel auf den Tisch und sank
dann ohnmächtig zu Boden. Die Wunde war nicht tödlich,
aber der Soldat, der sich inzwischen auf der Wache selbst
gemeldet hatte, mußte auf Tod und Leben laufen. Er überwand die furchtbare Strafe und diente weiter, während das
Mädchen nach Potsdam hin übersiedelte. Ebendahin kam
auch der Soldat; ein Zufall fügte es so. Hier nun erneuerten
beide ihre Bekanntschaft, Mordversuch und Gassenlaufen
waren vergessen, und vor dem Altar der Garnisonkirche be-
siegelten sie den Bund ihrer Herzen.

Die Hauptvorkommnisse des Ruppiner wie jedes damaligen Garnisonlebens waren die *Desertionen*. Die ganze Bevölkerung, auch die der Nachbardörfer, wurde dabei in Mit-
leidenschaft gezogen. Ruppin erwies sich für etwaige Flucht-
versuche sehr günstig, da mehrere mecklenburgische
Gebietsteile derartig eingesprenkelt im Preußischen lagen
und noch liegen, daß der Weg bis beispielsweise zur En-
klave Netzeband hin kaum zwei Meilen betrug. Netzeband
war gleichbedeutend mit Freiheit. In vielen hundert, um
nicht zu sagen tausend Herzen hat sich damals alles Denken
und Wünschen um die Frage gedreht: Werd ich Netzeband
erreichen oder nicht? Und alles, was sich nur ersinnen ließ,
um das Desertieren unmöglich zu machen, ward infolge davon angewandt. Das Hauptmittel hieß Verheiratung. Der
Arm der Frau hielt fester als der Arm des Gesetzes. Aber
nicht jeder wollte heiraten. Da galt es denn andere Sicherheitsmaßregeln ausfindig zu machen. Nicht nur durchstreif-
ten Patrouillen die Stadt während der Nacht, sondern auch
Unteroffiziere gingen von Haus zu Haus und riefen die in

Bürgerquartier liegenden Soldaten an, um sich zu überzeugen, daß sie noch da seien. Wurd aus diesem oder jenem
Grunde dem Anruf nicht geantwortet, so blieb nichts anderes übrig, als den Wirt zu wecken und an die einzelnen
Schlafstellen heranzutreten. Erwiesen sich aber all diese
Mittel umsonst und war es dem einen oder andern nichtsdestoweniger gelungen zu entkommen, so ward eine Kanone,
die draußen am Wall stand, mehrere Male abgefeuert. Man
konnte die Schüsse in Katerbow, einem dicht vor Netzeband gelegenen *preußischen* Dorfe, hören. Was Friedrich
der Große von ganz Preußen gesagt hat, »es müsse immer
en vedette sein«, das galt doppelt und dreifach von Katerbow. An Katerbow hing viel. Es war für den Flüchtling die
»letzte Gefahr«, und erst wenn er *diese* glücklich hinter sich
hatte, war er frei. In Ruppin selbst aber ließ man es nicht
bei den Alarmschüssen bewenden, die Deserteurglocke auf
der Klosterkirche wurde geläutet, und entdeckte man die
Stelle, wo der Entronnene über die Mauer gestiegen war, so
verfielen die beiden zunächst stehenden Schildwachen
ebenfalls der Strafe des Gassenlaufens.

Ums Gassenlaufen — fast noch über das Desertieren hinaus — drehte sich ein gut Teil des allgemeinen Interesses. Es
gehörte, wie die Hinrichtungen, zu den derberen Volkslust-
barkeiten. Das Bedürfnis nach Sensation, das jetzt in »Arma-
dale« oder in dem »Vermischten« unserer Zeitungen seine
Nahrung findet, fand damals in den Hergängen des Lebens
selbst seine Befriedigung. Es liegen uns ganz minutiöse
Schilderungen vor, wie nun die Prozedur eingeleitet und seitens des Profoses die von ihm geschnittenen Ruten — um
derentwillen er der »Regiments-Federschneider« hieß — an
die in der Gasse stehenden Soldaten verteilt wurden. Aber
wir leisten auf Wiedergabe dieser häßlichen Dinge Verzicht
und erfreuen uns lieber an humoristischen Zügen, die nicht
minder aus den Zeiten jenes militärischen Terrorismus berichtet werden. Aus allen geht hervor, daß man nicht sonderlich eingeschüchtert war und immer noch Muße fand zu
Übermut und guter Laune. Selbst zu Wortspielen.

Einer der Soldaten hieß Winter. Es war um die Zeit, wo
das Tauwetter begann, und die Eiszapfen schmolzen bereits
an den Dächern. Winter, der sich schlüssig gemacht hatte,

die nächste Nacht zu entspringen, sah seinen Hauptmann im Fenster liegen, der sich, rauchend, der Märzensonne freute. Winter grüßte hinauf und rief: »Herr Hauptmann, ich glaube, der Winter geht ab.« — »Das glaub ich auch.« Und am andern Morgen war Winter fort. Er war über den gefrorenen See nach Wuthenow hin entkommen.

Ein anderer verkleidete sich als Schornsteinfeger. In rußiger Kleidung, eine schwarze Leiter auf der Schulter, den Besen in der Hand, war er glücklich zum Tor hinausgekommen und schritt gradeswegs auf das Mecklenburgische zu. Da kam ihm, zu weiterem Glück, ein Netzebander Bauer nachgefahren und fragte: »Schornsteinfeger, wohin?« — »Nach Netzeband, da brennt ein Schornstein, den ich löschen soll.« — »Das ist am Ende bei mir.« — »Kann wohl sein.« Und der Bauer ließ nun den vermeintlichen Schornsteinfeger aufsteigen und jagte auf Netzeband zu, wo sich der Gerettete für gute Fahrt freundlich bedankte.

Sehr ansprechend ist die folgende kleine Geschichte, mit der wir diesen Teil des Kapitels schließen wollen. Ein Mann, der später als Lehrer und Oberküster eine bekannte Persönlichkeit in Neuruppin war, gehörte in seiner Jugend ebenfalls dem Regiment Prinz Ferdinand an. Er war verlobt und wünschte sich zu verheiraten, da man aber (weil er zu den Bevorzugten zählte) seines Bleibens im Regiment ohnehin sicher zu sein glaubte, wurd ihm seitens des Obersten der unerläßliche Konsens verweigert. Die Folge davon war: Desertion. Und so schritt denn unser Freund auf Netzeband zu und hatte den halben Weg bereits glücklich zurückgelegt, als er das Prusten von Pferden hinter sich hörte und gleich darauf einen Wagen neben sich sah, in dem, in höchsteigener Person, der gestrenge Herr Oberst saß. »Wohin?« fragte dieser. »Nach Netzeband; ich will mir Tuch kaufen.« — »Da will ich auch hin; setz dich nur auf den Bock.« Und so fuhr denn der Oberst den Deserteur nach Netzeband hinein. Als sie vor dem Kruge hielten, sprang der Soldat vom Wagen, trat an den Kutschenschlag und sagte: »Herr Oberst, ich melde mich als Deserteur.« Der Oberst wetterte nun durch alle Register durch, legte sich aber endlich aufs Kapitulieren. »Was hilft's! stell deine Bedingungen.« — »Generalpardon, Herr Oberst, und den Konsens, zu heiraten.« — »Beides

sollst du haben; steig nur wieder auf.« Und so geschah es. Er
kam mit seinem Obersten, als ob nichts vorgefallen wäre,
nach Ruppin zurück und empfing, ohne vorgängige Strafe,
die gewünschte Heiratserlaubnis.

DAS REGIMENT PRINZ FERDINAND BEI AUERSTEDT
14. OKTOBER 1806

Der Krieg gegen Frankreich war endlich beschlossene Sache. Am 9. August erging die Mobilmachungsordre, und am
31. August verließ das Regiment Prinz Ferdinand Neuruppin, um es nicht wiederzusehen. Nur Individuen kehrten zurück, kein Regiment.

Der Marsch ging zunächst auf Magdeburg, das samt Umgegend den Sammelplatz für die märkischen und magdeburgischen Truppen bildete. Der Herzog von Braunschweig, in
seiner Eigenschaft als Oberkommandierender, verlegte am
13. September sein Hauptquartier nach Halle und setzte die
bei Magdeburg versammelten Truppen, und unter diesen
auch unser Regiment Prinz Ferdinand, am 15. auf Naum-
burg zu in Bewegung. Am 21. und 22. wurden bei letztgenanntem Orte die Kantonierungen bezogen.

Die Hauptarmee, 57 000 Mann stark, bestand aus den Divisionen Schmettau, Wartensleben und Prinz von Oranien
und aus einer abermals zwei Divisionen starken *Reserve*. Die
Schlacht bei Auerstedt ward im wesentlichen mit den erstgenannten drei Divisionen, also mit etwa 30 000 Mann geschlagen. Den beiden Reservedivisionen — die zweifellos imstande gewesen wären, die Niederlage in einen Sieg zu verkehren — fiel nur die Aufgabe zu, den Rückzug zu decken.
Sie hatten hierbei, einzelne Abteilungen abgerechnet, nur geringe Verluste.

Dies vorausgeschickt, wenden wir uns jetzt der so verhängnisvoll gewordenen Bataille zu. Feindlicherseits kommandierte Marschall Davout, unsererseits Herzog von
Braunschweig. Hüben und drüben traten drei Divisionen,
und zwar echelonartig, in den Kampf ein. Unsere Division
Schmettau stieß bei Hassenhausen auf die französische Division Gudin; dieses Dorf, nach kurzer Besitzergreifung unse-

rerseits, ging wieder verloren, und nun wurde Hassenhausen der Punkt, um den sich ein mehrstündiges, mörderisches Gefecht drehte. Wer Hassenhausen hatte, hatte den Sieg. Der Division Schmettau folgend, griff diesseitig die Division Wartensleben ein, aber auch der Feind führte jetzt die Division Friant in den Kampf. Alle unsere Versuche, das Dorf wieder in unseren Besitz zu bringen, scheiterten; die Regimenter Alvensleben und Kleist, jenes von der Schmettauschen, dieses von der Wartenslebenschen Division, litten schwer. So standen die Dinge, als auf unserer Seite die Division Prinz von Oranien mit den Brigaden Lützow und Prinz Heinrich auf dem Kampfplatze eintraf. Schon vor ihrem Erscheinen war der Herzog von Braunschweig tödlich verwundet worden, und soweit noch in dem überhandnehmenden Wirrsal von Kommando die Rede sein konnte, war dasselbe auf den König in Person übergegangen. Im richtigen Erkennen dessen, worauf es ankam, dirigierte dieser die Division Oranien ebenfalls gegen Hassenhausen, und zwar derart, daß die Brigade Lützow am rechten Flügel der daselbst fechtenden und durcheinandergekommenen Truppenteile, die Brigade Prinz Heinrich aber nach vorgängiger Wegnahme des Dorfes Poppel am linken Flügel eingreifen sollte.

Bei der Brigade Prinz Heinrich befand sich neben dem Grenadierbataillon Rheinbaben und dem Regiment Puttkamer auch unser Regiment Prinz Ferdinand. Wir folgen dem Vorgehen dieser Brigade.

Die Brigade trat an; das Grenadierbataillon Rheinbaben nahm die Tête. Unter persönlicher Führung des Obersten Prinz Heinrich* ging es gegen das ihm als nächstes Angriffsobjekt bezeichnete Dorf Poppel vor. Die Grenadiere vertrieben den Feind mit dem Bajonett, wurden aber beim Heraustreten aus dem Dorfe durch ein so heftiges Gewehrfeuer empfangen, daß sie sich in Unordnung durch Poppel und

---

* Der alte, berühmte Prinz Heinrich, der in Rheinsberg lebte, war bereits 1802 gestorben. Von den Brüdern des großen Königs lebte nur noch der jüngste: Prinz Ferdinand, der Chef unseres Regiments. Oberst Prinz Heinrich, von dem wir oben im Text berichten, war ein jüngerer Bruder Friedrich Wilhelms III. und verbrachte, nach Beendigung der Napoleonischen Kriege, den größten Teil seines Lebens in Italien. Er starb zu Rom 1846. — Der weiterhin genannte Prinz August war ein Sohn des Prinzen Ferdinand und Bruder des bei Saalfeld gebliebenen Prinzen Louis Ferdinand. Prinz August, der 1813 im Kleistschen Corps eine Brigade führte, wurde später der Reorganisator der preußischen Artillerie.

das ihnen zur Unterstützung nachgesandte zweite Bataillon Puttkamer hindurchzogen. Dieses letzte Bataillon wurde nunmehr von feindlichen Chasseurs angefallen, schlug indessen den Angriff ab, und als jetzt der Rest der Brigade: das erste Bataillon Puttkamer und das erste und zweite Bataillon Prinz Ferdinand, in gleicher Höhe anlangte, zog sich der Feind — wahrscheinlich das 108. französische Linienregiment — zurück.

Das Grenadierbataillon Rheinbaben blieb jenseits Poppel, die übrigen vier Bataillone der Brigade Prinz Heinrich aber gingen in gerader Richtung auf das durch drei französische Regimenter (21., 85. und 12.) teils direkt besetzte, teils in der linken Flanke soutenierte Hassenhausen vor, wo sie bald in ein heftiges Artillerie- und Gewehrfeuer gerieten. Die Verluste mehrten sich rasch, und als in diesem kritischen Moment auch französischerseits eine dritte Division — die Division Morand — mit elf frischen Bataillonen in den Kampf eintrat, wichen die Unseren auf der ganzen Linie. Prinz Heinrich hielt mit seinen vier Bataillonen bis zuletzt. An ihn schlossen sich wieder einige vorgebrachte Bataillone der Division Schmettau und das Grenadierbataillon Hanstein an, mit denen er noch einmal zu avancieren versuchte. Bald aber sah er sich isoliert und gezwungen, durch das mittlerweile vom Feinde wieder eroberte Poppel zurückzugehen. An die Spitze seiner Bataillone sich stellend, bahnte er sich den Weg mit dem Bajonett.

Die Grenadierbataillone Rheinbaben und Knebel unter Prinz August von Preußen nahmen an diesem Angriffe teil. Das Pferd des Prinzen Heinrich ward erschossen, der Prinz selbst beim Sturze desselben bedeutend verletzt. Oberst Scharnhorst gab ihm sein eigenes Pferd und passierte das durch den Angriff beider preußischer Prinzen momentan wiedergewonnene Poppel mit dem Gewehr in der Hand. Zwischen Poppel und Taugwitz drängte sich jetzt der ganze linke Flügel zusammen. Der Rückzug ging gegen Auerstedt und seitwärts gegen Reisdorf, teils aufgelöst, teils wieder einigermaßen geordnet.

Die Verluste waren groß. Von der gesamten Infanterie, die gegen Hassenhausen gestanden hatte, war beinah die Hälfte tot oder verwundet. Auch das Regiment Prinz Ferdinand hatte dementsprechend gelitten. Tot waren: Major von Sela-sinsky, Stabscapitain von der Hagen, Premierlieutenant von Goetze.

Das Regiment Prinz Ferdinand
bis zur Kapitulation von Pasewalk,
29. Oktober

Wie Magdeburg Rendezvous *vor* Eröffnung der Feindselig-keiten gewesen war, so war es jetzt Sammelplatz für die bei Jena und Auerstedt geschlagenen und nach dem Tode des Herzogs von Braunschweig *beide* dem Fürsten von Hohen-lohe unterstellten Armeen. Auch unser Regiment Prinz Fer-dinand nahm auf Magdeburg seinen Rückzug.* Dem von Hoepfnerschen Werke »Der Krieg von 1806 und 1807«, das wie für die Schlacht bei Auerstedt, so auch für das unmittel-bar Folgende meine Hauptquelle war, entnehm ich die nach-stehenden, in der umfangreichen Gesamtdarstellung jener Vorgänge zerstreuten Notizen.

In der Nacht vom 15. auf den 16. Oktober marschierten die Musketierbataillone des Regiments nach Sondershau-sen. Am 21. finden wir sie bei Parchau in der Nähe von Burg, am 22. in Nielebock, Kreis Jerichow, am 23. in dem Bismarckschen Schönhausen, ebenfalls Kreis Jerichow, am 24. in Schrepkow, Ostprignitz, am 25. in Wittstock, hart an der mecklenburgischen Grenze.

Diesen ganzen Marsch vom 21. bis 25. hatte das Re-giment im Brigadeverbande gemacht, und zwar innerhalb der Brigade Hagen, die aus folgenden Truppenteilen be-stand: Regiment Treuenfels, Regiment Prinz Ferdinand (in Stärke eines Bataillons), ein Bataillon Zenge, ein Bataillon Pirch.

Diese Brigade Hagen war samt mehreren Kavallerieregi-mentern dem General Schwerin unterstellt, der eine der vier Rückzugskolonnen der gesamten Hohenloheschen Armee kommandierte. Diese vier Rückzugskolonnen waren die fol-genden:

1. *Hauptkolonne*, drei Divisionen stark. Bei dieser Ko-

---

* Die beiden Grenadiercompagnien des Regiments nahmen ihre Richtung auf Er-furt. Dort haben sie wahrscheinlich am 16. Oktober schon mitkapituliert.

lonne befand sich Fürst Hohenlohe in Person sowie Oberst
von Massenbach.

2. *Arrière*-Garde, der Hauptkolonne folgend, unter General von Blücher.

3. *Rechte* Seitenkolonne unter General von Schimmelpfennig.

4. *Linke* Seitenkolonne unter General Graf Schwerin.

Die *Hauptkolonne*, die zugleich die Zentrumskolonne
war, marschierte über Ruppin, Gransee, Schönermark auf
Prenzlau und kapitulierte hier.

Die *Arrière*-Garde, General von Blücher, folgte bis Boitzenburg in der Uckermark. Hier erfuhr der genannte General die am selben Tage (28.) erfolgte Kapitulation der Hohenloheschen Hauptkolonne und bog sofort links-rückwärts aus,
um einem gleichen Schicksal zu entgehen. Er erreichte Lübeck und besetzte es. Am 6. November stürmten die Franzosen die Stadt. Am 7. erfolgte die Kapitulation des Blücherschen Corps bei Ratkau.

Die *rechte* Seitenkolonne, General von Schimmelpfennig,
hielt sich am Rhinluche hin, passierte Protzen, Walchow,
Langen, Rüthnick und Gutengermendorf und hatte am
26. Oktober das Gefecht bei Zehdenick. Nach diesem Gefecht hörte alle Führung auf. Aber dies gestaltete sich eher
zum Guten als zum Schlimmen, und so traf es sich denn,
daß von dieser schlecht oder gar nicht geführten Kolonne
mehr Truppenteile über die Oder entkamen als von irgendeiner anderen.

Die *linke* Seitenkolonne, General Graf Schwerin (die *unsere*), zog sich von Wittstock aus an der preußisch-mecklen-
burgischen Grenze hin bis über Mirow, Alt-Strelitz-Wesen-
berg, Hasselförde und Rutenberg bis Pasewalk, wo sie nach
unsagbaren Strapazen eintraf. Besonders hatte die Infanterie-
brigade Hagen während dieser Märsche gelitten. Die Leute
stürzten vor Hunger und Erschöpfung tot nieder. Der 26.
oder 27., an dem man sechs Meilen marschierte, kostete der
Brigade ein Drittel ihres Bestandes.

Um vier Uhr nachmittags am 28. Oktober — ich gebe nun
Details, soweit solche zu finden waren — rückte die Infante-
riebrigade Hagen in Pasewalk ein. Die Kavallerie bezog ein
Bivouac in der Nähe der Stadt. Gegen Abend erfuhr man die

am selben Tage erfolgte Kapitulation Hohenlohes bei Prenzlau. Die Gemüter aller wurden dadurch nur noch bedrück-
ter. Oberst von Hagen, der um diese Zeit anstelle des Generals Grafen von Schwerin das Kommando der *ganzen* Kolonne, Kavallerie wie Infanterie, geführt zu haben scheint,
berief alle Stabsoffiziere zu einer Konferenz. Man kam überein, trotz äußerster Erschöpfung der Mannschaften, am andern Morgen um vier Uhr aufbrechen zu wollen, um dann
über Löcknitz Stettin zu erreichen.

In der Nacht indes glaubte der Major Prinz Gustav von
Mecklenburg-Schwerin vom Regiment Henckel-Kürassier,
welcher die Postenkette kommandierte, Bewegungen auf der
Prenzlauer und Stettiner Straße wahrgenommen zu haben.
Er ritt deshalb nach Pasewalk hinein und meldete dem
Obersten von Hagen: die Kavallerie werde immer mehr vom
Feinde eingeschlossen. Der Oberst fragte, »was zu tun
wäre«, da die Pferde der Kavallerie zu ermattet seien, um
ein Gefecht anzunehmen. Der Prinz antwortete, »daß er nur
in der *Kapitulation* einen Ausweg sähe«. So kam diese zustande. Die Bedingungen, die französischerseits durch den
Großherzog von Berg gewährt wurden, gingen dahin, daß
die Truppen das Gewehr strecken, die Offiziere auf ihr Ehrenwort entlassen und die Gemeinen in die Kriegsgefangen-
schaft abgeführt werden sollten. Es kapitulierten an dieser
Stelle im ganzen 185 Offiziere und 4043 Mann, wovon
110 Offiziere und 2086 Mann auf die Kavallerie: Leibcarabiniers, Heising-, Holtzendorff-, Bünting- und Henckel-Kü-
rassiere, entfielen.

Der Rest, 75 Offiziere und 1957 Mann, war *Infanterie*
von der Brigade Hagen, wie schon hervorgehoben: Regiment
Treuenfels, je ein Bataillon Pirch und Zenge und Trümmer
vom Regiment Prinz Ferdinand.

Diese Trümmer unseres Ruppiner Regiments wurden
nun, in Ausführung des betreffenden Kapitulationsparagra-
phen, in die Gefangenschaft abgeführt. Ruhmlos war das
Ende. Das Schicksal des Ganzen bestimmte das Los des einzelnen. Ein Gericht vollzog sich, zu groß, zu gewaltig, als
daß sich die Krittelei der Menschen, tadelnd oder besserwis-
send, daran versuchen sollte. Dennoch bleibt wahr, was General von der Marwitz in seinen Memoiren über Pasewalk

und Prenzlau geschrieben hat: »Diese Kapitulationen gaben
das Signal zu allem, was folgte; *sie* recht eigentlich überlieferten die Festungen. ›Der König hat keine Armee mehr,
was helfen ihm noch einige Städte‹, so dachte jeder pflicht-
vergessene Kommandant. Die Kapitulationen pflanzten den
Kleinmut in alle Herzen, streuten die Vorstellungen von Verrat unter das Volk und verbreiteten den jede Tatkraft läh-
menden Gedanken, ›daß *doch* alles verloren‹ sei. Wie *eine*
große mannhafte Tat fortwirkend Größeres erzeugt und aus
Männern Helden macht, so sind auch umgekehrt mit der
Vollbringung *einer* schmählichen Tat deren Folgen nicht abgeschlossen, sie bleibt verdammt, fortwährend Mattes und
Schwaches zu erzeugen, wirkt wie ein schleichendes Gift
und macht Männer zu Weibern.«

NACHSPIEL

Die Trümmer des Regiments Prinz Ferdinand hatten bei Pasewalk kapituliert und wurden in größeren und kleineren
Trupps in die Gefangenschaft abgeführt. Viele befreiten sich
unterwegs, und ihre Erzählungen bildeten, bis die Ereignisse
des Jahres 1813 dazwischentraten, die Lieblingsunterhaltung
auf der Bierbank und am häuslichen Herd. Manches davon
hat Prediger Heydemann in seinem schätzenswerten Buche
»Neuere Geschichte der Stadt Ruppin« aufgezeichnet.

»Einer«, so erzählt Heydemann, »hatte darauf gerechnet,
daß die Gefangenen von Pasewalk über Berlin geführt werden würden. Dort gedachte er zu entspringen und bei seiner
Schwester Zuflucht zu suchen. Aber die Gefangenen, von
französischen Chasseurs transportiert, mußten über Templin, Oranienburg und Potsdam marschieren. Kurz vor Potsdam wurden sie von Nassau-Usingern und Hessen-Darm-
städtern übernommen, die sehr streng mit ihnen verfuhren.
Man las ihnen vor, daß jeder Gefangene, der auf der Flucht
ergriffen würde, ohne weiteres die Kugel vor den Kopf be-
käme, und so geschah es auch bei Wittenberg, wo zwei wieder eingefangene Flüchtlinge vor der Front erschossen wurden. Meistens mußten die Gefangenen nachts unter freiem
Himmel liegen, ihr Schuhzeug war zerrissen. In Fulda (hu-

man genug) wurden 200 Paar Schuhe verteilt. An ebendiesem Ort erkrankte auch der Gefangene, über dessen Schicksal ich hier berichte. Er beschloß, trotz Krankheit, weiter
mitzumarschieren und die nächste Gelegenheit wahrzunehmen. Und diese fand sich denn auch. In Steinau wurd er mit
seinen Mitgefangenen in die Kirche gesperrt, in die bald danach ein alter Mann eintrat, um ihnen Essen zu bringen.
Den bat er ohne weiteres, ihn zu befreien. ›Wes Glaubens
bist du?‹ — ›Lutheraner.‹ — ›Gut, dann will ich dir helfen.
Ich habe sieben Kinder; wer weiß, wer ihnen einmal hilft.‹
Und er bracht ihm wirklich alte Kleidungsstücke, die der Gefangene bei Dunkelwerden anzog und in denen er gleich danach unter eine Bank kroch, um von den Aufpassern nicht
erkannt zu werden. Da lag er denn in bitteren Ängsten die
Nacht hindurch und nahm seine Zuflucht zum Gebet. ›Befiehl du deine Wege‹, sagte er zu allen seinen Versen zu vielen Malen vor sich her, bis er Trost und Ruhe darin fand.
Und endlich brach der ersehnte Morgen an. Da kam, samt
andern Leuten, auch der alte Mann wieder, mit zwei Töpfen
in der Hand, als wenn er dem Gefangenen etwas zu essen
bringen wolle. Die Töpfe waren aber leer. Er gab sie nun
dem umgekleideten Soldaten, und dieser ging unerkannt zur
Kirche hinaus. Erst acht Tage nach Ostern traf der auf diese
Weise glücklich Entkommene wieder in Ruppin ein. Ein volles halbes Jahr war seit dem Kapitulationstage vergangen.«
    Der Rest der Gefangenen passierte den Rhein und wurde
zum größten Teil in und um Nancy interniert. Andere sahen
sich bis in die Pyrenäen geschleppt, und da keine Nachrichten von ihnen eintrafen, schuf ihr Schicksal Sorge und Unge-
wißheit in vielen Herzen. Auch äußere Not blieb nicht aus,
namentlich im Kreise der Offiziersfrauen, für die man in jenen Unglücksjahren weder Pensionen noch Unterstützungen
hatte. Denn nicht einer jeden ward eine so wunderbare Hilfe
zuteil wie der Frau von der Recke, von der uns Heydemann
erzählt. Der Gatte dieser, der sein Ehrenwort zu geben verweigert hatte, war gefangen auf eine der atlantischen Inseln
abgeführt worden, und Frau von der Recke glaubte, daß er
gefallen sei. Nur sein Handkoffer kam wie durch Zufall in
ihre Hände; sie wagte jedoch nicht, ihn zu öffnen, weil sie
nur Schmerz und Aufregung davon befürchtete. Ganz zu-

letzt erst, in immer wachsender Not, entschloß sie sich dazu, mutmaßlich, um den Inhalt des Koffers zu Gelde zu machen. Aber welch Erstaunen, als sie, sorglich zwischen die Wäsche gepackt, fünfzig Friedrichsdor entdeckte, die Herr von der Recke von seinem Ersparten da hineingelegt hatte. Das half über die Not vieler Monate hinweg, und endlich traf auch ein Brief ein, der Auskunft über das Schicksal des schon tot Geglaubten gab.

Anno 9 erst kehrten die Gefangenen in ihre heimische Grafschaft zurück. Alle, die noch fähig waren, Waffen zu tragen, traten wieder ein; aber es geschah in neugebildete Regimenter. Das Regiment Prinz Ferdinand war hinüber, und endlich schien selbst die Erinnerung daran erloschen.

Da noch einmal wurde diese wieder wach.

Es war im Mai 66, die Glocken gingen, und alle die, die's noch nicht wußten, erfuhren auf ihre Frage, daß die alte Frau von Hagen heute begraben werde. Sie war dreiundachtzig. Am 31. August 1806 war der Hauptmann von Hagen (erst seit wenig Wochen vermählt) mit dem Regimente Prinz Ferdinand ausgezogen und hatte, von seinem ersten Marschquartier Fehrbellin aus, eine noch verspätet im Superintendentengarten blühende Rose als letzten Liebesgruß an seine Gattin geschickt. Seitdem kein Wort, kein Zeichen mehr, denn Hauptmann von Hagen war mit unter denen, die den Tag von Auerstedt *nicht* überlebten und am Abend, still für immer, am Dorfrande von Hassenhausen lagen.

Die Rose, sein einzig Vermächtnis, hatte ein treues Herz durchs Leben hin begleitet; jetzt war auch *dieses* still, und über beiden wölbte sich das Grab.

Das war die letzte Erinnerung an das Regiment Prinz Ferdinand.

REGIMENT MECKLENBURG-SCHWERIN
NR. 24

Sei ruhig, bin in Gottes Hut,
Er liebt ein treu Soldatenblut.

Das jetzige Ruppiner Regiment Nr. 24, das während der Befreiungskriege den Namen: »12. Reserve-Infanterieregiment« führte (erst im Mai 1815 erhielt es die Nummer 24),
wurde während der Waffenstillstandswochen von 1813 aus
drei Reservebataillonen errichtet, und zwar aus dem

4. Reservebataillon des Leib-Infanterieregiments, Major von
   Herrmann,
4. Reservebataillon des 2. westpreußischen Infanterieregiments, Major von Laurens,
7. Reservebataillon, Major von Zepelin.

In dieser Reihenfolge bildeten sie das 1., 2. und 3. Bataillon des neuerrichteten Regiments, zu dessen Kommandeur
der Major von der Goltz ernannt wurde. Das Regiment kam
zum Yorckschen Corps, und zwar zur 8. Brigade Hünerbein,
die sich aus dem brandenburgischen Infanterieregimente
(jetzt Grenadierregiment Nr. 12), aus dem 14. schlesischen
Landwehrregiment und unserem 12. Reserve-Infanterieregiment zusammensetzte.

Am 3. August, Königs Geburtstag, wurden alle drei Bataillone zum erstenmal vereinigt, und am 11. August fand am
Zobtenberg eine große Parade vor König Friedrich Wilhelm III. und dem Kaiser von Rußland statt. Der spätere
Oberstlieutenant von Görschen, der als eben ernannter junger Offizier mit in der Parade stand, gibt davon folgende
Schilderung:

»Voll höchster Erwartung marschierten wir am Morgen
des 11. nach dem Paradeplatze, wo wir das Antlitz unseres
teuren Königs sehen und sein ermutigendes ›Guten Morgen‹
hören sollten. Die Truppen wurden aufgestellt, die Kavallerie im ersten, die Infanterie im zweiten Treffen; unsere
8. Brigade am linken Flügel. Jetzt sah man links einen Wald
von Federbüschen, und Offiziere, Unteroffiziere, Jäger und

Soldaten, alles reckte sich auf den Zehen aus den Kolonnen empor. Der Wald nahte, das Kommando zum Präsentieren wurde gegeben, und aus voller Brust stimmte jeder in das Hurra ein. Noch immer folgten Federbüsche. ›Hast du ihn gesehen?‹ riefen die Nebenleute einander zu, und andere antworteten über die Glieder und Züge hinweg mit Ja oder Nein. Der Vorbeimarsch wurde nunmehr befohlen. Mit gespanntester Neugier, aber freilich auch mit desto geringerer Haltung und Richtung kamen wir vorüber. Ich selbst kehrte mich, als wir in Nähe der beiden stattlichen Reiter waren, die einige Schritte vor der langen Reihe der zuschauenden russischen und preußischen Offiziere hielten, kurz nach meinem Zuge um und rief den Jägern zu: ›Das ist er.‹ Und dann hörte ich, wie sie einander zuflüsterten: ›Das ist er, er, der den Degen gezogen hat. In eigener Person hat er uns dem Kaiser vorgeführt.‹ Auf dem Rückmarsch nach dem Lager aber erscholl es überall: ›Das war er, er hat das Schwert selbst gezogen! Er führt uns selbst; wie sollten wir da nicht siegen!‹«

Das 12. Reserve-Infanterieregiment
1813

Am 11. August Parade. Am 14. setzte sich die ganze schlesische Armee in Bewegung und rückte aus ihrem Lager bei Strehlen gegen den Bober vor. Nach Ablauf einer Woche begannen für unser Regiment die Gefechte: am 21. August bei Seifersdorf, am 23. bei Goldberg, am 26. Schlacht an der Katzbach. Bei diesem ersten größeren Engagement verweilen wir in der Kürze.

Die Schlacht an der Katzbach

Es kann uns nicht obliegen, eine Schilderung dieser Schlacht überhaupt zu geben, nur das Nötigste finde hier Erwähnung, wobei uns eine Lokalkenntnis zustatten kommt, die wir uns neuerdings (1872) verschaffen konnten.

Das Terrain, auf dem die Schlacht geschlagen wurde, liegt *südlich* von Liegnitz. Es ist ein nach Süden hin steil abfallen-

des Plateau, das an ebendieser Stelle von der Wütenden
Neiße, nach Westen hin aber von der Katzbach begrenzt
und umfaßt wird. An der Südwestecke, wo die von Ost nach
West fließende Wütende Neiße in die von Süd nach Nord
fließende Katzbach einmündet, biegt letztre kurz vor dem
Einmündungspunkte jener (der Neiße) auf 2000 Schritt *östlich* aus und schafft dadurch auf der entsprechenden Strecke
einen *Wasser-Doppellauf.* Katzbach und Neiße, sonst in
rechtwinkliger Stellung zueinander, laufen hier auf eine
kurze Strecke hin *parallel* und haben nichts als einen schmalen Wiesen- und Weidegrund zwischen sich. Dieser Umstand wurde für die Franzosen besonders verderblich; General Sacken warf das Neysche Corps in die Katzbach, General
Yorck das Macdonaldsche Corps in die Neiße, und zwar speziell da, wo beide Flüsse nebeneinander laufen, weshalb
denn auch das Macdonaldsche Corps die größeren Verluste
hatte. Im ganzen kann man das Terrain, auf dem die
Schlacht unsererseits angenommen wurde, *nur mit tiefem
Mißtrauen betrachten* und muß das Kopfschütteln Yorcks
noch nachträglich gerechtfertigt finden. Nur wenn wir guten
Grund hatten, uns überlegen zu fühlen, hatten wir auch guten Grund, dem Gegner auf so diffizilem Terrain eine
Schlacht zu bieten. Aber an solchen »gutem Grunde« gebrach es durchaus. Man stand drei Corps gegen drei, und bei
gleicher Zahl hatten die *Franzosen* damals die Chancen für
sich. In der Tat schwankte die Schlacht mehr als einmal, und
bei besserer Führung des Feinds hätte *uns* sehr wohl das
Los zufallen können, den Plateauabhang hinunter und in die
Katzbach und Neiße hineingeworfen zu werden. »Alles
Glück, nichts als Glück«, raisonnierte der alte Yorck. Und er
hatte recht.

Die Schlacht verlief wie folgt. Sacken hatte den rechten,
Langeron den linken Flügel; Yorck schob sich zwischen
beide. Langeron, in der Tiefe haltend, führte beinah ein selb-
ständiges, übrigens keineswegs allzu glückliches Gefecht. Die
Entscheidung erfolgte auf dem Plateau, auf dem Yorck und
Sacken standen, Yorck links, Sacken rechts, mit Front gegen
Westen. In ebendieser Front floß die Katzbach, in der linken
Flanke die Neiße.

Die Aufstellung des Yorckschen Corps war die, daß die

Brigaden Hünerbein und Horn das erste Treffen bildeten, Brigade Herzog Karl von Mecklenburg das zweite, Brigade Steinmetz in Reserve.

Brigade Hünerbein hatte den linken Flügel und lehnte mithin an den Abhang, zu dessen Füßen die Neiße fließt. An der Tête der Brigade standen die Bataillone Laurens, Zepelin und Othegraven, jene von unsrem, dieses vom brandenburgischen (jetzigem 12.) Infanterieregiment.

An dieser Stelle begann der Kampf. Drei feindliche Bataillone mit vier Geschützen in der Front anvancierten. Das coupierte Terrain führte zu einer momentanen Teilung, und eins der Bataillone betrat bereits das Plateau, während die beiden anderen noch auf der Schrägung des Abhanges marschierten. Zwischen diesen beiden die vier Geschütze. Jetzt Halt! und Carré. Wir standen einander auf wenige hundert Schritt gegenüber. *Hier* (deployiert) Brigade Hünerbein, *dort* die drei ebenso viele Vierecke bildenden französischen Bataillone. Das Bataillon Othegraven warf sich mit Hurra auf das einzelne, schon auf dem Plateau haltende Bataillon und schlug es mit dem Kolben zusammen. In zehn Minuten lag alles tot am Boden. Unsere am äußersten linken Flügel aufgestellten Bataillone von Laurens und von Zepelin aber stürzten sich gleichzeitig*auf die noch am Abhange marschierenden zwei französischen Carrés und trieben alles, was

---

* Bei diesem Vorbrechen unserer beiden Bataillone litten dieselben außerordentlich durch Gewehrfeuer, das sie von *links* her empfingen. Am Fuße des Abhangs, hart an der Wütenden Neiße und durch Buschwerk dem Blicke nahezu entzogen, steckten feindliche Tirailleurs. Gegen diese warf sich aus eignem Antriebe Lieutenant von Gaza mit dem 4. und 5. Zuge seines 3. Bataillons, vertrieb sie und setzte sich seinerseits in den Büschen fest. Hier befand er sich nunmehr auf ebendem Terrain, auf dem eine Stunde später die Reiterschlacht hin und her wogte. Erst von preußischer Kavallerie niedergeritten, sah er sich plötzlich mit seinen Leuten unter den Säbeln siegreich vordringender französischer Husaren. Er suchte die Hiebe zu parieren, bis endlich ein derberer Hieb, der durch die Kette und den Adler des Czakos ging, ihm diesen vom Kopfe schlug. Drei Hiebe auf den Kopf und einer in den Arm folgten augenblicklich. Lieutenant von Gaza mußte sich gefangengeben und bald darauf sehen, wie die Franzosen, in deren Händen er war, mehrere Gefangene mit Pistolen, die sie des Regens wegen bisher unter dem Dolman verborgen gehalten hatten, niederschossen. Schon glaubte er, diesem Schicksale glücklich entgangen zu sein, als plötzlich ein einzelner zurückgebliebener Husar zu Fuß auf ihn zulief und, in gebrochenem Deutsch fluchend, ihn mit der Pistole durch den Hals schoß. Lieutenant von Gaza fiel wie tot nieder, kam aber wieder zu sich, als beim allgemeinen Vorrücken preußische Kameraden ihn an dieser Stelle fanden. Die Schußwunde durch den Hals war in fünf Wochen heil, die Hiebwunden dagegen waren noch offen, als Lieutenant von Gaza am 1. Dezember mit Ersatzmannschaften, von Breslau aus, der Armee folgte.

nicht dem Kolben und Bajonett erlag, die Schrägung hinunter, in die Wütende Neiße hinein. Auch die vier Geschütze
wurden genommen.

So wurde durch die Brigade Hünerbein, und zwar ganz
speziell durch die Bataillone von Othegraven, von Laurens
und von Zepelin, die Schlacht glänzend eröffnet. Was noch
folgte: Kavallerieattacke des Obersten von Jürgaß, dann Aufnahme der zurückgehenden Reiterei durch die Brigade Herzog Karl von Mecklenburg, schließlich das Vorrücken der
ganzen Linie, rechts Sacken, links Yorck, gegen das verzet-
telt auf dem Plateau stehende Macdonaldsche Corps, sind
Momente, die jenseits unserer Aufgabe liegen. Die Brigade
Hünerbein, und mit ihr unser Regiment, nahm an diesen
Hergängen keinen Teil mehr und hatte nur noch Verluste
durch eine von hüben und drüben fortgesetzte Kanonade.
Regimentskommandeur Major von der Goltz fiel. Er hielt in
Front unsres ersten Bataillons, als ihm sein Adjutant bemerkte, daß es wohl das Geratenste sein dürfte, den gefährli-
chen Standpunkt aufzugeben. Von der Goltz aber erwiderte:
»An meinem Beispiel hängt alles.« In demselben Augenblicke traf ihn das Sprengstück einer Granate und warf ihn
tot vom Pferde.

Der Gesamtverlust des Regiments an diesem Tage betrug
213 Mann. Im Vergleich zu den opferreichen Kämpfen, die
noch bevorstanden, eine geringe Zahl.

Major von Laurens übernahm das Kommando.

Auch bei der Katzbach-Schlacht wiederum zeigte es sich,
wie schwer es ist, über den Gang eines Gefechts etwas Siche-
res in Erfahrung zu bringen. Es liegen mir vier Beschreibungen* vor, die zum Teil in den wichtigsten Punkten abweichen! Wie die Brigaden untereinander und dann wieder wie
die Bataillone jeder einzelnen Brigade gestanden haben, darüber herrscht Widerspruch. Einige lassen das Neysche
Corps eine Rolle spielen, nach andern erschien es so gut wie

---

* Diese vier Beschreibungen sind: 1. der ziemlich detaillierte Text zum Schlachtenatlas. 2. Eine Beschreibung, die auf dem Schlachtfelde verkauft wird (natürlich Abdruck irgendeiner offiziellen Relation). 3. Droysens Schilderung im »Leben Yorcks«
und 4. Zychlinskis Schilderung in »Geschichte des 24. Infanterieregiments«.

gar nicht. Ein Bericht spricht von vier *Geschützen* beim ersten französischen Angriff, ein anderer von drei *Batterien.*
Am meisten Übereinstimmung herrscht noch in betreff unserer Brigade Hünerbein, ganz speziell auch darüber, daß es
das Bataillon Othegraven und »*zwei andere Bataillone*«
(nach Zychlinski die *unseren*) waren, die die Schlacht glänzend einleiteten.

Der Schlacht an der Katzbach folgte als nächstes wichtiges
Ereignis der *Elbübergang bei Wartenburg* am 3. Oktober.
Dazwischen lag eine Anzahl von Gefechten, die zum Teil
blutiger verliefen als der Katzbach-Tag. Es waren: am
4. September Gefecht bei Hochkirch, am 15. bei Langen-
wolmsdorf, am 20. bei Großharthau, am 21. bei Bischofs-
werda. Namentlich das erstgenannte (Hochkirch) legte dem
3. Bataillon, das hier seitens unseres Regiments allein in Aktion trat, große Opfer auf. Es verlor von 479 Mann 108. Unter den Gefallenen war der Kommandeur Major von Zepelin. Den Elbübergang machte unser Regiment mit, ohne in
das Gefecht selbst mit verwickelt zu werden. So schritt man
auf Leipzig zu, dem blutigen Tage von Möckern entgegen.

Die Schlacht bei Möckern, 16. Oktober

Napoleon, von dem Heranrücken der schlesischen Armee
unterrichtet, stellte derselben das 6. Corps unter Marmont
entgegen. Marmont lehnte seinen linken Flügel an Möckern
und die Elster, den rechten an den Rietschke-Bach bei Eu-
tritzsch. Der linke Flügel war der strategisch wichtigere, weil
er die nächste Straße nach Leipzig deckte. Um *Dorf* Mök-
kern und die *hart daneben gelegene Höhenposition* drehte
sich denn auch recht eigentlich der Kampf. Hier setzte das
Yorcksche Corps seine beste Kraft ein, speziell auch unser
Regiment. Das 2. Bataillon focht in der *Avantgarde* und war
unter den Truppen, die *Dorf* Möckern nahmen und behaup-
teten. Das 1. und 3. Bataillon aber richteten, wie das Gros
des Corps überhaupt, ihre Angriffe gegen die östlich vom
Dorf gelegene *Höhe* von Möckern. Über beide Kämpfe ein
kurzes Wort.

Das 2. Bataillon im Dorfe Möckern

Alle Häuser und Scheunen waren verrammelt und mit Schießscharten versehen; die Tirailleurs prallten ab. Jetzt wurden unsererseits vier Bataillone zum Angriff vorgezogen. Unser 2. Bataillon und ein Landwehrbataillon hatten die Tête. Der Feind, sechs Bataillone stark, stand hinter den Ziegelscheunen des Dorfes. Trotzdem avancierten die Unsern bis auf 150 Schritt und wechselten Bataillonssalven mit dem Gegner. Nunmehr ging *dieser* zum Angriff über, und unser 2. Bataillon mußte zurück. Inzwischen aber waren die Bataillone der zweiten Linie nachgerückt, und mit diesen vereint gingen wir aufs neue gegen Möckern vor. Das Dorf wurde mit dem Bajonett genommen, verloren und wieder genommen. Ein Häuserkampf folgte. Chaotisches Getümmel. Alle Bataillone, die hier vorgegangen waren, fochten aufgelöst durcheinander.

Das 1. und 3. Bataillon gegen die Höhe von Möckern

Gegen die östlich vom Dorf gelegene *Höhe* von Möckern waren inzwischen die Brigaden Steinmetz und Karl von Mecklenburg avanciert. Die Bataillone fielen rottenweise. Jetzt erging Befehl auch an die Brigaden Horn und Hünerbein, sich von Lindenthal aus (das sie vorher besetzt hatten) *rechts* zu schieben und bei Wegnahme der Höhe von Möckern mit einzugreifen. Eine allgemeine Begeisterung ergriff die Gemüter; Generale, Offiziere, Soldaten, alle waren von dem Gedanken beseelt, daß hier nur zwischen Sieg und Tod zu wählen sei. Unser 1. Bataillon drängte mit andern aus der zweiten in die erste Linie vor, die feindliche Stellung wurde durchbrochen und Viereck auf Viereck niedergemacht. Lieutenant und Adjutant des 3. Bataillons von Johnston* zeichnete sich hierbei durch glänzende Bravour aus, und Lieutenant Goßlar vom 1. Bataillon folgte, wiewohl

---

* Die Johnstons sind Schotten. Es mag dabei die Bemerkung Platz finden, daß wir eine verhältnismäßig große Zahl berühmter schottischer Namen in unserem Offiziercorps hatten und haben. Obenan steht Feldmarschall Keith. Zur Zeit befinden sich acht Douglas, sechs Gordons, sechs Johnstons, vier Winsloes, drei Macleans und außerdem verschiedene Leslies und Hamiltons, auch Campbell, Bothwell und Butler in der Armee. Wahrscheinlich ist die Reihe der schottischen Namen hiermit nicht erschöpft.

verwundet, mit seiner Schützenabteilung dem weichenden Feinde.

Diesem jungen Offizier — später Oberst und Kommandant von Schweidnitz — verdanken wir eine glänzende Schilderung des *Tages von Möckern*, soweit unser Regiment in Betracht kommt.

»Die Reveille am 16. Oktober bracht uns die Gewißheit, daß es heute zur Schlacht kommen werde. Es war ein feierlicher Morgen. Gewehr und Munition wurden nachgesehen und letztere kriegsmäßig ergänzt. Jeder brachte sein Bindezeug in Ordnung, und alles Überflüssige (namentlich Karten) wurde fortgeworfen.

Es war schon voller Tag, als das Corps gegen Leipzig aufbrach; wir hatten vollständig abgekocht. Die Gewehre wurden beim Antreten geladen. Anfänglich bewegten wir uns in der gewöhnlichen Marschordnung; als es aber das Terrain neben der großen Straße zu gestatten begann, formierten wir Angriffskolonne, was unser Vorgehen gegen die *Höhen von Möckern* beschleunigte. Bald gerieten wir in ein heftiges Granatfeuer, avancierten aber bis zu einer Terrainfalte, wo wir vor den feindlichen Wurfgeschossen einigen Schutz fanden und während eines kurzen Haltes Atem schöpfen und unsere schon etwas gelichteten Rotten wieder voll machen konnten. Eine Kanonenkugel schlug hier in unser 1. Bataillon und tötete den Secondelieutenant Knopki, mit dem ich mich kurz vorher wegen seines reglementswidrigen Platzes in der Kolonne gestritten hatte. Er usurpierte den Platz, der mir zukam, und wurde dafür statt meiner mit dem Tode bestraft. Ich habe mich darüber lange nicht beruhigen können.

Als für uns der Moment zum ersten Bajonettangriff gekommen war, stiegen unsere Stabsoffiziere vom Pferde, und nun hörte eigentlich alles Kommando auf. Wir hatten die junge französische Garde samt einem Marinebataillon unter Marmont gegen uns, und im weiteren Vordringen, unter unbarmherzigem Kleingewehr- und Kartätschfeuer, waren wir ihren Kolonnen häufig ganz nah auf den Leib gerückt. Sie wichen in größter Ordnung zurück, immer nur, um wieder Front zu machen. So standen die Dinge, als plötzlich eines der diesseitigen, übrigens nicht unserm Regimente zugehörigen Bataillone kehrtmachte, wodurch die Nachbarbataillone mit zurückgerissen wurden. Die Intervallen gingen verloren, die Treffen vermischten sich, und war dies ein für die Offiziere aller Grade verzweiflungsvoller Augenblick. Da half kein Befehlen und Bitten, auch nicht, daß scharf druntergefuchtelt wurde. Ich meinerseits ließ mich in meiner jugendlichen Ekstase zu einem Fußfall verleiten. Erfolgloses Bemühen! Einem sechzehnjährigen Tambour unsres 1. Bataillons war es endlich vorbehalten, die Ordnung wieder herzustellen. Er sprang aus dem verworrenen Knäul heraus und schlug, ganz allein vorgehend und aus Leibeskräften, mit *einem* Trommelstocke den Sturmmarsch. *Das half!* Unser Bataillon machte Front, und das verlorene Terrain ward um so leichter wiedergewonnen, als der Feind, in Befürchtung eines diesseitigen Kavallerieangriffs, überhaupt gar nicht gefolgt war. Major von Othegraven vom brandenburgischen Infanterieregiment (jetzt Nr. 12) hat diese Handlung des Tambours, unmittelbar nach der Schlacht, als Zeuge zur Sprache gebracht. Der Lohn des Tapferen war das Eiserne Kreuz. Seinen Namen hab ich vergessen, aber er selbst lebt in meiner Erinnerung als ein Hauptheld des Tages fort.

Mit dem Dunkelwerden war auf *dieser* Seite von Leipzig der Sieg erfochten, und General von Horn ließ das Leibregiment einen großen Kreis schließen und einige Hautboisten ›Nun danket alle Gott!‹ blasen. Da die Brigaden ganz nahe beieinander standen und die Gewehre zusammengesetzt hatten, während es bei den Vortruppen immer noch knallte, so drängte sich alles zusammen, und ich werde den ungeheuren Eindruck nie vergessen, den es auf die Herzen aller Anwesenden hervorbrachte, als der General, nachdem das Lied verklungen war, sich mit uns allen auf die Knie warf und entblößten Hauptes ein lautloses Gebet verrichtete.

Das war ein freiwilliger Gottesdienst!

Nachdem die Bivouacs für die Nacht bezogen waren, wurd Appell gehalten — ein trauriger Appell! Wir hatten wohl zwei Drittel unserer Leute eingebüßt. Unser vortrefflicher Regimentskommandeur, Major von Laurens, war, an der rechten Hand schwer verwundet, zurückgebracht worden. Major von Pfindel, ein lustiger, mitten in der Schlacht singender Stabsoffizier, war zum Tode getroffen und starb bald nachher in Halle.

Am Bivouacsfeuer wurde verzehrt, was jeder bei sich führte. Dann ruht ich ungestört bis zur Reveille, wobei mir und einem andern Kameraden der halbnackte Leichnam eines französischen Offiziers als Kopfkissen diente.

Der Morgen des 17. Oktober war regnicht und kalt. Jeder Lebende und Gesunde freute sich aber dankend seines Daseins, und das Frühstück — schwarzer Kaffee mit Rum — mundete herrlich. Das halb verschimmelte Kommißbrot schmeckte wie Marzipan.

Der alte Hünerbein ging mit uns auf dem nahe gelegenen Schlachtfeldterrain umher und wendete mit seinem Krückstock die schon ihrer Kleider beraubten Leichen von Freund und Feind um, wenn sie, wie gewöhnlich, auf dem Bauche lagen und mit ihren Zähnen ins Gras gebissen hatten. Und hier war es auch, wo wir die erschütternde Szene erlebten, daß unser Premierlieutenant von Kessel seinen getöteten Bruder vom brandenburgischen Regiment erkannte und ihn durch Soldaten unseres 1. Bataillons in ein Grab verscharren ließ.«

So Oberst Goßlar über den »Tag von Möckern«, den er als junger Offizier mitgemacht hatte.

Die Verluste waren enorm, selbst die von Vionville und St-Privat verschwinden daneben. Sie stellten sich wie folgt: 1. Bataillon, 415 Mann stark, verlor 235; 2. Bataillon, 513 Mann stark, verlor 387; 3. Bataillon, 389 Mann stark, verlor 136. Gesamtverlust, einschließlich von 15 Freiwilligen Jägern, 773 Mann. Dazu 12 Offiziere. Major von Laurens (schwer verwundet) erhielt das Eiserne Kreuz I. Klasse. Nur 559 Mann stark zog unser Regiment dem Rheine zu. Es wuchs aber unterwegs.

DAS 12. RESERVE-INFANTERIEREGIMENT

1814

Der Rheinübergang in der Nacht zum 1. Januar

In der Silvesternacht, scharf auf der Scheide der beiden verhängnisvollen Jahre, traf in den Cantonnements der Befehl ein, in aller Stille nach Kaub aufzubrechen. Der Rheinübergang stand also nahe bevor. Die Brigade Hünerbein, der man zur Entschädigung für Wartenburg den Vortritt lassen wollte, sammelte sich und trat in geschlossenen Kolonnen zusammen. Mit und in ihr unser Regiment. Es war sternenklar und scharfer Frost; man hörte das Rollen der Diligence, die nach Koblenz hinabfuhr, das Plätschern von Rheinkähnen, die von Lorchhausen und Lorch herangerudert wurden, das Geräusch des beginnenden Brückenbaues, das Auffahren einer zwölfpfündigen Batterie. Drüben blieb alles still und schien entweder ahnungslos oder aber auf Hinterlist zu sinnen. Endlich — die Spannung war aufs höchste gestiegen — begann von zweieinhalb Uhr ab die Einschiffung der Avantgarden-Infanterie auf den herbeigeschafften Kähnen. Den Übergang eröffneten 200 Füsiliere des brandenburgischen Infanterieregiments, demnächst folgte unser 2. Bataillon, diesem der Rest der Brigade. Das Licht im Douanenhäuschen jenseits brannte. Die Überfahrt währte eine Viertelstunde. Alles blieb still, bis man das verbotswidrige Hurra hörte, mit welchem die brandenburgischen Füsiliere das linke Rheinufer begrüßten. Gleich darauf fielen die ersten Schüsse aus dem Douanenhäuschen. Während die Füsiliere ein unbedeutendes Tirailleurgefecht zu bestehen hatten, landete auch unser 2. Bataillon, 271 Köpfe stark. Major Graf Brandenburg dirigierte die 6. und 7. Compagnie unter Führung des Hauptmanns Wiegand auf die große Straße nach Bacharach, die 5. und 8. Compagnie unter Kommando des Majors von Blücher aber seitwärts auf die Straße nach Oberwesel, von woher feindliche Détachements herbeigeeilt waren. Die Felsecke auf der Chaussee zwischen dem Douanenhäuschen und Bacharach war das Ziel, welches der Feind mehrere Male mit Nachdruck zu erreichen und zu halten suchte. Selbst Geschütze fuhren auf. Unser 2. Bataillon, dem eine Compagnie des 3. als Soutien nachgesandt wurde, verjagte den in der Verzweiflung kühnen Gegner, nahm Bacharach und setzte sich darin fest, bis es nach einigen Stunden Befehl erhielt, über Steeg nach dem Dorfe Rheinböllen zu marschieren. Als der Feind Bacharach geräumt hatte, erstiegen unser 1. und 3. sowie das 1. Bataillon des brandenburgischen Regiments den Talrand und besetzten das Dorf Henschhausen, wo demnächst die ganze Brigade sich sammelte. Das Ersteigen der Höhen war um so beschwerlicher,

als der Morgen inzwischen Glatteis gebracht hatte. Dies veranlaßte ein häufiges Ausgleiten, welches denn auch nicht
ohne Folgen blieb: der interimistische Regimentskommandeur Major von Herrmann beschädigte sich durch einen unglücklichen Sturz vom Felsen so sehr, daß er zurückbleiben
und später wegen Invalidität seine Verabschiedung nachsu-
chen mußte.

Der Marsch der Brigade ging nun zunächst auf Saarbrücken,
das am 7. Januar erreicht wurde, dann ins Lothringische hinein. Am 11. stand man bei St-Avold, am 18. aber überschritt
man bei Pont-à-Mousson die Mosel und wurde den zur Einschließung von Metz bestimmten Truppen vorläufig zugeteilt. Das 1. Bataillon kam nach Moulins-les-Metz und Lon-
geville, das 2. und 3. Bataillon in die Nähe von Plappeville,
Namen, die seitdem wieder in unserem Ohr und Herzen lebendig geworden sind.
Der Aufenthalt vor Metz dauerte nur kurze Zeit; schon am
26. trafen russische Truppen als Ablösung ein. »Die Unseren wurden dadurch von einem Dienst befreit, der, infolge
naßkalter Witterung und von Bivouacs im halbgeschmolze-
nen Schnee, zahlreiche Verluste herbeigeführt hatte.« Aufgabe war gewesen, das *formidable* Metz womöglich einzunehmen, was beim Yorckschen Corps, das bekanntlich eine
schonungslose Kritik gegen alle Anordnungen des Blücherschen Hauptquartiers übte, vielleicht nicht ohne Grund die
»*Champagner-Disposition*« genannt wurde.

Am 26. Januar brachen unsere Bataillone auf und marschierten auf St-Mihiel. Von dort aus auf Commercy, Ligny, St-Di-
zier, Vitry, also hart an der jetzigen Straßburg-Pariser Eisen-
bahnlinie hin. Am 3. Februar standen die Brigaden des
Yorckschen Corps vor Vitry.
    Am folgenden Tage wurde die Bewegung auf Châlons-sur-
Marne fortgesetzt. Die 8. Brigade langte gegen Mittag vor der
Festung an, und schon sollte zum Sturm geschritten werden,
als General Yorck von jedem Vorgehen der Art Abstand
nahm und die Stadt mit Granaten zu bewerfen begann.

Bald sah man Feuer aufgehen. Einige Zeit später ließ sich eine von einem französischen Offizier begleitete Deputation der Bürgerschaft melden, welche der General von Yorck auch empfing. Alles harrte neugierig des Ausgangs der Unterredung.

Endlich kam es zur Kapitulation, und speziell unsere Brigade, die jetzt vom Prinzen Wilhelm geführt wurde*, rückte tags darauf in die Reimser Vorstadt ein, wo man (wie am Abend vorher in der Vorstadt St-Mihiel) volle *Champagnerkeller* fand und die *schäumende Flüssigkeit, die man für Weißbier hielt, gierig hinunterstürzte.* Die Folgen blieben nicht aus, und unter einem wilden Gejauchze drang man endlich in die Stadt selber ein.

Am 6. Februar sollte der Marsch in der Richtung auf Montmirail fortgesetzt werden. Die 8. Brigade blieb in Châlons. Mit ihr unser Regiment. Hier sollte nunmehr dem Champagnerrausch eine sehr unangenehme Ernüchterung folgen; General von Yorck ließ nämlich um zehn Uhr vormittags Generalmarsch schlagen und die Truppen *bis nach eingetretener Dunkelheit beim ärgsten Regen unter dem Gewehr stehen.*

Mitte Februars war die ganze Blüchersche Armee im »Lager von Châlons« vereinigt; sie zählte jetzt, nachdem auch General von Bülow eingetroffen war, *vier* Corps. Am 18. brach man auf. Es ging auf Paris.

Unter Gefechten wurde Laon erreicht. Am 9. März früh nahmen die Corps der Blücherschen Armee die durch das Terrain gebotene Aufstellung, das Yorcksche Corps in zwei

---

* Um diese Zeit fanden innerhalb des Yorckschen Corps überhaupt Neuformationen statt, die großenteils durch die voraufgegangenen schweren Verluste bedingt waren. Auch die 8. Brigade, und innerhalb derselben unser Regiment, wurde von diesem Wechsel der Dinge betroffen. Unser 1. Bataillon, mit dem Füsilierbataillon des brandenburgischen Infanterieregiments kombiniert, kam unter den Befehl des Majors von Borcke, das 2. und 3. Bataillon (ebenfalls kombiniert) unter das Kommando des Majors von Blücher. Wir begegnen deshalb in der Folge, und zwar bis zur Einnahme von Paris am 30. März 1814, immer nur den Bezeichnungen: Bataillon von Borcke und Bataillon von Blücher. [Von den vier Stabsoffizieren, die das Regiment bei seiner Gründung (vergleiche Seite 227) gehabt hatte, waren zwei tot, zwei schwer verwundet: Major von der Goltz an der Katzbach, Major von Zepelin bei Hochkirch (4. September) gefallen; Major von Laurens bei Möckern, Major von Herrmann beim Rheinübergang durch Sturz vom Pferde blessiert.]

Treffen. Man hörte die Schlacht auf dem rechten Flügel, dem Yorckschen Corps gegenüber aber zeigte sich kein Feind. Endlich nachmittags vier Uhr erschien Marschall Marmont auf der Straße von Reims. Die Batterien begannen ihr Spiel, und gegen Abend kam Befehl zum Angriff. Prinz Wilhelm, der jetzt eine Division führte, ging im Sturmschritt gegen das brennende Dorf Athies vor, das Bataillon Borcke mit seinen Schützen in der Front. Es ward immer finsterer; nur das flammende Athies, die auflodernden Bivouacfeuer, die brennenden Lunten bei den in Position gebliebenen feindlichen Kanonen und die Sterne leuchteten. Unser Bataillon Blücher folgte links dem Bataillon Borcke; beide drangen in die nordwestliche Ecke des Dorfes ein, stießen erst auf Tirailleure, dann auf Massen. Kein Schuß fiel, aber unter Trommelschall und Hurraruf stürzte man auf den Feind. Rechts weithin, immer ferner und ferner, antworteten andere Bataillone des Prinzen sowie der Division Horn und des Kleistschen Corps im wilden Echo. Der überraschte Feind floh im wilden Durcheinander. Man fand neben den eingestürzten Balken der brennenden Häuser die kurz zuvor erst aufgesetzten Feldkessel. Einzelne Abteilungen suchten sich hinter Hecken und Gartenmauern zu retten und schossen aus ihren Verstecken hervor. Aber zu ihrem Unheil. Sie wurden aufgespürt und über den Haufen gerannt. Der Mond ging auf und goß seine Streiflichter, gemischt mit denen des brennenden Dorfs, auf ein kurzes, aber wildes Handgemenge: der fliehende Feind, seines Weges unkundig, war ohne Wissen und Wollen in unsere Bataillone hineingeraten. Eine Meile weit ging die Verfolgung.

Nach diesem Tage (9. März) hatte man auf ein rasches Vorwärts gerechnet. Aber es unterblieb, und man ging bis in das Bivouac bei Athies zurück. Erst am 18. kam wieder Bewegung in den großen Heerkörper. Eine Woche später empfand jeder: nun geht es *wirklich* auf Paris, und am 19. standen die Spitzen unsrer Armeen angesichts der französischen Hauptstadt. Das Yorcksche Corps hatte beim Vormarsch die Tête gehabt, die ihm zukam, denn bei *ihm* war der eigentliche Ernst des Krieges.

So kam der 30.

Schlacht vor Paris, 30. März

Schon um sechs Uhr hörte man Kanonendonner von Pantin und Romainville her, und um zehn Uhr stand die *Avantgarde* des Yorckschen Corps in Höhe von Pantin. Eine feindliche, hinter der Meierei Le Rouvray stehende Batterie beherrschte die Straße, darauf wir anrückten, und unser Musketierbataillon Blücher wurde zur Unterstützung der *Avantgarde* vorgezogen. Im Laufschritt, um dem Kartätschfeuer der bei Le Rouvray feuernden Batterie möglichst zu entgehen, ward eine eiserne, über den Ourcq-Kanal führende Brücke passiert und Le Rouvray selbst von unserem Bataillon Blücher besetzt, während andre Bataillone in Pantin einrückten. Die feindliche Batterie ging zurück. Mit ihr verschiedene Bataillone, die bis dahin die Position gehalten hatten.

In diesem Augenblick erhielt Major Blücher Befehl, dem sich zurückziehenden Feinde zu folgen. Aber dieser war minder erschüttert, als man diesseits erwartet hatte, kam zum Stehen und empfing die Nachstürmenden mit mehreren Salven. Gleichzeitig eröffnete eine jenseit des Kanals aufgefahrene Batterie ihr Feuer gegen die Unsern, und so in Front und Flanke zusammengeschossen, blieben im Nu 210 von 343 Mann. Fast zwei Drittel also waren tot oder verwundet. Der Rest, zurückeilend, suchte das schützende Vorwerk (Meierei Le Rouvray) zu erreichen. Der Feind nach. Da rafften Hauptmann von Rathenow und Lieutenant von Johnston ein paar Gruppen Fliehender zusammen, warfen sich den Verfolgern entgegen und retteten dadurch die Meierei.*

Das andere Bataillon unseres Regiments, Major von Borcke, nahm nur mit einem Schützenzuge an den mehr nördlich sich hinziehenden Kämpfen teil und hatte geringe Verluste.

---

* Bei dem Zurückgehen des Bataillons war Unteroffizier Saame, ein ausgezeichneter Soldat, schwerverwundet liegengeblieben. Man meldete dem Hauptmann von Rathenow, der ihn ganz besonders schätzte, Saame habe nach seinem Capitain gerufen und hinzugesetzt: der werde schon sorgen, daß er nicht in Feindeshand falle oder verblute. »Freiwillige vor!« rief Rathenow. Keiner meldete sich. Da eilte Rathenow selbst auf den Kampfplatz zurück, alsbald gefolgt vom Hauptmann von Bismarck. Sie fanden den sterbenden Kameraden und trugen ihn nach Le Rouvray zurück. Jetzt vermißte Bismarck seinen Säbel, den er zwischen den Toten hatte liegenlassen. Das ging nicht; also nochmals zurück. Mit einer leichten Schußwunde kam er davon; seinen Säbel hatte er wieder.

Tags darauf, am 31. März, war »Einzug in Paris«. Linie und Landwehr blieben bekanntlich davon ausgeschlossen. Unsere Bataillone besetzten an diesem Tage die Barrièren de l'Étoile und du Bassin.

Am 30. Mai Friedensschluß. Bald darauf Rückkehr der Truppen in die Heimat.

Das 24. Infanterieregiment
1815

Unser Regiment — damals noch unter seinem alten Namen: 12. Reserve-Infanterieregiment — war am 8. Juli 1814 in die ihm zugewiesene Garnison Luxemburg eingerückt. Major von Laurens, von seiner Verwundung hergestellt, übernahm wieder das Kommando. Nicht eben zum Vorteile des Regiments wurden viele Rheinländer eingestellt, was sich jetzt, nachdem sie aus »Muß-Preußen« längst zu loyalen Alt-Preußen geworden sind, ohne besonderen Anstoß sagen läßt. Sie *wollten* damals keine guten Preußen sein.

Die Reorganisation war nur erst oberflächlich beendet, als eine kurze Meldung das Friedenswerk unterbrach: »Napoleon zurück von Elba!« Also wieder Krieg. Am 27. Mai 1815 verließ unser Regiment — das seit dem 1. Mai letztgenannten Jahres den Namen *24. Infanterieregiment* führte — Luxemburg und marschierte in die Niederlande hinein, um seine Stellung innerhalb der 1. Brigade des I. Corps einzunehmen. Die Stärke des Regiments belief sich, alles in allem, auf etwa 2200 Mann, und zwar: 1. Bataillon 21 Offiziere und 717 Mann, 2. Bataillon 19 Offiziere und 727 Mann, Füsilierbataillon 20 Offiziere und 694 Mann, Summa 60 Offiziere und 2138 Mann.

Die 1. Brigade, General von Steinmetz, bestand aus dem brandenburgischen Infanterieregiment (Nr. 12) und dem 24. Regiment und dem 1. westfälischen Landwehrregiment. Dazu das 6. Ulanenregiment und eine Fußbatterie. Am 7. war Revue der Brigade, am 8. Vorlesung der Kriegsartikel, am 9. kündigte sich der Feind an, aber sein Erscheinen ver-

zögerte sich. Am 14. Aufstellung auf der großen Straße nach
Binche; am 15. fanden bereits einzelne Rencontres statt. So
kam der Tag von Ligny, der auch unserm Regiment erhebliche Opfer auferlegte.

Ligny, 16. Juni

Napoleon stand bei Fleurus mit vier Corps: Grouchy, Gérard, Vandamme und den *Garden*, Blücher eine Meile weiter
nördlich, hart links an der von Fleurus auf die Chaussee
Brüssel—Namur führenden Straße. Er hatte nur drei Corps
zur Hand; das vierte Corps (Bülow) war noch zurück. Im
Vertrauen auf die Unterstützung Wellingtons — die später,
nach Lage der Sache, ausbleiben mußte — nahm er die
Schlacht an. Diese hat man sich einigermaßen ähnlich vorzustellen wie die Schlacht bei Vionville: drei an einer Chaussee
liegende, stark besetzte Dörfer, gegen die sich von Süden her
drei Angriffskolonnen richten. Was am 16. August 1870 die
Dörfer Mars-la-Tour, Vionville und Rezonville waren, das
waren am 16. Juni 1815 die Dörfer St-Amand, Ligny und
Sombreffe. Gegen die rechten Flügeldörfer geschah an beiden Tagen nichts Erhebliches; wie sich der *eine* Tag bei
Mars-la-Tour und Vionville entschied, so der *andere* bei St-
Amand und Ligny.

St-Amand, Ligny, Sombreffe — so folgten die Dörfer einander von West nach Ost. Da wir mit Front gegen *Süden*
standen, von wo Napoleon angriff, so war St-Amand unser
rechter, Sombreffe unser linker Flügel; Ligny Zentrum.

St-Amand war durch das Zietensche, Ligny durch das 2.,
Sombreffe durch das Thielemannsche Corps besetzt.

Um zwei Uhr ging Napoleon vor. Vandamme, französischer linker Flügel, gegen St-Amand, Gérard, Zentrum, gegen Ligny, Grouchy, französischer rechter Flügel, gegen
Sombreffe. Nach mehrstündigem Hin- und Herschwanken
entschied sich der Kampf dadurch, daß Napoleon, die Garden zur Unterstützung Gérards vorziehend, mit diesen unser
Zentrum bei Ligny durchbrach. Blücher, sich an die Spitze
einiger Kavallerieregimenter setzend, suchte die Schlacht
wieder herzustellen. Aber vergeblich. Geworfen, entging er
nur wie durch ein Wunder der Gefangennahme.

Soviel über den Gang der Schlacht überhaupt.

Unser Regiment stand am diesseitigen rechten Flügel (Zietensches Corps) teils bei St-Amand, teils tausend Schritt weiter nördlich bei dem Dorfe St-Amand-la-Haye. Hier nahm es an den erbitterten Kämpfen dieses Nachmittags teil. Wir geben nun einige Details.

Um eineinhalb Uhr durchschritt der greise Feldmarschall das Bivouac der 1. Brigade: 12. und 24. Infanterieregiment, und ermunterte die Soldaten mit ein paar kräftigen Worten: »Seht, dort bei Fleurus, da zieht sich's zusammen. Nun gilt es, Kinder.«

Um dieselbe Stunde erhielt unser Füsilierbataillon, Major von Blücher, Ordre, in St-Amand einzurücken. Bis dahin hatte das Bataillon in einem Garten in *Front* des Dorfes gelegen. In Gemäßheit dieser Ordre war man eben damit beschäftigt, die südwestliche Lisière von St-Amand mit Tirailleurs zu besetzen, als der Gegenbefehl eintraf, statt in das Dorf, in die *Reserve* zu rücken. Das Bataillon verließ St-Amand und marschierte bis St-Amand-la-Haye, wo es östlich neben dem Dorfe Stellung nahm. Hier befand sich ein Backofen, von dessen Höhe aus, über St-Amand hinweg nach Fleurus zu, unsere Offiziere die Einleitungen zum Gefecht, wie sie auf französischer Seite stattfanden, deutlich verfolgen konnten.

Inzwischen sahen unsere auf einem Höhenzuge unmittelbar nördlich von St-Amand stehenden *Musketier*bataillone ebenfalls über dies Dorf hinweg und nahmen gleicherweise das Vorrücken der Vandammeschen Kolonnen wahr, die sich von Fleurus aus gegen St-Amand dirigierten. Dieses war nach Abzug unseres Füsilierbataillons durch das 29. Regiment besetzt worden. Vandamme griff mit Übermacht an, bemächtigte sich des Dorfes und warf die Neunundzwanziger hinaus. Als er indessen von der nordöstlichen Lisière her in Kolonnen debouchieren wollte, ging ihm unsere 1. Brigade, rechts das 12., links das 24. Regiment, entgegen und drang mit einer glücklichen Attacke in das Dorf ein. Kaum war dieser Erfolg errungen, als frische feindliche Streitkräfte St-Amand wieder zu nehmen trachteten. Dies versagte jedoch. Unsere Musketiere gewannen sogar Terrain, nachdem sie dem Feinde, der sich mit der größten Erbitterung schlug,

Gehöft nach Gehöft und Hecke nach Hecke hatten abringen müssen.

Aber der Feind führte jetzt abermals neue Bataillone gegen St-Amand vor. Unser Regiment mußte die südwestliche Lisière wieder aufgeben, da es an Patronen zu mangeln begann, und das Gefecht im Dorfe *selbst* erneuerte sich nunmehr. Endlich traf unsererseits die 2. Brigade Pirch zur Ablösung ein. Schwierig war es, die in lauter Trupps zerstreuten Mannschaften aus dem wütenden Kampfe herauszuziehen. Endlich gelang es. Laurens bestimmte als Sammelplatz einen tief gelegenen Punkt zwischen Ligny und St-Amand-la-Haye. Leider sicherte diese Vertiefung nicht ausreichend gegen das Einschlagen von Geschossen, und beide Musketierbataillone erlitten hier noch erhebliche Verluste. Dem Lieutenant von Wulffen riß eine Granate den Kopf weg, eine andere rasierte fünf Mann vom rechten Flügel der 5. Compagnie, eine dritte traf Laurens' Pferd und schleuderte diesen aus dem Sattel.

Was nun noch folgte, war, soweit unser Regiment in Betracht kommt, ein Hin- und Hermarschieren. Es ging nach Sombreffe und wieder zurück.

Auf diesem Rückmarsch indes war es unsern Vierundzwanzigern noch beschieden, an dem in gewissem Sinne wichtigsten Moment des Tages teilzunehmen. Blücher selbst, um Ligny wiederzugewinnen, führte zum Schluß des Tages, wie schon erwähnt, ein paar Kavallerieattacken aus. Aber sie mißglückten, Blücher stürzte und lag unterm Pferde. Die französischen Reiterungewitter donnerten über das Feld hin. In diesem Augenblicke trafen wie durch glücklichen Zufall unsere Musketierbataillone an dem Wasserlauf ein, der hart an Mont Potriaux vorüberfließt. Laurens ließ Carré schließen und kommandierte: »Zweites Glied, Feuer!« Dies wechselte darauf mit dem dritten Glied die Gewehre, und eine zweite Salve folgte. Beide hatten ihre Wirkung, die Reitermasse stob *seitwärts* und wurde von dem Punkt abgedrängt, wo Blücher unterm Pferde lag. Vielleicht wandten diese Salven eine Gefangennahme ab, die, nach allgemeiner Annahme, verhängnisvoll gewesen wäre.

Der Rückzug — Gneisenaus unsterbliches Verdienst — ging auf Wavre, das heißt den Engländern entgegen. Der Gesamtverlust, den unser Regiment an diesem Tage erlitt, belief sich auf 14 Offiziere und 340 Mann, die zur Hälfte auf das 2. Bataillon entfielen.

Belle-Alliance, 18. Juni

Wie bei Ligny an tapferer Verteidigung, so nahm unser Regiment bei Belle-Alliance an der siegreichen Offensive teil, die die letzten Stunden dieses Tages brachten. Es gehörte zu den Truppen, die recht eigentlich die Schlacht entschieden. Ihr bloßes Erscheinen bedeutete den Sieg.

Es war etwa sechs Uhr, als die 1. Brigade von Steinmetz auf dem Schlachtfelde eintraf. In diesem Moment waren die Engländer im Zurückweichen und getrennt vom Bülowschen Corps.

Die 1. Brigade (und in ihr unser 24. Regiment) stellte dadurch, daß sie zum Angriff vorging, den Feind warf und die Engländer zu neuem Vorrücken veranlaßte, *die Verbindung wieder her* und entschied auf diese Weise die Niederlage des französischen rechten Flügels. Auf einer von einem französischen Generalstabsoffizier herrührenden Zeichenskizze finden wir an einer Stelle, wo *zwei Bataillone* an der Spitze des heranziehenden Zietenschen Corps in den Plan eingezeichnet sind, zugleich die Worte: »Arrivée du corps du général Zieten, qui decida la défaite de l'aile droite.« Diese »zwei Bataillone« sind die Musketiere unseres 24. Regiments.

Der Feind wich, setzte sich aber noch einmal auf den dominierenden Höhen südwestlich von Smohain. Unsere Musketierbataillone, unter Laurens' persönlicher Führung, folgten. Sie hatten die französische Garde gegenüber, die jetzt mit höchster Anstrengung unsere so gut wie vollzogne Vereinigung mit den Engländern wieder zu lösen trachtete. Die diesseitige Tirailleurkette wurde verstärkt und wieder verstärkt, bis zuletzt die halben Bataillone aufgelöst kämpften. Alles umsonst. Der heftige Widerstand der alten Garde brachte den Angriff ins Stocken; ein Wanken begann, das ein Weichen zu werden drohte. In diesem Augenblick trat Laurens, wie es in den Berichten heißt, »mit seiner kräftigen Gegenwart« ein, schob das Füsilierbataillon nach links, um dadurch Verbindung mit dem rechten Flügel des 4. Corps zu

gewinnen, nahm gleichzeitig die Soutiens der Musketierbataillone zusammen und führte sie, durch die Tirailleur-
schwärme hindurch, zu neuem Angriff vor. Im Vorgehen
wurde nach rechts hin Verbindung mit den *Bergschotten* gewonnen, die an dieser Stelle standen und kämpften. Vorwärts! Wohl erkannte man die Gefahr, als es so gerad im
Sturmschritt auf die alte Garde losging (die noch dazu durch
eine vorteilhafte Stellung begünstigt war), aber siehe da, es
gelang. Der Feind wurde geworfen. Seit Beginn dieses Angriffs war kaum eine halbe Stunde vergangen. Von Position
zu Position in den Kessel zurückgedrängt, zog sich die
Garde von Frichermont auf la Belle-Alliance zu.

Der Nebel hatte sich inzwischen gänzlich geteilt. Noch
einmal sah man die feindliche Kavallerie anrücken, jedoch
bald halt- und kehrtmachen. Endlich verschwanden die französischen Kolonnen hinter Planchenoit.

Die prächtigste Sommernacht zog herauf, und ein glänzender Vollmond beleuchtete das Schlachtfeld, auf welchem die
Engländer und Preußen nunmehr als Sieger vereint ruhen
durften.

Unser Regiment vereinigte sich bei La Haye-Sainte und
bezog daselbst ein Bivouac, dicht neben ihm einige Bataillone Hochländer. Als man sich einigermaßen eingerichtet
hatte, ließ Laurens die Hautboisten und Sänger vor die Mitte
des Lagers treten und zuerst »Nun danket alle Gott«, dann
»Heil dir im Siegerkranz« anstimmen. Als die Hochländer
diese Melodie hörten, die, wie bekannt, zugleich die der englischen Nationalhymne ist, fühlten sie sich freudig überrascht, fielen ein und sangen ihr »God save the King« mit,
indem sie mit tränenvollen Augen ihren preußischen Waf-
fengefährten in die Arme stürzten. Dann wurde noch lang in
die Nacht hinein gejubelt und getanzt, obgleich der Boden
von dem furchtbaren Regen der vorigen Nacht sehr aufge-
weicht und durch die Kavallerieattacken gräßlich durchkne-
tet war. Vierundzwanziger und Bergschotten im frohsten
Durcheinander.

Die Verluste des Regiments waren mit Rücksicht auf das
große Resultat gering zu nennen*: 137 Mann an Toten und

---

* So verhältnismäßig gering die Verluste des Regiments an diesem Entscheidungs-
tage waren, so groß waren sie in den kleineren, jetzt halb vergessenen Kämpfen, die

Verwundeten, die, wie bei Ligny, so auch hier, größerenteils auf die beiden Musketierbataillone entfielen.

Die Friedensjahre
(Von 1815 bis 1848)

Am 2. November 1815 trat das Regiment den Rückmarsch in die Heimat an; es marschierte über Brüssel, Köln, Braunschweig, Magdeburg nach Breslau und Neiße. In diesen Garnisonen wurde die Demobilisierung ausgeführt.

1817 trat das Regiment aus dem 6. (schlesischen) Armeecorps in das 3. (brandenburgische) über und wurde nach Frankfurt a. O. hin gelegt. In Frankfurt und Umgegend stand das Regiment drei Jahr und rückte erst im September 1820 in seine neuen Garnisonen Ruppin und Prenzlau ein.

Die Regimentskommandeure der Vierundzwanziger waren von 1815 bis 1848 die folgenden: Oberstlieutenant von Laurens bis 1816, Oberst von Romberg bis 1821, Oberst von Petery bis 1834, Oberst von Wulffen bis 1838, Oberst Chlebus bis 1844, Oberst Ehrhardt bis 1848. — 1824 wurde der Erbgroßherzog Paul Friedrich von Mecklenburg-Schwerin Chef des Regiments, 1842 der Sohn Paul Friedrichs, der jetzt regierende Großherzog Friedrich Franz.

Das 24. Regiment im Jahre 1848 und 1849

Am 24. Februar 1848 erfolgte die »Februarrevolution«, und in weniger als drei Wochen zog das revolutionäre Wetter über ganz Europa hin. Überall fand es reichlichen Zündstoff, und überall schlug es ein. Auch bei uns. Es war eben nicht alles so, wie's sein sollte. Die Zusagen von 1815 waren unerfüllt geblieben, ein Druck war da, eine Luft, die das freie Atmen hinderte. Auch die *Besten*, wenn sie nicht Unzufriedene waren, waren wenigstens unbefriedigt.

Aus dieser Stimmung heraus erwuchs unser »18. März«. Ohne den stillen Vorschub, den das gesamte Volksgefühl

---

noch folgten. Am 29. Juni traf man in der Nähe von Paris ein; am 2. Juli hatten unsere Musketierbataillone die Gefechte bei Sèvres und Issy. Dieselben kosteten uns 9 Offiziere und 322 Mann, jedes dieser Gefechte mehr, als Waterloo gefordert hatte.

den Krawallern von Fach leistete, wäre dieser Tag nicht möglich gewesen.

Die junge Freiheit war geboren. Aber sie konnte ihren unmittelbaren Ursprung nicht verleugnen, und mit jedem Tage wurd es klarer, daß sie von der Gasse stammte. Das vielzitierte »Schaumspritzen« eines freiheitlichen Geistes wurde mehr und mehr unbequem, und die hohe Libertas trug das Kleid des Rehbergers. *Unser* Regiment war es, dem damals die Aufgabe zufiel, die Ausschreitungen der Hauptstadt im Zaume zu halten, weniger durch direktes Eingreifen als einfach durch seine Gegenwart. Die Übermütigsten wußten, daß wenigstens *ein* loyaler Faktor da war, mit dessen 3000 Bajonetten gerechnet sein wollte.

Sehr bald nach dem »18. März« waren unsere Vierundzwanziger in die Hauptstadt eingerückt und hatten in den Kasernen des 2. Garderegiments und der Gardeartillerie Quartiere bezogen. Speziell *diese* Kasernen waren wohl mit Rücksicht auf die nahe gelegene »Oranienburger Vorstadt« gewählt worden. Der Sicherheitsdienst befand sich in den Händen der Bürgerwehr, und nur einige wichtigere Punkte wurden unseren Vierundzwanzigern zugewiesen. Unter diesen das *Zeughaus.*

Ebendieses war auch am 14. Juni wieder durch eine Füsiliercompagnie Vierundzwanziger besetzt worden, als sich am Nachmittage genannten Tages jene Ereignisse vorbereiteten, die unter dem Namen der »*Zeughaussturm*« bekannt geworden sind. Ein sehr lehrreiches Kapitel in der Geschichte der Revolutionen, zugleich ein treffliches Beispiel dafür, daß Unternehmungen von einer nicht wegzudisputierenden historischen Bedeutung oft nicht bloß durch die zweifelhaftesten, sondern auch geradezu durch die *kümmerlichsten* Mittel in Szene gesetzt werden. 100 oder 200 verwegene Bursche, Bursche, die, was auch kommen möge, *nur* zu gewinnen haben, rottieren sich zusammen, und in weniger als einer halben Stunde sind aus den 200 zwanzigtausend geworden. Aber diese zwanzigtausend sind au fond nichts als eine Täuschung. Jeder will sehen und hören und vielleicht hinterher ein wenig renommieren, das ist alles; er denkt nicht daran, Hand anzulegen, wenn's Ernst wird, er will nicht kämpfen oder sich persönlich Gefahren aussetzen, er will nur mit

schreien und möglichst mit unnütz sein, während die andern
die Kastanien aus dem Feuer holen. Diese »andern« aber
sind immer nur wenige. Wer dies im Auge hat, der wird solcher Bewegungen in der Regel leicht Herr werden, und meistens ohne große Opfer hüben und drüben; aber an diesem
freien Blicke gebricht es in revolutionären Zeiten fast immer.
Jeder ist angekränkelt, jeder erkennt der Auflehnung ein be-
scheidenes Maß von Berechtigung zu oder setzt auch wohl
Mißtrauen in die Mittel und Wege, mit denen er in den
Kampf eintreten soll. So wird die Entschlußkraft gebrochen.
Das Schlimmste tuen dann schließlich noch die »Berater«.
Unter diesen sind immer einige, die mit der Angst des eigenen Herzens die Herzen derer, bei denen die Entscheidung
liegt, anzustecken wissen. Mitunter sind es auch Mitver-
schworene.

So war es am 14. Juni. Geschwätz, Zureden und, als alles
nicht ausreichte, direkte Lüge brachen, ohne daß ein Schuß
gefallen wäre, den Widerstand der Zeughausverteidiger, und
die jubelnde Menge trat ein. Aber nicht lange sollte sie sich
dieses Sieges erfreuen. Das mittlerweile gesammelte 1. Bataillon Vierundzwanziger erhielt Befehl, das Zeughaus wie-
derzunehmen, und vom Kupfergraben wie zugleich vom Ka-
stanienwäldchen aus rückten alle vier Compagnien gegen
dasselbe vor. Die Menge wich, und durch sie hindurch drangen jetzt die Hauptleute von Brause und von Stülpnagel in
das Zeughaus ein, säuberten den Hof, nahmen in der obersten Etage dem Gesindel die bereits geraubten Waffen wieder ab und jagten dasselbe die Treppe hinunter oder zu den
Fenstern hinaus. In Zeit von zwei Stunden war alles beendet
und die Ordnung der Dinge wiederhergestellt.

So der Juni 1848. Ernster, bedeutsamer waren die Maiereig-
nisse des folgenden Jahres, insonderheit

der Straßenkampf in Dresden.

Hier stand man einer wirklichen revolutionären *Macht* gegenüber. Auf diese *Kerntruppe* der Revolution paßte nicht
mehr das, was ich vorstehend von bloßen Krawallern und

Tunichtguten gesagt habe, *hier* befehdeten sich zwei Prinzipien, von denen jedes seine Truppen ins Feld stellte. Die Ereignisse von damals sind halb vergessen, sie *sollten* es nicht sein. Sie gaben uns einen Vorgeschmack von dem, was kommen wird.

Am 3. Mai war der Aufstand in Dresden ausgebrochen. An der Spitze standen Tzschirner, Todt, Heubner, Bakunin. Die Barrikaden (so wird erzählt) waren nach Anleitung Sempers errichtet, die revolutionäre Armee selbst aber bestand aus Turner-, Künstler- und Studentencorps, aus Teilen der Schützengilde, der Bürgerwehr, aus formierten Abteilungen militärisch eingeübter Bergleute und aus Umsturzmännern von Fach, namentlich Polen. Es handelte sich also nicht um »Gesindel«, das bekämpft werden sollte, sondern, wie schon hervorgehoben, um eine Elitetruppe, die nach Intellekt, Wissen und bürgerlicher Stellung erheblich höher stand als die uckermärkischen Füsiliere, die hier unsrerseits in den Kampf eintraten. Je bestimmter ich auf seiten dieser letztren stehe, desto freier auch darf ich es aussprechen, daß nichts falscher und ungerechter ist, als auf die Scharen des Maiaufstandes verächtlich herabzublicken. Die Schuld lag bei den *Führern*. Und auch hier ist noch zu sichten. Neben Ehrgeizigen und Böswilligen standen aufrichtig begeisterte Leute. Eine Republik herstellen wollen ist nicht notwendig eine Dummheit, am wenigsten eine Gemeinheit.

Das sächsische Militär war nicht stark genug, den Aufstand zu unterdrücken. Am 5. oder 6. Mai gingen deshalb von Berlin aus das 1. und das Füsilierbataillon vom Alexander-Regiment nach Dresden ab, um die sächsischen Truppen in ihrem Kampfe zu unterstützen. In der Nacht vom 7. zum 8. folgte unser vierundzwanziger Füsilierbataillon. Am 8. früh traf es in Neustadt-Dresden ein und rückte um ein Uhr mittags zur Ablösung der verschiedenen Détachements des Alexander-Regiments über die Elbbrücke. Die halbe Altstadt war um diese Zeit bereits zurückerobert, aber in der im Besitz der Insurgenten verbliebenen Hälfte steigerte sich der Widerstand, besonders am Altmarkt und in dem zwischen der Wilsdruffer-, Scheffel- und Schloßgasse gelegenen Häusercarré.

Unsere Füsiliere begannen den Kampf sofort, aber der

Hauptangriff wurde doch bis zum 9. morgens verschoben.

Die 9. Compagnie (rechter Flügel) ging in der Frühe genannten Tages mit allen drei Zügen vor. Hauptmann von Malotki nahm das Postgebäude, Lieutenant von Glasenapp das Engelsche Haus, Lieutenant von Horn eine starke Barrikade an der Scheffel- und Wallstraßen-Ecke.

Die 10. Compagnie (linker Flügel) setzte sich vom Neuen Markt her in den Besitz des Café Français und avancierte von hier aus gegen die ebenfalls mit Insurgenten besetzte Kreuzkirche.

Die 11. und 12. Compagnie (Zentrum) arbeiteten sich in den Häusern der Sporer- und Schössergasse gegen den Altmarkt vor, während andre Abteilungen, bei denen sich der Bataillonskommandeur Major Schrötter befand, die Hauptstraße hielten und die hier errichteten, mit der roten Fahne geschmückten Barrikaden wegnahmen.

Die Hauptaktion hatte die 9. Compagnie. Noch geraume Zeit nachher bot das Postgebäude samt den angrenzenden Baulichkeiten ein deutliches Bild des Kampfes, der hier getobt hatte. Die Verluste der Insurgenten waren groß, der ganze Hergang aber, rein auf seinen militärischen Gehalt hin angesehen, hatte deutlich gezeigt, welches Widerstandes eine Stadt fähig ist, wenn sie den guten Willen hat, jeden Fußbreit Erde zu verteidigen.

Der Straßenkampf in Iserlohn
17. Mai 1849

Am 11. Mai verließ unser Füsilierbataillon Dresden und vereinigte sich mit den andern Bataillonen des Regiments, um den inzwischen an einigen Orten Westfalens ausgebrochenen Aufstand niederzuschlagen. Das führte am 17. Mai zu dem Straßenkampfe von Iserlohn. Unsere Bataillone stürmten von drei Seiten her gegen die Stadt, nahmen die Barrikaden im ersten Anlauf und drangen in den Straßen, trotz lebhaften Feuers aus den angrenzenden Häusern, ohne Aufenthalt vor. Eine der Barrikaden, die von der 4. Compagnie erstürmt wurde, war aus Postwagen erbaut, andre waren mit Geschützen versehen. An die Spitze der 12. Compagnie

hatte sich der Kommandeur des Füsilierbataillons, Oberstlieutenant Schrötter, gestellt; seiner Truppe weit vorauf, traf
ihn eine Kugel, und tödlich getroffen sank er aus dem Sattel.
Diesen Schuß hatten die Aufständischen teuer zu bezahlen.
Das Haus ward erstürmt und von drei Seiten her der Marktplatz erreicht. Die Feder sträubt sich, die Zahl der Opfer anzugeben. Auf seiten des Regiments waren nur zwei Tote,
darunter Oberstlieutenant Schrötter*.

Der Feldzug in Pfalz und Baden

Inzwischen hatten sich die badenschen und zum Teil auch
die bayerischen Truppen (soweit sie in der Rheinpfalz standen) dem Aufstande angeschlossen. An die Stelle ihrer Offiziere, die mit kaum nennenswerten Ausnahmen ihrem Eide
treu blieben, traten vielfach Revolutionärs vom Fach. Mie-
roslawski übernahm die Oberleitung.

Drei Corps setzten sich zur Bekämpfung der Aufständischen in Marsch. Das erste dieser Corps wurde vom General
von Hirschfeld, das zweite vom General Graf Gröben, das
dritte, aus deutschen Kontingenten gemischte, vom Generallieutenant von Peucker kommandiert. Den Oberbefehl über
diese Armee übernahm der damalige Prinz von Preußen.

Unsere Vierundzwanziger kamen zum Hirschfeldschen
Corps. Es war mehr ein Marschieren als ein Bataillieren, und
zuletzt, als die Murg-Linie seitens der Aufständischen erreicht war, setzten sie sich, um einen letzten entschlossenen
Widerstand zu versuchen. Dies führte am 29. und 30. Juni
zu den ziemlich blutigen Gefechten bei Kuppenheim, von
denen das eine *diesseits*, das andre *jenseits* der Murg geschlagen wurde. An dem Gefechte *diesseits* der Murg (29.)
nahmen unsere Musketierbataillone, an dem Gefechte *jenseits* der Murg (30.) unsere Füsiliere teil. Besonders zeichnete sich am 29. das 2. Bataillon aus. »Das Erscheinen des
2. Bataillons 24. Regiments war entscheidend. Die Freudigkeit, mit der es ins Gefecht ging, ist über alles Lob erhaben,

---

* Oberstlieutenant Schrötter ward auf dem Iserlohner Kirchhof beigesetzt. In der
Garnisonkirche zu Prenzlau ist ihm seitens der Kreisstände der Uckermark eine marmorne Gedächtnistafel errichtet worden. Für sein brillantes Verhalten in Dresden war
ihm ein Regiment zugedacht; die Ernennung, als sie in Iserlohn eintraf, fand ihn bereits tot.

und *bald war auch das verlorengegangene Terrain** und
noch mehr gewonnen. Der Feind zog eilig über die Murg
nach Kuppenheim ab.«

Die verschiedenen Gefechte, die am 30. Juni stattfanden,
entschieden über das Schicksal der Insurgentenarmee. Ein
Teil warf sich nach Rastatt hinein, das sich bis zum 23. Juli
hielt. Der Rest zerstob in alle Winde.

Damit war der Feldzug abgeschlossen, unsere Vierundzwanziger aber wurden dem Okkupationscorps zugeteilt, das
bis November 1850 in Baden verblieb.

Die Verluste in allen Kämpfen des Jahres 49 (Dresden, Iserlohn, Baden) stellten sich für unser Regiment wie folgt:

> Dresden: 6 Tote, 13 Verwundete.
> Iserlohn: 2 Tote, 4 Verwundete.
> Baden: 3 Tote, 18 Verwundete.

Damals hatten diese Zahlen ein Gewicht; jetzt blicken sie
uns bescheiden an. Bei Vionville gab es Sekunden, die mehr
kosteten als alle diese Kämpfe zusammengenommen.

Das 24. Regiment im Kriege gegen Dänemark
1864

Eine Epoche der »Mobilmachungen« folgte den Kämpfen
von 1848 und 1849. Wer diese Mobilmachungen erlebt hat,
weiß, daß es nichts Verstimmenderes und Lähmenderes gibt.
Wer mobilisiert, muß auch schlagen. So wenigstens die Regel. Eine so große Rat- und Freudlosigkeit war über unser
Volk gekommen, daß, als der Tod Friedrichs VII. und die sofort ausgesprochene Inkorporation Schleswigs in Dänemark
zu neuen Mobilisierungen führte, niemand an den Ernst der

---

* Das Gefecht bei Kuppenheim stand eine Zeitlang nicht allzu günstig für uns. Die
badenschen Truppen, auch einige Freischärlerabteilungen, schlugen sich gut, dazu war
Mieroslawskis Begabung unzweifelhaft. (Unsere neunundvierziger Kriegführung ist
überhaupt mannigfach getadelt worden und vielleicht nicht ganz mit Unrecht. Aber die
Schwierigkeiten waren groß, und über alles genialisch Feldherrliche hinaus wurden die
Gemüter damals von der Frage beherrscht: »Wie *nah* sind wir den badisch-militäri-
schen Zuständen oder wie *weitab* von ihnen?« Die Treue bedeutete alles, die Strategie
wenig. Das will erwogen sein.)

Situation glauben wollte. »Es wird wieder nichts«, hieß es.
Nebenher ging die Befürchtung, daß alles, was etwa *doch* ge-
schähe, zu Nutz und Frommen Dänemarks geschehen
würde. Es kam jedoch anders. Eine Epoche glänzender
Kriege nahm ihren Anfang.

Anno 64 kam unser Regiment zur Brigade Roeder. Am
2. Februar war es mit bei Missunde, rückte am 7. mit in
Flensburg ein und stand am 11. im Vorterrain von Düppel,
etwa eine Meile von den Schanzen entfernt.

Am 22. Februar wurde die Büffelskoppel, am 14. März
Wester-Düppel, am 17. März Kirch- und Oster-Düppel genommen. Endlich am »*18. April*« erfolgte der so berühmt
gewordene Sturm auf die Düppler Schanzen.

Unsere Vierundzwanziger standen der Schanze V gegenüber. Die Formation der Angriffskolonne war die folgende:
eine Schützencompagnie: Hauptmann von Salpius vom 64.;
eine Arbeitercompagnie: Hauptmann von Lobenthal vom
64.; eine halbe Pioniercompagnie: Premierlieutenant Lommatzsch; zwei Sturmcompagnien Vierundzwanziger unter
Hauptmann von Hüllessem und Hauptmann von Sellin;
zwei Reservecompagnien, Vierundzwanziger und Vierundsechziger, unter Hauptmann von Goerschen und Hauptmann Windell.

Alle stiegen mit dem Glockenschlag zehn rasch hintereinander aus der dritten Parallele hervor und avancierten in
drei Linien. Die Compagnien von Sellin und von Goerschen,
und ihnen vorauf die halbe Pioniercompagnie unter Premierlieutenant Lommatzsch, hatten nach drei Minuten schon den
Graben in Front der Schanze erreicht. Hier aber geboten die
Palisaden Halt. Es galt, dieses Hindernisses Herr zu werden.
Mancher überkletterte die Pfähle, die meisten aber stemm-
ten sich dagegen und wuchteten sie heraus, wodurch Lücken
entstanden, die nun den Stürmenden den Weg auf die Brust-
wehr öffneten. Wie bei Schanze III, wo die Füsiliere vom
Leibregiment den Lieutenant von Werdeck, eine recken-
hafte Figur, mit Hülfe zusammengelegter Gewehre hineinge-
hoben hatten, so trugen auch hier die Füsiliere vom 24. Regiment ihren Hauptmann von Sellin im Triumph in die
Schanze. Mancher fiel. Premierlieutenant Lommatzsch, an
der Spitze seiner Pioniere, erhielt einen tödlichen Schuß,

Lieutenant von Falkenstein, vom 24., wurde schwer verwundet, aber schon sechs Minuten nach zehn Uhr war Schanze V in der Front erobert.

An dem erbitterten Kampfe, der der Erstürmung der Schanzen auf dem zwischen diesen und dem Sonderburger Brückenkopf gelegenen Terrain folgte, scheint die Brigade Roeder keinen Anteil genommen zu haben. Desto hervorragender war ihre Beteiligung an der *Eroberung von Alsen.*

Die *Eroberung von Alsen* geschah am 29. Juni 1864. In der am Tage zuvor in Schloß Gravenstein ausgegebenen Disposition hieß es: »Der Übergang geschieht mittels 160 Kähnen und durch den Pontontrain von vier näher zu bezeichnenden Punkten aus.« Unsere Vierundzwanziger hatten innerhalb der Brigade den rechten Flügel. Das 1. Bataillon ging in fünfzig Booten vom Südende des Satruper Holzes, das 2. Bataillon in zweiundvierzig Booten von der »Ziegelei« aus über den Alsensund. Ich gebe nachstehend einen Bericht aus den Reihen des 2. Bataillons.

»Solange man von Alsen sprechen wird, wird dieser Übergang als ein tollkühnes Unternehmen gelten. Vielleicht barg diese Kühnheit das Geheimnis des Erfolges. Ich, für mein Teil, bei aller Erkenntnis der Gefahren, denen wir entgegengingen, hatte das vollständigste Gelingen keinen Augenblick bezweifelt. Nun nehmt eine Karte zur Hand, um besser folgen zu können.

Die Disposition für den 29. lautete etwa wie folgt:

›Um zwölf Uhr nachts steht alles an den angewiesenen Plätzen. Anzug wie am Sturmtage; der Mann achtzig Patronen. Schlag zwei Uhr setzt die Brigade Roeder, als Avantgarde, über den Alsensund. Das 1. Bataillon vom 24. Regiment nimmt den rechten Flügel in der Richtung auf Arnkiel, das 2. Bataillon vom 24. nimmt die Mitte, sechs Compagnien vom 64. Regiment nehmen den linken Flügel und steuern auf Arnkiel-Öre. Die ersten Compagnien, die das feindliche Ufer erreichen, stürmen die dortigen Schützengräben und Batterien. Wenn dies geschehen, wendet sich das 1. Bataillon vom 24. auf das abgebrannte Gehöft Arnkiel, das 2. Bataillon durchstreift die Fohlenkoppel bis zum südlichen Ausgang derselben; die Vierundsechziger säubern den äußersten linken Flügel an der Augustenburger Förde und dringen ebenfalls bis zur Südlisière der Fohlenkoppel vor. *Hier warten Vierundzwanziger und Vierundsechziger weitere Befehle ab.*‹«

So das Allgemeine. Nun die Schicksale des 2. Bataillons.

»Am 28. abends halb zehn Uhr marschierten wir, nach dreimaligem Hoch auf den König, aus der Büffelkoppel. Um eineinhalb Uhr morgens machten wir halt dicht hinter einer am Strande gelegenen Ziegelei. Von hier aus sollten wir übergehen. Die Pioniere und die zu ihrer Hilfeleistung kommandierten Schiffer waren eben damit beschäftigt, die Boote ins Wasser zu bringen. Eine mühevolle und nicht ganz geräuschlose Arbeit. Dennoch blieb am jenseitigen Ufer, welches man auf 800 Schritt im Dämmer erkennen konnte, alles in geheimnisvoller Stille. Nun, macht euch fertig. Zwei Uhr. Es kam der Befehl zum Einsteigen. Die Leute mußten, da viele unserer Boote nicht hart ans Ufer heranzubringen waren, bis an den Leib ins Wasser. Ein angenehmes Morgenbad. Die Patronen wurden im Brotbeutel um den Hals gebunden. Ungeachtet aller dieser Hindernisse ging das Einsteigen rasch vonstatten. Unserer 6. Compagnie war für diesen Tag ein kurhessischer Offizier, der Oberlieutenant von Loßberg, Neffe des General von Canstein, zur Dienstleistung zugeteilt.

Drei Minuten nach zwei Uhr schwammen wir auf dem Alsensund. Die 5. Compagnie und ein Teil der 6. hatten die Tête. Unser Boot war unter den vordersten. Wenn wir nach links hin blickten, sah es im Morgendämmer aus, als schwämmen Züge wilder Enten über den Sund. Alles still. Peinlichste Erwartung. Die Ruderer griffen rascher ein. Da mit einem Male brach ein Donnerwetter über unsern Köpfen los. Granaten-, Kartätsch- und Gewehrfeuer begrüßte uns vom andern Ufer, Fanale brannten auf, und das 1. Bataillon des 60. Regiments, das aufgelöst an der Lisière des Satruper Holzes stand und von dem Augenblick an, wo wir entdeckt sein würden, durch Schnellfeuer unseren Übergang decken sollte, knatterte jetzt ebenfalls über den Sund hin. Man war von hinten kaum sicherer als von vorn. Trotz aller Gefahr das großartigste Feuerwerk, das ich mein Lebtag gesehen habe. ›Hurra, vorwärts, vorwärts!‹ Es war zauberhaft. Die

Kartätschen plätscherten um einen herum, daß das Wasser hoch aufspritzte. Eine Granate schlug einen Kahn unserer Compagnie in Stücke, eine ganze Wand war weggerissen, und im Moment gingen Boot und Mannschaften in die Tiefe. Alles schrie auf, und die nächsten Boote wollten retten. Aber ›vorwärts!‹ donnerte eine Kommandostimme dazwischen. Es stand Größeres auf dem Spiel. Drei ertranken. Andere tüchtige Kerls schwammen glücklich dem Ufer zu. Hut ab vor diesen braven Musketieren.

Die 5. Compagnie war die erste am Ufer. Mit Hurra ging es die steile Uferwand hinauf, auf die Schützengräben zu. Was sich wehrte, wurde niedergemacht, andere gefangengenommen. Noch andere wichen auf die Fohlenkoppel und wir hinterdrein. Es war das reine Kesseltreiben. Endlich an der Lisière hielten wir, um Atem zu schöpfen. Aber fast im selben Moment kam General Roeder zu uns heran und rief uns, rückwärts deutend, zu, erst die Strandbatterie zu nehmen, an der wir in unserem Verfolgungseifer vorbeigestürmt waren, ohne ihrer zu achten. Nun also kehrt! Wahrhaftig, da krachte es von derselben Uferstelle aus, an der wir gelandet waren, oder doch keine 200 Schritt von ihr entfernt, immer noch über den Alsensund hin, als ob wir noch samt und sonders auf dem Wasser schwämmen. Aber es waren die letzten Schüsse. Nach zehn Minuten war die Schanze genommen, und drei schwere Geschütze samt einer Anzahl Espingolen, dazu zwei Offiziere und fünfzig Mann, fielen in unsere Hände. Die Gefangenen wurden dem Ufer zu getrieben und dort von den rückkehrenden Booten aufgenommen. Wir schwenkten dann wieder rechts, bis wir unter fortwährendem leichtem Gefecht die Südlisière der Fohlenkoppel erreichten.«

Dies war am 29. Juni. Drei Wochen später war der Krieg beendet.

DAS 24. REGIMENT IM KRIEGE GEGEN ÖSTERREICH
1866

Genau zwei Jahre nach der Eroberung von Alsen, am 29. Juni 1866, hatten brandenburgische Regimenter einen neuen Ruhmestag: die 5. Division unter General von Tümpling stürmte die Brada-Höhe bei Gitschin. Die 6. Division, der unser 24. Regiment angehörte, kam nicht zur Aktion.

Auch am 3. Juli, bei Königgrätz, stand die 6. Division unter General von Manstein in Reserve. Sie hielt in der Nähe des Königs, auf dem Höhenzuge *diesseits* der Bistritz, die Lipa-Höhe vor sich. Zwischen den Höhen hüben und drüben: Sadowa und der Hola-Wald.

Um Mittag, als unsere Lage immer kritischer und das Festhalten des Sadowa-Wäldchens immer fraglicher geworden war, gab sich ein Verlangen kund, mit der noch völlig intakten 6. Division von Manstein über das Wäldchen hinaus gegen die Lipa-Höhe anzustürmen. Aber mit Recht wurde diesem Verlangen gewehrt, und das um zwei Uhr stattfindende Eintreffen der kronprinzlichen Armee bei Chlum und Rosberitz entschied die Schlacht. Es wird erzählt, General von Manstein habe dem Könige liebevolle Vorwürfe gemacht, die Schlacht ohne ein rechtes Dazutun der 6. Division und speziell der »Düppel-Brigade«, Regimenter 24 und 64, gewonnen zu haben, worauf der König gut gelaunt geantwortet hätte: »Aber, lieber Manstein, ich kann doch Ihretwegen nicht noch mal anfangen.«

DAS 24. REGIMENT IM KRIEGE GEGEN FRANKREICH
1870 UND 1871

Auch im siebziger Kriege gegen Frankreich gehörte das 24. Regiment zur 6. Division, die jetzt vom Generallieutenant von Buddenbrock kommandiert wurde. Brigadekommandeur war Oberst von Bismarck, Regimentskommandeur Oberst Graf Dohna. Bataillonskommandeure: 1. Bataillon Major von Lüderitz, 2. Bataillon Major Rechtern, Füsilierbataillon Major von Sellin, derselbe, der schon vor Düppel eine Sturmcompagnie gegen Schanze V geführt hatte.

Die beiden hervorragenden Aktionen der 6. Division während des siebziger Krieges waren Vionville und Le Mans.

Vionville. Zwischen neun und zehn Uhr traf die 6. Division Buddenbrock auf dem so berühmt gewordenen Plateau südlich von Flavigny und Vionville ein; rechts rückwärts stand die 5. Division Stülpnagel im Feuer. Schwere Stunden kamen. Flavigny und Vionville wurden durch mehrere Bataillone der 6. Division genommen, während sich das Regiment 24 in langer Front von den Tronviller Büschen her, an der alten Römerstraße entlang, bis nach Vionville hin entwickelte. Dem gegen eine feindliche Batterie (nördlich Vionville) vorgehenden Füsilierbataillon von Sellin gelang es bei dieser Gelegenheit, unter furchtbaren Verlusten ein Geschütz zu nehmen, das *einzige*, welches die Franzosen in dem Ringen am 14., 16. und 18. August verloren haben. Alle Offiziere des Bataillons waren tot und verwundet, die Fahnenspitze weggeschossen und die Stange in zwei Stücke gespalten.

Im verlustreichsten, passiven Feuergefecht kam die Mittagsstunde heran, und glühend strahlte die Sonne auf die ermattende Mannschaft nieder. Unsere Überflügelung, erst durch das französische 6. und im weiter Bogen durch das 3. und 4. Corps, wurd immer sichtbarer und gefahrdrohender, und keine Reserven waren zur Hand. So, den letzten Schuß im Lauf, wich endlich drei Uhr nachmittags das zusammengeschmolzene Regiment auf Dorf Tronville zu zurück. Ganze Compagnien waren führerlos. Wir hatten 54 Offiziere und 1200 Mann verloren.*

Le Mans. Nicht so blutig verlief Le Mans. Aber die Strapazen, die dem endlichen Siege voraufgingen, zählen zu den größten, die dieser Krieg unsern Truppen auferlegte. »Wie der ganze Tag«, so heißt es in einem uns vorliegenden Briefe, »so wird uns auch der Abend des 10. Januar unvergeßlich bleiben. Es trat nämlich ein Schneefall ein, wie wir ihn in Frankreich noch nicht erlebt hatten. Die Flocken fielen so groß und dicht, daß wir in wenigen Minuten Schneemännern ähnlich waren. Und so saßen wir denn an demsel-

---

* Ausführlicheres über die Vierundzwanziger bei Vionville und Le Mans gibt 1. das Generalstabswerk, 2. von der Goltz, »Kämpfe der 2. Armee vor Le Mans«, und 3. Woermann und Becher, »Fortsetzung der Geschichte des Infanterieregiments Nr. 24«.

ben Wege, wo die erstarrenden Leichen vieler gefallenen Feinde den tapferen Widerstand derselben kundtaten, um mehrere Feuer geschart und gedachten mit dankerfülltem Herzen unserer Lieben daheim, ein Gedanke, der in solcher Lage für den Soldaten der süßeste, der liebste ist. Um ungefähr elf Uhr nachts brachte uns ein Marsch von einer guten halben Stunde hungrig, müde und am ganzen Körper fröstelnd in unsere Quartiere, die wir auf einigen erbärmlichen Fermen, auf Böden oder in den Ställen bezogen, um am Morgen weiter gegen Le Mans vorzugehen.«

Dem Kriege folgten die »Tage der Okkupation«. Unser Regiment gehörte jener aus vier Divisionen kombinierten Armee zu, die, bis zu völliger Zahlung der Kriegsschuld, in Frankreich zu verbleiben hatte. Speziell die Standquartiere der Vierundzwanziger waren Reims, Vitry-le-François, Étain, Verdun, von welch letzterem Ort aus sie, nach Abmarsch aller andern Truppenteile, mit den Vierundsechzigern als letzte Staffel folgten.

Am 19. September 1873 zogen sie unter einem Jubel, den selbst ein wolkenbruchartig herniederstürzender Regen nicht hindern konnte, in ihre alte Garnisonstadt Ruppin wieder ein.

RHEINSBERG

RHEINSBERG

1. DIE KAHLENBERGE. FRANZÖSISCHE KOLONISTENDÖRFER.
EINFAHRT IN RHEINSBERG. DER RATSKELLER.
UNTER DEN LINDEN. DAS MÖSKEFEST

Rheinsberg von Berlin aus zu erreichen ist nicht leicht. Die Eisenbahn zieht sich auf sechs Meilen Entfernung daran vorüber, und nur eine geschickt zu benutzende Verbindung von Hauderer und Fahrpost führt schließlich an das ersehnte Ziel. Dies mag es erklären, warum ein Punkt ziemlich unbesucht bleibt, dessen Naturschönheiten nicht verächtlich und dessen historische Erinnerungen ersten Ranges sind.

Wir haben es besser, kommen von dem nur drei Meilen entfernten Ruppin und lassen uns durch die Sandwüste nicht beirren, die, zunächst wenigstens, hügelig und dünenartig vor uns liegt. Fragt man nach dem Namen dieser Hügelzüge, so vernimmt man immer wieder »die Kahlenberge«. Nur dann und wann wird ein Dorf sichtbar, dessen ärmliche Strohdächer von einem spitzen Schindelturm überragt werden. Mitunter fehlt auch dieser. Einzelne dieser Ortschaften (zum Beispiel Braunsberg) sind von *französischen Kolonisten* bewohnt, die berufen waren, ihre Loire-Heimat an dieser Stelle zu vergessen. Harte Aufgabe. Als wir ebengenanntes Braunsberg passierten, lugten wir aus dem Wagen heraus, um »französische Köpfe zu studieren«, auf die wir gerechnet. »Wie heißt der Schulze hier?« fragten wir in halber Verlegenheit, weil wir nicht recht wußten, in welcher Sprache wir sprechen sollten. »Borchardt.« Und nun waren wir beruhigt. Auch die Südlichen-Race-Gesichter sahen nicht anders aus als die deutsch-wendische Mischung, die sonst hier heimisch ist. Übrigens kommen in diesen Dörfern wirklich noch französische Namen vor, und »unser Niquet« zum Beispiel ist ein Braunsberger.

Die Wege, die man passiert, sind im großen und ganzen so gut, wie Sandwege sein können. Nur an manchen Stellen, wo die Feldsteine wie eine Aussaat über den Weg ge-

streut liegen, schüttelt man bedenklich den Kopf in Erinnerung an eine bekannte Cabinetsordre, darin Friedrich der
Große mit Rücksicht auf diesen Weg und im Ärger über
195 Taler, 22 Groschen, 8 Pfennig zu zahlende Reparatur-
kosten ablehnend schrieb: »Die Reparation war nicht nö-
thig. Ich *kenne den Weg*, und muß mir die Kriegs-Camer
vohr ein großes Beest halten, um mir mit solches ungereim-
tes Zeug bei der Nahse kriegen zu wollen.« Der König
hatte aber doch unrecht, »trotzdem er den Weg kannte«.
Erst auf dem letzten Drittel wird es besser; im Trabe nähern wir uns einem hinter reichem Laubholz versteckten,
immer noch rätselhaften Etwas und fahren endlich, zwischen Parkanlagen links und einer Sägemühle rechts, in die
Stadt Rheinsberg hinein.

Hier halten wir vor einem reizend gelegenen Gasthofe,
der noch dazu den Namen der »Ratskeller« führt, und da die
Turmuhr eben erst zwölf schlägt und unser guter Appetit
entschieden der Ansicht ist, daß das Rheinsberger Schloß all
seines Zaubers unerachtet doch am Ende kein Zauberschloß
sein werde, das jeden Augenblick verschwinden könne, so
beschließen wir, *vor* unserem Besuch ein solennes Frühstück
einzunehmen und gewissenhaft zu proben, ob der Ratskeller
seinem Namen Ehre mache oder nicht. Er tut es. Zwar ist er
überhaupt kein Keller, sondern ein Fachwerkhaus, aber
ebendeshalb, weil er sich jedem Vergleiche mit seinen Na-
mensvettern in Lübeck und Bremen geschickt entzieht,
zwingt er den Besucher, alte Reminiszenzen beiseite zu lassen und den »Rheinsberger Ratskeller« zu nehmen, wie er
ist. Er bildet seine eigene Art, und eine Art, die nicht zu verachten ist. Wer nämlich um die Sommerszeit hier vorfährt,
pflegt nicht unterm Dach des Hauses, sondern unter dem
Dache prächtiger Kastanien abzusteigen, die den vor dem
Hause gelegenen Platz, den sogenannten »Triangelplatz«,
umstehen. Hier macht man sich's bequem und hat einen
Kuppelbau zu Häupten, der alsbald die Gewölbe des besten
Kellers vergessen macht. Wenigstens nach eigener Erfahrung
zu schließen. Ein Tisch ward uns gedeckt, zwei Rheinsberger, an deren Kenntnis und Wohlgeneigtheit wir empfohlen
waren, gesellten sich zu uns, und während die Vögel immer
muntrer musizierten und wir immer lauter und heitrer auf

das Wohl der Stadt Rheinsberg anstießen, machte sich die Unterhaltung.

»Ja«, begann der eine, den wir den Morosen nennen wollen, »es tut not, daß man auf das Wohl Rheinsbergs anstößt. Aber es wird freilich nicht viel helfen, ebensowenig, wie irgend etwas geholfen hat, was bisher mit uns vorgenommen wurde. Wir liegen außerhalb des großen Verkehrs, und der kleine Verkehr kann nichts bessern, denn was unmittelbar um uns her existiert, ist womöglich noch ärmer als wir selbst. Durch ein unglaubliches Versehen leben hier zwei Maler und ein Kupferstecher. Der Boden ist Sandland, Torflager gibt es nicht, und die Fischzucht kann nicht blühen an einem Ort, dessen sämtliche Seen für vier Taler preußisch verpachtet sind.«

Wer weiß, wo diese Bekümmernisse schließlich gelandet wären, wenn nicht eine große Festfahne, die von einigen Kindern an uns vorübergetragen wurde, den Klagestrom unterbrochen, uns selbst aber zu der Frage veranlaßt hätte: »Was ist das?« — »Das ist die Fahne vom *Möskefest*, die man hat reparieren lassen«, erwiderte der andere, dessen gute Laune das Gegenstück zu der Morosität seines Nachbarn bildete. »Der sie trägt, ist Fähnrich Wilhelm Huth, und der ihm zur Rechten geht, heißt General Eduard Netzeband; sitzt seit Ostern in Quarta.« Diese Bemerkungen machten uns natürlich begierig, mehr zu hören, und so vernahmen wir denn, was es mit dem Möskefest eigentlich sei. Da diese Feier der Stadt Rheinsberg eigentümlich ist, so darf ich wohl einen Augenblick dabei verweilen. Das Möskefest ist ein Kinderfest, das alljährlich am Sonntage vor Pfingsten gefeiert wird. Möske bedeutet »Waldmeister« (asperula odorata), und in alten Zeiten lief die Festlichkeit einfach darauf hinaus, daß die Stadtkinder frühmorgens in den Wald zogen, Waldmeister pflückten und damit heimkehrend den Altar und die Pfeiler der Kirche schmückten. Erst im Jahre 1757 nahm die Feier einen andern Charakter an. Am 6. Mai war die Schlacht bei Prag geschlagen worden, und am 20. Mai traf die Nachricht davon in Rheinsberg ein. Es war Sonntag vor Pfingsten, also der Tag des Möskefestes. Die Siegesfreude, vielleicht auch der Umstand, daß der damals schon in Rheinsberg residierende Prinz Heinrich zu dem glückli-

chen Ausgange der Bataille sehr wesentlich beigetragen
hatte, schuf auf einen Schlag die bis dahin rein kirchliche
Feier in eine militärisch-patriotische Feier um. Und was damals Impromptu war, blieb. Das Möskefest ist ein Soldatenspiel geworden, das die Rheinsberger Jugend aufführt. Früh
am Morgen schon ziehen vier Trommler durch die Straßen
und schlagen Reveille, die jungen Soldaten sammeln sich,
und so geht's mit Musik vor das Haus des »Generals«. Hier
dreimaliges Vivat, dem General und seinen Angehörigen
ausgebracht, dann zieht alles, militärisch in Sektionen aufmarschiert, in den schönen Boberow-Wald hinaus, wo nun
das Waldmeisterpflücken beginnt. Nachmittags kommen die
jungen Mädchen und besuchen mit ihren Angehörigen die
mittlerweile zu Turnen und Wettlauf übergegangenen Soldaten in ihrem Waldbivouac, Preise werden verteilt, Pfänder-
spiele gespielt, und spät am Abend erst erfolgt unter Trom-
melschlag und Liedersingen der allgemeine Rückmarsch in
die Stadt.

Unser Frühstück war abgetan, und wir schickten uns nunmehr an, dem Schlosse, dessen gelbe Rückwände schon
überall durch das Baum- und Strauchwerk hindurchschim-
merten, unsern Besuch zu machen. Die vertrauliche Mitteilung beider Herren indes, »daß der alte Kastellan um diese
Zeit seinen Mittagsschlaf zu halten pflege«, bewog uns, zuvor einen Umweg zu machen und erst noch in die alte
Rheinsberger *Kirche* hineinzusehen.

2. Die Rheinsberger Kirche

Wir hatten bald guten Grund, uns bei dem Mittagsschlafe
des alten Kastellans zu bedanken, denn sehr wahrscheinlich,
daß wir ohne denselben an der Rheinsberger Kirche vorübergegangen wären. Und doch ist es ein alter und in mehr
als einer Beziehung interessanter Bau. Die erste Anlage desselben datiert weit zurück, und erst 1568 war es, daß er
durch Achim von Bredow um zwei Drittel vergrößert wurde.
Man kann den Anbau noch jetzt von dem älteren Teile deutlich unterscheiden.

Diese Kirche ist der einzige Punkt in Rheinsberg, wo man

auf Schritt und Tritt den Bildern zweier völlig entgegenge-
setzter Epochen, der Bredow- und der Prinz-Heinrich-Zeit,
begegnet und diesen Gegensatz als solchen empfindet. In
Schloß und Park stören die französischen Inschriften nicht,
wohl aber *hier* in der Kirche, darin deutsche Kunst und
deutsche Sprache längst vorher Hausrecht geübt hatten.

Wir treten durch einen Vorbau von der Seite her ein.
Gleich dieser Vorbau, der sein spärliches Licht nur mittelst
der offenstehenden Tür empfängt, zeichnet sich durch den
angedeuteten Gegensatz aus. Zur Linken, fast ein Viertel des
ganzen Raumes einnehmend, erhebt sich hier ein grau ge-
tünchtes Monument, das genau die Form eines aus Backstein aufgemauerten Kachelofens hat. Es ist dies das Grabmal, das Prinz Heinrich dem Andenken seines Violinisten
Ludwig Christoph Pitschner, geboren 5. März 1743, gestorben 3. Dezember 1765, errichten ließ, und trägt folgende Inschrift:

Un prince, ami des arts, secondant mon génie —
Déjà l'école d'Italie
A l'Allemagne mon berceau
Promet un Amphion nouveau:
Mais comme j'avançois dans ma carrière illustre
J'ai vu de mes beaux jours s'éteindre le flambeau
Sans passer le milieu de mon cinquième lustre;
Muses! pleurez sur mon tombeau.

Also etwa in freier Übersetzung:

Gepflegt, getragen durch fürstliche Gunst,
Versprach ich, ausübend italische Kunst,
Meiner Heimat zwischen Rhin und Rhein
Demnächst ein neuer Amphion zu sein.
Doch während ich leuchtend wuchs und stieg,
Stieg die Sonne meines Lebens herab.
Dem Tode gehört der letzte Sieg,
Und die Muse weint an meinem Grab.

So reimte man damals in Rheinsberg. Dem Pitschner-
schen Monument gegenüber aber stehen an der Wand entlang sechs aufgerichtete Grabsteine der Bredowschen Fami-

lie, drei Männlein und drei Fräulein, die bis vor kurzem im Schiff der Kirche lagen, und blicken ernst verwundert zu dem Kachelofen hinüber, an dem sie mit Mühe den Namen Pitschner entziffern. Zum Glück verstehen sie nicht Französisch, sie würden sonst noch ernsthafter dreinschauen.

Wir treten nun in die freundliche, vor kurzem erst restaurierte Kirche. Die Hauptsehenswürdigkeit derselben ist das große, kunstvoll gearbeitete Grabmonument Achims von Bredow, desselben Achim von Bredow, der im Jahre 1568 die Kirche erneute und erweiterte. Es ist ein Denkmal von ganz ungewöhnlichen Dimensionen, das bei wenigstens zehn Fuß Breite gewiß die doppelte Höhe hat. Es beginnt über der Holzeinfassung des Chorstuhls, reicht bis fast an die Decke hinauf und besteht aus vier klar gegliederten Teilen. Oben das Bredowsche Wappen, zu beiden Seiten von allegorischen Figuren eingefaßt; darunter zwei Basreliefs, von denen das eine, nach links hin, die Auswerfung des Jonas aus dem Walfischbauche, das andere, nach rechts hin, die Auferstehung Christi darstellt; darunter in Lebensgröße die Figuren Achim von Bredows und seiner Gemahlin, einer gebornen Anna von Arnim; und endlich viertens unter diesen beiden Bildnissen folgende Inschrift:

O frommer Christ, urteile mild,
Der du anschauest dieses Bild.
Fragst du, wer ich sei im Grab?
Gewesen bin ich und itzt ab;
Verfolgung, Sorge, Kreuz ohn' Zahl,
Die mir begegnet überall,
Ich ritterlich obwunden hab
Und ruhe nun in meinem Grab.
Auch mit Geduld der Welt Bosheit
Hab ich ertragen allezeit
Nach Gottes Willen, welcher ist
Der allerbest zu jeder Frist —
Gelobet seist du, Jesu Christ.

Welch einfach schöne Worte. Die ganze Kernigkeit jener großen Zeit tritt einem daraus entgegen.

Wie klein und marklos daneben die französischen Verse, die, seitens eines der Hofpoeten des Prinzen Heinrich, zu Ehren eines Fräulein Elseners (einer Tochter des damaligen Rheinsberger Geistlichen) gedichtet und mit dünnen Buchstaben an den Fuß eines Aschenkrugs geschrieben wurden.

La vertu, la douceur, les charmes,
La firent aimer ici bas;
Aussi voit-on que son trépas
A chacun fait verser des larmes.

Wir liebten sie, weil sie lieblich vereint
Tugend, Sanftmut und Zauber der Wangen;
Jetzt nun, wo sie hinübergegangen,
Folgt ihr die Klage, und jeder weint.

Wir werden noch an andrer Stelle Versen der Art begegnen. Inmitten des Parks, der reich daran ist, erfreuen sie; hier aber, unter deutschen Liedern und Kernsprüchen, stören sie bloß und würden auch *dann* noch stören, wenn sie bedeutender wären, als sie sind. Es zeigt sich deutlich, daß die *Kirche* der gemiedene Schauplatz der Voltairianer war, ein unheimlicher, gotisch gewölbter Keller, für den es sich nicht verlohnte, wenn eine Elsener oder ein Pitschner starb, eine besonders poetische Kraftanstrengung zu machen.

Die Rheinsberger Kirche weist noch eine Reihe kleiner Sehenswürdigkeiten auf, die hier wenigstens in Kürze namhaft gemacht werden sollen. Unter diesen ist ein Kristallglas-Kronleuchter, den die Rheinsberger Jungfrauen hier aufhingen und zum ersten Male mit Lichtern schmückten, als im Sommer 1763, in Gegenwart des Prinzen Heinrich, das Friedensfest gefeiert wurde. Da begegnen wir weiterhin einem alten, aus gebranntem Tone gefertigten und mit Wappen und Malereien reich verzierten Taufsteine, den drei Geschwister Sparr (Franz, Anna und Sabina) der Kirche schenkten, und da fesselt uns drittens eine der Renaissancezeit angehörige Kanzel, die »Jobst von Bredows getreue Witwe«, mit allerhand Wappen der Bredows, Hahns und Schulenburgs ausgestattet, der Rheinsberger Kirche stiftete. Gegenüber dieser Kanzel, an der schweren alten Eichentür, die, von dem ein-

gangs beschriebenen Vorbau her, in die Mitte der Kirche
führt, stand am Pfingstsonntage 1737 König Friedrich Wilhelm I., eben erst von Berlin her in Rheinsberg eingetroffen.
Als ein frommer Christ, der nicht leicht einer Predigt vor-
überging, war er, eh er den kronprinzlichen Sohn im Schloß
drüben überraschte, zuvor noch in die Kirche getreten. Und
das war gut. Aber freilich, ein so frommer Herr er war, ein
so strenger Herr war er auch, und der alte Geistliche Johann
Rossow, der das Glück oder Unglück hatte, den König schon
von früher her zu kennen, erschrak beim Anblick Seiner
Majestät dermaßen, daß er nur noch fähig war, mit zittern-
der Stimme den Segen zu sprechen. Worauf der König mit
dem Stock nach der Kanzel hinauf drohte, eine Form der
Aufmunterung, die begreiflicherweise völlig ihres Zwecks
verfehlte. Johann Rossow starb bald nachher infolge des
Schrecks. Im übrigen aber muß Rheinsberg und ganz besonders sein Pfarrhaus immer eine gesunde Luft gehabt haben.
Von 1695 bis 1848, also in mehr als 150 Jahren, finden wir
daselbst nur vier Prediger.

Noch eines Kindergrabmals sei gedacht. Es stammt ebenfalls aus der alt-Bredowschen Zeit her und steht rechtwinklig
auf das umfangreiche Monument des Achim von Bredowschen Ehepaars, das ich oben beschrieben. Ich würde
dieses kleineren Denkmals, das die mittelmäßigen Bildnisse
zweier Kinder, eines Mädchens und eines Knaben von drei
bis vier Jahren, aufweist, an dieser Stelle gar nicht Erwähnung tun, wenn sich nicht, als an einem Musterbeispiele,
daran zeigen ließe, *wie und woraus Geschichten* entstehn. Es
wird einem nämlich erzählt, beide Kinder hätten am See gespielt und wären durch einen nicht aufgeklärten Zufall ertrunken. In der Hoffnung auf näheren Aufschluß unterzog
ich mich einer Entzifferung der Umschrift. Und was fand
ich? Das Mädchen war am 25. Februar, der Knabe am
4. März 1586, *also acht Tage später*, gestorben. Die bloße
Datenangabe genügte hier völlig, alles das, was erzählt wird,
als ein Märchen erkennen zu lassen. Aber eine Prüfung der
Bildnisse selbst ergab mir auch den Ursprung der Fabel. Das
lang herabhängende blonde Haar des Mädchens sah täu-
schend aus wie halbkrauses Lockenhaar, das im Wasser
seine Krause verloren hat und nur noch leise gewellt, wie

eine kompakte Masse, über den Nacken fällt. Einfach der
Anblick dieses Haares, das nur deshalb wie vom Wasser zusammengehalten aussieht, weil es der Steinmetz nicht besser
und natürlicher machen konnte, hat der kleinen Erzählung
von den im See ertrunkenen Geschwistern die Entstehung
gegeben.

Ihre größte Sehenswürdigkeit hat die Rheinsberger Kirche
seit einem Menschenalter eingebüßt. Es war dies das alte
Grabgewölbe, darin sich die Särge der Familien von Eichstädt und Sparr und besonders der Familie von Bredow befanden. Damals war die jetzt zugemauerte Gruft jedermann
zugänglich, und nur am Schall des Tritts erkennt man auch
heute noch, daß der Boden hohl ist, über den man hinschrei-
tet. Ehe mit der Zumauerung begonnen wurde, schaffte man
die drunten stehenden vierzig Särge noch einmal ans Tages-
licht und öffnete die Deckel. Und so paradierten sie wochen-
lang im Schiff der Kirche. Vor demselben Altare, vor dem
die Gesichter einiger Bredows in die großen Sandsteinplat-
ten eingegraben waren, standen jetzt die Toten in ihren halb-
aufgerichteten Särgen und blickten geschlossenen Auges auf
ihre eigenen Bildnisse herab. Endlich aber war die Zeit da,
wo die Toten wieder in ihre mittlerweile gelüftete Gruft zurück mußten, und Achim von Bredow, dem man, als dem
Vornehmsten, eine Flasche mit einem beschriebenen Zettel
darin mit in den Sarg gegeben, eröffnete den Reigen. Auf
dem Zettel aber stand, daß Träger dieses Herr Achim von
Bredow sei, der in Genossenschaft vieler Bredows, Eich-
städts und Sparrs hier 300 Jahre lang geschlummert, dann
behufs Lüftung der Gewölbe vier Wochen lang im Kirchenschiffe zu Rheinsberg ausgestanden und im Maimonat 1844
seine alte Wohnung wieder bezogen habe. Daran schloß sich
eine Chronik und die Namensunterschrift von Bürgermeister
und Rat.

Und nun noch eins.

Während der Zeit, daß die Särge geöffnet im Kirchenschiffe standen, trug sich eine Geschichte zu, die, mit
ihrem gespenstischem Anfluge, die Gemüter der Rheinsberger allerdings auf Wochen hin beschäftigen durfte. Unter
den Toten befand sich nämlich auch eine Margarete von
Eichstädt, eine schöne Frau, die bei jungen Jahren gestor-

ben war. Ihre weißen Grabgewänder waren noch wohlerhalten, um den Hals trug sie reiches Geschmeide und endlich auch einen schmalen Trauring am Ringfinger der rechten Hand. Tag und Nacht hatten Wächter in der Kirche
gestanden. Als nun die Zeit kam, wo die Särge wieder geschlossen werden sollten, bemerkte man, daß der Ring am
Ringfinger Margaretes von Eichstädt fort war. Ein gewöhnlicher Diebstahl konnte nicht vorliegen, das reiche Halsge-
schmeide war unberührt geblieben, und nur eben der *Ring*
fehlte.

Wer trug ihn jetzt?

3. Das Schloss in Rheinsberg. Anblick vom See aus. Die Reihenfolge der Besitzer. Die Zimmer des Kronprinzen. Die Zimmer des Prinzen Heinrich

Die alte Glocke zu Rheinsberg, die in mehr charakteristischen als poetischen Alexandrinern die Inschrift trägt:

Des Feuers starke Wut riß mich in Stücken nieder,
Mit Gott *durch Meyers Hand* ruf ich doch Menschen wieder —

schlägt eben vier und läßt uns die Vermutung aussprechen,
daß selbst der Nachmittagsschlaf eines vierundachtzigjähri-
gen Kastellans nunmehr zu Ende sein könne. Unser heiterer
Freund antwortet mit einem ungläubigen »wer weiß«, ist
aber nichtsdestoweniger bereit, die Führung bis ins *Schloß*
zu übernehmen und uns seinem »Gevatter« vorzustellen.
Unterwegs warnt er uns in humoristischer Weise vor den Bil-
dererklärungen und Namensunterstellungen des Alten. »Sehen Sie, meine Herren, er hat eine Liste, auf der die Namen
sämtlicher Portraits verzeichnet stehen, aber er nimmt es
nicht genau mit der *Verteilung* dieser Namen. Einige Portraits sind fortgenommen und in die Berliner Galerien gebracht worden, was unsern Gevatter aber wenig kümmert; er
stellt ihnen, nach wie vor, Personen vor, die sich gar nicht
mehr im Schlosse zu Rheinsberg befinden. Prinzeß Amalie
namentlich, die schon bei Lebzeiten soviel Schweres tragen
mußte, muß auch im Tode noch allerlei Unbill über sich er-
gehen lassen, und jedes Frauenportrait, das der Wissenschaft

der Kunstkenner und Antiquare bisher gespottet hat, ist sicher, als ›Schwester Friedrichs des Großen‹ genannt zu werden. Sie werden sie in Hofkostüm, in Phantasiekostüm und in Maskenkostüm kennenlernen; besonders mach ich Sie auf ein Kniestück aufmerksam, wo sie in Federhut und schwarzem Muff erscheint. Die Kehrseite des Bildes wäre Wohltat gewesen.«

Unter solchem Geplauder haben wir die der Stadt zu gelegene Rückseite des *Schlosses* erreicht, passieren den Schloßhof, steigen in ein bereitliegendes Boot und fahren bis mitten auf den See hinauf. Nun erst machen wir kehrt und haben ein Bild von nicht gewöhnlicher Schönheit vor uns. Erst der glatte Wasserspiegel, an seinem Ufer ein Kranz von Schilf und Nymphäen, dahinter ansteigend ein frischer Gartenrasen und endlich das Schloß selbst, die Fernsicht schließend. Nach links hin dehnt sich der See; wohin wir blicken, ein Reichtum von Wasser und Wald, die Bäume nur manchmal gelichtet, um uns irgendein Denkmal auf den stillen Grasplätzen des Parks oder eine Marmorfigur oder einen »Tempel« zu zeigen.

Das Schloß war in alten Tagen ein gotischer Bau mit Turm und Giebeldach. Erst zu Anfang des vorigen Jahrhunderts trat ein Schloßbau in französischem Geschmack an die Stelle der alten Gotik und nahm dreißig Jahre später unter Knobelsdorffs Leitung im wesentlichen die Formen an, die er noch jetzt zeigt. Eine Beschreibung des Schlosses versuch ich nur in allgemeinsten Zügen. Es besteht aus einem Mittelstück (corps de logis) und zwei durch eine Kolonnade verbundenen Seitenflügeln. In Front der See. Mehr eine Eigentümlichkeit als eine Schönheit bilden ein paar abgestumpfte Rundtürme, die sich an die Giebel der Seitenflügel anlehnen und deren einem es vorbehalten war, zu besonderer Berühmtheit zu gelangen.

Langsam nähern wir uns wieder dem Ufer, befestigen den Kahn am Wassersteg und schreiten nun plaudernd unsren Weg zurück. Unter der Kolonnade machen wir halt und rekapitulieren die *Geschichte* des Orts. Es ist nötig, sie gegenwärtig zu haben.

Die Herrschaft Rheinsberg war ein altes Besitztum der Bredows. Seit 1618 sind die Hauptdaten folgende:

Jobst von Bredow verkauft Rheinsberg an Kuno von Lochow, Domherrn zu Magdeburg. 1618.

Der Große Kurfürst nimmt, nach dem Erlöschen dieser
Familie von Lochow, Rheinsberg in Besitz und schenkt es
dem General Duhamel. 1685.

General Duhamel verkauft es sofort an den Hofrat de Beville.

Die Bevilles besitzen es, Vater und Sohn, bis 1734. Vom
Sohne, dem Oberstlieutenant Heinrich von Beville, kauft es
König Friedrich Wilhelm I. und schenkt es an den Kronprin-
zen Friedrich 1734.

Der Kronprinz (Friedrich der Große), obschon nur bis
1740 dort, behält es als Eigentum bis 1744.

Im Jahre 1744 erhält es Prinz Heinrich von seinem Bruder als Geschenk, übersiedelt aber erst 1753 nach Rheinsberg.*

Prinz Heinrich von 1753 bis 1802 († 3. August).

Prinz Ferdinand von 1802 bis 1813 († 2. Mai).

Prinz August von 1813 bis 1843 († 19. Juli).

Seit 1843 ist es wieder königlicher Besitz. —

Wir nähern uns jetzt von der Kolonnade her dem linken
Flügel des Schlosses, treten auf einen großen Flur und ziehen leise mit der Hand des Bittstellers an der Klingel des Kastellans. Er schläft wirklich noch, aber seine Frau nimmt unverdrossen das große Schlüsselbund von der Wand und
schreitet treppauf vor uns her.

Wollt ich dem Leser zumuten, uns auf diesem Gange zu
folgen, so würd ich ihn nur verwirren; ich begnüge mich deshalb damit (ohne Rücksicht auf die Reihenfolge, darin wir
die Zimmer sahen), in nachstehendem *erst* von den Zimmern des Kronprinzen Friedrich und *danach* von denen des
Prinzen Heinrich zu sprechen.

Zunächst also die Zimmer des Kronprinzen, des nachmali-
gen »großen Königs«. Sie befinden sich in *beiden* Flügeln,

---

* Im Widerspruch hiermit steht allerdings, daß Prinz Heinrich im Jahre 1745
seine Mutter, die verwitwete Königin Sophie Dorothea, hier in Rheinsberg empfing.
Pöllnitz gibt davon eine sehr eingehende Beschreibung. Vielleicht aber hatte sich der
Prinz eigens und auf kurze Zeit nur nach Rheinsberg begeben, um seine Mutter daselbst empfangen zu können.

wenn man, wie billig, den großen Konzertsaal mit hinzurech-
net, den Konzertsaal, in welchem unter Leitung Grauns und
unter Mitwirkung des Kronprinzen die klassischen Komposi-
tionen jener Epoche zur Aufführung kamen. Dieser Konzertsaal befindet sich (immer von der Seefront aus) im *linken*
Flügel des Schlosses, von dem aus seine hohen Fenster einerseits auf den Schloßhof, andrerseits auf das »Kavalierhaus« und einen vorgeschobenen Teil der Stadt hernieder-
blicken. Er ist etwa vierzig Fuß lang, fast ebenso breit und
vortrefflich erhalten. Die Wände sind von Stuck und die
Fensterpfeiler mit Spiegeln und Goldrahmen reich verziert;
eine Hauptsehenswürdigkeit aber ist das große Deckengemälde von Pesne, das dieser, nach einem den Ovidschen
»Metamorphosen« entlehnten Vorwurf, im Jahre 1739 hier
ausführte. Der Grundgedanke ist: »die aufgehende Sonne
vertreibt die Schatten der Finsternis« oder, wie einige es ausgelegt haben, »der junge Leuchteprinz vertreibt den König
Griesegram«. Die Technik ist vortrefflich, und wie immer
man auch über pausbackige Genien und halbbekleidete Göttinnen denken mag, in dem Ganzen lebt und webt eine
künstlerische Potenz, gegen die es nicht gut möglich ist, sich
zu verschließen. Schinkel soll unter dem Einfluß dieses Dek-
kengemäldes die große Komposition entworfen haben, die
sich jetzt al fresco in der Säulenhalle des Berliner Alten Museums befindet. Was übrigens den Konzertsaal selber angeht, so fand innerhalb desselben, im Sommer 1848, ein etwas in Rot getauchtes Ruppin-Rheinsbergisches Gesangfest
statt, das eigentümlich gestört wurde. Man war eben auf der
»Höhe der Situation«, als sich plötzlich eine halbe Stuck-
wand loslöste und mitten in den entsetzten Sängerkreis hin-
einfiel. Alles stob auseinander. Das Mauerwerk des alten
Schlosses hatte sich aus seinen friderizianischen Erinnerungen heraus empört.

Dieser linke Flügel enthält außer dem Konzertsaal noch
zehn oder zwölf kleinere Räume, von denen einige die Zimmer der Prinzeß Amalie heißen, während der Rest sich ohne
jeden Namen begnügen muß. Diese »Namenlosen« sind die
einzigen Räume des Schlosses, die noch eine praktische Verwendung finden. In ihnen logieren die Hausministerialbeam-
ten, die hier gelegentlich eintreffen, um nach dem Rechten

zu sehen. Es macht einen ganz eigentümlichen Eindruck,
wenn man nach Passierung einer langen Reihe von Zimmern, die nur immer die Vorstellung in uns wachriefen,
»hier muß der oder der gestorben sein«, plötzlich in ein paar
Räume tritt, die liebe Rückerinnerungen an die Tage eigenen
Chambre-garnie-Lebens in uns wecken. Die kleinen Bettstel-
len von Birkenmaserholz, die roten Steppdecken von aller-
simpelstem Kattun, die Waschtoiletten mit dem Klappdeckel
und die beinah faltenlosen Zitzgardinen, als habe das Zeug
nicht ganz gereicht, alles hat den schlichtbürgerlichsten Charakter von der Welt, und das eitle Herz freut sich der Wahrnehmung, daß man in Schlössern schläft wie anderswo.

Doch vergessen wir über diesem stillen Behagen nicht unsere eigentliche Aufgabe, und wenden wir uns lieber jenem
kleinen Arbeitszimmer zu, das, mit noch größerem Recht als
der Konzertsaal, den Namen des großen Königs führt.

Dies Arbeitszimmer liegt im *rechten* Flügel des Schlosses,
und zwar in dem kleinen Rundturm, der den Flügel nach
vorn hin abschließt. Wir passieren abermals eine lange Zimmerreihe, bis wir endlich in ein kleines und halbdunkles
Vorgemach treten, das sein Licht nur durch eine Glastür
empfängt. Dies halbdunkle Vorgemach enthielt die kleine
Bibliothek, die Friedrich der Große bald nach seiner Thronbesteigung nach Potsdam schaffen ließ; das davorliegende
Zimmer aber, von dem uns nur noch die Glastür trennt, ist
das Arbeitszimmer selbst. Nur sehr klein (höchstens zwölf
Fuß im Quadrat), hat es nach drei Seiten hin eine entzük-
kende Aussicht über Wald und See. Vor 140 Jahren muß es
auch in seiner Ausstattung einen durchaus heiteren und an-
genehmen Eindruck gemacht haben. Es ist ein Achteck, das
mit drei Seiten in der Mauer steckt, während fünf Seiten frei
und losgelöst nach vorn hin liegen. Das Ganze setzt sich abwechselnd aus Wand- und Glasflächen zusammen: vier Pa-
neelwände, drei Nischenfenster und eine Glastür. Die Fen-
sternischen sind sehr tief und boten deshalb Raum zur Aufstellung von Polsterbänken, die sich an beiden Seiten
entlangziehen. An den Paneelwänden stehen altmodische
Lehnstühle mit *versilberten* Beinen und schlechten, dunklen
Kattunüberzügen. Über den Lehnstühlen aber, in ziemlicher
Höhe, sind Konsolen mit den Büsten Ciceros, Voltaires, Di-

derots und Rousseaus angebracht. In die Holzbekleidung ist vielfach Spiegelglas eingelassen, während sich zu Häupten der Eingangstür allerlei Zeichen des Freimaurerordens befinden und abermals ein Pesnesches Deckengemälde den Plafond bedeckt. Dasselbe zeigt die *Ruhe beim Studieren*; ein Genius überreicht der sitzenden Minerva ein Buch, auf dessen Blättern man die Namen Horaz und Voltaire liest. Das Bild hat verhältnismäßig gelitten und kann überhaupt mit der glänzenden Schöpfung desselben Meisters im Konzertsaale nicht verglichen werden. In der Mitte des Zimmers steht auf vergoldeten Rokokofüßen und etwa von der Größe moderner Damenschreibtische der *Arbeitstisch* des Prinzen. Seine Schreibplatte liegt schräg und kann aufgeklappt werden. Sie war ehedem mit rotem Samt überzogen, hat aber nicht nur die Farbe, sondern auch den ganzen Samtstoff längst verloren. Der Samt wird bekanntlich auf eine Unterschicht von festem Zeug aufgetragen. Diese Unterschicht war 1853, als ich Rheinsberg zum ersten Male besuchte, noch ziemlich intakt vorhanden. Seitdem aber haben sich die Dinge sehr zum Schlimmeren verändert. Nicht die Hälfte mehr existiert von diesem Unterzeug, und man kann deutlich sehen, wie die Federmesser, je nach der Charakteranlage der Besucher, mal größere, mal kleinere Karos herausgeschnitten haben. Ich liebe nicht die Kastellane, die einen durch ihren Diensteifer um die Möglichkeit eines ruhigen Genusses bringen, aber ebensowenig mag ich jenen das Wort reden, die voll mißverstandener Nachsicht ein Auge da zudrücken, wo sie's aufmachen sollten.

Wir nehmen zögernd Abschied von diesem interessanten Zimmer, um uns nun den *Zimmern des Prinzen Heinrich* zuzuwenden. Sie liegen im ersten Stock des corps de logis und bilden eine ununterbrochene Reihenfolge. Den Anfang machen die sogenannten Prinz-Ferdinands-Zimmer, das heißt diejenigen, die Prinz Ferdinand zu bewohnen pflegte, wenn er bei seinem älteren Bruder, dem Prinzen Heinrich, zum Besuche war. Vielleicht auch residierte der erstgenannte Prinz in der Zeit von 1802 bis 1813 wenigstens zeitweilig hier und bewohnte dann *diese* Räume.

Hinter diesen sogenannten Prinz-Ferdinands-Zimmern folgt der Konzertsaal (nicht zu verwechseln mit dem *kronprinzlichen* im linken Flügel), alsdann der sehr gut erhaltene Muschelsaal und endlich das Bibliothekzimmer. Neben diesem befindet sich das *Schlaf- und Sterbezimmer des Prinzen Heinrich.* Es ist ein großes, ziemlich dunkles Gemach, durch ein Paar Säulen in zwei Hälften geteilt. In der dunkleren Hälfte, halb durch die Säulen verdeckt, steht das Sterbebett, ein stattlicher, mit schweren Seidenvorhängen reich ausgestatteter Bau. Derartige Staatsbetten, namentlich wenn alt geworden, machen in der Regel einen ängstlichen Eindruck und erfüllen uns mit Dank, nicht in ihnen schlafen zu müssen. Anders hier, weil sich nichts von Verschossenheit zeigt, vielmehr alles frisch und farbig und voll beweglich lebensvoller Falten. — Um dieses Schlaf- und Sterbezimmer her gruppieren sich einige kleinere, die nur durch ihre Schildereien interessieren, meist Bilder in chinesischer Tusche von der Hand des Prinzen Heinrich selbst. Im großen und ganzen aber herrscht Mangel an guten Bildern, und nur einige wenige hat man dieser Stelle gelassen. Unter diesen sind zwei Bildnisse des jungen Grafen Bogislaw von Tauentzien und ein Portrait der ersten Königin, Sophie Charlotte, bei weitem die besten.

Auch die Zimmer im Erdgeschoß sind nicht ohne Interesse. Bilder, Büsten, Ausschmückungsgegenstände, die sich teils noch aus der Zeit des Prinzen Heinrich her in diesen Zimmern befinden oder aber verschönerungshalber seitdem ihren Weg aus dem obern Stock ins untere genommen haben, fesseln hier den Beschauer. In einem dieser Räume befinden sich beispielsweise die Büsten des Marquis de la Roche-Aymon und seiner Gemahlin, daneben eine Büste des französischen Schauspielers Blainville. Der Marquis, auf den ich in einem späteren Kapitel zurückkomme, war nach Tauentziens Abgang Adjutant des Prinzen und nebenher eine Art Général en chef des prinzlichen Heeres, das heißt jener *im Solde des Prinzen stehenden* Leibhusarenschwadron, die in Rheinsberg ihre Garnison und im Schlosse den Dienst hatte. Der Schauspieler Blainville, ein besonderer Liebling des Prinzen, gab sich selbst den Tod, als es der Kabale seiner Genossen gelungen war, ihm momentan die Gunst seines Herrn zu entziehen. Der Prinz soll diesen Verlust nie verwunden haben.

Ein größerer Saal neben jenem büstengeschmückten Zimmer macht den Eindruck einer gewissen Wohnlichkeit, vielleicht weil er ein paar Spezialitäten enthält, die uns, wie ein Vogelbauer oder ein Tisch voll Nippsachen, die wohltuende Nähe von Menschen auch *dann* noch empfinden lassen, wenn diese lange vom Schauplatze abgetreten sind. Zu diesen Spezialitäten zähl ich hier ein würfelförmiges Postament von dem Umfang eines großen Tabakskastens, das auf einem halb versteckten Ecktisch steht. Dieser Kasten muß bei bestimmter Gelegenheit als Untersatz für eine kostbare Blume gedient haben und von dem einen oder andern seiner Verehrer dem Prinzen überreicht worden sein. Noch jetzt umschließt der Kasten einen Blumentopf, aber die Blumen selbst sind von Papier. Alle vier Wände des Kastens enthalten reizende Aquarellbildchen, zwei davon Schlachtenbilder en miniature, von denen das eine die Inschrift trägt: »Condé aux lignes de Fribourg«, das andere: »Henri à la bataille de Prague«. Die Verbindlichkeit ist sehr fein und die Parallele gut gezogen. »Condé aux lignes de Fribourg« ist vielleicht eine Kopie, wenigstens entsinn ich mich dunkel, im Louvre oder in den Sälen von Versailles etwas Verwandtes gesehen zu haben. Auf dem Frontbilde: »Henri à la bataille de Prague«, erhebt der Prinz* eben den Degen, und den Kopf nach rechts hin zurückgewandt, um durch Wort und Blick die Nachfolgenden anzufeuern, führt er eine Grenadiercompagnie zum Sturm.

---

* Der Kopf des Prinzen auf diesem Bildchen ist *Portrait.* Es existieren im Ruppinschen außerdem noch vier Bildnisse des Prinzen Heinrich:
1. Im Besitz der Frau von Kaphengst in Ruppin. Von Pesne gemalt.
2. Im Besitz des Grafen Zieten-Schwerin auf Wustrau. Von Frau Teerbusch.
3. Im Besitz des Herrn Gentz in Ruppin. Ein *Pastellbild* (befindet sich im »Tempel«).
4. Eine Büste; ebendaselbst.
  (Ein andres sehr gutes Bild des Prinzen — mit Tigerfellaufschlägen an der Uniform und einer Terrainkarte von Freiberg auf dem nebenstehenden Tisch — befindet sich im Schloß zu Tamsel.)

4. PRINZ HEINRICH. DER RHEINSBERGER PARK.
HERR VON REITZENSTEIN UND DER VERSCHLUCKTE DIAMANT.
DER FREUNDSCHAFTSTEMPEL. DAS THEATER IM GRÜNEN.
DAS GRABMAL DES PRINZEN

Außer den im vorigen Kapitel beschriebenen Zimmern des
Kronprinzen und des Prinzen Heinrich enthält das *Rheinsberger Schloß* nichts, was der Erwähnung wert wäre. Wenn
man wieder ins Freie tritt, um, über den Schloßhof hin, dem
Park und dem See zuzuschreiten, so kann man die Frage
nicht abwehren: Wie kommt es, daß dieser kluge, geistvolle
Prinz Heinrich, dieser Feldherr sans peur et sans reproche,
dies von den nobelsten Empfindungen inspirierte Menschen-
herz so wenig populär geworden ist? Man geh in eine Dorf-
schule und mache die Probe. Jedes Tagelöhnerkind wird
den Zieten, den Seydlitz, den »Schwerin mit der Fahne«
kennen, aber der Herr Lehrer selbst wird nur stotternd zu
sagen wissen, wer denn eigentlich Prinz Heinrich gewesen
sei. Selbst in Rheinsberg, das der Prinz ein halbes Jahrhundert lang bewohnt hat, ist er verhältnismäßig ein Fremder.
Natürlich, man kennt ihn, aber man weiß wenig *von* ihm.
Einige von den Alten entsinnen sich seiner, erzählen dies
und das, aber die lebende Generation lernt Geschichte wie
wir, das heißt, liest lange Kapitel vom Kronprinzen Friedrich
und seinem Rheinsberger Aufenthalt und hat sich daran gewöhnt, den Konzertsaal und das Studierzimmer als die alleinigen Sehenswürdigkeiten des Schlosses anzusehen. Die
Zimmer des Prinzen Heinrich, Prinz Heinrich selbst, alles ist
bloße Zugabe, Material für die Rumpelkammer. Das harte
Los, das dem Prinzen bei Lebzeiten fiel, das Geschick,
»durch ein helleres Licht verdunkelt zu werden«, verfolgt
ihn auch im Tode noch. An derselben Stelle, wo er durch
fast zwei Menschenalter hin gelebt und geherrscht, geschaffen und gestiftet hat, ist er ein halb Vergessener, bloß weil
der Stern seines Bruders *vor* ihm ebendaselbst geleuchtet.
Und ein Teil dieses Mißgeschicks wird auch bleiben. Aber
es ist andrerseits nicht unwahrscheinlich, daß die nächsten
fünfzig Jahre schon Verdienst und Klang des Namens mehr
in Harmonie bringen werden. Um es mit einem Wort zu sagen: dem Prinzen hat der Dichter bis zu dieser Stunde ge-

fehlt. Von dem Augenblick an, wo Lied, Erzählung, Schauspiel ihn unter ihre Gestalten aufnehmen werden, werden
sich auch die Prinz-Heinrich-Zimmer im Rheinsberger
Schlosse neu zu beleben anfangen, und die Kastellane der
Zukunft werden zu berichten wissen, was in dieser und jener
Fensternische geschah, wer den Blumenkasten übergab und
unter *welchem* Kastanienbaum der Prinz seinen Tee trank
und mit einem freudigen »Oh, soyez le bien venu« sich erhob, wenn Prinz Louis am Schloßtor hielt und lachend aus
dem Sattel sprang.

Historische Gestalten teilen nicht selten das Schicksal alter
Statuen. Einzelne stehen durch ein Jahrtausend hin immer
leuchtend und immer bewundert auf dem Postament ihres
Ruhmes; andere werden verschüttet oder in den Fluß geworfen. Aber endlich kommt der Moment ihrer Wiedererstehung,
und nun erst — neben den glücklicheren neu aufgerichtet — er-
wächst der Nachwelt die Möglichkeit des Vergleichs.

Es muß zugegeben werden (und ich habe bereits in dem
Kapitel »Die Kirche zu Rheinsberg« darauf hingewiesen),
daß etwas prononciert Französisches in Sitte, Gewöhnung,
Ausdruck sowie das geringe Maß jener *kurbrandenburgi-*
schen Derbheit, die wir an Friedrich dem Großen, all seiner
Voltaire-Schwärmerei zum Trotz, so deutlich erkennen und
so sehr bewundern, der Volkstümlichkeit des Prinzen Heinrich immer hindernd im Wege stehen wird, es fehlt aber
auch noch viel bis zu jenem bescheideneren Teile von Popularität, worauf er unbedingten Anspruch hat. Seine Repliken
waren nicht im Stile des älteren Tauentzien, als dieser, unter
Androhung, »daß man das Kind im Mutterleibe nicht schonen werde«, aufgefordert wurde, Breslau zu übergeben; aber
wenn er in seinen Antworten auch nicht dem Richard Löwenherz glich, der mit seinem Schwert ein zolldickes Eisen
zerhieb, so glich er doch dem Saladin, der mit seiner Halb-
mondklinge das in die Luft geworfene Seidentuch im Nieder-
fallen durchschnitt. Nur selten war er derb, rauh nie.

Wir sind nun in den *Park* getreten. Er umzieht in weitem
Halbkreise die linke Hälfte des Sees und geht am jenseitigen
Ufer unmittelbar in die schönen Laubholzpartien des Bobe-

row-Waldes über. Der Park ist eine glückliche Mischung von
französischem und englischem Geschmack, zum Teil plan-
voll und absichtlich dadurch, daß man die Le Nôtreschen
Anlagen durch Partien im entgegengesetzten Geschmack erweiterte, zum Teil aber planlos und unabsichtlich dadurch,
daß sich das zwang- und kunstvoll Gemachte wieder in die
Natur hineinwuchs. Die ursprüngliche Anlage soll das Werk
eines Herrn von Reitzenstein gewesen sein, der schließlich
(wie das zu geschehen pflegt) in verleumderischer Weise be-
schuldigt wurde, die Kriegsabwesenheit des Prinzen zu seinem Vorteil benutzt und unredlich gewirtschaftet zu haben.
Als er von dieser gegen ihn umgehenden Verleumdung und
beinahe gleichzeitig auch von der nahe bevorstehenden
Rückkehr des Prinzen hörte, gab er sich den Tod, »indem er
einen Diamanten verschluckte«. So das Volk. Es liegt auf der
Hand, daß hier der nach dem Abenteuerlichen haschende
Sinn desselben eine komische Substituierung geschaffen hat.
Ein verschluckter Diamant ist um nichts schädlicher als ein
verschluckter Pflaumenkern, und so glaub ich denn bis auf
weiteres annehmen zu dürfen, daß sich von R. (*wenn überhaupt*) einfach durch Blausäure, durch essence d'amandes,
getötet hat, aus welch letztrem Worte, lediglich nach dem
Gleichklang, ein *Diamant* geworden ist.

Man passiert, abwechselnd dicht am See hin und mal wieder
sich von ihm entfernend, die herkömmlichen Schaustücke solcher Parkanlage: Säulentempel, künstliche Ruinen, bemooste
Steinbänke, Statuen (darunter einige von großer Schönheit),
und gelangt endlich bis an den sogenannten *Freundschaftstempel*, der bereits am jenseitigen Ufer des Sees, im Boberow-
Walde, gelegen ist. In diesem Freundschaftstempel pflegte der
Prinz zu speisen, wenn das Wetter eine Fahrt über den See zu-
ließ. Es war ein kleiner Kuppelbau, auf dessen Hauptkuppel
noch ein Kuppelchen saß; über dem Eingang aber ein Frontispice. Frontispice und Kuppeln existieren *nicht* mehr; sie
drohten mit Einsturz und wurden abgetragen. Aber das Innere
des »Tempels« ist noch wohlerhalten und besteht aus einem
einzigen achteckigen Zimmer, um das sich, wie die Schale um
die Mandel, ein etwas größerer achteckiger Außenbau legt. Ge-
nauso, wie wenn man eine kleine Schachtel in eine größere
stellt und beide mit einem gemeinschaftlichen Deckel über-

deckt. In dem achteckigen Einsatz befinden sich vier türbreite
Einschnitte (die Türen selber fehlen), und mit Hülfe dieser
Einschnitte wird es möglich, die sechzehn Inschriften zu lesen,
die seinerzeit der *Innenwand* des achteckigen Außenbaues,
und zwar sehr wahrscheinlich vom Prinzen selber, gegeben
wurden. Sie sind abwechselnd zwei und vier Zeilen lang und
beziehen sich auf das Glück der Freundschaft. Ich zitiere zwei
derselben:

> Qui vit sans amitié, ne sauroit être heureux,
> Quand il auroit pour lui la fortune et les Dieux.

oder

> Pourquoi l'amour est-il donc le poison
> Et l'amitié le charme de la vie?

> C'est que l'amour est le fils de la folie
> Et l'amitié fille de la raison.

So sind sie alle. Kleine Niedlichkeiten ohne tiefere Bedeutung, und doch an *dieser* Stelle ebenso ansprechend, wie sie
als Grab- und Kircheninschriften uns widerstrebend sind.

Jetzt feiert die junge Welt ihr Möskefest hier, bei welcher
Gelegenheit sicherlich alle philosophischen Betrachtungen
über das Glück der Freundschaft unterbleiben und die sich
»anbahnenden Verhältnisse« durchaus zugunsten des ewig
im Schwunge bleibenden »fils de la folie« entschieden werden. Ein Möskefest an dieser Stelle bedeutet eine nicht üble
Kritik und Ironie.

Vom Freundschaftstempel aus schreiten wir in den eigentlichen Park zurück, machen dem wohlerhaltenen »Theater
im Grünen«, das lebendige Hecken statt der Coulissen hat,
unsern Besuch und gelangen danach in allerhand schmale
Gänge, deren Windungen uns schließlich bis an das *Grabmal* des Prinzen Heinrich führen. Es besteht aus einer Pyramide von Backstein, um die sich ein schlichtes Eisengitter
zieht. Der Prinz, in seinem Testamente, hatte die völlige Vermauerung dieser Pyramide angeordnet; man ging aber von
dieser Anordnung ab und ließ einen Eingang offen. Im Jahre

1853 sah ich noch deutlich den großen Zinksarg stehen, auf dem ein rostiger Helm lag. Seitdem ist ein brutaler Versuch gemacht worden, ebendiesen Sarg, in dem man Schätze vermutete, zu berauben, was nun, nachträglich noch, zur Erfüllung der Testamentsanordnung, will also sagen zur Vermauerung der Pyramide, geführt hat.

Wo früher der Eingang war, befindet sich jetzt eine große Steintafel mit der von Prinz Heinrich selbst verfaßten *Grabschrift*. Sie lautet:

Jetté par sa naissance dans ce tourbillon de vaine fumée
Que le vulgaire appelle
Gloire et grandeur,
Mais dont le sage connoit le néant;
En proie à tous les maux de l'humanité;
Tourmenté par les passions des autres,
Agité par les siennes;
Souvent exposé à la calomnie;
En butte à l'injustice;
Et accablé même par la perte
De parens chéris,
D'amis sûrs et fidèles;
Mais aussi, souvent consolé par l'amitié;
Heureux dans le recueillement de ses pensées,
Plus heureux
Quand ses services purent être utiles à la patrie
Ou à l'humanité souffrante:
Tel est l'abrégé de la vie de
Frédéric-Henri-Louis,
Fils de Frédéric-Guillaume, roi de Prusse,
Et de Sophie-Dorothée,
Fille de George Ier, roi de la Grande-Bretagne.
Passant,
Souviens-toi que la perfection n'est point sur la terre.
Si je n'ai pu être le meilleur des hommes,
Je ne suis point au nombre des méchans;
L'éloge ou le blâme
Ne touchent plus celui
Qui repose dans l'éternité;
Mais la douce espérance

Embellit les derniers moments
De celui qui remplit ses devoirs;
Elle m'accompagne en mourant.
Né le 18. janvier 1726.
Décédé le 3. août 1802.

So dachte, so schrieb man damals. Die »naissance« war
ein Spiel des Zufalls, und man war es müd, »über Sklaven
zu herrschen«.

Aus dieser Welt der Freiheits*phrase* sind wir heraus, aber,
Gott sei Dank, dem Wesen der Freiheit sind wir näherge-
kommen.

5. Der grosse Obelisk in Rheinsberg
und seine Inschriften

Vielleicht die größte Sehenswürdigkeit Rheinsbergs ist der
Obelisk, der sich, gegenüber dem Schlosse, am jenseitigen
Seeufer auf einem zwischen dem Park und dem Boberow-
Walde gelegenen Hügel erhebt. Er wurde zu Anfang der
neunziger Jahre vom Prinzen Heinrich »dem Andenken sei-
nes Bruders August Wilhelm« errichtet und trägt an seiner
Vorderfront das vortrefflich ausgeführte Reliefportrait eben-
dieses Prinzen und darunter die Worte:

A l'éternelle mémoire d'Auguste Guillaume,
Prince de Prusse, second fils du roi
Frédéric Guillaume.

Aber nicht dem Prinzen allein ist das Monument errichtet,
vielmehr den preußischen Helden des Siebenjährigen Krieges überhaupt, allen jenen, die, wie eine zweite Inschrift ausspricht, »durch ihre Tapferkeit und Einsicht verdient haben,
daß man sich ihrer auf immer erinnere«.

Da nun solcher preußischen Helden in jener Ruhmeszeit
unzweifelhaft sehr viele waren, so lag es dem Prinzen ob, unter den vielen eine Wahl zu treffen. Diese Wahl geschah,
und achtundzwanzig wurden schließlich der Ehre teilhaftig,
ihre Namen auf dem Rheinsberger Obelisken genannt zu se-

hen. Jeder Name steht in einem Medaillon und ist von einer kurzen, in französischer Sprache abgefaßten Charakteristik begleitet. Nachstehend geb ich dieselben in Übersetzung.

Vorderfront

Marschall von Keith. Mit der größten Biederkeit vereinigte er die ausgebreitetsten und gründlichsten Kenntnisse. In Rußland, während des Krieges gegen die Türken, erwarb er sich einen wohlverdienten Ruhm, welchen er im preußischen Dienste bestätigte. Das Bedauern aller gefühlvollen Herzen, die Tränen aller Krieger verewigten auf immer sein Andenken. Er blieb bei dem Überfall zu Hochkirch, den 14. Oktober 1758.

Marschall von Schwerin. Die Ehre seines Jahrhunderts und der Schild des Vaterlandes. Er vereinigte alle bürgerlichen und kriegerischen Tugenden. Die Feinde, welche er bekämpfte, konnten ihm ihre Bewunderung nicht versagen. Am 10. April 1741 gewann er die Schlacht bei Mollwitz. Im Jahr 1744 befehligte er die Armee, welche Prag belagerte, und nahm die Festung Žiškaberg. Im Jahre 1756 war er an der Spitze der preußischen Armee, welche durch Schlesien in Böhmen eindrang. Und obgleich das feindliche Heer ihm überlegen war, führte er dennoch einen Angriffskrieg gegen die von Piccolomini befehligten Österreicher. Die Völker, gesichert durch seine Menschlichkeit, verehrten seinen Heldenmut. Die Fahne in der Hand, fiel er als Opfer seines Eifers bei Prag am 6. Mai 1757.

Leopold, regierender Fürst von Anhalt-Dessau, einer der vollkommensten Feldherren; er zeichnete sich im Spanischen Erbfolgekriege aus. Turin war Zeuge seiner Kriegstaten. Er kämpfte dort an der Spitze der Preußen, welche er auch im Kriege 1742 in Oberschlesien anführte. Im Jahre 1745 schlug er die Sachsen bei Kesselsdorf und bahnte sich den Weg nach Dresden. Sein militärisches Genie und sein Mut werden ihn auf immer unsterblich machen.

August Ferdinand, vierter Sohn des Königs Friedrich Wilhelm, war 1757 bei der Einschließung von Prag und wurde bei einem Ausfall der Feinde verwundet. In der Schlacht bei Breslau, den 22. November desselben Jahres, behauptete er bis zu Ende der Schlacht einen wichtigen Posten. In der Schlacht bei Leuthen erwarb er sich neue Lorbeern. Ebenso schätzbar durch seine Tugenden als durch seine Taten.

General von Seydlitz zeichnete sich aus von Jugend auf. Er war bei allen Feldzügen des Siebenjährigen Krieges zugegen, und stets mit Ehre und Ruhm. Durch Geschicklichkeit, Unerschrockenheit, vereinigt mit Schnelligkeit und Geistesgegenwart, wurden alle seine Kriegstaten den Feinden verderblich. Lobositz, Kolin, Roßbach, Hochkirch, Zorndorf, Kunersdorf und Freiberg sind *ihm* Denkmäler des Sieges. Oft wurde er gefährlich verwundet. Die preußische Reiterei verdankt ihm den Grad der Vollkommenheit, welchen der Fremde bewundert. Dieser seltene Mann, alle Gefahren überlebend, verschied im Arme des Friedens.

General von Zieten erreichte ein ebenso glückliches als ehrenvolles Alter. Er siegte in jedem Gefechte. Sein kriegerischer Scharfblick, vereinigt mit einer heroischen Tapferkeit, sicherten ihm den glücklichen Ausgang jeden Kampfes. Aber was ihn über alles erhob, waren seine Redlichkeit, seine Uneigennützigkeit und seine Verachtung aller derer, welche auf Kosten der unterdrückten Völker sich bereicherten.

Der *Herzog von Bevern.* Er entschied 1756 den Sieg bei Lobositz. Im Jahre 1757 drang er aus Schlesien in Böhmen ein, und seine weisen Maßregeln verschafften ihm bei Reichenberg den Sieg über die Österreicher. In demselben Jahre widerstand er mit 22 000 Mann der Daunschen Armee, welche 80 000 Mann stark war, und nur nach der mutigsten Gegenwehr unterlag er bei Breslau. 1762 mit einem Corps bei Reichenbach aufgestellt, wurde er in Front und Rücken durch überlegene Macht angegriffen. Er schlug sie zurück und behauptete das Schlachtfeld.

General von Platen. Er diente mit Auszeichnung in allen Kriegen und war bei vielen Schlachten zugegen. Nach der Niederlage bei Kunersdorf sammelte er die zerstreuten Heereshaufen, deckte den Rückzug, blieb während der Nacht auf seinem Posten und ging erst am andern Morgen über die Oder zurück. Im Jahr 1762 wurde er mit einem Corps von dem König abgesendet; er schlug bei Posen 6000 Russen, machte viele Gefangene und vernichtete ihre Magazine. Er starb 1787.

Rechtsfront

Oberstlieutenant von Wedell. Mit einem Bataillon Grenadiere, aus zwei Compagnien der Garde und zwei vom Regiment Kronprinz zusammengesetzt, verteidigte er bei Selmitz
in Böhmen mehrere Stunden lang, gegen die ganze österreichische Armee, den Übergang über die Elbe. So verschaffte
er dem preußischen Heere die nötige Zeit, seine Quartiere
zu erreichen. Nach fünf Stunden nötigten ihn die zahlreichen Batterien der Feinde zum Rückzuge. Als Prinz Karl
über den Fluß gegangen war, in der Meinung, ein zahlrei-
ches Heer bekämpft zu haben, erfuhr er durch einen Gefangenen, daß ein einziges Bataillon, aber von einem Helden angeführt, diese schöne Verteidigung gemacht habe. Mit demselben Bataillon griff er in der Schlacht bei Soor, am
30. September 1745, den linken Flügel der Österreicher an
und endigte hier sein Heldenleben.

Generallieutenant von Hülsen. Sehr geschätzt durch seine
militärischen Talente. Fast in allen Schlachten war er zugegen, oft verwundet und durch seine Unerschrockenheit stets
ausgezeichnet. Im Jahre 1760 in der Schlacht bei Torgau
wurde der linke Flügel, bei welchem er sich befand, zurück-
getrieben. Er sammelte einige Flüchtlinge. Da aber seine
Pferde getötet waren und sein Alter und seine Wunden ihm
nicht erlaubten, zu Fuß sein Corps anzuführen, so setzte er
sich auf eine Kanone und gelangte so, mitten im feindlichen
Feuer, zum rechten Flügel.

von Tauentzien, General der Infanterie. In allen Feldzügen zugegen; seine Wunden sind rühmliche Denkmäler seines Mutes. 1760 verteidigte er Breslau gegen Laudon. Er befehligte 1762 die Belagerung von Schweidnitz und erfreut
sich gegenwärtig eines ehrenvollen Alters.

von Möllendorf, General der Infanterie, war bei allen
Feldzügen von 1740 bis 1778. Bei Torgau, 1760, bemächtigte er sich der Anhöhen von Siptitz und entriß dadurch
dem Feinde den Sieg. Im Jahre 1762, als er auf gleiche Art
die Anhöhen von Burkersdorf gewonnen hatte, nötigte dies
den Marschall Daun, seine Stellung zu verändern, welches
die Belagerung von Schweidnitz erleichterte. Im Winter von
1778 bis 1779 befehligte er bei der in Sachsen stehenden

Armee ein besonderes Corps und schlug den Feind bei Brixen.

Generallieutenant von Haucharmoi. Aus Frankreich her-
stammend. Er war während des Spanischen Erbfolgekrieges
in Italien und Flandern bei dem preußischen Heere zugegen.
Im Kriege 1740 zeigte er sich wie ein zweiter Bayard, ohne
Furcht und ohne Tadel. In der Schlacht bei Prag, den 6. Mai
1757, starb er auf dem Bette der Ehren.

General von Retzow, Intendant der Armee. 1758 befehligte er ein von der Armee des Königs getrenntes Corps. Er
war bei Weißenberg gelagert, wo der rechte Flügel der
Daunschen Armee ihm gegenüberstand. Am Tage des unglücklichen Überfalls bei Hochkirch, den 14. Oktober 1758,
besetzte er eine Anhöhe hinter der Armee des Königs, und
wurde *so* durch seine Klugheit und Tapferkeit der Rückzug
gedeckt. Er starb einen Monat darauf, als er seinem Vaterlande einen so wichtigen Dienst geleistet hatte.

Oberst von Wobersnow, Erster Adjutant des Königs. Er
zeichnete sich aus durch lebhaftes Ehrgefühl und große militärische Kenntnisse. 1757 in der Schlacht bei Prag, als er
den preußischen linken Flügel sammelte, um solchen aufs
neue gegen den Feind zu führen, wurde er verwundet. Er
war bei allen Feldzügen gegen die Russen. Die Schlacht bei
Kay wurde wider seinen Willen geliefert; die Preußen verloren sie, und er fiel als Held.

Linksfront

von Wunsch, General der Infanterie. Er trat in Dienst 1756
als Offizier bei einem Freicorps und erhob sich zu höheren
Graden durch sein Genie und seine militärischen Talente.
Im Kleinen Krieg waren alle seine Unternehmungen glücklich und erwarben ihm allgemeine Achtung. 1759 schlug er
mit einem kleinen Corps bei Torgau die weit überlegenen
Feinde. Im nämlichen Jahre, nahe bei Düben, schlug er das
Vordertreffen der Feinde. Ein gefangener General, Fahnen
und Kanonen waren die Denkmäler seines Sieges. Er starb
1788.

von Saldern, Generallieutenant. In allen Feldzügen zugegen. In taktischen Kenntnissen hochberühmt. Gleicherma-

ßen geschätzt wegen seiner Tapferkeit und seiner Biederkeit. Er zeichnete sich aus bei der Torgauer Schlacht. Starb im Jahre 1785.

von Prittwitz, General der Kavallerie. Er diente sowohl unter den Dragonern als Husaren und zeichnete sich aus durch seine Tapferkeit in mehreren Schlachten, wo er zugegen war. Dieses erwarb ihm die besondere Achtung des Königs, der ihm das Regiment Gensdarmes erteilte, das er noch jetzt befehligt und sich immer schätzbarer macht durch seinen Eifer und seine Tätigkeit.

von Kleist, General der Husaren. Erwarb sich im Siebenjährigen Kriege hohen Ruhm. Geschickt in allen Gewandtheiten des Kleinen Krieges, war er auch zu großen Unternehmungen sehr geeignet, deren Erfolg seine Talente dem Feinde furchtbar machten. Stets geliebt von den Truppen, die er befehligte, machte er durch seine Taten seinen Namen unsterblich. Im sechsunddreißigsten Jahre seines Alters, 1767, endigte er seine Laufbahn.

von Dieskau, Generallieutenant der Artillerie, diente von Jugend auf und erwarb sich die höchste Achtung seines Corps, welches er während des Siebenjährigen Krieges als Chef befehligte. Er war tätig, wachsam, arbeitsam. Bei allen Belagerungen zugegen. Auch in den Schlachten, bei welchen er war, leistete er wichtige Dienste. Er starb in einem hohen Alter.

von Ingersleben, Generalmajor. Von einer geprüften Tapferkeit hat er die stärksten Beweise gegeben. In der Schlacht bei Prag, 1757, wurde er mit Wunden bedeckt, deren indes keine tödlich war. In demselben Jahre aber verlor er sein Leben in der Schlacht bei Breslau, am 22. November, wo er als Held focht.

von Henckel, Generallieutenant. Graf von Henckel, Adjutant des Prinzen Heinrich von Preußen während der Feldzüge von 1757 und 1758, zeichnete sich aus in den Schlachten bei Prag und Roßbach. Im Winter 1757 und 1758 unterstützte er den General von Tauentzien beim Überfall von Horneburg. In der Schlacht bei Torgau, im Jahre 1760, an der Spitze des Regiments Prinz von Preußen, gab er neue Beweise seiner Tapferkeit.

Rückfront

von Goltz, Adjutant des Königs. Er wurde 1756 nach Preußen gesendet, um den Marschall Lehwald, welcher die Armee gegen die Russen befehligte, mit seinem Rat zu unterstützen. Ein umfassender, tiefblickender Geist, mit militärischen Kenntnissen vereint, würde seinen Namen verherrlicht haben, wenn sein alle Gefahren verachtender Mut in
der Schlacht bei Jägerndorf ihn nicht dem Vaterland entrissen hätte.

von Blumenthal, Major im Regiment Prinz Heinrich. Sein
heller Geist, sein rechtliches Gemüt führten ihn Hand in
Hand der Vollkommenheit entgegen, als er bei Verteidigung
eines Postens bei Ostritz in der Lausitz getötet wurde, am
31. September 1756.

von Reder, Chef eines Kavallerieregiments. Als Kommandeur des Kürassierregiments Schmettau durchbrach er die
österreichische Infanterie und nahm ein ganzes Regiment gefangen. Am 29. Oktober 1762, in der Schlacht bei Freiberg
in Sachsen, erwarb er sich neuen Ruhm.

von Marwitz, Quartiermeister bei der Armee des Königs.
Erwarb sich große Verdienste in allen Kriegen, war bei allen
Schlachten zugegen und zeichnete sich aus bei mehreren Vor-
fällen. Er starb 1759 im sechsunddreißigsten Jahre seines Alters. Vielleicht wären sein Wert und seine Verdienste vergessen, wenn dieses Denkmal sein Andenken nicht aufbewahrte.

Dequede, Adjutant beim Prinzen von Preußen, Bruder
des Königs, Major im Regiment Prinz Heinrich. Seine richtige Urteilskraft, sein fester Charakter, seine Unerschrockenheit ließen wünschen, er möchte auf lange Zeit dem Staate
nützlich werden. Aber 1757, in der Schlacht bei Prag, wurden ihm durch eine Kanonenkugel beide Füße weggeschossen. Er lebte noch einige Stunden, und unter den heftigsten
Schmerzen verleugnete sich sein Heldenmut nicht, bis zum
letzten Hauch.

von Platen, Adjutant des Marschalls von Schwerin. Er
vereinigte alle Eigenschaften, welche Hoffnung gaben, er
würde diesen großen Mann ersetzen. Er fiel ihm zur Seite
am 6. Mai 1757.

So die Namen der achtundzwanzig, die die Wahl des Prinzen traf, eine Wahl, hinsichtlich deren dieser selbst empfand, daß sie *parteiisch* getroffen sei. Weshalb er auch der schon vorzitierten, von den »preußischen Helden« sprechenden Widmung noch folgende Zeilen hinzufügte:

Leurs noms gravés sur le marbre
Par les mains de l'amitié,
Sont le choix d'une *estime particulière*
Qui ne porte aucun préjudice
A tout ceux qui comme eux
Ont bien merité de la patrie
Et participent à *l'estime publique.*

Kein Präjudiz also gegen alle diejenigen, die *außerdem* noch an der »estime publique« teilgenommen haben. Diese Worte rücksichtsvoller Verwahrung sind ganz im Geiste des Prinzen Heinrich gesprochen. Er gibt seine Meinung und gibt sie zum Teil (diplomatisch genug) ausschließlich dadurch, daß er *schweigt,* aber selbst dies Schweigen erscheint ihm noch wieder zu verletzend, und er fügt ein milderndes »ohne Präjudiz« hinzu. Dies bezieht sich auf das Fehlen besonders dreier Namen: von Winterfeldt, von Fouqué und von Wedell. Auf der einen Seitenfront befindet sich zwar ein »Wedell«, doch ist dies ein älterer General desselben Namens, der schon 1745 bei Soor fiel, nicht *der* Wedell, der als Liebling und Vertrauensmann des Königs abgeschickt wurde, um gegen die anrückenden Russen den Grafen Dohna im Kommando zu ersetzen, und der tags darauf, trotz all seiner Tapferkeit, bei Kay geschlagen wurde. *Dieser* fehlt, wie vor allem, um es zu wiederholen, Winterfeldt* fehlt, wo-

---

* Die Geschichte Winterfeldts, speziell mit Rücksicht auf den hier in Rede stehenden Punkt, muß noch erst geschrieben werden. Soviel wird sich aber schon heute sagen lassen dürfen, daß die tiefe Abneigung, die, gemeinschaftlich mit einigen Generalen, die königlichen Prinzen gegen von W. unterhielten, eine vollkommen berechtigte war. Aber die Schuld trifft den König, *nicht* Winterfeldt. Hätte sich der König entschließen können, diesem seinem Vertrauensmanne bei bestimmten Gelegenheiten ein *großes Kommando* zu geben, so würde Winterfeldt in dieser seiner Kommandostelle das Recht gehabt haben, zu recherchieren und inspizieren, zu tadeln, zu strafen und zu verklagen. Aber ein solches höheres Kommando ward ihm nie gegeben, er kam immer nur, »um im höchsten Auftrage nachzusehen und zu berichtigen«, und das mußte notwendig zu bitterster Feindschaft aller davon Betroffenen führen.

gegen alle *die*jenigen, die bei der einen oder anderen Gelegenheit von der Ungnade des Königs betroffen wurden,
ziemlich sicher sein dürfen, an diesem Obelisken ihr Konto
in Balance gebracht zu sehen. So der Herzog von Bevern,
von der Marwitz, Oberst von Wobersnow, Prinz August Wilhelm selbst. Eine jede dieser Medailloninschriften ist von
Bedeutung und kann uns, solange der »kritische Kommentar«, den der frondierende Prinz zu dem großen Geschichts-
buche seines Bruders geschrieben haben soll, ein Geheimnis
bleibt, als Fingerzeig und kurzer Abriß *dessen* gelten, was in
jenem »Kommentar« an Ansichten niedergelegt wurde.

Der Obelisk richtet sich in seiner Kritik in erster Reihe gegen den König, aber an manchen Stellen, und zwar *gleichzeitig ausgesprochener Anerkennung unerachtet,* doch auch
gegen den einen oder andern der berühmtesten Generale. So
scheint ihm beispielsweise der schon damals im Volke lebende Glaube, daß »Schwerin mit der Fahne« die Prager
Schlacht entschieden habe, vielleicht im Gefühl dessen, was
er selbst geleistet hatte, nicht angenehm gewesen zu sein,
weshalb er, nachdem er die *früheren* Taten Schwerins mit
großer Wärme des Ausdrucks aufgezählt hat, in ziemlich
nüchterner Weise schließt: »Un drapeau à la main il fut la
victime de son zèle devant Prague le 6 de mai 1757.« Er
rühmt nur den »Eifer«, weiter nichts.

Die schönsten Worte richten sich unzweifelhaft an Zieten,
weshalb ich nicht umhin kann, sie hier noch einmal, und
zwar in ihrer *originalen* Fassung, zu wiederholen:

> Toutes les fois qu'il combattit, il triompha.
> Son coup d'œl militaire joint
> A sa valeur héroïque
> Decidoit su succès des combats;
> Mais ce qui le distinguait encore plus
> Ce furent son intégrité, son desintéressement
> Et son mépris pour tous ceux
> Qui s'enrichissaient aux dépens
> Des peuples opprimés.

Innigkeit und wahre Verehrung spricht aus jeder Zeile.
Der alte Husar ist auch *hier* Sieger geblieben.

ZWISCHEN BOBEROW-WALD UND HUWENOW-SEE
oder
DER RHEINSBERGER HOF
VON 1786 BIS 1802

Bis 1786 war der Aufenthalt des Prinzen Heinrich in Rheinsberg ein vielfach unterbrochener: Kriege, Reisen und diplomatische Missionen hielten ihn jahrelang fern. Erst von 1786 ab gehörte er dem »stillen Schloß am Boberow-Walde« mit einer Art von Ausschließlichkeit an.

Das beinah völlige Sichfernhalten von der Welt, das nun eintrat, war nur zu kleinerem Teile des Prinzen freie Wahl. Den großen König, seinen Bruder, hatte er nie geliebt, aber doch respektiert, und erst nach dem Tode desselben war ein Wesen oder auch Unwesen in den Regierungskreisen einge-rissen, das ihm eine Beteiligung daran (die wie Gutheißung ausgesehen hätte) zur Unmöglichkeit machte. Hierzu kam, daß man auch *andrer*seits, will also sagen auf seiten des Ho-fes, *ohne* ihn fertig werden zu können glaubte. Man erbat seinen Rat nicht mehr, und so gab er ihn auch nicht mehr. Mit höchster Mißbilligung sah er auf den Einfluß der Rietz und ihres Anhangs. »In dieser Spelunke ist alles infame«, sprach er laut vor sich hin, als er eines Tages an dem Palais der (späteren) Gräfin Lichtenau vorüberkam. Das entschied. Ein Prinz, der, bei sonst großer Zurückhaltung, über die Fa-voritin ein *solches* Wort äußern konnte, gehörte nicht mehr an den Hof und sprach dadurch seine eigene Verbannung aus.

Die Verstimmung des Prinzen war eine so tiefe, daß ihm Rheinsberg nicht mehr fern und abgelegen genug erschien, weshalb denn auch der Wunsch immer lebendiger in ihm wurde, seiner Tage Rest in *Frankreich* zu verbringen. Schon 1784 hatte er sich schweren Herzens von Paris getrennt und dem Herzoge von Nivernois die Worte zugerufen: »Ich ver-lasse nun das Land, nach dem ich mich ein halbes Leben lang gesehnt habe und an das ich, während der zweiten Hälfte meines Lebens, mit so viel Liebe zurückdenken

werde, daß ich fast wünschen möchte, ich hätt es nicht gesehn.« Nach diesem Lande seiner Sehnsucht zog es ihn jetzt
mit verdoppelter Kraft, aber die Götter waren seinem Vorhaben nicht hold, und es schien, daß er dem engen Kreise verbleiben sollte, dem er seit fast vierzig Jahren, wenn auch mit
mancher Unterbrechung, angehört hatte. 1787 machten politische Konstellationen die Übersiedlung nicht möglich, 1788
im Juni ging er *wirklich* und trat auch wegen Ankaufs eines
in der Nähe von Paris gelegenen Grundbesitzes in Unter-
handlungen ein, aber ehe sie zum Abschluß gelangen konnten, zogen die Wetter der Revolution immer drohender herauf, und der Prinz, der sich nach Ruhe sehnte, kehrte schweren Herzens in seine Rheinsberger Einsiedelei zurück.

Von da ab gehörte er derselben *ganz.*

Meine Aufgabe wird in folgendem darin bestehen, den
Prinzen in diesem seinem Stilleben zu schildern und mit
einiger Bestimmtheit festzustellen, in welcher Art und welcher Genossenschaft er das letzte Jahrzehnt seines Lebens
verbrachte.

Diese meine Aufgabe war insoweit schwierig, als gedruckte Mitteilungen aus jener Epoche so gut wie gar nicht
vorliegen, aber ich genoß dafür des Vorzuges, Personen zu
begegnen, die jene letzten Prinz-Heinrich-Tage teils noch
miterleben durften oder doch von ebendiesen Tagen wie von
etwas Jüngstgeschehenem hatten sprechen hören. Es bezieht
sich dies namentlich auf die Mitteilungen über den Major
von Kaphengst und den Grafen und die Gräfin La Roche-
Aymon.

Die Rheinsberger Kirche hat zwei Glocken aus dem Jahre
1780. Die kleinere bedeutet wenig, desto mehr die größere,
darauf wir folgende Namen verzeichnet finden: Prince Frédéric Henri Louis de Prusse, frère du roi. Major de Kaphengst. Baron Frédéric de Wreich. Baron Louis de Wreich.
Baron de Kniphausen. Baron de Knesebeck. de Tauentzien.
Alle diese waren Kavaliere des Prinzen. Rechnen wir hierzu
den Bibliothekar und Vorleser des Prinzen, erst Francheville, dann Toussaint, danach die Mitglieder einer französischen Schauspielertruppe samt einer deutsch-italienischen
Kapelle, schließlich aber eine Anzahl Kammerdiener, Lakaien und Leibhusaren, so haben wir alles beisammen, wor-

aus sich 1780 der Rheinsberger Hof zusammensetzte. Die vorgenannten Kavaliere wohnten im Kavalierhause, die Lakaien und Kammerdiener im Schloß, endlich die Künstler aller Art in der Stadt zur Miete.

Einen zweiten sicheren Anhaltepunkt, ebenso zuverlässig wie die Glockeninschrift, geben uns die »Dernières Dispositions« des Prinzen, aus denen wir ersehen, daß um 1802 der Hofmarschall Graf Röder, der Adjutant Graf La Roche-Aymon, der Kammerrat Lebeauld und der Baurat, Herr Steinert, die Umgebung des Prinzen bildeten. Major von Kaphengst, Baron Knesebeck und Tauentzien lebten noch; unter allen Umständen aber gewinnen wir, wenn wir die bestimmt verbürgten Namen von 1780 und 1802 zusammentun, einen Überblick über die Mehrzahl der Persönlichkeiten, die während der letzten zwanzig Jahre die Träger und Repräsentanten des Rheinsberger Hoflebens waren.

Über jeden der Genannten werd ich einige Worte zu sagen, über Kaphengst und La Roche-Aymon aber mich ausführlicher zu verbreiten haben. Eh wir indes zu diesen Personalien übergehen, versuch ich es zuvor, in allgemeinen Zügen festzustellen, unter welcher Benutzung der Zeit die Rheinsberger Tage verflossen.

Der Vormittag gehörte der Arbeit, während der Nachmittag der Gesellschaft, dem Diner, der Lektüre*, dem Schauspiel und der Musik gewidmet war. Nur gelegentlich fanden Ausflüge statt, und noch seltener waren Feste, für die der Prinz, in früheren Jahren, eine entschiedene Vorliebe gehegt hatte.

Wenden wir uns zunächst dem *Vormittage* zu, der *Arbeitszeit* des Prinzen. Da er (unähnlich seinem großen Bruder, mit dem er übrigens die Antipathie gegen die Jagd gemein hatte) von der *Landwirtschaft* eine niedrigste Meinung hegte, zugleich auch offen aussprach, daß das Säen und Ernten zwar sehr wichtig, aber Sache jedes Bauern sei, so nahm ihm die Verwaltung seiner Besitzungen, die er seinen Pächtern und Inspektoren überließ, nichts von seiner Zeit.

---

* »Die Bibliothek des Prinzen«, schreibt Heinrich von Bülow, »war sehr ansehnlich. Er besaß auch ein Exemplar der Bibel, aber er las nur darin, wie man sich in einem Prozeß um die Akten der *Gegenpartei* kümmert.«

Er konnte dieselbe vielmehr ungestört seinen *Studien* widmen. Unter diesen stand das Studium der Kriegswissen-
schaften und der schönen Literatur, soweit sie Frankreich
betraf, obenan. Er las mit nie sich abschwächender Vorliebe
die Werke der französischen Philosophen, schwärmte für
Voltaire und schrieb selber Verse, von denen mit satiri-
schem Anfluge bemerkt worden ist, »daß sie lebhaft an die
Verse seines Bruders erinnert hätten«. Übrigens wurden
seine dichterischen Versuche von seinen französischen Vor-
lesern *entfehlert*, erst von Francheville, dann von Toussaint.
Neben diesen poetischen Versuchen war es eine sehr ausge-
dehnte Korrespondenz, was seine Zeit in Anspruch nahm,
und neben dieser Korrespondenz wiederum die Niederschreibung seiner Memoiren. Von diesen ist wenig zur
Kenntnis der Welt gelangt. Seine Kritik des Siebenjährigen
Krieges oder, mit anderen Worten, des *Königs* selbst ruht,
wenn sie nicht vernichtet ist, wie manche vermuten, uneröff-
net und zunächst unzugänglich in unsern Archiven. Andre
seiner Arbeiten haben es verschmäht, unter dem Namen
ihres erlauchten Verfassers in die Welt zu treten, und sollen
sich (wenigstens teilweis) in den militärischen Schriften wiederfinden, die zwischen 1802 und 1804 vom Grafen La Roche-
Aymon, dem letzten Adjutanten des Prinzen, veröffentlicht wurden. Ein besonderes Interesse, das mag schon hier
eine Stelle finden, nahm er an den Kriegs- und Siegeszügen
Moreaus, welchen letztren er über Bonaparte stellte, wobei
freilich nicht vergessen werden darf, daß der Prinz 1802 bereits starb, also früher, als die großen Napoleonischen
Schlachten, die so viele Staaten zertrümmerten, geschlagen
wurden. Er erlebte nur Marengo noch. Seine Gegner haben
nichtsdestoweniger aus dieser Vorliebe für Moreau den
Schluß ziehen wollen, daß der Prinz nur ein Pedant und
trotz aller seiner Korrektheit oder vielleicht auch um dieser
willen nicht imstande gewesen sei, das *wirkliche* Genie zu
begreifen.

Die *Nachmittags*stunden gehörten zunächst dem Diner.
Man aß zur Winterzeit im Schloß, während des Sommers
aber, sooft es das Wetter erlaubte, im Freundschaftstempel
oder auf der Remus-Insel. Der Prinz war persönlich außerordentlich mäßig, und eine gebackene Speise, wie sie sein Bru-

der liebte: Makkaroni, Knoblauchsaft und Parmesankäse, hätt ihn einfach getötet. Wie er die Frauen nicht liebte, so auch nicht den Wein, aber er war billig denkend genug, seinen Privatgeschmack nicht zum allgemeinen Gesetz zu machen, und seine Küche wie sein Keller ließen niemanden darben. Die Unterhaltung, wenngleich innerhalb gewisser Formen verbleibend, wie sie die Gegenwart eines Prinzen und noch dazu eines *solchen* erheischte, war doch innerlich vollkommen frei. Von Krieg und Kriegführung wurde selten gesprochen; es schien als etwas zum Metier Gehöriges verpönt. Er war sehr eitel, und *stilvolle* Huldigungen, auch solche, die dem »siegreichen Feldherrn« galten, nahm er gern entgegen, aber er war andererseits viel zu vornehm, um das Gespräch auf seine Taten und Siege hinzulenken. Daß er Unterhaltungen der Art vermieden wünschte, sprach sich schon darin aus, daß niemand in *Dienstkleidung* (Uniform) erscheinen durfte; Hof- oder Gesellschaftskleid war Vorschrift. Das Gespräch drehte sich um Fragen der Kunst und Wissenschaft, um philosophische Kontroversen und Dinge der Politik. Über letztere sprach er mit großer Freimütigkeit, mißbilligte beispielsweise den endlich zu dem Frieden von Basel führenden Krieg Preußens gegen Frankreich und zeigte bis zuletzt gewisse Sympathien mit der Französischen Revolution. Ob diese Sympathien (so bemerkt Heinrich von Bülow) in wirklicher Vorliebe für freie Staatsverfassungen wurzelten oder nur ein Resultat der Anschauung waren, »daß *alles* Französische gut sei, auch eine französische Revolution«, mag dahingestellt bleiben. In ähnlich offner Weise nahm er Partei für die Polen, und dieselbe Teilung, zu deren Vollziehung er als gehorsamer Diener seines Königs am Hofe Katharinas mitgewirkt hatte, hielt er nichtsdestoweniger weder für ein Meisterstück der Politik noch für eine Handlung der Gerechtigkeit. Mit besonderer Vorliebe wurden metaphysische Sätze beleuchtet und diskutiert, und alle jene wohlbekannten Fragen, auf deren Lösung die Welt seitdem verzichtet hat, wurden unter Aufwand von Geist und Gelehrsamkeit und mit Zitaten pro und contra immer wieder und wieder durchgekämpft.

Dem Diner folgte, wenn auch nicht täglich, so doch so oft wie möglich, Theater oder Konzert. Über die Stücke, die zur

Aufführung kamen, hab ich nichts Bestimmtes erfahren können, aber es scheint fast, als ob Voltaire, wie den Kreis der
Anschauungen und Unterhaltungen, so auch die Bühne beherrscht habe. Gleicherweise wie die Namen der Stücke sind
auch die der Künstler, die darin mitwirkten, bis auf wenige
verschollen; Blainville, der Liebling des Prinzen, Demoiselle
Toussaint, eine Tochter oder Schwester des Vorlesers, Demoiselle Aurore, vor allem aber Suin de Boutemars sind die
einzigen, die sich durch das eine oder andere Ereignis im
Gedächtnis der Stadt Rheinsberg erhalten haben.

Wir haben bis hierher den Durchschnittstag des Rheinsberger Hoflebens beschrieben; was ihn unterbrach, waren
Besuche, die kamen, oder Ausflüge, die gemacht wurden.
Noch seltener, wie schon hervorgehoben, waren Festlichkeiten. Aber auch dieser Ausnahme ist Erwähnung zu tun.

Auf Besuch kamen Prinz Ferdinand, Prinzeß Amalie, vor
allem Prinz Louis Ferdinand, der die besondre Freude seines Oheims und zugleich die Hoffnung desselben war. An
diese fürstlichen Besuche schloß sich der Besuch derer, die
früher in dienstlichen Beziehungen zum Prinzen gestanden
hatten, Namen, auf die wir weiterhin zurückkommen werden.

Die Ausflüge gingen näher und weiter. Der Winteraufent-
halt in Berlin (im Prinz Heinrichschen Palais, der jetzigen
Universität) ward immer mehr abgekürzt, aber die Tages-
fahrten und kleinen Reisen blieben bis zuletzt. Der alte Zieten in Wustrau, Frau von Arnstedt in Hoppenrade, Prinz
Ferdinand in seinem Ruppiner Palais (bis 1787, wo es niederbrannte) wurden besucht; besonders aber galten diese
Ausflüge dem Grafen Wreech auf Tamsel und dem Major
von Kaphengst auf Meseberg.

Die *Festlichkeiten*, um auch *das* zu wiederholen, vermin-
derten sich im Laufe der Zeit; aber sie fanden doch wenigstens noch statt. Der Jahrestag der Freiberger Schlacht ward
alljährlich gefeiert, und am 6. Mai 1787 gab der Prinz zur
Erinnerung an die *Bataille* bei Prag allen noch lebenden Offizieren und Gemeinen des an jenem Tage von ihm geführten Regiments Itzenplitz ein glänzendes Fest. Er war zu dieser Feier doppelt berechtigt, einmal durch die Tat selbst, andererseits und in gesteigertem Maße dadurch, daß sich die

Neuzeit (der große König war seit kaum Jahresfrist tot) das
Ansehn gab, solche Taten vergessen zu dürfen. Der Prinz
kommandierte vor Prag den rechten Flügel und stellte sich
im entscheidenden Moment an die Spitze des vorgenannten
berühmten Regiments. Plötzlich stutzten die Grenadiere vor
einem allzu tief scheinenden Graben, Prinz Heinrich aber
warf sich ohne Zögern hinein; die Kleinheit seiner Person
steigerte nur noch die Größe der Aufopferung und natürlich
auch die Wirkung. Alles folgte ihm nach und schlug den
Feind. Offiziere und Gemeine saßen nun dreißig Jahre später an der Festtafel ihres Führers, und die begeisterten Lebe-
hochs, die man ausbrachte, klangen laut genug, um bis ans
Ohr des königlichen Neffen zu dringen. So war denn das
Festmahl, neben einer pietätsvollen Huldigung gegen die
Heimgegangenen, vor allem auch eine berechtigte Demonstration gegen Lebende.

Gleichfalls eine Demonstration, aber ein sonnigeres, von
den Strahlen der Poesie und Geschichte umleuchtetes Fest,
war die Einweihung (am 4. Juli 1791) des oft genannten
Obelisken. Sie war militärische Feier und *Volksfest* zugleich.
Aus allen Städten und Dörfern der Grafschaft war man zu
Tausenden herbeigekommen und umstand entweder das
Ufer des Sees oder war, von zahllosen in seiner Mitte liegenden Böten aus, Augenzeuge des Schauspiels. Das schönste
Sommerwetter begünstigte das Fest. Um das Denkmal her
gruppierten sich Hunderte von Offizieren, alte und junge,
solche, die »die große Zeit« noch miterlebt hatten, oder Anverwandte jener, derer die Medailloninschriften gedachten.
An die Feier der Enthüllung schloß sich dann, in den Sälen
des Schlosses, ein glänzendes Bankett, bei dem der Prinz
eine längere, wohlausgearbeitete Rede hielt. *Auch bei dieser
Gelegenheit in französischer Sprache.* Fast scheint es, als ob
er der deutschen Rede nicht mächtig gewesen sei, was als
wunderbares Resultat einer Erziehung gelten mag, die nur
das *Deutsche* gewollt und alles Französische verpönt hatte.
Die mehrfach, unter andern auch in dem Buche »Vie privée
du Prince Henri« zum Druck gekommene Rede scheint auf
den ersten Blick wenig mehr zu bieten als wohlstilisierte
ziemlich zopfige Phrasen, wie sie damals üblich waren, aber
bei mehr kritischer Betrachtung erkennt man bald die *politi-*

sche Seite dieses auf den ersten Blick bloß oratorischen Übungsstückes. Ich gebe hier nur eine Stelle:

»Allen Bewohnern der Städte wie des Landes, die in diesem Kriege die Waffen trugen, gebührt ein gleiches Recht an den Trophäen und Palmen des Sieges. Unter der Leitung ihrer Anführer weihten sie ihre Arme und ihr Blut ihrem Vaterlande. Sie haben es mit Mut und Kraft aufrechterhalten und verteidigt. Unsere Absicht ist, der preußischen Armee ein Zeugnis unserer Dankbarkeit darzulegen. Den Eingebungen unseres Herzens folgend, wollen wir Beweise der Hochachtung insonderheit denjenigen geben, welche wir persönlich kannten. Aber warum vermißt man *Friedrich* unter der Zahl dieser berühmten Namen? *Die von diesem Könige selbst aufgesetzte Geschichte seines Lebens, die Lobschriften auf ihn nach seinem Tode ließen mir nichts zu sagen übrig,* wogegen große, mehr in der Dunkelheit geleistete Dienste seitens dieser Lobschriften *nicht* der Vergessenheit entzogen wurden, vielleicht nicht entzogen werden *konnten.* Denn die Zeit löscht alle Eindrücke aus, und der folgenden Generation fehlen die Zeugen der Taten der vorhergehenden. Das Andenken der Begebenheiten schwindet, die Namen gehen verloren, und die Geschichte bleibt nur ein unvollkommener Entwurf, oft zusammengefügt durch *Trägheit* und *Schmeichelei.*«

Dies genüge. Man muß diese Rede mit demselben geschärften Auge lesen wie die Medailloninschriften des Monuments. Auch *diese* Feier, wie schon hervorgehoben, war eine Demonstration. Ihr Held war Prinz August Wilhelm, der Vater *des* Fürsten, der, eben zum Throne gelangt, seines alten Oheims, des Rheinsberger Prinzen, entraten zu können glaubte, jenes »Sonderlings«, der wohl verstanden hatte, Schlachten zu schlagen, aber kein Herz hatte für Wein und Frauen.

Große Festlichkeiten sind dieser Enthüllungsfeier nicht mehr gefolgt; die Schwere des Alters fing an zu drücken, und Einsamkeit und Stille wurden erstes, wenn auch nicht ausschließliches Gebot.

Bis hieher bin ich bemüht gewesen, das Rheinsberger Leben aus der Epoche von 1786 bis 1802 in seinen *allgemeinen* Zügen zu schildern. Ich gehe nun zu den einzelnen Persönlichkeiten über, die während dieser Zeit die Umgebung des Prinzen bildeten, und hoffe dabei Gelegenheit zu finden, ein bisher nur in seinen Umrissen gegebenes Bild durch allerlei Details vervollständigen zu können.

Ich beginne mit nochmaliger Aufzählung der Namen. Es waren: Baron Knyphausen, Baron Knesebeck, zwei Barone Wreich (auch Wreech geschrieben), Capitain von Tauentzien, Major von Kaphengst, Baurat Steinert, Kammerrat Lebeauld, Graf La Roche-Aymon und Graf Röder. Von letzterem bin ich außerstande gewesen, irgend etwas in Erfahrung zu bringen.

Baron Knyphausen. »Unter den dem Prinzen Heinrich am aufrichtigsten ergebenen Personen«, so schreibt Thiébault in seinen »Souvenirs«, »befanden sich auch zwei Barone Knyphausen, von denen der eine, Baron Dodo von K., längere Zeit preußischer Gesandter in Paris und London gewesen war. Er führte den Beinamen der ›große Knyphausen‹ oder ›der alte‹, zur Unterscheidung von einem jüngern Träger desselben illustren Namens, der ›le beau Knyphausen‹ hieß. Dieser letzte gehörte dem Rheinsberger Kreise nur auf kurze Zeit als Hofkavalier an. Er vermählte sich 1783 mit Luise Charlotte Henriette von Kraut, geschiedenen von Elliot, und geriet durch Vorgänge, die dieser seiner Vermählung unmittelbar voraufgingen, in eine ziemlich kühle Stellung zum Prinzen, infolgedessen er sein Amt niederlegte. Bald danach starb er, erst einige dreißig Jahre alt.« — Der auf der Rheinsberger Glocke genannte von Knyphausen ist offenbar der *ältere*, Baron Dodo, geboren am 5. August 1729, gestorben am 31. Mai 1789, Erbherr der Herrschaft Jennelt und Visquard in *Ostfriesland*. Er war eine Art Ehrenkammerherr und gehörte dem prinzlichen Kreise mehr als Volontair an wie als Träger einer wirklichen Hofcharge. Neben der Unabhängigkeit seiner Stellung gab ihm sein scharfer Verstand und seine politische Bildung ein besondres Ansehen, eine politische Bildung, die bedeutend genug war, um die Aufmerksamkeit Mirabeaus zu erregen, der der »Hoffnungen« erwähnt, »die das Land an den ostfriesischen

Freiherrn knüpfe«. Was ihn an den Hof des Prinzen Heinrich führte, war wohl zunächst nur die Gleichgeartetheit politischer Anschauungen. Der Prinz und er waren eins in ihrer
Mißstimmung über das, was in Berlin geschah, besonders
auch in ihrer Abneigung gegen den Minister Hertzberg, ein
Gefühl, das beim Prinzen lediglich politische, beim Baron
Knyphausen aber, der ein Stiefbruder des Grafen Hertzberg
war, auch noch Interessenmotive hatte. Andere geistige Be-
rührungspunkte zwischen dem Prinzen und dem Freiherrn
mochten fehlen. Knyphausen war ein passionierter Landwirt,
ein Beruf, dem, wie schon erwähnt, Prinz Heinrich nur einen
allerniedrigsten Rang einräumte. Diese verschiedenen Ansichten über den Wert der Landwirtschaft führten auch zu
einer kleinen Szene, die H. von Bülow in seinem mehrerwähnten Buche erzählt. »Knyphausen«, so schreibt er, »der
viel von seinen ostfriesischen Rindern sprach und sich vielleicht auch von Rheinsberg aus zu ihnen hinsehnen mochte,
erhielt, zur Strafe für diese beständigen Agrikultur-Gesprä-
che, eine Weste vom Prinzen geschenkt, die mit lauter Rindern bedruckt war. Knyphausen dankte verbindlichst und
trug von nun an die Weste *tagtäglich wie im Triumph,* bis
der Prinz eine ungnädige Bemerkung machte, weil er fühlte,
daß sich der Stachel gegen ihn selbst gekehrt hatte.« Baron
Dodos von K. politische Wirksamkeit als Gesandter Friedrichs in Paris und London lag *vor* seiner Rheinsberger Zeit.
Er vermählte sich in späteren Jahren mit einer Schwester
der Wreechs, weshalb er auch (an der Seite seiner Gemahlin) in der Gruft zu Tamsel beigesetzt worden ist.

Baron Knesebeck, geboren 1748, gestorben 1828, mit seinem vollen Namen Karl Franz Paridam Kraft von dem Kne-
sebeck-Mylendonck, war der letzte männliche Sproß aus der
Linie Tylsen bei Salzwedel. Seine Mutter war eine
Grumbkow, Tochter des bekannten Feldmarschalls unter
Friedrich Wilhelm I., seine Großmutter aber eine Freiin von
Mylendonck, durch welche, neben einem bedeutenden
Grundbesitz im Geldernschen (die Herrschaft Frohnenburg),
auch der Name Mylendonck in die Familie kam. Bis 1773
besaß unser Karl Franz Schloß Tylsen, das alte Stammgut
der Knesebecks; als er in letztgenanntem Jahre jedoch die
Herrschaft Frohnenburg von einem *älteren* Bruder ererbte,

trat er Schloß Tylsen an einen *jüngeren* ab. So ging es bis 1793, wo der Niederrhein unter französische Herrschaft kam. Durch die Einführung neuer Gesetze verlor Knesebeck alles, und zwar derart, daß ihm von Frohnenburg nichts übrigblieb als ein altes Schloß mit Garten und die auf dem ehemaligen Eigentume haftenden *Schulden*. So mehr als arm und besitzlos geworden, kehrte er zu seinem Bruder nach Tylsen zurück. Eine eben damals zur Hebung kommende Präbende des Domstifts Magdeburg gewährte ihm eine auskömmliche Existenz. Er hieß gewöhnlich der »Domherr«. Um diese Zeit war es wohl, daß auch seine Beziehungen zum Rheinsberger Hofe wieder aufgenommen wurden. Ganz unterbrochen waren sie nie. Nach der Schlacht bei Jena, als Magdeburg westfälisch wurde, verlor er auch seine Präbende. 1810 starb sein jüngerer Bruder, der Besitzer von Tylsen, kinderlos, und das alte Stammgut der Familie, das er in jungen Jahren bereits besessen hatte, kam nun zum zweitenmal in seine Hand. Er vermachte dasselbe, mit Übergehung der hannöversch-wittingenschen Linie, dem Sohne seiner Schwester, die einen Karweschen Knesebeck, also einen Vetter, geheiratet hatte. Dieser Sohn war der spätere Feldmarschall von dem Knesebeck, von dem ich in dem Kapitel »Karwe« ausführlich gesprochen habe. Mit Karl Franz ist der Name Mylendonck erloschen. Er blieb Kammerherr am Rheinsberger Hofe bis zum Ableben des Prinzen und wird im Testamente desselben mit folgenden Worten erwähnt: »Dem Baron von Mylendonck-Knesebeck, der mir als Page und später als Offizier in meinem Regimente gedient, auch später noch, nachdem er den Abschied genommen, mit unwandelbarer Treue zu meiner Person gestanden hat, vermache ich eine Dose von Lapislazuli. Sie trägt einen Karneol in der Mitte und ist oben und unten mit Diamanten besetzt.« Einzelheiten aus seinem Rheinsberger Leben hab ich nicht erfahren können.

Die beiden Wreichs. Baron Friedrich von Wreich, der ältere Bruder, war Hofmarschall am Rheinsberger Hofe, Baron Ludwig war Kammerherr. Beide waren Söhne jener schönen Frau von Wreich (»un teint de lis et de rose«), die den Kronprinzen Friedrich, während seines Küstriner Aufenthalts, mit einer leidenschaftlichen Zuneigung erfüllt hatte. Baron Fried-

rich, wegen seiner Länge »der große Wreech« geheißen,
starb 1785, und Tamsel ging an Baron Ludwig, den jüngeren
Bruder, über. Dieser, seit 1786 in den Grafenstand erhoben,
war einer der treusten Anhänger des Prinzen und lebte mehr
in Rheinsberg und Berlin als auf seinem ererbten Gute. Der
Sommer 1787 jedoch sah ihn monatelang im Tamsel, um
Schloß und Park für den zugesagten Besuch des Prinzen
Heinrich festlich herzurichten. Graf Ludwig hatte lange genug in der Nähe des Prinzen gelebt, um dem Meister auf
dem Gebiete der Festlichkeiten wenigstens einiges von seiner Inszenierungskunst abgelauscht zu haben, und als der
Prinz im Juli genannten Jahres wirklich in Tamsel erschien,
begrüßten ihn Arrangements, wie er sie selber nicht schmeichelhafter und stilvoller hätte herstellen können. Statuen
und Inschriften überall, Erinnerungen an siegreiche Schlachten und Mahnungen an Personen, die seinem Herzen teuer
gewesen. Halb verdeckt unterm Rasengrün, schimmerte ein
weißer Sandstein zum Andenken an die schöne Lisette Tauentzien (erste Gemahlin Tauentziens von Wittenberg, eine
geborene von Marschall), und die eingegrabenen Worte:
»Rose, elle a vécu ce que vivent les roses — l'espace du ma-
tin«, weckten im Herzen des Prinzen ein wehmütiges Gefühl
an die früh aus dem Rheinsberger Kreise Geschiedene. Nahe
dabei waren die Büsten des Großen Kurfürsten und des
Prinzen selbst nebeneinander gestellt, und französische
Verse zogen Parallelen zwischen *jenem*, »der ein Vater flüchtiger Franzosen ward«, und *diesem*, »der die Herzen aller
Franzosen unter das Gesetz seiner geistigen Macht und
Schönheit zu zwingen wußte«.

Die Hauptüberraschung aber brachte der Abend.

Im Rücken von Tamsel, unmittelbar hinter dem Park, liegt
eine Wald- und Hügelpartie, durch die sich ein *Hohlweg*, die
Straße nach dem benachbarten Zorndorf, hinzieht. Sei es
nun, daß dieser Hohlweg dem Terrain, um dessen Reprodu-
zierung es sich handelte, wirklich ähnlich sah, oder sei es,
daß man einfach nahm, was man hatte, gleichviel, der Hohlweg war auf Anordnung des Grafen Ludwig überbrückt worden, um an dieser Stelle die Erstürmung des Passes von Gabel, eine der glänzendsten Waffentaten des Prinzen, noch
einmal bildlich zur Darstellung zu bringen. Unten standen

die Tamseler und Küstriner, Kopf an Kopf, um Zeuge des
prächtigen Schauspiels zu sein, und Feuerwerk und Leuchtkugeln erhellten die Nacht, während Graf Ludwig, von
einem der zur Seite liegenden Hügel aus, den Prinzen bis an
den Brückeneingang führte. Unter dem Jubel des Volks
überschritt dieser den »Paß«, an dessen Ausgang ihm drei
Johanniterritter: Graf Dönhoff, von Schack und von Tauentzien, in rotem Kriegskleid und schwarzen Ordensmänteln
entgegentraten und auf die transparenten Worte hinwiesen:

> Henry parait! il fait se rendre!
> Vous frémissez fiers Autrichiens!
> Si vous pouviez le voir, si vous pouviez l'entendre,
> Vous béniriez le sort qui vous met dans ses mains.

Also etwa:

> Heinrich erscheint, und vor seinem Begegnen
> Zittert Östreich und unterliegt; —
> Kenntet ihr ihn, ihr würdet es segnen,
> Stolze Feinde, daß *er* euch besiegt.

Die Erinnerung an jenen glänzenden Abend lebt noch bis
heute fort. 1795 starb Graf Ludwig Wreech, der letzte seines
Geschlechts, und Tamsel ging durch Erbschaft an die Grafen von Dönhoff über. Ein halbes Jahrhundert lang hatten
die Wreechs dem Rheinsberger Hofe treulich gedient und
aus nicht völlig aufgeklärten Gründen ihre Lebensaufgabe
darin gesetzt, den Prinzen Heinrich auf Kosten seines Bruders, des Königs — den sie geradezu haßten —, zu verherrli-
chen.

Bogislaw von Tauentzien, der spätere Graf Tauentzien
von Wittenberg, Sohn des berühmten Verteidigers von Breslau, gehörte fünfzehn Jahre lang dem Rheinsberger Hofe an.
Er war ein ganz besonderer Liebling des Prinzen, der schon
1776 den damals erst sechzehnjährigen Fähnrich von Tauentzien zu seinem Adjutanten ernannte. Bis ganz vor kurzem noch befand sich ein trefflicher alter Stich im Rheinsberger Schloß, der die Szene darstellt, wie der Fähnrich von
Tauentzien seine erste Meldung vor dem Prinzen macht.
1778, bei Ausbruch des Bayerischen Erbfolgekrieges, folgte

Tauentzien dem Prinzen nach Sachsen und Böhmen und
kehrte mit ihm in das Rheinsberger Stilleben zurück, das nur
noch durch die zweimalige Reise des Prinzen nach Paris,
1784 und 1788, auf längere Zeit unterbrochen wurde. Auf
beiden Reisen begleitete Tauentzien den Prinzen, 1784 als
Lieutenant, 1788 als Capitain, und gedachte noch in späteren Jahren ebendieses Aufenthalts in der französischen
Hauptstadt mit besonderer Dankbarkeit und Vorliebe. Bis
1791, nachdem er kurz vorher zum Major befördert worden
war, blieb er in Rheinsberg, dann aber trat er in die Suite des
Königs und ward in den Grafenstand erhoben. Seine Stellung zum Prinzen wurde dadurch sehr schwieriger Natur,
und nur Vermutungen lassen sich darüber äußern, in welcher Art er dieser Schwierigkeiten Herr wurde. Daß Mißver-
hältnis zwischen dem König und seinem Onkel (Prinz Heinrich) war offenkundig, und Tauentzien stand zwischen zwei
Gegnern, die beide Anspruch auf seine Treue und Dankbarkeit hatten. Wir müssen indes annehmen, daß er seiner Aufgabe gewachsen war, der Prinz würde sonst schwerlich eine
ganze Reihe von Erinnerungen an Tauentzien um sich ge-
duldet und wertgehalten haben, darunter ein treffliches Öl-
portrait, das bis diesen Tag den Zimmern des Schlosses verblieben ist.

MAJOR VON KAPHENGST

Die Rheinsberger Kirchenglocke trägt auch den Namen
»Major von Kaphengst« als Inschrift. Von ihm und dem
Schauplatz seines späteren Lebens werden wir ausführlicher
zu sprechen haben.

Christian Ludwig von Kaphengst ward ohngefähr im
Jahre 1740 auf seinem väterlichen Gute Gühlitz in der Prignitz geboren. Wann er an den Rheinsberger Hof kam, ist
nicht genau festzustellen gewesen; sehr wahrscheinlich
lernte der Prinz ihn während des Siebenjährigen Krieges
kennen (vielleicht als Offizier im Regimente Prinz Heinrich),
fand Gefallen an seiner Jugend und Schönheit und nahm ihn
nach erfolgtem Friedensschlusse mit nach Rheinsberg. Als
Adjutant des Prinzen, eine Stellung, zu der ihn seine geistigen Gaben keineswegs befähigten, stieg er zum Capitain und

bald danach zum Major auf und beherrschte nun den Hof und den Prinzen selbst, dessen Gunstbezeugungen ihn übermütig machten. Der König, der in seiner Sanssouci-Einsamkeit von allem unterrichtet war, mißbilligte, was in Rheinsberg vorging, und wollte dem »Verhältnis« à tout prix ein Ende machen. 1774 überbrachte deshalb ein Page des Königs (von Wülknitz) dem Prinzen Heinrich ein königliches Geschenk von 10 000 Stück Friedrichsdor, freilich zugleich mit der Ordre, »daß er den Major von Kaphengst entlassen möge«, eine Ordre, deren *Wortlaut* sich hier der Möglichkeit der Mitteilung entzieht. Der Prinz, aller Zuneigung zu seinem Günstling unerachtet, unter dessen Ungebildetheit und Eitelkeit er gelitten haben mochte, gehorchte dem Befehle sofort und tat es um so lieber, als die Entfernung Kaphengsts dem bestehenden Verhältnis nur die Last und Peinlichkeit eines *unausgesetzten* Verkehrs nahm, ohne das Verhältnis selbst absolut zu lösen. In der Tat, seitens des Prinzen wurde den 10 000 Stück Friedrichsdors seines Bruders aus eignen Mitteln noch ungefähr dieselbe Summe hinzugefügt und nunmehr unter Anzahlung von zirka 100 000 Talern ein drei Meilen von Rheinsberg gelegener Graf Wartenslebenscher *Güterkomplex*, der die Rittergüter Meseberg, Baumgarten, Schönermark und Rauschendorf umfaßte, gekauft und deren Kaufkontrakt einige Zeit darauf dem Major von Kaphengst als Geschenk überreicht.

Kaphengst übersiedelte nunmehr nach dem am Huwenow-See gelegenen Schloß Meseberg; aber diese Übersiedelung, wie schon angedeutet, war so wenig gleichbedeutend mit Entfremdung, daß vielmehr umgekehrt das gute Einvernehmen zwischen Prinz und Günstling aus diesen zeitweiligen Trennungen nur neue Nahrung zog. Überhaupt, aller klar zutage liegenden Schwächen und Schattenseiten Kaphengsts zum Trotz, muß dem Wesen desselben ein Etwas eigen gewesen sein, das den alternden Prinzen in erklärlicher und dadurch annähernd gerechtfertigter Weise höchst sympathisch berührte. Vielleicht war es nichts weiter als Zynismus, der so leicht einen Reiz auf *die*jenigen ausübt, deren Beruf und Neigung im allgemeinen auf das geistig Verfeinerte geht. Es ist der Zauber des Kontrastes, ein Sichschadloshalten für anderweit empfundenen Zwang.

Nur so vermögen wir uns die Fortdauer des Verhältnisses zwischen Prinz und Günstling zu erklären. Denn wenn von K.s Habsucht, Wüstheit und Eitelkeit schon in Rheinsberg ihre Proben abgelegt hatten, so verschwanden diese neben *dem*, was er jetzt in Schloß Meseberg in Szene setzte. Debauchen aller Art lösten sich untereinander ab, und die wahnsinnigste Verschwendungssucht griff Platz.

Schloß Meseberg war ein kostbarer Besitz, aber in den Augen des verblendeten Günstlings lange nicht kostbar genug.

Graf Wartensleben, der durch seine Frau (eine Erbtochter der dort früher angesessenen Gröbens) in Besitz Mesebergs und der andern obengenannten Güter gekommen war, hatte 1739 an der Südspitze des Huwenow-Sees ein Schloß aufgeführt. Wie ein Zauberschloß liegt es auch heute noch da. Der Reisende, der hier über das benachbarte Plateau hinfährt, dessen öde Fläche nur dann und wann ein Kirchturm oder ein Birkengehölz unterbricht, ahnt nichts von der verschwiegenen Talschlucht an seiner Seite, von der steil abfallenden Tiefe mit Wald und Schloß und See. Dieser letztere, der Huwenow-See geheißen, ist eines jener vielen Wasserbecken, die sich zwischen dem Ruppinschen und dem Mecklenburgischen hinziehen und diesem Landstriche seine Schönheit und seinen Charakter geben. Unbedingte Stille herrscht, die Bäume stehen windgeschützt und rauschen leiser als anderswo, das Geläute der oben weidenden Herde dringt nirgends bis in die Tiefe hinab, und nichts vernehmen wir als den Schnitt der Sense, die neben uns das Gras mäht, oder den Ruck, womit der Angler die Schnur aus dem Wasser zieht. An so romantischer Stelle war es, daß Graf Wartensleben sein Schloß aufführen ließ. Er tat es, wie die Sage geht, um in der Wilhelmsstraße zu Berlin *nicht* ein Gleiches tun zu müssen, denn ein königlicher Befehl war eben damals erschienen, der jedem Edelmanne von Rang und Vermögen vorschrieb, in der Wilhelmsstraße ein Palais zu bauen, falls er nicht nachweisen könne, auf seinen eigenen ländlichen Besitzungen mit Aufführung eines gleich stattlichen Baues beschäftigt zu sein. So entstand denn das »Schloß am Huwenow-See«, und die Pracht, mit der es emporwuchs, übertraf noch die des gleichzeitig im Umbau begriffenen Rheinsberger Schlosses. Die die Façade bildenden Sandsteinsäulen wurden aus den sächsischen Steinbrüchen, die Marmorkamine von Schlesien her herbeigeschafft; breite, mächtige Steintreppen stiegen bis in das obere Stockwerk, eichene Paneele umliefen die Zimmer, während andere bis an den Plafond hinauf boisiert waren. Kostbare Blumenstücke, wahrscheinlich von der Hand Dubuissons und bis diesen Augenblick in voller Schönheit erhalten, füllten den Raum über den Türen, und eine lateinische, in einem der Kellergewölbe angebrachte Inschrift erzählte von Müntherus, dem Baumeister, »auf dessen Anordnung hier Eichen und Buchen in zahlloser Menge gefällt und die terrassenförmig zum See hinabsteigenden Parkanlagen ins Leben gerufen worden sein«. Der Bau überstieg den Reichtum des reichen Grafen, und er verbaute sich; Park und Schloß *hatten ihm eine Tonne Goldes gekostet.**

So war Schloß Meseberg, das der Günstling im Jahre 1774 bezog. Aber weit entfernt, wie schon angedeutet, an

---

* Die alte, äußerlich sehr unscheinbare Kirche zu Meseberg ist in ihrer Art nicht minder interessant als das Schloß. Grabsteine der Gröbens liegen im Kirchenschiff, und Denkmäler der verschiedensten Art, aber alle der eben genannten Familie zugehörig, zieren die Wände hinter und neben dem Altar. Rechts hängt ein großes, auch um seines künstlerischen Gehaltes willen sehr bemerkenswertes Familienbild aus dem Jahre 1588, von dem ich vermuten möchte, daß es von einem Schüler des Lucas Cranach herrühre, wenigstens erinnert vieles an diesen Meister. Das Bild ist sehr groß, etwa zwölf bis vierzehn Fuß lang und zehn Fuß hoch, und stellt Ludwig von der Gröben und seine Gemahlin (eine geborne Anna von Oppen) samt ihren siebzehn Kindern dar, dreizehn Knaben links und vier Mädchen rechts. Einige Köpfe sind höchst ansprechend. Eltern und Kinder knien in einer Art Kirchenhalle, und über ihnen, wie Schildereien, die in dieser Halle aufgehängt wurden, befinden sich die Darstellungen des Sündenfalls und der Auferstehung.** Ein Anbau der Kirche zu Meseberg enthält das Grabgewölbe des obengenannten Grafen Hermann von Wartensleben. Er, seine Frau und zwei Kinder sind darin beigesetzt. Graf von W. war Oberst über ein Regiment zu Pferde und starb 1764 oder 1765. Seine Erben besaßen das Gut bis 1774.

** Ein ebensolches Bild, nur in Kleinigkeiten abweichend, befindet sich in der Kirche zu Kossenblatt. Ich hielt dies *Kossenblatter* Bild anfänglich für eine Kopie des Meseberger, schließe mich aber nachträglich der Ansicht des mit allen einschlägigen Verhältnissen sehr vertrauten Generals von Barfus an, der mir darüber schrieb: »Ich muß meinerseits das Bild in der Kirche zu Kossenblatt nach wie vor für das Original halten. Es stellt vor: George von Oppen, kurbrandenburgischen Oberkämmerer, und seine Gemahlin, eine geborene von Maltitz, dazu die Kinder beider. Unter den Töchtern befand sich Katharine von Oppen, später die Gattin Dietlofs von Barfus auf Möglin und Reichenow, des berühmten Reiterobersten und Großvaters des Feldmarschalls Johann Albrecht von Barfus. Eine andere Tochter vermählte sich mit Herrn von der Gröben auf Meseberg, welcher letztre das *Kossenblatter Familienbild, aus Pietät gegen seinen Schwiegervater,* kopieren ließ.«

dieser Pracht ein Genüge zu finden, begann jetzt ein Leben, das sich vorgesetzt zu haben schien, hinter dem Reichsgrafen nicht zurückzubleiben und sich's abermals eine Tonne Goldes kosten zu lassen. Neubauten aller Art entstanden, aber nicht Bauten, die darauf ausgewesen wären, das Vorhandene durch Treibhäuser und Orangerien auszuschmükken, sondern Bauten, wie sie dem minder verfeinerten Geschmack und Bedürfnis des Günstlings entsprachen. Ein vollständiger Marstall ward eingerichtet, *zwanzig Luxuspferde* wurden gehalten, und auf den Atlaskissen der Sofas streckten sich die Windspiele, während eine Meute von Jagdhunden um die Mittagszeit ihr Geheul über den Hof schickte. Spiel, Streit und Aventüren füllten die Zeit, und mit untergelegten Pferden ging es in fünf Stunden nach Berlin, wohin ihn Theater und große Oper zogen, weniger die Oper als der Tanz, und weniger der Tanz als Demoiselle Meroni, die Tänzerin.

Der Prinz hatte Kunde von dem allem, und wenn er nicht hundertfältig Ursache gehabt hätte, den Kopf zu schütteln, so hätt ihm doch das *eine* Grund vollauf gegeben: »daß an seinen Säckel und seine Großmut in nicht enden wollenden Geldverlegenheiten endlos appelliert wurde«. Schließlich mocht er hoffen, durch eine Verheiratung des ehemaligen Lieblings die Dinge zum Bessern hin ändern zu können, und da von K. auf diesen Plan willfährig und ohne weiteres einging (schon um durch Nachgiebigkeit einen Anspruch auf neue Forderungen zu gewinnen), kam im Jahre 1789 zu besonderer Freude des Prinzen eine Vermählung zwischen dem Major von Kaphengst und Demoiselle Toussaint zustande. Maria Louise Therese Toussaint war die Tochter des mehrgenannten Lecteurs und Bibliothekars und hatte bei den Aufführungen auf der Rheinsberger Bühne, wie auch sonst wohl, sich die Gunst des Prinzen in hohem Grade zu erringen gewußt. Etwa um 1780 mit einem Herrn von Bilguer in erster Ehe vermählt, war durch den Tod des Herrn von B. ihre Hand wieder frei geworden, und als Frau von Kaphengst hielt sie nunmehr ihren Einzug in das schöne Schloß am Huwenow-See.

Die seitens des Prinzen gehegten Erwartungen besserer Wirtschaft erwiesen sich bald als eitel und irrig, und nur *die*

Hoffnungen erfüllten sich, die Kaphengst *seinerseits* an diese seine Vermählung mit der ehemaligen Favoritschauspielerin geknüpft hatte. Denn *eine neue Handhabe war gewonnen, sich der Gunst des Prinzen zu versichern.* Der jagd- und spielliebende, der streit- und händelsüchtige, mit einem Worte, der *alte* Kaphengst war schließlich in Rheinsberg unbequem geworden, der *neue* Kaphengst aber, der jetzt, wo die gefeierte Toussaint an der Spitze seines Haushalts stand, klug genug war, die Musen nach Schloß Meseberg hin zu Gast zu laden, erschien dem Prinzen in einem durchaus veränderten Lichte. Zunächst wenigstens. Die Zimmer und Säle rechts neben der großen Halle wurden als Bühne hergerichtet, Kaphengst selbst, mutmaßlich voll Hohn über die Rolle, die ihm zufiel, fungierte als directeur du théâtre, und unter dem Vollklang französischer Alexandriner vergaß der Prinz gern, wie hohen Eintrittspreis er für all diese Aufführungen zu zahlen hatte, für ein Spiel, das ein Spiel war in *jedem* Sinne. Noch jetzt markiert sich der ehemalige Bühnenraum, und die kleinen Garderobenzimmer, in denen damals die Schminktöpfchen und die frivolen Bemerkungen zu Haus waren, lassen sich bis diese Stunde noch, wenn auch freilich in ebenso viele *Wandschränke* verwandelt, in dem zuhinterst gelegenen Parterrezimmer deutlich erkennen.

Auch für Abwechslung wußte der kluge Kaphengst zu sorgen, klug, seitdem die Französin die Honneurs des Hauses machte. Der Prinz, nach längerer Abwesenheit im Berliner Palais (länger als seit Jahren), kehrte mit dem Mai nach Rheinsberg zurück und traf, andern Tages schon, als Gast in Schloß Meseberg ein. Er mochte daselbst eine neuinszenierte tragédie, die Einlage eines neuen Tanzes oder Musikstücks erwartet haben, aber eine sehr andre Huldigung war diesmal für ihn vorbereitet. Am Plafond der großen Speisehalle, die zum Empfange des hohen Gastes mit Blumen und Orangerie dekoriert war, hatte die raschfertige, aber immerhin geniale Hand Bernhard Rodes ein großes Deckengemälde ausgeführt, das, im Geschmack jener Zeit, die Apotheose des Prinzen Heinrich darstellte. Zur Rechten ein Ruhmestempel, dem Genien das Bild des Prinzen entgegentragen; daneben der bekannte Götterapparat: Minerva, zu deren Füßen das Schwert ruht, und an einem der Opferaltäre die Inschrift: »Vota grati animi«, »Nimm dies als die Darbringung eines dankbaren Herzens«. Der Prinz, dessen Eitelkeit leicht zu fangen war, sobald die Schmeichelei nicht platt-prosaisch, sondern wohlstilisiert und im Gewande der Kunst an ihn herantrat, war überrascht und gerührt und erwies sich wieder, auf Monate hin, als der Hilfebereite, von dessen Gunst und Gnade Gewinn zu ziehn immer nur Zweck all dieser Huldigungen gewesen war. (Es entging an jenem Tage dem Auge des Prinzen, wie's auch *dem* Kaphengsts entgangen war, daß Rode, sei es aus Zufall oder aus Malice, die Inschrift: »Vota grati animi« nicht geschrieben, sondern die letzte Silbe fortgelassen hatte. Kaphengst, später darauf aufmerksam gemacht, ließ auch noch das i übermalen, so daß die Inschrift jetzt lautet: »Vota grati an«. In der Umgegend lachte man herzlich und nannt ihn Gratian.)

Die Gunst des Prinzen, oft erschüttert und immer wieder befestigt, dauerte bis 1798. Um diese Zeit aber scheint er sie dem Günstling ein für allemal entzogen zu haben. Wenigstens müssen wir es aus dem Umstande schließen, daß sich Kaphengst in genanntem Jahre schuldenhalber genötigt sah, zwei seiner Güter: Schönermark und Rauschendorf, zu verkaufen. Das Volk erzählte sich und erzählt auch heute noch, »er habe beide in einer Nacht verspielt«. Die beiden andern Güter, Meseberg und Baumgarten, blieben ihm, wiewohl tief verschuldet, bis zu seinem Tode, der im Januar oder Februar 1800 auf Schloß Meseberg erfolgte.

Seine Frau starb erst im zweiten Viertel dieses Jahrhunderts.

In der Kirche zu Meseberg, wo die Grabsteine der Gröbens vor dem Altar liegen und von der Wand herab, in Frommen und in Treue, die Bildnisse Ludwigs von der Gröben und seiner siebzehn Kinder blicken, ist kein *Stein*, der an den Wilden Jäger erinnerte, der hier sechsundzwanzig Jahre lang das Land durchtobt. Seine Witwe mochte fühlen, daß das Marmorbild eines Mannes, dem alles Heilige nur Spott gewesen war, nicht in die Kirche gehöre. Seitab in einer Ecke, von einem Fetzen schwarzen Flors umwickelt (der verblaßt und staubig wie ein Stück Spinnweb aussieht), hängt der Galanteriedegen des Galans und Günstlings und daneben ein rostiges Sporenpaar.

Die Kinder im Dorf aber, wenn an Novemberabenden der Wind das abgefallene Laub über die Gasse fegt, fahren zusammen und murmeln ängstlich: »Kaphengst kommt.«

GRAF UND GRÄFIN LA ROCHE-AYMON

Es ward immer stiller in Rheinsberg. Von 1796 ab scheint der Kreis nur noch aus vier Personen bestanden zu haben: aus dem Hofmarschall oder Kammerherrn Grafen Röder, aus dem Adjutanten Graf La Roche-Aymon, aus dem Kammerrat Lebeauld und aus dem Baurat Steinert. Die beiden Wreechs waren tot, Knesebeck lebte noch, tat aber keinen Dienst mehr. Kaphengst jagte, spielte, schwur und grollte, daß der Gunst des Prinzen der goldene Boden ausgeschlagen war.

Kein Wunder, daß der alternde Prinz (er war siebzig geworden) von Alleinsein und Stille gelegentlich mehr besaß, als ihm lieb war, und unter dem Druck einer gewissen Vereinsamung eifrig dahin strebte, die wenigen ihm treu Verbliebenen für den Rest seiner Tage festzuhalten. Er wollte nicht unter Fremden sterben.

Baurat Steinert war ein Gegenstand seines besondern Vertrauens. Noch wenige Tage vor seinem (des Prinzen) Tode, als sie die Pyramide besuchten, in der er beigesetzt zu werden wünschte, sagte er lächelnd zu dem vielbewährten Diener: »Stellt mich so, Steinert, daß ich nach dem Schloß hinüberblicke, und sagt's auch den Leuten, *daß* ich so stehe. Das wird manchen in heilsamer Furcht halten.«

Lebeauld — Le Beauldt de Nans, wie er in andern Büchern genannt und geschrieben wird — war eigentlich Secretair des Prinzen, erfreute sich aber des Titels eines Kammerrats oder conseiller des chambres. Zur Belohnung für langjährige Dienstleistungen, aber zugleich auch in dem Bestreben, ihn auf *die* Weise zu fesseln, empfing er seitens des Prinzen zwei der zum Amte Rheinsberg gehörigen Erbzinsgüter: Schlaborn und Warenthin, die noch geraume Zeit hindurch in Händen der Lebeauldschen Familie verblieben. Erst seit 1850 sind sie zurückgekauft und wieder königlicher Besitz.

Steinert und Lebeauld waren bewährte Diener des Prinzen, aber doch nichts weiter; der *Freund* seiner letzten Jahre war der Graf La Roche-Aymon.

Bei der Geschichte dieses Mannes, »die den Roman auf seinem eignen Felde schlägt«, werden wir zum Schluß noch einige Zeit zu verweilen haben.

Antoine-Charles-Étienne-Paul Graf La Roche-Aymon war 1775 geboren. 1792, siebzehn Jahr alt, verließ er mit andern Émigrés sein Vaterland und trat als Volontair in das Condésche Corps, nach einer andern Version, die sich auf Mitteilung von Personen stützt, die den Grafen noch persönlich gekannt haben, in die *neapolitanische Armee.* Gleichviel, 1794 erschien ein junger, sechs Fuß hoher Offizier von dunkelstem Kolorit und dürftigster Kleidung in Rheinsberg und gab bei »Demoiselle Aurore«, jener schon genannten Schauspielerin des prinzlichen Hoftheaters, einen Empfehlungsbrief ab. Der Brief enthielt die Bitte, den Überbringer, den jungen Grafen La Roche-Aymon, bei günstiger Gelegenheit in die Nähe des Prinzen zu bringen. Demoiselle Aurore war echte Französin, lebhaft und gutherzig, dabei Royalistin und zu Abenteuern geneigt; sie bestritt also eine passende Equipierung aus eignen Mitteln, und vor Ablauf einer Woche war der Graf in des Prinzen Dienst. Er bezog Wohnung im Kavalierhaus und übernahm den Befehl über die vierzig Leibhusaren, die, wie mehr erwähnt, als eine spezielle Prinz Heinrichsche Truppe zu Rheinsberg in Garnison lagen. Kurze Zeit darauf wurde er Adjutant des Prinzen. Schön, gewandt, liebenswürdig, ein Kavalier im besten Sinne des Worts, trat er alsbald in eine Vertrauensstellung, ja darüber hinaus in ein Herzensverhältnis zum Prinzen, wie's dieser, seit Tauentzien, nicht mehr gekannt hatte. Der Graf erschien ihm als ein Geschenk des Himmels; der Abend seines Lebens war gekommen, aber siehe da, die Sonne, bevor sie schied, lieh ihm noch einmal einen Strahl ihres beglückenden Lichts. Graf La Roche-Aymon war der *letzte* Adjutant des Prinzen.[*]

Nach dem Basler Frieden, der eine halbe Versöhnung

---

[*] Die Adjutanten des Prinzen Heinrich, soweit ich es in Erfahrung bringen konnte, waren seit Beginn des Siebenjährigen Krieges die folgenden: Graf Henkel (1757 und 1758); Graf Kalckreuth in der zweiten Hälfte des Krieges; *nach* dem Kriege: Kaphengst, Tauentzien, La Roche-Aymon.

zwischen dem Prinzen Heinrich und seinem Neffen, dem
Könige, herbeigeführt hatte, kam der Prinz auch wieder
nach Berlin, aber freilich ohne rechte Lust und Freudigkeit
und immer nur auf kürzere Zeit. Auf einer der bei dieser
Gelegenheit statthabenden Festlichkeiten war es, daß der
Graf La Roche-Aymon, der nunmehrige Adjutant des Prinzen, ein Fräulein von Zeuner sah und von ihrer blenden-
den Schönheit sofort hingerissen ward. Er seinerseits war
völlig dazu angetan, nicht bloß bezaubert zu werden, sondern auch selbst wieder zu bezaubern, und als der Prinz
bei beginnendem Frühling nach Rheinsberg zurückkehrte,
folgten ihm Graf und Gräfin La Roche-Aymon als eben ver-
mähltes Paar.

Karoline Amalie von Zeuner war die Tochter eines seit
1786 als Hofmarschall und Kammerherr im Dienste der Königinmutter stehenden Herrn von Zeuner, aus seiner Ehe
mit einer Gräfin von Neale. Fräulein von Zeuner selbst, als
der Graf La Roche-Aymon sie kennenlernte, war Hofdame
bei der Prinzessin Wilhelmine. Sie war von mittlerer Figur,
vom weißesten Teint und besaß, als besondere Schönheit,
eine solche Fülle blonden Haares, daß es, wenn aufgelöst,
bis zu den Knien herabfiel und sie wie ein goldener Mantel
umhüllte. Niemand kannte diese Schönheit besser als sie
selbst, und noch in späteren Jahren wußte sie's derart einzu-
richten, daß etwa eintreffender Besuch sie womöglich im Né-
gligé überraschen und das Haar bewundern mußte.

Wenn die Gegenwart des Grafen schon vorher ein Licht-
blick an dem vereinsamten Hofe des Prinzen gewesen war,
so war es *jetzt*, wo »Prinzessin Goldhaar« mit ihm zurückkehrte, wie wenn die Tage früherer Rheinsberger Herrlichkeit noch einmal anbrechen sollten. Anstelle halb pedanti-
scher und halb équivoquer Junggesellenwirtschaft erschienen wieder die heiteren Grazien, die dauernd immer nur *da*
zu Hause sind, wo schöne Frauen ihren wohltätigen und
gern gelittenen Zwang üben. Seit den Tagen Lisette Tauentziens hatte der Rheinsberger Hof diesen Zwang nicht mehr
gekannt.

Der Freundschaftstempel mit seinen Inschriften, die die
Liebe für eine Torheit erklärten, erschien nun selber als eine
große Torheit, und man speiste wieder gern auf der Remus-

Insel im See, heitern Angedenkens aus jenen Tagen her, wo
Kronprinz Friedrich noch der »Constant« des Bayard-Or-
dens und nicht der Philosoph von Sanssouci gewesen war.
Die Gräfin machte die Honneurs des Hauses, war Gast und
Wirtin zugleich, und der Prinz, enchantiert, hing nicht nur
an jeder Bewegung der schönen Frau, sondern freute sich
ihrer Gegenwart überhaupt, alles an ihr bewundernd, ihre
Augen, ihren Witz und selbst — ihre Kochkunst.

Ein Abenteuer trat endlich störend dazwischen und warf
einen Schatten auf dies heitere Stilleben, das dem Prinzen
teurer geworden war, als er sich selbst gestehen mochte.
Prinz Louis Ferdinand erschien eben damals von Zeit zu
Zeit in Schloß Rheinsberg, um seinem Oheim, den er beer-
ben sollte, seinen Respekt zu bezeugen. Im Sommer 1800
kam er häufiger als zuvor, kam und ging, ohne daß Wünsche, wie sonst wohl, laut geworden wären. Ein Geplauder
im Park, ein Gastmahl auf der Remus-Insel schien *alles*, worauf sein Sinn jetzt gerichtet war. Die Gräfin saß neben ihm
bei Tisch und trug einen Kranz von Teichrosen im Haar,
den ihr der jugendliche Prinz auf der Fahrt zur Insel hin ge-
flochten hatte. Sie glich darin einer Wassernixe. So kam der
Abend, und lautlos glitten die Kähne zurück; nur dann und
wann unterbrach ein Flüstern und Lachen die tiefe Stille.
Prinz und Gräfin fuhren im selben Kahn. Was heimlich versprochen wurde, wir wissen es nicht und versuchen nur das
Bild zu malen, das die nächste Stunde brachte. Vor dem
Fenster der Gräfin lag ein Wiesenstreifen im Vollmond-
schein, und aus dem Schatten heraus trat der Graf, die Hand
am Degen. Ihm gegenüber, auf dem erhellten Rasen, stand
der Prinz; typische Gestalten aus Nord und Süd. Am offnen
Fenster aber erschien die Gräfin, bittend und beschwörend,
und die Degen der beiden Gegner fuhren zurück in die
Scheide. Man trennte sich mit einem kurzen »jusqu'à demain«.

Der alte Prinz legte sich ins Mittel, und der Zweikampf
unterblieb. Ebenso schwieg man über den Vorfall. Aber man
mühte sich umsonst, ihn zu *vergessen*. Die Gräfin war das
Licht gewesen, dessen klarer Helle sich jeder gefreut hatte;
nun hatte das Licht, wie jedes andere, seinen Dieb gehabt,
und eine leise Mißstimmung griff Platz. Der Rheinsberger

Hof war niemals ein Tugendhof gewesen, war es auch *jetzt* nicht, und doch sah sich jeder ungern des *einen* Ideals beraubt, an das er geglaubt hatte. Die Gräfin blieb Mittelpunkt des Kreises bis zuletzt, aber doch mehr äußerlich, und die Blicke, die sich auf sie richteten, sahen sie mit verändertem Ausdruck an. Die letzten poetischen Momente des Prinz-Heinrich-Hofes waren hin.

Nur in den Beziehungen zwischen dem Prinzen und seinem Adjutanten änderte sich nichts. Die kritisch-militärischen Arbeiten des Grafen weckten mehr noch als früher das Interesse seines väterlichen Freundes und Wohltäters, der sich vielfach und in eingehendster Weise daran beteiligte. Dies Freundschaftsverhältnis dauerte denn auch bis zum Tode des Prinzen, welcher letztre noch wenige Monate vor seinem Hinscheiden in seinen »Dernières Dispositions« die Worte niederschrieb: »Ich bezeuge dem Grafen La Roche-Aymon meinen lebhaften Dank für die zarte Anhänglichkeit, die er mir all die Zeit über erwiesen hat, wo ich so glücklich war, ihn in meiner Nähe zu haben«, sowie denn auch anderweitig aus beinah jedem Paragraphen dieser »Dernières Dispositions« hervorgeht, daß der Graf die recht eigentlichste Vertrauensperson des Prinzen war, *der*jenige, der seinem Herzen am nächsten stand. Der Prinz hatte darin richtig gewählt. Graf La Roche-Aymon vereinigte, nach dem Zeugnis aller derer, die ihn gekannt haben, drei ritterliche Tugenden in ganz ausgezeichnetem Maße: Mut, Diensttreue und kindliche Gutherzigkeit.

Am 3. August 1802 starb der Prinz, und im selben Jahre noch gelangten Graf und Gräfin La Roche-Aymon in den Besitz des Gutes Köpernitz, das eines der sechs Erbzinsgüter war, die zum Amte Rheinsberg gehörten. Ob der Prinz erst in seinem Testament oder schon bei Lebzeiten diese Schenkung machte, hab ich nicht mit Bestimmtheit in Erfahrung bringen können. Wahrscheinlich fand ein Scheinkauf mit Hülfe dargeliehenen Geldes statt, das dann schließlich in die prinzliche Kasse zurückfloß.

Köpernitz war nun gräfliches Besitztum. Es scheint aber nicht, daß das La Roche-Aymonsche Paar auch nur vorübergehend das Gut bezog, vielmehr eilten beide nach Berlin, um endlich wieder *das* zu genießen, was sie, trotz aller Anhänglichkeit an den Prinzen, so lange Zeit über entbehrt hatten — *das Leben der großen Stadt.* Das Gut ward also verpachtet, und die Pachterträge sollten nunmehr ausreichen zu einem Leben in der Residenz. Aber das junge Paar erkannte bald, daß es die Rechnung ohne den Wirt gemacht habe, und der Graf mußte sich schließlich noch beglückwünschen, als er 1805 dem Göckingkschen (ehemals Zietenschen) Husarenregiment als Major aggregiert wurde. Mit diesem Regiment war er bei Jena. 1807 ward er Kommandeur der Schwarzen Husaren und zeichnete sich, an der Spitze derselben, durch eine glänzende Attacke bei Preußisch-Eylau aus. Napoleon, als er nach dem Kommandeur fragte, geriet in heftigen Zorn, als er einen französischen Namen hörte. 1809 wurde Graf La Roche-Aymon Oberst und bearbeitete das Exerzierreglement der Reiterei, wie er denn überhaupt, allem anderen vorauf, ein glänzender Kavallerieführer war. Seine Bücher über diesen Gegenstand sollen wertvoll und bis zu dieser Stunde kaum übertroffen sein. 1810 zum Inspecteur der leichten Truppen ernannt, machte er die Feldzüge von 1813 und 1814 auf preußischer Seite mit, wurde Generalmajor und kehrte 1814 nach dem Sturze Napoleons wieder nach *Frankreich* zurück. 1815, während der Hundert Tage, ging er mit Ludwig XVIII. nach Gent, befehligte 1823 in der in Spanien einrückenden französischen Armee eine Kavalleriebrigade und wurde Generallieutenant. In den Besitz aller seiner früheren Güter wieder eingesetzt, ward er, zu nicht näher zu bestimmender Zeit, *Marquis* und Pair von Frankreich. Einige Jahre vorher (1827) hatte er auf dem Punkt gestanden, als Kriegsminister in *kaiserlich-mexikanische* Dienste zu treten. Ein Bruder des Königs Ferdinands VII. von Spanien, der Infant Don Francisco de Paulo, sollte zum *Kaiser von Mexiko* erhoben werden, und das Cabinet dieses Kaisers war bereits in Paris ernannt. Es bestand aus Baron Alexander von Talleyrand, Herzog von Dino, Marinecapitain Gallois und Graf La Roche-Aymon. Man kann fast beklagen, daß sich's zerschlug; es wäre eine »Aventüre« mehr gewesen in dem an Aventüren so reichen Leben des Grafen. Er verblieb in Paris. Kurze Zeit vor der Februarrevolution sah ihn ein alter Bekannter aus den Rheinsberger Tagen her in der Pairskammer, als er eben im Begriff stand, das Wort zu nehmen; er hatte den Grafen in sechsundvierzig Jahren nicht gesehen, seit *jenem* Tage nicht, wo derselbe dem Sarge des Prinzen zur letzten Ruhestätte gefolgt war. Im Jahre darauf (1849) starb der Graf.

Wir wenden uns nun zum Schlusse der *Gräfin* zu. Sie war 1815, nach der völligen Niederwerfung Napoleons, ihrem Gatten nach Paris hin gefolgt und hatte daselbst, am Hofe Ludwigs XVIII., Huldigungen entgegengenommen, die fast dazu angetan waren, die Triumphe ihrer Jugend in den Schatten zu stellen. In der Tat, sie war noch immer eine schöne Frau, hatte sie doch das Leben allezeit leichtgenommen und im Gefühl, für die Freude geboren zu sein, der anklopfenden Sorge nie geöffnet. Aber wenn sie auch kein Naturell hatte für Gram und Sorge, so war sie doch empfindlich gegen Kränkungen, und diese blieben nicht aus. Sie war eitel und herrschsüchtig, und so leicht es ihr werden mochte, die leichte Moral der Hauptstadt und ihres eignen Hauses zu tragen, so schwer und unerträglich ward es ihr, *die Herrschaft im Hause mit einer Rivalin zu teilen.* Das Blatt hatte sich gewandt, und die Schuld der Rheinsberger Tage wurde spät gebüßt. Die Marquise beschloß, Paris aufzugeben; ein Vorwand wurde leicht gefunden (»der Pächter habe das Gut vernachlässigt«), und 1826 zog sie still in das stille Wohnhaus von Köpernitz ein.

Dort hat sie noch dreiunddreißig Jahre gelebt, und alt und jung daselbst weiß von ihr zu erzählen. Sie war eine resolute Frau, klug, umsichtig und tätig, aber auch rechthaberisch, die, weil sie beständig recht haben und *herrschen* wollte, zuletzt schlecht zu *regieren* verstand. Es lag ihr mehr daran, daß ihr *Wille* geschah, als daß das *Richtige* geschah, und die Schmeichler und Jasager hatten leichtes Spiel auf Kosten derer, die's wohlmeinten. Es eigneten ihr all die Schwächen alter Leute, die die Triumphe ihrer Jugend nicht vergessen können; aber was ihr bis zuletzt die Herzen vieler zugetan machte, war das, daß sie, trotz aller Schwächen und Unleidlichkeiten, im Besitz einer wirklichen Vornehmheit war und verblieb. Sie glaubte an sich.

Ihre Beziehungen zum Rheinsberger Hofe wie zum Prinzen Louis und kaum minder wohl die Huldigungen, die ihr, später noch, am französischen Hofe zuteil geworden waren, gaben ihr vor der Welt ein Ansehen, und Friedrich Wilhelm IV. kam nie nach Ruppin oder Rheinsberg, ohne der Marquise auf Köpernitz seinen Besuch zu machen. Es traf sich, daß sie, bei einem dieser Besuche, ganz wie zu Zeiten der Remus-Insel-Diners, durch ihre Kochkunst glänzen und den König durch eine Trüffel- oder Zervelatwurst überraschen konnte. Friedrich Wilhelm IV. erbat sich denn auch etwas davon für seine Potsdamer Küche (natürlich nicht vergeblich), und zum Weihnachtsabend erschien das königliche Gegengeschenk: ein Kollier, aus goldenen Würstchen bestehend, die Speilerchen von Perlen, und begleitet von einem verbindlichen Schreiben mit dem Motto: »Wurst wider Wurst«. Geschenk und Gegengeschenk wiederholten sich mehrere Male, so daß sich zu dem Kollier ein Armband und zu dem Armband ein Ohrgehänge gesellte; zuletzt erschien eine Tabatière in Form einer kurzen, gedrungenen Blut- und Zungenwurst, äußerst wertvoll, oben und unten mit Rubinen besetzt. Die Freude war groß, aber es war die *letzte* dieser Art. Aus den Zeitungen ersah die Marquise bald darauf, daß einer der Hofschlächtermeister zu Potsdam, als Gegengeschenk für eine große Fest- oder Jubiläumswurst (und sogar unter Beifügung desselben Mottos: »Wurst wider Wurst«), in gleicher Weise durch eine Tabatière beglückt worden war, und die Sendungen in die königliche Küche hörten von diesem Augenblick an auf.

Ihre letzten Lebensjahre brachten ihr noch einen andern interessanten Besuch. Ein Neffe des verstorbenen Marquis hatte diesen beerbt, und nicht zufrieden mit den ihm zugefallenen *französischen* Gütern, machte derselbe bei dem betreffenden Pariser Gerichtshof auch noch ein Verfahren anhängig, um sich des ehemalig Prinz Heinrichschen Köpernitz', des Gutes seiner alten Tante, zu versichern. Anfänglich erklärten selbst die französischen Gerichte ihr »Nein«, in der zweiten und dritten Instanz aber wurde das »Nein« in ein »Ja« verwandelt, einfach in Berücksichtigung der Tatsache, daß der Neffe des alten legitimistischen Marquis inzwischen ein besonderer Günstling Napoleons III. geworden war. Und wirklich, der Günstling schickte Bevollmächtigte, die Köpernitz für ihn in Besitz nehmen sollten, und als sich dies, aller Vollmachten unerachtet, nicht tun lassen wollte, kam er endlich selbst. Er nahm in Rheinsberg allerbescheidentlichst einen Einspänner, umkreiste das ganze Gut, dessen Ansehn und Ausdehnung ihm wohlgefiel, und fuhr dann schließlich vor dem Wohnhause der alten Tante vor. Diese empfing ihn aufs artigste, mit dem ganzen Aufwande jenes Zeremoniells, worin sie Meister war, als er aber schließlich den eigentlichen Zweck seines Kommens berührte, lachte sie ihn so herzlich aus, daß er sich, nicht ohne Verlegenheit, von der alten »ma tante« verabschiedete. Wurd auch nicht wieder gesehen. Dieser Neffe aber, der im Einspänner von Rheinsberg nach Köpernitz gefahren war, war niemand anders als der frühere Befehlshaber der französischen Armee in Rom — General Goyon.

Die Marquise, und damit schließen wir, war eine stolze, selbstbewußte Frau. Sie repräsentierte die Vornehmheit einer nun zu Grabe getragenen Zeit, eine Vornehmheit, die von der Gesinnung unter Umständen abstrahieren und ihr Wesen in eine meisterhafte Behandlung der Formen setzen konnte. Diese Formen waren bei der Marquise von der gewinnendsten Art, und ihr Auftreten entsprach dem Urteile, das ich einst über sie fällen hörte: »frei, taktvoll und originell zugleich«. Herrschen und ein großes Haus machen waren ihre zwei Leidenschaften. Je mehr Kutschen im Hofe hielten, desto wohler wurd ihr ums Herz, und je mehr Lichter im Hause brannten, desto hellere Funken sprühten ihr Geist und ihre gute Laune. Sparsam sonst und eine Frau, bei der die Rechnungsbücher stimmen mußten, erschrak sie dann vor keinem Opfer, ja der Gedanke berührte sie kaum, daß es ein Opfer sei. Nach Sitte der Zeit, in der sie jung gewesen, sah es um sie her aus wie in einer Arche Noäh, und vom Kakadu an bis herunter zu Kanarienvogel und Eichhörnchen fand sich in ihren Zimmern so ziemlich alles beisammen. Katzen und Hunde waren natürlich ihre Lieblinge und durften sich alles erlauben, ja, eintreffender Besuch pflegte meist in nicht geringe Verlegenheit zu geraten, wo Platz zu nehmen sei, wenn überhaupt. Aber mit dem Erscheinen der alten Marquise war sofort alles vergessen, man achtete der Unordnung nicht mehr, und was bis dahin lästig gewesen war, wurde jetzt charakteristisches Ornament. Ihre Rede riß nicht ab, und wurde Rheinsberg oder gar »der Prinz« zum Gegenstande der Unterhaltung, so vergingen die Stunden wie im Fluge, ihr selbst und andern.

Ihr Tod war wie ihr Leben und hatte denselben Rokoko-charakter wie das Sofa, auf dem sie starb, oder die Tabatière, die vor ihr stand. Ihre Lieblingskatze, so heißt es, habe sie in die Lippe gebissen. Daran starb sie (oder doch bald darauf) im neunundachtzigsten Jahre, dem 18. Mai 1859.

Mit ihr wurde die letzte Repräsentantin der Prinz-Hein-rich-Zeit zu Grabe getragen.

KÖPERNITZ

Rote Dächer, die verschwiegen
Still an Wald und Wiese liegen.

Köpernitz, auf dem die Gräfin La Roche-Aymon, geborne
von Zeuner, ihr reichbewegtes Leben beschloß, ist ein Platz
von einer nicht gerade frappanten, aber doch von einer poetischen und nachhaltig wirkenden Schönheit. Man begreift
eine stille Passion dafür.

Das *Herrenhaus* ist von großer Einfachheit: ein Erdgeschoß (neun Fenster Front) mit Dach und Erker. Dementsprechend ist die Einrichtung, aber durch Bilder und Erinnerungsstücke reichlich aufwiegend, was ihr an modernem
Glanze fehlt. Das einladendste Zimmer des Hauses ist der
Salon, der den Blick auf eine große Parkwiese hat. Hier, an
einem milden Herbsttage, bei offenstehender Tür und Kamin-
feuer, ist es gut sein. In ebendiesem Salon befindet sich
auch die Mehrzahl der historischen Wertstücke. Darunter
zunächst folgende Bilder:

1. Hofmarschall von Zeuner, Großvater des gegenwärtigen
   Besitzers.
2. Hofmarschallin von Zeuner, geborne Gräfin Neale.
3. Graf Neale, Bruder der Hofmarschallin von Zeuner.
4. Oberst von Zeuner, Kommandeur des 4. (schlesischen)
   Husarenregiments; Vater des gegenwärtigen Besitzers.
5. Frau Oberst von Zeuner, geborne Baronesse Oettinger.
   Bild aus der Zeit vor ihrer Vermählung.
6. Baronin von Oettinger (Mutter der vorigen), von Tisch-
   bein gemalt.
7. Gräfin La Roche-Aymon, geborne von Zeuner, Tochter
   des Hofmarschalls, Schwester des Obersten von Zeuner,
   Vorbesitzerin von Köpernitz.
8. Graf La Roche-Aymon.
9. Kardinal La Roche-Aymon (gutes Bild); Oheim des Grafen La Roche-Aymon.
10. Prinz Louis Ferdinand (sehr gut). — Bis zum Tode der

Gräfin La Roche-Aymon befand sich noch ein *zweites* Bild des Prinzen Louis in Köpernitz, das dem Sohne des letztren, dem General von Wildenbruch, gehörte und nur »leihweise auf Lebenszeit« der Gräfin überlassen worden war. Nach dem Hinscheiden derselben erhielt es General von W. zurück. (Ein drittes treffliches Bild des Prinzen Louis Ferdinand befindet sich in Wustrau.)

Außer diesen Bildern interessiert zumeist eine *Rokokokommode* mit vergoldeten Griffen und Marmortafel. In den Fächern dieser Kommode (damals in Rheinsberg) befand sich die vom Prinzen Heinrich niedergeschriebene Geschichte des Siebenjährigen Krieges. Unmittelbar nach dem Tode des Prinzen erschien eine »Kommission« in Rheinsberg und nahm das Manuskript, von dessen Existenz man in Berlin Kunde hatte, mit sich, um es im Staatsarchive zu deponieren. *Diese* Lesart ist die wahrscheinlichste. Nach einer andern Version aber wäre das Manuskript verbrannt worden. Träfe dies zu, so würde der Welt eines der denkbar interessantesten Bücher verlorengegangen sein. Und doch mag es zweifelhaft erscheinen, ob ein solcher Verlust, *wenn* er überhaupt stattgefunden, zu beklagen wäre. Der Prinz — soviel war schon bei seinen Lebzeiten laut geworden — hatte strengste Kritik geübt, namentlich auch gegen seinen königlichen Bruder, und es würde die Kenntnis über diesen vielleicht mehr verwirren als aufklären, wenn wir plötzlich Urteilen begegneten, deren *Gerechtigkeit,* bei dem mit allen Vorzügen, aber auch mit allen Mängeln des vorigen Jahrhunderts reich ausgestatteten Prinzen, zunächst bezweifelt werden muß.

Zu den Erinnerungsstücken von Köpernitz gehören auch die schon Seite 323 erwähnten Gegengeschenke, die Friedrich Wilhelm IV. der Gräfin machte, wenn, um die Weihnachtszeit, wieder eine Blut-, Trüffel- oder Zervelatwurstsendung von Köpernitz her in Sanssouci eingetroffen war. Der König war dabei höchst erfinderisch und schenkte (natürlich immer in Wurstform) erst ein Schuppenarmband, dann ein Schuppenkollier, dann Ohrgehänge (kleine Saucischen aus Perlen und Diamanten), dann eine Tabatière (dicke Blutwurst aus Granaten). Diese vier hab ich gesehn. Ich weiß nicht, ob die Zahl damit erschöpft ist. Die Briefe, die diese

Geschenke begleiteten, laufen von 1849 bis 1854 und para-
phrasieren das alte Wurstthema auf immer neue Weise.

Zum Schlusse sei noch des Köpernitzer *Friedhofes* erwähnt, der, ähnlich wie der Berliner Matthäikirchhof, an
einem sanften Abhange liegt. Er hat manches Eigentümliche;
beispielsweise das, daß das Terrain nach Familien parzelliert
ist. So liegt denn zusammen, was zusammengehört; die Angehörigen müssen ihre Toten nicht erst jahrgangweise suchen, sondern finden alles an einer und derselben Stelle.

Das Grab der Gräfin befindet sich in der Mitte des Fried-
hofs. Ein graues Marmorkreuz trägt die Inschrift: »Hier ruht
Karoline Amalie Marie Marquise de la Roche-Aymon, geborne von Zeuner, geboren den 7. April 1771, gestorben
den 18. Mai 1859. Selig sind die Toten, die in dem Herren
sterben.«

Sie war so beliebt, daß sich immer noch Kränze vorfinden, die, von Zeit zu Zeit, besonders aber an den Gedächt-
nistagen, von alten Rheinsberger Bekannten auf ihrem
Grabe niedergelegt werden.

ZERNIKOW

»So heute Mittag die Sonne scheint,
werde ich ausreiten; kom doch am Fenster,
ich wollte dihr gerne sehn.«

Friedrich an Fredersdorff

In der Nähe von Boberow-Wald und Huwenow-See liegt
noch ein anderer Güterkomplex, der durch den Aufenthalt
des Kronprinzen Friedrich in Rheinsberg zu historischem
Ansehn gelangt ist — ich meine die sogenannten Fredersdorffschen Güter, die Friedrich der Große, beinahe unmittelbar nach seiner Thronbesteigung, seinem Kammerdiener
Fredersdorff zum Geschenk machte. Ursprünglich bestand
die Schenkung nicht aus jenen *vier* Besitzungen, die man
jetzt wohl als »Fredersdorffsche Güter« zu bezeichnen
pflegt; es war vielmehr ein *einziges* Gut nur, Zernikow, das
der Kronprinz, am 17. März 1737 von Lieutenant Claude-
Benjamin le Chenevix de Beville käuflich an sich bringend,
nach dreijährigem Besitz unterm 26. Juni 1740 seinem Kammerdiener urkundlich vermachte. Erst nach zehn Jahren begann Fredersdorff selber sein Besitztum durch Ankauf zu erweitern: 1750 erwarb er Kelkendorf, 1753 Dagow und 1755
Burow. Dagow ist seitdem wieder aus der Reihe der Güter
ausgeschieden, Schulzenhof aber dafür angekauft worden, so
daß der Besitzstand nach wie vor aus vier Gütern besteht.

Das Wenige, was man über Fredersdorff weiß, ist oft gedruckt worden, außerdem hat Friedrich Burchardt in seinem
Buche »Friedrichs II. eigenhändige Briefe an seinen Geheimen Kämmerer Fredersdorff« diesen Briefen auch noch eine
Biographie Fredersdorffs beigegeben. Ich verweile deshalb
nicht bei Aufzählung bekannter Tatsachen und Anekdoten,
deren Verbürgtheit zum Teil sehr zweifelhaft ist, und beschränke mich darauf, bei jenem einzig *neuen* Resultat einen
Augenblick stehnzubleiben, welches die seitdem erfolgte
Durchsicht der Gartzer Kirchenbücher hinsichtlich der *Her-
stammung* Fredersdorffs ergeben hat.

Es galt bisher für zweifelhaft, ob Fredersdorff wirklich zu Gartz in Pommern (vier Meilen von Stettin) oder aber in Mitteldeutschland geboren sei, ja die meisten Stimmen neigten sich der letztern Ansicht zu und bezeichneten ihn als einen durch Werber aufgebrachten wohlhabenden Kaufmannssohn aus Franken. Diese Ansicht ist aber jetzt mit Bestimmtheit widerlegt. Im Gartzer Kirchenbuche findet sich eine Angabe, daß ein dem Stadtmusikus (musicus instrumentalis) Fredersdorff geborner Sohn am 3. Juni 1708 getauft worden sei und die Namen Michael Gabriel erhalten habe. Da nun der Kammerdiener Fredersdorff nach übereinstimmenden Nachrichten wirklich Michael Gabriel hieß, auch wirklich 1708 geboren wurde, so kann nicht gut ein längerer Zweifel an dieser Streitfrage walten. Zwar findet sich auf Fredersdorffs Bild in der Zernikower Kirche die Angabe: »geboren am 6. Juni 1708« (wonach er nicht am 3. Juni getauft sein kann), diese Angabe ist aber entweder einer jener Irrtümer, wie sie auf derartigen Bildern sehr häufig vorkommen, oder es hat sich umgekehrt bei Eintragung ins Kirchenbuch ein Fehler eingeschlichen. Vielleicht muß es heißen: am 13. Juni.

Fredersdorff war achtzehn Jahre lang, von 1740 bis 1758, im Besitz von Zernikow, an welche Tatsache wir die Frage knüpfen, ob er dem Dorf und seinen Bewohnern ein Segen war oder nicht. Die Beantwortung der Frage fällt durchaus zu seinen Gunsten aus. Wie er, trotz Ehrgeiz und einem unverkennbaren Verlangen nach Ansehn und Reichtum, doch überwiegend eine liebenswürdige und gutgeartete Natur gewesen zu sein scheint, so erwies er sich auch als Gutsherr mild, nachsichtig, hülfebereit. Seine Bauern und Tagelöhner hatten gute Zeit. Und wie den damaligen Bewohnern, so war er dem Dorfe selbst ein Glück. Die meisten Neuerungen, soweit sie nicht bloß der Verschönerung dienen, lassen sich auf ihn zurückführen. Er fand eine vernachlässigte Sandscholle vor und hinterließ ein wohlkultiviertes Gut, dem er teils durch Anlagen aller Art, teils durch Ankauf von Wiesen und Wald *das* gegeben hatte, dessen es zumeist benötigt war. Die Tätigkeit, die er entwickelte, war groß. Kolonisten und Handwerker wurden herangezogen und Weberei und Strohflechterei von fleißigen Händen betrieben. Zu gleicher Zeit und mit Vorliebe nahm er sich des *Seidenbaus* an. Gärten und Wege wurden mit Maulbeerbäumen bepflanzt (schon 1747 standen deren 8000), und das Jahr darauf hatte er zum ersten Male einen Reinertrag aus der gehaspelten Seide. Kaum daß er ein Stück guten Lehmboden auf seiner Feldmark gefunden, entstand auch schon eine Ziegelei, so daß er 1746, und zwar aus selbstgebrannten Steinen, das noch jetzt existierende Wohnhaus erbauen konnte. Noch im selben Jahre führte er, ebenso wie in Spandau und Köpenick, große Brauereigebäude auf, in denen das so beliebt gewordene und nach ihm genannte »Fredersdorffer Bier« gebraut wurde. In allem erwies er sich als der gelehrige Schüler seines königlichen Herrn, und an der ganzen Art und Weise, wie er die Dinge in Angriff nahm, ließ sich erkennen, daß er den organisatorischen Plänen des Königs mit Verständnis zu folgen und sie als Vorbild zu verwerten verstand. Er mocht es dabei, besonders was die Mittel zur Ausführung anging, leichter haben als mancher andere, da ein König, der ihm schreiben konnte: »Wenn ein Mittel in der Welt wäre, Dir in zwei Minuten zu helfen, so wollte ich es kaufen, es möchte auch so teuer sein, wie es immer wolle«, sehr wahrscheinlich auch bereit war, durch Geschenke und Vorschüsse aller Art zu helfen. Es scheint indessen, daß diese Hülfen immer nur innerhalb beschränkter Grenzen blieben und daß die Meliorationen erst von 1750 ab einen größeren Maßstab annahmen, wo sich Fredersdorff mit Karoline Marie Elisabeth Daum, der reichen Erbtochter des schon 1743 verstorbenen Banquier Daum, vermählt hatte. Wenigstens beginnen von da ab erst jene Güterkäufe, deren ich schon oben erwähnt habe. Fredersdorff lebte mit seiner jungen Frau in einer sehr glücklichen, aber kinderlosen Ehe. Daß er andauernd in Zernikow gewesen sei, ist nicht anzunehmen, doch scheint es, daß er von 1750 ab (also nach seiner Vermählung) wenigstens sooft wie möglich auf seinem Gute war und namentlich die Sommermonate gern daselbst verbrachte. Ob er seine alchimistischen Künste und Goldmachreversuche auch in ländlicher Zurückgezogenheit geübt habe, ist nicht zu ermitteln gewesen, übrigens nicht wahrscheinlich. Er starb zu Potsdam in demselben Jahre (1758), das seinem königlichen Herrn so viele schwere Verluste brachte, und seine Leiche wurde nach Zernikow übergeführt.

Michael Gabriel Fredersdorff war am 12. Januar 1758 gestorben. 1760 vermählte sich seine Witwe zum zweiten
Male, mit dem aus Pommern stammenden Geheimen Stifts-
rat zu Quedlinburg, Hans Freiherrn von Labes, der, ursprünglich bürgerlich, erst später vom Kaiser in den Adels-
stand erhoben worden war.

Auch Freiherr von Labes tat viel zur Verschönerung des
Guts; eine Lindenallee wurde gepflanzt, ein englischer Park
angelegt und der frühere Fasanengarten in einen Tiergarten
mit Fischteichen, Wasserleitungen und Pavillons umgeschaffen. Er scheint andauernder als Fredersdorff in Zernikow gelebt zu haben und verschied daselbst am 27. Juli 1776. Frau
von Labes aber, nachdem sie durch milde Stiftungen, besonders durch Erbauung eines Hospitals, segensreich gewirkt
hatte, starb erst am 10. März 1810, achtzig Jahre alt, mehr
denn fünfzig Jahre nach dem Tode ihres ersten Gatten. Aus
ihrer zweiten Ehe waren ihr zwei Kinder geboren worden,
ein Sohn und eine *Tochter*. Der Sohn, Geheimer Legations-
rat von Labes, vermählte sich mit einer Comtesse Görtz-
Schlitz, wurde selbst in den Grafenstand erhoben und nahm,
nach der Burg Schlitz, die er sich im Mecklenburgischen erbaut hatte, den Namen Graf Schlitz an.

Dieser Graf Schlitz starb 1831. Er hinterließ nur eine
Tochter, die sich 1822 dem Grafen Bassewitz vermählte,
welcher letzte seitdem den Namen Graf Bassewitz-Schlitz
führte. Das einzige Kind dieser Ehe, eine Tochter, wurde
nur elf Jahr alt; von den Eltern starb die Mutter 1855, der
Vater, Graf Bassewitz-Schlitz, im Juli 1861. Beide wurden
auf Hohen Demzin, einem in der Nähe von Burg Schlitz gelegenen Familiengute, beigesetzt. Schon 1855, also nach
dem Tode der Gräfin, waren die Fredersdorffschen Güter,
da keine direkte Nachkommenschaft da war, auf die weibliche Linie, das heißt also auf die Nachkommenschaft der
Tochter der Frau von Labes, übergegangen.

Diese *Tochter* war seit 1777 an den Freiherrn Joachim
Erdmann von Arnim vermählt, starb aber schon 1781 infolge ihrer zweiten Entbindung, nachdem sie dem später so
berühmt gewordenen Achim von Arnim das Leben gegeben
hatte. Sie hinterließ zwei Söhne: Karl Otto Ludwig von Arnim, geboren am 1. August 1779, und Karl Friedrich Joa-

chim Ludwig von Arnim (Achim von Arnim), geboren am
26. Januar 1781.

Von diesen beiden Brüdern starb der jüngere schon am
21. Januar 1831, der ältere (gemeinhin Pitt-Arnim geheißen)
ererbte die Fredersdorffschen Güter, nach dem, wie vorstehend schon hervorgehoben, im Jahre 1855 erfolgten Tode
der Gräfin Bassewitz-Schlitz. Er ist sechs Jahre lang im Besitz der Güter geblieben, bis zu seinem am 9. Februar 1861
erfolgten Tode. Da er kinderlos verstarb, so waren seine Neffen und Nichten, die Kinder Achims von Arnim und der Bettina Brentano, die nächsten Erben. Diese Kinder, drei Söhne
und drei Töchter, sind jetzt die Besitzer von Zernikow.

Zernikow besitzt neben einer sehenswerten Kirche, in der
sich, ebenso wie im Herrenhause, die Portraits von Fredersdorff, dem von Labesschen Ehepaar und von deren Tochter,
der 1781 verstorbenen Frau von Arnim, befinden, auch ein
mit Geschmack und Munifizenz hergestelltes Grabgewölbe,
das Frau von Labes bald nach dem Tode ihres zweiten Ge-
mahls errichten ließ. Es trägt an seiner Front die Inschrift:
»Fredersdorffsches Erbbegräbnis, errichtet von dessen hin-
terlassener Witwe, gebornen Caroline Marie Elisabeth
Daum, nachmals verehelichten von Labes. Anno 1777.«
Darunter in goldenen Buchstaben folgende verschlungene
Namenszüge: MGF (Michael Gabriel Fredersdorff) und
CMED (Caroline Marie Elisabeth Daum). Sofort nach der
Vollendung dieses Grabgewölbes nahm Frau von Labes in
dasselbe die sterblichen Überreste ihrer Ehegatten Freders-
dorff und von Labes auf, welche sich bisher in einer Gruft
unter der Kirche zu Zernikow befunden hatten.

Der mit Leder überzogene und mit vergoldeten Füßen
und Handhaben versehene Sarg Fredersdorffs, auf dem sich
noch die *Patrontasche* befindet, die derselbe während seines
Militärdienstes im Schwerinschen Regiment getragen hat,
steht an der rechten Seitenwand, der Sarg des Freiherrn von
Labes unmittelbar dahinter.

Vier Jahre später gesellte sich zu diesen beiden Särgen ein
dritter. Noch nicht zwanzig Jahr alt, war die mehrgenannte
Freifrau Amalie Karoline von Arnim, einzige Tochter der

verwitweten Frau von Labes, im Januar oder Februar 1781 zu Berlin gestorben und wurde von dort nach Zernikow übergeführt. Ihr Sarg, in dessen Deckel ein *kleines Fenster* befindlich ist, steht an der Hinterwand des Gewölbes, und noch jetzt liegen auf demselben Kränze und Gedichte, welche letztren von der Hand der Mutter geschrieben sind. Am 10. März 1810 entschlief Frau von Labes selber und nahm, ihrem Letzten Willen gemäß, nach Freud und Leid dieser Welt, ihren letzten Ruheplatz an der Seite derer, die ihr das Teuerste gewesen waren. Auch auf dem Deckel *ihres* überaus prachtvollen Sarges ist ein kleines Fenster angebracht, durch das man die entseelte Hülle der alten Freifrau erblickt. Auf allen vier Särgen befinden sich die Familienwappen, auf drei derselben auch Name, Geburts- und Todestag.

Über fünfzig Jahre vergingen, eh ein neuer Ankömmling vor der Kirche hielt und Raum in der Familiengruft beanspruchte. Alles, was den Namen Graf Schlitz angenommen hatte, hatte sich auch im Tode noch von Zernikow, dem ursprünglichen Familiengut, geschieden und dem Graf Schlitzschen Mausoleum auf Hohen Demzin den Vorzug gegeben. Nicht so der älteste Sohn der *Tochter* der Frau von Labes. Am 16. Februar 1861 öffneten sich die schweren Gittertüren des Fredersdorffschen Erbbegräbnisses noch einmal, und der Sarg des Oberstschenk Karl Otto Ludwigs von Arnim wurde neben Mutter und Großmutter beigesetzt. Seine Inschrift lautet:

> Dubius non impius vixi,
> Incertus morior, non perturbatus;
> Humanum est nescire et errare.
> Ens entium miserere mei.
>
> In Zweifeln hab ich gelebt, nicht unfromm,
> In Ungewißheit sterb ich, nicht in Bangen;
> Nichtwissen und irren ist Menschenlos.
> Wesen der Wesen, erbarme dich mein.

Sein jüngerer Bruder, Achim von Arnim, ist auf dem Familiengute Wiepersdorf bei Dahme begraben. Auch Bettina (gestorben 1859 zu Berlin) ruht daselbst.

DIE RUPPINER SCHWEIZ

DIE RUPPINER SCHWEIZ

Ist's norderwärts in Rheinsbergs Näh?
Ist's süderwärts am Molchow-See?
Ist's Rottstiel tief im Grunde kühl?
Ist's Kunsterspring, ist's Boltenmühl?

Die Schweize werden immer kleiner, und so gibt es nicht bloß mehr eine *Märkische*, sondern bereits auch eine *Ruppiner* Schweiz, der es übrigens, wenn man ein freundlich-aufmerksames Auge mitbringt, weder an Schönheit noch an unterscheidenden Zügen fehlt. Sie besitzt beides in ihrem Wasserreichtum. Während Freienwalde dieses Schmuckes beinah völlig entbehrt und Buckow, den großen See zu seinen Füßen abgerechnet, nur zwei kleine Edelsteine von allerdings reinstem Wasser aufweist, sind Fluß und See das eigentliche Lebenselement der Ruppiner Schweiz.

Der Fluß ist der Rhin. Er kommt von Rheinsberg (Rhinsberg) her, bildet zunächst eine ganze Reihe von Wasserbecken und gibt erst an der Südspitze des Molchow-Sees seine Hügelheimat auf, um in das »Schwäbische Meer« dieser Gegenden, in den Ruppiner See, einzutreten. Hier streift er, wie sein berühmter hochdeutscher Namensvetter, der Rhein, den Rest seiner schäumenden Jugend ab, und ruhig geworden bis zum Stillstand, windet er sich, von nun an, nur noch durch Lücher und Brücher hin, die den Namen Linum als Mittelpunkt haben. In Poesie geboren, fällt ihm zu guter Letzt das Los zu, den *Torfkahn* auf seinem Rücken zu tragen.

Aber wenn dieser, wie nicht bestritten werden soll, zum prosaischen Genossen seiner reiferen Jahre wird, so sind *Förstereien* und *Wassermühlen* die Gefährten seiner Jugend, und überall da, wo sein Wasser noch über ein Wehr fällt oder hochaufgeschichtete Bretterbohlen an seinen Ufern liegen, da sind auch die Stätten seiner Schönheit. Jede dieser Stätten, zwischen zwei Seen gelegen, dürfte die Hand nach dem stolzen Namen »Interlaken« ausstrecken, aber im Bewußtsein eignen Wertes verschmähen sie's, mit vornehmen Anklängen zu prunken, und geben sich lieber, ohne jegliche Prätension und nur auf sich selber gestellt, als Rottstiel und Pfefferteich, als Boltenmühle und Kunsterspring. Und wie sie selber auf alles klug verzichten, was zur Quelle lästiger Vergleiche nach außen hin werden könnte, so verzichten *wir* darauf, ihren Preis und Wert untereinander festzustellen. Denn wie unter schönen Schwestern die Streitfrage nie gelöst wird, »wer eigentlich die schönere oder die schönste sei«, weil es heute diese ist und morgen jene, je nach der Kleidfarbe, die sie tragen, oder nach dem Bande, das zufällig an ihrem Hute flattert, so ist auch hier die Frage nach der größeren Schönheit eine bloße Frage der Beleuchtung, der Stimmung, des zufälligen Schmuckes. Wenn heute Boltenmühle in Malven siegt, so siegt morgen Kunsterspring in roten Ebereschen, und ein helleres oder dunkleres Abendrot, ein schmaleres oder breiteres Band, das der Regenbogen über die Landschaft spannt, entscheidet darüber, ob Rottstiel über Pfefferteich oder Pfefferteich über Rottstiel triumphiert.

Auch die »Historie« ist leisen Fußes durch diese Gegenden hingeschritten und erzählt von Kronprinz Fritz und seiner Liebe zum schönen Försterkinde von Binenwalde. Von Rheinsberg aus herüberkommend, gab er im Abenddämmer das wohlbekannte Zeichen nach dem mitten im See gelegenen Forsthaus hinüber, und nicht lange, so glitt ein Kahn aus dem Schilfgürtel hervor und der Stelle zu, wo der Prinz, unter den Zweigen einer überhängenden Buche, die schöne Sabine, das »Insel- und Försterkind«, erwartete. Die schöne Sabine aber stand lächelnd aufrecht im Kahn, das Ruder mit raschem Schlage führend, bis im nächsten Moment das Ruder ans Land und sie selbst dem Harrenden in die Arme flog.

Aber diese Tage sind hin, und wie tiefe Sonntagsruhe liegt es in den Lüften, wenn, wie zu dieser Mittagsstunde, die nachbarliche Mühle schweigt.

Ausgestreckt am Hügelabhang, den Wald zu Häupten, den See zu Füßen, so träumst du hier, bis die wachsende Stille dich erschreckt. Mit angespannten Sinnen lauschest du, ob nicht doch vielleicht ein Laut zu dir herüberklinge, und endlich hörst du die Rätselmusik der Einsamkeit. Der See liegt glatt und sonnenbeschienen vor dir, aber es ruft aus ihm, die Bäume rühren sich nicht, aber es zieht durch sie hin, aus dem Walde klingt es, als würden Geigen gestrichen, und nun schweigt es, und ein fernes, fernes Läuten beginnt. Ist es Täuschung, oder ist es mehr? Ein wachsendes Bangen kommt über dich, bis plötzlich das Klappern der Mühle wieder anhebt und der schrille Ton der Säge den Mittagszauber zerreißt.

Wer will sagen, wenn er die Ruppiner Schweiz durchwandert, wo ihr Zauber am mächtigsten wirkt.

> Und fragst du *doch*: »Den *vollsten* Reiz,
> Wo birgt ihn die Ruppiner Schweiz?
> Ist's norderwärts in Rheinsbergs Näh?
> Ist's süderwärts am Molchow-See?
> Ist's Rottstiel tief im Grunde kühl?
> Ist' Kunsterspring, ist's Boltenmühl?
> Ist's Boltenmühl, ist's Kunsterspring?
> Birgt Pfefferteich den Zauberring?
> Ist's Binenwalde?« — Nein, o nein,
> Wohin du kommst, da wird es sein,
> An jeder Stelle gleichen Reiz
> Erschließt dir die Ruppiner Schweiz.

AM MOLCHOW- UND ZERMÜTZEL-SEE

Abgeschieden, rings geschlossen,
Wenig kümmerliche Föhren,
Trübe flüsternde Genossen,
Die hier keinen Vogel hören.

Lenau

»An jeder Stelle gleichen Reiz
Erschließt dir die Ruppiner Schweiz«,

aber doch mit der *einen* Einschränkung, daß wir uns in der
Helvetia propria dieser Gegenden halten und es vermeiden,
von dem *westlichen* Ufer des Rhin auf das *östliche* hinüber-
zutreten. Tuen wir diesen verhängnisvollen Schritt dennoch,
so sind wir aus unserer eigentlichen Schweiz heraus und
wandeln nur noch an ihrer Peripherie hin. Mit andern Worten: das östliche Rhinufer hat keinen andern Reiz mehr als
den, welchen es seinem Gegenüber, dem westlichen Ufer,
entnimmt.

Aber *Ausnahmen* auch hier, und unter diesen Ausnahmen in erster Reihe das alte Dorf Molchow, das wir, über
eine Schmalung des gleichnamigen Sees hinweg, in diesem
Augenblick erreichen. Eingesponnen in Gärten und Laub
liegt es da, die Studentenblume blüht, der Kürbis hängt am
Gezweig, und der Hahn begrüßt uns vom Zaun her und
kräht in den lachenden Morgen hinein. Alles hell und licht,
im rechten Gegensatze zu *Molchow*, das mit seinem finster
anklingenden Namen an alle Schrecken des Schillerschen
»Tauchers« mahnt.

Alles hell und licht, ausgenommen ein rondellartiger Grasplatz inmitten des Dorfs. Auf ihm wird begraben, mehr in
Unkraut als in Blumen hinein, und aus der Mitte dieses Platzes wächst ein Turm auf, unheimlich und grotesk, als hab
ihn ein Schilderhaus mit einer alten Windmühle gezeugt.
Von beiden etwas. Und unheimlich wie der Turm, so auch
die alte *Glocke*, die in ihm hängt. »Ave Maria, gratia plena«
steht an dem obern Rande, die Glocke selbst aber ist gebor-

sten, und ihre Inschrift war ihr kein Talisman. Zweihundert Jahre, da fanden sie die Molchower auf einer halb Heide gewordenen, halb waldbestandenen Feldmark zwischen zwei Bäumen aufgehängt. Es war die Glocke von Eggersdorf, eines Dorfes, das im Dreißigjährigen Kriege, wie hundert andere, wüst geworden war und es seitdem auch geblieben ist. Die Molchower aber erbarmten sich des Findlings und bauten ihm diesen Glockenturm. Eine Leiter führt hinauf, die glücklicherweise von denen, die dort oben regelmäßig wohnen, entbehrt werden kann, denn es sind nur Dohlen an dieser Stelle zu Haus. Immer wenn die geborstene Glocke gezogen wird, fliegen sie scharenweis auf, und einzelne von ihnen — wenn es wahr ist, was man sich von Raben und Krähen erzählt — mögen die Glocke noch von ihren Eggersdorfer Tagen her kennen und nun Betrachtungen anstellen zwischen damals und heut.

Über Molchow hinaus (aber wie dieses am Ostufer des Rhins und seiner Seenkette) liegt auch Zermützel.

Ihm fahren wir jetzt zu. Bevor wir's indes erreichen, streifen wir erst noch die »Stendenitz«, ein altes Waldrevier, das noch unter Kurfürst George Wilhelm ohne menschliche Wohnungen und nur der Schauplatz großer Wildschweinsjagden war. Als aber unter dem großen Könige die Parole »nur Menschen« aufkam und die Verwirklichung dieses Grundsatzes eine Masseneinwanderung schuf, die vielleicht selbst die Kolonisationszeit unter Albrecht dem Bären in den Schatten stellte, beschloß man maßgebenden Orts, auch auf ebendieser »Stendenitz« vier Büdner anzusetzen oder, mit andern Worten, eines jener Kolonistenetablissements ins Leben zu rufen, wie sie damals zu Hunderten aus der Erde sprossen.

Die Kärglichkeit unserer märkischen Scholle kann nicht leicht irgendwo besser studiert werden als an dieser Stelle. Hundert Jahr Arbeit sind gewesen wie ein Tag, und eine Ziege, ein Kirschbaum und ein Streifen Roggenland, über das der alte Beherrscher dieser Gegenden, der Strandhafer, immer wieder Lust zeigt, als Sieger herzufallen, diese drei sind nach wie vor der einzige Reichtum dieser Ansiedlung. Und wenn noch ein Zweifel daran wäre, so würd ihn die Begräbnisstätte lösen, die zu diesem Etablissement Stendenitz gehört.

Da, wo die Bäume hart an den See treten, ist ein quadratisches Eckstück aus dem Walde herausgeschnitten und von vier tiefen Furchen umzogen worden. Auf diesem Eck- und Waldstück wird nun begraben, und umherstehende Krüppelkiefern tuen ihren Zypressen- und Trauertannendienst. In hundert Jahren stirbt sich was zusammen, auch da, wo die Lebendigen nur vier Büdnerfamilien sind, und so drängen sich denn die Gräber hier, eingefallene Hügel, von denen die meisten schon wieder zu bloßen Moosplätzen mit ein paar verspätet blühenden Erdbeeren geworden sind. Nur zwei Grabtafeln ragen auf, schräg gedrückt vom Westwind, und nicht ohne Müh entziffern wir das Folgende:

»Hier ruht in Gott der Schneidergesell Andreas Laudon, Kanonier von der 3. Garde-Compani der Attolerie-Bregarde, gestorben 3. April 1836.« Und ihm zur Seite der Namen eines siebzehnjährigen Mädchens, und darunter:

> Vielgeliebte, weinet nicht,
> Seht mir nach und lebt in Segen,
> Gott ist euer Trost und Licht —
> Ich habe mich zur Ruh geleget.

Wohl auf manchem Begräbnisplatze hab ich gestanden, aber auf keinem, der mich tiefer erschüttert hätte. Welche Mischung von groteskem Humor und erschütternder Poesie. Schneidergeselle Laudon, Kanonier, und daneben:

> Gott ist euer Trost und Licht,
> Ich habe mich zur Ruh geleget.

Zur Ruhe *hier*!

Die Bahre, die diesem Begräbnisplatze dient, hing an dem abgebrochenen Ast einer alten Kiefer, und Baum und Bahre waren gleichmäßig mit Flechten überdeckt; dazu gurgelte das Wasser im Röhricht, und über uns in den Kronen ging der Wind.

Alles Klage.

Nur zwischen den Bäumen leuchtete das ewige Blau.

ZWISCHEN
ZERMÜTZEL- UND TORNOW-SEE

Mein Bier und Wein ist frisch und klar,
Mein Töchterlein liegt auf der Totenbahr.

Uhland

Bald hinter der »Stendenitz« liegt Dorf und See Zermützel.

Der auf der Höhe laufende Weg schlängelt sich in einiger Entfernung am Ufer hin und berührt dabei mehrere Hügel und Vorsprünge, die die verschiedensten Bezeichnungen führen. Einer heißt der »Totenberg« und macht seinem Namen Ehre, trotzdem er seine Gruselwirkung mit den einfachsten Mitteln erzielt. Ackerfurchen überall, und nur den »Totenberg« umkreisen sie wie Parallelen eine gefürchtete Festung. Eine dieser Linien, vielleicht von einem dörfischen Freigeist gezogen, rührt schon an den Zauberkreis, aber auch nur, um plötzlich wieder abzubrechen. Eine alte Kiefer hält Wacht, und so weit ihre Nadeln fallen, ist verbotener Grund. Schädel liegt da an Schädel, so heißt es. Natürlich aus der Schwedenzeit. Wo das Dunkel beginnt, fangen Torstenson und Wrangel an.

Vom »Totenberg« sind nur noch wenig hundert Schritt bis zu Dorf Zermützel und seinem See. Wir fahren aber an beiden vorüber und halten uns nordwärts auf eine *dritte* Wasserfläche zu, die den Namen führt: der Tornow-See.

Da wo der Weg den See trifft, trifft er auch ein von Birken und Obstbäumen überschattetes Haus, das jetzt still und glücklich daliegt, als streck ihm der segenspendende Herbst seine vollste Hand entgegen.

Aber ich entsinne mich eines anderen Tages hier.

Im Januar war's. Alles, was einen Pelz und eine Büchse hatte, war auf den Beinen, und seit Tagesgrauen knallte es im Wald und an den drei Rhinseen hin: am Tornow-, Molchow- und Zermützel-See. Zu zehn Uhr war *hier*, unter diesem Dache, das Frühstück angesagt, und keiner fehlte. Da waren die Förster und Oberförster: Berger von Alt Ruppin, Conrad von Rottstiel, Kuse von Pfefferteich, dazu der Grafschaftsadel mitsamt den Offizieren der Garnison und nicht zum letzten die städtischen Nimrods, die nie genug haben an Billard und Kegelspiel und denen nur wohl ist, wenn sie zu Füßen eines Sechzehnenders schlafen.

Das Frühstück war kalte Küche; desto heißer aber war der Grog. Über dem Herdfeuer hing ein Kessel, brodelnd und dampfend, und die Büdnersleute gingen auf und ab, um überall, wo man's begehrte, mit ihrem kochenden Wasser auszuhelfen. Der Mischung besserer Teil aber floß aus den eigenen Flaschen. Und siehe da, Pelze, Grog und Tabak schufen alsbald eine wunderlich dicke Luft, eine Wolke, darauf die Göttin der Jagdanekdote saß und orakelte. Nein, *nicht* orakelte — ihren klassischen Aussprüchen fehlte jedes Dunkel.

Aber sonderbar, die Büdnersleute waren heute so still und ernst und pflegten doch sonst bei jeder Derbheit, die laut wurde, mit einzustimmen. Endlich trat ich an die Alte heran und fragte leise: »Wo ist Hannah?« Erst schüttelte sie den Kopf, aber sich besinnend, nahm sie mich rasch bei der Hand und führte mich über den Flur weg in eine Kammer, die gerade hinter dem Zimmer gelegen war, in dem die Jäger ihren Imbiß nahmen. Einen Augenblick sah ich nichts, empfing doch die Kammer all ihr Licht von einer kaum zwei Hand breiten Öffnung her, durch die der Schnee, vom Winde getrieben, eben in kleinen Flocken hineinstiebte. Die Frau, während ich mich noch zurechtzufinden suchte, war inzwischen an ein Strohlager dicht unterm Fenster getreten und schlug ein Laken zurück, das über das Stroh hin ausgebreitet war. Da lag Hannah, die Augen geschlossen, in keinem andern Schmuck als dem ihres langen Haares. Dann deckte die Alte das Laken wieder über und schlich aus der Kammer und ließ mich allein. Und der Schnee trieb immer heftiger durch das Fenster und schüttete vor der Zeit einen Hügel über der Toten auf.

In zehn Minuten war alles wie verändert. Einer hatte geplaudert. »Warum hielt er nicht den Mund?« — »Ich fahre nach Haus.« — »Ich auch.« So ging es hin und her. Die meisten aber nahmen's leicht oder gaben sich doch das Ansehn davon, und eine Stunde später knallten die Büchsen wieder an allen drei Seen hin. Aber das Bild Hannahs stand zwischen dem Schuß und seinem Ziel, und kein Hirsch wurde mehr getroffen. Oberförster Berger stieß mit dem Fuß an den Stecher, und die Kugel pfiff ihm am Ohr hin, während das Feuer seinen Bart versengte.

Es war eine »wehvolle Jagd«, wie's in alten Balladen heißt.

DIE MENZER FORST
UND DER GROSSE STECHLIN

Die Sonne war geneigt im Untergang.
Nur leise strich der Wind, kein Vogel sang,
Da stieg ich ab, mein Roß am Quell zu tränken,
Mich in den Blick der Wildnis zu versenken.
Vermildernd schien das helle Abendrot
Auf dieses Waldes sagenvolle Stätte.

In der Nordostecke der Grafschaft liegt die Menzer Forst,
24 000 Morgen groß (in ihr der sagenumwobene »Große
Stechlin«), und in dieser verlorenen Grafschaftsecke lebt die
Ruppiner Schweiz noch einmal wieder auf. Hier waltet ein
ganz eigenartiges Leben: der Pflug ruht und ebenso der Spa-
ten, der den Torf gräbt; nur das Fischernetz und die Angel
sind an dieser Stelle zu Haus und die Büchse, die tagaus, tag-
ein durch den Wald knallt. Hundert Jahre haben hier wenig
oder nichts geändert, alles blieb, wie's die Tage des großen
Königs sahn, und nur eines wechselte: der Schmuggler fehlt,
der hier sonst ins Mecklenburgische hinüber sein Wesen
trieb und seinen Krieg führte. Denn die Menzer Forst setzt
sich noch jenseits der Grenze fort, und ein von abgefallenem
Laube halb überdeckter Graben ist alles, was die Territorien
scheidet.

Um die Mitte des vorigen Jahrhunderts ward in der
Kriegs- und Domainenkammer die Frage rege: *Was machen
wir mit diesem Forst?* Hochstämmig ragten die Kiefern auf;
aber der Ertrag, den diese herrlichen Holz- und Wildbe-
stände gaben, war so gering, daß er kaum die Kosten der Unterhaltung und Verwaltung deckte. Hirsch und Wildschwein
in Fülle; doch auf Meilen in der Runde kein Haus und keine
Küche, dem mit dem einen oder andern gedient gewesen
wäre. »Was tun mit diesem Forst?« so hieß es wieder. Koh-
lenmeiler und Teeröfen wurden angelegt, aber Teer und
Kohle hatten keinen Preis. Die nächste, nachhaltige Hülfe
schien endlich die Herrichtung von *Glashütten* bieten zu sollen, und in der Tat, es entstanden ihrer verschiedene zu Da-

gow, Globsow und Stechlin; ein Feuerschein lag bei Nacht und eine Rauchsäule bei Tag über dem Walde; vergeblich; auch der Glashüttenbetrieb vermochte nichts, und der Wald bracht es nur spärlich auf seine Kosten.

Da zuletzt erging Anfrage von der Kammer her an die Menzer Oberförsterei: wie lange die Forst aushalten werde, wenn Berlin aus ihm zu brennen und zu heizen anfange, worauf die Oberförsterei mit Stolz antwortete: *»Die Menzer Forst hält alles aus.«* Das war ein schönes Wort, aber doch schöner, als sich mit der Wirklichkeit vertrug. Und das sollte bald erkannt werden. Die betreffende Forstinspektion wurde beim Wort genommen, und siehe da, ehe dreißig Jahre um waren, war die ganze Menzer Forst durch die Berliner Schornsteine geflogen. Was Teeröfen und Glashütten in alle Ewigkeit hinein nicht vermocht hätten, das hatte die Konsumtionskraft einer großen Stadt in weniger als einem Menschenalter geleistet. Ja, Hülfe war gekommen, die Menzer Forst *hatte* rentiert; aber freilich, die Hülfe war gekommen nach Art einer Sturzwelle, die, während sie das aufgefahrene Schiff wieder flottmacht, es zugleich auch zerschellt. Abermals mußte Wandel geschafft werden, diesmal nach der entgegengesetzten Seite hin, und das berühmte, wenn auch unverbürgte Wort, das König Friedrich einst in delikatester Situation an Schmettau richtete, dasselbe Wort richtete jetzt die königliche Verwaltung der Forsten und Domänen an den Oberförster von Groß-Menz: *»Hör Er auf.«* Und man hörte auf. Der Hauptstadt wurde durch dieses »Halt« übrigens nichts entzogen, denn die Linumer Torfperiode war inzwischen angebrochen, die Menzer Forst aber stieg auf der tabula rasa ihres alten Grund und Bodens *neu* empor: Eichen, Birken, Kienen in buntem Gemisch, und die Bestände, wie sie jetzt sich präsentieren, sind das Kind jener Schonzeit und Stillstandsepoche, die dem dreißig Jahre lang geführten »guerre à outrance« auf dem Fuße folgte.

Er zählt jetzt gerade hundert Jahr, dieser prächtige Wald, der ein Leben für sich führt, ein halbes Dutzend Wasserbekken mit grünem Arm umschließt und über Altes und Neues, über Teeröfen und Forsthäuser, über Glashütten und Fabriken nach wie vor seine Herrschaft übt. In *ihn* hinein wolle mich jetzt der Leser begleiten.

Es ist noch Platz auf dem Pürschwagen (vorne der Kutscher und der Herr), und ein Kissen und eine Decke harren des neuen Gastes. Die Zeit für die Decke wird kommen, die Zeit für das Kissen aber ist schon da, denn über Stubben und Wurzeln fort geht es bereits weglos und holterdiepolter in den Wald hinein. Die jungen Zweige fegen uns die Augen aus; jetzt Moorgrund, jetzt raschelndes Laub; jetzt über den Graben und jetzt über niedergestürzte Bäume hin, deren schon angefaultes Holz unter dem Drucke der Räder zerbricht und in Moderstaub aufwirbelt. Entzückendes Steeplechase; das Gefühl der Fährlichkeit geht in der Wonne des Hindernisnehmens unter.

So still der Wald, und doch erzählt er auf Schritt und Tritt, freilich mehr Ernstes als Heiteres. Wo der Pascher ein Jahrhundert lang zu Hause war, wo Förster und Wildschütz ihre nicht endende Fehde führen, wo der Sturm die Bäume bricht und die tiefen Waldseen, die sich von uralter Zeit her einen Hang nach Menschenopfern bewahrt haben, ihre Polypenarme phantastisch ausstrecken, da sind immer »Geschichten« zu Haus. Tabellen wären hier anzufertigen mit drei Rubriken nur: erschlagen, erschossen, ertrunken.

Eben haben wir eine Stelle passiert, die solche »Geschichte« hat, und noch von neustem Datum dazu. Hier, wo das Unterholz sich durch die Waldrinne zieht, gleich links neben der Weißbuche, da lag er, da fanden sie ihn, den Kopf nach der Tiefe zu, den einen Fuß im Gestrüpp verwickelt und neben ihm die Büchse. Der grüne Aufschlag des einen Ärmels war rot, und man sah deutlich, er war mit der Rechten nach der Brust gefahren. Wessen Kugel hatte ihn getroffen? Einen Augenblick schien es, als sei man dem Geheimnis auf der Spur: in Herz oder Lunge des Toten hatte man das Kugelpflaster gefunden und an ebendiesem Pflaster acht scharf markierte schwarze Strichelchen, die's dem Kundigen verrieten, daß die Kugel aus einer Büchse mit acht Rillen gekommen war. Und solcher Büchsen gab es am Rande der Menzer Forst hin nicht allzu viele. So wies man denn mit Fingern auf den und den. Aber die Sache kam zu früh in Kurs, und als an den verdächtigsten Stellen gesucht wurde, waren die achtrilligen Büchsen verschwunden. Ein groß Begräbnis gab es, groß wie die Teilnahme, aber das Geheimnis seines Todes hat der Tote mit ins Grab genommen.

So ging das Geplauder, als plötzlich, zwischen den Stämmen hin, eine weite Wasserfläche sichtbar wurde, darauf hell und blendend fast die späte Nachmittagssonne flimmerte. »Das ist der Stechlin«, hieß es. Und im nächsten Augenblicke sprangen wir ab und schritten auf ihn zu.

Da lag er vor uns, der buchtenreiche See, geheimnisvoll, einem Stummen gleich, den es zu sprechen drängt. Aber die ungelöste Zunge weigert ihm den Dienst, und was er sagen will, bleibt ungesagt.

Und nun setzten wir uns an den Rand eines Vorsprungs und horchten auf die Stille. *Die* blieb, wie sie war: kein Boot, kein Vogel; auch kein Gewölk. Nur Grün und Blau und Sonne.

»Wie still er daliegt, der Stechlin«, hob unser Führer und Gastfreund an, »aber die Leute hier herum wissen von ihm zu erzählen. Er ist einer von den Vornehmen, die große Beziehungen unterhalten. Als das Lissabonner Erdbeben war, waren hier Strudel und Trichter, und stäubende Wasserhosen tanzten zwischen den Ufern hin. Er geht 400 Fuß tief, und an mehr als einer Stelle findet das Senkblei keinen Grund. Und Launen hat er, und man muß ihn ausstudieren wie eine Frau. Dies kann er leiden und jenes nicht, und mitunter liegt das, was ihm schmeichelt, und das, was ihn ärgert, keine Handbreit auseinander. Die Fischer, selbstverständlich, kennen ihn am besten. *Hier* dürfen sie das Netz ziehen, und an seiner Oberfläche bleibt alles klar und heiter, aber zehn Schritte weiter will er's nicht haben, aus bloßem Eigensinn, und sein Antlitz runzelt und verdunkelt sich, und ein Murren klingt herauf. Dann ist es Zeit, ihn zu meiden und das Ufer aufzusuchen. Ist aber ein Waghals im Boot, der's ertrotzen will, so gibt's ein Unglück, und der Hahn steigt herauf, rot und zornig, der Hahn, der unten auf dem Grunde des Stechlin sitzt, und schlägt den See mit seinen Flügeln, bis er schäumt und wogt, und greift das Boot an und kreischt und kräht, daß es die ganze Menzer Forst durchhallt von Dagow bis Roofen und bis Altglobsow hin.«

Die Sonne war mittlerweile tiefer hinabgestiegen und berührte schon die Wipfel des Waldes. Uns eine Mahnung zur
Eile. Der Erdwall, auf dem wir gesessen und geplaudert hatten, lag nach Norden hin, aber ehe zehn Minuten um waren,
hatten wir die große Biegung gemacht und fuhren wieder an
der entgegengesetzten südlichen Seite.

Das Revier, das uns hier aufnahm, war das Revier der
Glashütten, die wie Squatter-Ansiedlungen am Waldsaume
lagen. Hütte neben Hütte; sonst nichts sichtbar als der
Rauch, der über die Dächer zog. Nur bei der Globsower
Glashütte, die (hart an einer Buchtung des Großen Stechlin
gelegen) einen weitverzweigten Handel treibt mit Retorten
und Glaskolben, nur *hier* herrschte Leben, am meisten in
der schattigen Allee, die von den Wohn- und Arbeitshütten
her, zur Ladestelle hinunterführte. Hier spielten Kinder
Krieg und fochten ihre Fehde mit Kastanien aus, die zahlreich in halb aufgeplatzten Schalen unter den Bäumen lagen.
Die einen retirierten eben auf den See zu und suchten Dek-
kung hinter den großen Salzsäureballons, die hier dichtge-
reiht am Ufer des Stechlin hin standen, aber der Feind gab
seinen Angriff nicht auf, und die Kastanien fielen hageldicht
auf die gläserne Mauer nieder.

Tausend Schritte weiter südwärts, da, wo sich ein paar
Wege kreuzen und das ansteigende Terrain einen Überblick
über eine Lichtung und ein inmitten derselben gelegenes
Wasserbecken gestattete, fiel uns eine parkartige, von alten
Eichen überragte Einfriedigung auf, an deren Front wir, als
wir hielten und abgestiegen waren, die Worte »*Metas Ruh*«
lasen und leicht erkannten, daß wir uns hier auf dem Friedhofe der Glashüttenaristokratie dieser Gegenden befinden
müßten. Aber »Metas Ruh« (soviel leuchtete kaum weniger
ein) konnte nicht wohl die Bezeichnung für diesen Begräbnisplatz überhaupt, sondern nur der Name für jenen seltsamen Bau sein, der sich inmitten dieses Eichenkampes erhob.
Hohlwegartig, die Seitenwände gemauert, lief in leiser Schrägung ein absteigender Gang auf eine Gittertüre zu, hinter der
wir leidlich bequem in das Dunkel einer rundgewölbten
Gruft blicken konnten. Drei, vier Särge waren sichtbar. Über
diesen Tatbestand hinaus aber schien unsere Neugier nicht
befriedigt werden zu sollen.

Wir hatten uns auch bereits darin ergeben, als ein Alter, den wir von Dagow her des Weges kommen sahen, unsere Hoffnung neu belebte. »*Der* wird es wissen.« Und jetzt war er dicht heran.

»Guten Tag, Papa.«

»Goden Dag ook.«

»Was bedeutet dies ›Metas Ruh‹? Wer ist Meta?«

»Meta wihr sien ihrste Fru.«

Die Sache schien sich hiernach nicht allzu rasch entwikkeln zu sollen, weshalb wir uns setzten und den Alten einluden, auch Platz zu nehmen. Er blieb aber stehen und erzählte.

»Meta, as ick Se all seggt hebb, wihr sien ihrste Fru. Un as se nu starven deih, doa wihr he ganz van een und bugte ehr disse Gruft. Awers, as dat so geit, int dritte Joar, doa hädd he wedder ne Fru, un noch dato een, de he sien besten Frünn wegnoamen hädd. Na, he leevde joa sowiet janz goat mit ehr, man blot, dat he keen Roh nich hädd un *nich sloapen künn*, un de Lüd hier herümmer (he wihr dunn in Strelitz), de seggten: ›Dat wihr man bloot, wiel sien *ihrste* Fru nich richtig begroaben wihr. De Doden, de möten in de Ihrd‹, seggten se, ›un nich in so 'n Keller.‹ «

»Und wer war es denn? Wie hieß er?«

»Da weet ick nich. Awers *dat* weet ick, dat he eens Dags hier ankoamen un to sien Verwann'n seggen deih: ›Kinnings, wi wülln dat Dings nu inriten und hunnert Fuhren Ihrd upschüdden.‹ Awers dat wullen joa nu siene Verwann'n *nich.* ›Dat kannste nich dohn‹, seggten se, ›wi hebben joa nu ook all en poar von uns mit in. Un denn, wat wühren de Lüd seggen, wenn du dien eegen »Metas Ruh« wedder inriten deist?‹ «

»Und was wurde?«

»Nu, he seggte joa vörihrst wieder nix un woahr man bloot noch so veer or fiew Doag hier rümmer; awers as nu sülwigen Harwst wedder een in de Gruft rinn süll, doa wihr joa Meta nich mihr in. Un nu frögten se so lang, bis et rutkäm. Een von de Globsower Glashüttenlüd, de all Nacht um Klock een up Arbeit güng, de wiehr niglig west und hädd öwern Tuhn kuckt, und doa hädd he joa siehn, dat een een Sark uttrecken un dat Sark inn Graff insetten deih, dat he all vörher moakt hädd. Und nu seggen s', dat is he west. Ick

weet et nich. Awers *dat* heww ick immer hührt, dat he *von
dunn an sloapen künn.*«

Wir dankten dem Alten, und weiter ging es in den bereits
dunkelnden Forst hinein. Willkommen waren uns jetzt die
lichten Stellen, wo gerodet war oder aber auf graugelben
Sandstrecken nichts andres wuchs als niederes, aus dem Samen windverschlagener Kienäpfel aufgeschossenes Buschwerk.

Eine solche Heidestrecke lag eben wieder hinter uns, als
wir in die namengebende Metropole dieser Gegenden, in
Groß-Menz, einfuhren. Es fielen Worte wie Burgwall, Ritter
Menz, hohles Gemäuer, unterirdischer Gang, alles verlok-
kendste Klänge also, die mich sechs Stunden früher in den
Zirkel dieses Dorfs wie in einen Zauberkreis gebannt haben
würden. Aber bei dem schon herrschenden Zwielicht siegten
allerlei kritische Bedenken, und statt den Forderungen wissenschaftlicher Neugier nachzugeben, ging es in wachsender
Hast, über den beinah städtisch angelegten Dorfplatz hinweg
und an einer lindenumstandenen Oberförsterei vorüber, in
die mit jedem Augenblicke reizloser werdende Landschaft
hinein.

Nicht nur Groß-Menz lag hinter uns, auch die Groß-Men-
zer *Forst.*

Immer kühler wurd es; wir wickelten uns in unsre Plaids,
und niemand sprach mehr. Die prustenden Pferde warfen
den Schaum nach hinten, und Acker, Sand und Schonung —
immer schattenhafter kamen und schwanden sie. Jetzt ein
Steindamm, jetzt lange Pappelreihen, und nun auch jener
wärmere Luftstrom, der uns die Nähe menschlicher Wohnungen bedeutete. Noch eine Biegung, zwischen den Bäumen hindurch schimmerte Licht, und — unser Wagen hielt.

Eine halbe Stunde später, und der hohe Kamin sah uns
im Halbzirkel um seine Flamme versammelt. Die Scheite,
echte Kinder der Menzer Forst, brannten hoch auf, auf uns
hernieder aber sahen die Ahnen des weitverzweigten Hauses: die Neales, die Oettinger und La Roche-Aymon, und
zwischen ihnen das leuchtende Bild des »Saalfelder Prinzen«.

Die Rede ging von alter und neuer Zeit. Märchenhaft ver-
schwamm uns Jüngsterlebtes mit Längstvergangenem, und

während wir eben noch über den Rheinsberger See hinglitten und das Gekicher schöner Frauen zu hören glaubten, weitete sich plötzlich das stille Wasserbecken und bildete Strudel und Trichter, und der Hahn, der unten auf dem Grunde des Großen Stechlin sitzt, stieg herauf und krähte, seinen roten Kamm schüttelnd, über den See hin.

Mitternacht war heran, die Scheite verglimmten, und nur ein Flackerschein spielte noch um die Bilder. Es war, als lächelten sie.

AN RHIN UND DOSSE

DAS WUSTRAUER LUCH

Es schien das Abendrot
Auf diese *Sumpf* gewordne Urwaldstätte,
Wo ungestört das Leben mit dem Tod
Jahrtausendlang gekämpfet um die Wette.

Lenau

Der Rhin, dessen Bekanntschaft wir in einem voraufgehenden Kapitel machten, nimmt auf der ersten Hälfte seines Weges seine Richtung von Nord nach Süd, bis er, nach Passierung des großen Ruppiner Sees, beinah plötzlich seinen
Lauf ändert und, rechtwinklig weiterfließend, ziemlich genau
die Südgrenze der Grafschaft zieht. Auf dieser zweiten
Hälfte seines Laufs, Richtung von Ost nach West, gedenken
wir ihn in diesem und den nächsten Kapiteln zu begleiten,
dabei weniger ihm selbst als seinen Dörfern unsre Aufmerksamkeit schenkend.

Das erste unter diesen Dörfern ist Wustrau, das wir bereits kennen. *Nicht* aber kennen wir das gleichnamige *Luch*,
das der Rhin hier, unmittelbar nach seinem Austritt aus dem
See, auf Meilen hin bildet, und diesem »Wustrauer Luch«
gilt nunmehr unsre heutige Wandrung.

Wir beginnen sie vom Zentrum des Fehrbelliner Schlachtfeldes, von dem hoch gelegenen *Hakenberger Kirchhofe* aus
und steigen, nach einem vorgängigen Überblick über die
Torf- und Wiesenlandschaft, an die Rhinufer nieder. Kahn-
fahrten werden uns aushelfen, wo Wasser und Sumpf jede
Fußwanderung zur Unmöglichkeit machen. Unser nächstes
Ziel aber ist eine zwischen den Dörfern Wustrau und Langen gelegene »Faktorei«, deren rotes Dach hell in der Sonne
blitzt.

Es war ein heißer Tag, und der blaue Himmel begann bereits kleine grauweiße Wölkchen zu zeigen, die nur ver-
schwanden, um an anderer Stelle wiederzukehren. Auf
einem schmalen Damme, der wenig mehr als die Breite einer
Wagenspur haben mochte, schritten wir hin. Alles mahnt

hier an Torf. Ein feiner, schnupftabakfarbener Staub durch-
drang die Luft, und selbst die Sträucher, die zwischen den
Gräben und Torfpyramiden standen, sahen braun aus, als
hätten sie sich gehorsamst in die Farben ihrer Herrschaft gekleidet. Das Ganze machte den Eindruck eines plötzlich ans
Licht geförderten Bergwerks, und ehe zehn Minuten um waren, sahen wir aus wie die Veteranen einer Knappschaft.

Wir mochten eine halbe Stunde gewandert sein, als wir
bei der vorgenannten »Faktorei« mit dem roten Dache ankamen. Ich weiß nicht, ob diese Etablissements, deren wohl
zehn oder zwölf im Wustrauer und Linumschen Luche sein
mögen, wirklich den Namen »Faktorei« führen oder ob sie
sich noch immer mit der alten Bezeichnung *Torfhütte* behelfen müssen. Jedenfalls *sind* es Faktoreien und drückt dieses
Wort am besten die Beschaffenheit einer solchen Luchkolo-
nie aus.

Die Faktorei, vor der wir uns jetzt befanden, lag wie auf
einer Insel, die durch drei oder vier hier zusammentreffende
Kanäle gebildet wurde. Sie bestand aus einem Wohnhaus,
aus sich herumgruppierenden Stall- und Wirtschaftsgebäu-
den und endlich aus einer Reihe von Strohhütten, die sich,
etwa zwanzig an der Zahl, an dem Hauptgraben entlangzo-
gen. Nach flüchtiger Begrüßung des Obermanns schritten
wir zunächst diesen *Hütten* zu.

Sie bilden, nebst hundert ähnlichen Behausungen, die
sich hier und überall im Luche vorfinden, die temporären
Wohnplätze für jene Tausende von Arbeitern, die zur Som-
merzeit die Höhendörfer der Umgegend verlassen, um auf
etwa vier Monate hin ins Luch hinabzusteigen und dort
beim Torfstechen ein hohes Tagelohn zu verdienen. Die
Dörfer, aus denen sie kommen, liegen viel zu weit vom Luch
entfernt, als daß es den Arbeitern möglich wäre, nach der
Müh und Hitze des Tages auch noch heimzuwandern, und
so ist es denn Sitte geworden, zeitweilige Luchhäuser aufzu-
bauen, eigentümliche Sommerwohnungen, in denen die Arbeiter die Torfsaison verbringen.

An diese Wohnungen, soviel deren dieser *einen* Kolonie
zugehören, treten wir jetzt heran.

Die Hütten stehen, behufs Lüftung, auf und gestatten uns
einen Einblick. Es sind große, vielleicht dreißig Fuß lange

Strohdächer von verhältnismäßiger Höhe. An der Giebelseite, wo die Dachluke hingehören würde, befindet sich die
Eingangstür, und gegenüber, am andern Ende der Hütte, ge-
wahren wir ein offenstehendes Fensterchen. Zwischen Tür
und Fensterchen läuft ein schmaler, tennenartiger Gang, der
etwa dem gemeinschaftlichen Flur eines Hauses entspricht.
An diesen Flur grenzen von jeder Seite her vier Wohnungen, das heißt vier niedrige, kaum einen Fuß hohe Hürden
oder Einfriedigungen, die mit Stroh bestreut sind und als
Schlaf- und Wohnplätze für die Torfarbeiter dienen. Wie
viele Personen in solcher Hürde Platz finden, vermag ich
nicht bestimmt zu sagen, jedenfalls aber genug, um auch bei
Nachtzeit ein Offenstehen von Tür und Fenster als ein drin-
gendes Gebot erscheinen zu lassen. Es war Mittag, und wir
fanden fünf, sechs Leute vor, die sich ausruhten oder ihr
Mittagsmahl verzehrten. Ein Gespräch ergab das Folgende.
Die Arbeit ist schwer und ungesund, aber einträglich, besonders für geübte Wochenarbeiter, die mittels ihrer Geschicklichkeit das Akkordquantum überschreiten und ihre Arbeits-
überschüsse bezahlt bekommen. Drei Arbeiter bilden immer
eine Einheit, und als das täglich von ihnen zu liefernde
Durchschnittsquantum gelten 13 000 Stück Torf. Leisten sie
das, so haben sie einen mittleren Tagelohn verdient, der
aber immer noch beträchtlich über das hinausgeht, was für
Feldarbeit in den Dörfern bezahlt zu werden pflegt. Gute Arbeiter indes (immer jene drei als Einheit gerechnet) bringen
es bis zu 20 000 Stück, was bei zehn Arbeitsstunden etwa
zwei Sekunden für die Gewinnung eines Stückes Torf ergibt.
Über diese Produzierung sei noch ein Wort gesagt. Man hat
es eine Zeitlang mit Maschinen versucht, ist aber längst zur
Handarbeit, als zu dem Rascheren und Einträglicheren, zurückgekommen. Das Verfahren ist außerordentlich einfach.
Drei Personen und drei verschiedene Instrumente sind nötig: ein Schneideeisen, ein Grabscheit und eine Gabel. Das
Schneideeisen ist die Hauptsache. Es gleicht einem Grabscheit, das aber zwei rechtwinklig stehende Flügel hat, so
daß man beim Eindrücken desselben drei Schnitte a tempo
macht. Die Arbeiter stehen nun an einem langen, glatt und
steil abfallenden Torfgraben, und zwar zwei *in* ihm, der
dritte *auf* ihm. Dieser dritte drückt von oben her das Schnei-

deeisen oder Torfmesser in den Grabenrand ein und schnei-
det dadurch ein fix und fertiges Torfstück heraus, das nur
noch nach unten zu festhaftet. In demselben Augenblick, wo
er das Eisen wieder hebt, um es dicht daneben in den Boden
zu drücken, sticht einer der im Graben stehenden Leute mit
dem Grabscheit das Stück Torf los und präsentiert es, wie
ein vom Teller gelöstes Stück Kuchen, dem dritten. Dieser
spießt es sofort mit einer großen Gabel auf und legt es beiseite, so daß sich binnen kurzem die bekannte Torfpyramide
aufbaut.

Wir schritten nun zu dem eigentlichen *Faktorei*gebäude
zurück. Dasselbe teilt sich in zwei Hälften, in ein Bureau
und eine Art Bauernwirtschaft. An der Spitze des Comtoirs
steht ein Geschäftsführer, ein Vertrauensmann der »Torf-
lords«, der die Wochenlöhne zu zahlen und das Kaufmännische des Betriebes zu leiten hat. Er ist nur ein Sommergast
hier, ebenso wie der Arbeiter, und kehrt, wenn der Herbst
kommt, für die Wintermonate nach Linum oder Fehrbellin
zurück. Nicht so der Obermann, der Torfmeier, dem das Gehöft gehört. Er ist hier zu Haus, jahraus, jahrein, und nimmt
seine Chancen, je nachdem sie fallen, gut oder schlecht. Der
Novembersturm deckt ihm vielleicht das Dach ab, der Winter schneit ihn ein, der Frühling bringt ihm Wasser statt Blumen und macht die »Faktorei« zu einer Insel im See, aber
was auch kommen mag, der Obermann trägt es in Geduld
und freut sich auf den Sommer, wie sich die Kinder auf
Weihnachten freuen. Dabei liebt er das Luch. Er spricht von
Weizenfeldern, wie wir von Italien sprechen, und bewundert
sie pflichtschuldigst als etwas Hohes und Großes, aber sein
Herz hängt nur am Luch und an der weiten, grünen Ebene,
auf der, wie ein Lagerplatz, den die Unterirdischen verlassen
haben, der Torf in schwarzen Kegeln steht.

Der Obermann hieß uns zum zweiten Male willkommen
und rief jetzt seine Frau, die uns freundlich-verlegen die
Hand schüttelte. Beide zeigten jene lederfarbene Magerkeit,
die mir schon früher in Sumpfgegenden, namentlich auch
bei den Bewohnern des Spreewaldes, aufgefallen war. Die
blanke, straffe Haut sah aus, als wäre sie über das Gesicht
gespannt. Die Frau ging wieder, um in der Küche nach dem
Rechten zu sehen, und ließ uns Zeit, das Zimmer zu mu-

stern, in dem wir uns befanden. Es war, wie märkische Bauernstuben zu sein pflegen: zwei Silhouetten von Mann und Frau unter gemeinschaftlichem Glas und Rahmen, zwei preußische Prinzen daneben und ein roter Husar darunter. Die Katze, mit krummem Rücken, strich an allen vier Tischbeinen vorbei, der flachsköpfige Sohn verbarg seine Verlegenheit hinter dem Kachelofen, und die Wanduhr, auf deren großem Zifferblatt Amor und Psyche vertraulich nebeneinander lehnten, unterbrach einzig und allein die langen Pausen der Unterhaltung. Denn der Obermann war kein Sprecher.

Endlich trat die Magd ein, um den Tisch zu decken. Sie öffnete die kleinen Fenster, und zugleich mit der Sonne drangen Hahnenschrei und Gegacker ins Zimmer: war doch der Hühnerhof draußen seit lange daran gewöhnt, ein dankbares Hoch auszubringen, sobald das rote Halstuch der Köchin an Tür oder Fenster sichtbar wurde. Nun kam auch der Flachskopf aus seinem Versteck hervor und stellte Stühle, während eine Flasche Wein aus unserem Reisesack die Vorbereitungen vollendete. Das Mahl selbst war ganz im Charakter des Luchs: erst Perlhuhneier, dann wilde Enten und schließlich ein Kuchen aus Heidemehl, dessen Buchweizen auf einer Sandstelle des Luches gewachsen war. Wir ließen den Obermann leben und wünschten ihm guten Torf und gute Kinder. Aber kein Glück ist vollkommen: als wir um ein Glas Wasser baten, brachte man uns ein Glas Milch; das Luch· steckt zu tief im Wasser, um Trinkwasser haben zu können.

Bald nach Tisch nahmen wir Abschied und stiegen in ein bereitliegendes Boot, um nunmehr unsere Wasserreise durch das Herz des Luches hin anzutreten. Der Himmel, der bis dahin zwischen Schwarz und Blau gekämpft hatte, wie einer, der schwankt, ob er lachen oder weinen soll, hatte sich mittlerweile völlig umdunkelt und versprach, unserer *Wasser*fahrt einen allgemeineren und strikteren Charakter zu geben, als uns lieb sein konnte. Dennoch verbot sich ein Abwarten, und unter Hut- und Mützenschwenken ging es hinaus. Es war eine *Vorspann*reise, kein Ruderschlag fiel ins Wasser, keine Bootsmannskunst wurde geübt, Ruderer und Steuermann waren durch einen graukitteligen, hochstiefligen

Torfarbeiter vertreten, der ein Riemenzeug um den Leib
trug und mittels eines am Mast befestigten Strickes uns rasch
und sicher die Wasserstraße hinaufzog. Gemeinhin war er
links von uns und trabte den grasbewachsenen, niedrigen
Damm entlang, immer aber, wenn wir in einen nach rechts
hin abzweigenden Graben einbiegen mußten, ließ er das
Boot links auflaufen, sprang hinein, setzte sich als sein eigener Fährmann über und trat dann am andern Ufer die Wei-
terreise an. Eine andere Unterbrechung machten die Brük-
ken. Dieselben sind sehr zahlreich im Luch, wie sich's bei
einundsiebzig Meilen Kanalverbindung annehmen läßt, und
dabei von einfachster, aber zweckentsprechendster Konstruktion. Ein dicker, mächtiger Baumstamm unterhält die
Verbindung zwischen den Ufern und würde wirklich, ohne
weitere Zutat, die ganze Überbrückung ausmachen, wenn
nicht die vielen mit Mast und Segel herankommenden Torf-
kähne es nötig machten, den im Wege liegenden Brückenbal-
ken unter Umständen auch ohne sonderliche Mühe beseitigen zu können. Zu diesem Behufe ruhen die Balken auf
einer Art Drehscheibe, und die Kraft zweier Hände reicht
völlig aus, den Brückenbaum nach rechts oder links hin aus
dem Wege zu schaffen.

Die zahllosen Wasserarme, die das Grün durchschneiden,
geben der Landschaft viel von dem Charakter des Spree-
walds und erinnern uns mehr denn einmal an das Kanalnetz,
das die fruchtbaren Landstriche zwischen Lehde und Leipe
durchzieht. Aber bei aller Ähnlichkeit unterscheiden sich
beide Sumpfgegenden doch auch wieder. Der Spreewald ist
bunter, reicher, schöner. In seiner Grundanlage dem Luch
allerdings nahe verwandt, hat das *Leben* doch überall Besitz
von ihm genommen und heitere Bilder in seinen einfach grünen Teppich eingewoben. Dörfer tauchen auf, allerlei Blumen ranken sich um Haus und Hütte, hundert Kähne gleiten
den Fluß entlang, und weidende Herden und singende Menschen unterbrechen die Stille, die auf der Landschaft liegt.
Nicht so im Luch. Der einfach grüne Grund des Teppichs ist
noch ganz er selbst geblieben, das Leben geht nur zu Gast
hier, und der Mensch, ein paar Torfhütten und ihre Bewohner abgerechnet, stieg in ebendiesen Moorgrund nur hinab,
um ihn auszunutzen, nicht um auf ihm zu leben. Einsamkeit

ist der Charakter des Luchs. Nur vom Horizont her, fast wie
Wolkengebilde, blicken die Höhendörfer in die grüne Öde
hinein; Gräben, Gras und Torf dehnen sich endlos, und
nichts Lebendes wird hörbar als die Pelotons der von rechts
und links her ins Wasser springenden Frösche oder das
Kreischen der wilden Gänse, die über das Luch hinziehen.
Von Zeit zu Zeit sperrt ein Torfkahn den Weg und weicht
endlich mürrisch zur Seite. Kein Schiffer wird dabei sichtbar, eine rätselhafte Hand lenkt das Steuer, und wir fahren
mit stillem Grauen an dem häßlichen alten Schuppentier
vorüber, als wär es ein Ichthyosaurus, ein alter Beherrscher
dieses Luchs, der sich noch besönne, ob er der neuen Zeit
und dem Menschen das Feld räumen solle oder nicht.

So hatten wir etwa die Mitte dieser Torfterritorien erreicht, und die nach Süden zu gelegenen Kirchtürme waren
uns aus dem Gesicht entschwunden, während die nördlichen
noch auf sich warten ließen. Da brach das Gewitter los, das
seit drei Stunden um das Luch herum seine Kreise gezogen
und geschwankt hatte, ob es auf der Höhe bleiben oder in
die Niederungen hinabsteigen sollte. Diese Luchgewitter erfreuen sich eines allerbesten Rufs; wenn sie kommen, kommen sie gut, und ein solches Wetter entlud sich jetzt über
uns. Kein Haus, kein Baum in Näh oder Ferne; so war es
denn das beste, die Reise fortzusetzen, als läge Sonnenschein
rings um uns her. Der Regen fiel in Strömen, unser einge-
schirrter Torfarbeiter tat sein Bestes und trabte gegen Wind
und Wetter an. Der Boden ward immer glitschiger, und mehr
denn einmal sank er in die Knie; aber rasch war er wieder
auf, und unverdrossen ging es weiter. Wir saßen derweilen
schweigsam da, bemaßen das Wasser im Boot, das von Minute zu Minute stieg, und blickten nicht ohne Neid auf den
vor uns her trabenden Graukittel, der, in der Lust des
Kampfs, Gefahr und Not einigermaßen vergessen konnte,
während *wir* in der Lage von Reservetruppen waren, die Gewehr bei Fuß stehen müssen, während die Kugeln von allen
Seiten her einschlagen.

Jeder hat solche Situationen durchgemacht und kennt die
fast gemütliche Resignation, die schließlich über einen
kommt. Mit dem Momente, wo man die letzte trockne Stelle
naß werden fühlt, fühlt man auch, daß der Himmel seinen

letzten Pfeil verschossen hat und daß es nur besser werden kann, nicht schlimmer. Lächelnd saßen wir jetzt da, nichts vor uns als den graugrünen, mit Regen und Horizont in eins verschwimmenden Luchstreifen, und sahen auf den Tropfentanz um uns her, als ständen wir am Fenster und freuten uns der Wasserblasen auf einem Teich oder Tümpel.

Endlich aber hielten wir. Wir hatten den ersehnten Nordrand erreicht, und die Sonne, die, sich durchkämpfend, eben ihren Friedensbogen über das Luch warf, vergoldete den Turm des Dorfes Langen vor uns und zeigte uns den Weg. In wenigen Minuten hatten wir das Wirtshaus erreicht, bestellten, in fast beschwörendem Ton, »einen allerbesten Kaffee« und baten um die Erlaubnis, am Feuer Platz nehmen und unsere Garderobe stückweise trocknen zu dürfen. Und wirklich traten wir gleich danach in die große Küche mit dem Herd und dem Hängekessel ein. Der Rauchfang war mit allerlei kupfernem Geschirr, die roten Wände mit Fliegen bedeckt, und die jetzt brennend über dem Hause stehende Sonne drückte von Zeit zu Zeit den Rauch in die Küche hinab. Eine braune, weitbäuchige Kanne paradierte bereits auf dem Herd, und eine behäbige Alte, die (eine große Kaffeemühle zwischen den Knien) bis dahin mit wunderbarem Ernste die Kurbel gedreht hatte, stand jetzt von ihrem Schemel auf, um das braune Pulver in den Trichter zu schütten. Ebenso war die Magd mit dem Hängekessel zur Hand, und im nächsten Augenblicke zischte das Wasser und trieb die Schaumblasen hoch über den Rand. Wir aber standen umher und sogen begierig den aromatischen Duft ein. Alles Frösteln war vorüber, und die Tasse mitsamt dem Herdfeuer vor uns, auf einem alten Binsenstuhl uns wiegend, plauderten wir vom *Luch*, als wären wir über den Kansas River oder eine Prairie »far in the west« gefahren.

WALCHOW

Ach, ich kenne dich noch, als hätt ich dich
gestern verlassen,
Kenne das hangende Pfarrhaus noch,
das Gärtchen, die Laube,
Schräg mit Latten benagelt.

Schmidt von Werneuchen

Man sieht sich leicht an Wald und Feldern satt,
Wie anders tragen uns die Geistesfreuden
Von Buch zu Buch, von Blatt zu Blatt.

»Faust«

Von Langen, das wir nach einer Fahrt durchs Wustrausche
Luch am Schluß unsres vorigen Kapitels glücklich erreichten, ist nur noch eine Viertelmeile bis Walchow.

Walchow ist Mittelpunkt des Rhinluches. In den Zeiten,
die der Reformation vorausgingen und ihr unmittelbar
folgten, war es ein adliges Gut, das den Wuthenows und Zietens gehörte. So bis 1638, wo die Kaiserlichen unter Gallas
dieses Dorf, wie so viele andere des Ruppinschen Landes, in
einen Aschenhaufen verwandelten. Nach dem Kriege verkauften die genannten beiden Familien ihre Anteile, die nun
zunächst 1680 mit holländischen, 1699 mit pfälzischen Kolonisten besetzt wurden. Ein Jahrhundert später begann das
Prosperieren. Jetzt ist Walchow reich oder doch wohlhabend.

Einen Beweis für ländliche Wohlhabenheit bietet der
Kirchhof, und zwar in der Regel mehr als die Erscheinung
der *Dörfer selbst.* Die neue Scheune kann gebaut worden
sein, weil es nötig war oder die alte niederbrannte, das Kirch-
hofsdenkmal aber ist recht eigentlich ein Gegenstand des Luxus. Die Menschen müssen *sehr* pietätvoll, *sehr* eitel oder
aber *sehr* wohlhabend sein, wenn sie mit dem geliebten Toten einen Teil ihres Besitzes teilen sollen. In Walchow hat
der Dorfschulze seinem fünfzehnjährigen Sohne ein Monument errichtet, wie's dem Begräbnisplatz eines adeligen Hau-

ses zur Zierde gereichen würde. In Front einer Tempel-
façade (der Giebel von dorischen Säulen getragen) steht auf
hohem Postament ein Engel des Friedens; Zypressen und
Blumenbeete ringsum. An der Wand des Tempels aber erblicken wir eine Bronzetafel mit folgender Inschrift:

Hier ruhet in Gott
Erdmann Friedrich Hölsche,
das letzte Kind seiner tiefgebeugten Eltern.

Die Sorge für dich war die frohe Arbeit unserer Tage. Die
Freude an dir unser gemeinsames Glück, und unsere Hoffnung sah in dir des nahenden Alters Stütze. Du liebes Kind,
nun gründen wir deiner Asche diese Wohnung. Mögest du
sanft darinnen ruhn, mögen auch *wir* Trost empfangen an
dieser Stätte und den Frieden auf Erden.

Die eigentliche Sehenswürdigkeit Walchows ist aber doch
seine Pfarre. Hier wohnt Superintendent Kirchner, ein Sechziger, rüstig im Leben, im Amt und in der Wissenschaft. Fest
und freundlich, gekleidet in den langen Rock des lutherischen Geistlichen, das angegraute Haar gescheitelt und in
zwei Wellen über die Schläfe fallend, erinnerte mich sein
Auftreten an das jener dänischen Pfarrherren, deren mir,
während des vierundsechziger Krieges, so viele, von der Kol-
dinger Bucht an bis hinauf an den Limfjord, bekannt geworden waren. »Wie Grundtvig«, war der erste Eindruck, den
ich empfing, und dieser Eindruck blieb auch. In der Tat,
eine frappante Ähnlichkeit zwischen dem nordischen und
dem märkischen Manne: Strenggläubigkeit, nationale Begeisterung, Einkehr bei der Urzeit des eigenen Volkes, Hang,
das Dunkel zu lichten, Vorliebe für Hypothesen und zuletzt
Identifizierung damit. Grundtvig dabei mehr die *Sagen*überbleibsel einfangend, die wie Sommerfäden von Heide zu
Heide ziehen, Kirchner die *Heide* selbst durchforschend, bis
sie Gräber und Urnen und in beiden ihre Geheimnisse her-
ausgibt; der eine *Dichter*, der andere *Archäolog*; jener im
Studium alter Lieder aus der geistigen Welt eine sachliche,
dieser im Studium alter Waffen, Münzen etc. aus der sachlichen Welt eine geistige konstruierend. Und wirklich, Super-

intendent Kirchner ist nicht bloß ein Sammler nach Art so
vieler seiner Amtsbrüder, die nur im Vorhofe der Wissenschaft, speziell der Altertumskunde, wohnen; er gelangt vielmehr zu *Schlüssen* aus dem Gesammelten, und *hier* liegt der
Unterschied zwischen Wissenschaftlichkeit und Liebhaberei.
Die Mappen, die Schubfächer, die Glaskästen sind ihm nicht
Zweck, sondern nur Mittel zum Zweck, und der historische
Sinn (samt jenem Bedürfnis, zu *Resultaten* zu kommen) erwies sich siegreich in ihm über die bloße Kuriositätenkrämerei. Denn auch die schönste bronzene Streitaxt, die zierlich-
ste Feuersteinlanzenspitze, sie haben nur Anekdotenwert,
wenn sie nicht den Wunsch anregen, den Charakter und das
Wesen einer Epoche daraus kennenzulernen. Ob richtig, ist
zunächst gleichgiltig. Der Weg zur Wahrheit ist mit Irrtümern gepflastert.

Ein Studierzimmer von mäßiger Ausdehnung, in das wir
jetzt eingetreten, ist, wie Bibliothek, so auch Naturaliencabinet und Museum für nordische Altertümer. Es wurde mir
vergönnt, in den Schätzen dieser nicht zahlreichen, aber sehr
ausgezeichneten Kollektion eine Stunde lang schwelgen zu
können, wobei sich mir der alte Satz bewahrheitete, daß An-
fänger und Laien in *kleinen* Sammlungen am meisten zu lernen imstande sind. Museumsmassenschätze staunt man an
und geht mit dem trostlosen Gefühl daran vorüber, »dieser
10 000 Dinge doch niemals Herr werden zu können«; wo
hingegen nur 100 Dinge zu uns sprechen, lächelt uns von
Anfang an die Möglichkeit eines Sieges. Und dieser Sieg
wird uns *sicher*, wenn ein Kundiger abermals auszuscheiden
und den verbleibenden Rest durch begleitende kleine Vor-
träge mehr und mehr zu veranschaulichen versteht. Es heißt
dann immer aufs neue: »Du wirst dabei in einer Stunde
mehr gewinnen als in des Jahres Einerlei.« Und still dankbar
klangen in meinem Herzen diese Worte nach.

Unter den Schätzen, die mir gezeigt wurden, waren folgende: 1. ein Tierkopf von Bronze (wahrscheinlich Ornament an dem Wagen eines Opferpriesters); 2. ein Sandalen-
sporn von Bronze, gefunden bei Frankfurt a. O.; 3. ein goldener Fingerring, blank, gefunden in der Prignitz; 4. ein
goldener Halsring, blank, fünf Zoll im Lichten, gefunden bei
Walchow auf einer Torfwiese des vorgenannten Schulzen

Hölsche (seltenes Exemplar; Goldwert zweiundvierzig Taler; leider bald nach dem Funde von einem »Untersucher«
zerbrochen); 5. ein römischer Dukaten aus dem fünften
Jahrhundert mit dem Bilde des Kaisers Zeno; im Sande der
Uckermark gefunden; 6. eine Spindel von Bein; sie lag neben einem sieben Fuß langen Gerippe zwischen drei Eichen-
bohlen. (Spinn*wörtel* findet man oft, Spindeln selbst aber
sehr selten.) Neben diesen Prachtstücken interessierte mich
noch eine nicht geringe Zahl von Armringen, Broschen, Kel-
ten, Paalstäben etc., die zwar in sich selbst keinen außergewöhnlichen Wert darstellten, diesen Mangel aber durch das
Interesse, das der Fundort einflößte, mehr als ausglichen.
Alle diese Gegenstände nämlich, einige vierzig, waren bei
Templin in einem ausgetrockneten Wasserloche, elf Fuß tief,
und zwar unter fünf horizontal liegenden Eichen, gefunden
worden. Einerseits die verhältnismäßig große Zahl, andererseits der Umstand, daß sie bunt durcheinandergewürfelt an
einer und derselben Stelle lagen, gibt ein Rätsel auf. Von
einem Begräbnisplatze kann keine Rede sein. Superintendent Kirchner nimmt an, es sei hier ein römischer Händler
mit seinem Karren voll Bronzeschmuck verunglückt.

Diese Hypothese führt mich auf die schriftstellerische Tätigkeit Kirchners. Sie geht in erster Reihe nach der märkisch-
historischen Seite hin und hat in der Familiengeschichte der
Arnims sowie namentlich auch in dem großen vierbändigen
Werke »Die Kurfürstinnen und Königinnen von Brandenburg und Preußen« allgemein Anerkanntes geleistet. Was an
dieser Stelle jedoch, und zwar weit über jene historischen
Arbeiten hinaus, Erwähnung verdient — Erwähnung *deshalb*, weil es vielleicht bestimmt ist, dermaleinst epochema-
chend aufzutreten —, das ist Kirchners vor etwa zwanzig
Jahren erschienenes Buch »*Thors Donnerkeil* und die steinernen Opfergeräte des nordgermanischen Heidentums«.
Der Titel fügt hinzu: »zur Rechtfertigung der Volksüberlieferung gegen neuere Ansichten«.

Kirchner geht in diesem seinem Buche davon aus, daß die
berühmte, zuerst von Nilsson in Stockholm aufgestellte,
demnächst aber nicht bloß in Skandinavien, sondern in der
gesamten wissenschaftlichen Welt akzeptierte Drei-Zeitalter-
Einteilung (Stein-, Bronze- und Eisenepoche), das mindeste

zu sagen, sehr anfechtbar sei. Worin er mit Ledebur überein-
stimmt, der ebenfalls ausgesprochen hat, »daß das häufige
Vorkommen von Steingerätschaften in gleichzeitig auch mit
bronzenen und eisernen Gerätschaften ausgestatteten Gräbern unverkennbar auf die Mißlichkeit dieser Drei-Zeitalter-
Einteilung hindeute«. Kirchner sucht in weiterem nachzuweisen, daß der Gebrauch der Steinwerkzeuge, nachdem
diese durch Bronze und Eisen längst abgelöst gewesen seien,
im germanischen *Kultus* noch lange fortbestanden habe,
»etwa wie jetzt der Akt der Beschneidung seitens der Juden
immer noch mit einem *Steinmesser* vollzogen werde«. Dieser Vergleich ist geistvoll und dient seinem Zwecke vorzüglich. Wieweit er zugleich das Richtige trifft, entzieht sich meinem Urteile, denn es würde gewagt sein, in dieser überaus
schwierigen Frage vom Laienstandpunkt aus Partei nehmen
zu wollen. Nur ein unbestimmtes Gefühl, das ich schon vor
Jahren bei meinem ersten Besuche des Nordischen Museums in Kopenhagen hatte, mag auch heute wieder seinen
Ausdruck finden. Es richtete sich ebenfalls gegen das vorerwähnte Dreiteilungsprinzip. Ich sagte mir: Alle diese kostba-
ren und kunstgerechten Bronzegegenstände können doch
unmöglich als die Hervorbringungen eines barbarischen, in
Künsten unerfahrenen Volkes angesehen werden, müssen
vielmehr von den Küsten des Mittelmeeres oder von Gallien
oder aber von den angrenzenden römischen Kolonien her in
die germanischen Länder importiert worden sein. Ist dem
aber so, sind es *wirklich* Importartikel, stehen sie mithin zu
dem Kulturleben des sich ihrer bedienenden Volkes in keiner andern als einer rein äußerlichen und zufälligen Beziehung, so können sie kein eigentliches Einteilungsmotiv bilden und lassen es unstatthaft erscheinen, auf *sie* hin von
einem Bronzezeitalter zu sprechen, dem ein Steinzeitalter
vorausging und ein Eisenzeitalter folgte. Solche Rubrizierun-
gen haben nur *dann* einen Sinn, wenn die Dinge, nach denen die Wissenschaft ihren Scheidungsprozeß veranstaltet,
auf dem betreffenden Boden auch wirklich *gewachsen* und
Ausdruck eines bestimmten höheren oder niederen Kultur-
grades sind.

Und so wie damals steh ich auch *heute* noch zu dieser
Frage, weil ich nach wie vor (wie auch Kirchner) alle diese

kunstvolleren Gold- und Bronzegegenstände als *Import*artikel ansehe.* Hat aber umgekehrt die skandinavische Forschung recht, die diese Bronzen als reguläre Schöpfungen
der damaligen germanischen Kultur anzusehen scheint, so
würde sich danach das Dreiteilungsprinzip als allerdings in
größerem oder geringerem Maße gerechtfertigt herausstellen,
aber doch zugleich auch bewiesen sein, daß wir uns das Sue-
ven- und Semnonentum des dritten bis fünften Jahrhunderts
abweichend von den Schilderungen des Tacitus und unseren
darauf erwachsenen Anschauungen vorzustellen hätten. Die
Germanen würden danach allermindestens ein Halbkultur-
volk und in ihrer späteren Epoche mit einem künstlerischen
Können ausgerüstet gewesen sein, das auch *heute* noch von
Durchschnittsleistungen unseres deutschen Kunsthandwer-
kes *nicht* überflügelt wird.

Das letzte Schubfach war zugeschoben, die Brakteaten
und römischen Münzen hatten wieder Ruh, und das Familienzimmer nahm uns auf zu Mahl und Geplauder. Über nah
und fern ging es hin, in immer munterer werdender Rede,
denn ich befand mich in einem »gereisten Hause«, darin
nun die gemeinschaftlichen Erinnerungen an Skandinavien
und Schottland, an die Belte, den Sund und den Kaledoni-
schen Kanal frisch aufblühten. Das Boot glitt weiter über den
Loch Lomond hin, Abbotsford und Melrose Abbey stiegen
wieder vor uns auf, und im Gleichtakt zitierten wir aus
Scotts herrlicher Dichtung: »If thou wouldst view fair Melrose aright« etc.

Meine von Jugend auf gehegte Vorliebe für diese stillen,
geißblattumrankten Pfarrhäuser, deren Giebel auf den Kirchhof sieht — ich fühlte sie wieder lebendig werden und empfand deutlicher als je zuvor die *geistige* Bedeutung dieser
Stätten. In der Tat, das Pfarrhaus ist nach *dieser* Seite hin

---

* Kirchner hebt auf Seite 30 seines obengenannten Buches hervor, daß ein Teil
dieser Bronzen sehr wahrscheinlich von Künstlern und Handwerksmeistern herrühre,
die, ursprünglich griechisch oder römisch, sich in Deutschland niedergelassen hatten.
Dies hat viel für sich. Dergleichen geschah zu allen Zeiten, in alten und neuen. Anfang
des vorigen Jahrhunderts kam Antoine Pesne von Paris nach Potsdam und begann, die
Schlösser mit ausgezeichneten Bildern zu füllen. Nichtsdestoweniger würd es grund-
falsch sein, den Kunst- und Kulturgrad des damaligen Preußens nach Pesne bemessen
zu wollen. Alles, was er schuf, war, trotz der leiblichen Anwesenheit des Meisters in
unsrem Lande, doch immer nur eine *importierte* Kunst. Unserer wirklichen Kunststufe
entsprach damals Leygrebe, der Riesengrenadiere und Jagdhunde malte.

dem Herrenhause weit überlegen, dessen Ansehen hin-
schwindet, seitdem der alten Familien immer weniger und
der zu »Gutsbesitzern« emporsteigenden ländlichen und
städtischen Parvenus immer mehr werden. Und noch ein anderes kommt hinzu. Der Adel, soweit er ums Dasein ringt,
vermag kein Beispiel mehr zu geben oder wenigstens kein
gutes, soweit er aber im Vollbesitz seines alten Könnens verblieben ist, entzieht er sich zu sehr erheblichem Teile der
Dorfschaft und tritt aus dem engeren Zirkel in den weiter gezogenen des staatlichen Lebens ein.

Das Pfarrhaus aber bleibt *daheim*, wartet seines Gartens
und okuliert den Kulturzweig auf den immer noch wilden
Stamm.

Daß ich hier ein *Ideal* schildere, weiß ich. Aber es verwirklicht sich jezuweilen, und an vielen hundert Stellen wird
ihm wenigstens nachgestrebt.

PROTZEN

Im Westen schwimmt ein falber Strich,
Der Abendstern entzündet sich,
Schwer haucht der Dunst vom nahen Moore;
Schlaftrunkne Schwäne streifen sacht
An Wasserbinsen und am Rohre.

»So hab ich dieses Schloß erbaut,
Ihm mein Erworbnes anvertraut,
Zu der Geschlechter Nutz und Walten;
Ein neuer Stamm sprießt aus dem alten,
Gott segne ihn, Gott mach ihn groß.«

Annette von Droste-Hülshoff

Westlich, in unmittelbarer Nähe von Walchow, liegt Protzen, ein wohlhabendes Luch- und Torfdorf wie jenes. Es
war immer, soweit die Nachrichten reichen, ein adliges Gut.
Im vierzehnten und fünfzehnten und auch noch zu Beginn
des sechzehnten Jahrhunderts saß hier eine Familie, die
sich einfach nach ihrem Wohnorte nannte, also eine Familie
von Protzen. Eine der drei Kirchenglocken (die größte)
geht bis in jene Zeit zurück. Sie rührt noch aus der Zeit Albrecht Achills her und trägt die Inschrift: »Jhesu Criste rex
gloriae veni cum pace«, samt der Jahreszahl 1476. Hat also
schon zur katholischen Zeit die Gemeinde zur Kirche gerufen.

Den Protzens folgten um etwa 1522 die Gadows, die das
Dorf 130 Jahre lang, von den ersten Tagen der Reformation
an bis zum Schluß des Dreißigjährigen Krieges, in ihrem
Besitz hatten. Auch aus diesem Abschnitt existieren keine
Überlieferungen. Aber wie von den Protzens her die älteste
Glocke, so datiert von den Gadows her der älteste *Abendmahlskelch* der Kirche. Er ist vergoldet, von schöner Form
und zeigt, außer den drei Fischen des Gadowschen Wap-
pens, die Jahreszahl 1584. In der Mitte, um den Handgriff
herum, stehen einzeln die Buchstaben J-E-S-U-S.

DIE FAMILIE QUAST IN PROTZEN
(1652—1752)

Um 1652 waren die Gadows, wahrscheinlich infolge des Kriegselends, derart verschuldet, daß sie Protzen nicht mehr halten konnten. Sie verkauften es um die genannte Zeit an ihren Gutsnachbar Otto von Quast, der nach diesem Kaufe sein väterliches Gut Garz aufgab und nach Protzen hinüberzog.

Der Grund zu diesem Gutsankaufe seitens der Quaste lag in einem starken Familiengefühl. Albrecht Christoph von Quast, von dem das folgende Kapitel ausführlicher handeln wird, hatte, wie so viele von denen, die »lieber Hammer als Amboß« sein wollten, im Laufe des Dreißigjährigen Krieges ein Vermögen erworben und gedachte dasselbe zu Güterkäufen in *Mähren* zu verwenden. Seine von alter Zeit her im Ruppinschen ansässige Familie wünschte jedoch den einflußreichen Mann, der um 1652 der berühmteste Träger ihres Namens war, im Lande zu behalten, und so wurde Garz, das älteste Quastsche Familiengut, seitens seines Vetters Otto an den Generalfeldwachtmeister und Eroberer der Insel Fünen, Albrecht Christoph von Q., abgetreten. Otto von Quast aber kaufte nunmehr, wie schon hervorgehoben, anstelle des alten Familiengutes das nahe gelegene Protzen und freute sich der Sonne, die von Garz aus herüberschien.

Die Quaste verblieben von jener Zeit an durch vier Generationen im Besitze von Protzen.

1682 mußte der alte Turm abgetragen und ein neuer errichtet werden. Der damalige Besitzer von Protzen war Alexander Ludolf, ältester Sohn des vorerwähnten Otto von Quast. Er unterzog sich der Renovierung und ließ gleichzeitig ein Schriftstück anfertigen, das in dem Turmknopf aufbewahrt wurde. Dieser Turmknopf saß 111 Jahre lang unter Wind und Wetter fest, und was die Welt bis zu jenem Zeitpunkt über Protzen und die hundertjährige Herrschaft der Protzener Quaste wußte, war gleich Null. Da kam 1793 ein Sturm, warf den Turmknopf in die Dorfstraße hinunter und brachte dadurch das urkundliche Schriftstück von 1682 ans Licht. Es umfaßte nur vier Seiten, gab aber über die früheren Besitzverhältnisse des Dorfes genügendes Material an

die Hand. Auch anderweite Notizen waren mit eingefloch-
ten. So hieß es beispielsweise über den *Turmbau*: »Weil die
Mauer an einer Ecke bis auf die Turmtür von Grund aus
zerfallen war, ließen wir Michael Dietzel aus Schleiz im
Vogtlande kommen; den Turmbau selbst aber übertrugen
wir einem berühmten Zimmermann und Turmbauer, dem
Meister Hans Kraatzen aus Seegefeld bei Spandau, einem
Untertanen des Herrn von Ribbeck.« Dann an anderer
Stelle: »Als die oberste Fahnschwelle aufgebracht werden
sollte, wurde der sechzig Jahr alte Kirchenvorsteher Balzer
Schleuß, ein frommer, ehrlicher Mann, aus einer ›unglückli-
chen Unvorsichtigkeit‹ erschlagen, welcher indes, ›da er ein
Unglück bei diesem Turmrichten befürchtet und sich den
Tag zuvor mit Gott versöhnet und das hochwürdige Abend-
mahl andächtig genossen hatte, *ohne Zweifel* wohlselig ge-
storben ist‹.«

Alexander Ludolf, der auch Güter an der Ostseite des
Ruppinschen Sees in seinen Besitz brachte, ist der Gründer
der noch blühenden Radenslebener Linie. Sein schönes Portrait, gute niederländische Schule, befindet sich im Herrenhause zu Radensleben. Er war zweimal verheiratet, erst mit
einer von Katte, dann mit einer von Grävenitz, und hatte
zehn Kinder aus diesen beiden Ehen. Er scheint damals
durch Besitz, Charakter und Familienverbindungen eine der
angesehensten Persönlichkeiten der Grafschaft und der Kur-
mark überhaupt gewesen zu sein. Das Ansehen, das der Generalfeldwachtmeister Albrecht Christoph von Quast unmittelbar vor ihm genoß, ging wenigstens partiell auf ihn über.

Die Familie Kleist in Protzen
(1752—1826)

Im Jahre 1752 ging Protzen (das damals einem erst wenige
Jahre zuvor in den Besitz des Guts gekommenen Albrecht
Friedrich von Quast gehörig war) in die Hände des General-
lieutenants von Kleist über. Die Kleiste besaßen es dann
vierundsiebzig Jahre, wovon ein erheblicher Teil, mindestens einundzwanzig, auf zwei Witwenherrschaften fällt. Lassen wir diese Übergangszeiten außer Betracht oder, richtiger,

legen wir das jedesmalige Witweninterregnum dem voraufgegangenen eigentlichen Herrscher zu, so folgen sich nachstehende drei Kleiste im Besitze von Protzen:

Generallieutenant Franz Ulrich von Kleist, einschließlich
Witwenherrschaft, von 1752 bis 1770; Fähnrich Gustav von
Kleist, einschließlich Witwenherrschaft, von 1770 bis 1803;
Louis von Kleist, später Generallieutenant, von 1803 bis
1826.

Protzen von 1752 bis 1770

Generallieutenant von Kleist, so scheint es, begann damit,
Park und Herrenhaus standesgemäß herzurichten. Letzteres
zeigt über der Eingangstür noch das Doppelwappen der Kleist
und Lepel, welcher letztern Familie die Gemahlin des Generallieutenants angehörte. Die Anwesenheit des Generals auf
seinem Gute war aber immer nur eine kurze; der Dienst hielt
ihn fern. Welche Truppen er kommandierte, ist aus den Aufzeichnungen, die ich benutzen konnte, nicht ersichtlich. 1756
rückte er mit in Sachsen und Böhmen ein und erlag am 13. Januar 1757 seinen in der Schlacht bei Lobositz erhaltenen
Wunden. Das Protzener Kirchenbuch schreibt Logoschütz.
Aber selbstverständlich kann nur Lobositz gemeint sein.

Nun begann die Herrschaft der verwitweten Frau Generalin. In die Zeit ihrer Regentschaft, also bevor der minorenne
Sohn eintrat, fällt das große Ereignis Protzens während des
vorigen Jahrhunderts: der Tod eines preußischen Prinzen im
dortigen Herrenhause.

Über diesen Tod berichtet der alte Pastor Schinkel im
Protzener Kirchenbuche wie folgt: »Den 16. Mai 1767 traf
Seine Königliche Hoheit Prinz Friedrich Heinrich Karl von
Preußen auf dem Marsche von Kyritz nach Berlin mit seinem Regimente hier ein. Er nahm bei unserer Frau Generallieutenant von Kleist Quartier, in der Hoffnung, nach hier
zugebrachter Nacht, am anderen Morgen weiterzurücken. Es
zeigten sich jedoch die Pocken, so daß Seine Königliche Hoheit sich genötigt sahen, hier zu bleiben. Geschickte Docto-
rens* wandten alle Mittel an, diesen teuren und liebenswür-

---

* Die »Doctors«, die hier tätig waren, waren drei an der Zahl: zunächst Dr. Feldmann aus Ruppin, dann Cothenius, der Leibarzt des Königs, schließlich Geheimer Rat
Dr. Mutzel aus Berlin.

digen Prinzen zu retten, Gott verhängte es aber anders, so
daß, nachdem die weißen Frieseln dazuschlugen, dieser al-
lerliebste Prinz den 26. Mai, acht Uhr abends seinen Geist
aufgeben mußte. Ein trauriges Andenken, so die späten Zeiten nicht vergessen werden. Den 28. Mai, elf Uhr abends
wurde die hohe Leiche durch Offiziere unter Leuchtung vieler Lichter in das hiesige Gewölbe gesetzet und am 7. Juni,
als am ersten Pfingsttage, von hier aus nach Berlin gebracht.
Dieser hochselige Prinz war am 30. November 1747 geboren, also kaum neunzehn Jahre, fünf Monate alt geworden.«

Ich lasse dieser schlichten Kirchenbuchaufzeichnung
noch einige Notizen folgen.

Prinz Heinrich, damals gemeinhin — zum Unterschiede
von seinem berühmten Oheim in Rheinsberg — der *junge*
Prinz Heinrich genannt, war der Sohn des 1758 zu Oranienburg verstorbenen Prinzen August Wilhelm von Preußen. Er
war also Neffe Friedrichs des Großen wie zugleich jüngerer
Bruder des spätern Königs Friedrich Wilhelms II. Friedrich
der Große bezeigte ihm von dem Augenblick an, wo die
Kriegsaffairen hinter ihm lagen, ein ganz besonderes Wohlwollen. Dies war ebensosehr in den allgemeinen Verhältnissen wie in den Eigenschaften des jungen Prinzen begründet.
Dieser erschien von ungewöhnlicher Beanlagung, war klug,
voll noblen Denkens und hohen Strebens, dabei gütig und
von reinem Wandel; was indessen den König in all seinen
Beziehungen zu diesem Prinzen eine ganz ungewöhnliche
Herzlichkeit zeigen ließ, war wohl der Umstand, daß er sich
dem verstorbenen Vater des Prinzen gegenüber, dem er viel
Herzeleid gemacht hatte, bis zu einem gewissen Grade verschuldet fühlte, eine Schuld, die er abtragen wollte und an
den *ältern* Bruder (den spätern König Friedrich Wilhelm II.), der ihm aus verschiedenen Gründen nicht recht
zusagte, nicht abtragen *konnte.*

Prinz Heinrich hatte 1762 den lebhaften Wunsch geäußert, dem Könige bei Wiederbeginn der Kriegsoperationen
sich anschließen zu dürfen. Friedrich lehnte jedoch ab, da
der junge Prinz erst vierzehn Jahr alt war. Erst nach erfolgtem Friedensschluß wurd er von Magdeburg, wo er garniso-
nierte, nach Potsdam gezogen und trat als Hauptmann in das
Bataillon Garde. Er gehörte nunmehr einige Jahre lang zu

den regelmäßigen Mittagsgästen des Königs und begleitete
diesen auf seinen Inspektionsreisen durch die Provinzen.
1767 im April übersiedelte der Prinz nach Kyritz, um nunmehr die Führung des hier stehenden Kürassierregiments
oder auch nur eines Teils desselben zu übernehmen. Dies
Kürassierregiment waren die berühmten »gelben Reiter«, deren *Chef* der Prinz bereits seit 1758 war.

Der Übernahme des Kommandos folgte, wenige Wochen
später, jene Katastrophe, die ich, nach den Aufzeichnungen
des Protzener Kirchenbuches, vorstehend mitgeteilt habe.

Rittmeister von Wödtke brachte die Trauerkunde dem
Könige. Dieser war in seltenem Grade bewegt. Einer der höheren Offiziere sprach dem Könige Trost zu und bat ihn,
sich zu beruhigen. »Er hat recht«, antwortete Friedrich,
»aber Er fühlt nicht den Schmerz, der mir durch diesen Verlust verursacht wird.« — »Ja, Ew. Majestät, ich fühle ihn; er
war einer der hoffnungsvollsten Prinzen.« Der König schüttelte den Kopf und sagte: »Er hat den Schmerz auf der
Zunge, *ich* hab ihn *hier.*« Und dabei legte er die Hand aufs
Herz. Eine ähnlich tiefe Teilnahme verraten seine Briefe. An
seinen Bruder Heinrich in Rheinsberg schrieb er: »Ich liebte
dieses Kind wie mein eigenes«, und an Tauentzien meldete
er in der Nachschrift zu einer dienstlichen Ordre: »Mein lieber Hendrich ist tot.«

Kehren wir, nach diesem biographischen Exkurs, nach
Protzen zurück. Die Geschwister des Prinzen übersandten der
verwitweten Generalin von Kleist wertvolle Zeichen der
Dankbarkeit, und das Ereignis selbst wurde seitens dieser letztern durch zwei bildliche Darstellungen im Sterbezimmer lo-
kalisiert. Ein Loyalitätsakt, der mir, nach der Huldigungsseite
hin, etwas zu weit zu gehen und die Schönheitslinie zu überschreiten scheint. Ob die Gemälde noch existieren, hab ich
nicht erfahren können; aber das Giebelzimmer, in dem der
junge Prinz verstarb, heißt noch immer das »Prinzenzimmer«.

Protzen von 1770 bis 1803

Um 1770 ging Protzen (aus der Hand der verwitweten Generalin) an ihren Sohn Gustav von Kleist über. Da das Gut seit
1757 bereits auf einen neuen Herrn harrte, dessen Majoren-

nität eben nur abzuwarten war, so hatte dieser letztere nicht Zeit, es auf der militärischen Rangleiter zu einer seinem Namen angemessenen Stufe zu bringen. Er schied als *Fähnrich* aus dem Regiment Prinz Ferdinand (in Ruppin), in dem er bis dahin gestanden hatte.

Da er selber fühlen mochte, daß dies wenig sei, so war er bestrebt, einigermaßen nachzuhelfen, und erwarb sich ein Johanniterkreuz. Er hieß nun nicht länger Fähnrich von Kleist, sondern *Johanniter* von Kleist, und unter diesem Namen, der in dieser eigentümlichen Verwendung wohl nur einmal vorkommen dürfte, hat er vierundzwanzig Jahre lang seine Regierung von Protzen geführt.

Unser »Johanniter-Kleist« war ein braver Mann, dem im Kirchenbuche die »Aufrechthaltung guter Ordnung« eigens nachgerühmt wird. Er muß diesen Ruhm, aufs allgemeine hin angesehen, um so mehr verdient haben, als er im besonderen mit seinem Geistlichen, dem Prediger Friedrich Arnold Dietrich Sachse, in einer beständigen Fehde lebte.

Über die damaligen Beziehungen zwischen Patron und Pfarrer ein kurzes Wort.

Friedrich Arnold Dietrich Sachse, aus Soest in Westfalen gebürtig, war, wie es scheint, ein echter Westfälinger, groß, stark, ein tapferes Herz, aber auch rücksichtslos wie so oft die »tapferen Herzen«, besonders wenn sie von der roten Erde stammen. Vor allem war er ein Original.

Die Bekanntschaft zwischen Kleist und Sachse machte sich bei Tisch im Herrenhause zu Lentzke, wo damals Baron de la Motte Fouqué lebte, der *Sohn* des berühmten Generals und der *Vater* des berühmten Dichters. In diesem Hause fungierte Sachse als Präzeptor. Als das Dessert aufgetragen wurde, fragte Fouqué seinen Gast (von Kleist), »wie es mit der Pfarre in Protzen stehe und ob er die Vakanz schon wieder besetzt habe«. — »Seit einer halben Stunde *hab* ich sie besetzt«, antwortete dieser. »Mit wem?« — »Mit dem hier sitzenden Kandidaten Sachse.« Es scheint danach, daß die bedeutende Persönlichkeit des letztern ihres Eindrucks auf von Kleist nicht verfehlt hatte.

Sachse übersiedelte nun und mochte sich anfangs seinem Patron gegenüber, der ihn, in so schmeichelhafter Weise, in die Protzener Pfarre eingesetzt hatte, zu Dankbarkeit verpflichtet fühlen. Aber Dankbarkeit dauert nicht lang, am wenigsten, wenn die Interessen in Krieg geraten. Sachse glaubte sich benachteiligt, und so entstand ein Prozeß, der im Herrenhause *so* böses Blut machte, daß Kleist, als um ebendiese Zeit ein Spritzenhaus errichtet werden mußte, dasselbe so aufführen ließ, daß der Bau wie ein Schirm zwischen ihm und der Pfarre stand. Er wollte die Pfarre nicht mehr sehen.

Sachse überlebte seinen Patron um viele Jahre, stand im allgemeinen, wie fast immer imponierende Persönlichkeiten, auf gutem Fuß mit der Gemeinde, war ihr Orakel, ihr Rater und Helfer, und vereinigte, neben einzelnen Schwächen, alle Tugenden des alten Rationalisten in sich. Das Protzener Kirchensiegel bewahrt sein Andenken. Die Inschrift desselben rührt allerpersönlichst von ihm her und lautet: »Natur und Vernunft«. Damit ist alles gesagt.

Protzen von 1803 bis 1826

Der Johanniter-Kleist starb schon 1794. Wieder trat eine Witwenherrschaft ein, die wenigstens bis 1803, vielleicht auch noch um einige Jahre länger dauerte; dann ging das Gut, aber durch *Kauf,* an einen Neffen oder Vetter des Johanniter-Kleist über, und zwar an den damaligen Rittmeister oder Major Louis von Kleist, Sohn des sogenannten Magdeburg-Kleist, welcher letztere 1806 durch Übergabe dieser Festung an den Feind soviel Unheil für das Land und zugleich soviel Bitteres und Schmerzliches für die Familie heraufbeschwor. Ich verweile hierbei nicht, nur *das* mag gesagt sein, daß mir diejenigen nicht ganz unrecht zu haben scheinen, die der damaligen militärischen Oberleitung — seitens deren ein kranker, beinah achtzigjähriger Mann mit der Verteidigung der wichtigsten Festung des Landes betraut wurde — die größere Hälfte der Schuld zuzuschieben geneigt sind.

Louis von Kleist litt in seinem Herzen schwer unter der Verschuldung des Vaters. Er selbst war eine hervorragend entschlossene Persönlichkeit, groß, schön, ein brillanter Reiter, und zeichnete sich während der Befreiungskriege bei den verschiedensten Gelegenheiten aus. Er blieb Soldat auch nach dem Feldzug und traf immer nur besuchsweis in Protzen ein. 1815 war er Oberst, 1831 stand er in Neiße, wahrscheinlich als Kommandeur einer Division. Bei seinem Hinscheiden war er Generallieutenant.

Als Beweis für seine Energie erzählen sich die Protzener, daß er sein seitens der Ärzte schlecht kuriertes Bein (er hatte sich beim Sturz mit dem Pferde den Oberschenkel gebrochen) durch einen »Wunderdoktor« aus der Fehrbelliner Gegend neu brechen und dann wieder heilen ließ. Die Prozedur glückte vollkommen. Er hatte seitdem eine geringe Meinung von der Kunst der rite promovierten Doktoren, der er bei jeder Gelegenheit Ausdruck gab.

Schon 1826, also fünf, sechs Jahre vor dem Tode von Kleists, war Protzen durch Kauf an den Freiherrn von Drieberg übergegangen.

KAMMERHERR VON DRIEBERG IN PROTZEN
VON 1826 BIS 1852

Kammerherr von Drieberg, vielen meiner Leser aus den vierziger Jahren her als »Luftdrucks-Drieberg« bekannt, war um 1790 geboren. Sein Vater, seinerzeit Rittmeister im Regiment Gardes du Corps, besaß das zwei Meilen von Protzen gelegene Gut Kantow.

Der junge Drieberg wuchs wild auf. Die Gründe für diese Vernachlässigung seiner ersten Erziehung gehören nicht hierher. Erst von seinem vierzehnten Jahr an änderte sich's, und was bis dahin versäumt worden war, wurde nun nachgeholt. Hauslehrer und Sprachmeister mußten ihr Bestes tun. Besonders wurde die Musik gepflegt, für die von Drieberg ebensoviel Liebe wie Beanlagung zeigte. Diese Beanlagung war so groß, daß eine Zeitlang die Absicht herrschte, ihn Musik studieren zu lassen. Er wurde zu diesem Behufe nach Frankreich geschickt und war Schüler des Konservatoriums, als 1814 die Verbündeten in Paris einrückten.

Bald darauf kehrte von D. nach Deutschland zurück, um in Berlin seine Studien fortzusetzen. Diese Studien umfaßten die mannigfachsten Gebiete. Außer der Musik waren es die Naturwissenschaften, besonders physikalische Untersuchungen, die ihn schon damals interessierten. In den zwanziger Jahren verheiratete er sich mit einem Fräulein von Normann und kaufte bald danach Protzen, dessen Hebung er sich nun-

mehr angelegen sein ließ. Ob er immer die rechten Mittel
wählte, stehe dahin. Frau von Drieberg, die ihn dabei unterstützte, stellte beispielsweise den Satz auf, »daß knappe Füt-
terung das beste Mittel sei, von den Kühen einen starken
Milchertrag zu erzielen«.

Dies alles war übrigens aufrichtig gemeint und hatte keineswegs in einem Ökonomisierungshange seinen eigentlichen Grund. Es war einfach originelle Theorie, wie die vom
»Luftdruck«, die der Herr Gemahl gleichzeitig mit soviel Eifer verfocht.

Der landwirtschaftliche Betrieb war anfechtbar, desto
mehr bewährte sich von Drieberg in seinen Parkanlagen.
Seine Talente lagen eben mehr nach der Seite des Ästheti-
schen als des Praktischen hin. Der Protzener Park war damals einer der schönsten im Kreise, dreißig Morgen groß,
mit den prachtvollsten Bäumen bestanden, dazwischen Blumenbeete, Wasser- und Rasenflächen.

Außer der Pflege des Parks widmete sich Drieberg nach
wie vor der Musik und — der Gesellschaft.

Das Protzener Herrenhaus galt als der gastlichsten eines.
Mit fast allen Familien der Nachbarschaft wurde Verkehr unterhalten, vorzugsweise mit dem Landrat von Zieten in
Wustrau, mit der Majorin von Zieten in Wildberg und mit
der Familie von Winterfeldt in Metzelthin. Auch aus Berlin
kamen Freunde herüber, besonders wenn »Aufführungen«
den Mittelpunkt der Festlichkeit bildeten. Das Künstlerische,
namentlich das *Musikalische*, wurd indessen *zu* sehr betont,
und zwar nicht bloß im gesellschaftlichen Kreise, sondern
auch im Leben. Wie mir Häuser bekannt geworden sind, in
denen jeder, der nicht einen Band lyrischer Gedichte herausgegeben hatte, nicht eigentlich für voll angesehen wurde, so
stand es auch im Driebergschen Hause hinsichtlich der Musik. Ein vom Klavierspiel rein gebliebener Pfarrbewerber
wurde befragt: »ob er auch musikalisch sei«, worauf er, in
richtiger Erkenntnis, daß er nun *doch* verspielt habe, pi-
quiert antwortete, »er habe sich um die Prediger- und nicht
um die Kantorstelle beworben«.

Neben Park und Musik gehörte die Zeit den Wissenschaften. Von Drieberg hatte ganz den Typus des Gelehrten, des
Büchermenschen. Seine Kleidung war die schlichteste von

der Welt; nicht auf Stoff und Schnitt kam es ihm an, sondern lediglich auf Bequemlichkeit. Er konnte sich deshalb von alten Röcken nicht trennen. Als seine Tochter einen derselben an einen Tagelöhner verschenkt hatte, bat er ihn sich wieder aus und zahlte dafür.

Seine Studien, wie schon erwähnt, gingen meist nach der naturwissenschaftlichen Seite hin. Er war ein Düftelgenie aus der Klasse der Perpetuum-Mobile-Erfinder und konstruierte sich eine Flugmaschine, mit der zu fliegen er glücklicherweise nicht in Verlegenheit kam. Er begnügte sich damit, sie »berechnet« und gezeichnet zu haben, und gab den Bau als zu kostspielig wieder auf.

Seinen Hauptruhm zog er Anfang oder Mitte der vierziger Jahre aus seinem großen Zeitungskrieg in der »*Luftdrucksfrage*«. Die Leute von Fach zuckten die Achseln und mochten in der Tat aus jedem Satze Driebergs erkennen, daß es diesem an allem wissenschaftlichem Anrecht gebräche, in die Diskussion einer solchen Frage einzutreten, die Laienwelt aber, die bekanntermaßen einen natürlichen Zug zur Winkeladvokatur und eine Vorliebe für die Franctireurs der Wissenschaft hat, stand günstiger zu ihm und freute sich offenbar, in der Partie »Drieberg gegen Newton« für unsern Protzner Kammerherrn, wenn auch nur ganz im stillen, eintreten zu können. Der Kern der Sache war, daß von D. den Luftdruck *bestritt* und seinerseits aufstellte, »das Quecksilber werde nicht durch eine Luftsäule von bestimmtem Gewicht emporgedrückt, sondern *hänge* vielmehr an dem luftleeren Raum der Barometerröhre, ziemlich genau so, wie ein Eisenstab an einem Magnete hänge«. Diese Aufstellung besaß etwas Blendendes, und zwar um so mehr, als jeder luftleere Raum in der Tat eine gewisse Zug- und Saugekraft ausübt. Aber nur der Laie konnte flüchtig dadurch bestochen werden. Nach mehrmonatlichem Streit erstarb die Fehde; niemand spricht mehr davon, und nur der Beiname »Luftdrucks-Drieberg« ist in der Erinnerung derer geblieben, die jene Zeit noch miterlebt haben.

Was seine kirchlichen Anschauungen angeht, so hielten sie die Höhe seiner Flugmaschine und entsprachen genau der Inschrift des vorerwähnten Protzener Kirchensiegels: »*Natur* und *Vernunft*«.

1852 vermählte von Drieberg seine einzige Tochter Va-
leska (vier andere waren vorher gestorben) an den Rittmeister von Oppen, der damals bei den Gardes du Corps in
Charlottenburg stand. Von Drieberg entschloß sich deshalb,
Protzen zu verkaufen. Es wurde seinem Herzen nicht leicht,
aber die Liebe zu seinem Kinde siegte schließlich über die
Liebe zu seinem Park. Und so übersiedelte er denn. In den
fünfziger Jahren starb er und ruht auf dem Charlottenburger
Kirchhofe.

Was den Drieberg-Tagen in Protzen folgt, ist von geringerem Interesse.

Das nächste Kapitel mag uns deshalb nach Garz, dem alten Besitze der Quastschen Familie, führen.

GARZ

Und setzet ihr nicht das Leben ein,
Nie wird euch das Leben gewonnen sein.

Schiller

Und lachend goß er mit eigner Hand
Voll Wein den Stiefel bis an den Rand.

Pfarrius

Garz, Vichel, Rohrlack, wie schon an andrer Stelle hervorgehoben, sind zur Zeit Quastsche Güter im *Westen* des Ruppiner Sees. Schon seit 1419 (urkundlich nachweisbar, wahrscheinlich aber schon um vieles früher) saßen die Quaste
oder Quäste auf Garz. Am Schluß des sechzehnten Jahrhunderts erblicken wir sie, neben Garz, auch auf Küdow, Karwe,
Berlitt und abermals hundert Jahre später auf Protzen.

Der Dreißigjährige Krieg, der so vieles in unserm Lande
niederwarf, hob die Quäste (vergleiche die Kapitel »Radensleben« und »Protzen«) auf eine Höhe des Ansehens, wie sie
damals nur alle diejenigen Familien errangen, die, statt das
Kriegsroß still-ergeben über sich hinwegschreiten zu lassen,
lieber ebendies Kriegsroß bestiegen und mit dem Degen in
der Hand ihr Glück versuchten. So legten die Sparrs, die
Pfuels, die Barfus, die Görtzkes das Fundament zu ihrem, inzwischen freilich mehr oder weniger wieder verschwundenen Reichtume. Mit ihnen auch die Quäste. Derjenige dieses
Namens, der seine Familie zuerst glänzend in die Geschichte
des Landes einführte, war der schon Seite 373 erwähnte Albrecht Christoph von Quast. Einer Betrachtung seines Lebens wenden wir uns jetzt zu.

ALBRECHT CHRISTOPH VON QUAST

Albrecht Christoph von Quast ward am 10. Mai 1613 auf dem Rohrschen Gute Leddin geboren. Seine Mutter war eine geborne von Rohr (gestorben 1667) aus Leddin.

Über seine Jugend ist wenig bekannt geworden, doch existieren Aufzeichnungen, wahrscheinlich einer Leichenpredigt entnommen, die, trotz einzelner Unklarheiten und Widersprüche, den Stempel der Echtheit tragen. Danach starb der Vater früh, und Albrecht Christoph wurde studierenshalber auf Schulen geschickt, höchstwahrscheinlich auf die benachbarte Ruppiner Schule. Der entsprechende Hang scheint indessen nichts weniger als groß in ihm gewesen zu sein, und der Anblick der schwedischen Regimenter, die gerade damals in Stadt und Land Ruppin Quartiere bezogen, warf alle Studienpläne rasch über den Haufen. Albrecht Christoph trat, siebzehn Jahr alt, als Musketier in das Kingsche Infanterieregiment und tat seinen ersten Wachtdienst auf dem *Fehrbelliner Damm*, kaum eine Meile von Garz entfernt. Dies war im August 1630.*

1631 war unser Albrecht Christoph bei den Truppen, die die Elbe passierten, zeichnete sich am 17. September bei Breitenfeld, am 6. November des folgenden Jahres bei Lützen und endlich am 26. Juni 1633 bei Hameln aus und trat nach dieser letzteren Affaire, darin das Kingsche Regiment fast völlig vernichtet worden war, von den Musketieren zu den Dragonern über. (Dragoner, wie bekannt, waren in jener Zeit ein Mittelding von Fußtruppe und Reiterei.)

Das Kriegshandwerk sagte unserm Quast zu, nur nicht die *Waffenart*. Musketier und Dragoner — beides war nicht das Rechte, und als er um ebendiese Zeit vernahm, daß der spä-

---

* Diese Jahreszahl ist wahrscheinlich die richtige. Zwar wird im allgemeinen das Erscheinen der Schweden (die am 15. Juli 1630 auf dem Ruden in Pommern gelandet waren) in der Kur- und Mittelmark erst in den Sommer 1631, also ein Jahr *später* gesetzt, die Spezialgeschichte der Grafschaft Ruppin spricht aber mit aller Bestimmtheit »von 2000 Mann schwedischer Kavallerie, die sich, nebst einem ansehnlichen Corps Infanterie, *im August* 1630 des Ruppiner Landes bemächtigt hätten«. In voller Übereinstimmung damit fügen die handschriftlichen Notizen über unsern Albrecht Christoph hinzu, »daß sich die schwedischen Truppen während der Wintermonate wieder nach Pommern hin zurückzogen«. Das Widersprechende der Angaben erklärt sich vielleicht so, daß Ruppin und Uckermark damals noch eine Art Grenzlandcharakter hatten und nicht voll und ganz zur eigentlichen Mark gehörig angesehen wurden. Namentlich Ruppin war noch mehr oder weniger ein Land für sich.

ter so berühmt gewordene Hans Christoph von Königsmarck, sein märkischer Landsmann, als Oberstwachtmeister
in das Sperreutersche *Reiter*regiment eingetreten sei, hielt er
sich zu diesem und empfing eine Korporalschaft. Das Kommando dieser Truppe kam alsbald an Königsmarck selbst.
Sperreuter übte Verrat und gedachte das ganze Regiment zu
den Kaiserlichen überzuführen; in der Tat folgten ihm einzelne Abteilungen. Die vornehmsten Compagnien aber, und
zwar unter Führung Königsmarcks, weigerten sich, dem Befehle Sperreuters zu gehorchen, und blieben ihrer Fahne
treu. Unter diesen war auch Quast. Feldmarschall Banér, um
jene Zeit Generalissimus der Armee, glaubte diese Treue
auszeichnen zu müssen; Königsmarck wurde Oberst und erhielt Befehl, aus den treu gebliebenen Compagnien ein
neues Regiment zu bilden. In dieses neue, nunmehr Königs-
marcksche Regiment trat Albrecht Christoph als Quartiermeister ein. Binnen Jahresfrist war er Cornet und Lieutenant.

Sein Mut und seine Gewandtheit fingen an, ihm in der Armee einen Namen zu machen. Als General Stahlhantsch, der
in der glänzenden Schlacht bei Wittstock das schwedische
Zentrum kommandierte, 1639 eine »fliegende Armee« nach
Schlesien führen sollte, erbat er sich unsren Quast für diese
Expedition, der nun als Rittmeister in das Stahlhantsche
Corps eintrat. Mit diesem Corps, das inzwischen seinen Führer gewechselt hatte (General Goldstein erhielt es), nahm unser Quast am 24. Februar 1645 an der siegreichen Schlacht
bei Jankowitz teil. Eine Folge dieser Schlacht, einer der glänzendsten Siege Torstensons, war die Umstellung von Brünn;
die Kaiserlichen wurden eingeschlossen, und Quast war mit
unter den Belagerungstruppen. Bei einem Ausfall, den insonderheit unser Albrecht Christoph mit großer Bravour zu-
rückschlug, wurd er am Bein verwundet. Seine erste Verwundung nach vierzehnjähriger Kriegsfahrt, von der berichtet wird.

Die Belagerung erwies sich als fruchtlos (General de Sou-
ches führte in glänzender Weise die Verteidigung), und Torstenson ging mit seiner Armee nach Böhmen zurück. Hier
gab er Befehl, den wichtigen Punkt Kornneuburg zu befestigen und zu besetzen, und Oberst Copey mit 1000 Musketie-

ren wurde dazu ausersehen. Da es indessen rätlich schien, auch Kavallerie in den Ort zu legen, außerdem aber dem Oberbefehlshaber die Beförderung unseres Quast am Herzen lag, so erhielt der letztere Ordre, eine kombinierte Reitercompagnie zu bilden, und zwar durch Auswahl von je zwei Mann aus jeder Schwadron der Armee. Da die Armee 100 Reitercompagnien hatte, so ergab dies eine Stärke von 200 Mann. Die Wahl der Offiziere wurd in Quasts Hand gelegt. Mit diesem Reitercorps rückte derselbe nun, inzwischen zum Obristlieutenant ernannt, in Kornneuburg ein, um gemeinschaftlich mit Oberst Copey die Verteidigung zu leiten.

Der Feind ließ auch nicht lang auf sich warten. Mit derselben Bravour, mit der Quast im Jahre zuvor die Ausfälle der Belagerten zurückgewiesen hatte, schlug er jetzt seinerseits die rasch sich wiederholenden Attacken der Belagerer ab. Freilich nicht auf die Dauer. Die Besatzung war zu schwach, um dem übermächtigen Gegner lange den Besitz des Ortes streitig machen zu können, und Kornneuburg fiel. Bei dem Sturme, der der Übergabe vorherging, wurde Quast zum zweiten Male, und diesmal in schmerzhafter und gefährlicher Weise, verwundet. Eine Kugel traf seinen Fuß und ging ihm durch Sohle, Blatt und Ferse. Die Heilung zog sich hin, und eine Lähmung des Fußes blieb ihm bis zuletzt.

Diese tapfre Verteidigung, für die Pfalzgraf Karl Gustav (der spätere König), der inzwischen das Kommando übernommen, unseren Quast zum Obersten aufsteigen ließ, war die letzte größere Aktion, an der dieser während des Dreißigjährigen Krieges teilnahm. Achtzehn Jahr lang hatte er mitgestritten und unwandelbar (wie Königsmarck, der sein besonderes Vorbild gewesen zu sein scheint) auf schwedischer Seite gestanden. Der siebzehnjährige Musketier im Regiment King war mit fünfunddreißig Jahren Reiteroberst und Chef eines Regiments. Von 1648 an stand er mit demselben im Münsterschen, aber schon zwei Jahre später erfolgte die Auflösung der Armee. Quast nahm den Abschied.

Er nahm den Abschied, aber keineswegs von der Absicht geleitet, *ein für allemal* aus dem schwedischen Dienste zu scheiden. Wir schließen dies daraus, daß er sich, bald nach Auflösung seines Regiments, nach Schweden begab, um sich der Königin Christine vorzustellen. Von dieser mit Auszeichnung empfangen (sie ließ ihm ihr mit Diamanten besetztes, an einer güldenen Kette zu tragendes Bildnis überreichen), muß es auf den ersten Blick überraschen, daß er die Anerbietungen, die ihm gleichzeitig gemacht wurden, ablehnte und nach verhältnismäßig kurzem Aufenthalt in Stockholm in die märkische Heimat zurückkehrte. Wir treffen aber wohl das Richtige, wenn wir annehmen, daß er sich bald überzeugte, wie drüben am schwedischen Hof eine Gegenpartei mächtig zu werden begann, die das aus dem Kriege verbliebene deutsche Element nach Möglichkeit beseitigen und die einflußreichen Stellungen innerhalb der Armee wieder ausschließlich mit Nationalschweden besetzen wollte. Gleichviel indes, welche Motive maßgebend waren, unser Albrecht Christoph erschien wieder in seiner heimischen Grafschaft Ruppin, wo ihm sein Vetter Otto von Quast die Quastschen Güter Garz und Küdow käuflich abtrat, »damit er seinen in Kriegsläuften erworbenen Reichtum nicht zum Ankauf im *Auslande* verwende«. Sein Eintritt in die *kurfürstliche* Armee geschah nicht unmittelbar.

Dieser erfolgte nicht vor 1655. In diesem Jahre, kurz also vor Ausbruch des Krieges mit Polen, erhielt Quast ein Reiterregiment, dem er bis 1658, wie die biographischen Notizen mit großer Ruhe melden, »zur Zufriedenheit des Kurfürsten vorstand«. Diese nüchterne Bemerkung deutet am wenigsten darauf hin, daß Quast all die Zeit über im Felde war und mit seinem Regiment an der berühmten dreitägigen Schlacht von Warschau teilnahm.* Daß er sich während dieser Schlacht, oder während des polnischen Feldzuges überhaupt, vor andern Reiterführern ausgezeichnet habe, wird freilich nirgends erwähnt.

Die Gelegenheit zu solcher Auszeichnung bot erst der nächste Feldzug, der nicht demselben Gegner, den Polen, sondern umgekehrt dem bisherigen Verbündeten, den

---

* Die Reiterregimenter, die in dieser Schlacht brandenburgischerseits mitfochten, waren folgende: 1. Die Trabantengarde unter Oberstlieutenant Wilmersdorf, 2. Leibregiment unter dem Obersten von Canitz, 3. Regiment des Feldmarschalls Grafen Waldeck, 4. Fürst von Croys Regiment, 5. Regiment des Generals Derfflinger, 6. Regiment des Oberst von Pfuel, 7. Regiment des Generals von Kannenberg, 8. Regiment des Generalmajors von Görtzke, 9. Regiment des Oberst von Sparr, 10. Regiment des Oberst Goseff, 11. Oberst Wallenrodts Regiment und 12. Regiment des Oberst von Quast. Jedes Regiment war sechs Compagnien zu 110 Pferde stark.

Schweden, galt. Zur Beleuchtung der Situation nur wenige Worte. Brandenburg war durch den Vertrag von Labiau (1656) allerdings »für ewige Zeit« an Schweden gekettet, die Fortschritte dieses damals auf seiner Höhe stehenden Staates aber erweckten ihm überall in Europa so viele Neider und so mächtige Feinde, daß es der Kurfürst als durch die »Staatsraison« geboten erachtete, Schweden aufzugeben, um nicht *mit ihm* oder, was wahrscheinlicher war, *statt seiner* zugrunde zu gehn. Die *Staatsraison* präponderierte damals in allen solchen Fragen. Eine große antischwedische Liga, ein Fünf-Mächte-Bund kam zustande, der darauf aus war, den ehrgeizigen Plänen des Schwedenkönigs Karl Gustav (der die Gustav-Adolf-Idee eines großen »baltischen Reiches« verwirklichen wollte) ein Ziel zu setzen. Jeder einzelne Staat verfolgte dabei seine Sonderinteressen. Die fünf verbündeten Mächte waren: Östreich, Polen, Dänemark, Holland, Brandenburg. Der Kriegsschauplatz war ein doppelter: ein östlicher (Preußen und Polen) und ein westlicher (Pommern und Holstein). Nur das holsteinsche Kriegstheater interessiert uns an dieser Stelle.

Karl Gustav, im Vertrauen auf sein Geschick und seine Armee, die damals als die kriegstüchtigste in Europa galt, wartete die Vereinigung so vieler Gegner nicht erst ab, sondern ging rasch zum Angriff über, vielleicht in der Hoffnung, sie einzeln zu schlagen. Der Anfang sprach auch dafür, daß es ihm glücken werde. Von der Unterelbe her in Holstein und Schleswig eindringend, besetzte er Alsen und Jütland und ging dann in dem bitterkalten Winter von 1657 auf 1658 über die gefrornen Belte. So bracht er Fünen und Seeland in seine Gewalt. Der Dänenkönig hatte nichts mehr als seine Hauptstadt. Auch diese (das sei vorweg bemerkt) hoffte Karl Gustav in folgendem Winter durch Überrumpelung in seine Gewalt zu bringen. Er ließ einzelne seiner besten Regimenter weiße Hemden über die Uniformen ziehen, um auf der weißen Schneefläche weniger bemerkt zu werden, und ging nun zum Sturme gegen die Festungswerke vor. Die Dänen aber waren wachsam, und, wie ein alter Geschichtsschreiber sagt, »die weißen Hemden wurden manchen zum Leichenhemd«.

Das war im Winter von 1658 auf 1659. Aber schon im

Sommer vorher waren die Truppen des »Fünf-Mächte-Bundes« in die Kimbrische Halbinsel eingerückt und hatten die Schweden, die nur 6000 Mann stark waren, vor sich her gejagt. An der Spitze der »Alliierten« stand der Kurfürst selbst.* Rendsburg und Schloß Gottorp wurden besetzt, Alsen und Fredericia dem Feinde wieder entrissen. Die Schweden hatten nur noch Fünen und Seeland inne. So kam der Winter.

Vielleicht hatte sich der Kurfürst der Hoffnung hingegeben, die Belte würden *wieder* zufrieren wie im vorigen Jahr, wo der Winter, wie wir gesehen haben, dem siegreich vordringenden Karl Gustav die Brücke zu den Inseln hinüber baute. Aber die Belte blieben offen, und die Verbündeten sahen sich gezwungen, in Schleswig und Jütland Winterquartiere zu beziehn.

Erst mit dem beginnenden Frühjahr (1659) wurde der Kampf wieder aufgenommen. Es galt nach wie vor die *Eroberung der Inseln,* zunächst Fünens, das inzwischen von seiten der Schweden in den besten Verteidigungszustand gesetzt worden war. Die holländische Flotte, auf deren Dienst man bei Passierung des Kleinen Belts gerechnet hatte, erwies sich indessen als saumselig, *so* saumselig, daß dem Führer der Flotte von seiten der Alliierten Schuld gegeben ward, »er hab auf die schwedischen Fahrzeuge nur blinde Schüsse abfeuern lassen«. Politische Rücksichten, der alten Eifersucht gegen die dänische Seemacht zu geschweigen, schrieben der holländischen Flotte eine solche laue Haltung vor.

Unter so schwierigen Verhältnissen mußte man nach und

* Kurfürst Friedrich Wilhelm, damals achtunddreißig Jahre alt, hatte 16 000 Mann Brandenburger bei Wittstock zusammengezogen — von der Artillerie 38 Geschütze. Die einzelnen Abteilungen des Heeres wurden von Otto Christoph von Sparr, Derfflinger, Hans Jürge von Anhalt-Dessau (Vater des alten Dessauers), Joachim Rüdiger von der Goltz, Georg Adam von Pfuel und Albrecht Christoph von Quast befehligt. Aus welchen Regimentern diese Truppen bestanden, läßt sich leider nicht mit Bestimmtheit sagen. Es gab überhaupt damals keine Regimenter in unserem Sinne. Es gab Festungsgarnisonen; aus diesen Garnisonen wurden einzelne Compagnien genommen, andre Compagnien aus andren Garnisonen hinzugetan und auf diese Weise Regimenter gebildet, die nun den Namen ihres jeweiligen Führers annahmen. So konnt es kommen, daß *dieselben* zwei Compagnien, die in einem Jahre im Regiment Quast oder Pfuel gefochten hatten, im nächsten Jahre zum Regiment Dessau oder Dohna gehörten. — Zu den 16 000 Brandenburgern stießen 11 000 Kaiserliche unter Montecuccoli und 5000 Polen unter General Zarnecki, die sich aber schließlich als bloße Plünderbande erwiesen. Im ganzen 32 000 Mann. Dänische Abteilungen erschienen erst im Laufe des Krieges.

nach und gleichsam ratenweise zu gewinnen suchen, was sich auf *einen* Schlag nicht erreichen ließ. Man nahm also zunächst die kleine, zwischen Jütland und Fünen gelegene Insel Fanö und schickte sich nunmehr erst an, von diesem vorgeschobenen Posten aus, das eigentliche Streitobjekt (Fünen) zu erobern. Drei Angriffe wurden versucht, aber sie scheiterten alle drei. An der dritten Attacke, die die ernsthafteste war, nahmen einzelne Schiffe teil, die schwedische Flotte jedoch, inzwischen verstärkt, vernichtete die Fahrzeuge der Alliierten, welche letzteren nicht nur unter schwerem Verluste nach Fredericia zurückkehrten, sondern auch Fanö wieder aufgeben mußten.

Diese Niederlagen wurden endlich Ursach eines großen Erfolges.

Der Kurfürst hatte mißmutig den Kriegsschauplatz in Jütland verlassen, um nach Pommern zu eilen, von wo aus eine andere Abteilung des schwedischen Heeres in die Mark einzufallen drohte. Nur vier Reiterregimenter und einige Compagnien Fußvolk waren brandenburgischerseits in Jütland geblieben. Diese standen unter der Führung unsers Albrecht Christoph von Quast, während den Gesamtoberbefehl über die in Jütland stehenden Alliierten der dänische Feldmarschall von Eberstein führte. Die Holländer, die sich, wie schon hervorgehoben, bis dahin abgeneigt gezeigt hatten, zu besondrem Nutz und Frommen Dänemarks die Kastanien aus dem Feuer zu holen, erkannten endlich, daß etwas Entscheidendes geschehen müsse, wenn nicht der Zweck des ganzen Krieges: Brechung der Übermacht Schwedens, als gescheitert betrachtet werden solle. Nebenher mochte der Unmut des Kurfürsten das Seinige dazu beitragen, daß energischere Entschlüsse im Haag die Oberhand gewannen. So erschien denn Admiral de Ruyter in der Ostsee. Im Hafen zu Kiel wurd eine ziemlich bedeutende dänisch-holländische Streitmacht — die hier im Rücken des eigentlichen Kriegsschauplatzes unter Feldmarschall von Schack zusammengezogen worden war — eingeschifft und durch den Großen Belt geführt, um im Norden Fünens gelandet zu werden. Gleichzeitig aber sollte das in Jütland stehengebliebene verbündete Heer einen *vierten* Versuch zur Überschreitung des Kleinen Beltes machen. Beide Unternehmungen glückten.

Feldmarschall Schack landete in Kerteminde, Feldmarschall Eberstein bei Middelfart. In Odense vereinigten sich beide Heerkörper, die nun, etwa 16 000 Mann stark, gegen den Pfalzgrafen von Sulzbach, der die Schweden führte, vorrückten.

Dieser hatte zunächst gehofft, die heranrückenden Armeen der Alliierten einzeln angreifen zu können; als sich dies aber als unmöglich erwies, nahm er feste Stellung vor der Festung Nyborg.

Die vom Pfalzgrafen gewählte Position war geschickt genug: in Front ein Graben, der, durch ein mooriges Terrain gezogen, an einzelnen Stellen mit Wasser gefüllt, an andern, schmaleren aber *der*art verschüttet war, daß sich ein Übergang ermöglichte, selbst für Kavallerie. Diese leicht zu verteidigenden Übergänge dienten dem schwedischen General als Ausfallbrücken. Den rechten Flügel kommandierte der Pfalzgraf selbst, den linken Generallieutenant Horn; im Zentrum stand der erfahrene General Stenbock mit vierzehn Compagnien Fußvolk und fünf Geschützen vor seiner Front. Reserven, weil es an Mannschaften fehlte, hatte die schwedische Aufstellung beinahe gar nicht.

Dies war die Position, gegen welche die Verbündeten am Morgen des 24. November anrückten. Das Zentrum (holländische Infanterie unter den Obersten Killegray, Alowa und Meteren) führte Feldmarschall Schack, den linken Flügel Eberstein, *den rechten unser Albrecht Christoph von Quast.* Das zweite Treffen bestand ausschließlich aus den *dänischen* Regimentern Trampe, Rantzau, Ahlefeldt, Brockhausen, Güldenleu. Die alliierte Armee war zahlreicher als die schwedische, die schwedische aber, kriegsgewohnter, hatte zudem noch den Vorteil, ein Ganzes zu bilden, während die Alliierten aus ganz widerstrebenden Nationalitäten zusammengesetzt waren. Im Kommando scheint auf beiden Seiten keine rechte Einigkeit geherrscht zu haben, jedenfalls handelten die Generale der Alliierten zumeist auf eigene Hand.

Der linke Flügel der letztren eröffnete das Gefecht. Hier standen (wenn ein alter Schlachtenatlas*, den wir zu Rate

---

* Dieser Schlachtenatlas (kein gedrucktes, sondern ein mit Wasserfarben und Frakturschrift sauber ausgeführtes Werk) führt den Titel: »Ein Buch aller der fürnehmsten Battaillen und Campementen, so in *diesem*** Säculo, und zwar von 1620 bis

ziehen, das Richtige angibt) unter Führung des dänischen Feldmarschalls von Eberstein die brandenburgischen Reiterregimenter Quast, Kannenberg, Gröben und ein Dragonerregiment. Ihr Angriff scheiterte an der Ungunst des Terrains. Sie wurden geworfen. *Der rechte Flügel teilte das Schicksal des linken.* Hier, wie wir wissen, kommandierte Quast in Person und führte zunächst die kaiserlichen Regimenter Matthias und Graf Caraffa, ferner das dänische Regiment von der Natt und die polnische Brigade Przimsky ins Feuer. Aber auch sie konnten nichts ausrichten. In diesem kritischen Momente, wo die Reiterei, die zum Teil in das Moor einsank, ersichtlich den Dienst versagte, rückte von Quast mit einer Abteilung Infanterie (Pikenträger) gegen den Pfalzgrafen vor, und *dieser Angriff* entschied. Quast *erhielt zwei Kugeln in den Leib*, ließ sich aber, als er infolge so schwerer Verwundung nicht mehr reiten noch gehen konnte, auf die Schultern seiner Pikeniere heben und durchbrach so den feindlichen linken Flügel. Dies gab gleichzeitig das Zeichen zum Vorrücken der holländischen Brigaden im Zentrum, die bis dahin untätig dem Kampfe zugesehen hatten. Und jetzt griff auch die Reiterei wieder ein und warf den Feind über den Haufen. Der Rückzug der Schweden wurde bald eilige Flucht. Ihr Führer, der Pfalzgraf, entkam auf einem Fischerboote, mitten durch die holländische Flotte, nach Korsör auf

1693, von Jahren zu Jahren seind gehalten worden«. Das neununddreißigste Blatt enthält die Aufstellung beider Armeen in der Schlacht bei Nyborg. Halte ich alles zusammen, was ich in Pufendorf, Orlich und in zwei Aufsätzen von Professor Dr. Stuhr (»Allgemeines Archiv für die Geschichtskunde des Preußischen Staats«. Berlin, Mittler 1831) und von Hofrat L. Schneider (»Soldatenfreund«. Septemberheft 1864) gelesen habe, so komm ich immer wieder zu der Ansicht, daß der alte Schlachtenatlas wahrscheinlich mehr recht hat als irgendeine andre Beschreibung. Unter den verschiedenen Punkten, worin derselbe von den Angaben der Historiker abweicht, ist der *eine* für uns von Belang, wonach Generalmajor von Quast — wie oben im Text des näheren angeführt werden wird — auf dem rechten Flügel keine brandenburgischen, sondern kaiserliche Reiterregimenter, Dänen und Polen unter seinem Kommando hatte. Der Atlas gibt die Namen der Regimenter genau an, und dies Vertrautsein mit den Details spricht dafür, daß der Verfasser überhaupt Bescheid wußte.

** Das »so in *diesem* Säculo« scheint darauf hinzudeuten, daß der Atlas noch vor 1700 angefertigt wurde. Dem entspricht auch das Gesamtansehen. Das interessante Werk ist jetzt Eigentum des Geheimen Rat von Quast auf Radensleben. Er empfing es im März 1864 als ein Andenken von dem mittlerweile verstorbenen Obristlieutenant Kindt, einem Schleswig-Holsteiner. Dieser hatte es auf einer Auktion erstanden und vermutete, daß es von einem General Wolf (seinerzeit in dänischem Dienst) verfaßt beziehungsweise gezeichnet worden sei.

Seeland, wo er dem harrenden Schwedenkönige die Nachricht von der verlorenen Schlacht brachte. Nyborg, das General von Horn zu halten versuchte, fiel schon am andern Tag; er und das ganze schwedische Corps wurden kriegsgefangen.

Unser Quast hatte den entscheidenden Schlag getan, darüber sind *alle* Berichte so ziemlich einig, und nur darin weichen sie voneinander ab, mit welchen Regimentern er den feindlichen linken Flügel durchbrach. Es scheinen unter allen Umständen *keine* Brandenburger gewesen zu sein, denn die Truppen, die brandenburgischerseits an der Affaire teilnahmen, waren zugestandenermaßen *Reiterregimenter*, die, gleichviel, an welchem Flügel sie gestanden haben mögen, das Schicksal der kaiserlichen Reiterei teilten und nirgends die feindliche Schlachtreihe zu durchbrechen vermochten. *Quast gab allerdings den Ausschlag*, aber an der Spitze *dänischer Pikeniere*, die seinem Flügel zunächst in Reserve standen. (Nach einem andern Bericht hätten die holländischen Brigaden des Zentrums die schon halb verlorene Schlacht wieder zum Stehen gebracht. *Dann* erst hätte Quast mit dem wieder gesammelten rechten Flügel den letzten Schlag getan. Auch *diese* Lesart hat manches für sich.) Der Sieg von Nyborg war entscheidend. Die Nachricht von der totalen Niederlage seines Heeres soll den schwerkranken Schwedenkönig *so* erschüttert haben, daß er infolge davon starb, ein Todesfall, der bald danach zum Frieden von Oliva und durch ebendiesen Frieden zur endgültigen Oberhoheit Brandenburgs über das Herzogtum Preußen führte. Die Alliierten, nachdem sie zwei Jahre lang die Kimbrische Halbinsel besetzt gehalten hatten, räumten nunmehr das Land. In Hamburg schon wurden die Regimenter entlassen, und auch Quast (übrigens im Dienste des Kurfürsten verbleibend) ging auf seine Güter.

Über die letzten Lebensjahre des Generals wissen wir wenig. Er scheint dieselben, zunächst wenigstens, in ländlicher Zurückgezogenheit und im Kreise seiner Familie zugebracht zu haben. Die niedergebrannten Dörfer wurden aufgebaut, die wüsten Felder neu bestellt, die geplünderten Kirchen erhielten Altarleuchter, Glocken und Kelche. 1661 verheiratete er sich zum *zweiten* Male, mit Elisabeth Dorothea von

Goerne, und drei Jahre später (1664) zum *dritten* Male, mit Ilse Katharine von Rössing, einer verwitweten von Planitz. Diese dritte Gemahlin überlebte ihn. 1667 betraute ihn der Kurfürst aufs neue mit Errichtung eines Regiments und ernannte ihn beinah gleichzeitig zum Gouverneur der Veste Spandau. Hier starb er, sechsundfünfzig Jahre alt, am 7. Mai 1669 und ward in der dortigen Sankt-Nikolai-Kirche beigesetzt. Erst in neuester Zeit erfolgte die Überführung nach dem alten Stammgute Garz. In der Gruft der Kirche daselbst steht seitdem ein mächtiger, mit Basreliefornamenten und den Wappen der Ahnen reich ausgestatteter Zinnsarg, der die Inschrift trägt: »Der hochedelgeborne Herr, Herr Albrecht Christoph von Quast, kurfürstlich brandenburgischer Geheimer Kriegsrat, Generalfeldwachtmeister der Kavallerie, Oberster zu Roß und zu Fuß, Gouverneur und Oberhauptmann der Veste und Stadt Spandau, zu Garz, Damme, Vichel, Rohrlack und Wutzetz Erbherr, geboren am 10. Mai 1613, gestorben auf der Veste Spandau am 7. Mai 1669. Wartet der fröhlichen Auferstehung zum ewigen Leben.«*

Dies ist es, was wir imstande gewesen sind über das Leben Albrecht Christophs von Quast zusammenzutragen. Es ist alles ziemlich äußerlicher Natur, äußerlich folgen die Taten aufeinander, äußerlich sehen wir ihn steigen von Stufe zu Stufe. Tradition und Sage, die von Derfflinger und Sparr so mannigfach erzählen, haben sich unsres »Siegers von Nyborg« *nicht* bemächtigt; es fehlen alle Züge, die uns eine tiefere Teilnahme an seinem Lebensgange einzuflößen vermöchten. Und doch war dieser Sieg, den wir vorwiegend *ihm* verdanken, von einer nach mehr als *einer* Seite hin entscheidenden Bedeutsamkeit. Durch denselben erlangte Brandenburg, wie wir gesehen haben, die volle Souverainetät über Preußen und somit die *Basis* für die Königskrone, wäh-

---

* Neben dem mächtigen Zinnsarge des Generalfeldwachtmeisters steht ein etwas kleinerer, im übrigen mit ziemlich denselben Emblemen reich verzierter Kupfersarg, in dem Otto Gottfried von Quast, ein Neffe des Generals, begraben liegt. Er fiel bei Fehrbellin. Die Inschrift des Sarges lautet: »Hier ruhet der hochedelgeborne Herr, Herr Otto Gottfried von Quast, kurfürstlich brandenburgischer, unter des Herrn General Lüdeckens Regiment bestallter Adjutant, auf Garz und Küdow Erbherr, geboren Anno 1656 am 23. März; in dem mit der schwedischen Armee bei Fehrbellin am 18. Juni 1675 gehaltenen Treffen tödlich verwundet und am 22. ejusd. allhier in Spandau selig verstorben.« (Auch *dieser* Sarg ward ursprünglich in der Nikolaikirche zu Spandau beigesetzt. Daher das »allhier in Spandau«.)

rend für Dänemark aus ebendiesem Kriege sein Königsgesetz hervorging. Zudem war unser Albrecht Christoph der erste, der die brandenburgischen Waffen, vor zweihundert Jahren schon, auf eine der dänischen Inseln hinübertrug.

Die Ehren der Düppelstürmer von heute sind freilich reicher ausgefallen als die der Nyborg-Sieger von damals, aber je heller die Gegenwart strahlt, je mehr geziemt es sich, in Dankbarkeit derer zu gedenken, die ruhmvoll voranschritten. Unter ihnen in vorderster Reihe — Albrecht Christoph von Quast.

Aus der Gruft, darin wir eben die Inschrift am Zinnsarge Albrecht Christophs entziffert haben, treten wir wieder ins Freie, atmen auf in Luft und Licht und schreiten dem Herrenhause zu. Der kühle, mit Marmorfliesen gedeckte Raum heimelt uns bei der drückenden Hitze doppelt an, und doch ist es nicht diese kühle, fliesengedeckte Halle, was uns hierherführte, sondern umgekehrt der sonnenbeschienene Vorflur im ersten Stock, wo wir einem seltsamen Erinnerungsstücke begegnen, das eine sehr *andre* Zeit als die Zeit unseres Albrecht Christoph vor uns heraufbeschwört. Hier, an einem breiten Fensterpfeiler, an demselben Platz etwa, wo sonst eine Flora oder Pomona oder irgendein andres Stück griechischer Mythologie zu stehen pflegt, erhebt sich statuenhaft und auf niedrigem Postament ein *Riesenstiefel* mit einem neun Zoll langen Sporn daran und einer anderthalb Zoll dicken Sohle. Das Ganze ein Kunstwerk in seiner Art und trotz seines riesigen Umfanges von einer gewissen Eleganz der Erscheinung. Dieser Stiefel hat seine Geschichte.

Wer kennt nicht das Regiment Gensdarmes? Und wer hätte nicht gehört von der Verschwendungslust und Tollkühnheit seiner Offiziere, von ihrem Mut und Übermut!

Unter den jungen Offizieren ebendieses Regimentes war denn auch Wolf Ludwig Friedrich von Quast, wegen seiner tollkühnen Streiche kurzweg der »tolle Quast« genannt. Eines Tages (wahrscheinlich im Jahre 1794) ging er mit Lieutenant von Jürgaß, dem spätern ausgezeichneten Kavalleriegeneral unter Yorck, über die Weidendammer Brücke, als ihnen, einige Häuser weiter, ein riesiger Sporn auffiel, der

im Schaufenster eines Eisenladens hing. Es ward ausge-
macht, daß derjenige, der zuerst in Arrest käme, das wunderliche Ding kaufen solle. Jürgaß war der erste, der dieses Vorzugs genoß, und kaufte den Sporn, aber freilich nicht, ohne
beim Kauf ein neues Abkommen getroffen zu haben: »Der
nächste, der in Arrest kommt, läßt einen *Stiefel* dazu machen.« Dieser nächste war nun selbstverständlich Quast, und
schon eine Woche danach wurde der etwa sechs Fuß hohe
Riesenstiefel unter allen möglichen Formalitäten in die Ka-
serne getragen. Da stand er nun, der Koloß, und der Sporn
ward ihm angeschnallt. Aber der Übermut, einmal wach geworden, sehnte sich nach *mehr*, und so beschloß man denn
einstimmig, dem Stiefel zu Ehren ein Fest zu geben, bei dem
der Stiefel selbst als Bowle fungieren sollte. Gesagt, getan.
Das Fest verlief unter dem Jubel aller Beteiligten, aber doch
andrerseits auch so, daß folgenden Tages Ordre kam, auf
den Stiefel zu fahnden. So leichten Kaufs indes gedachten
die jungen Offiziere weder sich noch ihren Stiefel fangen zu
lassen, und als die diesem letzteren geltende Stubenrevision
ihren Anfang nahm, war der große Stiefel schon mit Extra-
post auf dem Wege nach Garz. Aber auch hier war seines
Bleibens nicht lange. Das Versteck war verraten worden, und
eine Reiterpatrouille hatte striktesten Befehl erhalten, den
»Stiefel der Gensdarmes«, es koste, was es wolle, zur Stelle
zu schaffen. Was tun in dieser Lage?

Das erste war, ebendieser Patrouille, die schon drei Meilen Vorsprung hatte, diesen Vorsprung wieder abzugewinnen. Es sattelten also befreundete Kameraden, überholten
im Fluge das ziemlich ruhig seines Weges trottende Piquet
und führten den gefährdeten Liebling von Garz nach Ganzer
hinüber, wo derselbe nunmehr, in einem abgelegensten
Scheunenwinkel, unter hochaufgeschichteten Strohmassen
versteckt wurde.

Daselbst stand er über ein Menschenalter. Das Regiment
Gensdarmes war längst tot und die Jürgasse längst ausgestorben, da erbat sich der jetzige Besitzer von Garz, Rittmeister
von Quast, den Stiefel von Ganzer her zurück, »da dieser,
wenn irgendwohin, am ehesten nach dem ehemaligen Gute
des ›tollen Quast‹ gehöre«. Gern wurd ihm gewillfahrt, und
blank aufgeputzt steht er seitdem auf dem Flure des Garzer

Herrenhauses, ein charakteristisches Überbleibsel aus den Tagen des ›Regiments Gensdarmes«.

Wolf Quast, wie so viele Militärs jener mit Unrecht in Bausch und Bogen verurteilten Zeit, war übrigens keineswegs ein bloßer »Junker Übermut«, der nur mit Sporn und Degen über die Straße zu rasseln und gelegentlich in einem Riesenstiefel eine Bowle zu brauen verstand, er war vielmehr umgekehrt ein Mann von hervorragenden Gaben, der die Pflege »nobler Passionen« mit Bildung, Belesenheit und künstlerischem Sinn sehr wohl zu vereinigen wußte. Soldat mit Leib und Seele, war er darauf aus, dem Dienst eine ideale, fast eine wissenschaftliche Seite abzugewinnen, und legte seine Reitererfahrungen in einem Buche nieder, das, wie Fachleute versichern, in allen erheblichen Punkten auch bis heute noch unübertroffen geblieben ist. Seine künstlerischen Neigungen führten ihn nach dem Süden, wo er 1804 erst in Rom und dann in Paris mit Schinkel zusammentraf. Dieser schrieb im Dezember genannten Jahres an den Geheimrat von Prittwitz: »Herr von Quast, mit dem ich schon in Rom *schöne Genüsse teilte* und den ich hier in Paris wiederfinde, verspricht mir die Ausrichtung meiner Empfehlungen« etc. Das alles deutet auf mehr als auf bloße Tollheiten und Fähnrichstreiche.

Das Ende Wolf Quasts war beklagenswert. Der brillante Reiter starb infolge eines Sturzes mit dem Pferde. Freilich war Mangel an Geschicklichkeit nicht die Ursach. In der Wilhelmstraße, dicht am Platz, war das Pflaster behufs einer Röhrenlegung aufgenommen und bei Einbruch der Dunkelheit für die vorschriftsmäßige Einzäunung nicht Sorge getragen worden. Quasts Pferd stürzte an dieser Stelle. Er selbst fiel so unglücklich, daß er bald danach im Radziwillschen Palais, wohin man ihn brachte, starb, am 2. Mai 1812.

Sein Eichensarg, ohne besonderen Schmuck, steht in der Familiengruft zu Garz. Er war am 13. Februar 1769 geboren.

DAS DOSSE-BRUCH

»Ihr habt mir nichts zu danken,
Denn davor bin ich da.«

H. von Blomberg

Eine halbe Meile westwärts von Garz treten wir in eine
fruchtbare Niederung ein, die hier durch den Zusammen-
fluß des Rhins und der Dosse gebildet wird und seit Jahrhunderten den Namen des Dosse-Bruches führt.

Die Dosse (in alten Urkunden Doxa oder Dossia) ent-
springt an der Grenze von Prignitz und Mecklenburg und
geht, an Wittstock, Wusterhausen und Neustadt vorüber, in
fast ununterbrochen südlicher Richtung in Rhin und Havel.
An ihrem Ufer hin, das trotz vorherrschender Öde manchen
schönen Punkt aufweist (so zum Beispiel Amt Fretzdorf,
alte Dosse-Burg, seit lange Besitztum der Freiherrn von Kar-
stedt), wohnte der vielgenannte Stamm der *Dossaner*, die
das Grenzland zwischen den wilzischen und obotritischen
Wenden innehatten. Auf den Feldmarken von Brunn und
Trieplatz, Dörfer, auf die wir weiterhin zurückkommen, finden sich noch Spuren alter, dreifacher Wälle, deren Ursprung sich aller Wahrscheinlichkeit nach auf jene Zeit der
Kämpfe zwischen den Sachsen und Slawen zurückführen
läßt.

Etwa bei Wusterhausen, wenn wir dem Lauf des Flusses
folgen, beginnt das Dosse-Bruch. Es hatte vordem so ziemlich denselben Sumpfcharakter wie das Oder-Bruch; alles lag
wüst und befand sich in einem Urzustande. Werftweiden, Elsen und anderes Gebüsch bedeckten den größten Teil der
Niederung, und nur hier und da lagen Stellen über dem Wasser, die nun als Wiesen und Weide dienten. Dreetz und Sieversdorf, mitten im Bruch auf zwei Sandschollen erbaut, hatten ungeheure Feldmarken, ohne sie recht benutzen zu können, weil das Vieh im Sumpfe steckenblieb. Schon die
Namen der einzelnen Örtlichkeiten hatten schlimmen Klang:
Dolenbusch, Brand und der Tarterwinkel.

Kolonisationsversuche wurden ziemlich früh gemacht. Bereits der Landgraf von Hessen-Homburg begann Abzugsgräben zu ziehen; später suchte König Friedrich Wilhelm I. (und zwar nach Entwässerung des Havelländischen Luches) auch *hier* die Kanalisierung in ein System zu bringen. Aber erst unter dem großen Könige kamen die *Dosse-Bruch-Arbeiten* zu verhältnismäßigem Abschluß. An Widerstand hatten's die Nächstbeteiligten nicht fehlen lassen; ihrer Auflehnungen indes war man bald Herr geworden. Wo nicht freier Wille zu Hülfe kam, erfolgte Zwang.

1778 endigten die Vorarbeiten: 15 000 Morgen Land waren gewonnen, 25 neue Dörfer und Ortschaften gegründet, 1500 Ansiedler angesetzt. *Der König wollte nunmehr mit eignen Augen sehen, was hier geschaffen worden sei.*

Den 23. Juli 1779 brach er zu diesem Behufe fünf Uhr morgens von Potsdam auf und ging zunächst über Fahrland, Dyrotz, Wustermark, Nauen und Königshorst bis Seelenhorst.

Hier, in Seelenhorst, trat der König in den Fehrbelliner Amtsbezirk ein, und statt des Königshorster Amtsrats, der auf der Fahrt durchs Havelländische Luch den Führer gemacht hatte, erschien nunmehr der Oberamtmann Fromme neben dem Wagen des Königs, um Seine Majestät durch das Fehrbelliner Revier hin zu geleiten. Der König fand Wohlgefallen an ihm, stellte viele Fragen und behielt ihn mehrere Stunden lang an seiner Seite.

Fromme hat in einem Schreiben an den alten Vater Gleim, der sein Onkel war, alles aufgezeichnet, was er in diesen denkwürdigen Stunden erlebt oder aus dem Munde des Königs vernommen hat, und es ist nunmehr Fromme, den ich in nachstehendem sprechen lasse.

Friedrichs II. Besuch im Rhin- und Dosse-Bruch

Um acht Uhr morgens kamen Ihro Majestät auf Seelenhorst an und hatten den Herrn General Grafen von Görtz im Wagen bei sich. Ihro Majestät sprachen bei der Umspannung mit den Zietenschen Husarenoffiziers, die auf den umliegenden Dörfern auf Grasung standen, und bemerkten mich nicht. Weil die Dämme zu schmal sind, konnt ich neben dem Wagen nicht reiten. (Fromme ritt also vorauf oder hinterher.) In Dechtow bekamen Ihro Majestät den Herrn Rittmeister von Zieten, dem Dechtow gehört, zu sehen und behielten ihn — der Weg war hier breiter — neben sich, bis dahin, wo die Dechtowsche Feldmark zu Ende geht. Hier wurde wieder umgespannt, und Hauptmann von Rathenow auf Karwesee, ein alter Liebling des Königs, trat an den Wagen heran.

HAUPTMANN VON RATHENOW: »Untertänigster Knecht, Ihro Majestät!«

KÖNIG: »Wer seid Ihr?«

HAUPTMANN: »Ich bin der Hauptmann von Rathenow* aus Karwesee.«

KÖNIG: (die Hände faltend): »Mein Gott! lieber Rathenow, lebt Er noch? Ich dacht, Er wäre längst tot. Wie geht es Ihm? Ist Er gesund?«

HAUPTMANN: »O ja, Ihro Majestät.«

KÖNIG: »Aber, mein Gott! wie dick ist Er geworden.«

HAUPTMANN: »Ja, Ihro Majestät, Essen und Trinken schmeckt immer noch; nur die Füße wollen nicht fort.«

KÖNIG: »Ja! das geht mir auch so. Ist Er verheiratet?«

HAUPTMANN: Ja, Ihro Majestät!«

KÖNIG: »Ist Seine Frau mit unter den Damen dort?«

HAUPTMANN: »Ja, Ihro Majestät!«

KÖNIG: »Laß Er sie doch herkommen!« (Sogleich den Hut ab.) »Ich find an Ihrem Herrn Gemahl einen guten alten Freund.«

FRAU VON RATHENOW: »Sehr viel Gnade für meinen Mann.«

KÖNIG: »Was sind Sie für eine geborene?«

FRAU VON RATHENOW: »Ein Fräulein von Kröcher!«

KÖNIG: »Haha! eine Tochter vom General von Kröcher!«

FRAU VON RATHENOW: »Ja, Ihro Majestät.«

KÖNIG: »Oh, den hab ich recht gut gekannt. — Hat Er auch Kinder, Rathenow?«

---

* Von Rathenow stand 1732 und die folgenden Jahre als Lieutenant beim kronprinzlichen Regiment in Neuruppin und war einer aus dem näheren Umgangskreise des Prinzen. Überhaupt werden wir im Verlauf des Aufsatzes sehen, daß der König überall alte Bekanntschaften erneuert und die fast ein halbes Jahrhundert zurückliegenden Ruppiner Tage wieder lebendig werden fühlt.

HAUPTMANN: »Ja, Ihro Majestät! Meine Söhne sind in Diensten, und dies sind meine Töchter!«

KÖNIG: »Na! das freut mich. Leb Er wohl, mein lieber Rathenow! Leb Er wohl!«

Nun ging der Weg nach Fehrbellin, und Förster Brand ritt als Forstbedienter mit. Als wir an einen Fleck von Sandschellen kamen, die vor Fehrbellin liegen, sagten Ihro Majestät: »Förster, warum sind die Sandschellen nicht besäet?«

FÖRSTER: »Ihro Majestät, sie gehören nicht zur königlichen Forst; sie gehören mit zum Acker. Zum Teil besäen die Leute sie mit allerlei Getreide. Hier, rechter Hand, haben sie Kienäpfel gesäet!«

KÖNIG: »Wer hat die gesäet?«

FÖRSTER: »Hier der Oberamtmann!«

KÖNIG (zu mir): »Na! sagt es meinem Geheimden Rat Michaelis, daß die Sandschellen besäet werden sollen.« — (Zum Förster:) »Wißt Ihr aber auch, wie Kienäpfel gesäet werden müssen?«

FÖRSTER: »O ja, Ihro Majestät!«

KÖNIG: »Na! wie werden sie gesäet? von Morgen gegen Abend oder von Abend gegen Morgen?«

FÖRSTER: »Von Abend gegen Morgen.«

KÖNIG: »Das ist recht; aber warum?«

FÖRSTER: »Weil aus dem Abend die meisten Winde kommen.«

KÖNIG: »Das ist recht!«

Nun kamen Ihro Majestät zu Fehrbellin an, sprachen daselbst mit dem Lieutenant Probst vom Zietenschen Husarenregiment (schon sein Vater stand als Rittmeister bei den Zietenschen) und mit dem fehrbellinischen Postmeister, Hauptmann von Mosch. Als angespannt war, wurde die Reise fortgesetzt, und da Ihro Majestät gleich danach an meinen Gräben, die im Fehrbellinschen Luch auf königliche Kosten gemacht sind, vorbeifuhren, so ritt ich an den Wagen und sagte: »Ihro Majestät, das sind schon zwei neue Gräben, die wir durch Ihro Majestät Gnade hier erhalten haben und die das Luch uns trocken erhalten.«

KÖNIG: »Soso; das ist mir lieb! Wer seid Ihr?«

FROMME: »Ihro Majestät, ich bin der Beamte hier von Fehrbellin.«

König: »Wie heißt Ihr?«

Fromme: »Fromme.«

König: »Haha! Ihr seid ein Sohn von dem Landrat Fromme.«

Fromme: »Ihro Majestät halten zu Gnaden, mein Vater ist Amtsrat im Amte Lähme gewesen.«

König: »Amtsrat! Amtsrat! Das ist nicht wahr! Euer Vater ist Landrat gewesen. Ich habe ihn recht gut gekannt. Sagt mir einmal, hat Euch die Abgrabung des Luchs hier viel geholfen?«

Fromme: »O ja, Ihro Majestät!«

König: »Haltet Ihr mehr Vieh als Euer Vorfahr?«

Fromme: »Ja, Ihro Majestät! Auf diesem Vorwerk halt ich vierzig, auf allen Vorwerken siebenzig Kühe mehr!«

König: »Das ist gut. Die Viehseuche ist doch nicht hier in der Gegend?«

Fromme: »Nein, Ihro Majestät.«

König: »Habt Ihr die Viehseuche hier gehabt?«

Fromme: »Ja!«

König: »Braucht nur fein fleißig Steinsalz, dann werdet Ihr die Viehseuche nicht wieder bekommen.«

Fromme: »Ja, Ihro Majestät, das brauch ich auch; aber Küchensalz tut beinah ebendie Dienste.«

König: »Nein, das glaubt nicht! Ihr müßt das Steinsalz nicht kleinstoßen, sondern es dem Vieh so hinhangen, daß es dran lecken kann.«

Fromme: »Ja, es soll geschehen.«

König: »Sind sonst hier noch Verbesserungen zu machen?«

Fromme: »O ja, Ihro Majestät. Hier liegt die Kremmen-See. Wenn selbige abgegraben würde, so bekämen Ihro Majestät an achtzehnhundert Morgen Wiesenwachs, wo Kolonisten könnten angesetzt werden, und würde dadurch die ganze Gegend hier schiffbar, welches dem Städtchen Fehrbellin und der Stadt Ruppin ungemein aufhelfen würde; auch könnte vieles aus Mecklenburg zu Wasser nach Berlin kommen.«

König: »Das glaub ich! Euch wird aber wohl bei der Sache sehr geholfen, viele dabei ruiniert, wenigstens die Gutsherren des Terrains; nicht wahr?«

Fromme: »Ihro Majestät halten zu Gnaden: das Terrain gehört zum königlichen Forst, und stehen nur Birken darauf.«

König: »Oh, wenn weiter nichts ist wie Birkenholz, so kann's geschehen! Allein, Ihr müßt auch nicht die Rechnung ohne den Wirt machen, daß nicht die Kosten den Nutzen übersteigen.«

Fromme: »Die Kosten werden den Nutzen gewiß nicht übersteigen! Denn erstlich können Ihro Majestät sicher darauf rechnen, daß achtzehnhundert Morgen von dem See gewonnen werden; das wären sechsunddreißig Kolonisten, jeder zu funfzig Morgen. Wird nun ein kleiner, leidlicher Zoll auf das Floßholz gelegt und auf die Schiffe, die den neuen Kanal passieren, so wird das Kapital sich gut verzinsen.«

König: »Na! sagt es meinem Geheimden Rat Michaelis! Der Mann versteht's, und ich will Euch raten, daß Ihr Euch an den Mann wenden sollt in allen Stücken und wenn Ihr wißt, wo Kolonisten anzusetzen sind. Ich verlange nicht gleich ganze Kolonien; sondern wenn's nur zwo oder drei Familien sind, so könnt Ihr's immer mit dem Mann abmachen!«

Fromme: »Es soll geschehen, Ihro Majestät.«

König: »Kann ich hier nicht Wustrau liegen sehen?«

Fromme: »Ja, Ihro Majestät; hier rechts, das ist's.«

König: »Ist der General zu Hause?«

Fromme: »Ja!«

König: »Woher wißt Ihr das?«

Fromme: »Ihro Majestät, der Rittmeister von L'Estocq liegt in meinem Dorf auf Grasung, und da schickten der Herr General gestern einen Brief durch den Reitknecht an ihn. Da erfuhr ich's.«

König: »Hat der General von Zieten auch bei der Abgrabung des Luchs gewonnen?«

Fromme: »O ja; die Meierei hier rechts hat er gebaut und eine Kuhmolkerei angelegt, welches er nicht gekonnt hätte, wenn das Luch nicht abgegraben wäre.«

König: »Das ist mir lieb! Wie heißt der Beamte zu Alten-Ruppin?«

Fromme: »Honig!«

König: »Wie lang ist er da?«

FROMME: »Seit Trinitatis.«

KÖNIG: »Seit Trinitatis? Was ist er vorher gewesen?«

FROMME: »Canonicus.«

KÖNIG: »Canonicus? Canonicus? Wie führt der Teufel zum Beamten den Canonicus?«

FROMME: »Ihro Majestät, er ist ein junger Mensch, der Geld hat und gern die Ehre haben will, Beamter von Ihro Majestät zu sein.«

KÖNIG: »Warum ist aber der alte nicht geblieben?«

FROMME: »Ist gestorben.«

KÖNIG: »So hätte doch die Witwe das Amt behalten können.«

FROMME: »Ist in Armut geraten!«

KÖNIG: »Durch Frauenwirtschaft?«

FROMME: »Ihro Majestät verzeihen, sie wirtschaftete gut, allein die vielen Unglücksfälle haben sie zugrunde gerichtet; die können den besten Wirt zurücksetzen. Ich selber habe vor zwei Jahren das Viehsterben gehabt und habe keine Remission erhalten; ich kann auch nicht wieder vorwärtskommen.«

KÖNIG: »Mein Sohn, heut hab ich Schaden am linken Ohr, ich kann nicht gut hören.«

FROMME: »Das ist schon eben ein Unglück, daß der Geheimde Rat Michaelis den Schaden auch hat!« (Nun blieb ich ein wenig vom Wagen zurück: ich glaubte, Ihro Majestät würden die Antwort ungnädig nehmen.)

KÖNIG: »Na! Amtmann, vorwärts! Bleibt beim Wagen, aber *nehmt Euch in acht, daß Ihr nicht unglücklich seid. Sprecht nur laut, ich verstehe recht gut.*« (Diese mit kursiven Lettern gedruckten Worte wiederholten Ihro Majestät wenigstens zehnmal auf der Reise.) »Sagt mir mal: wie heißt das Dorf da? rechts.«

FROMME: »Langen.«

KÖNIG: »Wem gehört's?«

FROMME: »Ein Drittel Ihro Majestät, unter dem Amte Alten-Ruppin; ein Drittel dem Herrn von Hagen; und dann hat der Dom zu Berlin auch Untertanen darin.«

KÖNIG: »Ihr irrt Euch, der Dom zu Magdeburg!«

FROMME: »Ihro Majestät halten zu Gnaden, der Dom zu Berlin.«

König: »Es ist aber nicht wahr, der Dom zu Berlin hat keine Untertanen.«

Fromme: »Ihro Majestät halten zu Gnaden, der Dom zu Berlin hat in meinem Amtsdorfe Karwesee drei Untertanen.«

König: »Ihr irrt Euch, das ist der Dom zu Magdeburg.«

Fromme: »Ihro Majestät, ich müßte ein schlechter Beamter sein, wenn ich nicht wüßte, was in meinen Amtsdörfern für Obrigkeiten sind.«

König: »Ja, dann habt Ihr recht! Sagt mir einmal: hier rechts muß ein Gut liegen, ich kann mich nicht auf den Namen besinnen; nennt mir die Güter, die hier rechts liegen.«

Fromme: »Buskow, Radensleben, Sommerfeld, Beetz, Karwe.«

König: »Recht! Karwe. Wem gehört das Gut?«

Fromme: »Dem Herrn von Knesebeck.«

König: »Ist er in Diensten gewesen?«

Fromme: »Ja! Lieutenant oder Fähnrich unter der Garde.«

König: »Unter der Garde?« (An den Fingern zählend.) »Ihr habt recht, er ist Lieutenant unter der Garde gewesen! Das freut mich sehr, daß das Gut noch in Knesebeckschen Händen ist. — Na! sagt mir einmal: der Weg, so hier den Berg hinaufgeht, geht nach Ruppin, und hier links ist die große Straße nach Hamburg?«

Fromme: »Ja, Ihro Majestät!«

König: »Wißt Ihr, wie lang es ist, daß ich nicht bin hier gewesen?«

Fromme: »Nein!«

König: »Das sind dreiundvierzig Jahr! Kann ich Ruppin liegen sehen?«

Fromme: »Ja, Ihro Majestät, der Turm, so hier rechts über die Tannen herübersieht, ist Ruppin!«

König (mit dem Glase aus dem Wagen lehnend): »Ja, ja, das ist er, ich kenn ihn noch. — Kann ich Tramnitz liegen sehen?«

Fromme: »Nein, Ihro Majestät, Tramnitz liegt zu weit links, dicht an Kyritz.«

König: »Werden wir's nicht sehen, wenn wir besser hinkommen?«

Fromme: »Es könnte sein, bei Neustadt, aber ich zweifle.«

König: »Das ist schade! Kann ich Bechlin liegen sehn?«

FROMME: »Jetzt nicht, Ihro Majestät; es liegt zu sehr im Grunde. Wer weiß, ob es Ihro Majestät gar werden sehen können?«

KÖNIG: »Na! gebt Achtung, und wenn Ihr's seht, so sagt's! — Wo ist der Beamte von Alten-Ruppin?«

FROMME: »In Protzen beim Vorspann wird er sein!«

KÖNIG: »Können wir noch nicht Bechlin* liegen sehn?«

FROMME: »Nein!«

KÖNIG: »Wem gehört's itzo?«

FROMME: »Einem gewissen Schönermark.«

KÖNIG: »Ist er von Adel?«

FROMME: »Nein!«

KÖNIG: »Wer hat's vor ihm gehabt?«

FROMME: »Der Feldjäger Ahrens; der hat's von seinem Vater ererbt. Das Gut ist immer in bürgerlicher Familie gewesen.«

KÖNIG: »Das weiß ich! Wie heißt das Dorf hier vor uns?«

FROMME: »Walchow.«

KÖNIG: »Wem gehört's?«

FROMME: »Ihnen, Ihro Majestät, unter dem Amte Alten-Ruppin.«

KÖNIG: »Wie heißt das Dorf hier vor uns?«

FROMME: »Protzen.«

KÖNIG: »Wem gehört's?«

FROMME: »Dem Herrn von Kleist.«

KÖNIG: »Was ist das für ein Kleist?«

FROMME: »Ein Sohn vom General Kleist.«

KÖNIG: »Von welchem General Kleist?«

FROMME: »Der Bruder von ihm ist Flügeladjutant bei Ihro Majestät gewesen und steht itzt zu Magdeburg beim Kalcksteinschen Regiment, als Obristlieutenant.«

KÖNIG: »Haha! von dem? Die Kleiste kenn ich recht gut. Ist dieser Kleist auch in Diensten gewesen?«

FROMME: »Ja, Ihro Majestät; er ist Fähnrich gewesen unter dem Prinz Ferdinandschen Regiment.«

KÖNIG: »*Warum hat der Mann seinen Abschied genommen?*«

---

* Bechlin liegt nur eine Viertelmeile von Ruppin und war oft der Schauplatz der ausgelassenen Späße, die zur »kronprinzlichen Zeit« beim Regiment im Schwange waren. — Ein noch bevorzugterer Ort war das unmittelbar vorher genannte Tramnitz (vergleiche weiterhin das gleichnamige Kapitel).

FROMME: *»Das weiß ich nicht!«*

KÖNIG: »Ihr könnt's mir sagen; ich suche nichts darunter. Warum hat der Mann seinen Abschied genommen?«

FROMME: »Ihro Majestät, ich kann's wirklich nicht sagen.«

Nun waren wir an Protzen heran. Ich wurde gewahr, daß der alte General von Zieten in Protzen vor dem Edelhofe stand. Ich ritt an den Wagen heran und sagte: »Ihro Majestät, der Herr General von Zieten sind auch hier.«

KÖNIG: »Wo? wo? O reitet vor und sagt's den Leuten, sie sollen stillhalten; ich will aussteigen.«

Nun stiegen Ihro Majestät hier aus und freuten sich außerordentlich über die Anwesenheit des Herrn Generals von Zieten, sprachen mit ihm und dem Herrn von Kleist über mancherlei Sachen, ob ihm die Abgrabung des Luchs geholfen, ob er die Viehseuche gehabt, und empfahl das Steinsalz gegen die Viehseuche. Mit einemmal gingen Ihro Majestät beiseite, kamen wieder und riefen: »Amtmann!« (Dicht am Ohr:) »Wer ist der dicke Mann da mit dem weißen Rock?« (Ich ebenfalls dicht am Ohr:) »Ihro Majestät, es ist der Landrat von Quast auf Radensleben vom ruppinischen Kreise.«

KÖNIG: »Schon gut!«

Nun gingen Ihro Majestät wieder zum General von Zieten und Herrn von Kleist und sprachen von verschiedenen Sachen. Herr von Kleist präsentierte Seiner Majestät sehr schöne Früchte. Sie bedankten sich; mit einemmal drehten Sie sich um und sagten: »Serviteur, Herr Landrat!« Als nun selbiger auf Ihro Majestät zugehen wollte, sagten Ihro Majestät: »Bleib Er nur da, ich kenn Ihn, Er ist der Landrat von Quast!«

Nun war angespannt. Ihro Majestät nahmen recht zärtlichen Abschied von dem alten General von Zieten, empfahlen sich den übrigen und fuhren fort. Ob nun wohl Ihro Majestät in Protzen die Früchte nicht annahmen, so nahmen doch Dieselben, sowie wir aus Protzen waren, ein Butterbrot für sich und für den Herrn General Grafen von Görtz aus der Wagentasche und aßen während des Fahrens immer Pfirsich. Beim Wegfahren glaubten Ihro Majestät, ich würde zurückbleiben, und riefen aus dem Wagen: »Amtmann, kommt mit!«

König: »Wo ist der Beamte von Alten-Ruppin?«

Fromme: »Er wird vermutlich krank sein, sonst wär er in Protzen beim Vorspann gewesen.«

König: »Na! sagt mir einmal: wißt Ihr *wirklich* nicht, *warum der Kleist zu Protzen seinen Abschied genommen?*«

Fromme: »Nein, Ihro Majestät, ich weiß es wahrhaftig nicht.«

König: »Wie heißt das Dorf hier vor uns?«

Fromme: »Manker.«

König: »Wem gehört's?«

Fromme: »Ihnen, Ihro Majestät, unter dem Amt Alten-Ruppin.«

König: »Hört einmal, wie seid Ihr mit der Ernte zufrieden?«

Fromme: »Sehr gut, Ihro Majestät!«

König: »Sehr gut? Und mir haben sie gesagt, sehr schlecht!«

Fromme: »Ihro Majestät, das Wintergetreide ist etwas erfroren; aber das Sommergetreide steht dafür so schön, daß es den Schaden beim Wintergetreide reichlich ersetzt.«

(Nun sahen Ihro Majestät auf den Feldern Mandel an Mandel.)

König: »Es ist eine gute Ernte, Ihr habt recht; es steht ja Mandel bei Mandel hier!«

Fromme: »Ja, Ihro Majestät; und hier setzen die Leute noch dazu Stiege.«

König: »Was ist das, Stiege?«

Fromme: »Das sind zwanzig Garben zusammengesetzt!«

König: »Oh, es ist unstreitig eine gute Ernte. — *Aber sagt mir doch, warum hat der Kleist aus Protzen seinen Abschied genommen?*«

Fromme: »Ihro Majestät, ich weiß es nicht! Mir deucht, er hat vom Vater müssen die Güter annehmen. Eine andre Ursach weiß ich nicht.«

König: »Wie heißt das Dorf hier vor uns?«

Fromme: »Garz.«

König: »Wem gehört's?«

Fromme: »Dem Kriegsrat von Quast.«

König: »Wem gehört's?«

Fromme: »Dem Kriegsrat von Quast.«

König: »Ei was! Ich will von keinem Kriegsrat was wissen! Wem gehört das Gut?«

Fromme: »Dem Herrn von Quast.«

König: »Na! das ist recht geantwortet!«

Nun kamen Ihro Majestät in Garz an! Die Umspannung besorgte Herr von Lüderitz aus Nackel, als erster Deputierter des ruppinschen Kreises. Dieser hatte einen Hut auf mit einer weißen Feder! Als nun die Anspannung geschehen war, ging die Reise gleich fort.

König: »Wem gehört das Gut hier links?«

Fromme: »Dem Herrn von Lüderitz; es heißt Nackel.«

König: »Was ist das für ein Lüderitz?«

Fromme: »Ihro Majestät, der in Garz beim Vorspann war.«

König: »Haha! der Herr mit der weißen Feder. – Säet Ihr auch Weizen?«

Fromme: »Ja, Ihro Majestät.«

König: »Wieviel habt Ihr ausgesäet?«

Fromme: »Drei Wispel, zwölf Scheffel.«

König: »Wieviel hat Euer Vorfahr ausgesäet?«

Fromme: »Vier Scheffel.«

König: »Wie geht das zu, daß Ihr soviel mehr säet als Euer Vorfahr?«

Fromme: »Wie ich schon die Gnade gehabt, Ihro Majestät zu sagen, daß ich siebenzig Stück Kühe mehr halte als mein Vorfahr, mithin meinen Acker besser instand setzen und Weizen säen kann!«

König: »Aber warum bauet Ihr keinen Hanf?«

Fromme: »Er gerät hier nicht. In kaltem Klima gerät er besser. Unsere Seiler können den russischen Hanf in Lübeck wohlfeiler kaufen, und besser, als ich ihn bauen kann.«

König: »Was säet Ihr denn dahin, wo Ihr sonst Hanf hinsäet?«

Fromme: »Weizen!«

König: »Warum bauet Ihr aber kein Färbekraut, keinen Krapp?«

Fromme: »Er will nicht fort; der Boden ist nicht gut genug.«

König: »Das sagt Ihr nur so; Ihr hättet sollen die Probe machen.«

Fromme: »Das hab ich getan; allein, sie ist mir fehlgeschlagen, und als Beamter kann ich viel Proben nicht machen; denn wenn sie fehlschlagen, muß doch die Pacht bezahlt sein.«

König: »Was säet Ihr denn dahin, wo Ihr würdet Färbekraut hinbringen?«

Fromme: »Weizen!«

König: »Na! so bleibt beim Weizen! Eure Untertanen müssen recht gut im Stande sein?«

Fromme: »Ja, Ihro Majestät! Ich kann aus dem Hypothekenbuche beweisen, daß sie an funfzigtausend Taler Kapital haben.«

König: »Das ist gut!«

Fromme: »Vor drei Jahren starb ein Bauer, der hatte eilftausend Taler in der Bank.«

König: »Wieviel?«

Fromme: »Eilftausend Taler.«

König: »So müßt Ihr sie auch immer erhalten!«

Fromme: »Ja! es ist recht gut, Ihro Majestät, daß der Untertan Geld hat; aber er wird auch übermütig, wie die hiesigen Untertanen, welche mich schon siebenmal bei Ihro Majestät verklagt haben, um vom Hofedienst frei zu sein.«

König: »Sie werden auch wohl Ursach dazu gehabt haben.«

Fromme: »Sie werden gnädigst verzeihen: es ist eine Untersuchung gewesen und ist befunden, daß ich die Untertanen nicht gedrückt, sondern immer recht gehabt und sie nur zu ihrer Schuldigkeit angehalten habe! Dennoch bleibt die Sache, wie sie ist: die Bauern werden nicht bestraft; Ihro Majestät geben den Untertanen immer recht, und der arme Beamte muß unrecht haben!«

König: »Ja! daß Ihr recht bekommt, mein Sohn, das glaub ich wohl: Ihr werdet Euerm Departementsrat brav viel Butter, Kapaunen und Puters schicken.«

Fromme: »Nein, Ihro Majestät, das kann man nicht; das Getreide gilt nichts. Wenn man für andre Sachen nicht einen Groschen Geld einnähme, wovon sollte man die Pacht bezahlen?«

König: »Wohin verkauft Ihr Eure Butter, Kapaunen und Puters?«

Fromme: »Nach Berlin.«

König: »Warum nicht nach Ruppin?«

Fromme: »Die mehrsten Bürger halten Kühe, soviel, als
sie zu ihrem Aufwand brauchen! Der Soldat ißt alte Butter;
der kann die frische nicht bezahlen!«

König: »Was bekommt Ihr für die Butter in Berlin?«

Fromme: »Vier Groschen für das Pfund. Der ruppinische
Soldat aber kauft die alte Butter für zwei das Pfund.«

König: »Aber Eure Kapaunen und Puter könnt Ihr doch
nach Ruppin bringen?«

Fromme: »Beim ganzen Regiment sind nur vier Stabsoffiziere, die gebrauchen nicht viel; und die Bürger leben nicht
delikat; die danken Gott, wenn sie Schweinefleisch haben.«

König: »Ja, da habt Ihr recht! Die Berliner essen gern was
Delikates. — Na! macht mit den Untertanen, was Ihr wollt;
nur drückt sie nicht!«

Fromme: »Ihro Majestät, das wird mir nicht einfallen und
keinem rechtschaffnen Beamten.«

König: »Sagt mir einmal: wo liegt hier Stölln?«

Fromme: »Stölln können Ihro Majestät nicht sehen. Die
großen Berge dort links sind die Berge bei Stölln, auf welchen Ihro Majestät alle Kolonien übersehen können!«

König: »So? das ist gut! Dann reitet mit bis dahin.«

Nun kamen Ihro Majestät an eine Menge Bauern, die Roggen mäheten, zwei Glieder machten, die Sensen strichen und
Ihro Majestät so durchfahren ließen!

König: »Was Teufel wollen die Leute? Die wollen wohl
gar Geld von mir haben?«

Fromme: »O nein, Ihro Majestät! Sie sind voll Freuden,
daß Sie so gnädig sind und die hiesige Gegend bereisen.«

König: »Ich werd ihnen auch nichts geben! Wie heißt das
Dorf hier vorn?«

Fromme: »Barsikow.«

König: »Wem gehört's?«

Fromme: »Dem Herrn von Mütschefall.«

König: »Was ist das für ein Mütschefall?«

Fromme: »Er ist Major gewesen unter dem Regiment, das
Ihro Majestät als Kronprinz gehabt haben.«

König: »Mein Gott! lebt er noch?«

Fromme: »Nein; er ist tot, die Tochter hat das Gut.«

Nun kamen wir ins Dorf Barsikow, wo der Edelhof eingefallen ist.

König: »Hört! Ist das der Edelhof?«

Fromme: »Ja!«

König: »Das sieht ja elend aus! — Hört einmal: den Leuten geht's hier wohl nicht gut?«

Fromme: »Recht schlecht, Ihro Majestät! Es ist die größte
Armut.«

König: »Das ist mir leid! — Sagt mir doch: es wohnte hier
vor diesem ein Landrat. Er hatte viel Kinder; könnt Ihr
Euch nicht auf ihn besinnen?«

Fromme: »Es wird der Landrat von Jürgaß zu Ganzer gewesen sein.«

König: »Ja, ja! der ist's gewesen. Ist er schon tot?«

Fromme: »Ja, Ihro Majestät. Er ist 1771 gestorben, und es
war was Besondres damit: in vierzehn Tagen starb er, seine
Frau, die Fräulein und vier Söhne. Die andern vier Söhne
mußten dieselbe Krankheit ausstehen, die wie ein hitzig Fieber war, und obwohl die Söhne, weil sie in Diensten waren,
in verschiedenen Garnisonen standen und kein Bruder zum
andern kam, so bekamen sie alle viere doch dieselbe Krankheit und kamen nur so eben mit dem Leben davon.«

König: »Das ist ein verzweifelter Umstand gewesen! Wo
sind die noch lebenden vier Söhne?«

Fromme: »Einer unter Zieten-Husaren, einer unter den
Gensdarmes! Einer ist unter dem Prinz Ferdinandschen Regiment gewesen und wohnt auf dem Gute Dessow. Der
vierte ist der Schwiegersohn vom Herrn General von Zieten.
Er war Lieutenant beim Zietenschen Regiment; Ihro Majestät haben ihm aber in diesem letzten Kriege, wegen seiner
Kränklichkeit, den Abschied gegeben; nun wohnt er in Ganzer.«

König: »So? ... Macht Ihr sonst noch Proben mit auslän-
dischem Getreide?«

Fromme: »O ja! Dieses Jahr habe ich spanische Gerste gesäet. Allein sie will nicht recht einschlagen; ich gehe wieder
ab. Aber den holsteinischen Staudenroggen find ich gut!«

König: »Was ist das für Roggen?«

Fromme: »Er wächst im Holsteinischen in der Niederung.
Unterm zehnten Korn hab ich ihn noch nie gehabt!«

König: »Nu, nu! nicht gleich das zehnte Korn!«

Fromme: »Das ist nicht viel! Belieben Ihro Majestät, den Herrn General von Görtz zu fragen, die werden Ihnen sagen, daß dies im Holsteinischen nicht viel ist.«

Nun sprachen sie in dem Wagen eine Weile von dem Roggen. Mit einem Male riefen Ihro Majestät aus dem Wagen: »Na! so bleibt bei dem holsteinischen Staudenroggen und gebt den Untertanen auch welchen.«

Fromme: »Ja, Ihro Majestät!«

König: »Aber macht mir einmal eine Idee: Wie hat das Luch ausgesehen, ehe es abgegraben war?«

Fromme: »Es waren lauter hohe Hüllen, dazwischen setzte sich das Wasser. Bei den trockensten Jahren konnten wir das Heu nicht herausfahren, sondern wir mußten's in großen Mieten setzen. Im Winter nur, wenn's scharf gefroren hatte, konnten wir's herausfahren. Nun aber haben wir die Hüllen herausgehauen, und die Gräben, die Ihro Majestät machen lassen, ziehen das Wasser ab. Nun ist das Luch so trocken, wie Ihro Majestät sehen, und wir können unser Heu herausfahren, wann wir wollen.«

König: »Das ist gut! Halten Eure Untertanen auch mehr Vieh wie sonst?«

Fromme: »Ja!«

König: »Wieviel wohl mehr?«

Fromme: »Mancher eine Kuh, mancher zwo, nachdem es sein Vermögen verstattet.«

König: »Aber wieviel halten sie wohl sämtlich mehr? Ohngefähr nur!«

Fromme: »Bis einhundertundzwanzig Stück!«

Nun mußten Ihro Majestät wohl den Herrn General von Görtz gefragt haben, woher ich ihn kennte, weil ich wegen des holsteinischen Roggens zu Ihro Majestät sagte: Sie möchten nur den General nach dem Roggen fragen; und hat der Herr General vermutlich, der Wahrheit gemäß, geantwortet: »daß er mich im Holsteinischen kennengelernt und daß ich daselbst Pferde gekauft hätte, auch in Potsdam mit Pferden gewesen wäre«. Mit einemmal sagten Ihro Majestät:

»*Hört!* Ich weiß, Ihr seid ein Liebhaber von Pferden. Geht aber ab davon und zieht Euch Kühe dafür; Ihr werdet Eure Rechnung besser dabei finden.«

FROMME: »Ihro Majestät, ich handle nicht mehr mit Pferden. Ich ziehe mir nur etliche Füllen alle Jahr.«

KÖNIG: »Zieht Euch Kälber dafür, das ist besser!«

FROMME: »Oh, Ihro Majestät, wenn man sich Mühe gibt, ist kein Schade bei der Pferdezucht. Ich kenne jemand, welcher vor zwei Jahren tausend Taler für einen Hengst von seinem Zuwachs bekam.«

KÖNIG: »Der ist ein Narr gewesen, der sie gegeben hat!«

FROMME: »Ihro Majestät, es war ein mecklenburgischer Edelmann.«

KÖNIG: »Er ist aber doch ein Narr gewesen.«

Nun kamen wir auf das Territorium des Amts Neustadt, wo der Amtsrat Klausius, der das Amt in Pacht hat, auf der Grenze hielt und Ihro Majestät vorbeireisen ließ. Weil mir aber das Sprechen schon sehr sauer wurde, Ihro Majestät immer nach den Dörfern fragte, so hier in Menge sind, und ich immer den Gutsbesitzer mit nennen und sagen mußte, welche von ihnen Söhne im königlichen Dienst hätten, so holt ich den Herrn Amtsrat Klausius an den Wagen heran und sagte: »Ihro Majestät, das ist der Amtsrat Klausius vom Amt Neustadt, unter dessen Jurisdiktion die Kolonien stehen.«

KÖNIG: »So, so! das ist mir lieb! Laßt ihn herkommen!* — Wie heißt Ihr?«

AMTSRAT: »Klausius!«

KÖNIG: »Klau-si-us. Na, habt Ihr viel Vieh hier auf den Kolonien?«

AMTSRAT: »Achtzehnhundertsiebenundachtzig Stück Kühe, Ihro Majestät! Es würden weit über dreitausend sein, wenn nicht die Viehseuche gewesen wäre.«

KÖNIG: »Vermehren sich auch die Menschen gut? Gibt's brav Kinder?«

AMTSRAT: »O ja, Ihro Majestät; es sind itzt funfzehnhundertsechsundsiebenzig Seelen auf den Kolonien!«

KÖNIG: »Seid Ihr auch verheiratet?«

AMTSRAT: »Ja, Ihro Majestät!«

KÖNIG: »Habt Ihr auch Kinder?«

---

* »Von hier an«, so bemerkt Fromme, »sprach der König meist mit dem Amtsrat Klausius, und ich (Fromme) schreibe nur, was ich selbst noch so nebenbei gehört habe.«

AMTSRAT: »Stiefkinder, Ihro Majestät!«

KÖNIG: »Warum nicht eigene?«

AMTSRAT: »Das weiß ich nicht, Ihro Majestät, wie das zugeht.«

KÖNIG (zu mir): »Hört: ist die mecklenburgische Grenze noch weit von hier?«

FROMME: »Nur eine kleine Meile. Es sind aber nur etliche Dörfer, die mitten im Brandenburgischen liegen. Sie heißen Netzeband und Rossow.«

KÖNIG: »Ja, ja! sie sind mir bekannt. Das hätt ich aber doch nicht geglaubt, daß wir so nah am Mecklenburgischen wären.« (Zum Herrn Amtsrat Klausius:) »Wo seid Ihr geboren?«

AMTSRAT: »Zu Neustadt an der Dosse.«

KÖNIG: »Was ist Euer Vater gewesen?«

AMTSRAT: »Prediger.«

KÖNIG: »Sind's gute Leute, die Kolonisten? Die erste Generation pflegt nicht viel zu taugen!«

AMTSRAT: »Es geht noch an.«

KÖNIG: »Wirtschaften sie gut?«

AMTSRAT: »O ja, Ihro Majestät! Ihro Exzellenz, der Minister von Derschau, haben mir auch eine Kolonie von fünfundsiebenzig Morgen gegeben, um den andern Kolonisten mit gutem Exempel vorzugehen.«

KÖNIG (lächelnd): »Haha! mit gutem Exempel! Aber sagt mir: ich sehe ja hier kein Holz; wo holen die Kolonisten ihr Holz her?«

AMTSRAT: »Aus dem Ruppinischen.«

KÖNIG: »Wie weit ist das?«

AMTSRAT: »Drei Meilen.«

KÖNIG: »Das ist doch sehr weit! Da hätte müssen gesorgt werden, daß sie's näher hätten!« (Zu mir:) »Was ist das für ein Mensch, der da rechts?«

FROMME: »Der Bauinspektor Menzelius, der hier die Bauten in Aufsicht gehabt hat.«

KÖNIG: »Bin ich denn hier in Rom? Es sind ja lauter lateinische Namen! Warum ist das hier so hoch eingezäunt?«

FROMME: »Es ist das Maultiergestüte.«

KÖNIG: »Wie heißt die Kolonie?«

FROMME: »Klausiushof.«

Amtsrat: »Ihro Majestät, sie kann auch Klaushof heißen.«

König: »Sie heißt Klau-si-ushof. Wie heißt da die andere Kolonie?«

Fromme: »Brenkenhof.«

König: »So heißt sie nicht.«

Fromme: »Ja, Ihro Majestät; ich weiß es nicht anders!«

König: »Sie heißt Bren-ken-ho-fi-ushof! — Sind das die Stöllnschen Berge, die da vor uns liegen?«

Fromme: »Ja, Ihro Majestät!«

König: »Muß ich durchs Dorf fahren?«

Fromme: »Es ist eben nicht nötig; aber der Vorspann steht drin. Wenn Ihro Majestät befehlen, so will ich vorreiten und den Vorspann aus dem Dorf herausnehmen und hinter die Berge legen.«

König: »O ja, das tut! Nehmt Euch einen von meinen Pagen mit.«

Nun besorgte ich den Vorspann, richtete mich aber doch so ein, daß, sobald als Ihro Majestät auf den Bergen waren, ich auch da war. Als Ihro Majestät ausstiegen aus dem Wagen, ließen Sie sich einen Tubum geben und besahen die ganze Gegend und sagten dann: »Das ist wahr, das ist wider meine Erwartung! Das ist schön! Ich muß Euch das sagen, alle, die Ihr daran gearbeitet habt! Ihr seid ehrliche Leute gewesen!« (Zu mir:) »Sagt mir mal: Ist die Elbe weit von hier?«

Fromme: »Ihro Majestät, sie ist zwo Meilen von hier! Da liegt Werben in der Altenmark, dicht an der Elbe.«

König: »Das kann nicht sein! Gebt mir den Tubum noch einmal her. — Ja, ja; es ist doch wahr! Aber was ist das andre für ein Turm?«

Fromme: »Ihro Majestät, es ist Havelberg.«

König: »Na! Kommt alle her!« (Es waren der Amtsrat Klausius, der Bauinspektor Menzelius und ich.) »Hört einmal: der Fleck Bruch, hier links, soll auch noch urbar gemacht werden und, was hier rechts liegt, ebenfalls, so weit, als der Bruch geht. Was steht für Holz drauf?«

Fromme: »Elsen und Eichen, Ihro Majestät!«

König: »Na! die Elsen können gerodet werden, und die Eichen, die können stehen bleiben; die können die Leute verkaufen oder sonst nutzen! Wenn's urbar ist, dann rechne ich so dreihundert Familien und fünfhundert Stück Kühe; nicht wahr?«

Nun antwortete keiner; zuletzt fing ich an und sagte: »Ja, Ihro Majestät; vielleicht!«

König: »Hört mal, Ihr könnt mir sicher antworten: Es werden mehr oder weniger Familien! Das weiß ich wohl, daß man das so ganz genau sogleich nicht sagen kann. Ich bin nicht da gewesen, kenne das Terrain nicht; sonst versteh ich's so gut wie Ihr, wieviel Familien angesetzt werden können.«

Bauinspektor: »Ihro Majestät, das Luch ist aber noch in großer Gemeinschaft.«

König: »Das schadet nicht! Man muß eine Vertauschung machen oder ein Äquivalent dafür geben, wie sich's tun läßt am besten. Umsonst verlang ich's nicht.« (Zum Amtsrat Klausius:) »Na! hört mal: Ihr könnt's an meine Kammer schreiben, was ich urbar will gemacht haben; das Geld dazu geb ich!« (Zu mir:) »Und Ihr geht nach Berlin und sagt es meinem Geheimen Rat Michaelis mündlich, was ich noch will urbar gemacht haben.«

Nun setzten Ihro Majestät sich in den Wagen und fuhren den Berg hinunter; es wurd umgespannt. Weil nun Ihro Majestät befohlen hatten, daß ich bis an die Stöllnschen Berge Sie begleiten sollte, so ging ich an den Wagen und fragte: »Befehlen Ihro Majestät, daß ich noch weiter mit soll?«

König: »Nein, mein Sohn; reitet in Gottes Namen nach Hause!«

Soweit die Unterredung, die Fromme großenteils direkt mit dem Könige geführt. Er fügt aber seinem Bericht noch einiges hinzu, was er nachträglich über den Verlauf der Reise erfahren hat. Dies lautet in Frommes Aufzeichnungen (an Gleim) wie folgt:

Herr Amtsrat Klausius brachte sodann Ihro Majestät bis nach Rathenow, wo Sie im Posthause logiert haben. In Rathenow sind Ihro Majestät über Tafel ungemein vergnügt gewesen, haben mit dem Herrn Obristlieutenant von Backhoff von den Carabiniers gespeist, und haben der Herr Obristlieutenant von Backhoff selbst erzählt, daß Ihro Majestät gesagt hätten:

»Mein lieber Backhoff! ist Er lange nicht in der Gegend

von Fehrbellin gewesen, so reise Er hin! Die Gegend hat
sich ungemein verbessert. Ich hab in langer Zeit mit solch
einem Vergnügen nicht gereist. Ich nahm die Reise mir vor,
weil ich keine Revue hatte, und es hat mir so sehr gefallen,
daß ich gewiß wieder künftig solch eine Reise vornehmen
werde! — Hör Er mal: Wie ist es Ihm gegangen im letzten
Kriege? Vermutlich schlecht! Ihr habt in Sachsen auch
nichts ausgerichtet... Ich hätte können was ausrichten; allein ich hätte mehr als die Hälfte meiner Armee aufgeopfert
und unschuldig Menschenblut vergossen. Aber dann wär ich
wert gewesen, daß man mich vor die Fähndelwache gelegt
und mir einen öffentlichen Produkt gegeben hätte. Die
Kriege werden fürchterlich zu führen.«

Nachher haben Ihro Majestät gesagt:

»Von der Schlacht bei Fehrbellin bin ich so orientiert, als
wenn ich selbst dabeigewesen wäre! Als ich noch Kronprinz
war und in Ruppin stand, da war ein alter Bürger — der
Mann war schon sehr alt! —, der wußte die ganze Bataille zu
beschreiben und kannte den Walplatz sehr gut! Einmal setzt
ich mich in den Wagen, nahm meinen alten Bürger mit, welcher dann mir alles zeigte, so genau, daß ich sehr zufrieden
war mit ihm. Als ich nun wieder nach Hause reiste, dacht
ich, du mußt doch deinen Spaß mit dem Alten haben! Da
fragte ich ihn: ›Vater, wißt Ihr denn nicht, warum die beiden
Herren sich miteinander gestritten haben?‹ — ›O jo, Ihro
Königliche Hoheiten, dat will ick Se wohl seggen. As unse
Chorförst is jung west, hat he in Utrecht studeert, und doa is
de König von Schweden as Prinz ok west. Doa hebben nu de
beede Herrn sich vertörnt un hebben sich bi de Hoar kricht.
Un dat is nu de Pike davon!‹«

Ihro Majestät haben wirklich so plattdeutsch gesprochen.

Weiter kann ich von der Reise keine Beschreibung machen. Denn Ihro Majestät haben zwar noch viel gesagt und
gefragt, es würd aber wohl schwer sein, es alles zu Papier zu
bringen.

NEUSTADT A. D.

Auf der langen Bohlenbrücke,
Drüber unsre Schritte dröhnen,
Wandeln wir mit heiterm Blicke
In die Stadt; kühl sind die Straßen,
Blank die Steine, kannst du's fassen?
Du betrittst sie ganz alleine.

Wer kennte nicht Neustadt? Aber wenn es einerseits zu den Städten gehört, von denen die Welt nur den *Bahnhof* kennt, so gehört es andererseits zu denen, die beständig *verwechselt* werden.

Uns gegenüber im Coupé sitzt eine blasse Dame von sechsunddreißig und mustert abwechselnd das Bahnhofstreiben und das Bahnhofsgebäude.

»Neustadt an der Dosse ... Hier ist ja wohl eine Forstakademie?«

Der Angeredete, den ich meinen Lesern kurzweg als einen Onkel Bräsig der Neustädter Territorien vorstellen möchte, verbeugt sich artig und antwortet: »Nein, meine Gnädigste, die Forstakademie ist in Neustadt-Eberswalde.«

»Richtig. Ich meinte ein Irrenhaus.«

»Bitte um Entschuldigung, das ist *auch* in Neustadt-Eberswalde.«

»Aber ich dächte doch ...«

»Ganz richtig, hier ist ein *Gestüt.*«

»Ein Gestüt?«

»Ja. Sehen Sie dort.«

»Aber mein Gott, das ist ja eine Kirche.«

»Verzeihung, ich meine weiter links, dort, wo die Pappeln stehen.«

»Ah, so; dort.«

»Es gibt nämlich, wenn Sie sich dafür interessieren ...«

»Oh, bitte.«

»... ein königliches und ein Landesgestüt, und durch Heranziehung arabischer ...«

»Ah, so ... Wie weit haben wir noch bis Wittenber-
ge?«

Der Zug rasselt inzwischen weiter. Nur der Leser und ich
sind ausgestiegen, um Neustadt, an dem wir zahllose Male
vorübergefahren, endlich auch in der Nähe kennenzulernen.
Ein anmutiger Spaziergang, bei sinkender Septembersonne,
führt uns ihm entgegen. Unterwegs, von einer Brückenwöl-
bung aus, erfreut uns der Blick über einen weiten Wiesen-
grund und die kanalartig regulierte Dosse. Fünf Minuten
später haben wir die Stadt erreicht, eine einzige Straße, darauf rechtwinklig eine andere mündet. Da, wo sich beide berühren, erweitern sie sich und bilden einen Marktplatz, an
dem die »Amtsfreiheit« und die Kirche gelegen sind. Am
äußersten Ende der Längsstraße das *Gestüt.* Auf einen Besuch dieser berühmten Vorbereitungsstätte für unsere Kaval-
leriesiege verzichten wir und begnügen uns damit, unsere
Aufmerksamkeit auf Stadt und Vorstadt und insonderheit
auf die *Geschichte* beider zu richten.

Diese (wenigstens bis in die zweite Hälfte des siebzehnten
Jahrhunderts) ist in wenig Zeilen erzählt.

Burg oder Schloß Neustadt gehörte 1375, wie das Landbuch Kaiser Karls IV. ausweist, dem Lippold von Bredow.
Später an die Ruppiner Grafen übergehend, war es zeitweilig
den Quitzows, den Bredows, den Rohrs verpfändet, bis es,
nach dem Erlöschen des gräflichen Hauses von Lindow-
Ruppin (1524), dem Kurfürsten zufiel. Aber neue Pfandin-
haber folgten, und erst 1584 kam es erb- und eigentümlich
an Reimar von Winterfeldt. Die Winterfeldts besaßen es bis
zu Beginn des Dreißigjährigen Krieges, an dessen Ende wir
Neustadt plötzlich in eine Epoche berühmter historischer
Namen eintreten sehen. Es waren dies:

Feldmarschall Graf Königsmarck von 1644 bis 1662;

Prinz Friedrich von Hessen-Homburg von 1662 bis 1694;

Eberhard von Danckelmann (nicht als Besitzer, aber als
kurfürstlicher Amtshauptmann) von 1694 bis 1697.

Nach dieser Zeit hören die historischen Namen wieder
auf, und »Amt Neustadt« wird ein kurfürstliches respektive
königliches Amt wie andere mehr.

Aus der Graf Königsmarckschen Zeit ist wenig zu berichten. Der Graf hat mutmaßlich seine Neustädter Besitzungen
nie gesehen, begnügte sich vielmehr damit, sie durch seinen
Regimentsquartiermeister Liborius Eck in allerdings muster-
giltiger Weise verwalten zu lassen. 1662 ging das Gut, wie
schon vorstehend erwähnt, an den Hessen-Homburger Prinzen über, wodurch ein Zeitabschnitt eingeleitet wurde, bei
dem wir eingehender zu verweilen haben werden.

PRINZ FRIEDRICH VON HESSEN-HOMBURG

> Nehmt den besten Reiterhaufen,
> Folgt dem Feind und macht ihn laufen,
> Aber laßt Euch nicht verleiten,
> Ernstlich Euch herumzustreiten.

Prinz Friedrich von Hessen-Homburg, dies sei voraus be-
bemerkt, war vor allem nicht *der*, als der er uns in dem H. von
Kleistschen Schauspiel entgegentritt. Der H. von Kleistsche
und der historische Prinz von Homburg verhalten sich zueinander wie der Goethesche und der historische Egmont.
Sie waren in der Zeit, wo sie hervortraten, keine Liebhaber
und keine Leichtfüße mehr, vielmehr ernste Leute von mittleren Jahren und reichem Kindersegen, überhaupt ebenso
gute Ehemänner wie Patrioten.

Unser Prinz Friedrich ward am 30. Mai 1633 geboren. Er
war der zweite Sohn des Landgrafen Friedrich von Hessen,
des Stifters der homburgischen Linie. Er trat jung in schwedischen Dienst, war 1658 mit vor Kopenhagen und verlor
bei dieser Belagerung ein Bein. Dasselbe wurde künstlich ersetzt, weshalb er seitdem der »*Prinz mit dem silbernen
Bein*« hieß. Neben Götz von Berlichingen wohl der einzige
Fall einer derartigen Namensgebung. Die Belagerung von
Kopenhagen fiel in die glänzende Regierungszeit Karl Gu-
stavs von Schweden, nach dessen plötzlichem Tode, 1660,
unser Homburger Prinz sich zurückgesetzt fühlte, weshalb er
denn auch den Abschied nahm. Wahrscheinlich 1661.

Um ebendiese Zeit (1661) hatte er sich mit der Gräfin
Margarete Brahe, die übrigens bereits Witwe *zweier* Grafen

Oxenstierna war, vermählt und übersiedelte nach Weferlingen, einem schönen Gute im Magdeburgischen, das ihm durch seine Gemahlin zugebracht worden war. Hier, von Weferlingen aus, kam er an den Berliner Hof, trat in die Armee des Kurfürsten, erhielt ein Regiment und wurde später, 1670, zum General der Kavallerie erhoben.

Ziemlich gleichzeitig mit seinem Eintritt in unsere Armee hatte er sich auch im Brandenburgischen ansässig gemacht und Amt Neustadt, das, wie wir wissen, seit 1644 in Händen des Grafen Hans Christoph von Königsmarck war, von ebendiesem erstanden. Dies war 1662. Er nahm nun, wenigstens zeitweilig, seinen Aufenthalt an genanntem Ort, und alles, was Neustadt in diesem Augenblick ist, ist es im wesentlichen durch Prinz Friedrich von Hessen-Homburg. Er besaß es zweiunddreißig Jahre lang, aber nur sechzehn Jahre (bis 1678) konnt er ihm seine besondere Aufmerksamkeit widmen. Diese sechzehn Jahre genügten jedoch. Ja, wenn dieser Zeitabschnitt auch noch wieder halbiert worden wäre, würde dadurch an dem Gesamtresultate seines Schaffens an ebendieser Stelle nichts Erhebliches geändert worden sein, denn er griff so rasch und energisch ein, daß bereits zwei, höchstens vier Jahre nach Übernahme des Besitzes all das begonnen war, was spätere Jahrzehnte nur glänzender hinausführten. Auf dies »erste Beginnen« kommt es allezeit an. Ob dasselbe, Mal auf Mal, bei ihm selber oder bei seiner Gemahlin, der Gräfin Brahe, oder aber bei dem schon rühmlich erwähnten Amtsverwalter Liborius Eck lag, den er, als einen höchst fähigen Administrator aus der Königsmarckschen Zeit her, mit übernommen hatte, gilt gleich; die oberste Herrschaft gibt den Namen, und die Hessen-Homburgische Zeit ist und bleibt die große Epoche von Neustadt.

Bei Übernahme des Gutes bestand es aus sieben Bauerhöfen, einer Schmiede und einer Mühle, war also kleiner als das kleinste Dorf. Die Bewohner zahlten keine Abgaben, hatten aber Dienste auf dem Amte zu leisten. Das war das Neustadt von 1662. Zwei Jahre später (1664) bestand es bereits aus siebenundvierzig Bürgerhäusern und einer Vorstadt, in welcher letzteren sich weitere fündundzwanzig Familien niedergelassen hatten; dem Orte selbst aber war auf Antrag des rastlosen und bei Hofe einflußreichen Prinzen Stadtgerechtigkeit und das Recht, zwei Jahrmärkte abhalten zu dürfen, zugestanden worden. Das gleichzeitig empfangene Wappen setzte sich links aus einem Elentier, rechts aus einem springenden Löwen zusammen, wovon sich der Löwe mutmaßlich auf den Prinzen, das Elentier auf die Stadt bezog.

Aber bei dem bloßen Bauen und Stellenbesetzen ließ es der Prinz nicht bewenden, vielmehr ging durch seine ganze Tätigkeit ein organisatorischer Zug, dem es nicht genug war, *überhaupt* etwas zu tun, sondern vor allem das *praktisch Richtige* zu tun. Das Nächste war eine Regulierung der Dosse, die damals, wie noch jetzt die Spree im Spreewald, in zahllosen Armen durch die Dosse-Niederung floß. Der herrliche Wiesenstand, der auf diese Weise gewonnen wurde, leitete zu sorgsamer und eifriger Pferdezucht und dadurch zu den Anfängen der späteren Gestüte hinüber. Der Raseneisenstein, der sich vorfand, ließ eine Eisenhütte, der reiche Holzbestand eine Glashütte entstehn, an der Dosse selbst hin aber erwuchsen einerseits Schleifereien für das gewonnene Glas, andererseits Papier- und Schneidemühlen. Wer Kolonisierung studieren will, muß die Geschichte von Mark Brandenburg studieren. Aber wenn die ganze Provinz nach dieser Seite hin ein sehr lehrreiches Beispiel bietet, so bietet vielleicht unser Neustadt von 1662 bis 1666 ein Muster unter den Musterstücken.

Das Jahr 1666 schien freilich ausersehen, alles wieder in Frage zu stellen. Die siebenundvierzig Bürgerhäuser brannten nieder, mit ihnen das Amt, das mutmaßlich dem Prinzen als Wohnung gedient hatte. Zugleich auch die reformierte Kapelle. Eine Stadtkirche gab es noch nicht. Erhalten blieben (vorläufig) nur die vorstädtischen Fabrikbezirke, soweit von »Vorstadt« und »Fabrikbezirken« damals die Rede sein konnte.

Prinz Friedrich indes, tapfrer Soldat, der er war, ließ sich diesen Unheilstag nicht allzu schwer anfechten, und die niedergebrannte Stadt wurde schöner und größer wieder aufgebaut. Von einem *Rat*hausbau sah er vorläufig ab, und nur der Errichtung eines *Gottes*hauses schenkte er seine volle Aufmerksamkeit. Schon 1673 konnte der Grundstein zur Kirche gelegt, 1686 dieselbe geweiht werden. Lange vorher jedoch hatten sich Ereignisse zugetragen, zu denen, wenn auch nicht die Stadt Neustadt als solche, so doch ihr Besitzer, der Prinz, in die nächsten Beziehungen getreten war.

Diesen Ereignissen wenden wir uns jetzt zu.

Der Dienst, selbstverständlich, hielt den Prinzen monatelang von seinem geliebten und mit Vorliebe gepflegten Neustadt fern. War dies schon in ruhigen Zeiten der Fall, so vollends in Kriegszeiten, wie sie seit 1674 wieder angebrochen waren. Der Prinz befand sich (1675) mit seinem kurfürstlichen Herrn im Elsaß, danach in Franken, allwo den 18. Mai, im Lager vor Schweinfurt, die Nachricht vom Einfall der Schweden in die Mark Brandenburg eintraf. Der Kurfürst brach sofort auf, mit ihm der Prinz. Am 11. Juni war er in Magdeburg, am 14. vor Rathenow und nahm von hier aus, nach Erstürmung ebendieser Stadt durch Derfflinger, an jener berühmt gewordenen Verfolgung teil, die der schwedischen Armee schon am 16. und 17. in verschiedenen Avantgarden-Gefechten erhebliche Verluste beibrachte. Am 17. waren die verfolgenden Brandenburger bis Nauen gekommen. Von hier aus schrieb unser Prinz, dem für den nächsten Tag eine so bedeutende Rolle vorbehalten war, an seine Gemahlin folgenden Brief:

»Meine Engelsdicke*, wir seint braff auf der jacht mit den Herren Schweden, sie seint hier beim passe Nauen diesen morgen übergegangen, musten aber bei 200 Todten zurückelassen von der arrier guarde; jenseits haben wir bei Fer-Berlin alle brücken abgebrant und alle übriche paesse so besetzet, das sie nun nicht aus dem Lande wieder können. Sobald unsere infanterie kombt, soll, ob Gott wolle, die ganze armada dran. Der schwedische Feldherr** war mit 3000 Mann in Havelberg, wollte die Brücke über die Elbe machen lassen, aber nun ist er von der armada abgeschnitten und gehet über Hals und Kopf über Rupin nach pommern.

* Die Dame, die hier in so gewinnender Weise angeredet wird, war seine *zweite* Gemahlin, eine geborene Prinzessin von Kurland, mit der er sich, nach dem 1669 erfolgten Tode der Gräfin Brahe, im Jahre 1672 vermählt hatte. Diese *zweite* Gemahlin starb 1690. Er vermählte sich dann 1692 zum *dritten*mal, und zwar mit Gräfin Sibylle von Leiningen. Diese überlebte ihn.

** Der »Feldherr«, von dem der Brief hier spricht, war *Karl Gustav* Wrangel, der *berühmte* Wrangel aus der Zeit des Dreißigjährigen Krieges; sein weiterhin in diesem Schreiben erwähnter jüngerer Bruder, der bei Fehrbellin kommandierte, war General *Waldemar* Wrangel. (»Henning«, von dem der Brief spricht, ist natürlich Oberst Henning von Treffenfeld und »Lüttique« General Lüdicke.)

Sein Bruder commandirt diese 12 000 mann hier vor uns. Wo keine sonderbare straff Gottes über uns kombt, soll keiner davon kommen, wir haben dem Feind schon über 600 todtgemacht und über 600 Gefangene. Heute hat Henning wohl 150 pferth geschlagen, und gehet alleweil Lüttique mit 1500 Mann dem Feindt in ricken. Morgen frihe werden sie ihnen den 1. morgensegen singen. Wir haben noch kein 60 mann verlohren, und unsere leite fechten als lewen. — In zwei Tagen haben wir unsere infanterie und morgen den Fürsten von Anhalt mit 4000 mann, die Kayserlichen werden alle Tage erwartet mit 8000 mann. Dann gehen wir gerath in pommern, und wenn die battaglie vorbey, gehe ich nach Schwalbach, habe schont Urlaub. — Adieu, mein Engel, dein trewer Mann und diner sterb ich.

Friedrich L. z. Hessen

Ich kann wegen affaires unmöglich mehr schreiben.«

Nichts kann uns eine bessere Vorstellung geben von der Stimmung, welche im brandenburgischen Heere herrschte, zumal auch von der des Prinzen selbst, der nunmehr auf vierundzwanzig Stunden in die vorderste Linie tritt. Am folgenden Tage, am »Tage von Fehrbellin«, führte er die Avantgarde, hing sich mit dieser an die Schweden, brachte sie zum Stehen und wurde so die vorzüglichste Ursache zum Siege über dieselben. Verfuhr er anders, so entkam der Feind. Er selber hat über diese glänzende Aktion am Tage darauf (19.), von Fehrbellin aus, abermals in einem Briefe an seine »Engelsdicke« berichtet. Der Brief lautet:

»Allerlibste Frawe!

Ich sage nun E. L. hiermit, das ich gester morgen, mit einichen Tausent mann in die advanquart commandiret gewesen, auff des Feindtes contenance achtung zu haben, da ich denn des Morgens gegen 6 Uhr des Feindtes gantzer armé ansichtig wurde, der ich dann so nahe ging, das er sich muste in ein Scharmützel einlassen, dadurch ich ihn so lange auffhielte, bis mir I. Dl. der Churfürst mit seiner gantzen Cavallerie zu Hülffe kam. Sobalten ich des Churfürsten ankunft versichert war, war mir bang, ich möchte wider andere ordre bekommen, und fing ein hartes treffen mit meinen Vortruppen an, da mir denn Dörffling soforth mit einichen Regimentern secontirte. Da ging es recht lustig ein stundte 4 oder 5 zu, bis entlichen nach langem Gefechte die Feindte weichen musten, und verfolgten wir sie von Linum bis Fer-Berlin, und ist wohl nicht viel mehr gehört worden, daß eine formirte armee, mit einer starken infanterie und canonen so wohl versehen, von bloßer Cavallerie und tragonern ist geschlagen worden. Es hilte anfenglich sehr hart; wie denn meine Vortruppen zum zweidten mahl braff gehetzet wurden, wie noch das anhaltische und mehr andere regimenter. Wie wir denn entlichen so vigoureusement drauff gingen, das uns der Feind le champ de battaglie malgré hat lassen, und sich in den passe Fer-Berlin retriren muste, mit Verlust von mehr als 2000 Todten ohne die plessirten. Ich habe, ohne die zweitausend im Vortrupp commandirten, mehr als 6 oder 8 escatronen angeführet. Zuweilen must ich lauffen, zuweilen machte ich laufen, bin aber diesesmahl Gottlob ohn plessirt davongekommen. Auf schwedischer seiten ist gepliben der Obrist Adam Wachtmeister, Obr.-Liet. Malzan von General Dalwichens (Regiment) und wie sie sagen noch gar viele hohe oficirer; Dalwig ist durch die achsel geschosen, und sehr viele hart plessirt. Auf unser seiten wurde mir der ehrliche Obrist Mörner an der Seiten knall und falle todt geschossen, der ehrliche Frobenius todt mit einem stücke, kein schrit vom Kurfürsten. Strauß mit 5 Schossen plessirt; Major Schlapperdorf blib diesen Morgen vor Ferberlin; — — es ging sehr hart zu, da wir gegen die biquen Compani fechten musten, ich bin etzliche mahl ganz umringet gewesen, Gott hat mir doch allemahl wider drauss geholfen, und wehren alle unsere stücke und der Feld-Marschalk selbsten Verlohren gewesen, wenn ich nicht en personne secundiret hette. Darüber denn der retliche Mörner blieb. Hetten wir unsere infanterie bey uns gehabt, solte kein mann von der gantzen armée davon gekommen sein, es ist jetzo eine solche schreckliche terreur panique unter der schwedischen Armee, das sie auch nur braff lauffen können. — — Nachdeme alles nun vorbey gewesen, haben wir auff der Walstett, da mehr als 1000 Todten umb uns lagen, gessen und uns braff lustig gemacht; der Hertzog von Hannover wird nun schwerlich gedenken über die Elbe zu gehen, und ich halte davor, weilen die schweden nun so eine harte schlappe bekommen, er werdte sich eines besseren bedencken. Wangelin, der durch Uebergab von Ratenau viel daran schultig ist, dörffte grose Verantwortung haben, wo er nicht gar den Kopfe lassen mus. Gegeben im Feldlager bei Fer-Berlin den 19. Juni 1675.«

Dieser Brief (an einer Stelle vielleicht lückenhaft; es scheint ein Nachsatz zu fehlen) ist, wie der vorige, nicht nur bezeichnend für die Frische und Anspruchslosigkeit des Schreibers, er ist auch *historisch* wichtig, weil er die älteren Berichte über diese Schlacht, wie sie sich im »Theatrum Europaeum«, im Pufendorf etc. finden, bestätigt und die erst um die Mitte des vorigen Jahrhunderts auftretende *Sage* von Insubordination, kurfürstlichem Zorn und Kriegsgericht aufs evidenteste widerlegt. »Wir haben uns nachher recht lustig auf der Walstatt gemacht.« Diese Worte des Briefes passen schlecht zu einem angedrohten Kriegsgericht. Nicht Angeklagter, wohl aber *Kläger* scheint er später gewesen zu sein. Wenigstens finden wir in einem Briefe, den seine Schwägerin am 19. Oktober 1675 an den Grafen von Schwerin schreibt, folgende Stelle: »Dem redlichen Landgrafen ist nicht eins gedankt von dem, das er bei Fehrbellin getan; also geht es in der Welt, die Pferde, die den Haber verdienen, bekommen am wenigsten.«

Alle diese Verstimmungen können aber nicht ernster Art gewesen sein. 1676 sehen wir den Prinzen aufs neue mit seinem kurfürstlichen Herrn im Felde, und nachdem er sich bei der Eroberung von Pommern an der Seite desselben abermals ausgezeichnet hat, erhält er von ihm die erledigten Wachtmeisterschen und Rheinschildschen Lehne als ein Geschenk.

Der Verwaltung dieser aber (ebenso wie der seines vielgeliebten »Amtes Neustadt«) konnt er sich von da ab nicht mehr unterziehen. Zwei Jahre später schon, 1678, fiel ihm, nach dem Ableben seines Bruders Wilhelm, die Grafschaft Hessen-Homburg zu. Größeres lag ihm nunmehr ob, und das Kleinere, das so viele Jahre lang der Gegenstand seiner liebevollen Sorge gewesen war, mußte daneben zurückstehen. Die Administration der märkischen Güter ward immer schwieriger, und so sprach er denn — nachdem er übrigens im Jahre 1679 noch Amt Neustadt durch Ankauf des Lüde-

ritzschen Rittergutes Dreetz erweitert hatte — seine Bereit-
willigkeit aus, besagtes Amt an den Kurfürsten Friedrich III.
käuflich abzutreten. Dies war 1694.

Was er aber bis dahin gegründet hatte, lebte fort und pro-
speriert (wenigstens teilweis) bis diese Stunde noch. Überall
hatte sein Blick das *Richtige* getroffen, *das*, was den gegebenen Bedingungen entsprach.

Er starb 1708.

EBERHARD VON DANCKELMANN

> Zu spät, zu spät, liebe Lady mein,
> Es ist nicht mehr, wie sonst es war,
> Meine Feinde gelten bei Hofe jetzt.
>
> *Alte Ballade*

1694 war Neustadt wieder ein *kurfürstliches* Amt geworden,
und Eberhard von Danckelmann wurde zum Amtshauptmann bestellt.

Ein volles Lebensbild dieses hervorragenden Mannes zu
geben kann an dieser Stelle nicht meine Aufgabe sein. Nur
eine Skizze.

Christoph Balthasar Eberhard von Danckelmann wurde
den 23. November 1643 zu Lingen geboren. Er war der in
der Mitte stehende (vierte) von sieben Brüdern, die sich
sämtlich im Staatsdienst auszeichneten, weshalb einem etwa
um 1690 angefertigten Bildnis des *Vaters* dieser sieben die
lateinische Unterschrift gegeben wurde:

> Integra miretur sapientes Graecia septem,
> Hic uni videas tot bona rara patri.

Der bekannte Oberzeremonienmeister und Hofpoet von
Besser beglückwünschte später (1694) in einem Lob- und
Huldigungsgedicht* auf Eberhard von Danckelmann eben-
falls den *Vater* desselben und wußte bei dieser Gelegenheit

---

* Dies Gedicht, aus dem wir auch noch weiterhin einige Strophen zitieren werden,
ist bei allem Steifen und Prosaischen, das dem Alexandriner und speziell den Alexandrinern eines Hofpoeten anhaftet, doch merkwürdig gut und hat Stellen — wenn auch
nicht gerade die im Text *zunächst* folgende —, um die mancher moderne Poet den
Herrn von Besser beneiden könnte.

den Inhalt obigen lateinischen Verses geschickt in seine
Dichtung hineinzuverweben.

Dein *Vater* hatte mehr, als viel verlangen könnten,
Er hatte sieben Söhn' und alle bei dem Staat,
Drei sind Geheime Rät', und drei sind Präsidenten,
Des allerjüngsten Amt ist Kanzler sein und Rat.
Gewiß, wer dieses sieht, kann sicher von ihm preisen,
Was jener von ihm schrieb in kräftigem Latein:
»Das ganze Griechenland hat seine Sieben Weisen,
In seinen Söhnen hat sie Danckelmann allein.«

Soviel, vorgreifend, über das »Siebengestirn«. Wir kehren
zu unsrem Eberhard von Danckelmann und unsrer biographischen Skizze zurück.

Von frühauf war er ausgezeichnet. In seinem zwölften
Jahre doktorierte er in Utrecht und sprach über das schwie-
rige Thema »De Jure Emphyteusis«, was ein solches Aufsehen in der wissenschaftlichen Welt machte, daß Beglück-
wünschungsschreiben von andern gelehrten Schulen eintrafen. Später reiste er und machte sich die wichtigsten
Sprachen, Französisch, Englisch, Spanisch und Italienisch,
zu eigen. Von Besser drückt sich über diese Tatsache, der
zunächst (1663) die Ernennung Danckelmanns zum Director studiorum oder Ephorus beim Markgrafen, späteren Kurprinzen Friedrich gefolgt war, in nachstehenden Alexandrinern aus:

Du sahest und durchzogst die witzigsten Provinzen,
Und so, daß dein Verstand das Beste mit sich nahm —
Mit diesem Zubehör kamst du zu deinem Prinzen,
Bevor er aus der Hand des *Frauenzimmers* kam.

Das »Frauenzimmer« war natürlich die Gouvernante.
Danckelmann bewährte sich in seiner Stellung als Prinzener-
zieher. Er zeigte nicht nur Wissen, sondern auch besondere
Feinheit des Geistes, was von Besser zu der selbst feinen Bemerkung veranlaßte:

Wer Prinzen Lehren gibt, polieret zarte Spiegel,
Drin, wer den Spiegel schleift, sein eigen Bildnis sieht.

1665 erfolgte seine Ernennung zum Titular-, 1669 zum halberstädtischen, 1676 zum kleveschen Geheimen Regierungsrat, Stellungen, die ihn wenigstens zeitweilig vom Berliner Hofe entfernen mußten. Aber nicht auf lange. 1679, inzwischen zum Geheimen Kammer- und Lehnsrat aufgestiegen, sehen wir ihn bereits wieder an der Seite des späteren Kurprinzen, dem er, um ebendiese Zeit, einen Beweis besonderer Anhänglichkeit und Treue zu geben in der Lage war. Er rettete nämlich den Prinzen aus einer tödlichen Krankheit, welche den letzteren im Winterfeldzuge 1679 in Preußen befiel. In einem interessanten Flugblatte, das den Titel führt: »Fall und Ungnade zweier Ersten-Staatsminister des königlich preußischen Hofes (Danckelmann und Wartenberg), Köln, bei Peter Marteau, 1712«, finde ich darüber folgendes: »Als des Kurprinzen Leben, wegen eines schweren Stickflusses, in höchster Gefahr war und während die Leibmedici sich nicht vergleichen konnten über die Arzenei, die dem Patienten gegeben werden sollte, hat Danckelmann ihm dasselbe durch ein gewagtes Aderlassen erhalten, wie schon alle Sinne verloren waren, und hat sich also, aus Liebe für seinen Prinzen, in eine große Verantwortung gesetzt.« So jenes Flugblatt. Danckelmann bewährte sich auch anderweitig: er opferte dem Kurprinzen sein Vermögen, und zwar »zu *solcher* Zeit, da sein Herr noch nicht auf dem kurfürstlichen Throne war, vielmehr, durch allerhand Intrigues von dem Hofe ferngehalten, eines solchen Vorschubes höchst benötigt war«.

1688, als der Kurprinz seinem Vater, dem Großen Kurfürsten, in der Regierung folgte, wurde Danckelmann zum Geheimen Staats- und Kriegsrat ernannt und ihm fast unumschränkt das Steuer der Regierung überlassen. Er schlug eine kluge, feste, von Erfolg gekrönte Politik ein, und wenigstens zu Lebzeiten Friedrichs I. ist seine Stelle nicht wieder ausgefüllt worden. Daß er dem Kurfürsten abgeraten habe, sich zum Könige zu erheben, ist längst widerlegt; er arbeitete vielmehr mit aller Kraft zu diesem Ziele hin.

1695 zum Premierminister und Oberpräsidenten ernannt, stand er auf seiner Höhe. Mehr und mehr jedoch begann sein Leben jener Schilderung zu gleichen, die von Besser, in seinem mehrerwähnten Lobgedicht, schon das Jahr zuvor davon entworfen hatte:

Es liegt die ganze Last und aller Ämter Bürde
Nach deinem Herrn auf dir, der dich damit beschwert;
Man neide nicht zu sehr die dir vertraute Würde,
Du bist, wer es bedenkt, mehr des *Bedauerns* wert.

Ihn selbst begleitete dies Gefühl beständig. Allezeit bemüht, durch Zurückweisung erneuter Ehren, sich dem Haß
der Höflinge zu entziehen, geschah schließlich doch, was
ihm eine Vorahnung von Anfang an gesagt hatte: Neid und
Intrigue gewannen die Oberhand. Dem drohenden Sturze
wenigstens nach Möglichkeit auszuweichen, bat er selbst um
seinen Abschied, der ihm auch unterm 22. November 1697
gegeben wurde.

Er zog sich nach Neustadt a. D., zu dessen Amtshauptmann er 1694 oder nach anderen Angaben erst 1696 ernannt worden war, zurück, woselbst er nunmehr Tage der
Ruhe zu finden hoffte. Die Bosheit seiner Feinde jedoch war
nicht erschöpft. In Sorge, daß er aus seiner selbstgewählten
Verbannung jeden Augenblick wieder in ihrer Mitte erscheinen könne, gab man ihm schuld, mit fremden Potentaten
eine nicht zulässige Korrespondenz geführt zu haben, und
auf diese Beschuldigung hin ward er am 10. Dezember 1697
in Neustadt *festgenommen.* Die später gegen ihn ausgearbei-
tete Prozeßschrift bestand aus 109, nach anderer Angabe sogar aus 290 Anklagepunkten. Man führte den Beklagten von
Neustadt nach Spandau, dann zwei Monate später nach
Peitz. »Dabei« — so heißt es in unserem mehrzitierten Flugblatte — »blieb es übrigens nicht, man nahm ihm auch alle
seine Güter. Endlich, gegen Ausgang des Jahres 1707, als
dem Kronprinzen Friedrich Wilhelm der erste Sohn geboren
worden war, ward er in Freiheit gesetzet, mit der Ehre oder
vielmehr mit der Schande, unter den Delinquenten, denen
die Solennität dieser Geburt (eines Prinzen) die Gefängnisse
geöffnet hatte, voranzustehen. Dabei war seine Freiheit so
eingeschränket, daß er weniger einem freien Menschen als
einem Gefangenen glich, der seine Ketten mit sich schleppet
und nicht aus dem Gesicht gelassen wird. Nur in dem kleinen Bezirke von Cottbus durft er sich sehen lassen und spa-
zierengehen.«

So gingen die Dinge bis 1713. Unmittelbar nach der

Thronbesteigung Friedrich Wilhelms I. wurde Danckelmann
freigegeben und durch den König nach Berlin berufen. Dieser benutzte vielfach seinen Rat, gab ihm aber sein Vermögen *nicht* zurück. Danckelmann starb 1722 im achtzigsten
Lebensjahre.

Erscheinung und Charakter Danckelmanns finden wir in der
bei Peter Marteau erschienenen Broschüre wie folgt beschrieben: »Danckelmann war von einer großen Taille, etwas korpulent, aber allezeit von gutem Ansehen. Sein Geist
hatte den Stempel des Bedeutenden; er war gediegen, zuverlässig, scharfsinnig, mit einem guten Judicio begabt, dabei
durch gute Studia sowie durch vieljährige Erfahrung bei
Hofe, große Affairen und unermüdlichen Fleiß ausgebildet.
Hervorragend wie seine Klugheit war seine Redlichkeit, die
ihn jederzeit nur auf das allgemeine Beste und das Interesse
seines Herrn bedacht machte. Er trennte das eine nicht von
dem andern. Solche allzu aufrichtige Sitten, ein etwas allzu
ernsthafter Humeur (er soll nie gelacht haben) und allzu
strenge Formen waren nicht bequem, einen guten Hofmann
zu machen. Er wollte lieber dem Fürsten Instruktion geben,
indem er ihm die Wahrheit sagte, als ihm schmeicheln, indem er ihm die Wahrheit verhehlte; er wollte lieber den Kalumnien seiner Neider sich unterwerfen und dabei seine
Schuldigkeit tun, als dem Fürsten gefallen und ihn danach
verraten.«

So die P. Marteausche Broschüre. Damit stimmen durchaus die von Besserschen Verse:

Was fordert man von dir? Verlanget man Geblüte?
Du hast ein alt Geblüt; verlanget man Gestalt?
Du hast sie, und noch mehr, du hast auch ein Gemüte,
Das mehr zu schätzen ist als Ansehn und Gewalt.
Verlangt man Wissenschaft? In dir sind alle Künste;
Verlangt man Tugenden? Wer kennt nicht deine Treu,
Wer nicht dein edles Herz, entfernet vom Gewinste,
Wie groß, wie unverzagt, wie standhaft solches sei?*

---

* An solchen Stellen ist das Bessersche Gedicht reich, indem es den biographisch-
erzählenden Teil beständig mit Urteilen begleitet, die, wenn auch panegyrisch und hö-

Nach diesem Versuch einer kurzen Charakteristik erübrigt uns nur noch, unter Hinzufügung einiger Züge, zu rekapitulieren, inwieweit Danckelmann in Beziehung zu Neustadt trat.

Es ergibt sich dabei das Folgende:

1694 wurde Neustadt, wie weiter oben erzählt, seitens des Kurfürsten erworben und Danckelmann zum Amtshauptmann bestellt. Es scheint, daß der Ankauf überhaupt nur geschah, um eine neue, einträgliche Stellung für ihn zu kreieren. Wir finden nämlich in der dieser Skizze vorzugsweise zugrunde gelegten Schrift von 1712 die nachstehende Stelle: »Den Ankauf der *Grafschaft* Spiegelberg, womit der Kurfürst ihn begnadigen wollte, suchte D. zu hintertreiben.«

Da es eine »Grafschaft« Spiegelberg nirgends gibt, so ist hier selbstverständlich jene Neustädter Fabrik- und Spiegelmanufaktur-Vorstadt gemeint, die bis diesen Tag den Namen »Spiegelberg« führt.

Daß Danckelmann, solang ihn die Fülle seiner Ämter — er war auch Erbpostmeister geworden — in Berlin festhielt, oft und andauernd in Neustadt verweilt habe, läßt sich nicht annehmen; andererseits ist es unzweifelhaft, daß er mit der ihm eigenen Umsicht alle dortigen Unternehmungen, die seit dem Ausscheiden des Prinzen von Hessen-Homburg (1678) ins Stocken geraten waren, wieder in Gang brachte. Die reichen Mittel, über die teils sein Vermögen, teils seine hohe Stellung ihm Verfügung gab, erleichterten ihm dies. Besonders scheint er sich auch an Vollendung und Ausschmükkung der, wie wir wissen, 1673 begonnenen und 1686 eingeweihten Kirche beteiligt zu haben. So find ich unter andern im Bratring: »Erst 1696 wurde der innere Ausbau der Kir-

---

fisch, nichtsdestoweniger den Eindruck des Überzeugungsvollen machen. Einige dieser Sentenzen, wie ich nur wiederholen kann, sind nicht ohne Feinheit. So beispielsweise:

> Du bist den Ketten gleich in wohlbestellten Uhren,
> Durch die, von innen her, die Feder alles treibt;
> Man sieht nicht ihren Gang, doch zeigen ihre Spuren,
> Daß jedes Rad durch sie in seiner Ordnung bleibt.

Und an anderer Stelle:

> Und hierzu sehn wir noch dein emsiges Bemühen,
> Den Mut und den Bestand, den keine Not bewegt;
> Dein *Kranich* ist ein Bild des, was du kannst vollziehen,
> Der stehend einen Stein in deinem Wappen trägt.

che durch den Amtshauptmann von Danckelmann been-
digt.«

Schon damals mochte der Wunsch in ihm lebendig sein,
sich je eher, je lieber aus den Kabalen des Hofes heraus-
und an diese stille Stelle zurückzuziehen, deren weiter Wie-
sengrund ihn auch landschaftlich an die Tage seiner Jugend,
an Lingen und Kleve erinnern durfte, und so werden wir
kaum irregehen, wenn wir ihn, in jenem letzten kurzen Zeit-
abschnitte, der dem Einreichen beziehungsweise der Annahme seiner Demission unmittelbar vorausging, bereits innerhalb seiner Amtshauptmannschaft vermuten.

Jedenfalls erfolgte, wie schon hervorgehoben, am 10. Dezember 1697 seine Verhaftung in Neustadt.

Von jenem 10. Dezember an, wo man Danckelmann in Haft
nahm und nach Spandau hin überführte, war es mit Neu-
stadts historischer Zeit vorbei. Treffliche Kräfte waren auch
noch weiterhin wirksam, aber kein Name wie Königsmarck,
Prinz von Hessen-Homburg, Danckelmann war unter ihnen.

Blicken wir zum Schluß noch auf *das*, was der Stadt aus
ihrer historischen Zeit her geblieben ist.

Die Amtsfreiheit,

an dem Knie gelegen, das die vom Bahnhofe kommende
Straße durch Einmündung in die Hauptstraße bildet, ist dieselbe Lokalität, wo sich *früher* das Amt befand. Wie weit
dies »früher« zurückreicht, ist fraglich. Gewiß ist nur, daß
sich das um 1787 von Neustadt nach dem benachbarten
Dorfe Dreetz verlegte Amt in ebengenanntem Jahr (wie sehr
wahrscheinlich auch mehrere Jahrzehnte früher schon) an
dieser *Amtsfreiheits*-Stelle befand. Was sich bis diese Stunde
noch an Baulichkeiten daselbst vorfindet, repräsentiert einen
leidlich modernen Privatbesitz, dem, mit Ausnahme zweier
prächtiger alter Bäume, die die Auffahrt bewachen, jeder
Hauch von Historischem fehlt.

Die Kirche,

die sich fast in Front der Amtsfreiheit auf dem triangelförmigen Marktplatze der Stadt erhebt, ist eine Kuppelkirche und stellt in ihrem Grundriß ein kurzes griechisches Kreuz dar. Sie gibt sich sauber von außen und innen, womit so ziemlich erschöpft ist, was sich zu ihrem Lobe sagen läßt. In den vier abgestumpften Ecken des Kreuzes erheben sich die vier Fenster, hoch und lichtvoll und langweilig, wie denn überhaupt alles von jener symmetrischen Anordnung ist, die mehr durch Nüchternheit stört, als durch Übersichtlichkeit erbaut. Im östlichen Kreuzstück der Altar, im nördlichen die Kanzel und beiden gegenüber zwei Emporen, in die sich, wenn ich recht berichtet bin, die Honoratioren der Stadt und die Beamten des *Gestüts* gewissenhaft teilen. Das letztere tritt uns hier noch einmal in seiner ganzen Distinguiertheit entgegen und trägt unterhalb seines Chors ein großes vielfeldriges Wappen, das mir, seitens meines Führers, einfach als das »Gestütswappen« bezeichnet ward. Es ist aber nur das preußische. Eine daneben oder darunter befindliche Inschrift ist von relativer Wichtigkeit, insoweit sie uns positive Anhaltspunkte für die Geschichte der Stadt und dieser Kirche gibt. Sie lautet: »Anno 1666 hat das Feuer durch Gottes Schickung das *Schloß, Kirche und Stadt* allhier verzehrt, und unter der hochlöblichen Regierung des durchlauchtigen Kurfürsten und Herrn, Herrn Friedrich Wilhelm, Markgraf zu Brandenburg, hat der durchlauchtige Fürst und Herr, Herr Friedrich, Landgraf zu Hessen-Homburg, Anno 1673 diese neue Kirche zu bauen angefangen. Anno 1686 ist abermal der neuste Teil der Stadt in Feuer aufgegangen; jedoch ist noch in demselben Jahre die Kirche von Johannes Michael Helmich, Pfarrer allhier, eingeweiht worden. 1694 hat der durchlauchtige und großmächtigste Kurfürst und Herr, Herr Friedrich III., das ganze *Ambt* erhandelt und Seine Exzellenz, Oberpräsident Freiherr Eberhard von Danckelmann als Amtshauptmann darin bestellt, welcher Anno 1696 den ganzen Kirchenbau zu Ende bringen läßt.«

DER »SPIEGELBERG«,

dem wir uns zuletzt zuwenden, ist eine reizend gelegene Vorstadt am andern Ufer der Dosse. Hier war es mutmaßlich, wo der Prinz von Hessen-Homburg jene eingangs erwähnten fünfundzwanzig Familien ansiedelte, die berufen waren, das bis dahin kaum über ein Dorfansehen hinausgewachsene Neustadt in einen Fabrikort umzuwandeln. Der Prinz war der Mann der Initiative, gewiß, aber wir werden seinem Verdienste kaum zu nahe treten, wenn wir, auch an dieser Stelle wieder, die Vermutung aussprechen, daß erst um die Mitte des vorigen Jahrhunderts all das von ihm Gepflanzte wirklich *reichliche* Früchte trug. Die Neustädter Glasindustrie hatte zu dieser Zeit ein Ansehen gewonnen, und besonders seine Spiegel bildeten einen nicht unerheblichen Exportartikel.

Was sich *jetzt* noch von Gebäuden auf dem »Spiegelberge« vorfindet, gehört nicht der Epoche des »Landgrafen«, sondern sehr wahrscheinlich den letzten Regierungsjahren Friedrich Wilhelms I. an, wenigstens scheint die Bauweise, die man kurzweg als eine kümmerliche Nachahmung des Holländischen bezeichnen kann, darauf hinzuweisen. Die Glasschmelze, vor allem aber das Langhaus, in dem ehedem die Spiegelplatten belegt wurden — sie wirken wie bloße Schuppen, denen man bemüht gewesen ist mittelst roten Anstrichs ein etwas höheres Ansehn zu geben (ein Ansehn von *dem*, was sie nicht sind), und erinnern dadurch an die derselben Zeit angehörigen Soldatenwesten, die gar keine Westen waren, sondern nur angenähte Tuchlappen. Am meisten tritt einem diese Dürftigkeit an dem hier errichteten reformierten *Betsaal* entgegen, der dasselbe Fachwerk und dieselbe rote Tünche zeigt und seine Bestimmung durch nichts anderes andeutet als durch einen Dachreiter in Form eines aus Schindeln zusammengeklebten Schilderhauses. Zu Häupten desselben ein Glöckchen.

Das Ganze fiel uns auf, wenn auch nur durch seine Wunderlichkeit. Wir traten deshalb dicht an die hohen, aus kleinen grünen Scheiben zusammengesetzten Fenster heran und sahen in den Betsaal hinein, der aus einem Katheder und sechs Bank- und Pultreihen bestand. Auf den Pulten lagen viele Gesangbücher aufgeschlagen, als habe eben erst eine Gemeinde diesen Betsaal verlassen. Und doch waren es über drei Jahre, seit man sich hier zum letzten Male versammelt hatte. Das Ganze berührte mich unheimlich, etwa wie ein angerichtetes Mahl, das von langer Zeit her seiner Gäste harrt, oder wie die leise Musik in Spukschlössern, drin Geigen unsichtbar zum Tanze spielen. Aber kein Tänzer kommt.

WUSTERHAUSEN A. D.

Kleine Städte aufzufinden,
Städte, die in wenig Jahren
Werden ganz und gar verschwinden,
Treibt's mich, über Land zu fahren;...
Sind sie auch nicht schön geblieben,
Schön ist immer, was wir lieben.

G. Hesekiel

Von Neustadt a. D. bis Wusterhausen a. D. ist nur *ein*
Schritt. »Il n'y a qu'un pas.« Die mißliebigen Anklänge, die
vielleicht für alles, was Wusterhausen heißt, in diesem Zitate
liegen, sind nicht ernsthaft gemeint und *können* es nicht sein,
da das gegenseitige Verhältnis in einem anderen berühmten
Dichterworte längst seinen mustergiltigen Ausdruck gefunden hat. »Rosenkranz und Güldenstern und Güldenstern
und Rosenkranz.« In der Tat, sie sind Zwillinge, Dosse-Brü-
der und einander so ähnlich wie die Kiebitzeier, die sich, am
Fluß hin, in dem Röhricht ihrer beiderseitigen Feldmarken
vorfinden. Aber da kommt mir freilich eine neue Sorge.
»Wie ähnlich Sie Ihrem Herrn Bruder sehn!« Wer zu solcher Versicherung greift, darf beinah immer überzeugt sein,
sich auf einen Schlag *zwei* Feinde gemacht zu haben.

Auch Wusterhausen besteht aus einer Haupt- und einer
Nebenstraße, die hier aber keinen einfachen Haken (⌐),
sondern etwa eine Form wie diese ⊢ bilden. Da, wo beide
Straßen sich treffen, erweitern sie sich, ganz wie in Neustadt,
zu einem platzartigen Mittelpunkte, der, neben einer Anzahl
gleichgiltiger Häuser, auch die steinerne Historie Wusterhausens, die *Kirche*, trägt. Seine *geschriebene* Historie ging in
verschiedenen Rathausbränden unter. Was trotzdem übriggeblieben ist, ist schnell erzählt. Im zwölften und dreizehnten Jahrhundert gehörte Wusterhausen den Plothos, deren
Burg vor dem Kyritzer Tore stand. Noch zu Ende des vorigen Jahrhunderts waren die Ruinen derselben erkennbar;
jetzt nur noch der »Burgwall«. Außer diesem Überbleibsel
erinnert nichts weiter als das Stadtwappen an diese frühste

historische Zeit: die Plothosche Lilie, durch den märkischen Adler halbiert. Schon Mitte des dreizehnten Jahrhunderts ging Wusterhausen an die Markgrafen über, ward also Immediatstadt und blieb es. Um 1360 trat es plötzlich in Beziehungen zur Hansa, und wie stark auch die Zweifel sein mögen, die sich speziell an *diese* Tradition knüpfen, so entzückt es doch meine Phantasie, mir Wusterhausen zu denken, wie es mit einem Sechzehntel Anteil am Bug eines Orlogschiffes steht und dem König Waldemar samt dem ganzen Norden Gesetze vorschreibt. Fünfzig Jahre später sehen wir unsere Dosse-Stadt abermals an der Grenze hoher Politik: »Die Wusterhäusener verbinden sich nächtlicherweile mit den Quitzows gegen die Bredows«, aber auch *diese* Großtat zerrinnt in Nebel, wie der vorerwähnte Anteil am Hansasieg. »Mein Sohn, es ist ein Nebelstreif.« Und dieser Nebelstreif wird immer dichter und dunkler und verdunkelt sich endlich zu völliger Nacht, aus der es nur dann und wann aufleuchtet, wenn das mit Regelmäßigkeit wiederkehrende Feuer die Stadt in Asche legt. 1758 brannte »durch unvorsichtiges Tabakrauchen eines Bürgers« das Rathaus nieder. Aus der ganzen Reihe dieser Verheerungen blieben nur zwei bauliche Denkmäler übrig, die noch imstande sind, uns von dem alten Wusterhausen zu erzählen: die *Peter-Pauls-Kirche* inmitten der Stadt und das *Heilige-Geist-Hospital* am Wildberger Tore. Beiden wenden wir uns in nachstehendem zu.

Die Peter-Pauls-Kirche

Die Kirche Sankt Petri und Pauli ist ein gotischer Bau aus dem Jahre 1474; so dürfen wir aus einer Zahlenangabe schließen, die sich, links über dem Altar, an der Decke des hohen Chores befindet. Sehr wahrscheinlich, daß lange vor 1474 ein romanischer oder frühgotischer Bau an ebendieser Stelle stand. Wie die Kirche gegenwärtig sich präsentiert, überrascht sie — nach Art aller ähnlichen Bauten, die wir in kleinen märkischen Städten finden — durch ihre *vergleichsweise* Bedeutung. Es geziemt sich, der Phrase vom »finsteren Mittelalter« gegenüber, dies immer wieder hervorzuheben. Während wir jetzt beispielsweise Berliner Gemeinden von 40 000 Seelen haben, die's nur mühevoll zu einer Kapelle bringen, schufen damals allerkleinste Städte Kirchen wie *diese*, Kirchen, die uns auch heute noch, aller Verstümmelungen und Beraubungen unerachtet, durch ein gewisses Maß von Schönheit und Reichtum imponieren. Kirchen bauen und Kirchen schmücken lag eben in der Zeit, und auch unsre Peter-Pauls-Kirche zu Wusterhausen durfte Nutzen aus der allgemeinen Stimmung ziehen. Freilich, wie schon angedeutet, sind nur Reste früheren Glanzes auf uns gekommen. Statt an zwölf Altären (von denen noch die Namen existieren) wird nur noch an einem gebetet, die Holzskulpturen sind zerstört, die Grabsteine zu Türschwellen geworden; der hohe Turm ist niedergebrannt, und eine einfache Ziegelkappe wächst nur wenig über das Kirchendach hinaus. Aber wie kümmerlich diese Rudera sein mögen, sie sind ausreichend, uns erkennen oder ahnen zu lassen, was hier einstens war.

Die Holzskulpturen. An jeder Seite des hohen Chors befinden sich acht eichenholzgeschnitzte Chorstühle, die früher, ganz ersichtlich, ebenso viele kleine Baldachine getragen haben müssen oder aber schmale, dicht aneinandergefügte Holzfelder, deren Gesamtheit einen *gotischen Schirm* herstellte. Dieser gotische Schirm fehlt jetzt bis auf vier Seitenfelder, die hüben und drüben die Reihe der Chorstühle flankieren, und zwar derart, daß der jedesmal zuoberst und zuunterst Sitzende seinen Kopf *seitwärts* an ein solches Holzfeld anlehnen kann. Alle vier Holzfelder sind gotisch umrahmt und zeigen in ihrer Mitte *bemalte* Relieffiguren: 1. eine Maria mit dem Christkinde, 2. einen Bischof, 3. einen Abt und 4. einen Mönch. Ob die Bezeichnung unter 2 und 3 richtig ist, stehe dahin. Der »Bischof«, oder der, den ich dafür halte, trägt ein purpurfarbenes, mit Edelsteinen besetztes Gewand; der »Abt« den Schlüssel. Die Figur des letztern ist die weitaus beste und erscheint mir nicht ganz ohne Kunstwert. Abt und Mönch interessieren auch dadurch, daß beide große, mit Buchklammern versehene und in ein eigentümliches *Futteral* gesteckte Meßbücher tragen. Die Lederbekleidung dieses Futterals hört nämlich nach oben zu mit dem Bucheinbande nicht auf, sondern wächst noch einen Fuß hoch über die festen Deckel hinaus. Dadurch ist Gelegenheit gegeben, das schwere, ziemlich unhandliche Meßbuch bequem zu tragen, indem man es reisetaschenartig an diesem Lederüberschuß festhält. Ich habe geglaubt, dies so ausführlich beschreiben zu sollen, weil ich weder hierzulande noch sonstwo einer derartigen Einbandform, die Futteral und Tragbeutel zugleich ist, begegnet bin.

Bilder. Die Wusterhausener Kirche weist auch viele Bilder auf. Einundzwanzig davon bedecken die quadratischen Felder der Empore, die sich an der Nordseite der Kirche hinzieht, und stellen, nach Art der »Stationen«, aber über diese hinausgehend, die Leidensgeschichte Christi dar, vom Abendmahl und dem Gebet am Ölberge bis zur Himmelfahrt und dem Jüngsten Gericht. Diese einundzwanzig Bilder, wenn ich recht gesehen habe, rühren nicht von derselben Hand her, obschon sie derselben Zeit zu entstammen scheinen. Das Jahr 1575, wie aus verschiedenen Inschriften hervorgeht, ist ein großes Restaurationsjahr für die wusterhausensche Kirche gewesen, und in ebendiese Zeit möcht ich auch diese Bilder setzen. Lucas Cranachsche Schule, der wir ja überall in den Marken begegnen. Einige, namentlich die sechs oder acht Blätter, die die eigentliche Leidensgeschichte darstellen, sind außerordentlich gut konserviert, frisch im Kolorit und nicht ganz ohne Wert. — Dagegen sind die dem siebzehnten Jahrhundert entstammenden Pastorenportraits in der Taufkapelle völlig bedeutungslos.*

Zwei *alte Kelche* und eine noch viel ältere *Patene* befinden sich in der Sakristei. Die beiden Kelche sind aus der Renaissancezeit; der größere, minder schöne trägt die Jahreszahl 1609, der etwas kleinere gehört wahrscheinlich dem schon oben genannten Restaurationsjahre 1575 an. Dieser kleinere Kelch, in der damals üblichen Form, ist sehr schön und mit Medaillonportraits reich geschmückt. Die Patene,

---

* Das Altarblatt der Wusterhausener Kirche ist ein Bild aus verhältnismäßig neuerer Zeit (etwa 1770) und rührt von Bernhard Rode her, den man in so vielen unserer märkischen Kirchen, namentlich in der Berliner Marien- und noch besser in der Garnisonkirche, studieren kann. Dies große Wusterhausener Blatt stellt die Begegnung Christi mit Thomas dar, der, nachdem er seine Finger in die Nägelmale gelegt, in die Worte ausbricht: »Mein Herr und mein Gott.« — Bernhard Rode war ein sogenannter Schnellmacher, und die Mängel aller seiner Arbeiten sind evident; in einem aber grenzt er an die wirklichen Meister: er besaß eine völlig selbständige Vortragsweise, so charakteristisch, daß es selbst dem Laien leicht wird, seine Bilder auf zwanzig Schritt als Rodesche Bilder zu erkennen.

noch aus der *gotischen* Zeit, geht mindestens bis auf das Er-
bauungsjahr der Kirche, 1474, zurück. Christus, von zwei
Engeln umschwebt, thront als Weltrichter; zur Rechten seines Hauptes ein Kreuz, links ein Schwert; vor dem Munde
des Heilands aber berühren sie sich, und zwar so, daß die
Spitze des Schwertes die Verlängerung des Kreuzes trifft.

DAS HEILIGE-GEIST-HOSPITAL
AM WILDBERGER TORE

Die kirchlichen Gebäude Wusterhausens, trotzdem es während der Mehrzahl seiner Jahrhunderte keine tausend Einwohner hatte, beschränkten sich nicht auf »Sankt Peter und
Paul«. Da war noch die Kapelle von Sankt Stephan und
außer dieser das Gertruden-, das Georgen- und das Heilige-
Geist-Hospital, von denen jedes wieder ein Kirchlein hatte.
Das Heilige-Geist-Hospital, hart am Wildberger Tor, existiert
noch. Es bietet *dadurch* ein besonderes Interesse, daß es früher ein *Beguinenhaus* (deren es ziemlich viele hierzulande
gab) gewesen sein soll.

Die Beguinen, wahrscheinlich von Lambert de Bègues gestiftet und nach ihm benannt, übten eine Tätigkeit, die wir
heut in den Diakonissenanstalten wiederfinden. Ihre Tätigkeit umfaßte neben Erziehung der Jugend (namentlich der
Waisen) auch Armen- und Krankenpflege, später auch Seel-
sorge. Die große Liebestätigkeit der Beguinen stellte zuzeiten
die Klöster völlig in Schatten, weshalb sie von diesen mit
Neid betrachtet und von seiten der Kirche nicht selten in
ihrer Tätigkeit behindert wurden. Die Päpste standen verschieden zu ihnen. Unter den Machthabern waren Karl V.
und Louis XIV. sehr für sie eingenommen; Joseph II., bei
Aufhebung der Klöster, ließ sie fortbestehen. Im allgemeinen
ist ihre Tätigkeit dieselbe geblieben; andererseits sind viele
Beguinenhöfe aus *Liebesanstalten* zu Nutz und Frommen
anderer in bloße *Versorgungsanstalten für ältere Frauen* umgewandelt worden. Holland und Belgien waren immer der
Hauptschauplatz ihrer Tätigkeit; berühmt bis diesen Tag ist
der Beguinenhof in Gent. Einige finden sich in Nordfrank-
reich; bei uns in Bremen.

Unser Wusterhauser Beguinenhaus, das bereits um 1307, wenn auch nicht unter dieser Bezeichnung, genannt wird, ist jedenfalls jenen vorerwähnten Beguinenhöfen zuzurechnen, die zu nicht näher anzugebender Zeit aus Liebesanstalten zu bloßen Versorgungsanstalten wurden. Mit anderen Worten: unser Beguinenhaus wurd ein *Spittel*. Das ist es noch. Es reizte mich, diese wenigstens ehedem halbklösterliche Stiftung kennenzulernen.

Das Gebäude (ein Eckhaus) präsentiert sich an seinen beiden Vorderfronten als ein kümmerlicher Bau aus dem vorigen Jahrhundert; nur etwas mehr nach der Vorstadt hin, auf den ersten Blick ohne rechten Zusammenhang mit den Eck- und Fronthäusern, steht noch ein gotischer Giebel, ziemlich malerisch, mit Glockennische und Storchennest. Erst nachdem man eins der Fronthäuser, gleichviel welches, durchschritten hat, nimmt man wahr, daß man sich innerhalb einer klösterlichen Anlage befindet: ein Hof, nach drei Seiten hin von Häusern umstellt; die vierte Seite, das Quadrat abschließend, eine Kapelle.

Wie die drei Häuser, so ist auch die *Kapelle* bewohnt, die längst aufgehört hat, kirchlichen Verrichtungen zu dienen. Aus Altären wurden Feuerstellen, und statt des Weihrauchs zieht Torfqualm durch die Luft; gespaltenes Holz liegt hoch aufgeschichtet in den Nischen, und wo sonst ein geschnitztes Christusbild zwischen zwei Pfeilern hing, ist jetzt ein Hängeboden gezogen, auf dem Kisten und Kasten, Urväter Hausrat und die letzten Ausläufer alten Trödels stehn. Leitern führen hinauf, halsbrecherisch wie der Hängeboden selbst. Der untere Raum der Kapelle wurde längst zu Wohnungen aufgeschlagen, und auf dem Mittelgange schlurren jetzt die Nachfolgerinnen der Beguinen auf und ab oder klappen mit ihren Pantinen über den Estrich hin. Eine von ihnen machte die Honneurs und zeigte mir draußen auf dem Klosterhof, an einem breiten und weit vorspringenden Pfeiler, sechs Höhlungen, in denen noch, bis vor wenig Jahrzehnten, ebenso viele fest eingemauerte Beguinenschädel sichtbar gewesen seien. Ich bat, indem ich ihr dankte, noch einen Augenblick bleiben zu dürfen, worauf sie sich zurückzog. Sie war unzweifelhaft der esprit fort und die historische Autorität des Spittels.

Ich war nun allein und sah mich mußevoll um. Wunderliches Bild. Der kaum zwanzig Schritt im Quadrat habende Hof war in zwei Teile geteilt, von denen der eine ein Blumengarten, der andre ein Dunghaufen war. An der Grenze zwischen beiden stand ein Apfelbaum und streckte seine Zweige nach links und rechts hin über Gerechte und Ungerechte; von dem links gelegenen Blumengarten her zog Resedaduft nach rechts hinüber und tat, was er konnte; aber er konnte nicht viel. Oben im Nest, am Giebelfelde der Kapelle, begann der Storch zu klappern — ein sonderbarer Genosse *hier.*

Ich zog mein Notizbuch, um das Bild in wenig Strichen festzuhalten, wobei mein Hauptaugenmerk oben auf das Storchennest und unten auf den Pfeiler mit den sechs Höhlungen gerichtet war.

Und nun war ich fertig. Noch ein Blick auf meine Zeichnung, dann sah ich wieder um mich her. Aber himmlische Mächte, was war inzwischen geschehen?! Aus jedem Fenster sah ein »Beguinengesicht« und grinste mich an, alle von einer Spittel-Ausgesprochenheit, die's ihnen erlaubt hätte, ohne weitere Vorbereitungen in die sechs Höhlungen einzutreten.

Und mit verlegener Herzlichkeit grüßend, wie man's tut, wenn man sich fürchtet, empfahl ich mich und floh die Straße hinab und vor das Wildberger Tor hinaus.

TRIEPLATZ
EIN KAPITEL VON DEN ROHRS

Die Douglas waren immer treu.

Schottisches Lied

Trieplatz ist alter Besitz der Rohrs, wiewohl es nicht zu den Gütern zählt, die, gleich nach ihrem Erscheinen in den Marken, von ihnen erworben wurden.

Die Rohrs kamen mutmaßlich aus Bayern und stammen, einer Familiensage nach, von jenem Grafen von Abensberg ab, der mit zweiunddreißig Söhnen am Hoflager Kaiser Heinrichs IV. erschien.*

Einer dieser zweiunddreißig, Adalbert mit Namen, wurde mit dem in der Nähe von Abensberg gelegenen Dorfe Rohr belehnt und nannte sich danach Adalbert von Rohr. Er war ein tapferer Kriegsmann, gegen Ende seines Lebens aber verließ er Haus und Hof und Weib und Kind und baute das *Kloster* Rohr, in das er nun selber eintrat. Dies war 1133. Die Kirche des damals gestifteten Klosters, zum Teil aus Salzburger Marmor aufgeführt, ist noch sehr wohlerhalten; über dem Altar befindet sich ein zweigeteiltes Gemälde, dessen eine Hälfte den Adalbert von Rohr darstellt, wie er im Ritterkleide das Gelübde ablegt, die andere Hälfte, wie er, im geistlichen Ornate bereits, vom Bischofe die Weihen empfängt.

Die Nachkommen dieses Adalbert von Rohr waren es, die zu Beginn des vierzehnten Jahrhunderts im Brandenburgischen erschienen, nach einigen im Gefolge Markgraf Lud-

---

* Die *Stadt* Abensberg, nach der sich die Grafen von Abensberg nannten, liegt in Niederbayern und zeigt auf ihrer efeuumrankten Ringmauer noch einige jener vierzig Türme, von denen, der Sage nach, acht *viereckige* Türme zur Erinnerung an die acht Töchter und zweiunddreißig *Rundtürme* zur Erinnerung an die zweiunddreißig Söhne des Grafen erbaut wurden. Soviel über die Ringmauer. In der *Kirche* zu Abensberg existiert noch das *Bild*, das das Erscheinen des alten Grafen mit seinen zweiunddreißig Söhnen vor dem Kaiser darstellt. Von diesem interessanten Gemälde befinden sich zwei Kopien in der Mark, die eine im Schloß Meyenburg (Prignitz) bei dem Senior der Familie von Rohr, die andere in Wolletz (Uckermark) bei dem Landschaftsrat Theobald von Rohr. (Letzterer besitzt auch eine Kopie des Altarbildes im Kloster Rohr, von dem ich weiter oben im Text erzähle.)

wigs von Bayern, der 1323 die Mark in Besitz nahm, nach anderen schon um beinahe zwanzig Jahre früher. Gleichviel, um die Mitte des Jahrhunderts sehen wir die Familie von Rohr in der Prignitz, und zwar in Freyenstein, Holzhausen und Meyenburg, angesessen und etwa zur Reformationszeit auch im Ruppinschen. Sie besaßen hier ganz oder teilweis: Leddin, Brunn, Trieplatz, Tramnitz, Ganzer. Leddin war, soweit die ruppinschen Güter in Betracht kommen, am frühesten erworben worden, etwa um 1400.

Eine Geschichte der Rohrs schreiben wollen hieße, mittelbar eine Geschichte Brandenburg-Preußens schreiben.

> Bei Leuthen, Lipa, Leipzig,
> An der Katzbach und an der Schlei,
> Von Fehrbellin bis Sedan —
> Ein Rohr war immer dabei.

Sie sind eiserner Bestand in den Ranglisten unserer Armee, zu allen Zeiten mit einem Dutzend Lieutenants und Capitains vertreten. Aber auch darüber *hinaus* bewährt und treu befunden, finden wir sie als Generallieutenants und Generalmajors in nicht geringer Zahl. Und wie im Heer, so in Staat und Kirche. Um 1400 Otto von Rohr, Bischof von Havelberg; seitdem, in langer Reihenfolge, Präsidenten und Pröpste, Amtshauptleute und Ritterschaftsräte, verschieden an Gaben und Verdienst, aber in drei Eigenschaften einig: gütig, tapfer, loyal.

Nicht von dem *Ruhm* der Familie will ich in nachstehendem erzählen, nicht von denen, die bei Prag mitstürmten und bei Hochkirch unter Tod und Flammen aushielten; es entspricht dem einfach-demütigen, alles Anspruchsvolle zurückweisenden Sinne der Familie mehr und besser, wenn ich bei *Genrebildern* verweile, wie sie das Leben dreier aufeinanderfolgender Generationen bot. Ich wähle diese drei Generationen aus den *Trieplatzer* Rohrs. Begleite mich der Leser zunächst nach Trieplatz selbst.

Trieplatz liegt eine Meile nördlich von Wusterhausen an der Dosse. Der Weg geht über Brunn, das, wie schon angeführt, früher ebenfalls den Rohrs zugehörte, seit Ende vorigen

Jahrhunderts aber in den Besitz der Rombergs übergegangen ist.*

Die ganze Gegend am Dosse-Ufer hin, von dem wir uns übrigens mehr und mehr entfernen, ist, wie so viele Punkte der Mark, witwenhaft traurig und mit keinem andern Reize ausgestattet als dem *einen,* den ihr ebendies *Witwenkleid* leiht. Wohl ist dies Kleid unter den Händen der Kultur, die hier und dort, wie eine heitere Enkelin, ein buntes Band eingeflochten hat, um seinen vollen Trauergehalt gekommen, aber das, was vorherrscht und nach wie vor den *Charakter* gibt, ist doch immer noch das monotone Grau, das selbst der Ackerscholle nicht fehlt, die daliegt, als ob Asche über ihr frisches Braun ausgestreut worden wäre. Kein See, kein Weiher, kein Fluß; von Zeit zu Zeit eine Gruppe graugrüner Bäume, meist Pappeln und Weiden, die die Stelle andeuten, wo hinter Wipfeln ein Dorf vergraben liegt.

So hinter Wipfeln vergraben liegt auch Trieplatz. Im Näherkommen bemerken wir eine prächtige Linden- und Kastanienallee, deren Linien sich kreuzen und dann avenueartig auf den *alten* und *neuen* Hof des Gutes zuführen. Der alte Hof, jetzt eine bloße Meierei, war der Rittersitz des vorigen Jahrhunderts. Dort stand das Herrenhaus, ein einfacher Fachwerkbau, den Georg Moritz von Rohr bewohnte. Von ihm erzähl ich zuerst.

* Im Schloßpark zu Brunn, unter dunklen Tannen und fast am Rande eines stillen Weihers, erhebt sich ein schönes, von Drakes Hand herrührendes Monument, das dem Obersten von Romberg und seinem sechzehnjährigen Sohne errichtet wurde. Sandsteinstufen tragen einen Granitwürfel; auf diesem ruht ein halbkreisförmiger Marmor mit den Hautrelieffiguren der Hingeschiedenen. Der dargestellte Moment ist der des *Wiedersehns;* beide reichen sich die Hand, und eine hohe Freude verklärt ihre Züge. Die Inschrift am Granitwürfel lautet:

Vater und Sohn
und
von Romberg

Conrad	Anton
geboren zu Hamm den 25. April 1783.	geboren zu Brunn den 23. Juni 1819.
Als preußischer Oberst gestorben zu Groß-Kamin den 20. April 1833.	In seiner Blüte gestorben zu Dresden den 8. Mai 1835.

Getreu bis in den Tod und reinen Herzens sind sie eingegangen und heißen sich willkommen, wo die Treue ihre Kronen empfängt und die Reinheit Gott von Angesicht schaut. — Dem Gedächtnis der Verklärten gewidmet von der Witwe und Mutter: Amalie von Romberg, geborne Gräfin von Dönhoff, 1844.

»DER HAUPTMANN VON KAPERNAUM«

Georg Moritz von Rohr war 1713 geboren. Selbstverständlich trat er in die Armee — in welches Regiment, hab ich nicht erfahren können —, war bei Ausbruch des Siebenjährigen Krieges Hauptmann, wurd in einer der ersten Schlachten schwer verwundet und zog sich, zu fernerm Kriegsdienste untauglich, auf sein väterliches Gut Trieplatz zurück.

Er war ein echter Rohr, einfach von Sitten, ein frommer Christ, dabei von jenem verqueren Zuge, der auch aus den schlichtesten Naturen *Originale* schafft. Georg Moritz von Rohr war ein solches Original. Er gab es schon dadurch zu verstehen, daß er sich selber den »Hauptmann von Kapernaum« nannte. Die Worte, die, der Schrift nach, der wirkliche Hauptmann von Kapernaum an Christum richtete: »Herr, ich bin nicht wert, daß du unter mein Dach gehest«, entsprachen ganz seinem eignen demütigen Herzen, aber über all dies hinaus reizte ihn, seiner ganzen Natur nach, auch wohl das Scherzhafte, das in der selbstgewählten Bezeichnung eines »Hauptmanns von Kapernaum« lag.

Kein Zweifel, seine Popularität zog Nahrung aus diesem Namen, was ihn indes in der ganzen Gegend am populärsten machte, das waren doch seine vielen Brautwerbungen, die nicht abrissen und ihn befähigten, es bis auf vier Frauen zu bringen.* Dies allein schon würde genügt haben, alle Zungen der Grafschaft über ihn in Bewegung zu setzen, unser Hauptmann von Kapernaum aber wußte nebenher noch dem immer wiederkehrenden Begräbnis- und Freiwerbungszeremoniell so viel eigentümlichen Beisatz zu geben, daß auch die jedem Klatschbasentum abgeneigtesten Kreise notwendig Notiz davon nehmen mußten. An dem jedesmaligen Begräbnistage ließ er singen: »*Lobe* den Herrn, meine Seele«, hielt in Promptheit und Treue das Trauerjahr und sprach dann mit einem gewissen humoristischen Trotze: »Nimmt Gott, so nehm ich wieder.« War aber *dies* Wort erst

---

* Dies »vier Frauen nehmen« war im vorigen Jahrhundert, wenn es die Verhältnisse gestatteten, an der Tagesordnung. Selbst die Unbequemlichkeit, daß — wenigstens seitens des Adels und Militärs — ein Konsens beim Könige eingeholt werden mußte, hielt nicht davon ab. Herr von Hagen auf Nackel bat sogar zum *fünften* Mal um die Erlaubnis und erhielt als Antwort weder Zustimmung noch Ablehnung, sondern die echt altenfritzige Replik: »Er braucht *künftig* nicht mehr einzukommen.«

mal gesprochen, so begannen auch, vom nächsten Tag an, seine Freiwerbungen aufs neue, bei denen er ebenso konsequent und systematisch verfuhr wie bei dem vorgeschilderten Funeralzeremoniell.

Und auch bei diesen Freiwerbungen ist näher zu verweilen. Georg Moritz von Rohr hatte nämlich drei nicht mehr junge Cousinen, die zu Tornow lebten und die Namen führten: Henriette, Jeannette und Babette von Bruhn. Im Trieplatzer Herrenhause, wo sie bloß als eine dreigegliederte Einheit galten, lief ihr Unterschied auf einen einzigen Buchstaben hinaus: Jettchen, Nettchen und Bettchen. Namentlich die beiden letzteren von anheimelndem Klang.

Es war jedoch nicht dieser anheimelnde Klang, sondern lediglich eine donquixotisch-ritterliche Vorstellung von pflichtschuldiger Cousingalanterie, was unsern Hauptmann immer wieder veranlaßte, nach Absolvierung seines Trauerjahrs, *erst* um die Hand seiner drei Cousinen anzuhalten. Läufer vorauf und gekleidet in den Uniformrock, den er bei Prag getragen, fuhr er dann in Gala nach Tornow hinüber, ließ sich bei den Fräuleins melden und begann seine Werbung bei »Jettchen«, um sie bei »Bettchen« zu beschließen. Immer mit demselben Erfolge, denn die Fräuleins waren längst gewillt, in dem stillen Hafen ihrer Jungfräulichkeit zu verharren und das sturmgepeitschte Meer der Ehe *nicht* zu befahren. So hatte denn diese regelmäßig wiederkehrende Szene nur noch eine *symbolische* Bedeutung und bezweckte nichts weiter, als den drei Fräuleins von Bruhn eine exzeptionelle Stellung vor allen anderen Jungfrauen des Landes zu geben. Es war die Konservierung eines Muhmenkultes, zuletzt *mehr* als »Muhme«. Gleichviel, bei den Cousinen in Tornow lag, in Rücksicht auf die Wandelbarkeit menschlicher Natur, immer wieder das entscheidende Wort, und erst der dreimal wiederholte, verbindlich ablehnende Knicks schuf unserm »Hauptmann von Kapernaum« jene Freiheit der Aktion, von der bis diesen Tag nicht genau festzustellen gewesen ist, ob er sie segnete oder beklagte. Denn die Cousinen waren reich, und die Zeiten waren arm.

Aber wenn ihm die Freiheit der Aktion kein überhohes Glück schaffen mochte, so schuf ihm andererseits der »Refus« keinen allzu tiefen Schmerz, zu welcher Annahme die vorerwähnten *vier* Frauen wohl eine genügende Berechtigung geben dürften.* Alle vier waren Nachbarstöchter aus dem Adel der Grafschaft oder der angrenzenden Prignitz. Die erste Frau eine Platen, die zweite eine Jürgaß, die dritte eine Hagen, die vierte eine Putlitz. Durch die Platen und Jürgaß ergab sich denn auch eine nahe Verwandtschaft mit den Zietens, so daß unser Hauptmann mit dem gesamten Adel der Nachbarschaft verschwägert war.

Georg Moritz von R. kam zu hohen Jahren, und wenn er bald nach seiner Geburt die Kanonen von Landau (1713) gehört hatte, so kurz vor seinem Tode die Kanonen von Valmy. Achtzig Jahre lagen dazwischen und drei Kriege, die er selbst bestand. Mit dem Älterwerden wuchsen auch seine Schrullenhaftigkeiten, und er mußte den Tribut entrichten, den das Alter ohnehin so leicht zu zahlen hat. Dem Ehrwürdigen gesellte sich das Komische. Jeden Morgen stieg er mittelst einer Leiter in eine Pappelweide hinein, um in den Zweigen derselben seine Morgenandacht abzuhalten, und sang, während sein weißes Haar im Winde flatterte, mit klarer Stimme: »Wie schön leucht't mir der Morgenstern«. Grotesk und rührend zugleich. Für die Dorfjugend aber herrschte das erstere vor, und ein paar Übermütige sägten den Ast an, mit dem der Alte denn auch zusammenbrach, als er anderntags seinen Platz in dem Gezweige wieder einnehmen wollte.

Daß er gezürnt habe, wird nicht berichtet. Er stand bereits da, wo Leid und Lust nur noch traumhaft wirken und selbst Unbill nichts weiter als ein Lächeln weckt. Seine Zeit war um, und seine Seele flog dem Morgensterne zu, zu dem er so oft emporgesungen hatte. Den 14. Juni 1793 ward er in

* Bei Gelegenheit seiner vierten Verlobung hatte Georg Moritz von R. (ähnlich wie Herr von Hagen auf Nackel, über den ich in der vorstehenden Anmerkung berichtet) allerdings auch eine Kränkung zu bestehn, die nur den *einen* Vorzug aufwies, daß sie nicht von dem gefürchteten Könige ausging. Der Kränkende war der eigne Bruder auf Tramnitz, allwo sich das Erbbegräbnis befand, in dem auch die Trieplatzer Rohrs beigesetzt wurden. Als Georg Moritz von R. seinem Bruder anzeigte, daß er sich zum *vierten* Male verlobt habe, schrieb ihm der Tramnitzer zurück: »er wünsche ihm Glück, müsse ihm aber von vornherein erklären, daß für diese vierte Frau kein Platz mehr im Erbbegräbnis sei«. Dies war denn doch zuviel, und Georg Moritz erschien schon am nächsten Tage mit drei Wagen in Tramnitz, um die Särge seiner drei Frauen aus dem ungastlichen Erbbegräbnis abzuholen. Er begrub sie nunmehr auf dem Trieplatzer Kirchhof.

Trieplatz begraben. Die Dorfjungen aber waren ernsthaft geworden, folgten seinem Sarge und sangen diesmal *ihm*:
»Lobe den Herrn, meine Seele!«

Der Akazienbaum

Dem Hauptmann von Kapernaum waren aus seiner zweiten
Ehe mit dem Fräulein von Jürgaß zwei Söhne geboren wor-
den, von denen der jüngere den Namen des Vaters, Georg
Moritz, führte. Der ältere dagegen war Otto von Rohr. Sein
Gedächtnis lebt in Trieplatz in einem schönen *Akazien-
baume* fort, der vom Park aus in das Gartenzimmer blickt.

Otto von Rohr war 1763 geboren. Er trat früh in ein
Infanterieregiment und stand 1792, als der Krieg gegen
Frankreich ausbrach, beim Grenadierbataillon von Kalckstein. Über die Charge, die er bekleidete, verlautet nichts
Bestimmtes; wahrscheinlich war er Stabscapitain. 1793
nahm er teil an der Rheincampagne und gehörte jenem
Heeresteile zu, der im Spätherbste genannten Jahres unter
dem Herzoge von Braunschweig gegen den General Hoche
kämpfte. Hoche wurde den 17. November bei Blieskastel
geworfen und am 28., 29. und 30. in der dreitägigen
Schlacht bei Kaiserslautern geschlagen. Unter denen, die
preußischerseits dieses schönen Sieges wenig froh werden
konnten, befand sich auch Otto von Rohr, der gleich am
ersten Tage, den 28., als er mit seinem Grenadierbataillon
aus einer Waldecke vorbrach, in Gefangenschaft geraten
war. Diensteifer und Herzensgüte trugen die Schuld daran.
Schon war ihm der Rückzug durch einen Hohlweg geglückt, als er noch sieben seiner Leute, die das Signal über-
hört haben mußten, jenseit des Défilés im eifrigsten Schar-
mützeln mit dem nachdrängenden Feinde sah. Er eilte zurück, um sie zu retten, wurd aber dabei von einem Haufen
Volontairs gefangengenommen, die mittlerweile den Hohlweg besetzt hatten.

Die »Volontairs« von damals waren den »Franctireurs«
von heute sehr ähnlich. Otto von Rohr hat seine Schicksale
während der nächsten fünf Tage in ebenso vielen, mir zur Benutzung vorliegenden Briefen aufgezeichnet, Aufzeichnun-

gen, aus denen ich ersehen konnte, wie wenig achtzig Jahre jenseits der Vogesen geändert haben. Alles liest sich wie Erlebnisse von heut oder gestern. Im Guten und Schlechten, in Liebenswürdigkeit und Frivolität, in Artigkeit und Frechheit ist der nationale Charakter derselbe geblieben.

»*28. November 1793.* Drei oder vier Volontairs nahmen mich gefangen, zwölf oder mehr aber waren es, die mich zurückführten. Ich mochte zwei Minuten zwischen meinen Begleitern gegangen sein, als diese plötzlich einige Schritte hinter mir zurückblieben und mich allein stehenließen. Die ganze Bande schwatzte; zugleich mußt ich wahrnehmen, daß einer von ihnen das Gewehr anlegte und auf etwa sechs Schritt nach mir schoß. Der Schuß versagte. Mein Volontair begann nur zu poltern, schüttete neues Pulver auf die Pfanne, schärfte den Stein und legte wieder an. Mittlerweile war ich von meiner ersten Betäubung zurückgekommen und hatte die klare Vorstellung eines unvermeidlichen Todes. Mich wehren, dazu fehlte mir die Waffe (meinen Degen hatte man mir abgenommen), mich durch Flucht retten war ganz unmöglich; ich verteidigte mich also nicht, weil ich nicht konnte, und stand, weil ich mußte. Ich weiß nicht mehr, was ich tat, nur *das* hab ich noch in Erinnerung, daß die ganze Gesellschaft lachte. Auch der Volontair, der im Anschlage lag, lachte mit. In diesem Moment, der über mich entscheiden mußte, trat ein alter Soldat, Sergeant, wie sich später ergab, aus dem Dickicht, schlug dem Buben das Gewehr nieder und rettete mich dadurch. Die ganze Bande verlief sich nun, und ich war mit meinem Retter allein. Er hieß Malwing, war ein geborner Elsässer, hatte den Siebenjährigen und dann den amerikanischen Krieg mitgemacht und vermaledeite seine eigenen Leute, die er Meuchelmörder nannte. Er hieß mich guten Mutes sein, führte mich zum kommandierenden General Hoche und übergab diesem meine Person und meine Habseligkeiten. Die letzteren stellte mir ein Adjutant des Generals sofort wieder zu. Hoche selbst unterhielt sich ein wenig mit mir, war sehr artig und überließ mich dann wiederum der Obhut Malwings. Unter den Gegenständen, die mir zurückgegeben wurden, befand sich auch mein Degen, meine Schreibtafel und Schärpe. Ich bat Malwing, die letztere anzunehmen, was er indessen entschieden ablehnte. Er sagte nur, ›ich solle sie verbergen‹, ein Rat, dem ich leider nicht folgte. Meine Börse mit etwa elf Dukaten nahm er. Ich besaß außerdem noch eine auf den General Möllendorf geprägte Medaille und eine kleine Schaumünze, ein Geschenk meines seligen Onkels; ich erzählte ihm, was es mit beiden für eine Bewandtnis habe, worauf er sie mir ließ. Meine Uhr war bei der Bagage. Jetzt nahm mir der Alte Wort und Handschlag ab, daß ich mich als sein Gefangener benehmen wolle, führte mich dann nach einer nahe gelegenen Bauernhütte und sorgte für ein Abendbrot, wie es die Umstände gestatteten. Darauf legte er sich neben mich schlafen. Mit uns war eine Rotte von Volontairs, unsaubere, ekelhafte Kerle. Ich hoffte aber sicher am andern Tage ausgewechselt zu werden, und so stählte mich diese Hoffnung gegen die Widrigkeit alles dessen, was mich umgab. Ich schlief ein.

Den 29. November 1793. Morgens mit dem Tage kam mein alter Malwing. Ich war froh, ihn wiederzusehen, stand auf und ging mit ihm, wohin er wollte. Er führte mich nach dem etwa eine halbe Stunde entfernten Hauptquartier, wobei wir an Truppenteilen vorüberkamen, die sich schon zu ihrem nahen Tagewerk versammelt hatten. Dieser Gang war eine Art Spießrutenlaufen, doch waren die Bemerkungen, die fielen, mehr beißender Spott und launiger Scherz als pöbelhafte Worte und grobe Beschimpfungen. Sie frugen mich, ob ich etwas an meine Geliebte zu bestellen hätte, sagten, ich hätte viel Republikanisches, offerierten mir eine Prise Contenance und dergleichen mehr. Endlich langten wir im Hauptquartier an. Hier waren drei Generale, ebenso viele *Repräsentanten* und einige andere Offiziere in *eine* Stube einquartiert. Malwing stellte mich den Generälen vor und verließ das Zimmer. Generale und Packknechte, Fleischer und Repräsentanten saßen (gewiß ihrer dreizehn an der Zahl) um einen großen Kumpen Reis mit Hühnern und frühstückten. Man war allgemein äußerst artig gegen mich und forderte mich auf, mit zu frühstücken. Eine kleine Weile hatte ich es mir gut schmecken lassen, als sich jemand neben mich hinstellte, der dem Anscheine nach ebenso hungrig war als ich. Er hatte keinen Löffel, ich bot ihm also meinen an, in der Hoffnung, daß ich ihn zurückerhalten würde. Das war aber irrig. Die Gesellschaft hatte nicht Löffel genug, und gingen diese deshalb auf eine Art Pränumeration aus einer Hand in die andre. An mich kam kein Löffel wieder. Nach dem Frühstück ging alles auf seinen bestimmten Posten zur Schlacht; vorher indessen gaben mir die Generäle noch die Versicherung, sie wollten an diesem Nachmittag noch dem Herzoge von Braunschweig meine Auswechselung vorschlagen. Sie würden zu diesem Behufe das Nähere mit mir in Kaiserslautern, allwo sie ihr Hauptquartier zu nehmen gedächten, verabreden. Bis dahin möcht ich mir die Zeit nicht lang werden lassen. Diese ganze Unterhaltung und besonders der Punkt, ›in Kaiserslautern Hauptquartier nehmen zu wollen‹, war in so festem, zuversichtlichen Tone gesprochen worden, daß ich jeden Glauben an das gute Glück der Preußen für *diesen* Tag aufgab. Ich blieb noch ein Weilchen allein, ward aber dann von einem Gensdarmen abgeholt und auf die Wache gebracht.

Das Wachthaus lag so, daß ich einen großen Teil des Schlachtfeldes übersehen konnte. Nicht mit den angenehmsten Empfindungen. Ich wußte, daß unsere Armee, besonders durch Krankheiten geschwächt, selbst unter Hinzurechnung der Sachsen kaum gegen 60000 Mann ausmachte; wenn ich nun hörte, daß die Franzosen nach Vereinigung ihrer Rhein-, Maas- und Moselarmee 150000 Mann stark seien, wenn ich sie, so unmittelbar vor mir, alle Felder und Wiesen weit umher bedecken sah, so stand meine Hoffnung niedrig, und ich vergaß bei diesem Anblick alle meine eigne Not. Nachmittag brachte man einige Gefangene ein, erst einen Junker von Schulz vom Dragonerregiment Sachsen-Kurland, dann auch Capitain Wilhelmy von demselben Regiment. Auch einige Mannschaften. Wilhelmy sollte später, wie mein Unglücksgefährte, so auch mein Freund werden. Wir hatten bereits eine Weile miteinander gesprochen, ich meinerseits ihm schon diese und jene kleine Aufmerksamkeit erwiesen, und er hielt mich immer noch — durch meinen blauen Surtout mit weißen Aufschlägen dazu veranlaßt — für einen Volontair. Als er nun aber von seinem Irrtum zurückkam und mich als einen preußischen Offizier erkannte, da war er froh, ganz wie ich es war, einen Schicksalsgefährten zu treffen. Herzlich und gefühlvoll waren seine Äußerungen; fest war der Bund, den die neuen Bekannten schlossen; mir dünkt es ein Freundschaftsbund für die ganze Zukunft, für Zeit und Ewigkeit. Auch er war durch übereilte Hitze seiner Befehlshaber ins Mißgeschick gekommen; im übrigen unverwundet wie ich. Er war der erste, der mir sagte, daß das Grenadierbataillon von Kalckstein den vorigen Abend nah an sechzig Mann verloren habe, daß ich zu den Toten gezählt worden und daß außerdem Lieutenant von Reitzenstein gefallen und zwei Offiziere blessiert seien.

Abends in der Dämmerung erschien abermals Freund Malwing. Er trat ein mit einem: ›À présent tout est au diable!‹ Dies hatte zum Teil Bezug auf die mir abgenommenen Habseligkeiten. Er hatte sie zusammen in ein Papier gewickelt, in seine Rocktasche gesteckt, und diese war ihm durch eine preußische Kanonenkugel weggerissen oder, wie er sich ausdrückte, ›zum Teufel geschickt worden‹. Er hatte dabei eine Kontusion davongetragen, weshalb er zurück in ein Lazarett gehen mußte. Ich bot ihm, da mir sein Verlust leid tat, nochmals meine Schärpe an, aber er lehnte nochmals ab und verwies mir meine Unfolgsamkeit, sie nicht nach seinem Rate besser versteckt zu haben. Dann mahnte er mich zu Geduld und Vorsicht, reichte mir seine Flasche und ging fröhlich und guter Dinge ab, mit dem Versprechen, mich wieder zu besuchen.

Und so beschloß sich der zweite Tag meiner Gefangenschaft. Durch tausend Bemerkungen belästigt, von Ahnungen und Besorgnissen gequält, dazu von der Hoffnung einer baldigen Änderung meines Geschickes nicht mehr geschmeichelt, setzte ich mich, meinem neuen Freunde Wilhelmy gegenüber, auf einen Schemel und wünschte mir Schlaf. Doch ihn zu finden, daran war nicht zu denken. Die Stube zum Ersticken heiß und mit Menschen derart gefüllt, daß ich schlechterdings meine Füße nicht regen konnte, ohne jemanden zu treten. Meine Lage war äußerst lästig, und endlich durch die Bewegungslosigkeit, zu der sich mein Körper gezwungen sah, dem Erstarren nahe, blieb mir kein anderes Mittel, als auf den Schemel zu steigen. Hier stand ich wie ein Säulenheiliger. Alles schlief und schnarchte, nur Wilhelmy und ich nicht.

Genug, es war nicht die schmerzhafteste, aber doch die

peinlichste Nacht meines ganzen Lebens. Endlich kam der
so lang ersehnte Morgen, und alles regte und reckte sich.
Ach, wie war ich so froh.

Den 30. November 1793. Der Morgen kam und mit ihm
die Sterbestunde für so manchen, Freund wie Feind. Viele
fanden ihren Tod gestern schon, viele ehegestern, noch mehr
fanden ihn heute. Früh mit der ersten Morgendämmerung
begann die Schlacht von neuem; das Feuer der Kanonen
war dabei so heftig, wie ich es noch nie gehört hatte. Etwa
um elf war die Bataille völlig zum Vorteil der Preußen entschieden. Die Franzosen machten indessen, wie bekannt,
einen meisterhaften Rückzug, so daß sie trotz des schlechten
Terrains, auf dem sie sich bewegten, keine Kanone verloren.
Es kam ihnen dabei freilich zustatten, daß unsere Kavallerie
ganz entkräftet war. Von dem Gewimmel der Zurückkom-
menden sahen wir nur wenig, da auch wir, als die Retirade
begann, zurück mußten. Wir bildeten nur ein kleines Häuflein: Wilhelmy, ich, der Junker und etwa acht Gemeine, das
war die ganze gefangene Gesellschaft, schließlich noch durch
sechs oder sieben Deserteure vermehrt. Letztere höchst wid-
riges Gesindel. Mit genauer Not bekamen wir einige von den
erbeuteten Pferden; dann, bei jedem Offizier ein Gensdarm,
außerdem noch zwei, drei zur Eskorte der übrigen, so ging
unser Zug rückwärts auf der Straße nach Homburg zu.

Ein wahrer Golgathas-Weg für uns arme Sünder. Gleich
zu Anfang passierten wir einen großen Teil der französischen Armee, die auf einer weiten Ebene hielt. Hier fanden
wir Truppen aller Art, auch das Proviantfuhrwesen. Wir kamen leidlich vorüber. Als wir aber eine andere Abteilung der
geschlagenen Armee erreichten, bei der sich viele Hunderte
von Schwerverwundeten befanden, war es mit unserer Ruhe
vorbei.

Ein großer Teil dieser Unglücklichen, als sie uns sahen,
gebärdeten sich wie rasend, wetterten und fluchten und
schienen durchaus willens, es bei den insultierenden Worten
nicht bewenden zu lassen. Mehr als einmal schlug man die
Gewehre auf uns an, und nur der Umstand, daß wir rechts
und links Gensdarmen zur Seite hatten, die bei dieser Gelegenheit so gut wie wir getroffen werden konnten, rettete uns
aus dieser Gefahr. Die Insulten dauerten fort, aber nach

einer halben Stunde schienen auch die Lungen erschöpft, und man ward still. Nochmals eine halbe Stunde später, und wir wurden in einem Stall untergebracht, wo sich unser Häuflein alsbald um einen Unglücksgefährten vermehrte. Das Regiment Göckingk-Husaren hatte verfolgt, und bei diesen Verfolgungsscharmützeln war Cornet Gottschling vom genannten Regiment erst verwundet und dann gefangengenommen worden. Er hatte einen Hieb über den Kopf, einen andern über die Hand und war in sehr bedauernswerter Lage.

Der Zug setzte sich endlich wieder in Bewegung. Neue feindliche Trupps waren zu passieren, da wir aber auf dem Marsche blieben, so hatten wir weniger zu leiden; nur der arme Gottschling erhielt einen Steinwurf.

Gegen Abend rückten wir in ein Dorf ein, das nicht mehr ferne von Homburg war. Der Führer der Eskorte wollte weiter, aber die Mannschaften, die sich angeschlossen hatten, wollten bleiben oder wenigstens eine Rast machen. Der Führer mußte nun gehorchen. Ein Haus wurde ausgewählt, und wir Offiziere, der Junker, die Deserteurs und die Gensdarmen kamen in ein und dieselbe Stube. Die gutmütige Wirtin schaffte Milch, wir selbst hatten Kommißbrot, und so wurde denn eine Milchsuppe gekocht, die mir ganz besonders mundete, da ich, seit jenem Reisfrühstück in Gesellschaft der Generalität, nichts Warmes mehr gegessen hatte.

Homburg indessen sollte noch erreicht werden, und um zehn Uhr abends rückten wir in seine Straßen ein. Quartiere erhielten wir im Ratskeller, in einem weitläufigen Gemach, das schon vorher mit vielen Verwundeten belegt worden war. Uns blieb nur, wie in der Nacht vorher, ein kleines Plätzchen zum Stehen übrig. Hart an uns vorüber trug oder führte man die Verstümmelten. Eine Hölle war uns dieser Aufenthalt; das war ›gekerkert im Kerker‹. Unbegreiflich und wunderbar war es uns allen und ist es mir noch in dieser Stunde, daß nicht einer dieser Unglücklichen, wütend, wie sie waren, uns niedermordete oder doch mißhandelte. Wir erwarteten es jeden Augenblick, aber es blieb bei Fluch und Verwünschung. Ein oder anderthalb Stunden mochten wir in diesem Zustande zugebracht haben, bittend, flehend, daß man uns aus dieser Hölle des Jammers fortführen möge. Alles umsonst. Endlich, aufs äußerste empört, begannen wir selbst zu toben und zu fluchen. Das half. Man brachte uns in ein Wirtshaus, in dem ein französischer Artilleriegeneral logierte. Dieser teilte seine Stube mit uns und behandelte uns mit vieler Artigkeit. Wir ließen uns ein gutes Nachtmahl schmecken, legten uns auf Streu oder Stühle und vergaßen in festem Schlaf die bittern Erlebnisse des letzten Tages.

Den 1. Dezember 1793. Morgens beim Erwachen war der General fort; wir haben auch später seinen Namen nicht erfahren können. Unser Frühstück, Kaffee und Zubehör, stand bereit, wir ließen es uns schmecken, und weiter ging es bis Zweibrücken. Hier führte man uns auf den Marktplatz, wo denn alsbald alles, was nur Raum finden konnte, sich an uns herandrängte. Wir fürchteten ein Dakapo des Spiels vom vorigen Tage, aber es unterblieb; teils waren hier keine Blessierten, teils war die erste Wut schon verraucht; zudem befanden wir uns hier zumeist unter Linientruppen. In ihrem Beisein waren wir in der Regel vor groben Beleidigungen sicher. Jeder von uns ward von einem ganzen Haufen umzingelt, alles schwatzte und frug auf uns ein, frug immer von neuem und immer etwas anderes, ohne unsere Antworten abzuwarten. Dabei reichten sie uns Cognac und Brot, sprachen uns Mut zu und hießen uns guter Dinge sein. Genug, das Ganze dieser Szene war menschenfreundlich und gutartig, wenn ich einige Tölpel ausnehme, die grob wurden, weil wir ihnen kein Gegenprosit mehr zutrinken wollten. Einer, den ich bat, mich nicht weiter zu nötigen, erklärte laut: ›ich sei ein Emigrierter, er kenne mich‹. Dabei nahm er mein Pferd beim Zügel und wollte mich zum Repräsentanten abführen. Doch kam es nicht soweit; einige andere bedeuteten ihm seinen Unsinn und drängten ihn weg.

Nach einer halben Stunde führte man uns auf die Hauptwache. Hier wiederholten sich die Szenen vom Marktplatz, aber schon nach kürzester Frist wurden wir weitergeschleppt, und zwar in das Gefängnis der Stadt; wir drei Offiziere kamen in die Armesünderstube. Wohl allenthalben sind sich diese Lokalitäten so ziemlich ähnlich. Das erste, was mir ins Auge fiel, war eine mit Kohle an die Wand geschriebene Zeile: ›Der nächste Gang von hier geht zum Galgen.‹ Nun durften wir zwar annehmen, *diesen* Gang *nicht*

tun zu dürfen, nichtsdestoweniger wirkte diese Zeile sehr unangenehm auf meine Empfindung und stand mir immer vor
Augen. Sie war eine häßliche und beständige Mahnung an
das höchst Kritische unserer Lage. Der Gefangenwärter frug,
›ob wir Geld hätten, um uns durch seine Vermittelung Lebensmittel kaufen zu können‹, eine Frage, die wir leider ver-
neinen mußten. Er schüttelte den Kopf, setzte einen Krug
mit Wasser hin und wies auf einen andern, größern Kübel;
zugleich versprach er, Brot und Streustroh zu bringen. Wir
waren wie versteinert; doch kam ich mit Hülfe eines listigen
Schurken von Gensdarmen, deren zwei bei uns geblieben
waren, bald zu mir selbst. Freilich nicht auf angenehme
Weise. Der Gensdarm redete mich an: ›Monsieur, il y a bien
long temps que je désire à avoir un souvenir d'un officier
prussien. Vous avez là quelque chose, dont vous ne pouvez
plus faire usage: votre *escarpe*; en faite moi présent.‹ Ich
band meine Schärpe ab, erinnerte mich, leider zu spät, der
guten Lehren des alten Malwing, schwieg und gab dem Buben, was er spottend von mir erbat. Zugleich mein Letztes.
Mit ironischer Höflichkeit bedankte er sich und schritt unter
vielen Kratzfüßen zur Tür hinaus. Sein Spießgesell hatte es
mit Gottschling ebenso gemacht.

Der Gefangenwärter erschien nun wieder, brachte Streustroh und Leuchtung, fragte nochmals, ›ob wir *wirklich* kein
Geld hätten‹, und bedauerte uns herzlich, als wir ihm unser
Nein wiederholten. Der gute, christliche Deutsche beklagte
uns sehr und schien in Mitleiden für uns aufzugehen; nichtsdestoweniger vergaß er, uns unser Deputat Brot für den
Nachmittag und Abend zu geben. Nur ein Weilchen noch
blieb er, um uns Trost und Mut einzusprechen, wünschte
uns dann eine wohlzuruhende Nacht und — ging. Das letzte,
was er uns hören ließ, war das Rasseln und Klirren der
Schlösser und Riegel.

Nun waren wir mit uns und unserm Elend allein. Mein alter Wilhelmy erlag fast seinem Schicksal: er schwankte zur
Streu und wünschte sich laut die ewige Ruhe. Gottschling litt
heftige Schmerzen, legte sich auch und hoffte Linderung
vom Schlaf. Ich folgte seinem Beispiel. Ein paar Stunden
mocht ich geschlafen haben, als Wilhelmy mich weckte; ihm
brannten Kopf und Körper, Gottschling erwachte ebenfalls

im heftigsten Wundfieber. Beide lechzten nach Wasser und
— Gott! der Krug war leer, ebenso der Kübel. Ich lief in der
Stube umher, rief und schrie nach Hülfe; umsonst, unser
Kerker war zu abgelegen, als daß irgendwer hören konnte.
Ich stieß gegen die Tür, in der Hoffnung, sie zu sprengen,
aber Schloß und Riegel waren zu fest. Hinweg, selbst von
der bloßen Erinnerung an diese Unglücksnacht.

Den 2. Dezember 1793. Morgens, vielleicht acht Uhr, saß
ich an dem Lager meiner beiden Gefährten, vertieft und
verloren in unser trübes Geschick. Wilhelmy und Gottschling, trotz Fieber und Durst, waren eben wieder eingeschla-
fen, als plötzlich die Tür aufging und einige junge Frauenzimmer, deren Bekanntschaft Gottschling vor acht oder
zehn Tagen gemacht hatte, mit Kaffee und Semmel bei uns
eintraten. Diese gutmütigen Magdalenen, die vielleicht
durch den Gefängniswärter von ihm gehört haben mochten,
hatten sich mit Mühe und Schwierigkeiten einen Weg zu
uns gebahnt und leisteten nun soviel Hülfe, wie in ihren
Kräften stand. Auch einen Stadtwundarzt brachten sie mit,
um Gottschlings Wunden zu verbinden. Ich weckte nun
meine beiden Kranken jubelnd auf, und beide labten und
erquickten sich an dem Frühstück, das ihnen geboten
wurde. Unsere barmherzigen Samariterinnen standen uns
gegenüber und freuten sich herzlich, daß uns ihre Gabe so
vortrefflich mundete; ebenso herzlich war unser Dank.
Während des Frühstücks fand sich allerlei Gesellschaft ein:
der gute, christliche Kerkermeister, dessen Ehegespons,
einige Gensdarmen, schließlich auch einige Offiziere. Man
kam und ging, alle waren voller Mitleid, aber dabei hatte es
sein Bewenden.

Im Laufe des Vormittags erschienen: ein Generaladjutant
namens Bertrand, mehrere junge Leute von der Adjutantur,
endlich auch ein Secretair, um unsere Charaktere und Namen aufzunehmen. Alle diese Herren, besonders sichtbar
und auffallend aber der Erstgenannte (Bertrand), waren
äußerst betreten, uns so gemißhandelt zu finden. Der Umstand, daß die Zweibrücker Mädchen uns ein Frühstück,
und zwar als ein Almosen, gereicht, dazu auch einen Arzt
uns zugeführt hatten, brachte die Herren vorzugsweise in
Verlegenheit. Sie waren Zeugen, daß wir unsere Wohltäterin-

nen mit einem einfachen ›Gott vergelt's euch‹ bezahlen mußten. Einige der jungen Offiziere versuchten auf mancherlei Art, die Sache zu entschuldigen, doch ging es ihnen damit nur schlecht vonstatten. Der Umstand, daß man uns in drei Tagen noch kein Zehrungsgeld, am Nachmittag und Abend kein Brot und auf die letzte Nacht auch nicht einmal Wasser, Heizung und Licht zur Genüge gegeben hatte, war nicht wohl zu entschuldigen. Alles, was man für uns getan, war, daß man uns unsere Schärpen geraubt hatte. Bei Aufzählung aller Unbill, die wir erfahren, traten mir die Tränen in die Augen. Bertrand, als er dessen gewahr wurde, trat zu mir heran und hatte freundliche Worte für mich. Es tat mir wohl, und ich vermochte mich wieder zu fassen. Nachdem man unsere Namen und Charakter aufgeschrieben, schenkte uns Bertrand unter dem großmütigen Vorwande, ›daß es die rückständige Gage sei‹, anderthalb Karolin; auch wurde ein Mittagbrot für uns besorgt. Ein Bekannter Wilhelmys, ein verabschiedeter Soldat, der jetzt in Zweibrücken lebte und vor einigen Wochen erst als Handelsmann Wein und andere Lebensmittel ins Lager geliefert hatte, erschien ebenfalls. Dieser verschaffte einem jeden von uns ein Hemd. Infolge davon wurde nun zwar unsere Kasse so gut wie wieder gesprengt, aber dennoch erkauften wir die Glückseligkeit des Wäschewechselns damit nicht zu teuer.

Gegen Mittag brachen wir aus der Zweibrückener Armensünderstube auf und kamen um drei Uhr in Blieskastel an. Man war unschlüssig, wohin mit uns. Nachdem wir wieder drei viertel Stunden lang auf freier Straße zur Schau ausgestellt gewesen waren, brachte man uns endlich in den ›Turm‹. Sergeanten und Gemeine bekamen den Raum unterm Dach; wir Offiziere und der Junker aber wurden in die Stube des Stockmeisters einquartiert. Hier fanden wir bereits zehn oder zwölf *Geiseln* vor, die die französische Armee bei ihrer Retirade aus der umliegenden Gegend mitgenommen hatte.«

Hier brechen die Briefe ab. Was ich noch zu erzählen haben werde, steht räumlich in keinem entsprechenden Verhältnis zu dem bis hierher Mitgeteilten. Otto von Rohr samt seinen

Leidensgenossen, die wir aus vorstehenden Briefen kennen-
gelernt, wurde nach Frankreich abgeführt und in Nogent-sur-
Seine, etwa siebzig Kilometer von Paris, interniert gehalten.
Hier lebte er, ein Jahr lang und darüber, in ungetrübtem
Glück, soweit das Leben eines Gefangenen überhaupt ein
glückliches sein kann. Die große Zeit störte nicht seine
Kreise. In Paris die Schreckensherrschaft, in Nogent Friede.
Auf dem *Eintrachts*-Platze (furchtbare Ironie) fiel Dantons
Haupt, und sein blutiger Schatten ging um, bis das Haupt
dessen, der ihn stürzte, dem seinen nachgefallen war — in
Nogent aber, als wäre die Welt so klar wie die Sommernacht,
die sich jetzt über ihm wölbte, saß Otto von Rohr unter dem
Gezweig einer mächtigen *Akazie*, und neben ihm saß Jacqueline, die Tochter des Hauses, halb Kind noch, und hörte
ihm zu, wenn er von seiner Heimat erzählte, von den weiten
Strecken Sand und der Sumpfniederung, in der ein Fluß
laufe, »schilfbestanden und tief und schwarz wie der Styx,
der um das Reich des Todes schleicht«. Dann fragte Jacqueline, »ob dort auch Menschen wohnen«.

»Kaum«, antwortete der Gefangene voll übermütiger
Laune, »Halbwilde nur, die schwarzes Brot essen und einen
bräunlichen, immer schäumenden Saft trinken, den sie Bier
nennen. Und zur Winterzeit machen sie Löcher ins Eis und
springen hinein oder jagen tagelang durch den Wald, um
Füchse zu fangen und mit dem wilden Eber zu kämpfen.
Und wenn sie dann heimkehren, können sie oft ihr Dorf
nicht finden, weil es in Schnee versunken ist.« Dann fragte
Jacqueline: »Und wie sehen diese Menschen aus?«, worauf
dann Otto von Rohr erwiderte: »Genau wie ich, Jacqueline.«
Und dann lachten sie beide und hörten nicht, daß ein leises
Rauschen, wie ein Klageton, durch den Wipfel der alten
Akazie ging.

Denn der alte Baum, der das Leben kannte, wußte, was
bevorstand: *Trennung*. Sie kam; der Basler Frieden machte
den Gefangenen frei. Wieviel Schwüre wurden laut, wieviel
Tränen fielen. Eines Tages aber lag alles zurück wie ein
Traum, und nur zweierlei war noch wahr und wirklich: das
Leid im Herzen Jacquelines und eine kleine seidengestickte
Henkelbörse, die sie dem Scheidenden zum Abschiede ge-
reicht hatte. Darin befand sich eine Schaumünze mit ihrem

Lieblingsheiligen darauf und — ein Samenkorn von dem Akazienbaum, unter dem sie so oft gesessen.

Dies Samenkorn ist in Trieplatz aufgegangen. Es ist *derselbe* Baum, der (womit wir diese Erzählung einleiteten) vom Park aus in das Gartenzimmer blickt.

Urania von Poincy

Die Tage von Nogent-sur-Seine lagen über ein Menschenalter zurück. Da (dasselbe Jahr noch, in dem unser Otto von Rohr, inzwischen zum General und Präsidenten hoher Kommissionen emporgestiegen, aus dieser Zeitlichkeit schied) knüpften sich *neue* Beziehungen zwischen Frankreich und — Trieplatz. Noch einmal gewann ein Rohr ein französisches Frauenherz. Und diesmal keine Trennung, oder doch keine andere als durch den Tod!

Moritz von Rohr, ein Neffe Ottos, stand 1838 bei einem rheinischen Regiment in Saarlouis. Er war zweiundzwanzig Jahr alt, groß und schlank. Der Winter brachte Maskenbälle wie gewöhnlich, und auf einem dieser Bälle war es, daß Moritz von Rohr die Bekanntschaft Urania de Poincys machte, der schönen Tochter des Herrn und der Frau von Poincy, die sich damals, sei es erziehungs- oder zerstreuungs- oder gesundheitshalber, in Saarlouis aufhielten. Dieser Ball entschied über das Leben des jungen Paares; die leidenschaftliche Liebe, die beide füreinander hegten, überwand jedes Hindernis, Moritz von Rohr erbat und erhielt seinen Abschied, und in demselben Winter noch erfolgte die Trauung zu Notre-Dame in Paris.

Der Hindernisse, deren ich eben erwähnte, waren nicht wenige: Die Familie de Poincy war nicht mehr jenseits des *Rheines*, sie war jenseits des *Ozeans* zu Hause, seitdem der Großvater der jungen Dame das vom Schrecken regierte Frankreich Anno 93 gemieden und, nach Amerika flüchtend, erst in Kuba, dann in Neuorleans sich niedergelassen hatte. Dort lebten sie jetzt in hohem Ansehen: der Name de Poincy war der Name einer *Handelsfirma* geworden. Selbstverständlich lag nicht *hierin* die Schwierigkeit; die Rohrs dachten niemals gering von bürgerlicher Hantierung, am we-

nigsten vom Großhandel, der mit eigenen Schiffen die
Meere befährt, aber der Weg von der Dosse bis an den Mis-
sissippi war doch weit, und ein Rohrsches Herz hält fest an
Wusterhausen und Trieplatz.

Dies waren die Schwierigkeiten. Die Liebe des jungen
Paares indes, wie schon angedeutet, überwand sie. Moritz
von Rohr trat in das Handelshaus seines Schwiegervaters
ein, und nie wurde brieflich oder mündlich ein Wort laut,
das darauf hingedeutet hätte, er habe die Trennung von Vaterland und Familie bereut. Kein Klagewort, aber auch kein
rechtes Wort des *Glücks*! Die *nationalen* und *konfessionel-
len* Unterschiede ziehen eben eine tiefe Kluft, und der Beispiele sind wenige, wo die *bloße Sympathie der Herzen* stark
genug gewesen wäre, diese Kluft zu überbrücken. Je feiner
und durchgeistigter die Naturen sind, desto mehr tritt dieses
Trennungselement hervor. Man liebt sich, aber man ist nicht
eins, und *jede* Freude halbiert sich oder schwächt sich ab,
weil sie nur einmal unter hundert Fällen auf *neutralem* Gebiet erblüht. Die Herzen stimmen, aber der Gegensatz der
Geister klingt disharmonisch hinein. Auch das Glück Moritz
von Rohrs und Urania von Poincys wurde getrübt oder trug
wenigstens einen Schleier.

Zehn Jahre nach der Vermählung war dieser Schleier für
die junge Frau zum *Witwenschleier* geworden. Moritz von
Rohr glaubte sich akklimatisiert und unterließ es, im Sommer 1848 die Fieberluft Neuorleans' mit der gesunden Kü-
stenluft am Mexikanischen Golf zu vertauschen. Er wurde
vom gelben Fieber befallen und erlag ihm.

Zwei Jahre später (das kaufmännische Geschäft war inzwischen an den Sohn des Herrn von Poincy übergegangen)
kehrte der ältere de Poincy mit seiner Familie: Frau, Tochter
und Enkelin, nach Europa zurück. Die Enkelin war das einzige Kind Moritz von Rohrs. Man kaufte sich in Frankreich
an, und 1854 waren Frau von Poincy, die Schwiegermutter,
und Urania von Rohr, geborne von Poincy, in Trieplatz auf
Besuch; sie mochten Parallelen ziehen zwischen ihrer Ha-
zienda daheim und dem alten Hofe des »Hauptmanns von
Kapernaum«. Vieles fehlte; aber allerdings auch die Sumpf-
luft, die so frühe schon die schöne Frau zur Witwe gemacht
hatte. Denn die Dosse ist gesund.

Die *Tochter* Moritz von Rohrs war nicht mit bei diesem Besuche, war vielmehr in einer französischen Klosterschule zurückgeblieben. Erst sechzehn Jahre später lernte sie die Kompatrioten ihres Vaters kennen, als diese, während des siebziger Krieges, vor dem Kloster Abbaye-aux-Bois ihr Lager aufschlugen. In diesem Kloster stand das junge Fräulein von Rohr damals als Novize. Längst seitdem hat sie den Schleier genommen, die Großeltern sind tot, und nur die Mutter lebt noch in Paris.

Ein Portrait, das inmitten der Familienbilder in Trieplatz hängt, mahnt an die nahen Beziehungen des Hauses Rohr zum Hause de Poincy. Der weiße Teint, das schwarze Haar, die leuchtenden Augen — sie geben das typische Bild der schönen Kreolin.

An Sommertagen, wenn der Akazienbaum seine Zweige bis dicht vor das Fenster streckt, ist es, als spielten seine Blätterschatten mit Vorliebe um *dieses* Bild.

Und es ist dann wie ein Nicken und Grüßen Jacquelinens an Urania von Poincy.

TRAMNITZ

Beneath those rugged elms,
Where heaves the turf in many a mouldring heap,
The rude forefathers of the hamlet sleep.

Thomas Gray

Eine halbe Meile nördlich von Trieplatz liegt Tramnitz, ebenfalls ein alt-Rohrsches Gut. Der Weg dahin hat denselben Einsamkeitscharakter wie die zu Beginn des vorigen Kapitels von mir geschilderte Landschaft. Die Dosse-Ufer sind eben von einer ganz besonderen Tristheit, wenigstens soweit der obere Lauf des Flusses in Betracht kommt. All diese Strecken veranschaulichen in der Tat jenes märkische Landschaftsbild, das im allgemeinen weniger in der Wirklichkeit als in der Vorstellung der Mittel- und Süddeutschen existiert.

Dorf Tramnitz wirkt wie ein Kind des Bodens, auf dem es gewachsen. Es weckt ein Herbstgefühl. Und auch die Stelle, wo das Herrenhaus gelegen ist, ändert nichts an diesem Eindruck. Vielleicht wär es anders, wenn nicht der weiße, ziemlich weitschichtige Bau, vor dem ein paar mächtige Linden aufragen, eine wahre Mausoleumseinsamkeit um sich her hätte. Hat sich doch, seit dem Tode des Vorbesitzers, aus dem jetzt leerstehenden Herrenhause das Leben in ein abseits gelegenes einfaches Fachwerkhaus zurückgezogen, an dessen Schwelle wir von einer freundlichen alten Dame begrüßt und an einen mit Meißner Tassen besetzten Kaffeetisch geführt werden.

Die freundliche alte Dame ist »Tante Wilhelmine«. Sie verwaltet, neben andrem, auch den Anekdotenschatz des Hauses, und der Kaffee, von dem wir eben wohlgefällig nippen, wohin könnt er den Gang der Unterhaltung natürlicher hinüberleiten als zur Geschichte von »Tante Fiekchen«.

Ebendiese, die zu Beginn des vorigen Jahrhunderts auf Tramnitz lebte, war um 1733, als Kronprinz Friedrich in Ruppin stand, eine hochbetagte Dame, die des Vorrechtes genoß, allen derb die Wahrheit sagen zu dürfen, am meisten den jungen Offizieren des Regiments Prinz Ferdinand, wenn diese zum Besuche herüberkamen. Einstmals kam auch der Kronprinz mit. Er ward inkognito eingeführt, und da ihm »Tante Fiekchens« Kaffee, der wenig Aroma, aber desto mehr Bodensatz hatte, nicht wohl schmecken wollte, so goß er ihn heimlich aus dem Fenster. Aber Tante Fiekchen wäre nicht sie selber gewesen, wenn sie's nicht auf der Stelle hätte merken sollen. Sie schalt denn auch heftig, und als sie schließlich hörte, wer eigentlich der Gescholtene sei, wurde sie nur noch empörter und rief: »Ah, so. Na, denn um so schlimmer. Wer Land und Leute regieren will, darf keinen Kaffee aus dem Fenster gießen. *Sein Herr Vater wird wohl recht gehabt haben!*« Übrigens wurden sie später die besten Freunde, schrieben sich, und wenn der König irgendeinen alten Bekannten aus dem Ruppinschen sah, unterließ er nie, sich nach Tante Fiekchen zu erkundigen.

Das Tramnitzer Haus umschließt manche alte Erzählung, manche anekdotische Überlieferung.

Unter den Familienbildern, die dichtgedrängt an den Wänden hängen, ist eines, das aus den sechziger Jahren des vorigen Jahrhunderts stammt und der Tradition nach von Philipp Hackert herrührt. Es heißt: *ausnahmsweise* (was auch zutreffen würde) hab er hier ein Portrait gemalt. Das Bild stellt ein Fräulein von Rohr als junges, kaum erwachsenes Mädchen in dem Rokokokostüm jener Tage dar. Hackert *soll* sie geliebt haben. Wer will es heute noch feststellen! Aller Wahrscheinlichkeit nach liegt übrigens eine Verwechselung der beiden Brüder Philipp und Wilhelm Hackert vor. Philipp, der weitaus berühmtere, war Landschafter, Wilhelm Portraitmaler. Woraus sich auch das Vorhandensein eines Hackertschen *Portraits* an diesem Ort, aber von dem unberühmteren Bruder herrührend, am einfachsten erklären würde.

Der interessanteste Punkt, den Tramnitz aufzuweisen hat, ist der »alte Kirchhof«. Er liegt mitten im Dorfe, von der sich hier teilenden Straße rechts und links umfaßt, und macht außen und innen den Eindruck eines verwilderten Parks. Eichen, Linden, Akazien wachsen hoch auf, dazwischen Fliederbüsche, halb Strauchwerk, halb Unterholz, alles umschlungen und durchdrungen von Blumen und Unkraut, von

Efeu und Hagebuttengestrüpp. Eine vollkommene Wildnis.
Die Stelle, wo die alte Kirche stand, ist kaum noch wahrzunehmen, seitdem Moos und Farnkräuter über die Fundamente hinweggewachsen sind. Nur zwei Denkmäler, freilich
auch *sie* halb versteckt, mahnen noch daran, daß hier einst
begraben wurde. Das eine — ein *Obelisk*, der »dem teuren
Andenken der besten Gattin und Tochter, Frau Margarete
von Rohr, gebornen Freiin zu Putlitz«, errichtet wurde —
trägt folgende Inschrift:

> Sie ließ der Welt vergänglich Glück,
> Ließ Schmerz und Elend hier zurück,
> Drang, ewig frei von aller Not,
> Ins Freudenleben durch den Tod.
> Wann einst von uns, in Gott vereint,
> Der letzte auch hat ausgeweint,
> Dann wird ein frohes Wiedersehn
> Auf ewig unser Glück erhöhn.

Das andere Denkmal, um zehn Jahre älter, stellt den bekannten trauernden Knaben dar, der sich an eine Aschen-
urne lehnt. »Kindliche Ehrfurcht widmet dies Andenken.«
Einer Inschrift am Sockel entnehmen wir, wem und wann es
errichtet wurde: Hans Albrecht Friedrich von Rohr, königlich preußischer Oberst, geboren den 3. August 1703, gestorben den 6. Dezember 1784.

Dieser Hans Albrecht Friedrich von R. stand in Magdeburg, machte sämtliche Campagnen unter Friedrich II. mit
und nahm 1760 den Abschied. Während seiner Garnison-
tage zu Magdeburg, unmittelbar vor Ausbruch des Siebenjährigen Krieges, trat er — soweit die Verhältnisse dies gestatteten — in Beziehungen zum Freiherrn von der Trenck,
der ihm eine in seiner Gefangenschaft selbst gefertigte Ta-
baksdose von Kokosnuß und Perlmutter zum Geschenk
machte. Die Seitenwände zeigen Cupido mit Pfeil und Kö-
cher, der nach einem Herzen schießt, dazu die Umschrift:

> Du hast mich nicht getroffen,
> Was hat mein Herz von dir zu hoffen?

(Etwas dunkel.) Oben auf dem Deckel ein Adler, der mit
der Klaue das Rohrsche Wappen hält. All dies hatte Trenck

mit einem eisernen Nagel gearbeitet, da er kein Handwerks-
zeug besaß. — Die Dose existiert noch im Herrenhause zu
Tramnitz.

Der »alte Kirchhof«, umspielt von Kindern, überwachsen
von Gesträuch, ist, wie schon angedeutet, das Poetischste,
was Tramnitz aufzuweisen hat. Der *neue* Friedhof, draußen
am Rande des Dorfes, reicht an diesen alten nicht heran, und
auch die hart daneben gelegene »neue Kirche« kann *poetisch* nicht retten und helfen. Hat sie doch selber keinen
Überschuß davon. Sie stammt aus der »armen Zeit«, will sagen aus den zwischen 1806 und 1815 liegenden Jahren
(auch die Jahre, die folgten, waren nicht viel besser), und
gleicht einer Fachwerkscheune, der man ein halbes Dutzend
Fenster gegeben hat. Vielleicht, daß ich gar nicht dazu gekommen wäre, sie zu sehn, wenn ich nicht in Erfahrung gebracht hätte, daß hier, hinterm Altar, eine Fahne aufbewahrt
würde, die von irgendeinem Tramnitzer Rohr entweder den
Schweden bei Fehrbellin oder den Österreichern bei Hohenfriedberg abgenommen worden sei. Und wirklich, da war sie,
hinterm Altar, alles wie erzählt. Ich rollte denn auch das
Fahnentuch auseinander, das mir, anderer verdächtiger An-
zeichen zu geschweigen, sofort durch seinen gänzlichen
Mangel an Spinnweb auffiel. Denn eine richtige alte Fahne
ist immer so, daß man nicht recht weiß, wo das Seidenzeug
aufhört und das Spinnweb anfängt. Und als das Fahnentuch
nun ausgebreitet vor mir lag, sah ich, daß es einfach das
Rohrsche Wappen war, was darin prangte. So schwand die
historische Glorie hin, die bis dahin dieses Banner umgeben
hatte. Sehr wahrscheinlich war es eine Fest- oder Einzugs-
oder Wappenfahne, die bei irgendeinem Carrouselreiten von
irgendeinem jungen Rohr getragen worden war.

Mir aber erwuchs daraus ein neuer Beweis für die hundertfältig beobachtete Tatsache, daß überall da, wo Dorfbe-
völkerungen einem Gegenstande begegnen, der Interesse
weckt, ohne verstanden zu werden, die »mythenbildende
Kraft« sofort in Aktion tritt. Ob die Dinge dabei lang oder
kurz zurückliegen, ist gleichgültig. Die Sage verfährt in allen
Stücken souverän; was sie aber am souveränsten behandelt,
das ist die — Chronologie.

AUF DEM PLATEAU

GANZER

Wohl hab ich euer Grüßen,
Ihr Ahnen mein, gehört;
Eure Reihe soll ich schließen,
Wohl mir, ich bin es wert.

Mit Tramnitz haben wir unsre Wanderungen an »Rhin und
Dosse« beendet und kehren nunmehr auf die große Straße
zurück, um mit Hülfe derselben das Ruppiner *Plateau* von
West nach Ost oder von der Prignitz bis zur Uckermark hin
zu durchschneiden. Die Dörfer und Städte, denen wir auf
dieser Querlinie begegnen werden, sind Ganzer, Gottberg,
Kränzlin, Lindow und Gransee.

Zunächst Ganzer, ehemaliger Besitz der Familie Wahlen-Jürgaß, etwa zwei Meilen westlich von dem *Zietenschen* Wustrau.

Beide Familien, die Zieten und die Jürgaß, waren recht
eigentlich ruppinsche Geschlechter, seßhafte Leute, die,
durch die Jahrhunderte hin, schlicht gelebt und treu gedient
und den Boden ihrer Väter in Ehren gehalten hatten. Hans
Zieten zu Wildberg, wie schon in unsrem Wustrau-Kapitel
hervorgehoben, war Geschworner Rat des letzten Grafen zu
Ruppin und begleitete diesen auf den Wormser Reichstag,
um dieselbe Zeit aber saßen auch schon die Jürgaß auf Ganzer und werden 1525 urkundlich genannt. Von da ab gehen
die Zieten auf Wustrau und die Jürgaß zu Ganzer in Leid
und Freud mit- und nebeneinander, um schließlich auch,
wie ein altes Paar, gemeinschaftlich in den Tod zu gehen.
Nur um anzudeuten, wie vielfach beide Familien versippt
und verschwägert waren, stehe hier das Folgende. Die *Mutter* des berühmten alten Zieten war Ilsabe Katharina von Jürgaß aus dem Hause Ganzer (geboren 1666), und die *erste
Frau* des alten Zieten war wiederum eine Jürgaß (Leopoldine Judith, geboren 1703). Aus dieser Ehe, zwischen Hans

von Zieten und Judith von Jürgaß, ward eine Tochter geboren, Fräulein Johanna von Zieten, die sich mit Karl von Jürgaß vermählte, der seinerseits wieder ein Sohn Joachims von
Jürgaß aus seiner Ehe mit Luise von Zieten war.

Man wird an diesem einen Beispiel erkennen, daß die
Verwandtschaft oft fünf- und sechsfach und in ihren verschiedenen Graden gar nicht mehr zu verfolgen war. Es waren nur noch zwei Familien dem *Namen* nach, während
längst dasselbe Blut in den Adern hüben und drüben floß.

Ganzer selbst ist ein noch übriggebliebenes Musterstück
aus jener Zeit her, wo die Dörfer im Ruppinschen, oder
doch viele von ihnen, nicht aus *einem* Rittergute, sondern
aus zwei, vier und selbst sechs Edelhöfen bestanden, die
dann freilich sehr viel mehr einem Bauernhof als einem Rittergute glichen. Auch Ganzer gehörte seinerzeit *vier* Familien, und zwar den von Jürgaß, von Rohr, von Kröcher und
von Wuthenow, aus welcher Vierteilung später eine Zweiteilung ward, indem der ganze Grundbesitz, durch Kauf oder
Tausch oder Erbschaft, an die Rohr und die Jürgaß überging. Das war ohngefähr zu Anfang des vorigen Jahrhunderts, und diesen Charakter eines zweigeteilten Besitzes hat
sich das Dorf in einer so markanten und zugleich so malerischen Weise gewahrt, wie mir kein zweites Beispiel in der
Grafschaft bekannt geworden ist.

Wir halten vor dem Dorfeingang und schwanken, ob wir unser Fuhrwerk nach links oder rechts hin lenken sollen, denn
scharf einander gegenüber erblicken wir zwei Krugwirtschaften, jede mit dem üblichen Vorbau, jede mit einer Anzahl Steh-
krippen und jede mit einem Wirt in der Tür. Wir entscheiden
uns endlich für links und sind infolge dieser Wahl, ohne Wissen und Wollen, auf der *Rohrschen* Seite gelandet.

Der Damm oder Fahrweg macht die Grenze: was links
liegt, ist alt-Rohrscher, was rechts liegt, alt-Jürgaßscher Besitz. Jede Seite hat ihr Herrenhaus und ihren Park, und nur
die Dorfgasse samt Kirchhof und Kirche bildet das beiden
Hälften Gemeinschaftliche.

Wir haben im Krug ein Gespräch angeknüpft und über
die beiden alten Herren von Jürgaß, zwei Brüder, die nun
seit dreißig Jahren und länger das Zeitliche gesegnet haben,
ein wenig zu plaudern gesucht, aber sei's nun, daß unser

Wirt, als »Rohrscher«, sich um die Jürgasse drüben nie recht
gekümmert hat, oder sei's andererseits, daß all die zwischenliegenden Aussaaten und Ernten ihre Bilder in seiner Erinnerung etwas abgeblaßt haben, gleichviel, seine Mitteilungen
beschränken sich darauf, »dat de een en beten streng wör«
und »dat de anner et ümmer wedder goodmoaken un 'n Daler gewen deih«. »Awers« — so schloß er — »he gäw en ümmer so, dat de Broder nix merken künn.«

Wir verabschieden uns nun und treten auf die malerische
Dorfgasse hinaus. Links vom Wege, von hohen Ulmen und
Linden umstellt, schimmern die weißen Wände des alten
Rohrschen Herrenhauses (eines weitschichtigen Fachwerk-
baus mit schwerfälligen Flügeln und Doppeldach), das halb
gemütlich, halb spukhaft dreinblickt, je nach der Stimmung,
in der man sich ihm nähert, oder nach der Beleuchtung, die
zufällig um die Kronen der alten Ulmen spielt. Dem Rohrschen Herrenhause folgt dann die Kirche samt Schulhaus
und Predigerhaus, zwischen denen ein Garten in leiser
Schrägung ansteigt. Es summen Bienen drüberhin, und träu-
merisch die Steige verfolgend, stehen wir plötzlich, statt zwischen Beeten, zwischen Gräbern. Unwissentlich haben wir
den Schritt aus Leben in Tod getan.

Die frühgotische Kirche hat einen Schindelturm aus späterer Zeit. Ihr Inneres ist einfach und erhält nur durch die Zweiteilung, der wir sofort auch hier wieder begegnen, einen bestimmten Charakter. Links die Rohrsche, rechts die Jürgaßsche Seite: *hier* ein paar Rohrsche Galanteriedegen aus der
Zeit der Zöpfe, *dort* ein Jürgaßscher Säbel und Federhut aus
der Zeit der Freiheitskriege, *hier* eine Rohrsche Familiengruft,
dort eine Jürgaßsche. Die Jürgaßsche gleicht mehr einer in
gleicher Höhe mit dem Kirchenschiffe befindlichen Grabkam-
mer, durch deren Fensterchen man die dahinter aufgeschich-
teten Särge zählen kann. Anders die Rohrsche Gruft. Über
ihrer Eingangstür erhebt sich eine vortreffliche Marmorbüste
(vielleicht von Glume), die wohl eine andere Inschrift als die
folgende verdient hätte: »Bedaure und verehre, billiger Wandersmann, hier noch die Asche eines Ruhmwürdigen, eines im
Leben Gerechten, im Tode Unverzagten, dessen *Rat Land*
und *Leuten* treulich *geraten*, aber wider des Todes allgemeinen Einbruch als eines Landrats (das heißt, trotzdem er ein

Landrat war) nichts vermochte. Seine Schwachheit und Stärke siegen zugleich. Seine *Stärke* durch weisen Rat wider die Unsterblichkeit. Darum stößt die Fama durch Posaunen noch seinen Ruhm aus, und die flüchtige Zeit kann seine ruhmwürdigen Taten nicht verbergen noch zernichten. Sein Lorbeerkranz grünt mitten unter Zypressen, und sein Palmbaum trägt Früchte in Apollens Garten, wo Mars ihm von ferne steht und den Zutritt scheuet wie ein Unbekannter. Die *Schwachheit* siegt durchs Alter und trägt die Krone des Lebens im Glauben davon am Ende.«*

Die Jürgaßsche Gruft ist ohne Schmuck und Bild, aber draußen auf dem Kirchhofe, zwischen Blumen und Gräbern, steht ein mächtiges Monument, das nicht einem einzelnen Toten, sondern dem ganzen aus diesem Leben geschiedenen *Geschlecht* errichtet ist. Die beiden letzten Jürgasse, »de strenge un de gode Herr«, wiesen in ihrem Testament eine bedeutende Summe zur Aufführung desselben an, und mit Gewissenhaftigkeit sind die Vollstrecker des Testaments diesem Letzten Willen nachgekommen. Es ist kein eigentliches Grabmal, sondern, wie schon hervorgehoben, ein mehr architektonisch gehaltenes *Monument* und stellt auf einem hohen Postamente von Sandstein, dem als nächstes ein Eisenwürfel folgt, eine baldachinartige, nach allen vier Seiten hin geöffnete Nische dar, in der, gesenkten Blickes, ein Engel des Friedens steht. Der Eisenwürfel ist mit Inschriften überdeckt. Was im Durchlesen dieser Inschriften am meisten überrascht, ist, daß die beiden letzten Jürgaß einer überaus

---

* Einzelne Stellen dieser Grabschrift sind völlig unverständlich. Am bemerkenswertesten ist wohl der Passus, wo Mars, in seines Nichts durchbohrendem Gefühle, Bedenken trägt, dem alten Rohr unter die Augen zu treten. (Alle diese Inschriften, in denen der Lebensberuf des Hingeschiedenen zu allerhand Wortspielen benutzt wird [hier also »Landrat«], haben ihr unerreichtes Vorbild in der berühmten Postmeister-Grabschrift zu Salzwedel. Sie lautet: »Eile nicht, Wandersmann! als [wie] auf der Post; auch die geschwindeste Post erfordert Verzug im Posthause. Hier ruhen die Gebeine Herrn Matthias Schulzen, königlich preußischen, fünfundzwanzigjährigen, untertänigst treu gewesenen Postmeisters zu Salzwedel. Er kam allhier 1655 als ein Fremdling an. Durch die heilige Taufe ward er in die Postcharte zum himmlischen Kanaan eingeschrieben. Darauf reisete er in der Lebens-Wallfahrt durch Schulen und Akademien mit löblichem Verzug. Hernach, bei angetretenem Postamte und anderen Berufssorgen, richtete er sich nach dem göttlichen Trostbriefe. Endlich, bei seiner Leibesschwachheit, dem gegebenen Zeichen der ankommenden Todespost, machte er sich fertig. Die Seele reisete den 2. Junius 1711 hinauf ins Paradies, der Leib hernachmalen in dieses Grab. Gedenke, Leser, bei deiner Wallfahrt beständig an die prophetische Todespost, Jesaja 38, 1.«)

zahlreichen Familie von acht Brüdern und einer Schwester angehörten, daß aber alle acht Brüder starben, ohne Kinder hinterlassen zu haben. Ein neuer Beweis, wie der Prozeß des Lebens nach frischem Blute verlangt.

Von den Inschriften mögen hier nur die beiden stehen, die, für länger oder kürzer, die Namen der beiden letzten Jürgasse der Nachwelt erhalten werden.

Auf dem Seitenfelde zur Linken lesen wir wie folgt: »Herr Alexander Konstantin Maximilian von Wahlen-Jürgaß, königlich preußischer Generallieutenant von der Kavallerie, Drost zu Stückhausen, Ritter vieler hoher Orden, Erbherr auf Triglitz, geboren den 15. Junius 1758 zu Ganzer, focht von 1778 bis 1816 in allen preußischen Kriegen, wohnte sechsundzwanzig Schlachten und Hauptgefechten bei, ward bei Hainau durch den Schenkel und bei Ligny durch die Brust geschossen. Ein Muster der Tapferkeit und der *Herzensgüte*, geehrt und geliebt von seinem Könige und von *jedermann*, starb er zu Ganzer den 8. November 1833.«*
(Dies ist »de gode Herr«.)

---

* Obiger Inschrift füg ich hier noch folgende biographische Notizen hinzu: Alexander Georg Ludwig Moritz Konstantin Maximilian von Wahlen-Jürgaß, am 5. Juni (auf dem Monumente steht »am 15.«) 1758 zu Ganzer geboren, ward er auf der école militaire zum Kriege gebildet und trat im Jahre 1775 in das damalige Regiment Gensdarmes, darin er 1803 zum Major avancierte. Im unglücklichen Feldzuge von 1806 von einer Masse feindlicher Reiterei umzingelt, griff er den Feind, mit etwa 350 Mann, nichtsdestoweniger an und kämpfte auf einem sehr ungünstigen Terrain gegen die französische Division Beaumont. Obgleich der Major von Jürgaß im nächtlichen Getümmel einen Hieb über den Kopf erhielt, so sammelte er dennoch brave Kameraden, schirmte die Standarte und schlug sich mutig durch. Er stieß später zu dem Corps des Prinzen von Hohenlohe, welches eben im Begriff war, das Gewehr zu strecken. Von Jürgaß entzog sich dieser Schmach und entkam noch einmal glücklich, indem er zu dem Corps des Generals von Biela stieß, mit dem er dann leider doch bei Anklam gefangen wurde. Nach dem Tilsiter Frieden lebte er bei seinem Bruder in Ganzer. Bei der neuen Formation erhielt er 1809 wieder eine Anstellung im brandenburgischen Kürassierregiment, zwei Monate darauf ward er Kommandeur des Brandenburger Dragonerregiments, 1812 aber Obristlieutenant, in welcher Eigenschaft er dem Corps des Generals von Grawert in Kurland zugeteilt wurde. Er befehligte meistenteils die Vorposten, wozu seine ungemeine Tätigkeit und Wachsamkeit ihn vorzüglich eigneten. Im Jahre 1813 kommandierte er als Oberst eine Brigade in dem Corps seines vertrauten Freundes, des damaligen Generals von Blücher. Er focht tapfer bei Großgörschen und Bautzen und erhielt bei Hainau, als er in die feindlichen Vierecke einbrach, einen Schuß in den Schenkel. Später trug er in dem furchtbaren Kampfe bei Möckern zu dem glücklichen Erfolge dieses entscheidenden Tages wesentlich mit bei und wurde dafür zum Generalmajor erhoben. In Frankreich ward er mit der Reservereiterei an die Befehle des Prinzen Wilhelm gewiesen, der den Vortrab des Heeres führte. Bei Lachaussée traf er auf die französische Reiterei vom Corps des Marschalls Macdonald,

Auf dem Seitenfelde zur Rechten begegnen wir einer doppelten Grabschrift, und zwar der des *letzten Jürgaß* und seiner Gemahlin, der *letzten Zieten* aus dem Hause Wustrau. Jene lautet: »Franz Karl Wilhelm Rudolf von Wahlen-Jürgaß, Erbherr auf Ganzer und Triglitz, ward geboren den 14. September 1752 zu Ganzer und verstarb daselbst, im zweiundachtzigsten Jahre, den 26. Juni 1834, als das *letzte Glied seiner Familie.* Er war der treuste Freund seiner Freunde, und alle, *die ihn näher kannten,* schätzten ihn hoch.« (Dies ist der ältere Bruder, »de en beten streng wör«.) Die andere Inschrift lautet: »Frau Johanna Christiana Sophie von Wahlen-Jürgaß, geborne von Zieten aus dem Hause Wustrau, ward geboren den 23. Januar 1747 und ehelich verbunden am 23. Oktober 1776 mit Karl von Wahlen-Jürgaß, Erbherr auf Ganzer und Triglitz. Ein Muster weiblicher Tugenden und Größe, entschlief sie sanft den 7. Juni 1829.«

Diese Frau von Jürgaß, zugleich die *letzte* Zieten aus dem Hause Wustrau, hat uns vorzugsweise nach Ganzer geführt, und voll Erwartung, in dem Dorfe, darin sie so lange lebte, noch ihrem Andenken zu begegnen, treten wir jetzt von dem Kirchhof aus auf den Fahrdamm zurück und setzen unsere Wanderung bis zum alten Jürgaßschen Herrenhause fort. Ein Heckenzaun trennt das Haus von der Gasse, von rechts her lehnen sich Wirtschaftsgebäude, von links her hohe Parkbäume bis dicht an den Giebel und geben ein freundliches Bild, aber doch zugleich auch ein Bild äußerster Schlichtheit, und wären nicht ein paar Edeltannen und die Malven, die, hoch am Stock gezogen, ein Stück englischen Rasen umstehen, man würd eine kleine Pachterswohnung, aber keinen Edelhof hinter diesem Heckenzaune vermuten.

warf sie über den Haufen und eroberte eine Standarte, fünf Kanonen und die dazugehörigen Pulverwagen. In der Schlacht von Laon entriß er dem Feinde fünfzehn Kanonen und fünfunddreißig Artilleriewagen. Im Jahre 1815, in der Schlacht von Ligny, leitete der Generalmajor von Jürgaß die Angriffe auf das Dorf St-Amand-la-Haye. In der Nacht erhielt er in dem Getümmel einen Schuß unter der linken Schulter, nahe am Herzen. Er empfing darauf im Jahre 1816 den ehrenvollsten Abschied als Generallieutenant. Von da an lebte er abwechselnd in Berlin und bei seinem Bruder zu Ganzer, woselbst er am 8. November 1833 nach langen, höchst bittern körperlichen Leiden starb.

Und eine Pachterswohnung *ist* es auch seit des letzten Jürgaß Tode. Wir treten ein und werden freundlich empfangen.
Eine junge Frau kommt unsrer Neugier entgegen, zeigt uns
Küch und Keller, auch das Zimmer, wo General Blücher geschlafen*, und führt uns endlich in den Park hinaus, auf dessen sonnigem Grün die Schatten der leise bewegten Zweige
hin und her tanzen. Wir nehmen Platz unter einer breitblät-
trigen Platane, wo Tisch und Bank zum Plaudern einladen,
und während allerhand Erfrischungen, und darunter, als die
willkommenste, Milch und Blaubeeren, auf den Tisch gestellt
werden, gesellt sich uns eine Anverwandte des Hauses, eine
schlanke, nicht mehr junge Dame mit dunklen Augen und
feingeformtem Mund. Die Pachtersfrau, die bis dahin die
Kosten der Unterhaltung mühsam bestritten, ist augenscheinlich froh über den eintreffenden Sukkurs, und mit einem
kurzen »Tante Helene weiß alles« ihren Rückzug antretend,
eilt sie wieder ins Haus, um nach dem Rechten zu sehen.
Und nun sind wir allein, und »Tante Helene« legt ihren breiten Sommerhut beiseit, entweder weil wir im Schatten sitzen
oder vielleicht auch, um die Schönheit ihres schwarzen Haares zu zeigen, und während sie mit dem Band am Hute
spielt, beginnen meine Fragen. Aber wir verirren uns immer
wieder in unsrem Gespräche, sind bald in Wustrau bei den
Zietens, bald in Trieplatz bei den Rohrs, bis sie mir die
Hand über den Tisch reicht und mit gewinnender Freundlichkeit zuruft: »Es wird nichts; plaudern wir lieber, wie der
Zufall es will. Ich erzähl Ihnen brieflich, was Sie wissen wollen. Und seien Sie sicher, ich halte Wort.«

Und sie *hielt* Wort, und nach kurzer Zeit schon empfing
ich folgenden Brief: »Ich habe sie gut gekannt, die Frau von
Jürgaß, besser vielleicht als irgendwer. Sie nahm mich zu
sich, als ich eine Waise geworden war, und so kam ich aus
dem Pfarrhaus ins Herrenhaus hinüber. Meine Mutter hab
ich nie gekannt, sie starb bei meiner Geburt; aber *hätt* ich
sie auch gekannt, ich hätt ihre Liebe kaum vermissen können, so gut, wie die gnädige Frau gegen mich war! Sie war
sehr klein und sehr häßlich, und doch mußte man sich immer wieder fragen, ob sie denn *wirklich* so häßlich sei. Sie

---

* In der Nacht vom 25. auf 26. Oktober war Blücher mit seinem Corps, das später,
nach tapfrem Widerstand, in Lübeck kapitulieren mußte, hier in Ganzer.

hatte kleine blaue Augen, eine wunderbare Nase und gelbe
Löckchen, auf denen eine Turmhaube saß. Es ist wahr, sie
sah sehr altfränkisch und beinah komisch aus, und doch
lachte niemand über sie, dazu war sie zu gut und zu gescheit.
Sie besaß aber auch zwei Schönheiten: perlenweiße Zähne,
die sie bis zuletzt behielt, und kleine weiße Hände, die mit
Ringen überdeckt waren. Ich fühlte mich immer geehrt,
wenn ich eine dieser Hände küssen durfte. Sie litt es aber
nur selten.

Außer der hohen Haube trug sie Hackenschuhe mit hohen Absätzen. Mitunter, wenn ich die Turmhaube und die
hohen Absätze sah, zwischen denen sich die kleine Frau bewegte, kam sie mir noch kleiner vor, als sie wirklich war. Sie
liebte ihren Mann und verehrte ihren Schwager, den alten
General, und beide vergalten es ihr und trugen sie auf Händen. Es war ein Leben, wie ich es nie wieder gefunden habe,
und ich habe doch viele Menschen und viele Häuser gesehen. In Winterzeit, wenn die Wege verschneit und die
Freunde ausgeblieben waren, saßen wir oben im Ecksaal
und spielten ›Gesellschaft‹. Frau von Jürgaß nahm dann
Platz auf dem Sofa, die doppelarmigen Leuchter wurden an-
gezündet, und ich durfte nun neben ihr sitzen auf einem großen, alten Fußkissen, darauf der Alte Fritz gestickt war. War
alles vorbereitet, so gab sie mir ein Zeichen oder klingelte;
dann mußt ich aufspringen und den General von Jürgaß an-
melden. Der alte General trat dann auch wirklich herein
oder erhob sich von dem Stuhl, auf dem er bis dahin gesessen, und küßte der Gnädigen die Hand, fragte nach ihrem
Befinden und nach ihres Bruders Befinden drüben in Wustrau, und eh zwei Minuten um waren, waren sie im lebhafte-
sten Gespräch über die alte Zeit. Alle Ereignisse, die sie seit
fünfzig Jahren zusammen durchlebt hatten, wurden nun wieder durchgeplaudert wie etwas Neues, Fremdes, wovon man
die Mitteilung wie eine Ehre anzusehen und deshalb mit
Dank und Teilnahme entgegenzunehmen hat. Dann brachen
sie plötzlich ab, lachten herzlich, schüttelten sich die Hände
und holten das Dambrett herbei, um Schlagdame oder Toccadille zu spielen. Ich muß Ihnen gestehen, es ängstigte mich
damals mitunter, die beiden alten Leute so zeremoniell miteinander verkehren zu sehn, und ich dachte dann wohl, sie

wären tot und ihre Gespenster kämen zusammen, um an alter Stelle nach alter Weise zu sprechen. Aber ich habe später in andern Häusern oft denken müssen: ›Ach, wenn doch Mann und Frau hier, oder Schwager und Schwägerin, nur ähnliche Gesellschaftsspiele spielen wollten!‹ Und mir fiel dann immer das Wort ein, das Frau von Jürgaß einmal zu mir gesagt hatte: ›Gute Gewohnheiten wollen geübt sein; sie rosten sonst.‹ Dies zeremonielle Wesen schloß übrigens gesellschaftliche Freiheit nicht aus, ja, bedingte sie vielleicht, und ich bewunderte Frau von J. jedesmal, wenn sie, sobald Besuch von den Gütern oder gar aus der Hauptstadt eintraf, die Honneurs des Hauses machte. Den beiden alten Herren an Witz und Wissen sehr überlegen, hätte sie's leicht gehabt, auf ihre Kosten die geistreiche Wirtin zu machen, aber wenn abends beim Souper die alten Anekdoten von Hainau und Katzbach und Vater Blücher zum wer weiß wievielsten Mal erzählt wurden, hörte sie aufmerksam zu und suchte nur durch eine geschickte Wendung der alten Geschichte eine neue Pointe zu geben. Sie war ganz ihres Vaters Tochter: klein, unansehnlich und unschön, aber fromm und mutig und pflichttreu, und wie ihr Vater gestorben war, so starb auch sie, ruhig, hochbetagt und ohne die Bitterkeit des Todes zu fühlen. Sie schlief sanft hinüber. Einen der Ringe, mit denen ich als Kind spielen durfte, wenn ich neben ihr auf dem gestickten Kissen saß, hat sie mir vermacht, aber es hätte dieses Zeichens nicht bedurft, um ihrer immer in Dankbarkeit zu gedenken.«

Am 7. Juni 1829 starb des alten Zieten Tochter, am 29. Juni 1854 starb des alten Zieten Sohn. Ein Feldstein ohne Spruch und Inschrift deckt das Grab des letzten *Zieten* aus der Linie Wustrau, das Monument aber, das zu Ehren des letzten *Jürgaß* und seines mit ihm ausgestorbenen Geschlechtes errichtet ist, zeigt auf dem schmalen Eisenstreifen, der die vier Pfeiler der Nische trägt, den schönen Spruch: »Der Herr hat sie zu einem beßren Leben berufen, wo sie sich der Herrlichkeit unsres Erlösers erfreuen.«

Noch einmal:

Frau von Jürgass, geborne von Zieten

Zehn Jahre nachdem das vorstehende Kapitel geschrieben und eine Charakterskizze der alten Frau von Jürgaß versucht wurde, ging mir durch Frau von Romberg, geborne Gräfin von Dönhoff († 1879) eine *zweite*, denselben Gegenstand behandelnde Schilderung zu, der ich nachstehendes entnehme.

»Als ich im Jahre 1818, eben verheiratet, nach dem Rombergschen Gute Brunn, in der Grafschaft Ruppin, zog, lernte ich Frau von Jürgaß, die Tochter des berühmten ›alten Zieten‹, auf ihrem benachbarten Gute Ganzer kennen. Sie war schon hochbetagt, und ich kann also von dem, was zurücklag, wenig oder nichts berichten. Ich weiß weder das Jahr ihrer Geburt, noch wo und wie sie ihre Kindheit und Jugendjahre verbrachte, nicht einmal, an *welchem* der Berliner Höfe sie als *Hofdame* fungierte, bevor sie sich (nicht mehr in der ersten Jugendblüte) mit ihrem fünf Jahre jüngeren Manne, dem damals sehr schönen und von ihr mit schwärmerischer Liebe geliebten Karl von Jürgaß, vermählte, mit dem sie dann auf sein nicht großes, aber hübsches und einträgliches Landgut Ganzer zog. Oft erzählte sie mir später von der Verlegenheit, mit der sie sich — ein verwöhntes und jeder häuslichen Sorge völlig überhobenes *Hoffräulein* — plötzlich an der Spitze einer großen Landwirtschaft befunden habe, deren ganzer Betrieb ihr fremd gewesen sei. Schnell aber war ihr Entschluß gefaßt, sich unbefangen in die Lehre einer tüchtigen Haushälterin zu geben, um nun, gleichsam von der *Pike* an, bis zur Hausfrau hinaufzudienen. Keine Arbeit war ihr dabei so niedrig oder so schwer, daß sie sie nicht mit eigenen Händen angegriffen hätte, jedem Dienstboten lernte sie die Kunstgriffe seines besonderen Amtes ab und gelangte so sehr bald dazu, sich sowohl den klaren Überblick über das Ganze wie die genaue Kenntnis aller Einzelnheiten zu verschaffen. Ich denke, es war nach Jahresfrist, daß sie sich selbst das Zeugnis ausstellen konnte, Herrin der Situation geworden zu sein. Und nun folgte der zweite energische Schritt: die gesamte Dienerschaft, von der

obersten bis zur letzten Stufe, wurde mit *einem* Schlage entlassen und durch eine ganz neue und fremde Schicht ersetzt.
Denn keiner im Hause sollte die *Herrin* als *Schülerin* gekannt haben, vielmehr sollte der *alleinigen* Autorität ebendieser durch Kenntnis des Voraufgegangenen kein Abbruch
geschehen. Sofort ging es jetzt ans *Befehlen* und *Selbstregie-
ren*, und kein Feldherr hat wohl je seinen Kommandostab sicherer geführt als diese echte Soldatentochter. Bald war ihr
Haushalt als der *Muster*haushalt der Gegend bekannt, und
alle jungen Frauen auf den Rittergütern erholten sich Rat bei
ihrer unbestrittenen Autorität. Dabei war ihr Haus bald das
gastlichste in der durch ihre Gastlichkeit berühmten Gegend
und hielt doch gleichzeitig den einfachen Charakter der Zeit
sowohl in der Ausstattung der Zimmer als auch im Hinblick
auf die zwar stets überreichliche, aber nie künstlich verfeinerte Bewirtung fest. Zu Tisch ward man per carte auf eine
›*freundschaftliche Suppe*‹ geladen, die sich dann freilich zu
einer Masse von Gängen und Schüsseln erweiterte; aber immer nur treffliche Hausmannskost. Ein einziger alter Diener
(Christoph) war das Faktotum des Hauses, und gebrach es
an bedienenden Händen, so griffen die Hausmädchen zu.
Mit patriarchalischer Naivetät benachrichtigte die treffliche
Frau ihre Nachbarn und Nachbarinnen von den bevorstehenden *Wasch- und Schlachttagen*, um in diesen ganz von
ihr geleiteten ›großen Aktionen‹ durch keine Besuche gestört zu werden. Ja, dem Wurstmachen räumte sie sogar ihre
sehr einfach ausgestatteten Wohnstuben ein.

Als ich die treffliche Frau kennenlernte (die auch *mir* später eine mütterliche Ratgeberin wurde), muß sie schon hoch
in den Siebzigern gewesen sein, aber sie zeigte sich noch in
voller, rüstiger Lebenskraft, alle Jüngeren durch ihre Tätigkeit beschämend. Sie war immer die erste, die im Hause erwachte, ging umher, um alle Dienstboten aus dem Schlafe zu
wecken, und erst wenn das tägliche Uhrwerk im Gange war,
legte sie sich noch einmal auf ein Stündchen zur Ruh.

Sie war von kleiner, kräftiger, untersetzter Gestalt, dem
›alten Zieten‹ auf dem Wilhelmsplatze wie aus den Augen
geschnitten. Der Ausdruck von Klugheit und Energie, der
ihr eignete, war durch den einer großen Freundlichkeit und
Herzensgüte gemildert, wie ich denn auch nie gehört habe,

daß sie ihre Autorität im Hause durch Strenge oder gar
Härte unterstützt hätte. Sie regierte vielmehr ausschließlich
durch Ernst und Konsequenz, vor allem aber durch ihr *Beispiel*, und war von ihren Untergebenen, wie von allen Nachbarn und Freunden, ebenso geliebt als verehrt. Von ihrer
Frömmigkeit, dem schönen Erbteil ihres gottseligen Vaters,
machte sie keine Worte, und alle Liebeswerke wurden in der
Stille geübt.

Bei aller häuslichen Tätigkeit vernachlässigte sie nicht die
Bildung ihres Geistes und ging stets mit der fortschreitenden
Zeit, deren Erscheinungen sie mit dem lebendigsten Interesse verfolgte. Walter Scotts Romane zählten zu ihrer Lieblingsunterhaltung, und oft erinnerte sie mich selbst an einzelne poetische Gestalten darin, besonders wenn sie mit
einem wahren Feuereifer von dem Besuche Friedrich Wilhelms III. und der reizenden Königin Luise in Ganzer erzählte, als wär es ein Vorgang von *gestern* gewesen. Eine lila
Flachsstaude im Garten, die die Königin Luise für ihre Lieb-
lingsblume erklärt hatte, wurde, fast ein halbes Jahrhundert
hindurch und von einem eisernen Korbgeflecht umfangen,
sorgsam gepflegt und jedem Besucher gezeigt.

Ihre Unterhaltung war belebt und belehrend und oft vom
originellsten Humore gewürzt, wie sie denn durch und durch
ein naturwüchsiges *Original* war. Wenn man sich ihrer
Kräfte bei allen Anstrengungen verwunderte, versicherte sie,
das rühre von einem starken Beisatz von *Schwefel* in ihrem
Blute her, und rieb sich, zum Beweise, die Hände, wobei ich
indes von dem verheißenen Schwefelgeruche niemals etwas
wahrgenommen habe.

Die Frische und Jugendlichkeit aber, die sie sich bis ins
hohe Alter bewahrte, gipfelte besonders in ihrer fast anbetenden *Liebe zu ihrem Manne*, der dieselbe mit großer
Treue und etwas kühler Verehrung erwiderte. Bei Tische
horchte sie nur auf seine Stimme, und wenn irgendein
scherzhaftes Wort seines Mundes zu ihr herüberklang, so
rief sie, wie in unwillkürlichem Entzücken und mit strahlen-
der Miene: ›*Himmlischer* Jürgaß!‹, ›*göttlicher* Karl!‹ Nie
werd ich den Zustand vergessen, in dem wir die Achtzigjäh-
rige fanden, als sie die Nachricht erhalten hatte, daß ihr Karl,
während eines Besuches bei seinem Bruder in Berlin, heftig

erkrankt sei und sie nicht zu ihm dürfe! Mit Tränen über-
strömt, an allen Gliedern zitternd, ganz aus ihrer gewohnten
festen und kräftigen Haltung hinausgeworfen, stand die alte
Frau da wie das Bild der *Leidenschaft jugendlichster Liebe.*

Einst gestand sie mir, daß sie, an jedem Jahrestag ihrer
Vermählung, in aller Stille immer ihr Hochzeitskleid unter
ihrem einfachen Hausrock anlege und daß ihre große Hals-
krause dann den Schmuck und die Perlenschnur des Hoch-
zeitsstaates vor aller Augen berge.

Sogar der Beisatz der *Eifersucht* fehlte dieser leidenschaftlichen Liebe nicht; doch richtete sie sich auf den unschuldig-
sten Gegenstand, auf den von sieben andern einzig übrigge-
bliebenen *Bruder* ihres Mannes, den als Held aus den Frei-
heitskriegen berühmten, mit den schwersten Wunden und
den ehrenvollsten Orden bedeckten *Generallieutenant* von
Jürgaß (›die *Exzellenz‹*, wie sie ihn in tiefer Ehrfurcht stets
nannte), der fast jeden Sommer, zur Stärkung seiner erschüt-
terten Gesundheit, einige Wochen oder Monat in Ganzer zubrachte, wo dann die Brüder, wie ein Paar Inséparables, vom
Morgen bis zum Abend untereinander verkehrten und *sie*
sich, als die *Dritte* im Bunde, etwas beiseite geschoben
fühlte. Auch verhehlte sie, in ihrer großen Wahrheitsliebe,
nicht eine jedesmalige, etwas wehmütige Scheu bei der Meldung dieses Besuches, und war es drum in der Nachbarschaft eine gern erzählte Anekdote, daß sie sich, in ihren
häuslichen Verpflichtungen, bei Bewirtung der *Exzellenz*
noch *absichtlich steigre,* um vor sich selbst und vor anderen
den kleinen eifersüchtelnden Verdruß an dem Besuche zu
bemänteln.

Diese Exzellenz *selbst* aber war der einfachste, anspruch-
loseste Heldengreis, der mir je vorgekommen, bedeutender
als sein Bruder, bescheiden im Bericht über seine Taten und
mit der Schwägerin auf einem ziemlich förmlichen Fuß. Ich
habe nie etwas Kindlicheres und Naiveres gesehen als das
zärtliche Verhältnis dieser beiden Brüder — besonders sind
mir die harmlosen kleinen *Whistpartien* um allerniedrigste
Points in Erinnerung geblieben, die jeden Abend in der
Wohnstube stattfanden und noch jahrelang nach dem Tode
der im neunzigsten Jahre sanft entschlafenen Heldin dieser
Erzählung fortgesetzt wurden, bald in Ganzer und bald in

Brunn. *Damals* aber, wo die liebe Alte noch als stille Zu-
schauerin auf dem Sofa saß, entweder ihren Walter Scott le-
send oder mit mir oder einem andern Besuche plaudernd,
wurde ›Pasterchen‹ als vierter zur Whistpartie herbeigeru-
fen, wenn nicht gar Charlotte, das Hausmädchen, als homme
de bois fungieren mußte. So einfach waren die Zeiten und
die Sitten des patriarchalischen Hauses!

Kinder waren der Frau von Jürgaß nicht beschieden, aber
teilnehmend war und blieb sie gegen jung und alt, und ihr lebendiger Sinn für Schönheit machte (bei ihrem gänzlichen
Mangel derselben) einen beinah rührenden Eindruck. So
kann ich das ›Ah!‹ nicht vergessen, mit dem sie, statt aller
Begrüßung, vor der reizenden Erscheinung der jungen Henriette von Röder, Gemahlin des späteren Generals Karl von
Röder, stehenblieb, als wir ihr diese zum Besuche zuführten.
Jahrelang erzählte sie noch ›von den langen, blonden Ringel-
locken, die die schönen Züge des durchsichtig-klaren Ge-
sichtes umrahmt hätten‹, und ermahnte mich immer wieder,
daß die schöne Frau ›für die *Akademie*‹, wie sie sagte, gemalt werden müsse.

Während ihrer letzten Lebensjahre war ich leider aus der
Gegend fern und weiß über ihren Tod nur das eine, daß es
ein *sanfter* war.

Wie ihr *Charakter* aus einem Stück, so war ihr *Leben* aus
einem *Guß*, und ihre lautere Seele wird dort oben in der
ewigen Einheit des Wahren und Guten ihre Heimstätte gefunden haben.«

GOTTBERG

Weiter rückt die Horde,
Und ausgestorben, wie ein Kirchhof, bleibt
Der Acker, das zerstampfte Saatfeld liegen,
Und um des Jahres Ernte ist's getan.

Schiller

Eine Meile östlich von Ganzer liegt Gottberg. Seit Beginn
des vorigen Jahrhunderts wechselten die Besitzer mannigfach, bis dahin aber, namentlich während der Zeit der Reformation und des Dreißigjährigen Krieges, war es ein Quit-
zowsches Gut. Nur dieser Zeitabschnitt interessiert uns hier,
denn ihm gehören die *Gottberger Kirchenbücher* an, die,
durch die handschriftlichen Aufzeichnungen aus ebendieser
Kriegsepoche, eine gewisse Zelebrität erlangt haben.

Eh ich jedoch zu diesen Aufzeichnungen übergehe,
schick ich ein *Gesamtbild der damaligen Lage,* soweit unsre
Grafschaft in Betracht kommt, voraus. Es handelt sich dabei
lediglich um den Abschnitt von 1630 bis 1638. *Bis* zu diesem Zeitraume waren die Drangsale verhältnismäßig gering,
nach diesem Zeitraum aber scheint der Krieg unsere Gegenden verschont zu haben, weil alles ausgesogen war. Die
Hälfte der Dörfer existierte nur noch dem Namen nach. Ich
gebe nun die Daten in chronologischer Reihenfolge.

DIE GRAFSCHAFT RUPPIN VON 1630 BIS 1638

Im August des Jahres 1630 trafen die *Schweden* mit
2000 Mann Kavallerie und einem ansehnlichen Corps Infanterie in der Grafschaft ein und besetzten Neuruppin. Im Dezember erschienen zwar die zum Kaiser haltenden Brandenburger vor der Stadt, waren aber viel zu ohnmächtig, um den
Schweden den Besitz derselben streitig machen zu können.
Endlich rückten die letzteren freiwillig ab.

Kaum hatten die Schweden sich entfernt, als Tilly im Fe-

bruar 1631 mit einer Armee aus dem Magdeburgischen eintraf. In jeder Stadt unserer Grafschaft, wo Tilly lag, erhielt
der Capitain *monatlich* 54 Taler, der Lieutenant 20, der
Fahnenjunker 16 Taler, damals sehr große Summen. In
demselben Jahre brach auch die Pest aus. In Neuruppin starben 1600, in Lindow 400 Menschen. Jeremias Ludwig,
nachheriger Prediger zu Banzendorf, war damals auf der
Ruppiner Schule und hat im genannten Jahre 800 an der
Pest Gestorbene öffentlich zu Grabe gesungen. 1632 war das
Land so unsicher, daß die Ruppiner, als sie ihren neuen
Rektor von Pritzwalk abholen ließen, zuvor um eine Sauve-
garde von kurfürstlichen Reutern baten.

1634 kam das kursächsische Kavallerieregiment des
Obristlieutenants von Rochow, auf kurfürstlichen Befehl,
nach Ruppin in Garnison; im Dezember 1635 aber rückte
Feldmarschall Banér mit seinen Schweden in Stadt und
Grafschaft ein, nachdem er die Sachsen und Kaiserlichen bei
Dömitz geschlagen hatte. Zwei Generalstäbe, die hohen Offiziers der ganzen Armee, das Zabeltitzsche Infanterieregiment und vier Brigaden zu Fuß, jede Brigade zwei Compagnien stark, erhielten ihre Quartiere in Neuruppin. Die Not
war bei dem zügellosen Verhalten der Soldaten so groß, daß
es zuletzt an allem fehlte. Sogar Abendmahlswein war nicht
mehr in Ruppin zu haben. Man mußte einen Boten deshalb
nach Wittstock schicken; aber geplündert kam er zurück.

Im September folgenden Jahres (1636) erschien der kaiserliche Generalfeldzeugmeister Marazin im Ruppinschen
und behandelte die Stadt ziemlich milde. Nach ihm kamen
die Sachsen unter Generalmajor von Wolframsdorf und
»raubten und plünderten wie gewöhnlich«. Den Sachsen
folgte der kaiserliche General Graf Hans von Götz.

Dann kam wieder ein Pestjahr. Im Juli und August 1638
griff sie am weitesten um sich. Ganze Familien, ganze Straßen, ganze Dörfer starben weg. In dem bereits entvölkerten
Ruppin, das vielleicht kein Drittel seiner Einwohner mehr
hatte, wurden abermals 600 Menschen begraben. Sehr viele
wanderten aus. Die Zurückgebliebenen rissen die ledig stehenden Häuser ein, um Holz zu erhalten. Alles verwilderte.
In Gransee starben 551 Menschen, nach der Angabe des To-
tengräbers aber wenigstens 1000, da viele heimlich einge-

scharrt wurden. Die Adligen und die Prediger flüchteten
nach den Städten und fanden auch dort ihren Tod.

So war die Lage des Landes beschaffen, als der kaiserliche General Graf Gallas mit seiner 60 000 Mann starken Armee von Malchin, aus dem Mecklenburgischen, heranrückte,
um die Schweden von der Elbe und Havel zu vertreiben.
Plünderung, Brand und Mord bezeichneten jeden seiner
Schritte. Nun wetteiferten Pest und unmenschliche Barbarei,
das Land Ruppin in eine der ödesten Wüsteneien umzuwandeln.* Alles floh nach Ruppin und Wusterhausen, wohin
sich Gallas wegen der noch nicht ganz gedämpften Pest nicht
getraute, und haufenweise starben die unglücklichen
Schlachtopfer vor den Städten an der Mauer. Am 5. Oktober
rückte er endlich in die Stadt Ruppin ein und erpreßte von
den armen Bewohnern, was die verödeten und rauchenden
Hütten der Landleute nicht mehr leisten konnten. Arme
Leute mußten Eichelbrot essen, und Kaspar von Zieten erzählt, daß man sich auf dem Markte in Neuruppin um eine
tote Katze gezankt habe. Bei ihrem Abzuge setzten die Kaiserlichen unter Gallas ihren Schandtaten die Krone auf: sie
verließen Ruppin und steckten an einem Tage das Städtchen
Wildberg und achtundzwanzig Dörfer in Brand.

Die Gottberger Kirchenbücher

Diese »Gallassche Zeit« nun oder, mit andern Worten, diese
durch vier Wochen hin systematisch betriebene Verwüstung
des ruppinschen Landes ist es, die von zeitgenössischer

---

* Prediger Schinkel zu Barsikow, der den »Dreißigjährigen Krieg«, soweit er die
Grafschaft berührte, zum Gegenstand eingehender Studien gemacht hat, schreibt über
das Elend jener Tage sehr richtig: »Die Verwüstungen waren nicht so sehr eine Folge
der blutigen Schlachten, die geschlagen wurden, als vielmehr das Resultat einerseits
der Pest, andrerseits der Armeeverpflegungsweise, die Wallenstein eingeführt hatte.
Von diesem rührte bekanntlich der Grundsatz her, daß der *Krieg den Krieg ernähren
müsse.* Wallenstein selbst war klug genug, um in Anwendung dieses Satzes nicht weiter zu gehn als nötig; er trug vielmehr Sorge, daß der *Baum nicht abgehauen würde,*
von dessen Früchten seine Heere leben sollten; nur das *Notwendige* wurde genommen. So wenigstens war sein Wille. War es aber schon *ihm* schwer, diesen Willen
durchzusetzen, so scheiterten seine Nachfolger vollends damit, Personen, die zum Teil
zuwenig einsichtig waren, um auch nur diesen Willen ernstlich hegen zu können. Wo
ein Heer sich lagerte, fiel es nieder wie ein Heuschreckenschwarm, und ob Freund
oder Feind, war gleichgültig.«

Hand in den Gottberger Kirchenbüchern ihre Schilderung gefunden hat.

Der Aufzeichnende war Emanuel Collasius (Kohlhase), Prediger in dem benachbarten Dorfe Protzen, das er, infolge der totalen Verödung dieses Ortes, verließ, um sich nach Gottberg (wo er geboren war) zu begeben. Erst nach etwa Jahresfrist wurde er, da an Rückkehr nach Protzen nicht zu denken war, Prediger in seinem Geburtsdorfe Gottberg und schrieb in die dortigen Kirchenbücher seine und des Ruppiner Landes Leidensgeschichte ein.

Diese beiden Bücher sind:

1. ein Kirchen-*Rechnungsbuch* und
2. ein *eigentliches* Kirchenbuch.

Das Kirchen-Rechnungsbuch, ein Folioband, ist aus dem Jahre 1587 und enthält auf der vordersten Seite, die zu diesem Behuf in Gebrauch blieb, die Namen der gottbergschen Prediger von 1581 bis jetzt. Das Buch wurde zu Anfang dieses Jahrhunderts neu gebunden. Sein Inhalt ist oft schwer zu entziffern.

Das eigentliche »alte Kirchenbuch« ist um ein Jahr jünger, beginnt mit 1588 und schließt mit 1766. Es ist ein Quartband in Pergament. Nur wenige Bogen sind lose; alles andere hat noch festen Zusammenhang und eignet sich, bei sorgsamer Behandlung, in seinem gegenwärtigen Zustande immer noch besser zur An- und Durchsicht, als wenn es einen neuen Einband erhielte. Leider ist die Schrift auch dieses Buches oft schwer zu lesen. Historische Notizen finden sich nur hier und dort eingestreut, unter denen die wichtigsten (wie auch im Kirchen-Rechnungsbuche) die aus der Gallasschen Zeit sind.

Zwischen den Aufzeichnungen in beiden Büchern ist nur *der* Unterschied, daß Prediger Collasius in dem Kirchenbuche mehr das *Allgemeine*, in dem Kirchen-Rechnungsbuche mehr das *Persönliche* gegeben hat. Wir beginnen mit dem letzteren.

Prediger Collasius' Aufzeichnungen im Gottberger
Kirchen-Rechnungsbuche

Dies 1638ste Jahr ist wohl ein recht elend und trübselig Jahr
gewesen, wie dergleichen wohl kein trübseligeres in unserem
geliebten Vaterlande erlebt worden ist ... Zumal auch wegen der *Pest*, darannen die Dörfer bald ausgestorben sind ...
So hat mein Antecessor zu Gottberg, Herr Joachimus Bek-
ker, in ebendiesem Jahr an der Pest erliegen müssen. Meine
Pfarrkinder zu Protzen sind meist weggestorben und nur
acht Personen übriggeblieben. Weil ich zu Protzen weder
Pfarrhaus noch Zubehör behalten, habe ich notwendig in
dem großen Elend dem lieben Brot nachziehen müssen und
habe mich zu Gottberg bei meiner inzwischen selig verstorbenen Mutter ein halb Jahr aufgehalten, anfangs nicht der
Meinung, als wollte ich zu Gottberg als Pfarrer verbleiben,
sondern um wieder nach Protzen zu ziehen. Weil aber im
letzteren Dorf sobald keine Besserung zu hoffen war und mir
die Gemeinde zu Gottberg, auf Gutachten des Achatz Quitzowschen Verwalters allhier, das *Schmiedehaus* im Dorfe
zur Wohnung einräumte, blieb ich zunächst noch ein Jahr,
bis ich endlich durch Gottes Vorsehung zu einem Prediger
der Gottberger Gemeinde, von den wohledlen Gebrüdern
Dietrich und Achatz von Quitzow als Kirchenpatronen, legitime ernennet und von Kurfürstlicher Durchlaucht konfirmieret worden bin. Habe also in dem Schmiedehause ge-
wohnet neun Jahr und darin viel Not und Ungemach leiden
und ausstehen müssen, so daß ich auch willens gewesen bin,
wo ich keine andere Wohnung hier würde haben können,
wieder zu vertieren. Eben da aber ward mir von einem alten
Wohnhaus gesaget, das mir sollte verkauft werden, ein Haus,
das der von Zernikow zu Werder gebauet habe, aber darüber weggestorben sei. Dieses Haus haben wir *abbrechen*
lassen, und *ist auf die alte Pfarrstelle zu Gottberg wieder
hingesetzet worden*, welches Haus ich dann Anno 1647 auf
Trinitatis bezogen habe und worinnen ich nach Gottes Willen noch jetzo wohne.

Prediger Collasius' Aufzeichnungen im Gottberger Kirchenbuche

... Kurz nach der Roggenernte in diesem Jahre 1638 ist die kaiserliche Armee unter Graf Gallas von Malchin in Mecklenburg aufgebrochen und hat allhier, in der Nähe von Fehrbellin, ihr Feldlager aufgeschlagen. Sie hat vier ganze Wochen an dieser Stelle stillgelegen. Bei ihrem Aufbruch sind folgende Pfarren und Rittersitze, soweit mir bewußt, abgebrannt gefunden worden.

Pfarren: 1. die Pfarre zu Bechlin, abgebrannt; 2. die Pfarre zu Gottberg, abgebrannt; 3. die Pfarre zu Wildberg, abgebrannt, wie auch der ganze Flecken; 4. das ganze Dorf Rohrlack abgebrannt, sowohl die Kirche als andere Gebäude; 5. die Pfarre zu Segeletz und das halbe Dorf; 6. die Pfarre zu Protzen und das halbe Dorf; 7. die Pfarre zu Langen und das ganze Dorf; 8. das ganze Dorf Malchow; 9. die Pfarre zu Metzelthin; 10. die Pfarre zu Sieversdorf; 11. die Pfarre zu Kantow.

Rittersitze: 1. das schöne Gebäude des von Klitzing zu Walsleben, wo doch der General Gallas selbst das Hauptquartier gehabt, abgebrannt; 2. der Rittersitz zu Dabergotz, des von der Gröben, abgebrannt; 3. der Rittersitz zu Kränzlin, des von Leesten, abgebrannt; 4. zu Werder, dessen von Fratz; 5. zu Buskow, dessen von Zieten; 6. zu Wustrau, dessen von Zieten; 7. zu Langen, dessen von Zieten; 8. zu Walchow, dessen von Wuthenow; 9. zu Manker, dessen von Schütten; 10. zu Vichel, dessen von Pfuel; 11. zu Nackel, dessen von Lüderitz; 12. zu Segeletz, dessen von Wuthenow; 13. zu Wildberg, dessen von Woldeck, und noch viele mehr in der Nachbarschaft; ja, man hat kein Dorf nennen können, da es nicht gebrannt, wo nicht ganz, so doch halb, und was noch nicht abgebrannt, das ist niedergerissen und doch verbrannt worden.

Der Vorrat an *Gersten* ist alle vom Felde von den Soldaten weggerafft und ausgedreschet worden, so daß der Landmann nichts davon gekriegt.

Der *Roggen* ist nicht wieder besäet worden, weshalb die Leute sich an das Kraut haben halten müssen, was Krankheit und Tod verursacht hat.

Die *Obstbäume* sind ganz abgehauen worden, welches die armen Leute sehr beklagt haben; ebenso auch die Weiden. Die *Kirche* ist sehr verwüstet worden. Da man fünf oder sechs Feuerstellen in ihr gehabt hat, ist kein Stuhl fest geblieben und kein Fenster. Der Kirchboden ist ganz herausgerissen worden, und der Seiger (die Uhr) ist auch ganz zunichte gemacht. Die Wellenwand um den Kirchhof ganz weggebrannt, die Scheune abgebrochen; Summa, es kann nicht beschrieben werden, wie kläglich es im Dorfe Gottberg ausgesehen hat in diesem 1638sten Jahr.

Es stand auch ein klein *Eichhölzchen* vor diesem Dorf, das auch ganz abgehauen. Die großen Eichenbäume teils abgehauen, teils ganz abgekröpfet, so daß kein Zweig daran geblieben.

In diesem Jahr ist das Volk armuthalber aus dem Lande gelaufen, nach Hamburg und Lübeck, allwo sie geblieben, sonderlich das junge Volk. Und weil die Pest in diesem Jahre sehr grassieret und die Leute wegen beständiger Kriegsgefahr in den Dörfern nicht haben bleiben können, so ist der eine hier- und der andre dorthin geflogen und ist der eine hier und der andre dort gestorben. Man kann ausrechnen, daß aus diesem Dorfe Gottberg, außer sechsundzwanzig Personen, die hier am Orte starben, fünf in Wusterhausen und einunddreißig in Ruppin verstorben sind.

So die Aufzeichnungen in den beiden Kirchenbüchern, die, in ihrer ungeschmückten Wiedergabe von Fakten und Zahlen, eines Eindrucks nicht verfehlen. Es ist danach glaubhaft, daß, wie Bratring erzählt, »das Land Ruppin während des Dreißigjährigen Krieges mehr gelitten habe als irgendein anderer Teil der Mark«.

KRÄNZLIN

Darum still
Füg ich mich, wie Gott es will.
Und soll ich den Tod erleiden,
Stirbt ein braver Reitersmann.

Altes, eine halbe Meile von Neuruppin gelegenes Rittergut, jetzt im Besitze der Familien Scherz und Zieten.

Wie beinah alle Güter im Ruppinschen, bestand auch Kränzlin aus einer ganzen Anzahl von Rittersitzen, und in den Jahrzehnten, die dem Dreißigjährigen Kriege vorausgingen, waren hier vier Familien ansässig: die von Leeste, von der Gröben, von Gühlen und von Fratz.

Die letzteren kann man als die recht eigentliche Kränzliner Familie bezeichnen. Schon 1327 werden die von Fratz genannt, und *sie* sind es, an die die alte Sage vom »Räuberberg bei Kränzlin« anknüpft, die zunächst Feldmann in seinen schriftlichen Aufzeichnungen und nach ihm W. Schwartz in seinen märkischen Sagen erzählt.

Danach lag eine kurze Strecke vor dem Dorfe, rechts vom Ruppiner Weg, eine Burg, von der übrigens noch zu Anfang dieses Jahrhunderts Wall und Graben erkennbar waren. Hier hausten in der Quitzow-Zeit, und auch vorher und nachher, die von Fratz. Von der Burg aus ging eine Leitung nach der Brücke des nahen Kränzliner Damms hinüber, und zwar ein Draht, der jedesmal, wenn ein Wagen über die Brücke fuhr, eine Alarmglocke innerhalb der Burg in Bewegung setzte. Sowie diese Glocke anschlug, warf sich alles zu Pferde und griff die Reisenden an. Auf die Klagen, die seitens der so Beraubten bei dem regierenden Grafen (der, wie wir wissen, in Alten-Ruppin residierte) anhängig gemacht wurden, drohte dieser dem Fratz, »er werd ihm die Burg anzünden, wenn er das Unwesen weiter treibe«. Der Kränzliner Burgherr schlug aber die Warnung in den Wind, mocht auch wohl glauben, ein »Steinchen im Brette« zu haben. Er irrte jedoch. Eines Tages, als der Fratz in Ruppin war, schickte der Graf seine Leute hinaus, die

die Kränzliner Burg ersteigen und brechen mußten. Nach einer andern Lesart hätte der Graf, verräterischerweise, den Fratz zu Gaste geladen und ihm schließlich, vom Turme des Alt-Ruppiner Schlosses aus, seine derweilen in Brand gesteckte Burg gezeigt. Diese zweite Lesart ist aber neueren Datums und wahrscheinlich erst entstanden, nachdem an der alten Burgstelle Holzkohlen und abgebrannte Balken entdeckt worden waren.

Die Familie Fratz besaß Anteile von Kränzlin bis ins siebzehnte Jahrhundert hinein. Um diese Zeit waren es fromme Leute, die zu ihrem Doktor Luther hielten und Patenen und Abendmahlskelche schenkten. Ein solcher ist der Kirche erhalten geblieben. Die Inschrift desselben lautet: »Diesen Kelch hat Wolf Fratz und seine Hausfrau Maria Riben zu Gottes Ehre geben.« Dazu ein aufgelötetes Kruzifix und die Jahreszahl 1600. Vier Wappenbilder sind eingegraben: ein Pfau, dazu W. F. (Wolf Fratz); ein Fisch oder eine Otter, dazu M. R. (Maria Riben). Von den zwei andern Wappen scheint eins das Zietensche zu sein. An einigen Stellen des Kelches ist das Gold abgekratzt. Ich hörte dabei, daß die Dorfbewohner, wenn einer der Ihren schwer krank ist, sich gern an den Prediger wenden und etwas *Gold vom Abendmahlskelch* für ihren Kranken erbitten. Sie mischen es dann in die Medizin und glauben fest, wenn noch etwas helfen kann, so hilft *das.*

Das idyllisch gelegene, hinter Gartenbäumen anmutig versteckte *Predigerhaus* zu Kränzlin war, von Jugend an, ein Lieblingsaufenthalt Schinkels. Seine ältere Schwester Sophie war daselbst an den Prediger Wagner verheiratet. In seinen Knabenjahren hatte Schinkel ein Giebelzimmer des Hauses ganz mit Bildern ausgemalt. Aus dieser oder (nach Wolzogen) aus einer etwas späteren Zeit stammt auch ein Spiegelportrait, das S. damals von sich selbst anfertigte. Es ist in großen Umrissen, skizzenhaft, mit dem Bleistift entworfen; die schärferen Striche mit Tinte dazwischengezogen. Das Bildnis befindet sich jetzt im Besitz Fräulein Rosa Wagners in Ruppin, einer Nichte Schinkels. Es ist zugleich eine Erinnerung an die Kränzliner Pfarre.

Bis Anfang der zwanziger Jahre pflegte Schinkel das ihm teure Dorf alljährlich während der Sommermonate zu besuchen.

Die Kirche, ein alter gotischer Bau mit hoher Schindelspitze, hat in den letzten Jahren eine Renovation erfahren, die von den früheren Monumenten das meiste entfernte*, dagegen in die Lage kam, neue Gedenktafeln einfügen zu müssen.

Beide Tafeln befinden sich in der Mitte der Kirche. Die eine, bronzen und in gotischen Formen ausgeführt, trägt folgende Inschrift: »Mit Gott für König und Vaterland. Ernst Hermann Scherz, geboren den 8. September 1848 zu Kränzlin, Einjährig-Freiwilliger im brandenburgischen Husarenregiment Nr. 3 (Zieten-Husaren), fiel am 26. Dezember 1870 bei Olivet, südlich Orléans.«

Die Inschrift der schwarzen Marmortafel gegenüber lautet wie folgt: »Für König und Vaterland starb im Kriege gegen Frankreich am 26. August 1870 zu Vionville, infolge seiner in der Schlacht bei Mars-la-Tour erhaltenen Verwundung, Rudolph Hartmann. Einjährig-Freiwilliger im 4. brandenburgischen Infanterieregiment Nr. 24, im Alter von einundzwanzig Jahren.«

Die lapidare Kürze der Inschriften verrät nichts von dem Weh, das die Todesfälle dieser beiden Jünglinge schufen. Beide zu Kränzlin geboren, beide gleichen Alters, beide Einjährig-Freiwillige, standen sie im selben Armeecorps gegen denselben Feind. Mit ihnen waren dreiunddreißig andere Kränzliner in den Krieg gezogen, und *alle* kehrten zurück, wenn auch verwundet; die einzigen zwei, die die Heimat nicht wiedersahen, waren die Söhne der Gutsherrschaft und

---

* Von diesen alten Grabsteinen ist einer der Kirche erhalten geblieben. Er wurde seinerzeit dem »hochedlen und mannhaften Herrn Gottfried Lehnmann, kurfürstlich brandenburgischem Capitainlieutenant zu Roß und Erbherrn auf Kränzlin«, errichtet, der 1628 geboren war und 1689 starb. Dieser Stein bietet nichts Besonderes, außer daß er, wie so vieles andre, darauf hinweist, daß unter dem Großen Kurfürsten viele Bürgerliche in die Rittergüter und in die Armee einrückten. Diese Tatsache ist längst bekannt, aber sie ist, soviel ich weiß, auf ihre Ursache hin noch nicht befragt worden. War es lediglich eine Folge des Dreißigjährigen Krieges, der die Rittergüter entvölkert hatte, oder lagen dem allem auch Anschauungen und Prinzipien zugrunde? Wir standen, wie später unter dem Einfluß des Französischen, so damals entschieden unter dem Einfluß des republikanisch *Holländischen.* Vielleicht liegt hierin eine teilweise Erklärung.

des Gutsadministrators. Die *Zietensche* Hälfte von Kränzlin wird administriert.

Von dem einen sei hier erzählt.

Ernst Hermann Scherz stand in den Weihnachtstagen 1870 mit den Zieten-Husaren in Olivet. Am 25. Dezember war seitens einer Franctireurabteilung, die sich in einem zwischen Olivet und Chaumont gelegenen Walde festgesetzt hatte, auf eine Patrouille geschossen worden. Daraufhin erfolgte der Befehl, den Maire von Chaumont zu verhaften. Ein Unteroffizier und vier Husaren, die sich sämtlich als Freiwillige gemeldet hatten, wurden mit Ausführung dieses Befehls beauftragt.

Am 26. um zwei Uhr morgens brach dies Kommando auf. Zu früher Stunde war man in Chaumont, verhaftete den Maire und trat den Rückweg mit ihm an. Der Gefangene hatte in einem requirierten Wagen Platz gefunden; links neben ihm (zu Pferde) der Unteroffizier, zwei Husaren vorauf, die beiden andern schlossen. Als der Zug das Wäldchen erreicht hatte, aus dem am Tage zuvor auf die Patrouille geschossen worden war, nahm Hermann Scherz, der die Tête hatte, eine an der Lisière hin aufgestellte, kaum noch nach Deckung suchende Franctireurabteilung wahr und rief dem Unteroffizier zu: »Wir werden gleich unter Feuer kommen!« Dies waren seine letzten Worte. Schüsse fielen, und H. Scherz stürzte leblos aus dem Sattel; ebenso wurde das Pferd seines Nebenmannes tödlich getroffen, der, rasch erkennend, daß in dieser Lage nichts mehr zu helfen sei, sich in den Sattel des stehengebliebenen Scherzschen Pferdes warf und in Gemeinschaft mit dem Rest des kleinen Kommandos auf Olivet zusprengte.

Hier wurde sofort Meldung gemacht. Der Rittmeister ließ 100 Husaren aufsitzen, requirierte 26 Jäger vom 3. Jägerbataillon, und fort ging es, wieder dem Wäldchen zu. Als man den Punkt erreichte, wo der Überfall stattgefunden hatte, lag die Leiche des Gefallenen, ausgeplündert und entkleidet, auf der Chaussee. Die wütenden Kameraden wandten sich von der Leiche fort, umstellten das Gehölz und gingen wie zu einem Kesseltreiben vor. Der ganze Franctireurhaufen steckte noch darin, einzelne fielen, bis man zuletzt ein Dutzend auf engstem Raume zusammengetrieben hatte. Widerstand wie Flucht waren gleich unmöglich, und so streckten sie die Waffen und ergaben sich unsern Jägern und Husaren. Unter den Gefangenen war auch der Anführer. Man fand H. Scherz' Wertsachen in seinem Besitze, riß ihn an die Stelle, wo die durch ihn geplünderte Leiche lag, und erschoß ihn neben derselben. Ob die andern Gefangenen diesen Tag überlebten, hab ich nicht in Erfahrung gebracht.

Der Heimtransport im Kampfe Gefallener war damals aufs äußerste erschwert, in diesem Falle jedoch ermöglichten es die Verhältnisse. In einen doppelten Sarg eingeschlossen, wie der Erlaß es heischte, traf am 13. Januar die Leiche auf dem Neustädter Bahnhof ein und wurde von Anverwandten in Empfang genommen. Aber die Teilnahme beschränkte sich nicht auf einen engsten Kreis, und man darf sagen, die halbe Grafschaft geleitete diesen Toten auf seinem letzten Gange. Der Weg war weit und noch viele Ortschaften zu passieren; von Turm zu Turm, bei Näherkommen des Zuges, gingen die Glocken, und Prediger und Schuljugend empfingen den Sarg und begleiteten ihn unter Gesang von Dorf zu Dorf. Er empfing die letzten Ehren für viele, die draußen in fremde Erde gebettet worden waren, und jeder beweinte *seinen* Toten in *diesem* Toten. Aber über alles bloß Selbstsüchtige hinaus, das unser Erbteil ist, rührte sein Geschick aufs herzlichste, denn auch von *ihm* hieß es: »Und viele waren, die seiner Sitten Freundlichkeit erfahren.«

Nun ruht er in der Familiengruft, nahe der Kirche.

Wie viele Tafeln in den Dorfkirchen unseres Landes, die *dem*, der sie zu lesen versteht, eine gleiche Geschichte erzählen!

LINDOW

Wie seh ich, Klostersee, dich gern!
Die alten Eichen stehn von fern
Und flüstern, nickend, mit den Wellen.

*

Und Gräberreihen auf und ab;
Des Sommerabends süße Ruh
Umschwebt die halbzerfallnen Grüfte.

Lindow ist so reizend wie sein Name. Zwischen drei Seen
wächst es auf, und alte Linden nehmen es unter ihren Schatten.

Seine Vorgeschichte versagt; alles Archivalische ward ein
Raub der Flammen, und nur mit hoher Wahrscheinlichkeit
ist anzunehmen, daß das Kloster eher da war als die Stadt.

Kloster Lindow wurde gegen Ende des zwölften oder Anfang des dreizehnten Jahrhunderts von dem Grafen Gebhard
von Ruppin und Lindow als ein Prämonstratenser-Nonnenkloster gegründet und empfing zu Ehren des Stammhauses
der Familie (Lindow im Anhaltischen) seinen Namen.

Die *Stadt* entstand aus Ansiedlungen; Handwerker und
Ackersleute kamen, die den Schutz des Klosters suchten.
Und diese Beziehungen blieben durch alle Jahrhunderte hin
und überdauerten den Bestand des *Klosters* bis in unsere
Tage hinein. 1574 wurde dem lutherischen Rektor sein Gehalt ansehnlich erhöhet, »weil er, zu seinen geringen Einkünften, nur einen *freien Tisch auf dem Klosterhofe* habe«,
und noch 1748 schenkte die Konventualin Anna Juliane von
der Kettenburg 100 Taler an die Stadt mit dem Bedingnis,
»daß von den Zinsen dieser Summe das Schulgeld für arme
Kinder bezahlt werde«. Welchen beiden Notizen wir, außer
dem Fortbestande guter Beziehungen zwischen dem Kloster
und dem städtischen Gemeinwesen, auch gleichzeitig entnehmen können, daß man finanziell in *Stadt* Lindow nicht
auf Rosen gebettet war.

Auch im *Kloster* war man es, aller Guttaten unerachtet,
nicht mehr, seit im Jahre 1542 die Säkularisation und die

Umwandlung der Klostergüter in kurfürstliche Domainen begonnen hatten. Zwanzig Jahre vorher, beim Erlöschen des
gräflichen Hauses Ruppin, hatte das Kloster auf seiner Höhe
gestanden. Es war damals eines der reichsten Stifter in der
Mark und besaß außer der *Stadt* Lindow achtzehn Dörfer,
zwanzig wüst liegende Feldmarken, neun Wassermühlen
und alle die Seen, die teils innerhalb des Großen Menzer
Forstes, teils am Rande desselben gelegen sind, darunter
auch den Großen Stechlin. Die Gesamtbodenfläche, die damals dem Jungfrauenkloster zugehörte, darf man auf vier
Quadratmeilén schätzen, reichte mithin, wie Bratring spöt-
tisch schreibt, »vollkommen aus, um fünfunddreißig Nonnen, einer Äbtissin und einem Propst ein einigermaßen ge-
mächliches Leben zu sichern«. Man kann dies zugeben, aber
es den Bevorzugten auch neidlos gönnen, und zwar um so
lieber und leichter, als ihr Glück, von jenem Kulminations-
punkt an gerechnet, nur noch von kürzester Dauer war. Es
ging galoppierend zu Ende. Wohl war am Heiligendreikö-
nigstage 1530 den lindowschen Nonnen ihr Besitz zu »ewigem Eigentum« aufs neu bestätigt worden, aber ehe noch die
Mitte des Jahrhunderts heran war, war die Säkularisation bereits ausgesprochen und das »ewige Eigentum« verflogen.
Aus dem Kloster Lindow wurde nunmehr ein »Fräuleinstift
zu Lindow«, und an die Stelle der Äbtissin und ihrer fünfunddreißig Nonnen trat eine Domina mit vier Fräuleins; das
Gesamteinkommen aber sank allmählich auf 1000 Taler und
das Grundeigentum von vier Quadratmeilen auf — 100 Morgen.

Unter den Dominas, soweit ihre Namen überhaupt noch
auf uns gekommen sind, finden wir fast ausschließlich Adels-
namen aus Ruppin und Havelland: Elisabeth von Zieten
1557, Anna von Gühlen 1625, Katharina von Döberitz
1685, Anna Hedwig von Fratz 1709, Maria Elisabeth von
Quast 1736, Ilse Margarete von Rochow und Anna Elisabeth
von Bredow, letztere beide ohne Zahlenangabe.

Unser Weg führt uns von Alt Ruppin auf Lindow zu. Die
nur durch ihre *Lage* reizende Stadt kann uns durch ihre
Straßen und Plätze nicht fesseln, aber jenseits derselben, wo

sich die Schmalung zwischen dem Gudelack- und dem
Wutz-See wieder zu weiten beginnt, werden wir, nach rechts
hin, eines Konglomerates von Häusern und Ruinen ansichtig, um welches sich eine niedrige Steinumwallung: die Einfriedigung von *Kloster* Lindow, zieht. Wir lassen halten,
überklettern die gerad an dieser Stelle weder Tür noch
Pforte zeigende Mauer und befinden uns auf einer von
prächtigen alten Bäumen überragten *Parkwiese*, die, den verschiedensten Bestimmungen dienend, all ihre Verschieden-
heiten wieder in eine höhere Einheit zusammenfaßt.

Die schönsten Teile dieser Parkwiese sind die, wo begraben wird. Von dem richtigen Gefühl ausgehend, daß Leben
und Tod Geschwister sind, die sich nicht ängstlich meiden
sollen, hat man hier die *Spiel-* und *Begräbnisplätze* dicht nebeneinander gelegt, und dieselben Blumen blühen über
beide hin. Aber der Tod, so gemütlich er mit dem Leben zu
leben weiß, hat doch innerhalb seiner *eignen* Gebiete nicht
ganz auf Scheidungen und Standesunterschiede verzichtet,
die nun, so scheint es, Zeugnis ablegen sollen, daß wir uns
hier auf dem Grund und Boden eines adligen Fräuleinstiftes
befinden. Im Leben »leben und leben lassen«, aber im Tode
— Rangordnung! So begegnet man denn Steinen und Grab-
kreuzen an drei verschiedenen Punkten des Parkes, und
während die *Dienstleute* samt den Beamten an einer, die *Gäste* des Klosters an einer andern Stelle ruhn, ist den *Stiftsda-
men* eine dritte Stelle vorbehalten geblieben. In zwei Reihen,
zu beiden Seiten einer alten Rüsterallee, liegen sie hier in
hoch aufgemauerten Gräbern, von denen übrigens keines
über den Anfang des vorigen Jahrhunderts zurückreicht. In
deutlichen Buchstaben sprach nur noch das Grab der letzt-
verstorbenen Domina zu mir, stattlicher aber war ein älterer
Stein, unter dem (wenn ich das Wappen richtig erkannt) eine
von Pannewitz ihren letzten Schlummer schlief.

Auf dieses Epitaphium, das einen guten Überblick versprach, stieg ich hinauf und übersah nun, ein paar Zweige
zurückbiegend, die ganze Klosteranlage: nach links hin der
von Lindengängen eingefaßte See, zwischen uns und ihm
ein buntes Durcheinander von Blumen- und Gemüsegärten
und, mitten hineingestellt in *diese*, das villenartige Haus der
Domina, dicht grenzend mit einem in Trümmern liegenden

Langbau, der sehr wahrscheinlich einst das Refektorium des alten Klosters ausmachte. Jetzt ist es Wirtschaftshof, Eis- und Vorratskeller der drei, vier Damen, die hier ihre Tage leben und beschließen, und *jeder* Zauber wäre dieser Verfallstätte längst abgestreift, wenn nicht die hohen, stehengebliebenen Giebelwände wären, mit ihren gotischen Nischen und Fenstern und ihrem Storchennest darauf.

Eine Viertelstunde lang hielt ich Umschau von dem Pannewitz-Grabstein aus; dann, auf einem Schlängelpfade den See gewinnend, schritt ich langsam einen Ufer- und Lindengang hinunter, bis ich mich unerwartet und plötzlich fast inmitten einer völlig veränderten Szenerie sah. Beete mit eingemusterten Blumen lagen wie Teppiche vor mir ausgebreitet, aus dem Mittelrondell stiegen Büsche von Ricinus und Canna indica auf, Wein und Pfirsich lachten am Spalier, und abwechselnd liefen Lauben von Geißblatt und Pfeifenkraut an der einen Seite des Gartens hin, während an der anderen ein Drahtzaun, leicht wie ein ausgespanntes Fischernetz, die Anlage schloß. War dies noch Klostergrund? Nein. Aus mittelalterlichen Überbleibseln heraus war ich in eine modern-bürgerliche Welt eingetreten, und ein reicher, in Anlagen und Gartenkunst erprobter »Propriétaire« stickte hier mit eigner Hand diese Blumenmuster in den Rasenteppich und gefiel sich darin, in richtiger Benutzung des Erworbenen, auch *dem*, »was wohltut und gefällig ist«, zu dienen.

Ein Reichtum, der zur Pflege des *Schönen* führt, erfreut immer wieder mein Herz und tat es auch *hier*. Aber beinah wohltuender noch berührte mich die Wahrnehmung, daß das Fehlen einer Grenz- und Scheidelinie zwischen Klostergrund und Gartenanlage wenigstens an *dieser* Stelle kein bloßer Zufall war. Diese Scheidelinie fehlte, weil der Trennungsstrich auch in den Herzen *nicht* vorhanden ist und der Besitzer des Gartens Frieden und Freundschaft hält mit den Klosterfrauen von drüben.

GRANSEE

Von Lindow kommend, fahren wir jetzt Gransee, der östlich-
sten Stadt der *Grafschaft*, zu. Von ihren früheren Tagen erzählt uns ein Baudenkmal, das sich bereits 1000 Schritte *vor*
der Stadt erhebt:

Die »Warte« bei Gransee

Sie steht auf dem höchsten Punkte der Umgegend, dem
»Warte-*Berg*«. Junge Fichten und dichtes Kusselwerk, drin
der Sandhase sein Lager hat, bedecken ihn an seinen Ab-
hängen, und nur der abgeplattete Gipfel ist kahl. Hier erhebt
sich die »Warte«, von fernher einem modernen Fabrik-
schornsteine nicht unähnlich, bis man im Näherkommen den
bedeutenderen Durchmesser erkennt. Es ist ein etwa
100 Fuß hoher Rundturm, aus Feldstein und sieben *senk-
recht* stehenden Backsteinrippen derartig aufgeführt, daß bei
der Aufmauerung immer erst die *Rippen* um einige Fuß er-
höht wurden, ehe man wieder mit Feldstein zu füllen begann. Wie alt der Turm ist, stehe dahin. Ich möcht ihn *früh-
stens* in den Anfang des fünfzehnten Jahrhunderts setzen.

Der gleichen Ansicht scheint nun freilich W. Alexis *nicht*
gewesen zu sein, als er ebendiesen Warte-Turm in seinem
berühmten Romane »Der falsche Waldemar« zum Schauplatz eines Hergangs aus dem Jahre 1348 machte. Diesen
Hergang selbst erzählt er annähernd wie folgt.

Gransee hatte selbstverständlich seine Fehden mit dem
benachbarten Adel, und zur Waldemar-Zeit waren es vor-

zugsweise die Winterfeldts und die Quaste, mit denen es sich
bekriegte. Tile Quast wird eigens genannt, ebenso Tacke de
Wons und Hans Lüddecke vom roten Haus. Im Jahre 1348
handelte sich's von seiten dieser drei um nicht mehr und
nicht weniger als einen Überfall der Stadt; solcher war aber
nur möglich, wenn es vorher glückte, den auf der Warte sta-
tionierten Stadtwächter, Mathis mit Namen, einzuschläfern.
Dies zu bewerkstelligen, kam man überein, daß ein als Kärr-
ner verkleideter Knecht, der ein Stückfaß Wein auf seinem
Karren habe, die vorüberführende Straße passieren und am
Fuß der Warte halten solle, wie wenn es sich um Ausbesse-
rung eines Schadens an Rad oder Achse handle. Und so geschah es auch. Der Karren hielt. Mathis, der sich langweilen
mochte, wie noch heute die Schildwachen tun, ging ohne Besinnen in die Falle, stieg die Wendeltreppe hinunter und bot
sich an, bei dem anscheinend verunglückten Wagen mit zu
helfen. Dabei fanden beide, daß der Wein für die Granseer
viel zu stark sei. Sie spundeten also auf, tranken ein Erhebliches und füllten mit Wasser nach. Dies geschah aber erst
ganz zuletzt, und Mathis fiel gleich danach in tiefen Schlaf.

Als er andren Tags bei schon hoch stehender Sonne wach
ward und Umschau hielt, sah er den ganzen zwischen seinem Turm und der Stadt liegenden Plan von Bewaffneten
überdeckt; in der Tat, der Überfall hatte bereits stattgefunden. Er war aber doch insoweit mißglückt, als die Einge-
drungenen wieder hinausgedrängt und einige von ihnen sogar zu Gefangenen gemacht worden waren. Unter diesen
Hans Lüddecke vom roten Haus.

Die Ratmannen ließen nun keine Zeit vergehen, über diesen (Hans Lüddecke) zu Gericht zu sitzen, aber nicht bloß
über *ihn*, sondern auch über ihren eignen Turmwart, dessen
Unzuverlässigkeit alle Not und Gefahr verschuldet hatte.
Man sprach Tod »von Rechts wegen«, einigte sich aber
schließlich dahin, daß beide nach der »Warte« gebracht und
ihnen zugestanden werden solle, hoch oben auf der Plattform miteinander zu kämpfen. Wer Sieger bleibe, der solle
frei sein, wer aber hinabgeworfen würde, der habe seine
Strafe nach »Gottes Willen«.

Und hiernach wurde verfahren. Hans Lüddecke und
Wächter Mathis kamen in den Turm, und die halbe Bürger-

schaft zog mit hinaus, um Zeuge eines Ringkampfes und eines Gottesurteiles zu sein. Aber wer beschreibt ihr Staunen, als sie bald danach die Verurteilten friedfertig auf der Platte des Turmes erscheinen und, statt miteinander zu kämpfen, sich zu einem aus Mathis' Vorratskammer herbeigeschafften Nachtmahle niedersetzen sahen. Diese gute Laune freute selbst die Granseer, und um so mehr, als sie sich unschwer das Ende davon berechnen konnten. In der Tat, als der fünfte Tag heraufzog, sah es schlimm aus in den Vorräten und noch schlimmer in den Herzen der beiden Gefangenen. Aber auch hier wieder hieß es, »als die Not am größten, war die Hülfe am nächsten«, und ehe noch die Sonne in Mittag stand, blitzte es am Waldrande hin von Rittern und Reisigen, und ein nach Hunderten zählender bewaffneter Zug wandte sich an der Warte vorüber der Stadt zu. Der aber, der erschien, war Waldemar. Vor *ihn* jetzt kam der Streit, und Hans Lüddecke, Urfehde schwörend, erhielt Leben und Freiheit zurück. Mathis dagegen verschwand in dem ihm zukommenden Dunkel.

So die Geschichte von der »Warte« bei Gransee, eine bloße Fiktion, die sich jedoch zur Historie bereits zu verdichten anfängt und nach »abermals fünfhundert Jahren« andern Historien einigermaßen ebenbürtig sein wird. Und nicht zu unserem Nachteil. Denn auch die *dichterische* Tat belebt die Schauplätze der von *ihr*, der Dichtung, gebornen Ereignisse und reiht sie mehr oder minder in die wirklichen »historischen Stätten« ein. Die »Warte« bei Gransee ist in diesem Augenblicke schon eine andre, als sie vor fünfzig Jahren war, und selbst das trigonometrische Dreigestell, das sich neuerdings auf jener Plattform eingebürgert hat, »auf der Hans Lüddecke und Türmer Mathis miteinander kämpfen sollten«, hat ihr nichts Erhebliches von ihrem romantischen Schimmer zu nehmen gewußt.

Wir aber kehren nunmehr auf unsre Lindower Straße zurück, um in raschem Trabe der Stadt zuzufahren, an deren Eingang uns freilich ein *neuer* Aufenthalt erwartet. *Zwei* Tore nebeneinander! Warum *zwei* Tore? Diese Frage hält uns fest.

Das Waldemar-Tor

Warum *zwei* Tore? F. Knuths Geschichte von »Gransee« berichtet darüber: »Alle Städte, die dem *Falschen Walde-mar* ihre Tore geöffnet und dadurch sich *zu* ihm bekannt hatten, wurden, als der bayersche Markgraf wieder herrschte, dahin bestraft, daß sie die Tore zumauern muß-ten, durch die der falsche Waldemar eingezogen war. Diese zugemauerten Tore hießen denn auch im Volksmunde › *Wal-demar-Tore*‹. Hart neben ihnen waren inzwischen neue, reichgegliederte, mit Türmen und Zinnen geschmückte goti-sche Tore gebaut worden, die nun, jahrhundertelang, den Verkehr vermittelten, bis das neuerblühende Leben der Städte den verhältnismäßig schmalen Eingang der gotischen Portale störend zu empfinden anfing. Da entsann man sich der zugemauerten Tore, nahm den fünfhundertjährigen Bann von ihnen, brach die Steine aus dem alten Rundbogen wieder heraus und schuf so dem Leben und Verkehr eine *doppelte* Straße.«

W. Schwartz in seinen »Sagen und alten Geschichten der Mark Brandenburg« erzählt es anders. Nach *ihm* würden die sogenannten Waldemar-Tore als »Wenden-Tore« anzusehen sein, durch die man deutscherseits die als unrein betrachtete wendische Bevölkerung vertrieben und die Tore dann ver-mauert habe. Hiermit stimmt auch überein, daß noch, bis ins vorige Jahrhundert hinein, in allen Dörfern, wo Wenden und Deutsche zusammenwohnten, nur die letztren sich der eigentlichen Kirchentüren bedienen durften, während die Wenden gezwungen waren, durch eine kleine, für sie beson-ders angelegte Seitentür in die Kirche einzutreten.[*]

In Gransee wurde 1818 schon das Waldemar-Tor — ein

[*] Mir persönlich will es, all diesen Auslegungen gegenüber, doch um vieles wahr-scheinlicher erscheinen, daß die neuen Tore lediglich gebaut wurden, um etwas Beß-res, Schöneres, auch der *Befestigung* Dienenderes an die Stelle des Alten zu setzen. Ganz in derselben Weise, wie man die Wölbungen der alten romanischen Kirchen ab-brach und die Rundbögen durch den allgemein werdenden Spitzbogen ersetzte, ganz so machte man's mit den Torbauten. Ihre Modernisierung wurde Sache fortschrittli-cher städtischer Repräsentation und des Wunsches, »nicht zurückzubleiben«. (Im übri-gen finden sich solche »zugemauerten Tore«, die stets gradlinig auf die Hauptstraße stehen, vielfach in unsrer Mark, so beispielsweis in Kyritz, Wittstock und Wusterhau-sen, ferner in Soldin, Friedeberg, Mohrin, Berlinchen, Königsberg, Landsberg a. W. und endlich in Bernau, Fürstenwalde und Mittenwalde.)

Name, den ich beibehalte — wieder geöffnet und begann seinem Nachfolger und Nachbar Konkurrenz zu machen, eine Tatsache, die der kleinen Gemeinde der »Falschen-Waldemar-Schwärmer« als vielleicht von symbolischer Bedeutung erscheinen wird.

Wir unsrerseits aber, indem wir den Jakob Rehbock (trotzdem er in der Fürstengruft zu Dessau ruht) für *das* nehmen, was er war, meiden mit Geflissentlichkeit den Waldemar-Bogen und bewerkstelligen unsre Einfahrt durch das stattliche Portal des »Ruppiner Tores«, das, wenn auch zurückstehend neben dem berühmten Uenglinger Tor in Stendal, nichtsdestoweniger der Teilnahme wert war, die Friedrich Wilhelm IV. ihm angedeihen ließ, als er in den vierziger Jahren an Superintendent Kirchner schrieb: »An diesem Tore wird kein Stein gerührt, ohne daß ich zuvor Kenntnis davon erhalte.«

Das Tor liegt hinter uns, und unser Wagen lärmt jetzt die Hauptstraße hinauf, an deren linker Seite die beiden Plätze der Stadt und *auf* ihnen die beiden vorzüglichsten Sehenswürdigkeiten derselben: die *Marienkirche* und das *Luisen-Denkmal*, gelegen sind. Ehe wir diese jedoch aufsuchen, benutzen wir zuvor eine kurze Rast in Klagemanns Hôtel, um mit Hülfe des Wirtes einen guten Trunk und mit Hülfe seiner Gäste die Geschichte von Gransee »frisch vom Fasse« zu schöpfen.

Die Geschichte geht weit zurück in der Zeiten Lauf, aber erst um 1262 finden wir einen Brief, in dem Markgraf Johann den Granseern das »Recht seiner alten Stadt Brandenburg« verleiht. Es fehlt nicht absolut an Diplomen und Pergamenten aus dieser und der folgenden Zeit, das meiste jedoch ist verlorengegangen, und die Geschichte der Stadt — in ihren Hauptzügen *der* aller übrigen Grafschaftsstädte nah verwandt — erzählt sich rasch.

Es ist das alte Lied: erst großes, allgemeines Dunkel, nur hier und da durch ein Streiflicht erhellt; dann Kirchen- und Klösterbau; dann Säkularisierung; dann Schweden und die Pest; dann ein Dutzend Feuersbrünste mit Hinrichtung dieses oder jenes Brandstifters; dann Beglückung der Stadt durch ein paar Garnison- oder Invalidencompagnien, und in der Regel damit zusammenfallend: Benutzung alter Klostermauern zu Schul-, Kasernen- und Gefängniszwecken. In dieser Aufzählung ist nicht nur die Geschichte der Stadt, sondern zugleich auch die Charakteristik der einzelnen Jahrhunderte gegeben, wobei sich's trifft, daß das siebzehnte immer als das traurigste, das achtzehnte immer als das prosaischste auftritt.

Die große Zeit Gransees war wohl (wie für so viele Städte unsrer Mark) das sechzehnte Jahrhundert, die Joachimische Zeit. Damals gedieh alles, und das Kleinbürgertum wuchs fast über sich hinaus. Eine achtzehn Fuß hohe Mauer, mit fünfunddreißig Wachttürmen besetzt, umzirkte die Stadt, aus deren Mitte die schon genannte Marienkirche aufstieg und über Mauer und Wachttürme hinweg weit ins Ruppinsche und Uckermärkische hineinsah. Es war eine feste Stadt, vielleicht die festeste der Grafschaft. Gräben und Wälle blieben bis in den Anfang des vorigen Jahrhunderts, wo sie applaniert und zu Anlagen umgeschaffen wurden, so daß damals, wohl der Zahl der Häuser entsprechend, 321 Gärten die stehengebliebene Stadtmauer umgaben. Ob diese Zahl dieselbe geblieben ist, vermag ich nicht anzugeben, aber auch *jetzt* noch erschließt einem ein Rundgang um Gransee, besonders um seine Nordhälfte, die ganze landschaftliche Lieblichkeit einer kleinen märkischen Stadt. Nach der einen Seite hin, in breiter Fläche, Wasser, Wald und Wiese, nach der andern aber, im Schatten alten Mauerwerks, eine stattliche Reihe von Blumenbeeten und, eingeschoben in diese, jener von weißen und schwarzen Kreuzen überragte Garten, der beflissen ist, uns mit Fliederduft und Vogelsang über die Bitterkeit des Scheidens hinwegzutäuschen.

Aber dieser »Gang um die Stadt« war bestimmt, erst gegen Abend und bei niedergehender Sonne zu mir zu sprechen. *Noch* war heißer Mittag, und wo hätt ich zu dieser Stunde besser Schutz gefunden als in der dämmerkühlen Kirche der Stadt.

DIE MARIENKIRCHE,

deren Pfeiler bis in den Anfang des dreizehnten Jahrhunderts zurückdatieren, ist ein ursprünglich romanischer Bau,
mit Gewölben aus der gotischen Epoche. Was diese Kirche,
die von keiner in der Grafschaft übertroffen wird, auch
schon äußerlich auszeichnet, ist die reiche Verwendung des
vierblättrigen Kleeblatts. Allerdings begegnet man diesem
Ornament innerhalb der Backsteingotik unserer Mark an
den verschiedensten Stellen, aber nirgends in gleicher Über-
schwenglichkeit wie hier. Nicht nur band- und bortenartig
tritt es uns an Fries und Strebepfeilern entgegen, sondern die
betreffenden Bänder und Borten verbreitern sich auch zu
ganzen Flächen, so daß tapetenartige Wirkungen erzielt werden, ähnlich denen an modernen Berliner Bauten, wo man
mit Stein, als ob es sich um eine Tapisseriearbeit handle,
Muster und Figuren herzustellen beginnt.

Die Marienkirche hat *zwei* Türme, die des Vorzugs genießen, *beide* fertig zu sein, und sich nur dadurch unterscheiden, daß die Spitze des einen völlig *massiv*, die des andern
als eine bloße *Holzkonstruktion* in die Höhe steigt. Als
Grund für diese Verschiedenheit wird diplomatische Rücksicht angegeben, und zwar Rücksicht auf die rivalisierenden
Mächte der Maurer- und Zimmermeister. Was dem einen
recht war, war dem andern billig.

In dem nach rechts hin gelegenen *steinernen* Turme befinden sich die »vier Glocken mit dem harmonischen Geläut«. Bei dem Brande von 1711 stürzten die *damals* vorhandenen in das Schiff der Kirche nieder, und der Glocken-
gießer Johann Jacobi zu Berlin goß aus dem zusammenge-
schmolzenen Gut die *jetzigen* vier. Zwei davon sind
intereßlos, aber die *erste* und *dritte* zeichnen sich durch ihre
Inschrift aus.

Die *erste*, bei sechzehn Fuß Umfang, hat folgende Umschrift: »Quum dirissimum ac satis fatale incendium, incuria
perditi fabri, die XIX. Junii anni MDCCXI, exortum urbem
totam cum trecentis aedibus privatis ac sacris, simul omnibus
et publicis deperderet, haec ego campana die XXX. Octobris
MDCCXI reliquiis facta a J. Jacobi.« Also etwa: »Nachdem
eine höchst schreckliche, verhängnisvolle Feuersbrunst, wel-

che durch die Nachlässigkeit eines verruchten Schmidts den 19. Juni 1711 ausbrach, die ganze Stadt mit 300 Bürgerhäusern samt Kirchen und öffentlichen Gebäuden zugrunde gerichtet hatte, bin ich, diese Glocke, am 30. Oktober 1711 aus den Überbleibseln hergestellt durch Johann Jacobi.«

Die *dritte* Glocke, bei neun Fuß Umfang, bringt Reimzeilen. Sie lauten:

> Gleiche Glut zerstörte mich,
> Gleiche Glut erneute mich
> Wie die andern zweene;
> Drum soll mein Getöne,
> Gott, nächst ihnen, dir auch singen
> Und Dankopfer bringen.
> J. Jacobi goß mich in Berlin 1711.

Das *Innere* der Kirche bietet weniger, als man erwarten sollte, weil das mehrerwähnte Feuer von 1711 den ganzen Inhalt ausbrannte. Manches wurd aber doch gerettet.

Etwas davon zeigt der *Altar.* Dieser selbst ist ein Rokokobau (1739) von den üblichen Formen; als *Bild* aber ist in die von korinthischen Säulen eingefaßte Wand eine bunte mittelalterliche Holzskulptur eingelassen, so daß der Schrein jetzt eine wunderliche Stilvermählung aus dem fünfzehnten und achtzehnten Jahrhundert zeigt.

Ein andres Überbleibsel aus mittelalterlicher Zeit ist eine *Reliquienbüchse,* die, durch ein glückliches Ungefähr, erst gerettet und dann aufgefunden wurde. Sie befand sich in einem aus Steinen aufgeführten Altar einer Seitenkapelle, der, weil massiv, dem Feuer widerstand. Auf diesem Altar nahm Anfang der fünfziger Jahre Superintendent Kirchner eine eingelegte Steinplatte wahr, die hohl klang, wenn man daraufklopfte. Dies bestimmte den Superintendenten, die Platte herausnehmen zu lassen. Was er vermutet hatte, bestätigte sich. Unter dem Sandstein war eine Öffnung, von der aus, röhrenartig, ein Kanal auslief, darin weitere Nachforschungen die vorerwähnte *Reliquienbüchse* entdeckten. Sie hat die Form einer gedrückten Kugel, ist faustgroß, von Lindenholz und zeigt eine mittelgroße Öffnung, die mittelst eines einfachen Deckels geschlossen wird. In dieser Büchse befanden sich, außer einem Stückchen Mumie, drei Splitter vom Kreuze Christi in ein Stückchen Seidenzeug gewickelt, zugleich auch eine Urkunde mit dem Sekretsiegel des Bischofs von Havelberg. (Büchse und Inhalt sind zur Zeit in Händen des Superintendenten Kirchner in Walchow.)

Von kaum geringerem Interesse sind zwei *Grabsteine*, die den außergewöhnlichen Grad ihrer Wohlerhaltenheit einem ähnlichen Glücksumstande verdanken. Sie lagen 1711, als das große Feuer ausbrach, wahrscheinlich in Nähe des Altars. Die Flammen und selbst das niederstürzende Geröll hatten ihnen wenig anzuhaben vermocht, und als zwanzig Jahre später zur Wiederherstellung des Kircheninnern geschritten wurde, kam den Werkleuten der glückliche Gedanke, die bei dem Aufräumen mit aufgerissenen Grabsteine bei Pflasterung und Fliesenlegung der Kirche nach Möglichkeit zu benutzen. Als bloße Fliese war aber die glatte Rückseite des Grabsteins besser zu verwenden als seine Bildseite, weshalb Bild und Inschrift *nach unten* kamen. Und so wurden sie gerettet. Neuerdings aus dem Mittelgange, wo sie lagen, wieder aufgenommen, hat man sie nördlich in die Kirchenwand eingemauert. Es sind zwei Bellins, Vater und Sohn. Der Grabstein des Vaters zeigt ein gutes Ritterbild mit vier Wappen in den Ecken und folgende Inschrift: »Anno 1582, den Tag Mariä Lichtmeß, ist der edle, gestrenge, ehrenfeste Hermann Bellin, Erbseß XV. Markow, in Gott seliglich entschlafen, welcher Seele Gott gnädig sei.« — Der Grabstein des Sohnes, auch Hermann Bellin, ist klein und von geringerem Interesse.

Neben diesen Epitaphien der Bellins, Vater und Sohn, erhebt sich noch ein dritter, um 150 Jahre jüngerer Grabstein, und zwar *der* des Inspektors oder Superintendenten Ernst Germershausen, eines Mannes von einer gewissen städtischen und (weil typisch) auch kulturhistorischen Bedeutung, weshalb wir hier eingehender bei ihm verweilen.

ERNST GERMERSHAUSEN

folgte 1704 seinem Vorgänger Andreas Seehausen im Amt und verwaltete es achtundzwanzig Jahre. In die Zeit seiner geistlichen Oberherrschaft fällt das große Feuer von 1711, das 300 Häuser und in ihrem Innern auch die Kirche zerstörte. Mit dem Magistrate lag er in beständiger Fehde, was auf den Wiederaufbau der Kirche nachteilig wirkte. Die Stadtbehörde verweigerte beispielsweise die Lieferung von Holz, infolgedessen die Kirche drei Jahre lang ohne Dach blieb. Beiläufig eine Strafe, die diejenigen, die sie verfügten, mit traf, wenn sie nicht vielleicht »aus Rache« auch die Predigt versäumten. In der Magistratsregistratur ist noch ein starkes Aktenbündel vorhanden, das Kunde gibt von der gegenseitigen Erbittertheit.

Aus Predigten, die G. hinterlassen, erkennt man ihn als einen sehr eigenartigen Herrn. So findet sich in einem Leichensermon aus dem Jahre 1728 folgende sonderbare Bemerkung über Ebbe und Flut: »Die Lästerer der Religion geben vor, Moses habe die Juden bloß aus Hochmut und Ehrgeiz durchs Rote Meer in die Wüste geführt, um über sie zu herrschen, und habe des *Meeres Ab- und Zufluß verstanden.* Allein, solche Spötter haben keinen Begriff von der Seefahrt, da den geringsten Schiffsleuten bekannt ist, daß Ebbe und Flut in der Welt *nirgend* existiert als in der Nordsee, am heftigsten in Schottland, weshalb man meint, daß dort der Schlund sei, wo das Meer, als wenn es Othem holete, das Wasser gleichsam verschlucke und wieder von sich stoße, da, je weiter von Schottland, diese Ebbe und Flut desto weniger zu spüren.«

Er konnt aber auch besser sprechen. So beispielsweis in einer andern Leichenrede, die er im selben Jahre hielt. Sie begann: »Am 6. Mai 1728 starb in seinem vierundachtzigsten Jahre der vorachtbare und wohlvornehme Herr Daniel Grieben senior. Er trat dreimal in den Stand der heiligen Ehe und hinterläßt sechzehn Kinder, sechsundfünfzig Enkel und acht Urenkel. Sein Leben und Wandel betreffend, so hat er sich als einen christlichen und gottseligen Bürger wohl aufgeführet, Gottesdienste, selbst in der Wochen, nie versäumet und mit gebührender Andacht das heilige Abendmahl fleißig gebrauchet; seine Kinder und Gesinde zur Gottesfurcht gehalten und wohl erzogen, daß auch, Gott sei Dank, unter solcher starken Zahl kein Ungeratenes vorhanden. Er gab einen guten Haushalter ab; gegen den Nächsten war er mitleidig, so daß er in der Not mit Geld und Getreide jedermann ohne jeden Eigennutz gern gedienet. Und da ihn Gott im Zeitlichen reichlich gesegnet, hat er sich durch solches weder zu Stolz und Hoffart noch zu Verschwendung bewegen lassen, sondern ist nach wie vor in Gottesfurcht, Demut und Fleiß verblieben. Viel Menschen hat er mit Vormundschaft und Zurechtweisung ihres Vermögens gedienet und seine Leibes- und Gemütskräfte Gott zu Ehren und dem Nächsten zu Nutz wohl angewendet.«

Das sind Kernworte, die auch *den* ehren, der sie sprach. Seine beständigen Streitigkeiten mit der Stadtbehörde beweisen nicht allzuviel *gegen* ihn. Sie scheinen (wenn sie überhaupt dazu angetan sind, einen Schatten auf seinen Charakter zu werfen) lediglich in einem hochgespannten Selbstbewußtsein ihren Grund gehabt zu haben. Und zu diesem Selbstbewußtsein war er in dem damaligen Gransee vielleicht berechtigt. Er war gelehrt und charaktervoll, in Welt und Büchern gleich erfahren und ragte mutmaßlich um Haupteslänge über den »Magistrat« hinaus. Um einen Kopf größer sein ist aber an und für sich schon ein Verbrechen, und es *zeigen*, ein doppeltes. Seine von ihm selbst verfaßte Grabschrift gibt uns, ungewollt, zugleich ein Lebens- und Charakterbild:

Memoria
Ernesti Germershausen, Gransoviensium praesulis,
Cui Magdeburgum vitam, Hamburgum fortunam,
Maria Germanicum, Atlanticum, Gaditanum, Ligusticum,
Tyrrhenum experientiam,
Urbes Olysippum, Gades, Malaga, Alicante, Genua,
Livorno, Pisa, Florentia et ipsa
Roma prudentiam,
Lichterfelda et Gransoviense territorium
Honores conciliaverunt.
Quibus cum (33) annos et quod excurrit praefuisset,
Placide obiit die (6 Decembris Anni MDCCXXXII).
Cujus anima requiescat in pace.

Zum Gedächtnis
von Ernst Germershausen, Inspektor zu Gransee,
Dem Magdeburg das Dasein, Hamburg Vermögen,
Das Deutsche, Atlantische, Spanische Meer,

Das Tyrrhenische und auch das Ligurische Erfahrung,
Die Städte Lissabon, Cádiz, Malaga, Alicante, Genua,
Livorno, Pisa, Florenz und selbst
Rom Weisheit,
Die Bezirke von Lichterfelde und Gransee aber
Amt und Würde gaben,
Starb, nachdem er sie 33 Jahre und darüber verwaltet, sanft
Den 6. Dezember 1732.
In Frieden ruhe seine Seele.

Von der Marienkirche fort wenden wir uns jetzt der andern
Sehenswürdigkeit der Stadt zu. Es ist:

Das Luisen-Denkmal

O welche Reise!
Wie traurig leise
Durchzogen wir der schwarzen Fichten Nacht.
Es fielen unsre Tränen in den Sand;
Sie gab einst Schönheit diesem Land.

Achim von Arnim

Eh ich das Denkmal selbst beschreibe, geb ich die *Situation.*
Am 19. Juli 1810, neun Uhr früh, war die Königin zu Ho-
henzieritz gestorben. Die Leiche verblieb daselbst noch
sechs Tage. Am 24. wurde sie in Silberstoff gekleidet und in
einem schwarz drapierten Zimmer in Parade ausgestellt. Am
25., in glühender Sonnenhitze, begann die Überführung;
Gransee sollte an diesem Tage noch erreicht werden. So war
der Zug:

Oberstallmeister von Jagow und Schloßhauptmann von
Buch;
herzoglich mecklenburgisches Forstpersonal;
Détachement mecklenburgischer Kavallerie;
mecklenburgischer Hofstaat samt den strelitzischen Mini-
stern;
der Herzog Karl von Mecklenburg (jüngster Bruder der
Königin) und der Oberhofmeister Baron von Schilden;
der auf Federn ruhende, an den inneren Seiten mit Polstern versehene Leichenwagen;

die Oberhofmeisterin Gräfin von Voß;
zwei preußische Kammerherren;
die Kammerfrauen der Königin;
Détachement mecklenburgischer Kavallerie.

An der preußischen Grenze, bei Fischerwall, dort, wo
jetzt am Rande des Waldes ein einfacher Deckstein steht,
wurde der Trauerzug von der Leib-Eskadron des Regiments
Garde du Corps, von dem Landrat des Ruppiner Kreises,
späterem Grafen von Zieten, und einer Deputation der Ritterschaft erwartet. In allen Ortschaften, welche von dem
Zuge berührt wurden, wie auch in allen denen, welche bis
auf eine Meile von der Landstraße entfernt lagen, wurde mit
allen Glocken geläutet. So schritt man auf Gransee zu. Hier
war bereits vorher, von Berlin aus, ein gotisch verziertes, mit
schwarzem Tuch bekleidetes Langzelt eingetroffen, das man
mit Hülfe von Vorhängen in drei Abteilungen geteilt hatte. In
der vordersten standen die Wachtposten der Garde du
Corps, in der zweiten der Leichenwagen; in der dritten befanden sich die Personen des Hofes.

An der Stadtgrenze von Gransee, bei der sogenannten
Baumbrücke, wurde der Zug von den städtischen Behörden
empfangen und auf jenen oblongen Platz geleitet, der jetzt
den Namen »*Luisen-Platz*« führt. Die Stelle, wo der Leichenwagen inmitten des Zeltes stand, ist bis heute durch ein
paar eiserne Fackelhalter (hart links neben der Straße) markiert. Am 26. Juli früh setzte sich der Kondukt, auf Oranienburg zu, wieder in Bewegung; am 27. traf er in Berlin ein.

Zur Erinnerung an die Nacht vom 25. auf den 26. wurde,
seitens der Stadt Gransee wie des Ruppiner Kreises, das
»*Luisen-Denkmal*« errichtet. Es ist von Eisen; einzelnes vergoldet. Schinkel entwarf die Zeichnung; die Berliner Königliche Eisengießerei führte sie aus.

Dies Denkmal nun, dessen Beschreibung wir uns in nachstehendem zuwenden, besteht aus einem Fundament und
einem sockelartigen Aufbau von Stein, auf dem ein *Sarg*
ruht. *Über* diesem Sarg, in Form eines Tabernakels, erhebt
sich ein säulengetragener Baldachin. Die Verhältnisse des
Ganzen sind: dreiundzwanzig Fuß Höhe bei dreizehn Fuß
Länge und sechs Fuß Breite. Der Sarg, in Form einer Lang-
kiste mit zugeschrägtem Deckel, hat seine natürliche Größe;

zu Häupten ruht eine vergoldete Krone; an den vier Ecken
wachsen vier Lotosblumen empor. Die Inschriften am Kopf-
und Fußende lauten wie folgt: »Dem Andenken der Königin
Luise Auguste Wilhelmine Amalie von Preußen.« — »Geboren den 10. März 1776, gestorben den 19. Julius 1810.
Nachts den 25. Julius stand ihre Leiche hier.« Die Inschriften zu beiden Seiten des Sockels sind folgende. *Links:* »An
dieser Stelle sahen wir jauchzend ihr entgegen, wenn *sie*, die
Herrliche, in milder Hoheit Glanz mit Engelfreudigkeit vor-
überzog.« *Rechts:* »An dieser Stelle hier, ach, flossen unsre
Tränen, als wir dem stummen Zuge betäubt entgegensahen;
o Jammer, sie ist hin.«

Die weiteren Inschriften, die der Gesamtbau trägt, befinden sich teils am *Fundament*, teils an der *Innenseite* jener
großen Eisenplatten, die das Schrägdach des Baldachins bilden. Am Fundament steht: »Von den Bewohnern der Stadt
Gransee, der Grafschaft Ruppin und der Prignitz.« Die großen Eisenplatten enthalten nur ein Namensverzeichnis, und
zwar die Namen derjenigen, die sich um die Errichtung dieses Denkmals besonders verdient gemacht haben. Es sind:
Joh. Friedrich Klagemann, Burgemeister; Karl Heinrich Bor-
stell, Kämmerer; Karl Wilhelm Metzenthin, E. Gottfried
Koch, Joh. Andreas Werdermann, Johann Jakob Scheel,
Ratsmänner; Johann Jakob Gentz, Vorsteher der Stadtver-
ordneten; Friedrich Christian Ludwig Emil von Zieten auf
Wustrau, Landrat; Karl Friedrich Schinkel, Baumeister.

Am 19. Oktober 1811 wurde das Monument im Beisein
des damals zehnjährigen Prinzen Karl von Preußen enthüllt.
Sooft der König später, bei Gelegenheit seiner Besuchsreisen
nach Neustrelitz, Gransee passierte, ließ er den Wagen an
dieser Stelle halten. Am Abend des 19. Juli 1860, also am
funfzigjährigen Todestage der Vollendeten, wurde, bei Fak-
kelschein und unter dem Geläut aller Glocken, eine liturgi-
sche Andacht an ebendiesem Denkmal abgehalten. Nicht
nur Stadtbewohner, auch Angehörige des Kreises waren in
großer Zahl erschienen.

Und wie Gransee durch jenes Denkmal sich selber ehrte,
so glänzt auch sein Name seitdem in jenem poetischen
Schimmer, den *alles* empfängt, was früher oder später in
irgendeine Beziehung zu der leuchtend-liebenswürdigen Er-

scheinung dieser Königin trat. Die moderne Historie weist kein ähnliches Beispiel von Reinheit, Glanz und schuldlosem Dulden auf, und wir müssen bis in die Tage des früheren Mittelalters zurückgehn, um Erscheinungen von gleicher Lieblichkeit (und dann immer nur innerhalb der *Kirche*) zu begegnen. Königin Luise dagegen stand inmitten des *Lebens*, ohne daß das Leben einen Schatten auf sie geworfen hätte. Wohl hat sich die Verleumdung auch an *ihr* versucht, aber der böse Hauch vermochte den Spiegel nicht auf die Dauer zu trüben. *Mehr* als von der Verleumdung ihrer Feinde hat sie von der Phrasenhaftigkeit ihrer Verherrlicher zu leiden gehabt. Sie starb *nicht* am »Unglück ihres Vaterlandes«, das sie freilich bitter genug empfand. Übertreibungen, die dem einzelnen seine Gefühlswege vorschreiben wollen, reizen nur zum Widerspruch.

Das Luisen-Denkmal zu Gransee hält das rechte Maß: es spricht nur für sich und die Stadt und ist rein persönlich in dem Ausdruck seiner Trauer. Und deshalb rührt es.

GENTZRODE

GENTZRODE

Einst war eine Zeit, da war nur eines,
Da war nicht Steig, den Fuß zu stellen,
Da war nicht Haus, das Haupt zu ruhen; . . .
»Ist *mein* dies alles? Bin *ich* hier der Meister?«
So rief er, erwartend, ob's einer ihm wehrte.

1. Von der Gründung Gentzrodes 1855 bis zum Tode von Johann Christian Gentz 1867

Im Winter 1888 auf 1889 war es, daß unsre Zeitungen, bei Gelegenheit einer in Berlin stattfindenden *»Großen Wein-ausstellung«*, eine kurze Notiz über ein den »Delegierten zur Ausstellung« gegebenes Fest brachten, welches Fest mit einem Jagdausfluge nach dem Rittergute Gentzrode, halben Wegs zwischen Ruppin und Rheinsberg, abgeschlossen habe. Und in der Tat, seitens des Herrn F. W. Nordenholz, ehemaligen bremensischen Konsuls in Argentinien, waren die Weindelegierten, darunter eine große Zahl portugiesi-scher Gäste, nach dem oben genannten Rittergute hin einge-laden worden, in der ausgesprochenen Absicht, die »Herren aus dem Süden« mit einer nordischen Jagdszenerie, den ver-bleibenden deutsch-preußischen Rest der Gesellschaft aber mit einer nach der *landwirtschaftlichen* Seite hin ganz eigen-tümlichen Neuschöpfung (in manchem noch eigentümlicher als der Fürst Pücklerschen in Muskau) bekanntzumachen.

Von dieser Neuschöpfung hab ich in nachstehendem zu berichten.

Gentzrode liegt auf dem Plateau beziehungsweise am Ab-hang einer Sanddüne, die seit unvordenklichen Zeiten den Namen der »Kahlenberge«, ja, an einer Stelle sogar des »Kranken Heinrich« führt, ein Terrain ganz nach Art der 1848 historisch gewordenen Berliner »Rehberge«: Sand und wieder Sand, von nichts unterbrochen als von einem gele-gentlichen Büschel Strandhafer und jenen nesterartigen Lö-chern, die die vordem hier zahlreichen Krähen aufzukratzen pflegten. So waren die Rehberge, und so waren auch die Ruppiner Kahlenberge, welche letzteren, außerdem noch, in mittelalterlicher Zeit einen aus Feldstein aufgemauerten *Luginsland* trugen, die »Kuhburg«, von der aus ein Wächter nach allen Seiten hin Umschau hielt und Meldung machte, wenn die »Quitzowschen« oder ihresgleichen, wie dies mehrfach geschah, im Anzuge waren. Anfang dieses Jahrhunderts existierten noch die Fundamente dieser »Kuhburg«, und als neuerdings an der alten Turmstelle nachgegraben wurde, fand sich der Burgschlüssel einige Fuß tief im Sande. Das war 1855, in welchem Jahre Johann Christian Gentz, über den ich Seite 134 berichtet, diese Sanddüne (die »Kahlenberge«) gekauft hatte, von vornherein mit der Absicht, eine Oase daraus zu machen. Als er beim Graben den eben erwähnten Burgschlüssel fand, lächelte er und sah darin eine Gewähr, daß diese Stelle nun *seine* sein solle.

Die Kahlenberge, wie hervorgehoben, waren nur ein Sandplateau; nichtsdestoweniger machte der Ankauf dieses halb wertlosen Terrains (der Morgen wurde anfangs nur mit sechs Taler bezahlt) große Schwierigkeiten. Diese Schwierigkeiten entstanden daraus, daß es *Stadt*land war, an dem viele Ruppiner Bürger strichweis ihren Anteil hatten, so daß beispielsweise mit 118 Partnern verhandelt und ebensoviel Tauschverträge zustande gebracht werden mußten. Schließlich waren einige tausend Morgen erworben, aber ehe das Gesamtareal beisammen war, gingen die zuerst erstandenen und bereits urbar gemachten Teile schon wieder durch allerlei Prüfungen und Gefahren.

Diese Gefahren waren *Wassers-* und *Feuersnot.*

Was zunächst die *Wassersnot* angeht, so muß vorauf bemerkt werden, daß es keine Not *durch,* sondern eine Not *um* Wasser war.

Gleich in den ersten Jahren wurd es eine Lebensfrage für Gentzrode, ob es möglich sein werde, das erforderliche Wasser zu beschaffen. Man hatte bis dahin nur einen Regentümpel, nur eine primitive Zisterne. Damit war nichts zu leisten, und immer unerläßlicher erwies sich die Herstellung eines *Brunnens.* Ein Ratszimmermeister wurde konsultiert und unterfing sich endlich, die Sache wagen zu wollen. Ein halbes Hundert Arbeiter ward angestellt, um ein trichterförmiges Loch zu wühlen, das eine Tiefe von vierzig und oben eine Weite von fünfzig Fuß hatte. Jedoch umsonst: kein Wasser kam, und der Ratszimmermeister erklärte schließlich, »daß sein Rat und seine Weisheit zu Ende seien«. Stafetten gingen nun nach Berlin, um von dort her »höhere Meister« herbeizuholen. Aber wie zu Zeiten einer Epidemie keine Ärzte zu haben sind, so waren in jenem beispiellos trocknen Sommer (1857) keine Brunnenmacher zu haben. Von allen Seiten her waren dieselben Notschreie gekommen, und in der Hauptstadt selbst stand es kaum besser. So blieb denn Gentzrode auf seine eignen oder doch auf benachbarte Kräfte angewiesen. Und sie fanden sich auch.

Ungerufen stellte sich ein kleiner, unansehnlicher Mann ein, namens Franke, der aus Groß-Menz gebürtig und seines Zeichens ein Maurergeselle war. Er erbot sich, den Brunnen fertigzubauen. Wie begreiflich, fand er zunächst wenig Glauben und Vertrauen. »Er sieht aus wie ein Maulwurf«, sagte der alte Gentz; »aber was soll uns das; Erde genug ist aufgeworfen.« Franke ließ sich jedoch weder durch scherzhafte noch durch ernstgemeinte Bemerkungen aus der Fassung bringen und zeigte jedem Bedenken gegenüber eine solche Sicherheit und Ruhe, daß endlich beschlossen ward, ihn gewähren zu lassen. Er wurde nun in eine Baracke einlogiert, erwies sich hier mit allem zufrieden und imponierte zunächst wenigstens durch Anspruchslosigkeit. Aber schon nach einigen Tagen überraschte die Kunstfertigkeit, mit der er zu Werke ging. Er hatte die Methode des »Senkens«, die die Ruppiner noch nicht kannten und die, wenn ich richtig verstanden habe, dem »mit dem Kasten vorgehn« der Mineure oder der Anwendung des »Wolfs« oder Eisenwagens entsprach, mit dessen Hilfe beispielsweise der Tunnel in London gebaut wurde. Vortreiben, ausgraben und wieder vortreiben. Die vorgetriebene Eisenwandung (so wenigstens beim Tunnelbau) bildet den jedesmaligen Schutz für den Grabenden, während das hinter ihm liegende Stück ausgemauert wurde.

Gentzrode war in jenen Tagen, fast mehr noch als später, eine Sehenswürdigkeit, und es machte wirklich einen spukhaften Eindruck, den kleinen Mann, bei Grubenlicht, wie einen Erdgeist in der Tiefe hantieren zu sehen. Einer rief hinunter: »Wenn dich der Teufel geholt hat, so decke den Brunnen zu.« Dieses letztere wurde aber nicht nötig, weil das erstere nicht geschah; Franke erreichte vielmehr in vier Wochen angestrengter Arbeit den Wasserspiegel. Er lag sechsundfünfzig Fuß tief. Und mit neuem Mute setzte der »Maulwurf« nunmehr seine Arbeit fort.

Lassen wir ihn zunächst in seiner Tiefe, daraus wir ihn erst in einem neuen kritischen Momente wieder werden empor-steigen sehen. Denn seltsam, ebendiesem kleinen Manne war es auch vorbehalten, die zweite, *größere* Not, die Gentz-rode zu bestehen hatte, zu beseitigen oder wenigstens, allen andern vorauf, an ihrer Beseitigung mitzuwirken. Er hatte das *Wasser* gefunden. Das zweite, was er tat, war: er hielt den Lauf des *Feuers* auf.

Die Geschichte davon zwingt uns, auf eine Zeit vor dem erst in Sicht stehenden Abschluß der Brunnenarbeiten zu-rückzugehn.

Ein großer Teil des Gentzroder Gutsareals, namentlich aber die der königlichen Forst zu gelegenen Reviere, waren mit *Heidekraut* überdeckt. Erlaubnis war nachgesucht wor-den, dies Heidekraut abbrennen zu dürfen, die Regierung hatte die nötige Zustimmung gegeben, und das in Frage kommende Terrain war in zwei Hälften, in eine Hälfte links und in eine andre rechts der Wittstocker Straße, geteilt wor-den. Mit der einen Hälfte hatte man begonnen, und bereits Ende August war *unter Innehaltung aller üblichen Vor-sichtsmaßregeln* der Heidekrautbrand gefahrlos und ohne je-den Zwischenfall ausgeführt worden. Dies war zur Linken. Vier Wochen später sollte mit der Rechtshälfte vorgegangen werden.

Diese vier Wochen waren jetzt um, und wie herkömmlich in Blättern angezeigt wird: »Am heutigen Tage finden Schießübungen statt« oder »Auf dem Glacis werden Spren-gungen vorgenommen«, so stand auch im »Ruppiner Anzei-ger«: »Am 27. September wird auf der Strecke rechts vom Wittstocker Wege das Gentzroder Heidekraut niederge-

brannt.« Eine Warnung und eine Festankündigung zu gleicher Zeit, denn eine große Zahl von Personen fand sich ein,
um dem Schauspiele beizuwohnen.

Bei Beschreibung der nun folgenden Szene laß ich den
Hauptbeteiligten (Alexander Gentz, auf den ich weiterhin
zurückkomme) selber sprechen:

»Es war neun Uhr früh am genannten Tage (27.), als ich,
in Begleitung einiger Freunde, von Ruppin her in Gentzrode
eintraf. Ein leiser Wind blies bei unbewölktem Himmel über
die Kahlenberge hin. Alles gewährte einen heitern Anblick;
jeder war an seinem Platze, die Zuschauer erwartungsvoll.
Wir nahmen also die bereitgehaltenen Fackeln zur Hand,
und ohne uns lange bei der Frage aufzuhalten, wo's wohl am
geratensten sei, anzufangen, gingen wir umgekehrt davon
aus: ›Die nächste Stelle, die beste.‹ So denn die Fackeln hinein, und im Nu stand eine Heidestrecke von 300 Schritt in
Brand. Noch fünf Minuten, und das Feuer fing bereits an,
uns Bedenken zu machen, denn der Wind war heftiger geworden. Jetzt erst kam mir der Gedanke, mich auch zu ver-
gewissern, ob seitens meines Inspektors der vorschriftsmäßige *Sicherheitsstreifen* gezogen sei. Wir waren alle wie vom
Teufel des Leichtsinns besessen gewesen. Die gesetzliche
Vorschrift, die vier Wochen vorher aufs genaueste befolgt
worden war, forderte mit Recht einen zwanzig Ruten breiten,
tief umgepflügten Streifen zwischen dem abzubrennenden
Heideland und dem weiten Forstbestande dahinter. Und was
fanden wir statt dessen! *Eine* Rute breit lief der Streifen, und
nur mit dem Haken, statt mit dem tiefer gehenden Pfluge,
war das Erdreich umgebrochen worden. Ein Angstschrei
kam über meine Lippen. Dann wurden Versuche gemacht,
den schmalen Sicherheitsstreifen durch Ausschlagen des
Feuers mit Sträuchen und Büschen zu behaupten, aber vergebens. Die Flamme lief wie eine Schlange über das Gras
hin, der Wind wurde Sturm und trieb die Lohe der königlichen Forst zu. Das Heidekraut, die zehn Fuß hohen Tannen,
das Kieferngestrüpp, alles war trocken wie Stroh; das Feuer
brauste bereits durch die niedrigen Kronen, und ungeheure
Rauchwolken stiegen auf, die fast die Sonne verdunkelten.
Im Zurückeilen nach dem abgesteckten Hofe benahm uns
die Hitze schon den Atem, und wir liefen Gefahr, erstickt zu

werden. Ich wollte die Mannschaften zu gemeinschaftlicher Hilfe zusammenrufen, aber zerstreut irrten sie hierhin und dorthin, und mein Ruf ging unter in dem unheimlichen Toben der Feuermasse.

Da stieg aus dem Brunnen unser alter ›Maulwurf‹, Maurer Franke, hervor, der einzige, der auch jetzt wieder Geistesgegenwart genug besaß, um auf ein rettendes Mittel zu verfallen. Er wies, ohne ein Wort zu sprechen, auf die vier Gespanne Pferde hin, die weit weg auf dem Felde pflügten. In der Tat, *wenn* überhaupt noch eine Möglichkeit da war, die königliche Forst zu retten, so konnten es nur *diese* tun. In wenigen Minuten waren sie herbeigeholt, und jetzt mit ihnen in Carrière nach der Feuergrenze, wo sie's möglich machten, auf dem verhängnisvollen Streifen einige tiefere Furchen zu ziehen. Welche Spannung! Ich allein war der Betroffene. Niemand ahnte die volle Verantwortlichkeit, in der ich schwebte. Vor mir 20 000 Morgen Forst, ausgedörrt vom heißen Sommer, und hinter mir das heranwälzende Feuermeer, das schon einen Umfang von 300 Morgen einnahm. Ich stürzte zurück nach der Baracke, um auf einem dort untergebrachten Reitpferde nach der Stadt zu jagen, um Hilfe zu holen. Aber — neue Entmutigung! Einige jener Neugierigen, die des Schauspiels halber herbeigekommen waren, hatten sich ohne weiteres mit dem Reitpferde aus dem Staube gemacht.

Wirr und verworren lief alles aneinander vorüber. Außer meinen Leuten, die von Hunger, Durst und Hitze erschöpft waren, war niemand mit Rettungsinstrumenten da. Der gefürchtete Moment kam in der Tat immer näher, schon war der Waldsaum erreicht, und der Sturm begann bereits die Flammen in die königliche Forst hineinzuschleudern. Die helle Verzweiflung faßte mich, meine Kräfte waren hin, und die Phantasie stellte mir das entsetzliche Bild vor Augen: das Resultat einer vierzigjährigen rastlosen Tätigkeit meines Vaters mit einem Schlage vernichtet zu sehen! Vernichtet war ich selber.

Aber dieser schlimmste Moment war auch die Rettung. Die Nachricht von dem Geschehenen war inzwischen nach Ruppin gelangt, alle Sturmglocken gingen, und durch öffentlichen Ausruf ward angekündigt, ›daß jedes Haus zwei ar-

beitsfähige Männer zu stellen habe‹. Die ganze Stadt war auf
den Beinen, die Dörfer nicht minder, und alles, was Wagen
und Pferde hatte, machte sich auf, um der bedrohten Stätte
zuzueilen. Schon sah ich die Menschen mit überladenen
Wagen, Spritzen und Wassertonnen vom Kuhburgsberge
herunterjagen, als mir, auch von der anderen Seite her, die
Nachricht kam, ›das Feuer ist bewältigt‹. Es war so. Mit
einiger Ruhe konnten wir jetzt dem letzten Akte des Schauspiels zusehen und wahrnehmen, wie die mehr und mehr in
sich selbst erstickenden Flammen ihren dunklen Rauch über
die Tannen lagerten. War es die Windstille, die plötzlich eingetreten, oder waren es die Weisungen des alten Brunnen-
machers, gleichviel, die Forst war gerettet und mit ihr mein
Vermögen.«

Alle diese Vorgänge fielen in den Spätsommer 1857. Kata-
strophen ähnlicher Art brachen von jenem Zeitpunkt ab
nicht mehr herein; Wasser war gewonnen, der Boden urbar
gemacht, und das Unternehmen begann innerhalb der gehäg-
ten Erwartungen, ja über diese hinaus zu prosperieren, nicht
zu kleinstem Teile deshalb, weil man den Mut hatte, nicht
nach berühmten Mustern und überkommener Weisheit, sondern in einer Art Opposition vorzugehn. In allem gab der
»common sense« den Ausschlag. Man wollte nicht Pendant
zu Vorhandenem, sondern das Gegenstück dazu sein. Parole
wurde: Nur kein System! . . . »Geld und Nüchternheit über-
nahmen hier von Anfang an die Gestaltung und Regelung
des Ganzen, aber doch derartig eigentümlich, daß sich, innerhalb der nüchternsten Erwägungen, ein beständiger, ans
Sublime streifender Hang zu Kalkül und Spekulation zu erkennen gab. Wie Rechner und Schachspieler phantastisch
werden können, wie's eine Trunkenheit des Verstandes gibt,
ähnlich operierte man auch hier.« Jeder herkömmliche Satz
wurde angezweifelt, eben weil er herkömmlich war, die Kritik wurde zum schöpferischen Element.

> Und die Devise jedes neuen Tags,
> Sie lautete: ich *will* es und ich *wag's*.

Im Einklange damit war es, daß, allem Spott der Besser-
wisser zum Trotz, von Anfang an der *eine* Gedanke verfolgt
wurde: den Ackerbetrieb, mit Rücksicht auf den sterilen Boden, nach Möglichkeit zu beschränken und statt seiner, neben Maulbeerbaumpflanzungen und Seidenzucht, den *Brennereibetrieb* und, als auch dieser, wie schon vorher die Seidenzucht, versagte oder wenigstens nicht voll genügte, große
Waldkulturen in Angriff zu nehmen. Dies ergab relativ glänzende Resultate, da man, von Anfang an, auf nur sehr mä-
ßige Zinserträge gerechnet hatte. Verhältnismäßig rasch war
aus der Anlage so viel geworden, daß die ehemaligen »Kahlenberge« als eine märkische Musterwirtschaft angesehen
wurden. Ackerfelder zogen sich in breiten Flächen über das
Plateau hin, desgleichen frische Wiesen am Fuße desselben,
überall aber, den Abhang hinab und dann eingemustert in
die Schläge, wuchsen Schonungen auf und bedeckten eine
ziemlich bedeutende Fläche mit jungen Eichen, Birken und
Buchen. Aus dem Mittelpunkt dieser Neuschöpfung aber erhob sich, quadratisch, ein Komplex von Wirtschaftsgebäu-
den, hoch von Schornsteinen überragt, deren Rauchfahnen
weit ins Land hinein die Wandlung verkündeten, die sich an
dieser Stelle vollzogen hatte. Dem entsprachen auch die mittlerweile herangezogenen Arbeitskräfte. Drei Inspektoren waren da, samt vielen Knechten und Mägden, alles in allem
116 Menschen, an einer Stelle, wo, seit dem Hinsterben des
letzten Turmwächters auf der »Kuhburg«, kein menschlich
Wesen mehr gelebt hatte. Der schönste Moment aber war
der, als das erste Kind, ein Junge, auf dieser Stelle geboren
wurde, was den alten Gentz das stolze Wort sprechen ließ:
»Er ist der *erste* hier, er soll Adam heißen.«

Alles war in gutem Stand und Gedeihen, als Johann Christian Gentz, zwölf Jahre nach der Begründung, starb.

2. VOM TODE DES ALTEN JOHANN CHRISTIAN GENTZ
(1867) BIS ZUM BAU DES GENTZRODER HERRENHAUSES 1877

Am 4. Oktober 1867 war der alte Gentz gestorben und vorläufig, bis zur endlichen Ausführung eines für Gentzrode geplanten Mausoleums, auf dem alten Ruppiner Kirchhof am
Wall beigesetzt worden. Sein jüngster Sohn Alexander trat
nach erfolgter Vermögensauseinandersetzung mit seinem älteren Bruder Wilhelm, dem Maler, das Gesamterbe an, das
aus folgenden Hauptstücken bestand:
> aus dem Stadthaus samt Laden- und Bankgeschäft,
> aus dem sogenannten »Tempelgarten« samt Tempel vorm
> Tempeltor,
> aus dem Torfgeschäft im Luch, und viertens und letztens
> aus Gentzrode,

welchem letzteren der neue Besitzer von Anfang an seine
volle Hingabe widmete. Bevor ich indessen erzähle, wie
diese speziell Gentzrode zugute kommende Hingabe sich
äußerte, geb ich, als Einleitung, eine biographische Skizze
des neuen Besitzers bis zu dem Zeitpunkt der Gutsüber-
nahme. Bei der Skizze selbst aber folge ich Alexander
Gentz' eigenen Aufzeichnungen.

Alexander Gentz

»Ich wurde«, so schreibt er, »am 14. April 1825 geboren,
und zwar als der jüngste von vier Brüdern, die, von frühester
Kindheit an, sämtlich lebhaften Geistes und von gleicher
Neigung beseelt waren, sich in freier Natur herumzutum-
meln, um Pflanzen, Käfer, Vogeleier und Schmetterlinge zu
sammeln. Ein Elementarlehrer, der Weißbauer hieß und
trotz eines mehr als bescheidenen Gehalts von nur 120 Talern sich eine wundervolle Pflanzen- und Insektensammlung
angelegt hatte, wußte durch Exkursionen, auf denen wir ihn
begleiten durften, unsren Eifer für naturwissenschaftliche
Dinge zu steigern. Es ging meistens auf Alt Ruppin zu bis an
den Molchow-See. Die weite Sandfläche — von kleinen Hü-
geln unterbrochen, mit denen der Wind spielte — war so tot
und öde, daß nicht einmal Fichtengestrüpp oder Heidekraut
drauf wuchsen, und an dieser Wüste vorbei (wenn nicht

querdurch, was auch vorkam) wanderten wir bis an die
›Räuberkute‹, die wir schon um ihres Namens willen liebten
und der nur leider die Räuber fehlten. Mitten im Sande begegneten wir dann plötzlich einem Sumpfloch mit wilden
Enten drauf, nach denen wir vom Ufer her mit Steinen warfen, bis sie weiterflogen oder niedertauchten. Hinter der
›Räuberkute‹ lief dann, die sogenannte Schwedenschanze
durchschneidend, ein alter Weg auf die Neue Mühle zu.
Dies war der Ausflug, den wir am häufigsten machten, am
liebsten aber war uns der Weg am Klappgraben hin und
dann über diesen fort bis zu den mit Eichen und Buchen be-
standenen ›drei Wällen‹, die wohl auf 1000 Schritt die
Grenze zwischen der Storbecker und Kränzliner Feldmark
ziehen und den Eingang zu einem prachtvollen Eichenkamp,
der der ›Blecherne Hahn‹ hieß, bildeten, eine landschaftlich
reizende Partie mit Baumgruppen, wie sie sich, was unsere
Grafschaft angeht, kaum noch auf dem schönen Ruppiner
Wall und im Forstrevier ›Pfefferteich‹ vorfinden. Ja, nach
dem ›Blechernen Hahn‹ hin, wo sich eine Meierei mit
Milchwirtschaft befand, das war ein beliebter Ausflug, und
nur eines gab es, was noch darüber hinausging, das war ein
in der Nähe der Kahlenberge gelegenes Elsbruch, mit einem
dunklen Wassertümpel in der Mitte, der den Namen der
›Gänsepfuhl‹ führte. Das war harmlos genug, es war aber die
unheimlichste Stelle in der ganzen Gegend, an die sich allerlei Spukgeschichten knüpften, Geschichten, deren Grusel
noch wuchs, als es eines Morgens hieß, Uhrmacher Hettig
und Ratsdiener Kalle, die hier zu fischdieben und sich zu
diesem Zwecke eines am Ufer liegenden alten Fischerkahnes
zu bedienen pflegten, seien in der Nacht vorher auf dem
Gänsepfuhl ertrunken. Ja, der Grusel wuchs, das muß ich
wiederholen, aber ich kann nicht sagen, daß sich im übrigen
ein mir zur Ehre gereichendes menschliches Mitgefühl mit
eingeschlichen hätte, namentlich was den Ratsdiener Kalle
betraf. Dieser nämlich war unser aller Feind, weil er uns,
wenn wir uns auf eine städtische Wiese verirrten, um
Schmetterlinge zu fangen, immer abzufassen suchte, bei welcher Arbeit ich auch wirklich mal ergriffen und von ihm gepfändet worden war. Ich war jetzt naiv oder selbstsüchtig genug, in dem Tod, den er erlitten, eine gerechte Strafe für die

mir widerfahrene Strenge zu sehn, und sympathisierte
durchaus mit dem hämischen Fischer, der den am Ufer liegenden Kahn vorher durchlöchert und dadurch den Tod beider Inkulpaten herbeigeführt hatte. Daß Kalle neun Kinder
hinterließ, änderte wenig in meinen Augen. Nichts Egoisti-
scheres als ein halberwachsener Junge. Sonderbarerweise
kam der Elsbruch und mit ihm der gefürchtete Gänsepfuhl
dreißig Jahre später in meinen Besitz, und als ich an die Urbarmachung des Bruches ging und den mit Kraut ganz
durchwachsenen Gänsepfuhl ausbaggern ließ, kam auch das
Boot wieder ans Licht, darin Hettig und Kalle ihren Tod gefunden hatten, und ich sah nun deutlich die Löcher, die der
Kahnbesitzer, um seine fischdiebenden Feinde zu vernichten, hineingebohrt hatte.

Zehn Jahr alt, kam ich auf das Ruppiner Gymnasium und
verließ es von Sekunda aus, um noch die Magdeburger Han-
delsschule zu besuchen, denn es stand fest, daß ich für den
Kaufmannsstand erzogen werden sollte. Jahr und Tag war
ich in Magdeburg und kam dann in ein Stettiner Modewa-
rengeschäft, um daselbst die Handlung zu erlernen. Es erging aber meinen Eltern mit mir nicht besser als mit meinem
älteren Bruder Wilhelm: auch mir wollte das Kaufmännische, wenigstens in der Gestalt, in der es mir *damals* entge-
gentrat, nicht behagen, und alle meine Neigung richtete sich,
wie bei meinem Bruder, auf die Kunst. Ich überwand mich
aber und hielt aus. Als ich zwanzig Jahr war, wollt ich aus
den engen Verhältnissen heraus und in die Welt hinein.
Meine Sehnsucht war Paris, was meine Eltern veranlaßte,
meinen Oheim, den in Neustrelitz wohnenden Rentier Voigt
(einen Bruder meiner Mutter), nach Ruppin kommen zu lassen, um mich von meiner Reisesehnsucht abzubringen. ›Der
Junge geht ins Verderben‹, sagte Onkel Voigt, ›bringt ihn
nach Wittstock. Was soll er in Paris? In Wittstock kann er
was lernen.‹ Es half aber alles nichts, ich blieb bei meinem
Willen, und meine Mutter war schließlich einsichtig genug,
in dieser Frage nachzugeben. Ich packte also meinen Koffer
und ging auf zwei Jahre nach Paris. Während der ersten Monate flanierte ich, um die Weltstadt kennenzulernen, in den
Straßen umher, dann nahm ich eine Stellung in einem kaufmännischen Geschäft an und wurde meines Fleißes halber

belobt, während man mir das ausbedungene Gehalt schuldig blieb. Meine Kollegen lachten darüber und sagten: ›Monsieur, vous avez travaillé pour le roi de Prusse.‹ Bald danach trat ich, um's besser zu haben, in ein spanisches Kommissionshaus ein. Als aber infolge der ausbrechenden Februarrevolution (1848) alle Geschäfte zu stocken begannen, gab ich auch diese Stellung wieder auf und zog es vor, eine Reise nach dem südlichen Frankreich, nach Spanien und Algier zu machen. Bei dem Wiedereintreffen in Paris fand ich Briefe vor, die mich in die Heimat zurückberiefen, und vom Sommer 1848 an war ich wieder in Ruppin.

Es folgten diesem ersten großen Ausfluge noch verschiedene Reisen, aber alle waren von kürzerer Dauer. So war ich beispielsweise Anfang der fünfziger Jahre verschiedentlich in Wien und Venedig und 1855 ein halbes Jahr lang in England, bis ich mich das Jahr drauf mit Helene Campe, Tochter des Buchhändlers Julius Campe zu Hamburg (Verleger Heines), verlobte. Mein Papa, als er mich zur Verlobungsfeier nach Hamburg begleitete, schmeichelte sich damit, in meinem Schwiegervater einen wohlhabenden Mann gewonnen zu haben, von dessen Vermögen mir sofort ein erheblicher Bruchteil zufallen würde. Beide alte Herrn unterhielten sich dann auch über diesen Punkt und suchten sich auszuhorchen.

›Was geben Sie Ihrem Sohne mit?‹ fragte Campe.

›50 000 Taler‹, antwortete mein Papa und erwartete eine Gegenerklärung von ungefähr derselben Höhe. Campe aber antwortete nur: ›Wohl Ihnen.‹

Und dabei blieb es. 4000 Taler abgerechnet, die mir mein Schwiegervater zur Bestreitung der Aussteuer, unmittelbar nach der Trauung, in die Hand drückte.

Glücklicherweise zog ich mit meiner Heirat, auch ohne besondere Legitimierung von seiten meines Schwiegervaters, ein glückliches Los. Meine Frau hatte, unter häuslichen Tugenden, auch den Vorzug einsichtsvoller Klugheit und die Fähigkeit, sich in die Verhältnisse der neuen Familie zu schicken. Aus unserer Ehe wurden uns vier Kinder geboren.

1857 übernahm ich das alte Geschäft in der Stadt, das ich von diesem Zeitpunkt an selbständig leitete. Vier Monate des Jahres befand ich mich in der Regel auf Reisen, um die nötigen Einkäufe zu machen, war ich aber wieder daheim, so langweilte mich der ›Verkauf im einzelnen‹, und das sogenannte ›Ladengeschäft‹ sagte mir gradesowenig zu wie vordem. Auch das kleine Ruppiner Leben war durchaus nicht nach meinem Sinn, lauter Dinge, die sich erst zum Bessern kehrten, als mich der Wandel der Zeiten in größere kaufmännische Verhältnisse führte: Kapitals-Assoziationen fanden statt, und eine der großen Gründerepoche der siebziger Jahre voraufgehende Aktienschwindelzeit brach gerade damals an. In sich verwerflich genug. Aber so verwerflich diese Zeit und ihre Manipulationen sein mochten, ja, mit so großen Verlusten sie für mich verknüpft waren — das ganze kaufmännische Leben erschien mir doch plötzlich in einem neuen Licht, und wenn mich früher das Kleinliche gelangweilt und auch angewidert hatte, so war jetzt etwas da, was mich interessierte, was Gedanken und Spekulationen in mir anregte. Mit den größeren Summen, die mir trotz und inmitten meiner Verluste doch immer reichlich wieder zu Händen kamen, ermöglichten sich Unternehmungen der mannigfachsten Art, Ankäufe kamen zustande, und große und kleine Liegenschaften, teils in Nähe, teils in mehrmeiliger Entfernung von Ruppin, wurden erworben, was schließlich dahin führte, daß wir, mein Vater und ich, eine halbe Quadratmeile Torf- und Wiesenterrain im Wustrauschen und im Rhin-Luch besaßen, ja, uns bald danach sogar in der Lage sahn, ein mit einigen fruchtbaren Ackerstreifen durchsetztes Stück Sandland von nicht unbeträchtlichem Umfang anzukaufen. Dies waren die nach Rheinsberg hin gelegenen ›Kahlenberge‹, die, nach ihrer Umgestaltung in Acker-, Forst- und Weideland, den Namen Gentzrode* und ein oder zwei Jahrzehnte später sogar die Rittergutsqualifikation empfingen.«

* Dieser *sehr* anfechtbare Name »Gentzrode« war das Resultat langen Suchens, was man ihm leider auch anmerkt. Alexander Gentz hatte »Helenenhof« vorgeschlagen, in Huldigung gegen seine Frau Helene, was, wenn angenommen, durchschnittsmäßig, aber wenigstens richtig gewesen wäre. Man war jedoch mit dem Einfachen und Natürlichen nicht zufrieden und forschte nach etwas Besserem. Unter denen, die befragt wurden, war natürlich auch Wilhelm Gentz, damals in Paris, der nicht säumte, bei seinen Freunden und Kunstgenossen eine Art Preisausschreiben zu veranstalten. Hen-

Soweit die biographische Skizze, die wir hier abbrechen, um nunmehr von Alexander Gentz in Person nach Gentz-rode, dessen Besitz er eben angetreten, zurückzukehren.

Beim Tode des Alten (1867) befand sich das neu geschaf-fene Gut, um es noch einmal zu sagen, in einem durchaus blühenden Zustande:

Waldkulturen, einschließlich einer großen Baumschule, waren geschaffen;

ein zweiter artesischer Brunnen, um den Mehransprüchen einer (trotz eingetretener Ungunst der Zeiten) immer noch wachsenden Brennerei zu genügen, ward gegraben;

eine sogenannte »Ablage« am Molchow-See, die, weil der Rhin den Molchow-See durchfließt, einen bequemen Was-serverkehr ermöglichte, war unter großen Schwierigkeiten erkämpft;

und endlich umschloß ein Komplex von Scheunen und Ställen (der dominierenden Brennerei zu geschweigen) einen mächtigen und beinah schönheitlich wirkenden Wirtschafts-hof.

So war denn das, was der neue Besitzer übernahm, ein blühendes Gewese, das er belassen konnte, wie's war, und zwar um so mehr, als auch schon bei Lebzeiten des Vaters alles nach seinen (des Sohnes) Anschauungen geleitet wor-den war. In der Tat, er hatte nicht nötig, im *Prinzip* irgend-was zu ändern, und tat es auch nicht, aber er hatte von jetzt an freiere Bewegung und benutzte diese, um alles reicher auszugestalten. Nicht in Richtung und Anschauung, aber im *Maß* und *Tempo* wurde geändert.

Das zeigte sich zunächst bei den Waldkulturen, an die der neue Besitzer sofort mit gesteigerter Energie herantrat, weil er von dem lebhaften Wunsche geleitet war, in erster Reihe ein *Waldgut* aus Gentzrode zu machen. Er begann damit,

neberg, dem in seiner Eigenschaft als Braunschweiger die »rodes« nahelagen, verfiel auf »Gentzrode«, was sofort jubelnd begrüßt und auch in Ruppin vom alten Gentz an-genommen wurde. Meinem Ermessen nach jedoch ist es, um es zu wiederholen, ein so schlecht gewählter Name wie nur irgend möglich, weil in zwiefacher Beziehung verwir-rend. Erstlich gab es auf den Kahlenbergen überhaupt nichts zu »roden«; gerodet kann immer nur da werden, wo Wald ist, und nicht auf einer Sanddüne. Was aber fast noch schlimmer ist, ist das, daß jeder, der den Namen hört, Gentzrode da suchen wird, wo die »rodes« zu Hause sind, also im *Harz*, nicht aber im Ruppinschen. Eine solche willkürliche Namensanlegung ist, auf geographische Orientierung angesehn, nicht viel besser als ein falscher Wegweiser.

110 000 junge Eichen aus Holland* zu beziehen und in den rajolten Boden einzusetzen. Oberförster Berger aus Alt Ruppin, Fachmann und Autorität, ritt vorüber und rief ihm zu: »In solchen Boden wollen Sie Eichen pflanzen? Werfen Sie Ihr Geld nicht weg!« Aber der, an den sich dieser Zuruf richtete, ließ sich durch solche Fachmannsurteile nicht abschrecken. Er war kurze Zeit vorher in Potsdam und Babelsberg gewesen und hatte sich an beiden Orten überzeugt, daß die neuen Parkanlagen auf einem Boden erfolgten, der zum Teil nicht besser war als der seine. Das gab ihm, wenn er desselben noch bedurft hätte, neuen Mut, und gestützt auf solche Wahrnehmungen, fuhr er in seinen Anpflanzungen fort. Auch aus dem Samen wurde gezogen, selbstverständlich unter Vermeidung alles Willkürlichen und Zufälligen. Professor Koch in Berlin hatte vielmehr, auf Ersuchen, ein Verzeichnis aufgestellt, in dem angegeben war, *welche* außereuropäischen Bäume am besten geeignet wären, sich im märkischen Sande zu akklimatisieren, und gestützt auf diese Liste, wurden nunmehr aus New York, Kanada, Columbia, Tiflis und Sibirien Samenarten im Betrage von 2000 Talern bezogen und — ausgesät. Das, was am besten aufging, gab ebendadurch den Beweis, auf unserm Boden vorzugsweise verwendbar zu sein; aber auch das derartig Erprobte und Bewährte sah sich noch wieder vor eine engere Wahl gestellt, in der abwechselnd der Baum von größerem Holzwert und der von prächtigerer Laubfärbung seinen Vorzug geltend machte. So wurden Kulturen hergestellt, die, schönheitlich den Schöpfungen des Fürsten Pückler an die Seite zu stellen, zugleich auch als rentabel anzusehen waren und diese Annahme rechtfertigten. Für 10 000 Taler Pflanzbäume konnten in wenigen Jahren aus diesen Anlagen verkauft werden, und Kontrakte wurden abgeschlossen, nach

---

* »Daß ich«, so schreibt A. Gentz an anderer Stelle, »den Versuch mit diesen holländischen Eichen machen konnte, verdanke ich dem Grafen von Königsmarck auf Netzeband und Plaue, vordem preußischem Gesandten im Haag. Als ich ihn auf seinem Schloß Plaue besuchte, zeigte er mir auf schlechtem Boden Eichenanpflanzungen, die mit vortrefflichem Erfolge gemacht waren, und ich erfuhr nun, daß es aus Holland bezogene Pflänzlinge seien. Mit großer Liebenswürdigkeit übernahm er es, mir dergleichen in Holland zu bestellen, sogar die Zahlung dafür zu leisten, so daß ich die bald danach eintreffenden Pflänzlinge nur vom Neustädter Bahnhof abzuholen hatte, und zwar in drei Transporten, erst 20 000, dann 40 000, dann 50 000 Stück. Alles gedieh vortrefflich.«

denen, von Gentzrode her, die Bäume zur Bepflanzung der auf Berlin einmündenden Chausseen geliefert werden sollten. Es hatte sich nämlich herausgestellt, daß die auf dem leichten Boden der »Kahlenberge« gewonnenen Pflanzbäume zu derartigen Anlagen vorzugsweise verwendbar waren.

Soviel über die *Waldkulturen*, denen unausgesetzt ein großes Interesse gewidmet blieb. Indessen, so groß dasselbe war, so stellte sich doch in einer Art Gegensatz zu dem ursprünglichen Plan mehr und mehr heraus, daß, um das Ganze prosperieren zu lassen, auch das *Landwirtschaftliche* betont und mit Hülfe eines durch die Brennereiabgänge großzuziehenden Viehstandes der Acker verbessert werden müsse. Dies durchzuführen, war es nötig, immer neue Menschen heranzuziehen, die, nachdem sie mal da waren, auch untergebracht werden mußten. Und so entstand in kürzester Frist eine ganze Straße von Arbeiterwohnungen: einundzwanzig Familienhäuser, jedes einzelne zu vier Familien.

Es konnte nicht ausbleiben, daß bei diesem beständigen Wachsen von Gentzrode das Interesse der Familie ganz in dieser Lieblingsschöpfung aufging und schließlich dahin führte, wenigstens den Aufenthalt in Sommertagen »draußen« zur Hauptsache, den drinnen in der Stadt zur Nebensache zu machen. Es war dies eine sehr glückliche Zeit, die zuletzt allseitig den Wunsch entstehen ließ, Gentzrode nicht bloß als Villeggiatur der Familie, sondern als Wohnsitz überhaupt anzusehen. Dazu war aber ein Hausbau ganz unerläßlich.

Alexander Gentz selbst hat sehr anschaulich über diesen Zeitabschnitt, und wie sich schließlich die Notwendigkeit eines Wohnhauses herausstellte, berichtet:

»Durch eine Reihe von Jahren hin«, so schreibt er, »hatten wir uns mit der Stube des Inspektors begnügt und darin ein gelegentlich mehr als gemütliches Dasein geführt. Versuchte beispielsweise der Inspektor mit seiner schreienden Stimme Wirtschaftsangelegenheiten zu behandeln, so war gewiß auch ein Torfmeister da, der mit seinen Berichten aus dem Luch dazwischenfuhr. Und damit nicht genug. Das Mädchen kam klappernd mit den Tassen in die Stube, während meine Frau den Kaffeetisch arrangierte. Mäntel und

Fußsäcke hingen zwischen Jagdgewehren und Tabakspfeifen, und die Wirtschaftsmamsell kam mit einem Häckselkasten, darin eben gelegte Eier lagen, oder mit ein paar Stükken Butter, die mit nach Ruppin wandern sollten. Und nun setzten wir uns an den Kaffeetisch, an dem alles herrschte, nur nicht Ruhe, denn entweder kamen Tagelöhner und Arbeiter, um die Schlüssel vom Schlüsselbrett zu holen, oder ein Polier oder Zimmergeselle trat ein, um Nägel zu fordern oder irgendwas andres. Alles so primitiv wie möglich. Soviel Tassen, soviel Größen und Muster, und kamen dann mehrere von unsren Beamten und Angestellten und setzten sich mit an denselben Tisch, so wurde der Aufgußkaffee immer dünner, und der Kümmel, den wir in der Brennerei leidlich zu mischen verstanden, mußte aushelfen. Aber demungeachtet waren dies glückliche Stunden, und wenn Fremde mit uns herausgekommen waren, so wählten wir draußen einen Platz im Freien und nahmen abends unsre saure Milch unter einem Holunderbaum an windgeschützter Stelle. Die Kinder waren glücklich, und der Hang, dies Idyll zu ändern und mit einem prächtigen Bau zu vertauschen, war, vielleicht grade weil wir Gentzrode so liebten, anfänglich höchst gering. Nach und nach stellte sich aber doch, und zwar nach aller Meinung, die Notwendigkeit heraus, diesen primitiven Zuständen ein Ende zu machen, und als ich in die Lage kam, einen großen, an der Landstraße sich hinziehenden Speicher bauen zu müssen, entschloß ich mich, diesem Speicher einen *turmartigen Anbau* zu geben, teils um das Straßenbild zu verbessern, teils um endlich einige präsentable Wohnräume zu gewinnen. Und nach diesem Entschlusse wurde denn auch verfahren. Der turmartige Anbau, mit einem *mächtigen Turmknopf* oben, empfing ein großes Zimmer im Erdgeschoß und ein ebenso großes im ersten Stock, woran sich dann, im zweiten Stock, einige kleinere Räume: Schlaf- und Logierzimmer, anschlossen.«

So berichtet A. Gentz über die Verhältnisse, die diesen turmartigen Speicheranbau mit einem Goldknopf darauf entstehen ließen. Uns erübrigt nur noch, die Räume selbst zu schildern, von denen das Turmzimmer im Erdgeschoß, soviel ich weiß, bis diesen Tag unverändert geblieben ist.

Dies *untere Turmzimmer* kann als ein in seiner Art interessanter Raum gelten. Man hat hier alles in Bild und Schrift beisammen, die Personen und die Gedanken, die Gentzrode seinerzeit entstehen ließen. Es ist eine dunkelgrüne runde Halle, oben mit goldnen Sternen bemalt. Als Wandbilder (von Wilhelm Gentz herrührend) erst der alte Johann Christian, dann Alexander Gentz, dann der erste Torfmeister, der erste Förster, der erste Brenner, der erste Inspektor. Dazu Versinschriften. Zwischen den beiden Gentz, Vater und Sohn, stehn folgende Reime:

Wer Großes schafft, muß viele Plagen
Mit zähem Mute fest ertragen.
Auch dem, der hier den wüsten Sand
Der Kahlenberg' in urbar Land
Verwandelt hat mit Müh und Fleiß,
Ihm machte man sein Streben heiß.
Philisterrede, Spott und Hohn
War anfangs seiner Mühe Lohn,
Alsdann des Waldbrands grimme Not
Hat Untergang ihm fast gedroht.
Doch hat er all die Müh' und Plagen
Mit zähem Mute fest ertragen.
Er dacht: wem Großes soll gedeihn,
Darf keine Müh und Arbeit scheun,
Muß rüstig brauchen Kopf und Hände,
Dann führt er's doch zum guten Ende.

Dieser längeren Reiminschrift gegenüber stehen folgende kurze Sprüche:

Was verkürzt die Zeit?	Tätigkeit.
Was bringt in Schulden?	Harren und Dulden.
Was macht gewinnen?	Nicht lange besinnen.
Was bringt zu Ehren?	Sich wehren.

So das runde Zimmer im Erdgeschoß. Auch das im ersten Stock war seinerzeit reich geschmückt mit Teppichen, Geweihen und Tigerfellen, mit Raubvögeln und Wildschweinsköpfen, meist selbstgemachte Jagdbeute. Dazwischen waren andre Räume mit Waffen gefüllt, so daß sie einer Rüstkammer glichen; oben aber lief ein Außengang um den Turm herum, von dem aus man einen trefflichen Überblick über Näh und Ferne hatte.

Das obere Zimmer war Arbeitszimmer für Alexander Gentz, wenn er, auf länger oder kürzer, in Gentzrode verweilte, während das Rundzimmer im Erdgeschoß als Empfangsraum für die Besucher diente, deren sich, in den Sommermonaten, beinah täglich etliche hier zusammenfanden. Auch solche, die für längere Zeit in Gentzrode verweilten, hatten in diesem Parterreraum ihr regelmäßiges Frühstücksrendezvous mit der Familie. Diese Besucher waren meist Freunde aus Berlin, unter ihnen Adolf Stahr und Fanny Lewald, die hier vorübergehend ihren Sommeraufenthalt nahmen.

All dies war in den ersten siebziger Jahren. Aber wie seinerzeit das »Inspektorhaus« nicht mehr genügt hatte, so wollte jetzt auch der »Turmanbau« nicht mehr genügen, und A. Gentz, dessen Torfgeschäft »im Wustrauer Luch« nach wie vor große Gewinnsummen abwarf, hielt jetzt den Zeitpunkt für gekommen, um seine speziell hier in Gentzrode von Anfang an auf das künstlerisch Prächtige gerichteten Ideen verwirklichen zu können. Mit andern Worten, es handelte sich darum, zum Abschluß des Ganzen, ein *Schloß*, einen *Park*, ein *Mausoleum* entstehn zu lassen. Und mit dem ihm eignen Feuereifer ging er an die Durchführung dieser neuen Idee. Sein Bruder Wilhelm, der schon damals, einigermaßen kopfschüttelnd, dem allen zusehen mochte, schreibt mir über das Vorgehen aus jenen Tagen: »Alexander wandte sich zunächst an die Herren Kyllmann und Heyden und bat dieselben um einen Entwurf. Aber was die Herren ihm einsandten, eine reizende Zeichnung im Villenstil, mißfiel ihm, weil es ihm nicht groß genug war. Er ging nun die Herren Gropius und Schmieden um einen andern Plan an. Dieser kam und gefiel ihm. Er war«, so schrieb Wilhelm Gentz (der Maler) an mich, »orientalischem Geschmacke angepaßt, und diesem neuen Plane gemäß ward denn auch beschlossen, mit dem Bau zu beginnen. Zuvor aber erschien meinem Bruder Alexander, und von seinem Standpunkt aus mit Recht, eine Erhöhung des Terrains notwendig, und zwar ›imposanteren

Aussehns halber«. Viele Tausende wurden dafür ausgegeben. Schmieden erzählte mir später, es sei ihm angst und bange geworden bei den Ausgaben, die das alles verursacht habe. Nun, gleichviel, es kam zustande, desgleichen eine dem Schloß gegenübergelegene, durch eine künstliche Felsengrotte verschönte Parkanlage, die Richard Lucae, bei seinem Besuch in Gentzrode, ein Meisterstück gärtnerischer Kunst nannte.« [*]

So war das, was hier entstand. Die ganze Prachtschöpfung ging ihrem Abschluß entgegen, und nur das »Mausoleum« fehlte noch. Die Pläne zu demselben lagen schon vor, und A. Gentz war von einer fieberhaften Hast erfüllt, daß mit der Ausführung begonnen werde. Die Mittel waren da, denn es war die Zeit unmittelbar nach den Gründerjahren, und Ansehn und Vermögen standen auf der Höhe. »Gestehe, daß ich glücklich bin«, konnte der Herr auf Gentzrode, wenn er Umschau hielt, wie König Polykrates ausrufen, und im Gefühle dieses seines Glücks kam er auf den Einfall, neben andrem auch sein und seines Werkes eigner Geschichtsschreiber sein zu wollen. Diesem Einfall verdanken wir ein, meines Wissens, in seiner Art einzig dastehendes Schriftstück. Energisch und rasch wie in allem, so ging er auch in *dieser* Sache vor und schrieb eine Geschichte der Entstehung von Gentzrode nieder, die, nach seinem Wunsch und Willen, in den großen vergoldeten Turmknopf des in vorstehendem ausführlich geschilderten Speicheranbaus deponiert werden sollte. Der Ernst, fast könnte man sagen, die Feierlichkeit, mit der er dabei verfuhr, erhellt am besten aus den Einleitungsworten zu dieser »Urkunde«. Dieselben lauten:

»Im Namen Gottes!«

»Im Namen Gottes! Johann Christian Gentz und ich, Alexander Gentz (Sohn Johann Christians), haben das auf den Kahlenbergen bei Neuruppin belegene Gut Gentzrode durch Ankauf von Ländereien im Jahre 1856 begründet und das

---

[*] Von anderer Seite her wird mir über ebendiesen Park geschrieben: »Überraschend schön und kühn ist die westlich vom Gutshofe sich hinziehende Parkanlage. Die Verteilung von Rasenflächen und Busch innerhalb derselben, die Gruppierungen von Nadel- und Laubhölzern, endlich die Auswahl der letzteren in bezug auf Wechsel in der Farbe des Laubes je nach der Jahreszeit — all das ist das Resultat eines geläuter-

Jahr drauf mit Herstellung der nötigen Wirtschaftsgebäude begonnen. In den vergoldeten Knopf, den ich dem Turm am Kornspeicher vor Jahren gegeben habe, soll diese Schrift niedergelegt werden und unseren Nachkommen über unsre bisherige Wirksamkeit auf Gentzrode Kunde geben.«

So der Beginn, an den sich, am Schluß des Ganzen, folgende Worte reihn:

»Die vorstehenden, für den Turmknopf am Kornspeicher bestimmten Aufzeichnungen habe ich in den Nächtestunden geschrieben, die mir der letzte Winter gewährte. Der erste Gedanke war, nur einfach in richtiger Reihenfolge niederzuschreiben, wie das alles nach und nach entstand. Im Schreiben selbst aber kam mir dann die Lust zu allerhand *Exkursionen,* die nun *Schlaglichter warfen auf die Personen, mit deren Beschränktheit und Schlauheit ich all die Zeit über zu kämpfen hatte.* Was ich im Luch an Torfwiesen erstand, das hatte nur den Zweck des Gelderwerbes, meine Tätigkeit in Gentzrode dagegen war meine Lust und Freude. Zugleich hab ich es ins Leben gerufen, um es *zur Grundlage für den Wohlstand und Zusammenhalt einer Familie zu machen,* denn der Grundbesitz bleibt das sicherste und stabilste Besitztum.«

So schrieb er damals, ahnungslos, wie bald diese Herrlichkeit und mit ihm der stolze Plan eines andauernden Familienbesitzes zusammenbrechen würde. Die Katastrophe war nah.

Aber ehe wir diese schildern, wenden wir uns dem *Manuskript* zu, das in den vergoldeten Turmknopf gelegt werden sollte.

---

ten Geschmacks. Entworfen wurde das Ganze von dem verstorbenen Gartendirektor Meyer aus Berlin, ausgeführt aber von Alexander Gentz selbst, der im einzelnen auch zu kleinen Änderungen schritt. Ob zum Vorteil, stehe dahin. Der Park schließt ab mit einer Felsengrotte, zu der mächtige, bis zu fünfzig Fuß hohe Felsblöcke verwandt wurden, um deren Wände sich dichter Efeu rankt.«

3. Die Turmknopf-Urkunde

Das Niederschreiben einer für den Turmknopf bestimmten Urkunde*, deren Vor- und Nachwort ich am Schluß des vorigen Kapitels bereits mitteilte, war es, was A. Gentz, nach vorläufigem Abschluß seiner Gentzroder Bautätigkeit, einen Winter lang beschäftigte. Wie mir nicht zweifelhaft ist, zu seiner besonderen Befriedigung. Und eine solche Befriedigung zu fühlen, dazu war er, nicht nur aus menschlicher Schwachheit (er wollte den Ruppinern etwas anhängen), sondern auch ästhetisch und künstlerisch angesehen, vollkommen berechtigt. Ja, was er da niedergeschrieben hat, zum Teil in einem brillanten Stil, ist durchaus eine *literarische Tat*, und das bekannte, für die fachmäßige Schriftstellerwelt freilich nicht allzu schmeichelhafte Wort: »Ein Schriftsteller kann jeder sein, der was zu sagen hat«, empfängt aus diesen Alexander Gentzschen Aufzeichnungen eine neue Bestätigung. Eine literarische Tat, so sagte ich. Aber damit ist die Sache noch keineswegs erschöpft; der eigentliche Wert dieser Urkunde liegt in ihrer *lokalhistorischen* Bedeutung. Es wird darin ein kleines märkisches Städtebild aus der Mitte des Jahrhunderts gegeben, ein Bild, wie's bis dahin nicht da war und auch auf lange hin mutmaßlich nicht wiederkommen wird. Eingelebtsein in alle Verhältnisse, scharfe Beobachtung und große Klugheit vereinigten sich hier mit angeborner schriftstellerischer Begabung und ließen ein Werk entstehen, das nun für alle die, die dermaleinst märkische *Kulturhistorie* schreiben wollen, und ebenso für die märkische Novellistik der Zukunft unschätzbar erscheint. Ein Mikrokosmus, wie er nicht schöner gedacht werden kann.

Der ursprüngliche Zweck der Urkunde, »wie Gentzrode ward und wuchs«, wird nie ganz aus dem Auge verloren, aber, wie sein eignes, vorzitiertes Schlußwort es auch ausspricht, überall finden wir Exkurse, denen sich Portraitierungen gesellen, eine ganze Galerie von kleinstädtischen Charakterköpfen.

Und nun geb ich dem Verfasser selber das Wort, nur hier

---

* Ob das ursprüngliche, von A. Gentz selbst herrührende Manuskript wirklich in den Turmknopf hineingelegt worden ist, weiß ich nicht. Was mir für diese meine Arbeit vorgelegen hat, war eine beglaubigte Abschrift.

und da, beßren Verständnisses halber, eine kurze Bemerkung einfügend.

».. . Ich war nun also Mitglied des Magistratskollegiums, und damit scheint mir der Zeitpunkt da, mich über diese Körperschaft oder doch wenigstens die Hervorragendsten darin auszusprechen. Eh ich aber den einzelnen mich zuwende, muß ich noch meiner Einführung als solcher gedenken. Ich meinerseits war im Frack erschienen und unterwarf mich eben der herkömmlichen Begrüßungsanrede von seiten des Bürgermeisters, als ein älteres Mitglied den Sprechenden ohne weiteres unterbrach, um ihn darauf aufmerksam zu machen, ›daß zwei Kollegen ohne Frack erschienen seien, was gegen die Étiquette verstoße und zuvörderst gerügt werden müsse‹. Nun erst, nach erteilter Reprimande, konnte der Sprecher in seiner Anrede fortfahren.

Wie sich denken läßt, war das Kollegium, dem ich von da ab angehörte, von sehr verschiedener Zusammensetzung. Da waren zunächst der Ratszimmermeister Söhnel, Kürschnermeister Emden und Buchbindermeister Siecke — gute, treffliche, wohlwollende Herren, der letztere, vielleicht weil er die Kirchenverwaltung hatte, etwas zu zaghaft. Dann war da der Particulier Loof, eng überhaupt, am engsten aber in Geldsachen, zumal wenn es seinen eignen Beutel anging, in welchem Fall er sich, wo nützlich, noch konservativer erwies als in der Politik. Ein fünfter war Möbelfabrikant König. Er genoß des Vorzugs, die beste Ratsherrnfigur zu haben. Auch Kaufmann und Gutsbesitzer Windaus hätte gelten können, wenn er etwas besser auf dem Posten gewesen wäre. Windaus hatte das Einquartierungswesen, kam aber Mobilmachung oder dergleichen, so zog er sich auf sein Gut Herzberg zurück und überließ das Nötige seinen Deputierten. Particulier Menzel (ehemaliger Apotheker), der mit der Abschätzung zu tun hatte, war erheblich anfechtbarer. Man wußte nie, was eigentlich seine Meinung war, und wäre die Grafschaft Ruppin noch katholisch gewesen, so hätte man glauben müssen, er sei in einem Jesuitenkloster erzogen. Posthalter Hoepfner ersetzte, was er an Tüchtigkeit nicht besaß oder wenigstens nicht zeigen wollte, durch ausdrucksvolle Rede, die, je länger sie dauerte, desto schöner wurde. Vor allem bemerkenswert indes war der stellvertretende Bür-

germeister und Auskultator a. D. Mollius, Sohn des im vorigen Jahrhundert in der Ruppiner Geschichte vielgenannten
Ratsherrn Mollius. Vor diesem Auskultator a. D., wenn man
ihm in der Dämmerung begegnete, konnte man sich fürchten, denn zu eingezognem Kreuz und durchbohrendem
Blick trug er das Gesicht bis an die Nasenspitze derartig in
ein dickes Halstuch gewickelt, daß man ihn für Robespierre
halten konnte. Bei näherer Bekanntschaft wurde man freilich
gewahr, daß dies anscheinende Revolutions- und Schreckgespenst, trotz seiner sechzig Jahre, von sehr kümmerlicher
Konstitution war und zu nicht viel mehr als einem zarten
Knaben zusammenschrumpfte. So war Mollius. Das Lumen
des ganzen Kollegiums aber und zugleich die Geißel desselben war Mühlenbesitzer und Particulier Gustav Schultz, den
mein Vater immer nur ›Gustav von Gottes Gnaden‹ nannte.
Sein Verstand und seine praktische Befähigung waren gut,
aber er hütete sich auch, sein Licht unter den Scheffel zu
stellen, und wer dies Licht dennoch nicht sehen wollte, der
war sein Feind. Das Oberhaupt dieser ratsherrlichen Körperschaft war Bürgermeister von Schultz, früher Offizier in dem
in Ruppin garnisonierenden Infanterieregiment.

So war der Magistrat. Neben diesem aber gab es auch
freiere, natürlich in beständiger Fehde mit- und untereinander lebende Gemeinschaften, die Capulets und Montecchis
von Ruppin, von denen jene die Gruppe der *Haus-*, diese
die Gruppe der *Acker*besitzer bildeten. Unter den Capulets
der Hausbesitzer (nur dieser *einen* Gruppe sei hier in Kürze
gedacht) ragten zwei hervor: zunächst der Sattlermeister Rosenhagen, ein Greis von über achtzig, der aus verschiedenen
Gründen als ein Orakel galt. 1789 war er in Paris gewesen
und hatte den Bastillensturm miterlebt, weshalb er — wohl
mit sehr fraglichem Recht — der ›Bastillenstürmer‹ hieß. Es
paßte dazu, daß seine beiden Söhne sich in Frankreich niedergelassen hatten; er selber trug sich französisch, in der
Tracht des vorigen Jahrhunderts. — Neben ihm, auch aus
der Gruppe der Hausbesitzer und von ähnlicher Bedeutung
wie Rosenhagen, wenn auch nicht voll so wichtig, stand
Schmiedemeister Krausnick, der sich auf den Philosophen
hin ausspielte. Von ihm hieß es, daß er die sämtlichen Bände
des ›Allgemeinen Landrechts‹ besessen habe, was auf seine

Mitbürger derartig wirkte, daß seine juristische Befähigung außer Zweifel war.

*Haus*besitzer und *Acker*besitzer waren zwei große Körperschaften außerhalb des Rahmens der eigentlichen Stadt*regierung*, während eine mit der *Stadtforstverwaltung* betraute Bürgergruppe, deren nebenherlaufende Zugehörigkeit zu der einen oder andern der großen Körperschaften unerörtert bleiben mag, schon mehr innerhalb des Regierungsrahmens stand. Es waren ihrer zwölf. Vorsitzender war der schon als Magistratsmitglied genannte Kürschnermeister Emden, ein ordentlicher, einsichtsvoller Mann, dem Drechslermeister Krengemann als ›Sachverständiger‹ beigegeben war. Der wußte von Wald und Forst zu reden, daß es eine Freude war, und wenn Gott für den ausgestreuten Kiefernsamen rechtzeitig Regen und Sonnenschein schickte, so bewies sich unser ›Sachverständiger‹ auch als Sachverständiger comme il faut. Blieb aber der liebe Gott aus, ja, wo blieben da Krengemann und seine Fichten! Neben Krengemann lagen dem Schuhmacher Lehmann die vorzunehmenden ›Kulturarbeiten‹ ob, und er unterzog sich dieser Aufgabe mit einer fast ans Krengemannsche grenzenden Wald- und Forstweisheit. Von ähnlicher Bedeutung oder auch von größerer — weil er das Amt eines Kassenrendanten verwaltete — war Schlosser Grunow, ein wohlhabender, kinderloser Mann, bei dem die 800 Taler, die, nach stattgehabter Holzauktion, den jedesmaligen Höhepunkt der Kasse bildeten, wenigstens schloßsicher lagen. Im übrigen war sein Kopf so zäh wie das Eisen, das er schmiedete. Vieler Ehren war er teilhaftig, und als er auch noch Schützenmajor wurde, trug er einen Schnurrbart. Fünfter im Kreise war Kürschnermeister Michaelis, ein Mann von frommem Gemüt, dem, weil er richtig schreiben konnte, die Protokollführung und die höheren Arbeiten zufielen. Nicht auf gleicher Höhe stand Schneidermeister Werner. Er war, wie Sattlermeister Rosenhagen, ›der Bastillenstürmer‹, bis Paris gekommen und von dorther als ›Tailleur für die höheren Stände‹ zurückgekehrt. Er hielt zu dem Satze, ›daß der Rat immer mehr sei als die Tat‹, weshalb er denn auch einem Maurer, der einen hohen Dampfschornstein von innen her aufmauerte, den Rat gab, ›lieber ein Gerüst anzulegen, der Schornstein würde sonst krumm‹. Da

Werner einen Puckel hatte, so fiel die Antwort drastisch genug aus. Lohgerber Gienboldt (der siebente) wählte von 48 an immer demokratisch, ohne sich um ›untergeordnete Fragen‹ zu kümmern, und Schuhmacher Eberhardt tat dasselbe, vorausgesetzt, daß er gerade nüchtern genug war, um beim Wahlakt erscheinen zu können. Seiler Heyer und Sattler Schommer waren freundliche Leute, was man vom Böttcher Kisten auch sagen konnte, wenn er nicht gerade seinen groben Tag hatte. Über den zwölften und letzten schweigt des Sängers Höflichkeit. Zu vielen dieser Männer, namentlich aus der Gruppe der in Einzelgestalten von mir *nicht* skizzierten Ackerbesitzer, trat ich, beim Ankauf der Kahlenberge, in geschäftliche Beziehungen und kann nicht sagen, daß dieselben erfreulicher Art gewesen wären. Ich will einen gewissen Kern von kleiner bürgerlicher Tüchtigkeit, der in der Mehrzahl dieser Männer steckte, gern anerkennen, auch zugeben, daß etliche, wie Söhnel und Emden, die Ebells, Hancks und Hagens, von mehr oder weniger vorzüglichem Charakter waren, die meisten aber waren nicht bloß kleine, sondern meist auch kleinliche Leute, denen der Sinn der Anerkennung für ihnen geleistete Dienste jederzeit fehlte; prosaisch, eng, argwöhnisch, ohne Pietät und Dankbarkeit. Den Obersten von Wulffen, dem sie die herrlichen, immer schöner werdenden Anlagen vor dem Rheinsberger Tore verdanken, ärgerten sie zur Stadt hinaus, und so machten sie's mit jedem, der ihnen Gutes tat und die Stadt und die Grafschaft unter Dransetzung von Kraft und Vermögen zu fördern suchte.« — »Was wird mein Los sein?« setzt A. Gentz ahnungsvoll hinzu.

So das für den Turmknopf bestimmte Manuskript, in dem Alexander Gentz beflissen war, ein Zeit- und Sittenbild seiner Stadt, aber zugleich auch der ganzen Grafschaft zu geben. Von den angesehensten Familien adligen und bürgerlichen Standes, von den Kohlbachs, Scherz, Jacob, von Quast und von Knesebeck wird, meist kurz, in mehr anerkennenden als tadelnden Bemerkungen gesprochen, ausführlich aber wendet er sich einem zu: dem *alten Grafen Zieten auf Wustrau.* Was ihn zu dieser auf Vorliebe deutenden ausführlichen Behandlung bestimmte, läßt sich mit Sicherheit nicht sagen und hatte wohl in Verschiedenem seine Veranlassung, unter andern auch darin, daß er in seinem künstlerischen Sinn erkannte: Dieser alte Graf ist ein besonders glücklicher Stoff für die literarische Behandlung. Und darin hat er sich nicht geirrt. Das Bild, das er vom alten Grafen Zieten gibt, von seinem Leben und Sterben, ist das Glanzstück in seinem Manuskript, aus dem ich nun wieder zitiere.

Der alte Graf Zieten auf Wustrau

».. . Der alte Graf Zieten auf Wustrau war der Sohn des berühmten General von Zieten, und ein größerer Abstand als der zwischen seinem gefeierten und beinah ehrwürdigen Namen und seiner persönlichen Erscheinung war nicht denkbar. Friedrich der Große hatte ihn 1765 über die Taufe gehalten, und davon blieb ihm zeitlebens ein hohes Selbstgefühl, auch das Gefühl, sich was erlauben zu dürfen. Als Anfang der dreißiger Jahre Prinz Wilhelm (der spätere Kaiser) zur Inspektion nach Ruppin kam, war natürlich auch Landrat von Zieten zur Begrüßung da, neben ihm ein Wustrauer Bauer, der beim Erscheinen des Prinzen den Gruß vergaß oder vielleicht auch nicht grüßen wollte. Zieten schlug ihm sofort die Mütze vom Kopf. Schon als Täufling empfing er das Fähnrichspatent und war später ein übermütiger Lieutenant, enthielt sich aber aller heldischen Taten, die an seinen Vater hätten erinnern können.

Eins ist ihm unbedingt zu lassen: er war, von Übernahme des Guts an, ein guter Landwirt und ein noch besserer Financier. Man darf vielleicht sagen, ›ein zu guter‹. Als er das Gut übernahm, standen Schulden darauf, die den alten Zieten, den Vater, während seiner letzten Lebensjahre stark gedrückt hatten. Der Sohn wußte sehr bald Wandel zu schaffen, die Schulden wurden abgezahlt, und das Gut erhob sich zum Range eines Mustergutes, dessen Wert mit jedem Jahre stieg und, wie schon hier bemerkt sein mag, beim Tode des alten Grafen (1854) den zehnfachen Wert haben mochte wie siebzig Jahre früher bei Übernahme des Gutes. Seine, des alten Grafen, besondere Liebe war der Park, und durch das, was er hier tat (auch das Barocke mit eingeschlossen), hat er

sich in hohem Maße den Dank der Ruppiner, der Stadt wie
der Grafschaft, verdient. Ganz der Sohn einer in der Ober-
schicht der Gesellschaft das Christentum mehr oder weniger
verspottenden Zeit, gab er diesem spöttischen Zuge, der ihn
sein ganzes Lebelang beherrschte, beständigen Ausdruck
und beging Dinge, die man heutzutage mit Achselzucken begleiten oder doch mindestens als Geschmacklosigkeiten bezeichnen würde. Damals freute man sich daran und hatte,
weil es als ›Esprit‹ galt, sogar Respekt davor. An die Tür
einer Art Kapelle war ein Totenkopf und an die Bretterwand
eines benachbarten Pavillons ein Christuskopf gemalt, zwischen Kapellchen und Pavillon aber lag ein Kirchhof mit
Kreuzen und Gedächtnistafeln und allerhand Inschriften
darauf. All das war aber bloß Ornament, Park- und Garten-
ausschmückung, um auf die Besucher eine bestimmte senti-
mentale Wirkung auszuüben, denn unter den Kreuzen lag
nichts oder — Schlimmeres als nichts. Ein ›falscher Kirchhof‹ also, was übrigens niemanden verdroß oder in seinem
religiösen Gefühl verletzte. Man nahm das alles nicht ernst,
und der Philister, der bewundernd oder schmunzelnd an
diese Gräber herantrat, war gerade so spottsüchtig und un-
gläubig wie der Landrat von Zieten selbst. Dieser wußte das
auch und kannte nichts Lieberes und Schöneres — und dies
war eine wirklich erquickliche Seite an ihm, die mit vielem
aussöhnen konnte —, als seinen Wustrauer Park mit seinen
prächtigen alten Bäumen, seinen Lagerplätzen und seinen
zur Fahrt auf den See bereitliegenden Booten und Gondeln
von seinen lieben Ruppinern besucht zu sehn. Ich mache
mich keiner Übertreibung schuldig, wenn ich sage, daß zuzeiten bis zu fünfzig Familien in dem Park anzutreffen waren. Denn es gab nichts in der Nähe, was mit Wustrau wetteifern konnte. Sogar Fremde kamen. Und je mehr ihrer kamen, desto glänzender war des Alten Laune. Er erschien
dann plötzlich, vom Schloß her, in blauem Rock und hell-
blauen Pantalons, einen Stern auf der Brust, und verlangte
nichts als einen Gruß, den er mit großer Freundlichkeit erwiderte. Niemand fuhr besser dabei als sein Gärtner, der den
Namen Geduldig führte und dem er eine Art Schankgerech-
tigkeit, nämlich das Recht einer Milch- und Kaffeewirtschaft,
verliehen hatte. Besonders Liebespaare liebten Wustrau

sehr, und viele Verlobungen sind in den verschwiegenen Gängen am See hin geschlossen worden.

Er galt für geizig, und fast darf man sagen, seine Taten auf diesem Gebiet übertrafen noch seinen Ruf. Es wäre lohnend, hier Details zu geben, aber das Beste davon entzieht sich der Möglichkeit der Mitteilung, und nur das eine, vergleichsweise Harmlose mag hier eine Stelle finden, daß er, bei kleinen Diners, die gelegentlich stattfanden, persönlich mithalf und, mit einer im Laufe der Zeit gewonnenen Übung, aus ein paar Heringen ein paar Dutzend Sardellen herauszuschneiden wußte. Wahrscheinlich erfunden, aber erfundene Geschichten der Art sind geradesogut wie die wirklichen; zwischen den echten und unechten friderizianischen Anekdoten ist kein Unterschied.

Bis in sein hohes Alter hinauf war er Landrat. Er hatte den Kreis gut verwaltet und viele Chausseen angelegt. Unter andrem half er auch dadurch, daß er bei Hofe, wo er namentlich bei Friedrich Wilhelm IV. als ›Original‹ sehr angesehen war, allerlei durchzusetzen wußte, was einem Manne von gleichgiltigerem Namen mutmaßlich nicht geglückt wäre. Mit ebendiesem Ansehen bei Hofe hing es auch zusammen, daß er, schon 1840 gegraft, 1851, unter ganz besonders auszeichnenden Förmlichkeiten, zur Enthüllungsfeier des Friedrich-Denkmals nach Berlin geladen wurde. Hochbeglückt durch diese Gunstbezeugungen kam er nach Wustrau zurück. Aber dieselben letzten Lebensjahre, die soviel Auszeichnendes für ihn brachten, brachten ihm auch Kränkungen aller Art, Ärgernisse, die um so ärgerlicher waren, als sie von Personen seiner nächsten Umgebung ausgingen. An der Spitze dieser plötzlich auf dem Plan erschienenen Feinde stand sein ehemaliger Secretair C. A. Frost, der, solang er noch in gräflichen Diensten war, nie mehr als 120 Taler Gehalt bezogen und jedes beim Grafen eingereichte Gesuch um Gehaltsverbesserung abschlägig beantwortet gesehen hatte. Hinsichtlich der Charaktere war eine gewisse Verwandtschaft zwischen Herr und Diener, und was dem letzteren bei Beginn seiner Laufbahn an Verschlagenheit gefehlt haben mochte, das wußt er bald einzubringen. Von Natur klüger als sein Herr und mit einem entschiedenen Talent für bureaukratische Schreibereien ausgerüstet, wußt er sich bald derar-

tig zur Seele der landrätlichen Verwaltung zu machen, daß
er nicht ganz unrecht hatte, die seinem Herrn reichlich zufal-
lenden Anerkennungen *sich* gutzuschreiben. Aber noch war
die Zeit nicht da, dies Konto zu begleichen. Diese Zeit kam
erst, als die Verhältnisse ihn zwangen, sich nach aufbessern-
den Mitteln zur Durchbringung seiner immer zahlreicher
werdenden Familie umzusehen. Die Gelegenheit zu dieser
Aufbesserung war bald gefunden, und zwar sonderbarerweise (wenn auch nur *mittelbar*) durch den alten Landrat
selbst. Dieser, dem finanziellen Zuge der damaligen, in die
vierziger Jahre fallenden ersten Gründerperiode folgend,
fing an, große Strecken seines ›Wustrauer Luchs‹ an Torf-
Ausbeutungsgesellschaften zu verkaufen, und in eine dieser
Gesellschaften trat Frost selber ein, mit Genehmigung seines
Herrn, der auf die Weise hoffen mochte, den ewigen Gesu-
chen um Gehaltsverbesserung ein für allemal enthoben zu
werden. Ja, der sonst so Geizige ging weiter und schoß seinem Secretair aus freien Stücken 1000 Taler vor, um demselben Gelegenheit zu geben, mit Hülfe dieser Einzahlung
als ›Aktionär‹ in die Torf-Exploitierungsgesellschaft eintreten zu können. Zieten gratulierte sich zu einem Meistercoup.
Aber es kam anders, als er erwartet hatte, total anders. Secretair Frost, der sich, bei seiner genauen Kenntnis aller ein-
schläglichen Verhältnisse, sehr bald den Torfaktionären un-
entbehrlich zu machen wußte, stieg ebenso rasch an Ansehen, Macht und Vermögen und benutzte nunmehr seine
finanziell glänzend gewordene Stellung, um, im Interesse der
›Gesellschaft‹, der er jetzt zugehörte, *Forderungen* zu stellen.
Als der alte Landrat auf diese Forderungen nicht eingehen
wollte, dagegen von den ihm vorgestreckten ›1000 Talern‹
sprach, warf ihm der über Nacht mächtig Gewordene die
ganze Summe vor die Füße und suchte den Widerstand, den
der Alte nach wie vor seinen Plänen entgegensetzte, dadurch
zu brechen, daß er mit einem Briefe drohte, den er an den
König Friedrich Wilhelm IV. schreiben wolle. Schließlich
schrieb er diesen Brief auch wirklich und entwarf darin ein
Charakterbild des Alten, der zeit seines Lebens nichts als
eine Mischung von Engherzigkeit, Habsucht und Unfähigkeit gewesen sei, stets nur verstanden habe, andre für sich
arbeiten zu lassen und sich mit fremden Federn zu schmük-

ken. Was in den letzten Jahrzehnten im Kreise geschehen
sei, sei durch die landrätlichen Secretaire geschehen, speziell
durch ihn und sein Aushalten im Dienst, was nichts Leichtes
gewesen sei, denn seine Vorgänger hätten sich, bei der Uner-
träglichkeit des ihnen auferlegten Lebens, das Leben genommen. So Frosts Eingabe. Sehr geschadet kann sie dem von
ihm Verklagten aber nicht haben, denn es brachen grade
jetzt die vorerwähnten Zeiten an, die dem Alten Auszeichnungen über Auszeichnungen brachten. Indessen, sowenig
unempfindlich der Alte gegen solche königlichen Gnaden
war, ging die heimische Fehde doch nicht spurlos an ihm
vorüber, und es würde sich von einer Verkürzung seines Lebens durch ebendieselbe sprechen lassen, wenn er nicht,
trotz alledem, sein Leben bis auf sechsundachtzig Jahre gebracht hätte. Am 29. Juni 1854 starb er nach längerem
Krankenlager.«

Etwa eine Woche später war das Begräbnis, und mit einer
Gentzschen Schilderung desselben möcht ich diese Graf-Zie-
ten-Skizze schließen.

»An Beteiligung war kein Mangel, ja, es waren mehr Personen zugegen, als eigentlich Anspruch darauf hatten. Zunächst fehlte kein Edelmann und Rittergutsbesitzer aus dem
ganzen Ruppiner Kreise; das war selbstverständlich. Aber
auch das Bürgertum, das ›Volk‹, machte sich auf den Weg,
und die nach Wustrau führende große Straße war schon in
aller Frühe von schwarzgekleideten Trauergästen belebt.
Wer keinen Wagen hatte, ging zu Fuß, und so sah ich Ruppiner Damen aus den oberen Ständen, die nur zur Befriedigung ihrer Neugier die kleine Fußreise (fünfviertel Meilen)
machten. Endlich erschien auch die Ruppiner Schützengilde
mit Epauletts und Tressen und goldgesticktem Kragen. Jeder
sah aus wie ein Major. Überhaupt war, wenn ich von den an-
geschimmelten Kasimirhosen einiger Landstandsmitglieder
absehe, kein Mangel an glänzenden Uniformen, besonders
an Husarenuniformen, unter denen eine von altertümlichem
Schnitt (wahrscheinlich aus der Zeit unmittelbar vor 1806)
am meisten Bewunderung fand. Es war ein alter weißköpfi-
ger von Bredow, der sie trug.

Alles versammelte sich zunächst vor dem Schloß und
hatte, bei der besonders starken Hitze, die herrschte, durch-

aus kein Verlangen, in das Schloß hinein und in die Nähe des Toten zu kommen. Aber endlich war es nicht länger hinauszuschieben, und da standen wir nun — auch die ›Honoratioren‹ hatten Zutritt — am Sarge, zu dessen Häupten die von Tassaerts Meisterhand herrührende Portraitbüste seines Vaters, des alten, berühmten Zieten, aufragte. Daneben stand der Prediger und hob seinen Sermon an, und wer nicht wußte, daß es der Sohn sei, der hätte glauben müssen, es sei der Vater. Der Sohn aber, wenn er hätte sprechen können, hätte mit seiner scharfen Stimme gerufen: ›Du lügst‹, denn wie schwach es mit des alten Grafen Tugenden auch stehn mochte, von *einer* Sünde war er frei, von der der Heuchelei. Ganz ein Kind des vorigen Jahrhunderts, in dessen Aufklärungsjahrzehnte seine Jugend fiel, war er voll Haß gegen die Kirche und voll Spott gegen ihre Diener. Das letzte der ganzen Szene war ein Akt des Heroismus: die Wustrauer Bauern nämlich, ohne sich mit der vom Mittelalter überkommenen Zitrone bewehrt zu haben, traten heran, luden den Sarg auf ihre Schultern und trugen ihn bis zu der Begräbnisstätte, die der Alte sich sorglich vorher bereitet hatte.

Gesang und Gebet. Dann aber war alles beflissen — denn jeder sehnte sich nach Imbiß und Stärkung —, vom Kirchhofe wieder nach dem Schlosse zurückzukehren, in dessen mit den Portraits der ehemaligen Offiziere des Zietenschen Husarenregiments geschmücktem großen Saal man mittlerweile Tische gestellt und die Tafel gedeckt hatte, gedeckt mit einem Gefühl für Repräsentation, ja mit einer Opulenz, die diese Räume seit länger als einem halben Jahrhundert nicht mehr gesehen hatten. Dieser Opulenz entsprach denn auch der Bravourangriff auf die Flaschenbatterie, der einige der Jüngeren, bei der eminenten und fortgesetzten Energie des Angriffs, zu erliegen drohten.

Und jetzt war es denn auch, daß von unten her der Ruf in den Saal drang: ›Wir haben *auch* Hunger‹, ein immer lauter werdender Schrei, der von den vielen Hunderten ausging, die nicht eigentlich zu den Geladenen zählten, inzwischen aber auf dem Rasenplatz vor dem Schloß und besonders auf der Rampe desselben Aufstellung genommen hatten. Es wurden aufrichtig gemeinte Versuche gemacht, das von außen her um Brot schreiende Volk zu befriedigen, aber die besten

Anstrengungen erlahmten an der Menge derer, die forderten, und so kam es denn, daß, eh es möglich war, es zu hindern (auch fehlte wohl, weil man kein Ärgernis geben wollte,
der Wille dazu), die draußen versammelte Menge von der
Rampe her in das Schloß einbrach und durch einen feinen
Instinkt, vielleicht auch durch die Lokalkenntnis eines einzelnen geleitet, ihren Weg in den über Erwarten leidlich ausgestatteten Weinkeller nahm. Nun war dieser Keller sicherlich nicht die Stätte nennenswerter Château-Weine, das
lange Lagern indes, zu dem die wirtschaftlichen Normen des
Alten die reichste Gelegenheit geboten hatten, hatte zur Aufbesserung wenigstens das möglichste getan und immerhin etwas Trinkbares hergestellt. Was nicht an Ort und Stelle aus-
getrunken wurde, nahm man in Park und Garten mit hinauf,
und als die letzte Flasche leer war, begann ein Singen und
allgemeines Verlangen nach den Dorfmusikanten, die glücklicherweise nicht kamen und den Begräbnistag des letzten
Wustrauer Zieten davor bewahrten, in einem bal champêtre
sein Ende zu finden. Endlich erschienen aus der Stadt her-
beigerufene Polizeisergeanten und räumten den Park, denselben Park, den der Alte (die beste Tat seines Lebens) mit
soviel Liebenswürdigkeit durch zwei Menschenalter hin zur
Verfügung des Ruppiner Volks gestellt hatte. Mit Kraftlie-
dern und Zechgelagen war ihm heute der ›Dank des Volkes‹
dafür abgestattet worden.«

So der Teil des A. Gentzschen Manuskripts, der sich mit den
Personen und Zuständen einer um mehr als dreißig Jahre
zurückliegenden Epoche beschäftigt.

Alle, die genannt wurden, sind längst vom Schauplatz abgetreten, vielfach auch schon wieder ihre Kinder. Trotzdem
wird es nicht ausbleiben, daß sich einzelne durch gegen den
Vater oder Großvater gerichtete Spöttereien unangenehm
berührt fühlen. Auch das über den alten Grafen Zieten Gesagte wird einer Beanstandung in einzelnen Gesellschaftskreisen nicht entgehn. Allen aber möcht ich aus einer langen
literarischen Erfahrung zurufen dürfen: Wer solche Quellen
aus Familienrücksichten absperren will, der steht nicht bloß
der historischen Forschung (zu deren vorzüglichsten Objek-

ten auch das Studium des *Kleinlebens* gehört), sondern vor allem auch sich selbst und den Seinen im Lichte. Das protestantische Volk verlangt keine Heiligen, eher das Gegenteil; es verlangt Menschen*, und alle seine Lieblingsfiguren: Friedrich Wilhelm I., der große König, Seydlitz, Blücher, Yorck, Wrangel, Prinz Friedrich Karl, Bismarck, sind nach einer bestimmten Seite hin, und oft nach *mehr* als einer Seite hin, sehr angreifbar gewesen. Der Hinweis auf ihre schwachen Punkte hat aber noch keinem von ihnen geschadet. Gestalten wie Moltke bilden ganz und gar die Ausnahme, weshalb auch die Moltke-Begrüßung vorwiegend eine Moltke-Bewunderung ist und mehr aus dem Kopf als aus dem Herzen stammt.

4. VOM BAU DES GENTZRODER HERRENHAUSES 1877 (?) BIS ZUM MAI 1880. DER KRACH. DER PROZESS. ALEXANDER GENTZ' ÜBERSIEDELUNG NACH STRALSUND. SEIN TOD. VERSUCH EINER CHARAKTERISTIK SEINER SELBST UND SEINES PROZESSES

Als Alexander Gentz an seiner »Geschichte der Erwerbung« von Gentzrode schrieb, stand er, um es zu wiederholen, auf der Höhe seines Glücks. Er hatte den vollen Glauben an sich und seinen Stern, und der Gedanke lag ihm fern, daß eine Wendung der Dinge je kommen, ihn niederwerfen und demütigen könne. Gegen Warnerstimmen, an denen es nicht fehlte, war er taub, wie jeder in gleicher Lage — der Glückswagen, der ihn trug, mußte sein Ziel erreichen oder in Stücke gehn. Ein Aufhalten gab es nicht.

Und so kam die Katastrophe.

Über die dieser Katastrophe voraufgehende Zeit liegt nur ein kurzer Bericht vor, dem ich folgendes entnehme.

»... Gentzrode wuchs; Wiesen waren neuerdings erworben worden, und die Bäume gediehen noch über Erwarten hinaus, so daß in den Gründerjahren viele Tausende davon

---

* »Wir lieben nur das *Individuelle*«, schreibt der in allem recht behaltende Goethe. »Daher« (so fährt er fort) »unsere große Freude an Bekenntnissen, Memoiren, Briefen und *Anekdoten* abgeschiedener, selbst unbedeutender Menschen.« Und er hätte hinzusetzen können, auch solcher »of a questionable shape«.

verkauft werden konnten. Ausfälle, die trotzdem eintraten, konnten durch die reichen Torfsticherträge leicht gedeckt werden. A. Gentz verfolgte rastlos den Plan einer allgemeinen Arrondierung seines Besitzes, sowohl seiner Äcker in Gentzrode wie seiner Torfgräbereien im Luch. Die Leute nannten ihn den ›alten Blücher‹, in Anerkennung der Energie, mit der er alles durchführte, was er sich vorgesetzt hatte. Die meisten Kämpfe, deren es viele, sowohl mit den Konkurrenten wie mit der Regierung, gab, kostete das Luch, an dessen wachsenden Erträgen alles hing. Und diese Kämpfe wurden im ganzen genommen siegreich geführt. Da, mit einem Male, war es, trotz dieser Siege, mit den ›wachsenden Erträgen aus dem Luch‹ aus und dadurch mit Gentzrode, ja mit dem Wohlstand der Familie vorbei. Wie kam das? Der Torf war über Nacht außer Mode gekommen. Alles brannte Steinkohlen oder Briquettes, und selbst die Ziegeleien, die bis dahin, ein sehr wichtiger Punkt, die Konsumenten der sonst halb wertlosen Torfabgänge gewesen waren, bauten ihre Brennöfen um, um mit Hülfe dieser Neubauten die Vorteil versprechende Mode mitmachen und Steinkohlen statt Torf verwenden zu können. Dies allein hätte genügt, dem Gentzschen Geschäft, dessen solide Grundlage der Torf war, einen tödlichen Schlag zu versetzen; zur Beschleunigung des Niederganges aber stellten sich noch andere Schädigungen ein, die freilich mit den veränderten Konjunkturen in einem mehr oder weniger nahen Zusammenhange standen, zum Teil direkt daraus resultierten. Ein Hauptwerk Alexander Gentz' im Luch war die mit enormen Kosten errichtete große Schiffahrtstraße nach Berlin, der sogenannte Fehrbelliner Kanal samt dem Schwarzen Graben. Alle fremden Kähne, soviel war ihm seitens der Regierung als Ausgleich für das Geleistete zugebilligt worden, hatten, wenn sie die Wasserstraße benutzten, unter dem Namen eines Schleusengeldes einen Zoll an ihn zu zahlen, dessen Beträge zunächst zur Verzinsung respektive Amortisierung des Anlagekapitals dienten. Es waren dies sehr beträchtliche Summen, die sich infolge der plötzlich veränderten ›Konjunkturen‹ ebenfalls rasch herabminderten, so daß a tempo zweierlei hinschwand oder doch ins Schwinden kam:

die *Torf*gelder für den selbstproduzierten Torf und

die *Schleusen*gelder für die Torfverschiffung der Mitpro-
duzenten.

Aber auch dieser Doppelübelstand erschöpfte noch nicht
das Maß der Verlegenheiten. Eine dritte Schädigung kam
noch hinzu: Der Sommer und Herbst 77 waren sehr regne-
risch gewesen, so daß der im Luch überall umherstehende,
teils naß gewordene, teils von Anfang an nicht recht ausge-
trocknete Torf (der, wie sich denken läßt, eine sehr bedeutende Summe repräsentierte) nicht verschifft, mithin auch
das wenige, was von Nachfrage da war, nicht einmal befriedigt werden konnte. Die Folge davon war, daß es schon im
Winter 77 auf 78 mit Gentz' Finanzlage kritisch genug stand,
bis sich ein Weg fand, dem Unheil noch einmal zu steuern.
Dies war durch Verpfändung der gesamten Torfgräbereien
mit Rückkaufsrecht. In der Tat nahm alles noch einmal
einen gewissen Aufschwung, zum mindesten war auf Jahr
und Tag hin ein Stillstand geschaffen. Aber schon am
25. Mai 80 hieß es abermals an der Berliner Börse: ›Gentz
ist bankrutt.‹ Und diesmal war kein Einhalt zu tun. Ein Kon-
kursverwalter ward ernannt, der, um ›Verdunkelungen‹ vor-
zubeugen (es handelte sich um Nachweis etwaiger Schuld
aus den Geschäftsbüchern), Gentz' Verhaftung beantragte.
Verschiedene Verhöre vor dem Konkursrichter fanden statt,
einem vom Verteidiger gestellten Antrage auf Freilassung
wurde nicht Folge gegeben, und erst das Landgericht hob in
einer Sitzung die weitere Untersuchungshaft auf. Diese Haft
hatte zwölf Wochen und fünf Tage gedauert.

Inzwischen schritt man zur Formulierung der Anklage,
die schließlich auf Betrug in fünfunddreißig Fällen und
außerdem auf einfachen Bankrutt lautete. Seit Beginn der
Untersuchungshaft waren bis zur Fertigstellung der Anklage
beziehungsweise bis zur Einleitung des Prozesses fast drei
Jahre vergangen. Vom 13. bis 15. Februar 83 fanden die
Verhandlungen statt. Einige fünfzig Zeugen waren geladen.
Der Tatbestand des Betruges war darin erkannt worden, daß
Gentz in der Zeit vom 1. Januar bis 4. Juni 80, als angeblich
schon eine Unterbilanz vorhanden war, noch zahlreiche De-
positen angenommen habe. Nach Ausweis seiner Bücher
stellte sich jedoch heraus, daß er am 1. Januar genannten
Jahres noch eine Überbilanz von 790 000 Mark gehabt. Da-

mit fiel die Betrugsanklage zu Boden, während seine schließ-
liche Verurteilung zu vier Monaten Gefängnis auf einfachen
Bankrutt hin erfolgte, von welchem Strafmaß die lange Untersuchungshaft in Abrechnung kam. Ein Begnadigungsge-
such unterblieb, und die Strafe wurde angetreten. Als er wieder frei war, war er ein gebrochener Mann, gebrochen an
Leib und Seele. Trotzdem widerstand es ihm, in seiner Vaterstadt das Feld ohne weiteres zu räumen, bloß um unbequemen Begegnungen aus dem Wege zu gehen. Und so
blieb er denn.

Erst nach Ablauf mehrerer Jahre verließ er Ruppin und
übersiedelte im März 86 nach Stralsund, um daselbst ein
Geschäft von dem geringen Vermögen seiner Frau zu kaufen. Es gelang auch damit. Aber sehr bald schon warf ihn
Krankheit danieder, und von unaufhörlichen Schmerzen
gepeinigt, sah er seine Kräfte hinschwinden; Abzehrung
stellte sich ein, und er fühlte die Nähe des Todes. Als er im
Mai (?) 88 die Ruppiner Zeitung in die Hand nahm und las,
›daß die erste Nachtigall im Tempelgarten (der ihm neben
Gentzrode das Liebste war) geschlagen habe‹, wurd er still
und stiller. Er ließ seine Kinder, von denen keins daheim
war, aus der Ferne kommen und ordnete an, daß er auf dem
alten Ruppiner Kirchhof an der Seite seiner Eltern begraben
sein wolle. Bald darnach kam ein Blutsturz, und am 3. Juli
88 starb er. Nach seinem Willen wurde verfahren und seine
Leiche nach Ruppin übergeführt. Da ruht er in Front der Fa-
milienbegräbnisstätte, deren Mittelwand die Inschrift trägt:

Ungunst und Wechsel der Zeiten zerstörte, was wir
geschaffen,
Die wir im Leben gekämpft, ruhen im Tode hier aus.«

Es erübrigt uns noch ein Wort über Erscheinung und Charakter dieses eigenartigen Mannes.

Alexander Gentz war ein echter Sohn seiner Ruppiner
Heimat: lang aufgeschossen, mit anscheinend wenig Rück-
grat und einem bequemen Schlenkergang, wie die Matrosen
ihn haben. Und zu diesem sich wiegenden Matrosengange
jene blassen, etwas vortretenden Amphibienaugen, denen

man in dem alten Dossaner Gau, dem Lande zwischen Rhin und Dosse, so oft begegnet, Augen, die blöd und unbedeutend wirken und auf Mangel an Energie hinzudeuten scheinen, bis man an einem plötzlichen und beinahe unheimlichen Aufblitzen wahrnimmt, daß das alles nur Schein und Täuschung war und daß hinter dieser schlaffen Unbedeutendheit eine ganz ungewöhnliche Tatkraft lauert, Hang ins Weite, Lust am Hasardieren, Abenteuerlust. Alles in allem, auf den ersten Blick sehr unscheinbare, hinterher aber ungewöhnlich interessante Menschen. Und ein solcher interessanter Mensch war auch Alexander Gentz, was, so mein ich, selbst von seinen Feinden, deren er ein gerüttelt und geschüttelt Maß hatte, nicht bestritten werden wird. Seine reichen Gaben freilich, nachdem sie viel Gutes gestiftet, wurden ihm verhängnisvoll. Von Natur klug und auf Schulen hervorragend gut unterrichtet, stand ihm, von Beginn seiner Geschäftsführung an, ein für einen kleinstädtischen Ladenbesitzer ganz ungewöhnliches Maß von Bildung zur Seite, das sich durch seine Reisen in Westeuropa noch gesteigert und ihm ein etwas bedrückliches Gefühl der Überlegenheit gegeben hatte. Zu diesem Gefühl intellektueller Überlegenheit gesellte sich alsbald auch noch das Hochgefühl, innerhalb seines Kreises der reichste Mann zu sein, so daß es nur noch seiner Verheiratung mit Helene Campe, der klugen und schönen Tochter des als Heinrich-Heine-Verleger mit berühmt gewordenen Buchhändlers Campe, bedurfte, um sein Selbstgefühl bis ins Ungemessene zu steigern. Wie das Turmknopf-Manuskript, aus dem ich Auszüge gegeben, deutlich bekundet, sah er auf die ganze Ruppiner Welt als auf etwas unendlich Kleines herab und lebte sich immer mehr und mehr in ein gewisses, über den Personen und selbst über dem Gesetz (soweit die »Kleinstädter« es handhaben) stehendes Herrschergefühl ein, das ihn auch nicht verließ, als er schon vor Gericht stand. Vor den Konkursrichter geführt, nahm er vor diesem, was ganz seinem Wesen entsprach, eine derartig legere Haltung an, daß sich der Richter gezwungen sah, ihm vor Eintritt in die Verhandlung zuzurufen: »Hut ab; Hände aus den Hosen!«, ein Zuruf, der (wie ich zufällig weiß) nicht nur das empörte Staunen des Angeklagten, sondern auch das seiner Familie wachrief, woran sich, als an einem rechten Musterbeispiele, zeigen läßt, in einem wie hohen Grade das ganze Haus Gentz ein vollkommen dynastisches Gefühl ausgebildet hatte. A. Gentz stand nicht als einfacher Alexander Gentz, sondern als eine Art Karl Stuart vor seinen Richtern, der bekanntlich, als ihm während der Verhandlung sein Stöckchen aus der Hand fiel, sich wunderte, daß niemand der Richter zusprang, das Stöckchen wieder aufzuheben und ihm zu überreichen.

Und mit diesem charakteristischen Zug aus der Zeit des gegen A. Gentz angestrengten Prozesses bin ich nunmehr bei dem Prozesse selber angelangt und habe zu diesem, der seinerzeit soviel Staub aufwirbelte, Stellung zu nehmen. Wie stand es damit? Zunächst mit dem Konkurs selbst? Von befreundeter Seite wird mir darüber geschrieben: »Daß ihn (Gentz), wie fast jeden, der zur Bankrutterklärung gezwungen wird, ein bestimmtes Maß von Schuld trifft, ist wohl nicht zu leugnen. Ein vorsichtiger Kaufmann muß rechtzeitig für Reservegelder sorgen und auf den Wandel der Zeiten achten. Beides unterließ er. Er war nicht weitsichtig genug. Dazu kam, daß der ihm angeborene Hang, alles nach Möglichkeit schön und künstlerisch zu gestalten, ihn zu ganz unnützen Mehrausgaben veranlaßte. Nicht bloß seine Parkanlagen sind ein vollgültiger Beweis dafür, derselbe Zug prägte sich auch bei den Kanalbauten im Luch aus, wo er sich's beispielsweise nicht nehmen ließ, erst die lange Wasserstraße selbst und dann die Torfgräberhäuser mit niedlichen Anpflanzungen zu umgeben. Diese künstlerische Liebhaberei verschlang ein Vermögen.«

Ich habe dieser trefflichen und selbst in ihrem Tadel auch in gewissem Sinne verbindlichen Schilderung nichts hinzuzufügen. Er raste, jeder Warnung unzugänglich, in sein Verderben hinein, durch nichts berechtigt oder entschuldigt als durch den Glauben an seinen Stern. Und so war es denn weder verwunderlich noch auch die Betätigung eines besonderen staatsanwaltlichen Rigorismus, ihn schließlich zur Verantwortung gezogen zu sehn. Nur der Modus konnte vielleicht in diesem und jenem ein anderer sein. Es war ein Vorgehen, das in vielen Stücken an den berühmteren Professor Graefschen Prozeß erinnert, bei welcher Gelegenheit auch die von Graefs Schuld Überzeugtesten sich mit einzelnen Details des Verfahrens nicht einverstanden erklären konnten. Ähnlich im Prozeß Gentz. Das Richtige, das, was sein soll, kam schließlich in jedem Anbetracht zu seinem Recht; er war schuldig, und das Maß der ihm zudiktierten Strafe wurde sicherlich nicht zu hoch bemessen, aber in das, was der eigentlichen Prozeßverhandlung voraufging, mischte sich wohl manches ein, was besser gefehlt hätte; lange bevor ihn das Gericht verurteilen konnte, war er schon verurteilt durch die Gefühle seiner Mitbürger. Daß diese Gefühle *durchweg* die richtigen gewesen wären, kann ich nicht zugeben. Es brauchte seine Schuld nicht beschönigt, am wenigsten geleugnet zu werden, aber wenn jemals »mildernde Umstände« da waren und mitsprechen durften, so war hier ein solcher Fall gegeben. A. Gentz war das Opfer großer Unternehmungen, die, wenn auch vorwiegend zum eigenen Nutzen unternommen, doch schließlich der Gesamtheit von Stadt und Land zugute gekommen waren. *Dem* trug man nicht Rechnung. Sein Fall, statt Mitleid zu wecken, weckte nur Freude, denn kein Jubel ist größer als der Jubel derer, die — nachdem man über sie gelacht — sich schließlich als die Klügeren oder doch jedenfalls als die Siegreichen erweisen.

Jetzt, wo das Grab ihn deckt und das furchtbare Leid, durch das er ging, viele seiner alten Gegner mit ihm ausgesöhnt haben wird, wird auch sein Name wieder wachsen, und wenn abermals ein Menschenalter verflossen und der letzte seiner Mitlebenden heimgegangen sein wird, wird sich das dann lebende Geschlecht seiner als eines Wohltäters der Grafschaft erinnern, als eines Mannes, der in manchem als eine Warnung, in vielem aber auch als ein Vorbild gelten kann.

In seiner Schöpfung Gentzrode lebt er fort.

5. Gentzrode von 1881 bis jetzt

Um die Gläubiger in ihren Ansprüchen wenigstens bedingungsweise befriedigen zu können, war, gleich nach der Konkurserklärung,

    der *Tempelgarten* von der Stadt,
    die *Torfstiche* von der Deutschen Bank,

Gentzrode selbst von den Herren Albert Ebell und Oberamtmann Troll übernommen worden.

Nur mit den Schicksalen von *Gentzrode* haben wir uns in
diesem Schlußkapitel zu beschäftigen.

Es war im September 1881, daß die vorgenannten Herren
(Ebell und Troll), die beide Gläubiger, aber nicht Inhaber
von Hypotheken waren, Gentzrode, das ungefähr eine Mil-
lion gekostet hatte, kauften, und zwar für die Summe von
210 000 Mark. Sie hatten von vornherein nicht die Absicht,
sich hier zu behaupten, sondern gingen lediglich in der Erwartung einer guten Finanzoperation vor, worin sie sich
auch nicht getäuscht sahen. Eine nicht unbeträchtliche
Summe floß ihnen aus der Realisierung des überreich ausgestatteten Inventars zu, welcher Inventar-Realisierung im Juli
1882, also nach kaum zehnmonatlichem Besitz, der Wieder-
verkauf von Gentzrode selbst folgte. Die Kaufsumme war auf
270 000 Mark gestiegen. Der diesmalige Käufer des Gutes
war der zu Halle a. S. lebende Herr A. Wernicke, Fabrikant
für Maschinen landwirtschaftlichen Betriebs, insonderheit
für Zuckerfabriken. Es ist wahrscheinlich, daß sein Plan dahin ging, Gentzrode ganz auf Zuckerfabrikation hin umzugestalten. Er mußte sich aber bald von der Unmöglichkeit
überzeugen — die Maschinen standen ihm zur Verfügung,
aber der alte Dünensand der Kahlenberge, wieviel man auch
aus ihm gemacht hatte, war doch kein Rübenland geworden.
A. Wernicke hielt im übrigen das Gut in gutem Stande, war
aber schließlich doch froh, es nach fünfjährigem Besitz, gegen Austausch, wieder veräußern zu können. Er übernahm
das in der Provinz Posen gelegene Gut Konooko und trat dafür Gentzrode an den Besitzer ebengenannten polnischen
Gutes, Herrn Paul Hoepffner, ab. Konooko war bei diesem
Tausch auf 500 000 Mark, Gentzrode auf 300 000 Mark berechnet worden, so daß Herr Paul Hoepffner noch einen Zu-
schlag von 200 000 Mark empfing.

Dies war im Januar 1887. Schon im Juni 1888 entäußerte
sich Herr Paul Hoepffner seines Gentzroder Besitzes wieder
und verkaufte denselben, und zwar für die Summe von
300 000 Mark, an den früheren bremensischen Konsul in
Argentinien, Herrn F. W. Nordenholz. Dieser gedenkt das
Gut zu halten und in dem Geiste weiterzuführen, der es vor

grad einem Menschenalter ins Leben rief. Es soll aufhören, ein Spekulationsobjekt zu sein, sondern umgekehrt wieder ein Gegenstand des Pflanzens, der Passion, des *landwirtschaftlichen Versuchs* werden. Alles wie dereinst unter den Begründern, Gentz Vater und Sohn. Konsul Nordenholz will hier leben, nicht erwerben, er will entstehn sehn und sich des Entstehenden freun.

Und nun noch ein Schlußwort.

Der Reiz, den diese Gentzroder Schöpfung von Anfang hatte, wird ihr noch auf lange hin verbleiben, *der* Reiz, daß hier alles erst im *Werden* ist. Unsre Teilnahme haftet am *Unfertigen.* »Was wird sich bewähren, was nicht?«, »wie wird sich's entwickeln?« Das sind die Fragen, die, von alters her, uns an Menschen und Dingen am meisten interessiert haben. Die ganze landwirtschaftliche Welt unsrer Provinz verkehrt in Gentzrode oder fährt hier vor, um den in einen Eichwald umgewandelten Dünensand nach Art eines »interessanten Falls« zu studieren. Und vieles in der Tat ist hier zu lernen, auch seitens derer, die hier anderen Fragen nachsinnen als denen der Agrikultur. Eine neue Macht hat sich hier etabliert: das intelligente, dem Mittelalterlichen ab-, dem Fortschrittlichen zugewandte Bürgertum, das, aus Überlieferung und Vorurteil gelöst, um *dieser* Welt willen lebt und das Glück im Besitz und in der *Verklärung* des Diesseitigen sucht.

Ob es erreicht werden wird? Es wird bejaht und bestritten. Aber wie immer auch die Antwort auf diese Frage lauten möge, wir haben uns zunächst einer natürlich fortschreitenden Entwicklung alles Lebenden um uns her zu freun, ungetrübt durch die Betrachtung, ob diese Fortentwicklung ein Schritt aufwärts zu höherem Dasein oder ein Schritt abwärts zu Tod und Auflösung ist. Das Wachsende, gut oder nicht gut, tritt an die Stelle des Fallenden, um über kurz oder lang selber ein Fallendes zu sein. Das ist ewiges Gesetz.

ANHANG

ZU DIESER AUSGABE

Obwohl Fontane lediglich vier Bände mit der Sammelbezeichnung »Wanderungen durch die Mark Brandenburg« herausgegeben hat, gruppiert die vorliegende Edition insgesamt sieben Bände unter diese Überschrift. Sie bietet in den Bänden 1 bis 4 die »Wanderungen durch die Mark Brandenburg«, wie sie Fontane von 1862 bis 1882 unter den Titeln »Die Grafschaft Ruppin« (so erst von der zweiten Auflage an), »Das Oderland«, »Havelland« und »Spreeland« veröffentlichte. Band 5 bringt das Buch »Fünf Schlösser. Altes und Neues aus Mark Brandenburg«, das Fontane im Herbst 1888 (mit der Jahreszahl 1889) erscheinen ließ, Verwandtschaft und zugleich Unterschiede zu den »Wanderungen« betonend. Die Bände 6 (»Dörfer und Flecken im Lande Ruppin. Unbekannte und vergessene Geschichten aus der Mark Brandenburg I«) und 7 (»Das Ländchen Friesack und die Bredows. Unbekannte und vergessene Geschichten aus der Mark Brandenburg II«) schließlich vereinigen erstmals jene über 60 Texte, die in einem direkten oder indirekten Kontext mit den »Wanderungen« stehen, bisher in keiner Ausgabe systematisch erfaßt und zu beachtlichen Teilen noch nie gedruckt worden sind; in einer »Nachlese« sind ausgeschiedene, vorbereitende und vorgesehene Texte zusammengestellt, eine zweite Abteilung erfaßt »Arbeiten und Entwürfe zum thematischen Umfeld«, eine dritte bietet »Anzeigen und Rezensionen Fontanes« zum Thema Mark Brandenburg/Berlin.

Diese siebenbändige Edition der »Wanderungen« bildet die zweite Abteilung in der Fontane-Ausgabe des Aufbau-Verlages. Sie schließt sich an die »Romane und Erzählungen in acht Bänden« an, herausgegeben von Peter Goldammer, Gotthard Erler, Anita Golz und Jürgen Jahn (zuerst 1969; zweite Auflage 1973; dritte Auflage 1984). Die dritte Abteilung, »Autobiographische Schriften«, erschien dreibändig (in vier Teilen) 1982, herausgegeben von Gotthard Erler, Peter Goldammer und Joachim Krueger, die vierte, sämtliche »Gedichte« umfassend, in drei Bänden 1989, herausgegeben von Joachim Krueger und Anita Golz.

Die Textgrundlage bildet für die Bände 1 bis 4 der »Wanderungen« die jeweils letzte Auflage, an der Fontane nachweislich durch Änderungen oder Durchsicht der Korrekturfahnen mitgewirkt hat; beim Band 1, »Die Grafschaft Ruppin«, ist das (wie aus den Anmerkungen hervorgeht), die fünfte, »wohlfeile Ausgabe« von 1892.

Der Text von »Fünf Schlösser« folgt der einzigen zu Fontanes Lebzeiten erschienenen Ausgabe (1889). Über die Textgrundlagen in
den Bänden 6 und 7 geben die Anmerkungen detailliert Auskunft.

Die Texte werden vollständig und kritisch geprüft dargeboten.
Orthographie und Interpunktion haben wir — unter sorgfältiger
Wahrung des Lautstandes und unter Beibehaltung Fontanescher
Eigenheiten (z. B. Anführung von indirekter Rede; Doppelpunkt
vor Apposition) — dem heutigen Gebrauch weitgehend angegli-
chen, nachweisbare Druckfehler stillschweigend beseitigt und fehlende Anführungszeichen ergänzt. Die Modernisierung der Schreibweise betrifft auch — ausgenommen einige wenige Brief-, Tage-
buch- oder amtliche Dokumente, bei deren Abdruck Fontane selbst
auf das historische Kolorit Wert legte — Zitate und Inschriften, die
der Autor oft nicht originalgetreu wiedergibt. Konserviert wurden
die französischen Formen zahlreicher Wörter (z. B. Billet, Cabinet,
Compagnie, Corps, Lieutenant) sowie die für Fontane charakteristischen Mischformen (z. B. Affairen, Défiléen, Domainen, Façaden,
Gensdarmen). Zahlen bis 100 wurden (außer bei statistischen Auf-
zählungen, Datumsangaben oder Regimentsnumerierungen) ausge-
schrieben, häufig (und uneinheitlich) gebrauchte Abkürzungen (v.,
geb., z. B., d. h., vgl., resp., S. K. M. [Seine Königliche Majestät] bei
der Wiedergabe gedruckter Texte aufgelöst, bei Texten, die aus den
Handschriften übernommen wurden, dagegen erhalten. In der Vor-
lage gesperrt gedruckte Textstellen werden (sofern es sich um echte
Hervorhebungen handelt) kursiv, Orts- und Personennamen in der
heute üblichen Schreibweise wiedergegeben.

Da Fontane ständig nicht nur an der Gruppierung des Stoffes,
sondern auch an der Textkonstitution gearbeitet hat, wurden für die
Bände 1 bis 4 die einschlägigen, textgeschichtlich relevanten Publikationen (namentlich alle Buchausgaben; in einzelnen Fällen auch
die Zeitungs- und Zeitschriftenvorabdrucke) zum Vergleich herangezogen. Die dabei ermittelten Varianten werden für die Bände 1
bis 4 im Zusammenhang der Textanmerkungen mitgeteilt, soweit
sie interessante inhaltliche oder stoffliche Ergänzungen oder Veränderungen bieten. Auch für die Bände 5, 6 und 7 wurden sämtliche
Abdrucke ausgewertet; über wichtige Abweichungen informieren
die jeweiligen entstehungsgeschichtlichen Vorbemerkungen. Bei
der Wiedergabe von nur handschriftlich überlieferten Texten werden Varianten in [] direkt im Text mitgeteilt; stehen mehrere kom-
plette Versionen nebeneinander, wurde im Prinzip die vermutlich
letzte Fassung übernommen. Die innerhalb der Textanmerkungen
von Band 1 bei den Quellenangaben der Varianten verwendeten
Abkürzungen bedeuten:

W I[1] — Wanderungen durch die Mark Brandenburg [mit den Abschnitten: Die Grafschaft Ruppin, Der Barnim, Der Teltow, Anmerkungen = Die Grafschaft Ruppin, 1. Auflage], Berlin 1862;

W II[2] — Wanderungen durch die Mark Brandenburg. Erster Teil: Die Grafschaft Ruppin. 2. Auflage, Berlin 1865.

Die Anmerkungen, für die u. a. Fontanes Notizbücher im Theodor-Fontane-Archiv Potsdam (FAP) ausgewertet werden konnten, geben jeweils die Entstehungs- und (sofern möglich) die Wirkungsgeschichte der Bände beziehungsweise der Kapitel und Entwürfe und bringen alle zum Textverständnis notwendigen sachlichen Erläuterungen. Dabei werden Erklärungen zu Personennamen nur gegeben, wenn sie zum Verständnis der Textstelle unbedingt erforderlich sind. Knappe biographische Angaben und Auskünfte über alle weiteren Personennamen sind für ein gesondertes Personenregister vorgesehen. Um die Praktikabilität des Gesamtwerkes für den Benutzer zu erhöhen, haben wir uns bemüht, bei den von Fontane beschriebenen oder erwähnten Baulichkeiten knappe Angaben über Bauzeit und Baustil, Erhaltungszustand und heutigen Verwendungszweck mitzuteilen; nach den Veränderungen auf dem Gebiet der ehemaligen DDR können solche Informationen in zahlreichen Fällen nur vorläufigen Charakters sein.

Mit Auskünften und Nachforschungen waren uns für den vorliegenden Band Herr Schröder (Gransee) und Herr H. G. Pieske (Neuruppin) in dankenswerter Weise behilflich. Besonderer Dank gilt Herrn Ernst Stadtkus (Rehfeld bei Kyritz), der im Bereich von Kyritz und Neuruppin persönlich zahlreiche Erkundigungen eingeholt hat, Frau Lisa Riedel (Neuruppin), die uns viele wichtige Hinweise vermittelte, und Herrn Bibliotheksrat Joachim Schobeß (†), dem Leiter des Theodor-Fontane-Archivs, der unsere Arbeit großzügig unterstützte.

Für die Anmerkungen zu dieser Ausgabe haben wir u. a. folgende Publikationen dankbar genutzt:

Theodor Fontane, Werke, Schriften und Briefe, Abteilung II: Wanderungen durch die Mark Brandenburg, Band 1—3. Herausgegeben von Walter Keitel und Helmuth Nürnberger, Anmerkungen von Jutta Neuendorff-Fürstenau. Carl Hanser Verlag, München 1977 (2. Auflage);

Jutta [Neuendorff-]Fürstenau, Fontane und die märkische Heimat. Germanische Studien, Heft 232. Berlin 1941. (Auf dieser Publikation fußt auch das im Anschluß an die Anmerkungen abgedruckte Literaturverzeichnis.);

Georg Dehio, Handbuch der deutschen Kunstdenkmäler. Bezirke Berlin/DDR und Potsdam. Bearbeitet von der Abteilung Forschung des Instituts für Denkmalspflege. Akademie-Verlag, Berlin 1983.

Aus der Vielzahl der Lage- und Umrißskizzen, die Fontane während seiner Fahrten durch die Mark in den Notizbüchern festhielt, bietet unsere Ausgabe eine kleine Auswahl. Wir veröffentlichen sie mit freundlicher Genehmigung des Theodor-Fontane-Archivs; die Fotos für die Druckvorlagen stellte Eberhard Renno, Weimar, her. Zum vorliegenden Band gehören:

1. Kirche in Gnewikow. Bleistiftskizze im Notizbuch A 1, Rückseite von Blatt 27. (Zu S. 13.)
2. Kirche in Buskow. Bleistiftskizze im Notizbuch A 1, Blatt 36. (Zu S. 14.)
3. Kirche in Wustrau. Bleistiftskizze im Notizbuch A 3, Rückseite von Blatt 49. (Zu S. 19.)
4. Bronzewagen im Heimatmuseum Neuruppin. Bleistiftskizze im Notizbuch A 2, Rückseite von Blatt 27. (Zu S. 196.)
5. Schloß in Meseberg. Bleistiftskizze im Notizbuch A 3, Blatt 53. (Zu S. 311.)
6. Lageskizze von Neustadt a. D. Bleistiftskizze im Notizbuch A 2, Blatt 63. (Zu S. 421.)
7. Gotische Giebelwand im Kloster Lindow. Bleistiftskizze im Notizbuch A 2, Rückseite von Blatt 46. (Zu S. 501.)
8. Herrenhaus in Gentzrode. Bleistiftskizze im Notizbuch A 1, Blatt 44. (Zu S. 539.)

Die Entstehung der vorliegenden Edition reicht mit den Bänden 1–5 in die Jahre 1976–1987 zurück; Band 6 und 7 erschienen erstmals 1991. Entsprechend den damaligen Gegebenheiten ist in den Anmerkungen stets vom Theodor-Fontane-Archiv der Deutschen Staatsbibliothek in Potsdam die Rede (FAP). Seit 1992 gehört das Theodor-Fontane-Archiv, Potsdam, als selbständige Einrichtung zum Land Brandenburg.

Berlin, 1976/1997

G. E.

DIE GRAFSCHAFT RUPPIN

ENTSTEHUNG UND ÜBERLIEFERUNG

Entstehung und Auflagen im Überblick

19. August 1856: Fontane vermerkt im Londoner Tagebuch den Plan eines Werkes über die Mark

August 1858: entscheidende Anregung bei einem Ausflug zum schottischen Leven-See

13. Juli 1859: Fontane entwirft in einer Rezension das Programm für ein »historisch-romantisches« Buch über die Mark Brandenburg

18. Juli 1859: erste Wanderung durch die Mark (Neuruppin und Umgebung)

31. August 1859: als erstes Kapitel der künftigen »Wanderungen« erscheint in der »Preußischen Zeitung« das Feuilleton »In den Spreewald«

23. Oktober 1859: die »Neue Preußische (Kreuz-)Zeitung« beginnt mit dem Fortsetzungsabdruck »Märkischer Bilder«

12. August 1860: das »Morgenblatt für gebildete Leser« beginnt »Bilder und Geschichten aus der Mark Brandenburg« zu veröffentlichen

31. Oktober 1860: Fontane erwähnt zum erstenmal die Absicht, seine Arbeiten aus der Mark zu sammeln

24. Februar 1861: Abschluß des Verlagsvertrages mit Wilhelm Hertz über einen Band »Wanderungen durch die Mark Brandenburg«

Mitte Juli bis Anfang November 1861: Satz und Druck des Bandes in der Kislingschen Druckerei in Osnabrück; Fontane schreibt in dieser Zeit das Manuskript zu Ende

13. November 1861: Fontane erhält die ersten Exemplare des Bandes »Wanderungen durch die Mark Brandenburg«, der auf 1862 vordatiert ist

Ende Oktober 1864: zweite Auflage (mit der Jahreszahl 1865; erstmals mit dem Untertitel »Die Grafschaft Ruppin« und der Bezeichnung »Erster Teil«; vielfach umgearbeitet)

September 1874: dritte Auflage (mit der Jahreszahl 1875; erneut entscheidend umgestaltet)

Ende November 1882: vierte Auflage (mit der Jahreszahl 1883; wiederum überarbeitet)

1892: fünfte, »wohlfeile Ausgabe« (erweitert)

1896: sechste Auflage. Nachdruck der fünften Auflage (mit einigen Druckfehlerkorrekturen im Gentzrode-Kapitel).

Frühe Pläne, erste Drucke

Die ersten Ansätze für ein Werk über die Mark Brandenburg lassen sich in Fontanes Londoner Tagebuch von 1856 nachweisen.
Unter dem 19. August ist dort vermerkt: »Einen Plan gemacht. ›Die
Marken, ihre Männer u. ihre Geschichte. Um Vaterlands u. künftiger Dichtung willen gesammelt u. herausgegeben von Th. Fontane.‹ — Die Dinge selbst geb ich alphabetisch. Wenn ich noch
dazu komme, *das* Buch zu schreiben, so hab ich nicht umsonst gelebt und kann meine Gebeine ruhig schlafen legen.« Vorgesehen
war offenbar eine Art historisch-lexikalischer Aufbereitung von lokalen Kuriositäten, von Sagen und »poetischen« Stoffen (und wahrscheinlich stimmten diese frühen Vorstellungen weniger mit der
späteren Anlage der »Wanderungen« als mit jener Idee eines »vierbändigen Parallelwerks« überein, die Fontane 1882/83 als »Geschichten aus Mark Brandenburg« disponierte; vgl. Band 7 dieser
Ausgabe). Darauf deutet eine Tagebuchnotiz vom 4. Juni 1857 (die
ebenfalls nach dem Original zitiert wird, das sich im Theodor-Fontane-Archiv der Deutschen Staatsbibliothek in Potsdam befindet):
»Ein Buch intendiert, unter dem Titel ›Brandenburgische Geschichten‹ (z. B. also: Der falsche Waldemar. Die Hussiten vor Bernau. Die schöne Gießerin. Die Weiße Frau. Die alten adligen Geschlechter u. ihre Sagen. Derfflinger. Sidonie von Borcke (pom-
mersch). Die kurfürstl. Schlösser. Rheinsberg. Kohlhaas. Prinz von
Hessen-Homburg etc.).«
Die Schottland-Exkursion vom August 1858 bestärkte Fontane
nachdrücklich in seinem Vorhaben. Er hat in der Vorrede zum ersten Band der »Wanderungen« vom November 1861 beschrieben,
wie der Ausflug zu den Ruinen des Douglas-Schlosses im schottischen Leven-See mit der Vision vom märkischen Rheinsberg endete, und er hob noch 1888, in einem Brief an Mathilde von Rohr,
hervor, daß diese Reise eine der schönsten in seinem Leben, jedenfalls die poetischste gewesen sei und daß es bei der Rückkehr von
Lochleven Castle für ihn festgestanden habe, »die Mark Brandenburg und ihre Schlösser und Seen beschreiben zu wollen«. Fontane
lag dieser Entschluß um so näher, als er seine Situation in London
als höchst unbefriedigend empfand. In einem Brief an Wilhelm von
Merckel vom 13. Juli 1858 sprach er von dem »Gefühl des *Ge-
lähmtseins* aller Kräfte«, und am 20. September klagte er (wiederum gegenüber Merckel) angesichts seiner »wachsenden Neigung, vaterländisches Leben künstlerisch zu gestalten (wohlverstan-
den, im allerkleinsten Stil)«, erneut über die »Trennung vom
Vaterlande«.
Die Erfahrungen der Schottland-Fahrt modifizierten freilich An-

liegen und Struktur des alten Plans. Das Motiv des Reisens, des Er-
wanderns von Land und Landschaft trat an die Stelle der ursprünglich intendierten, rein historisch-beschreibenden Stoffbehandlung
und eröffnete neue ästhetische Möglichkeiten, die Fontane zunächst in seinen »Bildern und Briefen aus Schottland« erprobte.
Während diese Feuilletons (die 1860 unter dem Titel »Jenseit des
Tweed« zusammengefaßt wurden) seit dem Frühjahr 1859 in verschiedenen Zeitungen und Zeitschriften erschienen, konturierte
sich das Projekt »märkischer Wanderungen« immer deutlicher. Am
13. Juli 1859 brachte die »Preußische Zeitung« über Anton von Et-
zels Buch »Die Ostsee und ihre Küstenländer« eine Rezension
Fontanes, die im nachhinein wie ein programmatischer Entwurf für
die »Wanderungen« wirkt. Fontane ordnete das Etzelsche Werk
einer Gattung von Büchern zu, die er als »historisch-romantische
Reiseliteratur« bezeichnete. Solche Bücher, sagte der Rezensent,
gebe es kaum für die Mark Brandenburg, und doch habe jede Quadratmeile märkischen Sandes ihre Geschichte, nur erzählt, nur gefunden müsse sie werden. »Es fehlt östlich von der Elbe noch
durchaus die Wünschelrute, die den Boden berührt und die Gestalten erstehen macht. Wer Gelegenheit genommen hat zu beobachten, wie dieser eigentümliche, wichtige Literaturzweig in England
blüht, der wird uns zustimmen. Es handelt sich dabei um die Ausmünzung, um die Popularisierung unserer Geschichte.«
Fünf Tage nach dem Abdruck dieser Besprechung unternahm
Fontane, gemeinsam mit Bernhard von Lepel, der ihn schon nach
Schottland begleitet hatte, seinen ersten »Ruppiner Ausflug«
(18.–23. Juli 1859), um Stoff für sein neues Vorhaben zu sammeln.
Diese Fahrt war der Auftakt intensiver Reisetätigkeit, die Fontane
im Laufe des nächsten Vierteljahrhunderts in alle Gegenden der
Mark Brandenburg führte. Vom 6. bis 8. August folgte eine Reise
nach dem Spreewald, bei der Karl Bormann, Wilhelm Lübke und
Otto Roquette mit von der Partie waren, und vom 22. bis 27. September reiste Fontane zusammen mit Wilhelm Lübke in die Altmark.
Fontane begann auch sogleich mit der schriftstellerischen Aus-
beutung des Materials, und der Bericht über die Spreewald-Fahrt
erschien bereits vom 31. August bis 3. September 1859 in der
»Preußischen Zeitung«. Am 12. September 1859 schrieb der Autor
an Henriette von Merckel: »Ich habe in den letzten sechs Wochen
sehr fleißig gearbeitet, zum großen Teil rein Erwerbs halber, aber
doch auch einiges mit Lust und Liebe. Zu den letztern Arbeiten
zähl ich meine Beschreibung der Spreewald-Fahrt und zwei andre
Kapitel: Wustrau und Rheinsberg, mit denen ich noch jetzt beschäftigt bin. Mein Interesse für diese Art von Arbeiten wächst; ich

möchte nur ein Blatt haben, worin ich sie hintereinander fort veröffentlichen könnte, so aber muß ich die Dinge verzetteln, mal hier, mal dort.«

Zunächst gelang es Fontane, eine Folge seiner Aufsätze in der »Neuen Preußischen (Kreuz-)Zeitung« unterzubringen. Mit dem Sammeltitel »Märkische Bilder« erschienen vom 23. Oktober bis 25. Dezember 1859 sechs Fortsetzungen, an die sich — unter der gleichen Überschrift, aber ohne Numerierung — 1860 fünf weitere Kapitel anschlossen (die allerdings, wie einige weitere Abdrucke in den Jahren 1861 bis 1864 sowie 1870, erst in den späteren Bänden der »Wanderungen« verwendet wurden). Am 16. Januar 1860 bot Fontane auch der Redaktion des Cottaschen »Morgenblatts für gebildete Leser« Artikel märkischen Inhalts an: »Ich bereise jetzt unsre märkisch-brandenburgische Heimat und durchstöbre (wie ich's im Ausland gelernt habe) die alten Schlösser der Zietens, Schwerins und Winterfeldts, auch wohl der Köckeritz' und Itzenplitz', dazu die kleinen märkischen Städte mit ihren Männern und ihren Erinnerungen. Würden Sie nicht abgeneigt sein, einiges davon zu bringen? Vor zwölf oder dreizehn Jahren hab ich mit Zieten- und Seydlitz-*Liedern* in Ihrem Blatte debütiert; darf die Prosa nachhinken?« »Morgenblatt«-Redakteur Hermann Hauff, der bereits große Teile von »Jenseit des Tweed« vorabgedruckt hatte, nahm an, und vom 12. August 1860 bis zum 11. November 1864 brachte das »Morgenblatt«, jeweils in Fortsetzungsgruppen zusammengefaßt, »Bilder und Geschichten aus der Mark Brandenburg«. Außer den Publikationen in der »Neuen Preußischen (Kreuz-)Zeitung« und im »Morgenblatt« veröffentlichte Fontane »Arbeiten ›aus der Mark‹« (»ob *mit* Mark, müssen andre entscheiden, der Liberalismus wird eher mit einem bekannten Reimwort darauf antworten«; an Heyse, 13. März 1860) auch im »Wochenblatt der Johanniter-Ordens-Ballei Brandenburg« (zuerst am 10. Juli 1861, den letzten Beitrag am 1. Dezember 1875) und in dem von Heinrich Pröhle herausgegebenen Sammelwerk »Unser Vaterland. Bilder aus der deutschen Geschichte, Kultur und Heimatkunde« (1861/62).

Die erste Buchausgabe (1862)

Im Herbst 1860 äußerte Fontane erstmals die Absicht, seine verstreut gedruckten »märkischen Arbeiten« zu sammeln. Am 31. Oktober schrieb er an den Inhaber der Besserschen Buchhandlung in Berlin, Wilhelm Hertz, der gerade die »Balladen« verlegt hatte: »Ich denke jetzt allgemach an Edierung meiner ›Märkischen Bilder‹, die ich unter dem Titel ›Zwischen Oder und Elbe‹ (wenn mir nichts Kürzres einfällt) in die Welt schicken möchte. Meinen Sie, daß ich Springer [den Verleger von »Jenseit des Tweed«] frage, ob er es nehmen will? Der Inhalt ist entschieden konservativ (nicht in dem häßlichen Sinne von ›reaktionär‹), woran S. allerdings wohl Anstand nehmen dürfte.« Wahrscheinlich hatte Hertz, der zwar 1852 Fontanes London-Berichte abgelehnt hatte, aber durch Heyses Vermittlung seit Ende 1859 gut mit Fontane bekannt und seit Sommer 1860 sogar an mancher Wanderung in die Mark beteiligt gewesen war, sein Interesse an einem solchen Buch zu erkennen gegeben, ohne sich jedoch sofort zu entscheiden. Am 11. Januar 1861 erinnerte Fontane daran: »Wenn Sie gleicherzeit, aber in einer lichtvollen Stunde, sich die Frage vorlegen wollten: ›Soll ich dieses Fontane »Märkische Bilder« in Verlag nehmen oder nicht‹, so würd ich Ihnen doppelt dankbar sein. ... ich will auch nicht drängen und z. B. den Zeitpunkt des Erscheinens ganz in Ihre Hand legen, wenn es auch erst zu Ostern 1862 sein sollte, aber wissen möcht ich wohl, ob ich überhaupt auf Ihre Geneigtheit rechnen kann.«

Erst daraufhin scheinen die Verhandlungen in Gang gekommen zu sein. Am 22. Januar 1861 heißt es in einem Brief an den Verleger: »Die bewußten Aufsätze (bis dato ›Märkische Bilder‹ geheißen) hoff ich Ihnen in acht bis zehn Tagen überbringen zu können. Ich lege dann auch gleich ein möglichst gut redigiertes Inhaltsverzeichnis bei ...« Die Übergabe der Texte verzögerte sich um vier Wochen, da Fontane erst das »Büchelchen«, in das er seine »Kreuz-Zeitungs«-Aufsätze eingeklebt hatte, von einem Onkel zurückfordern mußte. »Anbei erlaub ich mir«, schrieb er dann am 22. Februar 1861 an Hertz, »Ihnen von meinen ›Kapiteln‹ (ich vermeide den Ausdruck ›Märkische Bilder‹) zu übersenden, was ich zur Hand habe.« Fontane empfahl zwei Bände zu je dreißig Bogen, da das Material, das er verarbeiten müsse (»dem gegenüber ich eine Art Mission empfinde«), sehr umfangreich sei. Unter der Überschrift »Wanderungen durch Mark Brandenburg« schlug er folgende Einteilung vor:

ERSTER BAND

Grafschaft Ruppin
Havelland
Der Teltow
Der Barnim
Spreewald

Grafschaft Ruppin

Rheinsberg 1—4

Ruppin 1—4

    1) Die Grafen von Lindow

    2) Kronprinz Friedrich

    3) General Günther (natürlicher Sohn Friedrichs)

    4) Schinkel

Wustrau (Zieten)

Karwe (Knesebeck)

Kampehl (von Kahlebutz)

Köpernitz (Marquise de la Roche-Aymon)

Wildberg und der Burgwall

Das Havelland

Fehrbellin und Hakenberg

Das Rhinluch

Das Havelländische Luch

Der Kremmer Damm

Etzin (Pastor Seegebart, der Sieger von Czaslau)

Reckahn (Eberhard von Rochow)

Marwede

Friesack und die Bredows

Der Barnim

Schlößchen Tegel (Humboldts)

Dorf Tegel

Buch (Voß. Ingenheim)

Oranienburg (Kurfürstin Luise Henriette)

Rüdersdorf

Prenden und Trampe (Feldmarschall Sparre)

Blumberg (Freiherr von Canitz. Doris von Arnim)

Werneuchen (Schmidt von Werneuchen)

Der Teltow

Großbeeren (Geist von Beeren)

Löwenbruch (Knesebeck)

Schloß Beuthen (»der alte Görtzke« und die Görtzkes)

Dorf Saalow (der alte Schadow)

Klein-Machenow (die Hackes und die Hakes)

Schloß Köpenick

Die Müggelsberge

Der Fischer von Kahniswall

Das Schildhorn

Das Belvedere im Charlottenburger Park

Gröben und Siethen (Frau von Scharnhorst)
Mittenwalde (General Yorck)
Königs Wusterhausen
Schloß Teupitz

Der Spreewald
(Vier Kapitel aus dem Wendenland)

Zweiter Band

Das Oderland
(Das Oderbruch. Das Land Lebus. Ein Stück Neumark. Ein Stück
  Uckermark.)
Das Oderbruch
Das Warthebruch
Küstrin (Friedrich und Katte)
Zorndorf
Tamsel 1—4 (Feldmarschall Schöning. Frau von Wreech. Die
  Schwerins)
Gusow (der alte Derfflinger)
Friedersdorf
August Ludwig von der Marwitz
Alexander von der Marwitz
Frankfurt a. O.
Kunersdorf
Cottbus (Blechen)
Reitwein (die Finckensteins)
Ziebingen (die Burgsdorfs. Tieck).

(Dies der ohngefähre Inhalt des zweiten Bandes.)

In einem Gespräch vom 24. Februar 1861 einigten sich Hertz und
Fontane auf vorerst einen Band, und sie handelten zugleich die Ver-
tragsbedingungen aus. Der Kontrakt, am gleichen Tage ausgestellt
und von Fontane am 26. Februar unterschrieben zurückgeschickt,
sah einen Band von dreißig Bogen vor mit einer Auflage von
1000 Exemplaren. Fontane erhielt ein Honorar von 300 Talern »in
Bausch und Bogen« für die erste Auflage; für jede neue Auflage wurden 200 Taler vereinbart. Überdies verpflichtete sich der Autor, den
zweiten Band erst ein volles Jahr nach dem Erscheinen des ersten
drucken zu lassen und Hertz zuerst zum Verlag anzubieten.
Am 1. Juli 1861 sollte der Satz in der Kislingschen Buchdruckerei (R. Meyer) in Osnabrück beginnen. Nach der Angabe Hermann
Frickes (»Theodor Fontane. Chronik seines Lebens«, Berlin

1960, S. 39), der sich auf das heute verschollene Tagebuch stützen dürfte, schloß Fontane am 17. Juni 1861 das Gesamtmanuskript des Bandes ab. Tatsächlich aber bat Fontane am 28. Juni bei Hertz um einen Terminaufschub bis zum 15. Juli, und was er dann als sein »M. S.« ablieferte, waren »die zwölf oder vierzehn ersten Kapitel« (an Hertz, 13. Juli), denen am 18. Juli die »Rheinsberg-Aufsätze« folgten. In einem Brief vom 3. Oktober 1929 an den Berliner Bankier Paul H. Emden (der 1930 zahlreiche Briefe und einige Manuskripte Fontanes an die Universitätsbibliothek Berlin verkaufte) teilte Friedrich Fontane Auszüge aus jenem Tagebuch mit; danach war unter dem 17. Juli eingetragen: »Manuskript abgeliefert an Hertz.« Am 31. Juli unterrichtete Fontane den Verleger, daß er jeden Tag die Korrekturen aus Osnabrück erwarte. Und während der Autor nun in den folgenden Wochen die regelmäßig eintreffenden Bogen korrigierte, schrieb er zugleich eine Reihe neuer Beiträge, die noch für den Band vorgesehen waren. Bei diesem Nebeneinander von Manuskriptabschluß und Korrektur (das er außerhalb seiner redaktionellen Verpflichtungen bei der »Kreuz-Zeitung« zu bewältigen hatte) geriet er in »ziemliche Nöte«, als in Osnabrück Mitte August kein Manuskript mehr vorhanden war. Am 1. September schickte er erneut »einen Haufen M. S.« an den Drucker. Unter dem 19. September informierte Fontane den Verleger über den Stand der Arbeit: »Der Druck des Buchs nimmt seinen Fortgang, ich erwarte morgen den 12. Bogen; das M. S. bis Bogen 20 oder 21 ist in Händen der Druckerei. Ich habe nur noch ›Prenden‹ (über Sparr) zu schreiben.« Erst am 16. Oktober sandte Fontane die restlichen Manuskriptteile ab, aber noch immer fehlten die Vorrede und die umfangreichen Anmerkungen. »Daß ich mit den Anmerkungen mich immer retiré gehalten habe, ist nicht Bummelei, sondern eine natürliche Folge davon, daß ich das Buch, äußerlich und innerlich, erst überblicken, namentlich auch seinen *Umfang* wissen mußte, um danach das Anmerkungs-Material zu sichten, es hätte mir sonst passieren können, daß ich dem ersten Drittel des Buchs zu viel gegeben und für No. 2 und 3 keinen Raum übrigbehalten hätte ...« Zu diesem Zeitpunkt debattierten Autor und Verleger auch noch über ein Register. Fontane bemerkte zwar im gleichen Brief vom 16. Oktober, daß er, wenn Hertz es wünsche, sich dieser »großen und sehr langweiligen Arbeit« unterziehen würde, aber der Plan wurde, vermutlich aus Zeitnot, nicht verwirklicht. Ende Oktober lieferte Fontane die letzten Manuskriptseiten, und am 9. November teilte er Hertz mit, daß er die Korrektur des Inhaltsverzeichnisses zur Post gegeben habe. Am 13. November trafen die ersten Exemplare in Berlin ein; sie waren auf 1862 datiert und trugen nur den Titel »Wanderungen durch die Mark Brandenburg«.

*Die Metamorphosen des Bandes und die
Konzeption der »Wanderungen«*

Vier Wochen nach dem Erscheinen des Bandes bat Fontane seinen
Verleger, ihm »ein Exemplar *leimen*, mit Papier durchschießen
und binden zu lassen, und zwar, wenn's sein kann, in zweimal vierundzwanzig Stunden. Ich würde mich hüten, Sie damit zu inkom-
modieren, wenn nicht der Nachtrage-Stoff sich rapide mehrte ...«
Mit der Anforderung eines durchschossenen Exemplars begann ein
langjähriger Arbeitsprozeß, in dessen Verlauf das Buch völlig umgestaltet und die Chronologie der Entstehung immer stärker verwischt
wurde. Kein anderes seiner Werke hat Fontane von Auflage zu
Auflage so intensiv redigiert. Der »Nachtrage-Stoff« mag dabei ge-
nauso natürlicher Antrieb gewesen sein wie die Notwendigkeit, bestimmte Irrtümer zu korrigieren.

Vor allem freilich war der Band zu einem Zeitpunkt erschienen,
als Fontane zwar vermutete (wie er Mitte Juli 1860 an Storm
schrieb), daß ihn seine Studien über die Mark »ohngefähr zehn
Jahre kosten und zwanzig Bände füllen« würden, er aber keine klar
umrissene Konzeption für das künftige Gesamtwerk hatte und die
Stoffdisposition, die Zahl der Bände, ja sogar der Titel völlig unge-
wiß waren. Auch nachdem im November 1863 der Band »Das
Oderland« veröffentlicht worden war, standen Art der Fortführung
und Umfang des Unternehmens keineswegs fest. Fontane war nur
entschlossen, auf diesem Gebiet weiterzuarbeiten, und aus seinem
Brief an Ernst von Pfuel vom 18. Januar 1864 geht hervor, daß er
sich noch am Anfang seiner Bemühungen fühlte: »Erst der *Abschluß* meiner allerdings auf weithin angelegten Arbeit wird klar
zeigen, worauf es mir ankam: nicht Verherrlichung des Einzelnen,
sondern Liebesweckung für das Ganze.«

In den folgenden Jahren entzündeten sich bei den meist ein-
schneidenden Veränderungen, denen Fontane den ersten Band unterwarf, immer wieder Debatten mit Wilhelm Hertz über Anordnung und Volumen der »Wanderungen«. Während der Verhandlungen über die zweite Auflage proponierte Fontane am 16. Mai
1864 vier Bände: »Eine Gruppierung in drei Teile würde sich
schwer machen lassen und vielleicht immer etwas Gezwungenes
zeigen. Jedenfalls würden alle Leser Ihnen die Teilung in vier danken, noch mehr aber als die Leser — die Leihbibliothekare.« Auf
einer Beilage zu diesem Brief skizzierte Fontane folgende Übersicht:

I. *Ruppin*

Bleibt im wesentlichen. Total umgearbeitet, so daß es eine wirkliche
Biographie wird, wird *Schinkel*. Dazu kommen:
   Radensleben und die Familie Quast
   Friedrich II. im Luch
   Die Zietens von Wildberg
Im ganzen etwa 260 Seiten
(d. h. der ganze Band).

II. *Teltow* und Nieder-Barnim

Köpnick bis Saalow. Wie im Buch. Daran reiht sich:
   Königs Wusterhausen ⎫
   Teupitz   ⎬ aus dem 2. Bande
   Mittenwalde   ⎭
Ferner:
   Trebbin (Hensel und General Reyher)
   Gröben und Siethen
   Friedrichsfelde bei Berlin (interessanter Stoff)
Im ganzen etwa 300 Seiten.

III. Ober-Barnim

Werneuchen	Freienwalde
Der Blumenthal	Die Uchtenhagens
Prädikow	Lichterfelde
Kossenblatt	Am Werbellin
Buckow	Das Pfulen-Land
Der große und der kleine Tornow	Friedland
Das Oderbruch	Kunersdorf
Möglin	

Im ganzen etwa 300 Seiten.

IV. Lebus

Von Frankfurt bis Schwedt
Küstrin (erweitert)
Tamsel
Zorndorf
Steinhöfel
Gusow
Friedersdorf
Quilitz

Im ganzen etwa 260 Seiten.

(Doch kann ich zu beßrer Verteilung Buckow, Tornow-See und Pfulen-Land mit zu Lebus nehmen — dann gleicht sich's besser aus. Das jetzige Hauptgut der Pfuels liegt nämlich in Lebus.) Aus verschiednen Gründen würde es gut sein, *Lebus* als Teil III zu nehmen und *Ober-Barnim* als Teil IV.

Die Arbeit an den Berichten über die Kriege von 1864, 1866 und 1870/71 beeinträchtigte danach die Weiterführung der »Wanderungen«, und erst als der Band »Osthavelland« (später »Havelland«) im Oktober 1872 ausgeliefert worden und die zweite Auflage der »Grafschaft Ruppin« im Dezember wiederum vergriffen war, verhandelten Fontane und Hertz erneut über die künftige Banddisposition. Fontane schrieb am 18. Dezember 1872: »Sehr dankbar wäre ich Ihnen …, wenn Sie mir eine *Art* Zusicherung für die Zukunft geben wollten, dahingehend, daß Sie mit einer Gruppierung des Stoffes nach Landesteilen einverstanden sind. Bis jetzt hat diese Art der Einteilung mehr nominell als tatsächlich bestanden. Aus den *drei* Bänden oder richtiger aus *vieren* (denn der 4., ›Westhavelland‹, ist halb fertig) würden dann freilich, in unerläßlicher Erweiterung des Stoffs, *sechs* Bände werden, und zwar wie folgt:

1. Die Grafschaft Ruppin
2. Ober-Barnim und Lebus
3. Nieder-Barnim und Glin
4. Teltow und die Wendische Spree
5. Osthavelland und Potsdam
6. Westhavelland und Brandenburg.

Dies wäre dann das Kernstück der Monarchie.«

Aus verlegerischen Erwägungen zögerte Hertz, dieser Ausweitung des Projekts zuzustimmen. In seinem Antwortentwurf heißt es: »… ich bedarf noch vorher zu meiner Orientierung einer Unterredung, in der mir klar wird, wie der Besitzer des *heutigen* dritten Bandes, der später das Werk komplettieren will, steht. Bei diesen bisherigen drei Bänden bleibt uns die Pflicht, diese Rücksicht nicht außer acht zu lassen, wir kommen sonst bibliographisch in die Brüche, ich vielleicht geschäftlich mit Vorräten. Eine Umwälzung, wie Sie sie vorschlagen, heißt eigentlich nicht Bd. 1. 2. 3. 4. 5. 6., sondern I 1.2. II 1.2. III (der später in zwei Bände zerfallen könnte). Sie sehen, daß ich an Arrangements denke, die schon jetzt suchen auf Ihre Gedanken einzugehen.« Indessen wurde die Frage auch bei der Unterredung vom 25. Dezember 1872 nicht entschieden. Erst am 24. September 1873 teilte Fontane dem Verleger seine Entschlüsse mit: »Schon im Laufe des Sommers — gesegnet sei der Tag — kam mir der Gedanke, den Zwei-Halbband-Plan, wobei ich Ihre freudigste Zustimmung voraussetze, wieder aufzugeben und es bei einfachen Bänden von dreißig Bogen bewenden zu lassen. Jeder Band aber mit seinem Titel sich deckend — Grafschaft Ruppin also *nur* Ruppin. ... Der Gesamtstoff, da ich ja der Abrundung halber — wie jetzt bei Ruppin — immer noch Erhebliches hinzufügen muß, würde sich danach über vier Bände verteilen, und zwar

    1. Ruppin
    2. Barnim-Lebus
    3. Barnim-Teltow
    4. Havelland.

Soll das Wort ›Oderland‹ beibehalten werden, was manches für sich hat, so würden die Titel lauten:

    1. Ruppin
    2. Oderland (Barnim-Lebus)
    3. Spreeland (Barnim-Teltow)
    4. Havelland.«

Hertz behielt sich zwar eine »*mündliche* Rücksprache« vor, akzeptierte aber im wesentlichen Fontanes Plan, das geographische Ordnungsprinzip konsequent einzuführen und bei der dritten Auflage von »Grafschaft Ruppin« zu beginnen. Unter Hertz' Papieren fand sich dazu folgende Aufzeichnung:

Band *Ruppin*

Hier fallen etwa zwölf Bogen aus, halb Barnim-, halb Teltow-Kapitel.

Band *Havelland*

Hier fallen etwa sechs Bogen aus, auch halb Barnim-, halb Teltow-Kapitel.

Band *Barnim-Lebus*

Dieser setzt sich nun zusammen

    a. aus Material des jetzigen Barnim-Bandes
    b. aus Kapiteln, die bei Ruppin und Havelland wegfielen
    c. aus neuen Kapiteln

Band *Barnim-Teltow*

Ebenso wie der Band vorher.

Sieht man von der Reihenfolge der Bände 3 und 4 ab, so ist in dem Plan vom 24. September 1873 schon die endgültige Gliederung der »Wanderungen durch die Mark Brandenburg« enthalten, wie sie

1881 mit dem Band »Spreeland« abgeschlossen wurden. Damit war im wesentlichen auch die Entscheidung über den Aufbau der einzelnen Bände gefallen: Fontane gab bei »Spreeland« die Unterteilung in Text und Anmerkungen auf und löste bei den Nachauflagen der früheren Bände die Anmerkungen ebenfalls auf.

Auch nach dem Erscheinen des vierten Bandes und der definitiven Disposition des Werkes setzte Fontane die Sammlung von Materialien für die einzelnen Bände ständig fort. Im Theodor-Fontane-Archiv der Deutschen Staatsbibliothek, Potsdam, befindet sich eine Sammlung von Zeitungsausschnitten, Briefen an Fontane, Korrekturabzügen von Kapiteln aus den »Wanderungen« usw., die der Autor in einem blauen Aktendeckel aufbewahrte und mit der Aufschrift versah: »Mappe für die ›Wanderungen‹, alle 4 Teile. (Bei jeder neuen Auflage durchzusehn.)« Ferner hat sich eine Manschette aus einer gefalteten Beilage der »Vossischen Zeitung« vom 26. Oktober 1880 erhalten, auf die Fontane einen Zettel mit folgendem Text geklebt hat: »*Convolut*, das Stoffe für *neue* Kapitel über Mark Brandenburg enthält. − Aber *nicht* Stoffe für Band I bis IV der ›Wanderungen‹, sondern für eine neue Publikation. *Die* Zettel, die bei neuen Auflagen von Band I bis IV der ›Wanderungen‹ durchzusehen sind, liegen in einer blauen Mappe.«

»Wesentliche Umgestaltung« − die zweite Auflage (1865)

Am 10. Juni 1862 berichtete Fontane seiner Frau von einem Besuch bei Hertz: »Er sagte mir, daß im nächsten Jahre wohl eine zweite Auflage nötig werden würde ... So ständen denn für das nächste Jahr 600 Rtl. Buchhändlerhonorar in Aussicht, was immerhin sehr angenehm ist. Außerdem hat eine *solche* zweite Auflage doch auch wirklich literarisch einiges Gewicht. Arbeit würd ich noch viel daran haben, aber der unterzieht man sich unter solchen Umständen ja herzensgern.« Gedrängt von Geldsorgen, fragte Fontane im September 1862 wegen der zweiten Auflage noch einmal an und brachte das Thema erneut im Mai 1863 zur Sprache, als der Vertrag über »Das Oderland« vorbereitet wurde. Fontane dachte daran, beide Bände gleichzeitig herauszubringen; er habe, schrieb er am 20. Mai 1863 an den Verleger, das Gefühl, daß »ein solches *Zusammenspannen* mit dem zweiten Bande dem ersten, total umgearbeiteten, einen gewissen neuen Erfolg sichern würde.« Ein Jahr später, am 1. April 1864, bat Fontane wiederum um Auskunft, ob Hertz »über den Druck der zweiten Auflage etwas beschlossen habe: »Soll dieser [der erste Band] nun (wie ich begreifli-

cherweise hoffe) zu Weihnachten frisch dasein, so muß ich einige
Sommermonate zu seiner Umarbeitung benutzen, da ich — Ihre
Zustimmung vorausgesetzt — dem ganzen Bande eine wesentliche
Umgestaltung geben, manches weglassen, andres in die Anmerkungen verweisen und den dadurch gewonnenen Raum teils zu zwei
oder drei neuen Kapiteln, teils zur Umarbeitung andrer (z.B. Schinkel oder Schadow) verwenden möchte.« In einem Brief vom 11.
oder 12. Mai 1864 teilte er Hertz Einzelheiten mit: »Die Dinge liegen so, daß das erste wirklich umzuarbeitende Kapitel der *Schinkel*-Aufsatz ist, an dessen Stelle eine vollständige Biographie Schinkels unter Benutzung des jetzt reichlich vorhandenen Materiales
(Waagen, Wolzogen, Adler, Eggers) treten soll. Die ganze Arbeit ist
in mir fertig; *schreiben* möchte ich sie erst in dem Moment, wo der
Druck beginnt. / Einen zweiten Aufsatz (über das ›Luch‹; Reise
Friedrichs II. im Luch) entlehne ich den Gleimschen Schriften. /
Dann kommt ein Kapitel über die alte ruppinsche Familie Quast,
das ich erst schreiben kann, nachdem ich in Radensleben etc. war. /
Der Schadow-Aufsatz wird nur korrigiert und geflickt. Dasselbe gilt
von drei, vier andern Aufsätzen (Tegel, Buch etc.), im wesentlichen
aber werden doch nur zwei Aufsätze absolut neu zu schreiben sein.
Ich dachte anfänglich noch an weitre Einschübe; doch verbietet
sich das um des Raumes willen, den Sie ja eher beschränkt wünschen.«

Am 16. Mai 1864, als Fontane die Gesamtdisposition zur Sprache brachte, bat er den Verleger zugleich um Verständnis für seine
Situation: »Ich kann nicht, wie ich jetzt seit November getan, an
dem *neuen* Bande arbeiten, das Havelland mit Interesse bereisen
und zugleich Gegenden im Geiste wieder vornehmen, die ich schon
abgemacht habe. Hab ich Ruppin, Barnim, Teltow umzuarbeiten, so
muß ich mich sozusagen *aufs neue in Ruppin, Barnim und Teltow
verlieben*, muß die alten Plätze wiedersehn und derweilen das *Havelland* völlig beiseite schieben. Das tu ich aber nur mit Leichtig-
keit und Freudigkeit, wenn Sie mir sagen: ›Morgen geht's los, oder
in vier oder acht Wochen‹; aber jedenfalls ein bestimmter Termin.«

Hertz notierte am 17. Mai 1864 auf Fontanes Brief: »Ich drucke
Bd. I in neuer Aufl. u. gebe für 800 Explre. ihm 200 Rtlr. Honorar.« Anfang Juli 1864 begannen Satz und Druck bei G. Bernstein
in Berlin. Am 19. August hatte Fontane das Manuskript bis Bogen 13 in die Druckerei geschickt, die Korrektur hatte er bis Bogen 8 gelesen. Bevor er am 7. September nach Dänemark aufbrach,
lieferte er die restlichen Texte, mit Ausnahme der Anmerkungen
und des neuen Vorworts, die er im Oktober, nach der Rückkehr
aus Kopenhagen, abschloß. Ende Oktober war der Band gedruckt.
Er erschien als »Zweite, vermehrte Auflage« mit der Sammelbe-

zeichnung »Wanderungen durch die Mark Brandenburg. Erster Teil«, trug den Titel »Die Grafschaft Ruppin. Barnim-Teltow« und war auf 1865 datiert. Ein durchschossenes Exemplar dieser zweiten Auflage mit einigen wenigen Notizen Fontanes hat sich erhalten; es befindet sich im Theodor-Fontane-Archiv der Deutschen Staatsbibliothek in Potsdam.

Trotz umfassender Veränderungen (über die detailliert jeweils in den Anmerkungen zu den einzelnen Kapiteln berichtet wird) war Fontane keineswegs zufrieden mit der neuen Fassung. In einem noch unveröffentlichten Brief an Pastor Schinkel in Barsikow (vgl. dazu S. 745) bemerkte Fontane am 17. November 1864: »Eine dritte Auflage, wenn sie je erscheint, wird vieles gutzumachen haben.«

»Totale Neugestaltung« – die dritte Auflage (1875)

Im (unveröffentlichten) Tagebuch notierte Fontane für Ende 1872: »Herr Hertz teilt mir mit, daß vom ersten Bande der ›Wanderungen‹ (Ruppin) eine dritte Auflage gedruckt werden muß.« Seinem Verleger gestand er am 18. Dezember 1872, daß diese neue Ausgabe ihn »literarisch ordentlich ein bißchen aufgeregt« habe; leider müsse er aber seinen »Plan einer großen Umarbeitung« aufgeben, da er noch mit dem »Kriegsbuch« [»Der Krieg gegen Frankreich 1870–1871«] beschäftigt sei und überdies im Winter keine Erkundungsreisen machen wolle. Die Erörterungen über die Bandaufteilung, die Fontane und Hertz im Januar 1873 in Briefen und Gesprächen führten, rückten die dritte Auflage in eine neue Konstellation und führten am 20. Januar 1873 zu einem Vertrag über diesen Band. Die dritte Auflage der »Grafschaft Ruppin« sollte danach in zwei Halbbänden zu je zwanzig Bogen und in einer Auflage von 1000 Exemplaren gedruckt werden.

Fontane sah jetzt doch die Möglichkeit, die »totale Neugestaltung dieses Bandes« (an Hertz, 14. Januar 1873) zu verwirklichen. »Seitdem ich nun«, schrieb er noch am Tage des Vertragsabschlusses an seine Schwester Elise, »in den letzten Tagen mit Hertz neue Abmachungen in betreff Band I getroffen …, stecke ich nun, wenigstens in Gedanken, bereits tief in dieser neuen Arbeit drin, die ich mit Deiner und aller ruppinschen Biedermänner Hülfe noch in diesem Jahre zu beenden hoffe.« Am 26. Januar 1873 wandte er sich, ebenfalls mit der Bitte um »Winke, … das Ruppinsche betreffend«, an Wilhelm Schwartz: »Der erste Band meiner ›Wanderungen‹ ist, unglaublich, aber wahr, zum zweiten Male vergriffen, und eine dritte Auflage soll gemacht werden. Ich habe nun den Wunsch, wenigstens aus diesem ersten Bande eine Art Normalband herzustellen, der, wenn nach zwanzig oder dreißig Jahren von mir und meinen Arbeiten überhaupt noch die Rede ist, der Welt zeigen soll, wie, meiner Meinung nach, diese Dinge behandelt werden mußten. Nämlich: lesbar einerseits, erschöpfend andrerseits. Um das letztre wenigstens einigermaßen zu erreichen, habe ich vor, im Laufe des nächsten Halbjahres, das Ruppinsche drei- bis viermal, jedesmal auf eine Woche, zu bereisen und dabei derart von Dorf zu Dorf zu wandern, daß schließlich keine Kirche und kein Schloß, kein Haus des Herrn und kein Herrenhaus dasein soll, in das ich nicht neugierig hineingeguckt und meine Notiz gemacht hätte.« Umfangreiche briefliche Recherchen (u. a. bei Alexander Gentz) und vor allem eine Fahrt ins Ruppinsche in der zweiten Septemberhälfte 1873 bereiteten die Umarbeitung vor.

Während dieser Reise teilte Fontane am 24. September 1873 von Neuruppin aus seinem Verleger seinen veränderten Entschluß mit: er wolle den Plan mit den zwei Halbbänden aufgeben und den Band »Die Grafschaft Ruppin« auf das Ruppiner Gebiet beschränken (vgl. S. 579 f.). Am 11. Oktober 1873 wandte er sich mit folgendem Brief an Hertz: »Seit meiner Rückkehr aus Ruppin bin ich nun mit Niederschreibung der neuen Kapitel beschäftigt. Wiewohl ich alles kurz und räsonnementlos zu halten trachte, wird es doch mehr als dreißig Bogen, selbst wenn ich alles ausmerze, was nicht strikte zu ›Ruppin‹ gehört, und die jetzt vorhandenen ›Anmerkungen‹ großenteils oder auch ganz fortlasse. / Dieser Tatsache des Mehrwerdens gegenüber befinde ich mich einigermaßen in Verlegenheit. Etwas von dem Stoff zu unterschlagen wird mir außerordentlich schwer. Es liegt mir sehr daran, wenn ich mich so ausdrükken darf, wenigstens *einen* Musterband herzustellen, der das mir vorschwebende Ideal einigermaßen und nach dem Maße meiner Kraft verwirklichen soll. ... Die Schicksale von Büchern sind bekanntlich nicht zu berechnen, aber ich habe ein starkes Gefühl davon, daß auch *dieser* Band, und zwar à tout prix, wieder gekauft werden wird. Den Grund finde ich nicht in meinen Verdiensten, sondern in der Unsumme von Individuen, die in diesem Bande vorkommen.« Hertz notierte auf diesem Brief: »Nachdem ich von Aufl. 2 des Oderlds. 800, 1868 abgeg. (erste war 1250) und bis 72 auch nur 296, also 300 absetzte, halte ich es nicht geraten, von dieser 3. Aufl. des allerdings beliebtesten 1. Bd. mehr als 1 000 z[u] dr[ucken].«

In Wochen intensiver Arbeit entstand nun bis Jahresende eine Fülle neuer Kapitel, so daß der Autor am 11. Januar 1874 an Hertz schreiben konnte: »Im wesentlichen bin ich nun mit Band I in seiner Neugestalt fertig; es fehlen nur noch die Korrekturen zweier

Kapitel und das Kapitel Lindow. All dies kommt aber an den Schluß, es würde mir also ganz recht sein, wenn der Druck beginnen könnte.« Hertz gab das Manuskript diesmal in die Waisenhausdruckerei in Halle, die die Satz- und Druckarbeiten von März an ausführte; der Druck schreite »rüstig vorwärts«, teilte Fontane am 26. März 1874 Mathilde von Rohr mit. Am 3. Juni schrieb er ihr: »Der Druck des Buches nähert sich nun Gott sei Dank seinem Ende. Es ist unglaublich, wieviel Mühe man selbst von solcher neuen Auflage hat, vorausgesetzt, daß es einem nicht gleichgültig ist, ob hundert Druckfehler, Unverständlichkeiten und Stilmängel unverbessert bleiben. Ich darf sagen, daß mich das bloße Wiedererscheinen dieses Buches wenigstens zwei Monate Arbeit, und zwar den ganzen Tag gerechnet, gekostet hat. Es ist doch, nach der Geldseite hin, ein *zu* erbärmliches Metier. Glücklicherweise kränkt mich dies nicht allzu sehr.«

Am 1. Juli 1874 sandte Fontane den letzten Korrekturbogen zurück und schickte am 7. Juli die Aushängebogen, »so viele deren bis jetzt vorhanden sind«, an Mathilde von Rohr. Die dritte Auflage der »Grafschaft Ruppin« wurde Ende September/Anfang Oktober 1874 ausgeliefert, als Fontane seine Reise nach Italien bereits angetreten hatte. Das Buch war nach damaliger Verlegergepflogenheit auf 1875 vordatiert.

Die weiteren Auflagen (1883/1892/1896)

Am 8. Juni 1882 schrieb Hertz an Fontane, daß er die vierte Auflage von »Grafschaft Ruppin« plane und 1 000 Exemplare drucken lassen wolle; damit er alle Bände zum gleichen Preis verkaufen könne, möge Fontane den Umfang etwas reduzieren. Der Autor ging auf den Vorschlag ein und schrieb am 9. Juni: »Die Anmerkungen laß ich ganz fort, gedenke aber einiges davon, so namentlich bei Wustrau, Karwe und Rheinsberg, nach vorn mit in den Text zu nehmen, nicht einschachtelnd oder gar einprumpsend, sondern einfach als selbständige kleine Kapitel. Man ändert eben mit den Jahren seine Stellung, auch die zur eignen Arbeit, und das, was einem mit vierzig als Hauptsache erschien, erscheint einem mit sechzig als Nebensache. Und umgekehrt. Einfache Notizen sind besser als feuilletonistisches Gequassel, wenn letzteres nicht ganz apart reizend und gelungen ist. Und wer möchte das, nach so langer Zeit, noch von sich sagen.«

Fontane war im August und September 1882, während Friedrich August Eupel in Sondershausen bereits mit dem Satz begonnen hatte, mit der Durchsicht des Textes beschäftigt. Im (unveröffentlichten) Tagebuch von 1882 heißt es: »… die Arbeit, die meiner harrte [nach der Rückkehr von Norderney], war: 4. Auflage des 1.Bandes meiner ›Wanderungen‹, was wieder ein totale *stilistische* Umarbeitung bedingte. Zehn Wochen Arbeit hab ich daran setzen müssen, die ich aber nicht als verlorne betrachte.« Am 28.August erklärte er in einem Brief an seine Frau: »An meinen ›Wanderungen‹ pußle ich weiter; inhaltlich finde ich alles ganz gut, auch die Bemerkungen, die ich seinerzeit eingestreut habe, sind richtig und mitunter nicht ohne Geist und Humor, aber der *Ausdruck* ist überall unvollkommen; ich bin erst in dem Unglücksjahre 76 *ein wirklicher Schriftsteller* geworden; vorher war ich ein beanlagter Mensch, der was schrieb. Das ist aber nicht genug.«

Im September ergänzte er nach neuen Materialien, die ihm Hauptmann Paul Becher zur Verfügung stellte (vgl. S. 633ff.), das Kapitel »Kronprinz Friedrich in Ruppin«. Am 5.November 1882 verfaßte er, nach Auskunft des Tagebuches, das Vorwort, das er später auf den 14.November datierte und in dem er über Art und Umfang der neuerlichen Veränderungen Rechenschaft ablegte (vgl. S.601f.). Unter dem 9.November verzeichnet das Tagebuch: »Viel Morgen-Unruhe: W. Hertz schickt das Honorar für die neue Auflage (1200 Mark); Eupel schickt die letzten 4 Korrekturbogen …« Eintragungen über die Korrektur der »Wanderungen« weist das Tagebuch noch bis zum 17.November auf. Am 2.Dezember erhielt Fontane die ersten Exemplare der vierten Auflage; sie trugen die Jahreszahl 1883.

In der Vorrede zu dieser vierten Ausgabe wies Fontane bereits auf verschiedene Desiderata hin: es fehlten auch diesmal wieder die »in Aussicht gestellten Kapitel über das Löwenberger Land« sowie Angaben über die »zum Teil nicht unwesentlichen Veränderungen und Umgestaltungen (beispielsweise Gentzrode), die die Grafschaft inzwischen erfahren hat«. Am 26. Dezember 1888 — der Ergänzungsband »Fünf Schlösser« war gerade erschienen — kam Fontane in einem Schreiben an Hertz auf diese Angelegenheit zurück. Er fragte an, ob 1889 mit einer neuen Auflage von »Grafschaft Ruppin« zu rechnen sei. »… würden Sie gestatten, eine solche fünfte Auflage um drei Kapitel auszudehnen? Sie stimmen mir gewiß darin bei, daß es mir in hohem Maße erwünscht sein muß, das Werk abzurunden, ganz besonders aber diesen ersten Teil, der ohnehin — schon seinem Titel nach — der geschlossenste ist. Oderland, Spreeland sind sehr vage Begriffe, Grafschaft Ruppin aber ist etwas ganz Bestimmtes. Die drei Kapitel würden sein: Wilhelm Gentz, Mathilde von Rohr und Gentzrode II (Schlußkapitel).« Hertz erklärte sich am 27.Dezember mit den Erweiterungen einverstanden, gab aber keinen verbindlichen Erscheinungstermin an.

Fontane bedankte sich am Tage darauf für das Verständnis des Verlegers und kündigte an, daß er wenigstens zwei der geplanten Kapitel im Laufe des Winters schreiben wolle.

Als Fontane das Manuskript zu »Quitt« abgeschlossen hatte, saß er, wie er am 9. April 1889 Hertz wissen ließ, »wieder emsig bei Mark Brandenburg« und hatte »die Sachen vorgenommen, die, früher oder später, in den Grafschafts-Ruppin-Band der ›Wanderungen‹ hinein sollen«; allein das Gentzrode-Kapitel sprenge aber die vereinbarte Umfangserweiterung. Hertz antwortete am 10. April: »Ich bitte Sie, ruhig nach Ihrem Plan das Vervollständigungskapitel zu arbeiten, wir wollen es getrost in dem ersten Bande drucken, dessen Preis wir nicht erhöhen, ohne Ihnen Vorschläge und Zumutungen über ausgleichende Schneidereien an andern Kapiteln zu machen. Sie wollen das Wort: ›Man los.‹ Also: ›Man los und darum keene (nicht keine) Feindschaft nich.‹ «

Fontane verfaßte die genannten Aufsätze im wesentlichen 1889, die Verhandlungen über eine neue Ausgabe kamen aber erst 1891 wieder in Gang. Nach einer Unterredung mit Fontane am 22. Oktober 1891 notierte Hans Hertz, der Sohn des Verlegers: »Bd. I der ›Wanderungen‹ soll im Neudruck *jedenfalls* im Januar 1892 begonnen werden. Es soll eine Lieferungsausgabe gemacht werden und der Preis jedes Bandes *womöglich* auf 5 M. gesetzt werden. 20 Lfgen à 1 M.« In einem Brief Fontanes an Friedlaender vom 10. Januar 1892 ist dann vom »Druckbeginn einer neuen Auflage der ›Wanderungen‹ in *Heften*« die Rede.

Mitte Januar 1892 vollendete Fontane »Die Poggenpuhls«, und am 14. Januar fragte er bei Hertz »ganz ergebenst« an, ob er nun mit dem Neudruck der »Wanderungen« beginnen wolle. Das Manuskript sei allerdings »höchst kompliziert«: »Das von mir einzusendende M. S. wird … aus aufgeklebten Druckseiten und aus *wirklich neu Geschriebenem* bestehn, hinsichtlich dessen ich nur den Wunsch habe, daß es vorweg gesetzt und in Fahnen mir zugeschickt wird, weil ich zwei dieser Kapitel, und zwar ›Mathilde von Rohr‹ und ›Gentzrode‹, noch erst verschiednen Personen vorlegen möchte, um nachher keine Unannehmlichkeiten zu haben.« Wie aus einem Brief von Hertz vom 15. Januar hervorgeht, wurden für die neue Auflage von »Grafschaft Ruppin« 1500 Exemplare und ein Honorar von 1200 Mark festgelegt. »Das ganze Werk der vier Bände wird in zwanzig Lieferungen zu 1 M. Ladenpreis ausgegeben werden … Die neue Auflage soll die Bezeichnung ›Wohlfeile Ausgabe 1892‹ ohne Auflagebezeichnung erhalten.« Am 18. Januar übergab Fontane das Manuskript mit Ausnahme des neuen Vorworts und des Schlußkapitels von Gentzrode. Noch im Januar begann der Satz bei Eupel, im März fiel die Entscheidung, das bereits gesetzte Mathilde-von-Rohr-Kapitel auszuscheiden, und Ende Mai erhielt Fontane die Korrektur des Gentzrode-Kapitels, die er am 17. Juni Hans Hertz übertrug. Am 20. Juni 1892 bedankte sich Fontane für das erste Heft der vereinbarten zwanzig Lieferungen, am 15. August war Band 1 der »Wohlfeilen Ausgabe« komplett, Anfang Dezember 1892 lagen drei Bände der Volksausgabe vor, und Fontane schrieb am 9. Dezember an seinen Verleger: »Die Bände sehen sehr gut aus, und die Fichte mit Wasser und Berg macht sich vortrefflich; bin auch froh, daß Band I nicht allzu dick geworden ist, was ich beinah fürchtete. Ich würde sogar gern drin lesen und ausproben, wie das alles nach so vielen Jahren auf mich wirkt, aber ich habe nicht mehr die Kraft dazu, gerade Lesen strengt mich am meisten an.«

Zu Beginn des Jahres 1896 vereinbarten Hertz und Fontane die sechste Auflage der »Grafschaft Ruppin«. Fontane bestätigte am 24. Januar einen Brief des Verlegers, in dem es hieß: »Vergessen habe ich heute, Ihnen den Vorschlag zu machen, daß auf dem Buchtitel der neuen Auflage des Bandes I Ihrer ›Wanderungen‹ die Zeile ›Wohlfeile Ausgabe‹ fortfallen, dagegen die Zeile ›Sechste Auflage‹ hingestellt werden möge. Wenn Sie damit einverstanden sind, so bitte ich um Ihre Korrektur auf dem Ihnen übergebenen Exemplar.« Fontane sandte den Band am 27. Januar zurück: »Ich habe mich auf Korrektur des Gentzrode-Aufsatzes beschränkt, weil ich, bei einer früheren Durchsicht des Bandes, gerade hier einigen Druckfehlern begegnet war.« Hertz druckte 1 000 Exemplare und zahlte 900 Mark Honorar. Es war die letzte zu Fontanes Lebzeiten erschienene Ausgabe der »Grafschaft Ruppin«.

Am 7. September 1896 schrieb der Autor an Emil Möbis, der ihm Material über den 1816 in Alt Ruppin geborenen Komponisten Ferdinand Möhring geschickt hatte: »Ich habe es gleich mit vielem Interesse gelesen und werde für eine neue Auflage gern ein Möhring-Kapitel schreiben, um so lieber, als Alt Ruppin in meinem Buche verhältnismäßig schlecht weggekommen ist. Aber an solche neue Auflage — da in diesem Sommer eine solche erschienen ist — ist vor Ablauf von vier, fünf Jahren nicht zu denken, und wo bin ich dann?!«

Zeitgenössische Resonanz

»Wanderungen« seien das einzige gewesen, stellte Fontane am 15. Januar 1880 gegenüber Mathilde von Rohr fest, womit er im Leben Glück gehabt habe. Und tatsächlich heben sich die sechs Auflagen mit insgesamt über 6 000 Exemplaren, in denen »Die Grafschaft Ruppin« bis zu Fontanes Tod verbreitet war, von den »Null-

Grad-Erfolgen« seiner übrigen Werke deutlich ab. Im März 1880, als der Autor mit der Durchsicht des »L'Adultera«-Manuskripts nicht recht vorankam, bekannte er seiner Frau: »Ich nahm nun statt dessen die geliebten ›Wanderungen‹ vor, die immer helfen und heilen müssen und gegen die wir ... immer ungerecht und undankbar sind. Sie sind das einzige, was mir Freude gemacht hat, und dafür werden sie gepufft und als inferior behandelt.«

Verdächtigt wurden sie sogleich von den preußischen Junkern. Schon der Vorabdruck des Wustrau-Aufsatzes im Dezember 1859 löste den Protest des »betroffenen« Grafen Zieten-Schwerin aus (vgl. S. 606), und auch später begegnete Fontane häufig genug dem Unverständnis und dem Mißtrauen des Adels. In einem Brief an Mathilde von Rohr vom 26. März 1874 resümierte er: »... immer aufs neue mache ich die Erfahrung, daß Familien ... nicht zufriedenzustellen sind. Ich glaube auch, daß sie, die Familien, von ihrem Standpunkte aus ganz recht haben, weil ein Schriftsteller, der die Dinge lediglich als einen Stoff für seine Zwecke ansieht, auch bei größter Vorsicht und wirklichem Takt immer noch der Pietät entbehren wird, die im Herzen der Familienmitglieder lebt. Mitunter ist es freilich nicht mehr Pietät, sondern einfach eine Mischung von grenzenloser Dummheit mit ebenso grenzenloser Eitelkeit.« Die Zurückhaltung des märkischen Adels wurde schließlich beim 70. Geburtstag des Dichters zur offenen Demonstration gegen ihn. »Das moderne Berlin«, schrieb er am 23. Januar 1890 an Heinrich Jacobi, »hat einen Götzen aus mir gemacht, aber das alte *Preußen*, das ich, durch mehr als vierzig Jahre hin, in Kriegsbüchern, Biographien, Land-und-Leute-Schilderungen und volkstümlichen Gedichten verherrlicht habe, dies ›alte Preußen‹ hat sich kaum gerührt ...«

Freilich stießen die »Wanderungen« auch bei den Liberalen auf Skepsis und Vorbehalt. Fontane bestritt zwar energisch (und mit Recht), »das Buch [den ersten Band] im *Auftrage* der Kreuz-Zeitungs-Partei« geschrieben zu haben (an Hertz, 6. Dezember 1861), gestand aber ein, daß sein »Kreuzzeitungstum« in dem Werk immerhin vorhanden sei und daß dies einen Kritiker wie Adolf Stahr durchaus hindern könne, in der nationalliberalen »National-Zeitung« darüber zu referieren (an Hertz, 8. Dezember 1861). Das »*echte, ideale* Kreuzzeitungstum« sei aber, versicherte Fontane im gleichen Brief, »eine Sache, die bei Freund und Feind respektiert werden muß, denn sie ist gleichbedeutend mit allem Guten, Hohen und Wahren. Das Zerrbild, das oft zutage tritt, ist nicht die Sache selbst.«

Adolf Stahr hatte in einem Brief an Hertz vom 3. Dezember 1861 seinen Eindruck von den »Wanderungen« in den Sätzen zusammengefaßt: »Ein so liebevolles Sichversenken in die Geschichte und Natur der nächsten Heimat, ein so feiner Natursinn, eine so lebhafte Darstellung *müssen* ansprechen. Wie ich die poetischen Leistungen des Dichters der ›Preuß. Helden‹ schätze, wissen Sie selbst!« Als Stahr zwei Jahre darauf das »Oderland« in der »National-Zeitung« besprach (8. Dezember 1863, Morgenausgabe), fiel sein Urteil wesentlich kritischer aus. Da die Bemerkungen allgemeineren Charakter haben und Fontane zu prinzipiellen Äußerungen provozierten, seien sie hier in ihren wesentlichen Partien mitgeteilt. »... *vergangne* Zeiten sind es allerdings, mit denen sich unser märkischer Wanderer fast ausschließlich beschäftigt. Nur selten streift er an die Gegenwart und an gegenwärtige Zustände heran, und die Stellen, wo er einen Anlauf dazu nimmt, sind die schwächsten in seinem Buche. Und doch hörten wir gern neben den Namen und Lebensnachrichten von den märkischen Adelsgeschlechtern, die in jenen Landstrichen auf den Dörfern und Herrenhäusern ihr Wesen trieben, und neben der Beschreibung ihrer Wohnsitze und Ruhestätten auch etwas von dem Leben und Treiben des *Volks* von damals und von heute, von seinen Sitten und seiner Kultur, seiner Arbeit, seinen Leiden und Freuden.« Wenn freilich Fontane dem Adel der Mark seine Pietät zuwende, so sei er dabei ebenso in seinem Rechte, wie er des Interesses der Nachkommen jener alten Geschlechter gewiß sein könne. »Auch ist das Buch, wenn auch von einem gewissen Parteistandpunkte ausgegangen und mit dem entsprechenden Kolorit vielfach gefärbt, doch keine eigentliche Tendenzschrift zu nennen. Der Autor hält sich vielmehr oder sucht sich in einer Art von Objektivität zu halten, obwohl ihm dies, wie sich bei mehr als einer Gelegenheit zeigt, nicht immer gelingt.« Stahr hebt besonders das »Tamsel«-Kapitel hervor und stellt fest, daß Fontane im Zusammenhang mit der Bildungsgeschichte Schönings »ein leiser Seufzer« entfahre, »wenn er damit unsre Gegenwart vergleicht. Er erinnert den Adel daran, daß die gegenwärtige ausschließlich militärische Erziehung, ›der Eintritt aus des Vaters Edelhof in die Armee und der Rücktritt aus der Armee in den Edelhof‹, ›nicht mehr genüge‹; er bemerkt warnend, ›daß die jetzige Ausbildung‹ der jungen adligen Offziere ›nur allzu sehr geeignet sei, den Blick zu beschränken‹, und daß ›dies einer der Punkte sei, wo das Bürgertum den Adel, wenigstens den *unsrigen*, vielfach überholt habe‹. Wir können uns solche Anerkennung aus dem Munde eines so getreuen Eckarts des preußischen Adeltums gar wohl gefallen lassen.« Stahr geht dann auf die Marwitz-Porträts ein und schreibt abschließend: »Er [Alexander von der Marwitz] war eine Herrschernatur im vollen Sinne des Wortes, ein ›Alexander‹, aber ohne Thron, und daß er kein ›subalternes‹ Genie war, in einer

Welt um ihn her, wo die Subalternität als das Höchste galt und zum Höchsten berechtigte — das war sein Unglück. Gegner wie dieser — *wenn* er es war — kann sich das freie Bürgertum gefallen lassen. Nicht so sein älterer Bruder ... Das Bild, welches Herr Fontane von diesem ältern Marwitz entwirft, der im guten wie im schlimmen Sinne, ›jeder Zoll ein Adelsaristokrat‹, ein Vollblutsjunker reinster Race, ein spezifischer Gegner aller und jeder Idee eines freien, selbstbewußten, nach Rechtsgleichheit und Rechtsstaat ringenden und gegen alles und jedes *Geburts*vorrecht ankämpfenden Bürgertums, ein ausgesprochner Feind der bürgerlichen ›Bildung‹ und der ›Gebildeten‹ war, bezeichnet zugleich durch die Art und Weise, wie dies Verhältnis des Mannes zum ›Bürgertum‹ als teils ›erklärlich‹, teils ›entschuldbar‹ dargestellt wird, die Stellung, welche der Verfasser selbst zu diesen Dingen einnimmt. Doch regt sich noch hier und da das *bürgerliche* Gewissen desselben wenigstens so weit, daß ihm die stärksten Konsequenzen jenes Junkertums und Junkerbewußtseins, das ein für allemal in *jedem* Bürgerlichen ohne Ausnahme einen moralisch niedriger Stehenden erblickte, doch allzu bedenklich erscheinen, wenn er von seinem Helden berichten muß, daß dieser *selbst bei einem Goethe* ,den natürlich freien Anstand des Vornehmen‹, des geborenen Edelmanns, vermißte. Eins aber dürfte gewiß sein: ein Edelmann, wie dieser Marwitz war, würde in seiner Geringachtung des ›Bürgertums‹ und der ›Bildung‹ nur bestärkt werden, wenn er sähe, wie ein Mitglied dieses gebildeten Bürgerstandes sich dazu herbeiließe, seine Maxime, seinen verkleinernden Haß und seine Verachtung des Bürgertums und der Gebildeten zu entschuldigen und zu beschönigen.«

Fontane reagierte am gleichen Tag in einem Brief an Hertz: »Ich bin mit der Kritik ganz zufrieden; der Schlußsatz, der etwas starker Tabak ist, trifft mich so ganz und gar nicht (Marwitz ist tot, und vor dem toten Löwen in Respekt den Hut zu ziehn, während die Mäuse an ihm herumknabbern, ist sicherlich nicht bedientenhaft), daß ich ein paar Entgegnungsworte darauf, wie Sie herausfühlen werden, mit großer Ruhe, mit der Ruhe des guten Gewissens geschrieben habe. / Die Frage entsteht aber doch, ob es geraten ist, den Brief, von dem ich eben etwa ein Drittel gestrichen habe, abzusenden. Ihr Urteil soll entscheiden. Im allgemeinen habe ich die Maxime des ›Gehenlassens‹, des Schweigens. Ich statuiere aber Ausnahmen, und hier scheint mir ein Fall vorzuliegen, der eine Ausnahme fast erheischt. Stahr ist ein Mann nicht ohne ein gewisses Wohlwollen für mich, also ein Gegner, mit dem sich reden läßt, zu gleicher Zeit ein Mann von einem gewissen Ansehn in seinem Kreise. Es liegt mir daran, daß man mein Buch, den Zweck und die Entstehungsgeschichte desselben, ebenso wie meine völlig freie, nur allzu oft *geg-*

nerische Stellung unsrem Adel gegenüber richtig erkennt. Der Adel wird nie den kleinen Finger für mich erheben, er braucht es auch nicht, aber es ist doch hart, vom Adel nichts zu haben und doch zugleich, bloß weil man sich müht, Gerechtigkeit zu üben, als eine Art Söldner angesehn zu werden, der in Dienst und Sold steht. Ich diene nach freier Wahl, aber nicht für 1 Rtl. und 8 Gr.«

Auf Hertz' Rat hin entschloß sich Fontane, den Brief an Stahr nicht abzusenden, weil, wie er Hertz bekannte, »ich mal wieder absolut ein Kind war, das sich gutmütig bedanken wollte, wo im wesentlichen nichts andres vorliegt als eine beleidigende Eselei. Diese Leute mit ihrem kümmerlichen Neid, die dadurch zu wachsen glauben, daß sie einen andern Stand durchaus klein machen wollen, und nicht begreifen können, daß man einen Marwitz ›erklärlich und entschuldbar‹ findet, haben keinen Anspruch darauf, daß ich ihnen Confessions und Auseinandersetzungen mache, die doch in den Brunnen geworfen sind. Ich beschreibe den Adel, und dazu habe ich als Bürgerlicher ein gutes Recht; er ist mir Objekt, weiter nichts; mein Buch zeigt nirgends eine *unwürdige* Gesinnung, und es ist mindestens unpassend, mir mehr oder weniger direkt eine servile Verbeugung vorzuwerfen. Ich fürchte, daß Sie ein klein wenig (vielleicht auch mehr als ein klein wenig) die Stahrschen Ansichten über Fontane und sein Buch teilen. Ich muß das hinnehmen; aber ich tu es mit Ruhe ...«

Als Ernst Kossak in der von ihm redigierten »Berliner Montags-Post. Zeitung für Politik, Gesellschaft, Literatur und Kunst« am 15. Februar 1864 den ersten Teil seiner umfangreichen Rezension von »Oderland« veröffentlicht hatte (die Fortsetzungen folgten am 22. und 29. Februar), kam Fontane in seinem Dankschreiben an Kossak vom 16. Februar noch einmal auf die Kontroverse mit Stahr zurück und bemerkte: »Ich schildere die Scholle und was sie trägt und getragen hat. Wenn ich dabei in die Lage gekommen bin, mehr den Adel schildern zu müssen als das Bürgertum, so kann ich das nicht ändern. Ich kann nicht, dem großen Streit der Gegenwart zuliebe (dessen Berechtigung ich anerkenne und den ich um keinen Preis wegwünschen möchte), die Geschichte, speziell die Geschichte unsrer Provinz, auf den Kopf stellen. Wir haben ... doch immer einen Adel gehabt, der was *getan* hat; die Schulenburgs, die Königsmarcks, die Zietens, die Schwerins gehören der Geschichte an; es ist ihnen nicht mehr zu nehmen. Mit dem Bürgertum aber hat es hierlandes immer kümmerlich gestanden; erst jetzt gedeiht es, wenigstens *individuell* der Bürgerliche ...« Wer sich, so hatte Kossak in seinem Artikel hervorgehoben, eine »unbefangene Betrachtung der Vergangenheit« bewahrt habe und die Toten nicht »mit dem Zollstock irgendeines beliebigen Programms« messe,

»wird sich mit uns an den liebevollen Schilderungen des Verfassers um so aufrichtiger erfreuen, als derselbe nicht einseitig zu Werke geht, sondern historisch feinsinnig und gerecht hervorragenden Persönlichkeiten aus allen Ständen gerecht wird«. »Es ist nicht eben ein erfreuliches Zeichen der Zeit, wenn einem vaterländisch-historischen Schriftsteller das lobende Zeugnis auf den Weg mitgegeben werden muß, allen Parteigehässigkeiten fern geblieben und lesbar für alle Fraktionen zu sein.«

Kritisch war die Reaktion, vor allem auf die ersten Bände, auch bei den Fachgelehrten, den Landeskundlern und Historikern, die Fontane als »Eindringling und leisen Konkurrenten« (an Hertz, 8. Dezember 1861) beargwöhnten und seine spezifische Art der »Ausmünzung« von Geschichte als unseriös ablehnten. Auf die (in der Sache berechtigten) »Korrekturen« von Preuß (über Schadow; vgl. »Spreeland«, Kap. »Saalow« und die Anmerkungen dazu; Band 4 dieser Ausgabe) und Wolzogen (über Schinkel; vgl. S. 642 f.) eingehend, äußerte Fontane am 12. Februar 1862 in einem Schreiben an Hertz: »Der Brief [von Preuß] enthält eine Menge Wahrheiten — einzelne mit einem bittren Beigeschmack — und hält die Mitte zwischen Freundlichkeit und Wohlwollen auf der einen Seite und superiorem Bewußtsein auf der andern. Persönlich fühl ich mich nicht im geringsten verletzt; nur allgemein und prinzipiell beklag ich es, daß mit diesen ›Männern der Forschung‹ kein Kompromiß, keine Anerkennung *gegenseitiger* Rechte möglich scheint. Während unsereins jeden Moment bereit ist, Gerechtigkeit zu üben und der ›Forschung‹ (die doch mitunter trocken und ledern genug ist und in ihren Resultaten ebenfalls jeden Tag widerlegt werden kann) allen möglichen Respekt zu bezeugen, kann sich der alte Zopf-Professor nicht zu der Vorstellung erheben, daß die freie, *künstlerische* Behandlung eines Stoffs, um des Künstlerischen willen, ein Recht der Existenz hat, auch wenn die strikte historische Wahrheit dabei in die Brüche geht.«

Ersten zustimmenden Urteilen begegnete Fontane im Freundeskreis. So wurde die Lesung des Karwe-Kapitels am 23. Oktober 1859 im Tunnel mit »Akklamation« aufgenommen. Auch Paul Heyse beglückwünschte den Autor am 13. Dezember 1861 zu seinem Buch, stellte aber auch einige kritische Überlegungen an: »Ich kann meinen bescheidenen Einwand auch so formulieren, daß ich viel zu selten dem unschätzbaren Wort ›bekanntlich‹ begegnet bin. Das gleiche ist mir auch in der ›schottischen Reise‹ widerfahren, wo Deine Scheu, bekannte Dinge, *Dir* bekannte, noch einmal vorzuführen, oft zu einer allzu schattenhaften Beschwörung großer Namen und Ereignisse verleitet hat. Aus einem solchen Buch aber, das nicht zum Guide de voyageur, sondern zum einsamen Genuß

hinterm Ofen geschrieben ist, müßte ein geneigtes Publikum auf
eine unscheinbare und heitere Art alles lernen, was an Ort und
Stelle vom Pfarrer des Orts oder sonst einem Großsiegelbewahrer
der geheimen Chroniken auf Verlangen zu erfahren ist. Dein Buch
setzt *preußische* Leser voraus ... Ich habe diesem freilich nur gegen einzelnes gerichteten Bedenken — denn weitaus die Mehrzahl
der Kapitel scheint mir musterhaft in Anlage und Durchführung —
dennoch Gehör bei Dir gewünscht, weil es mir scheint, als ob Du
zu dieser historischen Touristik ganz vorzüglich angelegt seiest und
es nur des Willens bedürfte, um Dir überall die völlig anschauliche
Breite zu gewinnen.«

Fontane bedankte sich Mitte Februar 1862: »Die Bedenken, die
Du erhebst, die Ausstellungen, die Du machst, sind alle sehr begründet; zum Teil trag ich die Schuld, zum Teil liegt es am Stoff.
Wenn ich bei Zieten und Schinkel Voraussetzungen mache, die ich
nicht machen sollte, so ist das mein Fehler, der dadurch nicht aufhört ein Fehler zu sein, daß es anfänglich *Prinzip* war, in dieser
Weise zu verfahren. An andern Stellen liegt es am Stoff; — der
Strom der Überliefrung fließt gelegentlich sehr dünne, und selbst
die Spezialgeschichte gibt hier und da nur Überschriften. Da treten
denn Schatten statt der Leiber auf. Jedenfalls werd ich mir die
Dinge in Zukunft mit geschärftem Auge ansehn.«

Beim Erscheinen der ersten Bände bemühten sich Fontane und
Hertz, die Aufmerksamkeit der Presse auf die »Wanderungen« zu
lenken. Fontane schrieb Dutzende von Briefen an die Redakteure
namhafter Blätter, um die Rezensionsexemplare mit einigen persönlichen Worten zu präsentieren. In den meisten Fällen freilich waren
die Resultate enttäuschend. »Die Vossin«, schrieb Fontane am
31. Dezember 1861 an Hertz, »hat am 24. eine kleine Besprechung
meines Buchs gebracht. Am 24.! also so gut wie in den Brunnen gefallen. / Die ›Grenzboten‹ sollen vor etwa vierzehn Tagen eine
freundliche Kritik gehabt haben ... Draus lernen wird man wohl
nichts; unsre Kritiken sinken immer mehr zu bloßen Annoncen
herab, Empfehlungen von befreundeter, Warnungen von gegneri-
scher Seite.« Tatsächlich gipfelte die Notiz in den »Grenzboten.
Zeitschrift für Politik und Literatur« (20. Jahrgang, IV. Band, Leipzig 1861, S. 476 f.) in der banalen Feststellung: »Der Verfasser hat
ein sehr hübsches Talent, könnte aber ohne Schaden bisweilen etwas weniger gründlich sein.«

Die Durchsicht zeitgenössischer Rezensionen bestätigt durchweg
Fontanes Ansicht über »moderne Kritik-Fabrikation« (an Hertz,
3. Januar 1862). A. E. Brachvogel schrieb am 11. Dezember 1861 im
»Wochenblatt der Johanniter-Ordens-Ballei Brandenburg« unter
anderem: »Wer die Landschaften Lessings sah, wer den Genuß ge-

habt, die berühmten griechischen Landschaften Rottmanns, besonders das ›Schlachtfeld von Marathon‹ und ›Die Bucht von Aulis‹,
zu betrachten, sich in sie zu vertiefen und im Geist mit jenen Hero-
engestalten des alten Hellas zu bevölkern, der empfindet so recht,
was es Großartiges um eine ›historische Landschaft‹ ist, um die
künstlerische Darstellung einer vom Titanenschritt der Geschichte
widerhallenden Örtlichkeit, wo Busch und Wasser, Himmel und
Erde, selbst die Steine predigen von der Großtat modernder Geschlechter. Wenn wir jemals den Eindruck und tiefen Wert der historischen Landschaft in uns neu erwachen fühlten, war es bei Fontanes ›Wanderungen durch die Mark Brandenburg‹. In diesem
Werke hat sich der Verfasser auf den Sockel eines historischen
Landschafters in der Literatur geschwungen, ist das für die vaterländische Geschichte geworden, was Tschudi, Berlepsch und Ma-
sius für die populäre Naturbeschreibung sind. An Fontanes Hand
empfinden wir erst, wieviel Herrliches das Vaterland in seinem
Schoße birgt, wie sich um Berlin ein breiter Gürtel geweihten, vom
Dufte der Erinnerung umwehten Bodens legt.« Fontane kommen-
tierte in einem Brief an Hertz vom 13. Dezember 1861 mit den
Worten: »Mehr kann der Mensch nicht verlangen. Das Ganze
schwülstig, aber der Ausdruck ›historische Landschaft‹ ist gut. Das
ist eigentlich die ganze Geschichte. Zuletzt sieht man immer, daß
das, was man auf vier Seiten nicht sagen konnte, in zwei Worten fix
und fertig am Wege lag.«

Unter der Überschrift »Brandenburgisch Ehrengeschmeid«
zeigte Fontanes »Kreuz-Zeitungs«-Kollege George Hesekiel den ersten Band der »Wanderungen« am 3. Dezember 1861 (Beilage zu
Nr. 282) an: »In den brandenburgischen Marken selbst wird und
muß sich jeder, dem ein brandenburgisch Herz im Busen schlägt,
freuen, daß denn endlich mal wieder einer aufgestanden ist für des
Landes alte und neue Ehren, preisend die Reize seiner Frauen und
die Tüchtigkeit seiner Männer, vor Vergessenheit wahrend und be-
schützend alles, was des Nachruhmes wert ist.« In diesem barocken
Stil fortfahrend, suchte Hesekiel das Buch für preußische Zwecke
zu reklamieren: »In echt patriotisch-konservativem Sinn sammelt
Fontane in seinem Werk der Väter und Vorväter Ehren, große und
kleine, er stellt sie ins rechte Licht, patriotischen Sinn in den Kindern, den Lesern überhaupt weckend, belebend, stärkend.« Daß
die »Wanderungen« einer solchen einseitigen Inanspruchnahme in
Wirklichkeit keineswegs entgegenkamen, mußte Hesekiel selbst
eingestehen, als er am 1. Dezember 1864 (Beilage zu Nr. 282) in
der »Kreuz-Zeitung« die zweite Auflage des Bandes rezensierte. Er
habe, schrieb er, vor drei Jahren das erste Erscheinen des Bandes
»mit hoher Freude« begrüßt, aber auch eine Opposition in jenen

Kreisen gefürchtet, für die das Werk von speziellem Interesse sein mußte. »Eine solche Opposition ist denn auch nicht ausgeblieben, und wir konnten ihr, trotz unserer Freude über das ganze Buch, trotz unserer hohen Anerkennung dessen, was hier geleistet war, im einzelnen eine gewisse Berechtigung nicht absprechen. Fanden wir doch selbst, obwohl wir auf demselben historisch-politischen Standpunkte wie der Verfasser stehen, manches in der Behandlung bedenklich und gelangten, abgesehen von einzelnen offenbaren Irrtümern, zuweilen zu anderen Resultaten als der Wanderer durch die Mark Brandenburg.«

Als »Spreeland« herausgekommen war und der Autor sich über das »Gequatsche« in den Zeitungen mokierte, schrieb er am 8. Oktober 1882 an Hertz: »Ganz dunkel entsinn ich mich, ein- oder zweimal einer Kritik begegnet zu sein, die darauf aus war, die *Bedeutung* und *Eigenart* der ganzen Geschichte festzustellen ...«

Zu diesen wenigen substantielleren Äußerungen könnte man die Rezension von Friedrich Campe in der »Zeitschrift für das Gymnasialwesen, begründet im Auftrage des Berlinischen Gymnasiallehrer-Vereins« (18. Jahrgang, Heft 4, S. 316—320) zählen, der die beiden ersten Bände anzeigte. Campe begrüßte das Unternehmen lebhaft, gab aber auch Verschiedenes zu bedenken. Er empfahl zuerst gründlichere historische Studien: »So ist, was er über Ruppin sagt, sei es die Stadt, seien es die alten Grafen, so oberflächlich und unbedeutend, wie es der erste beste unwissende Tourist sagen würde.« Überdies möge sich Fontane bessere und zuverlässigere Führer suchen: »Liebe Freunde und Bekannte sind in diesen Dingen nicht immer gute Auctoritäten; die wahren Auctoritäten wollen aufgesucht sein.« Schließlich bedauerte Campe, »daß in diesen beiden Teilen der ›Wanderungen‹ städtisches Leben, städtische Verhältnisse, städtisches Regiment fast ganz zurücktreten ... Hat er geglaubt, daß sich diesen Gegenständen weniger Reize abgewinnen ließen als der Geschichte dieses oder jenes adligen Schlosses? Dies ist die Seite, welche in Wanderungen durch die Mark ihre vorzügliche Berücksichtigung finden sollte.«

Fontane quittierte die Rezension in einem Brief an Hertz vom 1. April 1864 mit Wohlwollen: »Was Direktor Campe schreibt, ist sehr freundlich, und wo er tadelt — wiewohl er im Detail nicht überall recht hat —, trifft er im wesentlichen und im Prinzip den Nagel auf den Kopf. Den zweiten Band muß er viel flüchtiger gelesen haben (ihn interessiert vorzugsweise das Ruppinsche, weil er zwanzig Jahre lang am dortigen Gymnasium war), sonst würde ihm, gerade nach *der* Seite hin, die er betont, der Unterschied zwischen dem 1. und 2. Bande aufgefallen sein. Band I wollte eben nur Touristen-Schreiberei sein.«

Schließlich sei noch aus einer Kritik von Ludwig Pietsch zitiert, der 1875 in der »Vossischen Zeitung« über die dritte Auflage anmerkte: »Es beweist dies Kapitel [Gentzrode] auch überzeugend, daß der Verfasser, welcher von oberflächlichen Lesern leicht als einseitiger Verherrlicher des altpreußischen Legitimismus und Feudalismus angesehen wird, das gleiche liebevoll beobachtende Auge, das gleiche Verständnis und die gleich aufrichtige Anerkennung wie den Persönlichkeiten und den ritterlichen Taten unserer Adelsgeschlechter auch einem solchen selbstgeschmiedeten Mann aus dem Volke, wie dieser alte Johann Christian *Gentz,* und den Schöpfungen seines kühnen und großartigen, gut bürgerlichen Unternehmungsgeistes entgegenbringt. Diese Objektivität, diese Selbstlosigkeit zeichnet das ganze Buch aus. Die lebensvollen, naturwahren, mit allem Zauber ihrer eigenen (nicht der vom Maler hinzugetragenen) Stimmung geschmückten Bilder aus märkischer Natur-, Privat-, Geschlechter- und Staatsgeschichte sind klar und echt wie Photographien. Nirgends drängt sich ›des Herren eigner Geist, in dem die Zeiten sich bespiegeln‹, vor.«

ANMERKUNGEN

Vorworte

Am 26. September 1861 schrieb Fontane seinem Verleger Wilhelm Hertz, es sei »nun gar keine Frage mehr«, daß die Kislingsche Buchdruckerei in Osnabrück, in der die erste Auflage des ersten »Wanderungen«-Bandes gedruckt wurde, das Manuskript bis zum 15., wahrscheinlich aber schon bis zum 7. Oktober erhalten werde. »Nur die Vorrede macht mir noch einige Sorge; sie sollte eigentlich lang werden, eine Art Rechenschaftsbericht, dazu allerhand allgemeine Betrachtungen über Mark und Märker, also halb *Einleitung*, halb Vorrede. Ich werde mich nun aber doch wohl kürzer fassen, weil eine solche Vorrede, wie ich sie im Sinn hatte, nur dann gut werden kann, wenn sie in heitrer Muße, unter leisem Klavierspiel und dem Gekicher junger Mädchen, niedergeschrieben wird.«

Obwohl der Autor in dem kurzen Vorwort nicht viel mehr als die Motivationen darlegt, die ihn zum Verfassen des Buches veranlaßt haben, ist es ihm offenbar sehr schwergefallen, mit leichter Hand die richtigen Worte und die richtige Form zu finden. Die mehrmaligen Terminverzögerungen, die er Hertz mitteilte, deuten jedenfalls darauf hin. »Bis heut über acht Tage hoff ich auch die ›Anmerkungen‹ abgeliefert zu haben, dann fehlt nur noch die Vorrede. Ich glaube, daß bis heut über vierzehn Tage alles fertig sein kann«, heißt es unterm 9. Oktober 1861. »Dann würde nur noch die Vorrede fehlen, die ich nächsten Sonntag schreiben will«, unterm 16. Oktober und endlich im Brief vom 26. Oktober — der Druck des Buches war schon weit fortgeschritten —: »Es ist nun seit heute alles fort nach Osnabrück, bis auf die Vorrede, die ich morgen schreibe und übermorgen fortschicke.« Tatsächlich wurde sie am 29. oder 30. Oktober abgeschickt, denn eine Tagebuchnotiz besagt, daß Fontane am 28. Oktober daran gearbeitet hat, und ein Brief an Hertz vom 31. Oktober, daß er die Korrekturbogen des Vorwortes erwarte.

Die zweite Auflage wurde — erstmals unter dem Einzeltitel »Die Grafschaft Ruppin« — von Juli bis Oktober 1864 in der Druckerei G. Bernstein, Berlin, Mauerstraße 53, hergestellt. Am 10. Oktober teilte Fontane seinem Verleger mit: »Bernstein hat seit heute früh neun Uhr endlich *alles*; ich habe den gestrigen Sonntag an völligen Abschluß der Sache gesetzt. Nur das Inhaltsverzeichnis fehlt noch. / Das Vorwort (über das sich streiten läßt, das ich aber doch im wesentlichen gut und namentlich *zweckentsprechend* finde, indem es dem Leser den richtigen Standpunkt anweist) wird hoffentlich wieder mit abgedruckt. / Nun entsteht noch die Frage, ob wir auch dieser zweiten Auflage eine Art Vorwort geben! Ich habe schon vor beinah drei Monaten eine Art Vorwort geschrieben, nämlich einen leidlich heiter gehaltenen Brief über das Thema: *‚ob man in der Mark reisen solle oder nicht‹.* — Wie denken Sie darüber? Bringt man das oder verschiebt man's bis zum Erscheinen eines dritten Bandes?« Hertz hat sich für das Vorwort entschieden, das dann — datiert »Berlin, im August 1864« — von Fontane am 14. Oktober in der Druckerei abgeliefert und in der zweiten Oktoberhälfte gedruckt wurde. Der Entwurf des »heiter gehaltenen Briefes« ist im Notizbuch A 1 (1864), Blatt 56—61, erhalten; er ist tatsächlich überschrieben »Einleitung. Mein lieber Freund« und stimmt schon weitgehend mit der gedruckten Fassung überein.

Die dritte Auflage der »Grafschaft Ruppin« wurde von März bis September 1874 in der Waisenhausdruckerei in Halle gedruckt. Am 1. Juli meldete Fontane Hertz die Rückgabe der Korrekturbogen und fügte hinzu: »Es fehlen nur noch die Vorreden. Sie sind doch einverstanden, daß ich noch ein paar Worte zu dieser dritten Auflage sage? Hingeworfen hab ich es schon; es sind nur anderthalb Druckseiten.« Da Hertz zustimmte, erhielt auch diese Ausgabe ein neues Vorwort — datiert »Berlin, am 3. Juli 1874« —, das aber bereits in der nächsten Auflage wieder ausgeschieden wurde und demzufolge im Textteil unserer Edition nicht zu finden ist. Es lautet:

»Den ersten Band meiner märkischen ›Wanderungen‹ habe ich hiermit die Freude dem Publikum in einer dritten Auflage überreichen zu können. Die vorgenommenen Veränderungen sind erheblich, berühren eine ganze Hälfte des Buches und bestehen vor allem darin, daß der Inhalt desselben auch seinem Titel: ›Grafschaft *Ruppin‹*, in all und jedem angepaßt worden ist. Alle diejenigen Kapitel also, die, wie dies bei den früheren Auflagen der Fall war, Landschaftliches und Historisches aus *andern* Landesteilen behandelten, sind in dieser neuen Auflage fortgelassen und durchweg durch Mitteilungen und Schilderungen aus dem Ruppinschen ersetzt worden. Der, mit Hülfe dieser Beschränkung, auf dem gewählten *Spezial*gebiet (Ruppin) reicher gewordene Stoff hat zugleich eine neue Einteilung erfahren, über die ein Blick auf die nächstfolgenden Seiten [gemeint ist das Inhaltsverzeichnis] Auskunft gibt. Es ist mein lebhafter Wunsch, in nicht allzu ferner Zeit Band II und III dieser ›Wanderungen‹ einer ähnlichen Umarbeitung unterziehen und auch in ihnen eine völlige Übereinstimmung zwischen Titel und Inhalt herstellen zu können.

›Je tiefer man gräbt, desto mehr findet man.‹ Diese Unerschöpflichkeit des Stoffs, über die ich mich in dem Vorwort zur ersten Auflage eingehender ausgesprochen habe, wird freilich allezeit Sorge dafür tragen, daß auch die eingehendste, weil einem engsten Kreise sich zuwendende Behandlung immer noch Erzählenswertes — ja in vielen Fällen Wichtigeres, als bis dahin erzählt wurde — übrigläßt; nichtsdestoweniger begleitet mich, bei Neuedierung dieses ersten Bandes, das angenehme Gefühl, mit etwas vergleichungsweise Fertigem (selbstverständlich rein äußerlich genommen) vor den Kreis meiner Leser zu treten. Wie vieles an Tieferliegendem notwendig fehlen muß — an dem, was *obenauf* liegt, glaub ich nur in Einzelfällen vorübergegangen zu sein. Diese Einzelfälle sind vorzugsweise: die Dörfer in der Südostecke der Grafschaft und die Kriegsheimschen Güter. Ich hoffe später diese und andere Lücken mit Hülfe neuer ›Wanderungen‹ ausfüllen zu können, zu denen sich um so mehr ein immer erneuter Anreiz bietet, als die, trotz Nordbahn, so gut wie eisenbahnlose Grafschaft entschlossen scheint, sich, vom Standpunkte des Weltverkehrs aus, zu einem Unikum herauszubilden.«

Die vierte Auflage wurde im Herbst 1882 bei Friedrich August Eupel in Sondershausen gedruckt. Am 9. November schrieb Fontane an Hertz: »Von Eupel sind eben die letzten dreieinhalb Bogen eingetroffen; ich mache heut und morgen die Korrektur und schicke am Sonnabend Inhaltsverzeichnis und Vorwort zur vierten Auflage, während das zur dritten dafür in Wegfall kommt.« Dieses später ebenfalls wieder ausgeschiedene Vorwort — datiert »Berlin, 14. November 1882« — lautet:

»Diese vierte Auflage, so vieles in der Form geändert wurde, weicht, ihrem *Inhalte* nach, in nur wenigem von der dritten ab. Was hinzukam, beschränkt sich auf einige mir unerwartet und ganz zuletzt noch zugegangene weitere Mitteilungen über *Kronprinz Friedrich in Ruppin*, Mitteilungen, die mich in den Stand setzten, dem gleichnamigen Kapitel einen Zuwachs, eine zweite Hälfte zu geben, worauf ich noch bei Beginn des Druckes *nicht* rechnen konnte.

Dagegen fehlen auch diesmal wieder die bei früherer Gelegenheit von mir in Aussicht gestellten Kapitel über das Löwenberger Land oder die Südostecke der Grafschaft, Kapitel, die freilich in der zwischenliegenden Zeit geschrieben wurden, aber viel zu zahl-

reich ausgefallen sind, um diesem ohnehin starken Bande noch einverleibt werden zu können.

Und wie die Kapitel aus dem *Löwenberger Lande* fehlen, so fehlt
auch der Hinweis auf die zum Teil nicht unwesentlichen Veränderungen und Umgestaltungen (beispielsweise *Gentzrode*), die die
Grafschaft inzwischen erfahren hat, Veränderungen und Umgestaltungen, aus deren bunter Reihe nur einer einzigen, der wichtigsten,
in diesem Vorwort Erwähnung geschehen möge: der *Bahn*.

Abzweigend von einer zwischen Nauen und Friesack gelegenen
Mittelstation der Hamburger Linie (Paulinenaue), dringt jetzt, über
Linum-Fehrbellin und ihnen verwandte *Lagunendistrikte* hinaus,
eine kleine, nur mit drei Lokomotiven befahrene strada ferrata bis
ins Herz der Grafschaft vor, ein eingleisiger, fast wie mit dem Li-
neal gezogener Schienenweg, der, als Schößling oder Sprößling
obenerwähnter Station *Paulinenaue*, den eigentümlichen und in
der Folgerichtigkeit seiner Etymologie vielleicht anfechtbaren Namen der ›*stillen Pauline*‹ führt.

Aber was bedeutet ein Name, wenn *das*, was den Namen trägt,
allstündlich und überallhin seine Wunder wirkt?! An dem am See
gelegenen Ausmündungspunkte der Bahn ist inzwischen eine Ruppiner Bahnhofs- und Villenvorstadt entstanden, und wenn König
Gustav Adolf einst von einem ringartig sich um die baltische See
herumziehenden baltischen Reiche träumen durfte, so dürfen *wir*
vielleicht von einem Ruppin der Zukunft träumen, das, aus der Kolonne deployiert, an der in aller Schönheit daliegenden Wasserfläche sich quaiartig hinziehen und seine Häuserkompaktheit in eine
Linie von Marinen und Uferpromenaden aufgelöst haben wird.

Aber das sind Träume, bei deren Ausspinnung ich um so weniger verweilen darf, als ich auf dem spärlichen, mir noch zu Gebote
stehenden Raume gern ein Wort aussprechen möchte, das in dem
Rechenschaftsberichte, mit dem ich (vor etwa Jahresfrist) den vierten Band abschloß, zu meinem Leidwesen vergessen wurde. ›Diese
Wanderungen‹, so schrieb ich damals, ›sollen kein Geschichtsbuch
sein‹, und ich hätte hinzusetzen müssen: ›auch kein Reisebuch‹.
Denn gerade *da*rauf hin angesehen zu werden ist von Anfang an ihr
Schicksal gewesen, und ich habe seit zwanzig Jahren keine Saison
zu verzeichnen gehabt, in der ich nicht, nach erfolgter Vorstellung,
der freundlich und wohlgemeinten Versicherung begegnet wäre,
›daß man in Rheinsberg gewesen sei, *natürlich mit meinem Buch
in der Hand*‹. Aber diese freundliche Versicherung erfolgte jedesmal nur, um *sofort* und mit einer nie versagenden Regelmäßigkeit
einem verlegenen Schweigen Platz zu machen, aus dem es für mich
nur allzu leicht war, die Nachwirkung einer argen und geradezu
grausamen Enttäuschung herauszulesen. Einer Enttäuschung, die,

nach Lage der Sache, nicht ausbleiben konnte und der gegenüber ich meinerseits nur immer wieder das *eine* zu betonen habe, daß ich wie nicht der Droysen oder Ranke, so fast noch weniger der *Baedeker* von Mark Brandenburg bin.«

Die fünfte Auflage wurde im Frühjahr 1892 — ohne Auflagenbezeichnung — im Rahmen einer »Wohlfeilen Ausgabe« (Volksausgabe) der »Wanderungen durch die Mark Brandenburg« ebenfalls bei Eupel gedruckt. In Fontanes Brief vom 18. Januar 1892 an den Verleger heißt es: »Hiermit sind, mit zwei Ausnahmen, alle Neuerungen erledigt. Diese zwei Ausnahmen sind:

1. ein neues Vorwort
2. das Schlußkapitel Gentzrode.

Ich will das Vorwort zur vierten Auflage fortlassen und dafür ein neues schreiben, aber wie soll ich mich da ausdrücken, da diese neue Auflage keine Zahl erhalten soll?« Am 8. Februar folgt eine erneute Anfrage: »Wie soll es mit den ›Vorworten‹ — denn es sind ja mehrere — gehalten werden? Lassen wir einfach alles beim alten, oder streichen wir das Vorwort zur vierten Auflage, um es durch eins zur fünften zu ersetzen, oder verzichten wir auf diesen Ersatz?« Und unterm 8. März 1892 heißt es schließlich: »Eben habe ich nun das Vorwort zur Volksausgabe von Band I an Eupel geschickt, und in ein paar Tagen wird es Ihnen in einem Abzug vorliegen. Wie Ihr Herr Sohn mit Recht hervorhob, es kommt eigentlich nur auf die Jahreszahl 1892 an, und so ist denn dementsprechend das Vorwort auch ganz inhaltslos. Und doch enthält es vielleicht noch zuviel. Wünschen Sie, daß ich von dem Wenigen noch etwas fortlasse, so stehe ich zu Diensten. Ich habe den Schluß nur so hingequasselt, um doch *was* zu sagen. Es ist sonst so sehr kurz.« Die »Wohlfeile Ausgabe« von 1892, die dem Band 1 unserer Edition zugrunde liegt, erschien also mit drei Vorworten, von denen das zur ersten und das zur zweiten Auflage von Fontane stilistisch leicht überarbeitet worden sind.

1 *Lochleven Castle* — »Loch Leven Castle, mit alleiniger Ausnahme von Holyrood Palace, steht obenan unter den schottischen Schlössern, die, mit in die Geschichte Maria Stuarts verwebt, durch eben diese Verwebung auch ihrerseits berühmt geworden sind.« (Fontane, »Lochleven Castle«; jetzt wieder zugänglich in der 1974 im Verlag Rütten & Loening, Berlin, erschienenen, von Gotthard Erler herausgegebenen Neuedition von »Jenseit des Tweed«, in der dieses Kapitel — Fontanes Intentionen gemäß — zum erstenmal in den Text eingegliedert wurde.)

Rundturm ..., in dem Queen Mary gefangensaß — Die schot-

tische Königin Maria Stuart, die seit ihrer Rückkehr aus
Frankreich (1561) an der Spitze der katholischen Feudalreak-
tion die bürgerlich-kalvinistische Reformation in England und
Schottland bekämpfte, wurde 1567 von den Kalvinisten zur
Abdankung gezwungen und im runden Turm des Douglas-
schen Wasserschlosses Lochleven gefangengesetzt.

1 *Pforte ..., durch die Willy Douglas die Königin in das rettende Boot führte* — Maria Stuart wurde am 2. Mai 1568 von
dem etwa achtzehnjährigen William Douglas, einem Verwandten des Schloßherrn und Kerkermeisters, aus der Haft in
Lochleven Castle befreit und ihren Anhängern zugeführt, die
sie am Ostufer des Sees erwarteten. Nach der Niederlage ihrer
Truppen in der Schlacht bei Langside (13. Mai 1568) floh Maria nach England, wo sie am 8. Februar 1587 hingerichtet
wurde. Vgl. »Jenseit des Tweed«, Kap. »Lochleven Castle«,
und das Gedicht »Der sterbende Douglas« aus dem Zyklus
»Maria Stuart«.

2 *Bayard-Orden* — Von Kronprinz Friedrich 1736 in Rheinsberg gegründeter Orden, benannt nach dem französischen
Heerführer Bayard, dem sogenannten »Ritter ohne Furcht
und Tadel« (vgl. die sechste Anm. zu S. 139). Die zwölf Mitglieder hatten Ordensnamen; Friedrich hieß Le Constant (der
Beständige), ein anderer Le Gaillard (der Lebhafte, Kühne).
Ambassaden — Botschaften.
*Obelisk, der die Geschichte des Siebenjährigen Krieges ...
trägt* — Vgl. S. 287. Die Inschriften sind heute nicht mehr vorhanden.

3 *Entschlüsse von damals* — »... als wir zwei Stunden später,
nach Besichtigung von Schloß und Insel, über denselben [Le-
ven-] See hin die Rückfahrt machten und ich dabei an Rheinsberg und den Rheinsberger See dachte, stand es in meiner
Seele fest, die Mark Brandenburg und ihre Schlösser und
Seen beschreiben zu wollen.« (Fontane an Mathilde von Rohr,
16. Mai 1888.)
Jeder Fußbreit Erde belebte sich — Vgl. dazu Fontanes Brief
an Ernst von Pfuel vom 18. Januar 1864; S. X.
vor den Toren Berlins — Die in W I[1] enthaltenen Kapitel aus
dem Umkreis Berlins hat Fontane später den einschlägigen
Bänden des territorial gegliederten vierbändigen Werkes zuge-
ordnet; vgl. S. 579 f. und S. 600.

5 *hier fiel Kattes Haupt ...* — Vgl. »Das Oderland«, Kap. »Küstrin«, Abschnitt »Die Katte-Tragödie« (»Der 6. November
1730«); Band 2 dieser Ausgabe.

6 *Schlachtfeld von Fehrbellin* — In der Schlacht bei Fehrbellin

(28. Juni 1675) schlugen die brandenburgischen Truppen unter Kurfürst Friedrich Wilhelm die Schweden, die während
des Holländischen Krieges (1672—1679) in das mit Holland
verbündete Brandenburg eingefallen waren. Das schwedische
Infanterieregiment Dalwigk wurde von den Brandenburgern
unter Prinz Heinrich von Hessen-Homburg vernichtet (vgl.
S. 426 f.). Froben soll nach einer weitverbreiteten preußischen
Legende gefallen sein, nachdem er sein Pferd mit dem besonders auffälligen Schimmel des Kurfürsten vertauscht hatte. Mit
dem Sieg bei Fehrbellin wurde die Mark Brandenburg von
der schwedischen Besetzung befreit. Vgl. die ausgeschiedenen
Kapitel »Fehrbellin« und »Fehrbellin in Sage, Kunst und
Dichtung«; Band 6 dieser Ausgabe.

6 *Schenkenländchen* — Vgl. »Spreeland«, Kap. »Eine Pfingst-
fahrt in den Teltow«, Abschnitt »Teupitz«; Band 4 dieser Ausgabe.

Vetturinen — Mietkutscher.

der Wagen ein ... Wanderungsbedürfnis — »Das Beste ist
fahren; mit offenen Augen vom Coupé, vom Wagen, vom
Boot, vom Fiaker aus die Dinge an sich vorüberziehen lassen,
das ist das A und O des Reisens.« (Fontane an seine Frau,
9. August 1875.)

7 *wie die Engländer sagen, »deine Seele fertig gemacht«* — Im
Entwurf des Vorworts (Notizbuch A 1, Rückseite von
Blatt 58) hatte Fontane geschrieben: »made up your mind«.

9 *Ein weiterer Aufsatz* — Vgl. den Entwurf »Segeletz. Geh. R.
H. Wagener«; Band 6 dieser Ausgabe.

Wustrau

»Und so fuhr ich denn in meine spezielle Heimat, ins Ruppinsche,
hinein und begann in seinen Luch- und Bruchdörfern umherzu-
wandern, den Rhin und die Dosse hinauf und hinunter, und gleich
das erste Kapitel, das ich schrieb, ergibt denn auch bis diese
Stunde, wie lediglich touristenhaft ich meine Sache damals auf-
faßte. / Dies erste Kapitel behandelte ›Wustrau‹, das am Ruppiner
See gelegene Herrenhaus des alten Zieten ...«, resümiert Fontane 1881 in seinem Schlußwort zu den »Wanderungen« (vgl.
Band 4 dieser Ausgabe).

Die erste Reise in den Geburtsort Neuruppin und dessen nähere
Umgebung unternahm Fontane gemeinsam mit seinem Freund
Bernhard von Lepel vom 18. bis 23. Juli 1859. Sofort nach der
Rückkehr ging er an die Ausarbeitung des Kapitels, das dann am

4. Dezember 1859 als Nr. V unter dem Sammeltitel »Märkische Bilder« in der »Neuen Preußischen (Kreuz-)Zeitung«, Nr. 284, abgedruckt wurde. Postwendend erfolgte einer jener Rückschläge, denen sich der Autor im Verlaufe seiner gesamten Arbeit an den
»Wanderungen« immer wieder ausgesetzt sehen sollte: Der Graf
von Zieten-Schwerin, zweiter Erbnachfolger des letzten Grafen von
Zieten auf Wustrau, beschwerte sich bei der »Kreuz-Zeitung« über
den Aufsatz. Auf Veranlassung seines »Tunnel«-Kollegen, des
Schriftstellers und Publizisten George Hesekiel, der seit 1848 Redakteur dieses Blattes war, setzte sich Fontane am 9. Dezember
1859 mit dem Grafen in Verbindung. Als Antwort erhielt er unterm
7. Januar 1860 eine detaillierte Berichtigung aller — selbst der
kleinsten — »Abweichungen«, verbunden mit der engstirnigen Erklärung, daß der Wahrheit der Vorrang vor der Kunst gebühre und
diese zurückzutreten hätte, wenn beides unvereinbar wäre.

Eine zweite Reise in die »spezielle Heimat« unternahm Fontane — begleitet von Wilhelm Hertz und dem Berliner Verlagsbuchhändler Adolf Enslin — vom 28. Mai bis 4. Juni 1861, kurz vor
Druckbeginn der ersten Buchausgabe der »Wanderungen [Teil 1]«.
Sie führte nach Oranienburg, Kremmen, Linum, Fehrbellin, Neuruppin, Rheinsberg, Wustrau, Hoppenrade und Meseberg, ohne
daß sich daraus eine Umgestaltung des Wustrau-Kapitels ergab, das
sich in kaum veränderter Form in allen zu Fontanes Lebzeiten erschienenen Auflagen wiederfindet. Die Anmerkungen, die Fontane
in der Erstausgabe von 1862 im Anhang gibt, rückte er später (von
der vierten Auflage ab) mit geringfügigen Änderungen als Fußnoten
in den Textteil ein.

Für die Arbeit am Wustrau-Kapitel hat Fontane folgende Literatur benutzt (die vollständigen Angaben finden sich jeweils im Literaturverzeichnis; vgl. S. 764): Blumenthal, »Lebensbeschreibung
Hans Joachims von Zieten«. — Bratring, »Die Grafschaft Ruppin ...«. — »Mündliche und briefliche Mitteilungen«, wie eine
Notiz in den Anmerkungen am Schluß der Erstausgabe besagt.

13 *Da liegen wir zwei beide* ... — Aus Karl Holteis »Mantellied«,
das in seinem Stück »Lenore« (1827) gesungen wurde.
Kämmereigut — Gut in städtischem Besitz.
Gnewikow — Aufzeichnungen und Bleistiftskizzen (vgl. die
Skizze, S. 608) finden sich in Fontanes Notizbuch A 1,
Blatt 27—30.
Rittergüter — Aus dem Lehen entstandener feudaler Grund-
besitz. Bis ins 19. Jahrhundert waren die adligen Rittergutsbe-
sitzer mit verschiedenen Privilegien (Gerichtsbarkeit, Jagd-
rechte, Steuervergünstigungen) ausgestattet, die sie einbüßten,

als sich die kapitalistische Produktionsweise auch auf dem Lande durchsetzte.

13 *Seekönige* — Anspielung auf die sagenumwobenen Könige der Normannen oder Wikinger, nordgermanische Stämme (Norweger, Schweden und Dänen), die vom 8. bis zum 11. Jahrhundert teils als Seeräuber, teils als Eroberer und Staatengründer die Küsten Europas heimsuchten. Vgl. auch Fontanes »Nordische Balladen«.

alter Zieten — Hans Joachim von Zieten, der »Ahnherr aller Husaren«, war Fontane seit seiner Kindheit vertraut. »Über dem mit buntem Wollstoff überzogenen Sofa« im väterlichen Wohnzimmer hing ein großer Kupferstich: »Frédéric le Grand retournant à Sanssouci après les manœuvres de Potsdam, accompagné de ses généraux« (Friedrich der Große, nach den Potsdamer Manövern nach Sanssouci zurückkehrend, begleitet von seinen Generälen). »Wie oft habe ich vor diesem Bilde gestanden und dem alten Zieten unter seiner Husarenmütze ins Auge gesehen, vielleicht meinen Lieblingshelden in ihm vorahnend.« (»Meine Kinderjahre«, Kap. 5.) Vgl. Fontanes Ballade »Der alte Zieten« sowie die zweite Anm. zu S. 20 und die erste Anm. zu S. 194.

Rohrsches Herrenhaus — Das Haus existiert nicht mehr. Es wurde wegen Baufälligkeit schon vor 1945 abgetragen.

14 *Façaden und Fenster ... zu schmücken* — In W I[1], S. 440, findet sich an dieser Stelle der Zusatz: »Er liebte solche Schnurren (wenn er sie, ohne besondren Kostenaufwand, haben konnte) und mochte seine kleine Freude in der Vorstellung haben: ›Wie werden sich die Archäologen der Zukunft nach 100 oder 200 Jahren über diese Façade mit Engelsfiguren die Köpfe zerbrechen?‹ Er mochte davon ausgehn, daß sie nicht mehr davon verstünden als er selbst.«

Krummstab — Symbol der Regierungsgewalt eines Kardinals, Bischofs oder Abtes.

Schlacht von Hohenfriedberg — Bei Hohenfriedberg in Schlesien errang Friedrich II. am 4. Juni 1745 einen Sieg über die Österreicher und Sachsen. Vgl. die dritte Anm. zu S. 17.

Als die Hohenzollern ins Land kamen — Im Jahre 1411 setzte Kaiser Sigismund den Burggrafen Friedrich VI. von Nürnberg aus der fränkischen Linie der Hohenzollern zum erblichen Statthalter in Brandenburg ein. Gegen den neuen Verweser erhob sich der märkische Adel unter der Führung der Brüder Dietrich und Johann von Quitzow, die sich in zahlreichen Fehden und Raubzügen die Macht in Brandenburg gesichert hatten und das Land tyrannisierten. Burggraf Friedrich warf

Kirche in Gnewikow

den Aufstand der reaktionären Junker nieder (1412—1414). Im Jahre 1415 wurde er Markgraf, 1417 Kurfürst von Brandenburg. (Vgl. »Fünf Schlösser«, Teil »Quitzöwel«, Kap. 1—12; Band 5 dieser Ausgabe.) 1701 erhoben die Hohenzollern Preußen zum Königreich. Der alte Gegensatz zwischen dem märkischen Uradel und den Hohenzollern wurde von partikularistischen Kreisen noch im 19. Jahrhundert zeitweilig hochgespielt. Vgl. »Der Stechlin«, Kap. 35.

14 *Wildberg* — Aufzeichnungen finden sich am Anfang des Notizbuches A 1.

Geschworener Rat — Berater, der ursprünglich vor allem die Finanzen überwachte, allmählich aber immer mehr Funktionen erhielt und schließlich zum Leiter der gesamten Verwaltung avancierte.

letzter Graf von Ruppin — Wichmann Graf zu Ruppin. Vgl. S. 58—61.

Reichstag zu Worms — Gemeint ist der Reichstag von 1521, wo durch das Wormser Edikt (2. Mai 1521) über Luther und seine Anhänger die Reichsacht verhängt wurde.

Lögow — Aufzeichnungen finden sich am Anfang des Notizbuches A 1.

Buskow — Aufzeichnungen und Bleistiftskizzen finden sich in Fontanes Notizbuch A 1, Blatt 35 und 36 (vgl. die Skizze, S. 610).

Schwedenzeit — Die Jahrzehnte um die Mitte des 17. Jahrhunderts, in denen Schweden, im Dreißigjährigen Krieg zur europäischen Großmacht geworden, die Vorherrschaft in Nordeuropa ausübte. Während des Holländischen Krieges besetzten die Schweden Teile Brandenburgs. Vgl. die erste Anm. zu S. 6.

15 *nur ein Schwerin würdig* — Anspielung auf den Tod des friderizianischen Generals Kurt Christoph Graf von Schwerin in der Schlacht bei Prag (6. Mai 1757). Vgl. Fontanes Ballade »Schwerin«.

Linumer Gräbereien — Vgl. »Havelland«, Kap. »Das Havelländische Luch«; Band 3 dieser Ausgabe.

Park — Er wurde wahrscheinlich von Lenné gestaltet, mit dem Zieten bekannt war. »In dem beizeiten unter Naturschutz gestellten Park von Wustrau deutet noch vieles auf die Hand Lennés hin, vor allem die behutsame Führung der Wege, dann aber auch die Art, wie die Baumgruppen verteilt und ihre Laubmassen zur Wirkung gebracht worden sind. Mitunter begegnet man sogar botanischen Seltenheiten: Zedern, gemischtblättrigen Linden, Magnolienbäumen usw.« (Georg

Buskow;

[handschriftlicher Text, unleserlich]

[handschriftlicher Text, unleserlich]

Kirche in Buskow

Piltz/Richard Peter sen., »Schlösser und Gärten um Berlin«, Leipzig 1973, S.53.)

15 *Herrenhaus* — Das ehemals Zietensche Herrenhaus, ein um 1750 entstandener Barockbau, existiert noch. Es wurde um 1900 durch einen Nordflügel und einen Pavillon erweitert. In der Zeit der DDR zunächst als Schule genutzt, wurde es später umfassend restauriert und diente als Fortbildungsstätte des Justizministeriums.

Pariser Platz — Am Brandenburger Tor in Berlin gelegener Platz, in den die Straße Unter den Linden einmündet.

der bekannte Kupferstich Chodowieckis — Das Blatt, das »auch im Auslande viele Käufer gefunden hat« (L. von Blumenthal), trägt die Unterschrift: »Zieten sitzend vor seinem König, den 25. Januar 1785. Der hinterlassenen Gattin des Helden ehrerbietigst gewidmet. Gez. u. gest. von D. Chodowiecki.« Die Begebenheit wird u. a. in Franz Kuglers »Geschichte Friedrichs des Großen« (1840) mitgeteilt: »Im Jahr 1784, als Friedrich zur Karnevalszeit Berlin besuchte, erschien Zieten, vierundachtzig Jahre alt, im Parolesaale des Schlosses. Sowie ihn Friedrich bemerkte, trat er auf ihn zu, begrüßte ihn und sagte: ›Es tut mir leid, daß Er sich die Mühe gegeben hat, die vielen Treppen zu steigen; ich wäre gern zu Ihm gekommen. Wie steht's mit der Gesundheit?‹ — ›Die ist gut, Ew. Majestät, mir schmeckt noch Essen und Trinken, aber ich fühl's, daß die Kräfte abnehmen.‹ — ›Das erste hör ich gern; aber das Stehen muß Ihm sauer werden.‹ Friedrich befahl, einen Stuhl herbeizubringen. Zieten weigerte sich, davon Gebrauch zu machen, versichernd, er sei nicht müde; der König aber bestand darauf, mit den mehrmals wiederholten Worten: ›Setz Er sich, alter Vater! setz Er sich, sonst geh ich fort, denn ich will Ihm durchaus nicht zur Last fallen.‹ Zieten gehorchte endlich, und Friedrich unterhielt sich stehend noch geraume Zeit mit ihm.«

16 *die siebzigjährige Marquise La Roche-Aymon* — Vgl. S.318—325.

der Schadowsche alte Zieten — Das von Schadow geschaffene Zieten-Denkmal (1794) auf dem damaligen Wilhelmplatz in Berlin war ein Marmororiginal; es wurde 1862 ins Museum gebracht und durch eine Bronzekopie ersetzt. Vgl. »Stine«, Kap.11.

17 *Stock und Handschreiben ... in der Großherzoglichen Bibliothek zu Weimar* — Der Krückstock galt lange Zeit als verschollen. Erst im Frühjahr 1975 wurde er in der Zentralbibliothek der deutschen Klassik bei den Nationalen For-

schungs- und Gedenkstätten in Weimar wieder aufgefunden und mit Hilfe des Katalogs der Kunstgegenstände identifiziert. Die Katalogeintragung aus dem Jahre 1850 lautet: »No 203. Ein Krückstock aus einem Narwals-Zahn, dessen elfenbeinener Kopf eine Schnupftabaksdose bildet. In einem schwarzen Lederetui. Ein Brief, angeblich von Friedrich dem Großen an den General Zieten, ... [ist] zu den Akten geheftet.« Da diese Akten nicht mehr existieren, ist auch der Begleitbrief verlorengegangen.

17 *Hohenzollern-Museum in Schloß Monbijou* — Das 1703 von Hofbaumeister Eosander von Göthe errichtete Berliner Lustschloß Monbijou (franz.: mein Kleinod) wurde im Jahre 1877 »Hohenzollern-Museum«. 1927 kam es als »Museum Schloß Monbijou« unter Staatsverwaltung. Im zweiten Weltkrieg wurde das Gebäude durch einen Luftangriff völlig zerstört. An Stelle der abgetragenen Ruine befanden sich seit 1958 Grünanlagen, die 1974 zu einem Naherholungs- und Freizeitzentrum umgestaltet wurden.

Zweiter Schlesischer Krieg — Zweiter Krieg Friedrichs II. gegen Österreich und Sachsen um den Besitz Schlesiens (1744/45). Nach anfänglichen Erfolgen wurden die Preußen unter schweren Verlusten aus Böhmen verdrängt.

18 *Hochkirch* — Bei Hochkirch in Sachsen gelang den Österreichern im Siebenjährigen Krieg (14. Oktober 1758) ein Überraschungsangriff auf die Preußen, die sich nach schweren Verlusten zurückziehen mußten.

Zorndorf — Verlustreiche Schlacht im Siebenjährigen Krieg (25. August 1758), die Friedrich II. einen knappen Sieg über die Russen brachte.

Weiß-Kostulitz — Weißkirchen (Bilý Kostelec) bei Auscha (Böhmen). 1757 haben sich preußische Truppen, aus südlicher Richtung kommend, auf das nahe gelegene Böhmisch Leipa zu bewegt; dabei kam es wahrscheinlich bei Weißkirchen zu einem Gefecht.

Komorn — Festung in Nordwest-Ungarn.

Rubenssche Bärenhatz — Das in zahlreichen Kopien verbreitete Bild gehört zu den weniger bedeutenden Werken Rubens'. Die Tiere stammen eventuell von dem flämischen Maler Frans Snyders (1579—1657).

Die Bilder ... sind gut erhalten — Sie sind seit 1945 nicht mehr vorhanden; über ihren Verbleib ist nichts bekannt.

19 *Zietens Biographie* — Von L. von Blumenthal; vgl. das Literaturverzeichnis, S. 764.

Remontepferde — Ersatzpferde.

19 *eine Szene, die bekanntlich auf der Stelle zu einem wütenden Zweikampfe führte* — Die tätliche Auseinandersetzung zwischen Zieten und seinem unfähigen und anmaßenden Regimentskommandeur soll sich nach Louise von Blumenthal 1739 oder Anfang 1740 zugetragen haben. »Die Veranlassung dazu war die Verteilung der Remonte. Der Oberstlieutenant hatte die neuangekommenen jungen Pferde besehen und die, welche er davon für seine Schwadron haben wollte, sogleich bestimmt. Dies lief gegen den bisherigen Gebrauch, nach welchem die ganze Remonte, ohne Ausnahme, unter sämtliche Schwadronen verlost werden mußte. Sobald also Zieten diese neue Anmaßung seines Chefs erfuhr, hielt er sich verpflichtet, dagegen zu sprechen. Er ging deshalb kurz vor der Parade zu ihm, stellte ihm vor, wie nachteilig diese Neuerung für die andern Schwadronen sein würde, und bat angelegentlich, es bei der bisher üblichen Verlosung bewenden zu lassen. Dies Ansinnen beleidigte den Despotismus des Oberstlieutenants. Er ward heftig und grob gegen Zieten; und dieser, der, wenn es Dienstsachen betraf, keine Mäßigung kannte und seiner Schwadron nichts vergeben wollte, antwortete in demselben Tone. Der natürliche Erfolg davon war, daß die Türen zugeschlossen und die Säbel gezogen wurden. Je länger beide ihre Erbitterung in sich genährt und mit je größerer Anstrengung sie bisher den Ausbruch ihres gegenseitigen Grolles unterdrückt hatten, desto wütender drangen sie nun aufeinander ein. Aber wie sehr mußte es nicht den berühmten und gefürchteten Schläger befremden, daß er auch nicht den mindesten Vorteil über den kleinen und schwach gebauten Zieten erhalten konnte! Beide wurden verwundet: Zieten hatte dem sechs Fuß hohen Oberstlieutenant einen Hieb am Kopf und einen in die Schulter beigebracht, und dieser hatte jenem den mittelsten Finger an der rechten Hand entzweigehauen.«

Wuthenowsche Dragoner — Ursprünglicher Name des späteren Zietenschen Regiments.

Dorfkirche ... Denkmäler — Die barocke Dorfkirche von 1781 existiert noch (vgl. die Skizze Fontanes, S.614); das von Fontane beschriebene Epitaph für Zieten ist gut erhalten.

20 *Ölbild ... in der Garnisonkirche* — Außer den »Ehrenmälern von vier im Dritten Schlesischen Krieg gebliebenen preußischen Helden« schuf Bernhard Rode für die Berliner Garnisonkirche auch ein Ölgemälde Zietens mit der Unterschrift: »Denkmal der Ehrfurcht und Dankbarkeit, von den Offizieren des Regiments weiland ihrem General gewidmet«. »Es hat alle die Rodeschen Vorzüge und Fehler, von letztren aber doch

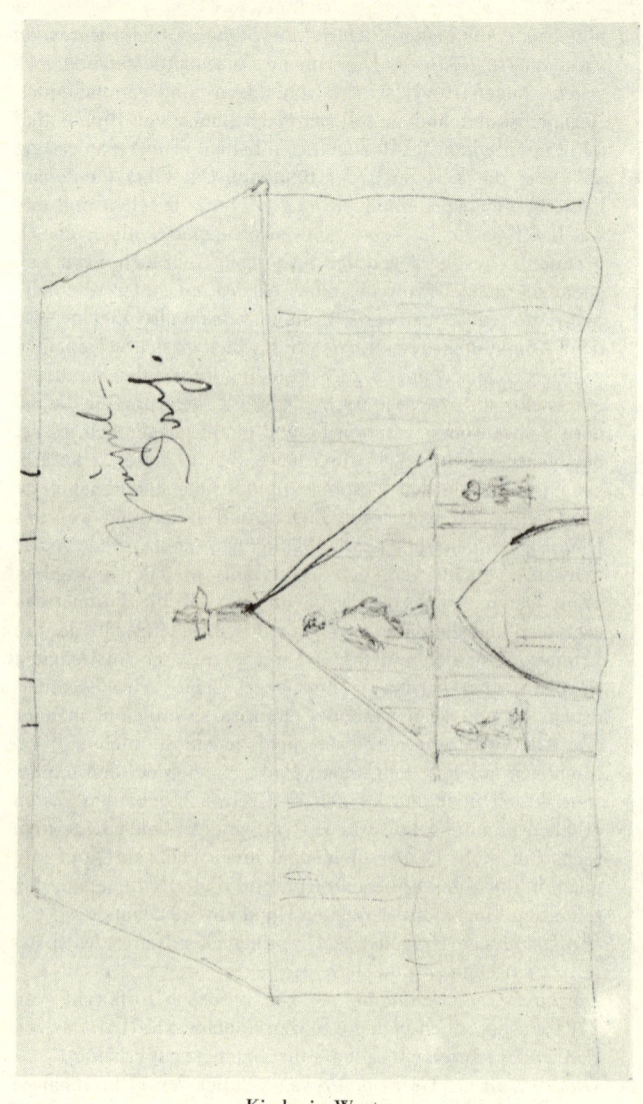

Kirche in Wustrau

weniger als die Mehrzahl der Bilder dieses Meisters.« (W I[1], S. 441.) Das Original des Gemäldes ist 1908 verbrannt.

20 *Zieten aus dem Busch* — Zieten erwarb sich diesen Namen schon 1744 auf Grund seiner gefürchteten Überraschungsangriffe. Durch sein plötzliches Auftauchen »aus dem Busch« hat er bedrängte preußische Truppenteile des öfteren vor einer vernichtenden Niederlage bewahrt. Vgl. Fontanes Ballade »Der alte Zieten« (1846) aus dem Zyklus »Männer und Helden. Acht Preußenlieder« (1850), der seinerzeit sehr populär war.

21 *das schlichte Grab* — Die Gräber Zietens, seiner zweiten Frau und seiner Eltern vor der Kirche sind noch vorhanden. Auch das Grab des »letzten Zieten aus der Linie Wustrau« (vgl. S. 547—553) unter der »schönen alten Linde« ist in gutem Zustand erhalten.

Schwarzer Adlerorden — Höchster preußischer Orden (gestiftet 1701 durch König Friedrich I.).

22 *bracht er es über die Kuriositätenkrämerei nie hinaus* — Die im Heimatmuseum Neuruppin aufbewahrten Akten des Landrats Zieten widerlegen weitgehend Fontanes anekdotisch überspitzte Darstellung. Zieten stand mit vielen archäologischen Experten in freundschaftlichem Briefwechsel und suchte die Forschungsergebnisse der Prähistoriker zu nutzen. Aus den Antworten der Fachleute spricht immer wieder die Hochachtung vor den Bemühungen des Amateurs. Vgl. auch S. 193 ff.

Den Altertumsforschern einen Streich zu spielen — Vgl. die erste Anm. zu S. 14.

Glockengut — Zur Herstellung von Glocken verwendete Kupfer-Zinn-Legierung (Bronze).

23 *eine wenig erfreuliche Erscheinung* — Der Typ des bornierten märkischen Junkers wird in Fontanes Werk mehrfach kritisch beleuchtet. In »Vor dem Sturm« (Vierter Band, Kap. 16) z. B. urteilt Tubal Ladalinski über General Bamme, der in wesentlichen Zügen dem »letzten Zieten« nachgebildet ist: »Ein bißchen Zynismus, ein bißchen Schabernack. Ich lasse das Preußentum gelten, aber dies säbelbeinige Märkertum, das sich am liebsten in einen Husaren verkleidet, jeden Augenblick den alten Zieten spielen möchte und nichts von ihm hat als die Häßlichkeit, das ist mir verhaßt. Ja, die Häßlichkeit. Sehen Sie sich diesen Mann an, der für einen Typus dieser Gegenden gelten kann, und dann beantworten Sie mir die Frage, ob sich in der ganzen Gotteswelt ... etwas Ähnliches findet wie dieser ›Typus Bamme‹?« Im Notizbuch A 1 (1864), Blatt 25 und 26, zeichnete Fontane unter der Überschrift »Wustrau« folgendes

auf: »1. Der letzte Zieten stand in Verdacht, den ältesten Sohn
des Prinzen Ferdinand (also den ältren, früh verstorbenen
Bruder von Prinz Louis Ferdinand und August) ›mißbraucht‹
zu haben. Als der Prinz begraben wurde (im Berliner Dom),
begleitete Zieten den Sarg bei Fackelschein in die Gruft-Ver-
senkung. ›Es war, als führen wir in die Hölle.‹ / 2. Er soll als
junger Offizier ein ganz junges Frl. v.Nostitz, etwa nur 15 Jahr
alt, verführt haben. Diese starb bei der Entbindung; oder er
weigerte sich, sie zu heiraten (wahrscheinlich das erstre). Die
Brüder forderten ihn, er wollte nicht und mußte den Abschied
nehmen. Es heißt, ›er sei überhaupt feige gewesen‹. − Die
Geschichte mit Hauptmann v. Winning ist die. Er (Zieten)
hatte in seiner Eigenschaft als Landrat über seinen Nachbar
v. Woldeck, den ›Seebaron‹, sehr bedenklich berichtet. Ich
glaube, er hatte Andeutungen gemacht von ›Feuer gelegt haben‹ und dgl. Winning war mit Woldeck befreundet oder verwandt; er überfiel allein oder mit 2 andern Offizieren den alten Zieten, erzwang den Widerruf und zwang ihn auch, ein
Papier zu unterzeichnen, in dem drin stand, ›er habe sich geirrt oder wenigstens nichts Ausreichendes gewußt‹.«

Karwe

Auch dieses Kapitel entstand im Anschluß an die Reise vom 18. bis
23. Juli 1859 (vgl. S. 605). Laut Tagebucheintragung vom 24. Juli
wandte sich Fontane zunächst an den Schwager seines Schulfreun-
des Hermann Scherz, den General Franz von Zychlinski, dem der
damalige Besitzer von Karwe Material zu einem Vortrag über die
Knesebecks zur Verfügung gestellt hatte. Zychlinski veranlaßte ihn,
seine Anfrage an Herrn von dem Knesebeck selbst zu richten, was
dann auch geschah und Erfolg hatte. Fontane arbeitete an dem Aufsatz im September und Oktober 1859. Am 23. Oktober las er ihn
im »Tunnel« vor, wo er mit »Akklamation«, der höchsten Auszeichnung, aufgenommen wurde, und am 1. November schickte ihn
der Autor an Tuiscon Beutner, den Chefredakteur der »Neuen
Preußischen (Kreuz-)Zeitung«, in der er am 25. Dezember 1859
(Nr. 302) als Nr. VI unter dem Sammeltitel »Märkische Bilder« abgedruckt wurde − als »Festlektüre und Kuchenpapier«, wie ihn
Fontane scherzhaft seiner Mutter ankündigte.

Der Vorabdruck entspricht dem Kapitel »Karwe I« in der vorliegenden Ausgabe. »Karwe II« mit dem Gedicht »Lob des Krieges«
war in den ersten Buchausgaben lediglich als Anmerkung gedruckt
und wurde erst später als selbständiges Kapitel ausgebaut.

Als Fontane am 26. Februar 1861 den unterzeichneten Verlags-
vertrag über die »Wanderungen« an Wilhelm Hertz zurück-
schickte, nahm er im Begleitbrief unter anderem auch zum Karwe-
Kapitel Stellung und skizzierte Schlußfolgerungen für seine künftige Verfahrensweise: »Die Rheinsberg-Aufsätze, Wustrau, Karwe
und eigentlich auch die Spreewald-Kapitel haben den Vorzug, die
reisefrischesten zu sein; dies ist ein großer Vorzug, und ›Karwe‹ ist
vielleicht der Normalaufsatz, der da zeigt, wie mir das Ganze als
vorzugsweise behandelnswert vorgeschwebt hat. Dennoch, denk
ich, ist es richtig, daß ich diesen Touristen-, diesen gemütlichen
Wandrerton, wie er sich zum Teil auch noch in dem *Luch*- und in
dem *Buch*-Aufsatz wiederholt, aufgegeben und statt dessen mehr
eine Erzählungsweise angenommen habe, die von dem Erzähler
selbst möglichst abstrahiert und den *Stoff* gibt, wie er sich findet,
sei er nun historisch oder landschaftlich. In dem zweiten Bande
werden meine kleinen Reiseabenteuer so gut wie ganz verschwinden. Ich bin dabei im voraus Ihrer Zustimmung sicher, denn der
Leser hört zwar recht gern von der Person des Schriftstellers, namentlich wenn sich die Person ohne Anmaßung gibt, setzt er sich
aber zu oft in Szene, so merkt Publikum die Absicht und wird ver-
stimmt.«

Für die Arbeit am Karwe-Kapitel hat Fontane folgende Literatur
benutzt (die vollständigen Angaben finden sich jeweils im Literaturverzeichnis; vgl. S. 764): [Knesebeck], »Bruchstücke ...« (= Memoiren), denen Zitate, der Abschnitt »Eine Revue vorm Alten
Fritz« und das Gedicht »Lob des Krieges« entnommen sind. —
Knesebeck (A. v. d.), »Haus und Dorf Karwe ...«, eine als Manuskript gedruckte Schrift, die Fontane schon vor der Drucklegung
(1865), am 6. August 1864, vom Verfasser zugesandt bekam und
die er zur Ergänzung des Kapitels benutzen konnte. — »Mündliche
und briefliche Mitteilungen«, wie eine Notiz am Schluß der Erstausgabe besagt.

24 *» Vivat et crescat ...«* — (lat.) »Das Geschlecht Knesebeck lebe
   und gedeihe in Ewigkeit.«
   Es war im Jahre 1785 ... — Die Begebenheit wird in Knesebecks Memoiren (vgl. das Literaturverzeichnis, S. 766),
   S. 45 ff., geschildert.

25 *rekolligieren* — sich sammeln, erholen.
   Feuerräder — Feuerwerkskörper mit nacheinander zünden-
   den, verschiedenfarbig aufleuchtenden Brandsätzen.
   pot à feu — (franz.) Feuertopf; in der Feuerwerkerei ein Mör-
   ser, der Leuchtkugeln, Frösche und Schwärmer auswirft.
   Retraite — (franz.) Rückzug.

26 *Voilà notre modèle* — (franz.) Dies ist unser Vorbild.

Park — Er soll von Lenné gestaltet worden sein; über die ursprüngliche Anlage ist indes nichts bekannt.

Herrenhaus — Das 1727 errichtete Gebäude wurde 1980 abgerissen. Nach 1945 beherbergte es die Polytechnische Oberschule.

27 *das Radziwillsche Palais in Berlin* — Das Haus des Fürsten Anton Heinrich von Radziwill in der Wilhelmstraße war Treffpunkt der Künstler und Schriftsteller. Das 1944/45 stark beschädigte Gebäude, in dem sich das Reichskanzleramt befand, wurde nach dem Krieg abgetragen.

Verdienst des Großseins — Anspielung auf die Leibgarde des »Soldatenkönigs« Friedrich Wilhelm I., die sogennanten »langen Kerls«, die meist mit Gewalt oder List zum Dienst gepreßt worden waren.

Munifizenz — Freigebigkeit, Großmut.

28 *Ameublement* — (franz.) Möbel, Haus- und Zimmergerät.

au fond — (franz.) im Grunde, eigentlich.

»Mit meinen Studien ... geblieben ist« — Zitat nach Kneseebeck, S. 63 f. (mit geringfügigen Abweichungen).

Biographien und Memoiren die liebste Lektüre — »Die besten Gardebataillone der Menschheit sind die Toten, die, biographisch wiederbelebt, unter uns wandeln. Es sind nicht Schemen. Umgekehrt, sie haben den wahren Lebensodem.« (Fontane an Paul Schlenther, 28. April 1894.)

29 *Tabakskollegium* — Bezeichnung für die »Abendgesellschaften«, die Friedrich Wilhelm I. mit höheren Offizieren und durchreisenden Persönlichkeiten in Berlin, Potsdam und Wusterhausen abhielt.

Trumeaux — (franz.) Pfeilerspiegel.

die Schwarze Frau — »Diese Weißen und Schwarzen Frauen gelten bei Kennern als die allerechtesten Spuke, gerade weil ihnen das fehlt, was dem Laien die Hauptsache dünkt: eine Geschichte. Sie haben nichts als ihre Existenz; sie erscheinen bloß. *Warum* sie erscheinen, darüber fehlen entweder alle Mitteilungen, oder die Mitteilungen sind widerspruchsvoll. ... Die Erzählungen gingen weit auseinander, nur das stand fest, daß das Erscheinen der Schwarzen Frau jedesmal Tod oder Unglück bedeute.« (»Vor dem Sturm«, Zweiter Band, Kap. 8.)

Crayonportrait — Bleistift- oder Kreideporträt.

Gleim ... befreundet — Gleim, seit 1747 Domsekretär in Halberstadt, hatte gemeinsam mit anderen Dichtern und Gelehrten der Stadt eine »Literarische Gesellschaft« gegründet, der auch Knesebeck angehörte (1788—1792). »Auch machte ich manche interessante Bekanntschaft an durchreisenden Gelehrten, welche die Gesellschaft besuchten oder bei dem alten Barden Gleim sich aufhielten, dessen Wohlwollen mir bald in hohem Grade zuteil wurde, so daß ich viele frohe Abende in seinem gastfreien Hause zubrachte ... Friedrichs [II.] Geburtstag ward regelmäßig von der ›Literarischen Gesellschaft‹ durch eine große Versammlung gefeiert. Ich las einmal dazu ein Gedicht unter dem Titel ›Friedrich als Held‹. Der alte Gleim war entzückt darüber und schenkte mir dafür zu meinem Geburtstage ein hübsches porzellanenes Schreibzeug (das ich noch in Karwe habe), begleitet mit einigen Versen ...« (Knesebeck, S.53, 55.) Vgl. auch Knesebecks Gedicht »Mein Schreibzeug« (1838), S.141 ff. der Memoiren.

29 *Schildereien* — Mit Familienwappen bemalte Schilde.

30 *Kolin* — Stadt östlich von Prag. Hier erlitten die preußischen Truppen in der Schlacht vom 18. Juni 1757 gegen die Österreicher eine schwere Niederlage, nach der sie aus Böhmen abziehen mußten.

Okkupationsarmee — Besatzungsarmee britischer, österreichischer, russischer und preußischer Truppen, die auf Grund des sogenannten Zweiten Pariser Friedens (20. November 1815), der die Niederlage Napoleons I. in der Schlacht bei Waterloo (18. Juni 1815) besiegelte, bis 1818 in den Nordostprovinzen Frankreichs verblieb.

31 *Reise nach Petersburg ... »Krieg und wieder Krieg! ...«* — Knesebeck reiste im Februar 1812 im Auftrage des preußischen Königs Friedrich Wilhelm III. nach Petersburg. Dort soll er Zar Alexander I. von dem strategischen Plan überzeugt haben, Napoleon einen Krieg auf russischem Territorium aufzuzwingen, um die französischen Streitkräfte mit Hilfe von »Raum und Zeit« (der Weiträumigkeit des Landes und des »russischen Winters«) zu vernichten. Vgl. Knesebeck, S.92—101.

32 *»Die Karte von Rußland ...«* — Zitat nach Knesebeck, S. 92. Fontanes geringfügig variierte Wiedergabe faßt das Wesentliche der im Original etwas ausführlicheren Passage zusammen. *Napoleon: »Erinnern Sie sich noch eines Berichtes ...?«* — Aus dem Französischen übersetztes Zitat nach Knesebeck, S. 104. Nach »Allerdings glaub ich das« ist der Zusatz ausgespart: »parce que je l'ai vu à Breslau, avant mon départ« (weil ich ihn, vor meiner Abreise, in Breslau gesehen habe). *Wilhelm von Humboldt in Tegel* — Wilhelm von Humboldt lebte nach seinem Ausscheiden aus dem preußischen Staats-

ministerium (Dezember 1819) zurückgezogen im Schlößchen Tegel bei Berlin, wo er sich seinen wissenschaftlichen Arbeiten widmete und auch Gedichte verfaßte. Vgl. »Havelland«, Kap. »Tegel«; Band 3 dieser Ausgabe.

33 *Sprecht mir doch nur immer nicht* ... — Anfangsverse des Gedichtes »Die Geschichte«; Knesebeck, S. 176.

Wie du gelebt, so geh zu Grabe ... — Anfangsverse des Gedichtes »Am Abend meines Lebens«; Knesebeck, S. 184.

Gespenst des Jahrhunderts — Napoleon I.

»Vivat et crescat ...« — Vgl. die erste Anm. zu S. 24.

34 *Mit dem Schwerte sei dem Feind gewehrt* ... — Die Verse sind den Memoiren Knesebecks als Motto vorangestellt. Die Schlußzeile lautet im Original: *»Das ist Adels alte Sitt' und Recht!«*

35 *Es war im Frühjahr 1783* ... — Zitat nach Knesebeck, S. 36—39 (mit geringfügigen Abweichungen).

Bauerpferde-Relais — Friedrich II. requirierte die für seine Eilfahrten benötigten Wechselpferde auf den an der Strecke liegenden Bauernhöfen. »... was fiel, fiel und wurde nur mäßig vergütigt.« (Knesebeck, S. 36.)

Carrière — (franz.) Galopp.

Spezialrevue — »Generale und Stabsoffiziere zitterten, wenn eine Revue nahete, und ich habe manchen sagen hören: ›Ach, zehnmal lieber zur Bataille als zur Revue!‹ « (Knesebeck, S. 34.)

Anciennetät — Dienstalter.

Esponton — (franz.) Sponton, Kurzgewehr.

36 *Boucles* — (franz.) Locken.

Cadets — In Preußen waren die jugendlichen Offiziersanwärter seit der Zeit Friedrich Wilhelms I. in speziellen Kadettenkompanien zusammengefaßt.

37 *mit dem Friedrich in Korrespondenz war* — Gemeint ist Ulrich Friedrich von Suhm, der ein Vertrauter des Kronprinzen Friedrich war. Die Korrespondenz wurde 1787 zum ersten Mal veröffentlicht.

38 *Lob des Krieges* — Knesebeck, S. 115f. Strophe 2, Vers 2 lautet bei Knesebeck: »Der Krieg macht offenbar«; Strophe 9, Vers 1: »... gab er Verderben«.

Radensleben

Notizen über Radensleben erhielt Fontane schon im Februar 1862 von dem Rittmeister a. D. Hermann von Quast, dem Besitzer des Gutes. An die Niederschrift des Kapitels ging der Autor jedoch erst

im Sommer 1864, als die zweite Auflage der »Grafschaft Ruppin«
zum Druck vorbereitet wurde. Am 11. oder 12. Mai 1864 hatte er
es seinem Verleger mit den Worten angekündigt: »Dann kommt ein
Kapitel über die alte ruppinsche Familie Quast, das ich erst schreiben kann, nachdem ich in Radensleben etc. war.« Die Reise fand
im Juni statt, und am 24. August konnte Fontane Hertz melden,
»übermorgen (Freitag) früh« erhalte die Druckerei »›Radensleben‹, das ganz kurz ist«. Das Kapitel entspricht — geringfügig ge-
kürzt und stilistisch überarbeitet — dem späteren »Radensleben I«,
wie es in unserer Ausgabe zu finden ist. »Radensleben II« erhielt
seine endgültige Form erst in der vierten Auflage (1883). Die Abschnitte 1 und 2 sind dabei nahezu identisch mit dem Inventarverzeichnis der Bilder und Kunstschätze im Herrenhaus Radensleben,
das Fontane in den Anmerkungen zur zweiten Auflage
(S. 517—520) zusammenstellte; lediglich die dort unter Punkt 2.6
(S. 519) erwähnten Jugendarbeiten Schinkels sind in der Ausgabe
von 1883 in einen neu verfaßten, ausführlicheren Abschnitt 3 übernommen worden. Das Material dazu hatte Fontane von Siegfried
von Quast, dem Sohn des Rittmeisters, erhalten; denn ein Brief an
seine Frau vom 28. August 1882 bestätigt: »... Landrat von
Quast ... brachte mir Schinkel-Notizen und lud mich nach Radensleben hin ein; ich lehnte aber ab und bat ihn, die Reise [die dann
offensichtlich unterblieben ist] etwa um Ostern [1883] herum, wenn
ich wieder frischeluftbedürftig sei, machen zu dürfen.«

40 *Es ist so still ...* — Storm, »Abseits«, Strophe 1, Vers 1 f.
   Erst hab ich ... — Platen, »Sonette aus Venedig«, So-
   nett XXIII, Vers 1 und 3 f. Der fehlende Vers 2 lautet: »O Tizian, du Mann voll Kraft und Leben!«
   in einem spätern Abschnitt — Vgl. das Kapitel »Garz«, S.
   384—398.
   Herrenhaus — Das Radenslebener ehemalige Herrenhaus, das
   1894—1896 in einen neugotischen Backsteinbau umgewandelt wurde, wird heute als Altenpflegeheim genutzt.

41 *... an dieser Stelle betroffen wird* — In W I², S. 215, folgt der
   Zusatz: »Die Verhältnisse haben hier eine Isolierung, und die
   Isolierung hat, wie von selbst, eine Art Insel geschaffen. Offen,
   jedem zugänglich, liegt sie da, aber — die Wege führen daran
   vorüber. Ruppin (die Stadt) zieht sich am Westufer des Sees
   hin. Hätte man von Osten her (wie oft geplant wurde) die
   breite Fläche überbrückt oder zu überbrücken *vermocht*, so
   würde die Oststraße, die zugleich die *Berliner* Straße, das
   heißt die direkte Verbindung mit der Hauptstadt ist, ihren
   Weg mitten durch das unberührte Stück Land hindurch ge-

nommen haben; da dieser Brückenbau aber unterblieb, so unterblieb auch der entsprechende Weg, und dem Verkehr blieb nichts übrig, als den langgestreckten See, statt ihn in seiner Mitte zu durchschneiden, an seiner Nord- oder Südspitze zu umfahren. Um dies mit Vorteil zu können, durfte der Verkehrsweg aber nicht bis an das Ufer des Sees hinangeführt werden, und schon eine Meile vorher, nach Nord und Süd hin sich gabelförmig teilend, entstand zwischen den Zinken der Gabel (im Rücken der See) jenes Radenslebner Dreieck.«

42 *Landschaft Blechens ... emporsteigt* — W I[2] enthält an dieser Stelle den Zusatz (S. 217): »Der Gegenstand gehört der Fremde an; aber wir finden die Brücke zu Blechen hinüber. Er war unser Landsmann.«

alle, die groß waren — Gemeint sind die Quattrocentisten, die Maler der italienischen Frührenaissance (15. Jahrhundert).

44 *»Ave Maria ...«* — (lat.) »Gegrüßt seist du, Maria, voll der Gnade, der Herr ist mit dir«; Anfang des sogenannten Englischen Grußes, eines katholischen Gebetes, sowie eines katholischen Kirchenliedes (1617). Vgl. auch Neues Testament, Lukas 1,28.

45 *Brera* — Das ehemalige Jesuitenkollegium Palazzo di Brera in Mailand, seit 1776 Sitz der Kunstakademie, enthält eine berühmte Gemäldesammlung und eine Bibliothek.

46 *Schaffner* — Hier: Klosterverwalter.

47 *Waagens Reisen durch Deutschland* — »Kunstwerke und Künstler in Deutschland«; vgl. das Literaturverzeichnis, S. 769.

St. Emmeran — Kloster in Regensburg, benannt nach dem christlichen Heiligen Emmeran oder Emmeram (gest. um 715).

»L'auriginal ...« — (franz.) »Das Original ist von Amadée van Loo nach dem (Modell des) König(s) gemalt worden.«

Lazzaronis — Angehörige der ärmsten Volksschichten in Süditalien; abgeleitet wahrscheinlich von dem Namen des kranken Bettlers Lazarus (Neues Testament, Lukas 16, 19f.).

48 *Selinus* — Griechische Kolonie im Südwesten Siziliens, von den Karthagern 409 v. u. Z. zum Teil, 250 v. u. Z. endgültig zerstört.

Schinkel-Museum — Etwa 4500 Zeichnungen und Entwürfe aus dem ehemaligen Schinkel-Museum werden heute im Kupferstichkabinett (im Alten Museum), die erhaltenen Gemälde in der Nationalgalerie aufbewahrt.

49 *dorisch, ionisch, korinthisch* — Stilarten antiker griechischer Tempelsäulen. Das dorische Kapitell (7./6. Jahrhundert v. u. Z.)

ist gedrungen und schmucklos, das ionische (6. Jahrhundert
v. u. Z.) leicht verziert, das korinthische (5./4. Jahrhundert
v.u.Z.) dekorativ ausgestattet.

49 *Fünfhundert in Paris* — Der Rat der Fünfhundert war eine der
beiden gesetzgebenden Kammern in Frankreich während der
Regierungszeit des Direktoriums (1795—1799), das nach der
Niederlage der Revolution die Macht der Großbourgeoisie etablierte.

Grabdenkmals- oder Mausoleumsbildchen — Das Blatt kam
aus Fontanes Nachlaß ins Heimatmuseum Neuruppin, wo es
sich jetzt noch befindet.

Tranquillitati — tranquillitas: (lat.) Ruhe, (Seelen-)Frieden.

... zu deren Füßen ein Bittender kniet — In W I¹, S.65, findet
sich an dieser Stelle der Zusatz:»Die Arbeit ist lehrreich und
interessant zugleich; in Ruhe, Einfachheit und Schönheit
schon ganz Schinkel, aber es fehlt freilich noch die Freiheit
der Bewegung; die Schule seines Meisters Gilly blickt noch
durch.«

fecit — (lat.) gemacht, angefertigt.

Neuruppin

Nach Neuruppin, wo Fontane geboren wurde und später das Gymnasium besuchte, führten — zumal sich Besuche bei Verwandten
damit verbinden ließen — die meisten Reisen: 18. bis 23.Juli 1859;
28. Mai bis 4.Juni 1861 (vgl. S.606); Juni 1864 (vgl. S.621) und
Anfang September 1864; Ende April oder Anfang Mai 1865; Anfang Mai (Erholungsreise) und Herbst 1867; März/April und Anfang August 1869; 16. bis 29.September 1873 und schließlich 22.
bis 25.April 1874. Am ergiebigsten für die Arbeit waren darunter — abgesehen von der ersten — jene Reisen, die zum Zweck der
Materialsammlung für eine neue Buchauflage angetreten wurden,
vor allem also die von 1861 (für die Erstausgabe) und 1873/74 (für
die dritte Auflage). Der Autor selbst bestätigte es, als er Wilhelm
Hertz am 29.Juni 1861 mit berechtigtem Stolz verkündete: »Meine
Aufsätze über die Grafschaft Ruppin runden sich immer mehr zu
einer Art Vollständigkeit ab, und in der zwölften Stunde geht mir
die Erkenntnis auf, daß sich erschöpfende historische Forschung
mit novellistischem Interesse allenfalls doch hätte verbinden lassen.«

Dennoch wäre Fontanes Ausbeute bei der zeitbedingten Mobili-
tätsbeschränkung wesentlich bescheidener ausgefallen, hätte er es
nicht verstanden, zahlreiche Helfer zu finden. Neben Mathilde von

Rohr, Alexander Gentz, Wilhelm Schwartz und vielen anderen war es vor allem und immer wieder seine Neuruppiner Schwester Elise, die nicht nur gewünschte Literatur beschaffte, sondern mit Geschick und Charme persönlich recherchierte. »Horche doch unterderhand, ob im ruppinschen Kreise noch einige *historisch* interessante Punkte sind, die aufzusuchen sich wohl verlohnen würde«, schrieb ihr Fontane am 22. April 1861, vier Wochen vor seiner Reise, und kurz vor dem Abschluß der Arbeit für die erste Buchausgabe, am 10. Juli 1861: »In acht Tagen geht das M.S. ab, das die Grafschaft Ruppin in zwölf oder vierzehn Kapiteln behandelt, dann hast Du ausgelitten, und ich falle Dir durch Fragen nicht mehr beschwerlich.« Aber sie hatte keineswegs »ausgelitten«, und namentlich 1873, als es galt, »das noch Fehlende für Band I einzuheimsen« — nämlich weiteres Material für die dritte Auflage —, wurde ihr »literarischer Forschertrieb« aufs neue strapaziert. Schon Monate vor der Reise, am 20. Januar, schrieb ihr Fontane: »Seitdem ich nun in den letzten Tagen mit Hertz neue Abmachungen in betreff Band I getroffen …, stecke ich nun, wenigstens in Gedanken, bereits tief in dieser neuen Arbeit drin, die ich mit Deiner und aller ruppinschen Biedermänner Hülfe noch in diesem Jahre zu beenden hoffe. Ich muß Dich in diese Pläne einweihen. Vielleicht kann ich dann später eine Widmung … schreiben: ›Meiner treuen Mitarbeiterin …‹ «

Wie lohnend der energische Einsatz vor und während der Reise von 1873 war, belegt wiederum die Korrespondenz Fontanes aus dieser Zeit. »Der erste Band meiner ›Wanderungen‹ macht mir die Freude, zum dritten Male — diesmal erweitert und gemodelt — vor der Welt erscheinen zu sollen. Ich komme eben von einer vierzehntägigen Reise durch die Grafschaft Ruppin zurück, die nötig war, um diese Erweiterungen ausführen zu können«, schrieb er am 2. Oktober an Friedrich Wilhelm Holtze, und am folgenden Tag an Mathilde von Rohr: »Im ganzen darf ich mit meinem Ruppiner Aufenthalt sehr zufrieden sein; es hat mir mannigfachen und zum Teil *sehr* guten Stoff abgeworfen.«

Das Ruppin-Kapitel ist das heterogenste, am stärksten gegliederte des gesamten »Wanderungen«-Zyklus. Einige der dreizehn numerierten Teile wurden von Auflage zu Auflage verändert, andere später hinzugefügt, so daß der Komplex erst in der »Wohlfeilen Ausgabe« von 1892 seine endgültige, hier vorliegende Gestalt erhielt.

1. Ein Gang durch die Stadt. Die Klosterkirche

Fontane hat die Arbeit an diesem Stoff schon Mitte September 1859 aufgenommen. Im Oktober und November schrieb er dann das (thematisch zunächst umfangreichere) Kapitel nieder und schickte es offenbar gleich nach der Fertigstellung an die »Kreuz-Zeitung«; denn im Brief an seine Mutter vom 1.Januar 1860 heißt es: »Die Aufsätze über Ruppin erscheinen nun hoffentlich bald ...« Der Abdruck erfolgte in Nr. 49 am 26. Februar 1860 unter der Überschrift »Märkische Bilder: Ruppin. Die Klosterkirche. Friedrich Wilhelm II. und Friedrich Tieck. Die ›Wilden‹. Das Mollius-sche Haus. Der Gentzsche Garten. Der ›Tempel‹. Erinnerungsplätze an Kronprinz Friedrich.« Der Abdruck umfaßt also zugleich den ersten Teil des Kapitels 5: »Kronprinz Friedrich in Ruppin«, das in der Buchausgabe von 1862 als Kapitel 3 erschien.

Für die Arbeit am Kapitel 1 des Neuruppin-Komplexes (einschließlich des später abgesonderten Teiles »Kronprinz Friedrich in Ruppin«) hat Fontane folgende Literatur benutzt (die vollständigen Angaben finden sich jeweils im Literaturverzeichnis; vgl. S. 764): Bratring, »Die Grafschaft Ruppin ...« (Auf dieses Werk wird in den Notizbüchern mehrfach hingewiesen.) — Riedel, »Geschichte der ... Klosterkirche ... zu Neuruppin«. (Fontane fragte am 17.Juli 1861 bei seiner Schwester Elise an: »Kannst Du mir das Heft ... über den Umbau der Klosterkirche noch mal schikken?«) — Vehse, »Geschichte der deutschen Höfe ...«, Abteilung I: Preußen. (Fontane hat das Werk des öfteren benutzt.) — Foerster, »Friedrich Wilhelm I ...«. — Archenholz, »Geschichte des Siebenjährigen Krieges in Deutschland«. — Preuß, »Friedrichs des Großen Jugend und Thronbesteigung« sowie »Friedrich der Große mit seinen Verwandten und Freunden«. — Bielfeld, »Friedrich der Große und sein Hof ...«. — Schlözer, »General Graf Chazot«. (Ein Hinweis auf dieses Werk findet sich im Notizbuch A 3, Blatt 41.) — Zychlinski, »Geschichte des 24sten Infanterie-Regiments«. — Feldmann, »Miscellanea historica der Stadt Ruppin«. (Fontane erhielt im Juni 1861 von Alexander Gentz die von Willibald Alexis zusammengestellten Auszüge aus der umfangreichen Sammlung von Urkunden und Akten des Ruppiner Kreisphysikus Feldmann, die zufällig den Stadtbrand von 1787 überstanden hatten. Am 19.Juni 1861 teilte er Gentz mit, »daß vieles, was bis jetzt als verbürgt gegolten hat, durch diese Ruppiner Miscellanea umgestoßen wird. Soweit ich es beurteilen kann, hat Feldmann in allen Stücken recht.«)

51 *Lieblich weht's ...* — George Hesekiel, »Out-of-the-way-places« (Ungewöhnliche Orte), Vers 36—39 und 48—51. Das Gedicht wurde 1863 in die Sammlung »Zwischen Sumpf und Sand. Vaterländische Dichtungen« aufgenommen.

Gasthof zum Deutschen Hause — Wird heute noch als Gaststätte genutzt.

jener mecklenburgische Gutsbesitzer — Der mecklenburgische

Gutsbesitzer Haberland wurde 1839 von seinen brutal ausge-
beuteten und mißhandelten Landarbeitern getötet. Fontane an
Henriette von Merckel am 20. September 1857: »In Mecklenburg kam es vor zwanzig Jahren vor, daß sich ein ganzes Dorf
gegen den Amtmann verschwor, der ihnen ein Vierteljahrhundert hindurch jede erdenkliche Unbill angetan hatte. Er hieß
Haberland und gehörte einer Familie von lauter kleinen Ty-
rannen an. Die Bauern zerstörten ihm endlich das Haus, tranken seinen Wein aus, entkleideten ihn und ließen ihn, während sie zechten, immer zehn Minuten lang auf Glas tanzen,
gönnten ihm hinterher eine Stunde Ruhe und ließen ihn dann
den blutigen Tanz aufs neue beginnen.«

52 *Wall* – Vgl. S. 62 (Fußnote), S. 82 f. und S. 200 f.

großes Feuer – Ein verheerender Brand zerstörte im Jahre
1787 in Neuruppin 386 Bürgerhäuser und 24 öffentliche Gebäude. Bis 1806 wurde die Stadt unter der Leitung von
B. M. Brasch wiederaufgebaut; sie erhielt breitere, in Gitter-
form angelegte Straßen und drei große Plätze.

Rathaus – Das Rathaus wurde von 1800 bis 1804 nach Plänen von Brasch erbaut. Bereits 1808 mußte der Magistrat
dem Kreisgericht einen Teil der Räume überlassen, und
1850 verfügte er nur noch über den rechten Seitenflügel, so
daß er Zimmer in einem nahe gelegenen Bürgerhaus mieten
mußte. Ab 1871 wurde das Rathaus nur noch vom Kreisgericht genutzt. Nachdem 1877 das Landgericht nach Neuruppin verlegt worden war, riß man 1880 das Rathaus, das als
architektonisches Kleinod galt, ab, um Platz für den Neubau
des Landgerichtsgebäudes zu schaffen. Neuruppin besitzt
seither kein Rathaus mehr; der Magistrat der Stadt ist heute
in einem aufgestockten Bürgerhaus einer Nebenstraße (Wich-
mannstraße) untergebracht.

eine 1849er Kriegstrophäe – In W I[1] heißt es (S. 28): »eine
jüngste Kriegstrophäe, ein Feldgeschütz, das die Ruppiner Bataillone (die ›Vierundzwanziger‹) den Dresdner Insurgenten
im Kampfe abnahmen.« Fontane spielt damit auf die revolutionären Ereignisse 1849 in Dresden an; vgl. S. 250 f. Er hatte
am 10. Juli 1861 bei seiner Schwester angefragt, ob und wo
die »Vierundzwanziger« die »kleine Kanone vor der Wache«
erobert hätten. Bereits auf einer Lithographie aus dem Jahre
1875 ist die »Trophäe« nicht mehr dargestellt.

Gymnasialgebäude – Das zweigeschossige frühklassizistische
Gebäude, 1790 nach Plänen von Brasch gebaut, wurde bis
1972 von der Fontane-Schule genutzt. Danach erfolgte unter
Beibehaltung der Fassade eine umfassende Rekonstruktion,

und das Bauwerk beherbergt jetzt verschiedene kulturelle Einrichtungen der Stadt.

52 *in einem eignen Kapitel* — Vgl. S. 190—193.

Bronzestatue … errichtete — In W I¹, S. 28 f., folgt der Zusatz: »Es heißt, es sei dies die *einzige* Statue des Königs im ganzen Preußenlande, König Friedrich Wilhelm II. besitze kein zweites Denkmal. Wenn dem so ist, dann um so besser, daß keine politische Erwägung, keine moralische Überhebung mit zu Rate saß, als vor etwa dreißig Jahren bürgerliche Dankbarkeit einfach aussprach: ›Wir schulden ihm ein Denkmal, weil er unser Wohltäter war, und gedenken diese Schuld zu zahlen.‹ « Das Denkmal wurde nach dem zweiten Weltkrieg entfernt. Der von Schinkel entworfene Sockel steht zur Zeit (1991) noch vor dem Eingang des Ruppiner Sportstadions und trägt eine Leninstatue. Die Bronzetafel des alten Denkmals befindet sich im Besitz des Heimatmuseums Neuruppin.

53 *Klosterkirche* — Dominikanerkirche St. Trinitatis; dreischiffige frühgotische Hallenkirche mit Kreuzrippengewölben und langgestrecktem Chor. Die beiden Türme wurden erst 1906/07 errichtet. In W I¹, S. 446, spricht Fontane in einer später weggelassenen Anmerkung von *einem* (älteren) Turm: »Der Turm der Ruppiner Klosterkirche lehnte sich in alter Zeit nicht an die *Giebelseite,* sondern befand sich in der *Mitte* des Baus. Dies ergibt sich aus einem alten, sehr sehenswerten Gemälde (wahrscheinlich aus dem 17. Jahrhundert), das sich zur Zeit in der Kirche zu Wuthenow, an der andern Seite des Sees, befindet und das damalige Ruppin darstellt.« Die Klosterkirche erhielt 1975 ein neues Dach; das Kircheninnere ist seither renoviert worden. Die von Fontane erwähnten Inschriften sind noch vorhanden.

54 *fragt ich die Küsterfrau* — Diese Anekdote findet sich bereits in Fontanes Brief an seine Schwester vom 5. August 1859.

was überhaupt da ist — In W I¹, S. 31, folgt der Zusatz: »Einige lokalpatriotische Ruppiner erzählen auch in etwas blasphemischer Nachahmung des biblischen ›und der Tempel zerriß‹, daß in der Sterbestunde Martin Luthers das Mittelgewölbe der Klosterkirche geborsten sei. Die Sache indes ist entweder völlig müßige Erfindung oder aber die Übertragung eines merkwürdigen Vorfalls von *einer* Kirche auf die andere. Ruppin hatte nämlich außer der Klosterkirche noch zwei andere gotische Pfarrkirchen, die während des großen Feuers zerstört wurden.«

2. Die Grafen von Ruppin

Fontane hat den schon im September 1859 geplanten Aufsatz im Juni 1861 geschrieben. Er wurde am 10. Juli 1861 im »Wochenblatt der Johanniter-Ordens-Ballei Brandenburg«, Nr. 28, S. 127 f., abgedruckt, nur wenige Monate vor dem Erscheinen der ersten Buchausgabe.

Außer der auf S. 625 angeführten Literatur hat Fontane für dieses Kapitel das im 4. Hauptteil (Band 1, S. 46—167) von Riedels »Codex diplomaticus Brandenburgensis« veröffentlichte »Microchronicon Marchicum ...« des Hafftitius benutzt. (Vgl. das Literaturverzeichnis, S. 764.)

55 *Die Särge seiner Ahnen ...* — Uhland, »Die Vätergruft«, Strophe 2, Vers 1 f., und Strophe 4.

erobernde Anhaltiner — Albrecht der Bär aus dem anhaltischen Fürstengeschlecht der Askanier war 1134 von Kaiser Lothar III. mit der Nordmark (Altmark) belehnt worden. Von hier aus betrieb er seine Expansionspolitik gegen die Elbslawen, die bis 1157 völlig unterworfen wurden.

Herrschaft ... Grafschaft — Die Herrschaft, ein Gebiet, in dem ein Feudalherr bestimmte Herrschaftsrechte (Grund-, Gerichts-, Leibherrschaft) ausübte, unterstand dem Landesfürsten (hier Kurfürsten), während eine Grafschaft ein reichsunmittelbares Besitztum darstellte.

Verwirrungen der bayrisch-luxemburgischen Periode ... Falscher Waldemar — Nach dem Aussterben der Askanier in Brandenburg (1320) übertrug Kaiser Ludwig der Bayer die Mark 1323 seinem Sohn Ludwig dem Älteren, der sie seinerseits 1351 seinen Stiefbrüdern Ludwig dem Römer und Otto dem Faulen überließ. Die Macht der Wittelsbacher Markgrafen war sehr gering. Besonders seit dem Auftreten des sogenannten Falschen Waldemar (seit 1347), der sich für den 1319 verstorbenen Markgrafen Waldemar ausgab und fast im ganzen Land Anerkennung fand (vgl. »Havelland«, Kap. »Kloster Chorin«; Band 3 dieser Ausgabe), konnten sie der innenpolitischen Kämpfe nicht mehr Herr werden. Im Jahre 1373 wurde Brandenburg von Kaiser Karl IV. aus dem Hause Luxemburg erworben, der für kurze Zeit das Fehdewesen unterbinden konnte, ehe unter seinen Nachfolgern wiederum die Raufereien der Junker begannen. Erst den Hohenzollern gelang es, das Land endgültig unter Kontrolle zu bringen (seit 1411).

56 *aus ... Thüringen* — Anspielung auf die Stammlande der Askanier im Nordthüringer/Harzer Raum.

56 *Kremmer Damm (1331)* — Das Gefecht am Kremmer Damm
(im Havelländischen Luch) zwischen Markgraf Ludwig dem
Älteren von Brandenburg und Herzog Barnim II. von Pommern fand im Jahre 1334 statt. Es war eine der zahlreichen
Fehden, die die Pommernherzöge inszenierten, um sich von
der seit 1231 bestehenden brandenburgischen Lehnshoheit
zu befreien. Vgl. »Fünf Schlösser«, Teil »Quitzöwel«, Kap. 7;
Band 5 dieser Ausgabe.

Falköping — In der Schlacht bei Falköping (24. Februar 1389)
wurde der Schwedenkönig Albrecht von Königin Margarete
von Dänemark geschlagen und bis zu seinem förmlichen Verzicht auf den schwedischen Thron (1395) gefangengehalten.

viri nobiles et generosi — (lat.) edle und hochherzige Männer.

Sprüchwort — Hier: Wahlspruch.

57 *dichterischer Markgraf Otto mit dem Pfeil* — Der Hof Ottos IV., genannt Otto mit dem Pfeil, war um 1300 ein Mittelpunkt des geistigen Lebens. Vom Markgrafen selbst sind
einige Minnelieder erhalten geblieben. Vgl. »Das Oderland«,
Kap. »Am Werbellin«; Band 2 dieser Ausgabe.

Kostnitz — Konstanz. Worms und Konstanz waren im Mittelalter bevorzugte Tagungsorte für den Reichstag, die vom rö-
misch-deutschen Kaiser einberufene Versammlung der
Reichsstände.

58 *Seeschloß zu »Alten-Ruppin«* — Es war bis 1624 die Residenz
der Grafen von Arnstein und politischer Mittelpunkt der Herrschaft Ruppin. Nach dem Aussterben des Grafengeschlechts
schlug Kurfürst Joachim I. die bis dahin selbständige Herrschaft Ruppin zu seinem Landbesitz, und zeitweilig wurde das
Schloß von der kurfürstlichen Familie genutzt. Die Anfänge
des Bauwerks gingen in das 13. Jahrhundert zurück. Während
des Dreißigjährigen Krieges wurde ein Teil der Anlage bei
einem Brand vernichtet. 1675 richteten die Schweden weitere
Zerstörungen an. Nachdem 1779 das Dach eingestürzt war
und die Decken durchschlagen hatte, gab man die Ruine 1788
als »Steinbruch« frei. Aus dem gewonnenen Material wurde
das »Königliche Amt Alt Ruppin« (heute Sitz des Staatlichen
Forstwirtschaftsbetriebes Neuruppin) gebaut und die Stadtmauer ausgebessert; außerdem wurden die Steine beim Wiederaufbau der 1787 abgebrannten Stadt verwendet. So sind
nur noch spärliche Reste der ehemaligen Grundmauern erhalten geblieben.

59 *das Hof-Frauenzimmer* — der weibliche Hofstaat.

1521 ... Reichstag zu Worms — Vgl. die achte Anm. zu
S. 14.

60 *similia similibus ... Er starb ...* — Ironische Anspielung auf die homöopathische Behandlungsmethode, bei der der Grundsatz gilt: »Similia similibus curantur« (Ähnliches wird durch Ähnliches geheilt).

Der edle Herr Wichmann ... — Fontane hat diese Übersetzung einer niederdeutschen Volksballade unter dem Titel »Der Tod des letzten Grafen von Ruppin« in etwas abgewandelter Form auch in seine »Gedichte« (Ausgabe von 1889) aufgenommen.

3. Die Zeit unter den Grafen.
Bis zum Dreißigjährigen Krieg

Der nicht vorabgedruckte Aufsatz wurde in die zweite Auflage (1865) eingefügt. Entstanden ist er offenbar in der zweiten Julihälfte 1864; denn am 17. Juli schrieb Fontane an Friedrich Wilhelm Holtze: »Ich will in die zweite Auflage Neues aufnehmen, unter anderem ... aus dem mittelalterlichen Ruppin.«

Als Materialgrundlage diente wiederum »Die Grafschaft Ruppin ...« von Bratring (vgl. das Literaturverzeichnis, S. 764).

61 *Nun fahre wohl ...* — Uhland, »Die drei Könige zu Heimsen« aus dem Balladenzyklus »Graf Eberhard der Rauschebart«, Strophe 3, Vers 3 f. Die Verse lauten bei Uhland: »Dann fahre wohl, Landfriede! dann, Lehndienst, gute Nacht / Dann ist's der freie Ritter, der alle Welt verlacht.«

Kahlenberge — Vgl. S. 265.

62 *»Luginsland« bei Gransee* — Vgl. S. 503—505.

Wälle — Vgl. S. 82 f. und S. 200 f.

Kasketts — Metallhelme (der Kürassiere und Dragoner).

Kämmereiregister — Amtlich geführtes Verzeichnis über wichtige städtische Angelegenheiten (z. B. Steuern).

Kränzlin — Vgl. S. 494 f.

Sumpfburgen — Sie waren meist in den Luchgebieten angelegt worden.

63 *Schloßregister* — Gemeint ist wahrscheinlich ein Schoßregister: Verzeichnis der Abgaben und Steuern.

Wontz ... Lüderitz — Berüchtigte märkische Raubritter. Vgl. das »Schlußwort« in »Spreeland«, Band 4 dieser Ausgabe; Fontane zitiert dort die volkstümlichen Verse: »Vor Köckeritz und Lüderitz, / Vor Krachten und vor Itzenplitz / Bewahr uns, lieber Herre Gott —.«

64 *Nachrichter* — Scharfrichter, Henker.

65 *Predigt gegen die Pluderhosen* — In der zweiten Hälfte des 16. Jahrhunderts wurde in der protestantischen Mark Bran-

denburg das Tragen der modischen Pluderhosen, das als öffentliche Demonstration von Prunk- und Verschwendungssucht galt, in zahlreichen Predigten angeprangert.

66 *Löffelei* — Buhlerei.

Gewährsmann Bratring — Bei Bratring (vgl. das Literaturverzeichnis, S. 764) lautet die zitierte Passage (S. 261): »Auch
brachte der Graf und Hauptmann von Alt Ruppin (Hunert
von Zerwest) von Jungfern und Frauen und anderer Ehebrecherei und Löffelei Scherz an.«

67 *Relation* — Hier: Nachricht.

augusteisches Zeitalter — Anspielung auf die Regierungszeit
(27 v.u.Z.—14 u.Z.) des römischen Kaisers Augustus (Gaius
Iulius Caesar Octavianus), in der, begünstigt durch eine relativ
lange Friedenszeit, Wissenschaft, Kunst und Dichtung (Vergil,
Horaz u.a.) in großzügiger Weise gefördert wurden.

Carmen — (lat.) Gedicht.

»de Sanctis Angelis« — (lat.) »von den heiligen Engeln«.

»de principio theologico« — Der vollständige Titel lautet:
»Tractatus apodicticus de principio theologico« (Apodikti-
scher Traktat über das theologische Prinzip).

belles lettres — (franz.) Literatur.

4. Andreas Fromm

Der Aufsatz entstand Ende Juli 1864. Am 17. Juli hatte Fontane
Friedrich Wilhelm Holtze den Plan mitgeteilt und um Literatur gebeten: »Ad 1 *Andreas Fromm.* Er spielte eine Rolle in der Paul-
Gerhardt-Zeit, trat später zum Katholizismus über (in Prag), war
ein Freund vom Kammergerichtsrat Seidel und hat nach Schulrat
Otto Schulz' Ansicht die Lehninsche Weissagung verfaßt. Er wurde
auf einem Dorfe im Ruppinschen geboren. Ich habe alles, was Otto
Schulz über ihn hat drucken lassen (Einleitung zu Paul Gerhardt
und ein Aufsatz im Schulblatt der Provinz Brandenburg), würde
aber gern mehr haben. Küsters ›Altes und neues Berlin‹, Seite 535
bis 54, soll nun von ihm handeln, noch lieber wäre mir ein Biogra-
phisches, vielleicht im ›Gelehrten Berlin‹.«

Der Vorabdruck erfolgte am 28. Oktober 1864 unter dem Titel
»Bilder und Geschichten aus der Mark Brandenburg: 1. Neuruppin. — Andreas Fromm« im Cottaschen »Morgenblatt für gebildete
Leser«, S. 1033—1040. Kurz darauf wurde der Aufsatz erstmals in
der Buchausgabe (zweite Auflage 1865) veröffentlicht.

Für die Arbeit an diesem Kapitel hat Fontane folgende Literatur
benutzt (die vollständigen Angaben finden sich jeweils im Literaturverzeichnis; vgl. S. 764): Droysen, »Geschichte der preußischen Politik«. — Müller/Küster, »Altes und neues Berlin«. (Auf beide

Werke wurde Fontane im Juli 1864 von Holtze hingewiesen.) —
Schulz, »Paul Gerhardts geistliche Andachten ...« sowie »Die Lehninische Weissagung«. (Diese im »Schulblatt für die Provinz Brandenburg«, Jg. 11, 1846, Heft 3, S. 348—357 abgedruckte Schrift, die
auch in der Fußnote auf S. 75 erwähnt wird, lag Fontane im Juli
1864 vor.) — Wolff, »Die berühmte Lehninsche Weissagung«. (Das
Werk wurde Fontane im August 1864 ebenfalls von Holtze empfohlen.)

68 *Hispan'sche Mönche ...* — Platen, »Der Pilgrim vor St. Just«,
Vers 2 f. Vers 2 lautet bei Platen: »Hispan'sche Mönche,
schließt mir auf die Tür!«
theologische Streitigkeiten der Paul-Gerhardt-Zeit — Gemeint
sind die oft fanatisch geführten Auseinandersetzungen zwischen den orthodoxen Lutheranern und den Reformierten
(Anhänger der Schweizer Reformatoren Calvin und Zwingli)
im 17. Jahrhundert.
Verfasserschaft der »Lehninschen Weissagung« — Vgl. »Havelland«, Kap. »Die Lehninsche Weissagung«; Band 3 dieser
Ausgabe. Die »Lehninsche Weissagung«, ein Hexameter-Ge-
dicht, das angeblich von dem Mönch Hermann um 1300 verfaßt worden sein soll, tauchte nach 1690 handschriftlich auf
und wurde 1723 erstmals gedruckt. Darin wird das Aussterben der Askanier in Brandenburg beklagt und das Empor-
kommen der Hohenzollern bedauert, die, so wurde »geweis-
sagt«, in der elften Generation untergehen würden. Das Dokument, mit dem sich mehrfach die antipreußische Opposition
identifizierte, ist tatsächlich erst um 1690 entstanden.
lateinische Schule in Ruppin — Vgl. das Kap. »Civibus aevi
futuri«, S. 190—193.
Graues Kloster — Ältestes Berliner Gymnasium; 1574 von
Kurfürst Johann Georg in einem aufgehobenen Kloster der
Franziskaner (Grauen Brüder) gegründet. Das Gebäude in der
Klosterstraße wurde im zweiten Weltkrieg durch Bombenan-
griffe zerstört.

69 *geistliches Konsistorium* — Oberste staatliche Behörde zur
Verwaltung und Leitung der Kirche. Die Konsistorien wurden
im 16. Jahrhundert von den Landesfürsten eingesetzt, an die
nach der Reformation in den protestantischen deutschen Ländern die kirchliche Oberhoheit übergegangen war.
Protonotar — Erster Sekretär.
quod ubique ... — (lat.) was überall, was immer, was von allen
geglaubt worden ist.
Gnadenwahl und Prädestination — Nach der um 400 aufge-

stellten Glaubenslehre des christlichen Heiligen und Kirchen-
lehrers Aurelius Augustinus sind aus der mit der Erbsünde
belasteten Menschheit diejenigen von Anfang an vorherbe-
stimmt, die durch Gottes Gnade zur ewigen Seligkeit gelangen.

70 *synkretistisch* — glaubensvereinigend (hier in abschätzigem
Sinne gebraucht).

71 *Calixtiner* — Anhänger des protestantischen Theologen Georg
Calixt aus Helmstedt, der sich in der ersten Hälfte des
17. Jahrhunderts bemühte, die Streitigkeiten zwischen Lutheranern und Reformierten beizulegen, und eine Einigung aller
christlichen Kirchen anstrebte.

72 *in »Augustana Confessione«* — »Confessio Augustana«: (lat.)
»Augsburger Konfession«; grundlegende Bekenntnisschrift
der lutherischen Kirche. Die 28 Artikel des in lateinischer und
deutscher Sprache abgefaßten Schriftstücks, das Kaiser
Karl V. 1530 auf dem Reichstag zu Augsburg von den evangelischen deutschen Fürsten und Städten überreicht wurde, betonen bei aller Kritik an kirchlichen Mißständen das Gemein-
same von Protestanten und Katholiken.

74 *re diu et accurate pensitata* — (lat.) nachdem die Sache lange
und sorgfältig erwogen worden war.

Ordinandos — Ordinandus: (lat.) ein zu weihender Priester;
hier: Pfarramtsanwärter.

Éclat — (franz.) Aufsehen, Skandal.

77 *Lichtfreundschaft* — Lichtfreunde: Freireligiöse Gemeinschaften in Deutschland, die im Gegensatz zur orthodoxen Lehre
der protestantischen Kirche eine auf Vernunft und individuelle Freiheit begründete Kirchenbildung versucht haben.

5. Kronprinz Friedrich in Ruppin

Ausarbeitung und Vorabdruck des ersten Kapitelteils erfolgten im
Zusammenhang mit Kapitel 1 des Neuruppin-Komplexes (»Ein
Gang durch die Stadt ...«; vgl. S. 624). Erst in der Buchausgabe
(1862) wurde »Kronprinz Friedrich in Ruppin« als eigenes Kapitel
(3) von dem Konvolut abgesondert. Am 9. Juni 1861 schrieb Fontane an Alexander Gentz: »Das Material zu einem Aufsatz ›Friedrich II. als Kronprinz in Neuruppin‹ hab ich in den letzten Tagen
zusammengetragen. Es ist doch mehr, als ich anfangs dachte, und
es werden gewiß fünf Druckseiten, die in meinem nächst erscheinenden Buche ein kleines Kapitel ausmachen werden.«

Der zweite Kapitelteil (II) ist erst in der vierten Auflage der
»Grafschaft Ruppin« (1883) neu hinzugekommen. Den Stoff dafür
erhielt Fontane, wie aus der Vorbemerkung (S. 89) hervorgeht, von

Paul Becher, Hauptmann im Ruppiner Regiment Nr. 24, der sich seit 1874/75 mit dem Thema beschäftigte und ein Buch vorbereitete, das 1892 unter dem Titel »Der Kronprinz Friedrich als Regiments-Chef in Neuruppin von 1732—1740« erschien. Schon am 7. Dezember 1874, wenige Wochen nach Veröffentlichung der dritten Auflage (September), hatte sich Fontane bei Becher für »Angaben über die verschiedenen Anwesenheiten Friedrichs II. in Ruppin« bedankt, die in einer künftigen Auflage zur Berichtigung des ersten Kapitelteils dienen sollten. Am 27. August 1882 schrieb er ihm: »Zu Weihnachten soll eine neue Auflage des ersten Bandes meiner ›Wanderungen‹ (Ruppin) erscheinen. Nun entsinn ich mich, daß Ihre Güte vor drei, vier Jahren, oder vielleicht auch länger schon, mich auf verschiedene häßliche Fehler in dem betr. Bande aufmerksam machte. Aber welche waren es? Ich habe es wieder vergessen und glaube mich nur noch zu erinnern, daß es — mit Ausnahme einiger starker Blunder [Schnitzer] in der Regimentsgeschichte der Vierundzwanziger — einige Angaben in dem Kapitel ›Kronprinz Friedrich in Ruppin‹ betraf. Vielleicht ist Ihr Gedächtnis treuer und fester gewesen, und würden Sie mich ... Ihnen in diesem Falle sehr verbinden, wenn Sie mich ein zweites Mal auf die Fehler hinweisen wollten.« Becher bot daraufhin die Einsichtnahme in das Manuskript seines Buches an, und Fontane antwortete am 1. September 1882: »Auf den mir gütigst zugesagten, bisher nur im M. S. existierenden Aufsatz ›Kronprinz Friedrich in Ruppin‹ freu ich mich sehr und danke Ihnen aufrichtigst, daß Sie mir denselben zur Benutzung überlassen wollen. Der Druck des Buchs ist zwar bis dicht an die betr. Stelle vorgeschritten, es liegt mir aber *so* viel an dem Besitze gerade dieses Aufsatzes (denn alles auf den großen König Bezughabende bleibt doch schließlich immer das Beste), daß ich auf der Druckerei gern Halt blasen lasse und geduldig bis Mitte des Monats warte.« Das Manuskript hat ihm dann noch in der ersten Septemberhälfte vorgelegen und wurde bereits am 19. September zurückgeschickt. In dem aufschlußreichen Begleitbrief heißt es: »Ich habe die Feldpredigergeschichte genommen, den Brief an Grumbkow über die Frage ›solide oder nicht‹ und schließlich einiges über Rekrutierungs- und Geldnotangelegenheiten. Ich hoffe dadurch meinem Buche etwas Lesenswertes und selbst Pikantes hinzugefügt zu haben und schulde *Ihnen* den Dank dafür. Daß man durch die Lektüre dieser Briefe in seiner Bewunderung des großen Königs bestärkt würde, läßt sich freilich nicht behaupten. Gewiß war er das Opfer der Verhältnisse, und die Geschichte muß bei dem Urteil, das sie fällt, über Häßlichkeiten hinwegzusehn wissen, aber das ästhetische und selbst das natürliche Gefühl kann es *nicht.* Erst 3000 Dukaten nehmen und dann ›aus

Dankbarkeit‹ Schlesien dazu macht keinen schönen Eindruck. Groß mag es sein, hübsch ist es nicht ... Ich muß noch ein paar Worte hinzufügen. Einiges — so z. B. hinsichtlich der Frage: ›Wo stand das Haus des Kronprinzen?‹ — werden Sie ... in meinem Buche *nicht* korrigiert finden. Ich bitte das aber ums Himmels willen nicht *so* auslegen zu wollen, als ob ich mir einbildete, recht zu haben. Selbst *wenn* ich diesen Glauben hätte, so *gewiß* hätte, wie ich ihn *nicht* habe, würd ich doch *Ihrer* Ansicht Raum gegeben haben, einfach davon ausgehend, daß *der,* der sich länger und ernster mit einer Sache beschäftigt hat, auch mehr Chance hat, das Rechte getroffen zu haben. Die Korrekturen sind also einfach deshalb nicht gemacht worden, weil ich wohl in Erinnerung hatte, ›das eine oder andre ist hier beanstandet worden‹, *was* speziell aber beanstandet war, wußt ich nicht mehr. Als ich dann Ihr M.S. erhielt, war es einfach zu spät. Der Druck war schon drüber fort.«

Außer der Becherschen Arbeit benutzte Fontane für den zweiten Kapitelteil Büschings Werk »Charakter Friedrichs des Zweiten ...« (vgl. das Literaturverzeichnis, S. 764). Zur Literatur für den ersten Kapitelteil vgl. S. 625.

78 *Die Wetter waren verzogen ...* — Die Verse stammen wahrscheinlich von Fontane.

   Katte ... Blutgerüst — Das gespannte Verhältnis des Kronprinzen Friedrich zu seinem Vater hatte sich 1729/30 so weit zugespitzt, daß der Kronprinz die Flucht nach England vorbereitete. Der Plan wurde jedoch entdeckt, und Friedrich Wilhelm I. ließ den Leutnant Hans Hermann von Katte, den Vertrauten und Freund des Kronprinzen, als abschreckendes Beispiel für künftige Gehorsamsverweigerung in Küstrin enthaupten. Auf Befehl des Königs mußte Friedrich von den Fenstern seines Gefängnisses aus der Hinrichtung zusehen. Vgl. »Das Oderland«, Kap. »Küstrin«, Abschnitt »Die Katte-Tragödie«; Band 2 dieser Ausgabe.

   Bayard-Orden — Vgl. die erste Anm. zu S.2.

   Verlobung — Am 10. März 1732 wurde Kronprinz Friedrich aus diplomatischen Erwägungen mit der Prinzessin Elisabeth Christine von Braunschweig-Bevern verlobt. (Die Heirat erfolgte am 12.Juni 1733.)

   Chef eines Regiments — In W I[1], S.39, ist hinzugefügt: »(Seit dem 29.Februar 1732.)«

   ... für den Kronprinzen — in W I[1], S. 40, ist hinzugefügt: »oder behufs beßrer Contrôle«.

   Bratring, in seiner Geschichte Ruppins — »Die Grafschaft Ruppin ...«; vgl. das Literaturverzeichnis, S.764.

79 *Spandow* — Alte Schreibung von: Spandau.
   choisieret — ausgewählt, ausgesucht.
   aptieret — zurechtgemacht.

80 *Preuß* — »Friedrichs des Großen Jugend und Thronbesteigung«: vgl. das Literaturverzeichnis, S.767.

81 *Exercitium* – (lat.) Übung.

82 *Wall* – Vgl. S. 62 (Fußnote) und S. 200 f.
   »*Miscellanea historica*« — (lat.) »Vermischte historische Geschichten«.
   inhibieren — hemmen, verbieten.

83 *Feindseligkeiten zwischen Frankreich und dem Kaiser* — Im
   Polnischen Thronfolgekrieg (1733—1735) kämpfte Frankreich
   im Bunde mit Spanien und Sardinien am Rhein und in Italien
   erfolgreich gegen Österreich. Der österreichische Feldherr und
   Staatsmann Prinz Eugen von Savoyen wurde 1734 im hohen
   Alter noch einmal mit der Führung der kaiserlichen Armee
   betraut.
   Amalthea … Tempel — Die heute noch vorhandene Anlage,
   seit Jahrzehnten schon Tempelgarten genannt, wurde 1735
   von Georg Wenzeslaus von Knobelsdorff geschaffen. Der ursprünglich offene Säulentempel, das Erstlingswerk Knobelsdorffs (ebenfalls 1735 errichtet), wurde später in einen geschlossenen Pavillon umgebaut und der verwilderte Garten
   von Wilhelm Gentz (vgl. S. 140ff.) umgestaltet, der auch das
   Innere der Tempelkuppel mit einem kreisförmigen Gemälde
   schmückte.

84 *Chotusitz* — Vgl. die zweite Anm. zu S.207.

85 *an Suhm* — Vgl. die Anm. zu S.37.

86 *Bielefeld schreibt* — In »Friedrich der Große und sein
   Hof …«; vgl. das Literaturverzeichnis, S.764.
   *die Bildnisse der Kaiserin Katharina von Rußland und der
   Königin Maria Antoinette* — In W I[1], S. 48f., heißt es ergän-
   zend: »Beide Bilder (einem einfachen Ruppiner Bürger gehörig) rühren, wie aus dem hier dargestellten Lebensalter der
   beiden Fürstinnen unschwer zu berechnen ist, etwa aus dem
   Jahre 1780 her, denn Marie Antoinette erscheint als eine jugendliche Schönheit von einigen zwanzig, Catharine aber als
   eine mehr denn stattliche Matrone von über fünfzig Jahr. Aus
   dem einfachen Umstande, daß das abgebrannte Palais diese
   beiden Bilder überhaupt enthielt, zieh ich den Schluß, daß
   Prinz Ferdinand bis 1787 häufiger in Ruppin gelebt haben
   muß; denn aus der *kronprinzlichen* Zeit von 1732 bis 1740
   können natürlich die Bildnisse zweier Fürstinnen nicht stammen, von denen die eine damals ein Kind, die andre noch gar

nicht geboren war. Privatpersonen aber waren damals in den allerseltensten Fällen in der Lage, die Wände ihres Zimmers mit den lebensgroßen Portraits fremder Fürstlichkeiten schmücken zu können.« Das Bild Katharinas befindet sich im Heimatmuseum Neuruppin und ist restauriert worden.

87 *weil die ganze untere Partie … schwer gelitten hatte* — Anspielung auf das angeblich sehr intensive Sexualleben der russischen Zarin Katharina II.

Molliussches Haus — Das Haus des Bürgermeisters und Justizrates Mollius steht am Beginn der August-Bebel-Straße (früher Ludwigstraße) (Nr. 1), an der Einmündung der Robert-Koch-Straße (früher Prinzenstraße). Die erwähnte Linde mußte Anfang der sechziger Jahre unseres Jahrhunderts gefällt werden, da ihr Umfang das Haus gefährdete. Das Molliushaus wurde im hinteren Teil des ehemaligen »Prinzengartens« gebaut, nicht, wie Fontane schreibt, an der Stelle der Prinzenhäuser.

88 *Granitstein* — Die Tafel ist nicht mehr vorhanden; der Sockel steht noch.

»Es lebe die alte Zeit« — In W I[1], S. 51, heißt es: »Es lebe die alte Zeit, nicht sie selbst, aber das, was sie groß gemacht.«

89 *Bechersche Arbeit* — Vgl. S. 633 f.

que ce ne sont point … — (franz.) daß dies kein Gesprächsstoff ist, den man in Gegenwart des Kronprinzen behandeln soll, und daß es besser wäre, von anderen Dingen zu sprechen.

90 *Paar oder Unpaar* — Paar und Unpaar (auch Gerade und Ungerade, Gleich und Ungleich): Glücksspiel, bei dem der Gegner raten muß, ob man eine gerade oder ungerade Anzahl Geldstücke oder anderer Dinge bzw. ein Geldstück mit gerader oder ungerader Jahreszahl in der Hand hält.

… die Büsching erzählt — In »Charakter Friedrichs des Zweiten …«; vgl. das Literaturverzeichnis, S. 764.

Herodes … Herodias … des Johannes Kopf — Nach dem Neuen Testament ließ König Herodes Antipas von Judäa auf Betreiben seiner Geliebten Herodias, der Frau seines Bruders, Johannes den Täufer enthaupten. Vor Herodes getanzt hat nicht Herodias, sondern deren Tochter (Salome), die im Auftrage ihrer Mutter vom König den Kopf des Johannes forderte. (Vgl. Matthäus 14, 3—11; Markus 6, 17—29.)

92 *daß Cato in seiner Jugend Cato war* — Anspielung auf den ethischen Rigorismus des römischen Politikers Marcus Porcius Cato des Älteren.

Corrigens — (lat.) das Berichtigende.

Debauchen — Ausschweifungen.

92 *Riesenrekruten* — Vgl. die zweite Anm. zu S.27.
    conformieren — anpassen, gleichförmig machen.
    persuadieren — überreden.
93 *praecautiones nehmen* — Vorsichtsmaßregeln treffen.
    Kroop — Kroppzeug, Gesindel.
95 *Zernikow* — Vgl. S.329 ff.
    aus Schlesien leicht bestreiten — Anspielung auf die Erobe-
    rung schlesischer Gebiete durch Friedrich II.

6. General von Günther

Fontane hat Ende Juni 1861 an dem Aufsatz gearbeitet. Der Vorabdruck erfolgte in der Zeitschrift »Unser Vaterland. Bilder aus der
deutschen Geschichte, Kultur und Heimatkunde«, Band 1 (1861),
S.224—229, kurz vor der Veröffentlichung in der ersten Buchausgabe.
Für die Arbeit an diesem Kapitel wurde folgende Literatur benutzt (die vollständigen Angaben finden sich jeweils im Literaturverzeichnis; vgl. S. 764): »Des ... Freiherrn von Günther Briefwechsel ...«, veröffentlicht im »Vaterländischen Archiv für Wissenschaft, Kunst, Industrie und Agrikultur ...«, Band 15, 1836,
S.157—166 und S.281 bis 293. — Boyen, »Erinnerungen aus dem
Leben des ... Freiherrn von Günther«. — Arndt, »Meine Wanderungen ...« [Das Buch benutzte Fontane wahrscheinlich Anfang
Juli 1861; denn am 29.Juni hatte er bei Hertz angefragt: »Könnten
Sie mir nicht, durch den Überbringer, Arndts letztes Buch ... leihweise auf zwei Tage schicken? Ich würde Ihnen dafür sehr dankbar
sein. Es soll Notizen über ›*General Günther*‹ enthalten, der 1736 in
Ruppin geboren wurde und als natürlicher Sohn Fiedrichs II. (damals Kronprinz) mit einer Pastorsfrau gilt. Pikant genug!«] — Droysen, »Das Leben des ... Grafen Yorck ...«.

95 *Und ihm ...* — Schiller, »Der Graf von Habsburg«, Stro-
    phe 10, Vers 7—10. Die Verse lauten bei Schiller: »›Denn ich
    hab es *dem* ja gegeben, / Von dem ich Ehre und irdisches
    Gut / Zu Lehen trage und Leib und Blut / Und Seele und
    Atem und Leben.‹ «
    zeichnete sich durch Kanzelberedsamkeit aus — In W I[1],
    S.52, folgt der Zusatz: »Bald nach dem Tode des Vaters, der
    bereits einige Monate vor der Geburt Johann Heinrichs er-
    folgte, wurden mehrere Bände seiner Predigten herausgege-
    ben.«
96 *wenn nicht ... geflüstert worden wäre* — In W I[1], S.52 f., heißt
    es an dieser Stelle ausführlicher: »wenn nicht, im Lauf der
    Zeiten, die Person Günthers durch das Geflüster: ›*er sei ein il-*

legitimer Sohn des Kronprinzen Friedrich‹, ein gesteigertes Interesse gewonnen hätte, oder, wie Droysen sich ausdrückt, ›wenn nicht das Gerücht entstanden wäre, daß der Kronprinz bei der schönen Predigersfrau in Neuruppin die Rolle des Jupiter in Amphitryons Haus gespielt habe‹. Dies Gerücht (wir werden zu untersuchen haben, woraus entstanden) war sicherlich ohne alles Fundament, dennoch hat es sich erhalten, auch jetzt noch, wo die Glaubwürdigkeit desselben wenigstens stark erschüttert ist. Günthers Biograph (der spätere Kriegsminister von Boyen, der während des polnischen Feldzuges, als Adjutant des Generals, auch in persönlich nahe Beziehungen zu demselben trat) spricht von der Mutter desselben als von einer ›*guten und frommen Frau*‹, eine Bezeichnung, die er vermieden haben würde, wenn er irgendwelche Veranlassung gehabt hätte, jenes Gerücht als begründet anzusehn. Die Frage bleibt freilich: Wie konnte solch Gerücht überhaupt entstehen? welche Scheingründe waren tätig, um einer müßigen Erfindung wenigstens das Kleid einer gewissen Wahrscheinlichkeit zu leihen? Es ist wahr, man hat von einer frappanten Ähnlichkeit zwischen dem General und dem großen König gesprochen, hat in dem Aufsteigen eines Bürgerlichen und Feldpredigersohns bis zum Freiherrn und zum Generallieutenant den Beweis erblicken wollen, daß es mit dem also Ausgezeichneten ›*noch etwas Besonderes auf sich gehabt haben müsse*‹ etc. etc., aber man hat dabei übersehn oder übersehen wollen, daß eine frappierende Ähnlichkeit zwischen den Hohenzollern und den Offizieren ihrer Armee bis diesen Augenblick eine täglich wiederkehrende Erscheinung ist und daß ferner die hohen Auszeichnungen, deren sich gegen das Ende seiner Tage hin unser General allerdings zu erfreuen hatte, ihm nicht vom großen Könige, sondern von den beiden Nachfolgern desselben, zumal von Friedrich Wilhelm III., zuteil wurden.«

96 *Boyen* — Vgl. das Literaturverzeichnis, S. 764.

das Oberst von Wreechsche Haus — Vgl. S. 79 ff.

Beziehungen zur schönen Frau von Wreech — Vgl. »Das Oderland«, Kap. »Tamsel«, Abschnitt »Kronprinz Friedrich und Frau von Wreech«; Band 2 dieser Ausgabe.

berühmte Hochschule — An der 1694 eingeweihten Universität in Halle, das seit 1680 zu Brandenburg-Preußen gehörte, lehrten im 18. Jahrhundert so namhafte Aufklärer wie Christian Thomasius, Christian Wolff und Johann Salomo Semler. Die Universität war jedoch gleichzeitig eine Hochburg des Pietismus und wichtigste Ausbildungsstätte für die (oft mittellosen) preußischen Theologiestudenten.

97 *Arndt in seinen »Wanderungen …«* — Vgl. das Literaturverzeichnis, S. 764.

Verteidigung Cosels — Die Festung Cosel an der Oder, seit
dem 23. Januar 1807 von französischen und bayrischen Truppen belagert, wurde unter General Neumanns Kommando erfolgreich verteidigt, so daß die Belagerung am 17. Juli 1807
aufgehoben werden mußte.

Schlacht bei Preußisch-Eylau — Bei Eylau in Ostpreußen
fand am 7./8. Februar 1807 eine verlustreiche Schlacht zwischen Napoleonischen und russischen Truppen statt. Obwohl
ein (von General L'Estocq befehligtes) preußisches Korps auf
seiten der Russen eingriff, war deren Niederlage nicht aufzuhalten.

Vor-Scharnhorst — Der preußische General Scharnhorst, seit
1807 Vorsitzender der Reorganisationskommission der preußischen Armee, führte Reformen im Heerwesen ein und organisierte 1813 die allgemeine Volksbewaffnung.

Kommissariat — Hier: Militärverwaltungsbehörde.

Bosniaken — Leichte Reiterei.

Bayerischer Erbfolgekrieg — Militärische Auseinandersetzung
zwischen Preußen und Österreich (1778/79), ausgelöst durch
den Versuch Josephs II., nach dem Aussterben der bayrischen
Wittelsbacher einen Teil Bayerns zu annektieren. Der Konflikt
wurde durch Vermittlung Frankreichs und Rußlands beigelegt
(Friede von Teschen, 15. 3. 1779).

98 *Champagnefeldzug … Rheincampagne* — Zu Beginn des ersten Koalitionskrieges der europäischen Monarchien gegen
das revolutionäre Frankreich (1792/93—1797) fielen preußische Truppen im Sommer 1792 in die Champagne ein. Nach
der erfolglosen Kanonade von Valmy (20. September 1792)
wurden sie zum Rückzug gezwungen. Bis 1795 gelang es der
französischen Revolutionsarmee, nach erbitterten Gefechten
mit unterschiedlichem Ausgang, das gesamte linksrheinische
Gebiet an sich zu bringen. Preußen schied durch den Baseler
Friedensvertrag vom 5. April 1795 aus der konterrevolutionären Koalition aus.

Kościuszkos Auftreten — Der polnische General Kościuszko
trat am 24. März 1794 an die Spitze des Aufstandes gegen die
Teilungen Polens. Er schlug die Russen bei Racławice (4. April
1794), zwang die Preußen, die Belagerung Warschaus aufzuheben, unterlag aber bei Maciejowice (10. Oktober 1794) der
dreifachen russischen Übermacht und geriet verwundet in Gefangenschaft.

Angriff Madalinskis — Am 15. März 1794 überwältigte der

polnische General Madalinski bei einem Überraschungsangriff auf das Städtchen Szreńsk eine Halbschwadron preußischer Husaren.

98 *südpreußisch* — Südpreußen: Die bei der zweiten und dritten Teilung Polens (1793 und 1795) annektierten zentralpolnischen Gebiete, eingeteilt in die drei Departements Posen, Kalisch und Warschau.

Parteigänger — Partisan, Freibeuter.

Tage Zietens — Vgl. die fünfte Anm. zu S. 13 und die zweite Anm. zu S. 20.

Droysen, in seinem »Leben Yorcks« — Vgl. das Literaturverzeichnis, S. 765.

99 *insurgieren* — in Aufstand versetzen.

100 *Gefechte bei Kolno und Demniki* — Es handelt sich um kleinere militärische Operationen im Rahmen des polnischen Aufstandes von 1794. Am 9. Juli versuchten preußische Truppen, das von Polen besetzte Städtchen Kolno (nordwestlich von Białystok) zu erobern, das im Laufe des Gefechtes niederbrannte. Beide Kontrahenten mußten sich daraufhin, durch Verluste geschwächt, zurückziehen. Am 18. Juli gelang den Preußen die Erstürmung der Höhen von Demniki, wobei ihnen einiges Kriegsmaterial in die Hände fiel. Das umkämpfte Gebiet wurde nach der dritten polnischen Teilung (1795) von Preußen annektiert (Neu-Ostpreußen).

Kleiner Krieg — Militärische Operationen schwacher Abteilungen, die den Gegner zu schädigen suchen, ohne eine Entscheidung herbeiführen zu können.

mit ... Suworow ... gegen Warschau — Der russische General Suworow, Oberbefehlshaber der zur Niederschlagung des Kościuszko-Aufstandes eingesetzten zaristischen Truppen, eroberte am 4. Dezember 1794 die Warschauer Vorstadt Praga.

schon einmal gekämpft — Im schwedisch-polnisch-brandenburgisch-dänischen Krieg (1655—1660) errangen die zunächst verbündeten brandenburgischen und schwedischen Truppen bei Warschau einen Sieg über die Polen (28.—30. Juli 1656).

101 *Prüfungsjahre* — 1806—1813; vgl. die Anm. zu S. 102.

Briefwechsel zwischen Günther und Borowski — Vgl. das Literaturverzeichnis, S. 765. In Fontanes Anmerkungen zu W I^2 sind fünf Briefe Günthers an Borowski abgedruckt (S. 499—506).

Revue — Hier: Truppenparade.

Schwarzer Adlerorden — Vgl. die zweite Anm. zu S. 21.

101 *»Ich dien«* — (Meist mißverstandene) Devise des englischen
Bath-Ordens; hier im Sinne preußisch-militärischer Pflichter-
füllung.

... *Soldat* — In W I¹, S. 59, folgt der Zusatz: »Immer zeigte er
sich treu in Erfüllung seiner Pflicht, immer war er ein ritterli-
ches Vorbild, ein organisatorisches und militärisches Talent,
und doch, ohne jene kriegerische Episode am Narew würden
wir wenig oder nichts von ihm wissen. Selbst die Sage, die
sich an seine Geburt knüpft, würde nicht ausgereicht haben,
ihn vor dem Vergessenwerden zu bewahren, denn ein pikant-
anekdotisches Element *steigert* wohl ein schon vorhandenes,
auf Taten gegründetes Interesse, aber ist zu schwach, es zu
wecken.«

Der Krieg war unpopulär — In W I¹, S. 59, folgt: »die Teilung
Polens eine Maßregel, der die Sympathien der Völker niemals
zur Seite gestanden hatten«.

102 *Der Untergang des alten und das Wiedererstehn eines neuen
Preußens* — Gemeint sind die Zerschlagung des morschen absolutistischen preußischen Staates durch die Truppen Napoleons I. in und nach der Schlacht bei Jena und Auerstedt (Oktober 1806) sowie der nationale Befreiungskrieg des deutschen
Volkes gegen die französische Fremdherrschaft (1813/14), an
dem Preußen, gestärkt durch einige gemäßigte bürgerliche Reformen, einen wesentlichen Anteil hatte.

103 *Gleimsche Grenadiere* — Anspielung auf Gleims »Preußische
Kriegslieder in den Feldzügen von 1756 und 1757 von einem
Grenadier« (1758), die das »Preußentum« feierten und wesentlich zur Herausbildung preußisch-militaristischer Haltun-
gen beitrugen.

7. Karl Friedrich Schinkel

Mit dem Schinkel-Aufsatz hat Fontane sich bereits zu Beginn seiner Arbeit an den »Wanderungen« beschäftigt — im September 1859, im Anschluß an die erste Reise nach Neuruppin und in
dessen Umgebung (vgl. S. 605 f.). Im Oktober und November 1859
schrieb er die erste Fassung nieder, in der er das während der
Reise zusammengetragene Material verarbeitete, das er zum Teil
den eigenen Recherchen in Neuruppin und Kränzlin, zum Teil den
Aussagen noch lebender Zeitgenossen Schinkels verdankte. Diese
Urfassung mit der Überschrift »Das Schinkelsche Haus und der Superintendentensohn. Kleine Notizen aus Schinkels Knabenjahren.
Ein Schinkelscher Brief aus Sizilien« wurde am 11. März 1860 unter dem Sammeltitel »Märkische Bilder« in der »Neuen Preußischen (Kreuz-)Zeitung«, Nr. 61, abgedruckt und bildete in der er-

sten Buchausgabe (1862) unter der leicht gekürzten Überschrift
»Schinkels Geburtshaus und seine Kinderjahre. Ein ungedruckter
Schinkelscher Brief« das Kapitel 5 des Neuruppin-Zyklus.

Als im Sommer 1864 die zweite Auflage der »Grafschaft Ruppin« vorbereitet wurde, arbeitete Fontane das Kapitel vollständig
um und erweiterte es. Bereits am 11. oder 12.Mai 1864 hatte er seinem Verleger angekündigt: »Die Dinge liegen so, daß das erste
wirklich umzuarbeitende Kapitel der Schinkel-Aufsatz ist, an dessen Stelle eine vollständige Biographie Schinkels unter Benutzung
des jetzt reichlich vorhandenen Materiales (Waagen, Wolzogen,
Adler, Eggers) treten soll. Die ganze Arbeit ist in mir fertig; schreiben möchte ich sie erst in dem Moment, wo der Druck beginnt.«
Besonders das 1862 erschienene Werk »Aus Schinkels Nachlaß.
Reisetagebücher, Briefe und Aphorismen« von Carl August Alfred
von Wolzogen, dem Schwiegersohn des Künstlers, das Fontane im
Juli desselben Jahres in Händen hatte, scheint ihn zu einer Neuauf-
nahme der Arbeit veranlaßt zu haben, zumal Wolzogen sich in seinem Buch namentlich auf Fontane bezieht und ihm hinsichtlich der
»italienischen Correspondence« Schinkels einen schwerwiegenden
Irrtum nachweist, der Fontane in der ersten Fassung des Aufsatzes
auf Grund mangelhafter Quellenkenntnis unterlaufen war (vgl. die
erste Anm. zu S. 106).

Die zweite Fassung des Kapitels wurde am 4. und 11.November
1864 im Cottaschen »Morgenblatt für gebildete Leser«,
S.1062—1069 bzw. S.1085—1089, abgedruckt und fast gleichzeitig
(Ende Oktober) — nunmehr unter der Überschrift »Karl Friedrich
Schinkel« — in der zweiten Auflage der Buchausgabe (vordatiert
auf 1865) veröffentlicht.

Außer der genannten Edition Wolzogens hat Fontane für die Ar-
beit am Schinkel-Kapitel folgende Literatur benutzt (die vollständi-
gen Angaben finden sich jeweils im Literaturverzeichnis; vgl.
S. 764): Kugler, »Karl Friedrich Schinkel ...«. — Waagen, »Karl
Friedrich Schinkel als Mensch und Künstler«. — Wolzogen,
»Schinkel als Architekt, Maler und Kunstphilosoph«.

104 *Ehrwürdig dünkt euch ...* — Platen, »Brunelleschi«, Strophe 1, Vers 1 und Strophe 2, Vers 1 sowie (zur Hälfte) Vers 2.
Popularität — In W I^2, S. 82, folgt der Zusatz: »und wird in
dem seine Lieblingsgestalten treu hegenden Volksgemüt noch
fortleben, wenn Schinkel und seine Schöpfungen in der Erinnerung der Nachwelt zu bloßen Namen geworden sein werden«.
... wesentlichsten Moment — In W I^2, S.82, folgt der Zusatz:
»Man nehme ihn [Schinkel] weg, und — eine Lücke ist da.«

104 *»alles ist eitel«* — »Es ist alles ganz eitel ...«; Altes Testament, Der Prediger Salomo 1, 2.

105 *»Briefe und Tagebücher«* — »Aus Schinkels Nachlaß«, herausgegeben von Wolzogen; vgl. das Literaturverzeichnis, S. 769.

die jetzige Superintendentenwohnung — Das Haus steht noch und dient dem gleichen Zweck.

Predigerwitwenhaus — Es steht in der Fischbänkenstraße und trägt eine Gedenktafel für Schinkel.

106 *Briefe aus Italien* — In W I[1], wo er im Kap. »Neuruppin. 5« (S.63—73) einen Brief Schinkels (datiert: 14., 24. und 31.Mai 1804) mitteilt, schreibt Fontane noch (S.66): »Die italienische Correspondence des Meisters, jene Reihenfolge von Briefen, die er von Rom, Neapel und Sizilien aus an seine Schwester in Kränzlin richtete, ist bis auf *einen* Brief verlorengegangen ... Dienstmädchenhände haben Ofenfeuer damit gemacht.« Wolzogen widerlegte in seiner Edition diesen Irrtum Fontanes.

Graues Kloster — Vgl. die fünfte Anm. zu S.68.

junger Gilly — Friedrich Gilly. Vgl. Fontanes Fußnote in »Das Oderland«, Kap. »Steinhöfel«, Abschnitt »Valentin von Massow«; Band 2 dieser Ausgabe.

107 *die Ansicht Waagens* — In seinem Schinkel-Buch; vgl. das Literaturverzeichnis, S.769.

108 *Partinico* — Stadt im Nordwesten Siziliens.

von Goethe ... genannt — »Schinkels große, bewundernswürdige Federzeichnungen ... hielten meine Betrachtung von vielen Seiten fest.« (»Tag- und Jahreshefte«, 1817.)

»Von Jugend auf ... rechnen« — Goethe, »Tag- und Jahreshefte«, 1820; ungenau zitiert.

Theaterbau — Gemeint ist der Bau des Berliner Schauspielhauses; vgl. die siebte Anm. zu S.113.

»Landungsbrücke von Calais« — Gemeint ist das Bild »Am Pier von Calais«, das 1803 entstand.

Stückpforten — Öffnungen in der Seitenwand eines Schiffes, die als Schießscharten für die Kanonen (Stücke) dienten.

Großer Stern — Bedeutendste Wegkreuzung im Berliner Tiergarten.

109 *prävalieren* — das Übergewicht, den Vorzug haben.

Tempeltrümmer von Girgenti — Das um 582 v. u. Z. gegründete antike Agrigent (ital. Girgenti, heute Agrigento) an der Südwestküste Siziliens war 406 v. u. Z. von den Karthagern zerstört worden. Reste von dorischen Tempeln zeugen heute noch von der einstigen kulturellen Blüte der Stadt.

sarazenische Baukunst — Von Schinkel selbst häufig verwendete, nicht differenzierende Sammelbezeichnung für die Architektur des Mittelalters.

109 *Vetturinfahrt* — Fahrt mit einer Lohnkutsche.

110 *Capisco* ... — (ital.) Ich verstehe, das Geld ist gekommen.

unglückliche Katastrophe — Gemeint ist der Zusammenbruch des preußischen Staates im Jahre 1806; vgl. die Anm. zu S.102.

perspektivisch-optische Bilder — »Nach seiner Rückkehr aus Italien ... malte Schinkel jährlich Bilder für die kleinen Weihnachtsausstellungen des Herrn W[ilhelm] Gropius, die zu ihrer Zeit großen Beifall beim Publikum fanden.« (Franz Kugler.) In einem erklärenden Textblatt, das auf den Ausstellungen verteilt wurde, werden die »perspektivisch-optischen Gemälde« — Vorläufer der Dioramen (runde Durchscheingemälde), die der Maler Karl Wilhelm Gropius (Sohn von Wilhelm Gropius) seit 1827 in Berlin zeigte — folgendermaßen charakterisiert: Das Auge gleitet »bei diesen Gemälden, sobald der Vorhang aufrollt, aus dem magischen Dunkel, welches es vorher umschloß, durch eine wohlgeordnete perspektivische Kolonnade auf Szenen, welche, mit Kunst und Geschmack gewählt, zweckmäßig beleuchtet, bei einem bestimmten Gesichtspunkte den forschenden Blick des Verstandes fesseln, ohne dem freien Fluge der Phantasie Grenzen setzen zu wollen.«

111 *Taormina* — Stadt an der Ostküste Siziliens mit zahlreichen antiken Bauresten (u. a. von einem griechischen und einem römischen Theater). Taormina gewährt einen malerischen Ausblick auf das Meer und auf den Ätna.

Chamonix-Tal — Das Tal von Chamonix in den französischen Alpen ist wegen seiner landschaftlichen Schönheit berühmt.

Markusplatz — In Venedig.

Brand von Moskau — Napoleon I., der am 14. September 1812 mit seiner Großen Armee Moskau eingenommen hatte, wurde durch den großen Brand der Stadt (15.–19. September 1812) zum Rückzug aus Rußland gezwungen.

Leipziger Schlacht — Die Völkerschlacht bei Leipzig (16.–19. Oktober 1813), in der Napoleon I. von Truppen der russisch-preußisch-österreichisch-schwedischen Koalition besiegt wurde.

Elba, St. Helena — Verbannungsorte Napoleons I. nach seiner Abdankung 1814 bzw. 1815.

Sieben Wunder der alten Welt — Sieben Weltwunder: Antike Bau- und Kunstwerke, deren erhalten gebliebene Reste von ihrer einstigen Pracht zeugen. Es sind: die ägyptischen Pyra-

miden, die sogenannten Hängenden Gärten der (sagenhaften
Königin) Semiramis zu Babylon, der Artemis-Tempel zu
Ephesus, die Bildsäule des Olympischen Zeus von Phidias,
das Mausoleum zu Halikarnassos, der Koloß des Helios zu
Rhodos und der Leuchtturm auf der Insel Pharos.

Kugler nannte ... — In seinem Schinkel-Buch; vgl. das Literaturverzeichnis, S. 766.

112 *Neu-Hardenberg* – Vgl. das entsprechende Kap. in »Das Oderland«; Band 2 dieser Ausgabe.

Wagnersche Sammlung — Die aus 262 Bildern zeitgenössischer Künstler bestehende Sammlung des Berliner Kauf-
manns Joachim Heinrich Wilhelm Wagener fiel nach dessen
Tod (1861) durch Schenkung an den preußischen Staat; sie
bildete den Grundstock der Nationalgalerie, die 1876 das neu-
errichtete Gebäude nördlich des Alten Museums bezog. Wa-
geners Schinkel-Bilder sind seit 1931 Bestandteil des Schin-
kel-Museums (vgl. die zweite Anm. zu S. 48).

Friedensschluß von 1815 — Gemeint ist der Pariser Friedensvertrag vom 20. November 1815 zwischen der antinapoleoni-
schen Koalition und dem besiegten Frankreich.

113 *Geist von seinem Geist* — Abwandlung des Bibelwortes »Das
ist doch Bein von meinem Bein und Fleisch von meinem
Fleisch ...« (Altes Testament, 1. Mose 2, 23).

alles war niedergebrannt — Im Jahre 1666 war London durch
eine Feuersbrunst zu vier Fünfteln zerstört worden.

Königswache — Neue Wache; klassizistischer Bau Unter den
Linden, errichtet 1816—1818. Das 1945 stark beschädigte
Gebäude wurde seit 1957 wiederhergestellt und 1969 nochmals verändert. Diente in der Zeit der DDR als Ehrenmal für
die Opfer des Faschismus und Militarismus. Seit 1993 nationale Gedenkstätte für die Opfer von Gewaltherrschaft und Krieg.

Domkirche (Restauration) — Schinkel hat die 1747—1750
von Johann Boumann dem Älteren errichtete Berliner Domkirche an der Ostseite des Lustgartens zwischen 1816 und
1821 mehrfach umgestaltet (innen und außen). 1893 wurde
das Bauwerk abgebrochen; an seine Stelle trat der
1894—1904 errichtete neue Dom, der, im zweiten Weltkrieg
stark beschädigt, bis 1975 in seiner äußeren Gestalt wiederhergestellt wurde. Die Trau- und Taufkirche ist seit 1980 restauriert; der Innenausbau geht weiter.

Kreuzberg-Monument — Turmartiger neugotischer Bau aus
Gußeisen; 1818—1821 auf dem Berliner Kreuzberg zur Erinnerung an den Befreiungskrieg von 1813—1815 errichtet. Die
in zwölf Nischen angebrachten, von Christian Daniel Rauch,

Friedrich Tieck und Ludwig Wichmann geschaffenen Statuen symbolisieren die wichtigsten Schlachten des Krieges. In der Folgezeit wurde das Denkmal mehrfach verändert; die letzte große Restaurierung fand 1959 statt.

113 *Monument für ... Scharnhorst* — Auf zwei starken, pfeilerartigen Steinen stehender, weißer Marmorsarkophag mit umlaufendem Relief (von Friedrich Tieck) und auf der Deckplatte ruhendem Löwen aus Metall (von Rauch). Das Denkmal wurde am 2.Mai 1834 eingeweiht.

Schauspielhaus — Klassizistischer Bau auf dem Gendarmenmarkt; errichtet 1818–1821. Das Schauspielhaus, in dem der Theaterkritiker Fontane fast zwanzig Jahre lang den Parkettplatz 23 innehatte, wurde 1945 stark beschädigt, ist inzwischen aber wiederaufgebaut und 1984 als Konzerthaus eröffnet worden.

Wachthäuser — Sie wurden im zweiten Weltkrieg zerstört.

Altes Museum — Zweigeschossiger klassizistischer Bau am Lustgarten, errichtet 1824–1830. Außenbau, Kuppelsaal und Vorhalle des im zweiten Weltkrieg zerstörten Gebäudes wurden 1951–1966 originalgetreu, die übrigen Räume modern wiederaufgebaut.

Lustgarten — Vom Großen Kurfürsten (Friedrich Wilhelm) begründete und im Laufe der Zeit häufig veränderte Anlage im Zentrum Berlins. Im Zusammenhang mit dem Bau der Schloßbrücke und des Alten Museums sowie der Dom-Restauration hat Schinkel auch den Lustgarten (bis 1834) neu gestaltet: Die eisenumzäunten Rasenflächen und die in strengen Reihen gepflanzten Kugelahorn-Bäume bezogen sich auf die Symmetrieachse des Museums; der Springbrunnen (inzwischen wieder an alter Stelle) befand sich im Schnittpunkt von Dom und Museum. 1934 wurde das Gelände zum gepflasterten Aufmarschplatz umgestaltet.

Schloßbrücke samt ihren Statuten — Die Schloßbrücke wurde 1822–1824 nach Schinkelschen Entwürfen erbaut. Auf acht Granitpostamenten waren, 1845-1847 von Schülern Rauchs geschaffen, marmorne Skulpturengruppen (zur Erinnerung an die Befreiungskriege) aufgestellt. Die Statuen wurden während des zweiten Weltkrieges geborgen, befinden sich aber seit 1984 wieder auf der Brücke.

Friedrich-Werdersche Kirche — Einschiffiger neugotischer Backsteinbau am Werderschen Markt; errichtet 1824—1830. Die Kirche wurde 1945 stark beschädigt. Ihr Wiederaufbau wurde 1987 abgeschlossen. Das Bauwerk dient heute als Schinkel-Museum.

113 *vier Kirchen ... in Wedding und Moabit, ... vor dem Rosen-*
thaler Tor und auf dem Gesundbrunnen — In den ersten Jahrzehnten des 19. Jahrhunderts wuchs die Bevölkerung der
nördlichen Berliner Vorstädte so stark an, daß man den Bau
neuer Kirchen für notwendig hielt. 1828 bekam Schinkel vom
König den Auftrag, zwei große Kirchen zu entwerfen, von denen eine in Wedding, die andere vor dem Rosenthaler Tor errichtet werden sollte. 1832 wurde der Auftrag geändert: statt
für zwei große sollte Schinkel nun die Entwürfe zu vier kleinen Kirchen ausarbeiten. (Mit dem Bau der Kirche vor dem
Rosenthaler Tor war aber inzwischen schon begonnen worden.) *1. Wedding,* Nazarethkirche: Rechteckiger neuromani-
scher Backsteinbau, errichtet 1832 bis 1835. Im Jahre 1906
wurde das Innere verändert, u. a. eine Decke eingezogen. –
2. Moabit, Sankt-Johannes-Kirche: Rechteckiger neuromani-
scher Backsteinbau, errichtet 1835; 1854–1856 auf Anordnung Friedrich Wilhelms IV. erweitert. Eine zweite Erweiterung erfolgte 1896 (Querschiff). Im zweiten Weltkrieg wurde
die Kirche beschädigt, 1957 wiederhergestellt. – *3. Vor dem*
Rosenthaler Tor, Elisabethkirche: Klassizistischer Saalbau mit
Säulenvorhallen, errichtet 1832–1834; 1938 restauriert. Im
zweiten Weltkrieg wurde die Kirche bis auf die Umfassungsmauern zerstört; ihr Wiederaufbau wird in Erwägung gezogen. – *4. Gesundbrunnen,* Sankt-Pauls-Kirche: Klassizistischer Saalbau, errichtet 1835. Die Ausstattung erfuhr nach
Schinkels Tod zahlreiche Veränderungen. Im zweiten Weltkrieg wurde die Kirche beschädigt, 1956/57 wiederhergestellt
und im Innern modernisiert.

die Palais der Prinzen Karl und Albrecht – Die beiden Ba-
rockpalais in der Wilhelmstraße wurden 1827/28 bzw. nach
1830 auf Grund Schinkelscher Pläne im klassizistischen Duk-
tus um- und ausgebaut. Beide Gebäude wurden im zweiten
Weltkrieg zerstört.

Packhofsgebäude – 1826–1830 nach Entwürfen Schinkels
errichtete, aus Magazin, Kontor und Wohngebäuden bestehende Spreekai-Anlage auf der westlichen Seite der Museums-
insel. Der überwiegend in sparsamer Zweckarchitektur aus
unverputzten Backsteinen erbaute Komplex, dessen Schmuck
sich auf architektonische Gliederung beschränkte, wurde seit
1843 immer weiter zugunsten der Museumsneubauten abgetragen. 1938 erfolgte der Abriß des letzten Gebäudes der
Packhofanlage.

114 *Graf Redernsches Palais* – Dreigeschossiger Barockbau am
Pariser Platz; 1729–1736 errichtet, 1829–1833 von Schin-

kel im Gepräge eines Florentiner Stadtpalastes umgebaut. Das
Gebäude wurde 1905 abgebrochen; an seiner Stelle wurde
das Hotel Adlon errichtet.

114 *Einfahrt in die Neue Wilhelmsstraße* — Zweigeschossiger
klassizistischer Bau, der 1822 in die Häuserzeile der Straße
Unter den Linden gesetzt und dessen Erdgeschoß als Passage
zur Neuen Wilhelmstraße ausgebaut wurde. 1867 wurde das
Gebäude durchbrochen, und beide Straßen wurden miteinander verbunden; 1905 hat man die letzten Bauteile entfernt.

Sternwarte am Enckeplatz — Langgestreckter klassizistischer
Bau mit drehbarer Kuppel, errichtet 1832—1835. Die Figu-
rengruppe im Giebelfeld der Eingangsfront sowie die Giebel-
aufsätze waren nach Entwürfen Schinkels aus Zink angefertigt
worden. 1913 wurde das Bauwerk, inzwischen für wissenschaftliche Zwecke ungeeignet, bis auf einen Rest abgerissen,
den man dann 1937 beseitigt hat.

Bauschule — Bauakademie: Viergeschossiger quadratischer
Backsteinbau mit Innenhof, errichtet 1832—1835. Portale,
Fensterbrüstungen und -bögen waren mit Terrakottaschmuck
versehen. Das für die Backsteinarchitektur der folgenden Jahrzehnte richtungweisende Bauwerk hat nach Schinkels Tod im
Innern zahlreiche Veränderungen erfahren. Am 3. Februar
1945 durch Bomben stark zerstört, wurde es nach dem Krieg
abgetragen und (etwa) an seiner Stelle das Gebäude des
Außenministeriums der DDR etabliert, das 1995 wieder abgerissen wurde.

Casino — Zivilcasino: Zweigeschossiges klassizistisches Gebäude, 1823/24 für die Potsdamer Casinogesellschaft errichtet. Es beherbergte eine Vielzahl verschiedener Gesellschafts-
räume, u. a. einen großen und einen kleinen Saal sowie ein
Speiserestaurant. Am 14. April 1945 wurde das Casino durch
einen britischen Luftangriff zerstört. An seiner Stelle entstanden in den ersten Nachkriegsjahren Neubauwohnungen.

Schloß Glienicke — Klassizistische Anlage von locker, zum
Teil asymmetrisch gruppierten Gebäuden; 1824—1826 von
Schinkel aus einem vorhandenen Bau zum Sommersitz des
Prinzen Karl von Preußen umgestaltet. Schloß Kleinglienicke
wurde im zweiten Weltkrieg beschädigt und ab 1951 wieder-
hergestellt.

Nikolaikirche — Klassizistischer Zentralbau, errichtet
1831—1837. Die Kuppel und die vier Ecktürme haben Ludwig Persius und August Stüler 1843—1848 nach Schinkels
Plan ausgeführt. Die Kirche wurde 1945 stark beschädigt; ihr
Wiederaufbau wurde 1981 abgeschlossen.

114 *Kavalierhaus auf der Pfaueninsel* — Bei der Erweiterung des
sogenannten Kavalierhauses im Zentrum der Insel verwendete
Schinkel 1824 die Sandsteinfassade eines spätgotischen Hauses aus Danzig.

Brücke zu Glienicke — Die 1831—1834 nach Entwürfen
Schinkels errichtete massive Steinbrücke wurde 1907 aus ver-
kehrstechnischen Gründen zugunsten eines neuen Brücken-
baus abgebrochen.

Charlottenhof — Eingeschossiger klassizistischer Bau im Park
von Sanssouci, errichtet 1826—1829. Schloß Charlottenhof
wurde 1965—1968 restauriert.

Schloß Babelsberg — Neugotischer Bau, errichtet 1834/35.
(Die Erweiterung von 1845 bis 1849 geht nicht auf Schinkel
zurück.) Schloß Babelsberg dient heute als Museum für Ur-
und Frühgeschichte.

In Tegel: das Schlößchen — Schlichter dreigeschossiger klassizistischer Bau mit vier Ecktürmen; von Schinkel 1822—1824
aus einem ehemaligen Jagdschloß des Großen Kurfürsten für
Wilhelm von Humboldt umgebaut. (Auch die Wohnräume
wurden nach Schinkels Entwürfen ausgemalt.) Das Schlößchen Tegel blieb im zweiten Weltkrieg unversehrt und wurde
in den fünfziger Jahren restauriert. Vgl. auch die dritte Anm.
zu S. 32.

in Stralau: die Kirche — Einschiffige spätgotische Dorfkirche
von 1464. Der Turm-Neubau von 1823/24 von Friedrich Lan-
gerhans wurde lange Zeit irrtümlich Schinkel zugeschrieben,
weil dieser einen Gegenentwurf angefertigt hatte, der aber un-
berücksichtigt blieb. Die Kirche wurde 1945 zerstört und
1949 wiederhergestellt.

sparsamer König — Friedrich Wilhelm III.

116 *Ossian-Land* — Die Inseln Staffa und Iona vor der schottischen Westküste gelten als Heimat des legendären gälischen
Volkssängers Ossian (3. Jahrhundert). Die Gestalt Ossians
spielte in der europäischen, namentlich in der deutschen Literatur des 18. und 19. Jahrhunderts eine gewichtige Rolle, nachdem der schottische Dichter James Macpherson seine schwär-
merisch-empfindsamen Lieder (1760—1763) als Ossian-Über-
setzungen ausgegeben hatte.

Fingals-Höhle — Von der Brandung in das Basaltgestein ge-
spülte Höhle auf der Insel Staffa; benannt nach dem legendären Fürsten Fingal, der als Vater Ossians gilt.

117 *Schilderungen im »Piraten«* — In seinem Roman »Der Pirat«
(1822) schildert Walter Scott eine Klippe auf einer der Shet-
landinseln.

117 *Wolzogen … Schinkelsche Briefe* — Vgl. das Literaturverzeichnis, S. 769.

Wer das Glück hat … — Im August 1858 hat Fontane mit seinem Freund Bernhard von Lepel Schottland bereist. In dem Buch »Jenseit des Tweed. Bilder und Briefe aus Schottland« (1860) sind den Inseln Staffa und Iona eigene Kapitel gewidmet.

»Aus Schinkels Nachlaß« — Von Wolzogen; vgl. das Literaturverzeichnis, S. 769.

119 *Friedhof der Dorotheenstädtischen oder Friedrich-Werderschen Gemeinde* — In der Chausseestraße; Grab und Monument sind erhalten geblieben.

120 *Hermbstädtsches Monument* — Das Grab des Chemikers und Pharmazeuten Sigismund Friedrich Hermbstädt befindet sich ebenfalls auf dem Dorotheenstädtischen Friedhof.

hat ihn Franz Kugler geschildert — In seinem Schinkel-Buch; vgl. das Literaturverzeichnis, S. 766.

121 *Beuth* — Das 1861 auf dem ehemaligen Schinkelplatz errichtete Beuth-Denkmal von August Kiss befindet sich heute im Märkischen Museum.

Thaer — Denkmal von Rauch, 1860 errichtet.

Wolzogensches Werk — »Aus Schinkels Nachlaß«; vgl. das Literaturverzeichnis, S. 769.

Wolzogen, »Schinkel als Architekt …« — Vgl. das Literaturverzeichnis, S. 769.

Blücher-Statue — Das 1826 von Rauch geschaffene Blücher-Denkmal vor dem Operncafé (früher Prinzessinnenpalais) wurde 1962 wieder aufgestellt.

Waagen … sagt von ihm — In seinem Schinkel-Buch; vgl. das Literaturverzeichnis, S. 769.

122 *Charlottenhof* – Vgl. die neunte Anm. zu S. 114.

123 *er aß nur, um zu leben* — »Wir leben nicht, um zu essen, sondern wir essen, um zu leben«; Sprichwort nach dem Ausspruch des Sokrates, andere Leute lebten, um zu essen, er aber esse, um zu leben.

»Und hinter ihm …« — Goethe, »Epilog zu Schillers Glocke«, Strophe 4, Vers 7 f.

124 *Neue Wache* — Vgl. die dritte Anm. zu S. 113.

125 *Projekt zu einem Mausoleum für die Königin Luise* — Der neugotische Entwurf Schinkels von 1810 wurde nicht realisiert. Das Mausoleum in Charlottenburg wurde nach Plänen von Heinrich Gentz erbaut; das Marmorgrabmal für die Königin Luise (errichtet 1815) schuf Rauch.

126 *Kunstreformation im gotischen … Geiste* — Vgl. Fontanes

Ausführungen zu diesem Thema in »Havelland«, Kap. »Pet-
zow«; Band 3 dieser Ausgabe.

126 *Schinkel-Fest* — Das Erinnerungsfest wurde vom Architekten-
verein jedes Jahr am 13. März, Schinkels Geburtstag, begangen.

8. Michel Protzen

Der Aufsatz ist zusammen mit der Skizze »Am Wall« (vgl. S. 671)
entstanden und publiziert worden.

Mit der Stoffsammlung begann Fontane im Januar 1873. Im Hinblick auf eine Erweiterung des ersten »Wanderungen«-Bandes, für
dessen dritte Auflage zunächst zwei Halbbände vorgesehen waren,
schrieb Fontane am 20. Januar an seine Schwester Elise: »Ich habe
mir dafür (zum Schreiben), bis auf weitres, folgende [5] Kapitel ausgesucht: 1. Michel Protzen ... Drei davon würden also speziell
noch unter ›Neuruppin‹ kommen. Wie denkst Du nun darüber?
Ich hoffe, alles wird Deine Zustimmung haben, vielleicht mit Ausnahme von *Michel Protzen.* Und doch leistete ich, wenn ich nicht
durch Magerkeit des Stoffs gezwungen werde, nicht gern darauf
Verzicht. Ich habe nämlich allerhand über *märkisches Bürgertum,*
Schmeichelhaftes und Unschmeichelhaftes, auf der Seele, was ich
bei der Gelegenheit gern anbringen möchte. Es handelt sich nun
darum, ob die so reichlich existierenden achtzig- und neunzigjährigen Ruppiner Herren und Damen Lust und Fähigkeit haben, mir
Charakteristisches und Charaktervolles über meinen Helden aus
dem ›Gasthof zur Sonne‹ mitzuteilen. Sein Bild steht mir noch
deutlich vor der Seele. Tante Minna wird allerhand wissen, aber
schwerlich Dinge, die ich brauchen kann; besser ist Alexander
Gentz und am besten Starke. Bitte, horche also mal, wie die Glok-
ken läuten.« Da Elise von der Behandlung dieses Themas abriet,
mußte sich Fontane wenige Tage später noch einmal mit Nachdruck dafür einsetzen, zumal er auf die Mithilfe der Schwester bei
der Materialbeschaffung angewiesen war. Im Brief vom 29. Januar 1873 heißt es: »... ad 1. *Michel Protzen.* Du meinst, er wäre,
so dick er war, doch nur ein magrer Stoff. Kann sein. Ich lasse mich
dadurch nicht abschrecken. Oft sind die besten Kapitel aus magrem
Stoff hervorgegangen. Zudem brauche ich Abwechslung, und die
bietet er mir. Es ist mal etwas andres. Und darauf muß ich achten,
daß nach Möglichkeit immer neue Schüsseln auf den Tisch kommen. Bitte also herzlichst ..., mit der Einheimsung beginnen zu
wollen. Wenn es auch nur ein Ährenlesen ist. Unwert ist nichts; ja,
eine vieljährige Erfahrung auf diesem Gebiet hat mich gelehrt, daß
die gesprochne und die geschriebene Anekdote ganz verschiedene
Gesetze haben und daß das, was in der mündlichen Erzählung sich

insipide ausnimmt, in einem Kapitel vorzüglich wirken kann. Noch häufiger ist es, daß eine Pikanterie schwarz auf weiß völlig verlorengeht und nur noch ungeschickt und langweilig wirkt. Soviel über M. Protzen. Wenn ich nach Ruppin komme (ich denke, in etwa vierzehn Tagen), hoff ich ein schönes Material auf Zetteln vorzufinden.« (Im Notizbuch A 2 mit der Aufschrift: »1873. Im Herbst — Ruppin« findet sich auf Blatt 76 folgende Liste:

»*Mitnehmen*

1. Noch etwas Wäsche
2. Beinkleider
3. Hemdknöpfe,
4. Papier, Briefpapier, Federn etc.
5. Bücher
6. Alle meine Notizen über Michel Protzen, Gentz, Kirchhof etc. etc.«)

Elise Fontane hat die Bitte dann offenbar, die »achtzig- und neunzigjährigen Ruppiner Herren und Damen« aus dem Spiel lassend, an Alexander Gentz weitergegeben, und von diesem erhielt der Autor die Mitteilungen, auf deren Grundlage der Aufsatz entstand. Fertiggestellt wurde er im Oktober 1873; denn am 12. Oktober konnte Fontane Gentz berichten: »Ich bin in den letzten vierzehn Tagen sehr fleißig gewesen und habe bereits geschrieben: ›Michel Protzen‹, ›Civibus aevi futuri‹, ›Am Wall‹. Diese drei Kapitel kommen noch ... zu dem Abschnitt ›Neuruppin‹.« Im Januar 1874 schickte Gentz dann noch einige zusätzliche Informationen über das Thema, darunter eine Auskunft, die frühere Aussagen über Protzens Verhalten im Jahre 1806 (vgl. S. 128) revidierte. Fontane, der daraufhin allerdings keine Veränderung des Kapitels mehr vornahm, erwiderte am 19. Januar 1874: »Für die Notizen über M. Protzen, die Ihnen gewiß Mühe gemacht haben, besten Dank. Ich ersehe daraus, daß er 1806 im Oktober wenigstens neunundzwanzig Jahre alt war, daß sich dadurch also die Geschichte erledigt: er habe, als Junge, den franz. Offizieren den Respekt versagt und habe deshalb, auf Ordre seines Vaters, immer hinter dem Stuhl des franz. Generals stehen müssen. Sonderbar, alle solche Geschichten lösen sich immer in Nebel auf. Wie vielen der Art bin ich nun schon auf meinen ›Wanderungen‹ begegnet! Das Volk hat eine unbezwingbare Neigung, entweder zu lügen oder sich die Dinge zurechtzumachen. Der betr. Opponent vom Familienstandpunkt aus soll übrigens kein Protzen, sondern ein Ebell gewesen sein.«

Der Vorabdruck des Aufsatzes erfolgte — zusammen mit »Am Wall« — am 4. März 1874 im »Wochenblatt der Johanniter-Ordens-Ballei Brandenburg«, Nr. 9, S. 51 ff., unter dem Sammeltitel »Aus

Stadt und Grafschaft Ruppin« (»1. Michael Protzen, 2. Am Wall«),
und im Sommer 1874 ging das Kapitel in die dritte Auflage der
Buchausgabe (1875) ein.

127 *Deutsch und verständlich! ...* — Schiller, »Kabale und
Liebe« II, 6.
Gasthof — »Zur Krone«; in der heutigen Karl-Marx-Straße 81
in Neuruppin. Vgl. die zweite Anm. zu S. 134.
Dies alles ist mir untertänig ... — Schiller, »Der Ring des Po-
lykrates«, Strophe 1, Vers 4 und 6.
Kurfürstenbild auf der Langen Brücke — Das Reiterstandbild
des Großen Kurfürsten von Schlüter (1703) befindet sich
heute im Vorhof des Charlottenburger Schlosses.
in optima forma — (lat.) in vollendeter Gestalt.
Reichs- und Hansastädte — In Deutschland gab es bis Anfang
des 19. Jahrhunderts 51 reichsunmittelbare oder Freie Städte
(Reichs-, Freie Reichs- und Hansestädte), die sich im 13./14.
Jahrhundert von der fürstlichen Landeshoheit befreit und die
Selbstverwaltung erlangt hatten; sie besaßen Sitz und Stimme
auf dem Reichstag.
als das Königreich Preußen ins Dasein sprang — 1701.

129 *Wie unsre Ururväter spielte er um all und jedes* — »Verwunderung erregt ihr Würfelspielen. In nüchternem Zustande, in
geschäftlichem Ernst treiben sie es mit solcher Tollkühnheit
bei Gewinn und Verlust, daß sie, wenn alles hin ist, auf den allerletzten Wurf ihre Person und Freiheit setzen. Der Verlie-
rende gibt sich freiwillig in die Knechtschaft.« (Tacitus, »Ger-
mania«, Kap. 24; Übersetzung von Max Oberbreyer.)

130 *Piquet ... Whist en deux* — Kartenspiele zwischen zwei Perso-
nen.
Im März 1848 — Während der bürgerlich-demokratischen Re-
volution in Deutschland.
Schadow — Vgl. »Spreeland«, Kap. »Saalow«; Band 4 dieser
Ausgabe.
Geist von Beeren — Vgl. das gleichnamige Kap. in »Spree-
land«; Band 4 dieser Ausgabe.
Grabdenkmal ... auf dem »alten Kirchhof« – Der Protzen-
Grabstein ist nicht erhalten. Vgl. die siebente Anm. zu S. 139.
Ein gutes Portrait — Über den Verbleib ist nichts bekannt.
Protzen ist auf einem kleinen Genregemälde abgebildet, das
sich im Besitz des Neuruppiner Heimatmuseums befindet.

9. Gustav Kühn

Fontane hat Mitte Juli 1861 an dem Aufsatz gearbeitet, der dann im November desselben Jahres in der Erstausgabe des Bandes 1 (1862) zum ersten Mal publiziert wurde. Ein Vorabdruck ist nicht nachweisbar. In der ersten und zweiten Auflage hat das Kapitel noch keine Überschrift und beginnt mit dem Motto (»Bei Gustav Kühn in Neuruppin«).

131 *»Bei Gustav Kühn ...«* — Impressumvermerk auf den Neuruppiner Bilderbogen.

zivilisatorische Aufgabe ... — Anspielung auf die weite Verbreitung des Neuruppiner Bilderbogens. In den Anmerkungen zu W I², S. 506 f., findet sich die später wieder gestrichene Bemerkung Fontanes: »Die *Bilderbogenproduktion* ist im Ruppinschen in einem beständigen Steigen begriffen. Seit Jahren existiert eine Konkurrenzfirma (L. Oehmigke) neben der Gustav Kühnschen Fabrik. Die Anzahl der Bilder, die alljährlich in die Welt geht, rechnet nach Hunderttausenden. Während des Krieges in Schleswig war die Nachfrage so groß, daß Filiale errichtet werden mußten, und in den benachbarten kleinen Städten (Alt Ruppin, Lindow, Wusterhausen) waren Hunderte von Händen mit Kolorieren beschäftigt. Aus Dänemark kamen Anfragen: ob man nicht Bilder machen wolle, auf denen ausnahmsweise die Dänen oben und die Preußen unten lägen; man könne enormen Absatz auf den dänischen Inseln gewärtigen; — das Anerbieten mußte aber aus allen möglichen Gründen abgelehnt werden.«

der Herrnhutsche Missionar — Die 1722 vom Grafen von Zinzendorf auf seinem Gut Herrnhut (Oberlausitz) gegründete pietistische »Brüdergemeine«, eine Religionsgemeinschaft, die sich unabhängig von der evangelischen Landeskirche entwickelte, entfaltete neben ihrer umfassenden Erziehungsarbeit eine rege Missionstätigkeit in allen Teilen der Welt. Ende des 19. Jahrhunderts bestanden 131 Missionsstationen mit 240 Missionaren, 1 100 missionierten Gehilfen und 250 Schulen.

Fellahs — Fellachen: die bäuerliche Bevölkerung in den arabischen Ländern.

Chamisso — Chamisso hatte in den Jahren 1815—1818 als wissenschaftlicher Begleiter an einer russischen See-Expedition in die Südsee und in die Beringstraße teilgenommen, um botanische Studien zu treiben. Die »Reise um die Welt« erschien 1836.

131 *Barth ... Overweg ... Richardson ... Livingstone* — Namhafte deutsche bzw. britische Afrika-Erforscher des 19. Jahrhunderts.

132 *Zahlpfennig* — Wertlose Münze; ursprünglich zu Rechenzwecken, später als Spielmarke u. ä. benutzt. Zahlpfennige dienten ebenso wie der farbige Glasschmuck dem betrügerischen Handel mit den Afrikanern.

Dahomey — Das nordwestafrikanische Dahome(y) war bis 1892, als es französische Kolonie wurde, ein selbständiger Staat. Der König hatte die absolute Macht und galt als Gottheit. 1960 wurde Dahomey unabhängige Republik.

Marañón — Quellfluß des Amazonenstromes (Peru).

war es mir selbst vergönnt — Vgl. die dritte Anm. zu S. 117.

Fingalshöhle — Vgl. die zweite Anm. zu S. 116.

Macleans und Macdonalds — Häufig vorkommende schottische Familiennamen. Die Macleans und Macdonalds gehörten ursprünglich zu den mächtigsten Clans (Stämmen) des schottischen Hochlandes, deren Sonderverfassung nach dem Stuart-Aufstand von 1745 von der englischen Regierung aufgehoben wurde. (Vgl. Fontanes »Jenseit des Tweed«.)

»Illustrierte Zeitung« — Von 1843 bis 1943 im Verlag J.J. Weber in Leipzig erscheinende Wochenschrift, die erste illustrierte Zeitung in Deutschland.

Tranchéen vor Antwerpen — Die Tranchéen (Laufgräben) vor der Zitadelle von Antwerpen spielten während der belgischen bürgerlich-nationalen Revolution (1830—1833) eine gewichtige Rolle. Die Festung, 1830 von den Holländern, die die Loslösung Belgiens aus der 1815 vom Wiener Kongreß verfügten Zwangsvereinigung beider Länder zu einem Königreich verhindern wollten, beschossen und besetzt, wurde im Dezember 1832 von französischen Truppen unter Marschall Gérard zurückerobert.

Paskewitsch in Warschau ... Schlachtfeld von Ostrolenka — Während des nationalen Aufstandes von 1830/31, durch den sich das Königreich Polen aus der ihm 1815 aufgezwungenen Personalunion mit Rußland befreien wollte, lieferten die Polen am 26. Mai 1831 bei Ostrolenka den zaristischen Truppen unter Feldmarschall Diebitsch eine blutige Schlacht. Der neue russische Oberbefehlshaber Paskewitsch erstürmte am 7. September 1831 Warschau und besiegelte damit die polnische Niederlage.

die Dänen ... vor dem Danewerk — Das Danewerk in Schleswig, der schon im Mittelalter angelegte dänische Grenzwall gegen die Deutschen, wurde während der preußisch-dänischen

Kämpfe (1848—1850) am 23. April 1848 von den Preußen unter General Wrangel genommen.

132 *»Birkenhead«* — Beim Untergang des britischen Truppenschiffes an der südafrikanischen Küste (1852) kamen 454 Menschen ums Leben.

Münchener Bilderbogen — Bogen mit humoristischen Holzschnitten (nach Zeichnungen); erschien 1850—1898 im Verlag Braun und Schneider in München.

Stauffacher, Franz Moor — Gestalten aus Schillers Dramen »Wilhelm Tell« bzw. »Die Räuber«.

133 *Delhi und Kanpur* — Schauplätze des indischen Aufstandes von 1857/58 gegen die britische Kolonialmacht. (In W I[1] sind statt Delhi und Kanpur »Zuaven und Turcos« als Beispiele genannt.)

Magenta und Solferino — Bei Magenta (4. Juni 1859) und Solferino (24. Juni 1859) errangen die Franzosen und Piemontesen, die die italienische Einigungsbewegung unterstützten, entscheidende Siege über die Österreicher.

10. Johann Christian Gentz

Der Aufsatz war ursprünglich ein Teil des Kapitels »Gentzrode«, das Fontane für die dritte Auflage der »Grafschaft Ruppin« (1875) schrieb und später (für die »Wohlfeile Ausgabe« von 1892) umarbeitete. Entstehungszeit und Vorabdruck beider Teile fallen also zusammen. (Vgl. S. 753—756).

Das Material für diese biographische Skizze erhielt Fontane von Alexander Gentz, dem er am 4. April 1873 geschrieben hatte: »Ich kann nun aber namentlich den Aufsatz über Ihren Herrn Papa nur schreiben, wenn Sie mich dabei eingehend unterstützen und mir, außer den üblichen Zahlen und Daten, namentlich über drei Dinge, auf die ich den ganzen Aufsatz stellen will, Aufschluß geben:

1. über die wachsende *Torfherrschaft* im Wustrauer Luch,
2. über Gründung und Entwicklung von *Gentzrode* und
3. über Pflege und Gestaltung des *Gentzschen* Gartens als einer Art von Friderizianischer Hinterlassenschaft.

Sind Sie nun ... geneigt, mir das nötige Material zu einer Behandlung dieser Gegenstände an die Hand zu geben? *Mündlich* geht es nicht. Meine Erfahrungen nach dieser Seite hin sind zu traurig. Man schwatzt dann vom Hundertsten ins Tausendste und ist schließlich geradeso dumm wie zuvor. Sie müßten sich also der Sache unterziehen, mir etwa einen Quartbriefbogen voll darüber zu schreiben. Oder noch bequemer. Nehmen Sie vier Blätter mit vier Überschriften: Allgemein-Biographisches; Torfrevier; Gentzrode; Gentzscher Garten, und kritzeln Sie mit Bleistift *bunt durcheinan-*

der, wie Ihnen die Dinge einfallen, allerhand Notizen aufs Papier. Von solchen Aufzeichnungen, die dem Geber am wenigsten Umstände machen, hat unsereins am meisten. / Schließlich noch: sagt Ihr Herz zu dem allen ›ja‹ so lassen Sie keine Zeit vergehn; je schneller, dem ersten Impulse folgend, dergleichen gemacht wird, desto besser. Abfassung gleichgültig; wie die modernen Architekten sagen: ›Der Stil wird angeputzt.‹«

134 *Tor! wer die Augen ...* — Goethe, »Faust« II, Fünfter Akt, Vers 11 443—11 448. Vers 11 443 lautet bei Goethe: »Tor! wer dorthin die Augen blinzelnd richtet«, Vers 11 448: »Was er erkennt, läßt sich ergreifen.«
Michel Protzsches Haus — Michel Protzen besaß den Gasthof »Zur Krone« in der damaligen Friedrich-Wilhelm-Straße (heute noch: Karl-Marx-Straße 81). In diesem Gebäude war von 1948 bis 1961 die Poliklinik untergebracht; danach wurde es zu einem Feierabendheim (»Jenny Matern«) umgebaut.
das Gentzsche Haus — Das Haus, das in der damaligen Friedrich-Wilhelm-Straße (jetzt noch: Karl-Marx-Straße Nr. 82/83), neben dem Gasthof »Zur Krone«, stand, wurde nach der Jahrhundertwende abgerissen. Die von Wilhelm Gentz gemalten Wandbilder mit orientalischen Szenen wurden vor dem Abriß abgenommen und im Vestibül des damaligen Landratsamtes angebracht.
Guildhall — (engl.) Innungs-, Stadthaus.

136 *»Schöne Minka ...«* — Anfangsvers des Liedes »Der Kosak und sein Mädchen« (1809) von Christoph August Tiedge (1752—1841). Das Lied wurde während der Befreiungskriege populär.
Torfbetrieb — Vgl. das Kap. »Das Wustrauer Luch«, S. 357.

137 *»Alles für das Volk ...«* — »The government of the people, by the people, for the people« (Die Regierung des Volkes durch das Volk und für das Volk): sprichwörtlich gewordene demokratische Maxime aus einer Gedenkrede des amerikanischen Präsidenten Abraham Lincoln für die Gefallenen des Bürgerkrieges (19. November 1863).

138 *Macaulay ... bei Beurteilung des Machiavellischen »Fürstenspiegels«* — Thomas Babington Macaulay begründete seinen schriftstellerischen Ruhm durch eine Reihe literarisch-kritischer Aufsätze über historische Persönlichkeiten, die er seit 1825 in der »Edinburgh Review« veröffentlichte. Ein Essay war Niccolò Machiavelli gewidmet, der in seinem Hauptwerk »Il principe« (1532; Der Fürst) für das zeitgenössische Italien

einen starken absoluten Herrscher sowie die Unterordnung von Moral und Religion unter das Staatsinteresse gefordert hatte.

138 *ein Dutzend Schotten zum Frühstück* — Ironische Anspielung auf das kriegerische Draufgängertum des englischen Earls Henry Percy von Northumberland, genannt »Hotspur« (Heißsporn). Percy, der in der englischen und schottischen Geschichte eine gewichtige Rolle spielte (vgl. Shakespeare, »König Heinrich IV.«), fiel 1403 in der Schlacht bei Shrewsbury.

»Ich dien« — Vgl. die fünfte Anm. zu S. 101.

Montmorency — Altes französisches Adelsgeschlecht. Die Montmorencys hatten vom Mittelalter bis in die Mitte des 19. Jahrhunderts bedeutende politische und militärische Ämter inne.

noblesse oblige — (franz.) Adel verpflichtet.

139 *Roncesvalles* — Im Tal von Roncesvalles (Pyrenäen) wurde 778 die Nachhut Karls des Großen, der von seinem spanischen Kriegszug gegen die Araber zurückkehrte, von den Basken geschlagen, wobei der Sagenheld Roland gefallen sein soll.

König Roberts Herz ... gen Jerusalem getragen — Fontane rekapituliert, inspiriert von der Ballade »Das Herz von Douglas« von Moritz Graf von Strachwitz, die alte schottische Legende in »Jenseit des Tweed«, Kap. »Melrose Abbey«: »Robert Bruce, als er zu sterben kam, schickte Boten und ließ Lord Douglas an sein Sterbebett rufen. Er nahm Abschied von ihm und legte ihm die Verpflichtung auf, sein (des Königs) Herz gen Jerusalem zu tragen und in heiliger Erde beizusetzen. Der König starb, und Douglas brach auf. Seine Vasallen aus den Grafschaften Angus und Lothian folgten ihm; das Herz des Königs aber trug er in einer silbernen Kapsel. Immer glücklich in seinen Kämpfen mit den Sarazenen, fing er an, ihre Kriegskunst zu verachten und sich übermütig in jedes Abenteuer und jede Gefahr zu stürzen. Endlich von überlegener Macht auf allen Seiten eingeschlossen, warf er die Silberkapsel mitten in die Feinde hinein und rief: ›Nun geh voran, Herz, wie du immer getan, und Douglas folgt dir oder stirbt.‹ Gleich darauf empfing er die Todeswunde. Die Überlebenden brachten seine Leiche heim und mit ihm die Silberkapsel mit dem Herzen des Königs.«

Goldenes Kalb — Im Alten Testament ein »Götzenbild«, das sich die Israeliten anfertigen ließen, während Moses auf dem Berge Sinai die Gesetzestafeln empfing (vgl. 2. Mose 32). Der »Tanz um das Goldene Kalb« gilt als Ingebriff der Geldgier.

Goldenes Vlies — In der griechischen Sage das Fell eines goldenen Widders, das von den Argonauten aus Kolchis nach

Griechenland zurückgebracht wird. Gemeint sein kann aber auch der spanisch-österreichische Ritterorden vom Goldenen Vlies (gestiftet 1429).

139 *Landrecht* — Gemeint ist das Preußische Allgemeine Land-recht, ein zusammenfassendes Gesetzeswerk, das von 1794 bis zum Inkrafttreten des Bürgerlichen Gesetzbuches (1900) für fast alle preußischen Gebiete verbindlich war.

sans-peur-et-sans-reproche-Maßstab — »Chevalier sans peur et sans reproche« (Ritter ohne Furcht und Tadel) ist der Bei-name des französischen Heerführers Bayard, der sich Anfang des 16. Jahrhunderts in den Italienkriegen der französischen Könige auszeichnete. Vgl. auch die erste Anm. zu S. 2.

Kirchhof ... »am Wall« — Die Gräber auf dem Gelände des Alten Friedhofes mußten 1972 dem Neubau einer Kinder-krippe und eines Kindergartens weichen; nur das Grab der Mutter Theodor Fontanes ist noch vorhanden. Die beiden Grabtafeln der Familie Gentz befinden sich im Besitz des Neuruppiner Heimatmuseums.

11. Wilhelm Gentz

Den Stoff für den Aufsatz sammelte Fontane im Mai 1889, wobei ihn Wilhelm Gentz selbst außerordentlich großzügig unterstützte, wie aus dem Briefwechsel hervorgeht, den er in dieser Zeit mit dem Maler führte. Anfang Mai hatte Gentz dem Autor zunächst eine biographische Skizze geschickt, auf die sich Fontane in seinem Brief vom 3. Mai 1889 bezog: »Gestern um Mitternacht — ich kam sehr spät aus dem Theater — habe ich noch alles mit dem größten Interesse durchgelesen und würde froh gewesen sein, wenn Sie sich über den Charakter von Mensch und Maler noch etwas weiter aus-gelassen hätten; aber auch in seiner Kürze vortrefflich, *mich* inter-essierend und zweifellos auch die gebildete Welt, soviel davon un-ser altes Berlin aufzuweisen hat.« Daraufhin wurde Fontane von Gentz zu einem Besuch eingeladen; denn am 5. Mai teilte er seiner Tochter Martha mit: »Morgen nachmittag will ich zu Wilhelm Gentz, um, für meinen Aufsatz, sein Bilderinventarium aufzuneh-men. Aus seiner mir überreichten biographischen Skizze, die soviel Interessantes enthält, erseh ich auch, daß er die Vedas, den Koran und den Konfuzius gelesen hat. Es werden dies überhaupt nur we-nig Lebende von sich sagen können, am wenigsten aber lebende Maler. Die meisten sind über den ›Struwwelpeter‹ nicht rausge-kommen.« Dieser Besuch am 6. Mai hat bei Fontane einen nachhal-tigen Eindruck hinterlassen und wurde sogleich ausgewertet; noch am gleichen Tage schrieb er an Wihelm Gentz: »Auf den beiliegen-den Blättern habe ich den heute eingesammelten Stoff gruppiert.

Bitte, überfliegen Sie es und korrigieren Sie, wo's not tut. Im ganzen wird es stimmen.« Zwei Tage später berichtete der Autor seiner Tochter: »Heute hat mir Gentz seine opera omnia in einer Riesenmappe voll Photographien geschickt, und ich habe sie über Mittag mit Genuß durchgesehn. Die großen, mehr oder weniger berühmt gewordenen Sachen interessieren mich verhältnismäßig wenig, desto mehr das spezifisch Gentzische. So z. B. eine schmale, ganz im Schatten liegende Gasse in Algier; nur an einer Stelle fällt von links her ein greller Sonnenstreifen ein, und hier sitzen auf einer Art Bäckerbrett, auf das man sonst die eben gebackenen Brote legt, an zwölf oder fünfzehn Katzen, die sich eingefunden haben, um ein Licht- und Wärmebad zu nehmen. Ein gewöhnlicher Mensch geht an dergleichen Sachen vorbei, Gentz sieht es und malt es. Bei dieser Fülle von malerischem und poetischem Orient regt sich, einen Augenblick lang, immer wieder der Wunsch in mir, ›dergleichen doch auch noch mal zu sehn‹, wenn ich mir dann aber vergegenwärtige, daß es ohne Ratten, Mäuse, Skorpione, vor allem aber ohne ›vermin[e]‹ [Ungeziefer], und zwar aller Arten und Grade, schlechterdings nicht zu haben ist und daß unter Umständen ein Schluck Wasser, drin man die ›Schrecken der Tiefe‹ auch ohne Mikroskop im Kampfe miteinander sehn kann, als Labsal gilt, so bin ich von aller Sehnsucht geheilt. Davon zu lesen, dazu ist der Orient gut, zum Leben der Okzident, und je mehr nach Westen, desto besser.« Am 10. Mai 1889 bedankte sich Fontane bei Gentz »für die verschiedenen Sendungen«, vor allem »für die große Mappe mit ihrem mannigfachen Inhalt«, und fügte hinzu: »Es ist der alte Witz, daß dem Laien die Photographie, Stiche, Schnitte fast immer besser gefallen als die Originale. Den größten Eindruck haben auf mich die Landschaften mit Tierstaffage gemacht, dann der Turm, den Millionen von Vögeln umschwirren, dann das Kind in der Hängewiege, ganz besonders auch die Katzen auf dem in Sonnenstreifen liegenden Brett in der Algierer Straße. Von den figurenreichen Bildern sind einige … mir wieder sehr sympathisch geworden. Im ganzen aber möchte ich doch sagen dürfen, daß die Bilder mit den großen Aufgaben, auf denen hundert Figuren und Figürchen (und vielleicht noch mehr) richtig gruppiert werden sollen, in ihrer Wirkung auf meine Sinne hinter den einfacheren, figurenärmeren zurückbleiben. Wobei mir immer einfällt, was die gute Fanny Lewald mal zu mir sagte: ›Wenn es sein kann, laß ich immer nur zwei Menschen sprechen, auch drei, auch vier; aber darüber hinaus gehe ich nur im äußersten Notfall.‹ Das hat damals einen großen Eindruck auf mich gemacht. Solche Bemerkungen aus der Metiererfahrung heraus sind immer wichtig, und ich habe meine eigene Schreiberei wesentlich danach gemodelt. Ich glaube, daß es bei den andern Künsten ebenso liegt. Natürlich läßt sich's nicht immer tun, und ein großes Fest oder eine Volksversammlung kann nicht aus vier Personen bestehen. Aber man soll, solange es geht, das Minderzählige nehmen. Wenn wir uns wiedersehen, sprechen wir über die Frage vielleicht.«

Am 8. Juni 1889 schrieb Fontane seiner Tochter: »Heute habe ich meinen W.-Gentz-Aufsatz angefangen — es ist fast nur ein Zusammensetzespiel aus Stücken, die ich *ihm* verdanke; grade dadurch wird er gut werden.« Nach einer kurzen Sommerpause nahm der Autor die Arbeit an dem Aufsatz wieder auf, und am 29. August 1889 konnte er dem Maler mitteilen: »Ich bin nun endlich mit meinem Wilhelm-Gentz-Aufsatz fertig, und nur ein paar Kleinigkeiten, die ich auf einen Fragezettel geschrieben, bleiben noch zu erledigen. Ihre Güte wird auch dies Letzte gern tun; vieles erledigt sich durch ein einzig Wort.« Und am 31. August schließlich — Gentz hatte die Bitte postwendend erfüllt — heißt es: »Allerschönsten Dank; alles vorzüglich. Es fehlt mir nun, glaube ich, nichts mehr ... Von ›rot werden‹ kann gar keine Rede sein; ich darf sagen, ich habe Sie mit Liebe behandelt, aber nicht mit Lob, wenigstens nicht mit dick aufgetragenem. Jeder wird sehn, daß ich von Ihrem Wesen und Charakter sehr eingenommen bin, aber dabei hat es auch sein Bewenden. Es ist gar nicht schlimm.«

Seit September 1889 bemühte sich Fontane, für den Abdruck des Aufsatzes ein geeignetes Publikationsorgan zu finden. Von der »Vossischen Zeitung«, an die zuerst gedacht war, wurde, »weil sich's drin zu *breit* ausnehmen würde«, wieder Abstand genommen, und »Westermanns Illustrierte deutsche Monatshefte« hatten abgelehnt, »weil ich, was mir hinterher leid tat, zuviel Honorar gefordert hatte«. »Die ›Vossin‹«, heißt es im Brief an Wilhelm Gentz vom 29. Oktober 1889, »... ist aufgegeben, überhaupt jedes Tagesblatt; ich werde eine größere Zeitschrift wählen, wo sich die Sache in zwei starken Portionen geben läßt. Das große Publikum wird nicht viel Notiz davon nehmen, aber für etliche Kenner werden beide Stücke einen Wert haben, weil sie sich (ein Verdienst meiner Hintermänner) der Echtheit befleißigen. Es ist was, hat eine Substanz, und darauf allein kommt es an. Alles andre ist Geklingel.«

Der Vorabdruck erfolgte dann — unter der Überschrift »Wilhelm Gentz. Ein Lebensbild« — erst ein Jahr später in »Deutschland. Wochenschrift für Kunst, Literatur, Wissenschaft und soziales Leben«, Jg. 2, 1890, Nr. 1—3, 5, 7, 9, 10 vom 4., 11., 18. Oktober, 1., 15., 29. November und 6. Dezember, S. 9 ff., 25 f., 41 f., 64 ff., 91 ff., 116 ff., 127—131.

1892 erschien das Kapitel zum erstenmal in der Buchausgabe der »Grafschaft Ruppin« (»Wohlfeile Ausgabe«).

Als Materialgrundlage für den Aufsatz dienten Fontane — außer den genannten »verschiedenen Sendungen« (der »biographischen Skizze« u.a.) — Wilhelm Gentz' »Briefe aus Ägypten und Nubien« (vgl. das Literaturverzeichnis, S. 765).

140 *Gymnasium* — Vgl. Teil 12 des Kapitels, S.190.
Direktor Starke — Vgl. S.193.

141 *Bürgerschule* — Städtische Schulanstalt für Kinder aus dem wohlhabenden Bürgertum.

142 *Doppel-Louisdor* — Dem französischen Louis d'or nachgeahmte Goldmünze von hohem Wert (etwa zehn Goldtalern entsprechend).
die afrikanischen Entdeckungsreisen ... — Gemeint sind die Reiseberichte »Voyage dans l'intérieur de l'Afrique par le Cap de Bonne-Espérance pendant 1780—85« (1790; Reise in das Innere Afrikas über das Kap der Guten Hoffnung in den Jahren 1780—85) und »Second voyage dans l'intérieur de l'Afrique 1783—85« (1795; Zweite Reise in das Innere Afrikas, 1783—85) des Franzosen François Levaillant sowie »Travels in the Interior Districts of Africa« (1799; Reisen in den inneren Gebieten Afrikas) des Schotten Mungo Park, der als erster Europäer den Niger entdeckte, an dessen Oberlauf er, auf der Suche nach der alten arabischen Handelsstadt Timbuktu (Tombouctou, Mali), im Jahre 1806 ums Leben kam.

143 *Rauchsche Goethe-Statuette* — Die Statuette, die Rauch nach seiner 1820/21 entstandenen lebensgroßen Büste Goethes gearbeitet hat, befindet sich in der Berliner Nationalgalerie.
Sixtinische Madonna — Berühmtes Gemälde Raffaels (um 1516), benannt nach dem darauf dargestellten Papst Sixtus II. Das Bild befindet sich seit 1754 in Dresden.
die Elginschen Abgüsse der Parthenon-Figuren des Phidias — Thomas Bruce, 7. Earl of Elgin, 1799—1803 britischer Gesandter in Konstantinopel, brachte auf seinen Reisen in Griechenland eine umfangreiche Sammlung antiker Kunstwerke zusammen, darunter die berühmten Skulpturen und Reliefs, die unter der Leitung des griechischen Bildhauers Phidias Mitte des 5.Jahrhunderts v.u.Z. für den Parthenontempel auf der Athener Akropolis geschaffen worden waren. Obwohl das Besitzrecht Elgins von der britischen Öffentlichkeit angezweifelt und von der Presse, zum Teil in scharfer Form, bestritten wurde (u.a. von Lord Byron), erwarb der englische Staat die Sammlung (»Elgin Marbles«) 1816 für das Britische Museum in London, zu dessen bedeutendsten Schätzen sie heute zählt. Abgüsse der Skulpturen befinden sich u.a. in Dresden.

143 *Geschichte der griechischen Kunst* — Gemeint ist Winckelmanns zweibändiges Hauptwerk »Geschichte der Kunst des
Altertums« (1764).

145 *»Semnonenlager ...«* — Vgl. die Beschreibung des 1828 entstandenen Bildes in »Spreeland«, Kap. »Die Müggelsberge”;
Band 4 dieser Ausgabe.

146 *Jenny-Lind-Portrait* — Das 1846 entstandene Porträt der berühmten schwedischen Koloratursängerin wurde 1877 von
der Berliner Nationalgalerie erworben.

147 *École des beaux-arts* — (franz.) Kunstakademie.

Revolution — Während der Französischen Revolution
(1789—1794) dominierte in der Kunst der formenstrenge
Klassizismus.

Empire — Im Napoleonischen Kaiserreich (1804—1815) entwickelte Sonderform des Klassizismus.

148 *»Die Abdankung Karls V.«* — Mit diesem 1841 entstandenen
Bild begründete der Belgier Louis Gallait seinen Ruf als Histo-
rienmaler.

149 *Cádiz* — Stadt in Südspanien.

Tanger — Stadt in Marokko.

dessinateurs — (franz.) Zeichner.

coloristes — (franz.) Farbenmaler.

grand homme — (franz.) großer Mann.

150 *»Décadence des Romains«* — »Die Römer der Verfallszeit«
(1847); Monumentalgemälde Thomas Coutures, das sich im
Pariser Louvre befindet.

art parisien — (franz.) Pariser Kunst.

cuisine de la peinture — (franz.) Kochkunst der Malerei.

151 *Pleinairisten* — Freilichtmaler.

Luxemburg-Museum — Musée du Luxembourg, eine Sammlung von Gemälden und Skulpturen vornehmlich französischer Meister im Palais du Luxembourg in Paris.

»Las Lanzas« — Das 1634/35 entstandene Bild befindet sich
im Prado in Madrid.

Übergabe von Breda — Die niederländische Festung Breda
wurde im Mai 1625 nach zehnmonatiger Belagerung an die
Spanier übergeben.

pintor del cielo — (span.) Maler des Himmels.

tierra — (span.) Erde.

152 *Alcázar* — (span.) Schloß.

Alhambra — Palastbau der maurischen Könige (Nasriden) in
Granada (13./14. Jahrhundert). Die prunkvoll ausgestatteten
Gebäude gruppieren sich um Innenhöfe.

Beschießung von Tanger und Mogador — Die marokkani-

schen Hafenstädte Tanger und Mogador wurden am 6. bzw.
15. August 1844 von der französischen Kriegsflotte bombardiert, weil ein marokkanisches Heer seit Mai 1844 den Kampf Algeriens gegen die französische Kolonialmacht unterstützte.

152 *Fastenmonat Ramadân* — Der neunte Monat des mohammedanischen Mondjahres, der den Gläubigen während der Tageszeit Enthaltsamkeit von allen körperlichen Genüssen auferlegt.

153 *Tetuan* — Stadt im Norden Marokkos (heute: Tétouane).

154 *Messagerie* — Postwagen.

accidents — (franz.) Unfälle.

Februarrevolution — Französische bürgerlich-demokratische Revolution von 1848, ein Aufstand der Pariser Arbeiter und Kleinbürger, der die Absetzung des »Bürgerkönigs« Louis-Philippe und die Errichtung der Zweiten Republik zur Folge hatte.

155 *Dahabia* — Dahabije: Schmales Nilboot mit Segel, Verdeck und Kajüte.

zweiter Katarakt — Zweiter oder Großer Katarakt an der heutigen Grenze zwischen Ägypten und Sudan.

Kontraventionsfälle — Kontravention: Verletzung vertraglich übernommener Pflichten.

Dragoman — Dolmetscher.

Sakkara ... — Die im folgenden erwähnten ägyptischen Orte haben heute andere Namen (Luxor z. B. heißt El Uqsor); ihre (aufwendige) Identifizierung ist für den Textzusammenhang irrelevant.

Yatagan — Kurzer orientalischer Degen mit gekrümmter Klinge.

156 *Ipsambul* — Abu Simbel, ägyptischer Ort in Nubien (zwischen dem ersten und zweiten Nil-Katarakt) mit zwei Felsentempeln Ramses' II.

158 *für die dortige Klosterkirche gestiftet* — Das Bild befindet sich heute noch dort.

160 *österreichischer Krieg* — Gemeint ist der preußisch-österreichische Krieg von 1866 um die Vorherrschaft in Deutschland, der mit einer Niederlage Österreichs endete.

Napoleon — Napoleon III.

Lenbachs Döllinger-Portrait — Das Porträt des Theologen und Historikers Ignaz von Döllinger (München, Neue Pinakothek) entstand 1872.

161 *qu'on descende dans la rue* — (franz.) daß man auf die Straße herabsteigt.

Feilnersches Haus — Das Haus des seinerzeit namhaften Berliner Porzellankachel-Fabrikanten Feilner, der mit vielen Künstlern verkehrte, war 1829 von Schinkel entworfen worden.

162 *Jenny Lind im Jahre 1842* — Die schwedische Sängerin kam erst im Oktober 1844 nach Berlin.

Thebaïde — Thebais; Oberägypten.

163 *große internationale Ausstellung in Wien* — 1882.

Arabische Stammsagen nach Rückert — Rückert hatte 1837 sein zweibändiges Werk »Sieben Bücher morgenländ[ische] Sagen und Geschichten« veröffentlicht.

164 *Kronprinz in Jerusalem* — Anläßlich der Eröffnung des Suezkanals bereiste der preußische Kronprinz Friedrich Wilhelm, der spätere deutsche Kaiser Friedrich III. (1888), im Oktober und November 1869 Ägypten und Palästina.

Düsternbrook — Stadtteil und Park bei Kiel; Seebad.

166 *Korsör* — Hafenstadt an der Westküste der dänischen Insel Seeland.

Klampenborg — Seebad auf Seeland, zehn Kilometer nördlich von Kopenhagen.

167 *zerstörte Kathedrale in Sidon* — Sidon an der kleinasiatischen Küste (heute: Saida, Libanon), in der Antike Hauptstadt der Phönizier, im Mittelalter abwechselnd unter christlicher (Byzanz, Kreuzfahrer) und mohammedanischer Herrschaft, wurde während des dritten Kreuzzuges (1189—1191) durch den deutschen Kaiser Friedrich I. (Barbarossa) erobert, der kurz darauf (1190) ums Leben kam. Die erwähnte Kathedrale der in der Folgezeit mehrmals zerstörten und wiederaufgebauten Stadt stammt wahrscheinlich aus der Barbarossa-Zeit; ihre Baureste wurden von Preußen erworben.

so kann denn Bismarck sein Barbarossa-Drama ... in Szene setzen — Anspielung auf den sogenannten Kulturkampf (1872—1878), den Versuch Bismarcks und der preußischen Regierung, den politischen Einfluß der katholischen Kirche und der Zentrumspartei auszuschalten. Gentz vergleicht den Kulturkampf mit dem Machtkampf zwischen Kaiser Friedrich I. (Barbarossa) und dem Papst im 12.Jahrhundert.

168 *Kommissionär* — Hier: Fremdenführer.

169 *Alhambrastil* — Vgl. die zweite Anm. zu S. 152.

170 *Chaîne* — (franz.) Kette.

171 *König* — Oskar II. Friedrich.

173 *heiliger Ansgar* — Ansgar, der aus der Picardie stammende »Apostel des Nordens«, wurde 826 als Mönch zu Corvey an der Weser von Ludwig dem Frommen mit der Mission in Dänemark und drei Jahre danach auch mit der in Schweden beauftragt. 831 zum Erzbischof von Hamburg und Holstein und

zum päpstlichen Legaten für alle nordischen Länder bestellt, starb er 865 in dem Ruhme, die erfolgreichsten Versuche zur Christianisierung des Nordens gemacht zu haben. Er wurde nach seinem Tode heiliggesprochen.

174 *Dalekarlierinnen* — Bewohnerinnen der nordschwedischen Landschaft Dalekarlien.

175 *Gewerbemuseum* — 1867 wurde in Berlin das Deutsche Gewerbemuseum (später Kunstgewerbemuseum genannt) gegründet. Das Kunstgewerbemuseum ist seit 1963 im Köpenikker Schloß untergebracht.

176 *Feuerräder* — Vgl. die zweite Anm. zu S.25.

178 *aus der Berliner Glanzzeit der Jenny Lind* — Vgl. die erste Anm. zu S.162.

das Diebitschsche Haus — Wohnhaus im maurischen Stil, 1857 von Karl von Diebitsch erbaut. Diebitsch war seit Beginn der sechziger Jahre Hofbaumeister des Vizekönigs von Ägypten und galt als Spezialist für maurischen Stil.

Hafenplatz — Vornehme Berliner Wohngegend am Landwehrkanal.

»gekeilt in drangvoll fürchterliche Enge« — Zitat aus Schillers Drama »Wallensteins Tod« (IV, 10).

179 *Aretins Tod* — Der italienische Schriftsteller Pietro Aretino soll sofort tot gewesen sein, als er während eines Gastmahls im Hause Tizians vor Lachen vom Stuhl gefallen war (1556). Feuerbachs Gemälde entstand 1854.

18.August 1870 (Gravelotte) — Verlustreiche Schlacht um die Festung Metz im Deutsch-Französischen Krieg.

180 *Abdel Kader* — Abd al-Kadir, Führer der arabischen Freiheitsbewegung gegen den französischen Kolonialismus (Mitte des 19.Jahrhunderts).

berühmter Hallenser Anatom — Johann Friedrich Meckel der Jüngere.

Darabukke — Darabukka: Runde, unten offene, mit Fischhaut oder Leder bezogene, ägyptische Bechertrommel aus Ton, die mit den Fingern gespielt wird.

181 *Tippo Tip ... Mtesa* — Exotische Berühmtheit in der zweiten Hälfte des 19. Jahrhunderts. Tippo (oder Tippu) Tip war ein berüchtigter arabischer Sklaven- und Elfenbeinhändler in Afrika, Mirambo ein ostafrikanischer Herrscher; Sultan Mtesa von Uganda war bekannt geworden durch die Gastfreundschaft, die er europäischen Afrikareisenden erwiesen hatte.

Wereschtschagin — Fontane lernte den russischen Maler im Februar 1882 kennen.

gemeinschaftlich einen Dichterklub gegründet — Maron war

Vorsitzender des Lenau-Vereins in Berlin, dem Fontane 1840 beitrat. Später Journalist und Sekretär der Berliner Handelskammer, beging er nach dem Verlust seines Vermögens 1883 Selbstmord.

182 *Trommeln* — Prügeln.

Welche Religion ... — Schiller, »Mein Glaube« aus den »Votivtafeln«.

Vedas — Die vier Religionsbücher der Braminen in Indien, die ältesten Denkmäler der Sanskritliteratur. Sie enthalten Gebete, Hymnen und Anrufungen an die Götter sowie religiöse und moralische Vorschriften, Mythen und philosophische Betrachtungen.

183 *Nach Luther ist der Mensch ein übermütig und verzagtes Ding* — Offenbar Anspielung auf Luthers Übersetzung von Jeremia 17,9 im Alten Testament: »Es ist das Herz ein trotziges und verzagtes Ding; wer kann es ergründen?«

Spinozascher Satz, daß die schlechten Seiten des Menschen auch zugleich seine Tugenden seien — Es handelt sich offenbar um eine popularisierende Vereinfachung der Auffassung von der Relativität von gut und böse, wie sie Baruch Spinoza im vierten Teil seiner »Ethik« (»Über die menschliche Unfreiheit oder Die Macht der Affekte«) darlegt. Im »Beweis« zum 59. Lehrsatz heißt es dort z. B.: »Keine Handlung aber ist, für sich allein betrachtet, gut oder schlecht, vielmehr ist ein und dieselbe Handlung bald gut, bald schlecht.«

184 *Rauenthaler* — Berühmter Wein des Rheingaus.

185 *der »Halbe Mond«* — Hotel in Eisenach.

»Zehnpfund-Hotel« — Im »Hotel Zehnpfund« in Thale wohnte Fontane 1868, 1877, 1881 und 1882.

Goethe ... Teltower Rüben — Teltower Rüben, die er sich regelmäßig von seinem Freund Zelter aus Berlin schicken ließ, waren eine Lieblingsspeise Goethes. In den »Maximen und Reflexionen« (Nr. 1096) heißt es: »Laßt uns doch vielseitig sein! Märkische Rübchen schmecken gut, am besten gemischt mit Kastanien, und diese beiden edlen Früchte wachsen weit auseinander.«

12. »Civibus aevi futuri«

Der Aufsatz entstand im Oktober 1873 (vgl. Fontanes Brief an Alexander Gentz vom 12. Oktober 1873, S. 653), wurde am 11. März 1874 im »Wochenblatt der Johanniter-Ordens-Ballei Brandenburg«, Nr. 10, S. 55 und 57—60, vorabgedruckt und anschließend in die dritte Auflage der »Grafschaft Ruppin« (1875) eingefügt.

Für die Arbeit an diesem Kapitel benutzte Fontane folgende Literatur (die vollständigen Angaben finden sich jeweils im Literaturverzeichnis; vgl. S. 764): Andree, »Wendische Wanderstudien«. — Schwartz, »Gedenkblätter an das fünfhundertjährige Jubiläum des Friedrich-Wilhelms-Gymnasium zu Neuruppin«. — Schwartz, »Aus der gräfl. Zietenschen Sammlung«, abgedruckt in: »Märkische Forschungen«, Band 9, 1865, S. 323—326. — Lisch, »Bronzewagen von Frankfurt a. O. und Räder von Friesack«, abgedruckt in: »Jahrbücher des Vereins für mecklenburgische Geschichte und Altertumskunde«, Jg. 16, 1851, S. 261 bis 267.

190 »*Civibus aevi futuri*« — (lat.) »Den Bürgern des künftigen Zeitalters«.

Es trägt Verstand ... — Goethe, »Faust« I, Vers 550 f.

Stoß deinen Scheit ... — Annette von Droste-Hülshoff, »Die Mergelgrube«, Vers 1—4. Vers 3 lautet bei Droste: »Blau, gelb, zinnoberrot, als ob zur Gant«.

Gymnasium — Vgl. die fünfte Anm. zu S. 52.

der »Wilde« — Examensteilnehmer, der keine öffentliche Schule besucht hat.

der an der bekannten Klippe Gescheiterte — Anspielung auf die Schlußverse von Goethes Schauspiel »Torquato Tasso«: »So klammert sich der Schiffer endlich noch / Am Felsen fest, an dem er scheitern sollte.«

191 *der durch sieben Examina gegangene Patentpreuße* — Von Fontane oft benutzte Wendung, die seine Kritik am praxisfernen Bildungsdrill in Preußen ausdrückt. »Einer wird dreimal oder siebenmal examiniert, und nun weiß er nicht bloß alles, nun *kann* er auch alles ... Wissen ist gut, als Unterstützung, Förderung und Aufklärung im Praktischen; wenn es aber die Praxis ersetzen soll, so ist es keinen Schuß Pulver wert.« (Fontane an seine Frau, 8. Juni 1878.)

Principes — (lat.) Oberhäupter, Vorsteher.

Cornelius-Nepos-Kapitel — Texte des römischen Historikers Cornelius Nepos wurden oft als Anfangslektüre im Lateinunterricht benutzt.

» Vanity Fair« — (engl.) »Jahrmarkt der Eitelkeit« (1847/48).

192 *Ephorus* — Vorgesetzter.

193 *eine Autorität auf dem Gebiete märkischer Sage und Geschichte* — »Man wandelt nicht ungestraft unter Palmen und nicht einmal über den Ruppiner Wall. Seit Ihren Rektoratstagen in ›Civibus aevi futuri‹ sind Sie wie in Frick- und Wodan-, so auch in ›Grafschafts‹-Sachen die Autorität, an die jung und alt befragend heran muß. Auch ein solcher Greis wie ich.«

(Fontane an Wilhelm Schwartz, 26.Januar 1873.) Fontane hat Schwartz, der ihn auf einigen Reisen in die Mark begleitet hatte, des öfteren um fachmännische Auskünfte zu spezialhistorischen Fragen gebeten.

193 *Zieten-Museum* — Es wurde 1865 im Gymnasium eingerichtet; damit begann die Geschichte des Neuruppiner Heimatmuseums. Angaben über Exponate des »Ruppiner Museums«, die heute noch wesentlicher Bestandteil der Sammlungen sind, enthält Fontanes Notizbuch A 2, Blatt 22—28.

194 *Bildnisse berühmter Männer* — Aus der Porträtgalerie des Zieten-Museums befinden sich heute im Besitz des Heimatmuseums die Bilder von Zieten, Knesebeck, Günther und Schwartz. Sie waren zum Teil stark beschädigt, wurden aber inzwischen restauriert. Die übrigen Bilder müssen nach Auskunft des Museums als Verluste angesehen werden.
Sammlung vaterländischer Altertümer — Alle Gegenstände, die Fontane erwähnt, befinden sich noch im Besitz des Heimatmuseums. Die zeitlichen Zuordnungen, die Fontane vornimmt, sind zuverlässig.

195 *Framen* — Framea: Lange Lanze mit kurzer Eisenspitze; zur Zeit des Tacitus Hauptwaffe der Germanen.
Paalstäbe — Axtförmige Geräte mit langem Schaft und schmaler Schneide.
Kommandostab — Es handelt sich um einen Stabdolch, der zu den ältesten Bronze-Importen in der Mark gehört (frühe Bronzezeit).
Thors- oder Odins-Wagen — Über die Funktion dieses Bronzewagens, der in die späte Bronzezeit eingeordnet wird (1000 bis 700 v.u.Z.), besteht keine Klarheit. Vgl. Fontanes Bleistiftskizze, S.672.
Galanteriedegen — Zierlicher, bloß als Schmuck getragener Degen.
Elsen — Erlen.
Liktoren — Altrömische Amtsdiener, die vor hohen Beamten hergingen und ihnen die Fasces vorantrugen, Rutenbündel, die als Zeichen ihrer Macht galten. In Kriegszeiten ragte aus den Ruten ein Beil als Symbol für sofortigen Strafvollzug hervor.

196 *Perambulator* — Dreirädriges Fahrzeug.

197 *»Mecklenburgische Jahrbücher«* — »Jahrbücher des Vereins für mecklenburgische Geschichte und Altertumskunde«; sie erschienen 1836—1924 in Schwerin.

198 *Haken ... von Eichenholz* — Der Dabergotzer Haken wurde 1966 durch eine C-14-Analyse genau datiert: er stammt etwa

aus dem Jahre 733 u. Z. Damit wurde nachträglich Fontanes
Auffassung bestätigt und die von Wilhelm Schwartz widerlegt,
der den Haken für einen steinzeitlichen Pflug hielt.

198 *Götz-Hand* — Eine der ältesten, mit Mechanismen versehenen
Handprothesen (um 1450 angefertigt), wie sie der durch Goethes Schauspiel populär gewordene Ritter Götz von Berlichingen trug.

»*Märkische Forschungen*« — Publikationsorgan des »Vereins
für Geschichte der Mark Brandenburg«; erschien 1841—1887
in Berlin (ab 1888 unter dem Titel »Forschungen zur brandenburgischen und preußischen Geschichte« fortgesetzt).

späte Wendenzeit — Die erste Hälfte des 12. Jahrhunderts.
Vgl. »Havelland«, Kap. »Die Wenden in der Mark«; Band 3
dieser Ausgabe.

199 *Kupferstich ... von D. Chodowiecki* — Befindet sich in mehreren Exemplaren im Neuruppiner Heimatmuseum.

Mauerkrone — Mauerzinnen und Zinnentürme darstellender
Kronenreif; Insignum städtischer Wappen, zurückgehend auf
die antike Göttin Kybele, die als Begründerin der Städte verehrt wurde.

13. Am Wall

Die Skizze ist zusammen mit dem Kapitel »Michel Protzen« entstanden und vorabgedruckt worden. Vgl. dazu S. 652 ff. Ein erster,
zum Teil noch erheblich von der Druckfassung abweichender Entwurf des Kapitels findet sich im Notizbuch A 2, Blatt 52—54.

200 *Hier ist all mein Erdenleid ...* — Lenau, »Die Wurmlinger
Kapelle«, letzte Strophe.

201 *Urnen ... gesenkte Fackel* — Die aufgezählten Utensilien weisen auf einen ehemaligen Friedhof hin.

beneidenswerte Stätte, darauf zu ruhn! — Auf dem ehemaligen Neuruppiner Friedhof war Fontanes Mutter begraben
(gest. 1869).

Regiment Prinz Ferdinand Nr. 34

Die Kapitel über das Regiment Prinz Ferdinand entstanden im
Frühjahr 1873. Im Brief an seine Schwester Elise vom 20. Januar
1873 (vgl. S. 652 f.) erwähnte Fontane zum erstenmal die Absicht,
über dieses Thema zu schreiben, und zwar ohne dabei deren Hilfe
zu beanspruchen. »Zu ›Regiment Prinz Ferdinand‹ hoff ich *hier* [in

Bronzewagen im Heimatmuseum Neuruppin

Berlin] das Material zu finden; für ›die Vierundzwanziger‹ [vgl. S.677] hab ich Zychlinski«, heißt es dort. Am 15.Februar 1873 berichtete der Autor seiner Schwester: »... im März, soweit er mir frei bleibt, arbeite ich die Kapitel ›Regiment Prinz Ferdinand‹ und ›Regiment N° 24‹. Vielleicht findet sich auch noch das eine oder andre, das ich schreiben kann, ohne die Reise gemacht zu haben« (die dann allerdings erst im September angetreten wurde). Den vorgegebenen Zeitplan scheint Fontane eingehalten zu haben, denn die Kapitel wurden bereits am 7. und 21.Mai 1873 im »Wochenblatt der Johanniter-Ordens-Ballei Brandenburg«, Nr. 19 und 21, S. 109—112 und 122—126, vorabgedruckt. Die erste Veröffentlichung in der Buchausgabe erfolgte in der dritten Auflage der »Grafschaft Ruppin« (1875).

Für die Arbeit an diesen Texten hat Fontane folgende Literatur benutzt (die vollständigen Angaben finden sich jeweils im Literaturverzeichnis; vgl. S.677): Heydemann, »Die neuere Geschichte der Stadt Neuruppin«. — Archenholz, »Geschichte des Siebenjährigen Krieges in Deutschland«. — Gieseler, »Preußische Kriegslieder ...«. — Gleim, »Preußische Kriegslieder ...«. — »Allerneuester Zustand der königlich preußischen Armee ...«. — »Kurzgefaßte Stamm- und Rangliste ... für das Jahr 1788«. — »Kurzgefaßte Stammliste ... für das Jahr 1795. 1797. 1803«. — [Knesebeck,] »Briefe über den Feldzug 1794 ...«. — Hoepfner, »Der Krieg von 1806 und 1807«. — Marwitz, »Aus dem Nachlasse ...«.

205 *Unüberwundnes Heer* ... — Ewald von Kleist, »Ode an die preußische Armee«, Strophe 1, Vers 1 (zur Hälfte) und Vers 4.

Bei Jena ... — George Hesekiel, »Der Treskow und seine Genossen«, Strophe 1, Vers 1, 3f. Die Verse 3 und 4 lauten bei Hesekiel: »Die Feinde, die hatten wie Teufels gezielt,/Viel preußisches Blut war geflossen.«

Kanton – Vgl. S.207.

Thronbesteigung — 1740.

»große Blaue« — Vgl. die zweite Anm. zu S.27.

206 *ponceaurot* — dunkel-, purpurrot.

Johanniterkreuz — Achtspitziges weißes Kreuz (sogenanntes Tugendkreuz) unter einer Krone; das Ordenszeichen der Johanniter.

Legendenband — Spruchband.

»Pro gloria et patria« — (lat.) »Für Ruhm und Vaterland«.

Johanniterorden — Gemeint ist der alte, aus einem 1113 vom Papst bestätigten geistlichen Ritterorden hervorgegangene Johanniterorden, der sich vor allem der Krankenbetreuung im

Heer widmete und feudale Überlieferungen pflegte. 1810
wurde die Ballei Brandenburg des Ordens aufgelöst; an ihre
Stelle trat 1812 der Königlich Preußische Johanniterorden,
der sich seit 1852 erneut als Ballei Brandenburg bezeichnen
durfte, die eingezogenen Güter aber nicht zurückerhielt.

206 *Rheincampagne* — Vgl. S. 211f. und die erste Anm. zu
S. 98.

Stammliste von 1797 ... von 1803 — »Kurzgefaßte Stammliste ... für das Jahr 1795. 1797. 1803«; vgl. das Literaturverzeichnis, S. 768.

207 *Musketierbataillone ... Grenadiercompagnien* — Verschiedene Arten der Infanterie.

Chotusitz — Bei Chotusitz (Böhmen) errangen die Preußen
im Ersten Schlesischen Krieg einen Sieg über die Österreicher.

Kesselsdorf — Bei Kesselsdorf (westlich von Dresden) besiegten preußische Truppen im Zweiten Schlesischen Krieg die
Sachsen und verhinderten damit das Eindringen der Österreicher in die Mark Brandenburg.

Lobositz ... Pirna — Bei Lobosit an der Elbe (Nordböhmen)
schlugen preußische Truppen die Österreicher zurück, die das
bei Pirna eingeschlossene sächsische Heer entsetzen wollten.
Am 15. Oktober 1756 kapitulierte die gesamte sächsische Armee.

208 *Prag ... Belagerung der Festung* — Am 6. Mai 1757 siegte die
preußische Armee bei Prag über die Österreicher, die sich in
die Stadt zurückzogen und von den Preußen eingeschlossen
wurden. Die Belagerung mußte nach der preußischen Niederlage bei Kolin (18. Juni 1757), die Friedrich II. zum Rückzug
aus Böhmen zwang, aufgehoben werden.

Moys — Bei Moys (in der Nähe von Görlitz) wurden die Preußen von den Österreichern geschlagen. Hans Karl von Winterfeldt, einer der bedeutendsten Generale Friedrichs II., fand
dabei den Tod.

Breslau ... Leuthen — Bei Breslau wurden die preußischen
Truppen von den Österreichern geschlagen und aus der Stadt
verdrängt, die sie seit 1741 besetzt gehabt hatten. Nach dem
Sieg in der Schlacht bei Leuthen (westlich von Breslau) gewann Friedrich II. Breslau zurück.

Belagerung von Olmütz — Die mährische Stadt Olmütz, im
Frühjahr 1758 von den Preußen belagert, konnte von den
Österreichern entsetzt werden.

Domstadtl — Bei Domstadtl (Mähren) erbeuteten die Österreicher am 30. Juni 1758 einen großen Wagenpark der Preußen,

wodurch Friedrich II. gezwungen wurde, die Belagerung von
Olmütz aufzugeben.

208 *Zorndorf* – Vgl. die zweite Anm. zu S. 18.

Roßbach – In der Schlacht bei Roßbach (Sachsen) besiegten die Truppen Friedrichs II. am 5. November 1757 (nicht
1758) die Franzosen und die Reichsarmee.

Kunersdorf – In der Schlacht bei Kunersdorf (östlich von
Frankfurt a. O.) erlitten die preußischen Truppen am
12. August 1759 gegen die Österreicher eine schwere Niederlage.

Landeshut ... Liegnitz – Bei Landeshut (Schlesien) wurden
die Preußen von den Österreichern geschlagen. Die dadurch
verlorengegangene Verbindung zwischen Sachsen und Schlesien konnte mit dem preußischen Sieg in der Schlacht bei
Liegnitz wiederhergestellt werden.

Pour le mérite – (franz.) Für das Verdienst; 1740 von Friedrich II. gestifteter preußischer Orden.

Friedrichsdor – Alte preußische Goldmünze, geprägt von
1750 bis 1855.

209 *Auf einer Trommel saß der Held ...* – Gleim, »Siegeslied
nach der Schlacht bei Lowositz, den 1. Oktober 1756« aus
den »Preußischen Kriegsliedern in den Feldzügen von 1756
und 1757 von einem Grenadier«, Strophe 5.

Laudon ... Daun – Berühmte österreichische Heerführer im
Siebenjährigen Krieg.

Treffen – Die einzelnen hintereinander stehenden Linien
einer Schlachtordnung.

210 *Belagerung von Dresden* – Im November 1759 hatten öster-
reichische Truppen Dresden besetzt. Die Rückgewinnung der
Stadt glückte den Preußen trotz monatelanger Belagerung und
Beschießung nicht.

point de vue – (franz.) Blickpunkt.

Archenholz ... Darstellung des Siebenjährigen Krieges – Vgl.
das Literaturverzeichnis, S. 764.

211 *Kolberg* – Die Festung Kolberg (Pommern) wurde am 16. Dezember 1761 nach mehrmaliger Belagerung von den Russen
erobert.

Belagerung von Schweidnitz – Die Festung Schweidnitz
(Schlesien), im Herbst 1761 von den Österreichern erobert,
wurde am 9. Oktober 1762 nach zweimonatiger Belagerung
von den Preußen zurückgewonnen.

Frieden – Durch den Friedensschluß zwischen Österreich,
Preußen und Sachsen in Hubertusburg am 15. Februar 1763
wurde der Siebenjährige Krieg beendet.

211 *Rheincampagne* — Vgl. auch die erste Anm. zu S. 98. Die im
folgenden genannten, für die Preußen siegreich verlaufenden
Gefechte in der Rheinpfalz und im Elsaß waren zumeist nur
von lokaler Bedeutung; auf ihre detaillierte Erläuterung kann
deshalb verzichtet werden.

212 *»Zustand der preußischen Armee, 1778«* — Vgl. das Literaturverzeichnis, S. 769.

Valmy — Vgl. die erste Anm. zu S. 98.

Blockade und Belagerung von Mainz — Nach der Wiedereroberung der von Frankreich besetzten rechtsrheinischen Gebiete begannen preußische Truppen am 10. April 1793 mit
der Belagerung von Mainz, das sich am 18. März unter revolu-
tionär-demokratischer Führung als Republik konstituiert hatte.
Am 23. Juli 1793 mußte die tapfer verteidigte Stadt kapitulieren; die Mainzer Republik wurde zerschlagen, die Jakobiner
grausam verfolgt.

Diversion — Unerwarteter Angriff von der Seite oder im Rük-
ken.

Lautern — Kaiserslautern.

Retraite — (franz.) Rückzug.

Knesebeck ... Briefe — Vgl. das Literaturverzeichnis, S. 766.

213 *Auerstedt* — Vgl. S. 218—221.

Brand von 1787 — Vgl. die zweite Anm. zu S. 52.

Schlacht bei Jena — Vgl. die Anm. zu S. 102.

Berliner Invalidenbataillon — Gemeint sind die Insassen des
1747/48 von Friedrich II. gegründeten Invalidenhauses in der
Scharnhorststraße, einer militärisch geführten Pflegeanstalt für
verdiente kriegsinvalide Offiziere und Soldaten.

214 *Gentzscher Garten* — »Tempelgarten«; vgl. S. 83, 529, 557.

Stichworte der »Freiheitsära« — »Freiheit, Gleichheit, Brüder-
lichkeit«, die bürgerlich-demokratische Losung der Französischen Revolution.

Ressourcenrede — Gesellschaftsrede.

der Zopf und der Stock — Der Zopf (später die Zopfperücke)
war im 18. Jahrhundert (seit 1713) die obligatorische Militär-
frisur in Preußen. Die Prügelstrafe war im preußischen Heer
bis Anfang des 19. Jahrhunderts an der Tagesordnung.

die bekannte Gasse — Gemeint ist das Spießrutenlaufen, eine
berüchtigte Militärstrafe im friderizianischen Preußen.

Heydemann in seiner »Geschichte Ruppins« — Vgl. das Literaturverzeichnis, S. 765.

215 *Garnisonkirche* — Flachgedeckter Saalbau mit 87 Meter hohem Turm und Glockenspiel, errichtet 1731—1735 nach Plänen von Philipp Gerlach; 1898 umgebaut. Unter der prunk-

vollen Marmorkanzel (1737) befand sich die Gruft, in der Friedrich Wilhelm I. und Friedrich II. beigesetzt waren. 1945 wurde die Kirche durch einen britischen Luftangriff zerstört, die Ruine im Juni 1968 abgetragen.

216 *en vedette* — (franz.) auf dem Posten.

Klosterkirche — Vgl. die Anm. zu S. 53.

218 *Kantonierungen* — Ruhequartiere.

echelonartig — staffelweise.

219 *König* — Friedrich Wilhelm III.

Tête — (franz.) Spitze.

220 *Chasseurs* — (franz.) Jäger.

souteniert — verteidigt.

avancieren — vorrücken.

221 *von Hoepfnersches Werk* — Vgl. das Literaturverzeichnis, S. 766.

Bismarcksches Schönhausen — Schönhausen an der Elbe (bei Havelberg), der Geburtsort Otto von Bismarcks. Vgl. den Entwurf eines Kapitels dazu; Band 6 dieser Ausgabe.

222 *Arrière-Garde* — Nachhut.

Gefecht bei Zehdenick — Bei Zehdenick (östlich von Gransee) deckte preußische Kavallerie in einem mehrstündigen Gefecht mit der französischen Vorhut den Rückzug der Hauptarmee unter General von Hohenlohe über die Havel.

Bivouac — (franz.) Biwak, Feldlager.

223 *Leibcarabiniers* — Carabinier: (franz.) Leichter Reiter.

von der Marwitz in seinen Memoiren — Vgl. das Literaturverzeichnis, S. 767.

224 *Heydemann in ... »Neuere Geschichte ...«* — Vgl. das Literaturverzeichnis, S. 765.

Nassau-Usinger und Hessen-Darmstädter — Die Duodezfürstentümer Nassau-Usingen und Hessen-Darmstadt, die 1806 dem von Napoleon gegründeten Rheinbund beigetreten waren, kämpften auf der Seite der Franzosen gegen die Preußen.

225 *»Befiehl du deine Wege«* — Evangelisches Kirchenlied von Paul Gerhardt.

Regiment Mecklenburg-Schwerin Nr. 24

Über den Plan zu diesen Kapiteln äußerte sich Fontane zum erstenmal im Brief an seine Schwester Elise vom 20. Januar 1873 (vgl. S. 671). Mit der Ausführung hat er offenbar etwa zur gleichen Zeit begonnen, in der die Kapitel über das »Regiment Prinz Ferdinand Nr. 34« entstanden, also im Frühjahr 1873 (vgl. den Brief vom

15. Februar 1873, S. 673); fertiggestellt hat Fontane den Aufsatz-Zy-
klus jedoch sicher erst nach seiner Reise »ins Ruppinsche« (16. bis
29. September 1873), während der er in Neuruppin dem Einzug
des 24. Infanterieregiments beiwohnte.

Der Vorabdruck erfolgte unter dem Titel »Das Regiment Nr. 24.
Das 12. Res[erve]-Inf[anterie]-Regiment« im »Wochenblatt der Johanniter-Ordens-Ballei Brandenburg«, Nr. 37, 39, 40, 43, 45 vom
10., 24. September, 1., 22. Oktober und 5. November 1873,
S. 218−222, 231−234, 237 ff., 253−256, 265−268. Zum erstenmal in der Buchausgabe erschienen die Kapitel − in überarbeiteter Form − in der dritten Auflage der »Grafschaft Ruppin«
(1875).

Für die Arbeit an diesen Texten hat Fontane folgende Literatur
benutzt (die vollständigen Angaben finden sich jeweils im Literaturverzeichnis; vgl. S. 764): Zychlinski, »Geschichte des 24sten Infanterie-Regiments«. − Voigts-König, »Kurzer Abriß der Geschichte des
4. brandenburgischen Infanterie-Regiments Nr. 24«. − Woermann/
Becher, »Fortsetzung der Geschichte des 4. brandenburgischen Infanterie-Regiments Nr. 24 ...«. − »Ausführliche Beschreibung der
Schlacht an der Katzbach, geschlagen den 26. August 1813«. (Die
Schrift befindet sich als Beilage im Notizbuch C 4. Fontane hat sie
mit Marginalien und Anstreichungen sowie einer Skizze des Denkmals versehen.) − Schlachtenatlas der Schlacht an der Katzbach. −
Droysen, »Das Leben des ... Grafen Yorck ...«. − »Der deutsch-
französische Krieg 1870/71 ...« (Generalstabswerk). − Goltz, »Die
sieben Tage von Le Mans ...«.

227 *Zobtenberg* − Kegelförmiger Berg (718 Meter) östlich von
     Schweidnitz (Schlesien).
     Kaiser von Rußland − Alexander I.
228 *Bober* − Nebenfluß der Oder.
     *Lokalkenntnis ..., die wir uns neuerdings (1872) verschaffen
     konnten* − Das nur im ersten Drittel und auf den Schlußblät-
     tern benutzte Notizbuch C 4 mit der Aufschrift »Sommer
     1872. *Schlesien*« enthält (neben Aufzeichnungen über Lieg-
     nitz und Breslau) einige Seiten Notizen über die Schlacht an
     der Katzbach. Fontane referiert verschiedene Meinungen über
     den Verlauf der Schlacht und die Ursachen der französischen
     Niederlage und notiert dann: »Bei aller Verdienstlichkeit die-
     ser Werke [vor allem Droysen] glaub ich doch, daß Schön
     recht hat. Eigentlich war Yorck ein alter Greul, und nun soll
     ein Held draus gemacht werden. Freilich war er ein Held, aber
     so verdeckt durch Unkraut, daß man den Heldenmarmor
     nicht mehr sehen konnte.«

230 *coupiertes Terrain* — Von Gräben, Hecken usw. durchschnittenes Gelände.

Carré — Alte Gefechtsform der Infanterie mit nach vier Seiten geschlossener Front.

deployiert — aufmarschiert.

Tirailleurs — (franz.) Plänkler.

Dolman — Kurze, mit Schnüren besetzte Husarenjacke.

231 *Beschreibung, die auf dem Schlachtfelde verkauft wird* — »Ausführliche Beschreibung der Schlacht an der Katzbach ...«; vgl. das Literaturverzeichnis, S.766.

Relation — Bericht, Mitteilung.

Droysens ... »Leben Yorcks« — Vgl. das Literaturverzeichnis, S.765.

Zychlinskis ... »Geschichte ...« — Vgl. das Literaturverzeichnis, S.769.

234 *Reveille* — Weckruf.

235 *Eisernes Kreuz* — Preußische Kriegsauszeichnung (1813 gestiftet, 1870 erneuert).

Hautboisten — Oboisten.

»Nun danket alle Gott!« — Kirchenlied (1630) des Eilenburger Archidiakons Martin Rinckart (1586—1649).

236 *Vionville und St-Privat* — Bei Vionville (16.August 1870) und St-Privat (18. August 1870) besiegten die deutschen Truppen unter schweren Verlusten die französische Rheinarmee. Vgl. auch S.259 ff. und die zweite Anm. zu S.260.

Cantonnements — (franz.) Truppenquartiere.

237 *Diligence* — (franz.) Postkutsche.

Füsiliere — Fußsoldaten.

Douanenhäuschen — Zollhäuschen.

Détachements — (franz.) Für besondere Aufgaben zeitweilig zusammengestellte Truppenteile.

Soutien — (franz.) Beistand; Hilfstruppe.

238 *seitdem wieder ... lebendig geworden* — Durch Gefechte im Deutsch-Französischen Krieg (1870).

formidabel — furchtbar, grauenerregend.

schonungslose Kritik — Zwischen General Yorck und dem Blücherschen Hauptquartier gab es in dieser Zeit (Januar bis April 1814) des öfteren Meinungsverschiedenheiten über die anzuwendende Taktik bei der endgültigen Zerschlagung der Napoleonischen Armee, die durch die Rivalität zwischen Yorck und Blüchers Generalstabschef Gneisenau noch vertieft wurden und Yorck schließlich zu einer Rücktrittsdrohung veranlaßten.

239 *Generalmarsch* — Alarm.

242 *Linie und Landwehr blieben ... ausgeschlossen* — »Friedrich
Wilhelm III., als es sich um den Einzug in Paris handelte,
wollte von der Heranziehung des Yorckschen Corps, das doch
die Hauptsache getan hatte, zu diesem Einzugszwecke nichts
wissen, weil die Hosen der Landwehrleute zu sehr zerrissen
waren. Manche hatten gar keine Hosen mehr und deckten
ihre Blöße nur noch mit ihrem Mantel.« (Fontane, »Meine
Kinderjahre«, Kap. 12.) — Linie: Infanterie des stehenden
Heeres. Der Einmarsch wurde also allein von den Gardetrup-
pen vollzogen.

Barrièren — Barrière: (franz.) Stadttor.

Napoleon zurück von Elba! — Napoleon I., nach seiner Abdankung (11. April 1814) auf die Mittelmeerinsel Elba ver-
bannt, landete am 1. März 1815 an der südfranzösischen
Küste und zog am 20. März, nachdem die gegen ihn ausge-
sandten Truppen zu ihm übergelaufen waren, wieder in Paris
ein.

243 *Rencontres* — (franz.) Gefechte.

Schlacht bei Vionville — Vgl. die erste Anm. zu S. 236.

244 *Lisière* — (franz.) Grenze, Rand.

debouchieren — Hier: vorrücken.

245 *Carré* — Vgl. die zweite Anm. zu S.230.

246 *Belle-Alliance* — Belgischer Gutshof, nach dem die Preußen
die Schlacht bei Waterloo benannten.

»Arrivée du corps ...« — (franz.) »Ankunft des Korps von General Zieten, die die Niederlage des rechten Flügels entschied.«

247 *»Heil dir im Siegerkranz«* — Ehemalige preußische Hymne
(seit 1793).

»God save the King« — (engl.) »Gott schütze den König«; britische Nationalhymne.

248 *Februarrevolution* — Vgl. die dritte Anm. zu S.154.

Zusagen von 1815 — In einer Verordnung vom 22.Mai 1815
hatte König Friedrich Wilhelm III. Preußen eine (liberale)
Verfassung versprochen.

ein Druck war da — Anspielung auf die Karlsbader Beschlüsse der führenden deutschen Bundesstaaten vom August
1819, die der Unterdrückung der bürgerlichen, insbesondere
der studentischen Opposition gegen die feudale Restaura-
tionspolitik dienten und die sogenannten Demagogenverfolgungen, repressive Maßnahmen gegen alle demokratischen
Kräfte, einleiteten. Die Demagogenverfolgungen gipfelten in
der Zeit des Vormärz in einem System des Justiz- und Poli-
zeiterrors.

248 *unser »18. März«* — Der 18. März 1848, an dem Berliner Arbeiter, Handwerker, Bürger und Studenten das preußische Militär im Barrikadenkampf besiegten, war der Höhepunkt der
bürgerlich-demokratischen Revolution von 1848/49 in
Deutschland.

249 *Libertas* — (lat.) Freiheit.

Kleid des Rehbergers — Anspielung auf die zerschlissene
Kleidung der Erdarbeiter, die der Berliner Magistrat 1848 in
den Rehbergen nördlich von Berlin beschäftigte.

Bürgerwehr — Während der Revolution von 1848/49 gegründete bewaffnete Formationen des liberalen Bürgertums zur
Bewahrung von »Ruhe und Ordnung« und zur Bekämpfung
der »Anarchie«, das heißt der revolutionär-demokratischen
Bewegung. Die Bürgerwehr wurde nach dem Sieg der Konterrevolution wieder aufgelöst.

Zeughaussturm — Am 14. Juni 1848 stürmten Arbeiter und
Handwerker das Berliner Zeughaus, um ihre revolutionäre
Forderung einer allgemeinen Volksbewaffnung gewaltsam
durchzusetzen.

au fond — (franz.) im Grunde, eigentlich.

251 *Tzschirner, Todt, Heubner* — Nach der Flucht des sächsischen
Königs infolge des Dresdener Maiaufstandes bildeten der radi-
kale Demokrat Samuel Tzschirner, der gemäßigte Demokrat
Otto Heubner und der Liberale Karl Todt eine revolutionäre
Regierung.

Détachements — Vgl. die vierte Anm. zu S. 237.

Häusercarré — Häuserblock.

253 *Prinz von Preußen* — Wilhelm, der spätere deutsche Kaiser
Wilhelm I. (seit 1871).

Bataillieren — Kämpfen.

Murg-Linie — Murg: Fluß in Baden-Württemberg.

»Das Erscheinen ...« — Zitat aus Voigts-König, »Kurzer Abriß ...«; vgl. das Literaturverzeichnis, S. 769.

254 *Okkupationscorps ... 1850* — Der nach der Niederschlagung
des Aufstandes über Baden verhängte Belagerungszustand
blieb bis September 1852 in Kraft.

Vionville — Vgl. die erste Anm. zu S. 236.

Tod Friedrichs VII. ... Inkorporation Schleswigs — Der dänische König starb am 15. November 1863. Bereits am 13. November hatte der dänische Reichsrat mit der Annahme einer
neuen Verfassung die völkerrechtswidrige Einverleibung
Schleswigs in den dänischen Staat vollzogen.

255 *Anno 64* — Am 1. Februar 1864 begann der preußisch-österreichische Krieg gegen Dänemark.

255　*Missunde* — Bei Missunde wurden die Preußen von den Dänen zurückgeschlagen.

　　Düppler Schanzen — Aus zehn Schanzen bestehende, stärkste dänische Befestigungsanlage.

　　Parallele — Bei der Belagerung einer Festung (hier der Schanzen) als Infanteriestellung ausgebauter Laufgraben.

258　*Espingolen* — Zusammengesetzte Geschütze mit drei Läufen, aus denen bei einmaliger Ladung mehrere Schüsse nacheinander abgegeben werden konnten.

259　*Königgrätz* — In der kriegsentscheidenden Schlacht bei Königgrätz (Böhmen) konnten die preußischen Truppen die österreichische Armee infolge besserer militärischer Führung (Generalstabschef von Moltke) und Ausrüstung (Zündnadelgewehr) besiegen.

　　Bistritz — Flüßchen in Ostböhmen.

260　*Le Mans* — In der Schlacht bei Le Mans (10.–12. Januar 1871) wurde die französische Westarmee, die das seit Mitte September 1870 von deutschen Truppen eingeschlossene Paris entsetzen wollte, vernichtend geschlagen.

　　14., 16. und 18. August — Gemeint sind die Kämpfe um die Festung Metz, die die deutschen Truppen zu ihren Gunsten entscheiden konnten. 14. August: Schlacht von Colombey-Nouilly; 16. August: Schlacht bei Mars-la-Tour und Vionville; 18. August: Schlacht bei Gravelotte und St-Privat. Vgl. auch die erste Anm. zu S. 236.

　　Generalstabswerk — »Der deutsch-französische Krieg 1870/71 …«; vgl. das Literaturverzeichnis, S. 766.

　　von der Goltz … Woermann und Becher — Vgl. das Literaturverzeichnis, S. 764, 765 und S. 769.

261　*Fermen* — Bauernhöfe.

　　Tage der Okkupation — Frankreich mußte nach dem verlorenen Krieg Elsaß-Lothringen an Deutschland abtreten und fünf Milliarden Francs Kontributionen zahlen. Bis zur völligen Abzahlung der Summe (1873) blieben die östlichen Gebiete Frankreichs von deutschen Truppen besetzt.

Rheinsberg

Die Rheinsberg-Aufsätze gehören zu den ersten Arbeiten Fontanes für die »Wanderungen«, waren es doch die Erinnerungen an das Rheinsberger Schloß und den Rheinsberger See — dem Autor seit seinen Kindertagen bekannt —, die ihn während der Schottlandreise von 1858 zu dem Entschluß inspirierten, die Mark Brandenburg zu durchreisen und zu beschreiben (vgl. das Vorwort zur ersten Auflage). Mit der Ausführung wurde bereits nach der ersten zu diesem Zweck unternommenen Reise in die »märkische Heimat« (18.–23. Juli 1859) begonnen, nämlich im September 1859 (vgl. auch Fontanes Brief an Wilhelm Hertz vom 26. Februar 1861, S. 617). »Gestern und heut hab ich fleißig gearbeitet (Rheinsberg werden vier kleine Kapitel) ...«, heißt es am 12. September in Fontanes Brief an seine Frau. Diese in kurzer Zeit fertiggestellten vier Kapitel wurden unmittelbar darauf unter dem Sammeltitel »Märkische Bilder« in der »Neuen Preußischen (Kreuz-)Zeitung« abgedruckt — in Nr. 248 vom 23. Oktober 1859; »Märkische Bilder I: Die Kahlenberge. Franz. Kolonistendörfer. Rheinsberg. Der Ratskeller. Unter den Linden. Das Möskefest. Die alte Kirche. Achim von Bredow und Margarete von Eichstädt«; in Nr. 254 vom 30. Oktober 1859: »Märkische Bilder II: Das Schloß in Rheinsberg. Anblick vom See aus. Die Reihenfolge der Besitzer. Die Zimmer des Kronprinzen. Die Zimmer des Prinzen Heinrich«; in Nr. 260 vom 6. November 1859: »Märkische Bilder III: Prinz Heinrich. Der Rheinsberger Park. Herr von Reitzenstein und der verschluckte Diamant. Der Freundschaftstempel. Das Theater im Grünen. Das Grabmal des Prinzen«; in Nr. 272 vom 20. November 1859: »Märkische Bilder IV: Der große Obelisk in Rheinsberg und seine Inschriften«.

Während seiner zweiten Reise nach Neuruppin und Umgebung, die er vom 28. Mai bis 4. Juni 1861 zusammen mit Wilhelm Hertz und dem Berliner Verlagsbuchhändler Adolf Enslin unternahm, hat sich Fontane dann in Rheinsberg noch einmal gründlich umgesehen und in der Tat Anregungen zur Überarbeitung und Erweiterung der betreffenden Reisefeuilletons gefunden. Am 31. Mai 1861 schrieb er von Neuruppin aus seiner Frau: »Wir ... machten, nachdem wir ausgeschlafen und Mutter Fontane einen Besuch gemacht hatten, unseren Ausflug nach Rheinsberg, wo wir gegen drei eintrafen. Lischen [Elise Fontane] hatte uns begleitet, und beide Herren machten ihr wacker und mit Glück die Cour. Ich war, derweilen die jungen Leute sich im Park ergingen, als alter Forscher drei Stunden lang in der Kirche, wo ich viel Interessantes fand ...« Ein neuer Aufsatz für die Rheinsberg-Serie, die Kirche behandelnd, wurde dann auch schnell fertiggestellt, um in der soeben vorbereiteten ersten Buchausgabe berücksichtigt werden zu können; schon am 18. Juli 1861 schrieb der Autor an Hertz: »Anbei die Rheinsberg-Aufsätze, zum Teil umgearbeitet und durch ein Kapitel (über die Kirche) erweitert.«

Noch bevor der Druck der Erstausgabe abgeschlossen wurde (November 1861), erschien der Aufsatz »Die Rheinsberger Kirche«

im Oktober als Vorabdruck in der Zeitschrift »Unser Vaterland. Bilder aus der deutschen Geschichte, Kultur und Heimatkunde« (Band 1, S. 229–232). Fontane hatte ihn am 9. August Heinrich Proehle, dem Herausgeber des Blattes, angeboten.

Für die Arbeit an den Rheinsberg-Aufsätzen sowie an den folgenden, im Zusammenhang damit entstandenen Kapiteln »Zwischen Boberow-Wald und Huwenow-See«, »Köpernitz« und »Zernikow« hat Fontane folgende Literatur benutzt (die vollständigen Angaben finden sich jeweils im Literaturverzeichnis; vgl. S. 764): Hoppe, »Chronik von Rheinsberg«. – Bratring, »Die Grafschaft Ruppin ...«. – [Bülow,] »Prinz Heinrich von Preußen ...«. – Bouillé du Charol, »Vie privée, politique et militaire du Prince Henri ...«. – Mirabeau, »Histoire secrète ...«. – Poellnitz, »Mémoires ...«. – Preuß, »Friedrich der Große ...«. – Bielfeld, »Friedrich der Große und sein Hof ...«. – Thiébault, »Frédéric le Grand ...«. – König, »Versuch einer historischen Schilderung ... der Stadt Berlin«. – Schlözer, »General Graf Chazot«. – Gorszkowsky, »Leben des Generals ... Tauentzien von Wittenberg«. – »Friedrichs II. eigenhändige Briefe an seinen Geheimen Kämmerer Fredersdorff«. – Darüber hinaus finden sich in Fontanes Anmerkungen am Schluß der ersten und zweiten Auflage des Bandes 1 als Quellenvermerke: »Mündliches« (zu »Rheinsberg«), »Mündliche und briefliche Mitteilungen« (zu »Zwischen Boberow-Wald und Huwenow-See«) sowie »Die Collectaneen des Herrn Pastor Schmutz in Groß Woltersdorf bei Zernikow« (zu »Zernikow«).

265 *Hauderer und Fahrpost* – In W I[1], S. 78, folgt der Zusatz: »(die bloßen Worte ängstigen das Gemüt!)«. – Hauderer: Mietkutsche.

Einzelne dieser Ortschaften (zum Beispiel Braunsberg) – In W I[1], S. 78, folgt der Zusatz: »in denen, bei ähnlichem Boden, wie ihn Teltow hat, auch die Rübenzucht noch am ehesten gedeiht«.

französische Kolonisten ... Loire-Heimat – Im Zusammenhang mit der 1685 durch Ludwig XIV. verfügten Aufhebung des Ediktes von Nantes (1598), das den französischen Protestanten Religionsfreiheit und Rechtsgleichheit gewährt hatte, verließen Tausende der grausam verfolgten Hugenotten ihre süd- und südwestfranzösische Heimat. Die meisten Familien (darunter auch Fontanes Vorfahren) siedelten sich, gefördert durch das von Kurfürst Friedrich Wilhelm am 8. November 1685 erlassene Potsdamer Edikt, in der Mark Brandenburg an.

265 *Niquet* — Einst bekanntes Berliner Lokal. Das im zweiten Weltkrieg beschädigte Gebäude existiert nicht mehr.

266 *Beest* — Beast: (engl.) Hier soviel wie »Rindvieh«.

Triangelplatz — Er heißt heute noch so.

267 *der Morose* — der Mürrische, Verdrießliche.

Taler preußisch — Auf den deutschen Reichs-Goldgulden bezogene Silbermünze; bis zur Einführung der Markwährung (1876) Hauptzahlungsmittel in Preußen. 1764 wurde der Wert des preußischen Talers auf anderthalb Reichsgulden, 1876 auf drei Mark festgelegt.

Schlacht bei Prag — Vgl. die erste Anm. zu S.208.

damals schon — Prinz Heinrich lebte seit 1753 in Rheinsberg.

268 *Soldatenspiel ..., das die Rheinsberger Jugend aufführt* — In W I¹, S.81, folgt der Zusatz: »und an dem die Alten (die *alle* einmal dasselbe Spiel gespielt haben) mit herzlicher Freude teilnehmen«.

Reveille — Weckruf.

Rheinsberger Kirche — Frühgotischer Granitbau mit spätgotischen Backsteinteilen; unter Verwendung alter Teile von 1566 bis 1568 neu erbaut. Die im folgenden genannten Ausstattungsstücke der Kirche, alle aus der zweiten Hälfte des 16. Jahrhunderts (Fontanes Notizbuch A 3, Blatt 35—40, verzeichnet die Stücke und hält Inschriften fest), sind im wesentlichen erhalten geblieben.

269 *Bredow- und ... Prinz-Heinrich-Zeit* — In W I¹, S.83 f., heißt es an dieser Stelle ausführlicher: »Die Prinz-Heinrich-Zeit und die Bredowsche Vorzeit treffen hier wie Wasser und Öl zusammen. In Schloß und Park stören die französischen Inschriften nicht; die Baulichkeit, die Gartenanlagen, alles erscheint wie aus einem Guß, und entweder vergessen wir, dem malerischen Reiz des Bildes hingegeben, überhaupt, daß es ein preußisches Schloß ist, in dem wir uns bewegen, oder wir finden die Sprache gleichgültig, in der die Dinge an uns herantreten, etwa wie es Zuhörern, die beider Sprachen mächtig sind, von keinem Belang ist, ob sie den Shakespeare deutsch oder englisch spielen sehn. So ist es in Schloß und Park, aber nicht in der Kirche; in dieser hat das französische Pfropfreis den alten Stamm nicht überwinden können und muß sich nun damit begnügen, die Rolle des Parasiten an und neben demselben zu spielen.«

Amphion — In der griechischen Sage Zwillingsbruder des Zethos, Sohn des Zeus und der Antiope, Gatte der Niobe. Sein Leben war den Musen geweiht; unter der Zauberwirkung seiner Musik fügte sich die Mauer von Theben von selbst zusammen.

270 *Auswerfung des Jonas aus dem Walfischbauche* — Jona(s), der übers Meer fliehen wollte, um einen Auftrag Gottes nicht ausführen zu müssen, wurde von einem großen Fisch verschlungen, auf Grund seiner Buße jedoch nach drei Tagen am Ufer wieder ausgespien. Vgl. Altes Testament, Jona 1—2.

271 *Wir werden noch an andrer Stelle* — In W I¹, S. 86, folgt der Zusatz: »zumal an den Bauten und Büsten des Parks, ähnlichen Versen begegnen, oft trivial, im günstigsten Falle sinnig, niemals erhebend. Ein philosophischer Notbehelf an Stelle eines freudigen Glaubens. Im Grün des Parks, wo die alten Griechengötter von allen Seiten her durch das Grün der Zweige blitzen, freut man sich dieser Betrachtungen, weil sie zu allem übrigen passen ...«

   gemiedener Schauplatz der Voltairianer — Anspielung auf die Kirchenfeindlichkeit Voltaires und seiner Anhänger, zu denen sich auch Friedrich II. und Prinz Heinrich zählten.

   Friedensfest — Auf Grund des Hubertusburger Friedensschlusses; vgl. die dritte Anm. zu S. 211.

274 *Schloß in Rheinsberg* — Zweigeschossige barocke Dreiflügelanlage, ein 1734—1739 von Georg Wenzeslaus von Knobelsdorff und Johann Gottfried Kemmeter im Auftrage des Kronprinzen Friedrich (II.) durchgeführter Umbau des 1566 errichteten Renaissance-Wasserschlosses. Das Schloß, in der Zeit der DDR als Diabetikersanatorium genutzt, steht der Öffentlichkeit seit Mai 1991 als Schloßmuseum zur Verfügung; heute Kurt-Tucholsky-Gedenkstätte.

   soviel Schweres tragen — Anspielung auf die von Friedrich II. nicht geduldete Liebesbeziehung seiner Schwester Amalie zu Friedrich Freiherrn von der Trenck, einem Ordonnanzoffizier des Königs. Trenck wurde zu langjähriger Festungshaft verurteilt; Prinzessin Amalie blieb unverheiratet.

275 *... Wohltat gewesen* — In W I¹, S. 91, folgt der Zusatz: »(Dies merkwürdige Bild wird einem allerdings als mutmaßliches Portrait der Prinzessin *Amalie*, aus ihren alten Tagen her, gezeigt; es ist aber, wie ich jetzt bestimmt weiß, das Portrait einer älteren Schwester, und zwar der Prinzessin *Charlotte*, die an den Herzog von Braunschweig verheiratet war. Im Neuen Palais zu Potsdam befindet sich ein Portrait der letztgenannten Prinzessin, das diesem Bildnis im Rheinsberger Schloß durchaus ähnlich ist.)«

   Park — Der Rheinsberger Schloßpark, 1738—1741 von Knobelsdorff als Barockanlage geschaffen, wurde nach 1764 in einen Landschaftspark umgewandelt und erweitert.

   ... Seitenflügeln — In W I¹, S. 92, heißt es ausführlicher: »und

gleicht in seiner Grundanlage dem Charlottenburger Schlosse auf ein Haar. Das letztere ist größer und hat den stattlichen Kuppelturm; dagegen besitzt das Rheinsberger Schloß, statt eines bloßen Eisengitters zwischen den Flügeln, eine geschmackvolle Kolonnade, die den Bau in sehr gefälliger Weise abschließt. Vor allem hat das Rheinsberger Schloß die Schönheit seiner Lage, Wasser, Wald und eine Fülle der reizendsten Fernsichten voraus.«

276 *Pöllnitz ... Beschreibung* — In »Mémoires ...«; vgl. das Literaturverzeichnis, S.767.

277 *Konzertsaal ...* — Der Konzertsaal, das Arbeitszimmer im Turm des Südflügels sowie das hier nicht erwähnte sogenannte Ritterzimmer, alle mit Deckengemälden Pesnes versehen, sind als einzige Räume in der Knobelsdorffschen Gestaltung erhalten geblieben. Die übrigen Räume, darunter Muschelsaal und Bibliothek, wurden 1762/63 und 1769 im Auftrage des Prinzen Heinrich durch Langhans umgestaltet (Rokoko mit klassizistischen Motiven).

Kavalierhaus — Nördlich des Schlosses gelegene zweigeschossige barocke Dreiflügelanlage, begonnen 1738 von Knobelsdorff, vollendet 1774 vermutlich von Langhans. Der linke Flügel des Kavalierhauses, der das Theater enthielt, ist 1945 ausgebrannt.

Ovidsche »Metamorphosen« — In seinem Hauptwerk »Metamorphoses« verknüpfte der römische Dichter Publius Ovidius Naso mehr als zweihundert Sagen von »Verwandlungen« zu einem Versepos.

al fresco — (ital.) auf dem frischen (Kalkbewurf einer Wand ausgeführte Malerei); Freskomalerei.

278 *Chambre-garnie-Leben* — chambre garnie: (franz.) möbliertes Zimmer.

Zitzgardinen — Gardinen aus feinem, farbigem Kattun.

279 *Zeichen des Freimaurerordens* — Geometrische Zeichen, die die in »Logen« organisierte, den politischen und philanthropischen Zielen der Aufklärung verpflichtete Freimaurerbewegung in Anlehnung an die Gepflogenheiten der mittelalterlichen Bauhütten als Symbole verwendete.

corps de logis — (franz.) Hauptgebäude.

280 *Schildereien* — Wappenschilde.

in einem späteren Kapitel — Vgl. S.316.

Général en chef — (franz.) kommandierender General.

281 *»Condé aux lignes de Fribourg«* — (franz.) »Condé bei den (Schlacht-)Linien von Freiberg [?]«. Offensichtlich handelt es sich nicht um die Schlacht bei Freiberg (vgl. die sechste Anm.

zu S. 289), an der die Franzosen nicht beteiligt waren, sondern um das Gefecht bei Friedberg (Hessen), in dem der französische Heerführer Louis-Josephe Prinz von Condé, Herzog von Bourbon, am 30. August 1762 einen Sieg über die auf der Seite Preußens kämpfenden Truppen des Erbprinzen Ferdinand von Braunschweig erfocht.

281 *»Henri à la bataille de Prague«* — (franz.) »Heinrich in der Schlacht von Prag«. Vgl. die erste Anm. zu S. 208.

Tempel — Vgl. S. 83 und die zweite Anm. dazu.

Schloß zu Tamsel — Vgl. »Das Oderland«, Kap. »Tamsel«; Band 2 dieser Ausgabe.

zum Sturm — In W I[1], S. 99, folgt der Zusatz: »Das Bild ist voll Charakter und Leben und sehr glücklich in der Farbe. — Ich habe so lange bei Darstellung dieses Blumenkastens verweilt, um unsere Historien- und Genremaler auf dieses bisher wenig gekannte Schatzkästlein aufmerksam gemacht zu haben.«

282 *sans peur et sans reproche* — (franz.) ohne Furcht und Tadel; vgl. auch die sechste Anm. zu S. 139.

Schwerin mit der Fahne — General Graf von Schwerin, in der Schlacht bei Prag (vgl. die erste Anm. zu S. 208) Kommandeur des linken Flügels der Preußen, soll gefallen sein, nachdem er die Regimentsfahne ergriffen hatte, um seine sich zerstreuenden Truppen zum Sturmangriff zu sammeln. Vgl. Fontanes Balladen »Schwerin« und »Die Fahne Schwerins«.

283 *Oh, soyez ...* — (franz.) Oh, seien Sie willkommen.

älterer Tauentzien — Friedrich Bogislaw von Tauentzien, seit 1758 Kommandant der Festung Breslau, die er im August 1760 erfolgreich gegen die Österreicher verteidigte. Auf die Drohung des österreichischen Generals Laudon, daß man »das Kind im Mutterleibe nicht schonen« werde, falls er die Übergabe der Stadt verweigere, soll Tauentzien erwidert haben, daß weder er noch seine Soldaten »das Wochenbett zu beziehen« gedächten.

Richard Löwenherz ... Saladin — Der englische König Richard I., genannt Löwenherz, Teilnehmer am erfolglosen dritten Kreuzzug (1189—1191), war wegen seiner Roheit berüchtigt. Saladin, Sultan von Ägypten und Syrien, der in dem 1192 mit Richard Löwenherz abgeschlossenen Friedensvertrag seine Eroberung Jerusalems sanktionieren konnte, soll wegen seiner Großmütigkeit, Freigebigkeit und Gerechtigkeitsliebe hohes Ansehen genossen haben.

284 *Frontispice* — Hier: Vordergiebel.

Qui vit ... — (franz.) Wer ohne Freundschaft lebt, könnte

nicht glücklich sein, / Selbst wenn er das Glück und die Götter für sich hätte. (Für »sauroit« steht bei Fontane fälschlich
»scauroit«.)

285 *Pourquoi l'amour ...* — (franz.) Warum ist denn die Liebe das
Gift / Und die Freundschaft der Reiz des Lebens? / Weil die
Liebe der Sohn der Torheit ist / Und die Freundschaft die
Tochter der Vernunft. (Sohn ... Tochter: L'amour, die Liebe,
ist im Französischen maskulinum; l'amitié, die Freundschaft,
femininum.)

286 *Jetté par sa naissance ...* — (franz.) Durch seine Geburt geworfen in diesen Strudel eitlen Rauchs, / Den der Pöbel
nennt / Ruhm und Größe, / Aber von dem der Weise die
Nichtigkeit kennt; / Ausgesetzt allen Leiden der Menschheit; /
Geplagt von den Leidenschaften der anderen, / Getrieben von
den eigenen; / Oft verleumdet; / Ausgesetzt der Ungerechtig-
keit / Und auch noch gebeugt durch den Verlust / Geliebter
Eltern, / Zuverlässiger und treuer Freunde; / Aber auch oft
getröstet durch die Freundschaft; / Glücklich in der Besin-
nung, / Glücklicher, / Wenn seine Dienste dem Vaterland
nützlich sein konnten / Oder der leidenden Menschheit; /
Dies ist der Abriß des Lebens von / Friedrich Heinrich Ludwig, / des Sohnes von Friedrich Wilhelm, König von Preußen, / Und von Sophie Dorothee, / Tochter Georgs I., König
von Großbritannien. / Vorübergehender, / Erinnere dich, daß
es Vollkommenheit auf Erden nicht gibt. / Habe ich auch
nicht der beste der Menschen sein können, / So gehöre ich
doch nicht zur Zahl der Schlechten; / Lob oder Tadel / Berühren den nicht mehr, / Der in der Ewigkeit ruht; / Aber süße
Hoffnung / Verschönt die letzten Augenblicke / Dessen, der
seine Pflichten erfüllte; / Sie begleitet mich im Sterben. / Geboren den 18. Januar 1726, / Gestorben den 3. August 1802.

287 *»über Sklaven zu herrschen«* — Der Satz »Ich bin es müde,
über Sklaven zu herrschen« soll in einer Kabinettsorder
Friedrichs II. von 1785 enthalten sein.
Obelisk — Vgl. auch die dritte Anm. zu S. 2.
A l'éternelle ... — (franz.) Zum ewigen Andenken August Wil-
helms, Prinzen von Preußen, zweiten Sohnes des Königs
Friedrich Wilhelm. (Fontanes Übersetzung; Anmerkungen zu
W I¹, S. 447.)

288 *Krieg gegen die Türken* — Der Schotte Jakob Keith, seit 1747
preußischer Feldmarschall, hatte seit 1728 in russischen Diensten gestanden und sich 1736/37 in einem der zahlreichen
russisch-türkischen Kriege hervorgetan.
Hochkirch — Vgl. die erste Anm. zu S. 18.

288 *Schlacht bei Mollwitz* — Bei Mollwitz (nahe Brieg) wurde im Ersten Schlesischen Krieg ein österreichisches Heer von den Preußen geschlagen (10.April 1741).

Prag ... Festung Žiškaberg — Am 11. September 1744 erstürmten die Truppen des preußischen Feldmarschalls von Schwerin den Žiškaberg bei Prag. Die Stadt selbst wurde den Österreichern am 16.September 1744 entrissen.

Die Fahne in der Hand ... — Vgl. die zweite Anm. zu S.282.

Spanischer Erbfolgekrieg — Europäischer Krieg 1701—1714 um das Erbe des 1700 gestorbenen letzten spanischen Habsburgers, Karls II. Um die drohende Hegemonie Frankreichs auf dem Kontinent wirksam zu bekämpfen, bildeten England, die Niederlande, Österreich, Preußen, Savoyen und Portugal die »Große Allianz«. Hauptkriegsschauplätze waren Spanien, Italien, die Niederlande und Deutschland. In der Schlacht bei Turin (7. September 1706) siegten die Alliierten unter Prinz Eugen über die Franzosen.

Krieg 1742 — Gemeint ist der Erste Schlesische Krieg (1740 bis 1742).

Kesselsdorf — Die Schlacht bei Kesselsdorf (vgl. die dritte Anm. zu S.207) fand am 15.Dezember 1745 statt.

Einschließung von Prag — Vgl. die erste Anm. zu S.208.

Breslau ... Leuthen — Vgl. die dritte Anm. zu S. 208. Die Schlacht bei Leuthen fand am 5.Dezember 1757 statt.

289 *Lobositz* — Die Schlacht bei Lobositz (vgl. die vierte Anm. zu S.207) fand am 1.Oktober 1756 statt.

Kolin — Vgl. die erste Anm. zu S.208.

Roßbach — Vgl. die siebte Anm. zu S.208.

Zorndorf — Vgl. die zweite Anm. zu S.18.

Kunersdorf — Vgl. die achte Anm. zu S.208.

Freiberg — In der Schlacht bei Freiberg (Sachsen) siegten die preußischen Truppen unter Prinz Heinrich am 29. Oktober 1762 über die Reichsarmee und eine österreichische Abteilung.

Grad der Vollkommenheit — Unter Seydlitz, Zieten u. a. wurde die Kavallerie Friedrichs II. zur manövrierfähigsten und schlagkräftigsten der damaligen Armeen ausgebildet. Vgl. auch Fontanes Balladenzyklus »Seydlitz«.

im Arme des Friedens — General von Seydlitz starb 1773.

Reichenberg — Bei Reichenberg (Nordböhmen) erstürmten die Preußen am 21.April 1757 ein österreichisches Feldlager.

Reichenbach — Bei Reichenbach (Schlesien) errangen die Preußen unter dem Herzog von Braunschweig-Lüneburg-Bevern am 7.August 1762 einen Sieg über die Österreicher.

290 *Selmitz in Böhmen* — Solonitz; das Gefecht fand am 19.November 1744 statt.

Soor — Bei Soor (Nordostböhmen) wurde im Zweiten Schlesischen Krieg ein österreichischer Angriff von preußischen Truppen abgewehrt.

Torgau — In der Schlacht bei Torgau besiegten die Truppen Friedrichs II. am 3.November 1760 die Österreicher.

Belagerung von Schweidnitz — Vgl. die zweite Anm. zu S. 211.

Burkersdorf — Bei Burkersdorf (südlich von Schweidnitz) besiegten preußische Truppen am 21.Juli 1762 die Österreicher.

291 *Brixen* — Gemeint ist wahrscheinlich die nordwestböhmische Stadt Brüx nahe der sächsisch-böhmischen Grenze, an der es während des Bayerischen Erbfolgekrieges (vgl. die siebte Anm. zu S.97) im Winter 1778/79 zu mehreren kleineren Gefechten zwischen Preußen und Österreichern kam.

Krieg 1740 — Der Erste Schlesische Krieg (1740 bis 1742).

ein zweiter Bayard — Vgl. die sechste Anm. zu S.139.

Intendant — Hier: Aufseher über die Bezahlung, Verpflegung und Bekleidung der Truppen.

Weißenberg — Dorf in der Nähe von Hochkirch (vgl. die erste Anm. zu S.18).

Kay — In der Schlacht bei Kay (nahe Züllichau) unterlagen preußische Truppen am 23.Juli 1759 den Russen.

Kleiner Krieg — Vgl. die zweite Anm. zu S.100.

Torgau ... Düben — Durch den Sieg in mehreren kleineren Gefechten, darunter bei Torgau und Bad Düben (nahe Eilenburg), gelang es dem unter dem Kommando von Prinz Heinrich stehenden preußischen Armeeteil im Herbst 1759, die Österreicher aus Sachsen zurückzudrängen.

292 *Regiment Gensdarmes* — Preußisches Kürassierregiment, das nach dem Vorbild der gleichnamigen Haustruppe der französischen Könige geschaffen worden war; es galt als »vornehme« Elitetruppe. 1807 wurde es bei der Reorganisation des preußischen Heeres aufgelöst. Vgl. auch S.396 ff.

Roßbach — Vgl. die siebte Anm. zu S.208.

293 *Jägerndorf* — In der Schlacht bei Großjägerndorf (Ostpreußen) unterlagen die preußischen Truppen am 30.August 1757 den Russen.

294 *Leurs noms ...* — (franz.) Ihre Namen, eingegraben auf dem Marmor durch die Hand der Freundschaft, sind die Wahl einer besondern Hochachtung, ohne nachteilig zu sein allen denen, welche, wie sie, sich um das Vaterland wohlverdient machten und die öffentliche Achtung teilen. (Fontanes Übersetzung; Anmerkungen zu W I[1], S.447.)

294 *im höchsten Auftrage* — Winterfeldt war Generaladjutant Friedrichs II.; vgl. auch die zweite Anm. zu S. 208.

295 *»Un drapeau ...«* — (franz.) »Eine Fahne in der Hand, ist er am 6. Mai 1757 vor Prag das Opfer seines Eifers geworden.« *Toutes les fois ...* — (franz.) Er siegte in jedem Gefechte. Sein kriegerischer Scharfblick, vereinigt mit einer heroischen Tapferkeit, sicherte ihm den glücklichen Ausgang jedes Kampfes. Aber was ihn über alles erhob, waren seine Redlichkeit, seine Uneigennützigkeit und seine Verachtung aller derer, welche auf Kosten der unterdrückten Völker sich bereicherten. (Fontanes Übersetzung; Anmerkungen zu W I[1], S. 448.)

Zwischen Boberow-Wald und Huwenow-See
oder
Der Rheinsberger Hof von 1786 bis 1802

Fontane hat das Kapitel — im Zusammenhang mit der Überarbeitung und Erweiterung der Rheinsberg-Aufsätze — im Juli und August 1861 fertiggestellt. Als Rechtfertigung dafür, daß er während des Druckes der Erstausgabe durch verzögerte Manuskriptlieferung eine Stockung verursachte, schrieb er am 12. August, »in ziemlichen Nöten«, an Verleger Hertz: »Ich habe nämlich noch so schönen Stoff über die letzten zehn Jahre des Prinzen Heinrich wie über manches andere zusammengetrommelt, daß ich in die ›Grafschaft Ruppin‹, am Schluß von ›Rheinsberg‹, noch zwei Kapitel einschieben muß. Da heißt es denn sehr fleißig sein.« Dieser »schöne Stoff« stammte von der Gräfin Sophie von Schwerin, die der Autor am 6. August um Auskünfte gebeten hatte. Im Brief vom 2. September 1861 an Mathilde von Rohr — die, von Fontane vermittelnd eingeschaltet, der Gräfin die Dringlichkeit der Angelegenheit vorgestellt hatte — heißt es dann: »Die Gräfin antwortete eingehend; Ihre Menschenkenntnis hat sich glänzend bewährt.«

Am 20. Oktober 1861 hat Fontane aus dem Kapitel im »Tunnel« vorgelesen, und wenige Tage vor der Auslieferung der Buchausgabe wurde es unter dem Titel »Bilder und Geschichten aus der Mark Brandenburg: Die letzten Tage des Prinzen Heinrich von Preußen oder Der Rheinsberger Hof von 1786 bis 1802« im Cottaschen »Morgenblatt für gebildete Leser«, Jg. 55, Nr. 45 und 46 vom 5. und 12. November 1861, S. 1 057—1 063 und 1 085—1 092, vorabgedruckt.

Zur verwendeten Literatur vgl. S. 684.

296 *Bis 1786 ...* — Dem Text ist in W I¹, S. 111, folgender Absatz
vorangestellt: »In einem früheren Kapitel sprach ich die Hoffnung aus, daß die *Prinz-Heinrich-Zeit* des Rheinsberger Schlosses, die über den kronprinzlichen Aufenthalt daselbst halb vergessen zu werden pflegt, über kurz oder lang ihren Historiogra-
phen oder, wenn dies Wort zu gewichtig klingt, ihren Erzähler
finden möchte. Ich habe nun, seitdem ich bei einem ersten Besuche Rheinsbergs jene Worte niederschrieb, selbst zu sammeln
gesucht und gebe in Nachstehendem, was ich gefunden. Das Terrain, das dabei in Betracht kam (denn der Rheinsberger Hof
hatte später seine Außenwerke und Filiale), liegt zwischen dem
Boberow-Wald und dem Huwenow-See, und hab ich demgemäß
die Überschrift dieses Kapitels gewählt.«
von 1786 ab — Seit dem Tode Friedrichs II.
Einfluß der Rietz — Wilhelmine Encke, der Form halber mit
dem Kammerdiener Ri(e)tz verheiratet und später zur Gräfin
von Lichtenau erhoben, war eine der zahlreichen Mätressen
Friedrich Wilhelms II.

297 *Kaphengst ... La Roche-Aymon* — Vgl. S.309—322.
frère du roi — (franz.) Bruder des Königs.

298 *Kavalierhaus* — Vgl. die zweite Anm. zu S.277.
»Dernières Dispositions« — (franz.) »Letztwillige Verfügun-
gen«.
schreibt Heinrich von Bülow — In seinem Prinz-Heinrich-
Buch; vgl. das Literaturverzeichnis, S.764.

299 *ruht ... in unsern Archiven* — Einige Teile von Prinz Heinrichs Memoiren über den Siebenjährigen Krieg wurden in den
»Forschungen zur brandenburgischen und preußischen Geschichte«, Band 1, Leipzig 1888, veröffentlicht.
Andre seiner Arbeiten ... — Offenbar vermutete Fontane darunter auch jenes Schriftstück, das er in seinen Anmerkungen zu
W I¹, S.453, erwähnt: »›Campagne des Prinzen Heinrich von
1778 bis 1779‹. Frau von Kaphengst in Ruppin besitzt ein sauber geschriebenes, etwa 150 Seiten starkes Manuskript unter
obigem Titel. Der Verfasser ist nicht angegeben. Sehr wahrscheinlich ist es nur eine vor sechzig oder siebzig Jahren angefertigte Abschrift von einem militärischen Werke, das seitdem
längst erschienen und wieder — vergessen ist. Da es aber (die
Dinge entziehen sich meinem Urteil) möglicherweise doch etwas Neues ist, so laß ich hier, um einen Vergleich zu ermöglichen, den Passus folgen, mit dem die Arbeit eingeleitet wird. /
›Europa, das nach den polnischen Unruhen und dem glücklich
geendeten Kriege der Russen gegen die ottomanische Pforte
einen allgemeinen Frieden zu genießen anfing, wurde abermals

ganz unvermutet von einer Seite her erschüttert, von der man das Ungewitter am wenigsten erwartete.‹«

299 *Kriegs- und Siegeszüge Moreaus* — Der französische General Moreau führte 1796/97 die Rhein- und Moselarmee, erhielt 1799 den Oberbefehl über die französischen Truppen in Italien und wurde 1800 zum Oberbefehlshaber der Rheinarmee ernannt. Seinen bedeutendsten Sieg errang er am 3.Dezember 1800 bei Hohenlinden gegen die Österreicher.

Bonaparte — Napoleon Bonaparte, der spätere Napoleon I.

Marengo — In der Schlacht bei Marengo (Oberitalien) errang Napoleon Bonaparte am 14.Juni 1800 einen entscheidenden Sieg über die Österreicher.

Remus-Insel — Insel im großen Rheinsberger See, beliebter Vergnügungsort des Rheinsberger Hofes.

300 *Frieden von Basel* — Vgl. die erste Anm. zu S.98. Prinz Heinrich war am Abschluß des Friedensvertrages beteiligt.

Polen ... Teilung — Prinz Heinrich initiierte 1770 im Auftrage Friedrichs II. am Petersburger Hof die (erste) Teilung Polens zwischen Rußland, Preußen und Österreich, die 1772 realisiert wurde.

301 *Prinz Heinrichsches Palais, die jetzige Universität* — Humboldt-Universität Unter den Linden; dreigeschossige barocke Dreiflügelanlage, errichtet 1748—1753 von Johann Boumann dem Älteren. (Links und rechts vom Mitteleingang befinden sich seit 1883 die Marmordenkmäler Wilhelm und Alexander von Humboldts.) Das 1945 stark beschädigte Gebäude wurde von 1949 bis 1967 wiederhergestellt.

Freiberger Schlacht — 29.Oktober; vgl. die sechste Anm. zu S.289.

Bataille bei Prag — Vgl. die erste Anm. zu S.208.

302 *königlicher Neffe* — Friedrich Wilhelm II.

»Vie privée ...« — Von Bouillé du Charol; vgl. das Literaturverzeichnis, S.764.

303 *Geschichte seines Lebens* — Vermutlich handelt es sich um Friedrichs II. »Mémoires depuis 1763 jusqu'à 1774« (1779; Denkwürdigkeiten von 1763 bis 1774).

eben zum Throne gelangt — Friedrich Wilhelm II. war seit 1786 König.

304 *Thiébault in seinen »Souvenirs«* — »Frédéric le Grand ...«; vgl. das Literaturverzeichnis, S.768.

le beau Knyphausen — (franz.) der schöne Knyphausen.

Er vermählte sich ... — Vgl. »Fünf Schlösser«, Teil »Hoppenrade«; Band 5 dieser Ausgabe.

Volontair — Hier: Freiwilliger.

304 *Mirabeau ... erwähnt* — In »Histoire secrète ...«; vgl. das Literaturverzeichnis, S. 767.

305 *Abneigung gegen den Minister Hertzberg* — Die Abneigung resultierte wahrscheinlich aus der Rivalität zwischen Prinz Heinrich und Hertzberg auf diplomatischem Gebiet. Während Hertzberg, auf Grund seiner diplomatischen Erfolge schon unter Friedrich II. Zweiter Staats- und Kabinettsminister (seit 1763), von Friedrich Wilhelm II. in den Grafenstand erhoben, zum Kurator der Berliner Akademie ernannt und mit den auswärtigen Angelegenheiten Preußens betraut wurde, hat der neue König den Prinzen Heinrich völlig aus dem politischen Wirkungsbereich entfernt.

Bülow in seinem ... Buche — »Prinz Heinrich von Preußen«; vgl. das Literaturverzeichnis, S. 764.

im Geldernschen — Geldern: Niederländische Provinz, eingeteilt in Nieder- und Obergeldern. Das von Spanien (seit 1713 zum Teil auch von Preußen) okkupierte Obergeldern kam im Gefolge der Revolutionskriege in den Besitz Frankreichs (vgl. auch die erste Anm. zu S. 98) und damit in den Geltungsbereich französischen (bürgerlichen) Rechts.

306 *Präbende* — Pfründe, kirchliche Versorgung.

als Magdeburg westfälisch wurde — Magdeburg, seit 1680 brandenburgisch-preußische Festung, wurde 1807 dem von Napoleon I. für seinen Bruder Jérôme Bonaparte geschaffenen Königreich Westfalen einverleibt, das die Alliierten 1813 nach der Völkerschlacht bei Leipzig wieder auflösten.

»un teint ...« — (franz.) »ein Teint wie Lilie und Rose«.

307 *als der Prinz ... in Tamsel erschien* — Vgl. »Das Oderland«, Kap. »Tamsel II«; Band 2 dieser Ausgabe.

»Rose, elle a vécu ...« — (franz.) »Rose, sie hat gelebt, wie Rosen leben — die Zeitspanne eines Morgens.«

Vater flüchtiger Franzosen — Vgl. die dritte Anm. zu S. 265.

Erstürmung des Passes von Gabel — Nach der Erstürmung des von den Österreichern besetzten Passes von Gabel (im sächsisch-böhmischen Grenzgebirge, südlich von Zittau) am 31. Juli 1778 war Prinz Heinrich mit seiner Armee zu Beginn des Bayrischen Erbfolgekrieges (vgl. die siebte Anm. zu S. 97) in Nordböhmen eingerückt.

308 *rotes Kriegskleid und schwarze Ordensmäntel* — Ein schwarzer Mantel mit achtspitzigem weißem Leinenkreuz war die ursprüngliche Ordenstracht der Johanniter (vgl. die zweite Anm. zu S. 206). Im Kriege trugen sie eine rote Uniform (hervorgegangen aus der roten Weste mit weißem Balkenkreuz, die im Mittelalter über die Rüstung gezogen wurde).

308 *Tauentzien von Wittenberg* — Der preußische General Friedrich Bogislaw Emanuel Graf von Tauentzien erhielt 1814 den Ehrennamen »von Wittenberg«, weil er 1813 nach der Völkerschlacht von Leipzig die Städte Wittenberg, Torgau und Magdeburg von den Franzosen zurückerobert hatte.

Verteidiger von Breslau — Vgl. die zweite Anm. zu S. 283.

Bayerischer Erbfolgekrieg — Vgl. die siebte Anm. zu S. 97.

309 *König* — Friedrich Wilhelm II.

310 *König* — Friedrich II.

à tout prix — (franz.) um jeden Preis.

Friedrichsdor — Vgl. die elfte Anm. zu S. 208.

311 *Debauchen* — Ausschweifungen.

Schloß Meseberg — Das Herrenhaus von Meseberg (bei Gransee), ein Barockbau von 1738/39, ist erhalten geblieben. Zur Zeit beherbergt es verschiedene örtliche Einrichtungen. In Fontanes Notizbuch A 3, Blatt 53—58, befindet sich ein Inventarverzeichnis der einzelnen Räume und Gemälde (mit Bildbeschreibungen). Vgl. auch die Skizze, S. 697.

312 *boisiert* — holzgetäfelt.

Kirche zu Meseberg — Geputzter Feldsteinbau, ursprünglich gotisch. Das erwähnte Gemälde existiert noch. In seinem Notizbuch A 3 hat Fontane das Inventar der Kirche verzeichnet.

313 *Lecteur* — (franz.) Vorleser.

directeur du théâtre — (franz.) Theaterdirektor.

Alexandriner — Zwölfsilbiges (getragenes) Versmaß der französischen Klassik.

tragédie — (franz.) Tragödie, Trauerspiel.

315 *die letzte Silbe fortgelassen* — Die Inschrift heißt dann »Vota grati ani«: (lat.) »Nimm dies als Darbietung eines dankbaren Afters.«

Wilder Jäger — In der deutschen Volkssage Anführer der »Wilden Jagd«, eines Geisterheeres, das nachts mit Getöse und Hundegebell durch die Lüfte fährt.

317 *Volontair* — Hier: Freiwilliger.

Condésches Corps — Louis-Josephe Prinz von Condé (vgl. auch die erste Anm. zu S. 281), der bei Ausbruch der Französischen Revolution 1789 nach Deutschland geflohen war, gründete am Rhein ein Emigrantenkorps, mit dem er sich 1792 den Österreichern anschloß, um gegen die Revolutionstruppen zu kämpfen. Das Condésche Korps mußte 1801, nach dem Friedensschluß von Lunéville zwischen dem Deutschen Reich und der Französischen Republik, wieder aufgelöst werden.

neapolitanische Armee — Das Königreich Neapel, seit 1735

Schloß in Meseberg

Schloß in Meseberg

als Teil des Königreichs »beider Sizilien« (Sizilien und das un-
teritalienische Festland umfassend) unter der Herrschaft der
spanischen Bourbonen, schloß sich 1792 der ersten, 1798 der
zweiten konterrevolutionären Koalition der europäischen
Monarchien gegen die Französische Republik an. Im November 1798 rückte die neapolitanische Armee in den römischen
Kirchenstaat ein, wurde jedoch im Dezember von den Franzosen zurückgeschlagen und auf eigenes Territorium verfolgt,
wo sie im Januar 1799 kapitulierte. Da Neapel in der Folgezeit
weiterhin gegen Frankreich konspirierte, entmachtete Napoleon I. 1805 die Bourbonen und ernannte 1806 seinen Bruder Josephe Bonaparte, 1808 den Marschall Joachim Murat,
seinen Schwager, zum König von Neapel.

317 *Basler Frieden* — Vgl. die erste Anm. zu S.98.

318 *König* — Friedrich Wilhelm II.

Königinmutter — Luise Amalie, Tochter des Herzogs Ferdinand Albrecht II. von Braunschweig-Wolfenbüttel, Gemahlin
des Prinzen August Wilhelm von Preußen.

équivoque — (franz.) zweideutig.

Freundschaftstempel mit seinen Inschriften — Vgl. S.284f.

Remus-Insel — Vgl. die vierte Anm. zu S.299.

319 *»Constant« des Bayard-Ordens* — Vgl. die erste Anm. zu S.2.

Philosoph von Sanssouci — Friedrich II. pflegte sich als den
»Philosophen von Sanssouci« zu bezeichnen. Die erste Sammlung seiner Werke (1752) trug den Titel »Œuvres du Philoso-
phe de Sanssouci«.

enchantiert — entzückt.

Nord und Süd — Vermutlich Anspielung auf die von mehreren deutschen Schriftstellern unter diesem Titel herausgegebenen »Monatsblätter für Unterhaltung und Zivilisation«, die
seit 1848 erschienen (nicht Paul Lindaus bekannte gleichnamige Zeitschrift, die erst seit 1877 publiziert wurde).

jusqu'à demain — (franz.) bis morgen.

Dieb — Überlanger, rußender Docht.

320 *»Dernières Dispositions«* — (franz.) »Letztwillige Verfügun-
gen«.

»Ich bezeuge …« — Zitat aus Bouillé du Charol, »Vie privée …«; vgl. das Literaturverzeichnis, S.764.

aggregiert — beigegeben, zugewiesen.

321 *Attacke bei Preußisch-Eylau* — Vgl. die dritte Anm. zu S.97.

Hundert Tage — Bezeichnung für die kurze zweite Herr-
schaftsperiode Napoleons I.: 20. März 1815 (Einzug in Paris
nach der Rückkehr aus Elba) bis 8. Juli 1815 (endgültiger
Sturz nach der Niederlage bei Waterloo).

321 *in Spanien einrückende französische Armee* — Im Jahre 1820 hatten radikaldemokratische Militärs unter Führung des Oberstleutnants Riego y Nuñez in Spanien die 1814 von König Ferdinand VII. aufgehobene liberale Verfassung von 1812 wieder durchgesetzt und eine konstitutionelle Regierung gebildet. Daraufhin fielen im April 1823 französische Truppen im Namen der europäischen Großmächte in Spanien ein und stellten die absolutistischen Herrschaftsverhältnisse wieder her.

kaiserlich-mexikanische Dienste — Mexiko hatte sich 1824, nach der Niederwerfung der spanischen Kolonialmacht, als Republik konstituiert. Nach der Kapitulation ihrer letzten Festung in Veracruz (1825) rüsteten die Spanier ein Expeditionskorps zur Wiedereroberung Mexikos aus, das jedoch wenige Wochen nach seiner Landung vernichtend geschlagen wurde (1829).

Februarrevolution — Vgl. die dritte Anm. zu S. 154.

323 *legitimistisch* — Legitimisten: In Frankreich die von der Aristokratie und dem hohen Klerus geführte Partei, die die in den Revolutionen von 1789/94 und 1830 gestürzte »legitime« Bourbonendynastie wiederherzustellen versuchte.

324 *französische Armee in Rom* — Im Verlauf der bürgerlichen Revolution von 1848/49, die auch Italien erfaßt hatte, wurde in Rom die Republik proklamiert (Februar 1849) und damit die weltliche Macht des Papstes im bisherigen »Kirchenstaat« aufgehoben. Daraufhin eroberten französische Truppen, unterstützt von der europäischen Konterrevolution, im Juli 1849 die von Garibaldi heldenhaft verteidigte Stadt, in der sie bis 1870 als Besatzungsmacht verblieben.

325 *zu Grabe getragen* — In W I¹, S. 143, folgt der Zusatz: »Noch leben einzelne, die sich aus ihren Kinderjahren her des Prinzen entsinnen, der ›sehr häßlich war und gar nicht aussah wie ein Prinz‹, aber die Marquise La Roche-Aymon war die letzte, die mit auf der Bühne jener Tage tätig und eine bewunderte Zierde derselben gewesen war.«

Köpernitz

Mit dem Gut der Gräfin La Roche-Aymon hat sich Fontane — im Zusammenhang mit den Aufsätzen über Rheinsberg und den Rheinsberger Hof — bereits im Juli 1861 beschäftigt, und das zu dieser Zeit verfügbare Material ist in das Kapitel »Zwischen Boberow-Wald und Huwenow-See ...« eingeflossen. Leider war es weniger, als der Autor zu erhalten gehofft hatte; denn auf eine entsprechende Anfrage bei Karl Emil Ferdinand von Zeuner, dem Neffen der Gräfin La Roche-Aymon und damaligen Besitzer von Köpernitz, hatte er keine Antwort bekommen. Am 17. Juli schrieb er seiner Schwester Elise: »Mitteilungen von Herrn von Zeuner erwart ich nicht mehr; diese Herrn sind alle noch wie die Nachtwächter und scheinen nicht mal zu wissen, daß ein Gentleman auf den Brief eines Gentleman wenigstens antwortet. Mitunter kommt mir der Jammer an. Ich sage also, Mitteilungen über die La Roche-Aymons erwart ich nicht mehr; ich habe für meine Zwecke auch genug, nur *ein Bild der Lokalität* würd ich gern noch geben. Ich stell es Dir nun zur Aufgabe und will daran Deine Macht über Männerherzen erproben, daß Du Gentz beredest, mal in Gesellschaft von seiner Frau und Dir von Gentzrode aus nach Köpernitz zu fahren, es ist von G[entz]rode aus kaum noch anderthalb Meilen. In Köpernitz selbst kuckst Du Dir das Terrain scharf an: die Terrainbeschaffenheit, Wald, Wasser, das Dorf, vor allem die Lage des herrschaftlichen Hauses, dessen Aussehen, wieviel Etagen, wieviel Fensterfront und womöglich noch irgend etwas Markantes, ein Grabmal, Springbrunnen, Storchennest, Rampe oder sonst dergleichen. Zehn bis zwölf Zeilen sind genug, aber es muß ein anschauliches Bild geben.« Offenbar hat sich auch diese Hoffnung zerschlagen; jedenfalls entstand das selbständige Kapitel über Köpernitz erst, nachdem der Autor im September 1873 während seiner Ruppin-Reise erneut einige »Lokalitäten«, darunter Köpernitz, aufgesucht hatte.

»Köpernitz« erschien erstmals in der dritten Auflage der »Grafschaft Ruppin« (1875). Ein Vorabdruck ist nicht nachweisbar.

Zur verwendeten Literatur vgl. S. 684.

326 *Rote Dächer . . .* Die Verse stammen wahrscheinlich von Fontane.

Herrenhaus — Das Gebäude existiert noch; sein baulicher Zustand ist gut. Im Erdgeschoß ist die Bürgermeisterei der Gemeinde Heinrichsdorf-Köpernitz untergebracht, im Obergeschoß befinden sich Wohnungen.

folgende Bilder — Das Verzeichnis findet sich im Notizbuch A 2.

327 *Geschichte des Siebenjährigen Krieges* — Vgl. die erste Anm. zu S. 299.

328 *Berliner Matthäikirchhof* — In Schöneberg. Vgl. Fontanes Gedicht »Auf dem Matthäikirchhof«.

Marmorkreuz . . . Inschrift — Das Grabkreuz ist erhalten geblieben, die Inschrift noch gut lesbar.

Zernikow

Das Kapitel ist Ende August 1861 entstanden und in der Erstausgabe von Band 1 der »Wanderungen« (1862) zum erstenmal gedruckt worden. Ein Vorabdruck ist nicht nachweisbar.
Zur verwendeten Literatur vgl. S. 684.

329 *»So heute Mittag ...«* — Anfangszeilen aus einem (undatierten, wahrscheinlich vom Frühjahr 1754 stammenden) Brief Friedrichs II. an Fredersdorff (Nr. 23 in Burchardts Sammlung; vgl. das Literaturverzeichnis, S. 765).
Fredersdorff zum Geschenk — Die Schenkungsurkunde, abgedruckt in Fontanes Anmerkungen zu W I[1], S. 453 f., lautet:
»Wir, Friedrich, von Gottes Gnaden König in Preußen, Markgraf zu Brandenburg, des Heiligen Römischen Reichs Erzkämmerer und Kurfürst, souveräner Prinz von Oranien, Neufchâtel und Valangin; in Geldern, zu Magdeburg, Kleve, Jülich, Berg, Stettin, Pommern, der Kaschuben und Wenden, zu Mecklenburg, auch in Schlesien und Crossen Herzog; Burggraf zu Nürnberg, Fürst zu Halberstadt, Minden, Cammin, Wenden, Schwerin, Ratzeburg, Ostfriesland und Meurs; Graf zu Hohenzollern, Ruppin, der Mark Ravensberg, Hohenstein, Lingen, Bühren und Lehrdamm; Herr zu Ravenstein, der Lande Rostock, Stargard, Lauenburg, Bütow, Orley und Breda etc., tun kund und bekennen hiermit für Uns, Unsere Erben und Nachkommen an der Krone und Kur, daß Wir in Erwägung der unermüdeten, fleißigen, alleruntertänigsten und getreuen Dienste, welche Michael Gabriel Fredersdorff, Unser Erster Kammerdiener, bisher zu Unsrem allergnädigsten Wohlgefallen geleistet und noch ferner zu leisten imstande ist, demselben in königlichen Gnaden das von Uns als Kronprinz erkaufte, im Ruppinischen belegene Rittergut Zernikow mit allen Gnaden und Gerechtigkeiten, so wie es von den vorigen Besitzern oder auch von Uns selbst genossen oder genutzet werden könne, mit Heiden, Mühlengerechtigkeit, hoher und niederer Jagd, Ober- und Untergerichten und was sonst dem vollkommenen Eigentum eines Ritterguts anhängig sein mag, geschenkt und dergestalt unwiderruflich zugeeignet haben, daß Er, gedachter Unser lieber Getreuer, der Kammerdiener Michael Gabriel Fredersdorff, selbiges hinfüro für sich, seine Erben und Erbnehmer beiderlei Geschlechts als sein oder ihr Eigentum geruhiglich besitzen, genießen und gebrauchen, auch darunter von niemanden beeinträchtigt, sondern vielmehr von Unseren hohen und niedrigen Collegiis wider je-

dermanns An- und Zuspruch solchermaßen versichert sein
und bleiben soll, als der mit dem von Beville unter dem
17. März 1737 geschlossene Kaufkontrakt besaget. / Und
gleichwie nun eingangs erwähnter Fredersdorff diese Unsere
königliche Gnade und Milde mit alleruntertänigstem Danke
erkennet und angenommen, so wollen Wir für Uns, Unsere
Erben und Nachkommen an der Krone und Kur denselben
für sich, seine Erben und Erbnehmer auch zu allen Zeiten
bei dem ruhigen Besitze dieses von Uns ihm wohlbedächtig
und wohlwissentlich allergnädigst geschenkten und mit allen
Rechten und Gerechtigkeiten, sie haben Namen, wie sie immer wollen, zugeeigneten Rittergutes Zernikow, welches Wir
noch vor Antritt Unserer Regierung zu Unserer freien Will-
kür und unumschränkten Disposition erkaufen lassen und
welches nicht auf einen Unserer Etats oder Register der öffentlichen Einkünfte gebracht worden, noch weniger die Natur oder Eigenschaft der durch Unseres in Gott ruhenden
Herrn Vaters Majestät unter dem 13. August 1713 für inalien-
ables [unveräußerlich] erklärten Domanial-[Kron-], Kammer-
und Tafelgüter jemals erhalten, schützen und handhaben,
auch demselben zu dem Ende durch den Kammerdirektor
von Münchow dieses Gut, in seinen Grenzen und Malen,
nebst allen dasselbe angehenden Dokumenten, Lehnbriefen
und Briefschaften und davon lautenden Urkunden, mit übergeben, extradieren und einhändigen lassen. / Dessen allen zu
Urkund haben Wir diese Donation und Verschreibung unterschrieben und mit Unserem Cabinetssiegel bedrucken lassen. / So geschehen und gegeben Charlottenburg, den 26. Juni
1740. / Friedrich.«

329 *»Friedrichs II. eigenhändige Briefe ...«* — Vgl. das Literaturverzeichnis, S. 765.

331 *Wohnhaus* — Das ehemalige Herrenhaus von 1746 ist erhalten geblieben; es dient heute als Wohnhaus.
so viele schwere Verluste — 1758 war für Friedrich II. ein erfolgloses Jahr im Siebenjährigen Krieg: In der Schlacht bei
Zorndorf (25. August) verlor er mehr als ein Drittel seines
Mannschaftsbestandes, in der Schlacht bei Hochkirch (14. Oktober) fast das gesamte Geschütz. Vgl. die erste und zweite
Anm. zu S. 18.

333 *drei Söhne und drei Töchter* — Achim und Bettina von Arnim
hatten sieben Kinder: Freimund (1812—1863), Siegmund
(1813 bis 1891), Friedmund (1815—1883), Kühnemund
(1817—1835), Maximiliane (1818—1894), Armgart (1821 bis
1880), Gisela (1827 bis 1889).

333 *sehenswerte Kirche ... Grabgewölbe ... Inschrift* — Sowohl
die Kirche aus dem 13.Jahrhundert als auch das Grabgewölbe
mit der Inschrift existieren noch. Die Särge wurden nach 1945
auf dem Friedhof beigesetzt.
Munifizenz — Freigebigkeit.

334 *ein kleines Fenster befindlich ist* — In W I¹, S.149, folgt der
Zusatz: »(eine unschöne Äußerung der Pietät, der man in jener Zeit öfters begegnet)«.
Familiengut Wiepersdorf — Das Wiepersdorfer Herrenhaus,
ein Barockbau, wurde 1731—1738 errichtet, 1780 und 1878
umgebaut. In dem mit italienischen Skulpturen versehenen
Park, der das Gebäude umgibt, befinden sich die Gräber von
Achim und Bettina von Arnim. Das Schlößchen Wiepersdorf,
in der Zeit der DDR umfassend restauriert, wird als »Künstler-
heim Bettina von Arnim« (Stiftung Kulturfonds) genutzt.

Die Ruppiner Schweiz

Das Kapitel entstand Anfang September 1864, kurz vor Antritt der
Reise nach Neuruppin und Kränzlin (vgl. S.623). Fontane hat es
für die zweite Auflage der »Grafschaft Ruppin« (1865) geschrieben, deren Druck zu dieser Zeit schon weit fortgeschritten war. Am
3. September 1864 teilte er seinem Verleger Wilhelm Hertz mit:
»Das kleine Kapitel ›Die Ruppiner Schweiz‹ schicke ich am Mon-
tag«; am 6. September, dem Tag der Abreise: »Ich schicke morgen
den Aufsatz ›Die Ruppiner Schweiz‹«, und am 7. September, von
Neuruppin aus: »Endlich nun den kleinen Aufsatz! Bei gutem Wetter und größerer Muße wäre er wohl besser geraten — nun, er muß
passieren. Kann er noch das *vorletzte* Kapitel [innerhalb der ersten
Unterabteilung des Bandes: »Die Grafschaft Ruppin«; Abteilung 2
war überschrieben: »Der Barnim«, Abteilung 3: »Der Teltow«] bilden (wie anfangs bestimmt), so ist mir dies lieber — doch lege ich
kein großes Gewicht darauf.«
Ein Vorabdruck des Kapitels ist nicht nachweisbar.

337 *Ist's norderwärts ...?* — Die Verse stammen wahrscheinlich
von Fontane (vgl. S.339).
Die Schweize werden immer kleiner ... — In W I², S. 273,
heißt es am Beginn des Kapitels ausführlicher: »Die Schweize
werden immer kleiner. Der Entdeckung der Sächsischen
Schweiz ist die der Märkischen Schweiz auf dem Fuße gefolgt,
und bei dem vorherrschenden Hange, immer mehr zu lokali-
sieren, sehen wir die Tage herannahen, wo wir in unserer

Mark, also in dem vielleicht unschweizerischsten Lande der
Welt, wenigstens ebenso viele Schweize besitzen werden, wie
das alte, etwas mißbräuchlich behandelte Original Kantone
umschließt. Es gibt schon jetzt eine Freienwalder, eine Neustädter, eine Buckower Schweiz (dies sind die drei alten Kantone), zu denen sich neuerdings, der Schweizen in der Uckermark und Neumark zu geschweigen, nunmehr auch die *Ruppiner Schweiz* gesellt hat. Als einer Art Pitschner [Verfasser
eines Werkes über die Montblanc-Besteigung 1859] dieser
Gegenden, der die Sturzbäche derselben passiert und ihre
Kulme erklettert hat, geziemt es mir wohl, einen kurzen Bericht über dieselben zu geben. / Die Ruppiner Schweiz, halben Wegs zwischen Ruppin und Rheinsberg gelegen, trägt
ihren Ruhm zur Hälfte auf Kosten des nachbarlichen Rheinsbergs, und wir würden uns nicht wundern, diesen landschaftlichen Stolz der Grafschaft eines Tages von seiten der benach-
teiligten Nachbarstadt wenigstens teilweis reklamiert zu sehen.
Vorläufig ist der Ruppiner Besitztitel — vielleicht weil er mehr
Grafschafts- als Stadtcharakter hat — noch unbestritten.«

337 *Ruppiner Schweiz* — In W I², S. 274, folgt der Zusatz: »Diese
Wasserfülle, abgesehen von der Schönheit, die sie unmittelbar
der Landschaft leiht, hat auch das Kind des Sandes, die
Fichte, verdrängt; — kostbare Buchen steigen zu beiden Seiten der bald schmalen, bald breiten Wasserflächen auf, und
der Fuß des Touristen, statt auf Kiennadeln auszugleiten, freut
sich des saftigen Mooses oder raschelt behaglich im abgefalle-
nen Laub. / Die Ruppiner Schweiz hat mehr Länge als
Tiefe; — eigentliche Dörfer gehören ihr nicht zu, und nur Wei-
ler und Kolonistenhäuser, hier und da dorfartig gruppiert, ziehen sich am Ufer der verschiedenen Wasserbecken entlang.
Alle diese Seen — in der Reihenfolge von Nord nach Süd: der
Kalk-, der Tornow-, der Zermützel-, der Tetzen- und Molchow-See — hängen durch eine schmale Wasserstraße untereinander zusammen, und diese Wasserstraße, vielfach ihren
Charakter wechselnd, heißt der *Rhin.* Aus dem Kalk-See kommend, zunächst über Steingeröll hinplätschernd (ganz nach
Art eines Bergwassers), zieht er von See zu See, bis er an der
Südspitze des Molchow-Sees die Heimat seiner Berge aufgibt
und nach kurzem Schlängellauf in das große Wasserbecken
eintritt, das zu Füßen der Ruppiner Schweiz sich ausdehnt.
Dieses Wasserbecken ist der Ruppiner *See.*«

Schwäbisches Meer — Bezeichnung für den Bodensee.

Linum … Torfkahn — Anspielung auf den damaligen Torfab-
bau im Wustrauer Luch; vgl. S. 358 ff.

337 *Interlaken* — Anspielung auf den schweizerischen Kurort Interlaken, der nach seiner Lage »zwischen den Seen« (lat. inter lacus) benannt ist.

338 *Rottstiel* — Noch heute Forsthaus.

Pfefferteich — Ebenfalls heute noch Forsthaus (zum Dorf Storbeck gehörend).

Boltenmühle — Der Mühlenbetrieb wurde um 1894 eingestellt; seit 1939 Gaststätte und Ferienheim. 1971/72 umfassender Ausbau dieser beliebtesten Ausflugsstätte der Ruppiner Schweiz.

Kunsterspring — Die Mühle brannte 1917 ab. Seit 1951 befindet sich auf dem ehemaligen Mühlengelände eine Ausbildungsstätte für Forstarbeiter. Der 1967 in Kunsterspring eingerichtete Heimattiergarten wurde 1975 von der Stadt Neuruppin übernommen (Naherholungsgebiet).

Kronprinz Fritz ... Liebe zum schönen Försterkinde — Vgl. Fontanes Aufsatz »Dörfer und Flecken im Lande Ruppin«; Band 6 dieser Ausgabe. Für eine Liebesbeziehung zwischen Friedrich und der »schönen Sabine« gibt es keinerlei Anhaltspunkte. Sie war 1715 als Tochter des Heidereuters Anton Schott in Zühlen geboren worden und heiratete 1734 den Förster Ernst Ludwig Cusig, der die Ansiedlung Binenwalde (heute ein Ortsteil von Gühlen-Glienicke) gründete.

im See gelegenen Forsthaus — In W I², S. 275, folgt der Zusatz: »(seitdem verfallen; die Insel selbst zum Weideplatz geworden)«.

339 *Ton der Säge* — In den zahlreichen Schneidemühlen am Rhin wurden unter anderem Fußbodendielen für die Berliner Wohnungen produziert.

Am Molchow- und Zermützel-See
Zwischen Zermützel- und Tornow-See
Die Menzer Forst und der Große Stechlin

Die drei Kapitel sind im Zusammenhang zu betrachten, da sie zusammen entstanden sind und in Fontanes einschlägigen Briefäußerungen immer gemeinsam genannt werden. Der Autor hat sie Anfang Oktober 1873 niedergeschrieben, unmittelbar nach der Ruppiner Reise vom 16. bis 29. September, während der ihn Alexander Gentz in das Seen- und Waldgebiet begleitete. Im Brief an Alexander Gentz vom 12. Oktober 1873, aus dem bereits zitiert wurde (vgl. S. 653), heißt es unter anderem: »Außerdem hab ich geschrieben: ›Am Molchow- und Zermützel-See‹, ›Zwischen Zermützel- und Tornow-See‹, ›Die

Menzer Forst und der Große Stechlin‹. Ich habe mit *diesen* Kapiteln
begonnen, weil sie, mehr als die andern, frische Stimmung erheisch-
ten, die, wenn man vier Wochen hintereinander schreibt, in der vierten Woche unelastischer ist als in der ersten. Ich glaube, daß mir diese
drei Kapitel geglückt sind; es wird Sie amüsieren, nicht bloß unsre
Erlebnisse darin wiederzufinden, sondern namentlich auch die
Wahrnehmung, *was* ich mitunter herangezogen habe. / Bitte, schreiben Sie mir doch gelegentlich auf einen Zettel einige Förster- und
Oberförsternamen nieder, die bei jener Jagdpartie zugegen waren,
deren Schilderung einen so tiefen Eindruck auf mich machte. Namentlich *Förster*namen und immer den Ort, wo sie wohnen. Also beispielsweise: ›Da war Berger von Alt Ruppin.‹ Je toller die Namen
klingen, desto besser, z. B. Zippelförde, Pfeiferteich, Rottstiel sind alle
drei vorzüglich.« Noch vierzehn Jahre später hat sich Fontane dankbar jener erlebnisreichen Reise erinnert, die zusammen mit den Angaben von Alexander Gentz die Grundlage für die drei Kapitel bildete, die er zu den besten der »Wanderungen« zählte und die später
das Fundament zum »Stechlin« (1898) abgaben. Am 20. März 1887
schrieb er an Gentz, auf einen Brief antwortend, »der einen so großen
Eindruck auf mich gemacht«: »Alles hat mich wieder lebhaft in alte
Tage zurückversetzt und aufs neue zu Dank für Ihre Gastlichkeit und
Güte gestimmt. Wie wundervoll der Regentag im Luch (mit Ihrem
Bruder und Lepel [während der ersten Ruppin-Reise im Juli 1859;
vgl. S. 605] und dem endlichen Vorsprechen bei Pastor Quohl, der
wie ein Ohrwurm wurde, als er Ihren Namen hörte), wie wundervoll
die Fahrt nach Fretzdorf, wo die Ruppigkeit des autochthonen Alt-
adels uns hungern ließ, endlich wie unvergeßlich schön die Fahrt
nach Molchow- und Zermützel-See hin, bis in den Menzer Forst und
an den Großen Stechlin. An diese Tage knüpfen sich die besten Kapitel meiner ›Wanderungen‹, und das Beste darin verdanke ich Ihnen.«

Die Kapitel wurden unter dem Sammeltitel »Wanderungen durch
die ›Ruppiner Schweiz‹« (1—3) in der »Illustrierten Frauen-Zeitung.
Ausgabe der Modenwelt mit Unterhaltungsblatt« (Lipperheide), Jg. 1,
Nr. 8 vom 16. Februar 1874 und Nr. 10 vom 9. März 1874, vorabgedruckt, bevor sie in der dritten Auflage der »Grafschaft Ruppin«
(1875) zum erstenmal in der Buchausgabe erschienen.

340 *Abgeschieden* ... — Lenau, »Asyl«, Strophe 1. Vers 1 lautet
     bei Lenau: »Hohe Klippen, rings geschlossen«.
     Helvetia propria — (lat.) die eigentliche Schweiz.
     Schrecken des Schillerschen »*Tauchers*« — Ein direkter lautli-
     cher Anklang findet sich in Strophe 19 der Ballade:

Denn unter mir lag's noch bergetief
In purpurner Finsternis da,
Und ob's hier dem Ohre gleich ewig schlief,
Das Auge mit Schaudern hinuntersah,
Wie's von Salamandern und Molchen [!] und Drachen
Sich regt' in dem furchtbaren Höllenrachen.

340 *Turm ... Glocke* — Der hölzerne Turm, 1963 restauriert, und die Glocke aus dem Jahre 1522 stehen unter Denkmalschutz. Die Herkunft der Glocke ist unbekannt; Fontanes Ansicht, sie stamme aus Eggersdorf, ist historisch nicht haltbar, da von diesem ehemaligen Dorf 1522 nur noch eine wüste Feldmark existierte.

»Ave Maria, gratia plena« — Vgl. die Anm. zu S.44.

341 *im Dreißigjährigen Kriege ... wüst geworden* — Fontane übernimmt hier Auffassungen der Historiker des 19. Jahrhunderts, die sich als irrig erwiesen haben. Braunsberg wurde als einziges Dorf 1627 von kaiserlichen Truppen zerstört. Die übrigen Dörfer waren bereits wesentlich früher zu wüsten Feldmarken geworden. Die Ursachen der mittelalterlichen Wüstungen sind in den schlechten Bodenverhältnissen und in den Zerstörungen zu suchen, die die kriegerischen Auseinandersetzungen zwischen Ruppiner und Mecklenburger Adligen 1420—1438 zur Folge hatten.

Zermützel — Heute Ortsteil von Krangen.

Stendenitz — Beliebter Ausflugsort in der Ruppiner Schweiz mit Gaststätte, Waldmuseum (als Außenstelle des Neuruppiner Heimatmuseums), Forsthaus und Campingplatz.

Parole »nur Menschen« — In einer möglichst raschen Vermehrung der Bevölkerung sah Friedrich II. das Hauptmittel zur ökonomischen Stärkung Preußens. Er förderte systematisch die Einwanderung von Kolonisten aus Sachsen, Süd- und Südwestdeutschland, die er unter wirtschaftlich günstigen Bedingungen in den infolge seiner Kriege verwüsteten sowie in neu erschlossenen (z.B. Oderbruch) oder erworbenen Gebieten (z. B. Westpreußen) ansiedelte.

Kolonisationszeit unter Albrecht dem Bären – Vgl. die zweite Anm. zu S.55 sowie »Havelland«, Kap. »Die Wenden in der Mark« und »Die Zisterzienser in der Mark«; Band 3 dieser Ausgabe.

Hundert Jahr Arbeit sind gewesen wie ein Tag — Abwandlung des Bibelwortes »... *ein* Tag vor dem Herrn ist wie tausend Jahre und tausend Jahre wie *ein* Tag« (Neues Testament, 2.Petrus 3,8).

Zypressen- und Trauertannendienst — Bei Beerdigungszeremo-
nien und als Grabschmuck spielt die Zypresse in Südeuropa und
im Orient eine ähnliche Rolle wie in Mitteleuropa die Tanne
oder Fichte. Bei den Griechen und Römern war sie den Göttern
geweiht. Man legte ihre Zweige in die Gräber der Verstorbenen,
bezeichnete durch sie das Trauerhaus und pflanzte den Baum
auf Grabstätten an.

343 *Mein Bier und Wein ...* — Uhland, »Der Wirtin Töchterlein«,
Strophe 3.

Parallelen — Vgl. die vierte Anm. zu S.255.

Schwedenzeit — Vgl. die siebte Anm. zu S.14.

Torstenson und Wrangel — Berühmte schwedische Feldherren des 17. Jahrhunderts.

344 *die städtischen Nimrods* — Jäger; benannt nach dem alttesta-
mentlichen Nimrod, dem »gewaltigen Jäger vor dem Herrn«
(1.Mose 10, 8f.).

345 *Stecher* — Vorrichtung am Jagdgewehr, mit der man den Abzug so fein einstellen kann, daß die geringste Berührung zum
Abfeuern der Waffe genügt.

346 *Die Sonne war geneigt ...* — Lenau, »Der Urwald«,
Vers 15—20. Vers 20 lautet bei Lenau: »Auf dieses Urwalds
grauenvolle Stätte«.

großer König — Friedrich II.

Kriegs- und Domainenkammer — Von 1723 bis zur Verwal-
tungsreform von 1808 oberste Polizei-, Zivil-, Finanz- und Militärverwaltungsbehörde einer preußischen Provinz.

347 *Linumer Torfperiode* — Vgl. S.358ff.

tabula rasa — (lat.) leere Fläche.

Kienen — Kiefern.

guerre à outrance — (franz.) Krieg auf Leben und Tod.

348 *Steeplechase* — (engl.) Hindernisrennen (zu Pferde).

Pascher — Schmuggler.

349 *Führer und Gastfreund* — Alexander Gentz.

Lissabonner Erdbeben — Am 1.November 1755 zerstörte ein
schweres Erdbeben zwei Drittel der portugiesischen Hauptstadt; 20000 bis 30000 Menschen kamen um. Das Ereignis
war nach Goethes Worten von »großem Effekt in der kulti-
vierten Welt«.

der Hahn steigt herauf — Die märkische Sage vom roten
Hahn, ursprünglich eine Nixensage, hat Fontane später in seinem »Stechlin«-Roman (1898) in ein dialektisch-revolutionä-
res Symbol umgedeutet: Der rote Hahn ist allgegenwärtig, um
seine Botschaft hell und weckend in das Junkerland hineinzu-
rufen.

350 *Squatter-Ansiedlungen* — In den USA Ansiedlungen von Kolonisten auf nichterworbenem unbebautem Land.

351 *Goden Dag ook* ... — Anstelle des Dialekt-Dialogs wird im
Vorabdruck die Geschichte nur angedeutet und die Mundart
charakterisiert als »Dialekt, den die ›Grenzer‹ zwischen dem
Brandenburgischen und Mecklenburgischen sprechen«.
niglig — neugierig.
uttrecken — herausziehen.
Graff — Gruft.

352 *Saalfelder Prinz* — Prinz Louis Ferdinand von Preußen, der
am 10. Oktober 1806 bei Saalfeld in einem Gefecht mit Napoleonischen Truppen fiel.

Das Wustrauer Luch

Das Kapitel entstand nach der Ruppin-Reise, die Fontane vom 18.
bis 23. Juli 1859 gemeinsam mit Bernhard von Lepel und einem
Bruder von Alexander Gentz unternommen hat (vgl. S. 605 und
S. 706) — wahrscheinlich im November, spätestens aber im Dezember 1859. Im Brief vom 1. November 1859 an Tuiscon Beutner, den Chefredakteur der »Kreuz-Zeitung«, kündigte der Autor
nämlich fünf Aufsätze an, »die ich im Lauf der nächsten vier Wochen zu beenden gedenke (die Mehrzahl ist bereits halb fertig)«,
darunter »Das Luch« — »wie ich hoffe, ein sehr interessanter
Stoff«.

Der Vorabdruck erfolgte, bevor das Kapitel 1861 in die erste
Buchausgabe der »Wanderungen [Teil 1]« einging, in der »Neuen
Preußischen (Kreuz-)Zeitung«, Nr. 152—154 vom 1., 3. und 4. Juli
1860, und zwar unter dem Titel »Märkische Bilder: Das Rhinluch
und das Havelländische Luch«. In den Buchausgaben des ersten
»Wanderungen«-Bandes ist der Aufsatz nur bis zur zweiten Auflage (1865) mit dem Vorabdruck identisch. Von der dritten Auflage
(1875) ab wurde der erste Teil des Kapitels weggelassen, der ver-
bleibende zweite Teil leicht überarbeitet. Den abgetrennten ersten
Teil hat Fontane dann, ebenfalls in überarbeiteter Form, fünf Jahre
später als selbständiges Kapitel (»Das Havelländische Luch«) in die
zweite Auflage des Bandes 3 der »Wanderungen«, »Havelland«
(1880), eingegliedert. Bei der Teilung des Aufsatzes ist die Einlei-
tungspassage der ursprünglichen Fassung entfallen. Sie lautet: »Die
große norddeutsche Ebene ist reich an erlenbestandenen Sumpf-
strecken, die entweder an den Ufern der Flüsse oder inselartig zwischen den Armen und Verzweigungen derselben sich hinziehen
und gemeinhin Brüche oder Bruchland genannt werden. Jeder

kennt das Weichsel- und das Oder-Bruch — Flußniederungen, die durch die Fruchtbarkeit ihres Bodens und einen entsprechenden Reichtum ihrer Bewohner berühmt geworden sind.«

Für die Arbeit an dem Kapitel hat Fontane folgende Literatur benutzt (die vollständigen Angaben finden sich jeweils im Literaturverzeichnis; vgl. S. 764): Berghaus, »Landbuch der Mark Brandenburg ...«. — Klöden, »Beiträge zur ... Kenntnis der Mark Brandenburg«, 5. und 8. Stück: »Programm ... der Gewerbeschule ...« (zu dem abgetrennten und in »Havelland« übernommenen Teil). — »Mündliches« (laut Anmerkung am Schluß der zweiten Auflage von Band 1).

357 *Es schien das Abendrot ...* — Lenau, »Der Urwald«, Vers 19—22. Die Verse lauten bei Lenau: »Vermildernd schien das helle Abendrot / Auf dieses Urwalds grauenvolle Stätte, / Wo ungestört das Leben mit dem Tod / Jahrtausendlang gekämpft die ernste Wette.«
Fehrbelliner Schlachtfeld — Vgl. die erste Anm. zu S. 6.

359 *zu dem Rascheren und Einträglicheren* — In W I¹, S. 180, folgt der Zusatz: »(auch für die Unternehmer)«.
a tempo — (ital.) zu gleicher Zeit.

361 *Amor und Psyche* — Das von Malern und Bildhauern häufig dargestellte Liebespaar der griechischen und römischen Mythologie war seit dem Barock ein beliebtes Motiv für die Ausgestaltung von Zier- und Gebrauchsgegenständen.

364 *Kansas River* — Nebenfluß des Missouri.
far in the west — (engl.) im fernen Westen.

Walchow

Der Aufsatz entstand im Jahre 1873. Am 29. Januar dieses Jahres fragte Fontane bei seiner Schwester Elise an: »Verlohnte es sich, sich mit Superintendent Kirchner in Walchow [auf den ihn Alexander Gentz aufmerksam gemacht hatte] in Verbindung zu setzen?« Den Stoff zu dem Kapitel sammelte Fontane im Sommer, hauptsächlich aber doch wohl während der Ruppin-Reise vom 16. bis 29. September 1873, die ihn auch nach Walchow führte. Niedergeschrieben wurde der Aufsatz nach dem 12. Oktober; denn im Brief an Alexander Gentz von diesem Tage heißt es: »Die nächsten Kapitel, die nun folgen, sind: ›Trieplatz‹, ›Walchow‹, ›Gentzrode‹.«

Der Vorabdruck erfolgte — zusammen mit dem Aufsatz über Protzen (vgl. das nächste Kapitel) — im Februar 1874 unter dem

Titel »Wanderungen an Rhin und Dosse« (»I. Walchow. II. Prot-
zen«) in der von Julius Rodenberg herausgegebenen Zeitschrift
»Der Salon für Literatur, Kunst und Gesellschaft«, Jg. 7, Band 1,
Heft 5, S.602—613. Dieser Abdruck (wie der von »Trieplatz«; vgl.
S.735) wurde erst durch die Veröffentlichung der Briefe Fontanes
an Julius Rodenberg, herausgegeben von Hans-Heinrich Reuter,
Berlin und Weimar 1969, bekannt. In der Buchausgabe erschien
»Walchow« zum erstenmal in der dritten Auflage der »Grafschaft
Ruppin« (1875).

Für die Arbeit an diesem Kapitel hat Fontane folgende Literatur
benutzt (die vollständigen Angaben finden sich jeweils im Literaturverzeichnis; vgl. S. 764): Kirchner, »Thors Donnerkeil ...«,
»Schloß Boitzenburg und seine Besitzer ...« und »Die Kurfürstinnen und Königinnen auf dem Throne der Hohenzollern ...«.

365 *Ach, ich kenne dich noch ...* — Friedrich Wilhelm August
Schmidt, »An das Dorf Fahrland«, Vers 4f., 9 und 10 (zur
Hälfte). Vers 5 und 9, von Fontane zusammengezogen, lauten
bei Schmidt: »Kenne das hangende Pfarrhaus noch mit ver-
wittertem Rohrdach« (5); »Kenne das Gärtchen vorn mit dem
spitzen Staket und die Laube« (9).
Man sieht sich leicht an Wald und Feldern satt ... — Goethe,
»Faust« I, Vers 1102, 1104f.
1638 ... Krieg — Dreißigjähriger Krieg (1618—1648).
366 *vierundsechziger Krieg* — Der preußisch-österreichische Krieg
gegen Dänemark (1864).
367 *»Du wirst dabei ...«* — Abwandlung des Goethe-Zitats: »Du
wirst, mein Freund, für deine Sinnen / In dieser Stunde mehr
gewinnen ...« (»Faust« I, Vers 1436f.).
ein Tierkopf von Bronze ... — Ein genaues Verzeichnis der
Sammlung findet sich in Fontanes Notizbuch A2,
Blatt 54—62.
368 *Bein* — Knochen.
Spinnwörtel — Eigentlich Wirtel: Schwungring der Handspin-
del.
Kelte — Polierte Steinäxte aus prähistorischer Zeit.
Paalstäbe — Vgl. die zweite Anm. zu S.195.
»Die Kurfürstinnen ...« — Der Titel lautet richtig: »Die Kurfürstinnen und Königinnen auf dem Throne der Hohenzollern«; vgl. das Literaturverzeichnis, S.766.
»Thors Donnerkeil ...« — Vgl. das Literaturverzeichnis,
S.766.
369 *Besuch des Nordischen Museums* — Im September 1864.
370 *Pesne* — Vgl. die erste Anm. zu S.277.

370 *Sueven- und Semnonentum* — Sueben und Semnonen: Germanische Stammesverbände.

Erinnerungen an ... Schottland — Fontane hatte im Sommer 1858 Schottland besucht und seine Reiseeindrücke 1860 in dem Buch »Jenseit des Tweed« veröffentlicht.

Kaledonischer Kanal — Kanal in Schottland, der die Nordsee mit dem Atlantischen Ozean verbindet (1805—1822 erbaut, seit 1847 für die Seeschiffahrt genutzt).

Loch Lomond — Größter Binnensee Schottlands.

Abbotsford — Landsitz Walter Scotts nahe der mittelalterlichen Abteiruine von Melrose in der schottischen Grafschaft Roxburgh.

Scotts herrliche Dichtung — »The Lay of the Last Minstrel« (1805; Des letzten Minnesängers Sang). Die erwähnten Verse stammen aus dem Gesang 2 der Verserzählung. Fontanes Übersetzung (dem Kapitel »Melrose Abbey« in »Jenseit des Tweed« vorangestellt) lautet:

> Und willst du des Zaubers sicher sein,
> So besuche Melros' bei Mondenschein;
> Die goldne Sonne, des Tages Licht,
> Sie passen zu seinen Trümmern nicht.
> Wenn die Bögen und Nischen im Schatten stehn,
> Die Ecken und Pfeiler wie Silber sehn,
> Wenn das weiße, kalte, zitternde Licht
> Um den Mittelturm seine Girlanden flicht,
> Wenn die Strebepfeiler sich wechselnd reihn,
> Halb Ebenholz, halb Elfenbein,
> Wenn's schneeig auf allen Gräbern liegt
> Und die weißen Figuren noch weißer umschmiegt,
> Wenn das Rauschen des Tweed, weitab gehört,
> Wie Summen die nächtige Stille stört —
> Ja, dann tritt ein; bei *Mondenschein*
> Besuche Melros', und — *tu es allein.*

Pfarrhäuser ... geistige Bedeutung — Vgl. Fontanes Schlußwort zu den »Wanderungen« in »Spreeland«; Band 4 dieser Ausgabe. Noch ausführlicher als in der gedruckten sind Fontanes Ausführungen zu diesem Thema in einer älteren Fassung dieses Schlußworts, deren Manuskript sich im Märkischen Museum in Berlin befindet. Darin heißt es u.a.: »Die Spezialgeschichte ruht noch in ihren Händen, und wer zusammenstellen könnte, was die märkischen Geistlichen der letzten fünfzig Jahre landeshistorisch geschrieben haben, der besäße ein Werk über die Mark, das sich sehen lassen könnte.«

Protzen

Das Kapitel entstand 1873, etwa zur gleichen Zeit wie das über Walchow. Beide Aufsätze wurden zusammen vorabgedruckt (vgl. S. 710). Auch »Protzen« erschien, leicht überarbeitet, in der dritten Auflage der »Grafschaft Ruppin« (1875) erstmals in der Buchausgabe.

372 *Im Westen schwimmt...* — Annette von Droste-Hülshoff, »Der Fundator«, Strophe 1, Vers 1 f., 4 f., 7, und Strophe 7, Vers 1—5. Die Verse 5—7 der Strophe 1 lauten bei Droste: »Schlaftrunkne Schwäne kreisen sacht / Ums Eiland, wo die graue Wacht / Sich hebt aus Wasserbins' und Rohre.« In Strophe 7, Vers 3 heißt es bei Droste »des Geschlechtes« statt »der Geschlechter«.
Zeit Albrecht Achills — Der brandenburgische Kurfürst Albrecht III., genannt Achilles, regierte von 1470 bis 1486.
»Jhesu Criste...« — (lat.) »Jesus Christus, König des Ruhms, komm mit Frieden.«
Abendmahlskelch ... 1584 — Er ist noch vorhanden.
373 *»lieber Hammer als Amboß«* sein — Anspielung auf das zweite »Kophtische Lied« Goethes (»Geh! gehorche meinen Winken ...«), dessen Schlußverse lauten: »Du mußt steigen oder sinken, / Du mußt herrschen und gewinnen / Oder dienen und verlieren, / Leiden oder triumphieren, / Amboß oder Hammer sein.«
Eroberer der Insel Fünen — Vgl. S. 390—394.
Turm — Der Kirchturm von 1682, laut Wetterfahne 1894 erneuert, existiert noch.
374 *Herrenhaus zu Radensleben* — Vgl. S. 40—43 und die vierte Anm. zu S. 40.
375 *Herrenhaus* — Das 1753 im Barockstil umgebaute, 1923 erweiterte ehemalige Herrenhaus in Protzen beherbergt heute die Oberschule des Ortes.
Lobositz — Die Schlacht bei Lobositz (vgl. die vierte Anm. zu S. 207) fand am 1. Oktober 1756 statt.
376 *viel Herzeleid gemacht* — Anspielung auf das Zerwürfnis zwischen Friedrich II. und seinem Bruder August Wilhelm, dem der König nach der Schlacht bei Kolin (1757) wegen militärischer Unfähigkeit das Kommando entzogen hatte. Auf diese Brüskierung soll die Nervenkrankheit zurückzuführen sein, an der der Prinz 1758 gestorben ist. Vgl. »Havelland«, Kap. »Schloß Oranienburg«; Band 3 dieser Ausgabe.
378 *Johanniterkreuz* — Vgl. die zweite Anm. zu S. 206.

378 *rote Erde* — Bezeichnung für Westfalen.

379 *Rationalist* — Hier: Vertreter des religiösen Rationalismus, jener aufklärerischen Theologie im 18. Jahrhundert, die die überlieferten Offenbarungslehren völlig in Vernunft- und Naturwahrheiten umgedeutet hat.

Übergabe dieser Festung — Magdeburg, die bedeutendste preußische Festung, wurde am 8. November 1806 kampflos den Franzosen übergeben. Um die militärische Ohnmacht des morbiden preußischen Staates in jener Zeit zu vertuschen, wurde u. a. der Kommandant Kleist später zur Verantwortung gezogen.

rite — (lat.) förmlich, vorschriftsmäßig.

380 *Gardes du Corps* — Eigentlich die (von Friedrich II. 1740 geschaffene) berittene Leibwache des Monarchen. Das Regiment Garde du Corps (Garde-Kürassierregiment) galt als preußische Elitetruppe und war wegen der dünkelhaften, reaktionären Gesinnung seiner Offiziere berüchtigt.

381 *Wie mir Häuser bekannt geworden sind ...* — »Von dem Kuglerschen Hause wurde vor etwa vierzig Jahren gesagt: ›Dort gilt nur, wer einen Band lyrischer Gedichte herausgegeben hat.‹« (Fontane an Georg Friedlaender, 3. Oktober 1893.)

382 *Franctireurs* — Freischärler.

Garz

Das Kapitel entstand im Sommer 1864. Am 17. Juli schrieb Fontane an Friedrich Wilhelm Holtze: »Ich arbeite jetzt scharf an Herausgabe der zweiten Auflage meines ersten Bandes (›Ruppin‹) und erlaube mir, in bezug darauf allerhand kleine Wünsche und Fragen vorzutragen. Ich will in die zweite Auflage Neues aufnehmen, unter anderem ... Generalmajor von Quast ... Er gewann, im Verein mit Kaiserlichen und Dänen (wenn ich nicht irre), die Schlacht bei Nybag [Nyborg] auf ... [Auslassungspunkte von Fontane], wo die Schweden besiegt wurden. Wie ich höre, steht das Ausführlichste darüber in Orlicks [Orlichs] größerem Werk über den Großen Kurfürsten — vielleicht besitzen Sie auch sonst noch das eine oder andere.« Am 17. August 1864 bat Fontane den Architekten und Kunstschriftsteller Alexander Ferdinand von Quast auf Garz um Auskünfte über seine Vorfahren Albrecht Christoph und Wolf Ludwig von Quast, den »tollen Quast«. »Erstens mit Bezug auf den ›tollen Quast‹:

a) Wie waren seine Vornamen?

b) In welchem Jahre geboren und gestorben?

c) Welche Charge (wahrscheinlich Premier) bekleidete er bei den Gensdarmes?

d) In welchem Jahre trug sich die Stiefelgeschichte zu?

e) Wie lautet ohngefähr der Titel seines Buches über Pferde und Reitkunst?

Ich hätte mich um dieses Buch gern näher gekümmert; — ich reise aber in zehn oder zwölf Tagen wieder auf vier Wochen nach Jütland und Kopenhagen und habe deshalb, wo ich noch hundert Kleinigkeiten für mein Buch zu sammeln und einzufügen habe, leider keine Zeit mehr, auf solche Entdeckungen in unserer Bibliothek einzugehen. / Ich habe zwar alle diese Fragen auch schon in einem Brief gestellt, den ich an Pastor Krickau geschrieben habe, aber ob märkische Pastoren — und wenn sie selbst so liebenswürdig sind wie der alte Herr in Garz — auf Briefe antworten, steht jedesmal äußerst in Frage.« Ferdinand von Quast, der in seiner Eigenschaft als Konservator der preußischen Kunstdenkmäler dem Autor im Verlauf der Arbeit an den »Wanderungen«-Aufsätzen des öfteren wertvolles Material beschaffte, hat ihn auch in diesen »Familienangelegenheiten« unterstützt. Desgleichen hat Rittmeister a. D. Hermann von Quast auf Radensleben nicht nur für das Kapitel »Radensleben« (vgl. S. 620), sondern auch für »Garz« Informationen geliefert sowie den im Text genannten Schlachtenatlas (vgl. S. 392) zur Verfügung gestellt. Am 24. August 1864 war der Aufsatz niedergeschrieben und wurde sofort in der Druckerei abgeliefert. (Ein Vorabdruck war also nicht mehr möglich.) Am gleichen Tag teilte Fontane seinem Verleger Hertz mit: »Wenn Sie diese Zeilen erhalten, hat [der Drukker] Bernstein schon das ganze M.S. zu dem Garz-Aufsatz ... Es brennt mir auf den Nägeln; hunderterlei habe ich noch zu tun; hätten Sie wohl die große Güte, Bernstein wissen zu lassen, daß ich *sehr froh* sein würde, den ganzen Garz-Aufsatz bis spätestens Freitag fünf Uhr in *Fahnen* zu haben? Ich schicke ihn dann gleich an Herrn von Quast.«

Für die Arbeit an diesem Kapitel hat Fontane folgende Literatur benutzt (die vollständigen Angaben finden sich jeweils im Literaturverzeichnis; vgl. S. 764): Orlich, »Friedrich Wilhelm, der Große Kurfürst ...«. — Pufendorf, »De rebus gestis Friderici Wilhelmi Magni ...«. — Stuhr, »Die Schlacht bei Nyburg auf Fünen ...«, abgedruckt in: »Allgemeines Archiv für die Geschichtskunde des preußischen Staates«, Band 6, 1831, S. 311—322. — Stuhr, »Die Schlacht bei Warschau...«, abgedruckt ebenda, Band 3, 1830, S. 1—18. — [Schneider,] »Schon einmal in Jütland gewesen«, abgedruckt in: »Der Soldatenfreund«, Jg. 32, Heft 2, August 1864, S. 81—102. — Schöning, »Des General-Feldmarschalls ... von Natzmer ... Leben und Kriegstaten«. — »Kurzgefaßte Stamm- und Rangliste ... für das Jahr 1788«.

384 *Und setzet ihr nicht ...* — Schiller, »Wallensteins Lager«, Schlußverse (11. Auftritt).
Und lachend ... — Gustav Pfarrius, »Der Trunk aus dem Stiefel«, Strophe 3.
an andrer Stelle — Vgl. S. 40.

385 *Der entsprechende Hang ...* — In W I², S. 197, folgt der Einschub: »überhaupt kein hervorstechender Zug des märkischen Adels«.
Grenzlandcharakter — In W I², S. 198, ist am Ende der Fußnote hinzugefügt: »Ein gewisser Einfluß Mecklenburgs (auch im Dialekt) ist bis diesen Tag bemerkbar.«
Breitenfeld ... Lützen ... Hameln — Schlachten im Dreißigjährigen Krieg zwischen der katholischen Liga und den Schweden. Bei Breitenfeld (nördlich von Leipzig) erlitt das Heer der Liga unter Tilly auf Grund der modernen Kampfesweise der Schweden unter König Gustav Adolf eine folgenschwere Niederlage. In der für die Schweden ebenfalls siegreichen Schlacht bei Lützen fand Gustav Adolf den Tod.
6. November — 16. November. Die protestantischen Staaten haben den genaueren, 1582 von Papst Gregor XIII. eingeführten Gregorianischen Kalender, der heute in der ganzen Welt gültig ist, erst im 18. Jahrhundert übernommen: die entsprechenden deutschen Länder sowie Dänemark und die Niederlande im Jahre 1700, England 1752, Schweden 1753. Der bis dahin verwendete Julianische Kalender war seit 1600 gegenüber dem Gregorianischen um zehn Tage zurück.

386 *Cornet* — Fähnrich bei der Reiterei, Standartenträger.
Schlacht bei Wittstock — Durch den Sieg der Schweden über die Sachsen und die Kaiserlichen bei Wittstock an der Dosse (4. Oktober 1636) wurde die schwedische Vorherrschaft in Norddeutschland gefestigt.
Schlacht bei Jankowitz — Nach ihrem Sieg über die Kaiserlichen bei Jankau in Böhmen (nach heutigem Kalender 6. März 1645) besetzten die Schweden den größten Teil von Böhmen und Mähren und belagerten vom 4. Mai bis 15. August Brünn.

387 *der spätere König* — Karl X. Gustav, schwedischer König von 1654 bis 1660.
... teilnahm — In W I², S. 200, folgt der Zusatz: »Neue Kämpfe, die kamen, war es ihm vergönnt im Dienst seiner Heimat zu führen.«

388 *Ausland* — Gemeint ist: außerhalb der Mark Brandenburg.

388 *Krieg mit Polen* — Im Schwedisch-Polnischen Krieg
(1655—1660) verbündete sich Kurfürst Friedrich Wilhelm zunächst mit den Schweden. In der Schlacht bei Warschau
(28.—30. Juli 1656) besiegte das schwedisch-brandenburgi-
sche Heer die Polen. Nach dem Eintritt Dänemarks in den
Krieg gegen Schweden (1657) schloß Friedrich Wilhelm in
der Hoffnung, das durch den Westfälischen Frieden (1648) an
Schweden gefallene Vorpommern zurückzugewinnen, ein
Bündnis mit Polen.

Trabantengarde — Leibgarde.

389 *Vertrag von Labiau* — Im Vertrag von Labiau (20. November
1656) verzichtete Schweden als Entschädigung für die brandenburgische Waffenhilfe auf die Lehnshoheit über das Herzogtum (Ost-)Preußen.

präponderieren — überwiegen.

Preußen — Herzogtum Preußen (Ostpreußen).

Dänenkönig — Friedrich III.

390 *Kimbrische Halbinsel* — Jütland.

392 *Campementen* — Campement: (franz.) Feldlager.

393 *Pufendorf, Orlich … Stuhr … Schneider* — Vgl. das Literaturverzeichnis, S. 767 f.

Pikenträger — Mit einem Langspieß bewaffnete Soldaten.

394 *… wurden kriegsgefangen* — In W I², S. 207, folgt der Zusatz:
»Der Tag von Nyborg hatte auf dem westlichen Kriegstheater
über den Gang des Krieges entschieden.«

daß er … starb — 1660.

Frieden von Oliva — Im Friedensvertrag von Oliva (3. Mai
1660) zwischen Schweden, Polen, Brandenburg und Österreich, der den Schwedisch-Polnischen Krieg beendete, wurde
die Souveränität des Kurfürsten von Brandenburg über das
Herzogtum Preußen endgültig bestätigt.

395 *in der dortigen Sankt-Nikolai-Kirche beigesetzt* — In Fontanes Anmerkungen zu W III¹ (»Ost-Havelland. Die Landschaft
um Spandau, Potsdam, Brandenburg«) findet sich (S. 432) die
Notiz: »Eine prächtige Trophäe im Chor der Kirche erinnert
an den brandenburgischen Generalfeldwachtmeister Albrecht
Christoph von Quast, der 1669 an den Wunden, die er in der
durch seine Tapferkeit gewonnenen Schlacht auf Fünen erhalten hatte, verstarb. In einer reichen Umgebung von Waffen-
schmuck aller Art erscheint sein Wappen, die fünf Lichter im
Andreaskreuz.«

Inschrift — Die Inschriften aus Gruft und Kirche hat Fontane
in seinem Notizbuch A 1, Blatt 12—24, aufgezeichnet.

Fehrbellin — Vgl. die erste Anm. zu S. 6.

395 *ejusd.* — eiusdem: (lat.) ebendieses (Monats).

396 *Königsgesetz* — Ein 1665 erlassenes, »für alle Zeiten unverän-
derliches Grundgesetz«, das den Reichsrat und die Stände entmachtete sowie die absolute Herrschaft des dänischen Königs
Friedrich III. und seiner Nachfolger legalisierte.

Zudem war ... — In W I², S.209f., heißt es am Schluß dieses
Abschnittes ausführlicher: »Zudem aber erscheint uns der
einfache Umstand, daß unser Albrecht Christoph der erste
war, der die brandenburgischen Waffen, vor zweihundert Jahren schon, auf eine der dänischen Inseln hinübertrug, wohl
dazu angetan (und zwar insonderheit heute wieder), uns auf
das Leben dieses Mannes mit Interesse blicken zu lassen. Der
Gegner von damals war freilich nicht Dänemark, sondern
Schweden, aber die einzelnen Momente der Kriegführung bieten so viel Verwandtes, daß sich Vergleiche wie von selber ergeben. / Die Ehren der Düppelstürmer von heute sind freilich
reicher ausgefallen als die Ehren der Nyborg-Sieger von damals, aber, wie verschieden auch im Maß, der ›Sieg auf Fünen‹ war die erste Waffentat auf *dänischem Inselgrund, an
der Brandenburg seinen Ruhmesanteil forderte,* und je heller
die Gegenwart strahlt, je mehr geziemt es sich, in Dankbarkeit
derer zu gedenken, die ruhmvoll voranschritten. Unter ihnen
in erster Reihe — Albrecht Christoph von Quast.«

Düppelstürmer — Vgl. S.255f.

Herrenhaus — Das ehemals von Quastsche Herrenhaus existiert noch. In dem Gebäude befanden sich zur Zeit der
DDR der Kindergarten und der Kulturraum der Gemeinde
Garz, eine Gaststätte sowie Wohnungen. Aufzeichnungen
über Herrenhaus und Hof finden sich im Notizbuch A1 (mit
der Aufschrift »Sommerreise durchs Ruppinsche«, 1864),
Blatt 12—24.

und doch ist es nicht ... — In W I², S.210, heißt es an dieser
Stelle ausführlicher: »es ist aber nicht diese fliesengedeckte
Halle im Erdgeschoß, die uns hierher geführt hat, auch nicht
die mit Glöckchen und Schellen und allen Emblemen des ehr-
samen Schmiedehandwerks ausgestattete große Gabel, die
hier hängt und die ›der Schmied von Garz‹, halb Janitschar,
halb Fahnenträger, bei allen Einholungsfeierlichkeiten den
Bauern seines Dorfes voraufzutragen pflegt — es ist vielmehr ...«.

Regiment Gensdarmes — Vgl. die erste Anm. zu S.292.

Mut und Übermut! — In W I², S.211, folgt der Zusatz: »Die
Geschichte vom großen Stiefel in Garz ist im engsten Zusammenhang mit einer solchen Übermutsszene, mit jenen, wie die

Engländer sagen, ›practical jokes‹, die, nach den Tagen von
Jena und Auerstedt — und zum guten Teil *um dieser Tage
willen* —, wesentlich härter beurteilt worden sind, als nötig gewesen wäre. Jugend will austoben; warum soll die *militärische*
auf dieses Vorrecht verzichten?«

396 *Weidendammer Brücke* — Am Bahnhof Friedrichstraße.

397 *Piquet* — (franz.) Kleine Abteilung berittener Soldaten.

längst tot … längst ausgestorben — Das Regiment Gensdarmes wurde 1807 aufgelöst; das Geschlecht der Jürgaß erlosch
1834.

398 *»noble Passionen«* — Geflügeltes Wort nach dem Lustspiel
»Der Postzug oder die noblen Passionen« (1769) von Cornelius Ayrenhoff.

in einem Buche — »Das Reitpferd«, Berlin 1809. Fontane bemerkt dazu in den Anmerkungen zu W I², S.516, es sei »nicht
ein leicht hingeschriebenes Kavalierbüchelchen, sondern in
seiner Art ein gelehrtes Werk, voll Wissen und Erfahrung.
Quast besaß bedeutende Kenntnis sowohl innerhalb der phy-
sikalisch-mathematischen Wissenschaften wie auch im Bereich
der Anatomie.«

unübertroffen geblieben ist — In W I², S. 213, folgt der Zusatz: »Einzelne weitere Notizen über sein Leben gebe ich in
den Anmerkungen.« Das ist nicht geschehen.

Radziwillsches Palais — Vgl. die erste Anm. zu S.27.

Das Dosse-Bruch

Am 11. oder 12. Mai 1864 äußerte Fontane im Brief an Wilhelm
Hertz zum erstenmal die Absicht, für die zweite Auflage der »Graf-
schaft Ruppin« (1865), die zu dieser Zeit vorbereitet wurde, über
das Dosse-Bruch zu schreiben. Ausgeführt wurde das Kapitel dann
Ende August, in die Druckerei geliefert Anfang September 1864.
Für einen Vorabdruck blieb also keine Zeit mehr.

Die Anregung zu dem Aufsatz erhielt der Autor durch einen Zufall. Wahrscheinlich in einer Zeitschrift abgedruckt, geriet ihm das
lange Gespräch zwischen Friedrich II. und Amtmann Fromme vom
Juli 1779 in die Hände, das dieser nach dem Besuch des Königs im
Dosse-Bruch in einem Brief an seinen Onkel Johann Wilhelm Ludwig Gleim aufgezeichnet und das Gleim in dem Buch »Reisegespräche des Königs im Jahre 1779« (1784) veröffentlicht hatte. Noch
viele Jahre später erinnerte sich Fontane dankbar an diesen Fund,
der seinerzeit das Kernstück für das Kapitel abgegeben hatte. Am
11. Januar 1886 schrieb er an Paul Heyse, dem er bei Hertz ein

Exemplar der »Grafschaft Ruppin« besorgt hatte: »Das Beste darin ist etwas, das ich mal einem Einpackebogen entnommen habe: Friedrich der Große, siebzigjährig, bereist das Dosse-Bruch und die Ruppiner Gegend, in der er als zwanzigjähriger Prinz und Oberst gelebt hat, und ist glücklich, die Dörfer und die Menschen wiederzusehn. Ein langer Dialog zwischen ihm und Amtmann Fromm. Es ist das Entzückendste, was man lesen kann.«

399 *Ihr habt mir nichts zu danken ...* — Hugo von Blomberg, »Ein Königswort«, Schlußzeilen.

wilzische und obotritische Wenden — Slawische Volksstämme, die sich im 5. Jahrhundert zwischen Oder und Elbe ansiedelten: die Wilzen (Lutizen) in der Mark und in Vorpommern, die Obotriten im heutigen Mecklenburg. Vgl. »Havelland«, Kap. »Die Wenden in der Mark«; Band 3 dieser Ausgabe.

Brunn — Aufzeichnungen und Bleistiftskizzen finden sich im Notizbuch A 2, Blatt 11—14.

Kämpfe zwischen den Sachsen und Slawen — Die aus dem Herzogtum (Nieder-)Sachsen hervorgegangenen deutschen Könige Heinrich I. und Otto I. versuchten bereits im 10. Jahrhundert, die ostelbischen Slawen zu unterwerfen. Ihre als Christianisierung getarnte Eroberungspolitik scheiterte jedoch am großen Slawenaufstand von 983. (Die Ostexpansion gelang erst im 12. Jahrhundert; vgl. die zweite Anm. zu S. 55.)

Elsen — Erlen.

400 *großer König* — Friedrich II.

Schreiben an ... Gleim — Vgl. S. 719 f.

402 *von Morgen gegen Abend* — von Osten nach Westen.

405 *Remission* — Erlassung von Abgaben.

406 *Buskow* — Fontane schreibt irrtümlich Buschow (Verwechslung mit dem Dorf bei Rathenow).

407 *Bechlin* — Aufzeichnungen und Bleistiftskizzen finden sich im Notizbuch A 1, Blatt 37—39.

408 *Serviteur* — (franz.) Verbeugung; hier soviel wie: Kompliment.

409 *Mandel* — Fünfzehn zum Trocknen zusammengestellte Getreidegarben.

410 *Wispel ... Scheffel* — Alte deutsche Getreidemaße. In Preußen hatte 1 Wispel = 24 Scheffel (etwa 13 Hektoliter).

Krapp — Krautiges Gewächs, aus dessen Wurzel roter Farbstoff gewonnen wurde.

411 *Hofedienst* — Frondienst, Dienstleistung unfreier Bauern für den Gutsbesitzer; hier eventuell auch Gegenleistung für die Übertragung eines Gutes durch den König.

411 *Departementsrat* — Bezirksrat (hoher juristischer Beamter eines Regierungsbezirks).

413 *letzter Krieg* — Gemeint ist der Bayerische Erbfolgekrieg 1778/79 (vgl. die siebte Anm. zu S.97).

415 *Kolonien* — Staatlich gelenkte und zum Teil geförderte land- wirtschaftliche Ansiedelungen auf neu erschlossenem bzw. noch nicht genutztem Ackerland. Vgl. die vierte Anm. zu S.341.

416 *Meile* — In Preußen etwa 7,5 Kilometer.

417 *Tubum* — Tubus: (lat.) Fernrohr.

418 *große Gemeinschaft* — Gemeint sind wahrscheinlich von den Gutsherren unabhängige, nicht staatlich, sondern selbstverwal- tete (»freie«) Landgemeinden, von denen in Preußen nur sehr wenige existierten.
Carabiniers — (franz.) Leichte Reiter.

419 *Fähndelwache* — Fahnenwache; mit polizeilichen Befugnissen versehene Wache zur Aufrechterhaltung der Ordnung inner- halb eines Feldlagers (bei der Regimentsfahne).
Produkt — Bestrafung durch Schläge.
Schlacht bei Fehrbellin — Vgl. die erste Anm. zu S.6.

Neustadt a. D.

Das Kapitel über die Kleinstadt an der Dosse, die Fontane bereits im August 1861 als »Wanderer« besucht hatte, entstand erst im Jahre 1873 — im Hinblick auf die dritte Auflage der »Grafschaft Ruppin«. Über seine Pläne äußerte sich der Autor erstmals im Brief vom 18. Dezember 1872 an Mathilde von Rohr. »Herr Hertz hat mir vor einigen Tagen mitgeteilt, daß auch die zweite Auflage des ersten Teils meiner ›Wanderungen‹ (›Ruppin‹) vergriffen sei«, heißt es dort. »Ich erbat nun von ihm die Erlaubnis, diesen Teil total um- arbeiten und alles Un-Ruppinische (fast die Hälfte) hinauswerfen zu dürfen. Den dadurch gewonnenen Raum wollte ich dann dazu benutzen, Neustadt a. D., Wusterhausen a. D., Lindow, Gransee … hineinzunehmen.« Mit der Stoffsammlung begann Fontane jedoch erst im Oktober/November 1873, nachdem er Neustadt während der Ruppin-Reise vom 16. bis 29. September 1873 erneut besucht hatte. Am 12. Oktober 1873 schrieb er an seine Schwester Elise: »Meine liebe Lise, ich entlaste Dich hiermit von allen Aufträgen, die die Erschließung der höchst dunklen Dosse-Gegenden zum Ziel hatten; nur *eine* Bitte mußt Du mir zu erfüllen suchen. Richte es so ein, daß Du eine gute halbe Stunde eher, als sonst nötig sein würde, in der *Stadt* Neustadt eintriffst, und laß Dir dort von einem Kantor oder Küster die Kirche aufschließen. Von dieser gib mir dann eine kurze Beschreibung, die sich aber nur auf *Bilder, Grabdenkmäler* oder *historische Erinnerungsstücke* zu beziehen braucht. Pastoren, Burgemeister, Amtsräte zähle ich nicht zu den historischen Figuren — es kann sich also mutmaßlich nur um drei Personen handeln: Prinz Friedrich von Hessen-Homburg, von Danckelmann und noch einen andren Adligen, der um ebendiese Zeit (Anfang des vorigen Jahrhunderts) dort eine Rolle spielte. Ist nichts da, was an diese Namen anknüpfte, so schreibe sonst ein paar Worte auf, die doch ein bißchen nach Augenschein aussehen, und laß mir dieselben von Ruppin aus zugehen.« Im Brief vom 16. November 1873 bedankte sich Fontane bei seiner Schwester für die erhaltenen Auskünfte und fügte hinzu: »... Du bist in literarischen Dingen ungeheuer prompt und zuverlässig und gehst am Ende schließlich auch noch in die ›böhmischen Wälder‹, in denen das Federvieh nistet. Leider selten Goldfasane. Über Neustadt bin ich nun genügend unterrichtet ...« Am 11. Januar 1874 — offenbar schon während der Niederschrift des Aufsatzes — erbat sich der Autor dann von Friedrich Wilhelm Holtze noch einige Details über Eberhard von Danckelmann, dem ein Teil des Kapitels gewidmet ist: »Können Sie ... aus Ihren Büchern ohne sonderliche Mühe ersehn, in welcher Weise Eberhard von Danckelmann von 1688 bis 97 auf der großen Rangleiter aufwärts rückte? In den paar Büchern, die ich habe, widerspricht sich alles, und die K[önigliche] Bibliothek — trotzdem ich mich an einige Gönner wandte — schweigt sich in den bekannten zwei Formen aus. Entweder erhält man überhaupt nichts, oder *wenn* man etwas erhält, so fehlt in den zehn, auf gut Glück herausgegriffenen Büchern gerade *das*, was man sucht und um dessentwillen man ein halbes Dutzend Boten in Bewegung gesetzt hat. / Mir würden kurze Angaben, die Sie vielleicht auf ein Zettelchen zu schreiben die Güte hätten, vollkommen genügen. Anderweitige Details hab ich nämlich genug. ... Fehlt hier und dort auch eine bestimmte Zahl, so wird mir auch eine auf Wahrscheinlichkeit gestützte von Nutzen sein.«

Das Feuilleton wurde, bevor es in der Buchausgabe der »Grafschaft Ruppin« (dritte Auflage, 1875) erschien, am 1. und 8. Februar 1874 in der »Vossischen Zeitung« vorabgedruckt, und zwar unter der Überschrift »Neustadt a.d. Dosse. Eberhard von Danckelmann. Die Amtsfreiheit. Die Kirche. Der Spiegelberg«.

Für die Arbeit an dem Neustadt-Kapitel hat Fontane folgende Literatur benutzt (die vollständigen Angaben finden sich jeweils im Literaturverzeichnis; vgl. S. 764): Bratring, »Die Grafschaft Ruppin ...«. — Schwartz, »Die Schlacht von Fehrbellin und der Prinz von Hessen-Homburg«, abgedruckt im »Wochenblatt der Johanni-

ter-Ordens-Ballei Brandenburg«, Nr. 34—41 vom 20. August bis
7. Oktober 1863, S. 209f., 216, 221f., 226f., 233f., 237f., 242f.,
247f. — Brock, »Der Tag von Fehrbellin ...«. — »Landbuch des
Kurfürstentums und der Mark Brandenburg ...«. — Pufendorf, »De
rebus gestis Friderici Wilhelmi Magni ...«. — »Theatri Europaei
eilfter Teil ...«. — »Fall und Ungnade zweier Ersten-Staatsminister ... (Danckelmann und Wartenberg)«. — Besser, »Schriften«.

420 *Auf der langen Bohlenbrücke ...* — George Hesekiel, »Out-of-
the-way-places« (Ungewöhnliche Orte), Vers 52—55 und
68—71. Vers 55 lautet bei Hesekiel: »Zu der Stadt, der alten
Schönen!«; die Verse 68—71: »Kühl und reinlich sind die
Straßen, / Wie gewaschen blank die Steine, / Menschenkind,
oh, kannst du's fassen? Du betrittst sie ganz alleine!«
Forstakademie — Zentrale Hochschule für Forstwissenschaft,
die Kandidaten für den höheren Staatsforstdienst ausbildete.
Onkel Bräsig — Volkstümliche Figur aus Fritz Reuters Roman
»Ut mine Stromtid« (1862—1864).
421 *Amtsfreiheit* — Gebiet um das Amt (Sitz der kleinsten staatlichen Verwaltungsbehörde). Die hier angesiedelten Bewohner
(Beamte und deren Angehörige) waren von städtischen Abgaben befreit.
Landbuch — Eigentlich Landtafel: Seit 1309 in Böhmen, dem
Stammland Kaiser Karls IV., geführtes Verzeichnis der Rittergüter. Nur der Adel und der hohe Klerus sowie später einige
privilegierte Stände hatten die Landtafelfähigkeit, das heißt
das Recht, die eingetragenen Güter zu erwerben. Die Mark
Brandenburg, von 1372 bis 1378 im Besitz Karls IV., wurde
1375 in der Landtafel erfaßt. Vgl. das Literaturverzeichnis,
S.767.
422 *Kleistsches Schauspiel* — »Prinz Friedrich von Homburg«.
1658 ... vor Kopenhagen — Vgl. S.389.
derartige Namensgebung — Götz von Berlichingen hatte den
Beinamen »mit der eisernen Hand«.
423 *Stadtgerechtigkeit* — Stadtrecht; die einer Stadt vom Landesherrn verliehene Berechtigung, sich selbst zu verwalten, Recht
zu sprechen, Zölle zu erheben, Märkte abzuhalten usw.
Raseneisenstein — Minderwertiges Eisenerz, das sich in
Moorgegenden unter dem Rasen bildet.
424 *Kirche* — Vgl. S.436f.
425 *Erstürmung ... durch Derfflinger* — Die am 18.Juni 1675 von
den Schweden besetzte Stadt Rathenow an der Havel wurde
am 25.Juni 1675 von kurfürstlichen Truppen unter General-
feldmarschall Derfflinger zurückerobert.

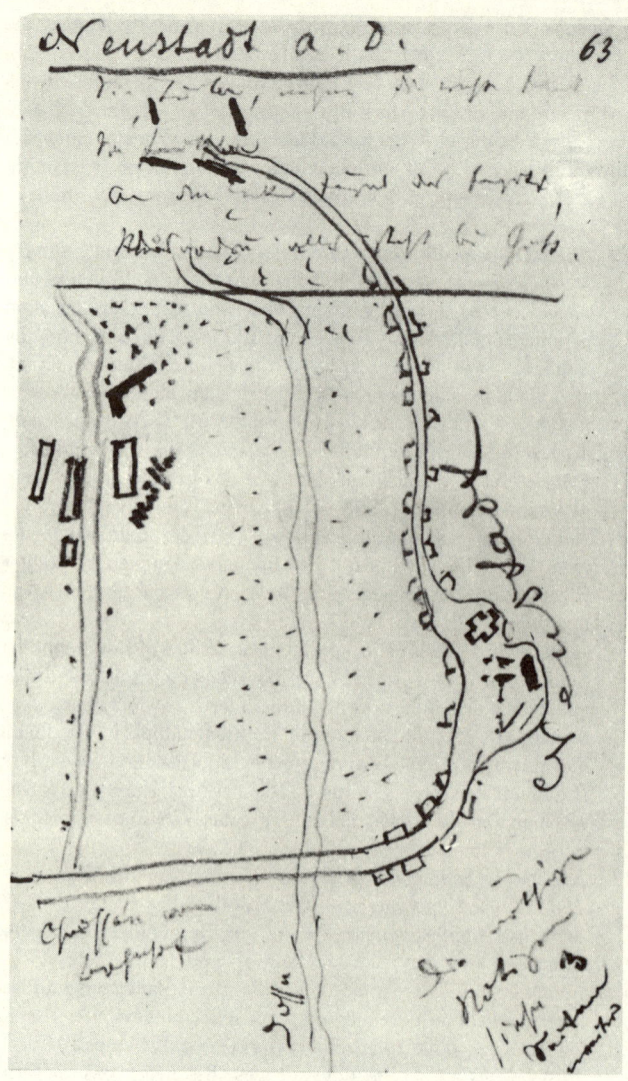

Lageskizze von Neustadt a. D.

425 *berühmt gewordene Verfolgung* — Die im Sommer 1675 bis
ins südliche Havelgebiet vorgedrungenen Schweden wurden
von den kurfürstlichen Truppen zurückgeschlagen und durch
das Rhinluch verfolgt. Durch den Abbruch der Rhinbrücke
bei Fehrbellin am Rückzug gehindert, mußten sie sich den
Brandenburgern am 28.Juni zur Schlacht stellen (vgl. die erste
Anm. zu S.6).

passe — Paß. Hier: Übergang über das Sumpfgebiet.

arrier guarde — arrière-garde: (franz.) Nachhut.

Fer-Berlin — Fehrbellin.

armada — Hier: Armee.

426 *als lewen* — wie Löwen.

die Kayserlichen werden ... erwartet — Wahrscheinlich hatte
Kaiser Leopold I. dem Kurfürsten auf Grund des Bündnisses
zum Schutze des Reichs gegen Frankreich (23. Juni 1672)
Hilfstruppen gegen die mit den Franzosen verbündeten
Schweden zugesichert.

battaglie — bataille: (franz.) Schlacht.

Schwalbach — Bad Schwalbach, Kurort in der Nähe von
Wiesbaden.

affaires — (franz.) Hier: Gefechte.

E.L. — Euer Liebden; gebräuchliche Anrede jener Zeit.

advanquart — avant-garde: (franz.) Vorhut.

contenance — (franz.) Haltung, Verhalten.

I. Dl. — Ihre Durchlaucht.

treffen — Gefecht.

427 *Dörffling* — Derfflinger.

secontirte — sekundieren: helfen, beistehen.

ein stundte 4 oder 5 — vier oder fünf Stunden.

nicht viel mehr gehört worden — noch nicht oft vorgekommen.

braff — brav: tüchtig, tapfer.

vigoureusement — (franz.) kraftvoll, energisch.

le champ de battaglie malgré — (franz.) das Schlachtfeld wider Willen.

die plessirten — die Blessierten, Verwundeten.

escatronen — Eskadronen: Kavallerieeinheiten mit je 120 bis
150 Reitern.

gepliben — geblieben: gefallen.

Obr.-Liet. — Obristlieutenant.

Frobenius todt — Vgl. die erste Anm. zu S.6.

stücke — Stück: Geschütz(kugel).

Schlapperdorf — (Ernst von) Schlabrendorff.

biquen Compani — Piken-Kompanie.

427 *Feld-Marschalk* — Feldmarschall (Derfflinger).

en personne — (franz.) persönlich.

terreur panique — (franz.) plötzlicher Schrecken.

Hertzog von Hannover — Gemeint ist Johann Friedrich, Herzog zu Braunschweig und Lüneburg. Bestrebt, im Einvernehmen mit Frankreich sein Territorium zu vergrößern, hat er offenbar erwogen, auf schwedischer Seite in den Kampf einzugreifen.

428 *Wangelin ... Ratenau* — Der schwedische Oberst Wangelin war Kommandant von Rathenow, als die Stadt an den Kurfürsten übergeben werden mußte (vgl. die erste Anm. zu S. 425).

19. Juni – 29. Juni (nach heutigem Kalender; vgl. die vierte Anm. zu S. 385).

»Theatrum Europaeum« — Von dem Historiker Johann Philipp Abelin (gest. um 1635) begründetes illustriertes zeitgeschichtliches Werk (21 Bände, Frankfurt 1633–1738).

Pufendorf — Der Rechtsgelehrte und Historiker Samuel Pufendorf hat Ende des 17. Jahrhunderts mehrere zeitgeschichtliche Werke (besonders über Schweden und Brandenburg) verfaßt.

Eroberung von Pommern — Nach der Vertreibung der Schweden aus der Mark gelang es Kurfürst Friedrich Wilhelm, nach dreijährigen Kämpfen (1676–1678) das seit dem Dreißigjährigen Krieg von Schweden besetzte (Vor-)Pommern zu erobern (das allerdings laut Friedensvertrag vom 29. Juni 1679 zwischen Schweden und Brandenburg auf Betreiben Frankreichs an Schweden zurückgegeben werden mußte).

429 *Zu spät, zu spät ...* — Fontane, »Percy und die Nortons« aus dem Balladenzyklus »Der Aufstand in Northumberland«, Strophe 3, Vers 1 ff.

Integra miretur ... — (lat.) Mag nur ganz Griechenland immer die Sieben Weisen bewundern, / Siehe: so seltenes Glück, hier hat's ein Vater allein. (Übersetzung von Wolfgang Ritschel.)

430 *Sieben Weise* — Im alten Griechenland (7.–6. Jahrhundert v. u. Z.) Bezeichnung für eine Anzahl von Männern, die sich durch besondere Lebensklugheit, zum Teil auch durch staatsmännische Tüchtigkeit auszeichneten.

»De Jure Emphyteusis« — (lat.) »Über das Emphyteusische Recht« (Erbpacht-, Erbzinsrecht).

Director studiorum oder Ephorus — Hier: Oberaufseher über die Erziehung.

witzig — Hier: geistreich, klug.

431 *Kammer- und Lehnsrat* — Wahrscheinlich Mitglied der 1689 gegründeten Geheimen Hofkammer, einer Zentralbehörde der Domänen- und Zollverwaltung.

Winterfeldzug 1679 in Preußen — Im Winterfeldzug 1678/79 vertrieb Kurfürst Friedrich Wilhelm die schwedischen Truppen aus Ostpreußen. Im Gefecht bei Telcze (7. Februar 1679) wurde der Rest der schwedischen Armee völlig aufgerieben.

Stickfluß — Lungenödem, von Erstickungsgefühl und schaumigem Ausfluß begleitete Lungenkrankheit.

Leibmedici — Leibärzte.

vergleichen — einigen.

Intrigues — (franz.) Intrigen, Ränke.

432 *Spandau ... Peitz* — Alte märkische Festungen, in denen Gefangene inhaftiert wurden.

433 *Judicio* — Judicium: (lat.) Urteilsvermögen.

Humeur — (franz.) Gemütsart.

Kalumnien — Verleumdungen.

panegyrisch — lobrednerisch.

434 *Bratring* — »Die Grafschaft Ruppin ...«; vgl. das Literaturverzeichnis, S. 764.

436 *Kirche ... Inschrift* — Die Kirche wurde vor einigen Jahren renoviert; die Inschrift ist erhalten geblieben.

griechisches Kreuz — Das Kreuz der griechisch-orthodoxen Kirche hat vier gleich lange Arme. (Beim sogenannten lateinischen Kreuz der römisch-katholischen und der evangelischen Kirche ist ein Arm verlängert.)

437 *kümmerliche Nachahmung des Holländischen* — Kurfürst Friedrich Wilhelm sowie seine Nachfolger (Friedrich I. und Friedrich Wilhelm I.) nutzten beim Ausbau des Landes (z. B. bei Kanalbauten, Gartenanlagen, öffentlichen und privaten Gebäuden) die Erfahrungen (bürgerlicher) holländischer Spezialisten. Ein Musterbeispiel schlichter und dennoch schöner Baukunst ist das 1732 bis 1742 errichtete Holländische Viertel in Potsdam. Daneben gab es natürlich dilettantische Nachahmungen der holländischen Bauweise, wie sie von Fontane hier kritisiert werden.

reformiert — der reformierten, das heißt der von dem Genfer Reformator Johann Calvin im 16. Jahrhundert begründeten Kirche angehörend.

Wusterhausen a. D.

Das Kapitel wurde zusammen mit dem über Neustadt a. D. im Dezember 1872 geplant und etwa zur gleichen Zeit wie dieses niedergeschrieben (vgl. S. 721); denn auch Wusterhausen hatte Fontane
während seiner Ruppin-Reise vom 16. bis 29. September 1873 besucht.

Der Vorabdruck erfolgte am 15. März 1874 in der »Vossischen
Zeitung«, und in der dritten Auflage der »Grafschaft Ruppin«
(1875) erschien der Aufsatz erstmals in der Buchausgabe.

439 *Kleine Städte ...* — George Hesekiel, »Out-of-the-way-places«
(Ungewöhnliche Orte), Vers 2 ff., 1, 57 und 59. Der von Fon-
tane als Vers 4 wiedergegebene Vers 1 lautet bei Hesekiel:
»Ziellos durch das Land zu fahren«; Vers 57 lautet eigentlich:
»Ist sie doch noch schön geblieben«.

»Il n'y a qu'un pas« — (franz.) »Es ist nur ein Schritt«; Anspielung auf den Ausspruch Napoleons I.: »Du sublime au ri-
dicule il n'y a qu'un pas« (Vom Erhabenen zum Lächerlichen
ist es nur ein Schritt).

Rosenkranz und Güldenstern — (Gemeinsam auftretende)
Höflinge in Shakespeares »Hamlet«.

440 *Immediatstadt* — Unmittelbare Stadt; hier: sich nicht in guts-
herrlicher Abhängigkeit befindliche, sondern dem Landesherrn direkt unterstehende Stadt.

Orlogschiff — Kriegsschiff.

dem König Waldemar ... Gesetze vorschreibt — Der (zweite)
Krieg der Hanse gegen den dänischen König Waldemar IV.
Atterdag um die Vormachtstellung im Ostseeraum
(1367—1370) endete mit einer Niederlage Waldemars. Auf
Grund des Friedensvertrages von Stralsund (24. Mai 1370) er-
langten die verbündeten Städte vorübergehend das Nutzungs-
recht über vier Sundschlösser sowie das Mitspracherecht bei
der dänischen Kronfolge.

mit den Quitzows gegen die Bredows — Während des Macht-
kampfes zwischen dem märkischen Uradel unter Führung der
Quitzows und Burggraf Friedrich VI. von Hohenzollern (vgl.
die vierte Anm. zu S. 14) standen einige Bredows auf seiten
des Landesherrn. Vgl. auch »Fünf Schlösser«, Teil »Quitzöwel« (Band 5 dieser Ausgabe), sowie »Das Ländchen Friesack
und die Bredows« (Band 7 dieser Ausgabe).

»Mein Sohn, es ist ein Nebelstreif« — Zitat aus Goethes Gedicht »Erlkönig« (Strophe 2, Vers 4).

Peter-Pauls-Kirche — Pfarrkirche St. Peter und Paul. Der ur-

sprünglich frühgotische Bau (Mitte des 13. Jahrhunderts)
wurde im 14. Jahrhundert zur Basilika, im 15. Jahrhundert zur
dreischiffigen Hallenkirche mit Chorumgang umgestaltet; die
Weihe erfolgte 1479. Die geschnitzte Kanzel entstand 1610;
die Tafelbilder an der Nordempore stammen ebenfalls aus der
ersten Hälfte des 17. Jahrhunderts. Bemerkenswert ist auch
das (von Fontane nicht erwähnte) spätgotische Kruzifix
(zweite Hälfte des 15. Jahrhunderts). 1967—1970 wurden das
Innere der Kirche und Teile der Ausstattung restauriert.

441 *Rudera* — Überbleibsel.

442 *Stationen* — Gemeint sind die Kreuzwegstationen, vierzehn
Abschnitte auf dem Leidensweg Jesu vom Haus des Pilatus
bis zur Kreuzigungsstätte Golgatha. Sie sind in den meisten
katholischen Kirchen, in katholischen Gegenden auch auf
Wegen, die zu einer Anhöhe hinaufführen, bildlich dargestellt.

Bernhard Rode ... Garnisonkirche — Vgl. die erste Anm. zu
S. 20.

Berliner Marien[kirche] — Dreischiffige gotische Hallenkirche.
Das ursprünglich frühgotische Bauwerk aus dem letzten Drittel des 13. Jahrhunderts ist 1380 abgebrannt und wurde im
15. Jahrhundert in spätgotischen Formen wiederaufgebaut.
Den neugotischen Turmhelm schuf Carl Gotthard Langhans
der Ältere 1789/90. Die Marienkirche wurde im zweiten
Weltkrieg beschädigt, inzwischen aber wiederhergestellt.

Begegnung Christi mit Thomas — Nach der biblischen Legende glaubt der Jünger Thomas an Jesu Auferstehung erst,
nachdem er ihn gesehen und seine Wundmale befühlt hat.
Vgl. Neues Testament, Johannes 20, 24—28.

443 *Heilige-Geist-Hospital* — Der Westteil des 1307 erstmals genannten Hospitals entstand 1300—1310, der Ostteil (mit
Chor) um 1500. Im Jahre 1900 wurde das Bauwerk abgebrochen.

Sankt Stephan — Die noch existierende Friedhofskapelle
Sankt Stephan ist ein einschiffiger spätgotischer Backsteinbau
aus dem 15. Jahrhundert.

Beguinen — Beginen (auch Beguinen oder Begutten genannt):
Mitglieder einer im Mittelalter gegründeten halbklösterlichen
Frauenvereinigung.

Joseph II., bei Aufhebung der Klöster — Der römisch-deut-
sche Kaiser Joseph II., seit dem Tode der Kaiserin Maria The-
resia im Jahre 1780 auch Alleinherrscher in den österreichischen Erblanden, verfügte am 29. November 1781 die Aufhebung aller Klöster und Orden, die sich nicht der

Krankenpflege oder Jugenderziehung widmeten. In den folgenden Jahren wurden die meisten Klöster aufgelöst.

444 *Urväter Hausrat* — Anspielung auf Goethes »Faust« I,
Vers 408.

esprit fort — (franz.) Freigeist, Freidenker; hier: eigenständiger
Denker.

Trieplatz

Über Trieplatz, eines der zahlreichen Güter der alten märkischen
Familie von Rohr, hat Fontane verhältnismäßig lange und überaus
intensiv gearbeitet, denn das Thema lag ihm aus Dankbarkeit gegenüber Mathilde von Rohr, seiner langjährigen Briefpartnerin und
vertrauten Ratgeberin in vielen »Wanderungen«-Angelegenheiten,
ganz besonders am Herzen. Ursprünglich war ein Aufsatz über die
Rohrs — noch ohne Spezialisierung auf Trieplatz — schon für die
zweite Auflage der »Grafschaft Ruppin« (1865) geplant, die im
Sommer 1864 vorbereitet wurde. Am 28. Juni 1864 schrieb Fontane an Mathilde von Rohr: »Ich hoffe nun doch durch Ihre Güte
Rohr-Stoff genug zu erhalten, um ein Kapitel arrangieren zu können. Ich will erst Allgemeines voraufschicken und dann den *Besitz*,
schließlich einzelne *Gestalten* aufzählen. Der Besitz ist: Ganzer,
Meyenburg, Leddin, Trieplatz, vielleicht ein fünftes und sechstes
noch. Ganzer ist behandelt. Es handelt sich nun darum, auch von
den andern Dörfern ein paar Notizen zu erhalten, so ähnlich wie
die Notiz über Leddin oder wie das bekannte große Bild in Meyenburg. Das nächste Mal, daß ich die Ehre habe, Sie zu sehn, sprechen wir ausführlicher darüber.« Im Brief vom 4. Juli 1864 teilte er
dann dem »gnädigsten Fräulein« seine ersten Überlegungen zum
Kapitelaufbau mit: »Das Rohr-Kapitel soll etwa die Überschrift führen: › Von den Rohrs‹. Nun spreche ich erst ganz allgemein über die
Familie, wie sie ins Land kamen, über ihren alten Besitz, ihren
Reichtum und ihr Ansehn, dann über ihren Charakter und zuletzt
über ihren jetzigen Besitz. Erst bei Aufzählung des jetzigen Besitzes gedenke ich auch Personalien und kleine Anekdoten zu geben.
Also z. B. *Meyenburg:* Beschreibung. Das große alte Bild und sonstige Raritäten. Dann Namhaftmachung irgendeines Rohrs aus der
Meyenburger Linie. / *Trieplatz:* Beschreibung. Irgendeine Kuriosität. Dann die Geschichte vom Hauptmann von Kapernaum [vgl.
S. 449]. — Ebenso über Leddin, Tramnitz etc. Leider fehlt es mir
noch sehr an Stoff, und ich hätte wohl den Wunsch (vorausgesetzt,
daß solche Briefe an Ihre Familie weder *Sie* noch auch die *Emp-
fänger* genieren), noch einiges über die Örtlichkeiten wie über die

Personen zu erfahren. Wenn es Ihnen nicht langweilig ist, so sehen Sie sich ... im zweiten Bande [der »Wanderungen«] das Kapitel ›Das Pfulen-Land‹ an; — *ganz nach demselben Rezept, wie dort die Pfuels besprochen sind, möchte ich nun die Rohrs besprechen.* Alles in der Kürze; aber mit einzelnen *Pointen,* damit es nicht allzu langweilig wird.« Obwohl Fontane von Mathilde von Rohr wie auch von deren Vetter Theobald unverzüglich *»sehr* wertvolles« Material erhielt, konnte er die Arbeit vorerst nicht bewältigen. Im Brief vom 5. August 1864 nahm er dazu Stellung: »Ich schreibe in Rohren-Angelegenheiten an Sie; aber nicht um mir weitere Auskunft über dies und das zu erbitten, sondern um Ihnen umgekehrt die traurige Anzeige zu machen, daß ich *diesmal* das Rohren-Kapitel nicht schreiben kann — wir müssen warten bis zu einer dritten Auflage, von der es freilich dahinsteht, ob sie jemals kommt. / Die Sache ist die. Das Material, das ich habe, reicht nicht aus; — es fehlt diesem anzurichtenden Mahl durchaus das pièce de résistance [Haupt-stück]. Die kleinen mir mitgeteilten Anekdoten, von denen sich nur die Geschichte vom ›Hauptmann von Kapernaum‹ novellistisch be-handeln läßt, würden einen kümmerlichen Eindruck machen. Zwei-erlei müßte ich haben: eine längere, möglichst anziehende *Biogra-phie* irgendeines alten Rohr und die detaillierte Beschreibung irgendeiner Rohrschen *Lokalität,* am besten wahrscheinlich Mey-enburg. *Ich habe aber weder das eine noch das andre.* Hat man irgend etwas in ernster und gehaltener Weise beschrieben, so kann man nachher mit kleinen Anekdoten kommen — sie sind das Des-sert, das aufgetragen wird. Fehlt aber der solide Untergrund, so er-scheinen solche Mitteilungen, die nun nicht bloß *Ornament* sind, sondern die Sache selber sein wollen, in höchst bedenklichem Lichte, und ich fürchte beinah, daß die Familie selber (nicht jeder urteilt so milde wie Sie, und nicht jeder kennt so genau meine gu-ten Absichten) mit dieser *ausschließlich* scherzhaften Behandlung nicht zufrieden sein würde. / Ich will also die Rohrs vertagen und werde das liebenswürdig-humoristische Material, das ich Ihren freundlichen Bemühungen verdanke, einsiegeln und bis zur näch-sten Auflage lagern lassen. / Mir kommt dies selber schwer an, aber es geht nicht anders. Ruppin hat drei alte Familien: die Zietens, die Quasts, die Rohrs; — in gewissem Sinne sind die Rohrs die ersten von den dreien; sie waren früher die reichsten und angesehensten und haben auch vielleicht (wiewohl ihnen eine *recht markante Fi-gur* in der vaterländischen Geschichte leider fehlt), vielleicht mehr tüchtige Männer, wenn auch nur von einer gewissen Durchschnitts-tüchtigkeit, hervorgebracht als die Zietens und die Quasts. Sie kön-nen sich also denken, wie fatal das Nichtbringen eines Rohren-Ka-pitels meinem historischen Gewissen ist — wobei ich noch gar nicht mal an meine hochverehrte Gönnerin dieses Namens denke, der ich durch ein möglichst gelungenes Rohren-Kapitel gern eine kleine Freude gemacht hätte. Aber es ist unmöglich; — man kann doch am Ende nicht hexen, und ich bin sicher, Sie werden es verzeihn.« Fräulein von Rohr muß darauf sehr verständnisvoll reagiert und den Autor damit getröstet haben, daß ihm durch das Nicht-Fertig-werden des Kapitels eventuell auch Verdruß (von seiten der Rohr-schen Familie) erspart geblieben sei. Fontane antwortete nämlich am 21. August 1864: »Was Sie mir über das ›Rohr-Kapitel‹ schreiben, das nun vorläufig ungeboren bleibt, ist sehr liebenswürdig gegen mich, zu gleicher Zeit aber muß ich allerdings hinzufügen: es ist ganz so, wie Sie's schildern, und die Chance, zu verletzen und zu verdrießen, ist immer größer als die, zu befriedigen. / Auf das letztre, wie Sie wissen, habe ich nun zwar längst verzichtet, aber ich möchte doch nicht geradezu … zu den Beleidigern und Kränkern geworfen werden. Genug davon. Bleibe ich am Leben, so wird auch noch ein Rohren-Kapitel geschrieben; aber dann aus dem vollen.«

Bis zur Wiedererwähnung des Planes vergingen acht Jahre. Am 31. Oktober 1872 teilte Fontane Mathilde von Rohr mit: »Hertz hofft auf eine *dritte* Auflage des ersten Bandes (›Ruppin‹). Das würde mich *sehr* glücklich machen. Dann schriebe ich endlich das ›Rohr-Kapitel‹ und gestaltete das Ganze um.« Bis zur Realisierung dieses Vorhabens verging dann ein weiteres Jahr; denn der Autor hat die Arbeit an dem Stoff erst nach seiner Ruppin-Reise vom 16. bis 29. September 1873 wieder aufgenommen, auf der er so viele Anregungen für die Umarbeitung der »Grafschaft Ruppin« im Hinblick auf die dritte Auflage des Bandes fand. Sein Besuch in Trie-platz spielte dabei eine dominierende Rolle. »Mein Plan geht nun dahin, *zuerst* nach Trieplatz zu reisen und von dort erst nach Ruppin«, schrieb er am 15. September 1873 an Mathilde von Rohr. »Ich werde wahrscheinlich morgen (Dienstag) den Abendzug benutzen, um siebeneinhalb in Neustadt und bald nach acht in Wusterhausen sein, wo ich dann die Nacht zubringen will, um am Mittwoch vormittag, frisch wie der junge Tag, in Trieplatz einzutreffen.« Die zahlreichen Briefe, die Fontane nach seiner Rückkehr von der Reise — zwischen Oktober 1873 und März 1874 — an Mathilde von Rohr richtete, dokumentieren, wie es bei keinem anderen »Wanderungen«-Aufsatz der Fall ist, lückenlos die gesamte Entstehungsgeschichte des Kapitels bis zum Vorabdruck und werden deshalb hier, soweit sie das Thema betreffen, vollzählig wiedergegeben.

3. Oktober 1873: »Im ganzen darf ich mit meinem Ruppiner Aufenthalt sehr zufrieden sein; es hat mir mannigfachen und zum Teil *sehr* guten Stoff abgeworfen. / Hierher rechne ich auch *Trie-platz*, wobei ich freilich nicht vergessen darf, daß ich die Hauptsa-

che Ihnen persönlich zu verdanken habe. Die Hauptsache sind nämlich die drei Geschichten. Andrerseits erzählt sich dergleichen nur gut, wenn man die Lokalitäten kennt. Man soll den Tag nicht vor dem Abend loben, aber ich denke mir, daß das Rohr- resp. Trieplatz-Kapitel ein gutes werden muß, speziell auch *deshalb*, weil es das Historische beiseite läßt und sich mit dem Genrehaften begnügt. Ich lege heute noch einen Fragezettel bei und bitte Sie freundlichst, Ihre Antworten mit einer spitzen Feder dazwischenkritzeln und nur das, was mehr Raum erfordert, auf aparten Zetteln notieren zu wollen. Sowie ich Ihre Antworten in Händen habe, beginn ich meine Schreiberei. Die Briefe, die mir, auf Ihre Veranlassung, Hans Rohr geschickt hat, sind zum Teil sehr interessant.«

18. Oktober 1873: »Ich stecke seit Wochen stark in der Arbeit; den Aufsatz über Trieplatz habe ich noch immer nicht geschrieben, weil ich dazu durchaus einen guten Tag abwarten muß, den ich in dem beständigen Erkältungszustand, in dem ich mich seit Wochen befinde, noch nicht gehabt habe.« (Schon im Notizbuch A 2, Blatt 21, hatte Fontane bemerkt: »In Berlin das von Brunn und Tramnitz notieren; Trieplatz aber belassen bis zu voller Muße.«)

25. Oktober 1873: »Der Trieplatz-Aufsatz ist fertig; ich glaube, er ist mir gelungen, und die Nachsicht der Familie (der *Ihrigen* bin ich vorweg sicher) wird hoffentlich nicht allzuviel daran zu tadeln finden. *Ganz* befriedigen kann man auf diesem Gebiete nie. Eine Hauptschwierigkeit bei diesem Aufsatze war die Gestalt des ›Hauptmann von Kapernaum‹. Ich bin nun zwar *sehr* bemüht gewesen, ihn zu idealisieren und alle seine schönen und liebenswürdigen Seiten herauszukehren, die bedenklichen als bloße ›Originalitäten‹ erscheinen zu lassen, all solch Bestreben kann aber nicht ganz hindern, daß der Hauptmann doch immer als eine halb-komische Figur erscheint. Dies wird die Familie, bei Lesung der betr. Seiten, nicht vergessen dürfen. Ich konnte aus ihm keinen Helden und keinen Heiligen machen. Bei den beiden andern Gestalten, Ihr Onkel und Ihr Bruder, fallen diese Bedenken weg; alles wirkt schön und poetisch. Überhaupt ist das ganze Trieplatz-Kapitel ein *poetisches* geworden, was die Trieplatzer selbst vielleicht am wenigsten erwartet haben. Hans wird sich gewiß drüber amüsieren. / Das Liebesverhältnis von 1794, alles nur in kurzen Zügen behandelt, laß ich in Nogent spielen, was — selbst wenn es falsch sein sollte, es ist aber sehr wahrscheinlich richtig — notwendig in Nogent spielen *muß*. In Nogent war er zuletzt, von hier aus kehrte er direkt in die Heimat zurück, und es läßt sich weder annehmen noch glaubhaft erzählen, daß er einen Akaziensamen erst von Paris bis Nogent mitgenommen, *dort ihn ein Jahr lang mit sich herumgetragen* und dann ihn erst mit nach Deutschland genommen habe. Die Sache

kann füglich nur so sein, wie sie von mir erzählt worden ist, wobei ich natürlich nur die großen Züge, nicht die Details im Auge habe. / Beim Präsid[enten] von R[ohr] war ich nicht. Vor solchen Besuchen hab ich einen wohlbegründeten Horror. In der Regel wird einem dann freundschaftlich gesagt: ›*Das* müssen Sie erzählen, das ist zu nett‹, und gleich darauf: ›*Das* aber dürfen Sie *nicht* erzählen, es ist nicht verbürgt, oder es ist gegen die Diskretion.‹ Nun trifft es sich aber immer so, daß man das, was einem dringend empfohlen wird, nicht brauchen kann und daß das, was man *nicht* bringen soll, gerade das Beste ist. / Zum Schluß noch eine Frage: Würde es Ihrem Herrn Bruder unangenehm sein, dies Trieplatz-Kapitel in der ›*Vossin*‹ [»Vossischen Zeitung«] oder einem ähnlichen Blatte abgedruckt zu sehn? Die Parteigegensätze haben sich ja so gemindert, daß im allgemeinen auf solche Dinge kein Gewicht mehr gelegt wird; Ihr Herr Bruder, was ich natürlich zu würdigen weiß, gehört aber zu den Strammen und könnte ein Rohr-Kapitel in einem fortschrittlichen Blatte unpassend finden. Es hat zwei Seiten; man kann auch sagen, es ist nett, in liberalen Blättern auf diese Weise Terrain zu erobern.«

20. November 1873: »Sie haben übrigens das Erscheinen des Trieplatz-Aufsatzes schneller erwartet, als es sein konnte. Ich muß dergleichen immer erst lagern lassen, um es dann, nach Wochen, wie die Arbeit eines Fremden ruhig beurteilen zu können. Ich werde zu dieser Durchsicht wohl erst Anfang Dezember kommen; dann aber werde ich ›Trieplatz‹ mit mehreren andern Kapiteln wohl an Rodenberg geben, so daß es aller Wahrscheinlichkeit nach im ›Salon‹ und nicht in der ›Vossin‹ erscheinen wird. Ich erbat speziell die Erlaubnis für die ›Vossin‹, weil diese der äußerste linke Flügel ist; der ›Salon‹ liegt viel mehr nach rechts hin.«

21. Februar 1874: »Eben schickt mir Rodenberg den Trieplatz-Aufsatz, und ich schicke ihn Ihnen. Mög er Gnade vor Ihren und der Familie Augen finden! Die Umwandlung von Urania oder gar Ouranie in Barbara werden Sie schließlich gewiß gutheißen. Urania ist bei uns zulande gar kein Name und wirkt bloß lächerlich, Ouranie aber ist vollends schlimm und erinnert jeden an Orangoutang [Orang-Utan]. Solche Stimmungen darf man im Publikum gar nicht wachrufen.«

26. März 1874: »Der Druck der dritten Auflage meiner ›Wanderungen‹, in die dann auch das Rohr-Kapitel hineinkommen wird, schreitet rüstig vorwärts; den Namen Barbara hab ich beseitigt und Urania wiederhergestellt. Ob die Familie im ganzen dadurch befriedigt wird, muß ich bezweifeln, denn immer aufs neue mache ich die Erfahrung, daß Familien, mit Ausnahme der gütigen, nachsichtigen und verehrten Dame, an die ich diese Zeilen richte, nicht zufrieden-

zustellen sind. Ich glaube auch, daß sie, die Familien, von ihrem Standpunkte aus ganz recht haben, weil ein Schriftsteller, der die Dinge lediglich als einen Stoff für seine Zwecke ansieht, auch bei größter Vorsicht und wirklichem Takt immer noch der Pietät entbehren wird, die im Herzen der Familienmitglieder lebt. Mitunter ist es freilich nicht mehr Pietät, sondern einfach eine Mischung von grenzenloser Dummheit mit ebenso grenzenloser Eitelkeit. So schrieb mir heute meine Schwester Lise aus Ruppin: alle Anverwandten des Hauses Gentz (Gott sei Dank mit Ausnahme der beiden Söhne) seien *empört* über das, was ich über den alten [Johann] Christ. Friedr. Gentz geschrieben hätte; nach meiner aufrichtigsten Meinung müßten sie mir ein Denkmal errichten oder eine ›Stiftung‹ für meine Kinder ins Leben rufen. Mitunter schwindelt einem. Ich hab es aber nun so oft erlebt, daß es keinen Eindruck mehr auf mich macht. Neulich kriegte ich einen Klagebrief von einer Frau von Witzleben, gebornen von Meusebach, aus Potsdam, die sich bitter beschwerte über das, was ich über ihren verstorb. Bruder geschrieben habe. Er war schließlich absolut verrückt; ich nenne ihn einen ›Mann von Genie und Exzentrizität‹; das ist nun der Dank dafür.«

Der Vorabdruck des Trieplatz-Kapitels erfolgte — wie aus den Briefen hervorgeht — in der von Julius Rodenberg herausgegebenen Zeitschrift »Der Salon für Literatur, Kunst und Gesellschaft« (Jg. 7, Band 1, Heft 6, März 1874, S. 679—692), und zwar unter dem Titel »Wanderungen an Rhin und Dosse. Trieplatz. Ein Kapitel von den Rohrs«.

446 *Die Douglas waren immer treu* — Fontane, »Percys Tod« aus dem Balladenzyklus »Der Aufstand in Northumberland«, Strophe 2, Vers 3.

447 *Leuthen* — Vgl. die dritte Anm. zu S. 208. Die Schlacht bei Leuthen fand am 5. Dezember 1757 statt.

Lipa — Gemeint ist die Lipahöhe in Böhmen, die in der Schlacht bei Königgrätz (3. Juli 1866) eine Rolle spielte (vgl. S. 259 f. und die erste Anm. zu S. 259).

Leipzig — Vgl. die fünfte Anm. zu S. 111.

Katzbach — Vgl. S. 228—232.

Schlei — Schmale Ostseebucht zwischen Kappeln und Missunde in Schleswig, die 1864 zu Beginn des preußisch-österreichischen Krieges gegen Dänemark eine Rolle spielte (vgl. die zweite Anm. zu S. 255).

Fehrbellin — Vgl. die erste Anm. zu S. 6.

Sedan — Bei Sedan wurde am 2. September 1870 die französische Armee des Marschalls MacMahon zur Kapitulation gezwungen und Napoleon III. gefangengenommen. Nach der Schlacht von Sedan ging der Verteidigungskrieg der deutschen Truppen in einen Eroberungskrieg über.

447 *Ritterschaftsräte* — Ritterräte: Unter einem Ritterhauptmann an der Spitze eines sogenannten Ritterkantons (Verwaltungseinheit) stehende Vertreter der reichsunmittelbaren Ritterschaft, die durch den organisierten Zusammenschluß ihre kaiserlichen Privilegien gegen landesfürstliche Gewalt zu schützen versuchte.

Prag — Vgl. die erste Anm. zu S.208.

Hochkirch — Vgl. die erste Anm. zu S.18.

448 *Schloßpark zu Brunn ... Inschrift* — Sowohl der Park mit altem Baumbestand als auch der Grabstein mit der Inschrift existieren noch. Im Park finden in den Sommermonaten öffentliche Veranstaltungen statt.

alter und neuer Hof des Gutes — Das Gut Trieplatz gehörte der Familie von Rohr bis zum Ende des ersten Weltkrieges, wurde dann verpachtet und 1935 von der Bodengesellschaft »Eigene Scholle« übernommen. Die ehemaligen Ställe und Scheunen sind zum großen Teil zu Wohnungen umgebaut worden.

449 *Ausbruch des Siebenjährigen Krieges* — 1756.

»Herr, ich bin nicht wert ...« — Vgl. Neues Testament, Matthäus 8, 8.

Freiwerbungszeremoniell — Brautwerbungszeremoniell.

»Lobe den Herrn, meine Seele« — »Lobe den Herren, o meine Seele!«: Evangelisches Kirchenlied (nach Psalm 146) des Weimarer Hoferziehers und späteren Generalsuperintendenten von Altenburg, Kaspar Bienemann (1540—1591).

450 *Funeralzeremoniell* — Begräbnisfeierlichkeit.

Refus — (franz.) Ablehnung, abschlägige Antwort.

451 *Kanonen von Landau (1713)* — Um auch den Kaiser und das Deutsche Reich, die den Friedensschluß vom 11. April 1713 zwischen Frankreich und allen seinen übrigen Gegnern im Spanischen Erbfolgekrieg (vgl. die sechste Anm. zu S.288) nicht anerkannten, zu Friedensverhandlungen zu bewegen, besetzten französische Truppen am 20.August 1713 die Feste Landau.

Kanonen von Valmy — Vgl. die erste Anm. zu S.98.

König — Friedrich II.

»Wie schön leucht't mir der Morgenstern« — »Wie schön leuchtet der Morgenstern«: Evangelisches Kirchenlied des Pastors Philipp Nicolai (1556—1608).

452 *Krieg gegen Frankreich ... Rheincampagne* — Vgl. die erste Anm. zu S.98.

452 *General Hoche* — 1793 Oberbefehlshaber der französischen Moselarmee.

Volontairs — Hier: Freiwillige.

Franctireurs — Freischärler; französische Partisanen im Deutsch-Französischen Krieg (1870/71).

453 *amerikanischer Krieg* — Gemeint ist der Unabhängigkeitskrieg (1775—1783), in dem sich dreizehn nordamerikanische Gebiete von der englischen Kolonialmacht befreiten.

454 *Schaumünze* — Münze mit besonderer, künstlerischer Prägung, zumeist als Erinnerung an Zeitereignisse oder als Geschenk hergestellt.

Bagage — Feld- oder Kriegsgepäck eines Heeres.

Repräsentanten — Hier: Volksvertreter, Abgeordnete des Nationalkonvents.

455 *Pränumeration* — Hier: Vorbestellung.

Surtout — (franz.) Überrock.

456 *À présent ...!* — (franz.) Jetzt ist alles zum Teufel!

457 *Bataille* — (franz.) Schlacht.

Golgathas-Weg — Leidensweg; benannt nach dem Hügel Golgatha im Neuen Testament, wohin Jesus zur Hinrichtung geführt wurde.

458 *Cornet* — Vgl. die erste Anm. zu S.386.

459 *Artigkeit* — Zuvorkommenheit.

Linientruppen — Infanterie des stehenden Heeres.

Emigrierter — Einer der konterrevolutionären französischen Adligen, die während der Französischen Revolution nach Deutschland emigriert waren und den Kampf gegen die Französische Republik unterstützten. Vgl. auch die zweite Anm. zu S.317.

460 *dürfen* — müssen.

Monsieur, il y a ... — (franz.) Mein Herr, ich wünsche mir schon lange, ein Erinnerungsstück von einem preußischen Offizier zu besitzen. Sie haben da etwas, das Sie nicht mehr gebrauchen können: Ihre Schärpe; schenken Sie sie mir.

461 *gutmütige Magdalenen* — Anspielung auf die biblische Gestalt der Maria Magdalena, der Jesus für ihre Hilfsbereitschaft die »Sünden vergibt«; vgl. Neues Testament, Lukas 7, 36—50.

barmherzige Samariterinnen — Anspielung auf das biblische Gleichnis vom barmherzigen Samariter, der einen Schwerverwundeten gesundpflegt; vgl. Neues Testament, Lukas 10, 30—35.

Charaktere — Hier: Dienstgrade.

462 *Karolin* — Goldenes Sechstalerstück (franz. Charlesd'or).

Stockmeister — Gefängnisaufseher.

463 *Schreckensherrschaft* — Abfällige Bezeichnung für die Jakobi-
nerdiktatur, die radikal-demokratische Phase der Französischen Revolution (Juni 1793 bis Juli 1794).
Eintrachts-Platz — Place de la Concorde in Paris.
fiel Dantons Haupt — Danton, einer der Führer der Französischen Revolution, wurde wegen einer Verschwörung und wegen Veruntreuung von Staatsgeldern vom Revolutionstribunal
unter dem Vorsitz Robespierres zum Tode verurteilt und am
5. April 1794 hingerichtet.
Haupt dessen, der ihn stürzte — Am 27. Juli 1794 wurden die Jakobiner durch einen Putsch der Bourgeoisie in Paris gestürzt,
am 28. Juli Robespierre und seine Anhänger hingerichtet.
Basler Frieden — Vgl. die erste Anm. zu S. 98.
464 *Frankreich Anno 93 gemieden* — Vgl. die dritte Anm. zu
S. 459 und die erste Anm. zu S. 463.
465 *gelbes Fieber* — Dschungelfieber; tropische Viruserkrankung.
466 *siebziger Krieg* — Deutsch-Französischer Krieg 1870/71.
den Schleier genommen — das Klostergelübde abgelegt, das
eine Eheschließung untersagt.

Tramnitz

Fontanes Recherchen über die Rohrs in den Jahren 1864 und
1873/74 waren so ergiebig gewesen (vgl. S. 732—735), daß er —
etwa zur gleichen Zeit — noch ein zweites Rohr-Kapitel schreiben
konnte: über Tramnitz, ein anderes Gut der Familie, das er während der September-Reise von 1873 ebenfalls besucht hatte. (Ein
drittes Kapitel — über Mathilde von Rohr selbst — entstand 1888
oder 1889, sollte aber erst nach deren Ableben [1889] veröffentlicht werden. 1892 erschien lediglich ein Vorabdruck davon; in die
Buchausgabe gelangte es erst nach Fontanes Tod [achte Auflage,
1903]. Vgl. Band 6 dieser Ausgabe.)
    Das Tramnitz-Kapitel wurde, bevor es in die dritte Auflage der
Buchausgabe von »Die Grafschaft Ruppin« (1875) einging, am
27. Mai 1874 im »Wochenblatt der Johanniter-Ordens-Ballei Brandenburg«, Nr. 21, S. 124 ff., vorabgedruckt, und zwar unter dem Titel »Aus Stadt und Grafschaft Ruppin. 6. Tramnitz«.

467 *Beneath those ...* — (engl.) Unter diesen zerzausten Ulmen, /
Wo sich der Rasen in so mancher Hügelform erhebt, / Ruhen
die rauhen Vorväter des Dörfchens; Thomas Gray, »Elegy
Written in a Country Churchyard« (Elegie auf einem Dorf-
kirchhof), Vers 1 (zur Hälfte), 2 und 4.

467 *alt-Rohrsches Gut* — Das Gut Tramnitz (heute Schönberg-Tramnitz) gehörte der Familie von Rohr bis 1945. Es war sehr heruntergewirtschaftet und in den letzten Jahrzehnten verpachtet.

Herrenhaus — Das ehemalige Herrenhaus, nach 1945 noch zu Wohnzwecken genutzt, ist inzwischen abgerissen worden.

Kronprinz Friedrich in Ruppin — Vgl. S. 78—88.

468 *Sein Herr Vater wird wohl recht gehabt haben!* — Anspielung auf die Erziehung zur Sparsamkeit durch Friedrich Wilhelm I.

alter Kirchhof ... Obelisk ... Inschrift — Das Gelände ist von Ortsfremden nicht mehr als ehemaliger Kirchhof zu identifizieren. Der alte Baumbestand ist zum Teil noch erhalten. Der Sandsteinobelisk ist eingestürzt; die Inschriften sind nicht mehr leserlich.

469 *trauernder Knabe* — Beliebtes Grabdenkmal-Motiv im 18. und 19. Jahrhundert.

von der Trenck ... Gefangenschaft — Vgl. die zweite Anm. zu S. 274.

neue Kirche — Die kleine Fachwerkkirche existiert noch, wird aber wegen Baufälligkeit nicht mehr genutzt.

470 *Fehrbellin* — Vgl. die erste Anm. zu S. 6.

Hohenfriedberg — Vgl. die dritte Anm. zu S. 14.

Carousselreiten — Ringelreiten; feierliches Ritterspiel, das Geschicklichkeit im Reiten und Ringstechen erforderte.

Ganzer

Den ersten Teil des Kapitels schrieb Fontane Ende August 1861 für die Erstausgabe der »Wanderungen [Teil 1]« (1862). Am 6. August 1861 teilte der Autor Mathilde von Rohr mit: »... der Druck meines Buches schreitet so rasch vorwärts, daß ich alle Kraft und Zeit zusammennehmen muß, um Schritt zu halten, denn es sind ja noch ganze lange Kapitel zu schreiben, darunter auch — *Ganzer.* Nächsten Sonntag will ich hin.« Am 11. August schickte er ihr einen ausführlichen Bericht über diese Reise, in dem es heißt: »Ich war also in Ganzer. Das Dorf reizend und mir durch die noch in allem deutlich sichtbare *Zweiteilung* — der man jetzt anderwärts sehr selten begegnet — doppelt interessant, links die Rohr- und rechts die Jürgaß-Seite. Zwei Krüge, zwei Herrenhäuser, zwei Grabgewölbe etc. Das gußeiserne Denkmal ist sehr stattlich und in gutem Geschmack ausgeführt, die Inschriften indes (ein paar Wendungen abgerechnet) doch nur von mäßigem Interesse. Ich würde mich freun, wenn ich *recht, recht* bald von Ihnen ... erfahren könnte, *wer* das Denkmal hat errichten las-

sen; — die Inschriften klingen beinah so, als rührten sie vom Grafen
Zieten her. Hätt ich mehr Zeit, so würde ›Ganzer‹ noch wieder ein
prächtiges Kapitel werden können, aber so fehlt es an Zeit zu sorgli-
cher Ausführung. Auch der Rohrs werd ich erwähnen; ein Landrat
dieses Namens hat ein Denkmal in der Kirche, mit einer ganz unglaublich wahnsinnigen Inschrift. Die Hauptfigur bleibt natürlich
Frau von Jürgaß, geborne von *Zieten*, und meine Bitte an Sie geht dahin, daß Sie mir noch in einem Briefchen *nach Möglichkeit* von dieser Dame erzählen. Ich weiß, daß sie klein, häßlich, klug und liebenswürdig war, und habe das Gedicht der Frau von Drieberg, aber gern
erführ ich noch einzelne, frappante Züge, um doch ein leidliches
Charakterbild geben zu können; namentlich möcht ich auch wohl
wissen, ob zwischen Wustrau und Ganzer bis zuletzt ein andauernder, intimer Verkehr war und wie er sich äußerte. — Auf wen ist denn
der Namen Wahlen-Jürgaß übergegangen?« Am 1.September wurde
das fertige Manuskript des Aufsatzes in der Druckerei abgeliefert;
denn im Brief an Mathilde von Rohr vom 2. September 1861 heißt
es: »Gestern endlich ist ein dickes Manuskript abgegangen, darunter
auch ›Ganzer‹. Hoffentlich werden Sie, wenn Ihnen nach drei Monaten das Buch zu Gesicht kommt, nicht böse sein über meine Plaude-
reien. Ich erhalte zum Schluß, von einer schlanken blassen Dame,
die ich (natürlich nur in der Phantasie) im Ganzerschen Herrenhause
habe kennenlernen und die mich durch ihr schönes schwarzes Haar,
ihren Strohhut mit rotem Band und einen pikanten Leidenszug interessiert hat, einen Brief, worin mir besagte blasse Dame alles schreibt
und erzählt, was ich von meinem hochverehrten Fräulein von Rohr,
die das Glück hat, gesund zu sein und gar nicht blaß auszusehn, alles
erfahren habe. Übrigens kann kein Mensch erraten, daß es von Ihnen
stammt — es sind ja außerdem auch die liebevollsten Urteile. / Nun
zwei ergebenste Fragen noch.

1) Der Krugwirt in Ganzer sagte mir von den beiden alten Herrn:
›De een wor en beten streng, aberscht de anner wor sehre good
und gäw jeden 'nen Daler, zu dem oder gegen welchen sin Broder
to streng west wor.‹ Nun will ich dies in märkischem Platt sagen,
meine Kenntnis reicht aber nicht so weit, namentlich ist das Wort
›jeder‹ und ›gegen welchen‹ ganz hochdeutsch. Bitte geben Sie
dem ganzen Satze in *sehr freier* und willkürlicher Übertragung eine
solche Form, daß er *echt* aussieht und nicht den ›jebildeten Berliner‹ verrät. —

2) Wieviel Kinder sind auf dem großen Rohrschen Familienbilde in
Meyenburg abgebildet, und welche Szene ist es, bei welcher sie aufmarschieren? Pardon für die Ungeniertheit meiner Fragen.«

Ein Vorabdruck (des ersten Teils) existiert offenbar nicht, denn zwischen Manuskriptabgabe und Buchauslieferung lagen nur zwei Monate. Als Quellenangabe vermerkte der Autor in seinen Anmerkungen am Schluß der Erstausgabe: »Mündliche und briefliche Mitteilungen«.

Den zweiten Abschnitt des Kapitels, »Noch einmal: Frau von Jürgaß, geborne von Zieten«, verfaßte Fontane mehr als zehn Jahre nach dem ersten, und zwar auf der Grundlage von Mitteilungen Mathilde von Rohrs sowie von Aufzeichnungen Amalie von Rombergs, einer geborenen Gräfin Dönhoff (vgl. S. 482), die im Tagebuch und in Stoffzusammenstellungen des öfteren als Auskunftgeberin genannt wird.

Die Passage »Noch einmal ...« wurde am 3. Juni 1874 unter dem Titel »Aus Stadt und Grafschaft Ruppin. 7. Ganzer« im »Wochenblatt der Johanniter-Ordens-Ballei Brandenburg«, Nr. 22, S. 128 ff., vorabgedruckt und dann in der dritten Auflage der »Grafschaft Ruppin« (1875) an das ursprüngliche Kapitel angehängt. Der Hinweis auf Frau von Rombergs Tod wurde in der vierten Auflage (1883) hinzugefügt.

473 *Wohl hab ich euer Grüßen ...* — Uhland, »Die Vätergruft«, Strophe 3. Vers 2 lautet bei Uhland: »Ihr Heldengeister, gehört«; Vers 4 beginnt: »Heil mir! ...«

Mit Tramnitz ... — In W I¹, S. 151, heißt es am Beginn des Kapitels ausführlicher: »Nach längerem Verweilen im *Norden* der Grafschaft Ruppin, auf jenem Stück Land zwischen Boberow-Wald und Huwenow-See, das durch die Prinz-Heinrich-Zeit und mehr noch durch den vorübergehenden Aufenthalt des Kronprinzen Friedrich ein historischer Boden geworden ist, kehren wir nach dem *Süden* der Grafschaft zurück, in die Nähe des Ruppiner Sees, von wo aus wir unsere Reise begannen. / Das Dorf Ganzer, ein alter Besitz der Familie Wahlen-Jürgaß, liegt zwei Meilen westlich von dem alt-Zietenschen Wustrau, und die Beziehungen, die zwischen diesen beiden alten Familien (nun beide ausgestorben) seit drei Jahrhunderten geherrscht haben, das Ansehn, das, namentlich seit den Tagen Hans Joachims von Zieten, die Jürgasse durch ihr langjähriges Versippt und Verschwägertsein mit der berühmten Nachbarfamilie gewonnen haben, diese Beziehungen sind es, die unsere Schritte nach Dorf Ganzer lenken, um Umschau zu halten nach allem, was von den Jürgasses geblieben ist, nach Haus und Hof oder — nach Grab und Kreuz.«

Geschworner Rat — Vgl. die sechste Anm. zu S. 14.

Wormser Reichstag — Vgl. die achte Anm. zu S. 14.

berühmter alter Zieten — Vgl. die sechste Anm. zu S. 13.

474 *Ganzer selbst ...* — In W I¹, S.152, heißt es an dieser Stelle
ausführlicher: »Ganzer, der alte Herrensitz der Wahlen-Jürgaß, ist um ebendieser Familie willen ein Dorf von einem gewissen spezialhistorischen Belang, aber nicht minder fast gewährt es, rein äußerlich, durch Erscheinung und Bauart ein *to-*
pographisches Interesse.«

Rittergut — Vgl. die vierte Anm. zu S.13.

Edelhöfe — Höfe, deren Eigentümer nicht Bauern, sondern sogenannte Edelmänner (Freiherrn, Barone) waren.

Jede Seite hat ihr Herrenhaus und ihren Park — Beide
Herrenhäuser in Ganzer existierten nach 1945 noch und
wurden als Wohnungen und Kindergarten genutzt. Inzwischen gibt es nur noch das ehemalige Rohrsche Haus. Die
angrenzenden Gärten und Parks sind zum größten Teil
abgeholzt (nur einige alte Baumriesen, Linden und Eichen,
existieren noch). Auch die Bäume längs der Dorfstraße,
von denen Fontane spricht, sind nicht mehr vorhanden.
Von den zwei sich gegenüberstehenden Krugwirtschaften ist
nur noch die auf der Jürgaßschen Seite feststellbar. Der gut
erhaltene Fachwerkbau wird noch heute als Gaststätte genutzt.

475 *Die frühgotische Kirche ...* — In W I¹, S.154, heißt es an dieser Stelle ausführlicher: »Die Kirche, die mit dem Chor nach
der Straße zu steht, ist ein alter gotischer Bau mit einem
Schindelturm aus späterer Zeit; eingehüllt in Efeu und hier
und da von Geißblatt umrankt, steht sie da, eine echte alte
Dorfkirche, wie sie Sinn und Herz erfreut.« — Von der 1711
umgebauten Kirche sind nur noch die Seitenmauern mit den
zum Teil erhalten gebliebenen Fenstern und der eisenbeschla-
genen Tür vorhanden. Das Dach und der Glockenturm sind
gänzlich verschwunden. Innerhalb der Ruine stehen zwei
Glocken mit der Jahreszahl 1925. (Die alten Glocken mußten
während des ersten Weltkrieges abgeliefert werden.) Die Ein-
richtungsgegenstände, darunter Orgel und Kanzel, wurden
von der Kirchenbehörde sichergestellt.

Galanteriedegen — Vgl. die fünfte Anm. zu S.195.

Zeit der Zöpfe — Gemeint ist das 18.Jahrhundert, in dem die
Zopffrisur, eingeführt in der preußischen Armee (vgl. die
vierte Anm. zu S.214), in ganz Europa zur modischen Män-
nerhaartracht avancierte.

hier eine Rohrsche Familiengruft, dort eine Jürgaßsche — Die
beiden Familiengrüfte wurden eingeebnet, die Wandnischen
vermauert.

Marmorbüste — Die Büste wurde 1945 von der damaligen Be-

sitzerin der beiden vereinigten Güter, einer Frau von Rohr, sichergestellt.

475 *billig* — gerecht.

476 *Alle diese Inschriften* — Fontane hat sie im Notizbuch A 3,
Blatt 73—79, aufgezeichnet.

Kanaan — Nach dem Alten Testament das Gelobte Land, das
dem Volk Israel von Gott verheißen wurde.

prophetische Todespost, Jesaja 38,1 — »Zu der Zeit wurde
Hiskia todkrank. Und der Prophet Jesaja, der Sohn des Amoz,
kam zu ihm und sprach zu ihm: So spricht der Herr: Bestelle
dein Haus, denn du wirst sterben und nicht am Leben bleiben.«

Monument — Das Monument ist abbruchreif; die Inschriften
sind aber noch gut lesbar.

477 *Hainau* — Im Gefecht bei Hainau (nahe Liegnitz) wurde am
26. Mai 1813 eine französische Division von den Preußen geschlagen.

Ligny — Vgl. S. 243—246.

König — Friedrich Wilhelm III.

école militaire — (franz.) Militär-, Kriegsschule.

Regiment Gensdarmes — Vgl. die erste Anm. zu S. 292.

unglücklicher Feldzug von 1806 — Vgl. S. 218—224.

Prinz von Hohenlohe — General Friedrich Ludwig Fürst zu
Hohenlohe-Ingelfingen leitete den Rückzug der am 14. Okto-
ber 1806 bei Jena und Auerstedt geschlagenen preußischen
Armee; er kapitulierte am 28./29. Oktober bei Prenzlau und
Pasewalk (vgl. S. 221—224).

Tilsiter Frieden — Im Friedensvertrag von Tilsit zwischen
Frankreich und Rußland (7. Juli 1807) erkannte Zar Alexander I. die von Napoleon geschaffenen Machtverhältnisse in
Europa an, stimmte der Bildung des Großherzogtums Warschau zu und unterstützte die Kontinentalsperre gegen England. Preußen unterzeichnete daraufhin am 9. Juli 1807 die
von Napoleon diktierten Friedensbedingungen, die u. a. die
Zahlung einer hohen Kriegskontribution und die Abtretung
der Hälfte seines Territoriums forderten.

neue Formation — Nach dem Tilsiter Frieden wurde die preußische Armee unter der Leitung von General Scharnhorst
vollständig neu organisiert. Die Vorrechte des Adels bei der
Besetzung von Offiziersstellen wurden beseitigt; durch das
1808 eingeführte »Krümpersystem« (monatliche Auswechselung kurzfristig ausgebildeter Rekruten) konnte ohne Überschreitung der von Napoleon vorgeschriebenen Heeresstärke
von 42 000 Mann eine militärische Reserve geschaffen wer-

den, die für den Kriegsfall eine kampftüchtige Armee garantierte.

477 *Corps ... in Kurland* — Preußen und Österreich waren durch Bündnisse genötigt worden, Napoleon I. für seinen Rußlandfeldzug (1812) Hilfstruppen zu stellen; sie gehörten zum linken Flügel der französischen Armee, der seinen Vormarsch über Kurland begann.

Großgörschen und Bautzen — In den Schlachten bei Großgörschen (südlich von Leipzig; 2. Mai 1813) und Bautzen (20./21. Mai 1813) wurden die verbündeten russischen und preußischen Truppen von Napoleon I. geschlagen.

Kampf bei Möckern — Vgl. S. 233—236.

478 *Schlacht von Laon* — Bei Laon (Departement Aisne) siegte Blücher am 9. und 10. März 1814 über die Truppen Napoleons I.

... Leiden starb — In W I¹, S. 456, folgt am Schluß dieser Fontaneschen Anmerkung der Zusatz: »Als besondere Anerkennung seiner Verdienste schmückten den tapfern und erfahrenen General außer vielen fremden Dekorationen der Orden Pour le mérite, für einen siegreichen Angriff auf die feindliche Kavallerie im Gefechte bei Garossenkrug am 19. Oktober 1812, und das Eiserne Kreuz I. Klasse für die Schlacht von Großgörschen. Den Verdienstorden mit Eichenlaub erhielt er bei Ernennung zum Generalmajor, den Roten Adlerorden II. Klasse für die Schlacht von Ligny und den Roten Adlerorden I. Klasse bei seiner Entlassung.«

479 *vom 25. auf 26. Oktober* — 1806.

Sukkurs — Hilfe, Beistand.

sehr klein und sehr häßlich — In W I¹, S. 158 f., folgt der Zusatz: »(denn sie war eine Zieten, und die Zietens sind immer häßlich gewesen), aber man mußte sich erst ordentlich fragen, ob sie hübsch oder häßlich sei, sonst sah man's nicht, weil sie so freundlich war. Sie hatte kleine blaue Augen, gelbe Löckchen und eine Adlernase, und auf den Löckchen saß eine Haube wie ein Turm ...«

480 *alter General* — Alexander Georg Ludwig Moritz Konstantin Maximilian von Wahlen-Jürgaß.

ihr Bruder — Friedrich Christian Ludwig Emil von Zieten.

Toccadille — Italienisches Brettspiel.

481 *... die Honneurs des Hauses machte* — In W I¹, S. 160, folgt der Zusatz: »Sie war dann ganz die Tochter des alten Zieten, die unter dem großen König mit ›zu Hofe‹ gegangen war.«

Hainau — Vgl. die erste Anm. zu S. 477.

Katzbach — Vgl. S. 228—232.

481 ... *eine neue Pointe zu geben* − In W I¹, S. 160, folgt der Zusatz: »so daß die Gäste doch auch ihre Rechnung fanden«.

483 *»alter Zieten« auf dem Wilhelmsplatze* − Vgl. die zweite Anm. zu S. 16.

485 *Inséparables* − (franz.) Unzertrennliche; »Sympathievögel«, nach ihrem Geselligkeitstrieb benannte Papageienart.
Points − (engl./franz.) Punkte: Bewertungseinheiten im Kartenspiel.

486 *homme de bois* − (franz.) Waldmensch; hier: Strohmann beim Kartenspiel.

Gottberg

Der Aufsatz entstand im Jahre 1873. Am 6. Januar fragte Fontane bei seiner Schwester Elise an: »Würde die Gottberger Pfarre wohl auf acht Tage ihren Kirchenbuch-Schatz herausrücken, oder, wenn nicht, wie heißt der Geistliche, daß ich an ihn schreiben und über dies und das fragen kann?« Am 20. Januar erwähnte er der Schwester gegenüber unter den Kapiteln, die er für die dritte Auflage der »Grafschaft Ruppin« demnächst schreiben wolle, wiederum »Gottberg (Kirchenbuch)« − mit der Bemerkung: »Nach Gottberg muß ich erst schreiben, dann wallfahrten« −, und am 29. Januar erkundigte er sich, einem Hinweis von Alexander Gentz folgend: »Ist die Adresse richtig: Sr. Hochwürden dem H[errn] Prediger Buchholz ... in Gottberg bei Ruppin oder Wildberg?« Offenbar ist die Anfrage bei Buchholz ohne Erfolg gewesen, denn der Aufsatz wurde vorerst nicht ausgeführt und der Plan erst nach der Ruppin-Reise vom 16. bis 29. September 1873 wieder aufgenommen, während der Fontane, »um das noch Fehlende für Band I einzuheimsen«, unter anderem auch Gottberg besuchte. Nach der Rückkehr, am 4. Oktober, schrieb er an Alexander Gentz, daß nun »das *Gottberger Kirchenbuch* wieder in den Vordergrund« trete; »Ihre Güte für mich wird dasselbe im Gedächtnis behalten«.

Fontane wandte sich am gleichen Tag an Pfarrer Gottlieb Wilhelm Schinkel in Barsikow (der ihm bereits 1864 Material für die zweite Auflage der »Grafschaft Ruppin« zur Verfügung gestellt hatte). Er bat ihn, ihm das Manuskript eines Vortrags über die Schweden in der Mark zu überlassen. »In viel größerer Zahl, als ich es bei dem Erscheinen der zweiten Auflage tat, werde ich die einzelnen Dörfer aufmarschieren lassen, um jedem einzelnen dann sein Quentchen historische Notiz zuwiegen zu können. Wo nun die Schweden besonders schlimm gehaust haben, soll diese Notiz der Schwedenzeit entlehnt werden, ebenso wie bei einigen andern Dörfern das Jahr 1806 (Durchzug der Hohenloheschen Armee) eine Rolle spielen wird.« Schinkel schickte die Dokumente umgehend, so daß sich Fontane schon am 12. Oktober 1873 bedanken konnte: »Den Hauptakzent leg ich auf die Abschrift aus dem Gottberger Kirchenbuch; das Catastrum Revisionum liegt mir zu sehr nach der Fidicin- und Berghaus-Seite hinüber, eine Richtung, die ich sehr respektiere, aber nicht einschlage.« (Vier Originalbriefe an Pfarrer Schinkel befinden sich im Besitz von Frau Elfriede Hülsen, Berlin; sie wurden im Heft 24 der »Fontane-Blätter«, 1976, erstmals publiziert. Wir danken Frau Hülsen und dem Theodor-Fontane-Archiv der Deutschen Staatsbibliothek, Potsdam, für die Einsicht in die Briefe, die uns die vorstehenden Angaben ermöglichte.)

Ebenfalls am 12. Oktober 1873 teilte Fontane dann Alexander Gentz mit: »Die Buchholz-Frage hat sich mittlerweile erledigt; Prediger Schinkel hat mir das Material zu seinem Vortrage geschickt und unter diesem auch die Abschrift aus dem Gottberger Kirchenbuche. Ich bin also durch.«

Bevor das Kapitel in der dritten Auflage der »Grafschaft Ruppin« (1875) erschien, wurde es — unter dem Titel »Aus Stadt und Grafschaft Ruppin. 5. Gottberg« — im »Wochenblatt der Johanniter-Ordens-Ballei Brandenburg«, Nr. 19 vom 13. Mai 1874, S. 111 ff., vorabgedruckt.

Der Abschnitt »Die Grafschaft Ruppin von 1630 bis 1638« entspricht im wesentlichen Fontanes Ausführungen über »Ruppin während des Dreißigjährigen Krieges« in den Anmerkungen am Schluß der zweiten Auflage des Buches (1865).

487 *Weiter rückt die Horde ...* — Schiller, »Die Piccolomini« I, 4.
  Tilly — Feldherr der katholischen Liga im Dreißigjährigen Krieg.
488 *Sauvegarde* — (franz.) Schutzwache.
  Dömitz — Nach ihrem Sieg in der Schlacht bei Dömitz (Mecklenburg) am 1. November 1635 besetzten die Schweden Mecklenburg und Pommern und sicherten ihre Positionen in Mitteldeutschland.
489 *in Brand* — Fontanes Anmerkungen zu W I^2 (vgl. den Schluß der Vorbemerkung) folgt der Zusatz (S. 498): »Es kamen noch schwere Jahre bis 1644. Von da ab ward es besser ... / Die Schweden (die übrigens während all dieser Kriegsjahre minder schlimm als die Kaiserlichen gehaust zu haben scheinen) kamen später noch zweimal ins Ruppinsche, und zwar 1675 und 1758. Aber beide Male nicht zu ihrem Heil. 1675 unterlagen sie bei Fehrbellin; 1758, in einem wenig bekannt gewordenen Reitergefecht, wurden sie von Obristlieutenant von

Korff, der 400 preußische Husaren und ebenso viele Dragoner führte, fast an derselben Stelle (bei Tarnow) geschlagen,
und Feldmarschall Hamilton zog sich zurück. Seitdem hat das
Land Ruppin keine Schweden wieder gesehn.«
491 *Antecessor* — (Amts-)Vorgänger.
konfirmieret — bestätigt.
vertieren — umkehren; hier: wegziehen.
493 *Wellenwand* — Wellerwand: Mit Stroh und Lehm ausgefülltes
Flechtwerk; Fachwerkwand.
Bratring — Vgl. das Literaturverzeichnis, S.764.

Kränzlin

Der Aufsatz entstand wahrscheinlich im Herbst 1873, als Fontane
den Band »Die Grafschaft Ruppin« für die dritte Auflage umarbeitete und zahlreiche Kapitel neu schrieb. Ein genauer Nachweis für
die Entstehungszeit ist nicht möglich. Der Autor brauchte Kränzlin
für seine Zwecke weder aufzusuchen noch briefliche Auskünfte
darüber einzuholen; der Ort war ihm nämlich durch seinen Jugendfreund, den Kränzliner Gutsbesitzer Hermann Scherz, mit dem er
von Oktober 1833 bis März 1836 gemeinsam die Friedrichwerder-
sche Gewerbeschule Karl Friedrich Klödens in Berlin besucht
hatte, wohlbekannt.
Vor der ersten Veröffentlichung des Kapitels in der Buchausgabe
(1875) erfolgte am 29. April 1874 — unter dem Titel »Aus Stadt
und Grafschaft Ruppin. 4. Kränzlin« — ein Vorabdruck im »Wochenblatt der Johanniter-Ordens-Ballei-Brandenburg«, Nr. 17,
S. 99 ff.
Für die Arbeit am Kränzlin-Aufsatz hat Fontane folgende Literatur benutzt (die vollständigen Angaben finden sich jeweils im Literaturverzeichnis; vgl. S.764): Schwartz, »Sagen und alte Geschichten der Mark Brandenburg«. — Wolzogen, »Aus Schinkels Nachlaß ...«.

494 *Darum still* ... — Hauff, »Reiters Morgenlied«, Strophe 4,
Vers 1 f. und 4 f.
Feldmann in seinen ... Aufzeichnungen — »Miscellanea hi-
storica der Stadt Ruppin«; vgl. das Literaturverzeichnis,
S.765.
Schwartz in seinen märkischen Sagen — »Sagen und alte Ge-
schichten der Mark Brandenburg«; vgl. das Literaturverzeich-
nis, S.768. Vgl. auch die erste Anm. zu S.193.
Quitzow-Zeit — Vgl. die vierte Anm. zu S.14.

495 *Kelch* — Vergoldeter Silberkelch mit reich ausgebildetem Knauf und sechspaßförmigem Fuß, auf dem sich die Inschrift und die Wappen befinden.

Gold vom Abendmahlskelch ... — Die Notiz über diesen Wunderglauben, von dem Fontane durch seinen Kränzliner Freund Hermann Scherz unterrichtet worden war, findet sich im Notizbuch A 1, Rückseite von Blatt 40.

nach Wolzogen — »Aus Schinkels Nachlaß ...«; vgl. das Literaturverzeichnis, S. 769.

496 *das ihm teure Dorf* — Vgl. S. 106.

Kirche — Kurzschiffiger Feldsteinbau aus dem 15. Jahrhundert; 1895/96 bis auf die Umfassungsmauern und den Ostgiebel vollständig umgebaut.

Einfluß des republikanisch Holländischen — Vgl. die erste Anm. zu S. 437.

»Mit Gott für König und Vaterland« — Von Friedrich Wilhelm III. 1813 verfügte Umschrift des preußischen Landwehrkreuzes (Abzeichen an den Mützen der Landwehr), später der Helmkokarden. Die Devise avancierte seit 1848 zum Losungswort der konservativen Partei in Preußen.

Olivet, südlich Orléans — In der Umgebung von Orléans fanden im Herbst 1870 (während des Deutsch-Französischen Krieges) zahlreiche Gefechte statt. Im Dezember 1870 wurde die Stadt von den Deutschen eingenommen; sie blieb bis zum Kriegsende ein wichtiger Stützpunkt gegen die französische Loire-Armee.

Schlacht bei Mars-la Tour — Vgl. die zweite Anm. zu S. 260.

497 *Franctireurabteilung* — Partisanenabteilung.

Maire — (franz.) Bürgermeister.

Tête — (franz.) Spitze.

Lisière — (franz.) Hier: Waldrand.

Lindow

Zu dem Plan, ein Kapitel über Lindow zu schreiben, äußerte sich Fontane erstmals im Brief an Mathilde von Rohr vom 18. Dezember 1872 (vgl. S. 721). Am 15. Februar 1873 teilte er seiner Schwester Elise mit, daß er vorhabe, Ende März oder Anfang April »einige Ruppiner ... Lokalitäten«, darunter Lindow, zu besuchen und anschließend zu beschreiben. Dieser Besuch wurde dann erst vom 16. bis 29. September 1873 absolviert. Verfaßt hat Fontane den Aufsatz — eine der letzten Arbeiten im Rahmen der Um- und Neugestaltung der Buchausgabe — offenbar Anfang des Jahres

1874; denn unterm 11. Januar heißt es in einem Brief an Wilhelm Hertz: »Im wesentlichen bin ich nun mit Band I in seiner Neugestalt fertig; es fehlen nur noch die Korrekturen zweier Kapitel und das Kapitel ›Lindow‹.«

Der Vorabdruck erfolgte wenige Wochen vor der Auslieferung der auf 1875 datierten dritten Auflage von »Die Grafschaft Ruppin« (September 1874), in die der Aufsatz aufgenommen wurde, in der »Vossischen Zeitung« vom 19. Juli 1874.

Für die Arbeit am Lindow-Kapitel hat Fontane — außer seinen Aufzeichnungen über das Kloster im Notizbuch A 2 — folgende Literatur benutzt (die vollständigen Angaben finden sich jeweils im Literaturverzeichnis; vgl. S. 764): Bratring, »Die Grafschaft Ruppin ...«. — Riedel, »Codex diplomaticus Brandenburgensis«.

499 *Wie seh ich, Klostersee, dich gern!* — Die Verse stammen wahrscheinlich von Fontane.

Kloster Lindow — Das Gelände, als »Kloster Wutz« auch im »Stechlin«-Roman beschrieben, existiert noch heute in der von Fontane beschriebenen Form. Das Kloster wurde um 1230 gegründet.

Prämonstratenser-Nonnenkloster — Prämonstratenser: Angehörige eines 1120 von Norbert (später Erzbischof von Magdeburg) begründeten kirchlichen Ordens, der nach dem Gründungsort Prémontré (Frankreich) benannt wurde. Ihre Klöster waren Stützpunkte der feudalen Ostexpansion. Vgl. Fontanes Aufsatz »Erzbischof Norbert und die Prämonstratenser in der Mark«; Band 6 dieser Ausgabe.

Konventualin — Klosterfrau.

Bedingnis — Bedingung.

500 *Erlöschen des gräflichen Hauses Ruppin* — Vgl. S. 59 ff.

wie Bratring ... schreibt — In »Die Grafschaft Ruppin ...«; vgl. das Literaturverzeichnis, S. 764.

Domina — Stiftsvorsteherin.

501 *»leben und leben lassen«* — Sprichwörtlich verwendetes Zitat aus Schillers Drama »Wallensteins Lager« (6. Auftritt).

Haus der Domina — Das Haus wird heute von emeritierten Pastoren bewohnt.

in Trümmern liegender Langbau — Es handelt sich um die Ruine des ehemaligen Konventhauses, des Versammlungsraumes des Klosters.

502 *Canna indica* — Zierpflanze mit roten Blüten.

Propriétaire — (franz.) Eigentümer.

Gotische Giebelwand im Kloster Lindow

Gransee

Auch das Kapitel über Gransee gehört zu den geplanten neuen Arbeiten für die umzuarbeitende Buchausgabe der »Grafschaft Ruppin«, die Fontane am 18. Dezember 1872 Mathilde von Rohr ankündigte (vgl. S. 721). Entstanden ist es, wie so viele andere, nach der ausbeutereichen Ruppin-Reise vom 16. bis 29. September 1873 — zwischen Oktober 1873 und dem Frühjahr 1874. Als der Autor während seiner nächsten märkischen Reise (22. bis 25. April 1874) unvorhergesehenerweise noch einmal in Gransee Station machte, nahm er die Gelegenheit wahr, das Feuilleton an Ort und Stelle zu vervollständigen. Am 23. April schrieb er seiner Frau aus Gransee: »Heute mittag bin ich ... hier eingetroffen, in der Absicht, meine Reise nach Ruppin fortzusetzen. Es ging aber weder Post noch Omnibus, was mir eigentlich lieb war, da es mich zwang, hier auszuspannen. Mein Gransee-Kapitel hat nämlich verschiedene Lücken, die auszufüllen immer mein Wunsch war. Dazu bot sich nun gegen Erwarten die Gelegenheit. Ebenso willkommen war die absolute Ruhe und Einsamkeit. Male Dir meine Situation: Dienstag bis ein Uhr nach Mitternacht Gesellschaft, keine Stunde wirklich geschlafen, um viereinhalb Uhr auf, dann Fahrt in glühender Hitze und dann von ein Uhr mittags bis elf Uhr abends ›Schwerenöter‹. Dies als Erholungsreise ist etwas viel. Unter solchen Umständen sind zwölf Stunden Gransee eine wahre Wohltat.«

Kurz bevor der Aufsatz — im Herbst 1874 — in der dritten Auflage der »Grafschaft Ruppin« (1875) erschien, wurde er in der »Vossischen Zeitung« vom 19. und 26. Juli 1874 vorabgedruckt.

Für die Arbeit am Gransee-Kapitel hat Fontane folgende Literatur benutzt (die vollständigen Angaben finden sich jeweils im Literaturverzeichnis; vgl. S. 764): Knuth, »Chronik von Gransee«. — Schwartz, »Sagen und alte Geschichten der Mark Brandenburg«. — Alexis, »Der falsche Woldemar«. — Fouqué, Ausgewählte Werke.

503 *Steig auf die Warte dort ...* — Schiller, »Die Jungfrau von Orleans« V, 11. Statt »was du siehst« heißt es bei Schiller: »wie die Schlacht sich wendet«.
 Die Trauerglocke läutet ... — Friedrich de la Motte Fouqué, »Brandenburgisches Erntelied«, Strophe 3.
 »Warte« bei Gransee — Die Warte existiert noch; sie wurde 1967 restauriert.
 »Der falsche Waldemar« — Der Roman erschien 1842 in drei Bänden. (Der Titel lautet eigentlich »Der falsche Woldemar«.)
 Waldemar-Zeit — Vgl. die vierte Anm. zu S. 55.
504 *Stückfaß* — Stück: Altes Weinmaß (1 200 Liter).

505 *Gottesurteil* — Im Mittelalter Entscheidung eines Rechtsstreits durch die vermeintliche Hilfe Gottes. Die Angeschuldigten mußten durch den Sieg in einem Zweikampf bzw. durch Bestehen der »Feuer«- oder »Wasserprobe« u. ä. ihre Unschuld »beweisen«.

»als die Not am größten ...« — »Wenn die Not am größten, ist Gottes Hilf am nächsten«; altes Sprichwort.

Urfehde schwörend — den Eid leistend, die Feindschaft zu beenden sowie auf jegliche Rache zu verzichten.

506 *Waldemar-Tor* — Es existiert noch.

Knuths Geschichte von »Gransee« — »Chronik von Gransee«; vgl. das Literaturverzeichnis, S.766.

Falscher Waldemar — Vgl. die vierte Anm. zu S.55.

als der bayersche Markgraf wieder herrschte — Nachdem Karl IV. seine Kaiserkrönung im Thronstreit mit den Wittelsbachern durchgesetzt hatte, ließ er 1350 den bis dahin von ihm unterstützten Falschen Waldemar fallen und belehnte Ludwig den Älteren aufs neue mit der Mark.

W. Schwartz in seinen »Sagen und alten Geschichten ...« — Vgl. das Literaturverzeichnis, S.768.

Soldin ... Landsberg a[n der] W[arthe] — Ort in der ehemaligen Neumark; heute polnisch.

507 *Jakob Rehbock* — Eigentlicher Name des Falschen Waldemar.

Ruppiner Tor — Mit Spitzbogenblenden und Ziergiebeln versehener spätgotischer Backsteinbau aus der zweiten Hälfte des 15.Jahrhunderts; im späten 19.Jahrhundert restauriert.

»Recht seiner alten Stadt Brandenburg« — Im Mittelalter erlangte das erstarkende Bürgertum vom König bzw. Stadtherrn bestimmte Privilegien, die im Stadtrecht (mündlich vereinbart oder urkundlich bescheinigt) zusammengefaßt waren. Neugegründeten Städten wurde oft das Recht einer älteren Stadt verliehen, in der Mark zumeist das von Brandenburg oder Magdeburg.

508 *Joachimische Zeit* — Regierungszeit der brandenburgischen Kurfürsten Joachim I. Nestor (1499—1535) und Joachim II. Hektor (1535—1571).

applaniert — eingeebnet.

509 *Marienkirche* — Pfarrkirche St. Marien, dreischiffige spätgotische Backstein-Hallenkirche. Der Hallenchor wurde um 1370/80 errichtet, das Langhaus in der ersten Hälfte des 15. Jahrhunderts vollendet; der Kapellenanbau an der Südseite entstand um 1510/20. Die Kirche wurde von 1961 bis 1965 restauriert. Dabei hat man im Innern die Stilreinheit wiederhergestellt. Der Rokoko-Altar wurde durch einen gemalten

Flügelaltar aus dem frühen 16. Jahrhundert ersetzt, der spätgotische Schnitzaltar von der barocken Einfassung befreit und
neu gerahmt. — Aufzeichnungen über die Kirche, ihre Inschriften und die Gruft finden sich in Fontanes Notizbuch A2.

509 *Gut* — Glockengut: Vgl. die dritte Anm. zu S.22.

510 *Mumie* — Harzige Masse, mit der die alten Ägypter ihre Toten
einbalsamierten. Im 16. bis 18. Jahrhundert war die Mumie
ein begehrtes Handelsobjekt, da sie als Heilmittel für Wunden
und Brüche galt.

511 *Sekretsiegel* — Geheimsiegel.
zwei Grabsteine — Sie sind noch vorhanden.
Mariä Lichtmeß — 2. Februar. Der Tag wird zur Erinnerung
an Marias ersten Tempelbesuch vierzig Tage nach Jesu Geburt (vgl. Neues Testament, Lukas 2, 22—40) von der katholischen Kirche mit einer Lichterprozession feierlich begangen.

513 *das Deutsche, … Spanische Meer* — Gemeint sind die Nordsee und das westliche Mittelmeer (zwischen der spanischen
Ostküste und Korsika/Sardinien).

514 *das Tyrrhenische … das Ligurische* — Tyrrhenisches Meer:
Teil des Mittelmeeres zwischen Italien, Sizilien, Sardinien und
Korsika. Ligurisches Meer: Teil des Mittelmeeres zwischen
der Insel Elba und Genua.
Cádiz — Hafenstadt in Südspanien.
Alicante — Hafenstadt in Südostspanien.
Luisen-Denkmal — 1811 nach dem Entwurf von Schinkel. Es
existiert noch.
O welche Reise! … — Arnim, »Nachtfeier nach der Einholung
der hohen Leiche Ihrer Majestät der Königin. Eine Kantate.
Berlin 1810«, Vers 380—384.

515 *Détachement* — Vgl. die vierte Anm. zu S.237.
Regiment Garde du Corps — Vgl. die Anm. zu S.380.
Luisen-Platz — Heute: Schinkelplatz.

516 *Inschriften* — Fontane hat sie im Notizbuch A2, Blatt 41 ff.,
aufgezeichnet.

Gentzrode

Über Gentzrode, den Lebens- und Wirkungsbereich von Alexander
Gentz, der das Zustandekommen der »Wanderungen« in der viel-
fältigsten Weise tatkräftig unterstützte, hat Fontane lange und ausführlich gearbeitet. Das Kapitel entstand in zwei Etappen, die zeit-
lich weit auseinanderliegen.
Mit der Stoffsammlung begann Fontane im Frühjahr 1873, wie
aus dem Brief an Alexander Gentz vom 4. April dieses Jahres (vgl.

S. 660 f.) hervorgeht, in dem er unter anderem »Aufschluß … über Gründung und Entwicklung von *Gentzrode*« erbat. Vervollständigt wurden die Vorarbeiten während der Ruppin-Reise vom 16. bis 29. September 1873, die den Autor auch nach Gentzrode führte. Am 4. Oktober 1873 schrieb Fontane an Alexander Gentz, der ihm während des Besuches aus seinen Aufzeichnungen über Gentzrode vorgelesen und eine Abschrift der sogenannten Turmknopf-Urkunde, eines »Zeit- und Sittenbildes seiner Stadt [Neuruppin], aber zugleich auch der ganzen Grafschaft« (vgl. S. 546), zur Verfügung gestellt hatte: »Ich stecke bereits voll in den Arbeiten drin … In nächster Woche schon mache ich mich an ›*Gentzrode*‹. Darf ich wohl dabei aus Ihren Aufzeichnungen *direkt* zitieren? Die Darstellung wird dadurch lebendiger. Bitte, schicken Sie mir dazu noch folgendes: 1. eine Abschrift der ganzen Stelle, die den Waldbrand behandelt. Ich habe diese Stelle eben wieder in dem kurzen *Auszuge* gelesen, den Sie die Güte hatten in Ihrem Kapitel ›Gentzrode‹ zu geben, und finde nun doch, daß der Originalbericht, den Sie mir am letzten Sonntag vorlasen, viel besser ist. Es wirkt wie eine dramatische Szene. — 2. die Namen der Personen, deren Portraitköpfe sich im ›Turm‹ befinden. (Ist nicht auch ein Deckenbild da?) … Hab ich dies alles, so mach ich mich ans Werk.« Am 12. Oktober 1873 teilte Fontane Gentz mit: »Die nächsten Kapitel, die nun folgen, sind: ›Trieplatz‹, ›Walchow‹, ›Gentzrode‹. ›Gentzrode‹ laß ich bis zuletzt, weil es das weitaus längste wird und ich mich, eh ich rangehe, erst ein paar Tage verpusten muß. Eine kurze Lebensskizze Ihres Papas nehme ich, unter besondrer Überschrift (eine Art Unterkapitel), mit in das Kapitel ›Gentzrode‹ hinein.« Offenbar war das Kapitel bis zum Jahresende niedergeschrieben, denn Fontane hat das Manuskript — wenigstens die ursprünglich darin eingeschachtelte Passage über Johann Christian Gentz (vgl. S. 660) — etwa zu diesem Zeitpunkt Alexander Gentz zur Ansicht geschickt, um sich abzusichern gegen den Vorwurf, pietätlos verfahren zu sein. (Dieser Vorwurf von seiten der Gentzschen Familie blieb ihm, obwohl Alexander Gentz das Manuskript gutgeheißen hatte, dennoch nicht erspart, wie aus dem Brief an Mathilde von Rohr vom 26. März 1874 — vgl. S. 734 f. — zu ersehen ist.) Am 19. Januar 1874 schrieb Fontane an Alexander Gentz: »Haben Sie besten Dank für Ihre freundlichen Zeilen, deren Empfang mich erst beruhigte, denn wiewohl ich Ihnen diejenigen Stellen, die *allenfalls* als bedenklich oder anzüglich angesehn werden konnten, schon vorher vorgelesen hatte, so haftet an dem ›schwarz auf weiß‹ doch noch was ganz Besondres, und das, was man allenfalls hören konnte, will man nicht verewigt vor sich sehen. Es freut mich, daß, wie es mir scheint, an keiner Stelle geradezu unangenehme Empfindungen Sie beschlichen haben. Sollte dies aber dennoch hier und dort der Fall gewesen sein, so haben Sie diese Empfindungen nicht bloß aus Rücksicht gegen mich, sondern — was mir noch höher stehen würde — aus *künstlerischer Erkenntnis* zurückgedrängt; Sie wissen nämlich genug von Kunst, um sich zu sagen: ihr Wesen wurzelt in Freiheit; Behinderung, Unterbrechung, Abschwächung des natürlichen Gedankenganges sind ihr Tod. Führt dieser Gang an der einen oder andern Stelle auch an Verdrießlichem vorüber, so muß der Leser sich sagen: aus derselben Wurzel, aus der mir dies verdrießliche Wort erwuchs, erwuchs auch das mich erfreuende, und ich würde und könnte dies letzte nicht haben, wenn ich nicht auch jenes hätte. Denken Sie sich den Fall, daß ich Ihren Papa als eine reine geflügelte Seele, weiß in weiß, als einen selbstsuchtslosen, menschenbeglückenden Peabody dargestellt oder aber gesagt hätt: seht, so ist der normale Mensch, gehet hin und tuet desgleichen; alle Welt würde gelacht haben, und der Huldigungsartikel wäre zu einem Pasquill geworden. Die richtige Verteilung von Licht und Schatten ... ist erstes Gesetz.«

Die Fassung von Ende 1873 wurde unter dem Titel »Gentzrode. Ein Kapitel aus der Grafschaft Ruppin. I. Johann Christian Gentz. II. Gentzrode seit 1857« in der »Vossischen Zeitung« vom 4. und 11.Januar 1874 vorabgedruckt und im Herbst 1874 zum erstenmal in der Buchausgabe der »Grafschaft Ruppin« (dritte Auflage, 1875) veröffentlicht. Am 22.Oktober schickte Fontane Alexander Gentz zu einem Exemplar folgenden Begleitbrief: »Anbei endlich das Buch, das, zu nicht geringem Teile, Ihre Arbeit und Ihr Verdienst ist, soweit von einem solchen überhaupt gesprochen werden kann. Nicht nur in ›Gentzrode‹, auch in den Kapiteln vom Molchow- und Zermützel-See werden Sie sich selber wiederfinden. Was die Schilderung Ihres Papas angeht, so lassen Sie die Philister nicht Macht über sich gewinnen; — es ist *doch* gut so.«

Erneut beschäftigte sich Fontane mit dem Gentzrode-Kapitel in den Jahren 1889—1892 — im Hinblick auf die fünfte Auflage der Buchausgabe von »Die Grafschaft Ruppin«. Dabei wurde der Aufbau völlig verändert, der Umfang beträchtlich erweitert. Die entsprechenden Verhandlungen mit Wilhelm Hertz gehen zurück bis in den Dezember 1888. Am 9.April 1889 heißt es dann im Brief an den Verleger: »Ich habe vor drei, vier Monaten, als ich in dieser Angelegenheit bei Ihnen anfragte und zu meiner großen Freude Ihr ›ja‹ als Antwort empfing, die Vervollständigungskapitel auf zwei Bogen berechnet, überzeuge mich nun aber, daß es erheblich mehr wird. Ich fürchte, fünf Bogen oder doch beinah, so daß die Gesamtbogenzahl, die Vorreden mit eingerechnet, von etwa einunddreißig auf sechsunddreißig steigen würde. Das Aussehen des Buches ver-

liert dadurch nicht, eine geringe Anschwellung kann es von Schön-
heits wegen sehr wohl ertragen, aber die Preisfrage! Soll es bei dem
frühren Preis bleiben, so haben Sie nicht bloß Nachteil, sondern
schaffen auch noch Unzufriedenheit bei denen, die für die schlan-
keren Bände dasselbe Geld zahlen sollen. Andrerseits den Preis
entsprechend hinaufschrauben ist auch mißlich, verwirrt, erschwert
die Rechnung, schafft die runden Summen ab. Wie ist da zu helfen!
Laß ich den in seiner Neugestalt aus vier Kapiteln bestehenden Abschnitt ›Gentzrode‹ (1. Gründung; 2. Glanz; 3. Krach; 4. Neugestaltung) fallen, so ist die Sache ziemlich einfach, ich möchte diesen
wichtigen, auf dem vorzüglichsten handschriftlichen Material beru-
henden Abschnitt aber nicht gerne beiseite tun; er ist es gerade, der
sozusagen ein neues Leben in die Bude bringt. Sehr froh würde ich
sein, wenn Sie mir schreiben könnten: ›darum keine Feindschaft
nich; nur los‹; wie die Würfel aber auch fallen mögen, ich mußte
wenigstens anfragen, um über mein Schicksal ins klare zu kommen.« Da Hertz dieser Umfangsveränderung zustimmte, nahm Fontane im Sommer 1889 die Arbeit wieder auf. Zur Biographie von
Alexander Gentz, der in dem umgeschriebenen Kapitel ausführlich
behandelt wird, befragte er Ismael Gentz, den Sohn des Malers
Wilhelm Gentz. Am 5. Oktober 1889 teilte er ihm mit: »Die drei
Kapitel (einschließlich des verhältnismäßig kurzen über den Papa)
sind nun fertig, und ich hoffe ›Wilh. Gentz‹ und ›Gentzrode‹ (ein-
schließlich Alex. Gentz) noch in diesem Winter gedruckt zu sehn.«
Und Wilhelm Gentz erhielt am 29. Oktober 1889 die Nachricht:
»Die beiden großen Aufsätze: ›Wilh. Gentz‹ und ›Gentzrode‹ (mit
dem eingekapselten Alexander) sind nun schon seit Wochen fertig
und lagern ...«
Im Januar 1890 bat Fontane seinen Jugendfreund Albert Ebell,
Tuchfabrikant in Neuruppin, um sein Urteil über die Alexander-
Gentz-Partie. »Letzten Sommer und Herbst habe ich mich viel mit
Alexander Gentz beschäftigt. Ich möchte Dir das Geschriebene, so
Du's erlaubst, gern zur Begutachtung schicken, da ich nicht gern
Anstoß in Ruppin geben möchte«, schrieb er ihm am 20. Januar,
und am 31.: »Ich denke mit dem A.-Gentz-Aufsatz so zu verfahren:
ich lasse ihn erst drucken, d. h. setzen, und wenn ich dann die sogenannten Korrekturfahnen empfange, dann schicke ich Dir eine dieser Fahnen und bitte Dich, daß Du, und vielleicht auch Freund Michaelis, mich wissen lässest, was etwa gestrichen werden muß. Ich
glaube kaum, daß was Anstößiges dasteht (denn ich habe stark ge-
sichtet), möchte aber doch sichergehn. Die Fahnen werde ich etwa
in vier oder sechs Wochen erhalten.«
Bis das Gentzrode-Kapitel in seiner neuen Gestalt veröffentlicht
wurde, vergingen dann — da sich der Plan eines Vorabdrucks zer-

schlug — noch mehr als zwei Jahre; denn als Manuskript für die fünfte Auflage des Bandes »Die Grafschaft Ruppin« (»Wohlfeile Ausgabe«) gelangte es erst Anfang 1892 in die Druckerei. Und auch zu diesem Zeitpunkt gab es noch einige wichtige Probleme zu klären. Am 14. Januar 1892 schrieb Fontane an Wilhelm Hertz: »Das von mir einzusendende M. S. wird also aus aufgeklebten Druckseiten und aus *wirklich neu Geschriebenem* bestehn, hinsichtlich dessen ich nur den Wunsch habe, daß es vorweg gesetzt und in Fahnen mir zugeschickt wird, weil ich zwei dieser Kapitel, und zwar ›Mathilde von Rohr‹ und ›Gentzrode‹, noch erst verschiednen Personen vorlegen möchte, um nachher keine Unannehmlichkeiten zu haben. Unsre Freundin Rohr, Alex. Gentz, sein Bankrutt und sein Prozeß, vor allem auch ein von ihm (A. Gentz) geschriebenes Turmknopf-Manuskript [(Fußnote dazu:) Dies Manuskript liegt in einem Pavillon-Turmknopf in Gentzrode; Gentz hat mir aber seinerzeit eine Abschrift davon gegeben.], in dem er den Ruppinern sagt, daß sie Philister und Schafsköpfe seien, was auch wohl zutreffen [wird] — alle diese Dinge sind heißes Eisen, daran man sich verbrennen kann. Ich will also so sicher wie möglich gehn.« Es folgte nochmals eine Debatte mit dem Verleger, der sich mit der beträchtlichen Umfangerweiterung des Bandes — verursacht vor allem durch »Gentzrode« — nur schwer abfinden konnte. Am 18. Januar 1892 teilte ihm Fontane mit: »Das ganze Buch schwillt durch die vier neuen Kapitel ›Christian Friedrich Gentz‹, ›Wilhelm Gentz‹, ›Mathilde von Rohr‹, ›Gentzrode‹ *sehr* an. Allerdings war auch früher schon ein Kapitel ›*Gentzrode*‹ und darin eingeschachtelt ein Kapitel ›Christian Friedrich Gentz‹ [es muß heißen: ›Johann Christian Gentz‹] da, so daß sich daraus wieder eine Art Subtraktion ergibt, dennoch wird der Unterschied zwischen der vierten und dieser neuen Auflage wohl an sieben Bogen betragen. Sie werden davor erschaudern, denn erstlich wachsen dadurch die Kosten, und zweitens verlieren die einzelnen Teile ihre äußre Gleichmäßigkeit. Empfinden Sie dies nun *sehr* störend, so will ich, wenn auch schweren Herzens, ›Wilhelm Gentz‹ und ›Mathilde von Rohr‹ fallenlassen, was etwa fünf Bogen ausmacht.« Auf die Ausführung der Fahnenkorrektur des im Frühsommer 1892 gesetzten Kapitels mußte Fontane dann allerdings — zum erstenmal im Laufe der dreißigjährigen Geschichte des ersten »Wanderungen«-Bandes — auf Grund einer langen Krankheit verzichten. Am 17. Juni 1892 schrieb er an Hans Hertz aus dem Kuraufenthalt in Zillertal: »Ich schreibe an Sie, weil sich meine Bitte ganz persönlich an Sie richtet. / Mit meiner Gesundheit ist es nicht besser geworden, fast im Gegenteil, so daß an Durchsicht des dicken Gentzrode-Kapitels gar nicht zu denken ist. / Da bitte ich nun herzlich, daß Sie für mich einspringen und diese nicht ganz kleine Arbeit auf sich nehmen. / Einleitung, Gründung von Gentzrode, Bau u. Beschreibung des Herrenhauses, endlich am Schluß die ganze Graf-Zieten-Geschichte — das alles ist, glaub ich, in Ordnung; Sorge macht mir nur die Stelle, wo die Ruppiner Spießbürger in Einzelexemplaren charakterisiert werden und weiterhin das über den Alex.-Gentz-Prozeß Gesagte. Vielleicht ließe sich Ihr Herr Onkel, der Geheimrat [Otto Hertz], bewegen, die Prozeßstelle zu lesen und festzustellen, ob da meinerseits mehr gesagt worden ist, als man sagen darf. Ich glaube nicht. Bei den Spießbürgern — alle tot und alles sehr harmlos — kommt wohl nur der eine in Betracht, dessen Töchter hinsichtlich ihrer Tugend bespöttelt werden. / Was irgendwie Bedenken weckt — weg damit. Es kann nur darauf ankommen, daß durch solche Streichungen der richtige Gang des Ganzen nicht gestört wird.« Hans Hertz ist der Bitte bereitwillig nachgekommen; ob er »Streichungen« vorgenommen hat, ist nicht nachzuweisen.

521 *Einst war eine Zeit ...* — Die Verse stammen wahrscheinlich von Fontane.
Fürst Pücklersche — Gemeint ist der von Hermann Fürst von Pückler-Muskau 1815—1845 angelegte weiträumige Landschaftspark in Bad Muskau (Niederlausitz).
Rehberge — Vgl. die zweite Anm. zu S. 249.

522 *wenn die »Quitzowschen« ... im Anzuge waren* — Vgl. die vierte Anm. zu S. 14 sowie »Fünf Schlösser«, Teil »Quitzöwel«; Band 5 dieser Ausgabe.

523 *Mineure* — Für das Anlegen unterirdischer Minengänge ausgebildete Soldaten.
Tunnel in London — Der 1825—1843 gebaute Tunnel unter der Themse, der anfangs als Weltwunder galt.

524 *Glacis* — Abfallendes Festungsvorgelände.
»Ruppiner Anzeiger« — Der »Ruppiner Anzeiger«, zunächst von dem Gymnasiallehrer Faulstich redigiert (1822—1828) und wahrscheinlich bei Gustav Kühn in Neuruppin gedruckt, wurde 1828 von Kühn übernommen und erschien unter dem Titel »Gemeinnütziger Anzeiger für Ruppin und Umgebung« bis 1878.

525 *Rute* — Altes Längenmaß; in Preußen rund 3,77 Meter (12 Fuß).

526 *in Carrière* — im Galopp.

527 *common sense* — (eng.) gesunder Menschenverstand.
Maulbeerbaumpflanzungen und Seidenzucht — Die Blätter des Maulbeerbaums dienen als Futter für die Seidenraupen, deren Zucht in Preußen seit Friedrich II. gefördert wurde, um

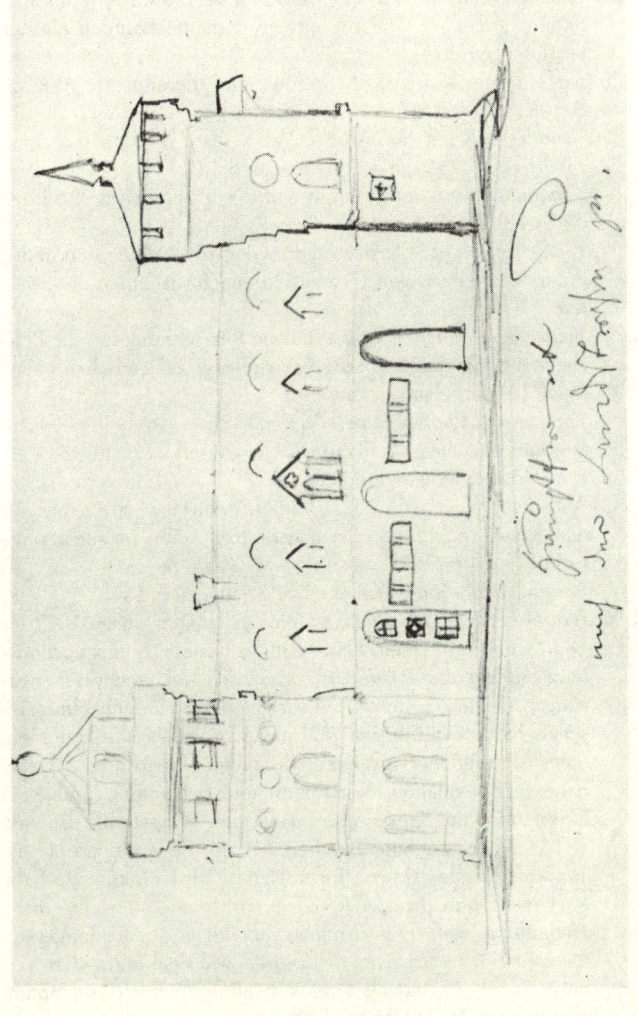

44

Herrenhaus in Gentzrode

den Seidenimport einzuschränken. Die Erträge waren, hauptsächlich wegen der klimatischen Bedingungen, minimal.

528 *Brennereibetrieb* — In der Mark wurde Branntwein aus Kartoffeln hergestellt. Die Brennereirückstände konnten als Fut-
termittel genutzt werden.

529 *Kirchhof am Wall* – Vgl. S. 200 f. und die siebente Anm. zu
S. 139.

Bruder Wilhelm, der Maler — Vgl. S. 140—189.

Stadthaus — Vgl. die dritte Anm. zu S. 134.

»Tempelgarten« samt Tempel — In Neuruppin; vgl. S. 83 und
die zweite Anm. dazu.

Elementarlehrer — Lehrer, der an der Volksschule und in den
untersten Klassen von Gymnasien und Realschulen unterrichtete.

530 *Schwedenschanze* — Volkstümliche Bezeichnung für alte Befestigungen, die sich aus vorgeschichtlicher Zeit erhalten haben
(auch Heidenschanzen genannt).

Forstrevier »Pfefferteich« — Vgl. S. 338 f.

gepfändet — Hier: als Pfand (Bürge, Geisel) weggeführt.

531 *Inkulpaten* — Angeschuldigte.

532 *Monsieur, vous avez ...* — (franz.) Mein Herr, Sie haben für
den König von Preußen gearbeitet (das heißt: umsonst, ohne
Lohn).

Februarrevolution — Vgl. die dritte Anm. zu S. 154.

533 *Gründerepoche der siebziger Jahre* — In den Jahren 1871 bis
1873 wurden in Deutschland auf der Grundlage der territoria-
len Einigung, der Ausnutzung wissenschaftlich-technischer Er-
rungenschaften anderer Industrieländer sowie der französischen Kriegskontribution zahlreiche kapitalistische Unternehmen, besonders Aktiengesellschaften, gegründet. Dabei
nahmen Spekulation, Korruption und Schwindelgründungen
überhand, von denen viele nach der Wirtschaftskrise von
1873 wieder zusammenbrachen. Mit der Bemerkung über die
»voraufgehende Aktienschwindelzeit« wird offenbar auf die
Krise von 1866 angespielt.

Henneberg, dem ... die »rodes« nahelagen — Anspielung auf
die zahlreichen Ortsnamen auf -rode, wie sie u. a. im Harz verbreitet sind, der damals zum Verwaltungsbereich von Braunschweig gehörte (wo Henneberg geboren war).

534 *Rittergutsqualifikation* — Vgl. die vierte Anm. zu S. 13.

Ablage — Lagerplatz für Holz.

535 *rajolt* — (tief) umgegraben.

Schöpfungen des Fürsten Pückler — Vgl. die zweite Anm. zu
S. 521. Einen ebenso bedeutenden Landschaftspark wie in

Muskau legte Pückler ab 1846 um sein Schloß in Cottbus-Branitz an. Beide Schöpfungen wurden vielfach nachgeahmt.

536 *Villeggiatur* — (ital.) Landaufenthalt zur Erholung.

538 *Was verkürzt die Zeit? ...* — Die Sprüche stammen aus Goethes »West-östlichem Divan« (»Tefkir Nameh. Buch der Betrachtungen«, »Fünf andere [Dinge]«).

539 *Schloß* — Vgl. Fontanes Skizze, S. 759.

Kyllmann und Heyden ... Gropius und Schmieden — Namhafte Berliner Architekten.

540 *»Gestehe, daß ich glücklich bin«* — Zitat aus Schillers Ballade »Der Ring des Polykrates« (Strophe 1, Vers 6).

542 *Turmknopf-Urkunde* — Im Heimatmuseum Neuruppin befindet sich eine Abschrift.

543 *Reprimande* — Tadel.

Particulier — (franz.) Privatmann, Rentier.

Abschätzung — Taxation.

544 *Auskultator* — Im Vorbereitungsdienst stehender, unbezahlter juristischer Beamter.

Revolutions- und Schreckgespenst — Vgl. die erste, dritte und vierte Anm. zu S. 463.

Lumen — (lat.) Leuchte.

Capulets und Montecchis — In Shakespeares »Romeo und Julia« zwei feindliche Familien in Verona (Shakespeare schreibt Montague statt Montecchi); sprichwörtlich verwendet für feindliche Parteien.

Bastillensturm — Mit der Erstürmung der Bastille, des berüchtigten Staatsgefängnisses in Paris, durch die Volksmassen am 14. Juli 1789 begann die Französische Revolution.

Allgemeines Landrecht — Vgl. die fünfte Anm. zu S. 139.

545 *Sachverständiger comme il faut* — musterhafter Sachverständiger.

Tailleur — (franz.) Schneider.

546 *von 48 an* — seit der bürgerlich-demokratischen Revolution von 1848/49.

schweigt des Sängers Höflichkeit — »Das verschweigt des Sängers Höflichkeit«: Sprichwörtlich verwendeter Kehrreim eines um 1800 anonym veröffentlichten Liedes.

Graf Zieten — Vgl. S. 21 ff.

547 *der spätere Kaiser* — Wilhelm I.

548 *das Christentum ... verspottende Zeit* — Anspielung auf die antiklerikale, atheistische Komponente der rationalistischen französischen Aufklärungsphilosophie, die im 18. Jahrhundert vom deutschen Bürgertum, auf Grund seiner ökonomischen

und politischen Schwäche, nur in abstrakt-geistiger Form rezi-
piert wurde und in höfischen Kreisen des Feudaladels zur Mo-
dephilosophie avancierte (aufgeklärter Absolutismus). Vgl.
auch die zweite Anm. zu S. 271.

548 *Esprit* — (franz.) Geist, Witz.

549 *Friedrich-Denkmal ... Berlin* — Das 1839—1851 von Rauch
geschaffene Denkmal Friedrichs II. (Reiterstandbild auf einem
mit Plastiken und Reliefs versehenen Sockel) stand ursprünglich Unter den Linden in Berlin; seit 1962 im Park von Pots-
dam-Sanssouci aufgestellt, seit 1980 wieder an alter Stelle in
Berlin.

551 *Kasimirhosen* — Kasimir oder Kaschmir: Feines, weiches Gewebe aus der Wolle der Kaschmirziege.
Landstandsmitglieder — Landstände: Nach ständischer Gliederung (Rittergutsbesitzer, Stadtobrigkeit, zuweilen auch Bauern) zusammengesetzte Vertretung des Landes für Steuerbe-
willigung und bei der Gesetzgebung.

552 *Portraitbüste seines Vaters* — Vgl. S. 16 f.
vom Mittelalter überkommene Zitrone — Im Mittelalter hatten
Sargträger, besonders in Pestzeiten, oft eine Zitrone bei sich,
die als Abwehrmittel gegen Ansteckung galt.

553 *Château-Weine* — Nach Schlössern (Châteaux) benannte französische Weinsorten, zumeist aus der Gegend von Bordeaux.
bal champêtre — (franz.) Tanzvergnügen im Freien.
Beanstandung in einzelnen Gesellschaftskreisen — Fontane
hatte, im Gegensatz zu seiner Behauptung: »Man war absolut
unängstlich im Anvertrauen von Papieren, Akten und sogenannten Familiengeheimnissen« (Entwurf des Schlußworts),
bei der Veröffentlichung seines Materials des öfteren mit
Schwierigkeiten zu kämpfen, die ihm von seiten märkischer
Adliger gemacht wurden.

554 »*Wir lieben nur ...*« — Goethe, »Biographische Einzelnheiten«, Abschnitt »Bedeutung des Individuellen« (ungenau zitiert).
»*of a questionable shape*« — (engl.) »an einer fragwürdigen
Gestalt«; Zitat aus Shakespeares »Hamlet« (I, 4).
der große König — Friedrich II.
Gründerjahre — Vgl. die erste Anm. zu S. 533.

555 *Arrondierung* — Erweiterung.
Schwarzer Graben — Teil des Fehrbelliner Kanals.

557 *Anklage ... auf einfachen Bankrutt* — Das bürgerliche Straf-
recht unterscheidet zwischen einfachem (Konkurs durch un-
redliches Geschäftsgebaren) und betrügerischem Bankrott (ab-
sichtliche Gläubigerbenachteiligung). Einfacher Bankrott hatte

eine kürzere Gefängnisstrafe, betrügerischer Bankrott eine längere Gefängnis- bzw. Zuchthausstrafe zur Folge.

557 *Tempelgarten* — Vgl. S.83.

Ungunst und Wechsel ... — Die Inschrift wurde auf Alexander Gentz' Wunsch von Fontane verfaßt. In seinem Brief vom
21.März 1887 hat er Gentz noch eine zweite Variante angeboten: »Ungunst und Wechsel der Zeit zerstörte, was wir geschaffen. / Die wir vergeblich *gekämpft,* ruhen vom *Kampfe*
hier aus.«

Amphibienaugen — Lurchaugen.

559 *eine Art Karl Stuart* — Karl I. aus dem Hause Stuart, der ab-
solutistisch herrschende König von England und Schottland,
wurde während der englischen bürgerlichen Revolution auf
Betreiben Cromwells und des linken Flügels im Parlament
verurteilt und am 30.Januar 1649 hingerichtet. Vgl. Fontanes
Ballade »Karl Stuart« sowie sein gleichnamiges Dramenfrag-
ment.

Professor Graefscher Prozeß — Der Maler Gustav Graef war
1885 wegen »sittlicher Verfehlungen« an einem minderjähri-
gen Modell und wegen Meineids angeklagt worden. Fontane
hat den Prozeß, der mit einem Freispruch endete, aufmerksam verfolgt.

561 *Inventar-Realisierung* — Gemeint sind die Erlöse aus dem
Verkauf des Inventars.

562 *Reiz* ... *noch auf lange hin verbleiben* — Die Besitzer wechselten rasch; meist wohnten sie nicht in Gentzrode. 1934 besaß der Berliner Bankdirektor Hermann Rätzsch das Gut.

Das Wachsende ... — Hier ist im Ansatz schon das Bekenntnis Fontanes im »Stechlin« formuliert (Kap. 29): »Ich respektiere das Gegebene. Daneben aber freilich auch das Werdende, denn eben dies Werdende wird über kurz oder lang
abermals ein Gegebenes sein.«

Verzeichnis der Literatur,
die Fontane bei der Arbeit am vorliegenden Band
benutzt hat

Alexis, Willibald: Der falsche Woldemar. 3. Auflage. Berlin o. J.

Andree, Richard: Wendische Wanderstudien. Stuttgart 1874

Archenholz, Johann Wilhelm: Geschichte des Siebenjährigen Krieges in Deutschland. 2 Bände. Berlin 1793

Arndt, E[rnst] M[oritz]: Meine Wanderungen und Wandelungen mit dem Reichsfreiherrn Heinrich Karl Friedrich vom Stein. Berlin 1858

Becher, Paul: Der Kronprinz Friedrich als Regiments-Chef in Neuruppin von 1732—1740. Berlin 1892

Berghaus, Heinrich Carl: Landbuch der Mark Brandenburg und des Markgrafentums Niederlausitz in der Mitte des 19. Jahrhunderts oder Geographisch-historisch-statistische Beschreibung der Provinz Brandenburg. 3 Bände. Brandenburg 1854—1856

Besser, Johann von: Schriften. Leipzig 1711

Bielfeld, Freiherr von: Friedrich der Große und sein Hof oder So war es vor 100 Jahren. In vertrauten Briefen ... geschrieben von 1738 bis 1760. 2 Teile. Breslau 1838

Blumenthal, Louise Johanne Leopoldine, geb. von Platen: Lebensbeschreibung Hans Joachims von Zieten (nebst Abbild seiner Statue). Berlin 1797

Bouillé du Charol, L. Jos.-Amour de: Vie privée, politique et militaire du Prince Henri de Prusse, frère de Frédéric II (Privates, politisches und militärisches Leben des Prinzen Heinrich von Preußen, des Bruders von Friedrich II.). Paris 1809

Boyen, Hermann von: Erinnerungen aus dem Leben des königlich preußischen General-Lieutenants Freiherrn von Günther. Berlin 1834

Bratring, Friedrich Wilhelm August: Die Grafschaft Ruppin in historischer, statistischer und geographischer Hinsicht. Berlin 1799

Brock: Der Tag von Fehrbellin. Programmschrift des Progymnasiums zu Friedeberg Nm. [Neumark] zum 18. März 1875. Friedeberg 1875

[Bülow, Heinrich von:] Prinz Heinrich von Preußen. Kritische Geschichte seiner Feldzüge. Von dem Verfasser des Geistes des neuern Kriegssystems. 2 Teile. Berlin 1805

Büsching, Anton Friedrich: Charakter Friedrichs des Zweiten, Königs von Preußen. Halle 1788

Fall und Ungnade zweier Ersten-Staatsminister des königlich preußischen Hofes (*Danckelmann* und *Wartenberg*). Köln 1712

Droysen, Johann Gustav: Geschichte der preußischen Politik. 13 Bände. Berlin und Leipzig 1855—1881

Droysen, Johann Gustav: Das Leben des Feldmarschalls Grafen Yorck von Wartenburg. 3 Bände. Berlin 1851/52

[Feldmann, Bernhard: Miscellanea historica der Stadt Ruppin (Vermischte historische ⟨Begebenheiten⟩ der Stadt Ruppin). (Auszüge.)]

Foerster, Friedrich: Friedrich Wilhelm I., König von Preußen. 3 Bände. Nebst: Urkundenbuch zu der Lebensgeschichte Friedrich Wilhelms I. 2 Bände. Potsdam 1834/35

Fouqué, Friedrich Heinrich de la Motte: Ausgewählte Werke. Ausgabe letzter Hand. 12 Bände. Halle 1841

Friedrichs II. eigenhändige Briefe an seinen Geheimen Kämmerer Fredersdorff. Herausgegeben von Friedrich Burchardt. Leipzig 1834

Gentz, Wilhelm: Briefe aus Ägypten und Nubien. Berlin 1853

Gieseler, Johann Carl Ludwig: Preußische Kriegslieder in den Feldzügen 1756/57

Gleim, Johann Wilhelm Ludwig: Preußische Kriegslieder in den Feldzügen von 1756 und 1757 von einem Grenadier. Berlin 1758

Gleim, [Johann Wilhelm] Ludwig: Reisegespräche des Königs im Jahre 1779. Zum Besten der alten Soldatenkinder herausgegeben. Halberstadt 1784

Goltz, Colmar Freiherr von der: Die sieben Tage von Le Mans, nebst einer Übersicht über die Operationen der II. Armee gegen die Loire im Dezember 1870. Vom Standpunkte des Oberkommandos der II. Armee und nach dessen Akten dargestellt. Berlin 1873

Gorszkowsky, C.A. von: Leben des Generals Grafen Bogislaw Tauentzien von Wittenberg. 1832

Des verstorbenen General-Lieutenants etc. Freiherrn von *Günther* Briefwechsel mit dem verstorbenen Erzbischof etc. Dr. von Borowski. Vaterländisches Archiv für Wissenschaft, Kunst, Industrie und Agrikultur oder Preußische Provinzial-Blätter. Band 15. Königsberg 1836. Februar-Heft, S. 157—166, und März-Heft, S. 281—293

Hafftitius: Microchronicon Marchicum ... Beschrieben durch M. Petrum Hafftitium, weiland Rectorem beider Schulen zu Berlin und Cölln an der Sprewe, Anno Domini MDXCIX (Kleine Chronik der Mark ...). *Siehe* Riedel: Codex diplomaticus Brandenburgensis. 4. Hauptteil, 1. Band, S. 46—167

Heydémann, Ferdinand: Die neuere Geschichte der Stadt Neuruppin. Neuruppin 1863

Hoepfner, Eduard von: Der Krieg von 1806 und 1807. 2 Teile = 4 Bände. Berlin 1850/51

Hoppe, Carl: Chronik von Rheinsberg. Neuruppin 1847

Ausführliche Beschreibung der Schlacht an der *Katzbach,* geschlagen den 26. August 1813. Zum Besten der bei dem auf dem Schlachtfelde errichteten Denkmale wohnenden Invaliden. Verlag des Schlachten-Denkmals-Fonds. Druck von Oskar Heinze in Liegnitz. O. J.

[Schlachtenatlas der Schlacht an der *Katzbach*]

Kirchner, Ernst Daniel Martin: Die Kurfürstinnen und Königinnen auf dem Throne der Hohenzollern ... 3 Teile. Berlin 1860 bis 1870

Kirchner, Ernst Daniel Martin: Schloß Boitzenburg und seine Besitzer, insbesondere aus dem von Arnimschen Geschlechte. Berlin 1860

Kirchner, Ernst Daniel Martin: Thors Donnerkeil und die steinernen Opfergeräte des nordgermanischen Heidentums. Zur Rechtfertigung der Volksüberlieferung gegen neuere Ansichten. Neustrelitz 1853

Klöden, Karl Friedrich: Beiträge zur mineralogischen und geognostischen Kenntnis der Mark Brandenburg. 5. und 8. Stück. Programm zur Prüfung der Zöglinge der Gewerbeschule am 31. März 1832 und 1. April 1835 ... Berlin

Knesebeck, A. v. d.: Haus und Dorf Karwe in der Grafschaft Ruppin. (Als Manuskript gedruckt.) Berlin 1865

[*Knesebeck,* Carl Friedrich von dem:] Briefe über den Feldzug 1794, von einem Offizier der Armee am Rhein an seinen Freund in B. Frankfurt und Leipzig 1795

[*Knesebeck,* Carl Friedrich von dem:] Bruchstücke aus den hinterlassenen Papieren des königlich preußischen General-Feldmarschalls C. F. v. d. K., als ein Andenken an den Verstorbenen für die Familienglieder und Freunde zusammengestellt von A. v. d. Knesebeck. Magdeburg 1850

Knuth, Friedrich: Chronik von Gransee. Berlin 1840

König, Anthon Balthasar: Versuch einer historischen Schilderung der Hauptveränderungen der Religion, Sitten, Gewohnheiten, Künste, Wissenschaften etc. der Stadt Berlin. Teil 1.2.3.4, [Abschnitt] 1.2; Teil 5, [Abschnitt] 1.2. Berlin 1792–1799

Der deutsch-französische *Krieg* 1870/71, redigiert von der kriegsgeschichtlichen Abteilung des Großen Generalstabes. 5 Bände und 3 Kartenbände. Berlin 1874–1881

Kugler, Franz: Karl Friedrich Schinkel. Eine Charakteristik seiner künstlerischen Wirksamkeit. Berlin 1842

Landbuch des Kurfürstentums und der Mark Brandenburg, welches

Kaiser Karl IV., König von Böhmen und Markgraf zu Brandenburg, im Jahr 1375 anfertigen lassen ... aus den in den brandenburgischen Landesarchiven befindlichen Originalien herausgegeben und mit Anmerkungen erläutert. Berlin und Leipzig 1781

Lisch, G. C. F[riedrich]: Bronzewagen von Frankfurt a. O. und Räder von Friesack. Jahrbücher des Vereins für mecklenburgische Geschichte und Altertumskunde. Jg. 16. Schwerin 1851. S. 261—267. — Dazu Brief Jacob Grimms, S. 267f.

Marwitz, Friedrich August Ludwig von der: Aus dem Nachlasse F. A. L.s v. d. M. ... 2 Bände. Berlin 1852

Mirabeau, Honoré Gabriel Victor de Riquette [Comte de]: Histoire secrète de la cour de Berlin ou Correspondance d'un voyageur françois, depuis le mois de juillet 1786 jusqu'au 19 janvier 1787 (Geheime Geschichte des Berliner Hofes oder Briefwechsel eines französischen Reisenden von Juli 1786 bis zum 19. Januar 1787). 2 Bände. 1789 [Deutsche Übersetzung, 1789]

Müller, Joh. Chr. und Georg Gottfried *Küster:* Altes und neues Berlin. 4 Bände. Berlin 1737—1739

Orlich, Leopold von: Friedrich Wilhelm, der Große Kurfürst. Nach bisher noch unbekannten Originalhandschriften. Berlin, Posen und Bromberg 1836

Poellnitz, Charles Louis Baron de [d. i. Karl Ludwig Freiherr von Pöllnitz]: Mémoires pour servir à l'histoire des quatres derniers souverains de la maison de Brandebourg royale de Prusse (Memoiren zum Nutzen der Geschichte der vier letzten Herrscher des brandenburgisch-preußischen Königshauses). 2 Bände. Berlin 1791 [Deutsche Übersetzung, Berlin 1791]

Preuß, Johann David Erdmann: Friedrich der Große. Eine Lebensgeschichte. 4 Bände. Berlin 1832—1834

Preuß, Johann David Erdmann: Friedrich der Große mit seinen Verwandten und Freunden. Berlin 1838

Preuß, Johann David Erdmann: Friedrichs des Großen Jugend und Thronbesteigung. Berlin 1840

Pufendorf, Samuel: De rebus gestis Friderici Wilhelmi Magni, electoris Brandenburgici commentariorum libri novendecim (Abriß über die Taten Friedrich Wilhelms des Großen, Kurfürsten von Brandenburg, in neunzehn Büchern). Berlin 1695

Riedel, Adolf Friedrich: Codex diplomaticus Brandenburgensis (Brandenburgisches Urkundenverzeichnis). 41 Bände. Berlin 1838—1868

Riedel, Adolf Friedrich: Geschichte der auf Befehl Sr. Majestät des Königs Friedrich Wilhelm III. wiederhergestellten Klosterkirche und des ehemaligen Dominikaner-Mönchs-Klosters zu Neuruppin. Herausgegeben von Dr. Campe. Neuruppin o. J.

Schlözer, Kurd von: General Graf Chazot. Berlin 1856

[*Schneider,* Louis:] Schon einmal in Jütland gewesen. Der Soldatenfreund. Jg. 32, 2. Heft, August 1864, S. 81—102

Schöning, Kurd Wolfgang von: Des General-Feldmarschalls Dubis-
lav Gneomar von Natzmer auf Gannewitz Leben und Kriegstaten. Berlin 1838

Schulz, Otto: Paul Gerhardts geistliche Andachten in hundertund-
zwanzig Liedern. Nach der ersten, durch Johann Georg Ebeling
besorgten Ausgabe mit Anmerkungen, einer geschichtlichen Einleitung und Urkunden herausgegeben. Berlin 1842

Schulz, Otto: Die Lehninische Weissagung. Schulblatt für die Provinz Brandenburg. Jg. 11, 1846, Heft 3, S. 348—357

Schwartz, Wilhelm Friedrich Lebrecht: Gedenkblätter an das fünfhundertjährige Jubiläum des Friedrich-Wilhelms-Gymnasium zu
Neuruppin. Neuruppin 1865

Schwartz, W[ilhelm Friedrich Lebrecht]: Sagen und alte Geschichten der Mark Brandenburg. Berlin 1871

Schwartz, W[ilhelm Friedrich Lebrecht]: Aus der gräfl. Zietenschen Sammlung. Märkische Forschungen. 9. Band. Berlin 1865.
S. 323 bis 326

Schwartz, F[riedrich] L[ebrecht] W[ilhelm]: Die Schlacht von Fehrbellin und der Prinz von Hessen-Homburg. Wochenblatt der
Johanniter-Ordens-Ballei Brandenburg, 20. August—7. Oktober
1863, Nr. 34—41, S. 209 f., 216, 221 f., 226 f., 233 f., 237 f., 242 f.,
247 f.

Kurzgefaßte *Stamm-* und Rangliste aller Regimenter der königlich
preußischen Armee für das Jahr 1788. Berlin 1788

Kurzgefaßte *Stammliste* aller Regimenter und Corps der königlich
preußischen Armee für das Jahr 1795. 1797. 1803. Berlin 1795.
1797. 1803

Stuhr, Prof. Dr.: Die Schlacht bei Nyburg auf Fünen. Aus den Quellen dargestellt. Allgemeines Archiv für die Geschichtskunde des
preußischen Staates. Herausgegeben von Leopold von Ledebur.
Band 6, 1831, S. 311—322

Stuhr, Prof. Dr.: Die Schlacht bei Warschau. Aus größtenteils bisher
unbenutzten Quellen dargestellt. Allgemeines Archiv für die Geschichtskunde des preußischen Staates. Herausgegeben von Leopold von Ledebur. Band 3, 1830, S. 1—18

Theatri Europaei eilfter Teil ... (Des Europäischen Schauplatzes
elfter Teil ...). Frankfurt a. M. 1682

Thiébault, Dieudonné: Frédéric le Grand, sa famille, sa cour, son
gouvernement, son académie, ses écoles et ses amis, généraux,
philosophes et littérateurs, ou Mes souvenirs de vingt ans de sé-
jour à Berlin. 4. Éd., publiée par son fils le Baron Thiébault

(Friedrich der Große, seine Familie, sein Hof, seine Regierung, seine Akademie, seine Schulen und seine Freunde, Generale, Philosophen und Literaten, oder Meine Erinnerungen an zwanzig Jahre Aufenthalt in Berlin. 4. Auflage, veröffentlicht von seinem Sohn, Baron Thiébault). 5 Bände. Paris und Leipzig 1827

Vehse, Karl Eduard: Geschichte der deutschen Höfe seit der Reformation. Hamburg 1851—1860. Abt. 1: Preußen. Teil 1—6

Voigts-König, [Hermann]: Kurzer Abriß der Geschichte des 4. brandenburgischen Infanterie-Regiments Nr. 24. 2 Teile. Neuruppin 1863 und 1870

Waagen, Gustav Friedrich: Karl Friedrich Schinkel als Mensch und Künstler. Berlin 1844

Waagen, Gustav Friedrich: Kunstwerke und Künstler in Deutschland. 2 Teile. Leipzig 1843 und 1845

Woermann, [Albert] und [Paul] *Becher:* Fortsetzung der Geschichte des 4. brandenburgischen Infanterie-Regiments Nr. 24 (Großherzog von Mecklenburg-Schwerin) von 1870—1873 ... Neuruppin 1875

Wolff, Otto: Die berühmte Lehninsche Weissagung. 1850

Wolzogen, Carl August Alfred von: Schinkel als Architekt, Maler und Kunstphilosoph. Ein Vortrag ... Berlin 1864

Wolzogen, Carl August Alfred von: Aus Schinkels Nachlaß. Reisetagebücher, Briefe und Aphorismen. Berlin 1862

Allerneuester *Zustand* der königlichen preußischen Armee mit Anfang des Jahres 1778 und kurzgefaßte Geschichte dieses Heeres von seiner Stiftung an bis auf die jetzigen Zeiten. Durchaus vermehrte, verbesserte und ganz umgearbeitete Ausgabe. 1778

Zychlinski, Franz von: Geschichte des 24sten Infanterie-Regiments. 2 Teile. Berlin 1854—1857

INHALTSVERZEICHNIS

Die Ruppiner Garnison

AUF DEM PLATEAU

GENTZRODE

A^{t}V

Band 5260 ## Theodor Fontane
Berliner Frauenromane

Mit einem Kommentar zur Stoff- und
Entstehungsgeschichte

7 Bände in Kassette
ISBN 3-7466-5260-X
Alle Bände auch einzeln lieferbar.

L'Adultera
Cécile
Irrungen, Wirrungen
Stine
Frau Jenny Treibel
Effi Briest
Mathilde Möhring

Tiergartenviertel und ländliche Vorstadt,
Gründervilla und bescheidene Mietswoh-
nung sind die Orte dieser unterhaltsamen
Frauen- und Berlinromane. Wo sie auch
leben, die Fontaneschen Frauen und Mädchen, sie alle haben Sehnsucht nach dem
Glück. Unverhofft fällt ihnen eine Leidenschaft zu, eine stille Liebe, Verständnis und
menschliche Geborgenheit. Doch festhalten
können sie die Wochen des Sommerglücks,
die Momente der Erfüllung und des
wechselseitigen Verständnisses nicht.

A*t*V

Band 5261

BERLINER FRAUENROMANE
Theodor Fontane
L'Adultera
Novelle

160 Seiten
ISBN 3-7466-5261-8

»L'Adultera« (1882) ist Fontanes erster
Berliner Frauenroman. Anknüpfend an
einen vielberedeten Skandal in Kreisen
der Hochfinanz, erzählt er die Ehe- und
Ehebruchsgeschichte der liebenswerten
jungen Bankiersgattin Melanie van der
Straaten. Die Geschichte steht im Zeichen
von Tintorettos Gemälde »L'Adultera«
(Die Ehebrecherin), das zu Beginn ins
Haus getragen wird und am Ende in veränderter Gestalt zu Melanie zurückkehrt.
An das Bild knüpfen sich zahlreiche An-
spielungen und Ahnungen, die auf die
kommenden Erschütterungen hindeuten.

A^{t}V

Band 5262   BERLINER FRAUENROMANE

Theodor Fontane
Cécile

Roman

208 Seiten
ISBN 3-7466-5262-6

Cécile, die Frau des Obersten a. D. von
St. Arnaud, genießt den Aufenthalt in dem
Harzer Luftkurort Thale. Die Gäste des
»Hotels Zehnpfund« huldigen ihrer Lie-
benswürdigkeit und Schönheit, allen voran
der weltgewandte Ingenieur von Gordon-
Leslie. Eine kleine Gesellschaft findet sich
zusammen, die sich die Zeit mit reizvollen
Wanderungen, vergnügten Tischrunden
und geselligem Amüsement vertreibt. Nach
vier idyllischen Sommertagen wechselt die
Szenerie nach Berlin, in das vornehme
Tiergartenviertel. Die Enthüllung von
Céciles Vergangenheit als Fürstengeliebte
führt zur Katastrophe, die das Leben dreier
Menschen zerstört.

A*t*V

Band 5263 **BERLINER FRAUENROMANE**
Theodor Fontane
Irrungen, Wirrungen
Roman

189 Seiten
ISBN 3-7466-5263-4

Bei einer Kahnfahrt haben sie sich kennengelernt, eine Landpartie nach »Hankels
Ablage« ist fast schon das Ende ihres glücklichen Verhältnisses. Lene Nimptsch, das
liebenswerte Mädchen aus der Berliner
Vorstadtgärtnerei, und der Kaiser-Küras-
sier-Leutnant Botho von Rienäcker, erleben einen glücklichen Sommer voll Heiterkeit und gegenseitiger Zuneigung. Doch
bald schon kommt es, wie es kommen muß.
Botho heiratet standesgemäß, und Lene
nimmt ihre Zuflucht zu einer Versorgungs-
ehe. Beide fügen sich ohne dramatisches
Aufbegehren und ohne tragische Zuspit-
zung den Gegebenheiten.

A*t*V

Band 5264

BERLINER FRAUENROMANE
Theodor Fontane
Stine

112 Seiten
ISBN 3-7466-5264-2

In der Invalidenstraße 98 e steigt wieder
mal eine Fete. Der alte Graf und Lebemann
hat sich bei der temperamentvollen jungen
Witwe Pauline Pittelkow, seinem »Verhältnis«, zu einer vergnüglichen Sause angesagt und an diesem Abend seinen Neffen
Waldemar mitgebracht. Während es auf
berlinische Weise hoch hergeht, die Trink-
sprüche immer gewagter, die szenischen
Einlagen einer urkomischen Vorstadt-
tragödin immer ausgelassener werden,
fühlt sich der junge Baron von Haldern
von Stines stillem Wesen angezogen. Sie,
die gegensätzliche Schwester Paulines,
wirkt mit ihrer Natürlichkeit so stark auf
den kränklichen Waldemar, daß dieser alle
Kraft zusammennimmt und Stine einen
Antrag macht. Seine Familie will er verlassen, die Heimat aufgeben und in Amerika eine unabhängige Existenz gründen.

A^{t}V

Band 5265

Theodor Fontane
Frau Jenny Treibel

Roman

208 Seiten
ISBN 3-7466-5265-0

Die attraktive Fabrikantengattin liebt es,
immer und überall im Mittelpunkt zu
stehen. Um als kleine Person an der Tafel
nicht übersehen zu werden, thront sie bei
den häufigen Gastlichkeiten im Hause
Treibel auf einem Luftkissen. Nicht minder
aufgeblasen ist ihre Vorliebe für das Poetische und die gefühlvolle Sentenz. Der
Kunst huldigt sie, indem sie den Tenor
und Millionär Adolar Krola zu ihren Haus-
gästen zählt. Was aber zählt nun wirklich?
Fontane nannte seinen Roman eine »humoristische Verhöhnung unserer Bourgeoisie
mit ihrer Redensartlichkeit auf jedem
Gebiet, besonders auf dem der Kunst und
der Liebe, während sie doch nur einen
Gott und ein Interesse kennen: das Goldene Kalb«.

A*t*V

Band 5266

BERLINER FRAUENROMANE
Theodor Fontane
Effi Briest

336 Seiten
ISBN 3-7466-5266-9

Die siebzehnjährige Effi Briest heiratet den
einundzwanzig Jahre älteren Baron von
Innstetten. Zum Ministerialrat befördert,
zieht er mit seiner jungen Frau und dem
Kind nach Berlin. Nach sieben Jahren löst
der Zufall ein Geschehen von zerstöreri-
scher Unerbittlichkeit aus.
»Effi Briest« ist Fontanes berühmtester und
populärster Roman, ein Meisterwerk von
unvergänglicher Wirkung.

A^{t}V

Band 5267

BERLINER FRAUENROMANE
Theodor Fontane
Mathilde Möhring

121 Seiten
ISBN 3-7466-5267-7

Mathilde, eine ehrgeizige, aber reizlose
junge Frau von dreiundzwanzig, will nur
eins: die beschränkte Atmosphäre der el-
terlichen Wohnung hinter sich lassen und
Karriere machen. In dem verbummelten
Jurastudenten Hugo Großmann, der als
»möblierter Herr« in die Georgenstraße 19
zieht, wittert sie mit untrüglichem Instinkt
ihre Chance. Sie bugsiert ihn durch das
Referendarexamen, macht den vakanten
Posten eines Kleinstadtbürgermeisters ausfindig und ist der gute Geist seiner Kom-
munalpolitik. Als er plötzlich stirbt, richtet
sie ihren Ehrgeiz auf sich selbst.

Band 5268

Theodor Fontane
Englischer Sommer

Reisefeuilletons

Auswahl und Nachbemerkung
von Gotthard Erler

230 Seiten
ISBN 3-7466-5268-5

**Ob mit dem Steamer »Nixe« unterwegs
oder auf seinem Lieblingsplatz hoch oben
neben dem Omnibuskutscher, ob als
gehetzter Fußgänger oder geruhsamer
Wanderer, Fontane war vom Zauber
Londons und von der Schönheit seiner
idyllischen Umgebung immer wieder in
den Bann geschlagen. Der spontane Eindruck verbindet sich mit dem historischen
Rückblick, die Würdigung des Großartigen
mit der augenzwinkernden Betrachtung so
mancher Eigenheiten seiner Reisegefährten.**